稀見明清科舉文獻十五種

上

陳維昭 編校

復旦大學出版社

本書獲得教育部哲學社會科學研究重大課題攻關項目「清代稀見科舉文獻整理與研究」資助，項目批准號：17JZD047

獲得國家社會科學基金項目「宋元明清程墨評點與文論的關系研究」資助，項目批准號：15BZW103

獲得上海高校高峰學科建設計劃資助

湖州原板
弘宇陳太史精選
弄丸判語
書林萃慶堂重刊

《新刻湖洲註釋弄丸判語評林》書影，萬曆間書林萃慶堂刻本，日本山口大學圖書館藏

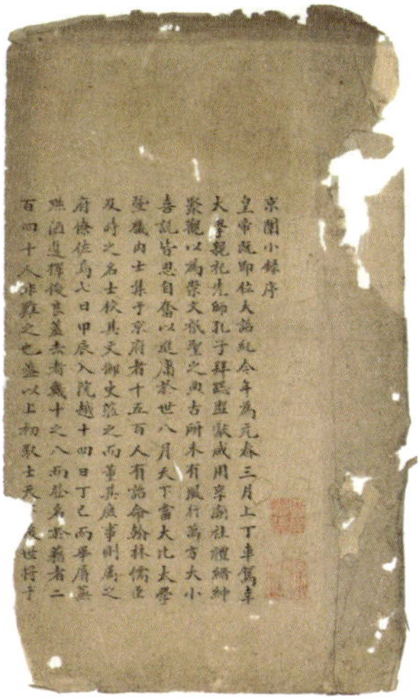

《建文元年京闈小録》書影，清抄本，朱緒曾藏，南京圖書館藏

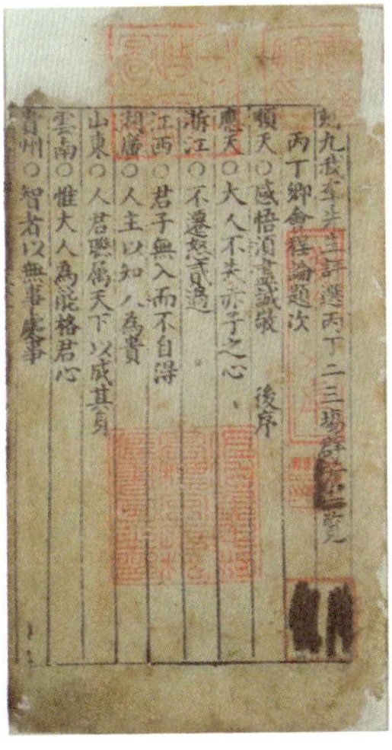

《刻九我李先生評選丙丁二三場群芳一覽》書影，萬曆間刻本，日本内閣文庫藏

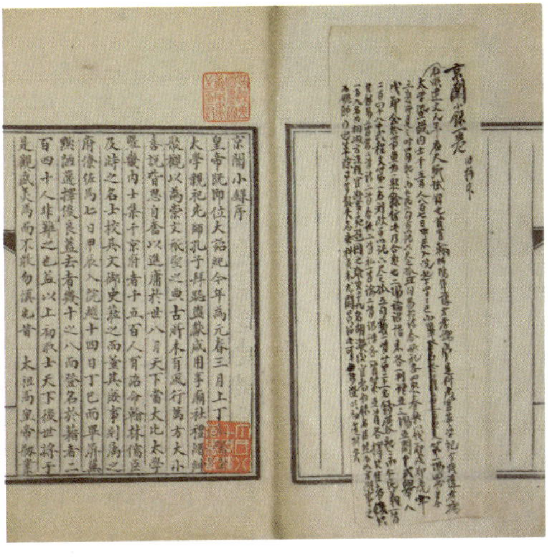

《京闈小録》書影，清抄本，南京圖書館藏

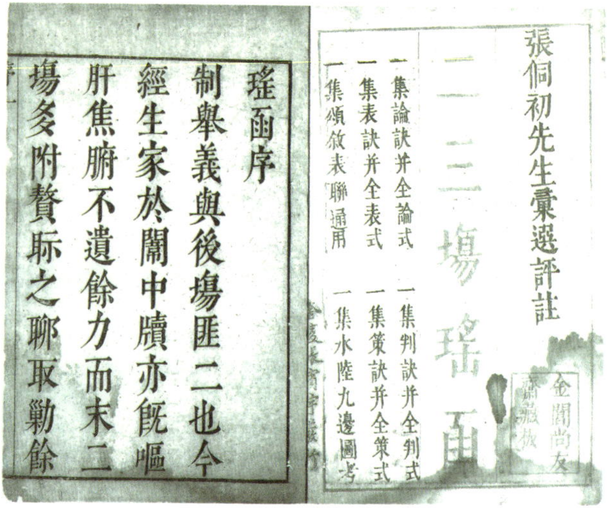

瑤函序

制舉義與後場匪二也今

經生家於闈中牘亦旣嘔

肝焦腑不遺餘力而末二

場多附贅疣之聊取勦餘

張侗初先生彙選評註

二三場瑤函

一集論訣并全論式　一集判訣并全判式

一集表訣并全表式　一集策訣并全策式

一集頌敘表聯通用　一集水陸九邊圖考

金閶尚友齋藏板

《舉業瑤函》書影，明崇禎三年刻本，日本東洋文庫藏

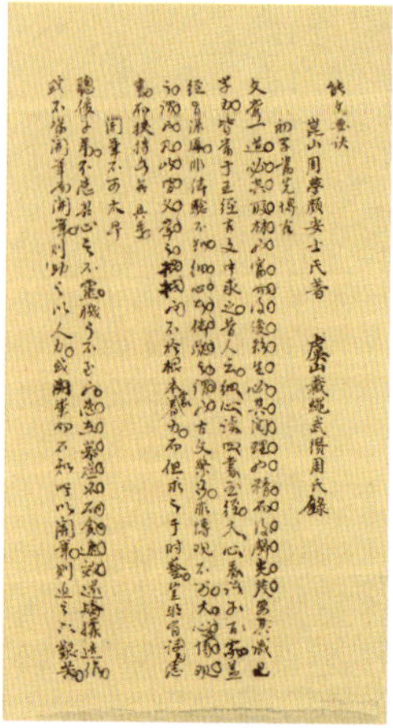

《能文要訣》書影，清抄本，蘇州大學圖書館藏

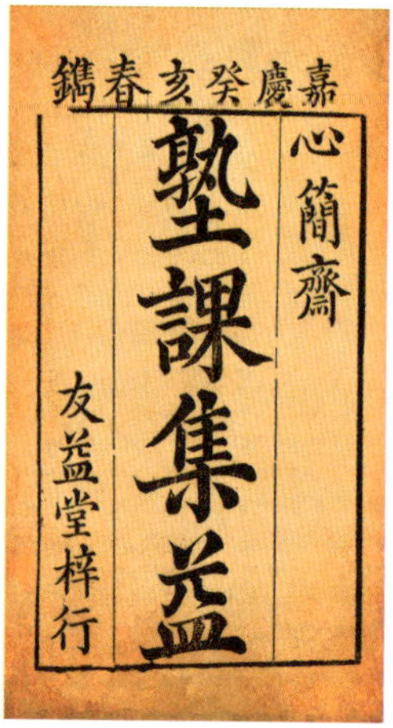

嘉慶癸亥春鐫

心簡齋

塾課集益

友益堂梓行

《塾課集益》書影，嘉慶八年于光華刊刻，西安交通大學圖書館藏

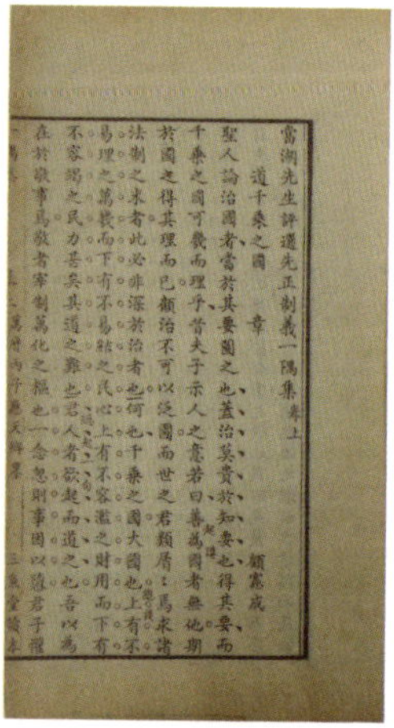

當湖陸先生評選先正制義一隅集卷上

《當湖陸先生評選先正制義一隅集》書影，雍正十三年重刊本，日本内閣文庫藏

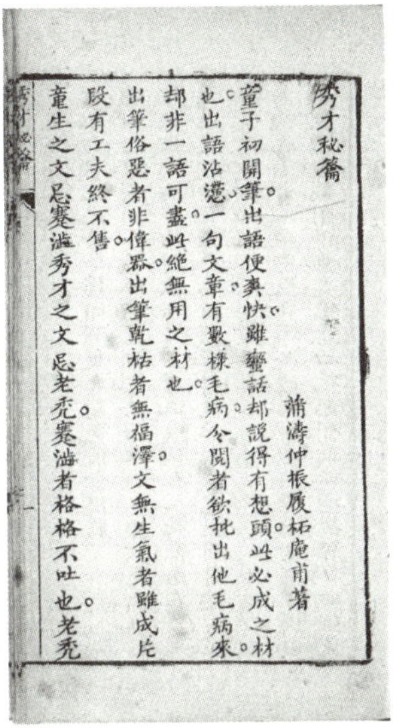

秀才秘篇

蒲濤仲振履柘庵甫著

童子初開筆出語便爽快雖蠻話却說得有想頭此必成之材也出語沾滯一句文章有數樣毛病令閱者欲挑出他毛病來却非一語可盡此絕無用之材也

出筆俗惡者非偉器出筆乾枯者無福澤文無生氣者雖成片段有工夫終不售

童生之文忌蹇澁秀才之文忌老禿蹇澁者格格不吐也老禿

《秀才秘篇》書影，嘉慶二十五年刻本，法國國家圖書館藏

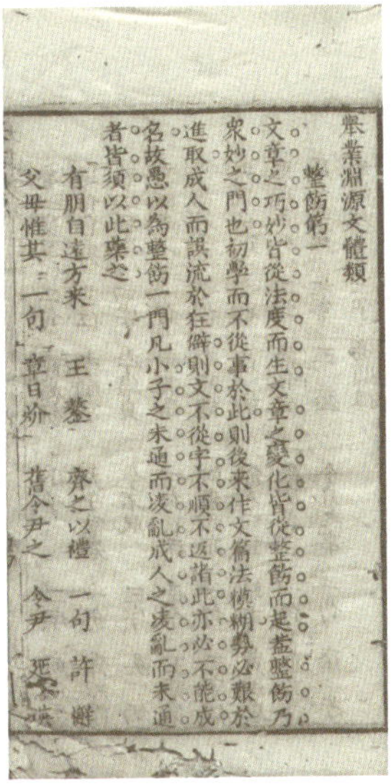

舉業淵源文體類

整飭第一

文章之巧妙皆從法度而生文章之變化皆從整飭而起蓋整飭乃眾妙之門也初學而不從事於此則後來作文篇法模糊勢必艱於進取成人而誤流於狂僻則文不從字不順不返諸此亦必不能成名故愚以為整飭一門凡小子之未通而凌亂成人之凌亂而未通者皆須以此藥之

有朋自遠方來　王鏊　齊之以禮　一句　許獬

父母惟其一句　章日矜　舊令尹之　令尹

《舉業淵源》書影，雍正九年愛蓮堂《明文分類小題貫新編》本

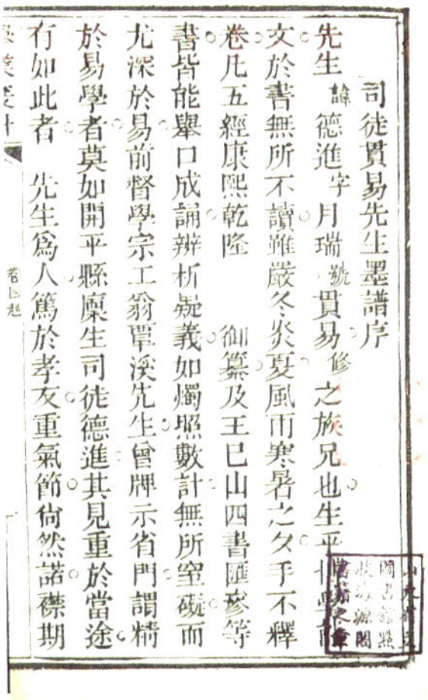

司徒貫易先生墨譜序

先生諱德進字月瑞號貫易修之族兄也生平

文於書無所不讀雖嚴冬炎夏風雨寒暑之夕手不釋卷凡五經康熙乾隆　御纂及王巳山四書匯參等書皆能舉口成誦辨析疑義如燭照數計無所窒礙而尤深於易前督學宗工翁覃溪先生曾牌示省門謂精於易學者莫如開平縣廩生司徒德進其見重於當途有如此者　先生為人篤於孝友重氣節倘然諾襟期

《舉業度針》書影，道光二年刻本，山東省圖書館藏

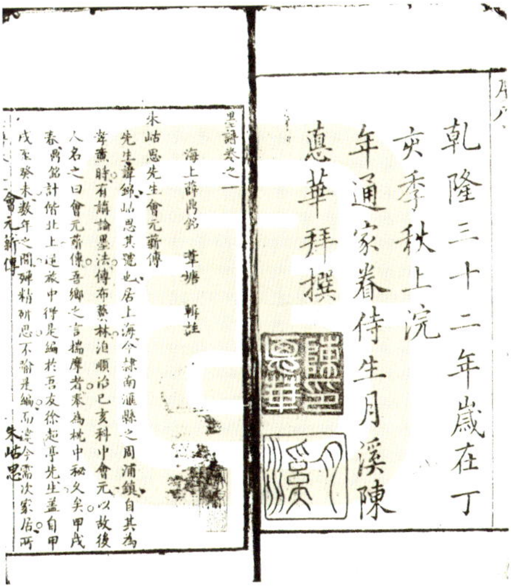

乾隆三十二年歲在丁亥季秋上浣年通家眷侍生月溪陳惠華拜撰

墨譜卷之一

海上薛鳴鍇　華塘　輯註

朱岵思先生會元新傳

先生諱錦岵思其號也居上海今隸南匯縣之周浦鎮自其為諸生時有請論墨法傳布藝林迨順治己亥科中會元以故後人名之曰會元新傳吾鄉之言揣摩者奉為枕中秘久矣甲戌春鳴鍇計偕北上逆旅中得是編於吾友徐起亭先生蓋自甲戌至癸未數年之間殫精研思不倫是編

《墨譜》書影，乾隆三十二年刻本，中國國家圖書館藏

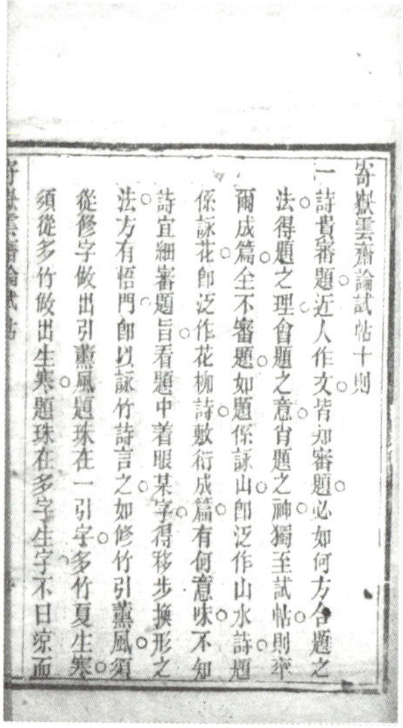

寄嶽雲齋論試帖十則
一詩貴審題近人作文皆知審題必如何方合題之
法得題之理會題之意肖題之神獨至試帖則率
爾成篇全不審題如題係詠山即泛作山水詩題
係詠花即泛作花柳詩敷衍成篇有何意味不知
詩宜細審題旨看題中着眼某字得移步換形之
法方有悟門即以詠竹詩言之如修竹引薰風須
從修字做出引薰風題珠在一引字多竹夏生寒
須從多竹做出生寒題珠在多字生字不日涼而

《分體利試試帖法程》書影，咸豐九年通德堂刻本

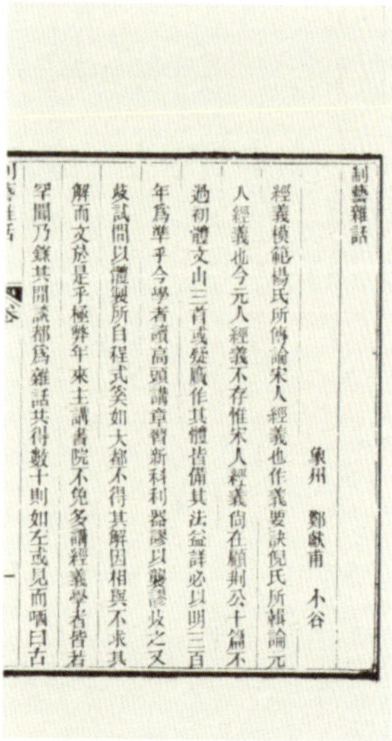

制藝雜話
象州　鄭獻甫　小谷
經義模範楊氏所傳論宋人經義也作義要訣倪氏所輯論元
人經義也今元人經義不存惟宋人經義尚在顧荆公十篇不
過初體文山三首或疑贋作其體皆備其法益詳必以明三百
年爲準乎今學者讀高頭講章習新科利器謏以襲謏投之又
歧試問以體製所自程式奚如大都不得其解因相與不求其
解而文於是乎極弊年來主講書院不免多講經義學者皆若
罕聞乃錄其間談都爲雜話共得數十則如左或見而哂曰古

《制藝雜話》書影，咸豐五年刻本，貴州師範大學圖書館藏

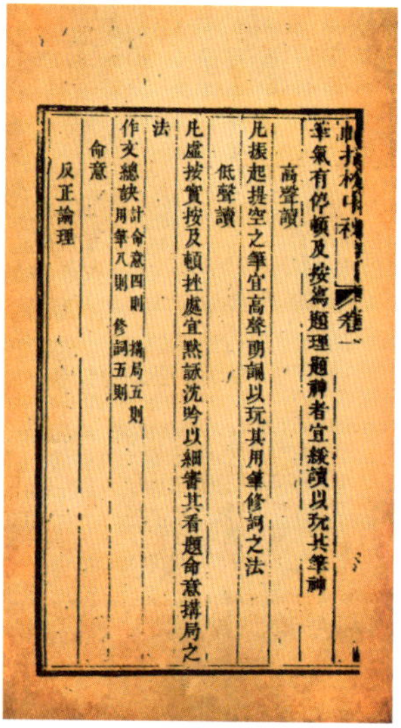

帖括枕中祕　卷一
筆氣有停頓及按爲題理題神者宜緩讀以玩其筆神
高聲讀
凡振起提空之筆宜高聲朗誦以玩其用筆修詞之法
低聲讀
凡虛按實按及頓挫處宜默詠沈吟以細審其看題命意搆局之
法
作文總訣　計命意四則　搆局五則　用筆八則　修詞五則
命意
反正論理

《帖括枕中祕》書影，光緒十二年刻本，美國哈佛大學圖書館藏

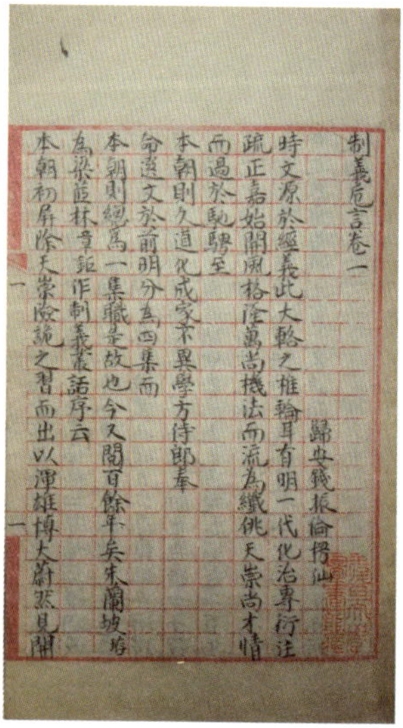

制義卮言卷一
歸安錢振倫楞仙
時文原於經義此大輅之椎輪耳有明一代化治專行注
疏正嘉始開風格隆萬尚機法而流爲纖佻天崇尚才情
而過於馳驟至
本朝則久道化成家不異學方侍郎奉
命選文於前明分爲四集而
本朝則總爲一集職是故也今又閱百餘年矣宋蘭坡將
爲梁茝林章鉅作制義叢話序云
本朝初屏除天崇險詭之習而出以渾雄博大蔚然見開

《制義卮言》書影，清抄本，復旦大學圖書館藏

前言

一

科舉時代主流文化的主體是一批科舉人物。所謂科舉人物，是指通過科舉的選拔方式進入（或試圖進入）仕宦階層從而成爲政府各級機構的管理人員。

明清時期，朝廷對人才的選拔方式主要是科舉和薦舉。明初，朱元璋特重薦舉，有孝悌力田、賢良方正、聰明正直、才識兼人諸科。科舉雖行，匪深所願，因而鄭重端良之英，菲薄辭章之士。迨後科舉漸重，科獨重甲，薦舉曠時一舉，於是科舉成爲明清人才選拔的最主要途徑。《明史·選舉志》曰：「選舉之法，大略有四：曰學校，曰科目，曰薦舉，曰銓選。學校以教育之，科目以登進之，薦舉以旁招之，銓選以布列之，天下人才盡於是矣。」由學校到銓選，既是朝廷選拔人才的途徑，也是明清文人普遍的人生歷程。其中又以科舉爲關鍵環節，學校爲科舉培養人才，科舉選拔出來的人才則經由銓選進入官僚體系，科舉過程中的師生關係、同年乃至同房、同号關係也被帶入官僚體系。同時，進入官僚體系之後，一些官員被任命爲各府、州、縣之學政，主持一方之教育與考試，或被任命爲鄉、會試之考官，不僅由此而建立了新一輪的師生關係，而且其經學思想、社會觀念乃至文章、文學觀念也經此而直接影響年輕一代。科舉文化構成了明清時期社會人文的一個獨特層面，是認識主流文化和主流社會的一條極其重要的途徑。

構成明清文人之人生主軸的即是其科舉人生，故學界有「科舉人物」之一説。明清文人的讀書、應試、任官，既是一個人才選拔、使用的過程，也是文人實現其人生價值的過程。文人的政治思想、社會觀念、哲學、宗教觀念等在這個過程中呈現。所謂「修身齊家治國平天下」，建立事功，致用於天下。同時，文人又是文章寫作和詩文創作的主體，其科舉人生中的種種際遇，不管是居廟堂之高，還是處江湖之遠，不管是與世推移，還是獨立物表，其覽物之情，發而爲文，這就是明清文人的文章世界、文學世界。可以説，科舉文化是明清文人的人生底色，是其各種觀念的起點或參照。了解科舉文化，是我們認識明清文化與文人的重要途徑。

二十世紀以來，科舉學研究的發展有一條清晰的軌跡： 從三十年代的章中如、傅增湘、方瑜、鄧嗣禹、陳東原、盧前諸先生，到五十年代的商衍鎏先生、八十年代的程千帆先生、傅璇琮先生、王德昭先生，其研究成果有探究制度史，有追溯考試史，有從制度文化的層面透視文學。 九十年代鄧雲鄉先生、啓功先生的八股文啓蒙專著出版，使八股文體從科舉諸文體中凸顯出來，此後便有田啓霖、龔篤清、孔慶茂諸先生的八股文集整理、八股文史和批評史研究，臺灣「中研院」蕭啓慶先生、中國社會科學院的陳高華先生對元代的科舉制度的研究、楊學爲先生關於中國考試通史的研究，張希清先生、毛佩琦先生關於中國科舉制度史的研究，李世愉先生關於清代科舉志的研究，劉海峰先生關於科舉學建構的研究，陳文新先生主持的科舉通志研究、吴承學先生及其團隊的科舉各文體研究等，都是二十世紀八九十年代以來最爲重要的科舉學研究成果。 海外方面，美國的艾爾曼先生、日本的鶴成久章先生都在科舉研究方面有令人矚目的成果。至今，科舉學的發展已經有了長足的進展，對這一領域的歷史學研究、教育學研究和文學研究都已全面展開。

隨着研究的深入，科舉文獻的搜集和整理成爲一個迫切的問題。已有數代學者致力於這一領域，首先是考試録文獻的影印出版。臺灣學生書局於一九六九年出版《明代登科録彙編》。中國大陸方面，由龔延明先生主持的國家社科基金重大課題《中國歷代登科總録》於二〇〇三年啓動，其中，《宋代登科總録》十六册已正式出版，《清代登科總録》的編校正在進行中。自二〇〇六年至二〇〇七年《天一閣藏明代科舉録選刊》由寧波出版社出版，包括《登科録》（二〇〇六年）、《會試録》（二〇〇七年）《鄉試録》（二〇一〇年）。此後有龔延明、祖慧撰編的《宋登科記考》（二〇〇九年），全國圖書館文獻縮微複製中心所編《中國科舉録彙編》（二〇一〇年）及《續編》（二〇一一年）。龔延明先生主編《天一閣藏明代科舉録選刊·鄉試録》（二〇一六年）。

除考試録、登科録之外，還有楊家駱先生的《中國選舉史料》（一九七七年）、秦國經等主編的《清代官員履歷檔案全編》（一九九七年）、李世愉先生主編的《中國考試史文獻集成》（二〇〇三年）、文清閣編的《歷代科舉文獻集成》（二〇〇六年）、來新夏先生主編的《清代科舉人物家傳資料彙編》（二〇〇六年）、清華大學圖書館科技史暨古文獻研究所編的《清代縉紳録集成》（二〇〇八年）、陳文新先生主編的《歷代科舉文獻整理與研究叢刊》(二〇〇九年)、王鴻鵬先生編輯的《臺灣科舉史料彙編》(二〇一六年)等,都爲科舉學研究提供了珍貴的研究文獻。

程墨文獻的整理或影印方面,具有劃時代意義的是顧廷龍先生主編的《清代硃卷集成》(一九九二年)。之後有田啓霖的《八股文觀止》(一九九四年),姜亞沙、經莉、陳湛綺主編的《中國古代闈墨卷彙編》(二〇一〇年),顔建華選編《清代湖南朱卷選編》(二〇一二年),龔篤清主編的《八股文彙編》(二〇一四年),林祖藻主編的《明清科考墨卷集》(二〇一五年),田啓霖編著的《明清會元狀元科舉文墨集注》(二〇一六年)。

科舉文論方面,王水照先生的《歷代文話》(二〇〇七年)、陳文新先生的《歷代科舉文獻整理與研究叢刊》(二〇〇九年)已經選入了一些科舉文選和文論。在稀見文獻的整理方面,陳廣宏、龔宗傑先生編校的《稀見明人文話二十種》(二〇一六年)收録了十二種科舉文論。這些文獻蒐集、整理工作大大地推動了這一領域的研究。

但是,由於文獻的缺失,目前學界對明清科舉史的某些方面或某些環節的認識尚不够清晰。比如明清歷科的考試録、登科録,儘管有顧廷龍、龔延明等先生的成果,但洪武、永樂間的鄉試録、萬曆丙午、丁未的鄉、會試録、乾隆三十六年順天鄉試題名録等文獻仍亟待進一步搜求。儘管有梁章鉅《制義叢話》的點校出版，但我們對清代制義文論的發展軌跡的認識仍然是粗線條的、跳躍式的。明清時期一些在當時頗具影響的科舉文集，由於各種各樣的原因，今天已成稀見之物。科舉文集方面，目前學界主要關注的是八股文選集、八股文論和狀元策。但是，無論是從對科舉制度的了解，還是對科舉文體類型的了解，都不能局限於八股文和狀元策。五經文、詔、誥、論、表、判、策、試帖詩等文體和四書文一起，構成了科舉文體的系統。明代曾出現過大量的關於二三場的程墨選集和文話。崇禎刻本《學府秘寶》就提到當時「京省所移過二三場，十有餘種」。但是到了清代中葉以後，這類書籍大量失傳。這與中、晚明二三場程墨的具體內容有關。據乾隆三十七年上諭，乾隆帝令各省加意購訪「古今來著作」，「以彰稽古右文之盛」。〔一〕但特意加上一條限制：「除坊肆所售舉業時文，及民間無用之族譜、尺牘、屏幛、壽言等類，又其人本無實學，不過嫁名馳騖，編刻酬倡詩文，瑣碎無當者，均毋庸採取……」〔二〕在禁刻「青詞」時說：「又如時文爲舉業所習，自前明以來，通人擅長者甚多，然亦只可聽其另集專行，不宜並登文集……」〔三〕而其中的「二三場」的專書更因其在政治上語涉「違礙」而列入禁毀名單。這些二三場的專書雖經乾隆朝的禁毀，依然有一些書留存下來，如袁黄的《群書備考》、署名爲焦竑、王衡同選的《二三場藝府群玉》〔四〕、陳錫爵輯《明館課》、茅維選《策衡》、周延儒輯、賀逢聖注的《學府秘寶》。呂五音、夏履先選評的《舉業瑶函》。但更多的二三場書籍，像周鍾編《後場紀年》、蔣方馨選《二三場鴻寶》和《二三場開律》、朱天璧選《二三場論表式典》和《論表式典》、王宇輯《策約前後集》、黎利賓編次《二三場有神集策》、《二三場有神集表判》、趙燦英評《二三場開宗表策》、馮夢禎選《後場旁訓評林》、徐日久著《論文別集》、《二三場類纂捷要》、馬晉允選《二三場典録》、《後場名山業》、項聲國輯《後場雋永》、楊彝與顧夢麟選《後場備考彙典》、楊廷樞《後場經濟類編》、周立勳《後場持雅録》、袁黄《表式表括表漚言》、佚名的《二三場玉函時務考》、《策類典》、《策式典》等，今天已不見其蹤，如果不是已葬身於乾隆朝那場禁毁烈火之中，那麽民間或域外或有幸存之可能。

蒐集、整理稀見科舉文獻的任務已迫在眉睫，但任務仍然艱巨。在各圖書館的收藏中，科舉文獻没有受到應有的重視，一些文獻並没有被登録，各圖書館所收藏的科舉文獻有一些並没有在其書目數據庫中體現出來； 一部分稀見科舉文獻則存在於民間收藏之中； 域外各圖書館所收藏的稀見科舉文獻更是一個巨大的寶庫。將這些稀見文獻篩選、整理出版，需要學界同仁共同的努力。

另一方面，科舉文獻又是浩如煙海，優劣並存。雖然很多文獻到今天已成稀見之物，甚至成了孤本，但稀見之物與文獻價值之間並不能劃等號。一些文獻儘管是稀見，但在明清時期因書商出於漁利目的而粗製濫造或大同小異，一些鈔本也只是應試士子或鄉村塾師之淺識陋見，這就需要我們對稀見科舉文獻進行甄别、評估、論證。另外，來自歷史學、教育學、文學等不同學科領域的學者在從事這一工作時各有所側重。我們的蒐集、整理工作可以分階段、分類型進行。本叢書選擇明清時期爲時間坐標，選擇考試録、二三場文選和科舉各體文論爲校點整理對象。

二

本書選入稀見的明清科舉文獻十五種。從時間的跨度看，所選文獻的編撰時間從明代建文元年到清代光緒年間，大體涵蓋明清時期。從内容分類來看，明代選取四種，清代選取十一種。其中多爲僅見之本，如《弄丸判語》、《群芳一覽》、《舉業瑶函》、《一隅集》、《吴蘇亭論文百法》、《能文要法》、《秀才秘籥》、《制義卮言》、《帖括枕中秘》。其餘六種則爲稀見之本。

四種明代文獻既具史料價值，也具有「文選」的特點。《建文元年京闈小録》是建文元年應天鄉試録，除了卷首無考官、同考名姓仕履和主考官之序文外，其他均遵考試録體例。此書也可視爲一部三場文選。無論是對於了解明初的宫廷政治，對於認識明初科舉考試科目類型變化、考試録形式變化，還是對於了解明代科舉文體（包括八股文體）的演變，都有着重要的意義。南京圖書館藏本丁丙的跋語强調了此書的史料價值：

「革除事多散失，志乘、科貢表尤闕略。得此可攷證明初遺制矣。」

關於此科《四書》義的試題，沈德符曾指出：「建文元年己卯，應天鄉試，首題爲『可以託六尺之孤』一節。是時燕邸靖難兵已漸動。衡文者有意責備方、黄諸公耶？抑偶出無心耶？即云無心，與時事暗合，亦不祥甚矣。」其時朱棣之兵已漸動，建文帝剛過弱冠，雖不能稱「六尺」幼君，但可視爲「孤君」。故此科試題或者爲主考官之别有用心。此科鄉試第一名的劉政，其文被取爲《小録》之程文。據《革朝遺忠録》，後來太宗登極，方孝孺被戮，劉政悲忿不食死。朱彝尊《孝子長洲劉君墓誌銘》記劉龍光之遠祖「（劉）政中，明建文元年鄉試第一，方公孝孺之所拔也。金川門之變，痛哭不食死，追謚靖節先生」〔五〕，正所謂「臨大節而不可奪也」。據鶴成久章教授所引，明末周鍾所撰《皇明歷科程墨文》（日本尊經閣文庫藏〔六〕）將劉政之文的作者署爲方孝孺。明初似未有考官代撰程文之舉，此或爲此書編者以晚明的通例去臆想明初所致。

李廷機選評的《群芳一覽》具有重要的史料價值。關於萬曆丙午鄉試録、丁未會試録，《明代登科録彙編》、《天一閣藏明代科舉録選刊》、《中國科舉録彙編》等書均未收録。除《河南鄉試録》、《浙江鄉試録》以外，萬曆丙午、丁未的考試録均未見其蹤。《群芳一覽》選取萬曆三十四年丙午鄉試、三十五年丁未會試的二三場程文，同時也選入萬曆丙午順天、浙江、山東、河南、廣西等省鄉試録的前序或後序，選入萬曆丁未會試録的前、後序，實是萬曆丙丁鄉會考試録之選集。這些考試録的序文所表現出來的考官思想既反映考官對萬曆朝的憂慮與謀劃，也影響了一代學子。這些考官如楊道賓與黄汝良（丁未會試正、副主考官）、吴道南與孫如游（丙午順天鄉試正、副主考官）、張邦紀與吴忻（應天鄉試正、副主考官）、彭遵古與張汝霖（山東鄉試正、副主考官）、卞成憲與吴亮（河南鄉試正、副主考官）、王舜鼎與張鶴騰（廣西鄉試正、副主考官）等的科舉觀、人才觀在序文中都表現出來了，他們對經史傳統和當下時務的思考與關切，也蘊含在其所出的論、表、策的題目和所作程文中。

編者李廷機，萬曆三十五年以禮部尚書兼東閣大學士入參機務。繫閣籍六年，秉正止九月。言路以其與申時行、沈一貫輩密相授受，故交章逐之。《明史》稱：「輔臣以齮齕受辱，屏棄積年而後去，前此未有也。」廷機求罷乞休，萬曆帝屢詔勉留，乃屏居荒廟。至萬曆四十年，疏已百二十餘上。而事實上，「李廷機去國，操縱不出上裁。至外而撫按，内而庶僚，去留無所斷決。士大夫意見分歧，議論各異，陛下漫無批答。曷若盡付外廷公議，於以平曲直、定國是乎？」[七]於是他陛辭出都待命。對於萬曆朝的朝綱，李廷機尤有切膚之感與憂慮。《群芳一覽》是他對萬曆三十四年（丙午）各省鄉試録和三十五年（丁未）會試録之前、後序及程文墨卷的選編。這是一部鄉、會試第一、第三場之程文墨卷之合集。部分程文出自各省鄉試和會試主考官。如丙午江西鄉試程文《士風吏治》一策即見於主考官曹於汴的《仰節堂集》。這些程文正可以見出各省試官所呈示的「文體之儀的」。該書由三部分構成：論、表、策。論、表部分各選鄉試程文十篇、會試程文一篇。策部分選各省鄉試程文共三十六篇，會試程文五篇。可見李廷機對策文之特別重視，其所選策問與策對，體現出他對萬曆朝的朝綱的特別關注。

明清的鄉、會試的第三場和殿試均試策。策問的出題可以包括「君道、臣道、事功、用人、理財、人品、士風、書史、兵政、時務等題」〔八〕。從歷史價值看，鄉、會試的第三場和殿試的策試提供了各個歷史時段的「時務」。朝廷出於解決現實時務難題而設計策問，並要求考生直陳己見，不必顧忌。李衷純甚至從經世致用的角度，把策視爲明代可以垂不朽的一代之文。他説：「昭代若兼三季（指元代若兼有漢、唐、宋三代的特點——引者），然明經而至舉子業，不過府儒糟粕，小兒哽飦。語、詔、誥、表，雖沿詞賦之遺，無當實際，皆朝取青紫，夕覆醬瓿矣，烏足垂世？惟是制策，所問有不自黼扆宫壺以迨人才禮樂、邊陲河渠、錢谷刑獄三事之所平章、六曹之所職掌者乎？射策所對，有不淹古貫今、導利規害、識若觀火、畫若破的以箴主德、贊國政、襄民瘼者乎？即非世務而譚理學子史，有不剖一人獨見、抉千古疑奥，爲木天石渠之秘解乎？故攬一策而一朝時事可稽也，攬群策而累朝故實可考也。蓋視漢策尤鴻鉅，與金匱所藏正相表裏。不朽之文，要惟此耳。豈明經、詞賦可仿佛乎！」〔九〕尤其是出自考官的策程文，其意義非同一般。茅維的《皇明策衡》所選爲王守仁、徐階、高拱、申時行、王世貞、張居正、許國、李維楨、李廷機、馮錡、沈一貫等考官所撰程文。對此，馮夢禎説：「其程士之篇出於館閣巨手、命世高流者，率十而三四。蓋其識精學博、練世久而運籌熟。故矢口縱筆多中窾。」〔一〇〕黄汝亨也説：「一人之筆而可以羅千古，苞衆智，與億萬之變，庶幾可施於用者，無如主司之自爲程策而冠諸録者。何者？其所對之人即所問之人，非其有本而多貯，爲生平之所得力而勝乎物，其言不出也。故言成文章，施於當世，亦成用。……要皆傑識匡時宏文，託志書生之所窘，俗吏之所疵，腐儒之所拘，參伍以變，會通其觀，古可以適於今，今可以程乎古，儀、秦失其辯，司馬、諸葛失其智，皇王之略，天文、地理、人事之紀，具在焉。」〔一一〕館閣巨手身當其事，其程文不是紙上談兵，而是包含着一定深度的、較爲成熟、可應用於世務的時務策。其程文本身即是對已經發生或正在發生的歷史事件的謀劃。

該書選入丙午湖廣鄉試之策問，考官（主考官爲張邦紀、吴忻）直以「人主批答」爲題：「批答者，百司庶府咽喉所繫也。而今何如也？自簾陛峻絶，羣臣累歲不得聞聲，所賴疏瀹上下之情，聯合主臣之脈，獨此批答一竅。乃曩古朝拜疏而夕報聞，今則濡滯數月不下，甚且沈閣竟不發矣。夫此章奏也者，皆繫策國機宜，人材是廢。裁決稍緩，已怫當機，況復留中，立睹僨事。天下寧有咽喉已閉，呼吸不續而衆体能效其綱維，壽命能保其延長者？」這簡直是將萬曆帝游街示衆，樹爲衆矢之的。而考生也毫不含糊：「至我皇上……邇來深居崇攝，不復延見羣臣，羣臣終歲不得一瞻天表。一切機務厘厘稟受於批答一脈，今并此批答亦留滯不時發矣。留滯不已，漸成寢閣。寢閣不已，漸成閉塞。下虞其塞也，切切焉抱咫尺之牘以救之。上虞其聒也，汲汲焉操重關之鍵以塞之。下幾幸其旦夕之開，不憚反覆以牖之。上掩覆其留滯之故，間發一二以飾之。或有自外而塞者，無論其輕重，槩閉之使不入。或有自内而塞者，無論其甘苦，槩匿之使不出。或有懼其將通而百計旁撓之者，狎邪之説中而彌堅其塞矣。或有安於不通而一味故塞之者，錮蔽之形成，而難冀其開矣。嗟乎！批答一竅，將人材登廢，生民愉慘，胥槖鑰於此。又大之而天命予奪，人心離合，胥萌蘖於此。人主奈何使之常塞而常不通也哉！」

應天鄉試（主考官馮有經、傅新德）五道策問，有四道與萬曆朝之朝綱直接相關。五篇策問，《紀綱》、《災異》、《忠孝》、《用人理財》、《克己》，從朝綱至自然與人事之徵應、臣子處上的態度、關乎國運民生的用人理財到一己之修齊，體現了考官的良苦用心。《紀綱》針對「邇來士横民頑，卒譁譖猾，諸罔法不具論，即號薦紳家，寮宷長屬，間畀乘尊。下于上，浸以凌替，似非盛世所有」的現象發問，《災異》針對「近歲以來，災異屢見」的現象發問，《忠孝》針對「今聖明在御，嚴重難犯，批鱗直諫之士，無所閼其口」的現象發問，《用人理財》針對「邇來中外多故，缺竭是虞。大冢宰補牘而陳，大司農持籌而嘆。……人與財昔饒而今匱」的現象而發問，《克己》針對「世衰道微，機鋒駴作。家立門户，人樹藩籬，甚至公亓公溥而陰慘尤甚」的現象發問，具有鮮明的「時務」導向。

而策對的程墨（**五篇策對，有二篇標明爲墨卷，三篇未標明是程是墨**）則一遵科臣「直言不諱」呼籲，目光如炬，鞭辟入裡。如《用人理財》篇，指出明朝並非無人乏財，但「邇年以来，内外大僚，寥落晨星。臺省諸員，强半空署。或以一人攝数篆，或以一差兼数年。處處皆虞代庖，人人久苦積薪。加之九塞飛書，諸司積案。老庫将竭，京糧告罄」。「用人之與理財，既已相反矣。而用共人之與用私人，又自爲相反。卿寺之缺，臺諫之缺，監司守令之缺，無慮數百員，悉束之高閣。乃城狐社鼠，一稱意則擁傳握符，被蟒圍玉，顢行而不報也。理財之與用人，既岐而二矣。而理公帑之與理私藏，又自岐而爲二。狂哮之費，倭播之費，河工典禮之費，垂及二千萬，悉委之尾閭。乃封椿景福，一請發則褎耳不聞，沃石不入，屯膏而不下也。而猶未也，私人之間共人不已。於是用人之禍，且轉而移之乎理財。」「今四方珠玉金銀之未至者，中官以敲膚剥髓而求之；已至者，皇上以瓊宫寶庫而藏之。其賢人俊乂之未至者，以山陬海澨而棄之；已至者，以犬馬草芥而蓄之，不當意則以鬼薪獄纍而處之。」

五篇策問及策對，尖鋭地呈現萬曆朝之痼疾，病入膏肓。這對我們認識萬曆朝之政治、社會、財政、道德、士風民心及其對明朝命運的影響，具有最爲直接的史料價值。

如果説，《群芳一覽》之選文重在朝綱，那麽《舉業瑶函》之選文則重在遼東「虜情」。萬曆十一年，努爾哈赤以先人留下的十三副遺甲起兵，開始了建國稱汗之旅。天命元年（一六一六年，萬曆四十四年丙辰），努爾哈赤在赫圖阿拉稱汗，建立了後金。天命三年即發佈七大恨，正式誓師伐明，接着攻克開原、鐵嶺、遼陽、瀋陽等地。天命十一年（天啓六年丙寅）努爾哈赤去世，皇太極繼續尋找進攻明朝的機會，構成了對明朝的重大威脅。時務策對此的反應是，不管是考官的程文還是舉子的墨卷，其對策對於關外崛起並形成越來越大威脅的後金的措詞越來越嚴厲而不遜。即使是舉子的墨卷，同樣是敏鋭地關注着遼東國際形勢的最新變化。

該書編成於崇禎三年，其時正是遼東局勢頻頻告急時期。編者吕五音、夏履先不僅在時務策中選入多篇與遼東有關的對策，即使在表部，也時重遼東之焦點。「表式」選文十篇，最晚一篇爲萬曆四十六年戊午河南鄉試程文《擬上諭兵部援遼兵餉如期速發所進地圖留覽謝表》，即是以當年遼東戰事作爲試題。全書最後一集是水陸九邊圖考，借以加强此書之歷史真實的氛圍。

呂、夏的老師張鼐（**字世調，號侗初**）曾於萬曆四十七年十一月代内閣爲皇帝草《詔諭天下軍民人等》，在「奴夷小丑，肆逆東方」[一二]的形勢下詔諭天下軍民，同心協力，共同抗敵。萬曆四十八年，張鼐又代草了《詔諭天下軍民並遼東將士人等》[一三]，並奉使遼東，多次向泰昌帝上疏陳述其遼東戰略。撰《遼夷略》，首述朵顔、泰甯、福余三衛，次叙女真海西南北諸部及建州部族。此外，張鼐還著有《吴淞甲乙倭變志》、《遼籌》，是遼東問題的專家。《舉業瑶函》之「九邊」比《皇明九邊考》少了固原一邊，多了「建夷」、「日本」兩則。其「建夷」條彙編自其師張鼐的《東夷考略》等書，並以「奴酋不死，中國之禍蓋未艾也」作結。所選萬曆戊午河南程表、袁熕之程文《戰守》、陸燦之墨卷《東虜》、譚元春之《富强》《兵要》、黎元寬之墨卷《文武》，均爲天啓間鄉、會程墨，戰火烽煙瀰漫於文字間。

三

從對科舉制度的瞭解的完整性來説，三場構成了一個整體。八股文與詔、誥、論、表、判、策、試帖詩構成了明清科舉文體的整體面貌，成爲明清文人公文寫作與文章修辭的基礎。不管是從文體學的角度，還是從文章學的角度看，對明清程墨文獻中的二三場的論、表、判、策的研究，都具有重要的學術意義。「二三場來歷，多出於《綱鑒》、《左》、《國》、諸子百家。」〔一四〕考生若想在二三場角逐中勝出，那麽對於《綱鑒》、《左傳》、《國語》、諸子百家的古文傳統，從思想到文風，都應有深入的領悟。所謂「以古文爲時文」本來就是科舉文的題中應有之義。二三場的文集，爲我們在這一方面的研究提供了重要文獻。

明代鄉、會試第二場所考科目，除論、表、判之外還有詔、誥等文體的考試。明初改應天府學爲國子學，每月試經、書義各一道，詔、誥、表、策論、判、内科二道。永樂十八年遷都之後，南北監所習、所考科目亦同此。這是明代前期鄉、會試的基本科目。《建文元年京闈小録》的判語部分也保持了考試録不録判文的通例，僅列出了五道題目。

從與文學的關係看，二三場諸文體中，論與策更爲文人所看重，所謂「語、詔、誥、表，雖沿詞賦之遺，無當實際，皆朝取青紫，夕覆醬瓿矣」〔一五〕。然而作爲公文寫作，表與判爲舉子日後進入仕途開展公務作準備。元代吴萊説：「初場在通經而明理，次場在通古而善辭，末場在通今而知務。」〔一六〕明代黄汝亨把論、表、策視爲「臣道」修養的一部分：「以表取士，古未有也。此祖宗所以教事君也。蓋論以極其情，策以盡其略，野草倨侮者未嘗無焉。試之以表，而君臣之體絶，廊廟之文嚴，雖倡狂無忌，亦必諧宫商、肅仗伍，始曉然知告君者當如是。」〔一七〕黄汝亨認爲，表的特點是「光明宣朗，了然於口」〔一八〕。這是真德秀、吴訥等人説過的，是明代表論的共識。

從文體角度看，《建文元年京闈小録》可視爲一部三場文選，視爲明初的一部科舉文集，對研究明代科舉文體之演變、發展具有重要意義。此書題爲「小録」，是明代初期考試録的常見形式。弘治間丘濬説，洪武三年始開鄉試，至洪武十七年鄉、會試之制始定。考試録的形式，「初爲小録以傳。然惟列董事之官，試士之題及中選者之等第、貫籍、經業而已。其録前後雖各有序，然猶未録士子之文以爲程式也。次科戊辰始刻程文。自時厥後，永爲定式。但此後五科，其間命官列銜尚或隨時不一。永樂以後，其制始一定而不更易。」〔一九〕由此書内容可見此科考試仍保留了元代「四書義」的考試形式。

在文體形式方面，此時八股形式雖未形成，但個别程文已出現分股和入口氣形式。《明史·選舉志》曰：「科目者，沿唐、宋之舊，而稍變其試士之法，專取四子書及《易》、《書》、《詩》、《春秋》、《禮記》五經命題試士。蓋太祖與劉基所定。其文略仿宋經義，然代古人語氣爲之，體用排偶，謂之八股，通謂之制義。」儘管後人已經指出「八股」之法至成化始定型，但入口氣、用排偶則是從一開始即已規定的。從這部《京闈小録》所選《四書》義和五經程文來看，大多並未嚴守入口氣、用排偶的規定。其中，佚名的書義《帝德罔愆，臨下以簡，御衆以寬。罰弗及嗣，賞延於世》是個例外。在破題、承題之後説：「昔者皋陶之美帝舜，其意若曰：濬哲文明，温恭允塞，此帝德之備於己者然也。」這是入口氣。然後從「乃聖乃神」起，分八股展開。最後是一個小結。

《弄丸判語》、《群芳一覽》、《舉業瑶函》都屬於二三場文選。由於晚明二三場書籍的「違礙」現象，在乾隆間多被禁毁，因而《群芳一覽》等文獻便顯得彌足珍貴。

在古代傳統的審判程序中，有判語的一個環節。判語是制判者根據現行法律對案件作出的裁决。判語之起源甚早，秦人以吏爲師，專尚刑法。漢承其後。唐人始以判試士，判語出現新的變異。與秦漢斷獄之詞不同，科舉中的判語乃是選士之詞，不免有重文詞的傾向。作爲官員在實際的訴訟事務中的斷獄之詞與作爲科舉科目的選士之詞，兩者的功能與形態是有諸多不同的。吴訥把斷獄之詞分「科罪」、「辨雪」等十二類，並稱：「凡若此類，多便理官，而不切於應舉。」「蓋選士以律條爲題，止於科罪。」

判語本出於實用目的，當它成爲科考科目時，其「文」的一面也越來越突出了。這就是孫梅所説的「潤案牘以《詩》《書》，化刀筆爲《風》《雅》」[二〇]。科舉的目的是爲官僚體制選拔人才，知府、知州、縣令均具司法職能，故「經義爲士本根，而法律所以輔之」。故科舉考試應有判語之科目，「古者任人先試以政，即橋門鼓篋，且以判語程之。安得廢棄不譚也！」但是，在事實上，有明一代，判文一直被輕視，無論是在實際的行政事務（所謂「判決之任」）中，還是在科舉考試中，均如此。「至於判決之任，輒置而不譚。得非以經義重，法律輕耶？大國家政典，三令五申，當官者弗得而廢。」[二一]在科舉考試的各科目中，判語儘管鄉、會試必考，但它不僅無法與經義同日而語，與論、表、策也不能並肩。這一點從歷科鄉、會試的考試録中即可見出。考試録從不録判語之程文，或許是由於其體過簡，考生容易應付。顧炎武《日知録》提到了這種情形：「至於近年，士不讀律，止鈔録舊本。入場時每人止記一律，或吏或户，記得五條，場中即可互换。中式之卷大半雷同，最爲可笑。」〔二二〕「但以五尺之童能强記者，旬日之力便可盡答而無難，亦何以定人才之高下哉！」〔二三〕乾隆二十二年，鑒於「士子往往宿構暗記，漸成鈔胥具文」〔二四〕的情形，朝廷出於「敦崇實效」的目的，特命二場罷表、判不用，改作五言八韵詩。因而作爲科舉中的判語也漸爲應試士子所淡忘。

《弄丸判語》是一部判體文集，編者爲萬曆間湖州知府陳經濟。〔二五〕它的考題都是選自《大明律》的條目，答卷在二百字以内。這樣的測試只是考核考生對《大明律》的大致認知。其目的並不在於考核考生的「斷獄」能力。作爲答卷，考生以駢文的形式，使用性質相同的歷史典故來表達對《大明律》條文的認識。（而不是對具體案情的斷案策略、見識與智慧）這就導致了明代判文大同小異的普遍情形，把這部《弄丸判語》與李廷機等人評選的《新鐫翰林評選註釋三場判學司南》相較，很多同題判語幾乎完全相同。如龔三益與黄洪憲、秦繼宗與田一儁、趙三極與陳懿典、余應詔與朱用光、趙三極與茅坤等人之同題文，均極似。

從文體的角度看，《弄丸判語》爲我們提供了袁宗道等萬曆會元、解元之難得一見的判文作品。而從判體文在明清小説、戲曲之流變來看,《弄丸判語》是一個觀察的基點。判體文在宋代以後向實用和公案小説兩個方向發展。判體文作爲科舉文體,有着向文辭化的方向發展的傾向。同時由於它的頻繁用典,便存在着向叙事文發展的可能性。《弄丸判語》之後有焦竑《標律判學詳釋》的出現,它在判文之後附有案例,介紹案情經過,使得判體文開始走向「法制文學」、「公案文學」,由此呈現了判體文流變的軌跡。

《弄丸判語》中入選者都是萬曆間鄉試、會試或殿試之元魁,代表了萬曆前期判體文的最高水平。其作者,像袁宗道、余應詔、朱之蕃、翁正春、劉應秋、湯賓尹、駱日升等,後來都成爲著名文人或顯宦,而這些判體文大多並未收入作者的文集之中。這些判體文有助於加深對這些文人創作的整體面貌及其豐富性的認識。《群芳一覽》所選的鄉、會試主考官之文以及楊道賓等的考試録序文,《舉業瑶函》選入張鼐序文、譚元春、袁熿、陸燦、錢希忠等之策、論,大多爲其作者文集所未選入者。藉着該書,我們也得以更全面地了解晚明文章的面貌。《舉業瑶函》全書六集,「表式」之後附有「通用」部分,分列了表體文常用格式的基本構件,具有類書的性質,旨在方便考生掌握表體文。

四

本叢書選文的另一重要部分是明清科舉文論。

《舉業瑶函》除了史料價值之外，也具有重要的文論價值。該書於論、表、判、策各部之前都有一篇「訣」，即關於論、表、判、策的理論。這些「訣」來自一部叫「指南録」的書，此書已佚，未見著録。從《舉業瑶函》和清康熙間王之績《鐵立文起》對它的引録情況來看，《指南録》應該是晚明一部關於二三場的理論著作，作者未詳。該書對論、表、判、策，四體並重。它根據各文體的特點和科舉的特殊環境，提出相應的寫作原則和境界。

清代部分選入十一種文獻，由順康時期的朱錦到光緒間的謝若潮，可以呈現清代科舉文論的大致輪廓。除陸隴其的《一隅集》外，其他十種都屬於專門的科舉文論。由此十一種文論文獻，可以概見清代科舉文論的基本類型、特點和文論史演進的基本脈絡。

對於明清時期的科舉文論，歷來有兩種截然相反的意見：或津津樂道，或口誅筆伐。

八股取士制度的原初設計，是通過經義考試使儒生在應試的約束下專注於儒家經典的學習與理解，從而達到信仰與人格的培養。康熙間理學家陸隴其説：「制義者，所以發揮聖賢之理也。能言聖賢之言者，必能行聖賢之行。以若人而寄之股肱耳目，託之民人社稷，則必有安而無危，有治而無亂。是取制義之意也，是五六百年來所以行之而不廢也。」〔二六〕嘉道間陳用光説：「國家以四子書命題取士，蓋導以庸行庸言之謹，而勖以温故知温之業。士修其業，宜皆能勵實學以應上之求矣。」〔二七〕「學莫先於窮經。《四子書》，窮經者之所首務也。國家取士，沿前朝舊制，以《四書文》覘學者之蘊蓄。」〔二八〕由科舉之文進而求於經史之貫串，以窮經爲致用之本。

薦舉與科舉、素質教育與應試教育，兩種不同的人才觀和培養、選拔方式衍生了兩種不同的評價尺度，形成了兩種不同的批評理念。不同的出發點，決定科舉文選家、批評家對待科舉文論的態度。

論家的這些不同立場來自對於科舉取士制度的不同態度。關於科舉取士之利弊，即使是官方内部也有不同看法。乾隆三年，兵部侍郎舒赫德言：「科舉之制，憑文而取，按格而官，已非良法。況積弊日深，僥幸日衆。古人詢事考言，其所言者，即其居官所當爲之職事也。時文徒空言，不適於用，墨卷房行，輾轉抄襲，膚詞詭説，蔓衍支離，苟可以取科第而止。士子各占一經，每經擬題，多者百餘，少者數十。古人畢生治之而不足，今則數月爲之而有餘。表、判可預擬而得，答策隨題敷行，無所發明。實不足以得人。應將考試條欵改移更張？别思所以遴拔真才實學之道。」然而禮部的答覆則是：科舉之弊，固然如舒赫德所言，但是，能否得真才，關鍵在於「責實」。「若惟務徇名，雖高言復古，法立弊生，於造士終無所益。今謂時文、經義及表、判、策論皆空言剿襲而無用者，此正不責實之過。凡宣之於口，筆之於書，皆空言也，何獨今之時藝爲然？」〔二九〕禮部的這一答覆是最爲務實的。高言復古、高言經學旨歸，倘不責實，也是空言。「以古文爲時文者」，不見得其人格境界或者道學精神比一般人高尚。應試教育有其自身特點，其最鮮明的特徵是它主要服務於階段性目標，它可以暫時懸置經學旨歸，而把學習與考試規劃成一個技術性處理的過程。至於「僥幸日衆」，則是科舉（**乃至一切應試考試**）作爲一種人才選拔方式所應該有的「成本預算」。

明清的科舉理論，從文論家的立足點來看，可以分爲三類：第一類視經義文的目的是體悟、闡發聖賢的微言大義，致力於培養士子的人格胸襟，一切的文法之論均屬細枝末節。第二類視科舉各文體爲應試文，致力於尋求應試的對策，培養應試的技能，把握具體的、系統的「法」，確保在最大範圍裡讓士子入選中式，確保被録取的底線；對於所謂的聖賢的微言大義，也可以通過特定的技術化處理提煉爲特定的「法」，對「法」的操練成了科舉的全部。這一類書被稱爲「揣摩」之作，是清代十分流行的制義文論形態，也被鄙稱爲「干禄」之書。錢振倫説：「時文緒論以姚姬傳《四書文選》前數則爲最精，近刻何義門有數則似専論前明之文選。又《八銘塾鈔》及《立誠編》前各有數則，皆可啓迪初學。若項水心《論墨》、朱岵思（錦）《會元薪傳》之類，則揣摩陋本耳。」「乃唐翼修（彪）《讀書作文譜》猶極言不可删，《叢話》引其説而是之。唐氏干禄之書，持論甚鄙，獨於大結意在復古，可謂進退無據。」第三類相對來説較爲理性、較富於建設性，從而真正體現了科舉考試制度的初衷，它通過特定的、具體的、系統的、科學的方法捕捉各科舉文體的規律性，使士子在最短的時間内掌握最爲有效的應試方法，通過科舉的環節去體悟、闡發經典的微言大義；這類理論往往是「義」「法」並重。以經義爲旨歸，以技法爲筌筏，既强調義理，又重視文法，采取「就文詞章句之末而推極於身心性命之際」

策略。

顧炎武、王夫之屬於第一類。以顧炎武、王夫之爲代表的狂風驟雨式的怒批自有其思想文化方面的考慮。王夫之説：「有皎然《詩式》而後無詩，有《八大家文鈔》而後無文。立此法者，自謂善誘童蒙，不知引童蒙入荊棘，正在於此。」〔三〇〕王夫之曾經針對「成弘法脈」對成化、弘治間的制義進行猛烈抨擊。他首先對成、弘間兩大代表性人物王鏊（守溪）、錢福（鹤滩）進行否定。明代以來，一直有「錢王兩大家」的説法，王夫之舉出錢、王之作的淺俗處，認爲他們之所以著名，是因爲「陋儒喜其有牆可循以走」〔三一〕。「世所謂『成、弘法脈』者，法非法，脈非脈耳。」〔三二〕王夫之之所以力貶成、弘，是因爲其制義不能真正揭示儒家經典之微言大義。不致力於經學，而斤斤於法與脈，因而「一代制作，至成、弘而埽地矣」〔三三〕。作爲一位經學家、史學家，王夫之的批評可謂一針見血。然而如果從寫作史、批評史的角度，這種批評顯然不能稱爲公允的學術立場。

吴蘭、周夢顔、仲振履等屬於第二類。

吴蘭的《吴蘇亭論文百法》是一部於康熙年間在江右地區較爲出名的科舉文論著作，後經王汝驤之褒揚推廣而名聲遠播。該書所論，包括首場之四書文與試帖詩和二三場之論、策，而以四書文爲主要討論對象。在明清的科舉文論中，該書可謂個性鮮明。與「以古文爲時文」的道學立場不同，吴蘭認爲，經史、百家、道學、古文、唐詩、宋詞乃至戲曲、小説，一切優秀的文化傳統都有助於制義之寫作。由於該書作者在經史、文學、藝術方面有廣泛的興趣，其對科舉文法的闡釋往往用詩、詞、戲曲甚至小曲去表達。這種論説方式對於士子來説或許可以提高學習興趣，但對於視經義爲闡發聖賢微言大義的學者來説則是對聖賢的大不敬。

在其論説中，時文與古文、詩詞的界線被打破了。其二百二十法中即有「韓調法」、「柳州法」、「蘇家法」、「歐公法」等，他認爲：「要曉得時文調皆從古文中抽出，及入時文，遂見今不見古矣。」韓愈的古文是吴蘭解説制義各法的寫作典範。除詩文法之外，書中還有「扮演法」，制義法也與舞臺藝術相通。作者是一位對俗文學，尤其是戲曲、小曲十分熟悉與酷愛的塾師，談「養局法」時他説：「如傳奇演事，必有多少離奇變幻，養出團圓一曲。」他有時乾脆就用曲詞演説制義諸法，如「收韁法」，「問『如何是反收法？』答云：『大包容饒了曹瞞罷。』」並自注：「末語《四聲猿》。」有時乾脆來一首詞曲，如「啣尾法」，用一支《番卜算》詞表達：「股末淡飄摇，接首相啣照。通篇連棧下山腰，段法真精妙。」《牡丹亭》、《四聲猿》、《尋親記》的曲辭，他都是張口就來。有時他像一位説書人，在講完「出色法」的道理之後，他敝帚自珍：「若舉世無知己，我便作玉茗堂花神云：『今已後再不開花了。』」由這樣一位在經史子集、戲劇俗曲、琴棋書畫等方面均有修養的論家來演説制義文法，簡直就是一次色彩斑斕的文化之旅。書中還有「文訣四十八字」，是關於八股文法的四十八個範疇，頗具理論色彩。書中有些文法論不僅是針對應試士子，其中有幾則還是針對塾師的。如「金針法」、「圈點法」，指明應該如何指導學生應試。

康熙間周夢顔（後來成爲虔誠的佛教徒）的制義文論《能文要訣》有非常特别的説理方式，該書針對的是初學者，具有啓蒙性質，因而著者循循善誘，多方設喻，讓我們領略到一種布道者之潛質。其「爲初開筆者設三喻」，在八股文理論史上可謂别開生面。爲説明八股文之章法結構，他先以「請客喻」，以日常習見之人情詮解八股文之章法；再以「房屋喻」，由日常起居之常態詮解八股文之結構；再以「出遊喻」，以出遊之常事詮解八股文之「題前」、「題後」理論，即八股文與蘊含於其後的經學大背景之關係。重操作性是它的第二個特點。作者所歸納的「五法」、「五忌」、「五體」、「五病」等，都是提綱挈領、便於記憶、利於操作的。其「三不窮法」（推原法、回抱法、詐呆法）都是拓展文思、深化題境之妙法。該書在制義文論上没有太多的建樹，但具有教育史、考試史的研究價值。

仲振履的《秀才秘籥》是一部徹底的「揣摩」之作。該書直面制義的「應試」性質，全書緊扣「實戰」這一核心，是一部「場屋必售技」的專書。它具有明確的、特定的接受對象：童生與秀才；有特定的討論範圍：秀才入學考與歲試、科試；采用特定的文體：文話。仲振履同時還是一位頗爲知名的戲曲作家，其揣摩理論也時有戲劇理論色彩。該書充分重視考官臨場判卷之心理狀態，提出相應應試策略與技巧，比如它説：「歲試作文要有膽，科試作文要有法，歲試人人畏懼，志在只求無過，我獨明目張膽，暢所欲言。科試人人放逸，我獨周規折矩，舉止官方，如此未有不一等者也。」歲試是學使監臨、考核秀才之試，其結果影響着秀才的升黜，「其歲考，則諸生之黜陟繫焉」[三四]。學使下車伊始，自是嚴厲挑剔，故秀才們人人畏懼。在人人文筆蹇澀的情況下，我却「明目張膽，暢所欲言」，便能迅速抓住觀者（學使）的目光。它考慮到考官的閲讀興趣的問題：「場中作文，先作首藝，便作第三藝，再作第二藝。何也？人之精神，至三條燭盡，未有不委頓者。首藝用全副精神，到第二作，便有興到筆隨之妙，三則竭矣。簾官挨次看去，每況愈下，索然無味。將二三篇一爲移換，閱至三藝，興致勃勃，毫無委頓之態，則售矣。」

司徒德進、司徒修的《舉業度針》是一部隨筆彙編，其「鍊墨十要」部分，頗具詩論色彩。「鍊墨十訣」則是制義十大範疇論。另外，此書不僅爲八股文論，其中也包括試帖詩論。如「論詩」一則，是針對乾隆以來新的考試制度而提出。當時考官判卷的具體情況是：「當今最重詩律，場中閱卷，每頭篇看畢，即看詩。」司徒德進之試帖詩論是以八股文法進行詮解的。他還特意作了兩篇有關試帖詩論的歌訣，朗朗上口，便於記憶，體現了應試指南之特色。「揣摩戒學高古」一則，繼承薛鼎銘之「揣摩」理路，明確宣稱：「夫揣摩原欲榮世，非爲傳世。」故「揣摩戒學高古」，因爲一方面，「王、唐、歸、胡文章，原不從時文得來。學者無此根柢漿汁，而欲竊其形似，必不能相肖」。另一方面，「且即肖之，而於主司、房考走馬看花中，欲進以聲希味澹之文以求合，豈不難哉」！此外，書中多有經驗之談，如「題中小義不宜分股」一則，指出並非所有的並列句式之題型即必分股，應據題意，若兩句疊出，雖分兩事，却無甚分別者，則不宜分股。他提出

「鑄題」的四法：　截其散，化其板，括其煩，銷輕爲重。此或爲吴蘇亭所啓發，而論述更精。

此書除了討論首場的四書文之外，同時也討論了第二場之五經文和第三場之策。乾隆二十二年廢表、判科考、加試試帖詩的同時，把原來首場的五經改在第二場。司徒德進提出相應的對策，指出：「作經文與《四書》文不同，不必拘以理法，只須文氣磅礴，古色爛斑，得《騷》、《選》、子、史話頭來寫最妙。」這是此前的制義文論所極少關注的。「要之，二三場經策，無益於中，（闈中頭場薦卷，乃看二三場，不薦者不看。）而有礙於中。（二三場有瑕疵者，每多點落，且頭場仲伯之卷，亦每以二三場比較優絀。）去其有礙，便是有益矣，有志者切莫潦草了事。」把二三場定義爲「無益於中却有礙於中」的科目，完全著眼於應試的特殊性。此外，此書關於「斷做」和「引述」，關於「滚作題法」，其論述都比前人有所推進。該書還提出了「中權」的概念，也值得關注。

陸隴其、方苞、鄭獻甫、錢振倫等屬於第三派，即一方面强調經義的根本性地位，强調「義」與「法」之間的辯證關係，另一方面則充分重視「法」自身的内在規律。

陸隴其的《一隅集》雖爲八股文選，但它具有强烈的理論意向。該書是陸隴其爲其子所編寫的八股文教材，闡釋文法之理路甚爲明晰，從淺深虛實、賓主反正、提挈照應之法，到文脈篇章結構，再由此而追探試題之「所以然」，藉此以窺聖賢全學。這一理路由晚明吴默所提出，由陸隴其給予發揚光大。該書的編纂特點是，一方面强調制義的經學旨歸，强調對儒家經典的深入透徹理解是制義運思構想、佈局謀篇的基礎。在時文與經史、古文的關係中，陸隴其認爲學習經史、古文無疑更爲重要、更爲根本。他以庖人治饌爲喻，把時文比喻爲最終出現在筵席上的佳饌，而一切經史則是用來製成佳饌的「粱肉山珍海錯」。「庖中無粱肉山珍海錯而徒廣收筵席之餘饌珍而藏之，欲以此饗嘉賓，其不至臭穢不堪者幾希。」所以應以提綱挈領之法儘量縮短學習時文的時間，以便騰出「餘力」去研讀經史、古文等「應讀之書」，去全面深入理解聖賢之學。另一方面則强調法是呈現經學理解的必由之路。「就文詞章句之末而推極於身心性命之際」是該書的基本立場；以「法」爲筌，是該書的具體展開方式。所選四書文中的夾批明晰標出各股的具體位置。其文後批的篇幅往往超過所選八股文，重點闡釋每篇制義的構思、文脈和各種方法，指明得失，具有極强的可複製性和可操作性。這是《一隅集》的制義文法論的一大特點。「義」「法」並重，以「義」制「法」，由「法」顯「義」，這一點對後來的桐城派古文是有影響的。

樓澠爲康、乾間著名的制義文論家。與隨筆式的或文話體的科舉文論不同，其《舉業淵源》具有體系建構的鮮明意向。全書分「理體」、「題體」、「文體」三個層面對制藝進行分類闡述。「理體」指制藝題目内容的性質，「題體」指制藝題型，「文體」則屬於制藝風格論。「理體」和「題體」立足於制義的應試性質，「理體」將試題的内容性質分爲「性情」、「學問」、「教化」、「飲食」等五十六種，此爲士子開筆之第一步。「題體類」部分則把試題類型進行分類，指出不同類型的試題之關鍵所在，提出相應對策，具有指導應試的實戰意味。「文體類」部分則頗具創造性，這使它與一般的制藝文法論的著作區別開來。這是一部制義風格論，歸納出十四種制義風格，以詩化的語言描述不同的制義境界，如「整飭」、「古健」、「沉鬱」、「蘊藉」等，可視爲一部《十四制義品》。

《墨譜》是順、康時期朱錦與乾隆時期薛鼎銘之舉業論著的合集，内容包括朱錦撰、薛鼎銘詳注的《會元薪傳》和薛鼎銘所編撰的《論墨雜録》、《勸學九條》。朱錦的《會元薪傳》在清代頗具争議，梁章鉅稱：「其書語括詞簡，得註釋而其旨益明，洵元燈也。」錢振倫則貶之爲「揣摩陋本」。然「揣摩」確爲此書之特點。「揣摩」有兩層意義：一是揣摩聖賢之微言大義，這是明清以來吴默、陸隴其等人所提倡的；一是揣摩考官之心理與臨場判卷之情態，此類「技術化處理」的應試策略常被貶爲「陋俗」。朱錦此書兼有此二義。此書「作文式」部分列舉了「融」、「湛」、「輕」、「大」、「暢」、「淺」、「清」、「勢」等八大範疇，對明清制義範疇體系的建構具有重要意義。薛鼎銘的注釋充實、擴展了該書的制義思想，成爲該書不可分割的一部分。其《論墨雜録》輯録了自蘇軾至薛的友人徐秉哲等人的文章觀。在明清時期的一些制義文選中，這種文論彙編常置於卷首，是明清制義文論的一種重要形態，薛鼎銘之輯録延續了明清時期制義選本這一批評形態。其《勸學九條》既有「定志」、「勵志」等勸學的內容，也有「識命」、「識途」等順天知命的內容。這兩方面的內容，在明清時期（尤其是清代）都有大量的著述存在，成爲明清時期科舉文論的延伸性產品。

鄭獻甫爲道咸時期著名的制義作家和理論家，其《制藝雜話》首先推尊制義體：「八比文義理本於注疏，體勢仿於律賦，㮣度同於古文，體本不卑，作者自卑耳。」因而制藝與儒家經典、經史注疏、古文傳統是相銜接的。真正好的制藝，必以儒家經典爲根柢。「學者非考究唐之注疏，研尋宋之語録，則必不能解聖賢之言；非流覽唐之律賦，誦習宋之古文，則亦不能代聖賢之言。何則？言之精者爲文，注疏之瑣碎必濟以律賦之整齊，語録之腐俗，必行以古文之淵雅，而後義理明，典章確，語氣肖。其品似在策論詩賦下，其學實在策論詩賦上。」「試問，《關雎》合樂，執圭聘禮，不考《儀禮》，能動一字乎？庶人在官，八家同井，不考《周禮》，能動一字乎？」該書涉及制藝的體制、範疇、章法、筆法等方方面面。

該書有較强的文體意識，它首先借辨體以辨源流，通過辨析散、駢、律賦、論體，考察科舉文體之淵源。該書以「話」體之散論形式，以舉業之循序漸進步步闡説。先精研實理，再體貼虛神，然後便是練識、練意、練勢、練局。在論説方式上，此書多有警策之言，頗具辯證之理。如「時文之題，不外《四書》。時文之人，必博羣書。否則斷無是處」、「時文之題，必宗一説。時文之理，必考衆説。否亦不知是處」、「實字研義理，虛字審精神。此看書法也。虛處起樓臺，實處開洞壑。此作文法也。虛處認得不真，實處必説得不透」。該書架起了一個制藝史論的框架，但只是選取幾個綱領性的問題作精辟之論，體系性和深廣度並非它之所長。

錢振倫爲咸豐間著名的詩文選家、駢文家和制義名家。其《制義卮言》由於從未刊刻，因而並未在當時和其後廣爲人知。而事實上，該書構架宏偉，論説精嚴。全書八卷，由明至清，窮時文之正變，明制義之作法。其論明、清制義之流變，寓論於史述之中，既兼容並包，又褒貶予奪，立場鮮明。在文法論方面，於因題立制、慘淡經營處用心尤深。第一卷仿梁武帝《書評》的形式，評明、清各四十家。可惜該書後四卷已佚，其第六卷爲「題類」專論，第七卷則是一部明清制義文論的彙編，第八卷則以紀事詩模式，述藝林之諧談趣事。該書代表了咸豐時期制義文論的最高成就。

道、咸是清代制義史上的一個特殊時期。梁葆慶於道光十二年説：「應舉之文，前十數科雅尚奥博，堆砌餖飣，競以子史隱僻語角雄長。戊寅、己卯，漸歸清真，曩時強湊摭拾惡習，淘汰幾盡。」〔三五〕認爲乾隆後期至嘉慶時期的制義「雅尚奥博，堆砌餖飣，競以子史隱僻語角雄長」。嘉慶末年，文風始歸清真。則道、咸時期乃是一個撥亂反正時期。早在雍正朝，世宗即對其時的文風深表擔憂，「屢以清真雅正誥誡試官」〔三六〕。方苞奉敕編《四書文》之後，「行之既久，攻制義者，或剽竊浮詞，罔知根柢……嘉慶中，士子撏撦僻書字句，爲文競炫新奇」〔三七〕。身處道、咸這個撥亂反正時期，鄭獻甫、錢振倫等人的制義文話具有重要的理論價值。

自乾隆二十二年丁丑科會試始，裁去表、判科，增用五言八韻律詩一首，永著爲例。此外，進士朝考、庶常散館翰詹大考，皆考律詩一首，名爲「試帖」。試帖詩與試帖詩學由此而盛。乾隆二十三年即有張殿鼎選注的《國朝應試排律金針》之刊刻，其後紀昀《我法集》於試帖詩上施以評點。試帖詩學與傳統詩學之關聯與變異，是一個值得探討的問題。咸豐間鄭錫瀛的《分體利試試帖法程》則采用「彙評」+「詩選」的模式，把試帖詩學推向新的高度。該書卷首收入四篇試帖詩論：「寄嶽雲齋論試帖十則」、「龔文恭公艷雪軒試帖詩話」、「陳青丈學使試帖論」、「龍翰臣修撰應試程式」。因這四篇試帖詩論，該書又名《詩法入門》。張寅彭、吴宏一、蔣寅諸先生曾著録此書，但張寅彭先生著録的是光緒十一年刻本，吴宏一、蔣寅先生著録的是同治元年刻本，本叢書收入的是咸豐九年（己未）通德堂刻本，第一則「寄嶽雲齋論試帖十則」爲同、光各刻本所無，具有獨特的版本價值。

《帖括枕中祕》爲光緒間謝若潮所撰，其内容主要由構局、用筆、修詞等部分構成。該書雖多論作法，但並不鼓勵學生死記硬背，而是設計出一套實用而完整的培養方案。其「讀法」部分是謝氏獨到的體會，在討論作法之前先討論讀文（尤其是範文）的方法，把聲音的高低急緩與文章筆氣文脈聯繫起來，其理論的基礎便是清代流行的聲調法。「構局門」部分是該書的結構論，也即一般制義文論常談之破題、承題、起講、大結等。但謝氏在論述時常把這些結構論與修辭論結合起來。「尋間」是該書的一個重要理論，即要善於發現「題中上下合縫處」，在無字處運思。卷五開列了一份長長的書單，內容包括經、史、子、集。他對學生的知識結構的培養，已遠不是「以古文爲時文」所能囊括的了。該書單包括讀經、讀四書、讀史、讀明道之書、讀經濟之書、讀詞章之書、讀考據之書、讀子、讀集。古文只是「詞章之書」裡的一種。同治十年童試加試算術學，光緒二十一年添試時務，此書中的「讀子」部分列有《新譯西洋兵書五種》，顯示了時代的特色。科舉制度已漸近尾聲。

本叢書收入的文論文獻大多並未爲學界所關注，但是它們對我們了解明清科舉文論的整體面貌和流變，具有重要的意義。這些文論既承繼着傳統的經史觀念、詩文理念，也充分展示了科舉本身的內在規律。在這種繼承與變異中，我們不僅可以認識到科舉文論自身的發展變化，也可以了解到傳統詩文理論在科舉文化中的衍生與蛻變。科舉文論中的範疇論和文法論大大地豐富了傳統詩學與文章學。

五

二〇一〇年，本人於日本京都外國語大學作爲期一年的交流，在關注戲曲文獻的同時旁及科舉文獻，二〇一二年開始集中關注稀見科舉文獻，二〇一五年年底再赴日本作爲期一年的交流，多方查訪稀見科舉文獻。收入本書的是本人多年訪書所得的一部分。本書用以校勘的參校本也多有孤本或稀見之本，如萬曆三十四年《河南鄉試録》、茅維的《皇明表衡》、清抄本《明文傳薪》、清莫晉鈔本《隆萬時文鈔》、樓渢《明文小題貫》、于光華《塾課集益》等。對這些稀見文獻的整理或影印，俟諸異日。

二〇一五年本人的《宋元明清程墨評點與文論的關係研究》獲得了國家社科基金立項。二〇一七年成爲教育部哲學社會科學研究重大課題攻關項目《清代稀見科舉文獻整理與研究》之首席專家。項目的資助使得本課題得以順利展開。在此，我要向國家社科基金和教育部致以誠摯的謝意。

本叢書在文獻蒐集、整理的過程中，得到諸多學者、朋友的幫助，如日本東洋文庫研究員橋谷英子教授、日本新潟大學劉靚博士、吴冠文教授、趙建忠教授、羅劍波教授、侯榮川君、潘履冰先生，特此致謝！還要感謝陳廣宏教授、鄭利華教授、徐永明教授在本書校勘過程中所提出的寶貴意見。最後要特别感謝羊列榮兄細心的審讀，感謝責任編輯宋文濤君爲本書的出版所付出的艱辛勞動。

注釋

〔一〕《諭内閣著直省督撫學政購訪遺書》，中國第一歷史檔案館編《纂修四庫全書檔案》，上海古籍出版社，一九九七年，第一頁。

〔二〕《諭内閣著直省督撫學政購訪遺書》，中國第一歷史檔案館編《纂修四庫全書檔案》，上海古籍出版社，一九九七年，第一—二頁。

〔三〕《諭内閣〈學易集〉等有青詞一體跡涉異端抄本姑存刊刻從刪》，中國第一歷史檔案館編《纂修四庫全書檔案》，上海古籍出版社，一九九七年，第四七四頁。

〔四〕可能是唐汝灦僞託焦竑、王衡之名的一種二三場科舉文的評點本。此書卷首爲唐汝灦序，説明此書是由他所選，並作了説明：「余不自揆，輒披選二三場程録，拔其尤，附以墨，而爲之注釋。起嘉靖之季，訖於今。爲集者五。」此序有兩可疑：其一，稱「起嘉靖之季」，實際上起於隆慶丁卯。其二，全書八卷十六册，不知其「爲集者五」何所指。或者原本五卷，後增至八卷。

〔五〕朱彝尊《曝書亭集》，國學整理社，一九三七年。

〔六〕尊經閣藏本，其書名題爲「皇明程墨紀年四科鄉會程墨紀年」，書口題爲「皇明名山業」，周鍾編評，崇禎刻本，十六册。

〔七〕《明史·陳伯友傳》。

〔八〕《學府秘寶凡例》，周延儒輯、賀逢聖注《兩太史評選二三場程墨分類注解學府秘寶》，順治間周氏大業堂刻本。

〔九〕李衷純《皇明策衡序》，茅維《皇明策衡》卷首，萬曆三十三年刊本。

〔一〇〕馮夢禎《策衡序》，茅維《皇明策衡》卷首，萬曆三十三年刊本。

〔一一〕黄汝亨《皇明策衡序》，茅維《皇明策衡》卷首，萬曆三十三年刊本。

〔一二〕張鼐《詔諭天下軍民人等》，張鼐《寶日堂初集》卷一，《四庫禁毁書叢刊》集第七六册，第一二頁。

〔一三〕張鼐《寶日堂初集》卷一，《四庫禁毁書叢刊》集第七六册，第一四頁。

〔一四〕《學府秘寶凡例》，周延儒輯、賀逢聖注《兩太史評選二三場程墨分類注解學府秘寶》，順治間周氏大業堂刻本。

〔一五〕李衷純《皇明策衡序》，茅維《皇明策衡》卷首。

〔一六〕《跋吴君程文集後》，《全元文》卷四九四，第一四册，第六〇八頁。

〔一七〕黄汝亨《表衡序》，黄汝亨《寓林集》卷七，《續修四庫》第一三六九册第四五頁。

〔一八〕黄汝亨《表衡序》，黄汝亨《寓林集》卷七，《續修四庫》第一三六九册第四五頁。

〔一九〕丘濬《皇明歷科會試録序》，《重編瓊臺稿》卷九，四庫全書本。

〔二〇〕孫梅《四六叢話》卷一九。

〔二一〕何挺《弄丸判語題辭》。

〔二二〕顧炎武著、黄汝成集釋、欒保群校注《日知録集釋》，浙江古籍出版社，二〇一三年，第九六六頁。

〔二三〕顧炎武著，黄汝成集釋，欒保群校注《日知録集釋》，浙江古籍出版社，二〇一三年，第九六七頁。
〔二四〕孫梅《四六叢話》卷一九。
〔二五〕曾有學者認爲，《金瓶梅詞話》中的陳經濟，其生活原型即是萬曆間的這位知府。小説中的陳經濟在湖州府做生意，並曾身陷嚴州府監獄，與萬曆間的陳經濟之曾任嚴州知府、湖州知府在地點上相巧合。（見鄭志良《明名士陳經濟與〈金瓶梅〉中的陳經濟關係考》，《明清小説研究》二〇一五年第一期。）但從性格、品行、經歷，兩者實無共同之處。
〔二六〕陸隴其《黄陶庵先生制義序》，陸隴其《三魚堂文集》卷九，康熙刻本，第十四a頁。
〔二七〕陳用光《重刻一隅集序》，陳用光《太乙舟文集》卷六，清道光十七年刻本，第六册第五二a頁。
〔二八〕陳用光《重訂姚先生四書文選序》，陳用光《太乙舟文集》卷六，清道光十七年刻本，第六册第五四b頁。
〔二九〕《清史稿·選舉志》。
〔三〇〕王夫之《夕堂永日緒論外編》，《船山全書》，岳麓書社，二〇一一年，第八四七—八四八頁。
〔三一〕王夫之《夕堂永日緒論外編》，《船山全書》，岳麓書社，二〇一一年，第八四四頁。
〔三二〕王夫之《夕堂永日緒論外編》，《船山全書》，岳麓書社，二〇一一年，第八四五頁。
〔三三〕王夫之《夕堂永日緒論外編》，《船山全書》，岳麓書社，二〇一一年，第八四四頁。
〔三四〕艾南英《前歷試卷自序》，《天傭子集》，光緒己卯重梯雲書屋刻本。
〔三五〕梁葆慶《墨選觀止》，道光壬辰刻本，第一a頁。
〔三六〕《清史稿·選舉三》。
〔三七〕《清史稿·選舉三》。

校點凡例

一、本叢書收入一批稀見的明清科舉文獻，内容主要分三部分：考試録、二三場科舉文集和科舉文論（以八股文論爲主）。叢書編排按各書撰寫時間爲序，撰寫時間未明者以刊刻或抄録時間爲序。

二、各書或爲孤本，或爲今見最早重刻本，以後出本校勘。文選類以其他選本參校。

三、每種書前爲「提要」，内容包括作者生平簡介、本書内容簡介、版本源流簡介、確定底本與校本的説明。底本明顯有誤，校本不誤者，改底本，出校記；底本、校本兩通而文字略異者，不出校；底本不誤而校本誤者，不出校；底本文字存疑者，出校記。

四、文獻中引用四書、五經、十三經者，語意通而文字微異者不校，語意明顯錯誤者，以《四書章句集注》和《十三經清人註疏》校勘（四書據朱熹《四書章句集注》，中華書局一九八三年版；《周易》、《尚書》、三禮、三傳，據《十三經清人註疏》，中華書局一九八九年版），統一簡稱爲「中華書局本」。

五、書中有闕漏漫漶者，以他本校補，並出校記。無他本可校且無法據上下文判斷者，以□標示。

六、各書之古體字、俗體字、異體字一般保持原貌。易有歧義者，徑改爲規範字體。古人因謄抄習慣而不分「己、已、巳」，「戊、戌、戍」，「毋、母」，「折、拆」等，點校時一律據文意改回本字，不出校記。

七、清代避本朝名諱及家諱者，一律不改。缺筆字則補足筆畫。原文提及前朝年號或引用古書而避當朝名諱者，據古本徑改，不出校。

八、各書引文異於通行本者，不改，不出校記。語意明顯錯誤者，出校記。

目録

建文元年京闈小録

清抄本

《建文元年京闈小録》提要

《建文元年京闈小録》一卷，清抄本，爲建文元年己卯（一三九九年）應天府鄉試録之傳抄本，清朱緒曾藏。

朱緒曾（？—一八六〇），字述之，号北山。上元人，道光舉人，官至知府。著名藏书家，所藏宋元秘籍多外間罕見，以研經博物聞名，著有《開有益齋讀書志》、《續宋文鑒》、《金陵舊聞》、《北山集》等。

此書除了卷首無考官、同考名姓仕履和主考官之序文外，其他均遵考試録體例。此書對於了解明初的宫廷政治，認識明初科舉考試科目類型變化、考試録形式變化，了解明代科舉文體（包括八股文體）的演變，有着重要的意義。南圖八千卷樓藏本丁丙跋語强調此書的史料價值：「革除事多散失，志乘、科貢表尤闕略。得此可攷證明初遺制矣。」

繆荃孫《藝風藏書續記》卷四有「建文元年京闈小録一卷」條：

傳抄本。是册首方孝孺序，次二百四十人題名，次程文，而無考官同考名姓仕履，大約失去。據《南國賢書》考，試官爲高遜志、方孝孺，與《弇州別集》合。此本作董與方，疑係輾轉傳抄之誤。中式二百四十名，《南國賢書》作二百十四人，誤亦由於《弇州別集》，而《賢書》只搜到一百九十九人，可見張朝瑞未見此録也。

指出此科應天鄉試主考官爲高遜志，書中署「考官董學士」乃是傳抄之誤；方孝孺爲副主考官。

按考試録體例，主考官之序置於卷首，副主考所撰爲「後序」，置於考試録之末。現書前所録方孝孺之《京闈小録序》於《遜志齋集》中題爲《己卯京闈小録後序》。

此書徐乃昌《積學齋藏書記》、《中國古籍總目》、《國家圖書館藏古籍題跋叢刊》、上海圖書館歷史文獻研究所編《歷史文獻》等均有題録。陳先行等先生整理的《上海圖書館善本題跋選輯·史部（續二）》[一]摘録了此書序文。

《建文元年京闈小録》今存傳抄本三種，兩種存於南京圖書館，一藏於上海圖書館，南京圖書館藏本均爲清代傳抄本，一爲朱緒曾藏本，首頁有「朱緒曾印」、「述之」印章兩枚。一爲丁氏八千卷樓藏本，有丁丙跋文；丁丙跋本與朱緒曾藏本，除個別幾處外，文字上基本一致。日本學者鶴成久章教授曾據南圖丁跋本撰文，討論建文元年京闈與方孝孺的關係。〔二〕丁丙跋文實轉録自朱緒曾《開有益齋讀書志》，文字略有改動，並以「得此可考證明初遺制矣」結束。上海圖書館藏本爲莫棠鈔本，莫棠（一八六五——一九二九），字楚孫，貴州獨山人。清末民初著名藏書家。莫本卷首有莫棠所作序文及所録朱緒曾《開有益齋讀書志》相關叙録。據莫序，莫本抄自丹徒陳祺壽，陳祺壽抄自儀徵劉壽曾，劉壽曾得自上元朱緒曾，則朱藏本爲莫抄本之祖本。朱藏本時有錯字，莫本抄成於一九二六年，除與朱藏本時有異文之外，有少量眉批，是莫棠對原書内容的校訂。如於《京闈小録序》之上有眉批：「書中於明代應提行處，或接寫，或空一格，自屬傳鈔已久，失其原式。今一律不提不空。」指出原抄寫格式之不妥。於第一百三十九名徐奇之上有眉批：「縣學生恐當作監生。」於《四書》義第一名劉政之上有眉批：

明郁袞《革朝遺忠録》載：「政字仲理，已卯以春秋發解，京闈第一，考官侍講方孝孺得其文，驚曰：『此他日臨大節而不可奪者也。』批之有『衆鳥中之孤鳳，吾當虚左以處之』之語，明主試禮部，下第。太宗登極，孝孺被戮，政悲忿不食死。」案政兩義，方正學批，今具載語，不若是也。又《遺忠録》注一云：「政永樂初不赴會試，聚徒教授終身。」

現據南京圖書館朱緒曾藏本點校整理，以上海圖書館莫棠抄本對校，以方孝孺《遜志齋集》參校。

注釋

〔一〕上海圖書館歷史文獻研究所編《歷史文獻》第四輯，上海科學技術文獻出版社，二〇〇一年。

〔二〕鶴成久章《建文元年的京闈與方孝孺》，載《文化學刊》二〇〇九年第一期。

建文元年京闈小録

清抄本

京闈小録序〔一〕

皇帝既即位，大詔紀今年爲元〔二〕。春三月上丁，車駕幸太學，親祀先師孔子，拜跽盥獻，咸用享廟社禮。縉紳聚觀，以爲崇文祇聖之典，古所未有。風行萬方，大小喜説，皆思自奮以進庸於世。八月天下當大比，太學暨畿内士集於京府者千五百人。有詔命翰林儒臣及時之名士校其文，御史涖之而董其庶事〔三〕，則屬之府僚佐焉。七日甲辰入院，越十四日丁巳〔四〕而畢。屏蕪黜陋，選擇〔五〕俊良，蓋去者幾十之八，而登名於籍者二百四十人。非難之也，蓋以上初取士，天下後世將於是〔六〕觀盛美焉，而不敢弗慎也。昔太祖高皇帝剏業，紹正統之三年，即興科舉，至十七年甲子而益盛，歷四舉而至於兹。今在朝廷之人，大率多先朝之所簡拔者也。自古聖王授子孫以天下，不獨遺之以人民、土宇、府庫、甲兵，而必遺之以賢才，俾共守之。苟無君子，則謂之空虛而不能爲國，士之宜重也蓋如此。今高皇帝垂憲於前，皇上嗣之，尊右文教，而士競勸，得才視昔有加，其爲萬世計，可謂至矣！將見仁人君子爲時並出，輔成寬大之化，養育黎民，登於太和，以傳助〔七〕於無窮，詎不盛哉！《棫樸》之詩曰：「追琢其章，金玉其相。勉勉我王，綱紀四方。」聖德自〔八〕有之矣。《南山有臺》之詩曰：「樂只君子，邦家之基。」又曰：「樂只君子，民之父母。」盛時之士其可不以古人自重乎？翰林院侍講方孝孺序。

第一場

四書義

行夏之時，乘殷之輅，服周之冕，樂則《韶》《舞》。

親親而仁民，仁民而愛物。

可以託六尺之孤，可以寄百里之命，臨大節而不可奪也。君子人與？君子人也。〔九〕

易義

六四，中行獨復。《象》曰：「中行獨復，以從道也。」

雷在天上，大壯。君子以非禮弗履。

彖者，言乎象者也。爻者，言乎变者也。吉凶者，言乎其得失者也。悔吝者，言乎其小疵也。无咎者，善補過也。

知變化之道者，其知神之所謂〔一〇〕乎？

書義

帝德罔愆，臨下以簡，御衆以寬。罰弗及嗣，賞延於世。

俊乂在官。百僚師師，百工惟時。撫于五辰，庶績其凝。

惟木從繩則正，后從諫則聖。后克聖，臣不命其承。

五者來備，各以其敘，庶草蕃蕪。

詩義

訏謨定命，遠猶〔一一〕辰告；敬慎威儀，維民之則。

既明且哲，以保其身。夙夜匪懈，以事壹〔一二〕人。

緇衣之宜兮，敝，予又改爲兮。適子之館兮，還，予授子之餐〔一三〕兮。

南山有杞，北山有李。樂只君子，民之父母。樂只君子，德音不已。

春秋義

公會晉侯、宋公、衛侯、曹伯、莒子、邾子、齊世子光、滕子、薛伯、杞伯、小邾子伐鄭，

成鄭〔一四〕虎牢。（襄十）

公會晉侯、宋公、衛侯、曹伯、齊世子光、邾子、滕子、薛伯、杞伯、小邾子伐鄭，會於

蕭魚。（十一）

有年，（桓三）大有年。（三十六）

公會晉侯、齊侯、宋公、蔡侯、鄭伯、衛侯、莒子盟於踐土，公朝于王所。（僖二十八）

公會晉侯、齊侯、宋公、蔡侯、鄭伯、陳子、莒子、邾子、秦人于温，公朝于王所。（年同）

得寶玉大弓，（定九）齊人來歸鄆、讙、龜陰之田，（十年）公圍成，公至自圍成。

（十二）

禮記義

三年耕，必有一年之食；九年耕，必有三年之食。以三十年之通，雖有凶旱水溢，

民無菜色。

是故禮者，君之大柄也。所以别嫌明微，儐鬼神，考制度，别仁義，所以治政安君也。大樂必易，大禮必簡。樂至則無怨，禮至則不争，揖讓而治天下者，禮樂之謂也。君爲正，則百姓從政矣。君子所爲，百姓之所從也。

第二場

論

文武並用論

詔

漢文帝舉賢良方正能直言極諫者詔（二年）

誥

唐太宗以魏徵爲侍中誥（貞觀七年）

表

唐房玄齡等上高祖今上實録表（十七年）

判語

出使不復命

漏用鈔印

詐冒給路引

出納官物有違

私借官車船

第三場

策五問

問：自昔有天下者，各有所尚。夏之忠〔一五〕，商之質〔一六〕，周之文，其尚各殊，豈人君故欲以所尚率天下乎？抑因時勢人情之自然而從之乎？三代以降，若漢、唐、宋，傳國皆數百年，其所尚亦可推而知乎？或謂西漢尚經術，東漢尚風節，二者果孰優乎？宋道術文章名於世，非東漢所及，而風節之美，乃有媿於東漢，何耶？唐世忠臣節士，後先相望，或以爲太宗好諫諍，喜忠義，故感發使然。其果然歟？然則欲變風俗，使尚忠義、有節操，蓋爲治之急務，行何道而可以致之歟？願明言之。

問：爲治者固不可先利，而食貨不可闕然。孔孟言治道必首仁義，豈仁義固有自然之利歟？後世以聖賢之説爲迂，然求利太深者，必失其利，豈非專利者必有害歟？漢文帝在位二十三年，免租之詔屢見，而除田租不徵者十有一年，宜其貧矣。而太倉有腐粟，錢貫朽而不可較，國與民皆富，何歟？武帝之時言利至詳，國不富實，海内虛耗，又何歟？聖上嗣位，取法漢文，免田租，除逋負，恩惠至厚，抑富民足國之方尚有可言者歟？

問：董子曰：「郡守、縣令，民之師帥。」人君愛民，必慎擇守令。漢之時如龔遂、黄霸之爲守，卓茂、魯恭之爲令，皆然表〔一七〕見稱于史。賢才代不乏人，使諸君子任銓選之職，果何法而盡得龔、黄、卓、魯其人以任郡縣之寄乎？使諸君子將有郡縣之寄，果何爲而可以如龔、黄、卓、魯之爲乎？他日之設施，即今日之所藴蓄也。願陳其説。

問：三代之盛無他，民皆田以衣食，而又能教之而已。後世野有曠土，民多游手，自何時而使然歟？三物之教不行，而俗壞風頹，自何時而始變歟？夫欲俾四海之内無不耕之田，無不富之民，無不美之俗，何爲而可臻此？諸生學乎古，將以行諸今也，其可不悉心以對歟？

問：《詩》、《書》、《春秋》言三代用兵著矣，然未嘗言養兵之費，何也？豈寓兵於農而然歟？其法今〔一八〕可得而考歟？漢、唐兵〔一九〕、宋之兵，班班見於史傳，言養兵者有矣，或謂惟唐府兵之法最善，其尚可考而足法歟？今天下之財匱于養兵，欲減兵則恐守備或闕，欲令兵兵〔二〇〕田自食，則病于無田，或有田而相去之遠也。果行何法而可使民財富、兵食足、國家享安平之福歟？有志之士幸相與言之。

中式舉人二百四十名

第一名　劉　政，直隸蘇州府吴縣人，本縣學生。春秋。

第二名　嚴　升，直隸太平府繁昌縣儒士。易。

第三名　邵　衡，直隸揚州府高郵州人，監生。詩。

第四名　許　勝，直隸常州府宜興縣人，本縣學生。書。
第五名　王　能，直隸鳳陽府鳳陽縣人，府學生。禮記。
第六名　童〔二一〕銓，浙江嚴州府淳安縣人，監生。春秋。
第七名　李　誠，應天府江寧〔二二〕縣人，府學生。易。
第八名　唐吉祥，徽州府歙縣人，府學生。詩。
第九名　計　澄，直隸和州人，州學生。書。
第十名　陳　善，蘇州府崑山縣人，縣學生。春秋。
第十一名　尤安禮，蘇州府長洲縣人，吴縣學生。易。
第十二名　盧伯可，福建漳州府漳浦縣人，縣學生。春秋。
第十三名　胡　昉，鳳陽府臨淮縣人，府學生。書。
第十四名　朱　衡，鳳陽府臨淮縣人，府學生。禮記。
第十五名　王　翦，揚州府如皋縣人，縣學生。春秋。
第十六名　王　皜，蘇州府吴縣人，府學生。易。
第十七名　葉　愛，浙江處州府麗水縣人，監生。詩。

第十八名　王　復，松江府華亭縣人，監生。書。
第十九名　張　材，淮安府沭陽縣人，縣學生。春秋。
第二十名　張　欽，應天府上元縣人，府學生。詩。
第二十一名　錢　蒙，松江府華亭縣人，縣學生。書。
第二十二名　王　端，廣西梧州府藤縣人，監生。禮記。
第二十三名　許　孚，揚州府如皋縣人，縣學生。春秋。
第二十四名　顧　斌，揚州府高郵州人，監生。詩。
第二十五名　鈕　慶，常州府武進縣人，府學生。詩。
第二十六名　陳　立，揚州府儀真縣人，縣學生。詩。
第二十七名　李　簡，應天府江寧縣人，府學生。詩。
第二十八名　陳義生，福建福州府永福縣人，監生。春秋。
第二十九名　胡　濙，常州府武進縣人，縣學生。易。
第三十名　吴　觀，應天府江寧縣人，府學生。詩。
第三十一名　劉　福，揚州府通州人，州學生。詩。

第三十二名　撒仲謙，和州人，州學生。詩。
第三十三名　魏　志，福建興化府莆田縣人，監生。書。
第三十四名　孫禮聞，廣德州人，州學生。春秋。
第三十五名　浦　陟，蘇州府長洲縣人，府學生。易。
第三十六名　蘇　筠，廣東廉州府欽州人，監生。詩。
第三十七名　茅　貞，蘇州府崇明縣人，縣學生。詩。
第三十八名　王　甯，淮安府海州人，州學生。詩。
第三十九名　袁　文，廬州府合肥縣人，府學生。書。
第四十名　方　孚，江西饒州府樂平縣人，儒士。易。
第四十一名　邵　惲，徐州府沛縣人，監生。春秋。
第四十二名　戴　宣，福建福州府閩縣人。詩。
第四十三名　任　安，應天府上元縣人，府學生。詩。
第四十四名　萬　忠，江西南昌府新建縣人，監生。詩。
第四十五名　顧　謙，揚州府儀真縣人，縣學生。書。

第四十六名　姚思聰，蘇州府長洲縣人，縣學生。春秋。
第四十七名　王　郁，鳳陽府靈璧縣人，縣學生。易。
第四十八名　胡　敏，鳳陽府定遠縣人，縣學生。詩。
第四十九名　郇　旃，淮安府沭陽縣人，監生。詩。
第五十名　劉　賓，鳳陽府蒙城縣人，縣學生。書。
第五十一名　陳　謚，鳳陽府五河縣人，縣學生。書。
第五十二名　陳　升，揚州府通州人，州學生。詩。
第五十三名　尹惟忠，揚州府海門縣人，監生。詩。
第五十四名　王　燧，廬州府合肥縣人，縣學生。書。
第五十五名　秦　鳳，廬州府舒城縣人，縣學生。書。
第五十六名　劉　泳，寧國府涇縣人，縣學生。詩。
第五十七名　姚　忠，淮安府山陽縣人，府學生。詩。
第五十八名　孫　讓，應天府溧水縣人，縣學生。詩。
第五十九名　楊　傑，山東濟南府濱州人，監生。書。

第六十名　何　玹，江西九江府瑞昌縣人，監生。書。
第六十一名　史　雄，應天府江寧縣人，府學生。易。
第六十二名　夏　潤，應天府江六合縣人，縣學生。詩。
第六十三名　王　輔，應天府江浦縣人，縣學生。書。
第六十四名　湯　懋，應天府溧水縣人，縣學生。詩。
第六十五名　李　敬，江西南昌府新建縣人，監生。書。
第六十六名　王　滿，應天府溧水縣人，縣學生。詩。
第六十七名　黄真福，廣東潮州府潮陽縣人，監生。書。
第六十八名　薛　東，浙江温州府永嘉縣人，監生。詩。
第六十九名　張　祖，寧國府寧國縣人，縣學生。書。
第七十名　蕭　潭，蘇州府吴江縣人，府學生。春秋。
第七十一名　耿　原，太平府當塗縣人，縣學生。詩。
第七十二名　顧　詳，揚州府通州人，州學生。詩。
第七十三名　原　固，山西太原府太原縣人，監生。書。

第七十四名　方　矩，應天府上元縣人，府學生。詩。
第七十五名　馬負圖，山西平陽府臨汾縣人，監生。書。
第七十六名　金衡相，淮安府山陽縣人，縣學生。春秋。
第七十七名　阮　誠，寧國府宣城縣人，府學生。書。
第七十八名　胡　勉，揚州府通州人，州學生。詩。
第七十九名　李才鼎，淮安府山陽縣人，縣學生。易。
第八十名　王　澤，淮安府鹽城縣人，縣學生。春秋。
第八十一名　盧　廣，鳳陽府壽州人，州學生。
第八十二名　王希善，鳳陽府五河縣人，縣學生。詩。
第八十三名　羅　寅，安慶府桐城縣人，縣學生。書。
第八十四名　范　淵，鳳陽府太和縣人，縣學生。詩。
第八十五名　徐細觀，浙江寧波府鄞縣人，監生。易。
第八十六名　崔　暹，山東濟南府樂安縣人，監生。書。
第八十七名　吴　智，應天府江浦縣人，縣學生。春秋。

第八十八名　劉　鎮，鎮江府金壇縣人，縣學生。詩。
第八十九名　陳善慶，浙江温州府永嘉縣人，監生。書。
第九十名　宋　鎬，應天府溧水縣人，縣學生。詩。
第九十一名　王　庸，和州人，州學生。書。
第九十二名　郎　祐，鎮江府丹徒縣人，縣學生。詩。
第九十三名　王　悦，淮安府清和縣人，縣學生。詩。
第九十四名　項伯賢，浙江嚴州府建德縣人，監生。詩。
第九十五名　李　誠，太平府當塗縣人，縣學生。易。
第九十六名　唐　誠，鎮江府丹徒縣人，縣學生。春秋。
第九十七名　張　信，蘇州府常熟縣人，縣學生。書。
第九十八名　王　樊，江西泰〔二三〕康府建昌縣人，監生。詩。
第九十九名　宋　珩，河南開封府光州人，監生。書。
第一百名　李　達，北平府霸州大城縣人，監生。詩。
第一百一名　張　敏，常州府無錫縣人，縣學生。書。

第一百二名　劉　順，揚州府江都縣人，縣學生。春秋。
第一百三名　吴　福，浙江寧波府鄞縣人，監生。易。
第一百四名　駱〔二四〕　善，寧國府宣城縣人，府學生。詩。
第一百五名　王　冕，蘇州府嘉定縣人，縣學生。書。
第一百六名　許　節，常州府無錫縣人，縣學生。詩。
第一百七名　張　真，揚州府儀真縣人，縣學生。書。
第一百八名　謝　嘉，應天府溧陽縣人，縣學生。詩。
第一百九名　方　法，安慶府桐城縣人，縣學生。書。
第一百十名　李　縉，淮安府山陽縣人，府學生。春秋。
第一百十一名　汪浚〔二五〕民，太平府繁昌縣人，縣學生。易。
第一百十二名　宗〔二六〕廣生，寧國府涇縣人，縣學生。詩。
第一百十三名　何　先，四川保寧府南部縣人，監生。書。
第一百十四名　李　棊，福建福州府懷安縣人，監生。詩。
第一百十五名　侯　如，寧國府宣城縣人，府學生。書。

第一百十六名　王宗善，徽州府婺源縣人，縣學生。詩。

第一百十七名　王　恕，廬州府英山縣人，縣學生。書。

第一百十八名　蔡　昇，揚州府如皋縣人，縣學生。春秋。

第一百十九名　張　禮，應天府溧水縣人，縣學生。詩。

第一百二十名　陸　楨，蘇州府長洲縣人，縣學生。書。

第一百二十一名　朱原楨，徽州府婺源縣人，縣學生。詩。

第一百二十二名　董　暹，鳳陽府壽州人，州學生。書。

第一百二十三名　胡　濳，鳳陽府壽州霍立〔二七〕縣人，縣學生。詩。

第一百二十四名　蔣　賢，常州府武進縣人，縣學生。易。

第一百二十五名　謝　徵，松江府華亭縣人，縣學生。春秋。

第一百二十六名　顧　行，常州府武進縣人，縣學生。易。

第一百二十七名　萬　遠，應天府上元縣人，府學生。詩。

第一百二十八名　陳　源，四川成都府資縣人，監生。書。

第一百二十九名　李　皓，廣東廉州府清遠縣人，監生。詩。

第一百三十名　張　楫，鳳陽府壽州蒙城縣人，縣學生。書。

第一百三十一名　畢　瑷，淮安府桃源縣人，監生。詩。

第一百三十二名　倪　信，池州府貴池縣人，府學生。書。

第一百三十三名　石　璞，松江府華亭縣人，縣學生。春秋。

第一百三十四名　任　肅，徐州人，州學生。詩。

第一百三十五名　儲必用，池州府貴池縣人，府學生。書。

第一百三十六名　王　衡，常州府宜興縣人，縣學生。詩。

第一百三十七名　陳顯宗，鳳陽府壽州蒙城縣人，縣學生。書。

第一百三十八名　賀　誠，淮安府山陽縣人，縣學生。詩。

第一百三十九名　徐　奇，福建福寧府浦城縣人，縣學生。書。〔二八〕

第一百四十名　穆　良，松江府華亭縣人，縣學生。春秋。

第一百四十一名　時　泰，應天府上元縣人，府學生。詩。

第一百四十二名　俞　本，蘇州府吴縣人，府學生。書。

第一百四十三名　鍾　鼎，江西南康府建昌縣人，監生。詩。

第一百四十四名　王　鐸，山東兖州府鉅野縣人，監生。書。
第一百四十五名　賈　禎，山西平陽府臨汾縣人，監生。詩。
第一百四十六名　張　真，揚州府如皋縣人，縣學生。春秋。
第一百四十七名　程　煜，安慶府桐城縣人，府學生。易。
第一百四十八名　王　寘，應天府江寧縣人，府學生。詩。
第一百四十九名　董希仲，池州府貴池縣人，府學生。書。
第一百五十名　陳以成，廣東雷州府海康縣人，監生。詩。
第一百五十一名　蘇　澤，河南開封府項成〔二九〕縣人，監生。書。
第一百五十二名　馮　善，鳳陽府臨淮縣人，縣學生。詩。
第一百五十三名　萬　春，淮安府海州贛榆縣人，縣學生。書。
第一百五十四名　王　循，淮安府清河縣人，縣學生。詩。
第一百五十五名　汪明善，徽州府績溪縣人，縣學生。書。
第一百五十六名　董　健，北平真定府新河縣人，監生。春秋。
第一百五十七名　王　憲，應天府上元縣人，府學生。易。

第一百五十八名　蘇　屛，陝西延安府綏德州人，監生。詩。
第一百五十九名　劉　延，北平府大興縣人，監生。書。
第一百六十名　鄧　偉，湖廣衡州来陽縣人，監生。詩。
第一百六十一名　劉　觀，應天府江浦縣人，縣學生。書。
第一百六十二名　曹　琰，淮安府海州人，州學生。詩。
第一百六十三名　馮　輅，揚州府寶應縣人，縣學生。書。
第一百六十四名　馬　昇，蘇州府崑山縣人，縣學生。春秋。
第一百六十五名　周　欽，常州府江陰縣人，縣學生。詩。
第一百六十六名　白　瑜，河南洛陽縣人，監生。書。
第一百六十七名　陳　喜，應天府上元〔三〇〕縣人，縣學生。詩。
第一百六十八名　王　嘉，廣德州建平縣人，縣學生。書。
第一百六十九名　張　洪，鎮江府丹陽〔三一〕縣人，縣學生。詩。
第一百七十名　盛克修，和州人，州學生。書。
第一百七十一名　劉　永，應天府句容縣人，縣學生。書。

第一百七十二名　王　宣，淮安府山陽縣人，府學生。春秋。
第一百七十三名　王　彝，安慶府懷寧縣人，縣學生。詩。
第一百七十四名　楊　輝，常州府武進縣人，府學生。書。
第一百七十五名　俞　本，太平府蕪湖縣人，縣學生。詩。
第一百七十六名　張　謂，廣東高州府吴川縣人，監生。書。
第一百七十七名　劉　鑑，揚州府如皋縣人，縣學生。春秋。
第一百七十八名　陳　復，揚州府通州人，州學生。詩。
第一百七十九名　倪　忠，淮安府清河縣人，縣學生。書。
第一百八十名　阮　廣，浙江台州府臨海縣人，監生。春秋。
第一百八十一名　葉常清，湖廣黄州府蘄水縣人，監生。詩。
第一百八十二名　郝　隆，陝西西安府乾州人，監生。書。
第一百八十三名　郭　貞，太平府當塗縣人，縣學生。易。
第一百八十四名　劉　琳，松江府上海縣人，縣學生。春秋。
第一百八十五名　吴仲文，松江府華亭縣人，府學生。書。

第一百八十六名　胡　暹，太平府當塗縣人，府學生。詩。
第一百八十七名　邵　著，徐州人，監生。書。
第一百八十八名　朱　旭，應天府溧水縣人，縣學生。詩。
第一百八十九名　朱　諒，淮安府山陽縣人，府學生。春秋。
第一百九十名　沈　昭，廬州縣〔三二〕合肥縣人，府學生。易。
第一百九十一名　高　揖〔三三〕，山西太原府保德州人，監生。書。
第一百九十二名　姚伯善，蘇州府常熟縣人，縣學生。詩。
第一百九十三名　朱　璧，廣東廉州府清遠縣人，監生。書。
第一百九十四名　趙　暹，山東兗州府汶上縣人，監生。詩。
第一百九十五名　楊　銓，松江府上海縣人，縣學生。春秋。
第一百九十六名　鍾　回，應天府溧水縣人，縣學生。詩。
第一百九十七名　孫　昱，鳳陽府臨淮縣人，府學生。書。
第一百九十八名　陳　瑄，應天府上元縣人，府學生。詩。
第一百九十九名　馬　彝，北平府永清縣人，監生。春秋。

第二百名　李　珣，鳳陽府亳縣人，縣學生。易。

第二百一名　孫　泰，北平府〔三四〕間府興濟縣人，監生。書。

第二百二名　郭　林，鳳陽府盱眙縣人，縣學生。書。

第二百三名　王　震，揚州府江都縣人，縣學生。春秋。

第二百四名　周　節，鳳陽府五河縣人，縣學生。詩。

第二百五名　吴　剛，松江府華亭縣人，縣學生。書。

第二百六名　孫　綸，應天府溧水縣人，縣學生。詩。

第二百七名　孫　儁，廬州府六安縣〔三五〕人，州學生。書。

第二百八名　王　淮，淮安府安東縣人，縣學生。春秋。

第二百九名　談　哲，鳳陽府臨淮縣人，縣學生。詩。

第二百十名　楊　彬，和州人，州學生。書。

第二百十一名　周　銓，鳳陽府淮遠縣人，縣學生。詩。

第二百十二名　王宗學，揚州府寶應縣人，縣學生。書。

第二百十三名　劉　信，松江府上海縣人，縣學生。春秋。

第二百十四名　牟　倫，浙江金華府永康縣人，監生。詩。
第二百十五名　劉　棐，揚州府泰州人，州學生。書。
第二百十六名　周　敏，湖廣沔陽州人，監生。詩。
第二百十七名　賈　逵，山東清〔三六〕州府北興縣人，監生。書。
第二百十八名　胡彦申，徽州府績溪縣人，縣學生。
第二百十九名　陶　進，太平府當塗縣人，縣學生。易。
第二百二十名　楊　琮，湖廣襄陽府鄭縣人，監生。春秋。
第二百二十一名　李　煥，北平府武邑縣人，監生。詩。
第二百二十二名　郭　敬，淮安府山陽縣人，府學生。詩。
第二百二十三名　彭　慶，應天府溧陽縣人，縣學生。詩。
第二百二十四名　洪　淵〔三七〕，徽州府歙縣人，縣學生。春秋。
第二百二十五名　潘　鵾，應天府溧陽縣人，縣學生。詩。
第二百二十六名　袁　順，常州府江陰縣人，儒士春秋。
第二百二十七名　胡　頣，江西建昌府南城縣人，監生。易。

第二百二十八名　李　孜，山東清州府樂安縣人，監生。詩。〔三八〕

第二百二十九名　徐　貴，淮安府山陽縣人，縣學生。春秋。

第二百三十名　何　潤，應天府上元縣人，府學生。詩。

第二百三十一名　錢公慶，松江府華亭縣人，府學生。書。

第二百三十二名　張　勉，山西〔三九〕大同府懷仁縣人，監生。禮記。

第二百三十三名　賈　真，北平府廣平縣人，監生。詩。

第二百三十四名　□□，北平保定府容城縣人，監生。春秋。

第二百三十五名　汪　回，徽州府休寧縣人，縣學生。詩。

第二百三十六名　黄　本，蘇州府崑山縣人，縣學生。春秋。

第二百三十七名　張　羽，北平府懷柔縣人，監生。易。

第二百三十八名　蕭　昇，河南開封府鈞州人，監生。易。

第二百三十九名　倪　敬，鎮江府丹徒縣人，縣學生。詩。

第二百四十名　張　訓，淮安府山陽縣人，府學生。春秋。

中式程文

四書義

第一名　劉　政〔四〇〕

可以託六尺之孤，可以寄百里之命，臨大節而不可奪也，君子人歟？君子人也。

考官董學士批：人有德方能有爲有守，曾子始爲疑詞，終爲決詞，其義深矣。此篇發明條暢，宜在高選。

考官方侍講批：不蹈襲陳言，而能發揮義理，此善説經者也。結語尤佳。

才可有爲而節能有守，斯可以爲成德之士而無疑矣。苟無託孤攝政〔四一〕之才，死生不易之節，其可以爲君子哉？何則？今有人焉，其才足以有爲也，其德足以有容也，可以爲社稷之臣，可以受付託之任，此其可以輔幼君也。施政教以治萬民，位高責重而不以爲難；　立綱紀而理庶務，國大政繁而不以爲擾，此其可以攝國政也。至於臨利害之時，雖吉凶榮辱係於須臾，得失不足論焉；　遇事變之際，雖刀鋸鼎鑊加於先後，死生有不足較焉。此其節操至於死生之際而不可奪也。其才既可以輔幼君而攝國政，其節至於死生之際而不可奪，則可謂成德之士矣。苟非成德之士，則其輔幼君也，不能勝其任；　其攝國政也，無有爲之才，又豈能至於死生之際而不變其所守也哉？是則可以輔幼君、攝國政、死生而不變其節者，必有成德之士矣，又何疑焉？此曾子所以決其爲君子也。愚故曰：「才可有爲而節能有守，斯可以爲成德之士無疑矣。」竊嘗論之，小人之在治世，或與君子無異焉。惟臨利害〔四二〕遇事變，然後君子之所守可見也。學者誠能窮理以盡其心，集義以養其氣，至於心正身脩，則其治國平天下不難矣。況託孤寄命之人乎？

考官方侍講又批：　此羣鳥之孤鳳，他日必有益於綱常者，當虛左以處之。〔四三〕

親親而仁民，仁民而愛物

第二十一名　錢　蒙

考官董批：孟子之書，不好學者多未精熟，故失其旨。此篇可取。

考官方批：此題本易説者，或止以父母言親，或舉其二而遺其一，或以爲上感下效。此篇得之。

同考官王知縣批：此篇好仁之序，深得孟子之旨。文雖簡而義則明，非苟作〔四四〕也。

君子於一視同人〔四五〕之中而施之，爲有序焉。夫仁者之心，固無不愛，然其親踈之間，曾謂可以一概而論之哉？孟子之言，其意深矣。嗟夫！天以陰陽五行化生萬物，氣以成形，而理亦賦焉。故以其理〔四六〕而論之，則民吾同胞，物吾同與。以其分而言之，則親者吾之同體，民固不同於親，而物又不同於民也。君子於施仁之際，容可無其序哉？必也先及其親以盡其事養之誠，竭其敦睦之禮，驩然相愛，戚然相戚，如是非所謂親吾之親乎？親既親矣，由是推之而仁於民，則又〔四七〕施其恩惠，布其德澤，使之各得其所，各遂其性，視〔四八〕林林總總之衆，不啻若吾之赤子也。既仁民矣，由是推之而愛於物，如草木之出於山林，魚鼈之育於川澤，又必取之有〔四九〕時，用之有節，使凡形形色色之類，皆得以養其生而遂其樂矣。愚故曰：「君子於一視同仁之中而施之，爲有序者，良以此也。」大抵親親固仁民之本，而愛物則仁民之推始也。因〔五〇〕親親而後仁及於民，終也因仁民而後愛及於物。未有不親親而能仁於民，亦未有不仁民而能愛於物者。大哉，親親乎！其仁民愛物之本乎！

易義

六四，中行獨復。《象》曰：「中行獨復，以從道也。」

第二名　嚴　升

考官董批：深得本義之旨。

同考官高教諭批：能發明經旨。

處羣陰之中而獨能從剛陽之道，所以爻象聖人深明其意也。蓋《復》之六四，處衆〔五一〕陰之中而應乎初九之陽剛，故爻言其有從陽之道，《象》復申其有從善之美〔五二〕

也。今夫《復》之爲卦，十一月之卦也。《剥》盡則爲純坤，十月之卦而陽氣復生於下。積而至於十一月，而一陽之體始成。《復》之初九，《復》之始也。處衆陰之中而有陽剛之德，是衆小人中之〔五三〕君子也。卦〔五四〕凡五陰，惟六四一爻以柔居柔，處得其位，下與初九陰陽相應，是處羣陰之中而不爲柔道之所牽，而獨能從乎陽剛之正應，是可尚矣。周公係爻，其義如此。孔子申之，若曰：《復》之初九，陽剛之才，有道之君子也。而六世〔五五〕獨能棄陰邪之羣類而從陽之正人，是有向善之心，而有從道之實也。雖然，《復》之六四，中行獨復，固爲善矣，而聖人不係之以吉占〔五六〕，何也？蓋四當羣陰之中，惟知從道之爲貴，而不當計其吉凶之何如也。故董子曰：「正其誼，不謀其利。明其道，不計其功。」予於《剥》之六三及此爻見之矣。

知變化之道者，其知神之所爲乎？

第七名　李　誠

考官董批：此篇《易》義善於補敘，於理於數，又〔五七〕無少異，可謂善學《易》

者，置之前列無疑。

考官方批：場中諸卷，言數者或遺理，言理者或遺數。此作獨發明詳盡，苟非積學之功，則必善於記誦者也。宜取之以爲好學之士勸。

同考官高批：此題本欲觀諸君子之數學，往往不宗本義，間有一二能言數法，又失於疎畧。獨此篇發明本義之説，殆無餘藴。淵源之學必有自來，故表而出之。

對數原於天地，衍于著〔五八〕策，莫非妙用之流行也。蓋天地之數，陰奇陽偶，衍之而立爲箸法，所以成變化之道者。是皆神有以爲之機也，豈人力之所能爲哉？是道也，固非人所爲，而人則不可不知其道之神也。況言變化，皆以陰變陽、陽化陰。此章乃承上文之數法言之，非與變化例論焉。説者謂變不能自變，有神以變之；化不能自化，有神以化之。所以不疾而速，不行而至，實神之所爲也，曷嘗有一毫智力於其間哉？莫非道之所爲。今以數法言變化之神，其道果何歟？吾聞之，庖犧爲作《易》之祖，河圖爲起數之原。河圖未出，數具於天地。河圖既出，數雖見於河圖，實本于天地。凡數之奇者，必以天言之，如天一至天九是也。凡數之偶者，必以地言之，如地二至地十是也。論河圖之數而必曰天〔五九〕，其明於出造化之自然耳〔六〇〕。觀夫一與二、三與四、五與六、七與八、九與十，此五位之相得也。一與六、二與七、三與八、四與九、五與十，此五位之有合也。五奇之積則得二十有五之數，五偶之積則得三十之數，合而則五十有五，河圖全體之數，此以成變化而行鬼神也。究其數之始於一而成于五，小衍之數也。於五十五之中，虛天五爲五十。又於五十之中，虛天一爲四十有九。故曰：參天兩地而倚數者，即虛一，以天三對地二耳。兹非大衍之數乎？又推其一變生水，而六化成之。二化生火，而七變成之。三變生木，而八化成之。四化生金，而九變成之。五變生土，而十化成之也。其變化之所以成，而鬼神之機行於其間也。然而所以變化者，道也。道者本然之妙，變化者所乘之機，其非變化之道在大衍之數者乎？若其用也，以四九之數而揲蓍，其虛一象太極，分二象兩儀，卦一象三才，揲四象四時，歸奇象閏月，再扐象再閏。以此求卦，四營成一變，三變成一爻，九變成三爻，十有八變成六爻，以得卦之吉凶，非變化之道在於揲蓍求卦之法乎？觀蓍策中老陽變少陰，老陰變少陽，變化之道，神之所爲，即行鬼神之事。卦畫既立，吉凶禍福皆可得而前知，所謂定天下之吉凶，成天下之亹亹者，夫豈誣也哉？吁！數自一至于百千萬億之無窮，莫非自然之理也。大抵變者化之漸，化者變之成，漸之與成，生生相續，即道之本體，神之自然也。聖人體道于《易》，會神于心。此心之誠，即《易》之變化不息；此心之機，即《易》之神妙不測。知斯道者，唯聖人乎？

書義

帝德罔愆，臨下以簡，御衆以寬。罰弗及嗣，賞延于世。

第四名　許　勝〔六一〕

考官董批：謂德爲政之本，甚得經意。

考官方批：篇末發明虞廷君臣相與之意，甚是。

同考官王批：文詞簡暢。

大臣之贊美其君者，既言德之備于己者，無或過；復言其政之極于人者，得其宜。蓋德者政之本，政者德之施。政之施既無一而不得其宜，則其德之裕於己者，可謂極其盛矣。昔者皋陶之美帝舜，其意若曰：濬哲文明，温恭允塞，此帝德之備于己者然也；乃聖乃神，乃武乃文，此亦帝德之備於己者然也。帝有是德，則推之以見于爲治之際者，當何如者？蓋上煩密則下無所容，今也帝舜臨下以簡，則煩密之政不及于下也。上急迫則下擾亂，今也帝舜御衆以寬，則急迫之政不加于民也。刑罰所以懲有罪，而今也有罪之人但罰止其身而不及于子孫，則刑罰無所濫矣。賞賚所以錫有功，而今也有功之人賞之必延及于後嗣者，非僭賞之也，乃聖人善善長而〔六二〕惡惡短之之意也。是以當是之時，黎民有於變之美，比户有可風〔六三〕之俗，莫不由乎帝德之罔愆者致然也。抑又論之上文，帝舜因禹之讓而推言〔六四〕皋陶明刑之功以稱之，至此而皋陶不自有其功，乃曰民之不犯于有司者，本乎帝舜好生之德。而至于下文，帝舜則曰：「俾予從欲以治，四方風動，惟乃之休。」而又歸美于皋陶。吁！當是之時，君有德而臣贊之，臣有功而君嘉之。明良相逢，所以亘千古而不可及也。猗歟盛哉！

五者來備，各以其敘，庶草蕃廡。

第十八名　王　復〔六五〕

考官董批：經旨詳明，文詞〔六六〕暢達。

同考官王知縣批：場中説「五者來備」，多失之襍；「庶草蕃廡」，多失之拘。此作簡明通暢〔六七〕。

惟天道不失其候，故微物得遂其生。夫草之爲物甚微，天道之驗必有徵于斯者，非以其榮枯爲易見歟？箕子言庶徵之疇，推造化之理，明感應之機，豈偶然之故哉？予嘗觀乎潤萬物者莫潤乎禹〔六八〕，暵萬物者莫暵乎日，撓萬物者莫疾乎風燠，則天地和而萬物凝。今也宜雨而雨以時至，宜暘而暘以時至，宜燠寒風而燠寒〔六九〕亦以時而至焉，謂之備者於以見其無缺少也已，謂之敘者於以見其應節候也已。五者既備而又順其敘，則庶草之生無不豐茂焉。所謂「春日遲遲，卉木萋萋」，而「何草不黄」者無有也；「厥草惟夭，厥木惟喬」，而「大水無麥」者無有也。草之爲物甚微，驗之于天，其效若此，則其他庶類生成于造物之中者可知矣。此無他，天道運于上，而其驗則有徵于物庶〔七〇〕；草產於下，而其驗則有應於天。箕子之告武王，可謂知所本矣。大抵《洪範》言庶徵于稽疑之無其驗哉！蓋五事修則休徵各以類應之，五事失則咎徵各以類應之。

厥後漢儒有曰：某事得則某休徵應，某事失則某咎徵應。則亦膠固不通，而不足與言造化之妙矣。得失之機，應感之微，天人之際，未易言也。微知道君子，孰能識之？

詩義

既明且哲，以保其身。夙夜匪解〔七一〕，以事一人。

第三名　邵衡

考官董批：謂「明哲」非趨利避害，「匪懈」非趨諂容悦，甚得詩人之旨。

考官方批：説詩者貴乎從容不迫，此卷發明温雅，甚得經意，當進之前列〔七二〕。

同考儒士唐批：本房《詩》卷五百六十有餘，如此卷者十無一二，宜刮目待之。

既能以知而守乎己，復能以勤而奉乎〔七三〕君，此大臣之盛德也。夫能保身以明哲之道，又能事君以敬慎之誠，此《烝民》之詩所以美之歟？嘗謂「肅肅王命」，惟仲山甫爲能將之矣。「邦國若否」，惟仲山甫爲能明之矣。然不止此也，其處身又必以「明且哲」焉。夫明則無一理之不辨，哲則無一事之不察。夫如是則其保身之道誠有以由于規矩之中，不出準繩之外，而凡動静云爲莫不各當其可，而過咎之遠于己者可知矣。亦未止此也，其事君尤必以「夙夜匪懈」焉。夫「夙夜匪懈」則無一時之暇逸者矣，無一息之惰慢者矣。以之而奉其君，則左之右之，心惟君之是匡。引之翼之，志惟君之是輔，而將順匡救莫不□盡其力，而贊助予〔七四〕一人者，又可知矣。是蓋以其明哲爲事君之基，敬慎爲事君之實也。此愚所謂「既能以知而守乎己，復能以勤而奉乎君也」，此也。抑又言之，觀其「柔嘉維則，令儀令色，小心翼翼，古訓是式，威儀是力」，則仲山甫之德不可謂之不美也；觀其「式是百辟，纘戎祖考，王躬是保，出納王命，王之喉舌」，則仲山甫之職不可謂之不盡也。由是推之，則〔七五〕山甫之明哲保身如此者，非趨利避害之爲，乃一出于美德之自然者發之也；敬慎奉君如此者，非趨諂容悦之施，乃一出于盡職之自然者爲之也。吁！山甫城齊，吉甫必以斯言爲贈，可謂善于知人、善言德行者哉〔七六〕！

緇衣之宜兮，敝，予又改爲兮。適子之館兮，還，予授子之粲兮。

第八名　唐吉祥

考官方批：作者〔七七〕雷同一律，讀之可厭。此篇稍異于衆，一結最佳。

同考儒士唐批：此篇主意雖與衆同，行文頗超于衆，且以桓武子孫〔七八〕爲詩亡之感，尤可嘉也〔七九〕。

古人之好賢，既欲其衣之有所繼，尤欲其食之有所資。夫賢者豈以衣食爲悦哉？然人之愛其人也，則必假此服食之具，而致其慇懃之意焉。昔者鄭桓公、武公父子相繼爲周司徒，善于其職，詩人愛之而不能已，故作《緇衣》之詩以美之，謂夫緇衣者，王朝卿士私居之服也。他人豈無是服哉？而獨桓公父子而謂之宜其衣者，所以深著其父子之宜其職也。言子之服，是緇衣也，甚得其宜，敝則我將與子更爲之，益欲其衣之常新而服之無斁矣。然不止乎此而已，必將適其所居之館，盡其悦安之道，還則復授子以粲矣。授之以粲，欲其食之不乏也。愛之而欲衣之，好之而欲食之，凡其慇懃好愛，唯恐不足以將其意，非不知桓公父子初無待于人之供奉也，而吾周人愛慕之心，舍是則無以致其慇懃之意焉。考之《春秋》，武公乃桓公之子，而莊公又武公之子也。莊公亦嘗爲王朝卿士矣，始則周、鄭交質，終則周、鄭交惡。周人雖欲再歌《緇衣》之詩，其可得乎？噫！《詩》亡然後《春秋》作，豈不信哉！

春秋義

公會晉侯、宋公、衛侯、曹伯、莒子、邾子、齊世子光、滕子、薛伯、杞伯、小邾子伐鄭，戍鄭虎牢（襄十）。公會晉侯、宋公、衛侯、曹伯、齊世子光、邾子、滕子、薛伯、杞伯、小邾子伐鄭，會于蕭魚。（十一）

第一名　劉　政

考官董批：　理有發明，文不冗長，善于説《春秋》者也。

考官方批：　本題平易，故作者語多雷同。此卷文理純正，結語尤見筆力。

同考顧訓導批：　此篇以晉綽〔八〇〕公服鄭，《春秋》不予其以勢相逼，而美其以誠相感，深得題義。

伯主勢以逼二國者不足嘉，誠以服二國者深可美。蓋以力屈人，固不若以德服人。《春秋》貴德而不貴力，安得不予奪于其間哉？今夫鄭之爲國，介乎晉楚〔八一〕之間，處必争之地。從楚則晉師見伐，從晉則楚師見侵，視強弱爲何背〔八二〕，蓋出于不得已焉。自鄢陵以來，服于楚也久矣。悼公復〔八三〕文襄之業，以安攘爲己任，棄同即異之，鄭其可舍而不治乎？于戚之役，吾有必服鄭之心。始則成〔八四〕虎牢之險以逼之，今又據虎牢之險而戍之，鄭人懼而求成，出于勢力勉強，非心服也。迨夫蕭魚之會，則非前盟之比矣。悼公知鄭之難以力争也，故三駕之，終信鄭不疑，納斥堠，禁侵掠，禮其囚而歸之，于是良宵告絶于楚，予〔八五〕展出盟于晋，會蕭魚而鄭服焉。至是則晋以誠感鄭，而鄭無晋詐；鄭以禮服晋，而晋無鄭虞，則鄭之心悦誠服出于自然矣。故曰「勢以逼二國者不足嘉，誠以服二國者深可美」者，此耳。抑又論之，齊桓待人以禮，故召陵之盟不戰而服楚；晋悼待人以誠，故蕭魚之會不盟而服鄭。召陵之後，楚人終桓公之見〔八六〕而不敢暴；蕭魚之後，鄭之不叛晋者二十四年。至哉！禮之服人、誠之感人也如此！曰：

「以力服人，不若以德服人。」

得寶玉大弓，（定九）齊人來歸鄆、讙、龜陰之田，（十年）公圍成，公至自圍成。（十二）

第一名　劉　政

考官董批：　謂聖人之化行乎斯年則誠，不待兵革而自墮，雖祖舊説，發明甚善。

考官方批：　此得寶玉大弓在聖人爲中都宰之年，然《傳》稱「四方則之」，或能化陽貨之暴，固非常情所能度也。此篇詞義簡嚴。

同考顧批：　此題本難于措詞，而此篇文能達意，吾夫子之化，藹然見于言詞之表，可取。

聖人化行而爲《春秋》之所喜，諸侯威褻而爲《春秋》之所憂。于以見聖人之化方欲行，而魯君之威不當褻也。夫王道之不行也久矣，王制之不明也甚矣。寶玉大弓，先祖之分器也，而陽貨得竊之於公宫。鄆、讙、龜陰之田，先公之封疆也，而齊人得侵之爲己有。非聖人之化，又何能復之於無事之頃哉？今也夫子用於魯，内有以化陪臣，使寶玉大弓復入于公宫之府庫；外有以化强國，使鄆、讙、龜陰復歸于東蒙之版圖。《春秋》書得與來歸者，以聖人化行而喜之也。若夫三家專魯，非一日矣。郈、費與成，三家之私邑也，墮郈、墮費，則知仲叔氏之向化矣。夫何孟氏惑於公孫處父之言，謂成爲孟氏之保障，無成是無〔八七〕。孟氏故不肯墮成。然三邑已墮其二，成雖未墮，無與爲比，何至狃於速克？公我躬〔八八〕駕而攻之，環其城邑，不勝而歸，則反行飲至，何以〔八九〕告先君之廟乎？《春秋》書曰：「公至自圍成。」以諸侯威襲〔九〇〕而憂之也。雖然，墮郈、墮費，聖人之化固足以行乎仲叔氏矣。圍成弗克，豈聖人之化不能行乎孟氏耶？吁！不然也。當其時也，夫子預聞國政，非爲政也；攝行相事，非爲相也。辯言亂政如少正卯者，必肆疑沮於其間，使吾夫子之化，一時之不行耳。使聖人之化行乎斯年，則成不待兵革而自墮矣。公歛〔九一〕處父一匹夫耳，何足患焉！

禮記義

三年耕，必有一年之食；九年耕，必有三年之食。以三十年之通，雖有凶旱水溢，民無菜色。

第五名　王　能

考官董批：《禮經》失傳，習之者鮮。本卷深明題義，此篇尤佳。

考官方批：語有裁制，理有發明，深得經旨，以堯湯事爲證，尤佳。

惟能足食而備其患于前，斯能養民以遂其生于後。蓋民以食爲天，苟非積蓄之素具，則天災之流行，斯民救死而不贍矣，又何以能遂其生哉？且夫六府之用，以穀爲本；八政之目，以食爲先，皆生民之所急而不可缺者也。故古之明君，制民之産，使之致其于耜。舉趾之勞，或耘或耔之力，竭三時〔九二〕之功以取一歲之利。苟遇年之屢豐，則黍稷重穋之多，禾麻菽麥之盛，歲計之有餘者，不可不預爲積也。積而至于三年之久，則已有一年之食矣。九年之久，則可無三年之飢矣。以三十年之通而計之，則大陳陳相因之積，如坻如京之富，可以備十年之患矣。雖遇天變不時之虞，凶旱水溢之災，百穀不成而飢饉，薦臻于斯時也，用吾積蓄之素以備空乏之虞。故觀之于民，民無飢餒之色；觀之於野，野無流莩之苦。雖天變于上，而吾民之遂其生固自若也。愚故曰「惟能足食而備其患于前，斯能養民以遂其生于後」者，此也。抑嘗觀古昔帝王，盛時未嘗無天變之虞也，故水于堯而旱于湯，雖有七年、九年之久，而當時之民，不害其雍熙之治者，蓋其積蓄之多而能備患於前故也。故其下即繼之曰「然後天子食，日舉以樂」者，又以見人君之能備患於前。斯有以享其樂也。《王制》之言，我觀二聖人爲尤信。

論

第十二名　盧伯可

文武並用論

考官董批：論頗有筆力，發言有章。

考官方批：場中鮮有善作論者，此篇頗詳贍可觀。

同考唐批：論抑揚皆有文法，必非稺筆。

蓋聞有天下者，固宜用乎文，亦不可不用夫武。文武並用，長久之術也。何以言之？當夫天造草昧之初，羣雄角逐之際，非武則無以威敵。迨夫天下清明之日，四海寧謐之時，非文無以紂衆。蓋衆非文則衆不能以自集，而敵非武則敵不能以自服。文則可以守成，不可以進取。武則可以進取，不可以守成。則文武可以並用，而不可以偏廢也。是故大舜聖人也，雖曰舞干羽於兩階，誕敷文德，而苗民逆命，猶且有徂征之武矣。此非大舜之文武並用乎？武王亦聖人也，雖曰載戢干戈，載櫜弓矢，我求懿德，而燮伐大商，亦且自有牧野之武矣。又非武王之文武並用乎？誠以有天下者固不可以不用乎文，而尤不可不用夫武也。然用武也，豈窮兵黷武之武哉？必神武不殺、仁義之武也。其用文也，豈百家衆技之文哉？必經天緯地、《詩》、《書》、六藝之文也。獨不觀乎「皇天眷命，奄有四方」，爲天下君者，皆由乃武乃文之所致也；「燕及皇天，克昌厥後」，宣哲惟人者，皆由文武惟后之所基也。是則文武之道，古先哲王所以戡定禍亂、附衆安民，並用之於前矣。況今日其可不以文武而並用哉？善乎唐太宗之言曰：「用孔孟仁義之道治天下，譬由[九三]魚之有水，鳥之有翼也。」而愚亦謂用文武之道以治天下，亦猶太宗之于仁義者也。方今聖人在上，蕴經天緯地之文，秉神武不殺之武，故其用於文者皆如卷[九四]阿藹藹之吉士，用於武者皆如吉甫萬邦之爲憲。此其所以致萬國咸寧、成雍熙太平之治，一本于文武並用之功也。豈不比隆于唐虞三代哉？愚也何幸，身親見之！

第十五名　王　翦

文武並用論

考官董批：說文武相資之意，非他卷所及。

考官方批：文詞謹嚴，深識題意。

同考顧批：此篇文詞整齊，能明文武之大禮。

創業者不可舍文德，而守成者不可忌武功。創業專事乎武而舍其文，則將何以慰人心？守成專尚乎文而忘〔九五〕其武，則將何以威天下？此所以必文武並用而後可以得天下而致雍熙之治也。蓋當羣雄角逐之時，天下鼎沸之日，所當先務者，固在于武。而所以行其武者，文亦未嘗不與其中也。當守成纘業之時，天下平定之日，所當崇尚者，固在于文，而所以輔其文者，亦未嘗不出乎武也。尚武而舍文，則必黷武。尚文而忌武，則必生亂。苟武黷〔九六〕而欲業之創，固難矣。苟生亂而欲守其成，又豈不難乎？然則有天下者於其二者，豈可有所偏廢而不並用哉？是故三苗之頑不格於徂征之誓，而格於誕敷文德之餘。崇侯之亂不降于三旬之師，而降于退修德教之後，是則舜文之用武而不舍其文之驗也。又周制每歲仲春教振旅，遂以蒐；仲夏教茇舍，遂以苗；仲秋教治兵，遂以獮；仲冬教大閱，遂以狩。是則周之尚文而不忘武之事也。以是而觀，則文武並用而不可偏廢者，豈不信哉！欽惟我太祖皇帝雖以武功定天下，而文德未嘗不並行。今聖〔九七〕天子雖以文德守成業，而武功亦未嘗不並用。是則用武而不舍其文，尚文而不忘其武之實也。所以致天下若太山之安，而宗社如磐石之固，措生民于衽席之上，囿生民于德化之中，而有含哺〔九八〕鼓腹之樂，耕田鑿井之利，較之二帝三王之治，亦不過如此〔九九〕而已矣。其爲治之效，既與二帝三王同，則比户可封之盛，豈獨在於二帝三王之世，而不在於今日乎？

詔

擬漢文帝舉賢良方正能直言極諫者詔

第三十名　浦　陟

考官方批：陳言故習，膠學者之口，欲見一古語而不可得。此詔可觀，深得題意。

同考高批：漢詔似易實難。此作甚得古意，蓋嘗用心于擬詔者也。

蓋聞古先哲王之治天下也，設敢諫之鼓，立誹謗之木，無非所以通治道而求諫也。亡秦不道，焚滅先王之典籍，于是有誹謗妖言之律，人主欲聞過失不可得。朕以渺躬位于侯王之上，乃者謫見于天，日有食之，夙夜祇懼，豈朕不明於德，不聞其過而致是歟？其令郡國各舉賢良方正、能直言極諫者以匡朕之不逮。

誥〔一〇〇〕

擬唐太宗以魏徵爲侍中誥

第九名　計　登

考官董批：塲中作誥者甚少，此篇得唐體，可取。

同考顧批：誥詞典雅，諸作罕及。

樞要之官必賴全才之士，□□□□宜資備德之賢。苟非其人，曷膺是選？具官某學貫〔一〇一〕古今，名高天下，犯顏忠諫，足以匡格君心。直道佐時，足以表儀朝著。擢居斯任，良副〔一〇二〕具瞻。尚期〔一〇三〕嘉言屢陳，遠謀〔一〇四〕數告，使萬姓獲時康之樂，四方致風動之休，宜盡乃心，以稱朕意可。

策〔一〇五〕

問：自昔有天下者，各有所尚。夏之忠，商之質，周之文，其尚各殊。豈人〔一〇六〕君固欲以所尚率天下乎？抑因時勢人情之自然而從之乎？三代以降，若漢、唐、宋，傳國皆數百年，其所尚亦可推而知之乎？或謂西漢尚經術，東漢尚風節，二者果孰優乎？宋道術大〔一〇七〕章明於世，非東漢所及，而風節之美，乃有愧於東漢，何耶？唐世忠臣節士，後先相望，或以爲太宗好諫諍，喜忠義，故感發使然。其果然歟？然則欲變風俗，使尚忠義、有節操，盖爲治之急務，行何道而可以致之歟？願明言之。

第三十四名　張禮聞

考官董批：答問詳明，有學之士也。

考官方批：此對無學者失之空疏，好高者失之肆妄。惟此篇能援古以

答〔一〇八〕所問，衆鳥中之孔鸞也。

同考顧批：三代忠、質、文之所尚，答之少詳。此篇獨得之。自後節節發明，

可取。

對：竊謂夏、商、周之所尚不同，而民皆歸於直道。漢、唐、宋之所尚不同，而人皆稱爲盛世。公論所在，不可誣也。然則二帝以降，推夏、商、周之世爲可法；三不王作〔一〇九〕，惟漢、唐、宋之世爲可尚。夫自昔之有天下者固各有所尚矣，夏之尚忠者，蓋自禹平水土，烝民乃粒，天下渾然，太朴之氣，比屋可封，所以當時惟知忠之自尚。而忠者，質之本也。商之尚質者，太朴未散，風氣始開，伊尹以先覺之明，成湯以日新之德，所以當時惟知質之是尚。而質者，人〔一一〇〕之本也。周之尚文者，蓋文、武作之於前，成、康繼之於後，周公制作於其間，信乎郁郁之可美矣，所以當時惟知文之是尚。而文者，文質得宜之謂也。是皆時勢人情自然而從之者矣，夫豈人君欲以所尚率天下哉？三代以降，若漢、唐、宋，傳國數百年者，亦可推而知矣。西漢則尚經術，若伏生、孔安國之書，公孫弘、董仲舒〔一一一〕之《春秋》，田何之《易》，匡衡之《詩》，高唐生之《禮》，皆欲見用，所以西漢以經術相尚也。若夫東漢之風節，又有説焉。莽移漢祚，忠義之士各守其節，若龔勝之倫，寧絶食而死，誓不爲之臣。是以嚴陵之輩，以節高之。雖以光武故人之誼，終亦不改其節，故范仲淹之論曰：「微先生不能成光武之大，微光武豈〔一一二〕能遂先生之志〔一一三〕哉？」此其節義可稱，爲東漢之所尚也。然則兩漢之經術、風節，蓋亦時勢人情之自然，又果孰能優劣之乎？至若宋之道術大〔一一四〕章明於世，非東漢所及。然而諸儒繼聖人千載不傳之統，信非東漢風節之美，有媿於東漢者，蓋亦非東漢之所能及。然而諸儒微而在下，雖能使聖人之道與三光並明，而不能使聖人之道如四時成物也。後若秦檜之奸，岳飛之死，忠臣義士後先相望，蓋由太宗好諫諍、喜忠義，故感發使之然也。若夫玄〔一一五〕齡之知無不爲，魏徵之恥若〔一一六〕不若堯舜，李勣之思效殺身，使後世忠義之士班于簡册者，又豈非太宗有以感發於初乎？然則當今之勢〔一一七〕，欲變風俗，使尚忠義，有節操，爲治之急務，蓋亦有其道矣。惟當考之漢、唐、宋之世，取其所長，棄其所短，一以三代爲師，則三代之治可得而復矣，漢、唐、宋豈能及哉？愚也學問膚淺，不足以塞明問。惟執事教之，幸甚！

問：《詩》、《書》、《春秋》言三代用兵著矣，然未嘗言養兵之費，何也？豈寓兵於農而然歟？其法〔一一八〕可得而考歟？漢、唐、宋之兵，班班見於史傳，言養兵者有矣，或謂推〔一一九〕唐府兵之法最善，其可考而足法歟？今天下之財匱於養兵，欲滅〔一二〇〕兵則恐守備或闕，欲令兵屯田自食，則病於無田，或有田而相去之遠也。果行何法而可使民財富、兵食足、國家亯久安之福歟？有志之士幸相與言之。

第七名　李　誠

考官董批：場中善對策者多失於空疏，此作頗佳。

考官方批：問三代寓兵於農及府兵之制，正欲觀其所學。此作雖未能盡，始〔一二一〕取所長。

對：嘗謂事不師古則妄作，而無以善於今。法務適宜，必變通而能善其政。況兵制則國家之重事，安得〔一二二〕不酌古準今以隨時之所便乎？蓋古者制兵之善，無如丘甸。爰自黄帝有涿鹿之戰，顓頊有共工之陣，舜有三苗之征，夏有甘扈之誓，商周〔一二三〕既以兵定，猶立司馬之官。故周設六軍之衆，因井田而制軍賦，此先王爲國立武足兵之道，由田賦始，所以寓兵於農，有自來矣。漢、唐、家〔一二四〕制皆隨一時權宜，莫能倣古。惟唐府兵之法爲最善者。太宗置府八百，在關中者五百。凡府中二百人爲上，千人爲中，八百人爲下。府有折衝果毅兵士以三百人爲團，五十人爲隊，十人爲火。器械糧食皆自備，其由〔一二五〕胄、戎具，征行則給，班師則貯於庫，兵散於府，將歸於朝，故國不費財而民不失業。其後五代變更，宋世費財益重。大抵兵農既已異途，養兵之費烏得不取於農之賦稅耶？洪惟聖朝兵制多法於唐，混一以來，田野日漸開闢，屯田之兵，無處不有。若能如趙充國之屯浩亹，而先零莫敢入塞；諸葛亮之雜耕渭濱，居民安堵，則省輸轉之勞，深得守禦之備矣。然國家又行中鹽之法，分地勢遠近以輸糧。其於安邊之法，慮之熟矣。萬全良計，超越古昔，又奚待區區之議耶？

問：爲治者固不可先利，而食貨不可闕然。孔孟言治道必首仁義，豈仁義固有自然之利歟？後世以聖賢之説爲迂，然求利太深者，多失其利，豈非專利者必有害歟？漢文帝在位二十三年，免租之詔屢見，而除田租不徵者十有一年，宜其貧矣。而太府〔一二六〕有腐粟，錢貫朽而不可較，國與民皆富，何歟？武帝之時言利至詳，國不富實，海內虛耗，又何歟？聖上嗣法〔一二七〕，取法漢文，貧〔一二八〕田租，除逋負，恩惠甚厚，抑富國足民之方尚有可言者否歟？

第一名 劉政

考官董批：此策説漢文、漢武得失之效甚善，篇末謙退不居，終有所獻嘉言。此必有志之士也。

考官方批：場中對策者或爲夸言以自矜，或爲佞詞以求悦。此作理明詞正不激，過人遠矣。

對：務德則治天下爲有餘，好利則治天下常不足。蓋節用愛民則德澤興，而百姓足；窮兵黷武則功利未得，而食貨先殫矣。此仁義與利之不同，而有利害相隨之異也。夫帝王之爲治，非不欲其有利於國家也，必先利於民，而不以利國家爲先；非欲其不足於國用也，必先足於百姓，而以足國用爲後。一民之飢，猶己飢之；一民之寒，猶己寒之。輕其刑罰税斂，養其鰥寡茕獨，惟以仁義爲先。是以天下之民，仕者皆欲立於其朝，耕者皆欲耕於其野，商賈皆欲藏於其市，行旅皆欲出於其塗。然雖無求利之心，而其土地人民之利自然而至，此孔孟言仁義有自然之利也。若夫人君之好利者則異於是，苟利於己，不恤人也；苟利於國家，不恤百姓也。聚貨財以實府庫，豈顧其民之困窮哉？徵租稅以實倉廩，豈顧其民之凍餒哉？任用聚歛之臣爲賢，侵奪不毛之地爲利，至於叛亂蝟興，災害並至，由其深欲求利也，故利未得而害隨之，此專利者必有害也。觀於漢文、漢武，則仁義與利可得而辨矣。漢文之時，免租之詔屢見，而除田租不徵者十有一年，宜其貧矣。而太倉有腐粟，錢貫朽而不可較，其故何哉？由其躬行仁義，身粟以儉約，省虚費之財，罷不急之用，無冗食之兵，無遠畧之師，以恭儉治天下，是以倉有餘粟，庫有餘財，國與民皆富者，節用愛人之所致也。若武帝之時，言利至詳，國不富實，而海内虚耗，抑亦有説焉。由其不務德而務力，任其聰明，拒諫諍，宫室臺榭是崇，甲兵征伐是務，耗殫天下府庫之財，罷樊〔一二九〕天下生民之力，至於巫蠱之禍，幾於國家亂亡者，窮奢極欲之所致也。欽惟皇上嗣登大寶，免田租，除逋負，恩惠極矣。至於錦繡珠玉不積於宫，珍禽奇獸不畜於囿，無聲色之欲，有愛民之心，其儉約固有過於漢文矣。然而富民足國之方，則公卿在上，固不待於愚之所言。然不敢不陳其大畧焉，爲今日之計，富民之方，莫若行備荒救災之政，輕傜役，減租税而已。若其足國之方，則當立府兵之法，設屯田之策，以足兵食，又必以節用惜民，勿興土木之功爲念可也。無所見聞，惟執事教之，幸甚！

問：三代之盛無他，兵皆有田以足衣食，而又能教之而已。後世野有曠土，民多游手，自何時而使然歟？三物之教不行，而俗壞風頽，自何時而始變歟？夫欲俾四海之内無不耕之田，無不富之民，無不美之俗，何修何爲而可臻此？諸生學乎古，將以行諸今也，其可不悉心以對歟？

第三〔一三〇〕名　邵　衡

考官董批：文不俚俗，學有根本，善答問者也。

考官方批：井田廢而有貧民，三物之教不行而無善俗，此對知世道〔一三一〕盛衰之由，議論可取。

同考唐批：策答教養之道甚悉，末歸諸節儉，重本禮義，尤爲至論。

對：嘗謂教養之道行則政治興而風化盛，教養之道廢則政治壞而風化衰，此上古之所以爲不可及，而後世之所以不能無可議也。竊嘗考夫夏、商、周三代之盛，風淳俗美〔一三二〕，政舉化行。在上者享雍熙之治，在下者享安養之樂。其故何哉？豈不由其制田有方，處民有道，貢法則行於夏，助法則行於商，徹法則行於周之所致乎？後世爲治之君，以不恕之心，行不恕之政。惟知變古而不知法古，是以野則有曠土而廢地利之所產，民則有游手而無畝畎〔一三三〕之可耕。遂至大家有兼并之患，小民無尺寸之資，其所由來者漸矣。然豈非秦孝公用商鞅開千〔一三四〕陌而致之使然歟？古者大司徒以鄉三物教萬民而賓興之：一曰知仁聖義忠和，二曰孝友睦婣任恤，三曰禮樂射御書數。故家有塾，黨有庠，術有序，所以上之教下者必以此，下之爲學者亦必以此。是以當時弦歌之聲洋溢乎遠近，禮義之風無間乎內外。後世君道既衰，師道亦闕，不尚德化，以致三物之教不行，而俗壞風頹者〔一三五〕，其所由來亦漸矣。然亦豈非始皇抗〔一三六〕儒焚書、滅棄典籍而始大變歟？夫沿習之弊已久，而田不可復井矣。今欲俾四海之內無不耕之田，無不富之民，無不美之俗，其道則在於慎擇守令以興勸農之政，而率之以其時，禁押游食以察好閑之徒，而究之以其法，增修德教，廣學校之規而勉之以其道。而又在上者率之以節儉之風，獎之以重本之意，申之以禮義之政。夫如是，則其地無不闢，民無不富，俗無不美，又何有一之不富哉？將見禹、湯、文、武之治復興，而凡古法之變於後世者，亦可得而漸復於今日矣。顧不偉歟？管見如斯，惟先生進教之，幸甚！幸甚！

問：董子曰：「郡守、縣令，民之師帥。」人君愛民，必慎擇守令。漢之時如龔黃、遂霸〔一三七〕之爲守，卓茂、魯恭之爲令，皆表表然見稱於史。賢才代不乏人，使諸君〔一三八〕任銓選之職，果何法而盡得龔、黃、卓、魯其人以任郡縣之寄乎？使諸君子〔一三九〕將有郡縣之寄，果何爲而可以如龔、黃、卓、魯之爲乎？他日之設施，即今日之所〔一四〇〕蘊蓄也。願陳其説。

第二十名　張　欽

考官董批：既有記問之學，又有詳雅之文，可喜也。

考官方批：答此策者往往因問之及而高自稱許，謂古人爲不足侔，令人厭之。此作獨不然，蓋有學之士，自無炫鬻之態也。

同考唐批：此策敘述守令極爲詳備，可見學識，其褒然而出者乎？

對：安民之道在乎嚴守令之選而已。盖守令爲親民之職，令得其人，則一邑之民安；守得其人，則一郡之民安。自邑而郡，自郡而天下，守令既皆得人，天下之民其有不安者乎？夫然守令之選，其可輕也哉？蓋自秦滅諸侯，廢井田，開阡陌，以爲郡若縣，置守若令，郡以制縣，守以統令，于是守、令職分布天下。漢宣帝嘗曰：「太守吏民之本，數變易則下民不安。」明帝亦曰：「郎官上應列宿，出宰百里，苟非其人，民受其殃。」由是觀之，則漢之嚴于守令之選可知矣。故漢之良吏，班班可考。若文翁之守蜀，則能興學效〔一四一〕以敷教化。黄霸之守潁川，則能立教化以服吏民。淮陽〔一四二〕則有汲黯之卧治，河南則聞吴公之治平，北海之朱邑以德行爲第一，渤海之龔遂以單車散郡盜。此漢群〔一四三〕守之大概也。至若〔一四四〕卓茂之令密，視民如子，民不忍欺。魯恭之令中牟，專以德化，不任刑罰。洛陽之董宣能鋤擊豪強以安下民。漢令之大畧也。唐太宗疏刺史之名于屏風，善惡之跡皆注于下，以備黜陟。乃以縣令〔一四五〕爲尤親民，不可不擇令，五品以上，各舉堪其職者以名聞。故韓愈刺潮州，鱷魚爲之遠徙。賈厚頤刺洛州，百姓爲之立祠。華州袁滋拜將軍，耆老遮道，不得進寧州。狄仁傑撫戎夏，下民皆得歡心。此唐刺史之大概也。賈實之令饒陽，政尚清静。張尹濟之令武陽，孜孜愛民。此唐縣令之大略也。至于宋、元，代不乏人，未易枚舉。率皆不拘資歷之高下，務在授得其人。不限歲月之久近，務使益盡其力。故得人之盛，治效之廣。若專以錢穀之出入，簿書之期會爲務，而不責以大體，則非所以任守令爲安民之本矣。欽惟聖天子嗣位以來，宵旰圖治，思得一賢守令以爲阜民之本，故歷命廷臣各舉所知以充其任，甚盛典也。愚竊以爲選舉之法既良矣，又當加以考覈之文。嚴以黜陟之典，其勤于字〔一四六〕民而知大體者，則如□□□□□□，其□□□□□□□□則罰之以起其怠。其終不悛者，則黜之。如是將見天下治效並隆，三代、漢、唐、宋、元何足以倣我朝之萬一哉！愚敢以是而復明問。

附録

上海圖書館藏莫棠抄本卷首莫棠序、朱緒曾《開有益齋讀書志》「建文元年京闈小録」條：

《建文元年京闈小録》向鮮流傳，余從丹徒陳星南明經祺壽録副，星南自儀徵劉恭甫壽曾家迻寫，恭甫得自上元朱氏，故述之先生緒曾《開有益齋讀書志》箸録，今録諸卷端。此録與後世榜録格式差同，曰「小録」者，意必更有如紹興、寶祐、元統三録之詳列執事官吏及得解者世系年甲也。宋元諸録，展轉尊重，列於四部。而寶祐有文信國、謝疊山，元統有余忠宣。若是録則主試即爲方正學，而舉首劉政與桐城方法皆以靖難致隕，豈非天之所以扶植綱常名教者，雖此類之微，亦使不絶於人世。而世顧滔滔，乃欲亂大倫而談治道，無惑乎？亂靡有底矣。不然，革除文字，明代幾禁斷無餘，而此數十紙歷五六百年尚摹傳不失，豈不可以覘天道哉？正學序與試者千五百人，而解額一百四十，何其登進之寬？後竘程文《四書義》，雖難望成、弘、正、嘉間作者，猶自簡質，他則殊不足觀，然可貴不在此也。星南於朱志外博考録内諸人，所得積數卷，遠置東臺，惜未能一見，并竘記之。丙寅九月二十有三日辛卯，獨山莫棠在通州西濠小閣書。

建文元年京闈小録

《京闈小録》一卷，明建文元年應天鄉試録也。首有翰林院侍講方孝孺序，蓋是科考官爲董學士紀、方侍講孝孺。太學暨畿内士千五百人八月七日甲辰入院，越十四日丁巳而畢，登名於籍者二百四十人。第一場《四書》義三題：《行夏之時四句》、《親親而仁民二句》、《可以託六尺之孤五句》。《易》、《詩》、《書》、《春秋》、《禮》各四題。《春秋》以伐鄭、戍鄭虎牢、伐鄭會於蕭魚爲一題。餘仿此，乃合題也。二場論、詔、誥、表各一，判語五。三場五問。中式舉人二百四十名。中式程文第一名劉政《可以託六尺之孤五句》義一首，第二十一名錢蒙《親親而仁民二句》義一首，其餘《易》二首、《書》二首、《詩》二首、《春秋》二首、《禮》一首、論二首、詔誥各一首、策五首，各擇其人之佳者。惟劉政《四書》義、《春秋》義，第七名李誠《易》義、策問各二首。其一百九名爲桐城方法，後官斷事，死遜國之難。其二十九名爲武進胡濙，後官尚書，稱名臣，然不如方斷事之不愧師門也。革除事多散失，志乘科貢表尤闕略，如應天上元張欽（二十名）、任安（四十三名）、方矩（七十四名）、時泰（一百四十一名）、萬遠（一百二十七名）、陳暄（一百九十八名）、何潤（二百三十名）、江甯李誠（七名）、李簡（二十七名）、吴觀（三十名）、史雄（六十一名）、王憲（一百五十七名）、王賓（一百四十八名）、陳喜（一百六十七名）、句容劉永（一百七十一名）、溧水孫讓（五十八名）、湯茂（六十四名）、王滿（六十六名）、張禮

（一百十九名）、朱旭（一百八十八名）、孫綸（二百六十名）、宋鎬（九十名）、江浦王輔（六十三名）、吴智（八十七名）、劉觀（一百六十一名）、六合夏潤（六十二名）。吕太守《江甯府志》失載陳暄、萬遠、李簡、劉永、王滿五人。史雄江甯人，誤爲江浦，孫綸誤爲經綸，吴智誤爲莫智。建文二年，進士有劉永，而鄉舉無名，尤誤也。吕《府志》多王良、夏廉。又永樂三年，王仲壽江甯人，解元，而建文二年亦云王仲壽江甯人，解元。據此録，是科解元劉政爲吴縣學生，非王仲壽也。七名江甯李誠（九十五名李誠當塗縣學生）《知變化之道者二句》義，方侍講批云：「場中諸卷言數者或遺理，言理者或遺數。此作獨發明詳盡，苟非積學之功，則必善於記誦者也。宜取之，以爲好學之士勸。」策問三代寓兵於農及府兵之制，答問頗詳。江甯李氏，宋有襄國公琮、參知政事回，元有餘干教諭桓，蓋以博洽世其家者也。（朱竹垞《孝子長洲劉君墓誌》云：「遠祖德基從宋高宗南渡，官黄州統領，居建康。其後曰順之，仕元爲平江路榷茶提舉，遂家焉。曰政中，建文元年鄉試第一，方公孝孺之所拔也。金川門之變，痛哭不食死，追謚靖節先生。」）（沈德符《萬歷野獲編》：「建文元年己卯，應天鄉試，首題爲《可以託六尺之孤一節》。是時靖難兵已漸動，衡文者有意責備方、黄諸公耶？抑偶出無心耶？即云無心，亦不祥甚矣。」沈景倩蓋未見《小録》，不知方公之爲主司也。）

校勘記

〔一〕《遜志齋集》（《四部備要》本）收入此序，題爲《己卯京闈小録後序》。上圖本此處上有眉批：「書中於明代應提行處，或接寫，或空一格，自屬傳鈔已久，失其原式。今一律不提不空。」

〔二〕「爲元」，《遜志齋集》作「元爲建文」。《皇明經世文編》同。

〔三〕上圖本「事」上無「庶」字。

〔四〕「十四日丁巳」，《遜志齋集》作「九日己巳」。

〔五〕「擇」，上圖本作「擢」。

〔六〕上圖本「是」後有「乎」字。

〔七〕「助」，上圖本作「祚」。

〔八〕「自」，上圖本作「固」。

〔九〕原文此題占兩行，第二行頂格抄寫，故上圖本有眉批：凡一題寫兩行者，次行當低一格。誤竝寫。

〔一〇〕「謂」，《周易集解纂疏》作「爲」。

〔一一〕「猶」，上圖本作「猷」。

〔一二〕「壹」，上圖本作「一」。

〔一三〕「餐」，《詩三家義集疏》作「粲」。

〔一四〕上圖本無「鄭」字。
〔一五〕「忠」，上圖本作「質」。
〔一六〕「質」，上圖本作「忠」。
〔一七〕「然表」，上圖本作「表表然」。
〔一八〕「今」，上圖本作「令」。
〔一九〕上圖本無「兵」字。
〔二〇〕「兵」，上圖本作「屯」。
〔二一〕「童」，上圖本作「章」。
〔二二〕上圖本「寍」均寫作「寕」。
〔二三〕「泰」，上圖本作「南」。
〔二四〕「駱」，上圖本作「羅」。
〔二五〕「浚」，上圖本作「俊」。
〔二六〕「宗」，上圖本同，南圖丁丙跋本作「宋」。
〔二七〕「立」，上圖本作「丘」。
〔二八〕上圖本此條有眉批：眉批：「縣學生」恐當作「監生」。
〔二九〕「成」，上圖本作「城」。
〔三〇〕「上元」，原寫作「丹陽」，旁改爲「上元」，上圖本作「上元」。
〔三一〕「丹陽」，原寫作「江寕」，旁改爲「丹陽」，上圖本作「丹陽」。
〔三二〕「縣」，上圖本作「府」。

〔三三〕「揖」，上圖本作「楫」。

〔三四〕「府」，上圖本作「河」。

〔三五〕上圖本此處有眉批：「縣」疑作「州」。

〔三六〕「清」，上圖本作「青」。上有眉批：「青」原作「清」，恐誤。

〔三七〕「淵」，上圖本作「淵」。

〔三八〕上圖本此條上有眉批：前有樂安縣，乃濟南府。此作清州府，且「清」疑「青」之誤。

〔三九〕「西」，原作「東」，旁改爲「西」，上圖本作「西」。

〔四〇〕上圖本此處有眉批：明郁衮《革朝遺忠録》載：「政字仲理，己卯以春秋發解，京闈第一，考官侍講方孝孺得其文，驚曰：『此他日臨大節而不可奪者也。』批之有『衆鳥中之孤鳳，君當虚左以處之』之語。明主試禮部，下第。太宗登極，孝孺被戮，政悲忿不食死。」案政兩義，方正學批，今具載語，不若是也。又《遺忠録》注一云：「政永樂初不赴會試，聚徒教授終身。」

〔四一〕「政」，上圖本作「正」。

〔四二〕上圖本無「害」字。

〔四三〕上圖本無此條。

〔四四〕「作」，上圖本作「爲」。

〔四五〕「人」，上圖本作「仁」。

〔四六〕上圖本無「理」字。

〔四七〕上圖本無「又」字。

〔四八〕上圖本無「視」字。

〔四九〕「有」，上圖本作「以」。
〔五〇〕上圖本無「因」字。
〔五一〕「衆」，上圖本作「羣」。
〔五二〕「美」，上圖本作「義」。
〔五三〕上圖本無「之」字。
〔五四〕上圖本「卦」上有「之」字。
〔五五〕「世」，上圖本作「四」。
〔五六〕「占」，上圖本作「凶」。
〔五七〕「又」，上圖本作「有」。
〔五八〕「著」，上圖本作「著」
〔五九〕上圖本「天」字後有「地」字。
〔六〇〕「耳」，上圖本作「目」。
〔六一〕上圖本闕名次及姓名。
〔六二〕上圖本無「而」字。
〔六三〕「風」，上圖本作「封」。
〔六四〕「言」，上圖本作「論」。
〔六五〕「復」，上圖本作「俊」。
〔六六〕「詞」，上圖本作「辭」。
〔六七〕「簡明通暢」，上圖本作「通明簡暢」。

〔六八〕「禹」，上圖本作「雨」。
〔六九〕上圖本「寒」下有「風」字。
〔七〇〕「物庶」，上圖本作「庶物」。
〔七一〕「解」，上圖本作「懈」。
〔七二〕上圖本無「當進之前列」五字。
〔七三〕「乎」，上圖本作「於」。
〔七四〕「予」，上圖本作「於」。
〔七五〕上圖本「則」後有「仲」字。
〔七六〕上圖本無「哉」字。
〔七七〕上圖本無「者」字。
〔七八〕「子孫」，上圖本作「孫子」。
〔七九〕上圖本無「尤可嘉也」四字。
〔八〇〕「綽」，上圖本作「悼」。
〔八一〕「楚」上圖本作「處」。誤。
〔八二〕「視強弱爲何背」，上圖本作「强弱爲向背」。
〔八三〕「復」，上圖本作「服」。
〔八四〕「成」，上圖本作「城」。
〔八五〕「予」，上圖本作「子」。
〔八六〕「見」上圖本作「身」。

〔八七〕上圖本「無」下有「保障」二字。
〔八八〕「公我躬」，上圖本作「□公躬」。
〔八九〕「以」，上圖本作「至」。
〔九〇〕「襲」，上圖本作「褻」。
〔九一〕「歛」，上圖本作「孫」。
〔九二〕「時」，上圖本作「時」。
〔九三〕「由」，上圖本作「猶」。
〔九四〕「卷」，上圖本作「拳」。
〔九五〕「忘」，上圖本作「忌」。
〔九六〕「武黷」，上圖本作「黷武」。
〔九七〕上圖本無「聖」字。
〔九八〕「含哺」，上圖本作「哺含」。
〔九九〕「此」，上圖本作「是」。
〔一〇〇〕上圖本闕此目。
〔一〇一〕「貫」，上圖本作「冠」。
〔一〇二〕「副」，上圖本作「負」。
〔一〇三〕「期」，上圖本作「其」。
〔一〇四〕「謀」，上圖本作「謨」。
〔一〇五〕「策」，上圖本作「策問」。

〔一〇六〕上圖本無「人」字。
〔一〇七〕「大」，上圖本作「文」。
〔一〇八〕「答」，上圖本作「畣」。
〔一〇九〕「三不王作」，上圖本作「三王不作」。
〔一一〇〕「大」，上圖本作「文」。
〔一一一〕「公孫弘董仲舒」，上圖本作「公孫董仲舒弘」。
〔一一二〕「不」，上圖本作「豈」。
〔一一三〕「高」，上圖本作「志」。
〔一一四〕「大」，上圖本作「文」。
〔一一五〕「元」，上圖本作「玄」。
〔一一六〕「若」，上圖本作「君」。
〔一一七〕上圖本「勢」上有「世」。
〔一一八〕「令」，上圖本作「令」。
〔一一九〕「推」，上圖本作「惟」。
〔一二〇〕「滅」，上圖本作「減」。
〔一二一〕「始」，上圖本作「姑」。
〔一二二〕「得」，上圖本作「能」。
〔一二三〕「周」，上圖本作「制」。
〔一二四〕「家」，上圖本作「宋」。

〔一二五〕「由」，上圖本作「甲」。

〔一二六〕「府」，上圖本作「倉」。

〔一二七〕「法」，上圖本作「位」。

〔一二八〕「貧」，上圖本作「免」。

〔一二九〕「樊」，上圖本作「敝」。

〔一三〇〕「二」，上圖本作「三」。

〔一三一〕上圖本「世道」之後有「之由」二字。

〔一三二〕「風淳俗美」，上圖本作「風俗湻美」。

〔一三三〕「畊畎」上圖本作「畎畝」

〔一三四〕「千」，上圖本作「阡」。

〔一三五〕上圖本無「者」字。

〔一三六〕「抗」，上圖本作「阬」。

〔一三七〕「龔黄遂霸」，誤。上圖本作「龔遂黄霸」。

〔一三八〕上圖本「君」下有「子」字。

〔一三九〕上圖本「君」下無「子」字。

〔一四〇〕上圖本無「所」字。

〔一四一〕「效」，上圖本作「校」。

〔一四二〕「陽」，上圖本作「南」。

〔一四三〕「群」，誤。上圖本作「郡」。

〔一四四〕「若」，上圖本作「如」。
〔一四五〕上圖本無「令」字。
〔一四六〕「字」，上圖本作「治」。

新刻湖洲註釋弄丸判語評林

〔明〕陳經濟選編

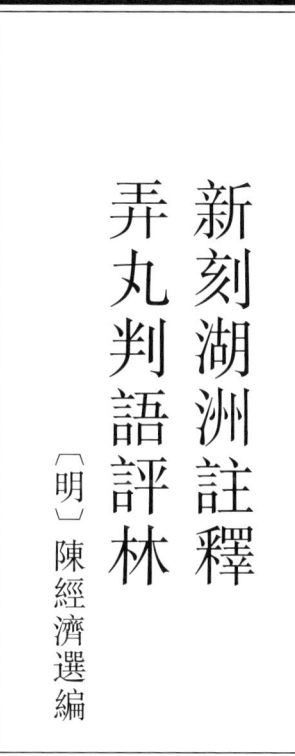

《新刻湖洲註释弄丸判語評林》提要

《新刻湖洲註釋弄丸判語評林》二卷，明萬曆間湖州知府陳經濟選編注釋，同知何挺校。

陳經濟，字獻明，號弘宇（衡吾、衡宇），生卒年不詳〔一〕。河南禹州人。萬曆八年進士，曾任嚴州知府、湖州知府、浙江副使等職。《萬曆野獲編》記其怪癖：陳經濟於湖州太守任上酷惡鴉聲，偶聞之，必痛笞其隸人，因被視爲「陳老鴉」。〔二〕《（嘉慶）大清一統志》則記其愛民勤政事蹟：「陳經濟，禹州人。萬曆十三年知猗氏縣，歲大饑，捐俸設粥廠，全活甚衆。解州七郎堰壞，延二十里，知州請役十縣夫築之。經濟曰：『城隄非鹽隄可比，奈何徵役各縣乎？』卒不應。」〔三〕又據《猗氏縣志》，陳經濟「性淡泊沉毅，力爲地方謀生養。丙戌歲大饑，先蒞土者，無一年之積，公借鏹上官，並捐俸設粥廠，活人無算。所攜銀帶一束，拆以糊口。堂下槐角甚繁，得豆數石，與縣尉均分啖之。家人止日一飧，婦子冬衣單薄，雖交謫弗顧也。達官輶軒，过徑不入邑。會邊儲告詘，部使

者嚴督，系經承吏，公曰：『官實不才，吏乎何尤？』乃奪索自系。使者駭去。」〔四〕

書題名前後不一，書牌題《弄丸判語》，目録頁題《新刻湖洲註釋弄丸判評林》、正文首頁則題爲《新刻湖洲註釋弄丸判學林》。全書共選判文一百六十三題，分吏、户、禮、兵、工、刑六類。其所謂「評林」並非文章學評點或文學性批評。其眉批列出與題目相關的《大明律》條文，而旁批則是對判語所涉及的典故進行解釋，是注釋性文字。判文選自四十三位作者，均爲萬曆間（自萬曆八年至二十三年）鄉試或會試、殿試中之魁元。「弄丸」典出《莊子·徐無鬼》「市南宜僚弄丸，而兩家之難解」，取其「排紛解難」之意。

《弄丸判語》今僅存於日本山口大學圖書館。該本由萬曆間著名書坊書林萃慶堂據「湖州原板」重刻。所謂「湖州原板」應是指陳經濟於湖州知府任上所刻之本。陳經濟於萬曆二十三年至二十六年任湖州知府。兹據山口大學圖書館藏本點校整理。

注釋

〔一〕據鄭志良考，陳經濟「當卒於萬曆四十年或其後不久」。

〔二〕沈德符《萬曆野獲編》補遺卷二「士紳怪癖」條。
〔三〕清穆彰阿《(嘉慶)大清一統志》卷一百四十一，四部叢刊續編景舊抄本。
〔四〕(康熙)《猗氏縣志》卷六。

新刻湖州註釋弄丸判語評林

陳經濟選編

弄丸判語題辭

我熙朝經緯往制，搜羅奇英，壹以經義爲鵠。上揭揭招之，下唯唯趨之。是以沖舉之士，髫齡而授章句，屈首而攻文藻。至於判決之任，輒置而不譚。得非以經義重，法律輕耶？夫國家政典，三令五申，當官者弗得而廢。士即漱芳潤，飲真源，漁獵竿册之華，自以爲經術辦耳。一授之政，而科條法令茫無所措。譬之未操而使割，未能登車而使獲，小懼傷肢，大懼覆轍。於是戔戔者流得指而數之曰：「是學稱繡虎，文擅雕龍。滿牘有月露之形，當事無絲粟之用。篾克濟矣。」此果經術負士耶？士負經術耶？蓋古者任人先試以政，即橋門鼓篋，且以判語程之，安得廢棄不譚也！是經義爲士本根，而法律所以輔之。噫！微獨士然哉！夫秋之於奕，僚之於丸，郢之於斤，曠之於絲竹，彼有神雋存焉，進乎技矣。故夫經術者，士人之神雋也；法律者，士人之剩技也。誠令爲士者冥會魯誥之中，剸割墳竺之表，懋於事功而澤于道德，即以稱通士可也。弘宇公爰取判語若干篇，拔其尤，剗其陋，曰《弄丸集》，付之剞劂氏，而不佞引其端。寅友何挺撰

新刻湖洲註釋弄丸判評林目録上卷

新刻湖洲註釋弄丸判學評林上卷

湖洲府知府　弘宇　陳經濟　著
同知　翼軒　何挺　校
書林　泗泉　余彰德　梓

解元　余應詔

文武官員子孫襲廕（吏）

（眉批〔四〕：凡文武官員皆當襲廕，嫡長子孫如無，方由親以及疏承經者襲之。若攙越者，杖一百，徒三年。〔五〕）

官人以世，爰報德而旌功。立嗣以倫，實正名而定分。故荀顗令君子之裔，珠玉相輝；而韋玄成丞相之苗，芝蘭遞秀。今某朶頤榮禄，本支莫辨於親疏；蔑視彝倫，長幼遂迷於嫡庶。賢非季歷，（周太王第三子文王父也。）駕言父命之爲尊；迹擬成師，

（晋昭侯封其叔父成師于曲沃，後武公滅晋，盡以其寶器賂周僖王，乃詩曰：「豈曰無衣七兮？不如子之衣，安且吉兮。」）敢賦君衣之且吉。龍韜豹略，未承一派之源；紫綬金魚，竟是幾枝之葉。霍姓強襲將軍之號，賈家昧承車騎之官。（賈家有孽子濫承車騎之官爵。）獨不思桓公篡兄，聿來《春秋》之筆。而康子奪嫡，適違《論語》之規。既犯民彝，宜昭國法。

舉用有過官吏（吏）

會元　袁宗道

（凡官吏曾〔六〕斷罪罷職役不敘者，諸衙門不許朦朧保舉。違者，舉官及匿過之人各杖一百，罷職役不敘。）

南陽徐庶，識鳳雛名隱之推；北海禰衡，見鸚鵡才高之賦。（禰衡賦詩云：「鸚鵡能言曾似鳳，蜘蛛雖巧不如蠶。」）故纖除欲奮乎鷹鸇，而碌落須分乎玉石。連敖坐捕，重登大將之壇；都尉無功，更拜護軍之爵。今某無心爲國，有路懷私。乏冰鑑之明，

（曹司馬德操知人善用，時謂之「冰鑑」。）自蔽知人之哲；　居山濤之任，空存密啟之公。（山濤凡事皆記之，無不周詳，時謂之「山公啟事」。）名器濫加，吹嘘莫及。　表箋拂曙，參苓俱藥籠之收；　鵰鶚皋秋，桃李悉公門之植。（狄仁傑，天下賢才樂爲之用，時謂之「桃李聚於公門」。）拔駿却登駑馬，畫龍豈駭真形？（葉公好龍，真龍下降，公倉惶失色。）拂開大隱，頻見鶴書。　穿引小山之種，偶隨鳳使之來。　合坐妄舉常刑，難受進賢上賞。

官員違限赴任（吏）

狀元　朱之蕃

（凡已除官員，在京者，以除授日爲始；　在外者，以領照會日爲始。　各依已定程限赴任。　後無故過限者，一日笞一十，每十日加一等，罪止杖八十。　並附過還職。）

設官分識，守土治民。　荷承天語之温，駕貴星言之速。　單車就道，遂彌渤海之兵；（勃海民多作亂，龔遂赴任，單車倍道而行。）而策馬長驅，大播益州之績。（虞詡爲益州刺史，兼程而進。）道分遠近，欽限惟均。今某識綰通班，位膺列宿。諏辰布政，遷延文檄之承；刻日開衙，逗遛璽書之受。羈縻歲月，眷戀鄉關。西蜀黎元，空切鶴琴之望；（漢廉叔度爲蜀郡太守，惟琴鶴相隨。）南陽髫稚，久辜竹馬之迎。（南陽陳留善吏治，至之日，小兒皆騎竹馬拜於道左。）罔念簡書，胡憂案牘。既爲蒼生而出，豈可同安石於東山；（晉謝安高臥東山不出，時人謂：「安石不起，當如蒼生何？」）不投赤紱而歸，安得留逢萌于北海。（漢龐萌受命爲北海太守，投赤帶以歸。）量情輕重，計日減加。

擅勾官屬（吏）

解元　潘洙

（凡擅勾屬官，拘喚吏典聽事，及差占屬官，因而妨廢公務者，笞四十。〔七〕）

惟辟作威，《書》警無將之戒；詔王誅過，禮嚴不道之懲。故僭命非臣下所宜，而欽承爲家宰是寄。蓋延壽訴望之，實無考稽之據；（望之爲宦官石顯所誣，延壽訴於帝前，望之竟鴆藥而死。書載趙穿弑君，其趙盾與弑，以權在盾故也。）而德驤冤趙普，權爲自擅之專。今某徒抱睚眥，耿視寮屬。鄧通檄召，托大義于申屠；丁謂計除，假純忠于王相。不思投鼠而忌器，但知附驥以笠人。絮舜死何辜，直京兆五日之案；（絮舜繫獄，聞杜預別遷。舜曰：「此五日京兆耳。」預聞之，竟鞫舜於死，曰：「五日京兆何如？」）曲端殺無罪，惟手心四字之讒。（秦檜誣飛反，十二金牌召飛班師，父子竟擊死於獄。）同思蔓草，舍割金蘭。武穆心冤，安蹈萬俟之附；子堅目擊，忍聞馬氏之誣？律有原情，法當反坐。

詮選軍職（兵）

解元　張以化

（凡守禦去處千户、百户、鎮撫有闕，一具闕本，實對〔八〕禦前開折；一行都指揮使司，轉達五軍都督府奏聞，取自上裁選用。若先行委人權官〔九〕，希望實授者，當該官吏各杖一百，罷職役充軍。）

禦侮折衝，武士重干城之寄；（《國風》：「糾糾武夫，公侯干城。」）選才授職，大君司名器之權。故李廣伐師城，始得授將軍之寄；（漢李廣伐式師有功，封爲將軍。）而曹彬非君命，不敢專使相之榮。（宋太祖命曹彬下江南曰：「俟卿還受以使相。」）今某典司右地，不法左方。弄掌上之幾權，動乖天憲；謝胸中之冰鑑，安辨人才？（汉司马德操善知人才，时谓之「冰鑑」。）擁旄狥軍士之情，尺紙無聞督府；置吏專朝廷之命，片詞罔達宸衷。豈安石之荐韋玄，遽爾舉親違衆；非蕭何之奇韓信，敢云國士無雙？不思受封千户，果皆趙地之英；（漢高祖封趙子弟四千户，所以安趙也。）設使與敵三軍，寧保秦關之險？既竊太阿之柄，宜從編戍之刑。

添設官員（吏）

解元　龔三益

（凡內外各衙門，官吏額定員數而多餘添設〔一〇〕，一人杖一百，每三人加一等，罪止杖一百，徒三年。）

陳殷置輔，周官每有定員；分職蒞官，冢宰尤有常額。故官事不攝，宣尼譏管仲之奢； 而墨敕不除，陸贄革唐宗之陋。（睿宗宮闈内寵擅權，用斜封除官。）今某職居要地，妄變朝章。不思以人事君，惟欲背公樹黨。珠璣滿座，悉皆狗盜雞鳴；（孟嘗君客有善狗盜者，盜白狐衣以獻秦姬。秦法雞鳴開關，客又有能爲雞鳴者，因其雞鳴開關，乃逃去。）桃李盈門，盡是奴顔婢膝。金紫普施於輿皂，青朱雜沓於胥徒。羊爛封侯，致平斗連車之誚；（武后濫官爵，時語曰：「補闕連載，拾遺平斗量；權槌侍御史，盌脱校書郎。」〔一二〕）屠販受敕，來權槌盌脱之謡。補狼朕以羊皮，虚靡朝廷爵禄。續貂蟬以狗尾，重爲黎庶瘡痍。必加以戴胄庭斷之公，庶掃平寇準堂簿之濫。

結交近侍官員（吏）

會魁　謝吉卿

（凡諸衙門官吏，若與内官及近侍人員互相交結，漏泄事情，夤緣作弊，而符同奏啟，皆斬。妻子流二千里安置。）

要路問津，殊矣居身之則； 當途假道，殆非養素之高。故諂媚爲孔子所羞，而交結乃哲人是禁。政府無私謁，温公亟安世之褒；（温公居政府，無私謁，張安世屢褒之。）同巷不相新，文靖致考肅之嘆。（李文靖爲人正直，同巷嫌疑不相親近，熙宇嘆曰：「李文靖真聖人也！」）今某夤緣如蠅逐物，阿諛似狗乞憐。遠移之地，同傷楊柳之詩；未有知名，便獻梅花之賦。雖云近水而得月，終爲銜玉而沽名。死草生風，逐作假狐之虎；（《莊子》内狐假虎威，喻臣恃君勢也。）錦衣襲白，甘爲希鴈之鶉。顰李氏之奴顔，效趙家之犬吠。（奴顔婢膝，其名爲佞。出韓文。）凱于熱息，行依惡木之陰；欲借高標，題傍上林之樹。事緣奔競，行餙防隅。

姦黨（户）

會元　蕭良有

（凡奸邪進讒言使殺人者，斬。若在朝官員交結朋黨，亂朝政者，皆斬。妻子爲奴，財產入官。）

衆相舉虞廷，共濟慶同心之美；多士臣周室，相成協一德之孚。君子以同道爲朋，小人以濟惡爲黨。故信賞必罰，爲朝廷礪世之權；而阿是諛非，豈臣子效忠之節？今某鼓逆扇奸，黨同惑正。善良投網罟，每由讒説之昌；奸宄脱藩壓，應是巧言之進。清流派濁，善類群空。漢獄黄門，（漢時黨錮之禍，一時諸賢死於獄者甚多。）唐殃白馬。忠已虧乎陳、竇，（陳蕃、竇武，漢靈帝時人。）學每媿于蘇、程。（蘇軾、程頤，宋哲宗時人。）駕言君子有朋，竊附歐公之論；（歐陽公作《朋黨論》。）不忍平原無黨，深慙史弼之忠。（史弼慙不與黨人爲辱，乃上書自陳。）寘之重法，僉曰允宜。置以典刑，孰云不可？

無故不朝參公座（吏）

解元　譚昌言

（凡官員無故在内不朝參，在外不公座，一日笞一十，每三日加一等罪，止杖八十。）

秉笏趨朝，裴令公之忠節；公服視事，趙清獻之恪勤。故朝盈至止，（《詩》云：

「鷄既鳴矣，朝既盈矣。」）式戒鷄鳴。而曠職瘝官，實慙羔素。（《詩》云：「羔羊之皮，素絲五紽。」）今某初非有故，輒犯官箴。倦聞朝士之鷄，不躡尚書之履。優游東方白，致失朝參；高卧北窓凉，空閑公座。老非文彦博，顧五日一至中書；（宋時文彦博年高，特賜五日一至中書之省事。）功豈郭子儀，乃一月再奉朝請。（子儀功大，一月再奉朝請。）長安咫尺，敢效王敦？（王敦反長安，遠近不朝參。）湖内遨遊，駕言蘇軾。事君之禮奚存，奉公之節安在？禮法既廢，罪咎奚逃？

同僚代判署文案（吏）

解元　秦繼宗

（凡應行官文書而同僚代判署者，杖八十。）

九德和衷，雖虞廷之盛治；五花判字，實唐室之良規。（唐制：中書每有軍國政事，則舍人各執所見，雜署其名，謂之「五花判事」。）故寇準已任三司，不僉陳恕之判押；（寇準代陳恕爲三司使，以條例請判桓恕。恕不讓，一一判之。）陳蕃既居三府，

（陳蕃、李膺皆漢末嘗同僚爲官。）難署李膺之封章。蓋義屬同寅，固宜協恭以爲國；而權無兩在，豈容代判以生奸？今某但畏案牘之勞形，弗念簡書之可畏。卷案可移，輒爲寅曹判字；文書發落，每因僚友署名。借言善謀善斷，紹房、杜之芳蹤；不思尚正尚通，遵姚、宋之懿軌。倘若深文肆巧，何以隄防設遇？奸吏舞文，必多敗事。（唐文宗時柳公綽南郡，一吏犯贓，一吏舞文。公綽曰：「貪吏犯法，法在；奸吏犯法，法亡。」竟誅舞文。）合叩宣尼之杖，庶明蕭相之刑。

官吏給由（吏）

福建　王畿

（凡官吏給由到吏部，限者五日付勘完備。違者遲一日笞一十，每三日加一等，笞四十止。）

周官六計，（廉善、廉能、廉敬、廉法〔一二〕、廉法、廉辨。）立小宰以稽百官；漢室六條，屬刺史以察群吏。崔祐甫除官八百，豈獨力能支？（唐玄宗時崔祐甫嘗除官八百人。）李吉甫拔士三千，亦各曹協力。故凡職業之脩舉，必須填注分明；而其行止之端嚴，亦宜付勘完備。今某職在當官，任司案牘。有心需索，起人奔競之門；無事留難，快已恩仇之報。甚至增減其歲月，輒或更易其地方。欲序遷，欲不次，無處稽查；若資格，及限年，何憑質對？賢愚同滯，誠如崔亮之停年；（崔亮選官，嘗爲停年之法，不論人之賢愚，徒以歷年爲例。）曲直倒持，難效山公之啓事。（晋山濤銓選人才，每有録，時謂之曰「山公啓事」。）使五日之常期既違，則四十之笞法難逭。

棄毁制書印信（吏）

（凡棄毁制書及起馬御寶、起舟符驗，若各衙門印信及夜巡銅牌者，斬。）

解元　劉應秋

制書不宜輕褻，昭王言綸綍之垂；御寶須是珍藏，取金印斗來之大。（晋周顗曰：「吾恨不能讀五車書，取金印如斗大，係之肘後。」）出于六龍殿上，降乎五鳳樓前。玉檢紫泥，色綴祥雲之章；（天子有誥命，則取玉櫝藏之，謂之「玉檢紫泥」。）龍文鳥篆，錦纏奎璧之輝。今某故玩朝章，不安職分。符節降分，輒擲壞垣之畔；玉音敷布，不束高閣之中。未能愛屋及烏，豈知投鼠忌器！（《賈誼傳》命〔一三〕謂投鼠則忌其器。言諫大臣則近於君也。）捐券璽于堦下，憤漢后戰臣之强；易告身以酒卮，歎唐肅空家之用。全無敬憚，每爾故違。庭哭激忠誠，麻裂陽城之白；時人稱雅量，印還裴度之寬。（裴度與客圍棋，偶失相印。吏報之不對。客問其故。度曰：「吏盜以印文書耳。急之則投水火，緩之則復。」時人服其雅量。）既眇聖言，當懲國法。

上書奏事犯諱（吏）

會魁　劉廷蘭

（凡上書，若奏事，誤犯御名及廟諱者，杖八十。餘文書誤犯者，笞四十。若爲名字所〔一四〕犯者，杖八百。其所犯御名及廟諱，聲音相似，字義〔一五〕分別，及有二字止犯字者，皆不坐罪。）

入門問禁，格言昭古道之垂；以諱事神，通典紀周人之重。故嚴助諱莊而易姓，

（嚴助本姓莊，以犯景帝稱諱，改姓嚴。）而姚崇避嫌以去元。（元姚崇〔一六〕因避開元年號，改稱崇。）玉譜著焜煌，莫訝留情之隱；金枝懸琬琰，當崇遜志之明。今某無意肅恭，有心怠忽。啟札敷文，特筆祖宗之諱；文移布列，大書當寧之屏。既知以通易徹之嫌，甘犯改秀爲茂之禁。盈縑忠悃，滿紙書琳。奚堪一字之干，無補論言之觸。拜翰林忘避林之意，舉進士昧嫌晋之譏。野雉不易雞，（吕后名雉字娥姁，改雉爲野雞。）重冒則天之警；季龍名石虎，（石虎字季龍。）深懷延壽之譏。據禮固已有違，在法胡能真赦！

講讀律令（禮）

解元　黄志清

（凡律令頒行天下，官吏務要講讀書白。每遇年終，法官按法去處考校。若有不曉律意者，初犯法罰俸錢一月，再犯笞四十附過，三犯於别衙門遞降敘用。〔一七〕）

明罰勑法，易垂申興之文；敬典恤刑，書載欽哉之訓。自夫民風入于澆弛，而法令侈于漸滋。詳屬周官，刑正萬民之獄；律成漢紀，章垂九法之施。今某參列縉紳，恥談刀筆。（漢蕭何爲刀筆吏，碌碌未有奇節。出《史記》。）窋邸幽閑，未見披圖之意；公廷清暇，不聞開卷之思。茫然莫覩，寂爾何知？守法陳言，慙素立抗君之旨；引經斷獄，愧不疑叱吏之收。（不疑爲廷尉時，吏枉民之冤，疑〔一八〕乃叱之。）折獄而罔協于中，致君而終無其術。彼違畫一之制，吾遵罰俸之例。

採勘宗卷（吏）

解元　趙三極

（凡磨勘出各衙門未完文卷，曾經監察御史、提刑安〔一九〕察司刷駁開遲錯，經隔一季之後，錢糧不行追繳足備者，提調官吏，以未足之數十分爲率，一分笞五十，每一分加一等，罪止杖一百。）

官計以弊邦治，（《周官》：太宰掌司書以正邦治。）孰非文案之稽；司會以考歲成，宜藉簿書之記。（漢法：郡守上計書，宰相因以課百官殿最。）況已經乎磨勘，尤當速於奉行。故穆之手答箋書，晋推其美；彼姚崇裁決庶務，唐著其能。應追即追，善治者以遲疑爲戒；可改則改，當官者以勤慎爲先。今某塵視文移，顰曹參之不視事；（漢蕭何死，曹相參代之，尚清净，不視事。）土苴案牘，甘味道之爲模稜。（唐高宗，蘇味道爲相，持兩可之見。時謂之模稜宰相。）或於逋負錢糧，自諉催科之拙政；或於問差罪犯，竟拘刻木之私情。將任户口僞增，而墮王成之詐；寧知簿書親閲，而有武侯之忠。（孔明治蜀時，簿書必親閲。）輕者計事論笞，重者以贓坐法。

封掌印信（吏）

解元　岳儲精

（凡各印信，長官收掌，佐二用硃於印面封記書號，若差故，許首領官印，違者杖一百。〔二〇〕）

國設璽符，用以防奸而示信；官分僚佐，實資協力以同心。故封者不掌，本以政不下移；而掌者不封，亦以權難獨任。今某叨居首位，親綰銅章。爲長官而效子陽之自尊，不容封押；（馬援見光武，言子陽井底蛙而妄自尊大。）居僚屬而爲王述之虛讓，專務逢迎。私於佩綬，懸肘後之黃金；（晉周顗取金印如斗大，係之肘後。）昧於糾封，忘手緘之白絹。（封印白：盧仝詩：「白絹斜封三道印。」）不爲魏公子之竊於臥內，而擅構隣兵；（公子信陵君聽侯生計竊兵符，奪晉鄙兵以救趙。）必致裴晉公之失於中書，而幾投水火。（裴度與客圍棋，吏報失印，度不問。客問其故。度曰：「此吏盜以印券，急則投水火，緩則還故處。」）示以典刑，用彰自恣。

官文書不宜稽程（吏）

解元　李粹中

（凡文書稽程者一日笞一十，三日加等罪，止笞四十首領官減一等。）

簿書鞅掌，廢事每在於因循；案牘勞形，當官必先乎恪慎。故趙廣漢見事生風，（言其所見甚敏速也。）而劉穆之判如流水。（言其善決斷無少遲滯也。）蓋羽書以神速爲貴，而公務以稽慢爲嫌。今某肆爲荒寧，文書動至於盈几；過爾優逸，程限不免於經旬。匪蔣琬之王佐，顧沉醉以爲常；（蔣琬，王佐之才，時稱之曰「社稷之器」。）豈懷慎之清高，乃模糊而莫決。（唐明皇時宰相盧懷慎徒伴食充位，自處清高，弗能決斷。）倘涇陽急詔，孰馳報於子儀？（唐時吐蕃寇涇陽，詔郭子儀率兵禦之。）如江寧密緘，誰答書於殷浩？究其程日，坐以笞刑。

有規避官文書增減（吏）

解元　陳良心

（凡增減官文書者，杖六十。若有所規避者，杖罪以上，各加本罪二等。）

叔向脩盟，嚴九鼎尊崇之重；元紘命判，屹南山不拔之威。故周家明象法之司，而漢室謹文移之布。丁謂改制書，致令王曾之詰；韓公空勅署，乃緣趙槩之遵。（宋韓琦爲相，欲去内侍任守忠。一日取空頭勅一封，令人押之。其人疑弗從。歐陽公曰：「第書之，韓公必自有説。」）今某預鞫問刑名之列，居典司案牘之科。勾檢簿書，偶失防于劉晏；言文深刻，幸未遂于曹參。廣收鵝眼青蚨，變易鼠牙雀角。（《國風》

云：「誰謂鼠無牙，何以穿我墉？」「誰謂雀無角，何以穿我屋？」）僞增户口，覬王成顯陟之奸；擅易國書，陷富弼危幾之險。（仁宗时，富弼出使金國議歲幣，不肯與「獻納」字。唐文宗時柳公綽過山南郡，一吏犯贓，一吏舞文。公綽曰：「貪吏犯法，法亡。」竟誅舞文。〔二二〕）舞法弄文，折言破律。模糊曲直，欺官若鑑之明；顛倒是非，忍案如山之裂。法犯匪輕，律宜從重。

漏泄軍情大事（兵）

狀元　翁正春

（凡聞知朝廷及總兵將軍調兵討襲外番，及收捕反逆賊徒機密大事，而輒漏泄於敵人者，斬。）

鵝鴨聲傳，適入蔡三更之驟；（唐李訴三更雪夜入淮蔡，擒吴元濟，但聞鵝鴨之聲。）龍蛇勢見，當臨營八陣之奇。（孔明畫八卦圖，有龍蛇之勢。）故晋軍入而吴罔聞知，秦將易而趙猶不覺。（趙括代廉頗爲將而頗不知。）蓋取勝火牛，疇泄神師之秘；

（齊田單鑿城數十孔，牛尾則綁柺茅，灌之以油，取火燒之。牛尾熱，則奔突燕軍中，踐觸，死者不計其數。燕衆大潰。）而窮天追馬，因窺鄯善之微。今某罔知守口，惟任出言。殺身慚燕市之兒，滅口媿溧陽之女。（時有言機密之事，惟溧陽女知之。及女行時，此人呪之曰：「勿露吾言。」女乃自刎，示以不言。）祁連欲襲，迺爲輒報休屠；而青海將窮，必致竟傳回紇。不曰枯柴載于舟上，必云大筏聯于江中。大亂智軍，潛效孟談之出；胡降李將，事同管敢之亡。（李陵以五千騎征匈奴，不克而降之。檀道濟唱籌量沙。）既彰聚沙而爲糧，復露剡蒿而爲矢。因而害事，罪豈凡科？論以上刑，法當重治。

公事應行稽程（吏）

解元　羅天錦

（凡公事稽遲者，一日杖二十，三日加一等，罪止杖四十。〔一二〕）

王事靡監，是用星馳。（言王事不可不堅固也。見《詩經》）公務方殷，合宜雷驟。

廉叔度兼程詣蜀郡，懿軌可尋；（漢廉叔度爲蜀郡太守，赴任甚急，日夜兼程以進。）汲長孺倍道赴淮陽，芳聲猶在。（汲黯爲淮陽太守，倍道而趨。）切今某也，乃等國事以弁髦，視棄朝政如草莽。戀杯酒於鎮周，（鎮周爲舒郡刺史，與故人戀飲。）頓忘君國重典；希餽金於王密，不思民物遠猷。幾事所關，程本刻期而往；怠緩不戒，輒敢濡滯而行。（孟子去齊三宿晝，尹士譏之曰：「是何濡滯也！」）遂使聖王之澤，壅遏而不宣；致令國家之務，業挫而不振。既蹈稽遲之罪，難免怠弛之刑。

擅用調兵印信（兵）

會魁　謝吉卿

（凡揔兵將軍及各處都指揮使司印信，除調度軍馬、辯集軍務、行移公文用使外，若擅出批帖，假公營私，照送物貨者，首領官、吏各杖一百，罷職役不敘，正官奏聞區處。）

虎符式召，用嚴漢郡之兵；（召兵遣將之符。）魚袋公行，藉肅唐軍之重。故蘇秦佩乎馬上，（蘇秦説六國伐秦，六國乃拜蘇秦爲宰相，授以相印。）而周顗懸於肘中。忠若真卿，郡縣幸傳移之疾；良如率牧，邊城思便和之宜。今某分閫一方，折衝千里。忠非陶侃，妄希主柄之尸；（陶侃欲興復漢室，乃運甓於齋之内外。）貪效全斌，敢蹈專威之擅。（宋太祖命曹彬下江南曰：「俟卿還，授以相印。」）符章輕用，重器濫施。既非調度軍情，胡致金符之竊？（信陵君竊符救趙。）亦無取稽邊餉，乃爲玉券之侵。出入自由，提防不密。公子計先救趙，奪兵臥内之符；朱泚意尚存唐，倒用追師之印。合行杖黜，取自上裁。

漏用鈔印（吏）

狀元　朱之蕃

（凡印鈔不行仔細，致有漏印及倒用仰者，一張笞一十，每張加三等。〔一三〕）

楮幣權錢，實擬流泉之利；（言其出之不竭也。）印文示信，將嚴僞造之防。故桑布之質雖成，而薤葉之文必用。苟徒存乎素紙，何以信乎庶民？今某操賈師之利，權忽秦相之印篆。苟塞目前之貴，祇爲肘後之懸。裁寶鈔以爲章，竟漏朱塗之刻；練剡藤而成質，徒看墨刷之形。豈謂出於公家，罔用稽於疊篆。非古券之私製，奚以便於民間；即唐庫之空文，安可行於天下。加爾鞭笞之法，懲茲踈怠之愆。

信牌（吏）

解元　刑大壯

（凡府州縣置立信牌，量地遠近，定立程限，隨事銷繳。違者，一日笞一十，每三日加一等[二四]，罪止笞四十。）

漢制公車，令行而民皆趨命；唐存書契，符下而兵不後期。上之則綱紀攸關，詎容蔑視？下之則職守攸係，安得恣行？況勾攝必假乎文移，則奉行當敏於星火。今某視官法有如弁髦，等羽檄無異土芥。或徵調折衝之司，期會不至；或督促轉輸之役，慢令不行。職非趙蓋，何得詰乎韓琦；（韓琦出空頭勑以去內侍任守忠，歐陽公令衆押之趙。蓋疑而辨詰。）官豈宋庠，乃敢違於文靖。狗私病公，既犯乎易使之義；以刑糾慝，難逃乎弼教之謨。（皋陶明刑以弼教。）

户口以籍爲定（户）

會元　袁宗道

（凡軍民驛卒醫卜工賈諸色，一户並以籍爲定。若詐冒脱免，避重就輕者，杖八十。）

九職任民，（《天官·太宰》：以九聀任萬民：一曰三農，二曰園圃，三曰虞衡，四曰藪牧〔二五〕，五曰百工，六曰商賈，七曰嬪嬪，八曰臣妾，九曰閒民。〔二六〕）周室善一王之治；三壤則賦，漢宣成百代之規。故觀户口減增，實係國家隆替。相國急收于秦府，深懷國計之閎；（蕭相國入秦府庫，他物無所取，惟收啚藉。以此乃周知户口之數。）陸宣稽察乎唐時，正謂民生之賴。今某官居邦計，志涉怠荒。忍心詐脱，不違私室之差；肆意更張，故亂王家之籍。惡勞好逸，避重就輕。放富差貧，不顧逃亡之苦；西遺東饋，誰怜杼柚之空。（《雅》詩云：「大東小東，杼柚其空。」）未免作弊而容奸，焉計欺官而壞法。老幼軍民，惟事那移之巧； 逋逃流竄，互爲影射之攻。宜正奸欺，用刑法典。

賦役不均（户）

解元　陳良心

（凡有司科斂脱糧，及雜泛差役，各驗籍内户口田糧，是[二七]立等第科差。若放富差貧，那移作弊者，許被害貧民，赴拘該上司，自下而上陳告。當該官吏，各杖一百。）

則壤成賦，禹殊三品之供；（《禹貢》：「咸則壤[二八]，成賦中邦。」）辨地任民，周列九稽之数。（《周礼・地官》：「任司徒之職，掌建邦之教法，以稽国中四郊多[二九]鄙之夫家九比之數，以班[三〇]其貴賤、老幼、廢疾，凡征役之施舍。」）故貢助徹兼行乎三代，而租庸調肇起于隋唐。蓋必法制有倫，庶使生民貼席。思興樂土，怨致北山。今某任光列宿，預綜民社之司；職綰銅章，統寄專城之重。奬叢安石，謀蹈季孫。穗麥興謡，不念張堪之譽；（張堪治潁川，郡民歌曰：「桑無附枝，麥穗兩枝。張君爲政，樂不可□。」）甘棠化德，詎忘召伯之風。（《詩》云：「蔽芾甘棠，勿翦勿伐，召伯所茇。」）效尤二子，流毒萬方。將尽皮毛，杼軸動杞人之慮；無漁竭澤，催科空李勃之悲。（《家語》：「竭澤而漁，非不得魚，其後無魚。」）聖惠弗流，民財罔究。宜加正典，以順人情。

禁革主保里長（户）

解元　李子房

（凡各處人民，每一百户内，議設里長一名，弊十應役。〔三一〕妄稱主保、小里長、保長、主首等項名色，生事擾民者，杖一百，遷徙〔三二〕。）

聯庶姓而分土，受廛既列編氓之籍；長百家而輪年，應役因標里甲之名。使外兹而妄立殊稱，殆籍是而別年他梗。今某弗思制額，輙肆奸心。自謂主守主領之人，威更嚴于假虎；（莊子論狐假虎威。）漫擬保甲保管之號，勢欲濟于貪狼。恣剖尅于一方，圖肥甘于八口。豈年高德邵，爲衆所推？抑事切才長，欲辭不獲？爲鬼爲蜮，（《雅》詩云：「爲鬼爲蜮，則不可測〔三三〕。」）殆習性于互鄉；如莠如稂，真貽害于佳谷。宜投遠裔，庶妥良民。

逃避差役（户）

解元　劉應秋

（凡民户逃往隣境州縣躲避差役者，杖一百，發還原籍當差。）

聽政比居，周室經邦之治；走奔服役，商廷乂辟之誠。故當分猷念以相從，必須力王室而欽命。盖大夫不免東役，（譚大夫作。「大東小東，杼軸已空。糾糾葛履，行彼周行」。〔三四〕）致民窮財尽之歌；而衛人獨事南行，興城築河漕之嘆。今某厕名天府，弗效致身。臥片帆于五湖，直欲飄然物外；（范蠡從遊五湖。）受一廛于三島，依稀不在人間。（陶潛辞印，受一廛于三島。）曲路逃名，僻途生巧。看取好花春臥穩，了無鴻澤之思；醉殘紅日夜吟多，終鮮狐丘之念。但求躲避，乃自流移。不嘆無枝，甘類脱籠之鵲；深加得所，且同漏網之魚。隱蔽編差，明伸杖斷。

支給留難（户）

會元　湯賓尹

（凡收受支給官物者，當該官吏無故留難刁蹬，不即收受者，一日笞五十，每三日加一等。罪止杖六十，徒一年。）

周官理財之法，儲積掌於廩人；漢世經制之規，會計上於郡國。量入量出，操縱既不可輕；在官在民，賦歛尤不可緩。今某職專國賦，心切身謀。貧民方稱貸以取盈，未蒙允納；軍士正枵腹以待濟，故爾遲留。豈惟多寡少均，抑且文移沉滯？遂使韓愰運米之久，徒露積于江淮；（奉天之乱，関中粮絶，韓愰運江淮之米以繼之。德宗曰：「吾父子得生矣。」唐德宗時，罔〔二三五〕中倉廩既竭無粮，六師軍馬脱巾呼於道曰：「拘吾於軍而不給之食，吾之罪人也。」遂作乱。）不思德宗犒師之難，致變生於肘腋。欲懲奸而戒墨，盍計曰以加笞？

收養孤老（户）

進士　朱文瀾

（凡鰥寡孤獨及篤廢之人，貧窮無相依相倚，不拘所存，所在官司應收養而不收養者，杖六十。）

即位問孤，式見燕都之復；（六國時，燕昭王即位，弔苦問孤。）方春議賑，因知漢室之隆。（漢文帝春詔曰：「方今春和，萬物皆舒，吾民乃沾於危亡，莫之省憂，其亟議賑貸。」）故經明一視同人，政則當先無告。蓋文王營岐邑，施仁急煢獨之誠；而桓主禁蔡丘，慈幼切高年之篤。今某職司政牧，罔恤民瘼。慱施乖堯舜之仁，殘忍顤商君之刻。見推簞食，孰云餓死桑夫？弗賜裑袍，誰曰入秦寒士？（宋太祖命曹彬下江南。曰：「雪冷。」太祖曰：「我在此尚寒如此，不知江南將士如何。」乃命人奉裑袍以賜。）既爲無妻而無子，又將何倚而何依？斗粟減在官，終致道旁之嘆；尺布藏乎己，忍聞蔀屋之悲？詩違《正月》，訓愧《禹謨》。似此害理忍心，焉得承流宣化。政乖收養，法屬杖刑。

卑幼不由尊長私擅用財（礼）

解元　傅登弟

（凡卑幼不由等長，私用財物者，每十貫笞一十，罪止杖一百。）

家人有嚴君，易明大分；子婦無私貨，禮謹微嫌。故疏廣散金九族，蓋老耄斯克專持；（漢疏廣與疏受並爲宣帝太子太傅，乞骸帰。帝与太子各賜黄金數斤。廣不爲子孫買田宅。日以置酒，與族人宴飲樂而已。）陳競敦義一門，彼上下豈宜無度？須知稟命而行，斯爲家政有統。今某恣意驕奢，任情調度。名分雖微，敢違家長之命；年齒尚幼，擅操出入之權。藉口馬援濟人，罄十萬以錫惠；駕言冉求厚友，輕五秉以市恩。陶成散財不如是也，曼卿助變豈其然乎？（范文正公遣子堯夫運麥五百斛，舟次丹陽。見石曼卿以麥舟助其葬，单騎到家。文正公問曰：「東吴見故舊乎？」曰：「曼卿爲三喪，未舉，留滯丹陽。」文正公曰：「何不以麥舟与之？」堯夫曰：「已與之矣。」）欲儆房杜之子孫，須假蕭何之律法。

欺隱田粮（户）

解元　余應詔

（凡欺隱田糧一畆至五畆，笞四十，五畆加一等，罪止杖一百。田入官，所隱税糧徵納。）

大禹成賦，中邦必任土以作貢；公劉厚民，豳國亦徹田以爲粮。（公刘立國於邠，制田以厚民生。）南陽貴人，世祖不容貸税；（漢光武詔覈墾田。刺史、郡守多豪右。陳留奏事。吏讀背上書曰：「潁川弘農可問，河南南陽不可問。」皇子乃悟曰：「河南帝城，多近貴臣。南陽帝鄉，多近親。田宅踰制，不可爲準矣。」遂遣使考实。）開元户口，宇文請以括田。盖惟正之是供，斯国用之恒足。今某惟圖肥己之私，不顧瘠人之怨。田連阡陌，不入簿書。粮有餘盈，惟施詭計。上下於書吏之手，罔遵三壤之規；出入夫公府之經，實昧乎兩税之法。滿載盡歸於私室，升斗不納於公家。欺天罔人，何異盜鈴而掩耳？瘠魯肥杞，誰憐剜肉以醫瘡。（聶夷中詩：「医得眼前瘡，剜却心頭肉。」）田没官而償税，罪計畝而行笞。

功臣田土（户）

解元　張以化

（凡功臣之家，除撥賜公田外，但有田土，從管莊人盡數報官，入籍納糧當差。違者，一畝至三畝，杖六十，每三畝加一等，罪止杖一百，徒三年。罪坐管莊之人，其田入官。所隱税糧，依數徵納。）

列爵所以酬功，盟誓雖嚴於帶礪；（先王封功臣爲之誓曰：「黄河如帶，太山如礪，國以永存，爰及苗裔。」）而保業先於守法，土田當别無公私。故崇德報功，自有應除田地。若私交别置，即須依實徵科。分土惟三，十分税一。今某逞襲廕之家，鮮克由禮；踰限田之制，不事供租。沁水名園，豈是漢庭之錫予？（漢時汜水有名园，大臣奪之爲己有。）東山别墅，半爲謝宅之經營。（安石起别墅於東山。）乃弗報於官司，冀悉逃於賦役。禄去公空，魯權臣之惡斯彰；賦擅私門，唐藩鎮之罪可畏。（若西川，若淮蔡、擇潞〔三六〕、朔方、雁門等處藩鎮擅權，財賦悉入私門。其强悍之勢甚可畏。）是宜收其田里，咸入於公家。然後治以明刑，使遵乎国憲。

州縣收鮮官物（户）

會魁　駱日升

（凡州縣收鮮各物送府，若府不即鮮布政，又勒令原鮮，正官、首領各杖八十。若布政司不即鮮部，其罪亦同。）

任土作貢，帝王經國之良規；竭誠輸財，臣子奉公之大節。故温嶠借粮，（晋温太真潛爲横逆，嘗借粮餉以給軍士。）即日親送於白下；（即金陵也。）韓滉賚米，（解註釋前面。）登時躬運於江陵。苟或轉托於人，豈不苟且誤事。今某惟欲苟安自便，不以王事爲心。非遼主之索東青，敢稽留而遣使？豈曹公之求翡翠，乃遲誤以遷延？設青州海運而失風，是誰過也？倘河舡夜行而被劫，尚安咎哉？若兹奸猾之徒，似有侵欺之弊。尚論物以定法，必考究以加形。

棄毀器物稼穡等（户）

（凡棄器物物〔三七〕及毀伐樹木穡稼者，計贓，准竊盗論，免刺。）

解元　黃志清

忌器不投，史稱賈生之善喻； 方長不折，傳紀高柴之至仁。周王受彤弓之微，命藏惟謹；（《雅》詩云：「彤弓弨兮，受言藏之。我有加賓，中心貺之。〔三八〕」）陶侃見未熟之稼，懲戒必深。古人省費惜財，君子仁民愛物。今某肆刻薄之行，乏仁恕之心。器惟求新，不監商書之訓； 稼穡惟寶，罔思周雅之箴。居肆所成，賤如土芥。力田所入，輕若泥沙。（言秦取之尽錙銖，用之如泥沙。）非鬬富石崇，珊瑚輒碎于如意；（石崇與王愷〔三九〕閗富，如顗珊瑚者不可勝數，愷以鐵如意碎破之。）匪伐吴羊祜，粮谷縱刈于軍人。（羊祜伐吴，見吴滿野稻熟，令軍刈之，以爲軍中粮食之費。）是可忍也，誠何心哉！毀瓦畫墁，宜孟子之不足； 焚谷燒草，當道濟之見收。須驗數以責賠償，仍計贓而准竊盗。

妻妾失序（户）

（凡監臨主守，將係官車船、店鋪、碾磨之數，私自借用，各笞五十。〔四〇〕）

狀元　朱之蕃

軺使星馳，事重皇華之賦；（《雅》詩云：「皇皇者華，于彼原濕。駪駪征夫，每懷靡及。」〔四一〕）輕帆風便，令啣王命之通。如行賴有文子，無衣帛之妾。惟王茂弘，有預政之姬。盖正室當尊，宜加伉儷。而艶恣可寵，不許敵妻。今某縱情衽席，傷義閨門。十載糟糠，不意頓忘。（宋弘云：「貧賤之妻不可忘，糟糠之妻不下堂。」）反目一時粉黛，乃爲遽得專房。（《易》曰：「夫妻反目，不能正室。」）藉口慎夫人同漢后之尊，（文帝所幸慎夫人嘗與皇后同席。臣袁盎引却，慎夫人怒，上亦怒。盎曰：「臣聞尊卑有序，則上下和。慎夫人乃妾耳，豈可同坐！」）輙倚楊大妃怙唐皇之寵。佳兒佳婦，空思六禮娶歸；而爲婢爲奴，不念雙鐶入没。忍心惑履霜之操，掩耳歌緑衣之詩。（《國風》詩云：「緑兮衣兮，緑衣黄裳。心之憂矣，曷惟其忘〔四二〕。」）恩衰裴母，定遭碎首之驚；愛及緑珠，終見墮楼之慘。（石崇之寵妾名緑珠，有國色，後被誅譴，乃墜樓而死。）冠裳倒置，刑典正施。

私鑄銅錢（户）

解元　金本高

（凡私鑄銅錢者絞。匠人同罪。）

圜法立於九府，（《漢書》：太公立九府圜法。）義取泉流；交子置自宋朝，（宋朝置交子務於益州。）用資貿易。蓋欲阜民以利用，必先立法以防奸。故子母相權，單穆救民於周室；而輕重攸濟，管仲相主於齊桓。今某心懷罔利，制悖時王。鵞眼荇葉，（錢輕者乙貫長三寸，曰鵝眼；錢之薄者曰荇葉。）任便而大小其規；榆筴鋋鐶，（亦皆錢名也，其制亦輕。）蔑法而半伍其制。蜀道之山未賜，遽行鄧氏之錢；（鄧通鑄錢。）几杖之賜未行，輒擬吴王之僭。（漢文帝吴王不朝，帝乃賜之几杖。）放利而行，於已得矣。五刑有辟，其可違乎？宜嚴私鑄之刑，并議疏通之法。

虛出通関硃鈔（户）

會魁　賴允俊

（凡倉庫收受不足〔四三〕，而監守通有司〔四四〕提調官吏虛出通関者，計虛出數，皆以監守自盜〔四五〕論。其監守不收本色，折收財物，虛出者罪同。〔四六〕）

周有司會之官，財計必審；漢立度支之使，出納惟明。邦中國中，賦有定額；在官在庫，法有明徵。故陳恕爲三司，請立會計之籍；張詠守巴蜀，式稽交子之頒。（交子務，山錢鈔者。）今某廉乏関西之四知，（楊震却王密之謝金曰：「天知地知，子知我知。」）守非汝陰之三戒。竊臥内之符，（魏信陵君竊符救趙。）徒营兎窟；棄関門之繻，以濟狼貪。（終軍初出関，関吏與軍繻曰：「待还當以合符。」軍曰：「大丈夫西遊，不徒还。」棄繻而去。後果建節出関。関吏曰：「此前之去繻生也。」〇《左傳》：「梗陽人有獄，魏戊不能斷，其□宗賂以女樂，献子將受之。戊入諫，辝梗陽。」〔四七〕）土貢未入於司農，輙受梗陽之賄；壤賦未登於御廪，已分智氏之金。虛填左劵，浪與官符。駕言趙勝之馮驩，多寡不較；籍口厚施之陳氏，籥量俱殊。當治以自盜之律，庶窮其典守之情。

錢粮互相覺察（户）

解元 尤拔俊

（凡倉庫人等皆當互相覺察。若有侵欺等，情知而不舉，及故縱者，並無〔四八〕犯人同罪，杖一百。）

周太宰立九府，並掌貨財；宋民部設二曹，總兼錢穀。故貴近竊主守之物，寇〔四九〕公尚不相容；胥吏盜繫官之財，賈郁終須推鞫。出入必謹簿書之數，啓閉須嚴扃鑰之防。今某罔思國計，惟欲朋奸。掊克民利者，不聞卜式之上陳；私放官錢者，曾无望之之效奏。以那移爲尋常，藉口張公之隱盜；視侵牟爲得計，竊比陳寔之容人。故縱者罪與盜同，失察刑依律斷。

收粮違限（户）

會魁　謝吉卿

（凡收夏税，自五月望起，七月終完。秋糧，十月朔起，十二月終完。若過此限不完，提調官糧官吏典，分推〔五〇〕里長、欠糧人户，各以十分爲應十〔五一〕。一分不完者，杖六十。每一分，加一等。）

軍國之需，既有資于田賦；粟米之入，宜無越于程期。雖用一緩二之規，孟書備載；而兩税三限之法，唐史恪遵。欲富積于公儲，先嚴申于申令。今某心安厭怠，事樂因循。五月鳴蜩。（「四月秀葽，五月鳴蜩。」出《豳風》。）夏税尚虛于倉廩；三陽成象，秋徵猶滯于閭閻。凶年寧值于堯災，（堯先有九年之水。）蠲租豈承于漢世。縱使心專保障，然非尹鐸之賢；（趙簡子使尹鐸治田：「爲繭絲乎？爲保障乎？」鐸曰：「保障哉。」）毋謂政拙催科，自附陽城之吏。（倪寬勤心撫字，政拙摧科□□民聞之，車載背負，竟課最。）勤恤編民之蛇毒，竟忘戍卒之龜腸。罰無貸于奸民，罪兼加于慢吏。

多收税粮斛面（户）

會元　蕭良有

（凡各倉收受税糧，聽令納户親自行概，平斛交收，作數支銷，依令准除折耗。若倉官斗級，不令納户行概，跌斛淋尖，多收斛面者，杖六十。）

民賦于官，多寡式嚴于定數；上取乎下，收儲宜秉乎公心。盖賦不可以踰常，則取尤難于溢斛。故孔子惟求乎平乎料量，若尹鐸尤慎戒乎繭絲。今某濫總倉庚，謬司出入。乃多收于斛面，欲巧濟乎貪心。惟圖公廪之盈，罔恤民財之費。不念藁收多耗，難免漢卿之誅；（漢公卿取民，盡不留念藁收。）寧知利析秋毫，愈重弘羊之過。（漢武帝時桑弘羊筴計，利析秋毫。）迹類冉求之聚斂，事同商鞅之殃民。豈羡田宜括于虚赢，抑樂歲無嫌于多取。食武王之禄，汝乃違謹量之仁；嚴蕭相之刑，吾欲警賦地之罪。

隱匿費用稅糧課物（户）

解元　劉應秋

（凡送本户應納稅糧課物及應入官之物，而隱匿費用不納，或詐作損失，敗〔五二〕妄官司者，並計所虧欠物數，准竊盜論。）

財賦資于國用，小民允重于先輸；物数具于官司，吾子因懲于竊取。故方物畢献，垂諸旅獒之書；而嬴粮景從，著于過秦之論。使狥清于苟得，將獲罪以何辭。今某恣彼邪謀，玩兹明法。于户内田徵之粮稅，既罔納于倉庾；兼官中歲課之緡錢，亦莫輸乎府庫。隱匿欲充于己橐，費用如探諸私囊。虎狼之欲無厭，（賈生言秦以虎狼之心，其欲無厭。）真履穿窬之行；狐鼠之奸叵測，（《賈誼傳》：「城狐社鼠。」言其惡之難除也。）可徵溪壑之心。（出《莊子》，言其無所底止也。）欲示警于貪夫，合擬刑于竊盜。

附除錢粮私下補數（户）

會元　袁宗道

（凡倉庫但有附餘錢糧，須要盡報官，明白正收作數。若監臨主守，將增出錢糧私下銷補別項事故銷折之數，瞞官作弊者，並計贓，以監守自盜論[五三]。）

小人懷惠，（謂貪利也。）仲尼申戒于魯論；忠臣不私，任延垂名于漢史。錢粮增益，本當作正支銷；倉庫嬴餘，豈得狗[五四]私借補？今某欲深溪壑，操乏冰霜。視長府若私家，已作脂韋之計；（言其滑澤也。）移公帑爲己物，竊附虧折之科。取此益彼，不將實数報；[五五]那東就西，盡補虛頭正額。既未如趙開之禁奸貪，亦罔法劉晏之慎出納。（刘晏尝曰：「錢谷与簿書，須委之士人以慎出納。」）不知官錢放于韓延壽，尚勑其專；豈念羨餘奏于裴延齡，能逃其詐？（延齡于錢谷之數出入有經，倉廪羨餘。）宜准監守自盗之律，且加計贓論罪之刑。

私借官物（户）

解元　潘洙

（凡監臨主守將係官什物、衣服、氈褥、器玩之類，私自借用，或轉借與人，及借之者，各笞五十。過十日，各坐[五六]贓論，減二等。若有損失者，依毁失官物律，坐追賠。）

名器不可假人，傳垂聖訓；（孔子惜繁纓曰：「名器不可以假人。」）私情必至壞法，律著明條。故寶鼎在周，楚子徒勞于致問；（楚子問鼎，王孫滿對曰：「在德不在鼎。」）繁纓与仲，素王深惜其非宜。凡事守掌在官，庶人豈可擅借？今某職掌監臨，任專主守。服色衣裘，不牢藏于官庫；金銀器皿，輒移用于他人。視若泥沙，眇如草芥。策匪子房，輕借沛公之箸；（賈誼言秦取之尽錙銖，用之如泥沙。酈其飡[五七]欲立六國，子房借王前箸以示其不可。）求如顏路，擅專孔氏之車。事同鬼運神輸，迹類鼠偷狗盜。貪心一起，象床終必歸齊；久假不歸，和璧豈能入趙？（秦王好趙璧，欲易以城。

相如以爲真，乃奉璧入秦。后不果，乃完璧趙。）與者當科那移之罪，受者宜加侵盗之刑。

那移出納（户）

狀元　朱之蕃

（凡各衙門收支錢糧等物，已有文案勘合，若監臨主守不正收、正支，那移出納，還充官用者，並計贓，准監守自盗論。）

財賦乃軍國之需，出納既嚴于定教；　監守謹薄書之迹，收支無蹈于奸圖。故温叟之藏鏹錢，封識不動；（宋刘温叟清界自持，晉主尝以錢數百貫，封識之西舍。明年視書，宛然故封。）而陳恕之立會計，判押難移。（解注在前面。）咨爾賢官，守茲明禁。今某漫矜私智，自出圓機。巧事那移，無復遵于案牘；　陰爲漁獵，將欲濟于身家。既不能正收而正支，亦胡爲司出而司納？獨不念裴延齡徙移左藏，莫逃欺罔之譏；（延齡戢司錢谷，不能盡其戢，曰欺罔。）豈不知韓延壽放散官錢，終取僭踰之罪。合舉放流之典，并加鞭楚之刑。

冒支官粮（户）

（凡管軍官吏摠旗、小旗，冒支軍糧入己者，計贓，准竊盜論，免刺。）

解元 龔三益

徹田爲粮，養兵是務。用人使力，足食爲先。故李牧代鴈門，日擊牛而饗士；（李牧守鴈門，匈奴数十年不敢犯邊。）吴起爲漢将，親裹粮以給軍。分有應支，法難故冒。今某濫充頭目，妄頂姓名。不思官粮非蚕食之資，乃視公廩爲侵漁之地。弱者空囊而退，八口無一口之需；强者唱籌而前，一人兼兩人之惠。（檀道濟唱籌量沙。）妄張虚数，故掩實封。取必任情，肆洛口開倉之便；（汲黯过洛口，見民被水災，乃開廩以濟之。）得能遂意，圖潁州散粟之豊。（遂爲潁川郡太守，長於德政，見民有不足者，則散其粟以賑之。）鳥入湯羅，咸其自取；（湯見人張網，乃去其一面而咒之曰：「上而天，下而地，有不用命者，乃入吾網。」）車逢禹泣，亦所難容。通計私贓，准同竊盜。

出納官物有違（户）

進士　張迥

（凡倉庫出納官物，當出陳物而出新物、當受上物則受下物之類，有司和糴和買，不即給價。若給價有僧減不實者，計所得之多餘，則皆坐贓論。）

劉晏理財，出納必委士類；陳恕治賦，收支不任吏員。王堯臣佐仁祖中興，稽出入之數；元楚材輔世祖開國，精監守之官。往古可稽，居今宜式。今某處官事如尋常，等官物猶草芥。恣行己意，内縱狼貪之奸；（狼性奸險，其心必貪。）敢背公文，外肆鼠盜之計。（《漢書》言「首鼠兩端」，以餂人意。）當出陳物而反出其新，應受上物而顧受其下。擅減擅增，正数恒聞鈌乏；和糴和買，見支不得分文。交易不公，便是禦門之盜；收支無法，祇爲肥己之謀。似此變易常規，未免虧損國賦。既犯皋陶之禁令，用正蕭何之律條。

擬斷贓罰不當（吏）

解元　李光縉

（凡擬斷贓罰財物，應入官而給主及應給主而入官者，坐贓論，罪杖一百。）

當獄訟之剖分，刑固章于畫象；（言有一定之刑。）于贓罰之擬斷，義必貴于平衡。非特剥民之財，令其省改；　蓋將資國之用，裕其經營。咨爾具官，慎兹丹筆。今某政慚精審，心昧公明。物應給主而入官，曾不思其虧主；　物應入官而給主，更無念于虧官。即此一端之尚差，可知百爲之全譴。論仲宣枉法而傷于重，豈蘇頌之能容？斷王詵盜財而失之輕，宜寇準之見斥。合坐贓而論罪，兼計杖以明刑。

隱瞞入官家産（户）

經魁　林機

（凡抄劄入官家産而隱瞞人口不報者，計口，以隱瞞丁口論。若隱瞞田土者，計田，以欺隱田糧論。若隱瞞財物房屋玆子〔五八〕畜者，坐贓論。各杖一百。所隱房屋財産，並入官。罪坐供報之人。）

明王立法，罪無宥于奸民；小人犯刑，官因藉其私産。上既嚴其窮治之典，下難狥于隱匿之圖。今某巧事掩藏，漫爲供報。心懷重賂，田囿悉漏于膏腴；念切私情，丁口空書于稚弱。似謂一時之可罔，頓忘三尺之難容。豈恤周民之孑遺，故容網漏？（「周餘黎民，靡有孑遺。」）抑懲秦法之荼窖，（侖秦立法，窖如秋荼。）志許株連？不思漢收梁冀之財，数萬緡一錢莫隱；（梁冀以外戚擅權，財計数十万。后被黜，收其家財。）豈識宋没朱動之田，十千畝寸地無遺。坐以常刑，儆于有衆。

檢踏災傷田糧（户）

會元　湯賓尹

（凡水旱、蝗蟲、災傷田糧狀告，有司不行申報檢踏，及上司不委，俱杖八十。）

軫恤民艱，恩出自王者； 奉行德意，責在乎有司。昔汲黯之開倉，尚不須乎明詔；（汲黯过河内，見民間災傷，遂發倉廪以賑之。帰告於帝，伏矯之罪。）而鄭俠之圖繪，誠動念於流民。今某視災傷若罔聞，以檢勘爲文具。（宋哲宗[五九]時，鄭俠見流民情□，甚苦之，乃畫圖以獻，功[六〇]帝憫念災傷。）野無青草，尚自附於有年； 田起黄埃，猶虚稱曰未甚。即漢文有賜租之令，何以及民； 縱宋祖有賑貸之心，無憑遣使。（宋太祖即位，憫諸州貧困，遣使賑濟之。）彼既慢上而殘下，我當敕法而明刑。

監臨勢要中鹽（户）

經魁　李光綬

（凡監臨官吏詭名，及權勢之人中納錢糧、清[六一]置鹽引勘合、侵奪民利者，杖一百，徒三年，貨入官。）

煮海滋庶民之利，通商式濟于朝廷； 飲泉高廉士之風，轉貨豈同于市井？蓋已奮庸于熙載，自宜絶念于生財。故夷吾秖務強齊，若劉晏惟知富國。（昔管仲爲齊相，煑海爲鹽以富齊國，而國以強。唐劉晏以鹽利充國家之用。）今某欲深溪壑，才乏鹽梅。（武丁命傅説云：「若和羹，用汝作鹽梅。」〔六二〕）總職監臨，治亂迥殊于膠鬲；居身勢要，假威上擬于吴王。輒詭名輸粟于窮途，遂給引貿鹽于内地。碧江夜湧，滿船皆公相之鹽；素浪朝凝，極目罕編氓之貨。擅井利欲致羅裒之富，（即今之井鹽也。）分海功妄圖倚頓之貲。臨民恣意于侵民，擄勢狥情于挾勢。治以官合，收其重貨。加之罪寧，逭于徒刑。

守文〔六三〕錢粮及擅開官封（户）

解元　譚昌元

（凡倉庫官役滿，交代須明白，方許給由，不得虚指交割。違者杖一百。若官物有封，擅開者杖一百。）

冢宰制邦國之用，出入有經；遺人掌委積之司，會計惟謹。延齡肆支吾於羨利，事屬欺公；（延齡職司錢谷，不能盡其職，曰「欺公」。）蕭何封府庫於入関，功成佐命。

（蕭何入関時，封其府庫，秋毛無所取。）今某智同壟斷，志在包苴。之盜放官錢，應有議也。若劉晏委書士類，非此慮乎？（晏嘗曰：「錢谷與簿書，須委之士類。」〔六四〕）必置之法，姑懲其貪。

鹽法（户）

解元　陳良心

（凡犯私鹽者，杖一百，徒三年。窩〔六五〕藏者杖九十，徒二年。捉獲者，就將所獲私鹽者充賞。）

煑海爲鹽，貢自禹王之制；（管仲設官爲煑海爲鹽之計，民賴以殷富。）設官興筴，規由管氏之昭。故必制于公而法禁是嚴，然後行于下而泉貨罔滯。盖牢盆偹于孔僅，漢成取給之資；而權法寄于劉公，唐遂充周之便。（唐刘晏立權法以充國家之用。）今某才乏鹽梅，欲同丘壑。托煎熬以罔利，興狐尾翠竹之語；欺稱估爲不平，肆魚利滄州之議。莫調商鼎，何演箕疇。鹺竈無烟，空嘆潮波之色；鹵池破甑，虛存煑伐之名。

邊□自是而攸虧，民生于焉而何補？斗米易一升，宜致無鹽之咸；聞《韶》止三月，頓來忘味之思。（蘇東坡譏當時鹽榷之利，詩曰：「豈是聞《韶》解忘味，尔來三月食無鹽。」）合伏刑曹，用昭典憲。

私茶（户）

會元　袁宗道

（凡私茶者，與同私鹽法論罪。）

唐興榷法，官開徒植之場；宋貼射條，民適貿如之便。故下以是與食相須，而上藉此與鹽同利。盖必驗批榷務，然後法出至公。苟不給印司曹，未免利歸于己。今某欺官若戲，趋利如崩。止知苑囿利，當與民同；豈識山林間，從來有禁。寒炉烹雪，廣行北苑之茗；破樹驚雷，惟鬻建溪之水。多端影射，百計貿遷。細箬貯私囊，圖囬紇價高之馬；（回紇無茶，以良馬來换。）編竹爲新焙，開房團日鑄之龍。三百片不報姓名，幾千包何查來歷？（唐盧仝號「玉川先生」，嗜茶。韓文公賜之。作詩謝曰：「月團三百片」。）盧仝止渴，頓忘孟簡新芽； 党進烹卮，偶遇陶生風味。事違國法，罪比私鹽。

匿税（户）

解元　秦繼宗

（凡客商鹽[六六]税，不納課者，笞五十，物貨一半入官。）

或法或廛，市不盡民之利； 曰商曰賈，税當惟正之供。故噬嗑通交易以致財，而周禮括獘餘以充賦。今某惟知孳孳爲利，罔思瑣瑣取災。貨富千箱，不行明執； 價高十倍，輙自潛藏。巧言陽誘乎官司，密約陰聯乎牙儈。遂肆欺公之計，（延壽掌錢谷，不能盡職，曰「欺公」。）不從抑末之科。真類賈胡之愚，縱剖身而莫惜； 何止丈夫之賤，亟望壟以堪羞。（孟子言：「壟斷而登之，征商自此賤大夫始矣。」[六七]）物聽官收，且遺一半之入； 罪從律斷，宜加五十之笞。

舶商匿貨（户）

解元　劉應秋

（凡沿海客商，將貨物盡實報抽分。若停塌沿港土商牙儈之家不報者，杖一百；雖供報而不盡者，罪亦如之。物貨並入官。停藏之人同罪。告獲者，官給賞銀二十兩。）

萬里煙波，應入公家之税。千艘浪鑑，豈容私貨之通。盖征商自古有之，而市舶于今爲烈。賢如膠鬲，難私漁販之鹽；富比陶朱，焉失海居之利。今某孳孳爲己，瑣瑣取災。欺罔市司，百貨盡行隱匿；賂通牙儈，一毫不報抽分。高駕艅艎，遠通貨物。珠璣盡載，詐言明月滿船；布粟多乘，藉口輕舟一葉。徒作弊而瞞官，非奉公而憂國。輸財有物，（卜式輸財有物。）愧河南商富之忠；竊負在逃，失隣西婦窮之義。（比鄰墻壞，鄰之父曰：「不築必有盜。」不聽。其后果被盜竊去。其子曰：「毋乃智其子而疑鄰之父。」〔六八〕）□加律杖，貨没官司。

人户虧欠課程（户）

解元　劉應秋

（凡民間遞歲額辦茶、鹽、商税，諸色課税年終不納齊足者，計不足之數，以十分爲率，一分笞四十〔六九〕，每一分加一等，追課入官。）

上有道以取乎下，非故急于濫征；民以財而輸于官，宜無虧于足數。故用一緩二，征之雖有常規；而日滿歲窮，納之當遵定限。蓋惟義而知好，斯于義而能終。今某猥以編氓，供兹額課。計日已經于週歲，何十分之數猶虧；入賦不嫌于後期，知一念之期已甚。豈是徵催之緩，遂令逋負之多；（兒寬催科政拙，而民逋負甚多。）胡弗思王祭不供，（葛伯王致殷湯召陵之師。又齊桓伐楚，責其苞茅不入，王祭不供。）竟致召陵之伐。更無念魯酒誤薄，尚被鄲邑之圍。宜征課以納官，且計分而擬罪。

禁違[七〇]取利（户）

會元　湯賓尹

（凡私放錢債及典當財物，每[七一]月取利，並不得過三分。年月雖多，不過一本一利。違者，笞四十。以餘利計贓重者，坐贓論。）

放利多怨，戒言尚切于宣尼；爲富不仁，儆訓尤昭于孟子。苟使取之非道，縱亦得之何安？矧在清朝，益嚴厲禁。今某心迷法網，身遂貪途。不師焚券之高風，（戰國時馮驩焚券以邀民心也。）秪觧執籌之小智。假本將圖于十倍，孳孳鷄唱之興；（漢時桑弘羊、孔僅自執牙籌以籌民之利。）取利輒過于三分，汲汲蠅頭之計。巧若同于鑽核，（王戎有好李，同[七二]恐人傳其種，乃鑽其核。）害何止于青苗。（王安石立青苗法以斂民財。）已知念重于錢神，直欲手探乎金穴。貨從悖入，寧思有悖出之虞；利實害隨，弗求爲遠害之道。（魯褒作《錢神論》以刺當時有錢者生、无钱者死之意。）徒信家兄之可愛，其如法吏之難容。（出魯褒《錢神論》。）宜加過取之刑，用示傷廉之儆。

因公科斂（户）

解元　趙三極

（凡非上司明文，不論文武官吏，擅自科斂者，杖六十。贓重者，坐贓問罪。）

周公立九賦之法，斂財有經；唐室定兩税之征，取民有制。蓋曰租曰調，必須奉彼文移；而民膏民脂，尤難擅爲科斂。今某每因公事，輒起私謀。需索無時，忍見含冤於一路；横征非法，寧嫌結怨於千家。或托武帝開閼，（漢武帝張大武畧，嘗開閼北伐。）而欲輸卜式之粟；（武帝時卜式輸粟以助迁餉。）或稱德宗賞士，而希圖韓滉之粮。寛取一分，有愧愛民之君寔；（司馬温公愛民，嘗謂：「寛取一分，則民愛〔七三〕受一分之賜。」）催科政拙，深慚撫字之陽城。重賦毒於蛇，應知柳州之嘆；（柳子厚慨當世重賦害民，作《捕蛇》以譏諷之。）苛政猛如虎，適來召文之憂。既罔法以殃民，合計贓而定罪。

費用受寄財物(户)

進士　林機

(凡受寄人財物畜産而輒費用者,坐贓論,減一等。詐言死失者,准竊盜論,減一等。並追物還主。)

見得當戒于貪,式勵清脩之行; 受託必忠其事,盖崇信義之風。使竊用以無嫌,與潛奪其何異? 今某承夫人財産之寄,忘君子廉耻之心。不以道而得之,輒試攫金之手。(爍金在爐,過者弗顧。非不愛金色也,攖之則爛其手也。出《名喻》。)因其來而耻也,似甘攘鷄之愆。豈尚冀于陪償,因故輕于費用。不思凍餒其友之妻子,齊宣猶曰棄之。寧知失牧于人之牛羊,距心尚爲反也。聞范文正之清介,寧弗懷慙; (仲淹清介勁直,毛無所取。)遇包孝肅之嚴明,豈能逃罪。欲懲汚俗,合治貪夫。

得遺失之物（户）

解元　李子房

（凡得遺失之物，限五日内送官。官物還官，私物歸私識認。於内一半給與得物人充賞，一半給還失物人。如三五日内爲人識認者，全給。〔七四〕限外不送官者，官物坐贓論，私物減二等，其物一半入干，實千給主〔七五〕。）

道不拾遺，上古結绳之俗；人無愛寶，聖明熙皞之休。故高士弗顧乎鋤金，而愚人竊藏于燕石。（韓歆與劉寧〔七六〕爲友，鋤园麾金弗顧。）非義之財，在君子不容苟取；無故之獲，實哲人之所深憂。今某罔思道義，大肆貪求。得佳玉于河中，乃曰津人之幸；拾餅金于路上，自云羊氏之缘。但宜報送在官，乃敢收留入己。深藏不露，珠作剖身。埋没無踪，物爲囊有。未還見非于王烈，不顧有慙于孟生。畢竟當歸，何有念塞翁之馬；依稀可取，誰能思楚氏之弓。罪依律斷，物給主還。

市司評估物價（户）

會魁　謝吉卿

（凡諸物行人評估物價，或貴或賤，令價不平者，計所增減之價，坐贓論。己入〔七七〕，准盜竊論，免刺。）

物貨資于民用，既通貿易之方；價直定于市司，宜識公平之道。毋輒混淆其貴賤，徒爲恣肆于奸欺。今某執偏見以誑民，恃己長而罔利。齊寸縑于尺錦，漫言杼軸之艱；進惡木于良材，妄擬棟梁之選。豈乏賞監劑量之識，遂違精粗美惡之評。忍使梔蔼之鞭，售踰萬数；不嫌駑駘之馬，價底千金。（客有駑馬者，人皆不顧。一旦伯樂過而視之，去而後顧之。馬價竟倍千金。）豈知餙價禁于周官，盖防其僞；罔念平準設于漢志，（漢立平準之法。）欲矯其偏。將警衆以明刑，合坐贓而論罪。

私造斛斗秤尺（工）

（凡私造斛斗秤尺，及官降斛斗秤尺，作弊增減者，杖六十，本〔七八〕匠同罪。）

解元　黄志清

較量無差，法度懸于象魏；　權衡不爽，精微起自黄鍾。故惟天府之藏，宜稱日中之古。售痕隱隱，而四方叩烙同文；　銖兩平平，而一樣降頒共制。今某卑污立志，令昧存心。包飯趑虗，素識大夫之賤；　折衡剖斗，誤從老子之文。利析秋毫，計深刻骨。（漢武帝時桑、孔歛民，利析秋毫。）恢恢木石，不遵物定之規；　燦燦金星，錯釘五花之聚。益寡剖多，截長補斷。藏在王家，石氏之珊瑚可等；（石崇珊瑚樹如王愷者不可勝数。）合行楚國，周人之寶鼎尚輕。曾結五尺之童，莫逭三章之法。

器用布絹不如法（工）

解元　趙三極

（凡造器用之物，不牢固真實，及絹帛之屬，紕薄短狹而賣者，各笞五十，其物入官。）

惟器物之良，斯有資于日用；更機絲之巧，始可備其身章。使濫惡以相欺，豈噬嗑之交易？今某才本斗筲之末，（子曰：「斗筲之人，不足筭也。」〔七九〕）謀深壟斷之奸。鬻市賈之鞭，寘爲扼蠟之質；貿天孫之錦，殊非杼軸之精。六府弗脩，五材徒費。覘矩準繩之乖其制，乃適市欺五尺之童；錯綜經緯之失其宜，敢列市圖三倍之價。不思通工易事，乃農末交資。罔念抱布貿絲，（出《國風》：「抱布貿絲。匪來貿絲，來即我謀。」）實有無相濟。爲百工既甘于罔衆，論九章請就于笞刑。

帶造叚疋（工）

解元　李梓中

（凡監臨主守官吏，將自己物料，輒於官局帶造叚疋者，杖六十。）

玄黄是貢，豳公子受國民之裳；（《邠風》之詩曰：「載玄載黄，我朱孔明，爲公子裳。」〔八〇〕）杼柚將空，譚大夫悼西人之虐。（周衰賦役不均，譚大夫作詩以告病，有云：「大東小東，杼軸其空。」〔八一〕）故國家建織染之局，典守重監臨之官。藏絹固封，竇儀不容擅取；綺羅有数，趙軌專惡侵人。今某職居典造，私製帶以自榮。官宅染人，竊文章而餙美。厭韋旃之陋質，思黼黻之輝煌。終日七襄，（詩云：「跂彼織女，終日七襄。」）半爲妻奴而屢織；秋鳴機杼，何曾国事以三投？却效彥博之燈籠，（宋文彥博嘗献燈籠□錦。）將官人以自結；猶如孟嘗之孤白，冀行賂以自全。二月賣新絲，誰怜鶉衣之不足？（子路家貧，鶉衣百結。）庶人衣帝服，寧慚厥服之不衷。（鄭臧子〔八二〕好聚鷸冠，識者曰：「服之不衷，身之災也。」）似此射利之徒，宜加貪墨之辟。

織造違禁龍鳳文叚疋(工)

會魁　賴克俊

(凡民間織造違禁龍鳳文紵絲、紗羅貨賣者,杖一百,叚疋入官。機户及挑花、挽花工匠同罪。連當房家小,起發赴京,籍充局匠。)

衣服有度,禮嚴染采之規; 上下有章,鄭謹使民之義。庶民被文繡,世道陵夷已極; 娼優皆后餙,(《賈誼傳》言: 「娼優下賤,皆爲后餙。」)風俗頽敗何堪?蓋常服咸可遵行,而御物豈容擅造?今某無心守分,有意僭君。寵匪恩頒,乃爾違造彩鳳!職非補衮,(《詩》曰: 「衮職有缺,仲山甫補之〔八三〕。」)何故帶織山龍?(衮衣者文有山有龍,山取鎮重之義,龍取变化之象。)霞光輕閃春光,耀虛費精神; 花色濃粧綉色,開妄爲勞役。甲鱗掩映,機杼就蒼海之神龍; 苞羽蹁躚,經緯倏丹山之孕鵠。豈知明主不棄再澣之衣,賢后猶曳大練之服?彼何人斯!妄違國憲而服其服。我有常法,當褫其衣而刑其人。

虛費工力採取不堪用（工）

解元　羅天錦

（凡上〔八四〕使人工，採取木石材料，及燒造磚瓦之類，虚費工力而不堪用者，計所費雇工錢，坐贓論。）

天生萬物，本爲利用之資；周建六工，寔爲制用之具。故大而泉府貨府，皆須得人；微而司鱉司漁，亦有常職。既費工力之求，可容廢棄之物。今某受若直而怠若事，既其廪而無其功。荷斧入山，罔帶雲根以出岫；揮斤斵木，乃取樗櫟以充材。（《莊子·逍遥》篇：「吾有大樹，人謂之樗。其大本擁腫而不中繩墨，其小枝捲曲而不中規矩。」《人間世》篇：「匠石之齊，至乎曲轅，見櫟社樹。其大蔽牛，觀者如市。投石不顧。弟啓口曰：『吾以隨夫子，未嘗見材如此其美也。先生不肯是，何耶？』曰：『已矣，弟言之矣，散不材之木，視之无所可用。』」〔八五〕）搜巖剔藪，徒登萬仞之山；索巧求奇，浪費千鈞之力。發北山之石墎，難爲楚黿；取荊蜀之地材，曷勝梁棟？弘求物料，堅緻者百無三〔八六〕；　虛費人工，毀壞者十常八九。爾既耗精神而無用，我當計物力以加刑。

乘御〔八七〕服御物（礼）

解元　金本高

（凡乘御服御物，收藏收整不如法者，杖六十。〔八八〕進御差失者，笞四十。其車馬大屬不調習，駕馭之具不堅完者，杖八十。）

典路餙王行之輅，舟師嚴荐鮪之舟。故入公門而倒莢側軀，傳著欺君之戒；乘輅〔八九〕馬而朝服載策，禮垂敬上之儀。事在欽崇，職司左右。猶且羹墻如見，（韓文吉：「見堯於羹，見堯於墻。」〔九〇〕）當爲杖履祗承。今某居王近習，列國贄臣。六廐之良，固已非能盡職；而五輅之用，何爲偶不全知？忘君出乃負良綏，昧王行則洗乘石。已駕而輟驚，未可賦車攻而歌吉日；（《雅》詩云：「我車既攻，我馬既同」云云。）始乘而忽蕩，謾誇逝渭水而造舟梁。（《雅》詩云：「造舟爲梁，不显其光。」）未必夙駕星言，

（《魯頌》云：「星言夙駕，税于桑田。」〔九一〕）詎謂可杭一葦。黿玉毀櫝，馬匹喪林。罪有所歸，宜政無王之律；責將攸委，當加相國之刑。

御賜衣物（礼）

（凡御賜百官衣物，使臣〔九二〕不行親送，轉附他人給與者，杖一百，罷職不敘。）

解元　高洪謨

周家優恤庶工，必資馭幸；帝王禮施臣下，貴在匪頒。惟重襲啟于在笥，故繽紛燦乎多物。龍光降寵，禮嚴掌節之官；而鳳詔腽傳，門重闔門之慶。今某濫叨手署，徒竊世傳。奏金玉音，乃緩延而弗恪；（《雅》詩云：「毋金玉爾音，而有遐心。」）自天子所，顧偃蹇而憚行。（《詩》云：「自天子所，爲〔九三〕我來矣。」）金帶掛城頭，無意考求盜跡；錦袍投閣下，豈知竟醜家聲！遺帶素交，借車葬母。朱衣寶鈿，妍粧新媵婢之姿；牙珮幞頭，戲具侈優人之樂。常州坐貶，家具閭移。欲彰典禮之明，合付司刑之慎。

冒破物料（工）

解元　傅登弟

（凡造作局院頭目、工匠，冒破物料〔九四〕入己者，計贜，以監守自盜論，追物還官。局官並提調官吏知情通周者，與同。）

制器尚象，《周官》重工作之司；傷財害民，《大易》垂節制之戒。故漢文富有四海，露臺猶靳於百金；（文帝築雲臺，計用百金乃止。）陶侃貴爲三公，雪徑尚資乎木屑。（陶侃鎮荊州，當造舡，木屑竹頭皆令人藏之。後正会積雪初晴，所事前余雪皆湯，乃取木屑布地。及桓温伐蜀，又以侃所貯竹頭丁船。其綜理之密如此。）若或物料冒破，豈爲愛惜國家？今某分屬共工，罔知信度。制美錦而傷，滋多取譏子産；求大木而斲，以小見怒齊王。舟車不過萬錢，譏派千金之費；宫室僅成石堵，幾用萬家之財。豈知式如金，式如玉，每存樽節之心；顧乃破我斧，缺我戕，（《詩》云：「既破我斧，既缺我戕。周公東征，四国是皇。」）任彼狼殘之手。汝之暴殄，既失職於司空；我有典章，當致詰於司寇。

脩理倉庫（工）

解元　岳儲精

（凡各處公解〔九五〕、倉庫、局院係官房〔九六〕舍，俱有損壞，當該官吏隨即移文有司脩理。違者，笞四十。）

倉陳粟米，所以備四海之凶荒；　庫蓄金銀，所以足軍需之重用。實國家之大事，且民命之所天。事苟可因，固仍舊之爲善；　而理在當改，宜革故以從新。今某玩目前而不虞大患，輕民事而不計邦儲。爲倉爲庫，已不堪積貯之塲；　而或理或脩，尚不作改圖之計。若常平，若義倉，（隨文帝時，長孫創常平倉，范仲淹設義倉。）坐視垣墻之圮；　曰瓊林，曰大盈，（唐以瓊林、大盈王〔九七〕庫爲天子私藏。德宗幸奉天於行宮，廡下貯諸道貢獻之物，旁曰：　瓊林、大盈。）旁觀梁木之頹。非李密之開發敖倉，何故使粒米狼戾？豈漢高之登秦府庫，奚爲使王帛縱横？設有二三千里之旱，何以救之？抑有鷄鳴鼠竊之雄，何以防也？有違典守之司，合示常刑之儆。

造作過限（工）

狀元　朱之蕃

（凡各處額造常課段疋、軍器，課限不納齊者，當以十分爲率，一分，工匠笞二十，每一分加一等，罪止笞五十。）

審曲面勢，考工作八材以利用；制器尚象，有司飭百物以效能。立限考成，程功給食。故太公之相洛，動作必書；而彌牟之營周，時日有攷。今某歲月稽遲，餼廩徒費。居肆而不成其事，越期而罔攷其成。寒蛩泣露，猶聞築削之聲；唳鴈横秋，未見戈矛之獻。倘子儀請千人之甲，（唐藩鎮强亂，子儀握兵柄，嘗請千人之甲以遏之。）倉卒何求？假王濬需萬舳之舟，臨期必誤。（晉時王濬將治水戰，嘗求万艘之船。）宜有刑以飭百工，勿無備以敗乃事。

失時不脩隄防（工）

解元　李光縉

（凡不脩河防及脩而失時者，提調官吏各笞五十。若毁害人家、漂失財物者，杖六十。因而致傷人命者，杖八十。）

漢武塞河，白馬遂沉於瓠子；（漢光武時，元光中，河決瓠子，夫子既封禅，則乘輿臨決河，沉白馬玉璧，令群臣從官以下皆負薪共填。楚叔孫[九八]）晉君脩堰，銅龍曾得於石亟。故蘇公之堤既築，楊柳極望於平湖；芍陂之澤重脩，（楚叔孫敖所築。今在壽州。）禾黍興歌于漢魏。興利在乎及時，備患貴於先事。今某天根見而無疏鑿之功，辰角鳴而忘濬決之力。商羊鼓舞，不爲齊景公之預防。（《家语》：孔□[九九]知一足之鳥爲商羊，天將大雨。商羊鼓舞，則急收隄防。）大火南方，反誚鄭僑之過備。（在《左傳》云：鄭國有火授兵祭牌。）倘遇滔天之災，或無及矣。設有赤地之患，將焉救乎？如斯曠職，難免常刑。

盜決河防〔一〇〇〕（工）

（凡盜決河〔一〇一〕防者杖一百。）

解元　龔三益

自積石既濟，而何〔一〇二〕流始通；（神禹導河，從積石始。）由漕運既行，而河防最重。故周置八職，有虞衡之官；而唐設諸官，有水衡之利。今某但知穿鑿，借口疏通。荷器揷以破鷗堤，平地起懷山之勢；（《書》言：「洪水蕩蕩，懷山襄陵。」〔一〇三〕）乘昏夜以鑽蟻穴，生民罹沉竈之災。張智伯之餘謀，（智伯欲滅趙氏，激水灌其城。不浸者三板，沉竈産蛙。）昧許循之長策。無曲於防，小白葵丘之盟安在？以隣爲壑，神禹無事之智罔相。病國虐民，既蹈白圭之轍；緣情定罪，合加司寇之刑。

脩理橋梁道路(工)

會元　湯賓尹

(凡橋梁道路,府、州、縣佐貳官、提調,於農隙之時,常加點視脩理,務要堅完平坦。若損壞、失於脩理、阻礙經行者,提調官吏笞三十。)

天根見而成梁,禮昭定制;(單襄公假道于陳,以聘於楚。火朝覿矣,茀可行也。單子帰告王曰:「諸侯不有大咎,國必亡。」主曰:「何故?」對曰:「辰角見而雨畢,天根見而水涸。先王之教曰:『雨界而徐道,水涸而陳梁。』今陳火朝覿矣,而道路塞,川無丹梁,是悖先王之教也。」)辰角鳴而治道,古有成規。故橋治七十方,趙充國有功於漢;路開三十丈,蔡如松見美於周。雖若病於力役之使,實有関於伕道之施。今某職居川澤,政務因循。當築場納稼之時,(《七月》之詩云:「九月築場圃,十月納禾稼。」)而徒杠不建;及觱發栗烈之日,(《七月》之詩云:「一之日觱發,二之日栗烈。」)而履道猶嶇。便門舡危,廣德空致汚輪之諫;澤州路險,宋祖難辭負石之勞。

倘遇滹沱之難，非堅冰何以能行？（光武爲王郎所迫，欲渡濟滹沱河，使人視何〔一〇四〕。報曰：「冰堅可渡。」遂□□而度之。）若有陰陵之迷，陷澤中在所不免。宜加鰥曠之罪，以警怠緩之徒。

冒渡関津（工）

解元　張以化

（凡無文引私度私度〔一〇五〕関津者，杖八十。若関〔一〇六〕不由門而越度者，杖九十。若有文引冒名度関津〔一〇七〕者，杖八十。）

王公設險以守国，譏察非常；先王取豫以爲関，嚴防不軌。故鷄鳴函各〔一〇八〕，致齊客之宵奔；（秦法嚴，鷄鳴開関。孟嘗君爲鷄鳴而出函谷。）而蒲伏昭関，廼楚臣之夜遁。呪異言異服，法固在所當譏；而潛往潛來，理豈容於無禁？今某不持引執之憑，暗入無人之境。北走胡而南走越，非曰王命而行；朝投燕而暮投秦，（戰國時遊説侯王之士朝叩秦関，暮抵燕壁。）惟是便私以進。輕車而就間道，擊楫而過中流。（祖逖嘗爲豫州刺史，爰擊楫而過中流。）不知孟氏適齊，尚先問國之禁；罔思仲尼過楚，猶煩子路先求。越渡者固有常刑，典守者不能無罪。

冒給路引（吏）

進士　張迥

（凡不應給引之人而給引，及軍詐爲民、民詐爲軍，若冒名告給引轉與他人者，並杖八十。）

天下大同，民忘乎厲禁；朝廷畫一，法弛乎關譏。故古人越津，有盤詰之條；而王者渡關，嚴糾查之令。出入既以爲憑，請給奚容奸詐！今某心留不測，欺涉多端。浠得九印之資，胡忌華夷之限。冒名頂姓，規違父母之邦；玩法欺公，（延齡掌錢谷，不能盡職，曰「欺公」。）影射嶺南之地。（一人夜行，見樹影，心中疑以爲虎。乃關弓射之，矢盡不動。下視之，乃影也。）團練何由糾詰，抱關無以稽防。志在強秦，入禁遂同乎張禄；名非伯越，乘舟竊效于陶朱。直抵函關，逍遥劍閣。（乃巴蜀之最險者。）時履承平之盛，可容挾詐之人。宜坐典刑，用懲玩法。

關津留難（兵）

解元　金本高

（凡關津往來船隻，守把之人不即盤驗放行，無故阻當者，一日笞二十，每一日加二等，罪止笞五十。）

冒險須九州之途，掌固係一方之禁。蓋盤詰奸細，律有明條。而稽察非常，書昭重典。法貴止寇杜奸，事在宜民通变。今某職司道路，意涉留難。函谷鷄鳴，（孟嘗君爲鷄鳴出函谷關。）禦暴增爲暴之具；河陽虎口，利涉開病涉之資。無治文岐，何恩相鄭？姜維固守，原爲劒閣成營；項羽久留，乃是鴻門有約。（漢王聽項伯，約羽鴻門謝罪。）既非日至，曷阻往來？未見雪擁，何難前進？（韓湘子兄欲過南關，爲雪擁，馬不得進前。湘子爲之掃之。）舟横而無人自野，道迷而意切望洋。巧爲逗遛，重示戒懲。

私出外境及違禁下海（兵）

會魁　駱日升

（凡將馬牛、軍需、鐵貨、銅錢、段疋、紬絹、絲錦，私出外境貨賣，及下海者，杖一百。挑擔馱載之人，減一等。物貨舟車並入官。於內以十分爲率，二[一〇九]分付告人充賞。若將人口軍器出境及下海者，絞。）

《戴禮》戒越境之交，惟嚴君命；宣尼發浮海之嘆，盖以傷時。摺齒入関，范雎之避仇猶可說也；（范雎私受金責関之誣，魏齊嚴刑治之，拆脅摺齒而逃入秦。）望洋回棹，循王之斷卒吾何敢焉？今某智祖鷄鳴，利狥鯨壑。匪邵雍之問道，轍迹徧乎齊梁；（邵堯夫訪道，遍歷天下。）豈漢武之求仙，征帆及乎蓬島？投繻去国，誰具終子之英；（終軍少時出関，関吏以繻與軍曰：「還時節以合符。」軍曰：「大丈夫不徒还。」後果立大勳。）破浪乘風，敢曰宗生之志。既已冒夫司関之禁，應難逭於士師之刑。

關防内使出入（兵）

會元　湯賓尹

（凡内監、監官並奉御内使，出入必圖關防所出入何必。〔一一〇〕若查得非者，杖一百，充軍。失搜檢者，罪同。）

法嚴宫禁，須謹出入關防； 使任奔馳，宜得往來慎密。故唐制銅符之驗，斯可謂府衛之兵； 而宋佩魚袋之行，然後同内外之㝛。今某官居直衛，視君命若等閑； 職掌殿門，以國家爲兒戲。任情出入，那知盤詰根由； 恣意往來，曾不檢搜的寔。不鑒继恩失鎖於内閣，儲位將傾；（宋王曾爲宰相，定儲位時，李继恩用事弄權，曾鎖之内閣。）罔思元載得肆於外庭，（唐元載爲宦官，恣擅自爲，国家大害。）儒紳被毒。縱是重情入奏，豈應直走宫廊？非有王命出差，何得擅離職役？惡因小積漸成，受制於家奴；（唐文宗問己於周墀。墀曰：「陛下堯舜主也。」文宗曰：「朕周赧、漢獻耳，受制于強諸侯。朕受制於家奴。」）奸自習成必至，門生乎天子。（唐文宗時宦官用事，主守登，仇土良得志横行，擅立天子，自称定等〔一一一〕国老、門生天子。）合加一百之杖，更就邊戍之刑。

門禁鎖鑰（兵）

（凡各處城門應閉而誤不下鎖禁者，杖八十。京城門，各加一等。）

解元 秦繼宗

抱關擊柝，《周禮》致謹於司門；禦暴防奸，《大易》尤崇乎設險。故拒關不入，郅暉來光武之褒；（漢光武出獵夜還，郅暉拒關不開。明日復上書諫。上納，賜布百疋。）而示詔不知，志玄受唐宗之賞。（唐太宗夜遣使至，將軍段志玄不納，曰：「軍門不可夜開。」使曰：「有詔。」答以夜不便真僞，竟明日見。）啓閉有時，典司宜慎。今某心忘惕夕，職愧司閉。輕南仲朔之城，（周宣王命南仲城彼朔方。）失寇準北門之鑰。（寇公重望，被謫契丹。使曰：「相公何故不在中書？」曰：「主上以北門鎖鑰非準不可。」）敲門驚晝睡，已背韓詩；深鎖不開關，空傳杜句。梟鍾隱隱，不聞守衛加嚴；

鶴鼓寮寮，猶自行人不絶。孟嘗君出乎函関，非鷄之鳴也；白狐裘亡於庫内，是誰之過歟？倘齊師乘勝，且將策馬以長軀；若臧矻興危，不待斬関而徑入。（臧叔仲自郝而還，不待斬而）若兹過舉，合麗刑章。

驛使稽程（吏）

進士　劉廷蘭

（凡出使違限，一日笞二十，每三日笞一等，罪止笞六十。軍情重事加三等，失報軍機者，斬。）

置郵傳命，周家急四牡之馳驅；遣使循行，漢代察萬民之疾苦。無然泄泄，懿範載諸聖經；秦職營營，茂軌垂諸明傳。故富弼出使於虜，不遑顧女之悲；（富弼出使契丹，書报女死，公置不問。）而范滂承命於朝，孰挽登舟之轡？今某簡書不畏，（《雅》詩云：「豈不懷歸，畏此簡書。」）忘王事靡盬之憂；宴安爲懷，昧君言不宿之戒。稽違程限，恋杯酒於鎮周；（張鎮周至舒州，設酒與故人懽飲。）濡滯道途，希餉金於王密。

慢如綸如綍之命，過尔優游；憚來旬來宣之勞，（《雅》詩云：「王命召虎，來旬來宣。」）公然縱肆。豈知詩歌靡及，征夫效力於駪駪；不思易示匪躬，王臣勵志於蹇蹇。難逃曠官之罪，須知笞杖之刑。

邊境申索軍需（兵）

進士　劉應秋

（凡守邊將帥，取索各物，須差人一行布政司，及至抑指揮、五軍都督。若遲慢者，杖一百，罷職。）

六軍之衆，統三衙而器械必供之内宰；九伐之法，掌司馬而委積必輸之廪人。故韓滉運米，始脱唐主之危；必蕭相轉輸，斯成漢業之大。惟有求而必供，庶有備無患。今某政典樞機，職司調度。羽言既馳魏闕，而饋餉之意罔聞；皂囊已入雲中，而倉廪之封如故。張拳冑刃，遂陷大澤之師；脱巾求粮，幾致量沙之困。（唐文帝時軍士飢餓，乃脱市求粮。檀道濟伐魏之粮，乃唱籌量沙以疑敵。）典兵者既怠挾纊之情，（軍士感將仁恩，雖寒皆有挾纊之煖。）司刑者宜殉原野之戮。

失誤軍事（兵）

解元　高洪謨

（凡臨征討，應合供給軍器行糧草料，違期不完者，當該官吏，各杖一百，罪坐所由。）

興師動衆，既申九伐之威；　足食俻兵，宜識萬全之計。毋狥情于怠緩，廼違限于程期。今某肆爾優游，居然失誤。使張巡之義，竟莫支吾于睢陽；（張巡守睢陽乏食，至殺其妾以享軍士。而救兵不至，被祿山攻破之。）致孔明之忠，亦且困沮于斜谷。（孔明不听魏延之計而困于斜谷。）方從容而極溺，寔揖讓以救樊。（毛義爲潁州令，揖讓反風滅火。）畫餅不可餉軍，師徒喪氣；　空拳何以禦敵，卒伍離心。盍思增灶示強，（虞翊增竈減書竈以示強弱。）虞翊成功于應變之速；　罔念唱籌誇富，道濟免患于乏食之餘。重貽戎事之殃，合究刑官之律。

飛報軍情（兵）

狀元　翁正春

（凡飛報軍情隱匿不速奏聞者，杖一百，罷職不敘。因而失誤軍機者，斬。）

兵家貴神速，在夕發而旦聞；　軍務不停留，要星馳而夜驟。故法令嚴逗遛之戒，春秋重次舍之譏。蓋在外多虞，須羽書以傳緊急；　邉庭有警，待烽火而會諸侯。今某叨司金鼓，謬掌銅符。曾無汗馬之勳，不顧勤王之義。干戈盈甕牖，終蒙蔽于宦官；赤眉滿緑林，（漢更始時赤眉賊蜂起，尋即誅滅。）竟天聞乎篡賊。淹連號令，怠緩指麾。縱賊以聳朝廷，坐視安危之倚；　養寇以圖富貴，何忍窮迫之追？奸同秦相，（秦趙高指禄〔一二〕爲馬。）欺甚隋臣。（隋世指鳳爲鸞之数。）不思誤國亡君，甘忍喪師敗節。既違軍法，合治官刑。

擅調官軍（兵）

會元　蕭良有

（凡將帥部領軍馬、守禦城池及屯駐邊鎮，若所管地方遇有報到草賊生發，即時差人體探緩急聲息，須先申報本管上司，轉達朝廷奏聞，給降御寶聖旨，調遣官軍征討。若無警急、不先申上司，雖已申上司不待回報，輒於所屬擅調軍馬及所屬擅發與者，各杖一百，罷職發邊遠充軍。其暴兵卒至，欲來攻襲，及城鎮屯聚軍馬之處，或有反叛，或賊有内應，事有警急及路程遥遠者，並聽從便，火速調撥軍馬，乘機勦捕。若寇賊滋蔓，應合會捕者，隣近衛所，雖非所屬，亦得調發策應，並即申報本管上司，轉達朝廷知會。若不即調遣會合，或不即申報上司，及隣近衛所不即發兵策應者，並與擅調發罪同。若親王所封地面有警，調兵已有定制。其餘上司及大臣，將文書調遣將士，提撥軍馬者，非奉御寶聖旨，不得擅離信地。若軍官有改除别職，或犯罪取發，如無奏奉聖旨，亦不許擅動。違者，罪亦如之。〔一一三〕）

烏陣雲屯，閫外重將軍之寄；　魚書鳳詔，軍中宣天子之威。故尹吉甫奉命以攘夷，曾見歌於周《雅》；　而公子翬固請以伐莒，遂致貶於《麟經》。今某紛更用智，肆君命不受之言；　儌倖圖功，倡便宜行事之説。一聞風偃而草動，遽爾遣將而調兵。金闕九重，曾乏一封之朝奏；（韓文公詩：「一封朝奏九重天。」）玉関千里，敢令萬馬之宵馳。無俟魚符，輒提虎旅。不知狼烟風寂，（邊境有急焚狼糞烟，直射九重，以傳達内地。）既無儆報於甘泉；　則彼銕騎雲屯，安得遽移於細柳。（文帝時周亞夫軍屯細柳，嚴肅。天子見之，嘆曰：「此真將軍也！」）托名北伐，似拜表之桓温；（桓温北伐，拜表輒行。）矯制西羌，類要功之奉世。（馮奉世矯制立功於西羌。）宜坐無將之戒，用懲不軌之徒。

經魁　俞獻可

鹽法（户）

（凡犯私鹽，杖一百，徒三年。）

山海制於夷吾，（管仲佐桓公令山鹽煑海。）羅金盡入公室。江淮掌于劉晏，（唐刘晏掌江淮鹽法。）鹽利必賴民間。蔡文仲恒籍以濟荒，（蔡文仲煑海以濟民飢。）大展京東之惠；鮮于侁雖緩其筭賦，（宋神宗朝鮮于侁主鹽課，有三難之名。）不踈宋室之規。張黄起醝徒，（唐賊黄巢、元末賊張士誠皆起鹽徒。）厲階可畏；青齊資鹽筴，寶路是專。（北魏元雍奏：鹽池，天藏也。《管子》：「山海者，財用之寶路。」）今某不思簠簋之餙，（漢法：貪官曰「簠簋之餙」。）惟圖壟斷之登。志擬吴王，欲煎熬以致富；（漢景帝時吴王濞煎鹽富國。）賢非膠鬲，（膠鬲鬻販魚鹽。）何販賣之徒勞？遂使三月無鹽，（蘇東坡詩曰：「岂是聞《韶》鮮忘味，邇來三月食無鹽。」蓋譏鹽法之重也。）空起轅門之歎；孰知萬緡自益，徒竭東海之脂。令斷杖徒，宜迪貨物。

刻湖洲註釋弄丸判學評林上卷終

新刻湖洲註釋弄丸判評林目録下卷

新刻湖洲註釋弄丸判評林目録下卷終

新刻湖洲註釋弄丸判學評林下卷

湖洲府知府　弘宇　陳經濟　著
同知　翼軒　何挺　校
書林　泗泉　余彰德　梓

解元　趙三極

優恤軍屬（兵）

（凡陣亡病故官軍，行糧脚力不即應付者，遲一日，笞二十，每三日加一等，罪止杖五十。）

乘危履險，勤勞莫過於官軍；問死恤孤，（六國時，燕昭王即位，吊苦問孤。）優待宜先于家屬。故賈復傷瘡於真定，光武遂納爲婚；（賈復被鎗傷，光武曰：「復有子，吾女配之。復有女，吾子配之。毋憂子女。」）而馬謖敗死於街亭，（孔明令馬謖督軍街亭。謖違節制，遂敗。）孔明即收其子。盖必加恩於既往，庶可激義於將來。今某職列有司，心存刻薄。忍視軍人之故死，誰憐家屬之言歸？鄉山望望，乃稽輿馬之資；囊槖蕭蕭，更緩斗升之給。秋風鼓怨氣以悲號，若罔聞也；夜雨動冤聲之哽咽，誰則知之？縱云費出閭閻，以百姓脂膏之可惜；（軍資粮食皆取給於民，故云云。）不念屍横原野，更一家骨肉之堪嗟。欲慰九泉之心，合加三尺之法。

申報軍情（兵）

解元　潘洙

（凡將師參隨揔兵官征進，如揔兵官分調攻取城寨，克平之後，隨將捷音差人飛報。若賊人數多，出没不常，如領軍人不敷，須要連申揔兵官，添撥軍，設策勦捕。不速飛申者，從揔兵官量事輕重治罪。）

趙充國之困先零，必圖方以上奏；（充國征先零至金城，圖上方畧。）顔真卿之禦羯虜，亦間道而遥陳。（安禄山作反陷京，顔真卿爲平原太守，起兵禦之。）故似道諱襄陽之被圍，宋室不競；（元圍襄陽，似道秘不以聞。）元振隱吐蕃之入寇，唐祚幾危。（吐蕃入寇，程元振隱不以聞。）今某分主帥之孤軍，竊持阿之大柄。掃穴犁庭，羽檄不申於幕府；摧鋒敵陣，蠟書罔達於朝廷。匈奴來内郡，（漢匈奴肆横來侵内郡。）可云無使上知？契丹至澶淵，孰謂不須急奏？緩睢陽之救卒，是誰之過歟？（張巡守睢陽，賊攻陷之，救兵不至。）引胡虜以入関，孰不可忍也？宜付司刑，用懲誤國。

主将不固守（兵）

會魁　謝吉卿

（凡守邊，被賊攻圍，不固守或守備不設，爲賊掩襲，失陷者，罪。）

王公設險，式嚴禦海之防；長子帥師，允重專城之寄。盖疆圉要害，関社稷安危。欲先推轂之恩，宜懋折衝之績。今某未著詩書之譽，謬膺鎖鑰之司。杖鉞臨戎，慷慨若期于報國；（慷慨殺身易，從容就死难。）望風避敵，倉皇祇觧于全身。不思尊俎之謀，敢棄金湯之險。筭無遺策，罔念充國之偹金城；力竭孤忠，寧效孝寛之守玉壁。解茲即墨，将誰復海岱之圻封；棄尔睢陽，獨無惜江淮之保障。（禄山遣子奇攻睢陽，張巡殺妾餉士死守。）欲厲五兵之禁，宜加兩觀之誅。

不操練軍士（兵）

解元　刑大壮

（凡各守禦官不練軍士，初犯杖八十，再犯杖一百，削降官職。）

《車攻》《吉日》，詩紀中興。振旅治兵，禮防不測。故楚将圍宋，治兵先属於子文；而晋欲伐荆，大閲必資於舅犯。衛兵已罷，上林之練不忘；（漢文帝令軍士練習於上林，不忘武備。）突厥請和，殿庭之教不息。（唐太宗時突厥肆乱，既而清和。太宗習射於殿廷。）是謂有備無患，亦恐忘戰則危。今某高枕轅門，深居幕府。駕言偃武，曷訓七伐八伐之謀；（倶太公《六韜》中所載。）藉口息兵，不講五步六步之法。三軍目駭於旌旗，六師耳驚於金鼓。不教而戰，是謂棄之。乘虚而入，莫可禦也。誠廢時而失事，合削爵而加刑。

官馬不調習（兵）

進士　劉會

（凡牧馬之官，聽乘官馬而不調習者，匹笞二十，匁[一二五]五匹加一等，罪止杖八十。）

周人六閑之選，乘輿所出；　宋室八監之設，（宋□西有牧馬八坊，曰保樂、甘露、南普、北普、岐陽、太平、宜禄、安定。）边用所需。　故四驪維則，吉甫成北伐之功；（伐西戎之詩，言四馬皆以浅簿金爲甲，而性甚和也。[一二六]）而俴駟孔群，秦襄奏西戎之績。在王良之善御，必思範我馳驅；　思僖公之無疆，斯能駉馬斯作。（《詩》頌僖公牧養之善：「駉駉牡馬」，□有曰：「思無疆，斯馬斯作。」[一二七]）今某官守御夫，職踈牧養。散毛仲居塞之群，野望誰呈雲錦？（唐毛仲數萬，帝東封，毛仲取馬，每色一墜，错如錦綉也。[一二八]）棄桃橋在边之養，經年不長新駒。　卧夜月於荒郊，不能當晋侯之錫；　嘶春風於晴野，奚足来伯樂之誇。　國事攸関，杖刑難免。

公侯私役官軍（兵）

進士　陳濂

（凡公侯，非奉特旨，不得私自呼喚各衛軍官、軍人前者。初犯、再犯免罪，附過。三過犯准免死刺一次。〔一二九〕）

列爵疏封，既申盟于帯砺；（先王封公臣曰：「黄河如帶，大〔一三〇〕山如砺。國以永存，爰及苗裔。」）奉公守法，宜遠跡于嫌疑。故師旅雖聽命于元戎，然公侯難役人于私室。能知由禮，是謂懷刑。今某職忝貂蟬，班聯鵷鷺。奔走戎官之貴，冠裳漫集于侯門；趋蹌卒伍之多，甲冑反空于軍壘。曾惜赳赳，本干城之器；（《國風》詩云：「赳赳武夫，公侯干城。」）乃令僕僕，同奴隸之徒。珠履聯翩，不是聚孟嘗之客；鋏衣駢接，非缘蒞方叔之師。乃陰結于爪牙，殆潛謀于心腹。竟弗思宋宰相以官兵治邸舍，竟謝鈞衡；豈不見唐果毅以府兵假私人，遂隳軍制？（唐憲宗時，軍中有故，隨軍士自立，遂至於唐兵三变。）合論刑于司寇，庶儆衆于無勳。

從征守禦官軍逃（兵）

解元　李粹中

（凡軍官、軍人，從軍征討，私逃還家，及逃往他所者，初犯，杖一百，仍發出征。再犯者，絞。各處守禦成〔一三一〕池軍人在逃者，初犯杖八十，仍發本衛充軍。再犯，並杖一百，俱發邊遠充軍。三犯者，絞。）

千尋絶域，遥連紫塞長沙；萬仞孤城，遠接冰天桂海。夜月奏羌人之笛，念切鄉關；秋風驚胡馬之嘶，（詩云：「胡馬嘶北風。」）情懸桑梓。既爲君而居守，可背公而私逃。今某名属從征，忤将師先驅之令；職司守禦，負朝廷豢養之恩。霜侵甲冷，心悲野水漂零；露滴衣寒，意想玉門生入。（漢班超立功西域，既而思歸，曰：「不願封酒泉郡，惟願生入玉門關。」）風聲鶴唳，帳下之甲先奔；（晋謝玄淝水之捷大破秦兵，秦人聞風聲鶴唳，疑草木皆兵，遂奔潰。）月皎鳥飛，舟中之指可掬。未聞無忌歸養之令，遽爾敢射兵車？未蒙勾践遺歸之恩，奚可少離營寨？倘敵人之萬馬宵臨，金湯失矣；設胡虜之千群夜入，戰能勝乎？律其誤國，服以上刑。

禁經斷人充宿衛（兵）

解元　黄志清

（凡在京城犯罪被極刑之家，同居人口隨即遷發别即生坐(一三二)。其親屬人等，並一應經斷之人，並不得入充近侍及宿衛守保皇城京城門禁。若朦朧而充當者，斬。）

穆穆宸居，列金吾之虎旅；煌煌天闕，傳銀箭於鷄人。宿衛斯嚴，選掄宜慎。若爲冒禁於刑章，安得隸名於黄屋？周設虎賁百人，（《周礼》有虎賁守衛王宫。）良有以也；漢選六郡良家，豈無故哉？今某職掌羽林，分司鳳闕。不慎干城之選，嚴别忠奸；乃令圜石之失，再充禁旅。陰懷狐鼠之謀，陽效貔貅之勇。玉階仙杖，安容黥刖之徒？（犯刑之人有刺臂者，有刖足者。）金闕羽衣，豈托怙終之類？設遇獻圖之变，孰能支也？（燕太子受秦欺侮，欲報無由，使刺客荆軻假献輿圖於秦王，圖藏利匕首，欲刺秦王。又張巡献圖於玄德。）倘有觸瑟之虞，誰其禦之？當懲不軌之謀，用示無将之戒。

宿衛人兵仗〔一三三〕（兵）

進士　楊百朋

（凡宿衛人，兵仗不離身。違者，笞四十。）

周廬星列，雄帝闕之威儀；設戟霜凝，肅仙堦之扈蹕。故禁旅既宜于精選，而戎兵尤貴于恒持。毋事宴安，庶光宿衛。今某素乏鷹揚之氣，濫随豹尾之班。稱羽林之孤兒，（唐設羽林兵以充禁衛。）輒棄白旄黄鉞；號期門之騎士，罔持玉戚朱干。狥私意以敖游，恣閑身而偃仰。金戈委地，莫施挽日之功；寶劔横塵，徒詑燭天之氣。設有獻圖之變，彼烏敢當？（荊軻献圖以匕首刺秦王，秦王懷在〔一三四〕而走。）倘驚觸瑟之虞，誰其可禦？似兹怠卒，宜服笞刑。

夜禁（兵）

經魁　蔡復一

（凡京城夜禁，一更三點鍾聲已靜，五更三點鍾聲未動，犯者笞三十。二更、三點[一三五]、四更犯者，笞五十。外郡城鎮，各減一等。）

周設司寤之官，宵行是禁；漢立金吾之制，夜犯必懲。蓋生民之向晦有常，恒出作而入息；關市之防閑宜重，必暮閉而晨開。今某罔應鷄人之手，不虞虎氏之譏。子規枝上月三更，猶揚鞭於五劇；夜半歸来宫漏永，尚縱轡於三條。但云暮夜無知，不念科條有禁。或誘鄭人之逝女，姑待鷄鳴；（鄭女多淫奔，候鷄鳴時而去。）或竊秦藏之狐裘，恣爲狗盜。唐非平察，豈宜冒雪宵行？（裴度征淮蔡，李祐雪夜馳行，擒吴元济。）宋不張燈，（宋仁宗時，元夜宫禁張燈，令人观看。）誰許見星夜徃？（《國風》詩云：「見星而徃，見星而還。」[一三六]）才非李白，何肆爲秉燭之遊？奸若鉏麑，乃潛作暗投之計。犯京城者議重，犯外禁者從輕。

私藏應禁軍器（兵）

狀元　朱之蕃

（凡〔一三七〕民間私有人馬甲、傍牌、火筒、火炮、毒縣〔一三八〕、號帶之數〔一三九〕應禁軍器者，一件杖八十，每一件加一等。）

甲冑起戎，説命嚴憲天之戒； 兵車不鬻，周官彰司市之刑。 苟非錫命王庭，詎可潛藏私室？故文侯脩扞，乃受彤弓； 而西伯專征，方加鈇鉞。（文王囚於羑里，後求美女名馬以献紂，乃什之，封爲西伯，賜之鈇鉞，得專征伐。）今某衽茲金革，尋彼干戈。搶楚充垣，深類安土； 治晋挑弧，在橐大同。 熊繹開荆潛擬，蘭錡敢爲武庫？不受獨夫首，何資太白之旗？未斬佞臣頭，奚事上方之劍？（臣願請上方劍斬佞臣頭一人。帝曰：「是誰？」对曰：「張禹。」帝曰：「小臣不宜訕。」乃斥之。〔一四〇〕）斬竿召禍，裂服興師。 歸馬風微，城社之奸将縱； （《賈誼傳》：「城孤〔一四一〕社鼠，奸不容言。」）佩牛化遠，潢池之盗易滋。 用嚴流放之威，式作自焚之戒。

輒出入宮殿門（礼）

會元　袁宗道

（凡應出宮殿而門籍已除職者不出，及被告劾，已有公文禁止，籍雖未除，輒入宮殿者，各杖一百。）

闕庭神麗，十扉闥闔陰陽；閣道窮窿，两观防閑内外。故朝會乃容出入，須通藉可以往来。師保率侯，大夫偹衛。非班給示，敢擅徑行？今某冒兹嚴禁，越彼玉堦。匪自代来行殿中，敢同張武？（范雎入奏，秦王聽雎近交遠攻之説。恣意出入殿門，無所顧忌。）罔承秦召入永巷，乃效范雎。不招塞下之虞，必致林光之变。彤庭深邃，云同赤鳳之来；桂殿崇嚴，擬作黄頭之戲。（黄頭乃小兒也。老萊子衣班斕之衣，爲小兒之戲。）矧兹踈逖，冒昧恩私。效懷義之在禁中，尚致南衙之歐；倣董偃之遊殿上，猶来辟戟之譏。宜用杖刑，式懲不恪。

衝突儀仗〔一四二〕（礼）

進士　孫慎行

（凡車駕行處，近侍〔一四三〕及宿衛護官軍外，其餘軍民並須迴避。衝入儀仗內者，絞。）

虎士擁風雲，見青幰黃麾之重；鑾儀嚴儆蹕，顯朱干玉戚之容。一人臨幸于離宮，九陌清塵于馳道。盖非雪夜無行，定使風塵遠迹。今某林光匿刀，博浪興推。（張良爲韓報仇，擊秦王於博浪沙中。）同柳以拂旌旗，與花而迎劒佩。諫匪夷齊，擬叩周王之馬；（武王伐紂，夷齊叩馬而諫，恥食周粟，遂餓死于首陽山之下。）侍無馮氏，誰當漢殿之熊？昂鼠首以駭龍顔，（《漢書》言首鼠兩端以餂人意。）髆鶻翎而窺雉扇。（鶻翎之鳥，其羽極勁，能齊九宵。）吟非月下，妄言賈島推敲；路豈天台，却作劉郎故入。突擁車輪，輒遮馬首。故是奸懷不軌，當應律處死刑。

夜無故入人家（礼）

（凡夜無故入人家者，杖八十。主家登時殺死者，勿論。）

解元　譚昌言

輝輝月照梧桐院，路禁人踪；隱隱鍾鳴紫翠宮，街收馬跡。大抵黄昏薄莫，正須别嫌。明微通化防中，自擬機難。逆料開封舍内，詎知事出不虞？今某縱淫自侈，爰興有意之求。貪冒不倫，敢爲無故之獲。若非竊馬牛而越户，必因誘臣妾而踰垣。黑地潛行，却忌微燈破暗；挺身投入，故愁明月窺人。不問金吾，何知設備？（宿衛之戢，秦曰「中尉」，漢武帝改曰「执金吾」。）閑過綺陌，尋高寺合在清晨；强對朱門，謁近臣須從白晝〔一四四〕。性若豺狼，心同梟獍。（豹狼惟貪，梟獍心毒。）有違正律，宜决杖刑。

詐欺官私取財物（户）

（凡用計詐欺官私以取財物者，並計贓，准竊盗〔一四五〕論，免刺。）

解元　尤拔俊

貪廉異迹，持廉固急于懲貪；義利殊途，見利尚思于顧義。安得狗貨財之好，乃甘蹈譎詐之非。今某縱狼貪靡靡之私，恣虎視耽耽之欲。惟知肥己瘠人，遂至于欺官；祇觧潤家覬利，無嫌于罔衆。浪説百千，（「浪説」乃不根之言也。）使鬼可返照于覆盆；駕言十萬，通神遂營私于滿橐。（魯褒作《錢神論》：「錢可使鬼。」）探其心，将思攫市；（□□□之中，百貨俱陳。其人過之，則剽殺而攫之。出《名喻》。）觀其情，尤甚穿窬。巧漁獵於上下之交，公私受害；弄機变于隱秘之窖，踪跡何深！宜官竊盗之科，姑免墨刑之辱。

屏去人服食（户）

（凡無故屏去人服用飲食之物而傷人者，杖八十。）

解元　王畿

淮陰遇漂母，深懷賜食之恩；（韓信微時，釣於灘頭。漂母乃與之食。信曰：「吾後乃报汝。」母曰：「吾哀王孫不能進食而与之食，乃望汝报耶？」）宋帝賚仝斌，更切錫裘之惠。故要童子奪之食，葛亦幾亡；而命左右藏其袴，韓将不利。（韓昭侯□敝袴，左右藏之。曰：「吾以待有功。」）一或屏去，未免饑寒。今某刻薄制行，殘忍存心。紾其臂而奪之食，不顧枵腹之悲；執乃手而褫其衣，罔恤裸裎之醜。解衣與爾，有愧宋祖綈袍；魚食猶生，除是張良辭穀。（張良辟穀，從赤松子遊。）忠非蘇武，未聞啮雪而得全；（蘇武出使匈奴，匈奴納之土窖中。茹毛嚙雪，十九年才得歸。）賢匪子騫，豈有衣蘆而無怨？（閔子騫以後母故而衣蘆。騫爲父御車，天寒□□之。父探知之，欲出后妻。騫曰：「母在一子寒，母去一子单。」）凍合玉樓起寒粟，于汝安乎？餒迷銀海眩生花，是何心也？原情定罪，應是故殺之科；罰一懲千，庶爲當時之戒。

採生折割人（户）

解元　高洪謨

（凡採生折割人者，淩遲處死。財産斷付死者之家。妻、子及同居家口，雖不知情，並以二千里安置。爲從者，斬。）

物吾異類，先王尚重于推仁；民乃同胞，君子肯輕于肆禍。使狥意于採生之術，真自罹于遄死之刑。今某巧誘愚氓，横加利刃。斷手去足，何殊人彘之殃？（宋太祖寵姬生趙王如意，帝欲立之不果。太宗斷寵姬手足，下之厠中，號曰「人彘」。）剔腎刳腸，尤甚帝羓之慘。（宋時攻遼，王殺之，去其五藏臘之以爲帝羓。）碎百体爲之虀粉，制一靈聽其指揮。血潤燈花，夜雨動寃聲之哽咽；魂纏野草，陰風鼓怨氣以奔驅。醢季路以無嫌，衛讐誰服？（子路死於孔魁之難，鼎濩不驚。）剖比干而莫忌，紂惡難言。（比干諫紂不道，紂以圣人心有竅，乃部〔一四六〕比干。）欲正明誅，宜從極典。

弓箭傷人（工）

解元　余應詔

（凡故向城事〔一四七〕及有人居止宅舍放彈、射箭、投擲磚石者，杖四十。傷人者，減凡鬬傷一等，因而致死者，杖一百，流三千里。）

先王武以止戈，雖資弧矢之利；君子射以觀德，豈徒縱逸之竒？故負技若貴于精，而習藝必有其地。今某不嫌城市，若在郊聽。控弦呈貫虱之能，乃彎弓而妄發；舍拔恣穿楊之巧，（養由其於百涉〔一四八〕之外射楊葉，百發百中。）敢抉矢以輕投。使遺鏃誤中乎平人，致流毒漫戕夫過客。紛然雨集，縱勇如李廣難逃；倏尔虹飛，任智比龐涓亦未斃〔一四九〕。（孫臏欲大樹書「龐涓此樹下」，約明火發，乱矢雜下。後果傷箭而死。）雖偶尔中尔，泝豈能之？毋〔一五〇〕乃幾乎喪乎，彼則何罪？好射既同于叔段，（《詩》言：「叔于田，……叔善射忌。」）論刑當就于皋陶。

保辜限期（户）

解元　金本高

（凡保辜者○手足及以他物毆傷人者，限二十日。以刃及湯火傷人者，限三十日。技[一五一]跌肢體及破骨墮胎者，無問手足他物，皆限五十日。）

小人恃強凌弱，輒施奮臂之威；君子禁暴除兇，式重保辜之限。蓋不忍一朝之忿，故難逃三尺之刑。欲免近憂，須存遠慮。今某挾拔山之力，誇盖世之雄。（項羽脱[一五二]節歌曰：「力拔山兮盖世，時不利兮錐不逝。」[一五三]）争鬭若有依憑，折傷曾無忌憚。狼威莫敵情辭，遂瀆于官司；鷄肋難當保養，因巖于期限。縱彼死生之有命，是誰之愆？實則禍福之無門，惟人所召。信噬臍而莫及，雖隕首而何辜？與其悔而難追，孰若犯而不校？好勇既忘魯《論》之戒，抵罪宜中漢約之章。

毆受業師〔一五四〕（礼）

會元　李廷機

（凡毆受業師者，加凡人二等。死者，斬。）

孔門七十，曾沾時雨化工；馬帳千餘，盡在春風和氣。瀾源有自，根本當崇。仰惟師道之尊，不殊父道；竊謂門人之列，豈在常人？今某當人無志，輒興不讓之風；聞道未先，遽泯吾從之念。偶遭師道，忽犯生蕆，毀自裂冠指作；醉看風落。揚眉吐氣，公爲怒日星懸。不思射日之慱，頓昧遏雲之曲。遡流問道，何思拱立于三尺雪中？（程伊川問道，拱立門廷，雪深三尺。）滴露研珠，即皆隅坐于十年窓下。跡有同于殺羿，（逢蒙學射于羿，尽羿之道。思天下惟羿爲愈己，於是殺羿。）行大類乎辭青。似此忍心害理，可同常鬬凡科？

居喪嫁娶（礼）

（凡居喪嫁娶者，杖一百，並離異。）

解元　李光縉

塊枕齊衰，既重三年之制；洞房花燭，難酬五夜之歡。故宣父巖歌哭之章，而風人有欒團之咏。（經《詩》云：「庶見素冠兮，棘人團兮。」〔一五五〕）居喪不受納采，司馬戒垂；冒服豈敢成婚，文皇令著。今某急絲蘿之締，忘水木之源。（晋将伐齊，恐晋人疑其爲齊，先娶其妻。）心同吳起，且爲桃李夭夭；孝愧皐魚，不念桑榆寂寂。未乾坯土，迓喜〔一五六〕。車馬填門，不設苫苞之器；管絃盈耳，罔聞僻〔一五七〕踊之聲。忽詠標梅，（《詩》云：「摽有梅，其實七兮。求我庶士，迨其吉兮。」）無心執杖。三尺紅羅，既掛翁姬之姓；一雙綵鳳，便忘父母之恩。欲懲不美之風，宜勅無親之法。

逐婿嫁女（礼）

（凡逐婿嫁女，或招再婿者，杖百。其女斷付前夫，出居完聚。）

會魁　朱文瀾

二姓合而婚姻始成，六礼行而伉儷方就。緬惟赤繩係足，（韋固三十未曾娶，問之於月老。老曰：「赤繩繫足云云。」）故致紅葉題詩。妻可出也而婿不可逐，律有明條；女已嫁矣而婿又復求，世無此理。《易》重婦人從一而終之義，史稱烈女不更二夫之賢。今某敗壞綱常，悖違訓典。佳偶方成于二姓，凶謀旋起于一朝。琴瑟重諧，深負千金之諾；夭桃再咏，不嫌復醮之羞。（《詩》云：「桃之夭夭。」會男女詩也。）苟非棄舊憐新，即是厭貧求富。贖如令女，庸爲斷鼻之謀；節若孟姜，嘗作《栢舟》之誓。（孟姜其夫早死，母欲奪而嫁之。乃作《栢舟》之詩以自誓。）均爲玉玷，孰謂冰清。在理何容，于情可惡。當從公而定罪，宜據律以還歸。

父母囚禁嫁娶（礼）

（凡祖父母、父母犯死罪被囚禁，而子孫嫁娶者，杖八十。）

解元　岳儲精

利用刑人，坑山泉而悚懼；　勿用娶女，占月窟以憂思。故維舉醮無歡，將復結縭不獲。親居犴狴，如云囹圄福堂；（人爲惡，係之囹圄爲福堂。出《名喻》。）身在槖饘，安得共牢合巹。今某親當棘下之憂，切慕桑中之喜。不告而娶，曾何著代于兩階；承命以迎，又胡俟見于三日？不念太公歸于楚幕，豈思西伯入于殷臺？鉤金束矢，奚堪中雀之屏？寒谷幽居，豈是饋豚之室？雖非其罪，于實何堪？將爲熠燿倉庚，（《詩》云：「倉庚于飛，熠燿[一五八]其羽。」）悞看爽鳩之羽。切嘆標[一五九]梅盡槩，（《詩》言：「摽有梅，其實七兮。求[一六〇]我庶士，迨其吉兮。」）忘心椿木之憔。情乖子道，法守天王。

娶部民婦女爲妻妾（礼）

解元　王鐖

（凡府、州、縣官任内娶部民〔一六二〕婦女爲妻妾者，杖八十。若監臨官，杖一百，仍兩離之。）

治別尊卑，官箴之大体；配嚴贵賤，婚禮之常經。石季倫買交北之姬，貽災于己；漢班超收関南之媵，（漢班超立功西域，納一媵妾。人皆曰：「漢超娶胡婦。」）見訟于人。苟娶部民，誠虧國法。今某監臨責重，守令望隆。當振厥頹綱，作萬民之表率；乃淪胥流俗，結二姓之婚姻。欲遂願于室家，竟忘名于堂陛。專房鼓琴瑟，皆花封仰事之儔；側室抱衾裯，（《詩》言：「抱衾與裯，寔命不由。」）悉棠路俯臨之輩。不思蹶父尚相攸于韓土，（事見《雅》詩。）曾知鄭忽猶辭偶于齊邦。宜加麀聚之刑，更正鸞分之律。

蒙古色目人婚姻（礼）

會元　李廷機

（凡蒙古色目人所〔一六二〕與中國人爲婚姻，不許本類自相嫁娶。違者杖八十，男女入官爲奴。）

蒞中撫外，聖王弘覆載之仁；用夏變夷，昭代著婚姻之令。蓋欲潛移其醜類，庶幾漸革于非心。咨爾我人，敬哉皇訓！今某氏羌遠孽，滕國遺黎。井鑿田耕久矣，安居于中土；男婚女嫁宜哉，擇對于名門！顧憐夷族之爲親，若謂芈人之非偶。父醮母命，罔知燕婉之求；（《詩》云：「婉燕之求，籧除不鮮。」〔一六三〕）夫唱婦隨，自結侏儷之配。惟知景公有爲而出涕，（齊景公以女而女於吴。）深慨鄭忽無故而辭婚。（鄭忽與齊爲婚，後辭之而不娶。）尔猶存鶩鴐之心，我則正膺懲之典。未許同心同氣，宜嚴夏楚之刑；漫誇佳婦佳兒，且受囚奴之辱。

嫁娶違律主婚媒人罪（礼）

解元　李三益

（凡嫁娶違律者，由祖父母、父母、伯叔父母、姑、兄、姊及外祖父母主婚者，獨坐主婚。餘親主婚者，事由主婚，主婚爲首，男子〔一六四〕爲從。事〔一六五〕男女，思〔一六六〕女爲首，主婚爲從。○若媒人知情者，各減犯人罪一等。）

男女成家室，雖若本于良緣；婚娶係綱常，毋輒違于定律。蓋欲敦乎風化，故因戒于刑書。今某濫主婚權，謬膺柯伐。（《詩》言：「伐柯如何，匪斧不克。娶妻如何，匪媒不得。」）惟財惟色，便諧二姓之歡；以正以時，（《詩》言：「男女以正，婚姻以時。」〔一六七〕）實悖一王之制。自羨成名于六礼，寧知獲戾于三章？徒懷父母之心，乃作□絲之累；漫矜媒妁之口，反興引線之戎。豈是繫赤绳，夙契已諧于月老？（解實在前。）抑情傳紅葉，佳期罔報于冰人？宜各丽于嚴刑，庶有懲于薄俗。

祭祀神祇無得失悮（礼）

（凡一切應祀之神，有司置立牌面，依期致祭。失誤者，杖一百。）

會魁　駱日升

報德報功，萬世仰追崇之盛；享親享帝，百年瞻肇祀之原。粤稽虞用徧神，深荷周稱秩祀。禮傳今古，遝達存亡。故湯興伐縱之懲，而武致矯誣之警。今某職司祀典，礼昧明禋。右穆左昭，未見烝嘗之舉；而圜丘方澤，何聞郊祀之脩。職掌徒存，義文就弛。河神弗禱，心以異于鄭僑；王祭不供，迹有同于楚子。（齊桓伐楚，責其包茅不入，王祭不供。）奚取駿奔之節，殊無俎豆之容。過魯一祠，深媿漢王美意；（漢高祖過魯，視孔子以太牢，後世稱述之。）卜郊三望，難逃麟筆顯誅。既輕重典，合用常刑。

歷代帝王陵寢（礼）

（凡歷代帝王陵寢，忠臣烈士、先聖先賢墳墓，不許於上樵採耕種及牧放牛羊等畜。違者，杖八十。）

解元　劉應秋

班竹淚湘江，（屈原死於湘江，後人吊之，眼戾於竹上，竹皆盡班。）魂斷蒼梧之塋；梅梁來風雨，靈昭會稽之墟。故帝王既享崇高，可園陵遂供森奉。三泉秦塚，必欲金色錮塗；抔土長陵，敢令愚民侵盜？今某遠承先王之澤，頓忘百世之恩。数種高岡，罔加脩葺。一抔乹土，任尔荒涼。苑邉卧高塚之麒麟，壠下扂荒林之狐兎。方中蕩蕩，乃云異代丘墟；翁仲巍巍，輙耖前朝塵跡。致横牧笛于橋山原上，故把農鋤于金粟堆前。牧火照亡猿，（楚國亡猿，禍及林木。〔一六八〕）曷慮梛焚之咎？冬青落樵斧，誰怜遺跡之彫？是必加以决杖罪名，庶使可爲後人儆戒。

失儀（礼）

解元　高洪謨

（凡祭祀及謁拜園陵，若朝會行禮差錯及失儀者，罰俸錢半個月。）

九天閶闔依黃道，洞開宮殿之巍。萬國衣冠拱紫宸，遥拜冕旒之盛。時維千官影列，適當萬歲聲歡。班竹濟濟而雉扇斜分，劔佩蹌蹌龍頭拱立。今某未殺心猿，尚乘相鼠。（《詩》言：「相鼠有皮，人而無儀。」）舉止不常，空立鳳凰池上；趋蹌無度，深慙鴛鷺班中。雖承帝位而昭臨，何有天威而咫尺。滿墀細艸，未聞委珮之垂；萬樹宮花，輒效舉頭而視。故假寐不思趙倫之敬，而猖狂何知阮藉之非。（晋阮籍放曠不循礼法。）忽被糾彈，任尔一身都是膽；（趙子良单鎗匹馬入萬兵中，人謂之子良一身都是膽。）霎時朝罷，難携滿袖盡香烟。既加杖斥，仍罰俸支。

誤朝賀（礼）

會元　湯賓尹

（凡朝賀及迎接詔書，所司不預先告示者，笞四十。其承告示者，誤失者，罪亦如之。）

華封效祝，堯民輸事上之誠；月朔朝君，孔子盡爲臣之禮。仰自舟車輳于萬國，緬維王帛來于四方。漢起朝儀，始見帝王之貴；（漢叔孫通朝儀無敢諠譁失礼，高帝嘆曰：「今日始見天子之貴。」）而唐尊誕節，方知祈祝之嚴。今某歷官中外，列職卑崇。金闕曉鍾開萬户，才思高臥東窓；玉堦仙杖擁千官，肯念馳心北闕？弗隨鴛序，敢棄蟻忱。玉笋班聯，誰謂恪脩臣職？而金魚帶綰，孰知重報君息〔一六九〕？故違有喜天顔，乃敢方殷樂事。趋蹌天度，何如文彦博之衰老猶朝？（宋宰相文彦博年高，特賜五日一至中書省視事。）而歆忭失常，似司馬光之投閑入駕。勤復叔孫之法，須行相國之條。

奏對失序（礼）

（凡在朝侍從官員，特承顧問，官高者，先行面奏。以次對。若先後失序者，各罰俸錢半〔一七〇〕月。）

解元　潘洙

金闕晴開萬户，惟帝居自極尊嚴；朱衣雲擁兩階，是王綱最宜振肅。故漢立副封制〔一七一〕制，（漢制：立副封以備宰相參考。）至唐增閤議之規。熙帝奮庸諫疏，自有后先之序；（《書》言：「熙斤帝載」、「人告以后。」〔一七二〕）入告尔后臣工，猶循小大之模。今某跡發江湖，班聯冠珮。覩炉烟而莫知屏氣，聞鈴索而罔見肅容。進止倉皇，難躋近禁。言辭乖度，俄被糾彈。徒歸青瑣之班，不念温室之樹。九華春殿，竟孤眷注語從容；五色天書，空負傳宣詞焕爛。須循奏對，却失趋朝。縱然才駕祢衡，江夏豈容不斥？致使名高賈誼，（賈誼以少年莫鋭之氣朝對，語言太迫。）長沙可免驟行。

上書陳言（礼）

（凡内外官爲國家興利除害，當真〔一七三〕言無隱。不然内從御史，外從按察司科察。）

經魁　蔡復一

訑言日至，不爲鳴鳳之奇；災異不聞，適重寒蟬之誚。欲開言路，合付刑曹。韓琦性直，受知日月之明；唐介名高，德比丘山之重。（宋神宗時劾宰相文彦博，人皆意之。）風生諫草，仲淹十事條陳；誠動天顔，富弼一言甚壯。蓋忠不嫌於逆耳，而道則貴於格心。今某居言路之官，志無芹獻。處諫院之職，心乏蔡忠。白簡飛霜，罔有精誠之懇到；皂囊露奏，那聞利害之詳明。憂國奉公，雖折檻引裾之激切可也；（朱雲劾張禹，攀折殿檻。陳禾上書，宋徽宗起，禾引裾。又辛毗引裾。）交章累奏，果曲突徙薪之預圖否乎？（事見前。）白麻徒誦陽城之名，（唐制，白麻拜。〔一七四〕時欲相裴延齡，陽城諫其不可。）青苗罔圖鄭俠之狀。（宋鄭俠極諫王安石不可行青苗法。）

見任官輒自立碑（礼）

（凡見任官，寔無政績，輒自立牌者，杖一百。）

經魁　林機

寇萊公恩施南廣，庿建崖州；　羊叔子功被荊邦，名垂峴首。（杜預立纪功得爲二碑，一立峴山之上，一沉方山之下。）此乃口碑之載道，抑亦公議之在人。若杜預沉碑涇水，徒貽身後之譏；　竇憲勒石燕然，（漢竇憲破匈奴，登燕然山，命班固刻石勒功。）空負生前之謗。今某身植甘棠，私歌麥秀。貪聲大著，反録劉寵之一錢；（漢刘寵青廉。山陰有六七老叟，賫錢一齊以送寵，惟受一大者。）善政蔑聞，自刻中牟之三異。（魯恭爲中牟令，蝗虫不及，竟化及鳥、獸，童子有仁心，是爲「三異」。）圓首方趾，亦徒增愧。山靈龟負螭纒，何以追綜石鼓？魏元成佐唐之勳，尚不免於踣石；　裴晋公平蔡之績，亦難逃乎仆碑。毁其自立，以儆效尤。

禁止迎送（礼）

進士　張逈

（凡上司官及使客經過，若監察御史、按察司官出巡按治，而所在各衙門官吏出郭迎送者，杖九十。）

授節以送，委積以迎，固先王所以柔遠；上交不諂，下交不瀆，乃君子所以立身。故陶潛不爲五斗折腰，允稱直節；（潛爲令時有督郵至，人皆伏謁。潛去官：「吾不能爲五斗粟折腰。」）而張禹祇因一朝屈膝，致長腴風。今某不思節義以自閑，惟務逢迎以爲悦。餞班生於水滸，徒羡仙舟；（唐制重内輕外，班景請入爲大理卿。人曰：「班在此，行若登仙矣。」）迓桓温於新亭，堪羞手板。（王坦之與謝安同迎温良〔一七五〕於新亭。謝安自若，坦之倒持手板。）駕言蔡邕倒履王粲，（漢王粲有權要，蔡邕迎之倒履。時皆鄙之。）醉心於文學之名；寔則孔光伏謁董贒，惕志於威權之灼。官箴何在？國禁有條。

服舍違式（礼）

解元　余應詔

（凡官民房舍車服器物之類，各有等第。若違式僭用，有官者杖一百，罷職不敘。無官者笞五十，罪從家長。工匠並笞五十。）

娼優后餙，（《賈誼傳》言：「娼優下賤，得爲后餙。」）曾來賈傅之悲；甲第連雲，卒召魚陽之變。（安禄山作反，变起魚陽。）故貴爲天子，露臺猶惜於百金；（漢文帝作露臺，計其用百金乃止。）而富有萬方，衣袖不嫌於三浣。（唐文宗舉所服之衣示宰相：「朕此衣已三浣。」）今某本爲一介匹夫，不守四民常分。雞冠象服，空殘織女之機；鳥革翬飛，徒費公輸之巧。狐裘十載，應慚燕相之贒；茅屋数椽，敢背杜公之句！藏龜之室，徒取華房。沐猴而冠，（韓生譏項羽曰：「人言楚人沐猴而冠，今果然。」）何庸盛餙？服必終朝三褫，用作前車；舍則一日兩遷，庶懲後轍。

私建菴院及私給度牒（礼）

解元　陳良心

（凡寺觀院，除見在處所外，不許私自刱建增置。違者，杖一百，還俗。僧道，發邊遠充軍；尼僧女冠，入官爲奴。若僧道不給度牒，私自簪剃者，杖八十。若由家長，長當罪。寺觀住持，及受業師私自相〔一七六〕，與同罪，並還俗。）

琳宫（道院）梵宇（佛寺），必資敕建之榮；緇袖（僧也）黄冠（道也），俱待春官之牒。蓋雖法門如海，廣度十方；豈知王刣〔一七七〕若天，兼領三教。身家可棄，法網難稜。世界雖虚，王章非幻。今某信惑異端，昏迷正道。揭梵王之金刹，（僧寺曰梵刹，多餙以金，故曰「金刹」。）普度沙彌；建老子之玄壇（道觀），廣招羽衆（道士之總称）。徒思仙風佛日，照拂無邊；不想禮籍刑書，森羅可畏。經翻貝葉（佛經也），非頒賜之琅函。法衍蘂珠（道宫名），豈選掄之簪服？金貌紺象，徒照耀於人天；綉闥瑣窓，空玲瓏於色界。霓裳追逐，渾同靈素之流；鷲嶺（佛國山名）群居，好似鳩摩之黨。既違厲禁，宜正刑章。

私埋禁書及私占曆數（礼）

（凡私家藏一切有禁之書及私習天文者，俱杖一百。）

狀元　翁正春

禁書談方來之術数，易滋惑于人心；天文妙不測之玄機，惟精傳於世業。故預知禍福，隨萌簒逆之謀；而慣卜災祥，輙起覬覦之念。豈得私藏私習，若爲無忌無嫌？今某任豈史官，身非臺曆。探隱鈎玄，妄意帝王曆数；測微知遠，倡言氣運興衰。乏康節之聰明，掌上指牛射斗；愧尚父之經畧，囊具戰策兵書。（太公佐武王定天下，能文經武畧，戰策兵書。）驅使雷霆效王則，指點星曆如孟通。人〔一七八〕其人，火其書，用照國憲；在于誅，小則杖，〔一七九〕以警邪謀。

失占天文（礼）

（凡天文垂象，欽天監官失於占候奏聞者，杖六十。）

會元 李廷機

金躔起秦，五勝之弘綱是攷；　玉雞興漢，三徵之遠道可徵。政惟敬授人時，治在欽崇天道。故南正司天，法肇高陽之世；　而土圭測影，規成周室之時。今某職任欽天，術踈治曆。流行七政，罔測幾微；　徵兆五行，莫稽遲速。深昧宣夜周髀之制，大非馮相保章之爲。五百里内聚賢人，誰見臺郎告奏？夜有客星犯帝座，（光武召故人嚴光，與之同寢。嚴光足加光光〔一八〇〕腹上。明日，太史奏有客星犯帝座甚急。）孰聞大史稽占？分野誤于燕秦，風雨差于箕畢。冬雷春雪，謬言祥瑞之皇；　紫雲黑龍，誤作登庸之卜。既違大律，宜正國刑。

飲酒礼定式（礼）

（凡鄉飲酒序齒及鄉飲酒禮，已有定式。違者，笞五十。）

解元　高洪謨

庠分上下，虞廷養老之儀；膠設東西，周室尊年之典。故執醬執爵，特致謹於黌宮；而割牲總干，必親行於天子。人才增重，風化攸關。今某不飭儀於登筵之際，乃喪德於揚觶之時。賓主介僎，紊西北東南之次；（賓居正西，主居正東。介居東南，僎居東北。）獻酬升降，乏嚴凝温厚之風。衛武三爵之規，（《雅》詩云：「三爵不識，矧敢多又。」）徒爲浪説；温公七行之戒，（司馬光飲酒，或三行或五行，不過七行。）因作虚文。有忝藍田之鄉約，（《吕氏鄉約》能崇重齒德。）何誇冠帶之環橋。合正典刑，以昭國憲。

驗畜産不以實（户）

（凡相驗官馬、騾駝、驢、騾，不以實者，一頭笞四十，每一〔一八一〕頭加一等。）

解元　金本高

畜産蕃于牧養，固竭心思；價直定于品裁，宜精目力。豈可忘于牝牡驪黄之辨？（九方皋論馬，當求于牝牡〔一八二〕黄之外，不當以其類而求之。）自應慎于麤良美惡之評。國用攸資，官刑斯著。今某漫矜騶技，妄覬羊珠。飯牛無百里奚之能，（百里奚飯牛而牛肥。）相馬昧九方皋之術。既佳騾之同識，豈良駞之能收？相驗輒紊乎病傷，分棟頓違其高下。遂使服箱良犢，誤停丙相之車。忍看伏櫪庸材，倍售治人之價。犢首尚誇于角濈，（《雅》詩云：「誰謂尔無牛」、「其角濈濈」。）蹇蹄猶羡于形龐。健弱更迷于入蜀之資，徒別其爲青爲白；疾遲罔解于埋沙之性，秖憐其知水知風。六物之鑒既昏，三尺之刑當坐。

官馬不調習（兵）

解元　黄志清〔一八三〕

（凡牧馬之官，聽乘官馬〔一八四〕而不調習者，匹笞二十，每五匹加一等，罪止杖八十。）

元符神馬，有得渥洼。（匈奴馬聚渥洼之地北，武帝以牝馬數十之渥洼之南。牝馬一嘶，則匈奴之馬度渥涯，而獻者過半。故漢時得之渥洼者多神馬。）唐室易縑，通于回紇。（回紇無縑，以馬易之。）盖惟南征北伐，必資駒馬之多；而凡西祀東封，悉賴驅馳之利。苟調習未行于平素，胡馴良可冀于一朝？今某不知芻牧之事，濫居閑厩之官。櫪下驕嘶，盡是啣枚駷牝；轅門長臥，一皆泛駕駑駘。既非衛室三千，難擬顔家一匹。天街夜雨，慢憐錦帳之泥；首宿春風，飽齒黄金之勒。何堪披竹？豈解追風？使載禄山之肥，（安禄山爲人肥勇，腰有數周，人問之曰：「此腹何所有？」曰：「只有赤心。」）必致半途而廢。或遇檀溪之難，烏能一躍而支？既尔曠官，加明法。

公使人等索借馬匹（兵）

（凡公使人等，承差經過去處，索借有司之馬匹騎坐者，杖六十。）

會元　蕭良有

皇華奉使，駪駪雖假于良懷；（《雅》詩云：「皇皇者華，于彼原溫。駪駪狂夫，每懷靡及。」〔二八五〕）清節守官，落落宜驅于單騎。（郭令公單騎見虜。）安得徇情于多取？曾無介意于傷廉。今某祇知公使不可徒行，弗念官物未容私用。雲驅雨勢，居然貸借之無嫌；狐假虎威，恣爾需求之不已。乃謂羊腸之險，（羊腸在其北，太山在其南。此論巴蜀之險也。）欲資馬足之勞。縱使有祖生之鞭，未必赴功名之會。徒自叱王尊之馭，畢竟懷岐徑之謀。豈路隔檀溪，必俟的盧之躍？抑貢來骨利，將稽發電之奔？宜膺楚德之羞，薄示齊刑之辱。

乘驛馬賫私物（兵）

（凡出使人員應乘驛馬，除隨身衣仗外，賫特私物者，十斤杖六十，每十斤加一等。）

解元　羅天錦

皇華拜命，（《雅》詩云：「皇皇者華，于比原温。」乃夫子〔一八六〕遣使臣之詩也。）雖資驛騎之良；清節守官，宜後私囊之富。法也所當戒也，使乎可弗慎乎？今某以千里之駿材，負萬金之奇貨。朝馳夕驟，縱騏驥以何堪？徃逆來迎，矧駑駘之難進。載寶同敬叔，罔思候人之艱難；歸錦若齊桓，豈憫戴公之板蕩？惟快私圖之便，寧知公義之非？嗚喈喈之八鸞，（《雅》詩云：「四牡平平〔一八七〕，八鸞喈喈。」）因王事反先己事；策騑騑之四牡，（《雅》詩云：「四牡騑騑，周道倭遲。」）與國謀却重家謀。加鞭楚之刑，戒尔貪婪之欲。

乘官畜産車船附私物（礼）

經魁　林機

（凡因公差，應乘官馬、牛、駝、驢、騾者，除是隨身仗〔一八八〕外，私馱物不得過十斤。違者五斤笞一十，每十斤加一等，罪止杖六十。）

畫鷁秋風，得乘節使。丹熊曉旦，攸設王官。名器既有司存，公物豈容冒濫？故馬將軍盈車薏苡，卒以招尤；（薏苡乃藥名也，馬援征西羌，載薏苡而歸，人以爲異物。后乃誅譴。）而賈相國滿載塩鹺，因而致禍。（賈似道載私塩以致富，后亦被誅。）今某不思負乘之羞，徒假濟川之具。一紙公文，乘傳下國。四方佳物，馳馹還歸。誇巇巇如鸞惟騁，摇摇□似箭。崖珠崑玉，任情順帶裝囬。蜀錦揚金，恣縱乘機夾帶。名爲出使，實則營家。不能師製畫之般，但欲借蒲葵之價。行同趙普，（人饋趙普以金，誑曰：「此海物也。」普曰：「海物必佳。」令啟之，乃瓜子金也。）清愧曹彬。（曹彬伐江南時，令：君〔一八九〕中有敢犯民間婦女財物者，斬。軍皆晏堵不敢犯。其清介如此。）私物入官，按刑坐杖。

私借官車船礼

（凡監臨主守將官車船借人，與者、借者各笞五十，追賃入官。）

解元　潘洙

周禮重官材之辨，而公私攸分；先王嚴名器之誅，而等威以辨。蓋任重致衷，必資於車輿；而濟險通津，莫先於舟舡。官物不容以私借，民用豈可與公同？今某有乘軒之志，無濟川之才。華轂朱輪（官車之制），侈載孟郊家具；危檣采艦（官船之制），盡裝朱氏圖書。雖有四牡騑騑，祇爲犯分；任尓楊舟汎汎，（《詩》云：「汎汎楊舟，紼纚維之。」）何足誇榮？擬之登車攬轡，安有扶載漢鼎之心？視彼擊楫渡江，諒無誓清中原之意。（晋祖逖爲豫州刺史，渡江流，擊楫誓曰：「祖逖不清中原，不復此江矣。」）既悖夫司空之法，必加以司冦〔一九〇〕之刑。

鋪舍損壞（工）

進士　劉會

（凡急遞鋪舍損壞[一九一]，不爲修理；什[一九二]物不完，鋪兵數少，不爲補置；及令老弱之人當役者，鋪長笞五十，有司提調官吏各笞四十。）

行來高嶺和低嶺，嘆形踪步跡之難；過却長亭又短亭，見水宿風塵之苦。蓋羽書先于神速，而政務在于星馳。駟遞郵亭，不宜損壞。留行公舘，要必維新。今某職專守令，責有民人。忍視傳命之亭，委作荒蕪之境。苔堦蝸壁，罔事經營。風瓦雨垣，全無補葺。弗借竹頭于陶令，（陶侃竹頭令人藏之，後造船以興復晋室，乃出所藏竹頭釘之。其綜理之周如此！）何求大木于工師？堤築六橋，了事無蘇公之守；舉興百廢，勤能愧滕子之明。無能席地幕天，必致飡風卧雪。嘆增杜甫，（杜甫遊春。）思重曹參。（曹參守法。）欲懲曠職之官，須盡鞭笞之法。

在官求索借貸人財物（户）

進士　楊百朋

（凡監臨官吏挾勢及豪强之人求索借貸〔一九三〕所部内財物者，並計贓，准不枉法論。强者，准枉法論。財物給主。）

分禄秩之榮，既受長民之寄；顧名義之重，忍爲剥下之圖？使無嫌于索借之非，又奚取于清脩之節；今某濫司牧守，偶職監爲。巧事需求，罔恤閭閻之苦；曲爲假貸，惟思囊橐之盈。昧君實在民在官之言，（司馬君實對神宗曰：「天下之財，不在民則在官。」）忘馮道新穀新絲之戒。（馮道論王安石之獘：「正月買新絲，二月糶新谷。」）不思水清玉白，江革起襄邑之思；罔念水静衡平，豊積擅穀城之譽。百姓之脂膏盡矣，猶張假虎之威；一方之命脉蕭然，忍驅碩鼠之害？（《詩》云：「驅〔一九四〕碩鼠碩鼠，無食我黍。」）是爲民蠹，宜服王刑。

不受公侯〔一九五〕財物（户）

會元　湯賓尹

（凡内外各衙所官，不得私下接受公侯所與財物。違者，杖一百，罷職發邊遠充軍。公侯與者，初犯、再犯，附過；三犯，准免死一次。）

道交礼接，實存君子之風；小惠私恩，空玷廉夫之節。當朝白簡，出禁彤騶。故執法權門，不辱懸庭之鯉；居官要路，何榮埋野之輪？（李綱有澄清天下之志，攬轡埋輪。）今某素飽囊中禄食，猶爲意外貪圖。三公致寶貨之遺，欣然拜受；百職執金繒之奉，恬不爲辭。罔念冰山，（裴叔度曰：「人臣之權，譬如冰山，日出便消。」）惟知媚奥。瓜牙已就，將爲下士。新都羽翼既成，恐類施民田氏。（田氏厚施於民，故感其惠而衆之者衆也。）志昧伐檀，（「坎坎伐壇兮，置之河之干兮」，此詩人自食其力也。）心存懷璧。（李膺有激濁揚清之志。後維黨錮之禍。相如以璧献秦王，後乃懷璧居趙。）氣槩無存，當用揚清之令；霜威掃地，式昭激濁之刑。

官吏聽許財物（户）

解元　劉廷蘭

（凡官吏聽許財物，雖未接受，事若枉者，准枉法論；事不枉者，准不枉法論，減一等。所枉重者，各從重論。）

守己貴能廉，式厲清脩之行；臨財毋苟得，未容聽許之私。庶振美于簪紳，更貽光于刃〔一九六〕筆。（筆以書人善惡，如刀之利，故曰「刀筆」。又蕭曹爲刀筆吏。）今某伐檀無志，懷璧爲心。聽苞苴于事至之初，雖若私囊之未入；圖賄賂于獄成之後，寧堪穢迹之先聞？既輕慕于錢神，（魯褒作《錢神論》以譏當世之重財□者。）知重偏于法網。垂涎雙璧，遂與返照于覆盆；注目萬箱，乃诺迴生于死路。比置三嘆，何弗思獻子之辭梗陽？（献子爲梗陽令，見民自鱼肉，乃嘆息而去。）一軟千金，真有慚吴君之守嶺左。置之明法，儆此貪夫。

近侍詐稱私行（户）

（凡近侍之人在外詐稱行私，體察事務，扇惑人民者，斬。）

會魁　魏允中

黄扉窖勿，日親龍鳳之姿；紫禁深嚴，時列貂蟬之貴。律既有禁，人當無違。故職參近侍，當知帷幄匡扶；而詐意私行，是竊朝廷威福。今某濫叨一命之榮，切近九重之盛。出入禁闥，袖惹御炉之烟；進止朝堂，日侍天顔之表。正宜盡忠報國，豈容挾詐行私？訪閭里之是非，人情洶洶；察官司之賢否，物論騰騰。非趨林甫奸邪，（唐徽〔一九七〕宗時，以李林甫爲相。專行奸邪，以欺天聽。）便踏國忠欺枉。回天轉日，將借威靈。社鼠城狐，（《賈誼傳》論城狐社鼠，喻人臣近君爲惡，最難除也。）播移権柄。欲除王欽若之詐，（王欽若誣罔，以天下不足畏，祖宗不足法，人民不足恤。〔一九八〕）須正少正卯之刑。

子孫違犯教令（礼）

（凡子孫違犯教令及奉養有缺者，杖一百。）

解元　趙三極

鯉庭示訓，式嚴詩禮之傳；　簡砌承芳，宜慎韋弦之戒。故晉獻惑驪姬之寵，則申生不敢逃刑；（晉獻公寵驪姬，姬欲害嫡子申生，讒而殺之。）而孤竹欲叔齊爲君，則伯夷不敢忘命。今某不中不才，罔識曾參之孝；　自暴自棄，甘爲柳跖之愚。買肉斷機，不念三遷之教；（孟子幼時，東家殺猪，問欲何爲。母曰：「欲餤汝。」既悟，買肉以飼之。孟子學未成，母又斷机以警教之。）畫虎刻鵠，（馬援遺子書曰：「刻鵠不成尚類鶩，畫虎不成反類狗。」）空遺萬里之書。淵明之戒雖嚴，猶存梨粟之好；（明淵〔一九九〕自槩有云：「通子垂九齡，但不見〔二〇〇〕梨與粟。」）王昶之言徒切，竟争江左之功。祖武莫繩，深愧謝家之寶樹；　家聲有墜，專美蘇氏之芝蘭。得無責善之相夷，遂謂訓言之可悖。循途守轍，既不能遵今日之箴規；　聳壑昂霄，又焉望他年之頭角？欲肅有家之政，合申有國之刑。

老幼不栲[二〇一]訊（礼）

（凡官司拷訊及老幼者，笞四十，因而致死者，杖一百。）

解元　傅登弟

敬老慈幼，齊桓申禁葵丘；長長恤孤，周禮勑覘庠序。故列九棘於三宫，（天子之庭，左有九棘，孤卿大夫位焉；右有九棘，公侯伯子男位焉。）而不問霜毛之齒；（年之老者不問其罪。）入鈞金於肺石，（即刑獄之謂。）而必先鞫子之哀。今某祥非鸞鳳，勁比鷹鸇。箠楚烈於秋霜，誰憐二毛之老？（髮黑里白，如二毛。）羅織延於玉石，孰憐五尺之童？痛吉網於童髫，泣羅鉗於暮景。（唐吉温、羅希[二〇二]用刑最酷，時人謂之「羅鉗吉網」。）豈知筋力奚堪？餘齡無幾罔念。匐匍入井，赤子何知？張儉以七十而不容，（東漢黨錮之禍起，張儉竟不見容。）惻隱之心何在？張煌以童年而并戮，痌瘝之念罔聞。坐以常刑，用懲酷吏。

設計誘人犯法（刑）

（凡詐教誘人犯法，與犯法之人同罪。）

解元　尤拔俊

先王以刑弼教，固嘗儆衆於刑書；君子以法檢身，寧忍陷人於法網？故成人以美，見仁者之存心；而見惡弗爲，羨賢主之遺訓。今某行若奸狐，心如毒蝎。但知發縱指示，真欲得穴撥爐。啖以簧言，（《詩》言：「巧言如簧，顔之厚矣。」）漫掉蘇秦之舌；籠之秘術，以傾鮑叔之情。惟圖套以機粟，不顧置之死地。令其發隱，希圖給賞以肥家。掠彼興詞，連累自家而快意。一網可以打盡，趙汝愚飲恨於九原；（宋理宗時，奸相欲害趙汝愚，以謀害社稷，一網打尽矣。卒飲恨而死。）三字何以服人？（秦桧欲害岳飛，誣以重罪。韓世忠力争，桧曰：「莫須有。」世忠曰：「『莫須有』三何以服人〔二〇三〕？」）岳武穆興嗟於萬世。昔陳豨叛主，卒致韓信之誅；而張角教人，難出李膺之手。論其事体，必有重輕。罪與犯人，宜同律斷。

獄囚脱監及反獄在逃(刑)

解元　譚昌言

(凡犯罪被囚禁而脱監及解脱自帶枷鎖越獄在逃者,各於本罪上加二等。若罪囚反獄在逃者,皆斬。)

囹圄禁地,君子懷不入之心;桎梏嚴刑,聖人垂用脱之訓。然既失足于坑坎,固難奮翼于網羅。今某犴狴羈身,豹狼肆性。越貫城而遠避,解縲絏而長驅。釜底遊魚,更圖漏網之幸;柙中餓虎,復思走壙之雄。豈蒙漢高祖之恩,放流徒于在道?(秦無道,囚獄甚多,漢高祖一切放之。)抑奉唐太宗之勑,縱死囚以還家?(唐太宗縱囚,約以至期而還。歐陽公作《縱囚論》以譏之。)不思張儉云亡,罪連十室;(張儉遭黨錮之禍,破家匿儉者數十家。)罔監季布告匿,購費千金。欲懲跋扈之奸,宜膺加等之罪。

凌虐罪囚（刑）

經魁　蔡復一

（凡獄卒非理在禁，凌虐、毆傷罪囚者，依凡鬭傷論；尅减衣糧者，計贓以監守自盜論。）

得情而哀，夙著曹参之戒；下車以泣，式彰大禹之仁。彼既罹于幽囚，吾何忍于凌辱？今某職司犴狴，行比豹狼。夢繞雲山，不念渠心之似鹿；魂飛湯火，肯憐若命之如鷄？敢恣意于需求，益狥情于荼毒。親行鞠鍊，（鞠，問也。鍊，鍛鍊也。言朽〔二〇四〕問錮鍊以成人之罪。）彼犯豈有完膚？不離刑曹，此因終無生理。弗思公治嘗在縲絏，下吏者豈皆凶人？罔顧范滂亦繫圜扉，（東漢末范旁〔二〇五〕遭黨錮之禍，嘗繫于獄中。）典獄者何無惠政？法外之奸當戒，自作之孽難逃。

主守教囚反異(刑)

會元　李廷機

(凡司獄官典、獄卒,教令罪囚反異變〔二〇六〕亂事情,及與通傳言法〔二〇七〕,有所增減其罪者,以放〔二〇八〕出入人罪論。)

五詞既孚,片言斯折; 兩造具備,一判不移。蓋獄不可以稽留,故成則難于變易。苟教之以反異,孰斷之以同歸?今某職任監臨,役司點察。乃存心于狡詐,欲移罪于重輕。游釜之魚,教以漏網之術; 入柙之虎,啟其走壙之心。成案堆山,彼已安畫地之獄; (《漢書》言: 「畫地爲獄狗〔二〇九〕不入。」)邪謀蔽日,尓復鼓滔天之波。致狀牒之紛更,起言詞之滋蔓。恃刀筆爲活計,曾不懷刑; 用機械作良謀,敢于弄法。懲茲奸吏,治以明條。

鞫獄停囚待對（刑）

會魁　謝吉卿

（凡鞫獄官推問罪囚，有起内人伴，見在他處官同停囚待對者，雖職分不相統慎〔二一〇〕，皆聽直行勾取。文書到後，限三日〔二一一〕内發遣。違限不發者，一日笞二十，過一日加一等。）

攝罪人于他邑，彼既急于移文；濟公事于同心，吾應嚴于程限。雖職分之崇卑非一，皆許勾提；縱罪名之輕重不同，宜從遣就。勿狥稽留之獘，徒滋怠緩之愆。今某輕其乏統轄之權，恣尔爲支吾之計。彼待之切，何異旱之望霖；此應之遲，真比石之投水。未見一人之發遣，已踰三日之常期。寧思張説不來，安得脱元忠于縲絏？（漢時擊無忠〔二一二〕於獄，張説曰：「社稷安危在此一舉，安可無故而加人之罪？」乃□之。）豈惜賈彪未至，固難出元礼于圜扉？宜申計日之刑，薄示慢官之儆。

淹禁（刑）

進士　陳濂

（凡獄囚情犯已備，御史、提刑官審録無冤，别無追勘事理，應斷決者，限三日內。應起發者，限十日內。若違限三日者，官吏笞一十，每三日加一等。）

《書》曰：「期無刑，先王重好生之德。」《易》云：「不留獄，君子懷慎法之心。」故公平者一判不移，而明斷者片言可折。今某樂鞭笞如鼓吹，輕人命若草菅。（漢文言：殺人若草菅，不少顰顔。）借口罪疑，犴狴泣含冤之老雅；駕言緩死，囹圄坐無告之顛連。豈念匹夫被刑，未免舉家廢業。居然直判，斷決違三日之期；肆尔優游，起發踰一旬之限。禁無淹繫，真德秀之至誠罔聞；獄不停囚，崔伯謙之善政何有？既違欽恤之訓，難外鞭楚之科。

詐教人犯法（礼）

會元　袁宗道

（凡諸人用言教誘人犯法，及和同令人犯法，却行捕告，或令人捕告，欲求給賞，或欲陷害人得罪者，皆與犯法之人同罪。）

先王以刑弼教，（皐陶弼刑五教。）固嘗儆衆于刑書；（鄭子産鑄刑書。）君子以法檢身，寧忍陷人于法網？蓋小民之有犯，在仁者以猶憐。豈容巧恣于邪謀，反使故罹于嚴禁？今某密口重斷金之誼，劍腹深偃月之謀。（李林甫腹中有劍，時謂之「腹劍」。）啖以簧言，漫掉蘇秦之舌；（漢文言：蘇秦掉三寸之舌以遊説諸侯。）籠之秘術，似傾鮑叔之情。誑彼嗤嗤之氓，觸我明明之憲。乃恣奸而爲陷阱，更釖直而証攘羊。事真慘于白起之坑降，（白起坑秦卒二十萬。）心奚止于鄷商之賣交。欲示敗群之戒，合歸同罪之科。

夫匠軍士病給醫藥（礼）

解元　趙三極

（凡軍士在鎮守之處，丁夫雜匠在工役之所，而有疾病，當該官司不爲請給醫藥救療者，笞四十。）

屯邉禦敵，勇必頼于三軍；　鑿池築城，役必資于衆藝。欲得人之盡力，當結下之懽心。今某德乏之慈仁，心存殘忍。視匹夫之困疲，不施仲景之良方；　見軍士之沉痾，罔試華陀之妙術。秪欲辨威于異等，豈思一視于同胞？颼颼秋風，任輾轉于斧斤之下；　瀟瀟楚邦，大將吮士卒之癰疽。（楚吴起士卒生癰，起親爲之吮。）被以常刑，警兹慢政。

拆毁申明亭（工）

解元　張以化

（凡拆毁申明亭房屋及毁板榜者，杖一百，流三千里。）

亭設申明，允重朝廷之制；義存勸戒，實弘郡邑之規。匪徒侈百姓之瞻依，固將肅一方之教令。毋容毀拆，宜事崇脩。今某狥尓私心，違我王度。恐或有妨諸己，謂言無益于人。毀瓦畫墁，頓失飛翬之勢；（《雅》詩云：「如鳥斯革，如飛斯翬。」〔二一三〕）頹垣攻璧，漫成游鹿之塲。非緣風雨之漂摇，（《詩》言：「予羽樵樵，予室翹翹，風雨所漂摇。」〔二一四〕）故致棟梁之摧折。貞女失訴冤之地，大賢無折獄之階。弗思明堂不毀于孟軻，冀王政之可復；（孟子言：「欲行王道則勿毀之矣。」）寧識鄉校欲存于子産，慮文教之當興。遠流擬路于三千，嚴宜笞于一百。

放火故燒人房屋（刑）

解元　李粹中

（凡放火故燒自己房屋者，杖一百。若延燒官民房屋及積聚之物者，杖一百，徒三年。）

爟罦玉瓚，禳惟避火之先；曲突徙薪，（徐福上書言「曲突徙薪」，喻除霍氏。）策獻未然之始。盖救焚惟恐不速，而安堵豈容故燒。今某幸災樂患，害理忍心。笑城門之池魚，莫如災及；（楚國亡猿，禍及林木。城門失火，災及池魚。）嗤處堂之燕雀，罔識禍來。（賈生言：燕雀處堂，母子相安，自以爲樂。突厥棟焚，不知禍之將至。）昏暮無叩門之求，鄰家絶薪火之乞。思毁瓦而畫墁，欲焦頭而爛額。（徐福言：曲突徙薪爲無功，焦頭爛額爲上客。）王〔二一五〕石俱焚，蕭芝共弊。輙肆阿奴下策，曾無郭憲救禳。效漢王宫室之燒名回禄，倣張良棧道之火袖手燎。（張良燒絶棧道，以示項羽無東意。）原合用杖刑，式懲黎庶。

賭博（刑）

解元　秦繼宗

（凡賭博財物者，皆杖八十。攤〔二一六〕場錢物入官。其開張賭房之人，同罪。止據見發爲坐。職官加一等。）

動由規矩之中，始名君子；行越準繩之外，豈謂端人？使事不出于當爲，則志固難于直遂。今某昧是非之見，懷陰躁之思。越礼而行，輒冒鄉閭之清議；從心所欲，類忘理法之嚴防。乃調律令無條，輒效大魚之跋扈；（跋扈乃跳躍而出，不受纏推也。漢亦封梁冀爲〔二一七〕扈將軍，亦正此意。）罔思規矩有犯，自甘鷙鳥之罹羅。豈見義之必爲，果當仁之不讓。大德無嫌于出入，胡爲恣意于喻利？小人自反乎中庸，寧復興懷于素位？既犯守身之戒，宜膺笞皆之刑。

詐爲制書（吏）

進士　劉會

（凡詐爲制書及增減者，皆斬。未施行者，絞。傳寫失措者，杖一百。）

龍姿共仰乎大君，載宣德意；鳳口始傳于明詔，式渙綵綸。（《礼》云：「王言如絲，其出如綸。王言如綸，其出如綍。」）是知制書不可以詐爲，况復申令具裁于明禁。今某久懷異志，敢肆奸謀。下盡紙于山東，鳥跡漫成于僞乎〔二一八〕。投璽書于河内，龍函固出于私門。以匹夫而竊天威，本狂言而稱巽命。從使報姚光之怨，奚容假一禮之飛黃？徒欲新王聖之居，乃輒詭十行之書細。豈韓琦之除奸竪，敕出空頭？（宋韓琦爲相，欲去視〔二一九〕任守忠。一日取空頭敕一道，令寮屬押之。其人疑弗從。歐陽公曰：「第書之，韓公必自有説。」）抑夷簡之使契舟〔二二〇〕，書易数字？既犯無將之戒，宜加不道之誅。

僞造仰信曆日等類（刑）

經魁　劉春

（凡僞造者衙門印信及歷日符驗、夜巡銅牌、茶鹽引者，斬。）

刻印期于防僞，範形允出于朝廷；　治曆所以明時，頒朔式通于寰宇。欲明大統之義，寧容僞造之奸？今某自用自專，無嫌無忌。治金爲質，巧鐫疊篆之文；　表歲成編，漫紀春秋之候。無假竊符之智，（信陵君竊符奪晋鄙君〔二二一〕以救趙。）寧須告朔之儀。點染硃砂，部院臺司異其跡；　編摩素紙，晦朔弦望殊其時。豈心懷肘後之榮，（晋周顗曰：「取金印如斗大，繫之肘后。」）欲暮封于呼吏？抑私便山中之覽，冀寒盡以知年？

既違憲典之嚴，合就市朝之戮。

僞造寶鈔（刑）

（凡僞造寶鈔，不分首從，及窩〔二二二〕主若知情行使者，皆斬。財産並入官。）

解元　高洪謨

太公設九府之法，（《漢書》：「太公立九府圖法。」）布帛攸行；漢世權一時之宜，鹿皮乃造。盖公私值乎空乏，而子母調以重輕。（子母相權，言其大小不一也。）券槩頒行，商人是利。楮錢貿易，國用斯充。今某以匹夫之微，竊九重之柄。駕言元子禮，置會于紹興；籍口張詠公，設交乎景德。邊欄貫例，盡極蹈襲之工；字號花文，深得裁成之妙。輙收輙有，隨製隨盈。不須工部文移，何俟徽池紙劄？無分美惡，莫辨贋真。利心登壠，實惟緣此肇端；市價相欺，因是乃爲作俑。告人克賞，造者伏誅。

聽訟迴避（刑）

（凡官吏於聽訟之人，或有親舊，或有嫌疑，並聽移文迴避。違者，笞四十。）

解元　劉應秋

《易》垂訟象，不偏惟利於大人；《禮》察奸回，無黨獨稱於君子。故勢宜迴避，無容受束矢之金；苟迹在嫌宜，奚取納瓜田之履。議親議故，（周祀八議有議親、議故之典。）典獨備於周官；聽色聽詞，法專明於司寇。庶昭公道，用杜私門。今某職叨議獄之詞，情溺偏私之累。非包龍圖之直，輒聽舊吏之訟而不辭；（宋仁宗時，包孝肅公爲龍圖侍制，善斷訟。天下皆服其直。）匪蘇儒文之公，敢斷故人之事而弗避。（漢蘇章爲冀州刺史，故人爲清河太守，奸賍案臨。故人設酒，酣時陳平生之始。乃喜也，曰：「人皆一天，我独有二天。」章曰：「今日飲者私恩也，明日案事者公法也。」正其罪。）據其詞若欲爲國家勅憲典，規其意寔將假公法快私恩。三尺謂何，一私至此。宜懲之法，庶警其餘。

教唆詞訟（刑）

解元　趙三極

（凡教唆詞訟及爲人作詞狀增減情罪誣告人者，與犯人同罪。）

訟非得已，在仁人尚觧其争；詞果無情，故君子不成其惡。安忍陷以術中之禍，乃自細于法外之奸。今某敢設詐譎之謀，用罔愚蒙之見。蚊虻利嘴，紛更比此之雌雄；鼠雀深情，播弄等閑之禍福。在案莫邪之鋭，旁觀蜮蚌之持。（鷸蚌相持，漁人得利。出《莊子》。）安其危而利其災，忍爲下石；阻其善而成其惡，尚爾彎弓。豈欲快於私仇？因鼓説於風生水湧；將復圖於厚利，遂輕謀於雨覆雲翻。探其心，真遺穢於皇猷；擬爾罪，合摽詞於丹筆。

軍民約會詞訟(刑)

進士　林機

(凡軍民有犯人命、奸情重事,須會問。遠〔二二三〕者,笞五十。)

軍民雖判,同爲草莽之臣;文武雖分,總在縉紳之列。故中書之吏,違格曾來寇準之彈;而膠東之將,殺人嘗血寇恂之劍。(二人皆用法公平,軍民一体,不事私心者。)欲明罰而勑法,須兼聰而並觀。今某惟知偏執己長,罔念共成王事。五詞可否,但憑一面情詞;兩造異同,不行一体約問。司民牧者溺父母之愛,舍武弁以平冤;挾銅魚者向什伍之親,背文臣而聽訟。卒使煢煢百姓,徒含仰屋之冤;(民含冤而不得伸者仰屋發嘆,其情甚慘切也。)桓桓武夫,或抱脱巾之恨。(唐文宗時,軍士求粮不得,乃脱巾呼道曰:「拘吾於軍而不得食,吾之罪人也。」遂作乱。)但曰爾爲爾、我爲我,勢分殊懸;不知軍猶民、民猶軍,事同一律。盍整蕭曹之法,使交平勃之歡。

坐贓致罪（刑）

（凡官吏人等因事受財，坐贓致罪。各主者通算，折半科罪。與者，減五等。）

狀元　朱之蕃

守己貴于持廉，允重昔賢之訓；臨財戒于苟得，夙高君子之風。故可受若萬鍾不辭，然非義則一介奚取。今某昧鍾疑之迹，隳名教之防。不以道而受其財，雖非因事；原初心而究其故，實係貪圖。爲富遂忘于爲仁，得寶真戒于喪寶。飲貪泉而改志，（淮南郡一條水名曰「貪泉」，其人飲之則貪。）徒爲一歃之吟；探金穴以怡顔，（王愷有外戚之親，帝賞賜無比，時謂之「金穴」。）寧復四知之畏？（楊震不受王密金。密曰：「暮夜無知。」震曰：「天知地知，人知我知，何爲無知？」）雖因與者之重義，勢出和同；終緣取者之過求，欲深溪壑。我加之罪，尔復何辭。

隱匿名文書告言人罪(吏)

會元　李廷機

(凡投匿文書姓名，告言人罪者，絞。)

訐人之過以爲訟，尚不齒于正人；匿己之名以陳詞，豈見容於清世？漢起鉤鉅之制，(京兆尹趙廣漢喜爲鉤鉅之法以得民情。)濫獄斯興；唐興告密之門，(武帝時，人人開告密之門，陷害無辜已甚。)冤民始衆。是誠奸宄，宜急芟除。今某毒比虺蛇，詭如魑魅。隱跡投詞，好逞角牙之訟；匿名告罪，用報睚眦之冤。一紙飛書，陷梁竦于有罪；數行誣狀，置武穆於無辜。(宋岳飛志欲復宋中原，秦桧誣以反逆，死于獄中。)假捏文詞，巧爲暗投之計；陰藏勝筴，輒亂是非之公。倘遇張湯，决成浮獄；雖逢定國，難核真情。推其心既與羅織共惡，(武后時用周興、來俊臣爲羅織之徵。)擬其罪當與誣捏同科。

孳生馬匹（户）

解元　陳良心

（凡群頭領騾馬一百匹，每年孳生駒一百匹。若八十匹者，笞五十；七十四者，杖八十。）

惟富國之資，徵于畜產；斯牧馬之效，責之編民。故一師四圉，能嚴僕御之法；則三牲一特，自收繁育之功。使遊扯之有方，何生材之不盛？今某身司圉監，念重薪蒸。（《雅》詩言：「以薪以蒸，以雌以雄。」）令屬孟春，既罔勤于焚牧；時将初夏，尚不鮮于通淫。從聞騆牡，成騋牝之群；（《詩》言：「其〔二二四〕心塞淵，騋牝三千。」）未見玄駒，增驪黄之数。豈原蚕之不禁，房皇遂暗于儲精；胡畜馬之莫蕃，渥水徒思于汗血？欲定應得罪名，宜視產駒多寡。

祭享礼

經魁　蔡復一

（凡大祀及廟享，所司不將日期預先告示因而失悟〔二二五〕者，杖一百。若百官已受誓戒而不齋戒者，罰俸一月。）

類于上帝，《虞書》昭首揭之儀；有格庙中，《易象》備編摩之重。粵稽慎終追遠，實惟崇德報功。湯奮鳴條，緣葛伯之放縱而不祀；周興牧野，由商紂之矯誣而弗嘗。今某臨事乏恭，禮神恣肆。享親享帝，承文而玩若虛文；散齊致齊，視事而玅如故事。蓋非無田不祭，實則見義弗爲。過魯一祠，（漢太祖過魯，祠孔子以大牢。）始有媿于漢王之美；而卜郊三望，終難免乎麟筆之誅。屬意晏安，留情諂瀆。河神昧禱，已無異于鄭子之心；（觧在前。）而王祭弗供，（齊桓伐楚，責以包茅不入，王祭不供。）大有同乎楚氏之迹。既輕憲典，可逭常刑。

把持行市（刑）

解元　黄志清

（凡買賣諸物，兩不和同，而把持行市〔二二六〕，專取其利，及販鬻之徒，通同牙行，共爲奸計，賣物以賤爲貴，買物以貴爲賤者，杖八十。）

生財每資于鬻物，小民美急于謀生；　利己不免于妨人，君子當懲于專利。能太公而無我，斯互市以何嫌？故周設胥師之官，而漢行平準之法。（漢立平準法以取民。）今某身登斷壠，欲此深溪。　相交易而兩不和同，遂恣奸而曲爲阻滯。　未鬻者堅持于高價，無容儕輩未減而先成；　未市者不改于初言，寧許他人少增而輙售？敢把持平行市，期肥潤乎身家。　操輕重之權，更深瘠魯之計；　狥低昂之見，祇爲肥杞之謀。（瘠魯肥杞，解見在前。）請禁彪而懲奸，庶通商而阜貨。

阻壞〔二二七〕鹽法（刑）

進士　朱文瀾

（凡客商中買鹽引不親赴場支鹽，中途增價轉賣阻阻〔二二八〕壞鹽法者，買主、賣主者，杖八十。鹽貨價錢並入官。）

勤煑海之功，（管仲相桓公，嘗煑海水爲鹽，以充国用。）利若歸于商賈；厲熬波之禁，法固出于朝廷。能守法而弗違，縱罔利而何害？今某粟輸邊徼，（漢武帝時，國内虚，卜助邊，以充國計。）引秘私囊。趋塲罔解于親支，宻通謀于若輩；增價無嫌于轉賣，漫止足于中途。小利徒競于纖毫，大法遂因之阻壞。不思賢如膠鬲，（膠鬲身親魚鹽，武舉之。〔二二九〕）尚親鬻于市廛。豈是才比夷吾？但坐陳于焚策。是雖山澤之利，聖王不與民争；然而軍國之需，君子當爲物惜。合正欺公之罪，用懲登壟之奸。

鈔法（刑）

會元　蕭良有

（凡印造寶鈔，與洪武大中通寶及歷代帝王銅錢相兼行使。其民間買賣諸物，及茶、鹽、商税諸色課程，並聽收受。違者，杖一百。）

唐用飛錢，倉卒裕民之術。宋置交務，緩急應變之權。既與錢而兼行，當視錢而立法。（出魯褒《神錢論》，鮮見〔二三〇〕。）禁其沮滯，務使流通。今某但愛家兄，不念交子。（宋置交子務以通來往。）假閧會爲虐政，目褚帶作虛文。囂言市亂于大金，徒詫懋莊之令；謗稱侯困于鹿幣，未原漢武之心。人不聊生，市亦鮮利。倘堯霖九載，安得歷山之銅？或湯旱七年，何有莊山之楮？宜申圜法，既利國亦以利民；且正刑書，（鄭子産鑄刑書。）使用錢同與用鈔。

尊卑爲婚（禮）

解元　李三益

（凡外姻、有服、尊卑〔一三一〕、卑幼，共爲婚姻，及娶同母異父姊妹，若妻前夫之女者，各以姦論，並離異。其父母之舅、姑，兩姨姊妹及姨，若堂姨、母之姑、堂姑、己之堂姨及再從姨、堂外甥女，若女婿及子孫婦之姊妹，並不得〔一三二〕爲婚姻。違者，各杖一百。）

二姓合婚，兩在門楣之稱；百年諧老，各惟名分之安。故世親無三葉之恩，而貴相非七姨之配。蓋叔姬齊出，豈宜與高固成婚？而子圉秦甥，不得許懷嬴妄合。今某壞亂民彝，棄隳天秩。不戒永終之獘，妄爲窈窕之圖。（《詩》言：「窈窕淑女，君子爲求〔一三三〕。」）紊亂家親，謬諧約于秦晉；貿求世好，擅訂誓于朱陳。故非月下良緣，誠是人間醜事。禮下鏡臺，有賴太真之聘；婚如珠玉，休言劉晏之奇。咏有鶉奔，（《詩》言：「鶉之奔奔，鵲之犟〔一三四〕。人之無良，我以爲兄。」）譏宜麀聚。不分親故之異，俱合休離再因。服制之常，量爲罰責。

斷罪無正條（吏）

會元　李廷機

（凡律令該載不盡事理，若罪而無正條者，引律例以輔。應加應减，定擬罪名。）

五刑五用，書垂明允之文；三宥三刑，禮謹詰奸之典。故周官司寇之掌，必謹情文；而漢室三章之約，（漢太祖入秦，見秦法太重，與民約法三章。）惟知正律。在上者必畫一定之法，在下者斯無兩可之疑。若曰曲意狥私，未免旁推别引。今某罔遵當代之制，惟崇一己之私。以准皆各之科，攢不知省；其及即若之例，漫謂相通。欲輕則輕，不顧一王之律令；欲重斯重，有乖三尺之憲章。若皋陶刑弼之教，（《書》言：皋陶弼五刑以教民。）不若是也；而蕭何較若之守，（蕭何之法較若畫一。）實相戾焉。坐以常刑，斯懲後效。

新刻湖洲註釋弄丸判評林目録下卷終

校勘記

〔一〕「文」,《大明律》作「支」。

〔二〕原目録缺此則,今據正文、補入。

〔三〕此則及下則《鹽法》,原目録均缺,今據正文補入。

〔四〕此書每則之上有眉批,均來自《大明律》。現移於標題之下。下同,不另注出。

〔五〕《大明律》「官員襲廕」條:「凡文武官員應合襲廕職事,並令嫡長子孫襲廕。如嫡長子孫有故,嫡次子孫襲廕。若無嫡次子孫,方許庶長子孫襲廕。如無庶出子孫,許令弟姪應合承繼者襲廕。若庶出子孫及弟姪不依次序攙越襲廕者,杖一百,徒三年。」

〔六〕《大明律》卷二作「曾經」。

〔七〕此條《大明律》卷二作:「凡上司催會公事,立案定限,或遣牌,或差人,行移所屬衙門督併。如有遲錯,依律論罪。若擅勾屬官,拘喚吏典聽事,及差占推官司獄、各州縣首領官,因而妨廢公務者,笞四十。」

〔八〕「對」,《大明律》作「封」。

〔九〕「官」,《大明律》作「管」。

〔一〇〕此句《大明律》作「官有額定員數而多餘添設者」。

〔一一〕《資治通鑒》作:「補闕連車載,拾遺平斗量;欋推侍御史,盌脱校書郎。」

〔一二〕據《周禮・天官・小宰》,「廉法」當作「廉正」。

〔一三〕「命」为衍文。

〔一四〕「所」,《大明律》作「觸」。

〔一五〕「義」,《大明律》作「樣」。

〔一六〕「元姚崇」爲「姚元崇」之誤。

〔一七〕此條《大明律》作：「凡國家律令，參酌事情輕重，定立罪名，頒行天下，永爲遵守。百司官吏務要熟讀，講明律意，剖决事務。每遇年終，在内從察院，在外從分巡御史、提刑按察司官，按治去處考校。若有不能講解，不曉律意者，初犯罰俸錢一月，再犯笞四十附過，三犯於本衙門遞降叙用。」

〔一八〕此二「疑」字原書爲黑块，今據正文補入。不疑，指漢武帝時青州刺史雋不疑。

〔一九〕「安」，《大明律》作「按」。

〔二〇〕此條《大明律》作：「凡内外各衙門印信，長官收掌，同僚佐貳官，用紙於即面上封記。俱各畫字。若同僚佐貳官差故，許首領官封印，違者，杖一百。」

〔二一〕馮夢龍《智囊全集》：柳公綽節度山東，行部至鄧，吏有納賄舞文，二人同系。縣令聞公綽素持法，必殺貪者。公綽判曰：「贓吏犯法法在，奸吏壞法法亡。」竟誅舞文者。

〔二二〕凡公事有應起解官物、囚徒、畜産，差人管送而輒稽留，及事有期限而違者，一日，笞二十，每三日加一等。罪止笞五十。

〔二三〕此條《大明律》作：「凡印鈔不行仔細，致有漏印及倒用印者，一張笞一十，每三張加一等；罪止杖八十。」

〔二四〕此句《大明律》作「每一日加一等」。

〔二五〕「藪牧」，原作「藪收」，據《周禮正義》改。

〔二六〕「閒民」，原作「間民」，據《周禮正義》改。

〔二七〕「是」，《大明律》作「定」。

〔二八〕「咸則壤」，《尚書·禹貢》作「咸則三壤」。

〔二九〕「多」，《周禮正義》作「都」。

〔三〇〕「班」，《周禮正義》作「辨」。

〔三一〕《大明律》此句作「凡各處人民，每一百户内，議設里長一名，甲首一十名，輪年應役」。

〔三二〕「徙」，原作「徒」，今據《大明律》改。

〔三三〕「測」，中華書局本作「得」。

〔三四〕中華書局本作「小東大東，杼柚其空。糾糾葛屨，可以履霜。佻佻公子，行彼周行」。

〔三五〕「罔」爲「闢」之誤。

〔三六〕「擇潞」，《册府元龜》作「澤潞」。

〔三七〕「凡棄器物物」，《大明律》作「凡棄毁人器物」。

〔三八〕「超」、「加」，中華書局本分别作「弨」、「嘉」。

〔三九〕「王愷」，原文作「王顗」，誤。下同。

〔四〇〕此處誤引。此條在《大明律》中爲「私借官車船」條。其「妻妾失序」條爲：「凡以妻爲妾者，杖一百。妻在，以妾爲妻者，杖九十，並改正。若有妻更娶妻者，亦杖九十，離異。其民年四十以上無子者，方許娶妾。違者，笞四十。」

〔四一〕「濕」、「表」，中華書局本分别作「隰」、「夫」。

〔四二〕原文爲「曷惟忘」，今據中華書局本補「其」字。

〔四三〕「足」原文作「是」，據《大明律》改。

〔四四〕「司」原文作「可」，據《大明律》改。

〔四五〕「盗」原文作「監」，據《大明律》改。

〔四六〕此句《大明律》作「其監守不收本色，折收財物，虚出硃鈔者，亦以監守自盗論」。

〔四七〕此段中華書局本作「梗陽人有獄，魏戊不能斷，以獄上。其大宗賂以女樂，魏子将受之。……趙王辭梗陽人」。

〔四八〕「無」，《大明律》作「與」。

〔四九〕「寇」原作「冠」，《新鐫翰林評選註釋三場判學司南》同。《司南》有改筆「寇」，今據《司南》注文改。

〔五〇〕「推」，《大明律》作「催」。

〔五一〕「各以十分爲應十」，《大明律》作「各以十分爲率」。

〔五二〕「敗」，《大明律》作「欺」。

〔五三〕原文「自」下脱字，據《大明律》補。

〔五四〕「狥」爲「狗」之誤。

〔五五〕此句有闕文。

〔五六〕「坐」，《大明律》作「坐罪」。

〔五七〕「酈其凔」，《史記》作「酈食其」。

〔五八〕「兹子」，《大明律》作「孳」。

〔五九〕「哲宗」應作「神宗」。

〔六〇〕「功」或誤。

〔六一〕「清」，《大明律》作「請」。

〔六二〕《尚書》：「若作和羹，尔惟鹽梅。」

〔六三〕「文」，《大明律》作「支」。

〔六四〕《資治通鑑》原文作：「至於句檢簿書、出納錢穀，事雖至細，必委之士類。」

〔六五〕「竊」，《大明律》作「竊」。

〔六六〕「鹽」，《大明律》作「匿」。

〔六七〕「大」爲「丈」之誤。《孟子》：「有賤丈夫焉，必求龍斷而登之，以左右望而罔市利。人皆以爲賤，故從而征之。征商，自此賤丈夫始矣。」

〔六八〕《韓非子》：「宋有富人，天雨，牆壞。其子曰：『不築，必將有盜。』其鄰人之父亦云。暮而果大亡其財。其家甚智其子，而疑鄰人之父。」

〔六九〕「四十」原文作「四一」，據《大明律》改。

〔七〇〕「禁違」，《大明律》作「違禁」。

〔七一〕「每」，原文作「勿」，據《大明律》改。

〔七二〕「同」疑爲衍文。

〔七三〕「愛」當爲衍文。

〔七四〕此句《大明律》作「如三十日內，無人識認者，全給」。

〔七五〕「其物一半入干，實千給主」，《大明律》作「其物一半入官，一半給主」。

〔七六〕「韓歆」、「劉寧」爲「華歆」、「管寧」之誤。

〔七七〕「己入」，《大明律》作「入己者」。

〔七八〕「本」，《大明律》作「工」。

〔七九〕《論語》：「子曰：『噫！斗筲之人，何足算也。』」

〔八〇〕《詩毛氏傳疏》：「載玄載黃，我朱孔陽，爲公子裳。」

〔八一〕中華書局本作「小東大東，杼柚其空」。

〔八二〕「鄭臧子」應爲「鄭子臧」。

〔八三〕中華書局本作「維仲山甫補之」。

〔八四〕「上」，《大明律》作「役」。

〔八五〕此段《莊子集釋》作：「匠石之齊，至於曲轅，見櫟社樹。其大蔽數千牛，……觀者如市，匠伯不顧，遂行爲輟。弟子厭觀之，走及匠石，曰：『自吾執斧以隨夫子，未嘗見材如此其美也。先生不肯視，行不輟，何邪？』曰：『已矣，勿言之矣！散木也，……無所可用，故能若是之壽。』」

〔八六〕「三」或爲「一二」之誤。

〔八七〕「御」，《大明律》作「輿」。

〔八八〕「乘御」、「收整」，《大明律》作「乘輿」、「修整」。

〔八九〕「輅」，《禮記》作「路」。

〔九〇〕《後漢書》：「坐則見堯於牆，食則覩堯羹。」

〔九一〕中華書局本作「星言夙駕，説於桑田」。

〔九二〕「臣」，原文作「送」，據《大明律》改。

〔九三〕「爲」，中華書局本作「謂」。

〔九四〕「科」，《大明律》作「料」。

〔九五〕「解」，《大明律》作「廨」。

〔九六〕「旁」，《大明律》作「房」。

〔九七〕「王」應是「二二」之誤。

〔九八〕「夫子」爲「天子」之誤。「楚叔孙」三字为衍文。《漢書》：「上既封禪，巡祭山川，其明年，乾封少雨。上乃使汲仁、郭昌發卒數萬人塞瓠子決河。於是上以用事萬里沙，則還自臨決河，湛白馬玉璧，令羣臣從官自將軍以下皆負薪寘決河。」

〔九九〕原文漏一「子」字。

〔一〇〇〕「河防」原作「何方」。據《大明律》改。

〔一〇一〕「河」原作「何」。據《大明律》改。

〔一〇二〕「何」，當爲「河」之誤。

〔一〇三〕中華書局本作「湯湯洪水方割，蕩蕩懷山襄陵」。

〔一〇四〕「何」爲「河」之誤。

〔一〇五〕第二個「私度」爲衍文。

〔一〇六〕「関」，原文爲「門」。據《大明律》改。

〔一〇七〕「津」，原文爲「曰」。據《大明律》改。

〔一〇八〕「各」为「谷」之误。

〔一〇九〕「二」，《大明律》爲「三」。

〔一一〇〕此句《大明律》爲：「凡内使、監官并奉御内使，但遇出外，各門官須要收留本人在身關防牌面，於簿上印記姓名、字號明白，附寫前去某處幹辦，是何事務，其門官與守衛官軍搜撿沿身，别無夾帶，方許放出。回還一體搜撿，給牌入内，以憑逐月稽考出外次數。但搜出應干雜藥，就令自喫。」

〔一一一〕「定等」應是「定策」之誤。

〔一一二〕「禄」爲「鹿」之誤。

〔一一三〕原文此則未引《大明律》，今據《大明律》補入。
〔一一四〕「官」，正文作「官軍」。
〔一一五〕「仗」，原文作「伏」。據《大明律》改。
〔一一六〕「仗」，原文作「伏」。據《大明律》改。
〔一一七〕「龔」，正文作「李」。
〔一一八〕「疋」，正文作「匹」。
〔一一九〕「秎」，正文作「私」。
〔一二〇〕「黄志清」，正文作「潘洙」。
〔一二一〕「考」，正文作「栲」。
〔一二二〕「弟」，正文作「第」。
〔一二三〕「僞」，正文作「爲」。
〔一二四〕「龔」，正文作「李」。
〔一二五〕「勿」，《大明律》作「每」。
〔一二六〕《集傳》：「駟馬皆以淺薄之金爲甲，欲其輕而易於馬之旋習也。」
〔一二七〕《詩經·魯頌·駉之什》：「駉駉牡馬，在坰之野。……思無疆，思馬斯臧。」
〔一二八〕《唐書》：「(王毛仲)從帝東封，取牧馬數萬匹，每色一隊，相間如錦繡。」
〔一二九〕《大明律》此條作：「凡公侯，非奉特旨，不得私自呼喚各衛軍官、軍人，前去役使。違者，初犯、再犯免罪，附過。三犯准免死一次。其軍官、軍人聽從，及不出征時輒於公侯之家門首伺立者，軍官各杖一百，罷職，發邊遠充軍；軍人罪同。」

〔一三〇〕「大」,《漢書》作「泰」。
〔一三一〕「成」,《大明律》作「城」。
〔一三二〕「别即生坐」,《大明律》作「别郡住坐」。
〔一三三〕「仗」,原文「伏」。據《大明律》改。下同。
〔一三四〕「懷在」,《史記》作「環柱」。
〔一三五〕「點」,《大明律》作「更」。
〔一三六〕見朱熹《詩集傳》。
〔一三七〕「凡」,原文作「此」。據《大明律》改。
〔一三八〕「旗纛」,原文作「毒縣」。據《大明律》改。
〔一三九〕「數」,《大明律》作「類」。
〔一四〇〕《漢書》:「……臣願賜尚方斬馬劍,斷佞臣一人以厲其餘。」上問:「誰也?」對曰:「安昌侯張禹。」上大怒,曰:「小臣居下訕上,廷辱師傅,罪死不赦。」
〔一四一〕「孤」爲「狐」之誤。
〔一四二〕「仗」,原文作「杖」。據《大明律》改。
〔一四三〕「侍」,原文作「待」。據《大明律》改。
〔一四四〕「晝」疑爲「晝」之誤。
〔一四五〕「盜」,原文作「論」。據《大明律》改。
〔一四六〕「部」爲「剖」之誤。
〔一四七〕「事」,《大明律》作「市」。

〔一四八〕「其」當作「基」，「涉」當作「步」。

〔一四九〕此二句疑有脱字或衍字。

〔一五〇〕「毋」字疑爲衍文。

〔一五一〕「技」，《大明律》作「折」。

〔一五二〕「脱」疑應作「擊」。

〔一五三〕「錐」爲「騅」之誤。《史記》作：「力拔山兮氣蓋世，時不利兮騅不逝。」

〔一五四〕「業師」，原文作「師業」。據《大明律》改。下同。

〔一五五〕中華書局本作：「庶見素冠兮，棘人欒欒兮，勞心慱慱兮。」

〔一五六〕「喜」後疑有脱文。

〔一五七〕「僻」爲「辟」之誤。

〔一五八〕「熠熠」，中華書局本作「熠耀」。

〔一五九〕「標」，中華書局本作「摽」。

〔一六〇〕原缺「求」字，據中華書局本補。

〔一六一〕「民」，原文作「是」。據《大明律》改。

〔一六二〕「所」，《大明律》作「聽」。

〔一六三〕中華書局本作：「燕婉之求，籧篨不鮮。」

〔一六四〕「子」，《大明律》作「女」。

〔一六五〕《大明律》「事」下有「由」字。

〔一六六〕「思」，《大明律》作「男」。

〔一六七〕出自《詩經》毛序。
〔一六八〕《説苑》：「楚國亡猿，禍延林木；城門失火，殃及池魚。」
〔一六九〕「息」爲「恩」之誤。
〔一七〇〕「半」，原文作「判」。據《大明律》改。
〔一七一〕「制」疑爲「之」之誤。
〔一七二〕此句有誤。《尚書》作「熙帝之載」、「入告爾后」。
〔一七三〕「真」，《大明律》作「直」。
〔一七四〕《永樂大典》：「凡赦書德音，立後建儲，行大誅討，拜免三公宰相，命將制書，并白麻。」
〔一七五〕「良」疑爲衍文。
〔一七六〕「自相」，《大明律》作「度者」。
〔一七七〕「刣」或爲「命」之誤。
〔一七八〕「人」或爲「入」之誤。
〔一七九〕此六字可能有誤。
〔一八〇〕「光光」爲「光武」之誤。
〔一八一〕「二」，《大明律》作「三」。
〔一八二〕漏一「驪」字。
〔一八三〕原佚名，今據目録補。
〔一八四〕「官馬」，原文作「官官」。據《大明律》改。
〔一八五〕原文此詩文字多有誤。中華書局本：「皇皇者華，于彼原隰。駪駪征夫，每懷靡及。」

〔一八六〕「于此原温」爲「于彼原隰」之誤。「夫子」爲「天子」之誤。
〔一八七〕「平平」，中華書局本作「騤騤」。
〔一八八〕「仗」，《大明律》作「衣仗」。
〔一八九〕「君」爲「軍」之誤。
〔一九〇〕「冠」，應是「寇」之誤。
〔一九一〕「壞」，原文爲「杯」。據《大明律》改。
〔一九二〕「什」，原文爲「体」。據《大明律》改。
〔一九三〕「貸」，原文爲「貨」。據《大明律》改。
〔一九四〕「驅」爲衍文。
〔一九五〕「侯」，原文爲「候」。據《大明律》改。
〔一九六〕「刃」爲「刀」之誤。
〔一九七〕「徽」爲「玄」之誤。
〔一九八〕此語出自王安石。《宋史・王安石傳》：「甚者謂『天變不足畏，祖宗不足法，人言不足恤』。」
〔一九九〕「明淵」爲「淵明」之誤。
〔二〇〇〕「不見」爲「覓」之誤。
〔二〇一〕「栲」，《大明律》作「拷」。
〔二〇二〕「羅希」，《唐書》作「羅希奭」。
〔二〇三〕《宋史》作「『莫須有』三字，何以服天下」。
〔二〇四〕「朽」疑爲「拷」之誤。

〔二〇五〕「旁」，《後漢書》作「滂」。
〔二〇六〕「愛」，《大明律》作「變」。
〔二〇七〕「法」，《大明律》作「語」。
〔二〇八〕「放」，《大明律》作「故」。
〔二〇九〕「狗」，《漢書》作「議」。
〔二一〇〕「慎」，《大明律》作「攝」。
〔二一一〕「日」，原文作「百」。據《大明律》改。
〔二一二〕「擊無忠」應是「繫元忠」之誤。
〔二一三〕「如飛斯翬」，中華書局本作「如翬斯飛」。
〔二一四〕中華書局本作「予羽譙譙，予尾翛翛，予室翹翹，風雨所漂摇，予維音嘵嘵」。
〔二一五〕「王」爲「玉」之誤。
〔二一六〕原文無「攤」字，據《大明律》補。
〔二一七〕「爲」下脱「跋」字。
〔二一八〕「乎」疑爲「手」之誤。
〔二一九〕「視」疑爲「内侍」之誤。
〔二二〇〕「契舟」爲「契丹」之誤。
〔二二一〕「君」爲「軍」之誤。
〔二二二〕「竒」，原文爲「竊」。據《大明律》改。
〔二二三〕「遠」應是「違」之誤。

〔二二四〕「其」，中華書局本作「秉」。
〔二二五〕「悟」應是「悞」之誤。
〔二二六〕原文「行」下脱「市」字，據《大明律》補。
〔二二七〕「壊」，原文「杯」，據目録改。
〔二二八〕第二個「阻」字爲衍文。
〔二二九〕《孟子》：「膠鬲舉於魚鹽之中。」
〔二三〇〕「見」下脱「前」字。
〔二三一〕「卑」，《大明律》作「屬」。
〔二三二〕「得」，原文爲「不」。據《大明律》改。
〔二三三〕中華書局本作「好逑」。
〔二三四〕「犟」，中華書局本作「强强」。

刻九我李先生評選
丙丁二三場群芳一覽

〔明〕李廷機選評

《刻九我李先生評選丙丁二三場群芳一覽》提要

《刻九我李先生評選丙丁二三場群芳一覽》一卷，明李廷機選評。

晚明之科舉用書，有不少署名爲李廷機編選或注評者，其真僞待考。李廷機爲萬曆丁未會試之知貢舉，彙編會試録與各省鄉試録，自有其便利之處；《群芳一覽》之選文特重萬曆之朝綱，於「人主批答」、「臺省空署」諸事尤三致意焉。鑒於此，此書之編注者爲李廷機之可能性甚大。李廷機（一五四二—一六一六年），字爾張，號九我，福建晉江人。貢入太學，順天鄉試第一，萬曆十一年會元、榜眼，累官禮部尚書兼東閣大學士。廷機遇事有執，尤廉潔。然性刻深，亦頗偏愎。萬曆三十五年以禮部尚書兼東閣大學士入參機務。給事中王元翰等力攻之，廷機求罷乞休。《明史》稱：「輔臣以齮齕受辱，屏棄積年而後去，前此未有也。」一六一六年卒，謚「文節」，入祀學宫。著有《通鑒節要》、《李文節集》。《明史》有傳。

該書一卷，由三部分構成：論、表、策。論、表部分各選鄉試程墨十篇、會試程墨一篇。策部分選各省鄉試程墨共三十六篇，會試程墨五篇。該書又特别選入丙午浙江、山東、河南、廣西等省鄉試録之前序或後序，選入丁未會試録之前後序，强調丙午、丁未鄉會試官方的科舉思想。

此書爲殘本，部分内容有目無文。據目録可知，策部尚有山西鄉試程文《治道》，雲南鄉試程文《紀綱》、《設官》，陝西鄉試程文《士道》、《經學》，貴州鄉試程文《詔令》、《議法》、《建官》、《議論》，四川鄉試程文《吏治》、《謹始圖幾》，福建鄉試程文《博學篤行》、《詔令》，廣東鄉試程文《春秋》、《國是世風》，廣西鄉試程文《用才》、《君心》、《守法》等篇，均未見正文。

是書未見著録，現藏日本内閣文庫，萬曆間刻本，爲今見之孤本，現據此本點校整理，以萬曆三十四年《河南鄉試録》（萬曆刻本）、《藝府群玉》（萬曆三十六年刻本）、茅維《皇明表衡》（萬曆四十三年刻本）等參校。是書題爲「評選」，其評甚少，主要爲注釋。然全書注釋也不甚匀稱。故本次僅録入正文及文末批語。

刻九我李先生評選丙丁二三塲群芳一覽

李廷機選評

丙丁鄉會程論題次

福建○王者賴人之誠以自固
廣東○聖人恃以鼓舞萬民之術
會試○先自治而後治人

丙丁鄉會程表題次

順天○擬唐房齡魏徵《論帝王創業守成之難》，上各嘉納，仍諭房齡等以守成當慎，謝表（貞觀十一年）
應天○擬皇長孫生，恭遇聖母皇太后壽誕，上率廷臣祗上徽號，禮成，頒詔中外，羣臣賀表（萬曆三十四年）
浙江○擬宋知院歐陽脩進《朋黨論》表（慶曆三年）
江西○擬史臣欽奉承上命録太祖高皇帝御製文集進呈表（嘉靖廿四年）
湖廣○擬上遇災脩省詔釋採搉以來逮繫諸臣二十餘人，廷臣謝表（萬曆三十二年）
山東○擬上閲《大學衍義補》，心甚嘉悦，因諭閣臣仍御製序文重刊頒布，謝表（萬曆三十三年）

雲南○擬上御左順門，出御製《憫農詩》示吏部尚書郭璡，命慎擇守令，謝表（宣化六年）

陝西○擬上命儒臣纂脩《歷代名臣奏議》賜皇太子、皇太孫併及侍臣，謝表（永樂十四年）

河南○擬唐翰林學士陸贄請下詔宣赦，奉旨以中書所撰赦文示贄，商確頒行之，謝表（興元元年）

四川○擬吏部主事儲瓘疏薦謫籍遺才，上嘉納，付部起用，謝表（弘治元年）

會試○擬上御文華殿，召少傅楊士奇、楊榮、學士楊溥入侍，以御製《述先詩九章序》摹本賜之，因諭以開創之難，守成不易，宜盡心輔導，謝表（宣德六年）

丙丁鄉會程策題次

順天○取士　省愆脩德

應天○紀綱　災異　忠孝　用人理財　克己

浙江○前序　清廉　救世恤民　脩名

江西○士風吏治　周禮

湖廣○人主批答　君臣遇合
山東○前序　治河　春秋
山西○治道
雲南○紀綱　設官
陝西○士道　經學
貴州○詔令　議法　建官　議論
河南○治道　出處　後序
四川○吏治　謹始圖幾
福建○博學篤行　詔令
廣東○春秋　國是世風
廣西○用才　君心　守法　後序
會試○前序　治道　大受小知　固國元氣　國勢強弱　論士恬脩　後序

丙丁鄉會二三場程録題次畢

感悟須盡誠敬

萬曆丙午順天録

人臣之導君也，轉移有機，孚格有本。機在於主，本在於臣。在主者，勢尊而情隔，機之投也，尚介於必與難必之間。儻在臣者，于必與難必之間，直取必君心，幾幸於萬一，以與吾心應。然亦僅僅以言説操其百不得一之術，冀與主心通，是不真不精，而可以動，勢必不能。善導君者，幽隱獨盟，矢以吾心之所自效，真無一念而非君。夫無一念非君者，無一念非天者也。唯此天不容僞，發之最真，契之甚速。即開陳規拂，時或藉之以入。究其所爲，憣然勃動於主心而不滯〔一〕。蓋必有先乎言而孚格之本豫也。尹和靖〔二〕氏曰：「人君其尊如天，欲以所言感悟之，必須盡吾之誠敬。」旨哉斯言！誠勿欺之遺訓。自古帝臣王佐，所爲臣盡臣道，而得以效之君者，直此心相融洽焉。世儒之論，乃謂感者以我之心諭于君，悟者以君之心諭于我。君無所失，何有於悟？感而且悟，必其昔之晦，今之明，向之迷，今之復，得無萬幾日弛，曠或叢脞乎？得無取無制，役無時，官失職，民失生乎？夫昭德易，塞違難；先事易，後圖難。胡不形兆未見，萌芽未動，獨燭〔三〕存亡之幾，預禁未然之前，使其主超立乎榮顯之處？又胡不赤心白意，勉以禮義，諭以長策，使功成事立，善歸於主，而不居其勞？又胡不夙興夜寐，進賢不懈，數稱登三咸五之事，以勵主上意？又胡不塞其間，絶其隙，禄賜不敢冒，犯顔不敢避，以爲君忠智貞直之臣？嗚呼！使人臣安處而效此，豈不甚願！顧人主一身自訪落踐阼，以至享國歷年，非一朝一夕也。其左右後先，順旨從臾，又紛然而投術也。吾所進，類多逆耳之譚，苦口之規，於君心不甚適也。暴寒不勝，傳咻相雜，吾烏乎格之？且事君之道，有諫争，無諂諛；有補削，無矯拂。夫諂諛不可，矯拂徒勞。計惟有諫争補削耳已，即兩者皆得已，非格心正君之本。況愈説而愈激，愈激而愈持，卒之激與持轉而愈厭。夫既已厭矣，猶欲以轉移之機，望之于上，必不可得而幾。夫其不可得而幾，直付之主上，聽其自賢自聖，則師保無貴匡救，迪哲無言教誨矣。如必教誨諄諄，匡救切切，謂不開導規拂則已，未有開導而不從，規拂而不聽，則又安所取于納牖之盈缶、往蹇之反身也者？乃知聞而感，感而悟，涣然若冰〔四〕解凍釋，必有漸而致，不可驟語也。夫事天之道，以實不以文。天畏棐忱，而匪誠弗一。匪敬弗聚，燔柴荐馨，豈其不事？至於昭格，必精神心術相與陟降，然後蒼蒼之表，若或契焉。君尊如天，事君如事天。若謂僅以言格，無爲其本，則天亦可以文事。詎知文與言事天事君者，有之，而非其所以事也，乃其所以則誠敬也。誠敬難以襲取，要其所爲盡，且得易言乎哉？是故思天王之聖明，而吾正吾志，自盟可以對天日。念天聽之日高，而吾負吾罪，循省不皇於夙夜。事之成否，無豫憂其不濟，惟知爲之在我。當如是，志操之不同，吾不能必第，各成其是，以自靖自獻。肫肫翼翼，而真精之極，亶可貫金石，質神明，君其有不我鑒乎？君如我鑒，則吾志已乎，吾願遂矣。苟不其然，而冀其君以速感速悟，即此速之之心，便非誠非敬。苦其君之難感難悟，即此難之之心，便非誠非敬。諉其君以不可感不可悟，即此不可之心，尤非誠非敬。奈何言盡，盡之云者，非必以吾心之盡，必以君心之感悟而盡。夫君臣相得，使其如家人父子，同爲一心。臣矢嘉謨以進，君亦披襟而受。臣操危言以進，言不成心而待，則亦何難之有？其或情疏堂陛，勢成釜鬲，亡論在我何如。縱委曲調護，期諧事機，存國體。然我委曲，見以爲情屈；我調護，見以爲兩持。非徒我之求于上不可得，且開主上以不信之形。君以不信開疑，天下并以其疑疑之，而愈益不信。即不難以身爲壑，受天下之垢；不難以身爲的，受天下叢責於我，如蝟毛之集。要以臣猶地道，萬劚于鋤而不動，亦萬劚于鋤而能生。夫能生必其有以宣天之氣，能感悟必其有以格君之心。地不承天，而天之氣不宣。臣不承君，而君之心不格，類可知也。猥謂能爲可信，不能必信；能爲可知，不能必知。將自盡謂何？夫必誠必敬，吾之獨見獨聞，天下之共見共聞。孝子操藥以進，其色憔然。幾諫不從，號泣隨之。豈聲音笑貌爲乎？誠敬之所爲發也，胡可掩也？事君者，亦若是，則已矣。蓋惟命惟義，無解無逃。誠敬之盡，真無逃于其分，無解于其心。吾畢分于吾心，藉言以寄，寄固斯須耳，豈其所以格哉？且知語默之道者，則知進退之道；知進退之道者，則知死生之道。夫語默於進退，相去而遠矣，于死生又相去而遠矣。乃知道一以貫之，則語默非輕，死生非重，道無之而非是。人臣解此，於一語一默之際，默非苟容，語非市直。殆恃在我之積誠積敬，以俟其一悟。故誠敬而未至，於進退俱忘，死生無與，未可以言盡。盡則進退齊，死生一矣。洵若此其盡也，即言即誠，即言即敬，即誠敬即感悟，我不知其諭於君，君亦不知其自我[五]而諭。相得而益章，不言而自信。時或正言直諫，微詞婉諷，靡非瀝素披丹。凡曩昔之蒿目焦思，中外之牘，歲月以冀而不可得者，吾以一旦孚格之，能令君心知吾心之無所爲。情大有不得已，勢至無可奈何，而創悔踧踖，不能一日晏然于其上。惕乎其躬，凡脩德省愆，若皇皇而弗及。凜乎其民，而土崩瓦解之勢，若旦夕其立至。

獨主其圜，而以其方者，付之于大小臣工。獨握其樞，而鞬韄不持，如重門之洞開。地天交泰〔六〕，而莫知其所爲通。宮商相應，而莫知其所爲和。見謂言之入致，然原其所以入誠，敬之爲也。此非恃上之能動，恃其在我不能不爲之動。亦非恃其能使上之必動，恃其君之天契我之天，自不能已於動。古昔藎臣列龠，非患；躬之不渙，是患。艮限非憂，形之或渥爲憂。彼其心蓋欲斡旋主德於潛孚默啓之間，務令公如天地，明如日月，信如四時，決如風行雷厲，斯乃稱感悟哉！然亦難言之矣，稷皋以後，夫豈乏良？第有其心，未必有其位；有其位，未必有其遇；果遇矣，無當於位；夫然後可以貴〔七〕下遇。不其然，位亦多曠，則其責寧獨在下哉？嘗觀君臣之際，往往於雄才獨奮、強明自任之主，有慨於感悟之難。彼其矜詡神聖，若以爲天下事無足爲吾難，不知四海遑於一夫，九閽遠於萬里。故積誠積敬，臣宜以此格主，君不宜以此概臣。直謀議必從，諫行言聽，斯足貴耳。乃猛忘〔八〕雄猜，縱臨變而不悟。而悔悟之萌，多出於長馭遠駕之主。何也？胸襟自迥也。故知有人君之度，然後可以君天下。亦惟能受直言，而後不失爲人君之度。

順天鄉試録後序

今歲丙午，京闈復當比士，上命臣如游從左庶子臣道南典試事。録成，臣宜序末簡。臣惟人才之生，地氣使然，蓋亦繇天運焉。天之興起斯文，必乘其弊。當開創之初，元氣始合，故多質。質漸趨而文，文盛不已，輒極思以見奇。奇不能勝，爰吊詭以求異，遂至支離牽附，義悖辭淫，弊極矣。天運循環，無往不復。今天子觀人文，化成天下，允禮臣條請，義必尊經，文必軌正，著爲令，用式爾多方多士。惟是天欲復興一代人文之盛，乃窮而變，變而通之會也。矧京師首善地，尤宸衷所特注。在昔漢時稱醇儒者，有廣川董仲舒其人。廣川，今畿輔地也。方漢武帝策士，仲舒首言天人相與而終以大一統之義。武帝即位，他務未遑，孜孜求賢良方正士，而醇儒應。我皇上御極三十有四禩，棫樸菁莪之化，隃培隃厚。畿甸士淪浹德教，返漓爲醇，必有攄天人以對者。爾年來，天心以仁愛示警。上率臣工交省，亦既兢兢於天人之際。夫人主事天，夙夜對越，微顯若一。臣亦有天，君是已。事君以心，心亦曰天君。諸士行且服□□，儻微顯二心，奚所藉以靖獻？人惟一心耳，心一即醇，二即漓。士也涉世，則登庸與側陋異；

應務，則紛錯與幽獨異；　持已，則動容與隱衷異。微顯交而心乃二，何以故？漸染彌深，通晦易節也。夫人心朗如太虛，貞觀貞明。厥惟天體，時或風雨飄忽，而朗然者自若。雲興霧擁，飈驚霆迅，而朗然者自若。蓋風雨、雲霧、霆飈，間作晦冥異態者，變也。朗然、貞觀、貞明者，常也。聖人之心貞，夫一天者定耳。諸士試内省，獨行寢處，無愧屋漏衾影否？能對天日矢心曲否？情態日交，爲構爲鬪，猶清夜平旦否？語及卑瑣穢辱，勿面赤汗浹否？或不其然，縱外自矜飾，□□□慊。諸士既售雉膏而躋鴻漸，其毋忘澹泊於巖穴，如風雨之噓拂濡潤，而心猶是；　即晋陟華膴，被不次之寵渥，濃焰薰蒸，如幪以雲霧，而心猶是；　即肩螭鉅、歷險巇，當成毁利害安危之衝，如風之驚、霆之迅，而心猶是；　乃爲不二心而列於士君子之林。不者介其跡於可引可却、乍張乍翕、閃鑠而莫能倪，逃其實於非陰非陽、無舉無刺、揜護以藏吾拙。微特人弗我窺，雖己亦不自測。其若立身立朝之誼，何多士贔哉！毋亦一乃心靳，自盡其天已爾。夫天不變，道亦不變。經，常道也。臣所取諸士之文，率皆循循雅正、闡晰經術。其諸畔經吊詭者必黜，寧抑踸踔不羈之士，毋寧使大一統之世以異學爲同文玷，且令踸踔不羈者知有適從。臣所爲取士而因端士習者惟此，亦以廣聖明、舉直錯枉，能使枉直之□□德意焉。

庶幾哉！醇儒輩出，斌斌濟濟，偏於多方。蓋天之興起文運，自首善地風之矣。

右春坊右贊善兼翰林院檢討孫如游謹序。

大人不失赤子之心

萬曆丙午應天程

人莫真於初心，亦莫大於初之真心。夫心之初，未有不真者也。然而失之者，聰明鑿之也。人以藏心，心以藏智，而聰明出焉。是所繇造於大人之具也，豈其聰明而反失之？不知大人，天聰明之盡者也。匠心而出，肖象而往，符於自性，而統於大同，初非外顓蒙而別具一聰明也。聰明之士，翹然思自異於顓蒙，而務爲高世駭俗之行。其聰明常恐不多，聰明多，真之所以日鑿，而去初之所以愈遠也。庸知大人者，第不失其赤子之心乎？蓋嘗觀《易》之贊大人矣，合德天地則靡不併包也，合明日月則靡不照臨也，合序四時則靡不時措也，合吉凶於鬼神，則靡不前知也。其德溥而化，其業廣而難及，則其聰明宜必有殊尤踔絶而迥出顓蒙者矣。矧在赤子，赤子甫剖黄芽，未離襁褓，溟乎無知，而洞乎無一有。以方於大人，亦猶棘林螢曜而與夫尋木龍灼也，不可同世而語細鉅矣！然而非所論於赤子之心也，赤子之心，即大人之初心也。大人能不失其初而已。凡〔九〕物必有初，混沌者，天地之初。胚胎者，人之初。渾淪者，心之初。惟初最真。真者天地以之立心，人以之成性，而心以之合天者也。今夫天洞洞默默，聲臭俱泯，一真而已矣。無知能也，無知故知易，無能故能簡。流風蒸雷，濆薄雲雨，亭毒萬物，至變至速，而莫測其朕。故語聰明明威者，必歸之天。天以真生人，而人以真心生，非必大人有也。真理之凝聚融結，無古今，無愚聖，一而不二者也。獨其在赤子時，渾淪者未離其初，而絪緼化醇、敦龐貞固之意，尚凝而未散，則人自具一大人之體段。及夫接構浸熟，智故萌生，而後雕琢澆漓，尋以非故，則人自失之也。胡越之人，生而同聲，幼而同嗜，長而不相通矣。其不相通者，非其初也。然而其天真固自在也，何也？凡人初念，善則悱焉動，亦〔一〇〕則漸焉怛，可否則憬焉覺，是天真未始不呈露也。及初念易爲轉念，而真始漓，愈轉愈漓，糾纏轇轕，假真售僞，乃至倍蓰而無算。而其能假真售僞之人，又不出於顓蒙，而常在聰明之士。聰明用於離文析義，牽比附會，而學僞。聰明用於茁軋聲牙，鞶帨銀黃，而文僞。聰明用於矯激跌宕，一目自喜，而才僞。聰明用於粉飾仁義，馳獵聲華，而政僞。僞者人也，非天也。凡人可假，惟天不容僞。聰明之士，得天最厚。吾心亦甚願爲大人，而不肯自安於顓蒙之人。惟其不安於顓蒙，於是始亢爲高，而詭爲異。若曰不如是不足爲大人，而不知一着聰明，即非本體，執迷作悟，欲即反離，亦未觀大人于初心也。大人亦人耳，人不能離其初而自爲心，大人亦不能離其初心而自爲人。赤子之心，初心也，蠢乎無知，而天知啓焉。泊乎無能，而天能稟焉。孩提之童，無不知愛其親者。及其長也，無不敬其兄者，是猶未離其初也。故其知，良知也；其能，良能也。良知良能，而親長喻矣。人親〔一一〕人長，而仁義達矣，仁義而大人之事備矣。故大人非不聰也，無聰而無不聰也；非不明也，無明而無不明也，所謂天聰明之盡者也。知落天地，而非關情識也；明炳日月，而非緣巧故也；機先鬼神之變，化調寒暑之節，而非涉安排也。芚如也，淵如也，谷如也，璞如也，嬰乎其未孩也，則亦猶赤子之心而已。譬之穀種，赤子其荄也，孩提其孚甲也。稍長其勾，苗〔一二〕之欲達也，邑之茂之，秀之實之，苞穡人〔一三〕爲大人，則亦猶生意之初而已。彼以聰明鑿之者，蔓之者也。蓋心學之源，首啓唐虞，其曰「道心」，原天也；一真自如，微之至也；人則微者危矣。居高者危，履險者危，中則否。危之者爲失〔一四〕聰明，而高險失中者言也。中者心之初也，喜怒哀樂之未發是已。其未發也不可知，而吾以驗之赤子。赤子之未發也，又不可知，而吾以驗之既發。听〔一五〕然而笑，呱然而啼，忽然而已忘矣。故赤子之心，道心也，《易》之所謂「何思何慮」，《詩》之所謂「不識不知」也。屏思慮，忘知識，乃可以順帝則，而齊一致，則大人之所爲大者，蓋益可知已。今人方以大人則心喜，方以顓蒙則拂，方以赤子則怒。不知大人之大正在赤子之心，而彼失之聰明者，反顓蒙之不若。非顓蒙之知反出聰明上，而顓蒙之無知，猶未失赤子之初心也。蓋夫子嘗自歎其無知矣，奚取于空空之鄙夫而叩之正？惜夫聰明者，求知愈多，鑿真乃愈甚。而思返其初，若曰苟率吾真，即顓蒙而道在矣。希大人者，又何必舍其真心，而過自穿鑿乎哉！然則求真心，當奈何？曰試思夫保赤子之心，與夫乍見孺子入井之心而已。蓋人具一赤子之心，故觸之輒惕，求之輒中。乍見其初心也，誠求其真心也。離真鑿初，旦晝之所爲也。人也，夜息而旦天行，於是乎一初而真露，故曰復其見天地之心乎？故莫善於息，莫不善於爲。葆吾初，使常息而無以聰明爲之，則何旦晝之非平旦，而赤子之心常存。赤子之心常存，此爲大人而已矣。

不遷怒貳過

丙午浙江程

□善學者，以天觀其妙，以人觀其罅。罅無其罅，而作聖斯近矣。學者同於聖人以天，異於聖人以人。人則情意是也，天則綿綿於寂感，淵乎微乎，不著情意者是也。情意一乘，其罅立見。罅在外者，隙在内。隙在一時者，踈在平日。善學者顧諟其天，保而任之，以爲動静宗。使出乎情者有所止，動於意者不復起。化情意而退聽，化乖戾舛駁而沖和節適，則人爲天所化，可以無互勝之患。而罅無其罅，然後此心常虚常静，能應能妙，而與聖人相似。聖人稱顔氏好學曰：「不遷怒，不貳過。」以怒與過而觀回之天也，非即以不遷不貳學。學聖人之無怒，而後能不遷怒；學聖人之無過，而後能不貳過。又非即怒與過學，私無微敢任，力無微敢恕，然後能以不遷怒學無怒，能以不貳過學無過。夫謂之曰不遷，是固閲其可爲吾遷者；謂之曰不貳，是固閲其可爲吾貳者。人與人相處，四事如經，五情如緯，意如馳，吉凶悔吝如環，而直與之終始。既爲人，何獨得不然？顧衆人於此見其人，善學者於此見其天。衆人執其虚有，善學者瞭其故無。他學者得其分道，而善學者得其徑入耳。請申論之，怒雖當境，然此心即前心；過□多時，然後理即前理。知此心之即前心，後理之即前理，則不宜有遷，不宜有貳。顧突如焚如，忽焉佚焉，非若欲之有根，惡之有門也，皆乘于點檢之所不及。欲前而觀之，則難爲迎；後而覺之，則難爲追。界域未晰，反憒憒以自執。懲創不嚴，不覺聊復爾也。故於此觀其罅。然氣質之養粹，不可移以忿悁。德性之宅定，不可動以造次。神明不惑，則視内猶外。志氣不爽，則歷萬若一。故於此觀其學。蓋《易》言學備矣，昭德取之《晋》，講習取之《兑》，多識取之《大畜》。至懲忿改過，獨以《損》、《益》二象當之。凡撋然其洸潰者皆有餘，有餘則宜損。凡委靡而循習者皆不足，不足則宜益。至取象於山澤高深之相蘼，風雷淩震之相薄，則所以損益之者，無遺力矣。《易》以爲難如此。若以怒擬忿，則怒之氣爲正。以不貳擬改，則不貳之功爲悠。非顔子不能，蓋至矣。顔氏之藴有《損》、《益》二象，所未盡者，有君子爲禁之有方，止之有術。人可怒，恕之以情。已怒，遣之以理。計校曲直，而取辟於妍媸之非我以衰其怒者。大道甚夷，何以顛蹶？白日昭曠，何以抵植？置前失爲師保，以圉其過者，其衰之力也。氣雖盛必平，其圉之力也。志雖慆必省，幾能不遷貳矣。顔氏之學殆不其然。夫會有怒時，乃見不遷。

使無其怒，則無其不遷。會有過時，乃見不貳。使無其過，則無其不貳。當此之時，功實何所。顔子蓋息之至，無以覿其有。持之至静，以合其動。養之至密，以化其疎者也。不與怒遷之心，殆有在于怒先者矣。不與過貳之心，殆有周於過後者矣。而又似未始有有無，未始有動静，未始有怒先，有過後，則不必有怒與過之時已。有不遷貳之理，理之所貫，何待于應？何也？不由情使，不由意使。不由有情與意，雖恍惚不與之恍惚，雖僄疾不與之僄疾，雖隱伏不與之隱伏。情意屏息，誰令怒者而更有遷？誰令過者而更有貳？吾之綏如委裘者，正爲情君，豈有怒而遷法？吾之晏若覆盂者，正爲動宗，豈有過而貳法？方將却怒太空，迸過大順，豈待校量於彼我，而敦戒於前失乎？非一切之學也，顔子之心，速肖乎天者也。人之學所以攝心，而非心無以攝學。心者何？輔以淑質，皀以清氣，養之以濳，夾以睿資，而後備者，神明也。顔子分春秋貞元之半氣，其賦予必有茂於人。沈幾内泓，朗無二照。玉本瑩也，磨之而益粹。火本有光也，然之而益耀。五情之鏡懸于靈臺，四事之衡現于太宇。以此方寸，何不綿存？以此幾微，何不前覺？是故足以定情，使之止乎其不得不止；足以息意，使之無所自起也。久之常止則自止，常不起而自不起。通性於太始，還之於太初，如川澄漢霄，上下清徹，雖有微塵纖翳，旋已浄盡，瞬息之間，忽不知其何往。不遷不貳，斯其景象與！蓋其所謂怒與過，已絶乎常情，超於議表矣。然後知學之先指歸也，猶射之有的也。學之有所徑入也，猶射之有法也。以數十步爲之的，則射數十步止矣。以百步爲之的，則射百步矣。矯弓揉矢，終日射而不出的者，法也。子淵生長東魯，少事仲尼，其悟道固非有漸次。聖人本沖漠以通無，任自然以過有，侗乎其天倪也，奧乎其精義也，秩乎其楷式也。非此不可以爲方，非此不可以爲圓乎？此一方圓，彼又一方圓也，則注精焉，如射者於的也，視此外無餘地矣，而不得其所以爲者。及聞克復之教，忽如渡得津筏，謖操而體驗之。以禮内觀，似亦一天倪也。以禮外觀，似亦一精義，一楷式也。以禮汎觀，如是皆禮。此固有一方圓，彼固有一方圓也，則舉心知神欲，日游焉息焉，作焉止焉，於其中無非禮者，無非天者。循此以往，可以無怒，可以無過，而何有於遷貳？吁！惟能化其情，故情不涉於境，能與聖人同樂。惟能化其意，不關於事，能與聖人共行藏。子淵氏蓋復一仲尼耳，而稱之則曰不遷怒，不貳過。怒與過皆尋常有，而至以意亞聖之學術，故説者多岐焉。安得起一聖一賢，而問其指歸乎？此可以語王道矣！《中庸》有之，修之喜怒哀樂而致位育，本之不謬不悖而使寡過。之人不同，而相爲表裏可知也。舜之帝也，苗民逆命，舞干羽于兩階，何自損也？己則無過，舍以從人，何自益也？湯改過不吝，能不貳矣？先武而怒，退慙其德，能不遷矣？然子淵似未欲以天乙氏自擬者。蓋嘗曰：「舜，何人也，有爲者亦若是。」以顏躋虞，又未知其詳。乃爲邦之問，聖人爲苞四代，酌帝制，而樂取之《韶》。《韶》豈僅僅以聲容仿佛哉？殆謂子淵之德，庶幾重華者乎！後人蓋恨其未試云。尼父對魯之君臣咸稱焉，感慨何深也！語康子獨略，或以對君故詳。然怒有遷，過有貳，在君人尤當好學以矯之。不然，則禮樂不可興也，安知聖人不亦以爲公之鍼砭哉？

君子無入而不自得

萬曆丙午江西程

君子身參于世之變而神恬。其神恬，是能不攖拂于世之内也。其所以能恬而不相攖、不相拂者，則以能與世參焉，而不跳匿于世之外也。夫跳匿于世之外也，而自以爲恬，非真恬也。真恬者，于事中得境，于動處得機，機融而境適，有恬愉之趣焉。而跳而匿焉者，一以爲桁楊，一以爲鑿枘，樊然殽亂，莫之能齊。于是逃而之乎寂寞之野，摇蕩恣睢。轉徙之途，始未嘗不頹然自放，而久之亦復恍然而不自得。何也？彼唯厭事而逃之虚，惡動而逃之静。無論事方來而動不可已，始失其故。吾即當其無事而静時，固已怵然有眴目之志矣。嗚呼！非體道盡性，立命依《中庸》之君子，惡足以語此？蓋嘗聞吕梁丈夫之所以蹈水矣。夫吕梁也，縣水三十仞，流沫四十里，黿鼉魚鼈之所不能游也，一丈夫焉獨能游之？其出而答孔子之問也，曰：「與齊俱入，與汩偕出，從水之道而不爲私焉。」則入之説也。其數百步而出，被髮行歌，而游于塘下，則自得之説也。夫蹈水則亦有然者，而况君子之于世乎？君子之于世，蓋無入而不自得者也。夫入亦不易言矣，富貴貧賤，夷狄患難之境，至羶也，至僊也，至囂凌也，至恇怯也。羶則足以誘我，僊則足以困我，囂凌則足以摇我，恇怯則足以讋我。無論貧賤夷狄患難之來，苦而不〔一六〕入，畏焉而不能入，即履富貴，而忽不覺其入焉。不顛冥即湛溺而已矣，非吾之所謂入也。吾所謂入，蓋不與世之變爲二，然亦非一也；不與世之變爲遲，然亦非隨也；不與世之變爲異，然亦非同也。蓋四者之遭，各自有境，本足以容我而不我距。而吾于其中熟視焉，亦真足以宅我而不我礙。夫彼既不我距，而我復不以彼礙，則不必富貴也，即貧賤夷狄患難之過吾前，亦睟若安宅，然而自皆不妨于入矣。故其來也，必有一境，審其境之所值而深入焉。其沓來也，必有異境，因其境之所幻而巽入焉。深故當境不離，而我安境；巽故游于境而不桎，而境亦安我；而我與境相安矣。安於境則我忘境，境安我則境亦忘我，而我與境相忘矣。忘境則我能化境，忘我則境亦見化于我，而我與境相化矣。我與境相安，解在乎郭象之言也，曰：「安於所傷，則物不能傷。傷〔一七〕不能傷，而物亦不傷之也。」所以爲自得也。我與境相忘，解在乎莊生之言也，曰：「知忘是非，心之適也，不内變，不外從，事會之適也。始乎適而未始不適者，忘適之適也。」〔一八〕所以爲自得也。我與境相化，解在乎顔淵之言也，曰：「離形去智，同于大通。」而仲尼曰：「同則無好也，化則無常也。」所以爲自得也。然所謂得，豈真他有所獲？而其自得，亦豈復有須于境哉？此心之本體，本自攖之〔一九〕而愈寧，淆之而愈清，煉之而愈精。吾日試之不齊之變，以〔二〇〕爲他山之石，而不敢以枯寂圉也。磨礱既久，本體現前。若從糾纏紛擾之中，忽有所得，要之不過適得其本體耳，即萬不失一而皆無待于外也。夫惟不失也，固已得矣。惟足乎己而無待于外也，固已自得矣，而枯寂者流往往欲扃〔二一〕之于事〔二二〕。扃〔二三〕之于事〔二四〕，若見謂省事，而久之將不耐事，不耐事而事固不可以盡却。于是日營營焉役此方寸者，于糾纏紛擾之中，一不得而萬有餘喪矣〔二五〕。嗟乎！彼固欲毫不外涉，以求得之于內，而不虞其本末俱失，以至此極也。視夫無入而不自得者，不相萬哉！而世之言曰：「夫入難也，無特操焉，而涉足其中，將無兩〔二六〕靡而與之俱波矣乎？」曰：「不然也，君子之行也，曰素位，曰正己，曰居易。素則不受淄，而亦莫我之能淄。正則不受枉，而亦莫我之能枉。易則不受難，而亦無足爲我難者。即何不可入而又何不自得之有？」蓋嘗觀孔子之于春秋矣，攝相事而化行，飯蔬食飲水，枕曲肱而樂在，居九夷而不陋，畏匡人而不死，此皆無入不自得之明效大驗也。而子路方切切然憂之曰：「親于其身爲不善者，君子不入也。」夫不入亦何難者，即徑徑〔二七〕自守之士能之，而子路至以冀孔子，彼固慮其或入焉而不自得耳。不知使孔子而能得之于佛肸，固自得也；即不能得之于佛肸，而奉身而退，不至失已焉，亦自得也。唯佛肸之召不往，而佛肸之惡，終于不悛〔二八〕。意孔子之心，或轉有感然而不自得者矣。然是道也，則吕梁丈夫之所以蹈水也。自聖人而下者，或未易能之，未至乎聖，而求以幾焉者，且奈何？則又聞舟人之操舟矣，其濟于觴深之淵也，視淵若陵，視舟之覆猶其車却也，覆却萬方陳乎前，而不得入其舍。夫唯覆却不足以入我，而我始無地不可入矣。故曰惡往而不暇。人所以履變而不能自得者，恐其或失則遽耳。

既暇矣，又安往而不自得哉？總中庸之道而概其凡，是能不須臾離道者也，是能盡性盡人物之性以贊化育者也，是至誠無息以配不已之命者也，是遯世不見知而不悔者也。故孔子曰：「惟聖者能之。」嗚呼！此中庸之所以不可能也。

人主以知人爲貴

萬曆丙午湖廣録

人主總羣材而圖治，必明乎己所當貴，而後己之貴于天下者，其勢彌尊，而其用彌閎。夫天下稱貴倨者，至人主極矣，更有何者足爲人主貴？而其稱貴于天下者，乃自知所貴始，則何也？蓋人主闇于貴，則深居紫垣黄屋之内。人且有以障吾明，塞吾聰；堂陛而外，欺詐百出，叢脞陵夷之弊，勢所必至也，則亦何貴之與有？惟是明于所貴，則不任耳而耳益聰也，不任目而目益明也，不越巖廊而明燭萬里。凡人才品類，若懸鑑之得妍媸。民生利病，若天澤之無滲漏。而遐陬僻壤，亦無不凜凜奉三尺惟謹，乃始成人主之貴。而人主亦垂衣端拱，而享其貴。彼法禁者，威制者，何以得此？是故明主必舉天下而寄之人，必舉人品而鏡之心，識所貴也。善乎許氏之言，請申論之。夫人主之于天下，豈不稱進退用舍，惟我操縱哉！即舉懷琛效用之人，一一烱照，夫何難者，而奈何以貴言也？夫人主上不有天乎，非陰以權予奪我者乎？下不有民乎，非顯以意向背我者乎？不此之貴，而惟知人爲貴，何也？人主爲天宗子，作民父母，非徒以其位之尊也，天以位寄君，必有以責之。民以身寄君，必有以望之。責之而無以副其責，望之而無以應其望，君道謂何？則夫代天工而承流宣化者，安能不寄之乎人哉？夫人也者，鍾扶輿之秀，毓川嶽之靈，蓋天生以爲世用者也。故舉于鄉，升於國，亦民望以爲膏澤者也。《書》曰：「籲俊，尊上帝。」夫必籲俊乃爲尊帝之實，則舍登庸別無昭格矣。《易》曰：「養賢以及民。」夫必及民乃爲養賢之實，則舍彙征別無在宥矣。夫天與民，咸以人爲寄。以此思重，重可知也。然知人亦未易已，一貌也而華實異，一行也而諛直異，一言也而遜拂異。負堅刻者托之深沉，尚操切者托之精察，工迎合者托之將順，用權術者托之幹濟。模稜疑于長厚，佻巧疑于多才，恣睢疑于跅弛，苦啬疑于貞介。而甚至佞似忠，詐似信，辨似樸，巧似拙，千岐萬徑，殊形異態，紛綸雜出，而莫測其端倪。即欲握朗鑑以甄别，本虛中而品隲，能必百照而百當乎？能必偏進而偏識乎？則貴所不當貴者有之，人主之知烏可輕用也！然主非至愚，未有知人之不可用，而猶責成委任無已者，亦未有知人之可用，而猶擯斥淹滯不惜者。故一人之身爾，而介在或用或不用之間，必其知未真爾。知未真則或執于獨契以爲好，或移于左右以爲好。執之者不勝其移之者，則不知所以用其好。移之者不勝其執之者，則下且巧以投其好。吾以一心運一知，而左右以萬知伺之、障之、嘗之，而因以奪之。夫運之者不勝伺之者，勢必洩意于人；運之者不勝障之者，勢必寄聽于人；運之者不勝嘗之者，勢必見誘于人。如是則主之知不自用而又人用，幾何不并其知而奪之乎？此由人主不以知人爲貴，而其流弊遂至此也。惟人主以知人爲貴，則朝夕所穆然垂神者，無非人才之邪正也，伎能之多寡也，才諝之巨細也。酌其知必叩其受，察其初必核其終，得其梗概必挨其淵微，稽其議論必綜其行實。人豈惟終身多易行，即言而數變者有之；人豈惟旦暮多彌縫，即終身而閉飾者有之。故君子有聲應氣求之感，吾觀其所與而致可得也。孤高無諧世取容之術，吾觀其所棄而品可定也。正人多藏規磨礪之朋，吾觀其切磋之密、麗澤之殷而學可窺也。往代得失如林，吾詢以評隲而得其識。目前利害易眩，吾質以遠近纖巨、裒益倚伏之機而得其謀。棼綸盤錯之事，萬變而未始有極，吾猝以授之而得其才。震撼危疑之衝，衆方眙愕而不敢當，吾突以任之而得其瞻。九重之上，未明而視朝，日中而聽政，日昃而不遑暇食，孜孜焉，汲汲焉，緦緦焉，惟人才是急，惟知人是務。此非以天下自委瑣，而爲是錙錙銖銖之測識也。不如是則人不知，人不知則不可以治。故有可挈綱而治，總一以理者，吾以知之于大；有可一方一技，分委以效者，吾以知之于小。孰是調元贊化，論道經邦，而寄腹心也者？吾必優一德之臣以爲垂紳正笏之儀表，而六卿之長，必期謀猷物望，果足以率屬而濟時。耳目之司，必取明目張膽、批鱗折檻之忠，以彌縫其闕。而匡救其災，講幄侍從，必取啓心沃心之彦，而毋徒以敷陳條對爲故事。以至外而藩臬之臣，疆埸之寄，必極一時推轂，明試以功，而後任之。下而至于綴衣虎賁監門胥史之役，無不遴選精而任使當。由是庶僚百執事，亦無不得人矣。無不得人，而不必取天下人一一綜覈，一一評品，而拔茅有彙征之風，振鷺有充庭之漸。檢鏡人倫，銓敘材品，腹心之推轂，可無疑也。左右之關説非私，而耳目之荐剡可據也。考成省課之典，可核而稽也。不者，吾所登進者，業耳而目之矣。彼所汲引者，又彼所耳而目之者矣。儻復耳目人無已時，人主不亦勞瘁而不能繼哉？説者曰：「爲天下得人難。」所謂難者，□于知也。又曰：「人主勞于求賢，而逸于得人。」所謂勞者，勞於知，而逸則知之效也。蓋惟知之也真，故信之也篤；信之也篤，故任之也專。吾不掣其肘，而彼遂得以展布其四體。吾不短其氣，而彼遂得以攄發其抱負。吾不侵其職掌，而彼遂殫精于分内而無疑忌。主上以知而得其用，臣下以忠而酬其知。師濟成風，而其凝奏績，豈非知人之明驗大效哉！由是端冕垂綃，聲色不大。汪恩徹窮徼之民，而尺組繫名王之頸。人皆曰：「此人主之貴，無上之尊也。」而孰知其以明于所貴始也？古今譚人才之盛者，惟是唐虞成周，後先輝映。而一則曰知人，一則曰克知燭見。所謂挈裘而振領，正影而端表，非耶？世主不察，泛用其知，而不顯于人。夫不顯于人，必有鼠臘溷璞、魚目溷珠、珉砥中、蕘言踞行以逃吾知者。必有借譽要津、投贄當路、乞憐請謁、脂韋奔兢以干吾知者。必有閃爍變幻、依阿從諛、先意而探、未言而窺以中吾知者。吾不能日親其形貌，日覘其底裹。倘一時而訢合焉，可遽倚爲腹心股肱之寄乎？即有賢良方正之士，禔脩道德之英，或以一時相忤棄之，吾其托國于何人也？蓋賢士之爲可知者，多不爲吾從。而其可大用者，多不可易知。此即清心以□其品，虛中以觀其器，多方以辨其材，誚猶懼失之，而可泛用乎哉？故知人莫要于清心，而清心莫要于講學。講學則精神命脉日入于理而遠于欲，惟覺賢人、君子兩相投契，而諛言讒色無足當吾意者。此心如太虛然，物日往來於太虛，而豈能翳之？又豈能滓之？彼將自呈其形，而何待于知，《傳》曰：「思知人不可以不知天。」天者，人心之天也，故必知天而後稱人主聰明之實。

人君聯屬天下以成其身

丙午山東程

身天下者，握其機以維之而已矣。夫天下猶一身也，非託身於天下，則天下所與共託其身者也。既已託乎天下矣，烏知其爲我？既有所與託於天下矣，烏知其非我？彼非我者，方引其身並而附于一膜之內。而在我者獨置其身，推而出于一膜之外，則天下之勢愈渙，而吾身之量愈窮。是故有其聯之，而不能間也；有其屬之，而不能岐也。蚤見其離合之端，而公收其全體之用。同乎親疎遠近之間，以消其嫌怨駭散之漸。執乎樞鑰管轄之柄，以攝其暱就傾附之忱。導乎肯綮竅妙之會，以周其流注灌漑之勢。用能固如緘滕，堅如繩約，腹心無斁，四肢彌康，而可以身於天下之上矣。人君聯屬天下以成其身，宋儒胡氏之説也，請畢其旨。夫人未有號爲身而一體不具者，內而肝膽腸胃，膺膈焦腑，而心腹其大者也。外而毛髮爪膚，踵趾肩尻，而四肢其大者也。悉而耳目口鼻，百骸九竅，而天君其大者也。合而榮衛血脉，筋骨腠理，而精神其大者也。具之則衆體，而該之則一身；離之則兼廢，而合之則互用；運之則各效，□□而幹之，則獨歸其宰者也。故心腹可以兼乎内之用，四肢可以兼乎外之用。而天君不泰，精神不流，則其身日□□□而無以自樹於天下。矧夫置身於天下，而天下之有身者，一一待命于我。親者吾不得而疎也，猶吾内體也；遠者吾不得而遺也，猶吾外體也。親疎遠近，吾不得而一也，猶内體之聽命於心腹，外體之聽命於四肢也。不可一而未始不一，吾不得亢然而不爲之一也，猶心腹四肢聽命於天君也。吾有須於天下，吾不得泛然以虚聲而聽其自至也，猶天君主張於上，而精神貫徹於其間也。聖人見其然，雖親疎殊情，遠近殊勢，賢否殊品，皆所藉以寄吾神，舍吾精，供吾視聽言動行持之物，以成吾身者也。吾既不能摘一髮而棄之擲之胡越之域，又不能捨一唾而進之登之扃局之堂，則其收拾綱維之道，有時而窮。夫惟賢傑者出，樹標表於天下，與天下同類而異能，同生而異業，同行而異至。膚敏之倫，且于之屬，莫不切切焉，望之以託命。吾諒其勢之所趨者如彼，機之所懸者如此，于是乎廣薪槱之路，而啓鴻漸之途；釋猜忌之端，而登心膂之寄。戚而賢，不嫌内迫；疎而賢，不嫌外援。近而賢，奠磐石之宗；遠而賢，縻白駒之逝。九族可親，四門亦可闢。五臣可治，三仁亦可託。元愷可録，伊傅亦可相。屠釣可師，碩膚亦可輔。懿親公族可恃，囚纍羈紲亦可原。椎埋屠狗可庸，東牟朱虛亦可任。廟廊有帥濟德讓之風，而衡蓽無棲遲考槃之跡。宗盟收「維城」「在原」之助，而譽髦有《鹿鳴》《緇衣》之榮。建國親侯不爲重，順風乘雲不爲隆，寤寐夢卜不爲勞，弓旌束帛不爲侈，茅茹葑菲不爲濫。由是周公師保，伯禽後先，敘伯藩屏，魯衛夾輔，而吾身之心腹固。由是贊勿陳謨，調梅作楫[二九]，鷹揚虎視，壯猷保釐，而吾身之四肢強。由是九族親睦，百姓平章，雍穆成風，親賢畢集，而吾身之心腹四肢聯屬而爲一。彼其於天下，若元氣之盎溢於百昌，而靡不入也。若太和之浮沉升降於頂踵，而靡不周也。此非能公選舉之柄，握其機而維係於天下者哉！惟世主不然，視吾身爲必可私，視天下爲必不足與，視身與天下若脱然不相爲依附。故不樂以衆翼衆持，衆明衆聽，增其桎梏。而惟欲以獨斷獨行、獨愛獨憎，便其恣睢。于是有葛藟之刺，于是有角兮之怨，于是有懷沙之賦，于是有燃箕之誚，而腹心之疾成矣。于是有投簪之侣，于是有負石之儔，于是有蟬蜕之高，于是有鴻飛之逸，而四肢之僻成矣。于是無本支之輔，于是無百足之扶，于是無一木之支，于是無群策之用，而周身之形神瘁矣。辟之一人之身，譸張昏瞶，毁瘠支離，僅存此喘息之餘生，而猶自號曰人也，不亦難乎？然則聖人之精神，雖不馳騖於兼容並包，而固已淪洽於英賢。英賢之衷素，雖若勤思乎帝騄王馳，而亦自流陽於兆庶。兆庶之歸往，雖若繫屬於碩輔群英，而實則畢命於人主。本根培則枝葉茂，天下見爲調攝之效。選舉公則物情服，天下見爲清燮之功。百體從則天君泰，天下見爲遐引之福。而不知聖人之所以維之者，蓋亦握其機而已矣。雖然，天下也而身之矣，身則烏俟乎聯屬？聯屬者，必其睽離者也。睽矣而欲聯之以爲偕，離矣而欲屬之以爲合，則諭與身同，而實與身異。身其身者，真誠不存，不過起居違和，屈伸委頓，身雖憊而尚在。天下其身者，而欲以虚詞爲欵，致名位爲畢弋，組綬爲羈縻，銜靮爲駕馭，其誠已漓，其僞已彰，固已豪傑聞之而解體矣。而況乎隙以形跡之竇，繩以□□之法，御以犬馬之畜，加以草芥之誅。骨肉之親，山藪之彦，惟有望望而去耳，誰與共天下乎？夫惟人君虚心以求之，誠意以委之，屈己以受之，神爲攝而精爲通，有氣類感應之符，而獲致命悃誠之士，然後其結不可解，其閉不可開，而可以稱于天下，曰聖人之身矣，斯又聯屬之大根本也。

惟大人爲能格君心

萬曆丙午雲南録

人臣而欲正其君以爲天下，則無務求之君，而後能得之君。夫得與求期者也，求與私隣者也，而君不可私而謁之者也，庸蘄乎求而得之乎？臣之求乎君者二：有求我之有利乎君者，有求君之有利乎我者。利乎我者，不外乎爵禄、名譽、慶賞、刑威之間。而利乎君者，乃在乎道德仁義，中心無爲而守至正。夫所求乎道德仁義，中心無爲而守至正，君之心之精也。而所求乎爵禄、名譽、慶賞、刑威之間者，君之權之粗也。君之權之粗，且不可從君而求之，求君而得之，而君之心之精，乃欲從君而求之，而得之，而嘵嘵焉號于人曰「正君心以爲天下」，亦幾殆矣。蓋嘗慨然于君臣相與之際，而有感于軻氏大人格心之説也。夫世未有臣人而不言正君，正君而不言君心者。而君之心，惡至而有是乎？惡至而有非乎？無是則非不立，無非則是不立。無至是無非之是，至非不見；無至非無是之非，至是不見。是與非之域綦大也，是與非之倪綦細也，而總而賅之于心。夫心身之樞，性之郛也。發一端，散無竟，則難朕也。周八極，總一筦，則難揣也。是人之所爲君焉者也，而況乎君之君焉者乎？其鍵密而不可開也，其苞鴻而不可儉也，其爚紛而不可息也，其濃而不可淡，肥而不可癯、塞而不可窕也。而吾乃明吾所是而翹其非，飾吾之非而矯以是，甚且以非買名，而以是傷上。惘然匡其所甚難，强其所甚逆，而俯而揣。吾生平有不盡然，即焚香而告，析肝而語，岸然以身爲瑱，而意猶存乎自是，義猶壓乎畜君，而猶知其所以然，則即此不盡然，與知其所以然，而吾一念樸誠，此滲其毫釐，彼虧于尋丈。一見疑于鬼神，而百不孚于篋牖矣。夫君且自多其是，而疑下以非。夫君且自匿其非，而持下以是，而靳乎格而正之，是白之顧益黑，而求之愈不得也。今夫天掃四時，而毓萬類生，生之心靡刻弗周也。而毗陽滯陰，沴厲不正之氣，間而告焉。天亦日用不知之，民所爲有憾于天之心之非也。天子者業思挽回而捄正之，而公然暴天之非于天下，曰雨暘何以不時？曷不五風而十雨？曰陵歷何以不消？曷不慶雲而景星？即譁然矯誣而稱，天庯聽？即炟然燔望而陳，天庯視？則必有默察于貌、言、視、聽、思之微，顯惕于歲月日星之數，憬然憣然于不顯無射、不聞不諫之中，而不直齋居露禱、減膳撤樂爲兢兢者，而後天乃鑒冥冥，示昭昭，轉祲爲祥，而易沴以和，則君之格天者，可知已，而況乎臣之格君之心者乎？庯靳乎求之君而得之乎？此關龍逄、比干能以要領争上之過，不能與之賢名矣。此鰌之尸、原之沉、長孺之戇。折檻引裾，以戾爲功，而身見憎，而主受謗矣。而惟夫大人者，與天爲體者也，其心不失赤子之心者也。其出處進退之大，語默辭受之細，張弛用舍之常，以至怨勞危疑之故，無一而不以天臨之者也。其自任以天下之重，而一不以天下有諸其心者也。其儼焉舉吾身以戴吾，吾儻焉置于天下之中，以爲天下，而第不失吾心之常。初非見天下之可任而後盟諸心，亦非見君之任我以天下而嚴諸心也。而爲吾君者，淵然穆然，若日游于大人之心者。然而不知其所以然，神情脉理，入于其中而若宥；儀式法則，出于其外而若囿。一不見大人可畏而苦就之，一不見大人可愛而甘就之。而大人者，固已格其君心之非矣。格者至也，臺諫耳目所不能至，而大人之心至焉。格者式也，祖宗法度所不能式，而大人之心能式焉。格者感也，神祇靈赫所不能感，而大人之心能感焉。若立轅于衢，而意越而至越，意吴而至吴也。若木之于槃于盂，而體方與方，體圓與圓也。若鐘磬之在縣，而扣之大而宏，扣之清揚而遠聞，無不由其簴鳴也。當其執一無失，行微無怠，忠誠盛于内，而賁于外，人主之心，與大人之心，一而不分，兩入而無迕舉。芒主能臣，奔走而奉敗事者，絶其芽荄□茁其間，潔其宫，開其門，迥乎神明之若存，而且有繩不以正矣，有准不以平矣。而且日月照而四時行矣，晝夜之有經矣。泣魚斷袖，未聞有關口而蠹吾心者，而不知旁于誰清。佩劍啼粧，未聞有甘夢而食吾心者，而不知座于何却。鼓簧扶荔，未聞其衣□被紫，以侈吾心，而不必休妖有諫也。筭商告緡，採山課木，未聞有心計而羶吾君者，不必千秋之奏罷也。薪之積、環之賜、瘴之走，轉石拔山，未聞有需而貳吾心者，不必伐檀之歎也。駭鳥犯槐，黄沙北寺，未聞有刻礉而傷吾心之和者，不必竹囚之諫也。其耳可聞者，廷臣不得聞也。目可見者，廷臣不得見也。口可道者，廷臣不得道也。而大臣獨收耳不聞之功，收目不見之功，收口不道之功。而朝廷晏然，而四野晏然，而九夷八蠻晏然，而還而視大人其身亦晏然。上無市譽之嫌，下無廷逆之郄。鐘鼓韜鐸，設而不庸，左右記注，書而罔擇，而後知格君心之非之效如此其大也，而實非自君心之非起見也，見君之非而我之廉劌立矣。又非自君之心起見也，見君之心而我之擬議礙矣，非我能格君心之爲見也。見君之爲我格，而我與我對而爲二矣。又非君能因我而自格之爲見也，見君之因我而自爲格，而君反下而爲我用矣。廉劌立則形開，擬議礙則時掣，對而爲二則岐難入，君下而爲我用則意詘而不盡，是鬬而格之也，勢而格之也，扞而格之也。不往而刑，則望而距耳，不則貌而收耳，始合而終迕耳。

此不能以終日，不能以卒歲，而能畢世，而得之人主之前哉！則務求之君，務得之君，而不求之己焉以也。雖然，舍己而求之君心，非也；舍君心而求之用人行政，非也；即舍用人行政而求之君心而謂與己無與焉，亦非也。故相天下者，有煖於布帛，非樹交也，不必閉關以謝賓客也。有殺於秋霜，非伐異也，不必含垢藏疾以爲谿谷之卑也。有柔從若蒲葦，非懾怯也。天下大器而執者失之也，有剸割若犀利而非威斷也。法貴易避，而難犯也。而奈何一切舍然於人政之際，而自解於天下曰：「吾非不知格心之義，即大人安施耳，吾亦毋有以失己耳。」夫人臣之義未有舍君而自爲己者也，伊、傅、周、召得之君心，並得之人政；丙、魏、房、杜、張、宋、韓、范、司馬諸臣，或得之人政，不得之君心，武侯、梁公、敬輿、長源四君子者，或得之君心十一，而得之人政十三。蓋至晚近而不得之君心，亦不得之人政，而且委而避之，而相術愈趨而愈下。吾乃有感於重晋之言曰：「欲知宰相能否，當視天下安危。」所謀議於上前者，不足道也。嗚呼！人臣至謀議於上前者不足道，而益有慨於君臣相與之際已。

智者以無事處事

萬曆丙午貴州録

性者智之所從出也，智者率性而行，故能化有以歸無，而性之本智不鑿。蓋性判於太極，貫於萬品，空空洞洞，一物不留；活活潑潑，靡觸不應。以爲不事事，而天下事咸備於我。以爲能事事，而天下事不先主於我。一而萬，萬而一。虛而實，實而虛。至無而供天下之至有，至有而妙天下之至無。此性體自然之妙也。性統于心，而心則事之綱也，天下事果可以有心與乎？有心則以事處事，復以事生事，事未集而已先勞。無心則以事處事，復因事息事，事成而我不與，有事則不若無事之爲愈也。論事未有以無事言者，自新安陳氏發之，蓋足孟氏行所無事之説者也。夫既已謂之事矣，澒洞浩渺事也，尚梟飛羽亦事也，且得謂之無乎哉？既謂行事矣，疾於衝風，溢於盤水，行也；膠於秋，疑於冬，亦行也，且得謂之行所無事乎哉？今夫兩儀至大，命曰野馬。萬物至賾，命曰虛舟。萬水之著見，一月所映也，而月何清濁於其間？萬竅之怒號，一風所鼓也，而風何喜愠於其内？無之故耳。況乎事遞往遞來，倏起倏滅，原出於有而入於無者也。

人於天下事，既不能等之於空花，齊之泡影，一切脱離而使去，又不能坐嘯而守，閉目而盡。俟其自定而自紛，則莫如聽其事之推以還事，歛其心之知以還性。夫性不離事，亦不即事。不絶事，亦不攖事。衆人懵懵，見事而不見性，見事未免以事窮心。不見性，未免以性役事。故端倪一萌，便生計較。一有計較，便生安排。一入安排，便多機械。嫌軌跡之夷易，故遷其途以行之。薄淡行之無奇，故巧爲術以張之。未始紛紜，故撓静以爲動，欲返之於静以爲功。未有險阻，故舍易以求難，欲還之於易以爲勝。其處事也，氣張之，情焚之，排槳柔之，巧歷算之。其所以事事也，若焦火，若凝冰，若蒹葭始萌，若負舂糧，與驥俱走。數者入而盪乎胸中，寧於事擾且於性鑿矣。此豈甘心擾之而甘心鑿之？病在不智耳。性與智，非兩體也。性者智之本體，智者性之覺門。性無增減，智亦無起滅。一則俱一，虚則俱虚者也。惟大智之士，養其性體，不以物化擾之，不以渣滓淆之，非寐非醒，無欲無營，純然一性之初而已。見性自不見事，故心不與事謀，事不與心涉。感自外入，應自内出。入者觸我本來，出者屬我元始。左投左應，右投右應，大者大應，小者小應，驟者驟應，徐者徐應。難者操斷蛟剸犀之能，易者奏弄丸承蜩之技。有時奪臂攘袂而不爲虚憍，有時岳峙川停而不爲觀望。有時寧方無圓，寧輗無鳶而不爲局曲，有時劉觚撓直，偭然規矩而不爲變幻。辟之冬鑪而夏箑，因其時而已。規圓而矩方，因其器而已。秦車而越棹，因其械而已。祼入而□出，因其俗而已。擾龍而媚虎，因其性而已矣。蓋其所當者事之會，而所執者事之樞，所遊者紛紜轇轕之鄉，而所棲者恬淡寂寞之境。舉一切計較、安排、機械之見，相於事而窮於心者，捐之殆盡，故曰智者以無事處事，豈真無事哉！未至而忘若鏡之虚，聽姸媸之自取，不與事馳騖也。既至而應若衡之平，聽輕重之自來，不與事低昂也。應之而適會其度，若庖丁之批郤導窾，迎刃而解，不與事柴柵也。已應而化若風雲。開闔光景倏變，而天體自如，不與事征逐也。性本活活潑潑，智者處事，亦活活潑潑。性本空空洞洞，智者處事而無事，亦空空洞洞，事也而符於性矣。請徵往古，彼其守宫庭以定性，不度不執，不常不遂，其爲無事易見。堯挈天下而授之耕陶之夫，若去傳舍。舜不告其父，而私其娶。殛人之父，而舉其子，卒以玄德聞。即以湯之升，陑武之秉鉞，周公之東征，孔子之作《春秋》，若爲人之所不能爲。然不如是，卒無以信天下萬世之心。其逆也，所以成其順也。其有事也，所以成其無事也。獨無奈天下多方以鑿吾事也，不空其見於事之外，必增其見於事之中。空之者厭事若棄，增之者喜事若飴。若棄者廢事，若飴者多事，而總之無補於事。是故攀裾折檻，節凜冰霜，無意爲忠也。而博仗馬之稱，希鳴鳳之譽，以忠爲事矣。箕山潁水，淡若秋旻，無意爲清也。而高於陵之行，匿終南之捷，以清爲事矣。於蔿可歌，柴車可駕，無意爲矯也。而匿情於脱粟，隱跡於持籌，以矯爲事矣。上殿争而下殿和，無意爲辨也。而分雒蜀之黨，競牛李之争，以辨爲事矣。西羌之服先零，淮蔡之擒元濟，無意爲功也。而勒燕然之碑，掃陰山之血，以立功□事矣。他如鞅、斯之於秦，桑、孔之於漢，林甫之於唐，安石之於宋，□□□□，聰慧絶倫，計過憂天以狥社稷，而卒也矯虔。其意以横扞其事，致使恬愉化爲瘡痏，清净激爲擾攘。舉四朝之天下，卒沓沓多事，故曰智而用私，不若愚而奉公；巧而亂法，不若拙而守舊。小智者，大智之賊也，而其原皆起於不識性耳。夫盆水在庭，清之終日，可以見眉睫；濁之不過一撓，遂不能辨方圓。人之性，易濁而難清也，是盤水之類也。惟智者不多事，亦惟不多事，然後能以恬養智，是故上智以本體爲工夫，故智從性出；下學以工夫爲本體，故智以恬養。夫惟達於恬之説者，然後可以養智，可以見性。

王者賴人之誠以自固

萬曆丙午福建録

合天下爲一身者，必通人與。自爲一心，而後可以託其身於天下。蓋天下之人，人主之所託也。天下人之心，又天下人之所託也。唯是人之心即自心，自心即人之心。故自攜其心者，自攜其人者也。自攜其人者，自攜其天下者也。誠意之主見，已不得自爲心，因不得自爲誠。於是洞洞屬屬，顯白其血忱；落落穆穆，陰持其款懇。故以自之心喻人心也可，以人之心喻自心也可。揉衆肝爲膠漆，樹衆臆爲安宅，合人與我，共託於不脱之抱，是謂以天下固天下。若賴人爲固，而實自固也。何者？彼實賴我之誠以自固，我即賴彼之誠以固自。賴其自爲固，故無不固也。賴其爲自固，而已不固矣。蓋唐陸贄之告其君曰：「王者賴人之誠以自固。」而竟其指于不可不誠於人。旨哉言乎！唯自誠，是以人誠也。唯誠固是以自固也。此寧第猜忌者之藥石，固萬世人君之龜鑑哉！今夫天地間只此一誠。誠者不二之物，潮汐之有定候也，開落之有定期也，誠綰約之也。氣肅而蟄蟲之墐户也，日晏而司晨之棲塒，誠縶維之也。叩心而霜飛也，告天而風襲也，血可藏爲碧也，身可化爲石也，誠膠結之也。而況乎王者之誠，其以誠固人耶？其賴人之誠以自固耶？夫知我必何誠於人，先以我誠動之。人亦知上之以誠固我，復出誠以報之，是責券責契之心，疑鬼疑神之隙也。上且爲賦芧，下且爲伏莽。上且爲搏影，下且爲竊神。上且爲羈纏籠駕，下且爲兔起鶻落。其奚賴焉？以固我自也。蓋人之固王者亦夥矣，王者之自固亦密矣。有爲王之心膂，以固王之肝膽；有爲王之耳目，以固王之官竅；有爲王之股肱，以固王之手足；有爲王之爪牙，以固王之肢骸。是耳目、心膂、股肱、爪牙也，人有之以固其身，王者合有之以自固其大身。蓋人雖至愚，未有不愛其身。人雖至詐，未有不誠于固身。故王者之賴人，與人之爲王者賴，皆誠也。各相固而實以自固也，非真賴人之誠以自固。人自不得不出誠以固王者，而王者實不得不自爲誠以自固其身。且固與脆不兩存之勢也。誠則固，否則脆。以自誠而賴人之誠則固，否則脆。倏自誠，倏非自誠，倏賴人之誠，倏不欲賴人之誠，則倏固而倏脆，否則亦陽固而陰脆。夫身固可令之倏固而倏脆乎？陽固而陰脆乎？而姑以聽其自固自脆乎？故衢訪岳咨，枚卜吉從，從〔三〇〕闢誠之路也，而即以奠固之基。虞庠周序，執爵臨雍，養誠之源也，而即以築固之室。千石萬鍾，石田采地，豐誠之貺也，而即以榮固之幹。開閤撤闇，建木設鼓，通誠之竅也，而即以綿固之脉。而未也，又爲之勿二勿三，勿猶勿豫，勿執戈戟，勿樹柴栅，勿有所冰凝火焦於此中，勿有所呑吐竽瑟于所好，勿開人以首鼠之端，勿導人以城狐之隙。故人以誠爲傳火也，王者以爲照臨也。人以誠爲搏沙也，王者以爲介石也。人以誠爲結萍也，王者以爲陼濕也。人以诚为轓结也，王者以爲輪軸也。方且撫其人如在提之嬰兒，愛其人如在握之玄珠，則有膝可造，鱗可批，裾可引，輪可埋，以先固人之氣。馬不斥，鳳不去，梟不出，虎不啐，以先固人之心。矯詔則寬，補牘則受，齒馬則容，徙薪則納，以先固人之骨幹。人得自固于王者之誠，更何有愛而不誠于王者以爲王者固？而又何一不爲王者之自誠以爲王者賴？於是有伏蒲叩墀、排闥折檻之人，而王者賴有真耳目。于是有解繩調瑟、撫臆誓几之人，而王者賴有真股肱。于是有自牖于巷、用圭盈缶之人，而王者賴有真心膂。于是有赴水蹈火、損頂糜踵之人，而王者賴有真爪牙。是之謂通天下人爲自通，自爲天下人，而人與自乃始血貫脉聯，精浹神流，膠固而不可攜。第見其狉狉獉獉，睢睢盱盱，人游於王者之誠而王者不離矣，人固于王者之誠而王者不摇矣。王者停之，人自清之。王者平之，人自趨之。王者闢之，人自入之。不知其爲誠也，其爲賴人之誠也。不知其爲固也，其爲賴人以自固也。譬之人一身，身使臂，臂使指，自首領肱腓，以至腕拇毛脉，有觸之而不動，挫之而不痛者，非身也。有摩之而不熱，刺之而不覺者，非身也。有清煖寒熱不知救，有鏌鋣傳體不敢搏者，非身也。則其必痛必覺必救必搏者，真身也。真身者合萬身爲一身，不得分爲二身也。唯不得分爲二身，則奚必吐納爲養也？元神既懌灌于天和，而王者之精神固。奚必熊鳥爲適也？元精既練馨于明德，而王者之筋髓固。奚必聚塵爲山也？涣群若丘，峻于塿堞，而王者之疆隅固。奚必收涓爲海也？導脉若川，險於淵谷，而王者之陂池固。奚必銷兵鑄金，斬華飲河也？制挺倒戈，利于矛鎩，而王者之威靈固。人不見與王者有綢繆之跡，王者不見與人有要結之形。夫非固於誠耶？自固耶？夫非生於一，還於一耶？夫非自與人共奠於不二之門者耶？有如執一以生不一，解不二以漸爲二。則或見意而表異，或聞聲而影響。出則有淵魚之察，鉤箭之偵，瘢垢之索。入則有機緘之韄，壁壘之密，城府之鑰。于是乎以二府疑，以疑開隙。因根生株，株之生無已也。因枝生葉，葉之生無窮也。餘桃之悔爲啜，竊鈇之狃爲肖。市虎成于三人，曾杼投于屢至。下貢誠於上，而上不受；上推誠于下，而下亦不受，若兩物然。爲人所私擅，又爲人所不相下。于是上欲設不誠以探人之誠，則如握瓜、亡簪、白馬、黄犢之試。下亦借不誠以亂我之誠，則如蒲脯、鹿馬，繆翌、江芊之詐。反覆變態，至于不忍盡言。當斯時也，上徒有其自，下各封其自。移遊萍飄，如汎不繫之舟，而馳無隄之輿，飄蕩驚蹶，不可棲泊。其何策以自固，而又何能賴人以自固也。嗚呼！自昔王者，莫不求人自輔，而卒之土崩瓦解，亂亡接踵，豈非不誠之主，分人與自二之，而猜疑爲之祟〔三二〕耶？《易》曰：「鶴鳴在陰，其子和之。」蓋言誠之一也。又曰：「拘係之乃從，維之。」蓋言誠之固也。甚且以上下之交不交，分世道之否與泰，蓋言誠則必交，交則必固也。彼猜忌者何以固哉？德宗爲唐英主，建中之治，步武貞觀。史言其褊忌剛愎，恥屈于正論。至其自言，亦謂推誠有弊，至令僉人賣爲威福，又令言者歸曲於上，以自取名。噫！因噎而廢食，懼溺而自沉，兩言豈不切中膏肓哉？自古聰明之主，多不免猜疑。猜疑之弊，多至土崩瓦解，而不可收拾。隋秦末路，足爲殷鑒，寧第德宗耶？雖然，人君欲賴人，先於克己，故虞舜之樂取，唯舍己，乃能從人。己私未去，而囁嚅者得乘欲而中之，以自盤據於中。彼一二忠信之士，不困五阻而鬱伊，即歌五噫以肥遯。夫多欲之朝，能令真誠長孺終出入禁闥耶？如是則奚有于人之誠？而又奚得賴人之誠以自固？信乎唯克己乃能不有其己；唯不有己，乃能有其人。故不克己而能賴人者，未之有也。

聖人恃以鼓舞萬民之術

萬曆丙午廣東録

聖王欲以其精神與天下通也，常先定于所寄〔三二〕，而行之以必。夫天下，大物也。舉天下而歸命一尊，大奉也。握大物，饗大奉，而不有大寄，以吹噓而摩盪之，則奥窔隔于九閽，堂堦遠于千里，其毋乃涣然邈不相屬，於是乎不得不寄之令。顧寄也而計不先定，下必有窺其隙而玩之者而術窮。定矣而尚有濡需〔三三〕莫必之意，是我先自玩，又何禁天下玩也，而術益窮。惟酌之至定，發之至必，精動神行，響應景象，是聖王所爲通變億兆之微權也。劉元城曰：「令者聖人所恃以鼓舞萬民之術。」夫君尊則天，威則雷霆，誰所不可恃，而曰恃令？且慕清净寂寞者，曰無爲自正，無欲自樸，何用揭建鼓于唐肆，而云令能鼓舞？則盍試觀之天，天何言哉？顧獨寄鼓舞之權於風，以與萬物通。方〔三四〕之噫氣于大塊，而調調刁刁于衆竅也。其于喁疾，故其動物速。其薰被巽，故其入物深。聖人謂天之鼓舞寄是已，法其象而曰施命，曰申命行事，蓋有順流更始之意焉。及至涣汗大號，而主於民益親矣。人身中血脉欲流，筋骨欲固，九竅五臟六府〔三五〕欲調㽞，而汗一反，則全體鬱而幾不可療。故行令必如出汗，膚淪髓浹，無一毛一孔之不徹透然後快。故曰：「令重則君尊。」又曰：「令者君所爲命。」是重令所以重吾身也。是匪以令令，而以元命令也。是匪徒機術之鼓舞，而以竅藏筋脉，先自爲鼓舞也。世主惟懵斯術，遂謂我覆崇臺之上，而是稷稷籍籍者，遯處乎窮簷荒蔀之下。其何不可顛倒？而何不可鞭箠使？故有時而發音旨也，非計定于先，而爲必行之筴也。或偶乘于溢喜，或勉就于廷議。曰：「令具是矣，可郵傳之州部矣。」州部日擊析聚讀曰：「上令具是矣。」夕櫝之高閣，詰朝復之諸司矣。已問之下，下意謂未必也。百相蒙謾，如塵飯也。已請行之上，上果未必也，亦自蒙謾如賦茅也。甚至尺一同于裂繒，舉注耳屬目之會，等于烽鼓之戲，以二三爽信則不極，以四方玩弄則解體。夫固謂直寄焉爾，詎意輕寄〔三六〕且自輕吾身命也，則孰若計定行？必交鼓舞其精神，而示之以重。今夫匹夫匹婦，眇乎小哉！然而精誠所激，風霜頓飛；心臂交運，椎石立應。況人主者，含吐陰陽，彈壓山川，動則移氣，慮且〔三七〕移星，於以表視目而鼓語耳豈難？何者？疾號不過百步，神鼓周乎八極也，聖王于是謂宇宙大矣。語靈爽，則大物大奉。語性命同體，則是含生負氣之倫。吾大身也，筋脉何以相摩？竅臟何以相宣？臂指何以相諭？憂悲愉快，甘苦緩急，何以相輯？齊所恃者，獨此曠然德音，奈之何不定。不必我自爲輕，而安能使重？其我寔不先鼓舞，而安能使民之歌且舞？是故聽臚言於市，稽利害於衆，採國是於卿士，商至計于鼎鉉，廣詢謀也。上觀千禩，下觀千禩，勿發不可給之求，勿圖不可繼之便，酌幾先也。如綸如綍，式玉式金，致專慤而布大願，襲蓍蔡而質神明，告謨猶也。令敬天必修德正事，令勤民必蠲徭省稅，令朝講必禮耆碩儒彥，令求言必拔法家拂士，令舉廢解網必使白駒無縶，碩寬無賦，隅無泣，而南冠無吁，戒一二三也。非惟風之，又雨施之；非惟雨之，又大沛之。聲與實同符，宮與府合體，心手與器度交習，鞭筴與胸臆齊調。其制簡整而非峭澗，規摹宏闊而非擴草。既一之於耳目視聽，而使不旁馳。其渢渢乎飂飂乎靡不被也，靡不入也，而莫知所被也，而莫知所入也。又有以浸灌之於神髓精氣之微，而令不容自已。民各聽令而來，踊距而往，謂天加親我，日加近我，吾儕散處遐陬，孰寔晉我宇下，而百圖利我？於是乎樂斯動，動斯蹈，蹈斯歌，歌斯舞，素絲菁莪，由庚兔罝之詠並作。及歷數傳後，猶恍若聖王之勞來，而一札十行之飛動也，鼓之舞之者何恃耶？其寄耶？其重所以寄耶？術耶？神邪？盖定與必之信人也素，而精神之通人也微矣。昔在盤庚周成憲〔三八〕慮族大之難徙〔三九〕，而頑民之未易静也。夫豈無刑辟？特先爲之稱天述祖，勸以肩一心，勤萬〔四〇〕事，默柔其氣，而漸易其俗。民遂信而安，安而且相忘也。嗚呼！孰知其諄諄巽入，固所以預〔四一〕定深必，而鼓舞之使由歟？民之可由而不可知久矣，知則多撼〔四二〕多態，由則無偏無反。聖人以象魏明爲惇信而使之由，以精神微爲〔四三〕巽入而不使之知。有幾焉維于定與必之間，而有神焉鼓于不疾不行之内，此所謂不識知而歸皇極，蓋王術也。乃伯者曰：「毋變更號令，毋疑錯斧鉞。」豈不亦定且必，卒與王術若砆玉。何耶？王以巽，伯以迫，王者神機自鼓而已，伯者惟恐民之不知令，而聲音色笑之不吾驩虞。苟得借途于王，而息力于伯，其願已奢，其精氣亦已倦矣。雖貌甚鼓舞，神者先去也。後世若輪臺之倦而知悔，奉天〔四四〕而即倦，姑無論。至如神爵、貞觀，一以爲鳳集，一以爲年登，詔令非不精采，第與禹水湯旱，高宗雉雊，所收寔孰多？蓋伯術之鼓舞驟，王術之鼓舞悠也。吾深謂漢文不可及矣。山東詔而倪老扶杖，南粤諭而尉佗輸誠。至止輦皂服，有王者身令之風焉。嗟乎！此何易數數！苟與其蒙謾自輕，使鼓舞無權，寧神爵貞觀乎猶可。

先自治而後治人

萬曆丁未會試録

君子之能正天下，必能信于天下者也。何者？人與我相疇也，身安所翫，體安所習，物之情也。一朝焉欲去其故而於我相師，此豈智籠術駕所能得之？必將使其中明見我之是，而因以自見其爲非，然後能油然釋己而從我焉。夫能使天下油然釋己而從我，則君子於正己正物之間，有所爲我操。而人赴標植於此而響效於彼者，其持術約而課功博矣。圓而通，應而不滯，其旋斡微而轉化鉅矣。故曰：「先自治而後治人之謂大器。」此楊雄氏之説也。然而《大學》有云：「孝弟慈，上行而下效之之謂『絜矩』。」則亦猶子輿〔四五〕之説也。夫矩何以可絜？絜矩則何以能平天下？先自治如規矩準繩，則何以能治人？無他故焉，爲其能信于天下而已。蓋嘗試之，凡肖形而人者無不以正相求者也，而無能以正自致者也。能相求者出于性，而不能以自致者出于情。何以言之？惟皇上帝降衷下民，有恒性焉。性既曰恒，將必如火當熱，如水當寒，則豈有方圓不中規矩而人以爲是者乎？感物而動，性之欲也，而情生焉。情既曰動，即復如鳥翔空，如舟泛海，又豈有任意爲方圓而能自中於規矩者乎？若然，故我有所責於人，而人旋有所責於我。人人所出於己者不必是，而人人所求於人者必不非，則我不治之身將何所恃而可以爲人量邪？我顯出之，夫且明訾之。若微匿瑕而貌示程也，則是以一指掩衆目也，我以所好令之，夫將兩從之。若躬爲僭而言成理也，則是左成而右毀之也。如是者道之以政而人愈倍，齊之以刑而人愈離。夫何故？不信而已。且夫人之情，凡有所鋭然確然而不能自已於是者，必其幡然勃然而有所動于是者也。其幡然勃然而有動于是者，必其怡然涣然而無所疑於是者也。吾爲治而欲使人深信之，不復疑之，又因而動之，使自趨之。宜何若？則莫規矩準繩若矣。規矩準繩，物之有法儀者也。匪惟有法儀，抑亦有法儀者之所自出也。人雖至智，有能離是爲方圓平直者乎？〔四六〕無有也。則規矩準繩之能信于人，必也。有見其合，而敷〔四七〕焉自是其不合者乎？有自顧其不合，而不思就正焉以求合者乎？又無有也。則規矩準繩之能動于人，必也。彼善治者，欲治其人，先治其身。能治之身，夫猶是已。順于天，不鑿于人；率于性，不遷于情。制有尺幅，守有防〔四八〕表，居有檢柙，動有袿結，則君子之能自致于正矣。正之至者，即正所自正。正所自出者，即不正之所取裁。則天下之求正于君子者，無不得。

而取正於君子者，無不應矣。使人知有常之的，無可越之思。由於道而不愆，入于檢而必令。曰彼果是也，我果非也。于是洗〔四九〕濯其心，湔祓其行。望而儀之，如形之招景；則而象之，如音之赴響。出于不自安，動于不得已，而君子所爲，克正教中，上觀下化者，由斯著已。何者？猶是人也，猶是心也。令反好，不徒〔五〇〕；藏身恕，必喻；勢自然耳。若然以治人者，其于章軌至易也，如制器而授之模，如索途而身爲導也。其于感化至速也，如水溢濫而潤于澤，如火焚萊而傳于薪也。其於動變至純也，如鹽以味爲體而和者偏得，染以色爲體而入者全受也。其於取則至遠也，如分寸之瑄而六氣皆以節調，尋尺之衡而九野畢以度應也。如是而有不一者焉，則布之政而人不厭；有不率者焉，則比〔五一〕之法而人不怨。何者？規矩準繩之側，有枉撓之材，不敢厭鉛槧；有離奇之質，不敢怨斧斤。大猷之世，有嚚頑之倫，乃敢怨政刑哉？于是之時，薄海隨流而玄晏成風，蕩蕩平平之治，曷由致之？則正生于其〔五二〕動，動生于其所信耳矣。故使人主而得此術，則不以督責先躬脩，所謂身正而天下歸者也。即人臣而得此術，亦不以聲色先積誠，所謂正己而物正者也。陋哉！管仲之爲器也。其身爲踰也，從君于昏也，正于何有？召陵之盛也，而資糧扉屨之共，濤塗疑之矣，信于何有？經營四十一年，一朝而失諸侯，唯無信也。臧武仲曰：「軌度其信，可明徵也，而後可以治人。」斯之謂已。雖然，欲先爲規矩準繩，又何若而可？則莫若以禮。圓者禮之用也，方者禮之體也，平者禮之情也，直者禮之性也。君子視聽言動壹稟於禮，夫是之謂規矩準繩矣。而後以之治人，使各隆禮以爲尊，由禮以爲順，秉禮以爲固，説禮以爲安。于以總一海内，整齊萬民，奚啻運掌哉！何也？禮有方者也，而規矩準繩皆有方之屬也。故曰：「禮者人治之大者也。」夫子小管仲之器，終之以禮，其微旨抑可思矣。

擬唐房玄齡魏徵《論帝王創業守成之難》，上各嘉納，仍諭玄齡等以守成當慎，謝表（貞觀十一年）

萬曆丙午順天録

伏以帝治綦隆，豐運際日中之照。宸衷兢業，泰階先天下之憂。惟居安思危，綢繆遠勤桑土。故用愚裨聖，咨詢下逮蒭蕘。垂駿烈以彌光，衍鴻庥於罔極。戴均黔首，悚入蓬心。臣玄齡等云云。竊惟五德運世何常，每一治一亂；千聖傳心有法，在無怠無荒。舜德巍巍，嚴克艱而儆戒；文心穆穆，純敬止於緝熙。凜矣深淵之臨，惕然朽索之馭。蓋已治而若未治，故雖休而弗敢休。其慎其難，慮式周于天鑒；卜年卜世，慶豫篤于雲仍。守滿持盈，上時幾而有勅；危明憂盛，下日贊以相承。迄近代驕縱益滋，迨時君匪彝胥即。聲色是邇，竟忘先世之規；遊畋恒娱，旋墮祖宗之業。初念虔而終乃弗繼，前車覆而後復相仍。國兼併于祖龍，妄冀萬年長保。基遂傾于指鹿，僅傳二世淪亡。思猛士以守四方，詎識垂統貽謀之善？求神仙而巡東海，奚取長駕遠馭之才？羊引宫車，無復忠良匡救；駝生荊棘，徒令志士興嗟。即開創之君，已侈窮大於平定；矧守成之主，能懷惕厲於安寧。正弗從繩，逐流連荒亡而靡覺；缺疇補袞，慨都俞吁咈之罔聞。幸遘熙朝，仰承睿慮。恭惟○○○○〔五三〕，功兼述作，道備君師。秉仁孝以奉親闈，錫智勇而建皇極。化家爲國，日月耀而盡伏群芒；偃武脩文，兵甲銷而凝承九鼎。思社稷爲重器，置諸安則安；惟治忽繫寸心，必無逸乃逸。雖否泰相尋者數，而盛衰維持者□。爰諏創守之囏難，欲得邇言于問察。各陳芹曝，並效杞憂。臣玄齡草昧相從，歷風雨櫛沐之勞備至；臣徵楓宸近侍，覺歲月玩愒之弊易乘。顧微臣罄千慮之愚，慚無一得；迺哲后權兩難之際，立剖群言。温語褒嘉，諒其衷之竭悃；神明紬繹，酌其要以用中。提三尺而手戡姦雄，創者之拮据已往；操萬幾而心營區宇，守者之纘緒方新。衽席伏干戈，念四海人心叵測；晏安成酖毒，豈九重天位足娱？宵旰惟勤，奠金甌于鞏固；剛柔中節，貫玉鉉以調和。謨顯而烈丕承，恒克端乎帝範。君難而臣不易，期交儆於人言。臣玄齡等職忝要樞，才非名世。綸扉清禁，儆寵渥之自天；論道經邦，愧報稱之無地。敢不遵稷契伊周之矩，矢靖獻以效於後先。戴堯舜湯武之君，非仁義不陳於左右。服膺彝訓，奉爲弼贊。芳規拜手王言，允作治平明鑑。真千載雲龍之會，誠一時魚水之懽也。伏願終始勿渝，明新止善。綏猷益懋于有大，茹納愈擴于咸虚。德配乾坤，履坦途而知險知阻；心遊謨典，秉純懿而亦保亦臨。天難諶，民難馭，曷以凝命握符？欲易縱，勢易驕，胡然體元居正。紀綱遜飭，則振刷當先；風俗讓醇，則漸摩宜至。臨宵人媚子，常切城狐社鼠之防；處深宫曲房，儼若虎豹貔貅之御。庶幾明良一德，佇見堂陛。交成聖謨，同虞廷十六字；輝煌景運，培唐室億萬年。悠遠矣！臣無任瞻天仰聖，激切屏營之至，謹奉表稱謝以聞。

皇長孫生，恭遇聖母皇太后壽誕，上率廷臣祗上徽號，禮成，頒詔中外，群臣賀表（萬曆三十四年）

萬曆丙午應天録

伏以天心佑命，重開甲觀之祥；聖孝尊親，丕介璇宫之慶。恩覃函夏，喜溢長秋。臣等云云。竊惟帝出之震繼離，畫表元孫之象；先天之坤居巽，生資大母之功。丹陵啓瑞於堯封，塗女開刑於禹甸。殷祥長發，自有娀之方將；姬後克昌，本太任之思媚。詠《螽斯》而集祉，《周南》載美詵振；歌燕喜以揚休，《魯頌》申言令壽。顧祖孫繼世，從來罕萃一堂。而尊養至情，自古難兼兩大。奉觴前殿，徒爲得姊之歡；含飴後庭，未見篤曾之慶。延英昆弟之宴，寳號無聞；建隆母后之稱，行册未果。惟有天安會慶，備名壽之二儀；僅見仁福睿慈，閲子孫於四世。自兹而外，斯不足觀。蘭夢叙占，逢吉之徵逖矣；萱宫椒寢，循陔之慕杳然。史皇孫盛事虚傳，萬歲巷鍾祥未覩。脩儀注於延恩之殿，祗侈繁文；上寳册於玉清之宫，何關令典？豈如昭代，曠舉彝章？兹蓋伏遇皇帝陛下，廣運聖神，兼資文武。仁深必世，合華夷内外，莫不尊親；德健統天，自南北東西，無不思服。穆垂裳於宸極，五雲長護龍樓。勤問寢於彤幃，三至頻瞻鳳輦。國本蚤建，既以孝而爲慈；新政弘敷，復因心而廣愛。眷此孫謀之貽燕，適逢吉兆之徵熊。五百歲而合貞元，正月吉誕彌之會。六十年而周甲子，恰皇慈初度之辰。重輝星底一星，光映壽星之彩；少陽日下有日，楨符愛日之誠。繡褓〔五四〕銀盆，共班〔五五〕萊而動色；冰桃雪藕，偕湯餅以承歡。啓有道之曾孫，天上麒麟再降；受介福於王母，女中堯舜齊芳。木有本，水有源，當思報稱；乾之高，坤之厚，難繪崇深。得壽必得名，強裁一十二字；惟良斯惟顯，昭揭億萬千年。玉札金函，不羨雲華真誥；霞霏霧燦，恍移洞府靈篇。紀安貞應地無疆，羨遐齡後天不老。門開魚鑰，來萬乘之起居；樂奏龍笙，響六宮之環珮。輦出房而雷動，扇交翟以雲移。幸集靈宮，鸞輿映扶桑之旭日；游祈年館，鳳墀轉蕙草之光風。驚傳漢殿三呼，式同頌禱；侈〔五六〕歛箕疇五福，用錫臣民。丹詔擎來，率土荷堯仁之賜；黄〔五七〕封賁處，溥天含舜孝之施。共歡文子文孫，薦徽音於文母；更祝多男多富，延〔五八〕曆所於多年。誠宗社之洪庥〔五九〕，爲情文之盛舉者也。臣等有懷踴躍，莫罄〔六〇〕贊宣。矢麟趾以颺言，用陳鰲忭；熙鴻號於永世，敢後蟻誠。慚東方祺祝之文，具瞻百禮斯洽；乏子建母儀之頌，祗承萬福攸同。伏願天命用休，孝思不匱。融融洩洩，絳桃永駐乎慈顔；蟄蟄繩繩，蒼籙坐觀乎寶祚。上壽中壽下壽爲三壽，昌景爍以無前；大書特書屢書不一書，垂休光而照後。臣等无任云云。

擬宋知院歐陽修進《朋黨論》表（慶曆三年）

萬曆丙午浙江録

某月某日歐陽修謹以所撰《朋黨論》奉表上進者。〔六一〕伏以乾德當陽明兩作，錫疇離之祉；泰交啟運用三驅，成顯比之公。心惟於野之同，獲上必先信友；義切〔六二〕有丘之涣，求臣未能事君。欲輸子諒於涓涘〔六三〕，敢矢寅恭於寮寀。臣修云云〔六四〕。上言緬維治亂安危之故，繫于賢姦進退之關。六相同心，共矢匡襄之力；九官異任，允諧喜起之歌。洎益贊臯謨，猶驚讒説；即堯兢舜業，尚勑和衷。故當鳳凰巢閣之時，必紀屈軼生庭之瑞。八凱並八元，而世濟其美；四凶投四裔，而人服其公。載稽十二牧之疇咨，和于朝而和于野；爰及三千臣之疏附，一其德而一其心。均懷如結之儀，寧數若林之旅。迨沿叔季，聿興朋黨之名；更歷漢唐，旋致國家之禍。甘陵兩部，競分南北之宗；　汝潁三君，專持左右之袒。李牛相角，妄指正人爲邪；　白馬投淵，漫謂清流可濁。初若決藩之虎，比河朔而尤難；　終如羸角之羊，方汝南而不足。蓋漢以君子黨君子，金可斷而斷且未融；　若唐以小人黨小人，鞭自堅而堅猶可破。雖流品判於黑白，乃吠聲吠影，嗔喜易淆；　矧傅會起於蒼黄，至爲利爲名，從違益決。人非我是，迨久而莫知其非；　彼合此離，愈激而愈成其合。互相厭苦，陰肆傾擠。各争門户之異同，遑恤朝廷之利害。行且乘墉以射，究將入室而操。臣嘗仰稽古人，諦察興亡之跡；　因以流觀時事，深惟倚伏之機。匪藉君權，曷昭臣鑑？君子不黨觀，過固可知仁；　小人無朋爲，義亦以謀利。必夏鼎陳而魍魎莫逃于毫髮，將秦鏡握而妍媸如見其肺肝。迪哲能官，亶聰惟后。茲蓋伏遇〇〇〇〇，奉三無私，建五有極。克明克類，操刑威彰癉之權；　能剛能柔，妙正直平康之用。心崇節儉，留不盡以遺民；　道法謙亨，大有容而畜衆。第皇風浩蕩，法易貸於縉紳；　而仕路逶迤，精每寄之結納。黨禁特寬于下濟，朋亡曷尚于中行。素交喪而利交漸興，孰是盍簪之好？清議息[六五]而私議轉横，誰爲盈缶之孚？標榜風流，釀節覽伭文之孽；　抽揚月旦，造顧廚俊及之端。況擅聚則必争，非藹藹協一心以希鳴鳳；　廼網疏而不漏，即恢恢開三面寧失前禽？周而不比，比而不周，昔大聖確爲定論；　弛而必張，張而必弛，惟英君默運微權。若僞若真，辨官方以作百僚之式；　誰毁誰譽，行直道以還三代之遺。能於陰慘陽舒之中，成其天覆地藏之量。俾群邪畏而不逞，亦無窮而欲逞之心；　使衆正恃以獲安，亦無激而不安之勢。擴有我爲無我，雅志包荒；　散小群爲大群，訏謨汗涣。遞考世風之升降，悉歸主術之轉移。自古已然，于今爲甚。伏念臣某禀受迂戇，遭逢聖明。犯顔甘冒龍淵，切齒寧辭於虎視？喜言路乍開而旋塞，孰啓睽攜？慮直臣易退而難容，終成否隔。欲别忠邪之品，先分利善之途。敢竭愚衷，聊陳緒論。恥黨人之不與，忍遺並臭于薰蕕；孚朋至而未能，願附孤標于松柏。貽譏新進，暇顧人言。參互舊聞，爰塵天聽。戒諧臣之盱豫，惡行而愛斯專；　斯吉士之允升，直舉而枉必錯。寧獨係人才之消長，抑亦關國運之汙隆。伏願志氣如神，聰明齊聖。天空海闊，任魚躍而鳶飛；　雷厲風行，杜狐疑而猶豫。遵王道，遵王路，共遊蕩蕩平平；　作辟福，作辟威，盡絶訑訑澮澮。則苞桑之業，將藉茹茅永貞；　而葵藿之忱，不與草木同腐。臣無任云云。

擬史臣欽承上命重録太祖高皇帝御製文集進呈表（嘉靖二十四年）

萬曆丙午江西程〔六六〕

伏以貽謀鳳藻，揭道統於穹霄；繩武鴻編，印真傳於正脉。幸寓管中之目，窃窺言外之心。丕顯其文，大成之集。臣等誠懽誠忭，稽首頓首。竊惟道之大原出於天，聖以斯文立之極。天則涵於渾沌，而耀之玄黄；聖則卦肇羲圖，而中傳堯命。或道在而位亦在，四代揚其芬；或言行而道亦行，六經振其響。自絶續罕聞於宸扆，而微言謹守於儒紳。雖江河之逝如斯，然蹊逕之紛亦眩。大晦之後，必有大明。聖統之垂，自歸聖祖。方〔六七〕規恢於幾務，輒揮灑之淋漓。頃刻煙雲片語，羣工誰贊？縱横球璧十行，萬里皆驚。不知者謂講藝投戈，猶嫺文墨；其知者謂乘時御籙，合奉章程。孰識其包乾元坤始於胸中，運月窟天根於筆下？三五代以前之作者，二千年未有之聖人。七曜森羅，固難於殫述；一毛絢彩，請舉其大都。如云以神役心，以心役神，而辨繭絲者非細；如云軀以神脩，神以軀使，而戒狼疾者遜精。如云非心不道，道本無心，而世猥判之爲兩；如云以學爲本，以操爲輔，而衆胡漫爾無分？如云體之無上，守之無爲，而求道求覺，近在眉睫；　如云相之非相，體之非體，而執有執無，遠隔丘山。彼叔季之君，豈乏眈文？鮮登津筏；　故辭中之富，雖堪析軸，不顛分毫。真萬派之崑崙，爲羣言之溟渤。尚年學士，以周鼎喻古，喬嶽喻高，頌天者殆不可名。唯我文皇，謂天地之心，帝王之度，知父者果莫如子。恭惟皇帝陛下，離照重華，賁文成化。聖作物覩，決諸河瀆之清；　業繼統承，揆以庭闈之孝。敬與一，挈其綱領，直擬商盤；　箴有五，剖厥精微，洞開孔室。曩者訓録告成鰲禁，而絲綸復下鸞坡。由列廟之典章，迄昔人之經史。鉛槧仍分乎秦穎，牙籤再貯之奎垣。蓋取鑑於前徽，亦式昭乎家法。臣等首誦高皇之製，足徵大道之彰；　恍瞻初日之光，乍醒半生之夢。千年緑字，爛爛於今；　萬古玄珠，的的在是。因思廟廊之上，奚羨酉巖汲冢？成憲遵而有餘；　籥珮〔六八〕之中，何須堅白異同？聖學由來自炳。法其德則道凝，師其人廼政舉。如履冰以饗帝，則百神用歆；　戴星而臨朝，則庶事靡脞。賞功官德，則尸素之風銷；　赤子蒼生，則陳紅之積裕。三條興敬，不殊雨化之育英；　五事從戎，安用雲飛而思猛。仁以執法，則貫宿斂芒；　制罔飾華，則夏宫並儉。信乎大事小事，由之而美存。不愆不忘，率之而過寡。謹用辨其魚豕，一宵頓映藜輝；　襲以縹緗，五位儼陳蓍卜。詎但藏之中秘，周室永念儀刑。抑將見諸躬行，漢家自有制度。伏願懋始終之典學，謹陟降以紹庭。旃廈經筵，爲韋爲弦，命朝朝進講；章縫學子，歸極會極，命在在闡揚。道坦坦而周行，寧誼祖德；統綿綿而世衍，永矣〔六九〕皇圖。臣無任云云。

擬上遇災脩省詔釋採摧以來逮繫諸臣二十餘人，廷臣謝表（萬曆三十二年）

萬曆丙午湖廣録

伏以皇穹篤祐，顯垂怵目之靈威；哲后永懷，茂勵側身之實政。法網弘開於八面，孤累頓宥於一朝。喜溢臣鄰，懽騰宕海。敢颺言而傾日，謹拜手以呼嵩。臣等誠懽誠恐，稽首頓首上言：竊惟上帝之鑒觀有赫，獨重民生；人主之顧諟無方，首嚴天命。善則予，而否則奪，勢若游環；輕示戒，而重示殃，機如執契。山崩河竭，總爲仁愛之徵；物怪人妖，盡是提撕之念。歷觀往牒，即中主以下，敢忽靈承？迨至熙朝，自列聖以來，彌隆昭事。第泰寧易玩，況盈滿難持。苟惑於積貯之邪謀，復中於憸壬之譎計。威權在握，誰撓掣電之鋒；利孔漸開，莫救燎原之勢。走貂璫而若鶩，假虎翼以争馳。摧採並興，鉤繪同設。千山靈秀，露泄於斤斧之餘；萬指血膏，剥琢於桁楊之下。膚殘肌裂，杜鵑啼夜月之魂；家破人亡，蝴蝶繫空宵之夢。沸湯已極，虐焰彌張。芻牧何人，擬拯哀鴻之痛；呴咻無術，竟干投鼠之愆。縶手餘二十人，覆盆已三四載。適緣新變，頓入寬條。仰瞻皇鏡之縣，大肆金雞之赦。茲蓋伏遇皇帝陛下，堯仁舜孝，禹儉湯寬。望治切馭朽之懷，風行裨海；臨民軫推溝之視，露覆窮簷。偶因兩宫三殿之洊災，計必四海九州所共惻。謂採砂係生民之利，或者無病於民；謂摧税即平準之遺，亦將有利於國。豈意奉行太過，況兼科派多端。異寶千箱，秖潤噉肝之橐；新絲萬縷，誰憐剜肉之悲。怨讟從生，災祲狎至。雷火交轟於陵寢，朱鳥朝騫；螣螟並集於松楸，紫蜺夜落。天變之燀燭若此，國步之摇蕩可知。雖聖朝方在豐亨豫大之時，而明主獨切震虩昪餗之懼。念囹圄長繫，孰非憂國之臣？儻貫索未明，豈是回天之實？爰開縲絏，並沛絲綸。解弋鳥以歸林，縱涸魚而入壑。經年犴狴，消殘削骨之形；累歲樊籠，望斷歸家之路。豈意曦暘之照，猥加蠉蝡之微。蓋聖心將有停罷之機，故諸臣並荷包荒之賜。慶流率土，祝上壽以齊天；謳滿康衢，報洪慈而無地。臣等忠期格主，才愧匡時。傷困士之陰森，無能活鮒；惕靈旻之震蕩，有願批麟。幸逢矜卹之時，同效聖明之頌。伏願獨嚴方寸，旁燭遐陬。衍此涓涓之流，務沛汪洋之勢；培兹生生之脉，永回飽滿之春。勿謂姑貸數臣，便足了弭災之策；勿復再延數歲，尚未弘蘇困之仁。睿思藻而方新，濊澤流而彌遠。梯航通於禹甸，衆歌中國之聖人；麟鳳狎於文郊，世仰太平之天子。云云。

擬上閱《大學衍義補》，心甚嘉悦，因宣諭閣臣仍御製序文重刊頒布，謝表（萬曆三十三年）

丙午山東程

伏以册函羣籍，道弘經術之文；明牖萬方，化起穆清之表。天章雲燦，古訓日新。在宥向風，含靈拭目。臣等云云。竊惟帝王之學，與韋布不同；天子之身，通天下爲一。故惟大學之道止於善，而獨曾氏之子得其宗。接前聖之心源，立後王之標準。一經十傳，合體用以雙彰；八目三綱，貫明新而一轍。實堯舜以來至意，自漢唐而下蔑聞。漸堙東魯之微言，幸得西山而衍義。條分治亂，鑑引古今。以之上格君心，于焉大明聖藴。然四要備矣，由格致止於脩齊；一目闕焉，佚治平未爲蒐括。光微全璧，行泥完車。逮我孝宗敬皇帝之學懋古人，時維大學士丘濬之精研至理。引其不發，補所未備。采前言往行之遺，足明德新民之旨。臚爲一十二目，列爲百十九條。喇禮樂政刑之詳，燦然掌上；指内外安攘之略，洞在目前。體立用行，道同心一。信孔曾之羽翼，曠世同符；成真氏之完書，待人丕顯。玆蓋伏遇皇帝陛下，德岐堯文，業新康誥。仁親爲寶，極尊養于二人；主善得師，鋭神情于千古。積思經史之囿，留意得失之林。宣諭閣臣，特頒宸旨。謂真氏之衍義，當昭代而表章。我聖祖大書廡壁之間，暨列聖並寘經筵之上。是繩祖武，日講彤闈。歷數寒暑以忘疲，求一治平而若渴。惟濬補其闕佚，遂覩大全。爰酌古以準乎今，將因體以究其用。功成翼教，義取救時。政堪鼓吹全經，真足斧藻至治。用勤披覽，深契淵衷。得之紬繹玩味之餘，悟出語言文字之外。然以蓄之心意，不若見之施行。徹諸九重，何如推諸四海？乃落珠璣而弁首，載新剞劂以流傳。綱舉目陳，在廣廈細旃，已攬宏文之要；家傳户曉，令窮簷蔀屋，悉窺治世之章。儼賢聖于羮牆，列詩書而闤闠。真太平之盛事，明德之休風也。臣等束髮受書，淺心不學。誦大賢之經訓，亦欲親民；抽往哲之編摩，詎忘致主？而曾傳未得，孔壁徒窺。空多芹曝之懷，慚無寸補；虚望汪洋之岸，莫贊一詞。生幸逢君，坐進此道。標聖經而持世，非横汾過沛之浮詞；敷皇極以作民，陋虎觀石渠之故事。仰披睿藻，快覩休明。比真氏之遭逢，爲時已太；無丘濬之學術，于道彌光。用副孜孜，敢抒諤諤。伏願緝熙文止，沐浴湯銘。澄神無欲之源，勵意有爲之法。戒自欺以求自慊，永新命以務新民。嫉聚斂甚于盜臣，迸不與同中國；尚親賢貽之君子，動必法乎前王。忿懥好樂之必得其平，親愛賤惡之不流於辟。此之謂民父母，以能保我子孫。紹述聖真，匪闊疏之儒效；對揚祖烈，還邃古之人文。臣等無任瞻天仰聖激切屏營之至，謹奉表稱謝以聞。

擬上御左順門，出御製憫農詩示吏部尚書郭璡，命慎擇守令，謝表

（宣德六年）

萬曆丙午雲南録〔七〇〕

伏以〔七一〕哲后重康功，軫艱難於耒耜；清時嚴理農〔七二〕，寄綜覈於銓衡。惟起居謳詠之不忘，肆親賢樂利之咸得。俯懈最課，仰愧賡歌。臣云云〔七三〕。竊惟四民之勞苦惟農，兆姓之安危視吏。牧守宣猷千里，大專百城，次者或至十數城；長令布政一同，劇領萬户，少亦不下五百户。前召父，後杜母，勸課總先農桑；男鄭字，子賈名，循

良務在生養。欲臻上理，宜簡康侯。慨自門調，無擇薰蕕。漸至肉食，不分菽麥。繭絲爲政，肯念晝爾茅宵爾綯。草管其民，疇復春省耕而秋省斂。候祥天駟，寧問菑畬？夙駕星田，孰驅游惰？載芟載柞，老死難遇豐年；是蓘是蔍，轉展罕逢循吏。補瘡而剜肉，所在嗷嗷；浚髓以潤脂，猶然泄泄。民無如矣，空興雀鼠之嗟；人抑反諸，曷受牛羊之牧？豈期蔀隱？獲逵宸聰。兹蓋恭遇皇帝陛下，憂寓豳風，政敷洪範。曉戰掃北胡之月，靖我南疇；春遊光西苑之花，矜此東作。在民俗方歲時，伏臘之相慶；乃聖衷猶暑雨，祈寒之若咨。傳肅御門之儀，式臨鳳蹕；出示憫農之製，丕焕龍章。觸景生情，依文摛韻。火耕水耨田家之作苦，如在目前；日笠雨簑草野之淒涼，宛然筆下。讀之則言言涕淚，箴之則字字珠璣。猶以一家之哭無年，而一路之哭乃在無吏。終歲之計樹穀，而終身之計尤須樹人。倘則勞以巨觴，蕪則戮以柔桑，此真良有司事也。慈者進如拔茅，戾者退如去莠，實惟賢主爵任之。苟桃李不能成谿，即桑麻安得被野。虎符熊軾，幾人驅化雨之車？凫舄雞刀，何地走陽春之脚？僞增户口，必服上刑。撫字勞心，毋掩下考。公稼非民，私稼非吏。隨事以省其成，繁政害力。繁賦害財，循名以責其實。務使苛猛之虎，遠遮河東。豈容賊疾之蟊，潛留密界？既頒御翰，復領天言。孔思周情，未足彷憂勤之萬一；堯癯舜黑，差可擬焦勞之二三。何以矢音，敢私啓事。臣璉職慚奠食，禄過代耕。一生不異老農，四壁僅同田舍。蒿萊堪鞠，請陳七月之詩；葑菲不遺，希積九年之蓄。伏願嘉言必史，睿德乃文。御屏勒刺史之名，殿壁繪耕夫之象。臨軒召對，師高皇去暴去貪；到處寬征，法成祖如饑如溺。五百里甸服，五百里荒服，水火金木土惟其時；八千歲爲春，八千歲爲秋，德禄名位壽無有艾。臣無任云云。

擬上命儒臣纂脩《歷代名臣奏議》賜皇太子、皇太孫併及侍臣，謝表（永樂十四年）

萬曆丙午陝西程録

伏以丹衷耿耿，明良開泰於古今；懿訓皇皇，燕貽垂光於先後。魚水懽洽，潤流少海斯深；天地訢和，芒映前星愈耀。教發帝範，慶流雲來。臣等云云。竊惟君臣上下同心，后從諫則始聖；父子祖孫一脉，道有繼而彌光。帝騄王馳，與韋布之箕裘自異；廟趨郊見，即襁抱而軌範已端。東箭貫犀，鏃羽更資其深入；西金躍虎，淬磨益利其發硎。蒙養甚於防川，安危猶之置器。必苦口蒐羅乎往代，斯甘言啓佑我後人。

羨周道之彌長，嗟秦灰之旋冷。操盟愈貳，何關骨肉恩深？寶秘非心，無取堂簾義重。鏡今非易，局中之直道難憑；稽古無愆，事定之公評自定。兹蓋伏遇皇帝陛下，道通三極，功貫百王。雲旗指而内難廓清，天室營而外夷率服。綱常萬古以爲重，禮樂百年而始興。叶吉東宫，嘉禮時而誕獲世嫡；發祥甲觀，大策定而早建皇儲。爲人子而兼爲人父，作述各備於一身；爲人臣而習爲人君，仁孝統著乎四海。爰出睿斷，仍注宸思。謂明良協一德之交，廣忠作誨；作述衍萬年之派，轉愛爲勞。時啓如椽之司，用釐儒臣之命。闢蘭臺芸閣，爛然萬寶之藏；披東觀圖書，允矣千秋之鑑。瑶山伊水，塵囂静而翠幕肅清；芝檢琅函，經史陳而青編襍遝。列目六十而上，自黄虞而迄勝國，道在格心；論世四千餘年，由君德以及禦夷，功期致主。事關乎世業世德，道昭之皇子皇孫。鳳闕捧來，灝氣嚴嚴回宇宙；龍栖頒處，直節烈烈泣鬼神。萬載忠魂，猶雲舒於毫楮；一腔心事，仍縹渺於縑緗。開卷而往事如新，展册而徽音若睹。指當朝之利弊，向多指爲沽名；遡往哲之謨猷，今始知爲愛主。凝承之不得，必一傳而子，再傳而孫，而神合意孚，默悟切於面譚；爵禄之不能，惟君以喻臣，臣以喻君，而此賡彼歌，悦心深於耳受。間有諫則行，言則聽，惟恨生不同時；亦有忠見謗，信見疑，意惟借之往代。無瑕白意，經歷代而尤新；不朽丹心，逾百年而更赤。蓋少成若性，即纘大凝禧可能。而阿意當前，縱希聖入神易蔽。列之爲弦爲鑑，播之如玉如金。則他日出震繼離，寧斥敢鳴之立馬？而異時宣猷展采，豈效緘口之寒蟬？虛懷通於遠謀，寵賚頒及近侍。忻逢盛典，快睹隆恩。伏念臣等陳説喙短，讓借箸於前籌；報國志長，喜攄涓於莫景。謂遺金遺書，匹夫尚有能裁；而言苦言甘，明君豈無燭見？倘批鱗計拙，忠無補於當時；則鳴鳳音希，誼何關於來禩？通新政於舊吻，可大斯期可傳；採古誼於今朝，爲君始能爲父。伏願首嚴儲訓，亟豫孫謀。明示南指之車，烺對西秦之鏡。期以日重輪，月重輝，海重潤；教之子爲述，孫爲繼，臣爲忠。庶父母天地，一氣之神可通。而子孫帝王萬世之業能永矣。臣等云。

萬曆丙午河南録

擬唐翰林學士陸贄請下詔宣赦，奉旨以中書所撰赦文示贄，商確頒行之，謝表（興元元年）

伏以重巽宣綸，解澤旁流於寰宇；中孚納約，泰交允洽於堂簾。豈期一諤之孤忠，遂播〔七四〕九重之肆赦。懽騰夷夏，慶協人天。云云。竊惟救時急務，莫如審察群情；致理宏猷，要在覃敷一德。物須誠動，善以行難。若無悔過之忱，終闕弘人之度。粤稽往古，足券來今。商王由罪己而興邦，楚子以責躬而復國。迨沿晚世，殊乏令圖。雖天心之厭禍靡常，亦人事之詒謀不盡。群疑滿腹，衆鬱填胸。一夫之逆節已萌，百姓之倒懸未解。九朝陵墓，幾成狐兔之居；萬國衣冠，盡染猩羶之氣。鳥獸咸驚其奔偪，粗犂永廢於卧勸。細柳新蒲，野老吞聲而望歲；摧蘭折玉，嬰兒貫栩以銜悲。轉輸無翹足之期，榷税有剜心之痛。情深隴樹，玉關凝戍婦之愁；淚灑宮槐，碧沼飲孤臣之泣。負固尚虞於征討，懷誠復沮於招徠。健兒之解甲何時？逐客之賜環無日。罪因連坐，誰堪索垢於瘢痕；跡涉同謀，畢竟含冤於詿誤。其於仄陋，未罄明揚〔七五〕。老成懷故劍之思，多士感同袍之賦。芳魂漠漠，孰旌苦行於流黄；烈氣英英，未紀貞心於刀赤。高士之丘園永賁，飛類冥鴻；纍囚之囹圄偏屯，鳴同怪鳥。更有九閽之舉動，尤關一代之安危。玉食錦衣，好大之雄心易騁；塗膏釁血，喜功之積念難銷。懷猜既失於防奸，導譽必生於醜直。况值艱難之天步，尤當惕勵於宸衷。實事不聞，應愧設韜之德；仁言更淺，寧辜扶杖之心？微臣方切於飲冰，明主俄行於改玉。休復溥仁人之利，茶鐵間架之税悉停。嗚謙謝徽號之尊，文武聖神之稱盡黜。倏回睿照，共沐洪慈。恭惟○○○○，天挺機神，性生仁恕。智周庶物，思激濁以揚清；勇正萬邦，欲勝殘而去殺。函蓋有同於天地，包藏不啻夫山淵。御衆惟寬，任相紹隆於貞觀；去邪若浼，察奸垂戒於開元。已知天與而人歸，詎意泰終而否至。禍因翫寇，釁啓觀兵。周庭之鍾簴不移，漢室之威儀復覩。主憂主辱，敢忘共戴之讎？神怨神恫，莫數中興之運。罹非常之氣數，昭格誠難；撫既涣之人心，沾濡更切。願普權時之惠，當收不日之功。勢恐攖鱗，情輸瀝血。豈謂上塵旒纊，遽蒙下採芻蕘。裁五色於鳳池，頒十行於鰲禁。乍聞解網，不彈改弦。咳唾從天，普化日和風之德；懽呼動地，暢深山窮谷之情。伏念臣贄，素有苦心，本無媚骨。志豈營乎家室，學不負於生平。猥叨破格之知，敢斬匪躬之節。謬陳則例，特賜參詳。綱條共究於同寅，得失詳稽於旁午。披文相質，但知體格之〔七六〕通；詢事考言，猶覺疇咨之未廣。第如平昔，亦可施行。若在阽危，仍多闕略。蹈險忽渝於常度，解紛必藉於深思。矧繼體歷有歲年，恐離心殆非朝夕。兵既疲而復用，罔思不戢之災；財已竭而猶征，肯節無經之費？更禁防之太迫，兼刑讁之過嚴。宮府漸睽，閭閻益困。側身既亂，古亦有之。屈指流離，今尤甚矣。重圍雖解，四凶未去乎假王；逋寇尚存，二豎猶仍大僞號。其爲攜貳，實繁有徒。勞臣望報於殊勳，義旅翻愁其外侮。欲安反側，惟有真誠。倘恃浮言，何裨實政？洞開襟抱，將藉以宣暢鬱湮；顯示濯磨，正所以滌除疵垢。與其掛一漏萬，隘聖度於包荒；何異暮四朝三，踵狙風於賦芧。惟社稷之神靈有託，亦祖宗之德澤難忘。舉國狂奔，莫釋南轅之憾；全軍恢復，聊酬左袒之懷。惟茲一扎之傳宣，忽動四方之景慕。山東父老，攜持誦漢詔之淋漓；河北師徒，痛哭感皇恩之浩蕩。望雲霓於既稿〔七七〕，解雷雨以其蘇。頓還八表之謳歌，立致百靈之舞蹈。當片念回旋之象，即重暉朗揭之光。共瞻日月之更，益仞乾坤之量。伏願堯思永擴，布濬哲於巢螟；舜抱宏開，委遺津於漏蟻。降尊襄野，俯躬七起之勞；負重焦原，横目三危之險。勿以小康而滿志，勿以多難而隳功。勿啓寶於倖門，改朔引開湖之例；勿僭辭於數赦，委轡操礦石之權。舍己從人，慎終如始。從容造膝，無忘追鋒涕淚之餘；委曲推心，當鑒削牘言辭之外。臣贅無任云云。

擬吏部主事儲瓘疏薦謫籍遺才，上嘉納，付部起用，謝表（弘治元年）

萬曆丙午四川録

伏以興王賞諫，必重補袞之忠；聖帝憐才，尤先賜環之典。片言誤辱乎采菲，多士幸彙於拔茅。喜溢同升，恩踰異數。臣云云。竊惟古者諫無常員，君罔擇聽。矇瞍賦，匪直皋拜稽首，龍作納言。岳咨堯詢，豈必訪需總章，問清衢室？明德遠矣，懸鐘磬鞀鐸之招，靡善弗聞；文謨顯哉，順聲色識知之泯，不諫亦入。自夫泰交道降，荃宰情睽。楚澤行吟，睠宗國而不返；淮陽臥理，願禁闥以何從。雖止輦受言，間嘗見於營臺惜金之主；而拾遺補闕，曾奚取乎連車平斗之謡。人作鑑而不終，馬鳴仗其棘□。黄臺之瓜詞甫詠，白衣之轡榻亦疏。熙寧三舍人並褫，班聯而竄跡；元祐諸君子概鐫，黨籍以投荒。數日臺諫皆空，誰作朝陽之鳳？一網賢才打盡，堪憎止棘之蠅。嘉謨既等於輶毛，衰祚亦危若累卵。邈超往軌，快睹昌朝。兹蓋伏遇皇帝陛下，秉精惠哲，惕業幾康。隆舜孝之夔夔，豫以成化；運堯仁之蕩蕩，大莫能名。道已出聖入神，而猶採講學親政之議；志欲跨今軼古，而恒懷求賢側席之思。故臣偶效涓滴以助深，亦荷川澤之納污。人不欲於廢黜，事漸見諸施行。言念丁璣等五人者，當其抱經矢志，且欲磨礪以須。及其載質入官，便爾立談而涕。灑一腔之熱血，指温樹以忘嫌；攖九閽之逆鱗，投近鼠而罔忌。天威凛乎難犯，姑譴謫以示懲。臣罪宥已及，乃敢生還之是冀。然其氣雖過激，乃爲君謀則忠。言苟可收，勿以下體遽棄。矧沉而錮之也，則草莽賤士，落莫自甘，秖以明主德之不恕；召而用之乎，則羈縲臣，感愴思奮，益足表聖度之能容。温綍傳宣，雨露從九霄而下；除書頒涣，枯朽以一旦而蘇。彼輯檻以旌，佞頭未斬。藏罟於側，君過徒匡。孰若虚己受人，勇沛江河之決；知仁使過，亟收湖海之蹤。不惟恩加五臣，使困衡者勵金石之貞，而剛彌百鍊；抑且風動百辟，令觀望者破脂韋之習，而口無三緘。允矣銓政與言路偕通，臣直藉主聖濟美者也。臣瓘瓴甋小品，樸遬散材。濫竽選曹，乏行儉知人之鑑；尸飱功署，希山濤啟事之規。奪與請自上裁，臣之職也。培傾誰非至德，君何私焉？敢不矢嚴獨知，包持衆美。九術足以致大，不進不休；一言幾乎興邦，自靖自獻。務開薪櫄之途以報國，寧樹桃李於門而營私。伏願學懋有終，政圖無斁。持真詮以擇士，略其短而取其長；酌正論以掄材，養其鋒而畢其用。苟有裨於社稷，不靳轉圜；即無當夫樞機，何妨折節？則光明下濟，萃天地人鬼之歆；福履永綏，應山阜岡陵之□。臣無任云云。

擬上御文華殿，召少傅楊士奇、楊榮、學士楊溥入侍，以御製《述先詩九章〔七八〕序》摹本賜之，因諭以開創之難，守成不易，宜盡心輔導，謝表（宣德六年）

萬曆丁未會試録

伏以睿謨掞藻，述祖德以懋孫繩；皇極敷言，勵臣忠以弼主治。創守思深乎堂構，明良義篤于腹心。荷晋接以爲榮，聆巽申而增惕。臣云云。竊惟靈源鈞〔七九〕羨，有開必先。明德肇基，克昌厥後。心法即爲家法，禹敏啓承；後王不忘〔八〇〕前王，文謨武烈。乃一傳再傳而後，緊卜年卜世之初。説命造中興，良弼帝賚；卷阿致盛治，吉士王多。在上者惟勿予聖予雄，忘大〔八一〕命之不于常，而無念爾祖；在下者庶幾汝爲汝翼，贊成業之不易保，而率由〔八二〕舊章。此道風微，彼昏日替。生深宮而能〔八三〕阿保，未嘗知懼知勞；嗣天造而忽時幾，悮謂不陂不復。曾啓心沃心之蔑有，將善成善作之謂何？試看三尺劍芒，竟壞于竹絲宴衎；即若九功籥舞，旋移于花騎縱横。貞觀不自保其終，釁囮天寶；熙寧欲盡更其舊，禍釀靖康。豈真得之易而守之難，惟是君益驕而臣益諂。迨丁胡閏之世，盡易諸夏之常。默轉天心，特鍾帝祉。洪惟仁祖，誕育高皇。矧〔八四〕乾坤再兆之鴻濛，道彌三極；復帝王自立之區宇，德耀八紘。肆我文廟之代興，昭哉皇考之嗣服！際雷雨亨屯之日，益茂經綸；撫地天交泰之辰，式勤輔相。祖孫父子，亙四世而治統彌光；道德功勳，歷三朝而丕基增奠〔八五〕。惟孝者能述事，祇紹永圖；非天子不考文，疇楊先烈。兹蓋伏遇皇帝陛下，綏猷清穆，受命溥將。憂民情見乎《豳》詩，勤勞稼穡；招隱思深于《蘭操》，繾綣縶維。不享脩文，威足鞭笞四夷而交南是棄；止戈爲武，恩以銷弭七國而趙邸永存。蓋自太宗伐北犂庭，以逮先帝處中監國。親睹兩儀之開闢，幾經百戰之間關。故奕葉方榮，如旭始旦，歲始春，將百世之本支綿延此日；乃宸旒相戒，以中則昃，盈則食，儼四聖之英爽昭格在天。斯已目擊而道存，猶恐言湮于世遠。龍章特灑，鳳藻親裁。溯仁祖之發祥，慶緣善積；繹高皇之啓祚，命自天申。赫赫長陵一德，兼資乎文武；煌煌昭考六服，咸戴以尊親。美必知，知必傳，英猶潤于琬琰；書盡言，言盡意，弘烈炳若丹青。八句九章，驚河圖洛書之重揭；冠詩以序，笑毛萇言偃之末工。俄宣丞弼於中樞，特御文華之左个。衣冠旅進，恍疑身上星辰；閶闔遥傳，共訝光依日月。宏披寶軸，寵錫瑶編。肆筆成書，勒瑁摹本。捧御墨之三體，魂摇鳳翥龍翔；誦帝歌於五言，調叶金聲玉振。皇衷挹損，天語叮嚀。謂君子創業詒謀，本爲百計〔八六〕；而小人諺誕放佚，反曰無知。況馬上得之，詎秋毫非風櫛雨沐；抑鴆安可畏，曾夙夜忘食旰衣宵。無疆惟休，亦無疆惟恤，咨烱鑒于千古；克艱厥后，亦克艱厥臣，勵交儆于一心。申誡臣鄰〔八七〕，悉誠贊襄。若曰都俞吁咈，予一人實藉爾猷；豈其左右後先，爾三臣不求予助？大哉言矣！儼然命之。是將撤豐蔀而憂，釋于日中；豈直觀賁文而化，成乎天下？臣士奇等江閩涸鮒，荊楚散樗。徒荷九重國士之知，謬躋三孤閣學之任。雖葵心向日，罔敢愛其髮膚；然蚉力負山，終莫效其頂踵。緬惟聖人之游藝，無非孝子之永思。敢不祗竭朴忠，對揚休命？從龍從虎，規隨共弼乎仔肩；作礪作霖，啓沃同期于造膝。肯乏補衮之一字，技卑〔八八〕雕蟲；願矣〔八九〕許國之雙金，功高汗馬。伏願儀刑如見，陟降若思。述先以行不以言，豈娱情於翰墨？任人在心不在跡，尚致戒於暴寒。元首喜哉！股肱起哉！歌再賡於虞室；受〔九〇〕命長矣！弗禄康矣！曆遠過于周家。臣等無任云云。

取士

萬曆丙午順天録

問：世之取士，每每重德。德誠重矣，乃古人謂濟天下事必以才，豈才固重歟？士脩奥渫，恒以古大賢自期待。夷攷展布，曾未媿於近代名公。何歟？夫尋常籌畫，斗筲皆能。惟事變當前，呼吸轉盼，倏至旋應，類非斤斤拘守繩墨所能卒辨〔九一〕者。蓋才繇天授，雖均之濟事而出以資稟，相以機宜，亦自夐別。有紛錯四集、汎應不留者，出之以敏；有國勢摇撼、從容鎮定者，出之以養；有厲聲鼓衆攝敵人之氣者，出之以毅；有片言果決、定歸政之策者，出之以斷。此皆所稱卓犖才也，可悉數而言歟？古大臣備才美，擅制作，開一代太平之治。而凡幾〔九二〕謙抑，深厚不露，豈用才固有本歟？下迨叔世，若身扶鼎運，却魏控吴，武緯文經，才不世出矣，亦足上追几几之風否？夫天生豪俊，何代蔑有？而事變猝集，動稱之才，豈真才不易得，抑全才難於兼歟？或才有鉅細，古今異致也。夫才本於德，固矣。而宋人又謂德可強，才不可強，豈才與德不相屬歟？抑所謂可強者似德非德歟？諸士生際明盛之世，必有鴻德杰才出應弓旌者，幸舉所素養以對。

自孔子稱才難而才始貴于天下，乃世之論人者每每重德而詘才。夫才非與德離也。德者植基樹址，端其流品而砥其鋒穎，遲而未始不迅，弢而未始不張，藴於一腔而未始不周於千變也。夫才又不以德掩也。《書》言九德，兼德與才互稱。而浚明亮〔九三〕采、庶績其凝者，咸日宣日嚴之所表著。乃若水土稼穡，弼教明刑，各奏其勛者，皆大聖大賢之所優爲。是德何常不與才合？才何常不與德見哉？借使才離于德，將必爲夐異寥廓，趯趯焉遺跡而凌世。究且乘人鬬捷，騁其閃鑠之智以釣奇，而罔實效。才以德掩，將必爲株守途循，斤斤然拘攣于繩墨。究且拱默隨聲，立于不敗之塗以藏拙，而靡見功。蓋德之體閟而才之用顯，德之根固而才之應圓。微才也，則何以喁然抱空質于世，而號于人曰：「吾實有德，不以才見乎？」故貌德者不若真才。才不真而以才名者多，幹濟則鮮矣；德不真而以德名者多，宏才益鮮矣；才與德兩失真，而平時以德見推者多，臨事獲才之用者鮮矣。蓋孟子之論才也，本之性與情合。才不能盡而得失倍蓰，將人道而違禽獸不遠。則才也者，實人之秉彝乘是而運用焉者也。詎如世之小有才者，一長一曲，争見其能而不軌諸大道者乎？惟小有才者以才喪德，故世儒輒〔九四〕爲之説曰：「德勝才謂之君子，才勝德謂之小人。」而德于是乎畸重矣。此非所論于真才也。不然，胡元愷之賢而稱才子，渾敦、窮奇之類而第曰不才耶？故事至則觀其所以濟事，才具則觀其所以用才。濟事者才，而用才者德。有才而德，可見諸實用矣。《魯論》之稱節也，必歸之托孤寄命。藉令徒負其節，則主少國疑，傾危盤錯之際，疇其定之。孔子講德于洙泗之上，一時諸賢，皆斌斌質有其文。乃於使命則屬之賜，治賦則屬之由，足民則屬之求，宗廟會同之事則屬之赤。而顔淵大賢，則先儒稱王佐之才。何者？德爲虚位而才爲實用也。今夫居平無事，操觚而撰述，揮麈而雄談。晰仁義，説詩書，博帶雍容，徐行揖讓，即非才士，何難焉？及夫兩鑑懸而形，不知幾千萬億也。兩瀑激而噴，不知幾千萬億也。當空之雲，迎風之濤，而態狀不知幾千萬億也。一呼而存亡，一瞬而成僨，一舉踵而大利大害判於霄淵。若安也，而危則陷穽。若遠也，而近則眉睫。若微也，而發則燎原襄陵。倏忽變態，莫可控揣。乃向所號爲有德者，逶迤巽輭。一旦舉而投之至險至迫之衝，微特柴棘之匪蘭茝，粃糠之匪精鑿，即使真謹厚矣，而木彊〔九五〕膠固，或以拘而多畏。真雅馴矣，而瞠目頳顔，或以猝而成餒。真脩潔矣，而引尺遺尋，或以瑣而妨鉅。真侃直矣，而持膺決臆，或以激而成憤。真沉潛矣，而三思百忍，或以遲而生鈍。人與事兩相纏棚，而勢與形旋相潰決。此之爲德，將不爲敗德者藉資乎？古之名臣杰士，未易指屈。至乃捍衡流肩，谹負履險，跡臻遠途，灼先幾，垂永賴，非才曷與焉？故良庖之割，以無厚入有間，砉然理解，則敏之爲也。劉穆之秉朝政，内籌機務，外供軍旅，而耳目手口，汎應不留。百司瞻〔九六〕舉，豐功克奏，則何也？才所優裕，目無全而刃有餘也。棰鉤者不失針芒，能假其所不用以爲用，則養之爲也。桓温偪逼，秦兵驚撼，而謝安石神閑氣調，區畫鎮定，談笑晏如，卒平杌隉，則何也？才所醞釀，遊無形而御有轍也。見寢石以爲虎，氣不激自揚，故射之可以没羽，貴毅也。澶淵之役，一夕而邊書至者五。嘖室盈庭，幾成聚訟。而寇萊公決策親征，厲聲鼓衆，進輦渡河，麾蓋所臨，氊裘褫魄，又何也？才所負荷，括欲止〔九七〕而機先往也。柙干將而弗試，不可以決豚。詎若鉛刀之一割，貴斷也。兩宫之嫌，幾釋而旋構者再。元老憂惶，苦于束手。而韓魏公納約遇巷，調護心勞，一呼撤簾，旋聞返政，又何也？才所剸劃，斷蛟龍而分兕象也。此四公者，智深而勇沉，神發而響捷，長轡利筴，縱横指揮。豈若蟭斧蜣甲、猴冠而文羊者哉？即未論其德，要皆以卓犖之英，豎偉伐于當年，炳千秋而不朽，才之爲效概可覩已。雖然，此豪傑之才，糾紛紜，勛社稷，而非聖賢之才也。夫子固曰如有周公之才、之美，夫公不以才鳴也。《詩》稱「几几」、稱「公孫碩膚」，何嘗語才？然而定太平，擅制作，囊括兼總，猶金液而從範，土和而就模也者。至其立綱陳紀，恢廓宏遠之謨，屑瑟猥瑣之務，靡不周洽旁皇，垂之萬禩。彼其疾若虎變，潛若龍蟄，奮若大鵬乘風，決若網魚逝水，何嘗不敏且養，毅且斷哉？而無才之名，亦無用才之跡。此所爲善用而才始神也，是聖賢而豪傑也。三代以還，其追踪者惟一武侯。崎嶇吴、魏之間，身扶漢鼎，挈赤帝既墜之綱，而維之于掌握。鞭棰指顧，莫不如意，令千載而下，遡覽遺烈，思欲生得而親見之。此其才何才耶？抑豈非善用其才而才益裕耶？即方之元聖，顧誠不知何如？要使三分搶攘之際，蕞爾巴蜀之區，令墨守者流坐而畫諾，雖廉若由夷，孝若曾參，信若尾生，介若〔九八〕柳惠，謂天下事何？夫世非無才之患，有才而不善用之〔九九〕難。知所以用才，則聖賢而豪傑矣。聖賢之才非異人才也，其神斂而能純，故無以薄蝕其才而才奮。其精凝而能固，故無以屑越其才而才完。其心虚而能受，故無以畛域其才而才廣。夫夷羿之技機，不虚掎也。惟萬金十室之得失在心，斯色蕩而矢逸。能澄其神者，無令薄蝕之，則才不汩。謂開誠布公，即周公清慎之心可矣。雷霆日摶而出，不必迅也。鬱之玄冬，發之重陰，而後成其奮擊。能厚其力者，無令屑越之，則才不露。謂寧静淡泊，亦周公恪恭之風可矣。溟渤之波，淼茫浩瀚，不可蠡測也。然非尾閭爲之潤洩，百川爲之分合，則不能翕張而自潮自汐。能廣其輔者，無令畛域之，則才不隘。謂集思廣益，即周公吐握之遺可矣。故用才者，才之本也。有以用才而才乃得所用，有以用才而才乃不窮于用。譬則治家者然。瑰琦琳瑯、窮珍極怪、陽華陰精、積山盈海，而主人者或躭濃而嗜羶焉，則昏滓矣。或樂侈而習危焉，則澆散矣。或旁流而壅户焉，則拘攣矣。即其財充溢棟宇乎？終歸于窮而無所用。故一世之才，自足任一世之事。小大異授，長短殊能，要以使横斜曲直合天下，以治裘之而無空缺掛漏之處，則才之所濟者弘也。然此尤論其常耳。得之驪黄牝牡之外，或失之尋常咫尺之間；索之情味形聲之中，或遺之規圓矩〔一〇〇〕之表。蓋庸才易見，異才難遘也。醫者察脉而望色，率皆能之。乃若目規〔一〇一〕垣一方之人，而手起不救藥之病，惟神于治疾者爲然。無論庸醫㤥怖，即良醫慚阻矣。將兵者執方略，整行伍，率皆能之。乃若運奇於九天之上，九地之下，不假力鬭，無俟血刃而坐屈百萬之師，此惟神于用兵者爲然。無論庸將避舍，即能將却步矣。自恂瞀眇見者操德之説以抑才，而不求夫用才之德，將使愚懦者得以托跡，而陰狡者乘以肆奸。蓋鼯鼠則五而窮，鶗鳥則三而止。才惡可以棚〔一〇二〕恢而宏、補綴而成者哉？蘇洵氏之言曰：「德可強，才不可強。」嗟乎！可強者貌德也，非真德也。不可強者，全才也，非小才也。則才與德未可岐爲二也。才惟用于德而不離德，是故能翕能闢，能隱能見。環中而能應其浩蕩者，汪汪千頃也。其建豎者，矻矻萬仞也。其酬酢紛錯者，赫赫洸洸而逐日以新也。而孰知夫蚓蠅承蜩之所巧用者神乎？孰知夫蟄藏蠖屈之所併用者力乎？孰知夫輻旋轂擊之所交馳者輔乎？故以此論才而才斯貴，以此用才而德與才斯合矣。雖然，吾猶有惑焉。今天下需才亦孔亟矣。當局者輒拊髀曰：「吾即不得才如孔明者用之，誠有諸君之敏、之養、之毅、之斷，何憂天下哉！」然而才非乏也，吾懼用才者之非其人也。故有堯而後能用舜，有舜而後能用稷、契、皋、夔，有漢高而後能用酇侯，有酇侯而後能用信、越、黥布。不則版築魚鹽將老於巖穴，檻車牛口終伏於困窮矣。才又非乏也，吾懼用才者之分于德也。詘才于德而用不盡其才，故暗昒者或以持籌，鄙野者或以典客，懦怯者或以治戎。甚且朝刑而暮兵，昨錢穀而今典禮。能者或困于不能之用，而不才者或得以冒賢者之名，無事而交口稱賢，則觸目悉皆能品。一旦緩急，則袖手卷舌，互相遷避。蓋所爲才者，非才而自用其才，與夫用人之才者皆非也。夫惟明于用才之本者，獨見而不疑，衆非而一是，偶俱而無猜，圜轉而不窮。以此自用其才，才光而彌闇；以此用人之才，才富而彌容。以此用天下之才，才各盡其用而功業彌弘。故國家誠得一能用其才之臣，即得一能用人才之臣。得一能用人才之臣，則天下各用其才以應用，而嘶聲脅息之徒避路矣。天下事其有瘳乎？

省愆脩德

萬曆丙午順天録

問：聖神功化之極，帝德罔愆，尚矣。乃禹、湯之聖，猶以罪己而興。夫罪己固宜其孜孜慄慄。然有謂聖帝明王，莫不兢兢業業，小心畏慎者；有謂過無微而不改，堯、舜、禹、湯，坦然天下而南面者。意者相授守，固一道歟？渾渾灝灝，如夏如秋。太和亨通，諸所語帝王甚辨，豈其果有升降，抑風會之流然也？且云罪己，宜有闕遺於躬。夷考其時，如懸鐘鞀、勤饋沐、訓紀綱、懋官賞，暨不殖貨利，爲有衆請命，洵無可間然。《頌》「率履不越」也者，何所歉？而必己之罪歟？或者謂民不堯舜，各以其心爲心。「萬方有罪，罪在朕躬」，是禹、湯之所爲慮審爾。儻其獨覺間有不以民之心爲心，或令其不得已而陷於罪，其衷之隱恤又如何也？我皇上御宇三十四年於兹矣，久道化成，視聖神何讓？顧國勢如初，民心非昔，睹萌消釁，正宜重而亟反之時。邇者元孫一詔，即不伐不吝之心。乃語云：「堯舜之上，無盡善。」得無謂聖不自聖，萬古同揆歟？兹欲海内暢然，式慰其願見之望，將何脩而可爾？諸士依芹恤緯，是必有久概于中者，幸畢慮言之。

人主聰明雖亶，而省愆脩德，猶稟法于聖帝明王。蓋神明係統，億兆寄命，治常超而上，心常慮而下。唯以其慮而下之心，成其超而上之治，則其治天下，執精純粹美之規；其心天下，存憂勤惕勵之念。故萬善渾融，愈覺聖心欲善之無厭；萬物得所，益見聖心願治之無窮。夫豈故爲是貶損以示天下？蓋一日二日，幾常易忽。而愚夫愚婦，怨豈在明？假令君人者有侈然高天下之心，則必有藐然輕天下之心。善念甫萌，生機遂窒。究且韃韃日甚，轉徙愈難。即晚近卑卑，且不及格，其以希于明聖之芳獨遠矣。愚因是有感于唐虞夏商之世，維時上罔愆，下亦罔□。上罪己，下亦遠罪。慶民生之有幸，知主德之無瑕。固帝王同符已，乃法言則渾渾灝灝異其書，經世則如夏如秋異其時，史評則泰和亨通異其象。而禹、湯罪己，似於罔愆之德宜少遜。至參之二典，如帝所自名，猶否德是慚，讓德是冀。史所載，直謂堯治天下，不知其治與不治，察諸康壤之萌謡。舜治天下，亦既解民愠，阜民財，猶然立誹謗之木，夫然後喟然嘆曰：「此聖人之心也！」聖心如天，丕冒徧覆，而體常空虚。如其空虚之體，有不曠焉而窒隔于其中，則覆冒之體，必有不周焉而不能不遺於所包之外。天以虚而成其大，帝以虚而成其聖，帝之心曷嘗自謂無愆哉？故論聖德者，心小而禁於微，慮之於其未生，備之於其未發，改過慎微，不敢縱其欲，而況其已著者乎？語曰：「堯舜有爲人君之勤，無爲人君之欲，故能使天下各得濟其欲。有爲人主之位，無爲人主之心，故能使天下各得肆其心。」心不以位爲，即貴爲天子，不敢恃之以驕天下。君無以欲爲，雖富有四海，不敢竭之以疲天下。禹、湯授守，皆由此道。故聖帝明王，莫不兢兢業業，小心畏慎者，許平仲之論君道也。過無微而不改，堯、舜、禹、湯坦然天下而南面者，《淮南子》之訓主術也。要以小心聖明之所以至優至大，省過南面之所以愈曠愈超，豈其罔愆者一無所惕于衷，罪己者一無所暢于懷也？諸所云異，風會之流然耳，烏有帝王而可置升降於其間哉？

縱謂民不堯舜，禹泣之；萬方有罪，湯憂之。愚以爲民之心，千古如兹。民之可與爲善，不可與爲惡，亦千古如兹。試觀川谷别區，勁弱殊稟，鈍銛異才，燥濕岐性，疆羸各力，明闇分智，而有不欲安相享、富相養、壽相生、教相導乎？君如天下一身，萬民一體，知情辟義，通利達害。民用是戴爲元后，戚若父母，呼吸與通，脉絡與貫。如此者民心也，欲其無良，不可得也。如棄仁恩，遺義禮，恣睢跔藉，焦灼乎天下，民寃號罔控，不願須臾之緩，如此者非民心也，欲其無陷于罪，不可冀也。聖人觀生觀民，責人責己，祁寒暑雨之咨，尚並欲其盡無，即昏墊數以天行，塗炭虐以人播，猶且如己溺隕深淵，不敢斯須頃刻少置于懷，矧忍不以其心爲心，顧乃驅而迫之，令其陷於非辜爲哉？毋亦以其孜孜慄慄，求之禹、湯之心乎？二聖之□以爲民者，蓋亦甚亟矣。彼其鐘鼓並懸，磬鞀鐸之畢設，□且一饋十起，一沐而髮之三握也。訓紀綱，炯乎其大戒也。德懋官，功懋賞也。澹乎貸利之不殖，惕乎民命之是請也。二聖人宣通之極，勤勞之至，計慮之周，節損之甚，豈其猶有闕遺于躬？而罪己勃興，竟規千載，乃知聖人非其德不盛也，聖心不滿也；非其治不隆也，聖心不足也。古昔聖人能立于無過之地，總之真精之所宰，元氣之所運，時與世靡得而拘焉。儻謂世變時移，心亦迥異。三代以降，人漸澆訛，安得不胥爲魑魅？迺撫后虐仇，面仁背暴，推之不能去，挽之不能來，而所係治亂安危之幾，毫末不爽。有天下者，能如堯、舜、禹、湯其治，則唐、虞、夏、商之民心，至今存可也。可謂王民已，不如帝，必三變而後帝道可舉哉。洪惟我皇上夙挺英姿，久膺大寶，奮神明而獨運，恢聖武以舉安。若以爲登閎上理，無藉于守常襲故之爲，以故十餘年間，蚩尤爲祟，而蕩定如故。祝融煽虐，而壯麗仍然。河伯洊災，而灌輸不絕。狡虜啓隙，而市賞終縻。采薇屢歌，尚清人之未賦。空杼竊歎，猶樂土之未思。一時臣工所爲，凜然於朽索之懼，皇上且以爲過計，豈以其數動無爲，縱舍在我乎？夫人之情能見已然，不能見未然。患之防在無事，不在有事。若已然矣，猶復以未然待之。已事矣，猶復以無事處之。幸其可以常恃，動其可以屢玩耶？邇者，元孫誕育，民荷恩詔，懽然鼓舞若更生。夫民生非鬱抑之甚，則徯望不深。徯望不深，則慶抃不亟。試以此參民情，而其中之鬱而未舒、抑而願伸者，其故可知已。請援執事所稱引，而借以爲規。夫爲民者，宣之使言，悉民隱也。然必上急於求民之瘼，而後下得以申其赴愬之情。乃向隅之泣不一夫，而且滿堂草野之民，籲天無以自達。監門之繪，叩九閽而猶萬里。澨陬之遠，深居何得盡聞。朘削者乘難達以浚民，不知上不忍使至於此極。釜鬲者乘難聞以罔上，不知下未敢疾視其君。下之不知，乃知之莫敢以告。上之不知，及知之無可奈何。何不一倣懸鞀設磬之意，令天下無壅潰之傷？日中不皇，未明求衣，勤民事也。然勤固不敢自暇自逸，亦有罔兼罔知。儻曠垂拱之恒儀，廢延見之大典，既已倦於勤勞之內。治宰相之所不對，侵銓吏之所欲除，又復擾於勤勞之外。倦於內，豈其一無所寄，而卜晝卜夜，愈以荒而成□□？擾於外，豈其一無所遺，而徒忌徒猶，愈以疑而□其擾？自謂明作，而反至倒持。自謂兼總，而反滋旁竇。何不一倣饋沐之規，令天下知躬親之要？四海至衆，善計天下者，總齊而整頓之，維治體也。簾遠地則堂高，簾近陛則亡等。如以彈壓之重，不能保身軀，何恠浸淫而至于司府。以承宣之寄，不能制左道，無惑猖獗益逞于士民。始恐急之則潰，令英雄竊歎於時事。終恐弛之則崩，將一夫大呼而發難。夫下無忌器之思，則法如弁髦之視。何不一倣紀綱之訓，令天下無脉理之病？設官爲民，名器授於君子則貴，彰激勸也。故有其與之，而非以私。有其慎之，而非以靳。如班行虛若無人，郡國聽民自治，借口於纓之惜，不知其爲袴之藏也。藉手於庖之代，不知其爲印之刓也。展轉於冦之借，不知其爲薪之積也。事無其官，難爲方圓之畫。官無其事，祇爲疣贅之駢。况蒙皮雜沓于銀黃，沐冠紛施於金紫。錫命之典安在？試功之制謂何？何不一倣官賞之懋，令天下見章典之公？善爲國者，藏之於不涸之倉，恤民膏也。故惟君心之無欲，能示天下以不藏。如謂天地之不愛，而盡發之。謂巨貲之有餘，而盡括之。括之者名曰濟工，胡冏寺頻那，水衡告匱，左支右吾之不給？發之者諱言加賦，胡田無可度，畆無可履，徧派尤甚于催科？且西園積聚，猶困于東征西討之時。天聖不蓄，何取于熙寧元豐之術。入而不出，亦聚而必散。何不一倣不殖之意，令天下無貪黷之風？用刑三宥，人主得以養其仁心，重民命也。然生心自不容已，生道尤所當求。欲死職下，言雖過激，心實無他。乃久繫囹圄，似錮人於聖世。爲王治鄴，民之所愛，左右之所惡，乃輒加徵詣，似覆照於光天。上聊示以意之所裁，下遂恣其怒之所逞。諸生誦法孔子，而杖斃於中涓。計其爲暴，即坑儒焚書，莫是過也。武弁叨襲世勳，而苟校於閹竪。計其亂法如戮，使沉表可無問也。宥其可刑，而未有遜事；刑其可宥，而祇以快心。何不一倣請命之意，令天下戴欽恤之仁？大抵人主之情，有所矜詡以自高，則必有所掩覆以自匿；有所掩覆以自匿，則必有所畏憚以苟安。禹、湯罪己，直以其獨知獨覺，與天下共見共聞。故不伐則驕心無自而萌，諸凡乘驕而起者，不至紛然而橫生。不吝則悔心由此而興，諸凡乘悔而悟者，自湛然而旋復。其何間之與有？又何越之與有？誠由此心以追堯舜，無盡善之心，不過無一念不惟民心之是體，無一念不惟民罪之恐陷，將見正大之情不必忽而縱，忽而操，俾人無跼蹐于高厚之内。光明之衷不必忽而開，忽而閉，俾人無閃爍于麗照之下。誠確之令不必倏而行，倏而止，俾人無錯愕于寒暑一定之候。此聖明之盛軌，治化之休徵。夏、商之世，曷嘗以民風與唐虞挈度？而萬古同揆，實於我皇上紹隆焉。唯是詔令欲信于民，恩澤速究于下，其所以致此甚易。愚生伏在草莽，目擊時艱，輙自忘其狂瞽，纚纚言之，幸不以爲倨侮而轉聞于上。

紀綱（一問）

萬曆丙午應天録

問：紀綱者，人主崇嚴國体，整一人心之大本也。《五子》歌夏，《棫樸》咏周，有自來矣。迺明著其解，則禮謂君臣父子爲紀綱，而漢儒衍之爲三綱六紀。大抵尊卑秩，上下理而紀綱具是矣。成、周之隆，六卿九牧率屬而聽命于王公，相維相持，以成磐石之固。世治足以維風，道衰足以御暴，紀綱甚正，可舉其槩歟？漢、唐、宋盛時，其紀綱未嘗不振刷，而一時言事諸臣，已有指股脛腰之喻。監司、州、縣法令不行，及將帥裨校，反畏士卒之説，何歟？豈防微杜漸，不待衰替，而圖之貴豫歟？我國家稽古定制，大倣成周，法紀森然。小大式序，朝綱振而民志一，蓋二百年如一日已。邇來士横民頑，卒譁胥猾，諸罔〔一〇三〕法不具論，即號薦紳家，寮宷長屬，間畀〔一〇四〕乘尊。下于上，浸以凌替，似非盛世所有。夫堂臨陛，臂使指，凡以效衆順而成一尊，豈且短垣而自踰之？其所関國体人心非細故矣。説者謂紀綱非獨操之器，必寄之持之有人，而後萬目張，衆絲理。然歟？否歟？諸士挾策而思售其于理亂隆替之原，必籌之熟矣。第勿勦紫陽之餘唾，尚深計之以對。

天下勢耳。主勢欲尊，衆勢欲順。主何以尊？曰：有所以寄之，故當尊。衆何以順？曰：有所以持之，故當〔一〇五〕順。曠不可以偏制，重不可以獨舉。天下勢之至曠至重者也，不可無所寄也。權侔則不能相使，力等則不能相拜。寄天下又勢之大權大力也，不可無所持也。惟明主能明于所寄，而審于所持。持者轂維，寄者輻輳。終日行而不出吾軸，故常尊之勢振，而大順之風成。知此則今日紀綱之故，盖可言矣。夫紀綱何昉乎？《五子》歌夏，《棫樸》咏周，然而未明言其何物也。子夏曰：「聖人作爲父子君臣以爲紀綱。」班固曰：「三綱，父子、君臣、夫婦也；六紀，諸父、兄弟、族人、諸舅、師長、朋友也。」由此言之，命之斯爲名，定之斯爲分，秩之斯爲禮，制之斯爲法，張之、理之斯爲紀綱，非二物也。尊卑上下而名昭，尊尊卑卑、上上下下而分定，卑承尊、下事上而禮行，勿〔一〇六〕卑凌尊、勿〔一〇七〕下干上而法立。正名定分，勿軼于禮法，而紀綱正矣。周治之隆，六卿九牧各率其屬而聽命于三公，以祇承一人。小大鈞〔一〇八〕聯，輕重牙制，外内繩貫，遐邇絲牽，相維以成磐石之固。彼所謂卿牧，皆民上也。而兢兢法守，罔敢越尺寸，所以習民于階級等威之辨，而消其偪上無等之心。朝不溷市，野不踰國，士不躐等，人不侵官。其民化之，亦志慮淳龐，視聽專一，服〔一〇九〕事其上而無覬覦。及其衰也，王綱解紐，強臣悍族，既已蕩然紀法之外，而包茅可以責楚，殽烝可以折晉，隧以襄〔一一〇〕重，鼎以德存，豈非紀綱之正致然哉？大抵一代盛時，其紀綱未嘗不振刷，而後稍凌夷衰微。識微君子，要在逆折其萌，使不至積漸而淪于極。漢至文帝，才一再傳耳，而已指大于股、脛大于腰矣。德宗距貞觀之世未遠也，而已監司不令于州，州不令于縣矣。神宗纘真〔一一一〕仁之盛，又鋭然有爲，而已將帥畏裨校，裨校畏士卒矣。夫以通達治體，如誼如贄如光，夫豈過慮而溢言之？福胚禍胎，豈伊朝夕？《易》曰：「履霜，堅冰至。」蓋言慎也。國家稽古定制，大倣成周，析中書而六之，設都督府而五之。分理庶政，以率〔一一二〕成于上。議者不得行，行者不得擅，部院不相壓而相綰，監司守令相禪而不居其成。一人〔一一三〕挈其領，而衿裾襜帶，順若委裘。衆職呈其工，而棟柱榍榱，湊若拱極。紀綱蓋甚〔一一四〕正已。二百年來，國體森嚴，臣工競勸，小大式序，有鷺振鴻漸之雍容。遠近協和，無豕突獸〔一一五〕挺之狂軼。是以神叢稍竊，旋就芟除。么麼屢警，悉從剪滅。蓋秉軸者肩弘，夾輔者力衆。群所邪許，覲重爲輕。是亦上有所寄，下有所持之明驗已。其在于今，蓋可道哉！夫上之安上非驕也，下之安下非屈也。夫孰非天子之命吏？是王襄〔一一六〕也。今官以抗上爲風裁，以不奉命爲能執。爲小吏必持其大吏，爲屬則侵其長。一語不合，噂沓背憎，反唇而相稽。堂簾之限浸庳，冠履之分莫辨，何凌轢也！上之所令，下之所掌柱也。下之所執，上之所唯諾也。下有建議，情知非是，謬復獎許，往復參駁，稍爾相迕，即蠭氣瞋目，語難而誰何。是上不敢逆下，而下敢逆上也，何牴牾也！分所以抑競也，職所以明守也。今却夷軌而徑趨，拔層階而距躍，三窟营而齊梁並重，偏師出而隴蜀兼收。利則駛，便則敓。前者可軋也，旁者可肘也，圖報復可噬也，何躁競也！才不施于當職，而務詆訶是非，掎摭好醜。一人也，而賢不肖互異，甚則朝賢而夕不肖矣。一事也，而可否互異，甚則面可而背否矣。驚波潛駭，危機窖發。荃蕕〔一一七〕因言而變味，朱紫設象而易觀。遂使主者莫堅其操，而議者陰竊其柄，何淆亂也！考成之法綦覈矣。顧上舉法，下故撓之以情。上覈實，下故應之以贋。督役〔一一八〕勤，而逋匿如故。參罰嚴，而懈弛如故。查刷頻，而弊竇如故。註銷奏，而負翳如故。即有明詔，直敝帚視之，高閣庋之耳，又何玩愒也！如此則名分倒置，禮法乖張。主尊褻于上，而衆順睽于下，尚謂國有紀綱哉？今夫青衿之譁師長也，罪弁之脩郄乎郡守也，宗庶之訐親藩、戕制撫也，至悖也。强胥黨據于公衙，富賈借交，僭横無制，豪猾專恣，目無縣官。而樸樕小人，咸思跳梁。藉訪訐以箝上，至亡法也。愚謂此輩何足异，獨异夫士君子，擔圭折爵，孰非習名分、秉禮守法之臣，而嚚凌詬誶，無異儔伍，其何以習衆？衆之效尤，犯上凌節，又可禁止哉？夫群下至衆，而主上至少也。至少而尊者，至衆而順也。俱犯上，俱凌節，則人主最病。奈何不維其故乎？愚謂紀綱之蠹在官不在民，而紀綱之所以蠹又不在下在上。盖政自上下者也，上作政而下行之不逆，故上下無怨。作政不行，命必自上壅矣。故威以權行，法以事立。權所當假也故恡之，而並恡夫所行之事，如是者命壅。居者積薪，守者爨桂，而操之若璧刓而弗忍予，則命壅。當官以掣肘，虞撓攝篆以代斵虞傷，兼理以左右畫虞廢，如是者命壅。黃麻不時宣，白簡不時發，寘寘默默，左右且乘之以媒重，則命壅。宣矣，發矣，旋復反汗，使人逆料其然，而陰索其所不然，則命壅。用是禁網漏于呑舟，定制摧于罡駕，主威分于出彘，信令梗于強牛，紀綱之替有自來矣。故怙權之獨，孰若受成者之衆也？其説在裘腋衆也，乃所以成其獨也。專制之勞，孰若任賢者之逸也？其説在車驥任也，乃所以成其專也。偏悋則偏廢，不若賾受而併稽其成也。其説在耕織，賾而併則無妨于賾也。互攝則互侵，不若分職而合奏其功也。其説在庖祝，分而合則無嫌于分也。語曰：「衆目營方，天綱〔一一九〕自昶。」則寄之謂也。無寄則亂，寄而無所持，亦亂。欲持之則必重大臣，而大臣欲持之，則必其以身爲紀綱之身，而無自失其所爲重。蓋朝廷不自重也，以大臣重。而大臣又不自重也，以君命重。小臣所不敢任而大臣任之，小臣所不能得而大臣得之。故大臣重，大臣而猶之乎小臣也。曷爲重大臣矣？方今丹幄久虛，翠華希御，以輔弼近臣，而不得一瞻日表，聆天語，其奚繇重納牖而陳之，綴牘而奏之？褎如充耳，時或加詈也。其奚繇重？朝遷一人焉，不得；夕除一人焉，不得。內疏之若拔，外請之若攜，而內反借外以爲援，又奚繇重？堂堂卿貳，寥若晨星，代攝者奔走兼曹，待罪者委重郎署，又奚繇重？大臣不見重，小臣始藐之以輕。小臣方輕大臣，而大臣又自貶其所重。托錞處後，而椎刃莫先。倒柄授人，而環鋒自向。業已失所持矣，又何以總彙群流，而整齊庶類乎？故愚以爲假之事權，托之肺腑，俾得吐露其胸臆而展布其四肢，以爲百僚倡。人君之所以重大臣也，開誠布公，集思廣益，凝若出嶽，沛若江河，使挹之者心傾，望之者氣斂，亦大臣之所自重也。通上下之情而受之以職，使群有司畢智竭能〔一二〇〕于上，而無湫底沉欝之思。大臣之所重于群臣也，安其業勿曠其守，耑篤純樸以事其上，罔越志恣勝，以姦常憲，亦群臣之所以重朝廷也。人顧其名，則實效臻。人安其分，則知止足。人循禮，則讓而不争。人畏法，則無梗化。朝敦素丝之委蛇，士易青衿〔一二一〕之挑闥，族懷行葦之敦厚，俗由虞芮之質成。主勢甚尊，衆勢甚順，揆厥所自，豈非寄之者衆，而持之者力耶？盖紀綱，人主之舟輿也。群臣，馬也。大臣，則轡也。寄車于馬，持馬于轡，坐而致千里。舟亦必有舵，不舵之舟，泛泛乎其何之？人主誠欲無失其舟車，則必自重大臣始矣。抑尤大可怪者，坐刑臣于命吏之上，傳以虎翼，奔走庶正，如走輿臺。制臣屏息而誰何。憤盈小民，緣間思逞。往變于楚，今滇又見告矣。逆朝命，屈主威，啓戎心，損國重，無一可者。甚則黄冠緇流，倚憑城社，抗拒官守，竟置不復問。解紐弛綱，莫此爲甚！金甌天下，詎堪屑越至此哉？嗚呼！喙〔一二三〕攫之勢，莫必在民。斡旋之機，又莫必在上。然則爲紀綱計，非大小臣工是望，而又誰望也？

災異（第二問）

問：古之王者未嘗不以天戒爲兢兢。灾異之來，何代蔑有？乃《洪範》以五事配五行，一事之得失，則一徵之休咎因之，類立竿見影乎谷傳響然者。漢儒伏勝，班固祖之而作《五行傳志》，推驗事變，派析縷分，而壹附之於《洪範》。是果箕疇之旨與？至有宋諸儒病其牽合附會，如歐陽、夾漈二氏者，類以《春秋》書灾異不書事應爲觧，則其説又不知果當於麟經筆削之旨否也？《洪範》、《春秋》之旨不明，至有星墮木鳴，雩食禱筮，壹切歸之於偶然者。有謂天旱意乾封者，有謂湯之旱桀之餘烈者，有謂天變不足畏者。其説益誖謬不足道，而誰最爲作俑者與？天變之來或與人事相左，以類應求之不得。或與人事相會，以不類應求之又不得。兩説交持而不驗，則天心警戒之説，亦有時乎窮矣？《易》之垂象，《詩》之敬天，及《周官》保章氏之辨妖祥豐荒乖和者，其説安在？而類應不類應合一之定論，又安在也？我皇上欽若昊天，握符履泰，神符靈契，剖合清寧。而近歲以來，灾異屢見，如星茀、火孽、地震、山騫、水旱、螟蝗之類，具難指數。乃至祖陵發祥之地，亦屢見震驚。揆之《洪範》、《春秋》之旨，安所咎與？昔人又謂「家利而怪先，國興〔一二三〕而妖豫」，如《詩》、《書》所載，商、周嗣王，遇災儆戒，卒成令名，其言信矣。至我朝聖有謨訓，明徵定保，可爲今日脩省之要者尤著，亦得而揚厲其畧與？近覩科臣所條陳，令諸生直言不諱，此亦千載之一會也。願諦言消弭之要，庶藉手爲當宁獻。

謂造化爲可必乎？而有時乎不定。謂造化爲不可必乎？而有時乎一定。謂造化之有定、無定兩在而不相涉乎？而不知其定而無定、無定而定，合一而不相背也。夫無定者，数也。有定者，理也。定而無定、無定而定者，理與数之所以兩而化、一而神者也。見其数而不見其理，非也。見其理而不見其数，亦非也。不見其理、不見其数而俱付之於茫昧不可知之境，以肆其恣睢無忌憚之説焉，尤非之非者也。古之善言天下者，莫著於《洪範》，莫辨於《春秋》。《洪範》論庶徵，各以類應，而漢儒宗之。《春秋》書災異，不書事應，而宋儒宗之。兩説交持，以至於今。而儒家類左袒宋者。愚謂言主事應者亦過。何以明其然也？箕子之演疇也，先之以五行，曰：金、木、水、火、土也。配之以五事，曰：貌、言、視、聽、思也。徵之以休咎，曰：雨、暘、燠、寒、風，時若恒也。五事得，則五休徵應。五事失，則五咎徵應也。豈故爲是附離之説，以震竦人主哉？若曰：事有必至，理有固然，要令後世知感應之相符有如斯耳。然則一極備，凶。一極無，凶。而又曰「五者來備，各以其敘」，則是分類之中未始無統同。著《春秋》貳百肆拾年之間，五行之變，不勝書也。若震食崩析、彗見星隕，若大雨霜雹、火炎木冰，若有蜮多麋、鴝巢鷁退，若旱雩舛候、螟蝝傷苗，蠭午並起，而卒不言其事應，豈不能推見至隱，以垂誡方來哉？若曰：變不虛生，災不可玩，要令後世深惟其故，亦足以警耳。當是時，或夷狄侵中國，或政權在臣下，或婦乘夫，或臣子背君父，則是雖不書事應，而未嘗不寓事應。善觀者逆其志焉可也。必若斷斷焉，災變自災變，人事自人事，則無乃益媮長敖，而《春秋》之旨豈若是乎？歐陽永叔之志五行也，以爲孔子紀災異而不書其事，恐有不合，反以啓人之不信。既以鑿矣，鄭夾漈襲之而作《災祥略》，復歷舉坎、離、水、火、周、漢、晉、鄭之沴，反覆而明辨之。其事也，如叔興論石鷁之異，非吉凶所生。管輅筮男女之祥，乃無忌之祟；　蛇啣床笫，特老書佐之妖、烏鬬室薦苐之意。善觀者得其意焉可也。必若琴瑟焉，以某事召某災，以某災應某事，則其説始膠固不通，而《洪範》之旨豈若是乎？伏勝之傳五行也，益之以妖孽禍痾、青祥六沴，既已支矣。孟堅祖之，而作《五行志》，復參以仲舒、向歆、京房、眭孟諸家之言，臚列而畛分之。其事也，如渭水赤於武昭，遠應秦政；　臥柳起而文葉，近驗公孫。延登聲發，肇朱博之妖；　梓柱生枝，啓新都之讖。舉夫一二，良有可徵似也。若然，則堯、湯水旱，主何咎？而楚莊之無災，魯宣之大有，又主何休？九年七年，何其應格之遲？而七日桑枯，三言星退，又何其昭報之速？以此況彼，甚爲不倫，固《洪範》之疑䕺也。藉令舒、向諸人，窮其玄辯，庸有能得其觧者乎？況乎每敘一災，推一怪，董、京之説，既前後相反，向歆之觧，復父子不同，即諸人已自背之矣。而欲取信後世，不亦難乎？故曰：「言主事應者，過。」孔子老鈴下之恠，初以爲異，卒無所應，似也。若然，則伯陽嘆亡於川震，文伯占咎於日食，申繻論妖於蛇鬬，師曠推怨於石言，梓慎决火於四邦，子晋止壅於二水，皆懸合事變，信而有徵，固《春秋》之箋傳也。藉令歐、鄭諸儒，覈厥旨歸，庸詎能廢其説者乎？況乎在陳聞灾，而决桓釐之廟。見提壺童子，而知韶樂之作。覘大雨之降於商羊之舞，示天刑之戒於隕菽之霜，即孔子已明言之矣。而槩謂《春秋》無事應，不亦誣乎？故曰：「言不主事應者，亦過。」要之，天命弗僭，賁若草木。吾豈謂天變之來，盡無關於人事哉？第欲一一而比附之，緣飾以幾幸其或中，則其合也，使人驚怖其神；而其不合也，未免使人間執其口，則漢儒之失也。天道遠，人道邇，吾豈謂天變之來，盡有合於人事哉？第欲一一而推置之，未殺之。猥云求謹人事，則其不謹也，固躭樂而無救於危亡；其克謹也，亦漫勞而慮不及補助，則宋儒之失也。善乎葉適之言曰：「術数占災異，自古已然。惟不可彊合於《洪範》耳。」《春秋》以年紀事，災異即事也。若災異之所以爲事，與事之所以爲應，蓋其體不可得而並著也。此《洪範》、《春秋》之旨也。夫漢儒之病，病在知数而不知理。宋儒之病，病在知理而不知数。皆窺其一偏，而未識其大全也。雖然，猶能道及一半也，未至乎不知〔一二四〕與不知数。付之乎茫昧不可知之境，以肆其恣睢無忌憚之説也，荀卿是已。星墮木鳴，國人皆恐，何也？曰：「無何也，是天地之變，陰陽之化，物之罕至者也。怪之可也，畏之非也。」雩而雨，何也？曰：「無何也，猶不雩而雨也，日月食而救之，天旱而禱之，卜筮而後决大事，非誠以爲得所求也，以文之也。」嗚呼！此所謂與於不仁之甚者哉！公孫卿之乾封也，公孫弘之餘烈也，王安石之「天變不足畏」也，皆荀卿之作俑也。愚以爲天人之學，自秦漢而下，千有餘年，罕有能洞其解者。夫天人一也，天之變即人之變，人之事即天之事，無貳無別，靡有一毫筳楹比耦於其間以煩控揣者也。彼《易》之所謂天垂象，見吉凶，聖人象之。《詩》之所謂「敬天之怒，無敢戲豫」，《周官》保章氏之所謂星土辨妖祥、雲物辨豐荒、十二風察乖和者，皆體會自己本分内事，非以此格彼之謂也。故聖賢之學，以天地萬物爲一體。一體之中，烏至而覘天？烏至而覘人？又烏至而覘天人之類應不類應哉？求諸己而已矣。今夫合日、月、星、辰、海、山、嶽、濤、人群、鳥獸，上下、古今而成一體焉，此之謂大一體也，猶難見也。合頭臚、肢體、五臟、十二腑、毛髮、爪齒、筋絡、骨理而成一體焉，此之謂小一體也，可易推也。以小一體言之，天之有五氣，人之有五官也。一氣不應，則一病生。其或五官之間，兩失其正，則兩受其傷，而病患始什然而並出。責以一端之證，豈能盡其變哉？後世主德多愆，受病不一，宜災異之互見而錯出也。而漢儒輩屑屑焉指某事爲某應者，殆未察乎諸証合病之理耶！若夫堯、湯水旱之類，又自有說。病有内傷，有外感。有傷之内者，自取之也，我可得而主也。其感之外者，数值之也，雖造化且奈之何？然而内與外，皆我也。皆我則皆宜懼也，而遑計夫天耶？人耶？天人之類應耶？

不類應耶？古之王者則日以脩德，則月以脩刑，則木以脩仁，則火以脩禮，則金以脩義，則水以脩智，則土以脩信，無一時無一事而敢即安。及乎天變之臨，則又臣以憲，官師以規，工以諫，瞽史、嗇夫、庶人以奏、以馳、以走。豈不知自安逸之爲樂哉？時乖致養疾，則攻焉。天人一體之義，當如是耳。是以天無伏陰，地無散陽，神無間行，民無淫心，時無逆数，物無害生。豈非戬穀之吉徵，而歛福之響應與！我皇上負不世出之資，具大有爲之畧，宵衣求瘼，叁拾餘年天心□佑於初終，景運正當於日中，固宜順撫五辰，時成萬寶，麗日暖堦前之筴，而和風響罔上之桐矣。而近歲以來，咎眚迭見，如寶殿之灾，山川之變，孛食地震之異，風霾雷火之驚，祖陵松栢橋道之傷，與夫霪潦冰雹飛蝗之害，往代所創見，《春秋》所不能載者，具見於今。而既大且多，日迫日近，可爲寒心。執事蒿目而策諸生，生也鄙，不諳於八命九簭之占，敢再以一體之病喻之。夫時物反常，耳目爲怪，執事所稱諸災異具是已。譬人之病，病在外標耳。若夫人事之乖常者，其爲災異更甚，此則病根之在内，明問之所未及者也。而其端有六：病之始生也，頭目岑岑，怯而不伸舉也，於是乎有勸朳之病。今辰禁高居，蕭薌代薦，郊壇無鸞輅之轍，宗廟希袞冕之臨。金殿爐香，鍾聲與鷄人共寂；玉皇案篆，雲編暨鳳管偕蔵。將無所謂勸欿者與？此一災異也。勘欿之餘，有悴其容，於是乎有捐瘠之病。今縱刑餘之人，左建外易，設白望之令，椎髓剥膚，鑿空四海之山，権及三家之市。驚蛟龍之睡窟，竭澤無餘。剖螺蚌之生胎，利網幾盡。虎豹擇肉宫市，高門羅東觀之□。豹□丹血川原，豐室誣妖叛之罪。□羊既已墳□，汍泉且復浸薪。將無所捐瘠者與？此又一災異也。捐瘠之後，血脉溢濯而不循其軌矣，於是乎有結轖之病。今宸居稱静攝有年，臣工望清光無自。始猶以批答爲裁决，後遂以寢閣爲故常。無論折檻危辭，留中不報，即納約宛誨，亦比於搏風；無論攖鱗讜獻，逆耳不行，即巽語譎陳，亦等於沃石。威鳳超翔千仞，而社鼠得滋。彼桑癰仗馬，遭擯一鳴。而床狐或肆之釜鬲，將無所謂結轖者？與此又一災異也。結轖不已，必且痞膈而中懣，於是乎有忿滀之病。今賢積於下，而衡門泌水，居多廢佚之英。財積於上，而瓊林大盈，更無屬厭之日。或十数推而不報，轉石惟艱；或八九載而不遷，積薪遺歎。或課錙銖而爲筦鑰之守，府怨已盈；或狃柙櫝而爲樸滿之藏，悖出不慮。將無所謂忿滀者與？此又一災異也。忿滀既極，邪候雜然而並出，於是乎有眴瞀之病。今耦之所俱，既上之所猜。而上之所好，皆下之所惡。西苑北臺，任流連而恣盤樂；離宫别館，築愁怨以臨傍徨。萋斐捷幡之讒，屬垣煬竈；進供孝順之奏，投水應弦。雉離於羅，咸屬庖而待盡；虎出於柙，復揷羽而高張。將無所謂眴瞀者與？此又一災異也。眴瞀不已，則氣血耗驚而性命可憂，於是乎有潰亂之病。今良苗盡於蝗螟之口，杼柚空於公私之求。墟落陸沉，壑積如林之白骨；炊烟斷絶，途盈若螘之流亡。怨毒無聊，揭竿鼓衆。趙李方就梟磔，閩睢更繁有徒。矧五路要挾於宣雲，宰賽跳樑於遼左，察罕叵測於迤北，太真時警於甘固，紅畨爲難於閩海，蠻莫計失於寶井，兩廣劫優於珠池。邊事既棘，内釁復動，則勝廣之形，方在於此，將無所謂潰亂者與？此又一災異也。嗟乎！時物之災異如此，若之何其藐忽之哉？是故飛孛流彗不爲妖，而鴻雁離散，轉徙溝壑者，其妖甚於彗孛也。迅雷風烈不爲變，而怨氣填腹，哭聲于震者，其變速於風雷也。燬爙鶱竭不爲禍，而焚林竭澤，魚爛土崩者，其禍甚於燬竭也。夫孰知窺闞號澤，豐蔀見斗之爲震食者劇也？夫孰知元首股肱，叢脞廢墮之爲環囓者最也？夫孰知飛霜愁霖，饑虎蒼鷹之爲雨雹蜚蝗者酷也？然則今日之外，無高言天變，而卑言人事。無遠言畏天，而緩言盡人心于一體之義，而本計决矣；洞乎一體之病，而調攝審矣。夫鄉也薾然委靡而抗弊也，俄而奮於風雷，豈不頳而振哉？靡勤朝祀不可。鄉也尫然外瘠而中乾也，俄而暢於肢體，豈不悴而澤哉？靡革苛政不可。鄉也夒然雲翳而川障也，俄而決於江河，豈不否而通哉？靡開言路不可。鄉也悶然結慴而欝悼也，俄而消於冰霧，豈不欝而鮮哉？靡信仁賢不可。鄉也焦然敞怳而蒙霜也，俄而定於澄霽，豈不昏而明哉？靡公好惡不可。鄉也惘然懸絶而馬逸也，俄而懷於怙冒，豈不涣而萃哉？靡博施濟不可。執事謂憲古徵今，凡有當於消弭之效者，令具悉以對。竊謂雉雊鼎耳，高宗正事；大風雷電，成王東迎；旱魃爲虐，宣王憂惮；此皆遇災思懼，惻身脩行，而卒之人定勝天，竟爲守成中興之令主。魏崔光之所謂家利而怪先，國興而妖豫，其在此與？雖然，商、周之事，猶遠而難徵者。若我祖宗之謨命，定保明徵。見於皇明寶訓諸書，不可殫述。如鑄銅人以示警，辯異獸之出壇，躬製序乎天元，力掖疾於拜祀，則昭事之翼也。如一星失次則憂，一事當行則記。昧爽靜思，而文華召對，而章責面裁，則克勤之憲也。如禁開銀場、通寶路，戒取銀坑、復鐵冶，却四方之貢獻，毖中使之驛驅，則痌瘝之卹也。如自群臣以及民庶，直至御前，自二日以至十日，無稽覆奏，則止輦之虚也。如鴻羽龍鱗之喻，深致意於求賢，《猗蘭》、《招隱》之篇，每勤思乎籲俊，則闢門之典也。如持守出入之訓，女寵寺人之防，戒嚴急，而垂諭於烹鮮治繩，明賞罰而取譬於衡石水鑒，則絜矩之推也。如雷震謹身而肆赦，旱憂露檮而免租，兵荒則戒土木，兵戈大水則命度田蠲課，則其咨之憂也。我皇上所爲勤朝祀、革苛政、開言路、信仁賢、公好惡、博施濟者，不必他求，監此足矣。《易》曰：「《隨》，無故也；《蠱》，則飭也。」釋者曰：「無故而偷安，有事而始飭，不亦晚乎？」嗚呼！有事而飭，尚已晚，矧其玩之而不飭哉！所願皇上研天人理欲之幾，繹《洪範》、《春秋》之旨，以一體之義綰結於君民，以療病之方消弭夫災變。顧瞻祖武，踵美前王。大小臣工，敢不精白以承休德？上下既勤恤，而災變不去，福祥不臻，無是理已！草茅之獻，不知可轉聞於當宁否？

忠孝（第三問）

問：以孝事君則忠。又曰：事君不忠，非孝也。然則忠臣事君如事親已。曾子之事親也，若事嚴主。事嚴主固自有道與？昔人謂以德化君爲上忠，以德調君爲次忠，以死諫君爲下忠。其所以化調之者安在？倘所謂大忠無所拂逆者耶？然則逆命利君，謂之忠，又何説也？古之忠臣，有議屯金城、詔問数四、以死守之者，有因儲斁而涕泣訟言、卒能挽回帝心者，有因浴北廊奏對、致上怒、厲声猶前説不已者，有荐人而補牘、復奏立官〔一二五〕門不去、竟得俞允者。彼所事皆嚴主也，卒以逆命悟主而行其志，亦足法欤？今聖明在御，嚴重難犯，批鱗直諫之士，無所閟〔一二六〕其口。當事者雖極力調停，而未有效也。豈主嚴不可遽悟，而化調之竟無術耶？諭親者曰敬，曰涕泣，不以親嚴輒止其人子之真精神乎？倘亦可施之臣忠否？蓋子事父，臣事君，惟此精神耳。其精神原未足諭之君父，而猥嚴爲觧，則所謂幹蠱謂何？諸士行移孝以作忠矣，衹服休采，其胡以事君，幸明告我。

忠臣之事君也，其猶孝子之事親乎！不順乎親，不可爲子。而從豈順哉？舜「夔夔齋栗，瞽瞍亦允若」，惟其化之，是謂順之。夔夔一念，其諭親之真精神乎！匪舜爲然。曾子之事親也，若事嚴主。夫以晳爲父，參爲子，奚志不諭？猶或芳焉。然則諭志實難，諭志者將使親心諭于己心，又將使己心諭于親心，兩精得而百順從，豈徒苟免督責而已？故諭親者幸值慈恕，猶將嚴之。豈其嚴也而恝然忘慕哉？以此思孝，孝可知已。以此思忠，忠又可知已。《經》曰：「以孝事君，則忠。」又曰：「事君不忠，非孝也。」以斯知忠、孝之一致〔一二七〕也。等事君耳，事仁主易，事嚴主難。主嚴則智足，牢籠才優，剸割頫群臣，咸若不吾及而輕世事，咸無足爲吾難，氣難下也。乾剛而亢，夬履而厲，肅烈一〔一二八〕凜于飛霰，摧折果于震霆，威難犯也。倏而予，倏而敓，倏而在予敓之間，陰陽莫測其端倪。雲雨有時而反覆，情難度也。淵深逆鱗，宮隣金虎。其私所揣億，槩染指乎不肖者流，而盡釣名乎？賢者之輩，疑難釋也。有此四難而復間以釜鬲之勢，鏊以鑿枘之形。逆之則害成，順之則狎侮而不信。急之則于距益堅，而緩之則任其自張自弛而靡所底止。即有忠安施？雖然，子非以親嚴加孝，而孝每以嚴親而顯。臣非以君嚴加忠，而忠每以嚴主而彰。嚴非臣子之不幸也，正孝子幹蠱之秋，而忠臣責難之會也。士君子患不忠耳，豈憂嚴主哉？韓嬰之言曰：「以德化君，上忠也；以德調君，次忠也；以死諫君，不〔一二九〕忠也。」龍比之忠，忠臣不願也。以德化君，皋、夔、周、召其人矣。有都俞不能無吁咈，而後成其喜起。有師保不能無疑丞，而後成其太和。蓋化君者之不能無拂而成也，自虞周已然矣。其次莫若調。調爕者寒、燠、温、凉各適其節，而非一于温也。調和者酸、醎、甘、苦互劑其味，而非一于甘也。甘温之調，是調以意，非調以德；調而善爲，管晏猶釀豎刁梁丘之隱慝，況其下者乎？爲人臣者避死諫之名，而不悟德化之旨。徒因循遷徙以待主之自悟，則是調之說，反爲蠹國籍資也。乃韓子曰：「大忠無所拂逆，悟言無所擎〔一三〇〕排。」非然也。藉令主仁時泰，必無拂然後可，則木之繩、金之礪、攻玉之石、袞之補，不著于清朝，而鐘磬韶鐸不夏設，塩梅麯蘖不商鼎。必臣忠無拂然後可，則檻可無折，裾可無牽，詔可無焚，青蒲不必伏，尚方之劒不必借。而剖心絶脰、奮衣鼎鑊、膏血斧碪者，袞世竟無人也。故仁主不拂而不能不拂也，嚴主不欲人拂而不得不拂也。故忠臣無仁主，無嚴主，無有不拂而從者也。從父令，奚子孝？從君命，奚臣忠？荀子曰：「從命利君謂之順，逆命利君謂之忠。」苟利于君，逆命可也。故寧介如石，無轉如瓦〔一三一〕。寧直如絃，無紆如軫。寧觸忌忤顔，中症如砭，無逆款導諛，滋毒如灾。寧朴忠悃愊，抗行厲節，如百錬鋼，無骪靡洟涊，挈楹諧俗，如繞指柔。寧樹風裁，挽頽摧梗，爲砥流之柱，無首鼠兩端，縮朒脂韋，如逝川之波。豈是故爲衡命？凡以利君而已焉。能呢呰嚅唲、苟容持禄、效婦寺之忠勤哉？請徵諸古，趙营平之屯金城也，璽書責讓，子客諫〔一三二〕愳且不保矣。曰：「明主可與忠言。」馳上方畧。詔問数四，往還而無變計，卒破先零。則其以死守之力耳。郜國告淫，儲釁期啓，盛怒所憑即家族，豈虛哉？鄴侯涕泣，訟言動之以祀嗣，聳之以瓜辭，卒能挽回帝心，父子如故。吁！匪泌危矣。李絳嘗因浴北廓奏對，指切中官，及進獻事宜，上怒甚，厲聲猶前論不已。曰：「居腹心之地，惜身不言，爲負陛下。忠誠獲罪，爲陛下負臣。」上解怒息〔一三三〕，諭誠鑒其忠不廻也。趙普常薦人于太祖，怒裂其牘，易日補綴復上之。群臣當遷〔一三四〕，上惡〔一三五〕其人，不與，怒起還宫。普輒隨之，立宫門不去，咸得俞允。普之意，盖不俞允不止矣。之数臣者，其精誠主于浴日回天，而非以意氣。其陳列要于尊君庇主，而非以憤争。故危言正行，而主嚴必悟。以不順順，是爲至順。調以不調，是爲善調。此人臣之上忠，而来禩之芳矩已。方今士君子束髮事主，誰非抱忠而来者？遇事一不當，慷慨激烈，不難嬰鱗蹈尾，以悟人主，露簡乘輿，埋輪闕下，謇謇諤諤，玉碎自甘，豈不忠讜？顧輒鳴輒斥，而于事無益也。鑒之者曰：是不可磯也，庭諍不如巷遇之猶爲得也，叩閽不若納牖之猶爲入也〔一三六〕。姑曷待以調之，調之幸而中也，或見謂當然。徐察之而中者十三，否者十七，則見謂不盡然。久之則承順彌殷，扞格彌甚，上無所用其調，下亦無所用其激，又若視爲固然。愈銷愈靡，而于事又無益也。然則主嚴竟不可遽悟，而臣忠終無所效其款耶？抑其精神原未足諭之君父耶？子之事親，諫而不聽，則有敬不違者在，則有號泣隨之者在。曰敬、曰號泣，其精神真足默諭于親，以聳動其良心，而不能不從者。夫是之謂善化善調也。父有諍子，君有諍臣，豈其爲人臣子憚其君父之嚴，坐視其阽危，而曰「姑調之而姑待之」乎？凡上下否隔，弊在相待而不相喻。《易》曰：「物不可以終否，故受之以《同人》。」天最難同，惟火附上乃能同天。天亦用同于火，是爲大有地之同。天不可見而見之于火，火虛而明，地之精也。人臣能竭精媚主，若火之必附于天，久而不見亮者，無之矣。天之去人遠矣，陽燧取日，光輙在手，蓋地以上皆天明也。遠者，形也。無間者，精也。無以取之，則雖至近而莫之可用。故下無以同于上，而徒曰：「地天懸絶。」是人臣之過也。人臣欲同君，則莫若以德化君。以德化君，則莫〔一三七〕通之以真精神，而用之以婉。婉者積誠之極，而真精神之所注也。物之婉者莫如水。然而百折不回，歸于必東。氣之婉者莫如風，然而八方無礙，歸于必入。故夫婉者，其中情懇到，語意婉轉，如水之淪漣，風之披拂，使人默契潛移而不自覺異，彼悻悻冥冥者耳。夫豈波流風蕩，漫無主持，而猥云調停者哉？善化者，善調者也。善調者，善婉者也。意婉而立志則確，辭婉而持論則堅。其真精專注，若痀僂之承蜩，用志不分而凝于神也。其危心苦志，庶幾遇之，若尹儒之秋駕，夢寐可通也。其精超形表，慮審幾先，若由基之射，未調弓揆矢而猿已先號也。其情動人，若雍門子之琴，拊心發聲而淚簌簌下也。其善諧主意，若役人鳶之養虎，調于喜怒也。

其辭旨婉切，若斲輪者之不甘不苦，而優乎其深入也。必如是而後可語化調之道矣。是故因懼而導之悔，因憂而啓之思，因喜而引之正，所以迎機也。機未可迎，則無妨開導也。烏隱悟君，三嘆辭賄，美臺止戮，衣露寢兵，所以諷志也。志未可諷，則無嫌剴直也。勉而行善無苛，舉其餘慝而並阻之。如其慝也，寧糾繩勿将順也，抑而就法，無過強其太難而反塞之。如其抗也，寧堅執勿曲從也。委蛇其方〔一三八〕以圖大就，即貶損何害？小損而無捄于大，則獲之詭遇，不若範之馳驅也。遷就其事，以需竟悟，即權宜何害？權宜而莫挽于後，則收之桑榆，不若慎之東隅也。君有盛舉，與衆揚之。揚之而聖明之志益堅，不則抗君之命，反君之事，不爲拂也。君有過舉，密牘陳之。密之而恣睢之心潛化，不則比志同方，率百吏相與強之，不爲撟也。驟行之若順若拂，久而見亮，彌覺其親。始強之若塞若通，久而相從，彌覺其入。精神相得而益章，心志交孚而無間。平居賡歌廊廟，矢音《卷阿》，若家人父子，怡然一堂之上。承歡聚順，務竭其情。一或弼違上已，夙鑒之矣。曰：「夫夫愛我，言深而轉忠，語危而轉媚，又何嚴之足憚乎？」漢之宣、唐之德憲、宋之太祖，皆嚴主也。反覆辨難，似瀆。涕泣力諍，似狂。觸怒盡言，似訐。立宫門不去，似要。然而卒得之于其君者，真精神之所諭，固然也。不然，彼其精神原未嘗用之于君父，而猥云天聽之高，天威之難犯，無乃所謂「裕蠱」者哉？上剛而止，下巽而無忤，《蠱》之所以多事也。治《蠱》者，言父子不言君臣。臣子之責一也，幹于初則終吉，幹于蠱〔一三九〕則用譽。二戒其貞，三志其悔，微巽焉猶幹之也。裕蠱則吝矣，蠱之極，乃有不事而高尚者。高尚非臣子也，必其居身之外，潔身乃可耳。焉有任其事不幹其力，坐以蠱遺君父，而猥云明哲者哉？嗚呼！爲人君者，毋亦父子其臣，而致明盛之世，有高尚之士也。

用人理財（第四問）

問：《書》曰：「知人則哲，能官人。」又曰：「庶慎勿誤丕平富。」〔一四〇〕《易》曰：「聖人養賢以及萬民。」又曰：「何以聚人？曰財。」則知用人、理財，古昔並重之矣。用人之法，無過選舉、考課。理財之法，無過會入、會出。洪荒邈矣，唐虞之制，具見《典》、《謨》中。至三代而其法漸侈〔一四一〕。《周禮》一書尤其捴萃，視唐、虞同與？異與？其詳亦可得而陳與？三代以還，稱治無過漢、唐、宋，其舉察之典，經理之規，前後之或興或廢〔一四二〕，或得或失，昔賢論之非一，亦可得而究其畧與？

夫今之天下即古之天下，而人與財有餘不足，前後每每相反，何也？我國家之制，酌古準今，盡美盡善。聖明剏述二百餘年，累洽重熙，初未嘗有乏人乏財之患。乃邇來中外多故，缺竭是虞。大冢宰補牘而陳，大司農持籌而嘆。斯果人與財昔饒而今匱與？抑亦有所以政〔一四三〕之與？兹欲勤卹其窘乏，而壹登之豐裕，何道而可？或謂宜復鄉舉辟召者，或謂宜久任超遷者，或請重農抑末及通塩法錢鈔、舉屯田水利者，其言不爲無見，而果合於救時之要與？抑更有急，則治標之務而此等猶其緩者與？諸生隱居求志，而究心當世之畧，上下古今，諒必有概於中久矣。願悉著之於篇，以觀用世之學。

賢與財之並急於人國也，車二輪、鳥二翼也。夫天之生賢與財，元有此分数，充然足以佐一代之治，而寬然足以經一代之費，果且有不足乎哉？天之生賢與財，亦止有此分数，不在朝則在野，不在官則在民，果且有有餘乎哉？然而尚論者每每羡古之有餘而病今之不足，則其故何也？古人於賢與財，置之各〔一四四〕得其所，故無不足之處。無不足者，乃其所以爲有餘也。今人於賢與財置之各不得其所，故有有餘之處。有有餘者，乃其所以有不足也。夫賢猶火也，其道光明，在繇下而升之，上欝之則不達。財猶水也，其德潤澤，在繇上而布之，下壅之則不行。如是者不得其所，長養而保愛之，則嘉禾也，梁棟也，泉布金刀也。摧敗而糜濫之，則草芥耳，糞土泥沙耳。如是者不得其所，玉無翼而飛，珠無脛而走，揚聲於章華華〔一四五〕臺，炫耀於綺羅之堂，而高賢蠹材於幽岫，彦聖韜跡於柴蓽。一以濃投，一以淡睽也。如是者不得其所，使人爲聚斂之臣，而使財爲賤賢之貨，是之謂兩相病。兩相病者，不得其所，以撲滿之藏，而漏巵軍國；以肅艾之叢，而荒穢蘭圃，是之謂各相間。各相間者，不得其所。夫不得其所者，雖〔一四六〕多，不俾〔一四七〕於理；財雖多，無濟於用也。而曰：「士奚而不至也，財奚而不足也？」是何異却行而求及前人哉？請悉言之，以復明問。夫經國理人之方，有簡而盡者，有詳而則者，有廢一法則國亡一法之利者，有興一法則民受一法之害者，有廢之後利用興而不肯興者，有興之後利用廢而不肯廢者。用人之法，則選舉、考課是已。理財之法，則會入、會出是已。羲、軒而上且勿論，放勳之聖，隻千古無與匹，而爲天下得人，不過舉一有鰥在下之舜耳。當是時，萬邦未乂，而財用之理尚未遑也。洎乎虞舜詢四岳、命九官、咨十二牧，亮〔一四八〕天工，而三載黜陟之。禹平水土，而則壤成賦，各就其土之所宜。

今載在《禹貢》者，無多條也。故法有簡而盡者，唐、虞、夏是也。《周禮》大司徒以鄉三物教萬民而賓興之，舉士之秀者，由司徒而升之司馬，論辨官材以告於王，而爵禄加焉。太宰命百官各正其治，詔王廢置，三歲則大計羣吏之治，而誅賞行焉。用人之詳如此，且也綴衣虎賁，列於三事。膳夫專〔一四九〕人，飲於太宰，無私人也。以九職任萬民，而後以九賦斂之。以九賦斂財賄，而随以九式節之。自園廛、近郊、遠郊，以及於稍甸、縣都、漆林，各有額也。自祭祀賓客，以至於膳服、工事、匪頒好用，各有式也。理財之詳如此，且也驗之以書契，督之以要成，証之以貳令，考之以參互，總之以太宰、太府，分之以司會、司書、司市，無私財也。故法有詳而則者，成周是也。三代而下，稱治者無過漢、唐、宋。當其開國之初，取士之科甚廣，士各以所長奮，無問所從來。漢爲上，唐次之，宋又次之。雖科目耑制，而古德行辟召之意猶有存者。乃行之未久，而輒報罷。其終代不變者，方正、孝廉、博士弟子而已，明經、進士而已，安石經義而已。漢以六條、唐以九等、宋以七事九事課吏。漢之宰相監宫中；唐之内省不立，三品官不任以事；宋之宦官屬樞密府，受察臺諫，固即古明黜陟無私人之意，藉令後世守而勿失，何至人之云亡，而邦國殄瘁哉？故有廢一法則國亡一法之利者，後世之用人是也。興肇之朝，體民之意甚周。民各以所有供，不彊其所不給。漢爲上，宋次之，唐又次之。雖經制未侈〔一五〇〕，而古省刑薄斂之仁，猶有存者。乃寬之未久，而斂漸煩。其制之最苛者，塩鐵均輸、平準入粟、告緡算舟車之法興，而海内虚耗矣。借商閲税、除陌間架、僦質白望之法興，而奉天蒙塵矣。礬茶塩酒、青苗手實、門攤税院、市賦力勝之法興，而南渡寢微矣。漢之露臺惜金，唐之衣袖三濯，宋之燒羊忍饑。漢以列侯領郡國簿，唐以宰相兼度支，宋以商税禁詔，榜諸務門，固即古崇節儉無私財之意，藉令後世仍貫勿改，又何至顛沛之揭，本實先撥哉？故有興一法則民受一法之害者，後世之理財是也。用人之良法盡廢，即有歎息復古，如衛瓘、劉劭、裴子野、沈約、李鍔、劉祥道、魏玄同、沈既濟、胡寅、司馬光諸人之論，而誰爲行之？理財之苛法盡興，即有憤切時敝，如文學卜式、崔融、陸贄、李翱、兩蘓、司馬、歐陽諸人之論，而誰爲終〔一五一〕之？故有廢之後利用興而不肯興、興之後利用廢而不肯廢者，亦後世之用人理財是也。夫唐、虞、夏、周與漢、唐、宋之初，制不必同，均之置人與財於有用之處。有用，故各得其所。三季之弊不必同，均之置賢與財於空虚無用之處。無用，故各不得其所。此有餘不足，古今之所以不相及也與！明興，我太祖創置規畫，損益百代，天造草昧之際，他務未遑，而即下求賢之令。建極革命之初，經費百出，而每賜蠲租之詔。其取士也詳，其取民也約。重熙累洽，二百餘年。張羅挂雲，盡收逸翮。傾崑取璞，不令遺珍。漸鴻之彦盈階，振鷺之俊充庭，不可謂無才也。窮天之産，陸運而水輸。罄地之毛，梯山而航海。倉箱之充坻積，紅朽之陳澤量，不可謂乏財也。夫何邇年以来，内外大僚，寥落晨星。臺省諸員，強半空署。或以一人攝数篆，或以一差兼数年。處處皆虞代庖，人人久苦積薪。加之九塞飛書，諸司積案；老庫将竭，京糧告罄。太倉無過歲之支，漕〔一五二〕運有目前之急。出者尚欠億萬，入者不能以期。盖所謂不足之病形，見於此矣。夫天下非小弱也，祖宗之培植，民力之輻輳，至蕃碩也。登選殿最，非不時至舉行。而正供旁入，日引月長，視往時非不加侈也。昔何以饒，而今何以縮哉？則其故可知也。國初用人，自科貢而外，别有經明行脩，才識兼茂，賢良方正之科，有富户世〔一五三〕人入仕之例。列聖相承，間嘗辟召。今諸制盡屏不行矣。就所行之内，尚有所謂壅閼而廢墮者矣。國初理財以聚斂爲戒，故曰：「庶人積財於一家，人主積財於天下。」又曰：「當使天下無遺賢，不當使天下無遺利。」列聖相因，紹聞遹述。今利罟盡施諸政矣。就施行之外，尚有所謂縻沸而紛拏者矣。儉嗇澹簡之意，不推之財貨而推之於用賢。有乖觸者，有尋端而督過者，有投削者，有逆曳而倒植者。隣於進而不得進，乞於退而不得退。束縛如馬牛玩弄之掌股，而祇以慝一念之忮。搜羅蒐聚之勤，不用之乎材雋，而用之乎財賄。有採榷者，有踰額而私獻者，有包賠者，有縲紲而桎梏者。財已盡而斂不休，力已憊而求不息。離散其室家，椹質其肢體，而祇以博一獻之噱。可驚也，亦可痛也！用人之與理財，既已相反矣。而用共人之與用私人，又自爲相反。卿寺之缺，臺諫之缺，監司守令之缺，無慮數百員，悉束之高閣。乃城狐社鼠，一稱意則擁傳握符，被蟒圍玉，顯行而不報也。理財之與用人，既岐而二矣。而理公帑之與理私藏，又自岐而爲二。狂哱之費，倭播之費，河工典禮之費，垂及二千萬，悉委之尾閭。乃封椿景福，一請發則褎耳不聞，沃石不入，屯膏而不下也。而猶未也，私人之間共人不已。於是用人之禍，且轉而移之乎理財。何也？七襄萬鎰，滿讕稔聞助工。黃袱朱提，孅趨習爲孝順。琛賂充盈於大內，并多冤鬼之號；錢貨不流於民間，蘊作妖狐之祟；皆宵人致之也。私藏之蠹公帑不已，於是理財之禍，又轉而中之乎用人。何也？剥下媚上，已甘美疢之快心；抗旨庇民，益惡芳蘭之當户。南冠而縶，覆盆無見日之期；囓指何歸，幽圄灑瞻雲之淚。皆苛政累之也。才安得不凋落，而用安得不匱詘也哉？非人與財之果不足，而置之不得其所。即欲足其道，無繇也。昔唐之進士舒元輿著論刺時，謂四方貢珠玉金銀至者，有司以筐篚皮幣承之。貢俊乂賢人至者，有司以單席冷地承之。嗚呼！元輿恨不生今之時，睹今之事耳。今四方珠玉金銀之未至者，中官以敲膚剥髓而求之；已至者，皇上以瓊宫寶庫而藏之。其賢人俊乂之未至者，以山陬海澨而棄之；已至者，以犬馬草芥而蓄之，不當意則以鬼薪獄纍而處之。嗚呼！何其重於視財、輕於視士也哉？而且鄉舉耶，是已陳之芻狗也。而且辟召耶，是無用之虚車也。而且久任超遷〔一五四〕耶，是缺當〔一五五〕之玉巵也。而且重農抑末耶，是騰口之説鈐也。而且通塩法錢鈔耶，是塵飯土羹之供也。而且舉屯田水利耶，是膠舟木騮之運也。何益於緩急之濟哉？故論人於今日，以在朝，則不勝其不足；以在野，則不勝其有餘。論財於今日，以在君〔一五六〕，則不勝其有餘；以在民，則不勝其不足。苟能以其不足者移之於有餘，以其有餘者移之於不足，則用人、理財之策得矣。苟能以其用人者移之於理財，以其理財者移之於用人，財有餘不足之患免矣。然則如之何以勅百工？則懸缺之當補也。以開三面，則禁錮之當釋也。以闢四門，則廢佚之當起也。而起廢之典爲尤急。何者？野無遺賢，帝道所以昌。播棄黎老，王業所以墮。今之廢臣，非的然有可放置之罪也。大都伏蒲攖鱗、閔君德民社之重者也。不然，則叩墀而借尚方劍者。又不然，則志在鳳鳴而不徒喑立伏下者也。皆賢者也。不使之彈冠結綬，而使之盥耳潛淵。不使之敬事後食，而使之草耕木茹。不使之立朝論道，而使之枕石漱流。不使之經營四方，而使之間間十畝。亦舛矣！故大弓旌之典，脩束帛之儀，使宜在部僚者，起而展采錯事；宜在臺諫者，起而補過拾遺；宜在民牧者，起而宣勞撫字。譬之求木於鄧林，而梗楠杞梓，無不材也。何謂無人哉？以屏豺狼，則税使之當罷也。以哀鴻雁，則逋賦之當寬也。以甦鮒魚，則内帑之當散也。而散財之策爲尤亟。何者？多藏厚亡，老氏之所戒。交征危國，孟軻之所譏。今之内財，非有天雨鬼輸之積也，大都小民之所敲扑稱貸而来者也。不則賣妻鬻子，離散四方而供之上者。又不然則毀廬舍、掘墟墓、投繯斷脰、纍纍爲溝中瘠者之所輸也。皆民膏也。與其秘之而爲一室之供張，何如溥之而爲九天之雨露？與其蓄之而飽一人之目翫，何如出之而活四海之流亡？與其挈瓶守之而生大盜之心，何如不涸藏之而涣小儲之積？與其施之於禍變，而十百千萬不爲恩，何如賚之於平時，而升斗毫厘皆見德？故解秋荼之網，敷春煦之仁，以百萬付之司農，俾不憂邊餉。以百萬付之水衡，俾不憂工作。以百萬付之災荒諸郡邑，俾不憂饑饉。譬之挹水於江海，而罌瓿盂缶，無不足也。何謂無財哉？凡愚所陳足人足財者，在各得其所。而所謂各得其所者，又非能有加於人與財也，去其有害於人與財者而已。夫事之有害於人與財者，衆矣。如遷轉之變更，資格之拘滯，賣官鬻爵之冒濫，皆不宜株守不變者。而歲進之金花，季進之買辦，兩京監局、蘓杭等〔一五七〕處之織造、燒造，與夫緹騎内外監、各營九邊之冗員、冗役、冗卒、冗餉，每歲一財覈之，可得三百餘萬，又不宜置不講者。而愚獨謂六害未除，則諸害不可得而去也。諸害不去，則諸鄉舉等議，雖一日下百詔，一飯九嘆息而圖之，亦不幾矣。故謹以六事進，而餘未竟之説，願以異日焉。

克己（第五問）

萬曆丙午應天録

問：克己之學，惟顔子得聞之，他弟子莫及也。克己，己也由己，非己乎哉？于子路則又曰「脩己」，己亦必有辨矣。克己言禮，脩己言敬。克己言天下帰仁，脩己言安人、安百姓。将無同與？先儒乃以克復爲乾道，敬恕爲坤道。何以别也？子夏之戰勝，似克。夫子嘗以一貫語之。克己之于一貫，其旨合乎否與？有宋大儒，研精道術，羽翼聖真。後學奉爲規矩準繩，莫敢踰越。乃有謂涵養須用敬，不言克己者，有謂敬則自無邪僻，何用克己者，然則敬尤要矣。胡夫子語好學獨許顔子之克己也？又有謂一事所偏，先自克。之[一五八]得一事，其餘自正。有謂克己惟在克其所好。之二説者，是即顔子所謂克己，非與？四勿之語，學者習聞之。而老莊者流，又以顔子坐忘，墮肢体，黜聰明，其見似更超遠。而史稱申、韓刻礉少恩，皆原于道德之意，又何以故？世衰道微，機鋒駴作。家立門户，人樹藩籬，甚至公[一五九]示公溥而陰慘尤甚，正坐己之爲害不能克耳。故願與諸士共講求之。

仁者以天下爲己，而不自立己。己者，耦人而立者也。人者，敵己而生者也。真己無耦，耦乃敵矣。無[一六〇]耦智則舞文飾詐，𤡔狡鋒協[一六一]以駔儈相侈，冒而爲敵。耦力則牙狺毛摯，刻鑠鞫礉，排擠百出而爲敵。耦才則穎撫錐囊，機覘弩括，先要阨以制人而爲敵。耦名則標榜自賢，鋒鍔相抵，不難甘心井石而爲敵。樹敵彌廣，好勝彌工，而守己彌隘。循頂至踵，六尺自封，若井蛙榆鷟束于所見，而罔知天之大、溟渤之遠也。深峻城府，分别畛域，若□人疆吏四顧踟躕，惟恐防禦不周，而示敵以隙也。其盖藏遮護，若窒潰塞漏，左枝右梧，朝夕馳而不得瞬〔一六二〕息也。其綢繆膠固，戀不忍舍，若慈母之養驕子，雖横逆〔一六三〕跛扈，猶復縱之，揜其敗狀而飾以美好也。夫世之糾纏糺結，傾軋淩奪，千岐百出，輪旋圜轉無已時者，夫非己之故耶？己不立耦，孰耦耦我？己不生敵，孰敵敵我？靡人敵己，孰勝爲人？靡己勝人，孰執爲己？故勝人，自勝之戕也。小己，大己之賊也。學者所〔一六四〕務克己也。故仁者無己，非無己也，以天下爲己，而無人非己也。量闉八荒，故藩籬撤。體侈〔一六五〕萬物，故翕受弘。非仁者之己天下，而天下原自己也。曰：「父天母地，是爲一本，猶二形也。〔一六六〕」曰：「民胞物與，是爲一氣，猶二體也。」謂天下己也，而偏愉戚乎哉？一方痛則痱，一肢廢則痿，謂之不仁。仁者，天地萬物莫非在己。天地，己天地也。萬物，己萬物也。位之育之，己位育也。非曰：「彼天地彼萬物也，而吾爲之位育之也。」故曰：「由己也。」脩己者，其心亦以安天下，而内不忘己，外不忘天下，是謂以己合天下，猶耦之也。由己者，以天下爲己，而孜孜爲己，故無耦。此己之辨也。耦者必敵，敵者必戰，營壘交鋒刃接，萬死一生，滅此而朝夕〔一六七〕者，克敵也，耦若二君然。故曰：「克也。」耦者寇外，從己生耦者寇内。敵者寇遠，以己敵己者寇深。耦者易折，敵者易滅。己則木之蠹而病之蝕〔一六八〕也。其賊心也，慘于寇而附心也。暱于骨肉，其盤據最固，其根蔓最易滋，故克己難也。克則復，復則仁矣。乃復不曰仁，而曰禮，何也？盖仁虛而禮實。虛者難尋，而實者可執。見不虛則分疆別畛，與物刃劘而已隘。履不實則托言達觀，玄解其流，怳惚倏忽而已馳。隘己者牿仁，馳己者棄禮，皆道之所不載也。禮不離己，而能克其非己，以還天下之真己。視聽以禮，即終日視聽而無視無聽；言動以禮，即終日言動而無言無動；即形明理而不局于形；即事着心而不狥于事。譬之水波非水，無波而即波即水。隘己者迷波而不見水，馳己者怵波又離波而索水。波静而水已澄矣，己净而禮已呈矣。即己復禮，即禮見仁。一克永克，一復永復。此惟顔子能終〔一六九〕膺之未易輕語也。老莊者流，薄仁而棄禮。其説墮肢體、黜聰明、離形去知，曰是顔子之坐忘也。既土苴天下而空之，又惡己而逃之。忘〔一七〇〕己之心，其爲己也大矣。非惟不識仁，亦不識禮。禮非敬，而主敬者近禮。敬非克己，而主敬亦竟于克己。故敬則中情嚴扃，澄思絶慕，不可誘也。凝神虛白，蝉蜕塵壒，不可染也。齊遫寅毖，無所縱逸，不可隙也。擇地而蹈，矩行繩趨，不可岐也。靈徹廣通，惺惺常徹，不可溷也。其效至于安人、安百姓，則己之分量亦已旁皇布濩于天下，功用不在克己下。第曰安人，則猶知有人也。曰安百姓，則猶知有百姓也。克己者，即天下即己，復即歸之日。脩己者，以己安天下，脩尚在安之先。由己者，己立己達，即視聽言動而已周。安百姓者，衆濟衆施，在堯舜而猶病内外。頓漸差有别矣。蓋聖門高弟不私裘馬，不耻敝緼，爲夫子所稱許者，顔子以下，維子路一人耳。子夏之戰勝似克，顧其勝者紛華靡麗，而非勝在己。其所悦者又以爲聖人之道，而不知即己之道。知聖人之道爲己之道，則天地萬物莫非己矣。惟己無耦故一，一故貫。天地以位，萬物以育，一以貫之也，而非以一貫之也。有所謂一者，則二天而兩，參地而三，耦物而萬，而又何以貫哉？敬，忠之屬也。安人、安百姓，恕之施也。學者之所繇，克己而希蹤乎一貫者也。故克復配乾，以健行也；敬恕配坤，以順施也。大哉，乾乎！剛健中正，純粹精也。純粹以精，仁體也。剛健所以克己也，中正所以復禮也。閑邪存其誠，顔子之龍德正中也，而非坐忘之謂也。敬義立而内外分矣，敬生直，直生方，方生大，而功次漸矣。《易》曰：「不習無不利。」則亦合于自然之仁矣。此克己與敬之别也。有宋諸儒或言克己，或言敬，不啻詳已。其曰「涵養須用敬」，不言克己者，伊川也。曰「敬則自無邪僻，何用克己」者，朱子也。二子大儒也，而言若是。然則克己非歟？請因其譬而譬之，以敬譬守門，克己譬拒盗。守門即是拒盗是矣，盗内訌而且得緩言守哉？故以戰爲守，善于守者也。以涵養譬將養，克己譬終藥〔一七一〕。無病何須終藥是矣，邪未去而且得遽言補哉？故以藥石代膏粱，善于養者也。二子之意，蓋謂扃鑰嚴則盜自不生，調劑和則病自不作云耳。謂敬以克己，則可；謂敬即不須克己，可乎哉？惟是禮無不敬，敬亦合禮。均之無己之心，而以天下爲量，則聖賢之所同耳。後之君子欲以身體聖學，力躧先賢，洗滌己之私衷，而渾合天地民〔一七二〕物之全體，其道奚繇乎有幾焉？幾者動之微，而去〔一七三〕之先。見《詩》之潛，《中庸》之獨，皆是物也。程子曰：「一事所偏先自克。克〔一七四〕得一事，其餘自正。」尹和靖曰：「克己惟在克其所好。」己之所好，己之所偏，常晳于人所不知，而呈于己所獨覺，所謂幾也。聖人無我，知幾也。其次研幾，故不遠復。不遠復者，一克永克。顔子之克己也，隨所好所偏而克之者，頻復吾人之克己也；不則迷復矣。迷復者，陰而不陽，匿其所非以爲是也，盖其所醜以爲妍也，護其所短以爲長。心口相謬，面背相刺，閃爍變幻，莫可方物，自謂計得矣。顧陽者跡昭，其受病顯；陰者情闇，其中毒深。陽者藥石具而易攻，陰者諱疾忌醫，盤結固而難援〔一七五〕。此二豎之在膏肓，倉扁之所投鍼而走也。蓋嘗誦老氏「外身身〔一七六〕存」之言，類有道者。太史公乃謂：申、韓「慘礉少恩，皆原于道德之意」。心竊訝之，不乃已甚。及讀「守雌」、「守黑」二語，乃知其用意陰慘，與吾儒純以陽明用事者，大相逕庭。宜其薄仁棄禮，而逊之亡何有之鄉也。後人祖其意益厚，自藏匿而托之乎空虛，其言公溥，而其衷益不可測。夫孰知陽和光而陰荊棘者之横也，而甚于軥張瞪盼之爲己也！夫孰知陽同塵而陰戈戟者之險也，而甚于惎間抵忤之爲己也！夫孰知陽慈而陰鵰鶚者之忍也，而甚于忿悁忮佷之爲己也！夫孰知陽儉而陰饕餮者之貪也，而甚于巧拇横索之爲己也！夫孰知陽不先人而陰徑竇者之競也，而甚于馳騖營逐之爲己也！夫孰知陽因應而陰鞬韄者之執也，而甚于崛強誇詑之爲己也！故狥其所好，曲蔽其所偏。既扃之又閉之，惟恐其不窖也。既緘之又縢之，惟恐其不固也。機械具而窺瞯神，藩屏設而除〔一七七〕塞近，門户立而黨與成。鬼蜮影射，虺蜴暗中，鷹鷙〔一七八〕匿擊，梟鼠夜明。甚矣，陰之爲害也！幾無陽矣！陽疑必戰，天之道也。雖在錮蔽沉溺之極，要必有憬然聳然而不自安者，悔之萌也。悔從心之自悔也，開迷使悟，返邪使正，化小人使爲君子，其機莫神于悔，惟悔所以爲龍也。顔子之克己也，不曰「無過」，而第曰「不遷不貳」。怒，過，人所時有，正不必晦之使無也。故無祇悔，凡人怒知悔，過知訟，此人鬼之大関，而夢覺之靈竅也。世衰道微，驕私横作。君子仁人深心斯世，将潛福〔一七九〕而善導之，與之更始。其道亦莫大乎開人之悔。亢之悔，疑之戰，皆龍也。悔則能戰，戰則能克，克則能復。故觀于坤復之際，而知龍德之悔大矣哉。老子猶龍，猶之也，其龍而血者耶？克己者，其必由乾陽矣。

浙江鄉試録前序

今歲丙午，浙江復當比士。上命檢討臣孟育，偕左給事臣近高徃典厥試。臣以癸卯秋大比士時朝見闕下，蒙皇上拔擢備員，輒執經分校禮闈，皆冒濫不訾。茲廼稱主司于望國，匪任可知，宜辭。伏思臣駑下，宜辭於拜官，不宜辭於蒐士，事於例所有爲。職臣既濫其官，叨職事使之，其何辭？遂屏营拜命。盖臣不稱之懼非自今，顧益戰兢隕越。幸曩歲諸臣皆如期遣，及行，則視星出入以竭蹷聞上。茲特先期遣臣等緩轡從容，得覃思所不及。然途中有日，每勤自防檢，終罔敢釋于嚴畏。届期入闈，則巡按御史某所禮聘推擇同考試官，若同知等咸齊邀以待。于是提調則左布政某等，而御史式監臨之。内外之防肅，于執法二臣，亦安藉以毖飭。廼令提學僉事某，所選士三千八百有奇，三試之。探題分閲，悉守前規。盖癸卯主者奉科條而推行之，慎密有加矣。相與徃復評隲，凡二旬日，諸士之品始定，遵制取九十人，藉其姓名，恭録其文以獻。宜序首簡。始入闈，而共事諸臣問何以辨士，某謹應之曰：「如詔。」臣惟詔旨所斤斤於文體，蓋皇上無斁，作人之意嘉，欲士遜志優游，充然於實學。充然實學則思理有餘，何横溢於異説？取材博，何旁借於他書？其文自軌於正，惟正可以得實。故神骨色理，無不相入，而總極之于式。蓋壹之式中，始信平日所聞浙之多才。昔大宛多良馬，漢天子卜求之，諸貴人盡出所有以恣漢使自取。貳師將軍選汗血之類案數十匹，又取三千馬歸，然後宛無餘馬焉。今浙士三千八百有奇，已學使者遴最之，而臣更于其中裁取九十，盖亦恣臣所擇矣。有漏目，則臣之明不足以盡才。然臣有習馬者與相〔一八〇〕，幸而咸適免于戾，則哀法於衆民，而稟式於銅馬也。竊惟臣校讎雖慎，奉命雖嚴，顧所得於士者言耳。且士之所宜爲言，士未究其百一也。臣以言得士，請爲談言理以廣士心。古人言必有物，詞必立誠，而業可居，志不可奪。今士之所藉於言者重，所求於言者輕。然猶曰經生言也。乃更有鉅此者，著作之言不列於官方，應時用世，於是有康濟之言，於是有匡救之言，於是有經制劈畫之言。内外莫不各有職事之言，皆士行欲言者也。若夫附經義，本典故，耦時通變。大言破髖髀也，小言折衆解也，豫言中腠理也，殆所謂物耶？以非〔一八一〕世亦以持操，以立論亦以舉職，以策事亦以著效。執聲較實，無不符應，倘所謂誠否，此亦汲深懷大，非舊綆褚之所能任也。夫事君先資其言，今士何先資而已跬足世路？其能令濶步而即之、剡履而趨言者不一門矣。躁于進則不能持積，翹企於前途，忽佚於足下，其蘖多方。要使人騁其材智，一以濟名位之私圖，殆將并所習故業而踈蹻視之。何以脩來所欲言？求士者，前慮士之急于聲利，故爲繩尺以磨礲，士固思靜醜競是爲。今士自視此心何如也？《詩》云：「濟濟多士，克廣德心。」魯士方樂于泮水，食於芹茆，遽望之曰：若桓桓如日〔一八二〕，若烝烝皇皇，如得無病風〔一八三〕，顧有是德心，道亦不病暮耳。士束脩庠序，斷斷恂恂於父兄師友間，售無與干，不售無與怨。退而求之，言必畏聖，學必茂實，優游而待年，充拓此心，可以一世路，嘗之埆利，約束之職業，澹定專一以堅其器，俯仰取證以庖其撰〔一八四〕，而鉉之以忠愛，則言而有誠與物，是臣得士。以一經之言，國家異日收衆實之用，庶補塞一二。臣語淺近，顧本所見，而可與士共勗之者惟此。然臣竊有所恃。《記》云：「昔吾有先正，其言明且清。」我明名臣有一官五品十六年不調者，或語以奧援，則云：「我固嫠婦，今老矣，可易志耶？」有師帥國子二十年不遷，而豁然不爲意，卒成其教。此誰鄉之先正也？今其言著於史乘。且浙自春秋迄于唐、宋，名賢各足以輝煌其世。然立三不朽者，人莫盛於昭代。風流遠而模範近，士時術宜有日矣。則臣所恃而徼得人之幸，惟士勉之。

翰林院檢討蔣孟育謹序

清廉

萬曆丙午浙江録

問：士之廉猶女之貞也，立身一敗，餘無足觀。廉之所係於士，顧不重哉？孔子之論儒行，周官之計吏治，率以廉爲稱首。其説可得聞乎？先儒謂世之廉者有三，曰不妄取，曰不苟取，曰不敢取。差取其品，若数黑白，可得而評隲乎？古以廉聞者多矣，有衣裘帶索而歌声出金石者，有居衛緼袍而不受狐白之裘者，有相齊而衣十升之布、脱粟之食、辭封邑市租者，有辭玉而以不貪爲寶者，有不乘熱炊〔一八五〕而曰「吾不因人熱」者，有不使廩有餘粟、府有餘財以負陛下者，有知開封而賜錢扃鑰不顧者，有父子皆以清著而一畏人知、一畏人不知者。以方之三品，果何若耶？至如螬李三咽，拾鋤金而復揮去，此其人皆立意較然，超超乎表世絶俗，而論者置不滿，何耶？乃又有謂廉能生明，廉能生愛，廉能生威者，然乎？否耶？蓋伊尹任天下之重，恒自一介不取。始士之有爲者，惟能有不爲者也。子大夫試切磋究之，用視其所不爲者。

蓋孟氏以聖之清歸伯夷，而朱氏訓之曰：「勉而清，非聖人之清。」夫足於性者必無所事勉，有所勉而然者，必非足於性者也。故所貴於廉者，非有所鶩於名而賔賔焉，忍細以譁衆也。非有所惕於法而踆踆焉，洗詬以避戮〔一八六〕也。又非有所詘於用而蓄蓄朒朒焉，嗇入以鑊其出也。惟適於性之爲貴，崑山之玉炊七日夜而質不渝，火非不烈也，而質不渝者，足於性也。足於性者，物奚自入之？彼謂非君不事，非友不友，不立惡人之朝，不與惡人言，以形容其皭然不滓之操，則然耳。令夷而事之、友之也。立而與之言也，而能浼之乎？匪惟無能浼之，必且能化其浼之者。故曰：「聞伯夷之風者，頑夫廉，懦夫有立志。」夫風之入人無形，而其發也，有自足於性者所自正也，風之以正，蔑弗正矣。不足於性者所自邪也，以不正正，其孰與我？故君子而欲清天下，必先自清其心。自清其心者，乃所以清天下者也。執事之發問於廉也，其亦有嘅於世之汶汶，而懷澄清天下之思乎？蓋孔子之論儒行也，曰：「儒有不寶金玉，而忠信以爲寶。不祈多積，而多文以爲富。儒有不隕獲於貧賤，不充詘於富貴，不慁君王，不累長上，不閔有司。」則士之砥廉而脩名也，儒之素也。周官之弊群吏也，亦曰廉善、廉能、廉敬、廉正、廉法、廉辨，則士之持廉而秉公也，又官之箴而治之本也。今夫人之才猷器署不必皆贍也，蓋天所授者，何可強齊？若夫廉乃居身之珍，如室之有藩籬。藩籬一潰，即有他長，復何足贖？故士之廉，其猶女之貞乎？女非必牆有茨、淇有桑、野有蔓草而後貽父母罹也。有如行不佩、出不燭爲保姆者，能無戒心？士豈必其苞苴昌、簠簋壞、爲名教羞而後謂之傷？夫亦惟是凜四知、矜一介、李之冠、瓜之履、金之注、鼎之染，若將浼而惟恐其負塗也。斯其爲貞女之正則，而脩士之高標乎！奈何士而可以不首廉也？先儒薛文清之言：「廉有三品：曰見理明則不妄取，尚名節則則〔一八七〕不苟取，畏法律保禄位則不敢取。」夫不取而兢兢乎其不敢也，此夫惕於法者也。磨鈍之權可以勸中人，彼夫不肖而以賕聞者，褫鞶帶，鐫姓名，銅墨簡之、桎梏困之而不少衰止也，則法之所窮也。不取而硜硜乎其不妄〔一八八〕也，此夫騖於名者也。崇恬之節可以動賢人，彼其庸衆而與俗靡者，棄末路，怙宦成，宫室崇之、妻妾奉之而不辨禮義也，則名之所窮也。惟夫見理明則其志定，志定而物不能棼。理〔一八九〕明則其情恬，情恬而欲不能溷。此夫適於性而不妄取者也。不爲法縛，不爲名炫，豈非士之最上者與？閒嘗覽鏡古昔，居魯而處環堵，一牗二室，衣裘帶索，歌《商頌》而聲出金石者，原憲之貧而非憊也。居衛而被緼袍，三旬九食，納履決踵，辭狐白而恥居溝壑者，子思之棄而若遺也。斯二子者，所謂養志忘形，養形忘利，致道忘心者，非耶？夫既已忘之矣，庸詎知貧之足以困吾身？又詎知廉之足以榮吾名？其視軒居裘馬、膏粱文繡猶鷦雀蚊虻之過吾前也。適於性而不妄取，二子有焉。其次則若武侯之家無遺財，以不負主恩也。胡荊州之身有餘清，而惟畏人知也。澹泊以明志，清白以遺後人，斯亦性之所安，而廉不近名者與！下此若伯鸞之不因熱炊而滅火更然也，溫叟之不受遺錢而封識宛然也，斯亦獨行之士，矜脩邊幅，聞風興起者矣。若乃封邑則辭，市租則辭，獻玉則辭，如齊大夫嬰、宋司城樂喜，不可謂非不貪之懿軌，而未必其質有之也。彼習見夫春秋時，專如榮夷，賄如鮒，汰如伯石，足欲如慶氏，奓如孫叔東門，亡不旋踵。而其所爲，象之齒以焚，鷸之聚以災，匹夫之獲罪以懷璧，亦既耳熟焉。而謂其逾幅以賈禍，聚賄而没令名，必不然已。倘亦所謂畏法律、保禄位而不敢取者耶？嗟嗟羔羊，素絲之風邈。而鼠碩貽譏伐檀，緇衣之節微，而蠅營叢刺。叔季之世，其誰不波求？其若平仲子，罕者已不多得，又况原思以下諸賢哉？雖然，《書》稱簡廉，《易》戒苦節，廉亦有辨焉。江海之汪汪也，不可以澤量，而其澄不清、撓不濁，無一物之不容，亦無一物之能滓也。無一物有之以爲利，亦無一物不有之以爲利也。何也？大故也。藉令廉而必設町畦，峻城府傲世攖物，而界之，而鍵之，而争之。衆汙而我獨潔，衆醉而我獨醒，抱其孑然之身，泊然之情，若建鼓植標而樹乎其所不得遯，此亦無魚之水而無徒之人也。彼咽井李而何以寄食於繴纑？揮鋤金而何以廢書於軒冕？豈非矯節者必不能充其操，而飾貌者必不能掩其情哉？何也？非其性也，非其性則非其所飾〔一九〇〕也。夫廉之善有三，其竊廉之似而爲廉之蠹者亦有三。所謂三善者何也？醉人俛入城闉，以爲七尺之閨，超江海以爲尋常之瀆，酒濁其神也。廉則何神弗清而靈臺自瑩？故廉能生明。假人之亡也，棄千金之璧，負赤子而趨，赤子之布寡矣，利奪於情也。廉則何利弗捐而真性自流？故廉能生愛。石之堅也，以磷磨之、鋏之，剛也；以鍊柔之，積靡之所漸也。廉則何靡弗振？故廉能生威。非廉之外别有明與愛與威也，性之德也。不然，厲色暴詬可謂嚴與？刻鑠侵辱可謂烈與？深文横入可謂辨與？孤憤侘傺可謂卓與？故有局咫尺而於世事漫無短長，是寒蟬之抱也，廉而固矣。任恣睢而於民命，不啻草菅，是磔鼠之暴也，廉而刻矣。甚者托宿由、夷，假途曾、史，表節錙銖，染指鈞石，驕語於白晝之共見，而墮行於暮夜之無知。是胠篋之智也，廉而盜矣。以是稱廉爲蠹，可勝道哉！故曰：「小廉，大廉之疾也。似廉，真廉之賊也。」明乎此而廉之品庶乎其可定矣。然則何遽以清天下？蓋必至於清天下而性之德始備，廉之用始全。此其範在元聖之守，嚴一介而功收三聘也。尹當窮時，耕莘樂道，萬鍾千駟曾不足以當一瞬。一出而佐湯，爰革夏正，取桀之天下，挈而與之湯，天下不以爲驚。嗣王顛覆，放之桐宮，厥德克終。又取湯之天下，挈而還之太甲，天下不以爲擅。此其取予之最大者，而尹不以是傷廉。彼其素所不屑者，足以取信於天下，而天下不足以動其心。夫以天下之大不足動其心，而大節有不足立、大事有不足辦者矣。生不敏，竊謂凡任者，患不伊尹耳；任如尹，未有不清者也。凡清者，患不伯夷耳；清如夷，未有不任者也。故取予顧視，一毫不苟，尹之自律何其嚴！而扣馬一諫，毅然身任，千古之綱常，令夷而立朝，其功施，曷可勝道？是亦足以明二子之槩矣。彼以任歸尹，以清歸夷，特就其獨至者指而名之，豈聖人而徒矜一曲之致乎？必不其然，學者固當願學孔子。然於二子，毋曰：「姑舍是，遂同類〔一九二〕而遽少之也。」

批：條答詳悉，品藻確當，世風靡靡，讀之亦可以興矣。

救世恤民

萬曆丙午浙江録

問：王符、仲長統著論昌言，有曰：「愁怨者多，則國危。」有曰：「爲政者歸乎窒固根柢。」意二處士熟作草萊酸辛語耳。朱元晦以守臣上言：「天下之務，莫先於恤民。南渡之敝，則宜爲先。」而韓、范當仁宗時，或疏十事，或疏七事，間皆以民爲言，得無過計與？元晦又欲人主正心術以立紀綱，誠遡本原之論。然前代或紀綱不足以庇其民，而忠愛之臣猶得以便宜補救之於郡國焉。韓、范三君子惓惓民瘼，敭歷於外日久，其政可得而述歟？古之奉法循理，績成勞來，亡論已。亦有□勢之難而危厲以必行其志者。詔非可焚，有焚之於榷茶；漕非可溉，有決之以救旱。或欵蠲逋賦，□□□里以要君。或先命放除，削兩秩而不悔。至於□□□而不聽監，徒寬而不問，得毋傷於自遂。□□□□□法以出矣。因其法以便民，得□□□□□□□□文法，輕去留，貶意見，劼□□□與□□□□致欵於工墳也。其言曰：「在漢，龔、黄易以成化。降及晚代，艱易百倍。」信與？士處草萊，上下古事，政之艱易盡数之盜根固柢。救時之莢，何如而可？

海内欣戚之機，自上斡之則易，自下慮之則難。所得爲者，有補救之術而已。今夫憂弊壞者，不有革道乎？鼎而變之，無弗新也。患小人者，不有解道乎？射而獲之，無不利也。若夬蠱君子，何憂惧爲？盖其所處，子道也，臣道也。其志切，殆不得直遂。故加之以丁盜危厲，而其道則循本而已，自治而已，因有感於人臣之救世焉。世之病也，有苛賦以爲之六沴，有豕人以爲之二豎，坐視其害，恐多而不可救藥也。欲亟反其害膏肓之伏，未易去也，則當就其病之所受而補救之，此循本而自治之謂也，恤民是已。政之盛也，人主制其德，而郡國布其令。政之衰也，朝著匡其闕，而郡國行其意。顧簾高地遠而欲恃其頰舌剖晰利害，希垂天之澤以福無方。惟理之樞，盖亦有通塞之惑焉。然十未得一，惟地親近而操便勢，慮難破局，圓應曲處，解其倒懸，蘓其垂絶，盖十可得九。故古之藎臣，綰綸佩符，保任生齒。主不皆仁聖，時不皆豐豫。竭思力，據方術，造利於無形，通變於所窮，卒如其畫，民受其惠，若時假之便焉者。當其危厲，至以身嘗法，以官抗疏，齊死生，輕去就，扞文網以寬民於迫阸之中，使怨毒不歸於國家，亦臣子之深心也。王符有言曰：「愁怨者多，下民不聊生。而上天降灾，則國危矣。」仲長統曰：「天下之言政者多矣，大慮歸乎盜固根柢，革易時弊而已。」民微耳，其愁怨何若是尊也？合故也。國一耳，根抵何若是夥也？合故也。故恬愉歌樂，欲其合，不可有不得處，然後無偏枯患。窮愁悲忿，不欲其合，當使有不盡然處，然後無土崩患。夫恬愉歌樂何以合？其制在上。窮愁悲忿何得以不合？其救在下。朱元晦爲南康守臣，應詔上書，言天下之務莫先於恤民。元晦時，宋以天下半外拒強胡，内奉其國，貨賂公行，群小相挺，各滿所欲，兵愁民怨，宜乎嘵嘵。至天聖之世，號稱仁儉，承三朝休養之後，其遺詔餘澤，猶足以傾動山谷，豈復有不足民所者？一日虛懷，召韓、范入對，賜筆札令疏，所欲爲皆以民爲言。蓋養民如灌畦，一不繼則乾。爲天聖時民與爲淳熙時民，爲淳熙時民與爲初平時民，豈有數哉？夫惟治主脩其政令，而布滿郡國，又難其人。季世不無其人，又困於政令。故爲天聖之民少，爲淳熙之民多，則韓、范非過計也。此非惟爲之民者有幸不幸，而爲郡國者亦然。衰世者，憊吏之幸而良吏之不幸也。善乎沈休文之言吏治也，曰：「善政之於民，猶良工之於埴也，用力少而成器多。」在漢則龔、黃之化，易以有成。晚代則樹績垂風，艱易百倍。吁！盡其理矣。故元晦又謂：「恤民之本在人主正其心，以治紀綱。」夫人主而能正其心以立紀綱，則無内外。去權數，無私嗜好，明照四海而不遺微小。其視藏於瓶堤蓼荇也，無以異藏於瓊林玉府也。其視馳驅龍荒鴈塞也，無以異於擢□帽執虎子也。日與三公揔方畧，日與卿大夫定國是。重六譬以率屬，急守屏以慮四方，廣臺諫以達幽，暬御以供掃除。其於救世，立能起弊者也。玉鉉虚中，黄矢在御。趾顛而否出，負乘醜而自退。於《革》則虎變之會也，於《解》則集隼之獲也。主道之至盛者也！當此之世，必每下詔令，督責勞來以爲殿最。科條明悉，而郡國亦惟按令奉法，計無不得伸其意者，甚易爲也。人主既所急在治安，視遠而聽卑。四方有敗即聞上，言疾苦輒報存恤，言法不便輒改更，言利可弛輒弛以利民。而郡國惟宣詔書，時省視之，封事條奏而已，又甚易爲也。若夫異日者，好實之世，固民是盡，政弊而不可反，天遼闊而不可籲。爲民則傷令也，奉令則傷民也，而爲良牧始難。於是古之人不得已而出於激，或降志委蛇以調停於利弊之權，亦獨苦矣。試言之，今夫天子詔可焚乎？何易于令益昌，使者持榷茶詔至，易于曰：「益昌人不征茶，猶不可活，矧厚賦毒之乎？」輒焚其詔。漕河可以溉乎？張次元鎮静海，歲大旱，漕河汎溢，咸以法，故相視無敢决者，次元慨然决以便民。故扞文網以蘓其民者，易于、次元是也。度支趣逋租急矣，李渤上書言：「陛下責民三十歲逋賦，臣上不能奉詔，下不忍民窮，無所逃死，請放歸田里。」黄灝之提舉常平也，饑饉盈野，適有旨倚閣夏税，灝奏并閣，秋苗不俟報行之，坐削兩秩。故輕爵禄去留以活其民者，李渤、黄灝是也。有甚於是者，俞俟之宰歸安也，時方大括隱田，俟不聽括也。鹽法嚴犯者死，俟寬不問也。俟之前有爲之者，陽城也。閤可臥，考可下，府可數舉按，而不能使其催科勿拙也。俟也，意出此乎？又有異是者，蘇子瞻本以諍新法出，反因其法以便民，得無曲意阿世，此所以爲子瞻也。法已一成，吾姑爲之伸縮以輕其毒，分其怨，使爲法者聞吾之委曲而悟其法之真不便。且當時有行之者，李琮也。役法變而琮處置有方，旁郡至請視以爲則。子瞻意出此乎？詔不焚，漕不擅决，而欲請之荼，未必不摧而旱必不救。理不直，詞不壯，逋責未必蠲。不專如灝，不强項如俟，秋苗必不閣，而罪積下。即廢格新法不行，不能不投劾去。去而他奉行之，則害滋酷。且易于非豫知使者不劾，次元非豫知决漕不問，李渤非豫計必得請，黄灝非豫計筠州之命中止。即使者必劾，不過誅竄，而詔必焚。即以盜决罪之，决亦必擅。即放歸田里，使刺史責三十歲逋租，必不得。即移居筠州，秋苗已先放矣。蓋救焚者無矩步，拯溺者不得緩言。子視民則恫及于身，家視國則隨在。欲盜其抵，豈暇顧慮哉？執事又以韓、范及元晦吏事下詢，意以爲彼責人主如是，及自爲政未必能行其志耶？嘗觀稺圭在相則相，人愛之如父母。在益州則活流民至百九十餘萬，古之遺愛未有也。希文宣撫河外，河外固邊地，時又新創於巨寇。希文招還流亡，蠲除以與民，而河外遂安，古之保障未有也。元晦所至，輒釐革其害，隨事區畫，必爲經久之規，古之循良未有也。如是而後可以望其上。大數君子惟韓、范適逢盛世耳，然皆有必濟之畫，而利加于時。故曰：「政之盛也，人主制其德；政之衰也，郡國行其意。」德制於人主，則女夷之司和，豐隆之時雨也；意行於郡國，則寒谷之吹律，漢陰之抱甕也。枝拏葉瘀，有特生之黍。流金爍石，有後枯之稼。然以談天濶木之術，搰搰出入之劳，而功利如是而止，則宜乎樹績。晚代者，其難百倍矣。後世爲良牧之難，又不惟困於政令。困於政令，難在輯上也，且難輯下。紀綱不立之世，人心恣睢。經界未行，先入布衣之疏。封洫裁施，已興鄭國之謡。而民政之所急，又吏課之所緩；文法之所苛，乃浮議之所藉。胷臆異而名實移，至有以君子屈於君子，如杜喬之於崔子玉，趙閲道之於周茂叔，則又不可知矣。矢之來也，無鄉則爲周身之鐵以備之。智困於積鐵，故不得不護其所苛而釋其所寬。是上下之間，兼有其難也。必申勑其法，使歸於撫字。而激揚其議，務出於正直。法明則人不敢援法以生議，議核則人不必委法以避議。而聽者不惑，有心者得以展布。嘗聞之，正論爲國家元氣，而民政爲百姓命脉。兩者固臣子所得操以救世者也。且自外及内，一命而上，誰非臣子？豈必幸而處明良之盛？誠繹夬蠱之所宜，何不可以自盡者乎？所未易範者，日馭而九逵之轡可以軌道按也。所未易繩者，宫隣而僚寀之地可以凖臬正也。威福自辟，而各有紀綱可以屈指頓也。建極惟皇，而揔有習尚得以取舍諭也。味雖齊有嗜，而庖宰各執甘苦酸辛，可共期於適。音雖王有好，而器律各操廉肉節奏，可共期於調。破障撤藩之公，雖未必暴於道路，而可信於朋友。補罅苴漏之勤，雖不必徹於罘罳，要真及於閭閻。轉圜雖不必效，而公是非自我。推轂雖不必迅，而真臧否自我。且已有持庖而授之者，何泄泄於越俎？已有穫束而載之者，何悁悁於積薪？夫救弊憂世之勤思，豈惟郡國爲然。人各以得爲自爲之，則扶世道、勝小人之術也。

批：不爲痛哭流涕，而意已蒿目酸鼻。草茅之言，不廣肆者。

脩名

萬曆丙午浙江録

問：名者，士之所趍而學之所禁也。曰「其實難副」，曰「忌多取」。至宋儒，乃比爲名於爲利，嚴矣哉！然士之玄悟道真，獨造絶學有幾？内不躭契於道，外不檢束於名，則漫然無好惡，將至於無所畏，亦弊也。若薛季宣言：「人主惟恐士不好名。」蔡君謨言：「人臣不可避好名之嫌。」皆有所主，非通論。而陳塤云：「論人於三代之下，惟恐不好名。」得無决防與？竊意當有以辨之。若但以必好名、必不好名立論，皆有能解其圍者。善乎戴逵之辨「好」也，曰：「尚譽去名，必反其本。」又善乎孫思邈之言「畏」也，曰：「士無畏則簡仁義。」畏與好，其旨異否？儒家尚譽，道家去名，其本同否？人有恒言，曰名檢，曰名節，曰名德，斯皆重於世而係之以名，謂其修之可名也。使士以此自好，何如？自春秋迄唐宋，盡名爲政，其得失善敗，大都何以故？且夫古有虚名而敗人事者，亦有不畏名而敗人事者，而世槩以虚名排抑士，不亦過乎？夫名豈盡負士？好名士豈盡負世？人之娟嫉，以好名爲綱；人主却諫，亦以沽名爲距。其弊直使士爲無方之民，人臣爲容容之福而已。士必有概於志者爲名。

道學之士嚴其心術，操行之士脩其志氣。心術以無所緣爲真，真而後合道。志氣以有所依而奮，奮而後至義。士何依依乎名？烈士狥名，比於憑生。故名者，操乎世教之権。士能外名，惟内見道也。使不知有道，又不知有名，則前無所據，後無所忌，世將無士君子之行。故士無所緣而合道，則道統寄之。有所依而至義，則名教寄之。世無士君子之行，則尊名之士貴矣。孔不諱言名，自孟氏抵訦好名者，則道學之士愸愸然。乃宋人之言可異焉，薛季宣言：「人主惟恐士不好名。」則言君之用士也。人主以名與士，士以好名忠主，是主利也，故爲人主言也。蔡君〔一九二〕謨言：「人臣不可避好名之嫌。」則言臣之匡君也。人主以沽名爲嫌，而我因嫌以爲避，是逃責也。故爲臣言也。而陳和仲者乃云：「論人於三代之下，惟恐不好名。」則舉千古之大戒而破之，獨何説？盖見夫世之解谷無節，委靡無任者，而傷之曰：「與其世無士君子之行，寍使吾黨有好名之過。」有感其言之與！夫謂士而好名，則中央無心。掠虚掩實者持其幟，何以必好名？謂士必不好名，則以買聲詆周孔，不以生前易身後者，登其壇，何必不好名？且盡人也，人不好名者十九，愒陰視日，朝不及夕，抵巇乘便，莱刺肥之不暇，安能使之好名？若士也，則名之爲政久矣。名在高蹈，辭秩競先。名在取義，仰藥恨後。希此生之一幅，歡倏名之不立，無古今行遯，其致一也。安能使之不好名？在辨其所以好之心而已。名猶影也，形不影慕而影隨之，實不名期而名隨之。善好名者猶的也，的在前而弓矢赴之。世之好名者曰：「不期的而合，不羽翼而馳，不燿爚而並日月，不震動而聞於雷霆。匹夫有青雲之高，日歲有千秋之悠，何以不可好？」以此爲好，則必徂伺而詭令之，傀獲而信據之。猶覓影焉，認影爲形，非也。猶逐影焉，愈騖則愈遠矣。何以可好？所謂□□，好其以爲名檢者也，好其以爲名節者也，好其以爲□□者也。率履不越檢也，如水之有防也。舍命不渝節也，如流之有坎也。常德篤淳德也，如淵之有泓也。好以爲名檢，則行之是非可覆也。好以爲名節，則身之藩籬可固也。好以爲名德，則身之造詣可定也。且有所甚好，必有所甚惡矣。有所甚惡，則必有所甚畏矣。是故有避之若浼，嫉之若讎。可迫阨之，投擲之，棄置之，殊絕之，而不可使鄰於不韙。然後粹若玉、介若石而足以纓綏世教。善乎戴逵之辨「好」也，曰：「儒家尚譽，不反其本，其弊至於末僞。道家去名，不反其本，其弊至於本薄。」善乎孫思邈之言「畏」也，曰：「士無所畏則簡仁義。」故太上畏道，其次畏天，其次畏人，其次畏身。尚譽去名，均重其本。畏天，畏人，共成其好。若夫檢以柙之，節以堅之，德以證之，是謂本矣。畏檢、畏節、畏敗德，是謂畏道、畏身矣。即以對天人矣，是吾所謂好名者也。大名之下，其實難副。兹好名乃好實也。無難副之辱名，美器也。造物者忌多取，兹所好乃造物所托也。無多取之忌，謂之好名可，謂之不好名亦可。則所謂好名得而折衷矣。春秋之時，其君子動以名相切劘。勸之則喜而改圖，責之則稽顙而謝過。其重名有如此者！以篡奪刼殺之世，猶得以相事使，則名操其權也，此名之濫觴也，故聖人因之而作經。夫《春秋》者，名教之書也。至戰國而所趍以爲名者，謬矣。莊、列、鄧慎之徒，著書自名家。至公孫龍以其不可解之辨顯於諸侯，其好彌詭，其名彌寖。而畔道之書，於是無續者，流言極則止也。田光、侯嬴之徒，以生身博無名。至于原涉行喪讓財，使谷口聞之而自治，其好彌犓，其名彌促，而俠氣之雄，於是以次盡，流俗極則反也。二漢之交，乃反其真。東漢諸君子好之，有檢柙者，林宗、仲舉、叔度、仲弓、李和，殆德之流乎？元禮、奉高、孟博，殆節之流乎？晋以曠達名，曠達則無檢矣。于時休徵，文舒、子真、叔褒之徒表其坊，元凱、長虞、彦輔之徒障其瀾。唐以詞取士，既非齊至之業，人又相輕，故不能疇合而爲一世之名，而紫芝、次山、亢宗之徒峻其標，善冲、起之之徒備其行。宋人崇正大，黜浮薄，學術議論，稱爲近古，故積而有道學之名。權名德則唐讓宋之盛，軨檢節則宋微唐之矯。然数之不能盡数也，言之不能盡舉也。揔之，上下四代，蜚譽望於前、絶貶毁於後者，雖行止異遇，事業殊覯，非姝姝然以博名，亦非詹詹然以避名。要皆有所慕而修之，皆有所畏而違之，未有漫然能樹立于世者。若王介甫以名柄用而戈其室，謂人言不足畏，是不畏名也。至曰「咲駡從人」，則裂名甚，而宋之紀綱遂壞，因亦有胡禍。盖晋人好虛名，□天下以敗晋而晋敗。介甫不畏名，以數人敗宋而宋敗。人知好虛名之敗晋，而不知棄名之乃敗宋也。且徃代敗人國者，孰不以棄名當大名？而敗人事者，孰不以虛名？士之操行，以棄名敗，又以虛名敗，猶是也。兹可以辨「好」矣。是故風會氣運，隆降異然，不可無真好名之士。門户標題，習尚異然，不可無真好名之心。夫名故不負士，士之好名故不負世，則當於其真者驗之。終身之操植難真，一時之激發尤真，全㮴以兼舉難真，一節之獨契尤真。范宣子悦於令名而輕幣，姜氏懼懷安敗名，而晋伯、种拂畏佞幸之名，而陽翟却請張説，畏青史而抗志雞晨。盖一言悟心，名義灌耳，砥操厲行，無不勉焉，況利仁於居易之時者哉！好名故不負士如此。子西惡亂嫡之名，以楚國讓。皇甫嵩顧身後之名，以漢天下讓。李邕慕其名之傳，折二張之勢。郭永見立名節者，輒徘徊終日，竟罵賊死。盖一節自好，不以國易，不以生易，足以起頑懦、愧二心矣，況慕太上之不朽者哉！士好名不負世如此。何世之人，其心有所高而不能及，則槩而薄之曰「好名」。然張湛有云：「我誠詐也。人皆詐惡，我獨詐善，不亦可乎？」夫善也，詐之而可。而人主之於諫臣也，心有所拒而不能納，則槩而却之曰「沽名」。然田文有云：「有能止文之失，救文之過，私得寶於外者，疾入諫。」夫諫也，私得寶而可。今試言之。士有立名，不淄世禄，躬捃而後食，自蠢〔一九三〕而後衣，餉帛散之衢中，韋布腐于户内，将得以爲貞否？士有立名，不掛世網，托鸕鷀以要駕，指翔鴻以自表，避人轉徙，愈入愈深，将得以爲高否？士有立名，不墮世法，體弘仁義，動則聖檢，對妻子如大賓，過惡木而趋避，将得以爲修名否？士有立名，先君後身，投命成言，罔知鼎鑊，静而正之，龘而翹之，一日三責其主，九死不易其辭，将得以爲直否？士有立名，憂時哭世，居則以育人化俗爲德，出則以澄清匡世爲任，搏豺狼不程勇，支大廈不□力，将得以爲忠否？問其所以，則好名也。問其強飾乎？則根於心本也。問其作輟乎？則竟身没齒矣。風靡波流世，若飛蓬敗草，不可收拾。而四維之寄，不絕如綫，然後知若人之爲功也。天地板蕩，世若腐韋液脂，霍裂四散，而九鼎之繫，尚存一絲，然後知若人之爲重也。以此好名，擊建鼓以助之可也。何以好名輕薄之乎？人主奉绂冕而劭之可也，何以沽名拒却之乎？然士則固有以自信矣。噫！士能遡性命之所來，知淬修之爲義，冥契聖真，力追絕學，上也；遵檢植節，名德自終，又上也；其次則莫若畏名義，尤不失爲端士；又其次則爲名而已，尤勝於解谷委靡者。顧名難好哉，虛好之則乏于用，過好之則傷于用，輕用之又使人舉國家禍敗而歸之，以爲教首。且浮游之聲，反爲身害，無異蒙虎文入澤中，以自來射士於此，各有志焉而已。

士風吏治（一問）

萬曆丙午江西程

問：士風、吏治兩者交資：士之好修，由興學也；吏之成治，由任官也。此曩古所重，我皇祖以之臻盛理者。今天下學校、官僚何減洪武？而士風、吏治瞠乎不敢望焉。其故何居？豈其制之弗備，抑其初意未明（一九四）？說者謂皇祖在御，特重薦舉，且有孝悌、力田諸科。制科雖行，匪所深願者。癸丑以後尚壓，詔諭屢矣，聖心可窺。可述其概與？顧累葉以來，薦舉之典廢格不行，何也？大江以西，臨川、新城、安福、南昌之間，亦間一舉，弓旌爛焉，宇内仰其丰采，灑然鼓𠱼，况究其用乎？安在其不可行哉？儻克復兹典，亦於士風、吏治有裨乎否？爾多士從學有年，且將服吏，其於士之靡於風、吏之違於治，薦舉之關於士與吏，矢口而陳，將於爾觀嚮往焉。

夫創業之主，閲歷久而至理瑩，操慮深而廣智出。其意不可湮也，其制不可闕也。然或存其制，失其意。制存若外塗〔一九五〕，意去若中蠹。天下乃病其制，而其意晦。又或制有所偏存，有所偏廢。存者遜於衆志，而未必可獨因。廢者逆於衆志而未必可獨革。天下乃不識其制，而意更晦。願治者思其初意，還其初制，轉衰而盛之善物也。繄我皇朝制度宏備，學宫屋比，衿韋之士不可勝計。若曰三代之學以明倫也，君子之學以致道也，初意如是。宫〔一九六〕聯棊布，簪笏之臣亦不可勝計。若曰君之立官以爲民也，君子之仕以行義也，初意如是。第今之從學從政者，可惑焉。總角之子甫入鄉塾，授以

《孝經》，似當講唯諾疾徐之節矣。然其家謂此子業儒，門户攸資。其父負戴於路，子可不問。其師誘之勤習，動稱華膴。蒙泉不亦濁乎？是入小學之日，即亂小學之日也。既進膠庠，對越尼父，所宜辨明新之工夫，别義利之輕重，躬學躬習、躬悦躬樂。試則敷其所得於文，仕則達其所文於政耳。顧廣求帖括，日工雕繪，袒裼而玩「齋〔一九七〕明」之句，離親而誦《遠遊》之章。書自書，人自人，曾不思國家何賴於我，而窮年作養，且薪槱之録也。是入大學之日，即亂〔一九八〕大學之日也。及其致身科名，邑里交慶。而或乃謂棟楹宜拓，食奉宜華，扯〔一九九〕併鄉鄰，利吞都市，猙獰僕從，囁嚅公庭，賀者在閭，詛者盈衢。渠方誇詡，謂兀兀績學，竟抵於成。夫學之成也，謂道明德立，豈以温飽豪侈謂之成乎？是學成之日，即學敗之日也。昔人學古，將以入官。學如敝帚，仕將焉藉乎？自非抱明穎之資，保渾樸之稟，操刀而輒善刈〔二〇〇〕。居今而思企古，用能巍樹匡時之勛，光映名世〔二〇一〕之録。稍不檢飭，風靡波蕩，蓋亦不鮮矣。每見初通仕籍，問土地之肥瘠，訪彌縫之世套，罕有感主恩之難報，懼民隱之難瘳者。而又吏胥逢以故習，家人憎其獨潔，則謂汶汶之榮享也，桓桓之逞臆也，容容之固位也，炫炫之愽稱也，閃閃之趑時也，詎以四境爲家而不廣其百年難保之家？以萬姓爲子而不私其滿贏〔二〇二〕不守之子？醜莫醜於厚獲，悔莫悔於負時。其乖謬遠矣。有良牧焉，聽斷明，訟讞息，催科善，逋負充，酬應周，遠邇悦，賢聲勃起，何於家給人足，禮脩樂和，仁漸義摩，遜之爲未遑，闕焉若異任？豈簿書期會，遽爲盡職？是似近而猶遠也。其或阨於下僚，沉於冷署，長日咄咄，罔可事事。第抱關亦有常業，乘田要在茁長，果可僅擁虛器，鎖局養時〔二〇三〕，則居卑而闇其體也。卑者以一身爲廉，而尊者以衆廉爲廉。卑者以一署爲理，而尊者以衆理爲理。若不問其職細職巨，職綱職紀，職近職遠，自廉自理而已，則居尊而闇其體也。諸如此類，治胡以興？豈皇祖之初意哉？蓋建學者制也，而意不在春華之餙。任官者制也，而意不在虛文之蒙。然採春華者掇科，而責秋實於素日，必不淂之數也。拔虛文以登雋，而試實政於他年，亦必不得之數也。我皇祖立法創制，殫竭睿思，豈其慮不及此？嗟乎！皇祖籌之審矣，誠知制科掄文非可專恃，而薦舉辟召，章章可鏡也。龍興草昧之初，宏張羅網。豹隱蒿萊之彦，俱荷玄黄。則有孝弟力田、賢良方正、聰明正直、才識兼人諸科。其所重者薦而徵之，不欲其試而媒之也。旁求之使四出，勸駕之章日至。禮賢之館，濟濟髦儒。金馬之門，彬彬耆碩。繼雖制科頒式而乍行乍輟，雖三途並進而薦舉居先。由癸丑以及癸酉，猶綸音之屢播焉。大抵鄭重端良之英，菲薄辭章之士。故大儒接踵，名世比肩。淳龐熙皞之治，盛於洪武之間。迨後科目〔二〇四〕漸重，既明示以右文。科獨重甲，更右文之大過。薦舉乃止，衆乃不尚德。而深計之臣不忘建白，或曠時一舉，則海内以爲美談，士林以爲芳韻。四方無論，試論江右。遠歲無論，試論近年。則薦徵之典，吴臨川而後，猶及於新城之鄧、安福之劉、南昌之章。四君子者，學足明先王之道，才可裕應世之猷。或詣深爲粹品，或調高多偉行。雖雌黄之口，善善不長，不免厚責副於盛名，窮索瘢於洗垢，獨計其志存於道乎？亦庶幾得學之所在，而不僅以獵榮爲學矣。向使顯用其身，展抒其抱，隨其根器，不必於建樹之皆同，宜將有所自效，裨補於天下。非聊且於充位，徒以逐世而已矣。但世方竽之好，誰復瑟之問？故令其鴻冥之遠，飄然鷺序之外耳。儻申明典制，俾内外當事之人，博詢推薦，或馳使徵聘，或有司敦遣，與制科之士相兼竝任，有數善焉。上之所好，靡不象指。上好以文，乃極風雲之變態。上好以行，寧無瀿滌之深功？響應必捷，善良必衆，其善一。鞶〔二〇五〕帨之工，原不益成敗之數。故朝登仕版，暮可弁髦。業以行收，烏容捐棄？棄則立露其短，其善二。與其糊名易書，以下求上，孰若懷瑾握瑜，以上求下。既無枉己之風，可致正人之效，其善三。先資在藻麗，則拾人之瀋，燦於筆楮間足矣。月旦在真修，而可竊人之行爲己之行乎？縱令其行然而心不然，猶愈於無其行者，其善四。父母無不愛子者，操觚足以梯榮，故驅之攻苦以冀通顯，脩身可以僭爵，誰肯不教之孝義於家，甘令惰窳，尤足基化也？其善五。吾伊業舉者，方組其言，道德褆躬者，則繕〔二〇六〕其性。一實一浮，如蓬在麻，孰無本心，不趨於實？其善六。文士逢時，多恣睢之狀。端人在列，必矩矱之遵。準則植焉，清議明焉，黜陟行焉，可以不變，其善七。其藝校之司衡，其政計之銓吏，不相蒙也。雖有不肖主者，借口薦其行，而行不副，何説之辭，嚴行連坐之條，誰敢不慎其舉？其善八。士非科目不進，而樸茂不華者，終成淪落。薦舉既行，杞梓皮革之良，廣搜並畜，野無遺賢，其善九。行之既久，人有君子之行，户有可封之俗，可以一復成周三物之舊，其善十。此非肇爲之説也。祖制所垂也，祖意所章也，百年之錮習一新，四海之人心俱挽。居學校則明經脩行，何但文爲？服官僚則濟世安民，原有實詣。一舉而三舉，一熾而三熾者也。不然，望士學之正，日考校焉，祇精其技耳。求吏治之興，日督過焉，祇理其末耳。雖家置一鐸，歲一大計，胡可得哉？

條議薦舉當行，極確。

周禮（五問）

萬曆丙午江西程

問：《周禮》于十三經最晚出，儒者遂詆訾之若聚訟然。或作《十論》、《七難》以排之，或以爲六國陰謀之書，或以爲秦漢諸儒以意損益，非周公之全書也。而其極力推挽者，則以爲敵于天命，以爲廣大精密，其大体直是非聖人不能然，卒無以折諸人之辨，而摧其家也。何故？亦有用之以經世者，而壞于新，壞于周，壞于隋，壞于宋，千四百年間，更四大壞，《周禮》亦遂無以自解，而蒙羞于萬世之下矣。嗟乎！周公，聖人也。而其所用以經國，則王者之政也。豈其法果不足以宜民，而其間不能什有一焉可張設于奕世？必不其然。多士讀古人書，將以經世，而《周禮》故郁然一代之完制也。試折衷言之于衆所許可者，辨其非于衆所雌黄者。揭其是，操獨見，于衆是非之外而精求其可爲法于當世之天下者。若隨衆妍媸，迄無主見，但曰有《関雎》、《麟趾》之意而後可行，則非所圖于爾多士。

在昔聖人之治天下也，有法，有寄于法。法者，寄也。非所以寄，故或足以奏一代之理，而不能盡行之于奕世之後。然有立于法之先，君宰于法之内，而不與法俱盡者。要在後之君子酌其意而善通其法，則其所寄于法者，自足注千世而不涸，攝異代之后而不窮。向令徒跡之獵而晦其意，或以曲説附之而有所駕爲以行其私，兩者皆足以亂天下。及其亂也，不咎夫用法者，而曰：「必其法非也。」此世儒所以聚訟于《周禮》，而以其説爲世詬病也。夫《周禮》者，自漢孝武時，河間獻王得五篇，補以《考工記》而始出。自孝成時劉歆校理秘書，著于《録》、《略》而始顯。自孝武作《十論》、《七難》以排棄之，何休以六國陰謀詆之而始詘。自王仲淹以爲敵于天命，朱仲晦以爲廣大精密，其大體直是非聖人不能而始尊。自藴子由有「秦、漢諸儒以意損孟，非周公完書」之言而始疑。自劉歆敗于新、藴綽敗于周、藴威敗于隋、王安石敗于宋而始壞。夫綽與威，其闇淺者也，不煩齒頰。以歆著《録》、《略》而用之敗，以安石之精慱訓釋萬餘言而用之亦敗。歆之六幹、五均，希跡泉府而行之敗，以安石之青苗、市易、準國服爲息之説而行之亦敗。人始以爲《周禮》者，徒有其名，如兔絲燕麥，而其不可用以經世，若取猿狙而被以儒者之衣冠也。于是相與諱言之，而聖人之精意良法始闇汶而不白于後世矣。愚嘗取程本氏之言爲刑書，而以定四子者之罪。綽與威則剽人之外郛而自築其宫庭，而歆與安石則駕人之車而自驅之，以馳騁于四郊者也。兩者均罪也，而駕之害甚。夫以其言之精也，而□□□□□□之國人，不知其言之駕也，而咎夫《周禮》□□□□□□駕之害甚，而歆與安石之罪始不可勝詿矣。然亦有議其正而或以開人之疑，抗之甚高而適足以爲《周禮》之病者，則朱紫陽、葉水心之言亦足異也。朱子之言曰：「學者且未可令讀《周禮》，蓋其中無一語涉吾人身心事者。」嗟乎！布濩周密，乃周公運用天理之書，即朱子亦嘗言之，則《周禮》者，固無一處非心精所寓，而亦無一事非天理之所顯布矣。業以其心布之政，自可緣政以証心。業以其天理者見之事，自可徵事以詮理。于以廣于身心而收功于原本，固已浩博而優游矣。且朱子不嘗傳格致、誠正、齊治、均平之説乎？周公兼禹、湯而得統于文、武，其思而得之，日夜覿面而受之家庭者，固格致誠正之真功，而《周禮》所記，則齊治、均平之大法也。特當日未嘗合之爲一書，迺後世遂欲分之爲兩事，而謂無關于學者之身心，則已過矣。葉之言曰：「孔子不言《周禮〔二〇七〕》，孟子以爲不可得聞矣。一旦驟出，如奇方大藥，非神農、黄帝所名，無制馭服食之法，而或妄咀吞之，不眩亂顛錯者幾希。」噫！以是而論《三墳》、《穆天子傳》及汲冢之《周書》可矣，而非所以論《周禮》。《周禮》者，固岐黄家之參蓍也。尫病者不得不生，而寒疾不汗與喘而中懣者，淂之則死。世固有餌參蓍而死者矣，則用者過。而遂以參蓍爲鈎吻，則言者亦過也。夫傍倪而肆剥啄于域外，《周禮》在也。跡襲之而敗，私假之而敗，《周禮》亦在也。惟末視之而以爲可緩，高視之而以爲可勿用，則《周禮》幾亡矣。然則居今之世而議《周禮》，即金口木舌家至而人語之，亦且如《周禮》。何嗟乎？聖人也而法不足以宜民，王者之政也而不能什有一焉可張設于奕世，生即至愚，固未敢以爲然也。間嘗涉其渚涯而望洋觀之，簡而□，敦而典，奥而不僻，木而不可傳以藻，吾取其文。于君所以奉之甚俻，而不開以恣睢屑越之端，所以爲民計甚周，而其指要于寬恤而不過取，吾取其意。合而分，分而無所不合，大段截然而聯貫有方，庶績棊布而統之有樞要，吾取其法。至其精所獨注，代代宜稟爲法程。而今之世尤宜深求其意而善法之，以維萬世之治安者，有數事焉。内宰宫、正宫、伯宫人，凡布列于王宫之内外而迫近于人主之左右者，皆士大夫爲之，而屬之冢宰。夫士大夫則人自愛，而以冢宰臨之，則人不敢自恣。且得有蠱壞人主之心術而導之非僻之地者乎？大府、王府、内府、外府，雖各有司存，而太宰儼然以九式均節于其間，人主即有侈心，且柰此式者何？論道經邦之地固已不動聲色，而嘿移人主之非，心躋之清明之域矣。西漢三公總九卿，而內臣屬于少府，故雖佞倖如鄧通，一有細過，宰相猶能得之人主之側，以法從事。則《周禮》內小臣、奄人、寺人，屬冢宰之遺制也，非開之以禍民而不足以裕國也。人□□□獨以未有專職，而事權猶未嘗執之于大臣。故中涓、武弁得以其說熒惑人主而流毒于□□。不能以非人之官屬之大司徒，而爲之厲禁以守之，如《周禮》所云，則大臣固有以持之，何至舉天下争之不得而遺禍生靈，一至此極也！天，君德也，自習自成，而近臣不得關其忠。內供也，自盈自縮，而外廷不得與其會。宦寺也，自操自縱，而政府不得握其權。非事也，自作自止，而大農不得綜其事。此皆忠臣節士日嘔心瀝血，思得一當焉以自効，而正人君子所咨嗟太息，以爲無可奈何者也。而《周禮》者固皆圖之于微，使人漸入于陶范而不覺爲之于易，即吾亦不至張皇急迫而無所施其捄正之功。然則六官之所爲綿密布濩者，其意可知，即其効亦可觀。乃謂「不足以宜民，而其間不能什有一焉可張設于奕世」，豈不冤哉？然而馬端臨氏又以爲不宜于郡縣之後，是也，而愚猶深惜其著眼之未精也。夫周公所定，周制耳，故其書但曰《周禮》，而不曰「世世之禮」也，乃欲不少齟齬而行之百代之後乎！即宅嵎巡方，《尚書》所紀，固亦不能行之今日，而何疑于

《周禮》？乃陳氏者又以爲不合于周官，亦是也，然愚斷以爲周公之書，而非後人之所附會者，政以其不盡合也。今後儒而附會爲之，必且補苴其間以求合。如李少卿書上藴屬國，即沉雄悲壯，的然西京口吻。東坡又以組織《史》、《漢》，無所不合也而疑之。而又何求多于《周禮》？大抵讀古人書，□以求益于身心，而用以求宜于家國天下。苟淂其意，即裨官小説無不足以裨我之身心，而可致于用。如徒以詞而已，即「子遺」「標杵」猶可置喙于《詩》《書》，矧《周禮》哉？昔郢人遺燕相書也，過而書舉燭。燕相説之曰：「舉燭尚明也。」〔二〇八〕白于王：「舉賢而任之國，以大治。」夫舉燭，過也，得其意尚可以治國，況周公之遺制耶？故郢書而燕説，韓非子以爲非書意也，而愚以爲善求其意者也。愚愛燕人之説郢書也，而取之以爲讀《周禮》者法，然何獨《周禮》云？

辨折精浄，條次確當。

人主批答

萬曆丙午湖廣録

問：聖人通天下爲一身。身之氣脈，貴宣𠁁，忌結轖，而綰其竅於咽喉。咽喉通，則五官百骸皆通。不然者，將遂否鬲而身危。夫理天下亦有竅，則九重之批荅是已。批荅者，百司庶府咽喉所繫也。而今何如也？自簾陛峻絶，羣臣累歲不得聞声，所頼疏瀹上下之情，聯合主臣之脈，獨此批荅一竅。乃曩古朝拜疏而夕報聞，今則濡滯數月不下，甚且沈閣竟不發矣。夫此章奏也者，皆繫策國機宜，人材是廢。裁決稍緩，已怫當機，况復留中，立睹僨事。天下寧有咽喉已閉，呼吸不續而衆体能效其綱維，壽命能保其延長者？欲世之長治無亂，難以冀已。諸生目擊時艱，其可以宣導結轖，俾益朝家者，幸以其意悉陳之。

夫治天下如理身然，有不容不疏𠁁之經絡，又有不容不宣通之関竅。經絡不疏𠁁，則氣之所注，若或壅之；脈之所貫，若或滯之。究且結轖、痺緩之症叢生而身病。關竅不宣通，則氣之所注，不能不壅；脈之所貫，不能不滯。究且呼吸、喘息之端不續而病始不救。故善理身者，務於身□□決其塞而已。善理天下者，務於天下之関竅決其塞而已。吾身之關竅何？咽喉是已。咽喉之塞決，則氣脈流盪，膚理光澤，而筭曆自延。天下之關竅何？批荅是已。批荅之塞決，則政務恢張，紀綱振飭而□作自求。君天下者奈何不一決其塞，而徒令識者抱呼□□續之懼也？盖嘗考覽，《風雅》有云：「出納王命，王之喉舌。」〔二〇九〕夫王命而出，則喉舌不虞内封；王命而納，則喉舌不虞外閉。詩人取義，其精如此！然此周宣時事耳。其在唐虞，命龍作納言，亦喉舌之義，然堯舜初不專恃乎此也。彼其精神之流注，日與禹、臯、稷、契之儔以暨耕鑿作息之衆合爲一體。自宫庭以達畿甸，自畿甸以達寰宇，自寰宇以達要荒，會爲一機。君都而臣俞，君吁而臣咈，君臣焦勞拮据，而百姓安於何有，忘於不知。方是時，氣脉灌輸，營衛調適，於體爲純陽，於卦爲交泰。不必問咽喉而咽喉無有不通者，不必問咽喉之通，而五官百骸無有不忻暢者，誠千載一時已！三代以後，堂簾漸隔，情意寖疎。接遇漸稀，蹠盭寖作。延及嬴氏，居中稱朕，始置尚書，禁中通章奏，内外隔絶，卒釀大禍。漢高崛起馬上，力湔秦弊，始未嘗不運臂使指，而後稍猒廢也。延及武帝，始有領尚書之號，一切詔令箋疏皆從此出納，而批荅始重。唐宋以來，遞興遞廢，佹治佹亂。其間號稱英主者，類能燭於毫芒，警於微曖。其身之肝膽肺脏、五官百骸，一一皆精神流貫之處，以故能保世滋大，傳祚無窮。其次縱不能聚精會神，然於咽喉呼吸之處，觸之必應，叩之必鳴。其賢臣猶得藉其能應能鳴之機，稍效其劻勷補苴之計。下焉者，獨擁元首以爲尊，視一身之臟腑、肢骸若两人。然其咽喉一竅倏開倏閉，開之時少，而閉之時多，遂令二豎交侵，危亡莫救。而間有挾權舞智之夫，乘其罅隙，因得據其呼吸之路，反以制人主之命。此千古興亡之鑑，可覆説也。洪惟我太祖高皇帝，光闢乾坤，獨執大象，罷中書省不設，設九卿分理庶務而總其樞於宸扆。當是時，腹心運而股肱翼其成，脉絡通而臂指協其應，耳目擴而痾癢消其沴，脂髓滿而肢體葆其和。握乾符於泰階之上，而羅四海八荒於一闥之前。何竅不通？何機不轉？於都哉！唐虞郅隆之化，兹其再遘已。列聖相承，彌隆纘述。至我皇上以英姿睿畧，起而光大之，上無屯膏，下無越志，信足遠接皇虞，近□聖祖。海内擊壤歌詠，蓋三十四年於兹矣。惟是邇來深居崇攝，不復延見羣臣，羣臣終歲不得一瞻天表。一切機務屢屢稟受於批荅一脈，今并此批荅亦留滞不時發矣。留滞不已，漸成寢閣。寢閣不已，漸成閉塞。下虞其塞也，切切焉抱咫尺之牘以救之。上虞其聒也，汲汲焉操重關之鍵以塞之。下幾幸其旦夕之開，不憚反覆以牖之。上掩覆其留滯之故，間發一二以飾之。或有自外而塞者，無論其輕重，槩閉之使不入。或有自内而塞者，無論其甘苦，槩匿之使不出。或有懼其将通而百計旁撓之者，狎邪之説中，而彌堅其塞矣。或有安於不通而一味故塞之者，錮蔽之形成，而難冀其開矣。嗟乎！批荅一竅，将人材登廢，生民愉慘，胥橐鑰於此。又大之而天命予奪，人心離合，胥萌蘖於此。人主奈何使之常塞而常不通也哉！夫人身之咽喉一塞，而尯䑛之患立至矣。盖宋儒有言：「人主不可頃刻忘君天下之心。」而唐時中官仇士良輩常欲人主鶩志聲色之塲，弋情貨財之囿，務以壅蔽其聰明，迷罔其關竅，然後得以竊鈎指鹿而無所忌憚。宵人悮國至於如此！而愚生從草野來，扼腕病根久矣，請得諤諤言之矣。主上所爲吝於批荅者，重威權耳。不知顯有所出，正以明獨擅之尊；陰有所嗇，反以開旁落之徑。将以示不測也，而錯綜閃忽之頃，已有潛起而操其契者矣。将以示能斷也，而堅忍強持之時，已有默伺而據其叢者矣。此其病在疎漏其法，使人心脾枯焦，而天君之勢孤。主上所爲吝於批荅者，慎名器耳。不知格所應受，何爲示挫抑之形；責所應專，何爲啓規避之路。下覬其廣登籲也，乃英賢困阨不前，而瞷蹊徑者已据華膴矣。下覬其振廢棄也，乃才俊沉滯如故，而誇捷足者已騁康莊矣。此其病在淆亂其法，使人志慮彷徨，而主宰之鑒奪。主上所爲吝於批荅者，猜疑深耳。不知天下未有有君無臣之世，亦未有有君子無小人之時。君子嫉惡嚴，其發小人之肺腑最著。小人藏機巧，其索君子之瘢垢最工。小人一露其機關，既叢疑於小人。君子一遭其萋菲，又轉疑於君子。愈疑則愈忌，愈忌則愈不肯憑。此其病在猶豫其法，使人精神昏瞀而喜起之誼廢。主上所爲吝於批荅者，憑恃厚耳。不知天下未有常平無陂之世，亦未有業趨於陂而尚意其爲平者。廟祀之寵靈甚赫，安能無怵於漂摇？國家之氣運方長，安得不妨於瓦注？天心合耶？將禎祥疊出以祐之。天意拂耶？將災青頻見以譴之。卒使百姓控籲之無門，而賢者匡救之無術。此其病在偏狃其法，使人魂魄離散而盤石之基傾。夫天下，主上之天下。而百官萬姓，皆主上一體中所分之肢節也。主上自愛其身，必將精攝葆毓，使其股肱暢説，手足調適。獨奈何不講於理天下之術，而顧令衆病交攻，浸淫危殆，尚恬然自以爲安者哉？要之，衆病非病，而其機惟綰於咽喉之一竅。咽喉之竅通，則此數者之病如湯沃冰，皆不問而自瘳。而欲通咽喉之一竅，非難易也，特在皇上一念之憬悟而已。皇上試念此，批荅一滯，所頹廢者誰人之綱紀？所困抑者誰人之才賢？所草管〔二一〇〕者誰人之赤子？所屑越者誰人之金甌？前息已去，後息誰續？後息不續，全體誰屬？誠注念於此，將必有不遑寢處，不待旦而尚恐發之濡滯者。而又能清志慮以培壽命之源，屏嗜慾以絶戕伐之路。而又日親賢人君子以濬清明之脉，會萬物爲一體，通一腔於衆志。詎獨衆病不侵，即與堯舜共躋壽域。

君臣遇合

萬曆丙午湖廣録

問：君臣之遇合亦難已！在昔泰世，鹽梅、魚水两相訢〔二一一〕契。言無拂耳，受無逆心。以故化理恢張，声笵〔二一二〕來祼，焯哉邈已！然亦有意見齟齬，事機乖謬。而古之人獨能於震撼危疑之頃，匡扶斡轉，卒以底懿爍之績，何其偉也！以今考之，有廷諍莫挽，而徐以四老人樹羽翼之勳者；有世祚已易，而潛以五君子收虞淵之效者；有渡河趦趄未决，而抗論力請，遂折虜於澶淵者；有臨江縮〔二一三〕朒不前，而決策北向，遂破敵於大儀者。其事亦可指陳之歟？今天下亦胥胥多事已，北虜狡譎百出，其勢將至渝盟。而中原膏髓無餘，萬姓洶洶若不能以朝夕，此正九重焦勞之日，延納忠讜之時。乃天聽彌高，下情彌隔，諫官言之不報，大臣言之不報，輔臣言之又不報。夫至輔臣之言不報，則釜鬵之象已成，痿痺之病斯作。將遂諉之無可奈何乎？抑挽回之計尚有在也？屈原，楚之忠臣也。憤其言之不用，輒憂弊〔二一四〕以死。說者深悲其志，以今評之，似乎太激而疎於用。假令君臣之間稍有嬰〔二一五〕拂，將計畫遂無復之耶？諸生雅抱先憂，其辨此至熟矣。幸以夙所慷慨者纚纚陳之，用觀斡轉匡扶之畧。

君臣之間，其離合皆天也。君子不言天而言人，於是斡轉匡扶之畧稱焉。夫使天之不可挽，而人之必不可回天也，將任其暌離否塞而無能一效其幹濟乎？則股肱手足之謂何？而國家亦無所賴於若人矣。夫惟君子篤天澤之誼，晰暌合之端，幸而上下交耶，固不難陳謨紓畫以襄鳴爍於無窮。不幸而上下不交耶，亦不難攄藎傾愫以聯精神於無隔。卒能使暌者一，離者合，扶危定傾，保世滋大，鼎祚綿亘，譽問燀烜，然後知君子之經綸，斡旋轉奇，而天之權果不自用，而爲君子用也。敢因明合〔二一六〕而揚扢之。竊嘗横襟而窺上古，其君臣之遇合，何其章章也！君握矩，臣引墨，不以爲瀆。君執璞，臣操礪，不以爲煩。君經緯，臣彌縫，不以爲隨。君諧豫，臣愕眙，不以爲拂。下之翼上，若衆曜之環極，若羣流之注海，若百體之奉元首，其志意奚所不孚？上之需下，若枵腹之慕食，若祼形之求衣，若迷徑之覓家庭，其肝膽奚所不貫？唐虞之世，所爲恩覃窮寰，化洽熙皞，隆此道耳。三代而降，麴蘖鹽梅，遂爲萬世君臣儀的。即昭烈之與孔明，魚水相合，亦近世希遘之。奈之何堂簾易遠，畛域頓生。其合者未足以敦喜起之交，其離者益難以冀翕受之雅。在闇主，蔽於煬，惑於蔀，既無所闢其謇諤之衷。在英主，炫於曜，銛於鋒，愈無所施其獻替之款。於是乎嬰鱗有禁，齒馬有嫌，攀檻有忌，鳴仗有斥，而天下事去矣。藎臣處此，將遂聽其自理自亂而莫之寘力乎？非也。明主可與忠告，人定自能勝天。在淺夫握算而易窮，在鴻士運籌而自裕。漢高易儲之議已决，廷臣若叔孫通輩抗言争之不能得。乃張良以計招延四皓，而惠帝藉以不摇。武曌革命之謀已成，廷臣若婁師德輩屈節逢之惟恐後。乃狄仁傑以策濳授五龍，而中宗賴以復辟。澶淵之役，契丹傾國入寇，真宗趦趄未敢渡河。寇準力贊其決，至爲之控騎縱臾。卒也，乘輿直抵北城，虜遂懾於威靈，而南北之媾以定。猊〔二一七〕麟之入，兀朮合勢南侵，高宗縮朒未敢臨江。趙鼎力主其議，至爲之慨慷流涕。卒也，諸将分布要害，虜遂疲於奔命，而大儀之凱以聞。夫四君子所際會，皆艱難險阻之時也。而其所事王〔二一八〕，又皆英明強愎，自智其計，自雄其斷，未可以口舌争者也。四君子獨見其機，獨以其身立於風雨震撼之衝，而徐出其見，旋轉於利害恫疑之會。當時世主幸降心從之，一時物情，孰不咋舌危之？然卒能易危而安，返亂而治，扶國祚於覆盂，蕩夷祲於燎毛，漢鼎不移，唐曆如故，而景德、紹興之烈爛焉竹帛。豈非天所篤毓，以贊一代鴻爍之運，而千古所共延豔嘉歎，以爲臣鵠者乎？嗟乎！君都臣俞，履豐宅泰，豈非人臣之極願哉？奈之何時不豐而欿也，君臣之間不泰而否也。四君子不得不畢力勛勸，其幸而濟，天下之福也，君子不敢〔二一九〕爲功也。脱或不然，天下之憂也，君子不敢以爲懟也。乃今天下何如哉？四夷梯航，九州玉帛，見謂蒙安。萑苻不驚，桑麻無擾，見謂襲慶。上習於媮，謬意恣睢而無傷；下歆其醇，猥謂誅求而不辦〔二二〇〕。貂璫以朝廷爲餌，以己爲市，而侵尋敲剥，誰憐脂髓之空；銅墨以貂璫爲餌，以己爲市，而展轉侵漁，莫救呻吟之苦。天下内憚於敲剥，外憚於侵漁，兩急而兩無所副，勢不鬭於豺虎，則溝壑已耳。百姓叩閽〔二二一〕而閽遠，籲天而天遠，兩訴而兩無所理，勢不鶩於胡越，則盜賊已耳。且也乖沴之氣鬱爲暵荒，寃號之情結爲妖孽，往以日食告，復以星隕告，未幾而明樓燬矣，未幾而陵木蠹矣，又未幾而郊壇之望杆焚矣。皇穹之譴告者，彌殷而彌厲，而一時人事如何〔三三〕隄之治而復決也，虜情之款而將渝也，紀綱風俗之肅而漸弛，醇而漸漓也，又遞出而遞衰。嗟乎！此正國運漂摇⿸厂危⿰骨危之秋，人主宵旰焦勞之會也。乃上心則謂累世之福蔭實厚，安得以不祥之語恐之？九重之逸豫方隆，安得以無稽之説誑之？率土皆筐篚，何得詭以爲難供而逃之？普天皆臣妾，何得謬以爲難堪而避之？初亦駭其然也，後復意其不然。既而不然之形見，不復信其然矣。方意其不然也，下復強之以爲然。既而然之説不驗，益以信其不然矣。於是臺諫瀝衷規之，不報也；九卿誦言箴之，不報也；輔臣披肝牖之，又不報也。下之操議者，愈危愈苦，已不勝其腐心。上之操鍵者，愈封愈閉，若不屑於入耳。譬之於病已居膏肓間，識者誠憂其回天之無術。然愚猶有循標詧本之論，以爲其責不專在上也。憤其言之不見採，而噤口結舌以爲高者過。虞其言之或賈禍，而迎機逢意以爲容者亦過。乘其内外之隔絶，而陰陽上下以鬬其捷者，又過之過也。操舟者之遇風也，計必合一舟之心，齊心競力，始得免於波濤之險。安有長年與三老異意，篙師與舵工殊情，而尚可覬其克濟者乎？以今觀於人情，何其多岐也？始之忠計者以抗疏揚譽，既而媒進者争趨之，媒進者出而忠計之心不白矣。始之鯁節者以被譴摽聲，既而負瑕者爭冒之，負瑕者出而鯁節之士反詘矣。所布侯在名，或借事以市之。名爲重，則無論國體矣。所壟斷在私，或借公以就之。私爲重，則無論世教矣。知上所甚溺在錙銖，陰以意掩覆其間，而偶拾一二塵餘以塗耳目。問之則曰：「我固言之，而上不聽也。」知上所最忌在糾駁〔二二三〕，陰以術阻隔於内，而間補一二舊牘以飾觀聽。問之則曰：「事如此，我固無可奈何也。」上慎惜爵秩，六曹百司之咤〔二二四〕，半□□來〔二二五〕。微獨上靳之，恐工於怙寵者，固不願署之常盈，而或滋多口也。上留滯批發，群工庶府之牘，全庋高閣。微獨上壅之，恐巧於竊柄者，固不願脈之常通，而或胎他膓〔二二六〕也。向虞上下之情隔，今下與上復相隔，此掣肘，彼疐尾，即參商不翅矣。向虞主〔二二七〕臣之意盭，今臣與臣復相盭，朝含沙，暮下石，即胡越不翅矣。嗟乎！人臣比肩事主，儻能聚精會神，傾肝露膽，猶懼不足以補苴秕政，昭明君德。乃同此股肱，同此手足，而意見頓異，肺腑互離。伏荊棘以叢生，羅戈矛而横發。機械日熟，封殖日工。一旦猝當震撼危疑之衝，竊料模稜首鼠，不知作何面孔，呈何伎倆。朝家果奚所賴於若人，况聖主以睿哲照臨之，必將曰：「此曹底裹如此耳，有不彌增其屑越也哉！」三閭，楚之賢大夫也。疾讒説之傷聰〔二二八〕，悼宗國之傾覆。意耻與上官輩同此視息，故其言曰：「衆人皆濁我獨清，衆人皆醉我獨醒。」卒之自放自沈以死。夫夫也律以四君子扶危定傾之畧，誠謝不敏。要以朴忠孤節，九死不移，誠有足多者焉。吾願今之爲臣者，根三閭之孤忠，出之以四君子之碩畫，一意叢其責於已，無復分其謗於上。斯於斡轉匡扶之畧，咄嗟定矣。彼謂人之不可勝天者，妄也。

山東鄉試録序

歲乙酉，臣遵古舉於鄉。始復遣廷臣典試事，臣師前儀曹也，已議臺臣肅其憲，禮臣平其衡。責並重，不得遺。遺臺臣、禮臣之移秩者九一再，多符署，亦多臺臣。今丙午，臣承璽郎之乏，畀役於東，不敢辭，偕兵部主事臣某解選務以往。比至而監臨，則監察御史臣某實爲政提調，則左布政使等諸所聘擇，同考試官某等暨百執事内外咸毖。乃進提學副使臣李叔元所選士二千八百有奇，三試之而拔尤七十有五，如其素故事。慮士所懷來，或踈質不雅馴，率加點定，更其對致預儲以應卒，緣是士亦萬一取。倖捷甚，非枚卜意也。禮臣累請禁止，九若干。迺録文，則録士所爲文上。盜拙毋僞，盜野毋罔。臣既幸以儀曹二〔二二九〕在事，習聞令甲，不啻詳矣。且上與下惟是不相欺耳，上以言求士，士以言爲先資應於上。臣於上下之間若媒妁介紹，然靳於敷奏其言而止。脱不諒其所不能役，獨智掩衆芳于大典以取窮於技。即一言之，或幾乎道無盜爲飾，貌無盜爲攘。善士不欺而臣教之，臣亦希用焉？用是論所得文二十編，稍删冗綴事，相與爲妍媸以稱詔旨。惓惓之意，則臣既以言信於上下之交矣。顧臣屬有思焉，聖門四科，咸有品目，各從其偏而已。然且醖釀千百年，收羅七十二國，而所得止此，又其不能兼也。茲不展期於三朞，不外索於支郡，收之言語文學之間，責以德行政事之用。三千七十日暮，遇之一人之身，而十哲咸備，抑又何也？夫徵文學於德行，不能也。緣德行而出之，則邃矣。窺言語於政事，不能也。條政事而擬之，則章矣。時維先樹其標，故以羔雁爲前茅；後維實論其功，故以磨礲得利器。矧夫雲龍相招，山川時其吐納。鉤弋盡術，鱗羽萃於尊俎。政無暇借才異代，旁啓殊方。而可集爲三千，升爲七十，分爲四科，并爲十哲矣。夫臣之信士於上，與士之必爲可信，咸自斯言始，則士亦何可不信其言乎？高皇帝黜百家，尊孔氏，非先儒之説不列學宫，至嚴也。屬高奇之士，抉拾雲貝，摽入倫常，脱化庸言，悉歸玄悟。致經持世道者，焦心蒿目，三令五申而頽波日傾，流風尚煽。於制爲倍上，於學爲倍師。倍不可長，必且爲逼；逼不可極，必且爲夷；夷不可常，必且爲替；替不可居，必且易置；而綱紀淩遲矣。以是而責左券於異日，士亦惡乎其言，而臣亦惡乎其信哉？臣嘗使魯，見環闕里而居者，無竺乾柱史之祠。閭閻鄉方，何篤摯也！諸士不生齊魯之鄉乎？濟伏千里，源不加汙。盖皆有聖人之遺焉，宜其守鄉説而不變矣。第今且舉且出鄉，而馳都邑之觀。百里以往，將有異物。千里以往，將有異論。四方輻輳，將有異徵。始駭之中聽之，終蹇裳而就之。先後既違，賔實必爽。歸何以入其鄉而遊闕里之下乎？所望諸士由今之言，無變今之道。無喜新，無厭常，無反攻。獨持於波靡流轉之塲，務衝其中堅而勝之，以清洙泗之瀾，而遵高皇帝一道術之旨。不爯則士違其言，言違其用，用違其宜，欺孰甚焉？臣不欺而士應之，亦士之過也。臣受命於上，受學於臣師臣某，得其説如是，敢以是爲多士朂。

彭遵古謹序

治河

萬曆丙午山東程

問：河之爲患，自古有之，則治河之策，自古難之矣。語曰：「不習爲吏，視已成事。」今可數而採擇與？邈〔二三〇〕哉禹功，明德遠矣。然商承夏而遷徙無常，周承殷而安流不害。豈商獨非與？《春秋》載記雖不可考，倘周亦有策以待之歟？《瓠子》之歌，漢已劳矣，何唐獨無聞？宣塞之事，唐幾廢矣，何宋法更備？委之天時，責之地利，然與？否與？夫河〔二三一〕患之重輕，係于人謀之工拙；人謀之工拙，徵于河勢之成敗。顧有人得其策而河不遵軌，河失其防而人誠得筭者乎？元之用河爲漕，正與今同。今人近河有陵，更與昔異。則漕與陵孰爲急乎？議者欲開膠萊〔二三二〕，由滄瀛〔二三三〕通鄭衛以廢漕，而并棄河。或分河而並保陵，則二〔二三四〕百年劳費不盡化爲烏有乎？而亦烏在其必可成耶？夫當事者業已塞太行之堤，掘朱旺之口矣。顾誠何議？然单沛之間，昏墊已極，則分黃之策不可不講也。河淮之間，民力已竭，則工費之侈不可不省也。臨河郡縣各有分地，則責成之法不可不重也。人言異同，各有奥主，则議論之口不可不一也。諸生試熟慮之，以紓目前之急。

黄河爲患，所從來矣。非河之患也，治河者強河以從人之爲患也。又非治河之患也，相度者謀，遥度者議，操百聞以橈一見之爲患也。又非議河之患也，聽塗而畫，至奪本謀，見刖而言，至虧成効，驅實用以狥空談之爲患也。夫治則擾，議則亂，議與治相乘，則益譸張而鮮効，河患正坐此矣。載籍而上不可睹，睹其較著者。河與天下相終始，其劳費亦與天下相終始。有人事即不無工拙，有工拙即不無成敗。今觀其成敗之形，以察其工拙之術，而後施吾人事焉，可乎？蓋嘗精思而得其故焉，鯀取息壤以堙洪水，則今法是矣。績用弗成，而禹别九河以疏之。殷始都亳，去河稍遠，隨徙嚻徙相，遷耿遷邢，皆罹厥患至，復歸于亳以避之。周之決者一耳，齊桓申命，不曰無曲防乎？周制也，亦齊意也。蓋各自爲備以〔二三五〕防之。漢武瓠子而後，雖王延世、李尋、賈讓、王景輩爲法不同，要歸于塞而堤之。唐亦決者數矣，治法無聞焉。尋置河口轉埸，蓋因其勢而委之。宋決已甚，司馬光導使東流，王安石又欲收兩河之利，而吕大防、文彦博亦思憑河以爲阻，故與之角而争之。至元則引河爲漕而用之矣。夫三代而上，禹功懋矣。乃殷獨儦於周者，非偶致也。九年昏墊，八年胼胝，自可保千年無事。而安邑、鎬、洛各據上游，河在東方，委諸建國，小患小費，不煩王朝，亦各其勢耳。商之與河隣也，乃其所以困也，然而疏排之利遠也。三代而下，漢費侈矣。乃唐獨省於宋者，非倖成也。管仲塞九爲一，白圭壅水壑隣。戰國列侯，務盡地力，千載掩於〔二三六〕，待時崩潰。漢始承之，物力既富，講求未精。宋都河南，恃以塹虜。北行則失天險，南行則洩土〔二三七〕氣，東行則資灌溉，務奪地勢以就人謀，亦各其時耳。唐之不復塞也，所以不復決也。然而劳逸之形殊也，大都太上務疏，其次務委，其次務防。至於不得已而避之，而塞之，而争之，爲無策矣。而況于用乎？況于用之外又有可慮者乎？今之漕略與元同，而今之河更與元異。合堯舜以來未有之患，而不察堯舜以來相沿之法，收勝國以後挽漕之便，而不鑒勝國以前瓦解之憂，謀事者得無踈耶？説者曰：「河害漕也。」夫借河爲漕，斯漕承河患耳。黄陵岡既築，則張秋以北無河矣。泇河既開，則茶城以南無河矣。舳艫百萬，皆浮汶泗，安所藉而承其敝？此可無議也。又曰：「河妨陵也。」夫少室以東，乘高而下，伏行千里，頓起碣泗，盖必有石脉焉。高則氣浮，下則氣沉。即有衡決如汗液之布於膚外，而況水之所聚，即氣之所鍾，又形家秘説也。祖壠欝盤，雄視淮泗，何至如過慮哉？此可無議也。又曰：「今田滄瀛之間，可得穀無筭。漕可省，河可治矣。」夫田而穀，則可因之廢，漕則不可。東西灌輸，非止足用，亦平物力。今一旦廢之，必舍本色，徵折色。金錢益貴，米粟益賤，而田又不可得也。是閭閻本業也，向者開荒，至借市於民以充數，而別輸其賦。一歲再歲，客去賦亡，田歸民矣。且田有舄鹵，民須召募。此又可無議也。又曰：「海運之難，難於白蓬頭耳。」今開膠萊，河可損前患矣，此欲棄漕并棄河也。然漕廢而河不害則可；漕廢而河患如故，治河亦如故，是兩費也，而膠萊又未易開也。斷地脉，犯沙石，潮汐蝕之，風濤引之，皆難預斷也。況合二百年之人謀，盡二百年之經費，一舉棄之，而謀其新乎？此又可無議也。又曰：「由鄭可以達河，由沁可以達衛。衛、鄭通而河不與焉。」夫前此治漕，唯是不復用河耳。一引於濟，張秋漲矣；一引於徐，茶城竭〔一三八〕矣。與其通鄭，何必不徐與其通衛？何必不濟迂道？千里交承其害，謝径直之安流，而就岐回之狂注。不過五年，保必敗矣，非完策也。又可無議也。夫前之説二，爲漕也，爲陵也，固爲河也。時以爲害，而愚以爲不害。何也？若舟已移而刻之不止也。後之説三，皆爲漕也，亦爲河也，爲陵也。時以爲利，而愚以爲不利。何也？若病少瘥而藥之不置也。雖然，謂漕不因河可也，求河不侵漕得乎？謂河不妨陵可也，求人不藉口得乎？故其來也，必務分之以殺其勢。其去也，必務防之以遏其衝。其分也，必復防之以當難返之流。其防也，必復分之以消浸淫之漸。河藏於不竭之淵，人疲於奔命之府。于是而財力殫矣，于是而宮〔一三九〕守弛矣，于是而議論滋矣。然則當事者何可安朱旺之流，遵覆車之轍而不爲變通計哉？敢因明問所及而陳之，一曰議分黄，謂分得其術，然後防可固也。禹跡以來，河分南北久矣。青、徐、兖、冀，寥闊千里，震蕩衝突，惟力所射，僅而容之。今蒙墻以東，徐州以西，行堤以南，靈璧以北，三百里而近，不勝決也，不勝塞也，不勝淤也。三堤相望，歸山荒原，滿目雕鏤，半無完土。即欲分疏，正如甕中畫水耳。黄陵岡不可開也，所謂導沁通衛者，獨不可引黄北流，使分南方之半，蘇久魚之民乎？衛水自臨清而上，土脉堅厚，地形駛疾，用力少而成功多，亦一奇也。蓋水在天地間，亦有定數。均其害則均其利，可以一二数也。一曰省工費，謂疲民以治之，不若利民以委之也。挑塞以來，歲無寍日。朱旺口之役，用夫二十萬。其檄下郡縣者也，持樸〔二四〇〕褁糧，肩釜荷鍤，亦將稱是。淮、徐、豐、单，草木盡歸〔二四一〕樵蘇，斷絶烟火，僅屬乾糗，生春寒泉泥淖，践霜枕塊，冒雪衝星，言之可爲酸鼻，烏得不斃？費緡八十萬，其可聞司農者也。官吏之費，道路之費，畚鍤之費，椿埽之費，槽車之費，亦将倍是。三方之民至空鷄犬，廢嫁娶，鬻子女以佐縣官之不逮，焉得不貧？河之所及，既以河嚙之；河之所不及，又以治河嚙之。變窟宅爲波濤者十之二，消膏血爲隄防者十之八。養由基雖善射乎，亦務息哉！竊恐河易潰決爲土崩也，苟無大害，曷緩之而俟其定也？蓋財力在天地間，止有此數。寬一分則受賜一分，可以萬全筭也。一曰重責成，謂固防在人不若人自爲防也。向者河上之役分治而無恙，摠治而愈困。豈專其責者益其事哉？蓋分則各守其土，而人無僥倖之心。合則獨擅其成，而計伸必然之畫。分則無巧避，無遥役，無殊名，無横歛，視爲職業之當然。合則任愈專，責益重，轄益遠，事益煩，難塞一時之厚望。凡瀕河而邑者，能高其選乎？令異日皆可總河焉，而屬以數十里之地，第責其防護而已。分水之後，堤壩完固，加以精勤不爲掣肘，其何難焉？蓋人才各有所長，可以驅策使也，不必違衆而任獨也。一曰省議論，謂空言無當，不若攝歸實用也。天下無不敝之事，聖智無千年之筴。神禹智矣，而不保商殷之決；堯舜聖矣，而不參荒度之謀。其初事也，既以無成疑之。其中事也，又以他謀撓之。其畢事也，又以無功議之。其後事也，又以小釁罪之。夫大成而小敗，寬之可也。甲得而乙失，準之可也。先利而後害，脩緝之可也。彼皆所謂智計士也，合千萬人之謀，歲月之積，而欲以一言斷之。立談之間，使其中道而移。故愚誠不知其解也。蓋人才不甚相遠，難以成敗論也，不必是己而非人也。夫分黄之議法乎疏，上也；工費之省法乎委，中也；責成之重法乎防，下也。上之不敢用，中之不肯用，下固用之可以濟中之不逮，而不能盡其用。至議論滋熾，則爲道傍之舍，而無一可用者矣。斯又古今之通患也，執事其審聽焉。

春秋

萬曆丙午山東程

問：五經見其理，《春秋》見其事，所從來久。遠自秦滅學，而事與時俱往矣。舍《三傳》其何稽焉？顧其同異訛舛，時或有之，可盡信與？漢儒各守師說，是非紛起。治左氏則絀《公》、《穀》，治《公》、《穀》亦絀左氏，其差等安在？何無定評也？至宋胡安國之《傳》出，而國家用以列學宫，式多士焉。其事考諸《三傳》，其要領取諸七家。今七家具在，可悉數與？自漢以降，治《春秋》者無慮百十人，最舛則莫若薛季宣、王介甫。季宣謂諸侯無史，疑失之踈。而介甫又極力排之不置。説者謂其有忌而然，抑何僻也？我高皇帝表章六經，列祖懋洪典述，而皇上又嗣服而光大之。其于《易》、《禮》、《詩》、《書》，蔑不窺矣，蔑不体矣。頃又命侍臣以《春秋》進講，盖孜孜典學，甚盛心也。抑聞〔二四二〕鑒于古不若鑒于人，《春秋》，古也；事則人也。試取其事而比之今日之治，其果盡合與？抑亦有離耶？諸生必能深究其指，試爲我揚扢之，有可佐聖明萬一者，其亡諱。

夫五經，空言也。言以詮理，而轉托于疏，則愈遠。《春秋》實事也，事以寓法而參稽于《傳》，則有徵。故五經有疏，其諸繪事乎？猶五采之設也。五采所以和素，而素乃以掩，故疏可廢也。《春秋》有傳，其諸儀象乎？猶璣衡之遺也。璣衡不可盡天，而天因以測，故傳不可廢也，何也？言垂于文，可以目而代耳也。行远于古，不可以意而代目也。吾意之而當然，而實不附也。吾意之而不必然，而神愈眩也。非直意其事，且並其法而意之。意其褒而善，未附則華衮弗章也。意其貶而失，未徵則膏鉞非質也。故凡不信《傳》而議經者皆鑿空之論也。昔周道陵夷，九有存于虢祭，八表淪于戎狄。《詩》、《書》、《禮》、《樂》亡而仲尼懼，《春秋》作焉。《記》所謂「屬辭比事」以著教也。盖統二儀，贊人道，撥亂世以反正，斯已矣。今讀其文，安所得事與？辭而連類者，直曰一字褒貶已耳。聖人豈好爲隱？夫亦以《周禮》猶存，寶書具在，後世自有取認證吾言乎？不虞厄于一炬也。幸公谷謹守其師説，而左氏獨出于張倉。左氏者，辭與事之摠括也，時以發經而不爲經役。《公》、《穀》者，辭與事之測義也，終其書服役于經，而亦時與經合。執事曰：「同異訛舛，蓋亦有之。」夫數一二至易也，司馬遷曰：「《春秋》文成數萬。」而張晏曰：「止萬八千字。」易者尚爾，況以三家之旁搜冥剔，顧獨無少刺謬耶？大氏左氏世爲楚史，躬覽載籍，其有所訛，皆從文起。《公》、《穀》則漢經生傳之口授，其有所訛，皆從音起。左氏曰「君氏」，《公》、《穀》曰「尹氏」；左氏曰「桓母」，《穀梁》曰「隱妻」，此類以文訛者也。左氏曰「厥慭〔二四三〕」，《公》、《穀》曰「屈銀」；左氏曰「菜郿」，《公》、《穀》曰「築微」，此類以音訛者也。善乎！范武子之說也。傳以通經爲主，經以必當爲理。夫至當無二，《三傳》殊說，曷不疏其舛而擇其當，烏得以是絀傳也？既無俱當，固應俱失，曷不據其事以求其通，烏得以是絀傳也？聞之丘明親見孔子，公、谷受業子夏之門人，去古未遠，論著頗近。雖時有錯迕，要無傷其大都。故以《三傳》證經，辟之發覆以騐射也，胡可軒輊焉？漢初唯《公》、《谷》盛行，而《左氏》獨絀。至劉歆譁言之，其後《左氏》得立學官。於是《左傳》遂自孤行，幾不有《公》、《谷》矣。要皆各守其師說以相絀廢，非通方之論也。至宋胡氏傳出，宋儒隆而尸之，國家用以頒學宮，式多士焉，而《三傳》亦若少絀。然胡氏意主納約，故時有蔓言，亦容有鑿思，乃其大指實禘《三傳》而祖七家。七家以孟氏而摘其所指，毋論已。漆園洸漾，其言多敉〔二四四〕，然云《春秋》道名分，不可易也。仲舒《繁露》，其說似拘，然云《春秋》禮儀之大宗，不可易也。仲淹擬經，其說〔二四五〕似僭，然云王道輕重之權衡，不可貶也。邵堯夫謂《春秋》，孔氏之刑書，功過不相掩。程正叔謂五經有《春秋》，猶法律有斷例。張横渠謂非理明義精，殆未可學。斯皆深於談經者也。夫孟與莊，醇疵不同，考其時可無事傳也。仲舒師《公羊》而用讖者，仲淹並經傳而用摹者，宋儒則嘗鼎秦漢而劑齷焉。向微《三傳》，雖有七家，正如暗中摸物，可得大小，固不可得黑白矣。後以《春秋》名家者不可勝紀，最舛則莫若薛季〔二四六〕、王介甫。季宣謂諸侯無史，豈以太史屬于春官，列國無專職耶？獨不曰董狐秉筆以誅盾，南史載簡以討杼乎？夫不深考傳而輕議經者，季宣之踈也。王介甫則以爲斷爛朝報。夫《春秋》，綱也。《三傳》，目也。綱挈目張，何云斷爛？聞之周茂振曰：「介甫嘗欲釋《春秋》以行世，及見孫莘老《經社》而忌之，遂詆誹焉。」夫離傳而訾經，又以奮其私者，介甫之僻也。高皇帝表章六經，于《春秋》盖拳拳焉。列聖繼統，不忘纘述。皇上又嗣服而光大之，既占《易》、風《詩》、習《禮》、蹈《書》，靡不粹矣。頃又命侍臣以《春秋》進講，甚懋心也。執事曰：「其有離合焉？」請先言其合。布袍步禱，務農憫雨之心也。捐金賑貸，書室寬征之槩也。更化宣諭，殺函誓士之風也。操太阿于掌握，而六卿贅旒之患息。奠主器于少陽，而二耦偏衣之釁消。是善學《春秋》者，莫若皇上。乃猶諰諰焉憂其離，毋乃過乎？愚以皇上之所明習者，四經也；其所未竟業者，《春秋》也。默與合者，經以契經也。偶與離者，經各爲經也。請錯舉五經之文，參之《春秋》之實，以効規焉。《易》曰：「自強不息。」《書》曰：「所其無逸。」言人主當法天爲兢兢也。今朝會傳于臚句，講讀寄于赫蹏。下之補牘，幾于沃石。上之批答，等于捕風。無盜挫萬幾而弛者不張主德，豈有闕乎？則無事必書，時月之義可繹也。《詩》云：「昭事上帝。」《禮》曰：「饗者，鄉也。」鄉之然後能饗焉。今薦信憑于築鬻，執瓚移于奉璋。二至四孟，徒肇其文。三重十倫，未進其志。無論分相越而漆漆濟濟者，盜有所恍惚乎？則四不視朔之文可鑒也。伯益之陳謨也，曰：「任賢勿貳。」益〔二四七〕「天工人代」，惟和乃集也。今大寮困于越俎，小吏嘆于積薪。槐棘之署半懸，糾绳之官幾廢。将何以激士氣而責官守乎？此其說在燕伯之忽陪貳也。盤庚之綏衆也，曰：「朕不肩好貨。」蓋主志清明，大命乃建也。今山澤雖已封錮，津梁猶未盡弛。販夫笑而攫者有喙，異物貴而至者無脛。将何以昭儉德而警官邪乎？此其說在晉平之釋意如也。

令者，風也。故大人不倡游言，令出所以惟行也。今大號已渙，商兑未寧。曰𠑊恤矣，尋以反汗格。曰疏滯矣，尋以推請寢。上多諼則下莫任，彼于蒲貳命一戒也。謀者，幾也。幾事不密則害成，謀猷所以入告也。今鬲釜已隔，坦耳漸傾。本造膝也，恐樹疑端而不得不顯出之。本納牖也，慮且廢閣而不得不訟言之。上處暗則下處明，彼射姑之漏言一戒也。《雅》之歌民勞曰：「惠此京師，以綏四國。」今鋪商重困，輦轂騷騷。髓血吸于貂豎，而存者什多九空。心魂驚于追呼，而徙者百無一在。即不至如鄆之潰，然土崩瓦解之勢，可懼也。成湯之勝夏，曰：「若將隕于深淵。」今火熄甘泉，水沉統萬，樂浪長鯨。既披鱗而避網，鬼方短域〔二四八〕，又駾喙而就焚。即非若鄢陵之倖勝，然外寧内憂之戒，可惕也。用民之力，歲不過三。日迺負臿于河，操杵于城。斷雲根以出岫，而挽曳望途。斲岑翳以遡流，而邪許徹野。民劳矣，其将生心。向者工築所以必書也。國無三年之蓄，曰國非其國。乃經費日煩，耗蠹無極。司農不給，貸之冏牧，而冏牧復然。間〔二四九〕中不足，繼之鬻爵，而鬻爵復然。時詘矣，其何以濟？向者大無所以貽譏也。太白時見，異火頻流，今壇壝又以雷雹告矣。《易》曰：「天垂象，見吉凶。」且不聞子産脩德，裨竈之多言罔中乎？擺腰竊誘，五路跳梁，今虜酋又故愆其貢期矣。

《書》曰：「無怠無荒，四夷來王。」且不聞齊桓寵樂，狄人介馬而冠衛乎？夫治古學貴文章者，儒史之務也。鑒古訓飾治平者，帝王之要也。皇上誠能以《五經》之文徵之《春秋》，而又以《春秋》之法參之紀事，則得其神而糟粕可棄。六經固與治同，《三傳〔二五〇〕》亦與經一。同異訛舛，又何問乎？抑愚猶有説焉。孔子懼而作《春秋》，《春秋》成而亂賊懼。懼以終始，非《春秋》之要指與？讀是經者，作而有懼心焉，則必不敢以燕處廢朝常，以代攝忘盻饗。謂曠官爲無害，揔貨爲無傷。言可復也，令可信也，謀可密而事幾可定，役可簡而民劳可息也。外内治而人不愛力，地不愛財，天且永錫之福矣。令三氏操觚之家授簡，又何以加焉？

河南鄉試録後序

臣亮不佞，謬叨上命，從銓臣承憲典校中州。夫銓職論官哲能官，何難論士？若臣録録典笔札，猶然士耳，焉能爲役？然臣聞之，官先事，士先志，官與士匪異人也。往者主司醮士，必有裏言。振衣尚新，祝轅貴遠，靡不豔稱荣次，豫蘄以服采。入官之誼，士且惘然有獵纓拾級之思焉。臣以爲官洵難，士何容易！國家以制科檢士，譬若嚴姆之衛姝，于尺寸罔渝。士方穎〔二五一〕舉鄉校爲諸生，猶闺彦也。褵未結而議酒食，羞蘋藻，無乃不卯〔二五二〕而晨乎？在官言官，與士言士，臣請與諸士法，語以托於裏言。盖士之名昉於《周官·大司徒》，以三物賔興：論鄉士之秀曰「選士」，論選士之秀曰「俊士」，論俊士之秀曰「進士」。論「進士」之賢能者，獻書於王，王再拜受之。士如此其重，取士如此其慎也。漢徵孝廉，晉置中正，唐舉秀才、明經，制有沿革，亦猶行古之道。今兹歌《鹿鳴》而升天府者，固選俊之儔，所繇登進士之路也。緣名責實，無論三物未倫，即四科、九品、八觀、六驗、十帖，通四十條得六者，其與有幾？則奈何輕言士？邇者臺臣建議，禮臣脩書，至厪明旨申飭，若於鄉舉士，有苛責焉。豈其薄待士而設不必然之慮？意若曰：諸士〔二五三〕隸博士籍，學使者得以柱後惠文，歲殿最，弾射之。進而服官，麗考功法，則又有大府之憲，象魏之典，一再考簡，幽明黜陟之。惟是士舉於鄉者，既荐賢書，未登臣版。退無當於學約，進不列於官評。且緼緒甫離，羶塗較近。恣睢稍易，檢押恒難。藉令一不戒而辨志弗蚤，從懷若流。其卑呰者，競錐刀，斥田舍，仰附逐欲，左右望而罔利。其豪鷙者，武斷枉直，陰持短長，借氣勢爲樞機，結冰於胸臆。又有習爲曠達、摽尚風流者，揮麈〔二五四〕課玄，銜杯樂聖，探贋鼎於秦漢，衒奇服於晋唐。士之多岐，於斯爲甚！夫士待舉，猶女待年，婉孌曲房，銷聲屏跡，行必佩，出必灼〔二五五〕，猶懼不訾。其或失家節，貽父母罹，即于歸任，婦女德闕矣。士離疏釋屩，業已越度齊民。論秀升俊，亦女子十年乃字時也。始進錯趾，委人齒牙。異日徼善，仕貌荣名，雖材謂揮霍，足當縣官任，使豔妻哲婦，女貞曷利焉？則奈何輕言志？子輿氏曰：「士尚志。」而又解之曰：「居仁由義，大人之事備矣。」事固未嘗離志也。士具百行，無暇枚譽〔二五六〕，試以子輿所稱引「殺一無罪非仁，取非其有非義」〔二五七〕，與士相質，果能充無欲害人之心否？能充無穿窬之心否？隱衷未愜，闇室難欺。藏斂於腹，險若山川。染鼎於指，深若谿壑。而且自號於人曰：「吾将濟衆利物，立懦廉頑。」廣飾厚要，潤非飾詭，誠不知其何仁何義？何以列於士之林也？臣竊恥之。夫志之象爲士，爲心；人之慮有百，態有千，而心則惟一。一之所趨，專精祈嚮，若射之赴的，故曰志道德者，功名不足以累其心；志功名者，富貴不足以累其心。至於志富貴而患得患失，無所不至矣。諸士之進自今日，志之定亦惟今日。厥有三品，其何適之從焉？夫中州者，天地之中也。陰陽之氣，磅礴蜿蜒。域爲九而萃於一，靈秀獨鍾，風雨交會，必有與立焉。崧高降神之後，豈無德星聚於鄉，慶雲見於庭？稱人瑞表國禎者，則又奈何輕相中州士？

諸士勗哉！臣世受國恩，家通士籍。臣晜弟偕計吏上公車者，羔雁尚有群也，禀臣父之庭訓，兢兢相勉，毋敢越軼。諸士辱在一日，無異吾弟，何敢舍臣家庭之教教諸士？臣祖先以進士乞恩，就校官於宛城，三物慎脩，四禮肇舉，士風不變，則爾諸士之菁菁者，亦其所樂育也。百年樹人，臣得藉手薪之槱之，食其實矣，何敢舍臣祖庠序之教教諸士？且臣拜命之日，聞科臣復約三章，要在訓士。宜豫與前建議者，皆爾鄉先達也。貞憲肅紀，端軌維風。其爲士習深慮，不啻障狂瀾，指迷津。忠告恕施，必自爾鄉子弟始矣，又何敢舍爾里塾之教教諸士？故臣始終以先志尚志之説爲士醮言，以信科條，尊詔旨，仰副聖天子造士至意。無寧使人謂蕩渝绳檢，弁髦禮法，惟鄉舉士爲甚，而以賔興爲詬府。則士厚自待，待士者必不薄，何至挂清議，貽先達羞？語云：「事在四方，道在中央。」将九域多士，咸以爾天中爲的，孕苞啓符，漂伊濬洛，寧獨三塗二室藉之生色已哉！若迺對揚軒庭，翱翔衢路，上次第詔若官，受若事，志有實際，士不虚稱。惟是憂國奉公，隨分盡職。其所爲昭示臣鵠敦勵官方者，南宫之牘，且以師保臨之。操绳墨董正之適不適，有銓臣在，無所俟臣言矣。

吴亮謹序

廣西鄉試録後序

臣鶴騰往令晉榆石，歲庚子，值上俞言，臣請復有司，預棘内制，得濫竽分校於時，抱簿書而衡藝。惟不克勝是懼，乃從主者受成，不辱事。今待罪度支。後丙午秋，上分遣各直省典試諸臣，差有期，不以臣怐瞀，命副兵部員外郎臣舜鼎遴西粤士，揔全經而拔之，視曩占一經尤重，斤斤恐不能荷重典，負簡任，至意懼尤甚。陛辭馳日夜，不憚江山嶺硐之巇巇，幸如期届粤，又幸黽勉竣事。録成以獻，臣例有言簡末。竊惟我國家取士，經制甚密，功令甚嚴。無非欲得真才，以適緩急用，匪徒取一時帖括之文，爲世嚆矢，特藉文以窺士心耳。木之疏躍條梓，而枝舉千萬，一根也。雲之蘢蓯彭濞，霖雨千里，一氣也。至精之象不麾而往，人心亦若斯矣。位圓奠方，洴醴沸溟，古今治亂之關，由斯焉作。臣自諸生時，披輿圖名勝，爲百粤，由燕、趙、魏、梁、韓、楚、越、江、漢、沅、湘，去京師不知幾千里。今且身歷之矣，入其境，竹户巢木異居，戊臘雞卜異俗，銅鼓瓠笙異娱，而頫仰山川，玉筍瑶篸，碧灘清濱，殆杳然殊域矣。至於人心，則山陬海澨，質之鄒魯，一掬也，其根菀同也。然則粤士可揆已，第所執者先資之言果内符獨知否？果可據先資以信心否？當習制義時，垂纓華轂在前，不破的不至望鵠，而耽耽專勢也。於時研剔孔孟之脉，不失尺寸，猶然未鑿之心也。一登賢書，裘馬譙適，故步日遠，弁髦業弁髦心矣。夫弁髦心在未垂組前矣，垂組將焉用之？國家經制功令，謂何而士甘與舛也？臣嘗謂士涉世有三離，鼓篋而計偕，視緼氓異；再對公車，儋爵剖禄，視衿佩異；至薦列華膴快生平，又與筮仕異。景遷遇，心遷境，有殙然沉湛耳。夫遇適也，策職暨勳，各有所委，境且爲倏幻之秋雲，况虚靈之心，豈有涉乎？在自持耳。譬之登高者，漸嶔漸險，一爲之慑。不厭則偲險如心，何偲與厭自摇之也？文章、政事原出於一，今劃然出於二，士自二之耳。擊鍾食鼎之心，即绳樞甕牖之心，士自一之耳。然則諸士持此心供國家用，兢兢在今日矣。今日而兢兢猶恐不繼，今日而紛侈以明得意，將何底也？下則利靡勢掣，伍於俗吏；中則愛鼎擅名，託炎寒之界以工揣摩；上者鳴鳳可仰，而閃爍叵測，柱石可憑，而鱗甲難遇。夫下者棄之，中者疑之，其上者則近世所稱豪傑士也。若在鄒魯，曾不足以當柴之愚、由之果，盖任才而遺心，又無聖人以爲之依歸，無怪也。諸士異日所就，如所謂上者，亦可矣，而非臣望士意也。若粤山川蔥菁，其靈秀所孕，豈無魁梧之士出乎其間？遐不具論，吕文簡澹泊沉深，計安社稷，與古名臣争烈矣。

即屠冢宰簡静獨立，清若寒冰；　蔣司空循績茂著，材若良幹；　吕侍御研精理學，渾若荊璞。以諸君子論，盜獨齊魯褎然名海内焉？諸士生兹土，耳而目之，得無興思仰止乎？諸士往應公車，漸涉三境，搏搏上矣。鋒針千里，生平以之，是安可不慎？勿以物溷官，勿以官溷心。潔舍止神，穆然深囿，直立而不墮，環應而不竇，機權輻輳而能爲轂。以此而較世之所謂上焉者，等級邈矣。所志在此，語學則正，語品則真，直可以薄視乎世之所謂上焉者。極之且媲古名流，匪區區囿一鄉國已。兹其券在異日，然則臣之思何時釋乎？臣登仕來，無錙銖勛勤可以報稱，唯不敢弁髦此心。所與諸士約，臣實未逮。然爲國家求賢，不敢不以此待士。諸士其實經制功令，非爲帖括之文也，兢兢在今日矣。

承德郎户部浙江清吏司主事張鶴騰謹序

會試録序

萬曆三十五年春，復當會試天下士。禮部左侍郎臣李廷機疏請校士者主名。詔學士臣道賓偕學士臣汝良往。臣最庸陋，自史局至今官，凡三預校士之役，兩造賢關，一教庶常。而學術短淺，靡所報稱。乃茲復奉上命，總方寓所貢士而搜羅之。責彌重，稱彌難矣。逡逡從事，幸獲竣役。遵宸斷，取三百人，録文二十篇以獻。臣職當序首簡。臣憶庚子醮士順天，竊不自揣，謂士宜自信以信于上，毋令疑而輕之，至百司庶府虛無人。乃言出未幾，而臣不才首無以取信，夫然後知信之難也。幸上曠然湔祓，再以士屬臣。臣感激奮勵，冀酬高厚，然終不能舍信之説以告爾多士。今夫鬻千金之璧于肆，主人拱手無言，乃環而觀者咨嗟艷羡，增價百倍而競售之。此無他，真故也。真則不言而信也。士亦患不真耳，何患難信？盖人之最真而毫不可飾者，心也。畫之筆而邪正符，吐之口而瞭眊符。真則必形，况矢口肆筆以成文，則又何所不符？故文而衷言，未有不似其人者。文而貌言，未有似其人者。衷言真也，貌言詭也。國家以文取士，正謂觀人莫詳于此。不虞文之敝至于今，且詭而入于邪也。然臣竊有怪焉。正文體之功令不啻詳矣，官師之告戒，父兄□程督，亦且諄諄矣。然而令彌嚴，悖彌甚，何也？夫樸售而後雕者樸，雕售欲使樸之無雕，不可得也。士射雉不愛亡矢，走數千里，冀獲售耳。顧所録不如所示，軼越者見功，墨守者靡效。退而與官師父兄有後言，是主司先以不信，令其何以教士信？臣入棘與諸執事更相戒勉，悉稟於禮臣所條上科指。然積翫既久，一旦飭勵而新之，敢曰至道？即至魯幸矣。故首與諸士約，不過守傳註，斥佛語，毋傳時事三者而已。既約懸之棘内，又汰其弗率者麾之棘外，要使功令〔二五八〕信於天下，夷易遵也。登斯録者，翕然若從。臣漸軌於正，而無復儻蕩其間。顧士信功令易耳，而信心難。信心爲進取計易耳，信心爲社稷計難。何者？凡人謀身無不臧也，而以謀國未必臧者。謀國之心，不如謀身之真也。朝廷以文徵人，亦還以吏事徵文。諸士偕計吏，集闕下試，睹計典，所别明幽而陟黜之者，疇非嚮以文徵者乎？徵其文，類其人，而徵其吏事，或不盡類其文。非文果不足徵也，士束身試席，俛首操觚，管心有獨注，而一出綰符坐堂皇，則不能無所分耳。臣以爲天下治亂，惟人心所轉斡。明主遇合，非可億期。而士所盟心，斷不可一毫未真，以先據疑端，俾朝廷操不敢盡信之心，以輕天下士。今天下議論多矣而實效鮮，聲譽盛矣而實用疎，禮節煩矣而實意衰，文具張矣而實惠未究，病在心弗真耳。真則無所不實，詭則無所不飾。一謂之飾而諸緒紛起，始覺多端。諺不云乎：「人爲物之靈，士爲人之靈。」臣則謂先達朝師躋在列，又合衆士之靈以爲靈，乃欲以少年新進之智，矯飾其間。此何異以一指揜皎日，其奚益之有？《易》之《鼎》蓋言實矣。五中以爲實，而二以有實應之，乃聖人之繫象，必曰：「慎所之也。」今上握中黄之符，凝大命。諸士亦且釋薖衡，翶翔乎王路，其途脩而多岐，無顛其趾，乃有立；無折其足，乃有行。豈其不玉于節，不金于貞，以仰應黄耳？且膏爲食也，餗爲公也，士詭其真以隨世，而巧便其身圖。人之疑而不信，則有繇矣。故《鼎》之象致嘆于四，曰：「信何如也。」諸士戒之，有二之慎，而後不失四之信。勉守一真，以踐先資，使夫按藉索臣者，信于今而徵于後，以逭不□之罰，斯不亦厚幸哉！是役也，同考試官則左諭德臣天埈、臣騰芳、右中允臣寘尹、編脩臣國鼎、臣道登、臣時芳、臣胤昌、檢討臣如磐、臣以弘、臣光裕、臣師聖、臣陞、都給事中臣治則、臣文蔚、臣庶、郎中臣庭栢、臣於中、臣拱極；監試則御史臣時華、臣永盛；而門防閑外者，則御史臣何爾健、臣陳宗契。例得備書。

通議大夫禮部右侍郎兼翰林院侍讀學士掌院事楊道寘謹序

萬曆丁未會試録

治道

問：《傳》言：「以古爲監，可見興亡。」然監遠無如監近，故殷監夏，周監殷，賈山惜〔二五九〕秦以喻漢，玄成援隋以誡唐，所從來矣。我國家接胡元之敝，監不在遠。太祖高皇帝嘗與待聞〔二六〇〕推勝國覆轍所由，一言蔽之，曰：「廢弛。」故懃懃懇懇，力振頹風。二百年來，神靈震叠如一日，其指要有可窺測〔二六一〕？迩者承平久，杞人過計。或謂明作功少，苟且政多，漸且入廢弛。弊所由來，與勝國將無同歟？否歟？夫高皇帝殫精盡制以懲之，至於今乃玩日愒月以踵之，其咎安在？《書》言熙載，首咨宅揆。《詩》戒宣猷，先慎考侗〔二六二〕。豈樞軸之地，承元首而康庶事者，尤當任其責歟？夫唯任然後可責。昔人謂任之以礼，乃可責之如法。又謂任一人則政專，任多人則相倚。果有當歟？或謂國有任臣則治，有重臣則危。或謂重臣不可無，權臣不可有。夫諱權諱重而可言任歟？弗專任而可獨責歟？弗專責而廢弛之弊，將無相推相諉而靡所屆歟？今欲鑒勝國所以失，原國家所以得，任人以起奮事功，將何所衷而可？

今天下之患，莫甚於廢弛，尤莫甚於廢弛而莫知其所由。然尤莫甚於知所由然，而莫敢言其然。夫國之爲國者，政事也。今天下非無政事，然無如苟且因循者多也，似有政事而無政事也，無政事是不有其國也，故曰患莫甚於廢弛。政事所由領理者，人才也。今天下非無人才，然往往媮食視陰，相仗相推，以入於廢弛，詰之而莫肯任其咎也。故曰莫甚於廢弛而莫知其所由然。人才所由奮振者，委任也。今天下非無委任，然且結胸掣肘，振掉不自由，明知廢弛所從來，而終莫敢言任也。發於當事之口，則若招權而賣重。旁觀言之，又若附下而借資。招權賣重，附下借資，是人主所大惡而人臣所大忌也。故曰莫甚於知所由廢弛，而莫敢言其然。宜乎執事憪然有深鑒也。請先原勝國所以失與我國家所以得，而後事勢相循之故，可得而言矣。蓋殷革夏命，則曰監彼夏王。周反商政，則曰咨汝殷商。賈山借秦以喻漢，玄成援隋以誡唐。蓋興朝與勝國，風氣漸染最易，故懲之宜亟也。我國家紹百王之統，而實接胡元之敝。覆轍之鑒，宜不在遠矣。高皇帝悼元季淪喪，嘗與侍臣推求其故。或言元政失之寬，高皇帝曰：「聞以寬得之，未聞以寬失之。」元季喪亂，正由廢弛耳。愚嘗反覆元事，恭繹聖訓。蓋元起朔漠，僭閏統，一代經制匪立，胡風沿習弗革。迨至正之君，天降慆德，百度日隳。其大者則在委任非人，師尹多辟。燕帖木別兒怯、哈麻、搠思監之倫，皆凶憸小人，更進用事。復怵阿魯輝伽璘邪說，深居縱逸，是以威福外竊，賄賂公行，選舉淩遲，紀綱倒置，賞可無功冒，罰可有罪免。法令飭而愈弛，盜賊撫而日多，而元社屋矣，元首叢脞哉！股肱惰哉！庶事隳哉！勝國所以失也。高皇帝親見胡元之亂，又数覽觀《元史》，燭〔二六三〕鑒廢弛所由。於是振長策，規來禩，分中書而六，散樞密而五。廩〔二六四〕然抑控在手，魁柄獨持。而其大者，則尤在懃懃懇懇，以精意盡下，使賢才不得不爲軫心效力，故能經制大備，憲度脩明，聲靈赫濯，震耀千古。元首明哉！股肱良哉！庶事康哉！高皇帝所以得也。盖勝國以惰窳縱詭隨，以寬而實非寬。高皇帝以精神爲震疊，似嚴而非徒嚴。此得失大致也。大高皇帝殫精竭思，将萬世爲量。乃今餘二百年耳，倫制不改而明作浸非，形體雖強而精神已疲苶矣！執事試觀今之天下，所爲精明奮振之氣餘幾？名實若搏沙，上下若蹗盩，吏治若傳舍，積儲若磬懸，武備若晝駿，邊事若養癰，宗禄若漏釜，河費若尾閭，吏弊若鼠穴，積牘若蝟磔。百司庶府方且悠悠汎汎而莫之措憂，問之九列，曰：「我分猷者也，何知成？」問之庶僚，曰：「我守局者也，何知要？」問之封疆郡邑，曰：「我外吏也，何知〔二六五〕。」即問之宻勿，亦曰：「我代言者也，何敢侵官而越俎？」盖波流茅靡以入於廢弛而未有届也。所謂廢弛而莫知所由然，知所由然而莫敢言其然者也。愚生草野，幸無忌諱，請瞽測瞽言之。大三十六輻以爲輪，轉之者軸，而後有輪之用。一闔一闢以爲户，運之者樞，而後有户之用。爲國亦有樞軸焉，樞軸未嘗代輪與户，而輪户不得，則無由馳驟開闔。樞軸之臣未嘗代衆職，而衆職不得，則事功無由輻輳。樞軸之臣得所任，而百職釐，萬事理矣。夫高皇帝之制故在也，皇上又天下之明主也，居崇處深，慮無不在天下也。俊乂滿朝，股肱之良，又非乏也，毋亦樞軸失職，元首股肱之間，猶有閡格弗相爲用之患乎？盖勝國所由廢弛，以非人而任之太重。其在今日則又不問得人與否，而任之太輕。廢弛同而所由廢弛異，辟乘舟者太重則沉溺，極輕則亦飄蕩。物極相反，各有所至，其势然矣。夫高皇帝神聖，其臣莫及。雖以部府分省院，然樞軸之任猶不能無寄。非惟寄之，又精嚮之。維時青田、金華參贊密勿，披心造膝，魚水靡間已，復加學士以殿閣。永熙而後，遂陟孤卿。其推誠委任、功效白著者，宣德時則有若楊文貞、文敏、文定，天順、成化時則有若李文達、彭文憲、商文毅，弘治時則有若劉文靖、謝、李二文正，嘉靖時則有若張文忠、楊文襄。委任綦重，致理綦隆。夫豈無外廷宣力之佐？乃宣上達下，持衆美以效之君，緊樞軸是賴。即皇上初嗣服曆，虛心元宰，端委以聽。故其人得展其精悍之才，而成綜核信必之治。其後秉成日久，意氣浸加，流爲鍥急，復流爲愎戾。一旦絀之若振落，於國家未有纖毫之損也。

蓋昭代制置樞軸之任，最爲盡善。使賢者得效其忠，而不肖者亦不得甚肆其慝。惟夫置而不任，然後賢不肖無所分。優游富貴之利歸於下，而廢弛不振之弊御於國，則今日是已。夫以今天下視萬曆初載，治效何逕庭也？豈人才實遜，則任與不任異耳。誠得其任，雖偏才可以奏功；不得其任，雖賢者無由陳力。是故不任則不能無顧形迹，顧形迹而深至之畫寡矣。不能不畏議論，畏議論而指視之殽亂必多矣。不能不商恩怨，而〔二六六〕依違姑息之風必長矣。不能不揣強弱，揣強弱而不茹不吐之氣必怯矣。如是而安得不廢弛？一臣不任，則一事弛。樞軸之臣不任，則百事皆弛矣。今之所以任樞軸之臣者，猶在若有若無之間。前不能輊，後不能軒，惴惴調衆口，日恐不贍，幾不得輪户之用，而望其運轉輪户，豈可得哉？夫任之者，將有所責之也。蘓洵曰：「任之以禮，方可責之如法。」弗任而責，是絆騏驥而責千里也。故責則不可靳任也。任之者，又將令提挈衆任也。仲長統曰：「任一人則政專，任數人則相倚。」懼相倚之害成，而又慮專任之擅勢，則吹有混聲，而瑟將上下鼓也。故任則不可靳專也，任專又不得靳重也。劉頌言：「國有任臣則治，有重臣則亂。」夫重而亂則何可任？任而治則愈重愈治也。任而不重是態臣也，非所宜任矣。任重又不可靳權也。蘓軾言：「國不可無重臣，不可有權臣。」夫挾重以自爲，則重亦權。資權以奉國，則權亦重矣。重而避權，將并避事也，失所以重矣。今夫徒富貴而無所責於其人者，必其人非賢而主弗明也。若夫以明主擇賢臣，則惟恐任弗專而權弗重，而無以盡其用矣。夫惟任專矣，重矣，有權矣，而後可深責之。責而弗効，即譴呵隨焉，彼亦有弗得辭矣。如古者天地大變，天下大過，則當塗之臣引咎，而人主亦聽之。何者？任之至而無所逃責也。顧今所謂任者，豈必如古之以三公兼吏事，宰相判流銓、判度支，中書兼樞密之類，而後爲專、爲重、爲權哉？惟在人主精其意以通樞軸之臣，而後樞軸之臣得精其意以通百執事。如高皇列聖所爲，無事不咨，無言不從，無時不接，無念不注，如是而已。蓋治天下如用兵，淮陰侯所以多多益善者，部分明而紀律肅也。部分明，如萬目之屬于綱，有條而不紊；紀律肅，如絀五指挈裘領而頓之，順者不可勝数也。是故上有所宣也，天子第付之政府，政府参酌而後布之六曹，六曹下之撫按，撫按下之監司、郡守，臺省則糾察其所宣之當否焉。下有所達也，守令監司上之撫按，撫按上之六曹，六曹質之政府，政府参酌而後獻之天子，臺省亦糾察其所達之當否焉。當而有功則政府不敢尸其功，而歸之天子；不當而有過，則政府先受其過而不得獨歸之衆有司。此虞廷宅揆之典，周室考相之道也。宅者，任之也。考者，責之也。總師而後考績，統均而後質成。任而後責，蓋虞周而已然矣。如此而大僚不得不作率，庶明不得不勵翼。倡之必應，震之必悚。有委任而有人才，有人才而有政事，而猶至廢弛者，不矣！嗟夫！任者國家所以便事，而非人臣所以便私也。不任者賢臣所以嘆約結，而不賢臣所以資覆匿也。夫不使賢者畢智，而使不賢者得以矱短，假人臣以覆匿之便，而使國家受廢弛之禍，安可不謂廟堂計左也？是胡可不深監，使後人復監後人也？

大受小知

萬曆丁未會試録

問：子言：「君子可大受，不可小知；小人可小知，不可大受。」〔二六七〕非欲合君子、小人並用之歟？乃《易·泰》取包荒，而師戒勿用。世儒或謂君子、小人若陰陽不可相無，或謂若冰炭不可並立。何於仲尼之説不盡合歟？且古有元聖而多材多秇，有懋德而無勤小物，大小不既養乎？有数馬稱慎而居大位，無所匡言；有酌水明志，任方隅而封疆失守；有秋霜比質，守北海而政散民流；有風流沉整，帥陳陶而輿尸敗績，其人類君子也，寧堪大受歟？有典護軍而蒙垢，而能傅會安劉；有尉通泉而扞網，而克翼贊先天；有馳騁進取，而著声烏府；有丐貣無節，而立功郅支，其人類小人也，寧局小知歟？又有清約承家，人謂其有祖懷慎風節，抗疏僞朝，時賢或擬之文若。及至揀用，竝既人國家，此於大受小知将何施用歟？抑仲尼既欲兼用大小，乃攝政之日，不能容一聞人與？在位七十載，不去四凶者，又何懸也？各有説歟？願相與覆意之。

昔《中庸》賛仲尼曰：「萬物並育而不相害，道並行而不相悖。」説在仲尼之論小知大受也。君子也，而可大受；小人也，而可小知。君子與小人並育，用君子與用小人並行矣。君子不以大而遺小人之小，小人不以小而妨君子之大。君子與小人不害，而用君子與用小人不悖矣。君子可，小人亦未嘗無所可。小人有所不可，君子亦有不可以全其可。此之謂無可無不可也。使大小各得於受知之間，而君子、小人無不並生於天地之内。天地無棄物，聖人無絶人。故曰：「天地之所以爲大也，吾於其象易知之。」《泰》九二之象曰：「包荒，得尚于中行，以光大也。」去〔二二六八〕《泰》「君子道長」、「小人道消」，時也。然治《泰》君子又必光以照群情，大以容群品，使君子、小人各得其所，然後得尚於中行，而不爲已甚，斯包荒保泰之道也。又於其作《春秋》知之。《春秋》之法，與人爲善。大能改過，善者雖小必録，賢者有過必諱。自非大無道之國，甚不肖之人，皆欲全安而成就之。人知《春秋》爲法之嚴，而不知爲道之大也。又於其語衛事知之。瑗稱其君子，鰌稱其直，俞稱其智且愚。至於衛之不喪，又歸功於圉、佗與賈。夫三子不盡雅士也，出處不必瑗，直不必鰌，能智能愚不必俞，而可以賓客宗廟軍旅，而其效可以存國。兹非合君子、小人，無一可棄之驗歟？盖仲尼於古帝王，未有以大稱之者，獨賛堯曰：「大哉！」又曰：「則天。」今觀其時，百僚師師，四門穆穆，九官十二牧布列於朝。君子可謂盛矣！而在位七十載，四凶猶然與衆君子比肩共事。行父謂堯不能去，非不能去，以爲不足去也。極治之世，即宵人無所售其惡，且爲盡其用。師錫之年，共工方鳩僝功，鮌猶試治水，則向之爲堯宣力者，亦既多矣。惟是小人之性，器小易極，不能謹始厚終。至舜時而罪狀始著，故去之耳。四凶猶用，况其他乎？此堯之大，所以則天。而仲尼猶是也。大都人品自庸衆外有四：有才德兼備之全人，有德勝才之君子，有才勝德之小人，而又有似德非德、似才非才而慕才娟德、始以小人混君子、終以小人毒君子之小人。天之生大聖賢與大奸慝俱不數，其餘君子、小人皆可以斟酌駕馭用者。惟用之各得其所，斯能並育並行而不相害悖耳。是故姬公元聖，多材多藝；畢公懋德，克勤小物。何大何小不宜？何受何知不可？必若〔二六九〕得斯人而後用，則幾於無可用矣。是以凡德勝者屬君子，類可大受，惟無務以小窮之。凡才勝者屬小人，類可小知，惟無務以大因之。請就明問舉其凡。數馬後對，入里必趨，石内史醇謹至矣，然居大位九歲，無匡救之益。酌水明志，夷齊比潔，吴處默趣操端矣，然刺番禺，不能抗盧循之難。高志直情，孔文舉不秋霜比質乎？乃相北海而政散民流矣。風流沉整，房次律不名重廟廊乎？乃帥陳濤，而輿尸敗績矣。之四子類以德勝，乃於大受若不足。要以質行足以表世，清操可以維風，義槩能折雄心，雅尚堪鎮囂俗。雖則酬務絀於圓通，應變短於揮霍，吾猶不謂所受之非大也。而進此者可推也。故曰可大受不可小知也。護軍而受金，陳户牖幾集詬矣，而卒底績於安劉。匄貣而爲人作奏，陳子公稱儻蕩矣，而竟立功於萬里。馳騁進取，不師道德者，朱子元也，而所在職辨〔二七〇〕，擅聲烏府，何奇乎？作尉通泉，盜鑄掠賣者，郭元振也，而計安四鎮，翊贊先天，何倖〔二七一〕乎？之四子類以才勝。以語小知，若有餘。要以詭對屬揣摩之伎，克敵祇〔二七二〕角距之能武，譎之綱絡多詐，膽智之作用猶粗。雖則事工於弋獲，謀集於跖跐，吾猶謂其知之未離於小也。而下此者可推也。故曰不可大受可小知也。夫大而小之，是斧劗毛、柱擿齒也。小而大之，是莛〔二七三〕鍾推〔二七四〕測地也。因大而兼責其小，是見麗梁衝城而欲兼以窒穴也。因小而并責其大，是見韓盧善走而幾其可驂服也。惟夫大小各隨其宜，而知受各適其量，然後世無遺人，人無遺用，斯包荒之道得矣。使仲尼而得邦家者，則姬畢之倫，並秩師保。孔融、房琯，可使風議。石慶、隱之，可用坐鎮。陳平、朱博，亦預絲糺之司。陳湯、郭震，必處爪牙之任。不惟遽瑗、史鰌、甯俞在必庸，即如圉、如佗、如賈，亦弗棄矣。不必元愷而後舉，即共工、伯鮌，猶將抆拭用之矣。至若厚貌匿端，如杞之菲衣惡食，當時咸謂有祖懷慎風節。檜之拒邦昌僞命，時賢擬之文若。後乃披猖以至妨賢病國，此則以小廉小忠飾其大奸大慝，自非則哲之主〔二七五〕，鮮不淫其小而信其大者。《易·師》所以致戒於勿用，而仲尼斷以必亂邦者也。然曰勿用，正惟不可用之大受，而有命正功，則亦未嘗不試之小知矣。宋儒真氏謂君子、小人如陰陽不可相無，則《易》內陽外陰之説也。《易》所謂内外則仲尼大小之説也。嗟夫！聖有遺慮，愚有得事。寸長尺短，兼責實難。舍短取長，誰非作使？要在以君子之大用小人之小，而合小人之小乃能成君子之大耳。蓋有四益焉，鷄癰豕零，並效刀圭。輪囷離奇，同就绳削。資攻玉於它山，成粹裘於雜腋，則輻輳之功可集也。聲望不先功實，能否不閡毁譽。有用則能呼不逆，虚恢則康匏亦置，則綜核之治可課也。濯祓之途在前，桑榆之績在後，不逞者既羈縻於纓組，無聊者亦觀望於歲時，則伏莽〔二七六〕之釁可弭也。白黑不至太分，邪正何由遞乘？南北之部各營職於公家，朔洛之朋自不角其門户，則有丘之群可涣也。蓋收彼之伎倆，亦以濟吾之劻勷。獲吾之幹用，亦以消彼之辛螫。以大而用小，正欲並小而全大，兹聖人之弘也。後之聖人者，吾惑焉。步必矩绳，程必尺幅，稱必耆艾，評必中正。其立名甚尊，棄豫章以寸朽，窮夜光以微考。體大而嫌其節疏，蹠鉅而議其舉遠。其置法甚密，本欲進君子，君子未必進，而已進其依似。本欲退小人，小人未必退，而已隳其幹濟。即使君子進矣，而鴻羽雖可爲儀，孰與效其剸割？小人退矣，而墉隼未可盡射，寧不益固其壘营？致使大受、小知两乖，君子、小人俱病，則何如俾各得其欲，以成吾事之爲大哉！或曰：「尭能用四凶，仲尼爲政三日而誅少正卯，其大安在？」夫君子用人，自量其德，又觀其時，度其人，故《易·泰》九二曰：「包荒。」《師》上六曰：「勿用。」上六遇〔二七七〕極之德，既非九二之中正，而《師》自《訟》來，又與《泰》之時異矣。矧地中有水，至險藏於至順。《師》之小人尤出陰陽常理外者，此所爲戒也。仲尼之德無異於堯，而所事者魯定，共事者三桓。彼婦之口尚能死敗，況以聞人而譎詭其間乎？未〔二七八〕四凶之罪，天下能名其爲渾敦、窮奇、檮杌、饕餮。兩觀之事，雖及門高足，猶不能無駭也。知之淺矣！弗知深矣！淺者害耿，深者禍烈。聖人慮其終不敢，不毖其始，寧遺其小，不敢不防其大也。杞之狼狽，奉天也。德宗猶不知其邪檜之浮海歸也。雖大賢如康侯、定夫，且交口譽之。盖聞人之儔哉！惟其爲鄉愿亂德，故能爲小人亂邦，使唐、宋蚤悟，寧有建中、建炎之旣哉？元晦謂君子、小人勢若冰炭，無並進之理。其有感於杞、檜之事者深乎？嗚呼！後世時非陶唐，德異堯孔，《師》上六之戒，豈可以忽乎哉！

固國元氣

萬曆丁未會試録

問：一代有一代之元氣。元氣無形，而國之靈長寔由之。《淮南子》曰：「虛廓生宇宙，宇宙生元氣。」言自生也。乃漢唐諸儒有謂王正則元氣和順者，有謂王者則天因時、宜助順元氣者，有謂安人則陰陽和、天地平、元氣正者，將無調燮培養之權人實操歟？周之興也，論者謂大和在成周間，而箕子陳《範》，一一責成人事，何歟？自周以来，世運遞爲盛衰，氣亦遞爲聚散，此其槩可詳言歟？國家再闢乾坤，元氣絪緼，如混沌初剖。列聖相承，紊治重熙。至我孝皇培以仁厚，肅皇振以英武。二百年來神完形固，稱極盛矣。皇上紹天闡繹三十五年于兹，威稜遠邑，叛者誅，貳者懷，而孝奉慈闈，坤純比壽，蚤正儲位，麟定載歌，德福兼隆，天人協應，太和元氣，直躙成周，可得而揚厲欤？顧聖哲不以豐亨忘日中，忠蓋不以治安廢逆耳。蘊子有云：「飲食起居，無以異人。」乃倉、扁望而却走，豈氣既無形，其所侵削，或未易見歟？諸士倘有極慮，可佐調養者乎？願盡攄之執事者，將藉爲忠讜焉。

夫天下猶人身然。身之康強壽考，合繁祉而駢集者，非徒恃有傾然之形已也，蓋有元氣焉。其稟受者全，而其調攝者周。受之全，故有基而無壞。攝之周，故有引而勿替。夫天下豈異是哉？巍巍在上，班班在列，森森在象魏，烜烜赫赫在式廓，此國之體也，有形者也。潛運曆數之先，默握興衰之柄，若可見，若不可見，若可知，若不可知者，國之元氣也，無形者也。有形者可控其形而理之，即不然，亦可按其形而挽之。獨所謂無形者，往往自盛、自衰、自聚、自散，其分呼吸之候，而其係延□之関，導爲和，鬱爲沴，徵爲休、結爲否。夫惟善治天下者爲能調燮之，培養之，固其常盛常聚之本根，而塞其將衰將散之罅隙。夫是以社稷靈長，而天休滋至也。《淮南子》曰：「道始生虛廓，虛廓生宇宙，宇宙生元氣。」此非淮南氏之言也，《河圖》不云乎：「元氣無形，洶洶濛濛。」而《易》亦曰：「天地絪緼，萬物化醇。」夫各得元氣以成身，人與物無必異也。而合億兆人之元氣，不過百年。而合億兆人之元氣，可敝天壤。顧調養何如耳。漢董仲舒之論王道也，曰：「王者人之始也，王正則元氣和順，風雨時，景星見。」蓋元氣無形而寄于風雨、景星。王正則順應焉，舒之言中和位育之説也。後漢郎顗之勸其主也，曰：「王者則天之象，因時之宜，流寬大之澤，助順元氣。」〔二七九〕而唐陳子昂之議明堂也，亦曰：「元氣，天地之始，萬物之祖。」王政莫先於安人，安人則陰陽和，陰陽和則天地平，天地平則元氣正。蓋元氣無形，而寄于億兆人之心。政善人安，則順亦應焉。二子之言亦猶仲舒之遺也，乃其盛徵於成周。周之興也，后稷、公劉肇其基，文、武、成、康拓其緒，《關雎》、《麟趾》鍾其祥，卜世卜年衍其慶。說者謂太和在成周宇宙間，乃箕子陳《洪範》，自五福而外，若皇極八政，庶徵諸疇，無一而非脩德，□應不立政，以綏民郢隆之致，蓋有繇矣。秦乘周衰，詐力取勝，其元氣已録於徙木之日。雖或並兼，亡不旋踵。此夫強陽健鬭，而力盡則斃者也。漢承秦亂而寬大開基，氣非不聚也。未幾鑠以宦豎而中衰，又鑠以黨錮而祚遂改。然猶垂四百餘年，則寬大所延也。唐承隋亂，而治隆貞觀，氣非不聚也，未幾瓊林大盈，閭閻蕭瑟，卒困於藩鎮之跋扈。此猶氣有偏滯，積而爲瘻，去之乃傷其身耳。宋竊天下於孤周，而矯以忠厚，自立國之初而氣已餒矣，乃聚斂似唐，黨錮似漢，元氣幾何而堪此銷鑠也？此猶所禀既薄，復屑越於聲色，馳騁於貨利，以耗其精神，其何以長世乎？夫三代之盛衰聚散，大都可鏡。至於魏晉諸季，餘分閏位，國無百年之澤，亦無百年之聚，又何足數於今日哉？洪惟太祖高皇帝赤光啓祥，紅羅闡瑞，是貞元之獨鍾也。聖人文武，兼總條貫，是天錫之獨全也。驅掃胡元，起塗炭於衽席；　恢復帝紀，化椎結爲衣冠。是渾沌之再闢也。且享國之日久，以二十一年之經制，定億千萬載之令圖，其豊於禀者如彼，而其固於養者如此。以故基命宥密，天保孔固，而元氣盎滯，如黄鍾之在筦；　九□生春，如大冶之在鑪。萬彙鼓鑄，列聖相承，重熙絫洽。至我孝皇帝，沛渾厚之澤，淪肌洽髓，而命脉益培。肅皇帝奮精明之功，剔蠹去蝨，而精神丕振。二百年來人心定於安瀾，國勢奠於覆盂。雖時有疥癬之疾，而腹心無恙也。雖時有災沴之侵，而神明如故也。我皇上躬上聖之資，履必世之運。法度德澤，襲休二祖。渾厚精明，兼法二宗。是以遐邇同休，天人協應。順聚於慈闈，而壽埒坤厚，甲子初週，至歡也。祥鍾於元儲，而慶衍螽斯，俯仰四世，至適也。□□九重，朝宗萬國，方物在御，鐘鼓在懸，至光華也。東存三韓，西平寧夏，北款強胡，南滅逆播，至震疊也。衡太和於成周，即頌岡陵，詠麟趾，重譯之通道，多福之永命，何以加玆？愚生躬逢其盛，方揄揚不暇，其何以效涓埃，俾崇深乎？雖然，竊有概于中矣。岐伯之論氣也，當常實，不可使虛；當常有餘，不可使不足。而孟氏之言治國，直以不信仁賢爲空虛，以無政事財用爲不足。夫言空虛不足于今日，是隔垣之見也。而議仁賢財用于今日，則對證之方也。何者？方今振鷺充庭，漸鴻簉羽，豈敢謂盡無仁賢？然鈐閣腹心之地，謀斷無資；卿寺喉舌之階，庖俎踰越。言路晨星矣，乃需次者賦清人而悲權輿。爲郎白首矣，乃序轉者嗇刓印而嘆積薪。如是而謂非空虛不可也。方今貢獻絡繹，内藏山積，豈敢謂盡無財用？然邊需之索，囂無寧日。罔金之邪，茫無償時。閭閻懸罄矣，而椎肝吸髓，九重不得聞也。天災流行矣，而頭會箕斂，百司不敢緩也。如是而謂非不足不可也。昔扁鵲望氣在腠理矣，而不知也；在腸胃矣，而不知也；在骨髓矣，而不知也。而後去，乃知衆人見其形，君子察其影。執事所謂侵削，儻在是乎？李固有言：「斗斟酌元氣，運乎四時。」《律曆志》曰：「太極元氣，函三爲一而〔二八〇〕行於十二辰。」皇上，天也。尚書，北斗也。九卿百職，十二辰也。天有一之未備，則四時五行誰宣其令？人君有一之未備，則百司庶府誰分其猷？故陳殷置輔，廣登庸之途，急廢官之脩，而後元氣之虛可實也。晁錯氏曰：「積貯，天下之大命。」而宋林駉亦曰：「泉貨之流于天下，猶血氣之流于一身，不可使壅也。」故壅於上，必涸於下。壅則痤疽，終必潰爛而不收矣。涸則痿痺，究且顛踣而不振矣。其所謂大命，安恃也？令裍載而入者積爲撲滿，則痤疽可虞。御憲而出者恣爲漁獵，則痿痺可虞。是尚謂有政事乎？故散財罷榷，講損益之原，明節愛之道，而後元氣之不足者，可足也。夫虛者實，則轊可通。不足者足，則窳可作。由是亮工熙載，元首無叢脞之虞；協恭和衷，股肱無睽孤之勢；罘罳獻替，喉舌無結塞之憂；旒纊明達，耳目無聾瞶之患。由是貔虎晝伏，而吮血之害消；雞犬夜寧，而剜肉之痛釋；庚癸不呼，而臂指之運舒；蓄散有經，而皮毛之附固。腠理密而百節肥，陰陽調而和氣㘸。百順聚而安富尊榮之駢臻；多福集而禄位名壽之永保。将三五比隆，天壤相敝，而於周曆何論焉？箕子之衍庶政也，以食貨爲首稱。而其言庶徵也，則謂王省惟歲，卿士惟月，師尹惟日，而後歛福錫極，歸之乎維皇。嗚呼！此成周已試之方也。生也愚，其何敢舍箕子之説以獻？

國勢強弱

萬曆丁未會試録

問：立國者必有不拔之基，而子孫得承，藉以不衰。《詩》所爲詠貽謀也。三代以上不具論，自秦以下，混一多矣，孰爲强歟？然或强而折，或弱而偏安，延數世，何歟？将無乘之者有偏全，而承之者有盛衰歟？我太祖驅逐胡元，重新宇宙，其造國強矣。度德量功，前代孰優？先臣以五事軼宋，然歟？列聖紹休，丕基益固。物豊而圯，不無孽芽。而内外晏然，卜世彌昌。我皇上恢張其緒而光大之，可謂赫声濯靈矣！識者以爲無弱形，有弱徵〔二八二〕。何也？兹欲振之，何道而可？昔人論治，有謂視紀綱之理亂者，有謂奉法强則國强者，有作政論於漢者，有言務實於宋者。以此補救，亦可合國初之意歟？夫創、守無二轍〔二八二〕，要必有一世精神爲磨礪天下之具。而以豐亨豫大，忘前事之師，安在其不弱也？諸士試詳著今之勢，而軌于祖宗，用以覘匡時之畧。

善主國者，其勢必疆。而其後也，或頽靡而不振。夫至于頽靡而不振，非國之初也，人情習于偷，而國政隳于弛也。然乘弱以为弱，弱之病在外，其弱易见。乘强以为弱，弱之病在内，其弱難窺。何者？創業之主讨亂興治，必有一代之規模。而其子孫奕世承休，以無遏佚先人之緒，而永有寧宇。迨至後世，乘遞遷之運，不無偏升降也，而或耦會于天時。遘必趨之時，不無偏輕重也，而或畸勝于人事。是以有外侵，有中潰，有强之弱，無弱之强，豈非末流之不兢，勢所必至哉？三代而上不具論，自秦而統一海内者，六代，晉、宋最弱，秦、隋強而折，唐稍強，而漢爲盛。何也？晉武宋執〔二八三〕，非有絶逸之畧也。當三分鼎沸之餘，五代雲擾之後，不以力競，而以智竊，則當乎吴歸漢，而力已殫矣。力殫則不能廣廓，而強夷乘之。其弱爲外侵，其患迫而其勢緩，故其子孫皆南渡，以延百年之統。秦始豪鷙而隋文梟雄也，收周室已散之綱，聚元魏已灰之燼，不以德撫而以力争，則當合六七、混南北、而神已侈矣。神侈則不能深防，而亂民乘之。其弱爲内潰，其患隱而其勢迫，故一敗而遺胤斬然，而無再傳之祚。唐文皇經緯識悉勝于晋宋，而有藩鎮之中摧。唐之重寄于兵也，兵之制變而跋扈者操之以爲衡，亦肅代之揚其波耳。漢高祖規制宏遠，邁于秦隋，而有莽操之竊移。漢之重寄于臣也，臣之局更而姦雄藉之以爲權，亦元成之委其轡耳。此六代也，立國于弱者無長駕遠馭之規，而主國于強者無深根固本之計，非後世得失之林哉？我高皇帝恢龍飛之畧，貽燕翼之規，上與下相綰，而無倒持之柄。名與法相維，而無亂紛之絲。二百年來，體勢尊崇，恩威固結。雖有逆藩、悍璫、強胡、巨寇，三尺繩之而身首横分，片言詰之而肝膽畢獻，可不謂極治之朝，至強之勢哉！而先臣謝鐸以五事軼宋爲頌，曰光復諸夏，曰奮起南服，曰驅逐勝國，曰臨御最久，曰家法甚嚴。夫武成之倒戈，非慘也。會稽之玉帛，未必中原也。末年而操太白之旗，不廢經綸也。而我朝之超軼今古者，驅逐胡元，與立國規模耳。以勝夷狄者，較勝于夷狄者，何論軼哉？愚則謂我朝之基業乘于元而駕于周，凡立國者必乘所勝之國爲盛衰，而明以元爲勝國也。虜混一海内，自元始，元最強。驅夷狄而歸之沙漠，自明始，明最强。滌宇宙之昏，濯日月之垢，彼元雖醜虜乎，更張其政俗，而未始不因其疆域户口也。陟高以爲高，高不可升。恢大以爲大，大不可量。故曰乘于元也。凡代代相乘，而数代必有更始。自堯舜以道德爲世楷，而禮樂文章未盡綢繆也。数傳至于周，道德之用寖矣，時極而返，非仁義之窮，而用仁義者窮。至秦罷封建，壞井田，重法律，漢因以名法爲世楷，而政刑軌物，未盡綜詳也。数傳至于我朝，名法之用寖矣，合數代之精神，集數代之章程而爲一代。善立者不傾，善建者不拔，雖卜世卜年，不足以罄無疆之緒。故曰駕于周也。今皇上秉乾御極三十五年于兹，綜覈物情，總攬大政，九重握河魁之柄，八垓歸宗海之流，庶幾聖祖神孫，相爲炳燿。乃識微者過于憂天，以爲雖無敗形，而有弱徵。夫疆域非狹小也，玉燭之調，金甌之固無缺也，而太倉蓄無再歲，司農計不終朝，嘆神輸之無術，傷巧婦之徒炊，弱徵也。款不足以羈虜而戰不可，撫不足以鎮夷而勦不可，野心之狼，挺走之鹿，時肆蹂踐而莫之誰何，弱徵也。軍屯廢而京餉重，伍籍〔二八四〕而侵漁多，九邊萬里，櫜鞬而鞭弭者幾部？投石而超距者幾人？至使驍將養，健兒以自雄，遠塞藉番夷以爲衛，弱徵也。塞黄流而沉璧馬，動以千萬緡計，而玄圭之績邈如也，漕通則勞民，漕塞則病國，舉國家大命而懸之衣帶之間，弱徵也。里閈蕭條，衣食路絶，萬姓迫于繭絲之理，而無鼓腹擊壤之熙恬，弱徵也。中涓狐假，群小鴟張，昔以市利而並市權，今以乘民而覬乘兵，南與北分局，冰與炭分勢，無乃漸啓其萌而有釁端，弱徵也。疎于治庖而治理廢，壅于積薪而人材廢，摧英俊之氣，靡壯士之骨，則消耗之極，而空虛之勢也，弱徵也。蓋嘗反覆于今昔之勢矣。正統之初，幾于外侵，而閭閻未擾，其根固而不揺。正德之季，幾于中潰，而宫府未塞，其情欝而未傷，故皆有亂形而無敗徵。今大廈無虞，而憂其難支。四維常奠，而若有土崩瓦解之患。豈非内與外俱虧而神與形兩傷耶？夫以弱國當弱君，其弱可一二數也。以强君御强勢，則其弱難見。見弱矣，難言。言弱矣，且難信。執事視今之勢何如耶？皇上操法甚峻，以爲張矣而實弛也。人臣奉法甚謹，以爲約結矣而實放縱也。何也？皇上聰察之主也，而久與臣下隔，勢不能燭照，數計而用籠絡之術。事見其委〔二八五〕而持其委，委不可竟，端已隳矣。人寄以事而恡其權，權不可假，事已敗矣。夫安得不弱？朝廷所操者，刑賞也，而揺于下棼。士夫所衡者，是非也，而阨于上持。措〔二八六〕舉以程能，攘功者衆；借茹以攻瑕，匿罪者多；夫安得不弱？世有黨論破清訖之藩，世有庸論揚黨論之波。以議論爲政事，而政事虚。以門户爲議論，而議論壞。費豪傑之精神于口舌，借國家之法度于争持，夫安得不弱？天下燥與濕相乘，寛與猛各操，所以相代也。匪獨國勢，蓋亦人情。若鼓瑟之專而吹竽之濫，何以返已覆之轍而迴東逝之波耶？夫安得不弱？人情躁而不恬，躁甚則匿而爲偷。國是競而不平，競甚則縱而爲懈。議與任相左，前與後相委，公與私相持，苟旦夕之安爲燕雀之愉，争眉睫之謀爲蜉蝣之計，夫安得不弱？是可不爲之寒心哉？昌黎氏曰：「視國者不視其强弱，視其紀綱之理亂而已。」而韓非子亦云：「奉法者强則國强，奉法者弱則國弱。」祖宗以紀綱法度維持天下，而後世不能振肅以聽其日隳而月壞，則飭頓而整齊之，以振起一代之精神，是不可不亟講也。昔漢桓帝時，王綱弛，皇路傾矣。崔寔論而〔二八七〕曰：「治治〔二八八〕以嚴而成寬，爲國之道，有似理身，平則致養，疾則攻焉。儻厭粱肉而薄藥石，是養患于膏肓也。」此亦補救之一策也。宋至神宗，虛文勝，議論滋矣。司馬光陳規而曰：「治道先實而後文。若作梓材，既勤樸斲，惟其塗丹雘。儻膠板爲舟，而搏土爲楫，是自溺于風波也。」〔二八九〕此亦補救之又一策也。標名以覈實，則臣下無兩托之端，而人無不可任之事。督嚴以章法，則朝廷無兩出之政，而事無不可奏之功。振精明之氣，挽欺謾之風，破庸俗之論，開功名之門。風聲之所鼓暢，景光之所昭耀，不出朞月而天下已强矣。蓋前代之國勢常疎，其釁易動，其防易缺。故人主委命群臣，而人臣易于見長。今之國勢密矣，無可乘之隙，而亦無可更之局。故四海稟成人主，而人臣易于藏拙。人主莫患于操切，厭其操切而置之，則必有寄借之權。人臣莫罪于專擅，畏其專擅而遜之，則必有中操之釁。夫寄借則上替，中操則下移。稟成在人主，則易以因循塞責。藏拙在人臣，則或以虚僞見功。吾竊憂夫祖宗之法無所不存，而實何所存也。吾又竊憂夫朝廷之權無所不一，而實何所一也。收神明之權於廟堂，而守信必之法於祖宗。此崔寔、司馬光之言，愚生所以誦于今日耳。執事以爲然否？

論士恬脩

萬曆丁未會試録

問：素位而行一言，恬與脩該焉。然不始《中庸》也，《易》之《艮》與《履》有之。其説可相通歟？載籍所稱，有謂不忮不求者，知止知足者，宇宙内事皆分内事者，爲之自我，當如是者歟？行素之旨，亦有合歟？古之人或托跡耕釣，或雅意竹帛，或爲人排難，不受封爵，或未離諸生輒憂先天下，或宦成身退，或鞠躬盡瘁。趣操異矣，風猷爛焉，豈亦各行其素歟？世之衰也，虚無倡而鮮勵脩，標榜勝而鮮養恬。又其衰也，伊、周、管、葛，汲汲如狂，望空署白，勤恪爲笑。有去國卜年，風俗大變；有競相宴樂，百職皆廢矣。所藉君子者，褆躬肩世耳。營營泄泄，天下何賴焉？且何以自立也？我國家崇奬士行，課厲官方。人抱無名之璞，家廛不朽之勛，盖彬彬矣。頃年以來，不無少變。所以挽江河之流，何術而可？如昔之覈名實，黜浮薄，抑奔競，亦有當否歟？善治病者，在察其原，今受病之原安在？抑不專在下歟？多士茅茹拔矣，養恬勵脩，正在今日，故願切磋究之。

君子之礪世磨鈍，盖恬與脩重哉！恬非必空谷白駒，硜硜然抗枯槁之節也，蘄寡營而已。脩非必凝立萬步，斷斷然矜禮樂之容也，蘄□樹而已。何也？我之需於世，至微也。而世之倚於我，又至重也。微則何所不給焉，而或有所營，營者則其願奢也。重則何處不勉焉，而或有所泄，泄者則其力媮也。夫所需誠在世，固業有制我者矣，不以願之奢而私我也明甚。所倚誠在我，無復有代我者矣，不以力之媮而寬我也明甚。非直不私我也，且滋我垢。非直不寬我也，且叢我責。奈何必無與之世紛填之靈府、以自有之實際堕之望想哉？故君子恬以遊於世，脩以靖於己。恬以并其念於脩，脩以歛其□

於恬。恬以域脩，不踰越于繩之外。脩以耦恬，不契削于繩之內。《中庸》曰：「君子素位而行。」素則恬之説也，行素則脩之説也。然不始《中庸》也，《易》有之矣。《艮》之「思不出位」，言素也。《履》之「素履行願」，言行素也。而極之「不見」「不獲」，「考祥其旋」，何以稱焉？解者曰：「是非毁譽，予奪成撓，在人而各心者也。利害存亡，愛憎榮謉，生身而萬緒者也。禍福窮通，灾祥脩短，自天而默定者也。故不見人，不獲身，不倖天，而惟其旋爲兢兢。」夫是而後謂「素」，猶齊而齊言，楚而楚言，五方雜陳不易也。夫是而後謂「行素」，猶水而操檝，陸而驅車，不至其質不已也。養恬之雅致，而勵脩之極則也。《衛風》得之爲「不忮不求」〔二九〇〕，孝子得之爲知止知足。子静得之，「宇宙皆分内」；希文得之，「自盡其在我」。雖其翕張若異哉，而離之兩是，合之互成。其於恬脩，固無二致已。故我誠皭然不滓，則明農亦可，負扆亦可。負扆而不忘明農，乃天下之真恬也。我誠卓然自豎，則樂道亦可，覺民亦可。覺民而不離樂道，乃天下之真脩也。執是而提衡往喆，揚扢顯晦，其恬脩之致，亦可論其凡矣。子陵以耕釣養高，仲華以竹帛銘代。俥〔二九一〕連排難而植輕世之概，希文諸生而矢先憂之志。二疏傳〔二九二〕仁柔之主而引身，孔明受魚水之知而盡瘁。六君子者，或泥而蟠，或天而飛，或蠖而信，或倦而還，豈不人人殊？而要之，處則有風節，出則有勳猷。風節敦矣，何嫌一見其奇？勳猷著矣，何嫌豫矢其志？報稱難圖，唯引身足以明幾。付託難效，唯匪躬始可盡節。總之隨位爲素，隨素爲行，其於恬脩一也。夫勳如仲華、孔明、希文，可謂偉伐矣，而猶養恬。彼其遠名勢，尚風節，與澹泊明志者，何歆然自抑也？則世無濃艷之功名，必也，況尺寸未樹者哉？有不捫心退哉？節若仲連、二疏、子陵，可謂遺世矣，而猶勸脩。彼其激頑懦，高蹈海，與不立基□者，何矯然自厲也？則世無虚曠之風概，必也，況組紱方膺者哉？有不竭蹶趨哉？故恬而後閑於所欲騁，若範之以銜橛也。脩而後迫于不敢負，又若勒之以鞭策也。不可有天下于我，而不可無我于天下。不可忘我而狥天下，不可不兼天下而成我。君子之砥礪名行，斡轉乾坤，舍是無繇矣。世之衰也，東漢倡爲標榜。而其散也，八司馬伊周自命，汲汲如狂。曾膭、王抃中外盤結，風俗大變，則一變爲倡和，再變爲趨附矣。老莊倡爲虚無，而其敝也，江左以望空爲高，而笑勤恪。天寶以宴飲爲樂，而廢官常。則一變爲清談，再變爲沉酣矣。何也？不恬不脩，勢所必趨也。頑鈍爲俗，媮惰成風，廉恥決維，職業掃地，譬之室搆而去其鑿枘，水積而潰其堤防。紀綱大壞，而國祚因之。其所關係豈小哉？我國家崇獎士行，課厲官方。二百年来，家飭廉隅，人兢職守，有委蛇靖共之節，無褻羶委轡之風。即所聞一二先正有策蹇都臺、緼袍寒棹者矣，有扶掖登對、不暝治軍者矣，流風未遠，典刑尚在，而猶屢執事江河之慮也。大率邇來士氣日陽而習日陰，聲彌高而實彌下。其精鋭沉鷙不用以當官，而用以攫利。其逍遥澹漠不用以遺榮，而用心翫職。崇膴不讓而讓捐縻，逢迎不憚而憚鞅掌，廢閣不懼而懼沉淪，闒冗不恥而恥澹泊。其視官猶蘧廬也，可一宿而已。其視職猶泛梗也，適相遭而已。驅輕車而超乘，窺徑竇而傴僂，何回遹也！擔甫負而求弛，隴已收而望蜀，何饕餮也！絃可更而仍之前，莖可遺而俟之後，何頽靡也！突災而躭處堂之娱，遇風而乏同舟之救，何昬瞀也！愚生不見其形，熟察其影。竊謂恬者未嘗無而不勝競也，偹者未嘗無而不勝媮也。蓋三季之習，今猥兼之矣。事有獨持，不顧是非。意所横厲，不顧體統。合則灌、竇同軀，分則牛、李異局，是東漢之激也。憍氣如此，習何以不競？矜而飾之，贋鼎爲真。噓而拂之，寒谷生暖。曹丘可爲上客，君房可代充宗，是貞元之狂也。夸毗如此，習何以不競？沐雨中路，齊列槐柳。嫗媽名勢，撫拍豪強。崇丘穴以自完，泰山擬以藉庇，是乾道之謟也。趨炎如此，習何以不競？各設一藩，摭拾餘唾。强合三教，簧鼓新譚。彼自立義以救饑，我以居諸而輕擲，是老莊之謾也。怪誕如此，習何以不媮？藉口蕭杌，莫矢靡盬。不問馬曹，猥言雞肋。簿書鄙爲俗吏，尸素託爲大隱，是江左之放也。曠蕩如此，習何以不媮？形鹽嘉穀，非以獻功。手仇入□，非以洽禮。誰令儀之孔嘉？孰倡優而楚拙？是天寶之湎也。淫佚如此，習何以不媮？夫人惟無兢〔二九三〕，兢則同才可擠也，同事可肘也，同欲可攘也。捷得其所欲，奚復知有廉恥乎？人唯無媮，媮則聊且可塞也，耳目可蒙也，諐淚可覆也。猥狃其所安，寧復知有官守乎？不寧唯是，競之積也必爲媮，其精神智計既竭于彼，自不克兼于此也，猶博塞以遊，則忘芻牧也。媮之積也又必爲競，其叢脞冗沓既頓于此，自必欲跳于彼也，猶不安刺繡，則思倚門也。夫名節誰之名節？事功誰之事功？而可令敗壞決裂，一至此哉！趨之而不止，習之而成故，則禍風俗。高者既託之而逃，卑者復濡之而溺，則禍人心。四維漸弛，八法愈隳。天下事且不知所稅駕，則又禍世道。何得優游歲月，任其波流茅靡，而不亟挽哉！挽之之術有三：我開其競而冀其恬，必不幾也，則莫若抑奔競，獎拔廉静，而蹻捷爲擯，誰不懲矣？彼弱其植而厚其脩，亦必不幾也，則莫若黜浮薄，甄別器識，而才華爲後，誰不飭矣？雖然，猶可名覆而實逃也，又莫若覆之，以人定職，以職定功，權衡設而銖兩較，賞罰懸而輕重布，務使才盡于職而神亦凝于職。天下有不濯磨矜奮，灑然顧化者哉？夫君子戴員履方，將風示齊民，栽成萬品，繄于我是賴。而乃寡廉鮮恥，曠官敗常，實自我始，何可令衆庶見也？至使論者議挽回之術以操我，噫！甚矣！而執事乃謂咎不專在下也，蓋以授環無日，積薪曠年。塗有所壅，則狡焉捷騁。意有所欝，則頹然自廢。所以耗其精神而啓之旁溢者，固有自耶？而愚以爲非也。夫恬脩者，君子所自矢耳。豈論遇哉？唯投之散而愈夷，處之困而愈奮，歷之歲月而愈堅，故足述耳。假令必崇階而後恬，必九遷而後脩，其恬脩也，甚偷競矣。豈素位之旨而吾所謂恬與脩哉！夫夏之不裘非愛之也，燠有餘于體也。冬之不箑非簡之也，凉有餘于身也。知夏之無藉于裘，冬之無藉于箑，恬脩之道，思過半矣。

批：今天下事，皆由婾競壞之。得子言，足陳頹波矣。亟録。

會試録後序

萬曆丁未春，會試届期，皇上不以臣汝良駑下，命從學士臣道賔典厥事。先是，士習日頗，所爲制舉文往往折言破道，鮮雅馴。言者深惟世道爲兢兢，屢有建白。然惟是鄉書既奏，摘其尤謬悠者，稍繩艾之，未有議及制科舉者。至是言者逾切，謂是制科士實《郡國表》，其有制弗遵舉者，所舉者胥宜罰，以風示四方。上可其言，復申命之。若曰：「是惟典試，臣實總試事，其務如制。是崇，是斥，毋有所狥。」夫上以《郡國表》責制科士，以精舉制科士責同考諸臣，以精覈同考所舉責典試，層絫之責，萃於臣等。天語煌煌，臣敢不益虔益毖以自府辜？既入闈，乃交相飭也，曰：「是役也，務遵制。弗制而文，即有憐才心，勿敢遂也。弗制而録，即諸臣有憐才心，弗敢狥也。」已事而竣，則又交相慶也，曰：「是役也，遵制矣。其稱才而在彀者，軌功令矣。弗軌功令而稱才者，弗在彀矣。」雖然，臣茲自幸可以釋建白者之口，而未敢自釋所以報皇上之心也。夫上所以諄諄命臣等者，豈士文是爲？毋亦士用是急耳。蓋臣幼業鉛槧，見先輩制舉文率質實少華，勿論洪、永草昧，至如成、弘盛際。於是豎鴻致遠之士，差肩接武，而其文猶不勝質，求一神奇要眇語不可得，然於用效也。今之能爲神奇要眇者，抑何多也！神奇之上復有神奇，要眇之内復有要眇。試與今之操觚稚子語成、弘間文，鮮不傖父嗤之。然至國家欲肩任一事，動嘆乏才，是於用未必效也。昔之才，才于用，未必才于文；今之才，才于文，未必才于用。使人謂所課非所急，所急非所課，其故何也？意士之效用，亦猶化工。亭育有翕聚，乃有發施。在《易》之《坤》曰：「含章可貞。」坤之育物，必由根荄。而萌芽而後，旉華結實，地道也，臣道也。未有章不含而可貞者出。今昔人才，宜不相遠。獨鴻龐之世，磅礴欝積之意多。其人精神内守，而不外越。一旦當機應變，乃能以其全力注之。國家如谿子，持滿不卒發，發則穿札破的，何者？翕聚完而發施有餘地也。迨淳澆樸散，士乃不勝跂躍焜燿之伎。未孩而誰，未卯而夜。人見其夙智之可喜，不知其精神已外越而無所守。是以試之於用，窺瞰揣摩之。智彌工，恪職奉公之誼彌少。彼既有餘，此必不足，葢自蓬蓽操觚之時而已然矣。今天下事，未有競于前而文獨競，夫非含章與否之驗歟？兹臣與諸臣試士，其違制者，遵新例斥出之。不違而無所見才者，置之。遵制而才者，則喜而亟收之。葢國家集事者才，徵才者文，勢不得不出于此。然臣獨怪其神奇要眇之多，而虞其才之泄而無所於含也。盖道之至者，聖人不輕言，大賢以下不輕聞，故曰：「可使由之，不可使知之。」又曰：「惟其有之，是以似之。」今士不必由而知，不必有而似。商庭祥穀，無端扶疎，兹臣所爲怪也。凡華勝者能傷根，根傷則實蠹。昔之生心害政，以其詖淫邪遁。今之傷根蠹實，懼在神奇要眇。彼之害顯，此則潛銷暗蝕而不可卒防。此臣所爲虞也。夫才于文者，未有不能才于用者也。故坤戒含章，夫子象之曰：「時發光大。」惟時發能光大，亦惟光大乃能時發。今天下文極矣，已雕已琢，還反於璞，天之道也。諸士際還璞之期，當從事之始，懷可貞之具，時含時發。才者與能繼，自今尚愛章光葆神明，思仲尼之嘆賁，監周鼎之著倕。毋屑越而赤子，務繕脩而渾沌，以其全力注之國家光大之業，何必昔人！如是則諸士不負舉，亦不負才。臣可逭責於今，亦可藉手於後，不亦兩有榮華哉！故事録成，臣宜敘末簡。臣素拙訥，不能爲巵言以益士，惟以所志舊聞爲士祝釐，因附簡末奏之。雖固陋不文，亦臣罳罳之一念也。

通議大夫禮部右侍郎兼翰林院侍讀學士協理詹事府事黄汝良謹序

校勘記

〔一〕論衡本「滯」後有「者」字。

〔二〕「靖」，論衡本作「静」。

〔三〕「燭」，論衡本作「灼」。

〔四〕「冰」，論衡本作「水」。

〔五〕「自我」，原書漫漶，今據論衡本補。

〔六〕「地天交泰」，論衡本作「也天地交泰」。
〔七〕「貴」，論衡本作「責」。
〔八〕「忘」，論衡本作「忌」。
〔九〕「凡」，原文作「已」，今據論衡本改。
〔一〇〕「亦」，論衡本作「惡」。
〔一一〕「親」，群玉本作「見」。
〔一二〕「苗」，論衡本作「萌」。
〔一三〕「人」，論衡本作「而」。
〔一四〕「失」，論衡本作「夫」。
〔一五〕「听」，原文及論衡本均作「聽」，今據群玉本改。
〔一六〕「不」，群玉本作「不肯」。
〔一七〕「傷」，群玉本作「物」。
〔一八〕《莊子·達生》：「忘足，履之適也；忘要，帶之適也；知忘是非，心之適也；不内變，不外從，事會之適也。始乎適而未嘗不適者，忘適之適也。」
〔一九〕「體本自攖之」五字，原書漫漶，今據群玉本補。
〔二〇〕「之變以」三字，原書漫漶，今據群玉本補。
〔二一〕「扃」，原文作「扁」，今據群玉本改。
〔二二〕「事」，群玉本作「無事」。
〔二三〕「扃」，原文作「扁」，今據群玉本改。

〔二四〕「事」，群玉本作「無事」。
〔二五〕群玉本無「矣」字。
〔二六〕「兩」，群玉本作「刃」。
〔二七〕「徑徑」，群玉本作「硜硜」。
〔二八〕「浚」，群玉本作「悛」。
〔二九〕《尚書・説命》：「若歲大旱，用汝作霖雨，若作和羹，爾惟鹽梅。」
〔三〇〕原文此字被點去，或爲衍文。
〔三一〕「祟」應是「崇」之誤。
〔三二〕「寄」，群玉本作「計」。
〔三三〕「需」，群玉本作「忍」。
〔三四〕「方」，群玉本作「風」。
〔三五〕「府」，群玉本作「腑」。
〔三六〕群玉本無「輕寄」二字。
〔三七〕「且」，群玉本作「則」。
〔三八〕群玉本無「憲」字。
〔三九〕「徙」，群玉本作「從」。
〔四〇〕「萬」，群玉本作「乃」。
〔四一〕「預」，群玉本作「豫」。
〔四二〕「撼」，群玉本作「械」。

〔四三〕「爲」，群玉本作「而」。
〔四四〕群玉本「奉天」之後有「之悔」二字。
〔四五〕「子輿」，群玉本作「子雲氏」。
〔四六〕群玉本於此句之下有「雖至愚，有謂是不能爲方圓平直者乎」。
〔四七〕「敷」，群玉本作「敖」。
〔四八〕「防」，群玉本作「坊」。
〔四九〕「洗」，群玉本作「灑」。
〔五〇〕「徒」，群玉本作「從」。
〔五一〕「比」，原文作「此」。據群玉本改。
〔五二〕群玉本「其」下有「所」字。
〔五三〕按明代表式，指前朝皇帝者，「皇帝陛下」省爲〇〇〇〇。下同。
〔五四〕「褓」，表衡本作「襁」。
〔五五〕「班」，表衡本作「斑」。
〔五六〕「侈」，表衡本作「備」。
〔五七〕「黄」，表衡本作「廣」。
〔五八〕「延」，表衡本作「廷」。
〔五九〕「庥」，表衡本作「休」。
〔六〇〕「罄」，表衡本作「慶」。
〔六一〕表衡本無此句。

〔六二〕「切」，表衡本作「竊」。

〔六三〕「涘」，表衡本作「埃」。

〔六四〕表式「誠惶誠恐，稽首頓首」省作「云云」。

〔六五〕「息」，表衡本作「分」。

〔六六〕表衡本題「真予曹先生撰」。

〔六七〕「方」，表衡本作「乃」。

〔六八〕「珮」，表衡本作「佩」。

〔六九〕「矣」，表衡本作「奠」。

〔七〇〕「録」，群玉本爲「程表」。

〔七一〕「伏以」之前，群玉本有：「宣德六年某月某日吏部尚書臣郭璡伏蒙皇上御左順門出御製憫農詩示臣。諭以慎擇守令謹奉表稱謝者」等字。

〔七二〕「農」，群玉本作「典」。

〔七三〕「云云」，群玉本作「璡誠惶誠恐稽首頓首上言」。

〔七四〕「播」，萬曆三十四《河南鄉試録》（萬曆刻本）作「布」。

〔七五〕「楊」，《河南鄉試録》作「敭」。

〔七六〕《河南鄉試録》「之」下有「粗」字。

〔七七〕「稿」，《河南鄉試録》作「槁」。

〔七八〕表衡本「章」後有「並」字。

〔七九〕「鈞」，表衡本作「錫」。

〔八〇〕「忘」，表衡本作「違」。
〔八一〕「大」，表衡本作「天」。
〔八二〕「由」，表衡本作「循」。
〔八三〕「能」，表衡本作「長」。
〔八四〕「矧」，表衡本作「剖」。
〔八五〕「奠」，表衡本作「益」。
〔八六〕「百計」，表衡本作「可繼」。
〔八七〕「鄰」，表衡本作「憐」。
〔八八〕「卑」，表衡本作「畢」。
〔八九〕「矣」，表衡本作「矢」。
〔九〇〕「受」，表衡本作「壽」。
〔九一〕「辨」，策衡本作「辦」。
〔九二〕「凡幾」，策衡本作「几几」。
〔九三〕「亮」，策衡本作「亳」。
〔九四〕「輒」，策衡本作「轍」。
〔九五〕「彊」，策衡本作「疆」。
〔九六〕「贍」，策衡本作「瞻」。
〔九七〕「止」，策衡本作「正」。
〔九八〕「若尾生介若」，原書此處殘缺，今據策衡本補入。

〔九九〕「不善用之」，原書此處殘缺，今據策衡本補入。
〔一〇〇〕策衡本「矩」後有「方」字。
〔一〇一〕「規」，策衡本作「覩」。
〔一〇二〕「棚」，策衡本作「弸」。
〔一〇三〕「罔」，群玉本作「亡」。
〔一〇四〕「畀」，群玉本作「卑」。
〔一〇五〕「當」，群玉本作「常」。
〔一〇六〕「勿」，群玉本作「毋使」。
〔一〇七〕「勿」，群玉本作「毋使」。
〔一〇八〕「鈞」，群玉本作「鈎」。
〔一〇九〕「服」，原文脱字，今據群玉本補。
〔一一〇〕「襄」，群玉本作「章」。
〔一一一〕群玉本無「真」字。
〔一一二〕「率」，群玉本作「禀」。
〔一一三〕群玉本無「一人」二字。
〔一一四〕「甚」，群玉本作「其」。
〔一一五〕「獸」，群玉本作「鹿」。
〔一一六〕「襄」旁有改筆「章」，群玉本亦作「章」。
〔一一七〕「猶」，群玉本作「猶」。

〔一一八〕「役」，群玉本作「比」。

〔一一九〕「綗」，群玉本作「網」。

〔一二〇〕「能」，群玉本作「忱」。

〔一二一〕「衿」，群玉本作「瑣」。

〔一二二〕「喙」，群玉本作「啄」。

〔一二三〕「輿」爲「興」之誤。司馬光《資治通鑒》：「家乎而怪先，國興而妖豫。」

〔一二四〕此處有脱文。據上下文，應是脱「理」字。

〔一二五〕「官」，群玉本作「宫」。

〔一二六〕「閟」，群玉本作「閔」。

〔一二七〕「致」，原書漫漶，今據群玉本補。

〔一二八〕群玉本無「一」字。

〔一二九〕「不」，群玉本作「下」。

〔一三〇〕「擎」，群玉本作「擊」。

〔一三一〕「瓦」，群玉本作「丸」。

〔一三二〕「諫」，群玉本作「譸」。

〔一三三〕「息」，群玉本作「慰」。

〔一三四〕「遷」，群玉本作「遷官」。

〔一三五〕「惡」，原文缺字，今據《宋史·趙普傳》補。

〔一三六〕「入也」，原書此處漫漶。據群玉本補。

〔一三七〕群玉本「莫」後有「若」字。
〔一三八〕「方」，群玉本作「身」。
〔一三九〕「蠱」，群玉本作「五」。
〔一四〇〕《尚書·立政》：「其勿誤於庶獄庶慎。」《尚書·康王之誥》：「昔君文、武丕平富。」
〔一四一〕「侈」，表衡本作「備」。
〔一四二〕「或興或廢」，表衡本作「或廢或興」。
〔一四三〕「政」，表衡本作「致」。
〔一四四〕原文「各」下脱文「得其所，故無不足之處。無不足者，乃其所以爲有餘也。今人於賢與財置之各」，致文意不通，今據策衡本補入。
〔一四五〕「華」，策衡本作「之」。
〔一四六〕策衡本「雖」上有「賢」字。
〔一四七〕「俾」，策衡本作「裨」。
〔一四八〕策衡本「亮」上有「各」字。
〔一四九〕「專」，策衡本作「寺」。
〔一五〇〕「侈」，策衡本作「備」。
〔一五一〕「終」，策衡本作「聽」。
〔一五二〕「遭」應作「漕」。
〔一五三〕「世」，策衡本作「老」。
〔一五四〕原文無「遷」字，現據策衡本補入。

〔一五五〕「當」，策衡本作「瑺」。
〔一五六〕「君」，策衡本作「中」。
〔一五七〕原文「杭」下無「等」字，現據策衡本補入。
〔一五八〕「之」，群玉本作「克」。
〔一五九〕「公」，群玉本作「陽」。
〔一六〇〕群玉本無「無」字。
〔一六一〕「協」，群玉本作「合」。
〔一六二〕「瞬」，群玉本作「暇」。
〔一六三〕「横逆」，原書漫漶，今據群玉本補入。
〔一六四〕群玉本「所」後有「爲」字。
〔一六五〕「侈」，群玉本作「偹」。
〔一六七〕「夕」，群玉本作「食」。
〔一六六〕「母地是爲一本猶二形也」，原書漫漶，今據群玉本補入。
〔一六八〕「病之瘟」，群玉本作「禾之鼂」。
〔一六九〕「終」，群玉本作「服」。
〔一七〇〕「忘」，群玉本作「惡」。
〔一七一〕「終藥」，群玉本作「服藥」。下同。
〔一七二〕「民」，群玉本作「萬」。
〔一七三〕「去」，群玉本作「吉」。

〔一七四〕「克」，原作「之」。據《宋四子抄釋》改。群玉本亦作「克」。
〔一七五〕「援」，群玉本作「拔」。
〔一七六〕「身」，原文作「之」，今據老子《道德經》改。群玉本亦作「身」。
〔一七七〕「除」，群玉本作「障」。
〔一七八〕「鶩」，群玉本作「鷗」。
〔一七九〕「福」，群玉本作「移」。
〔一八〇〕「相」，蔣孟育《恬庵遺稿》作「俱」。
〔一八一〕「非」，《恬庵遺稿》作「匡」。
〔一八二〕「日」，原文作「曰」，據《恬庵遺稿》改。
〔一八三〕「風」，《恬庵遺稿》作「夙」。
〔一八四〕原文此處脱二字，據《恬庵遺稿》補。
〔一八五〕群玉本無「而以不貪爲寶者有不乘熱炊」等字。
〔一八六〕「戮」，群玉本作「謬」。
〔一八七〕第二个「則」爲衍文。
〔一八八〕「妄」，群玉本作「苟」。
〔一八九〕群玉本「理」前有「見」字。
〔一九〇〕「飾」，群玉本作「適」。
〔一九一〕「類」，群玉本作「辭」。
〔一九二〕「君」，原文作「言」，今據上文改。

〔一九三〕「蠢」或爲「蠶」之誤。

〔一九四〕策衡本「明」下有「與」字。

〔一九五〕原文「若」下脱「外塗」二字，現據策衡本補。

〔一九六〕「宫」，策衡本作「官」。

〔一九七〕「齋」，曹于汴《仰節堂集》（康熙長安首善書院刻本）作「齊」。

〔一九八〕原文爲「入」，現據策衡本改。

〔一九九〕「扯」，策衡本作「址」。

〔二〇〇〕「刈」，策衡本作「割」。

〔二〇一〕「世」，策衡本作「臣」。

〔二〇二〕「羸」，策衡本作「籯」。

〔二〇三〕「時」，策衡本作「晦」。

〔二〇四〕「目」，策衡本作「舉」。

〔二〇五〕「聲」，策衡本作「槃」。

〔二〇六〕「繕」，策衡本作「善」。

〔二〇七〕「周禮」，《全宋文》作「周官」。

〔二〇八〕《韓非子》作「舉燭者，尚明也；尚明也者，舉賢而任之」。

〔二〇九〕此二句出自《詩經·大雅》。

〔二一〇〕「管」，應是「菅」之誤。

〔二一一〕「訢」，藝府群玉本作「欣」。

〔二一二〕「笵」，藝府群玉本作「施」。
〔二一三〕「縮」，藝府群玉本作「宿」。
〔二一四〕「弊」，藝府群玉本作「憋」。
〔二一五〕「嬰」，藝府群玉本作「攖」。
〔二一六〕「合」，藝府群玉本作「問」。
〔二一七〕「猊」，藝府群玉本作「倪」。
〔二一八〕「王」，藝府群玉本作「主」。
〔二一九〕藝府群玉本「敢」下有「以」字。
〔二二〇〕「辧」，藝府群玉本作「辨」。
〔二二一〕「闇」，藝府群玉本作「門」。
〔二二二〕「何」，藝府群玉本作「河」。
〔二二三〕「糾駁」，藝府群玉本作「執奏」。
〔二二四〕「咤」，藝府群玉本作「署」。
〔二二五〕藝府群玉本此四字作「半雜荒萊」。
〔二二六〕「他腸」，藝府群玉本作「濫觴」。
〔二二七〕「主」，藝府群玉本作「王」。
〔二二八〕「傷聰」，藝府群玉本作「蔽明」。
〔二二九〕「三」疑爲「之」之誤。
〔二三〇〕「邈」，《左傳》作「美」。

〔二三一〕「河」，原文作「何」，今據策衡本改。
〔二三二〕「膠菜」，策衡本作「膠菜」。下同。
〔二三三〕「瀛」，策衡本作「瀛」。
〔二三四〕「二」，策衡本作「三」。
〔二三五〕「備以」，原文殘缺不清，今據策衡本補。
〔二三六〕「掩於」，策衡本作「淹淤」。
〔二三七〕「土」，策衡本作「王」。
〔二三八〕「竭」，策衡本作「渴」。
〔二三九〕「宫」，策衡本作「官」。
〔二四〇〕「樸」，策衡本作「襆」。
〔二四一〕「歸」，策衡本作「埽」。
〔二四二〕策衡本無「聞」字。
〔二四三〕「愸」，策衡本作「憗」。
〔二四四〕「敉」，策衡本作「放」。
〔二四五〕「説」，策衡本作「統」。
〔二四六〕策衡本「季」下有「宣」字。
〔二四七〕「益」，策衡本作「蓋」。
〔二四八〕「域」，策衡本作「蜮」。
〔二四九〕「間」，策衡本作「開」。

〔二五〇〕「傳」，原文作「經」，今據策衡本改。
〔二五一〕「穎」，萬曆三十四《河南鄉試録》作「穎」。
〔二五二〕「卯」，《河南鄉試録》作「卵」。
〔二五三〕「士」，《河南鄉試録》作「生」。
〔二五四〕「塵」，《河南鄉試録》作「塵」。
〔二五五〕「灼」，《河南鄉試録》作「燭」。
〔二五六〕「譽」，《河南鄉試録》作「舉」。
〔二五七〕《孟子》：「殺一無罪，非仁也；非其有而取之，非義也。」
〔二五八〕「今」，應是「令」之誤。
〔二五九〕「惜」，策衡本作「借」。
〔二六〇〕「待聞」，策衡本作「侍臣」。
〔二六一〕策衡本「測」下有「敷」字。
〔二六二〕「侗」，策衡本作「相」。
〔二六三〕「燭」，策衡本作「灼」。
〔二六四〕「稟」，策衡本作「凜」。
〔二六五〕策衡本「知」下有「内」字。
〔二六六〕策衡本「而」上有「商恩怨」三字。
〔二六七〕《論語·衛靈公》：「君子不可小知，而可在大受也；小人不可大受，而可小知也。」
〔二六八〕「去」，策衡本作「夫」。

〔二六九〕「若」，策衡本作「苦」。

〔二七〇〕「辨」，策衡本作「辧」。

〔二七一〕「倖」，策衡本作「偉」。

〔二七二〕「衹」，策衡本作「秖」。

〔二七三〕策衡本「莛」下有「橦」字。

〔二七四〕「推」，策衡本作「椎」。

〔二七五〕「主」，策衡本作「聖」。

〔二七六〕「莽」，策衡本作「叢」。

〔二七七〕「遇」，策衡本作「過」。

〔二七八〕「未」，策衡本作「夫」。

〔二七九〕「宜」，中華書局本作「序」。

〔二八〇〕《漢書·律曆志》無「而」字。

〔二八一〕「徵」，原文作「微」。據正文改。

〔二八二〕「輒」，策衡本作「軌」。

〔二八三〕「執」，策衡本作「秇」。

〔二八四〕策衡本「籍」下有「虚」字。

〔二八五〕「委」，策衡本作「端」。

〔二八六〕「措」，策衡本作「錯」。

〔二八七〕「而」字有旁改「政」。策衡本「而」上有「政」字。

〔二八八〕「治」字有旁改「法」。策衡本「治」作「法」。

〔二八九〕此段引文爲演述《續資治通鑒長編》司馬光上疏之大意。

〔二九〇〕《詩經·邶風·雄雉》：「不忮不求，何用不臧。」

〔二九一〕「俥」，據下文，應是「仲」。

〔二九二〕「傳」應爲「傅」之誤。

〔二九三〕「兢」，同「競」。

稀見明清科舉文獻十五種

中

陳維昭　編校

復旦大學出版社

舉業瑶函

〔明〕吕五音、夏錫疇纂輯

《舉業瑶函》提要

《舉業瑶函》六集，明吕五音、夏錫疇纂輯。

該書牌記題書名爲《二三場瑶函》，張侗初先生彙選評注，金閶友齋藏板，金陵張賓宇發行。首頁題：雲間張侗初先生評定，門人吕五音、夏錫疇纂輯。

張鼐（一五七二—一六三〇），字世調，號侗初，松江華亭（今上海松江）人。萬曆三十二年進士，官至詹事府詹事兼翰林院侍讀學士。崇禎元年以太子賓客加二品服俸起復，改南京吏部右侍郎。著有《吴淞甲乙倭變志》、《寶日堂初集》等。張鼐爲萬曆間著名小品文作家，也爲文章選評之名家，其選評之《必讀古文》曾爲金聖歎所膜拜。吕五音、夏錫疇均爲張鼐學生。吕五音，字正之，浙江人，生卒年不詳。入清後仍從事程墨文之評選，於順治八年編有《六科程墨二三場學府秘寶》。夏錫疇，字履先，南街人，生卒年不詳。授汝寧府通判。

該書牌記所題之「張侗初先生彙選評注」實爲書商之推銷伎倆。張鼐既非選者，也未予評注，僅作序一篇，冠於卷首，末有「太子賓客」之章。然該書之選編深受張鼐影響，選文尤重遼東問題。各集卷首輯録名家之相關論述，分别爲「論訣」、「表訣」、「判訣」和「策訣」，均引述自《指南録》一書，此書已佚，作者未知。《舉業瑶函》在引述《指南録》之後列有諸「格」，將考題歸類，以定格應對之，此爲吕、夏之個人心得。諸「格」之後是「論破」、「論承」等，仍引述自《指南録》。「通用」部分爲表部之附録，具有類書性質。此書具有史學、文體學、文章學之價值。

是書今存日本東洋文庫，明崇禎三年刻本，爲存世之孤本。今據此本校點整理，以王之績《鐵立文起》（康熙四十二年刻本）、梅之煥《梅中丞遺稿》（清刻本）、馮琦《馮琢庵先生北海集》（萬曆三十七年刻本）、《黄道周集》（中華書局點校本）、魏煥《皇明九邊考》等參校。

舉業瑤函

呂五音、夏錫疇纂輯

瑤函序

制舉義與後場匪二也，今經生家於闈中牘亦既嘔肝焦腑，不遺餘力，而末二塲多附贅眎之，聊取勦餘拾瀋，致爲主司所厭唾。嘻！亦誤矣。士枕經籍書上者，博綜百家，網羅千古，次亦嫻習夙儲，採昔酌今，造車合轍，烏可緩也？二三塲選本從來非乏，大都賈人子射利於甲乙榜。後歲遴增續，卷帙浩繁，殊嗟汗漫。要於提要纂玄、垂摹立範，罕有攖心此道者。夏履先、呂正之贄業余門，爰以邇年所輯《瑤函》就正，既已統論諸要領，而隨選名家最著者爲鵠，繼以散式，並收小璣，簡不厭嚴，注不厭悉，其於步趨往喆、津航承學深有鼎焉。履先、正之之爲斯舉也，庶幾擬議苦心矣。公之四方，不亦可乎？是爲序。

雲間張鼒書

小引

海内後場之選不啻汗毛充棟矣。然於風簷寸晷之下無切於用，亦何裨乎？故務博者嗜繁，守約者尚簡，有若臨場擬議者，懸斷時務，茫無實際；又若初試棘闈者，采異搜奇，漫無紀律。總之，選斯藝者，非失於泛而不精，則失之略而不詳，何異借聽於聾，問道於盲者哉？予與正之講業雞鳴山寺，每一射獵閒，羅織諸名家之選，題以品分，式以類載。或評於上，並注於旁。纂爲六集，庶展卷有益。博者可以約收，約者可以精取，擬議者得會其要，初試者得遵其法。予兩人不覺欣然自得，謂批郤導窾之妙，毋爲庖丁之藏，當付之剞劂，以公海内。特請正于侗初張老師。而張老師目閱心賞，曰：「斯集也，搜羅既悉，編輯又詳，瓊章琚句，儼若趙璧隋珠，錯然雜著，誠舉業之奇珍，士林之鴻寶也。」品而題之爲《瑶函》云。

庚午春社日夏錫疇題於雞鳴山之禪室

二三場瑶函六集總目

策訣
全策式
六集
水陸九邊圖考

論部

論訣目次

過文

論腹

論束

論結

舉業瑶函

雲間張侗初先生評定　門人 呂五音正之 夏錫疇履先 纂輯

○論（屬二場）

論欲用佛書〔一〕，是一病；欲用險句，是一病；欲使難字，是一病。誠不用佛書〔二〕，不用險句，不用難字，只平順正大，就題發揮，而器〔三〕格渾成。（眉批：運斤成風手段。）機軸圓妙，句法老練。出經入傳，筆力鏗然。濃淡雙單，字無不典。冒處大意隱括，分斷處五兵迭出；駢紐處或先輕後重，或先重後輕；腰膝處脉絡分明，而前後變化。點齊將領，三陣一法，五陣一法，而照應森嚴。（眉批：明備。）生發處疑什〔四〕躍如，援証處賓主相通，發餘處出題而入題，如珠走盤而不出于盤，進步處如升堂入室，而關鎖截然。語淺深則由淺而入深，語開闔則屢開而屢闔。約而盡，淡而不厭，婉而成章，論法其盡于是矣。

論以識見筆力爲貴。縱横變態，如節制之兵，愈出愈奇；攻擊辨難，如汪洋之水，漸流漸遠。此識見筆力之最高者。

大抵論以理爲主，意輔之。意與理俱勝，則論自超脱。故大家手筆，不爲詭異而自宏富，不事險怪而自典麗；奇寓于純粹之中，巧藏于和易之内。（眉批：妙絶！）其不能者反是。

懷易云〔五〕：勢宜輕，勿使之碎；詞宜輕，勿使之弱。

論者，議也〔六〕，反覆辨難以求至當者也。又論者，綸也，彌綸羣言而研一理者也〔七〕。故論之爲體，辨是非，别妍醜。即礙以求通，研深以入秘〔八〕，窮于有象，追于無形。凡受題下筆，必有一段出人之意見，發之爲千古不可磨滅之議論，方爲入彀。（眉批：高談。）或舉古今所不決之疑，而出真見以剖析之；或從衆人意想所不到處，而從容發至理以新人耳目。如漢廷老吏斷獄，以片言折衷，而人莫不心肯意服。若但能責人，亦非高手。（眉批：山中芝不仝隋死花，當大着眼。）必思我若生此人之時，居此人之位，遇此人之事，當如何應酬，如何處置，應〔九〕有至當不易之説。

論中敘事，極宜簡古，切忌冗雜。如《高帝無可無不可》題，止以封功臣一事言之耳。必欲多敘，則題有百事，亦敘百事乎？

講後使証，論之常也〔一〇〕。今人或于題下使之。吾謂善使事者，不須多句，而惟取題意了了。

論中譬喻，不拘多寡，要簡潔雄渾，形狀得出。如《一變至道》題，學奕方勤，而鴻鵠將至。女樂既受，則聖人容於不行是也〔一一〕。

論中造語，最要圓活精密警拔，大都在字眼上用工。（眉批：**即不能取法乎上，算可與下流同歸也。**）論之品有三：上者藏鋒不露，讀之自有餘味；中者步驟不凡，如飛沙走石；下者用意卑俗，專事造語。

論之體有七：一、圓轉；二、謹嚴；三、意多而不雜；四、含蓄而不露；五、結上生下節，勢如貫珠；六、首尾相應，勢如擊蛇；七、繳一篇欲有不盡之意，如清廟之瑟，一唱三歎。（**可稱七妙。**）

郭青螺曰：論與文不同。文以發聖賢之精蘊，其格局主意、語句詞調，自有定式。論則攄在已之蘊奥，發題目之本旨。隨人意見，憑人議論。不背于理，不詭于道，不拂于經。（眉批：**精透孔壁，抉破天門。**）借客形主，原始要終。三正三反，十步九迴頭。

援古而証今，旁引而曲喻。功效體用之相因，是非得失之相形，雖長江大河，一瀉千里，構至六七葉可也。次則舒徐委曲，濃抹淡粧，止二三葉可也。又次則勁簡古朴，崇雅黜浮，止一葉亦可也。大率主之以意，昌之以勢，輔之以詞，則三善備焉。

懷易云[一二]：一遇題目，即當定主意，立眼目，排間架。一起一伏，如何擺布？好句好調，如何使用？經傳典故，如何編插？作性理題，主于發明，詳其上下來歷；作《通鑑》題，主于評斷，究其出處終身。（眉批：至教。）然後搜精奮神，運楮揮穎，走龍蛇而騰雲霧。格局嚴整，規模峻絶矣。至于或長或短，總任其意之所如，安得置成心于其間也？

論不翕聚則不能發散，不專一則不能直遂。學之貴于博，而資之貴于深久矣。（眉批：須下死工夫。）周公上聖，日讀百篇。仲尼天縱，韋編三絶。彼應試于風簷寸晷中者，倘非蓄之有本，養之有源，安能觸毫而出、迎刃而解哉？

凡作論，意見要高，理義要透。見得親切，自然説得分明；理義高遠，自然言得出衆。

論貴圓忌方，貴老忌嫩，貴雄健忌懶散，貴移易不動，忌浮泛不切。起伏處貴有照應，開闔處貴有波瀾，馳騁處貴有節制，鋪敘處貴有曲折，過接處貴無痕跡，譬喻處貴親切，引用處貴確當。（眉批：好門徑。）或沿流討源而血脉整然〔一三〕，或從根發枝而千條燦然，或將無作有而意味甚深，或以實形虚而指意如見。藏光艷于平寔之中，發精神于題目之外。要使一句一字增減不得，而句句有法，字字盡心，方爲合轍。只緣學者束書不觀，因陋就簡，于文〔一四〕之外，全不理會。先進既以荒謬而中式，後進遂以空疏爲高致，而反笑苦心於習論者爲迂闊而失計，可悲也夫！〔一五〕

國朝試論，有破題，有承題，有小講，有入題，有原題，有大講，有腰，有結，原係先儒〔一六〕倣《論學繩尺》而制此式也。中式者，中此而已。

作論之法，須依於忠厚，止于理義。可標駁羣彦，不可戲薄聖賢；可據理陳詞，不可以強詞奪正理。衆毁而吾獨譽之，發古人之心事，抒千古之幽光。若衆譽則不可輕毁也。有過處可求無過。無過而求有過，則刻矣。論學〔一七〕之微，關係心術，學者慎之。

凡學論，須將前輩格奇、語確、意高、理透者，寫定十數，熟誦沉思。有作即擬之，不似則易之。始于擬議，終于變化。蓋其初〔一八〕學也，惟恐不似；既也又恐其襲焉而不化耳。至于變化，則心神骨髓，全是古人；啓口容聲，莫非高調。若待招之而後來，麾之而後去，已落第二義矣。

運靈曰：論冒無對句。而間有對者，則三五〔一九〕句。此圓中之方，善用方者也。至起處則多設譬語，繳處則多用引證，亦須認取。

劉勰〔二〇〕謂論有四品：曰陳政，曰什經，曰辨史，曰銓文。〔二一〕徐伯魯〔二二〕廣爲八品：曰理論，曰史政論，曰經文論，曰諷論，曰寓論，曰設論。袁黄另設八目：一君德，二治道，三心學，四臣道，五敬天，六愛民，七尊賢，八評論人品。但性理論，貴研精闡微，根極理要，以《左》、《國》之精華，發程朱之心事，使確然不易，燦然有條，此最難者也。政事論貴獨稽政源，參酌流弊，彌綸羣務，折衷是非。陳法則句句可行，警世則言言可懼。雖亦不容苟作，然較之性理論，似粗而易騁矣。人物論貴貫串古今，詮次賢哲，貶一人而有益于天下，則毀之不爲薄；褒一人而足法於天下，則譽之不爲狥。褒貶既中其實，議論自異于常。人物好醜，纖悉不爽矣。苟學者能于此等類各擬作一首，場中題目，又安出此耶？毋忽。〔二三〕

大都論法，不外乎理、弊、工、效。蓋理者道理也，把題中事情説得的的確確，務使愷切明隽。（眉批：此懷易公每每道及。）弊者弊病也。原初階厲，與要終沾危，一一發覺出來。工乃用工。一番修禳轉一番恢復也。效乃效驗，是以亨通，是以泰寧也。只將此四法敷衍成章，而於起首用破題承入題，殺尾用結題，自然律度嚴整，血脈貫通。即他如原、敘、反、正、譬、証、斷七法，用之或可以炫觀，殊覺煩碎耳。（眉批：終不如前法。）

論須看題目。如言語發于大聖賢之口，行事見于大聖賢之身，功業顯于大聖賢之手。君則五帝三王，臣則伊、傅、周、召，儒則顔、思、孟、周、程、張，本無可議者。秦漢而下，君道、臣職、儒術，互有得失醇疵。彼無可議者，惟主於褒揚稱述。若得失醇疵相半者，又當權其輕重，究其大節。言語、行事、功業，好處多，則褒揚意重，而微寓不足之意于後可也；不好處多，則貶抑意重，而存恕過之意于中。（眉批：語語刻畫。）如其大節全虧，他貴莫贖，則辨斥攻擊，直窮到底，慎勿兩可其説。至昏君、逆臣、異端，尤宜闢之廓如也；不得稍貸其罪，曲爲回護解釋，斯爲正論。若徒快紙上之浮靡，昧胸中之臧否，人是而我亦是之，人非而我亦非之，（眉批：以是爲論，于家國何裨？）正井蛙之不可語于海者也，又何論之足云！

論家搆思貴精，造語貴健。如《夫子之得邦家》，則以道行于萬世立意；《士窮見節義》，則以不幸而有所激立意。至言人而推本于天，言事而根本于理，言王道而及于天德，言天德而及于王道，言聖人而以天地形容，言漢、唐、宋君道、臣道、儒道而以唐虞三代之君臣、孔門之羣賢比例于前，言唐虞、三代、孔門之君臣儒，而以漢、唐、宋繳結于後：所謂搆思之精也。如《賢才樂爲之用論》内云：「麀聚瀆天倫，牝晨司禍兇。」又云：「秋風鱸鱠，頓起張翰之思歸。設帳都門，莫挽二琉之去轍。」所謂造語健者也。後學其矢志而時習之。〔二四〕

論中用字，要與題相稱。（眉批：使人易曉。）如《陶侃惜陰》題，則點出他「憂勤」字；《祖生擊楫》題，則點出他「復仇」字。《治天下審所尚》題，一人曰：「孰爲利，孰不爲利？孰爲害，孰不爲害？」何等牽強！一人曰：「孰爲利，孰爲不利？孰爲害，孰爲不害？」便順妥矣。可見用字爲貴。〔二五〕

史論易粗，宜精醇；理論易晦，宜明白。

〇順題發明格

題意明白完足，不必搜索，惟順其意而發明之，如《士窮見節義》題：「士之正氣，有所激而始見。夫節義正氣也，窮則激而節義見矣。此非君子之得已也。」此是一順寫去。

○反題立論格

反題立論者，論與題相反也。如桓榮以稽古爲榮，而許穎陽病其陋。唐學士有登瀛之譽，而王午山以爲植黨私。其相反如此。（眉批：且是的確。）

○推原感慨格

推原足矣，而復感慨者何？感慨生於推原也。忠臣烈士，言若巽矣，而志不可奪；論已確矣，而情若可悲。（眉批：要有言言泣下景象。）如《黄冠故鄉》題，原其意者，未必不生慨嘆也。

○設喻發明格

古人取喻，其旨涵蓄。所貴乎發明者，因其所喻而發明之也。如「輪轅飾而人不用，君子以爲虚車」，便是借「車」字發載道意。

〇立論出奇格

議論有正有奇，猶用兵然。堂堂之陣，正正之旗，此正兵也。攻其無備，出其不意，此奇兵也。如《拊髀思頗牧》題，實文帝美意也。乃謂帝不知用才于今，而徒慕才于古。《一榜盡賜及第》題，誰不曰太宗盛舉也。乃有謂「用人不可以一格限」，便出奇。如蘇軾作《賈誼論》，謂非漢文不用賈誼，乃賈誼不用漢文張本。（眉批：奇人而又奇才，自有奇論。）作《文帝論》，文帝薄待周勃，乃是深愛之，而引宣帝待霍光爲証。蘇軾作《鼂錯論》，謂袁盎非能譖殺錯，乃錯自取殺。秦觀作《鼂錯論》，則謂漢惟斬錯，然後可以破六國之兵。其意見皆出常情之外。

〇撮空立論格

題本難立説矣，却撮空生一團議論出來。如《弘才孰與周公》題，當不辨而知者。乃憑空説許多事，尊起周公，則弘之才自見於言外矣。

○論破

破〔二六〕爲論之首，一篇之意，皆涵蓄於此，尤當立意正大〔二七〕，句法簡潔高古〔二八〕，有渾厚氣象。然其體不一，在相題下筆。忌浮而不切，冗而不情。蓋論之去取係於破。破不佳，中〔二九〕雖有過人處〔三〇〕，主〔三一〕司亦不復看。（眉批：非虚語也。）

○論承

承者，承破題未盡之意而詳其旨，即冒頭也。一篇規模〔三二〕在此處。布置貴勁簡明切，變幻委曲，忌重複直撞，浮靡迂緩。有正反相形者，有抑揚起伏者，有一開一闔、一難一解者。在相破而承，不可執一。如承用一正一反，論中起處，亦一正一反，結處亦一正一反，則三正三反也。（眉批：文有起跌，方見關鎖。）如承題用斷理法，後面必用回頭法照應，方爲完全。〔三三〕

○原題

原題者，推原題意之本原，乃接上起下法也。體亦不一，有連帶輕答二三句者，有只結答上句者，有全不挑剔者，有詳敘其事實者，有畧陳其來歷者，有輕提連起講一直説下者，惟善用之則得。

○起講

論之咽喉，正是此處〔三四〕。若不著力，便充拓不開，爲題所窘。縱勉強成章，亦無精彩氣焰。古云：「鼠頭欲其尖鋭，豕項欲其肥壯。」正於此見之耳。（眉批：須潛玩而實証焉。）須有原委，有考據，有含蓄，有識見，〔三五〕有力量。有即事影題、抑揚起者，有就題立論、形答起者，有引經傳剔題字面起者，有推究源頭、設爲問答起者，有論功效、原始反終起者，有論事勢、即此形彼起者，有論人物、究其出處終身、遂設爲抑揚起者，有鼠頭豕項、相連説者，有鼠頭豕項、各單用者。大抵鼠頭説得少，便接入題；豕項説得多，包藏腹内，提醒題頭。二法宜知也。

○過文

過文接起講而入論腹，乃血脉所在，尤當簡潔流利，嚴密渾融，使人讀去無痕，不覺爲講題者，方見高手。

○論腹

論腹，謂之大講，即牛腹也。凡引喻、點証、回顧、提醒、承遞、相因、插花、編籬、製錦、撮要十法，具在其中。（眉批：十法添減不得。）何謂「引喻」？蓋援引他事以喻本題也。何謂「點証」？就本題中點某事某人以証耳。何謂「回顧」？是前面有何眼目、有何人物，提在先，後面反而顧也。何謂「提醒」？把本題上緊要字眼先提出叫醒之。何謂「承遞」？乃遞遞講去，所謂「不然」、「又不然」、「雖然」、「猶未也」、「亦未也」、「凡夫由是」、「又由是推之」、「又推之」等句可見。何謂「相因」？如上句云云，接句亦云云，一步進一步説去，與頂針文法相似。何謂「插花」？是用經史成語裝點，如貴人淡妝插翠，則美觀也。不拘安在何處，只要三五行一間，此法最難。摘探儷語短長之功不可無也。何謂「編籬」？其文勢片段，如破竹編籬，讀之起敬，如《虛車》題「《易》以明變」等句、《太玄》、《法語》等句。何謂「製錦」？組織成文，燦如錦繡，觀者動情，如《士窮見節義》題，有「隨波而逝者」等句。何謂「撮要」？因題中事故多，人物多，不能盡筆，只撮其緊關者爲論耳，如《山西諸將孰優》題，止録出趙充國、蘇武二子，餘可類推。大要欲其壯而實，三段、五段、七段、九段，圓活巧變，方爲得體。

《矜式》云：論腹正如四通八達之衢，極無繩墨，須時時繳歸正意。有照應，無重贅。有起伏，無斷截。體清而不冗，詞切而不浮，意新而不俗，事常而不怪。不然，雖爲豐贍，實則補納矣。

〇論束

收足一篇議論，而咏嘆其旨意，謂之「蜂尾」，欲其決而利。如繳轉無力，結煞不到，一篇精神便弱矣。是故有援引結者，有比形結者，有推原、推廣結者，有就本題意旨上下結者，有連大結、一套結者，有繳轉破題語句、用「故曰」云云結者。（眉批：此法經義常用。）

〇論結

論大結不一，要與文大結不遠。有推廣者，有引証者，有推高一層意者，有作勉人意者，（此法不可無。）有探本意者，有因此論彼者，有引經傳証者，有影題説意者，有微抑而又揚者，有全褒而全貶者，有先褒後貶者，有前貶後褒者，有因事論行者，有因古慨今者。又結止二三行者，亦有無大結者。惟百尺竿頭、更進一步，始得。

〇賢士有合大道可明（眉批：論式）

自古貴上下之交者，蓋以君不能獨運而弘化，賢不能自任而成功耳。（此是破題。）夫賢者，藴奇埋采，每思攀附而樹無前之績。君者，握符秉籙，每思匡弼而奏不世之勛。故君非賢則匡襄無藉，化理無資。以一人而當國是，則難。賢非君則奇不得展，藴不得施。以疎賤而底宏業，則難。惟西清東壁，含雞舌以侍龍顔，而賢得上交。虚左前席，坐青蒲以禮黄耇，而君能下濟。君與賢兩合，宛如繡緣繡以爲美，斯平定大道資焉矣。（此是承題。）尉氏云：「賢士有合大道可明。」旨哉見道之言也！（此入題處，所謂原題也。）夫騏驥騄駬，遇王良、造父爲之後先，則終日而致千里。何者？人馬相得也。奚啻賢士乎？賢士者，以千里才，以騏驥德，處則爲孔爲孟，出則爲伊爲周；治則爲太平之良，亂則爲靖難之忠。況生民利害，得賢則理；紀綱張弛，得賢則振；疆埸〔三六〕侵擾，得賢則固。是賢之有裨於國不淺。而君人者方且爲股肱，方且爲腹心，方且爲師傳。聯爲一心，親爲一體，通爲一氣，則熙宏號登上理易易矣，何道之不可明哉？（此段說理。）乃時王世主，喪心于貨賄，溺志于聲色，注意于權奸。桑孔術進，賢以僉壬而不合。美女破舌，賢以夷施而不合。美男破老，賢以貂璫而不合。即有慕化之君合，志於賢者，而信之不專，猶然貌合心離，使人可其奏者焉。陽密陰疎，以目送其行者焉。停婚仆碑，因譖棄其舊者焉。則結北門之嘆，興千畝之思，詠幽蟬之賦者，比比而然。天下事且終去矣，又何道之可明？（此段說弊。）爲君計者，當思國之禎幹在賢士。殷稱高宗，尚切夢卜。周云康王，猶勤册命。漢言文帝，不忘拊髀。誠知國不可一日無賢也。故畝畝可聘，何妨田野之夫？阿衡可任，無拘牛口之下。心存撥亂，雖尚父不難。志在一匡，即仲父勿恤。草廬之談，如魚投水。登壇之對，似渴飲醪。彼其君臣之契合，固一時之盛典。（眉批：理、弊、工、效四法，昭然可見。）至於今稱爲艷談，而要之其合也，不爲面諛，君促膝而詢，臣借箸而籌。即蜀隴名材，不能移其寵。不爲貌從，君雪夜而訪，臣畫鴿而對。即江吴花石，不能易其賢。政關利害，君不難于虛心，臣不難於竭悃。縱二八遞進，安得而間之？事系危疑，君不難于和顏，臣不難于批鱗。縱奕婉在旁，安得而離之？授餐撤炬，畀以威柄，假以便宜，任謗書盈篋而無疑。舟楫霖雨，賡《喜起》之歌，矢鳳梧之雅，任糖䵷滿耳而無嫌。果爾，則君與賢渾忘，大道焉有不明者？何則？君明臣良，上下有合，政治之象也，保邦之道也，太平之風也。有所製作則兩相謀畫，寧爲有利無害之永圖，毋爲利一害百之弊政。有所損益則兩相參酌，寧爲敬天而法祖，毋爲獨創而獨行。有所經營則兩相圖維，寧爲久安長治之道，毋爲因循苟且之謀。（此段是工。）由是而奠安生民，則含哺而歌。熙熙皞皞，納之春臺，而無復有衣百結、呼庚癸者矣。由是而肅清朝野，則圄無奸，服無赧，登之上域，而無復有竊柄于上、舞文于下者矣。由是而鞏固疆埸〔三七〕，則偃旗臥鼓，牧馬華山，金戈不試，而無復有原野厭人之肉、川谷流人之血者矣。由是而睦鄰制敵，則名王貴人，接踵稽顙，窺伺不起，而折衝于俎豆之間，坐消乎衷甲之變者矣。由是而威戎赫虜，則窮髮重譯，來賓來王，闟城晏鐍，而鯨波可免再驚，狼煙不至嘗試者矣。此固君與賢之所致，而孰非自有合中來乎？不然，是欲使湘纍梁傳，未蒙賞信，遽效絲粟之用者，爾爾不也。（此段是效。）噫，亦尉僚有感之言也！當其時，君則魏王也，名世之賢如孟，名世之將如尉。使經之以文，濟之以武，任而勿二，用而勿疑，則混一區宇，威齊滅楚，席卷三秦，反掌間耳。何有于割地受辱，甚至長子之死乎？此無他，賢士不合之故也。及觀之齊王，曰好貨，曰好色，未聞有尊賢之一語，誠時君之陋習，無惑乎賢士之解體也，又安望道之明哉！（此是結題。）

篇中只以理、弊、工、效四法作來，極有調理，極有節制。且過接處，毫無痕迹。引用又皆確當語，堪爲之式。

論式目次

權者聖人之大用

遲大成

聖人龍德而中正，則必有以觀天之道。（破便起議論。〔三八〕）而神飛龍于在天，故能以盡變化之用而尊其體。故聖人者，非累於尊而自峻于不可崇之途也。（眉批：委折盡文之變。）天不過剛柔陰陽之總詞，（承上「天」字。）然每喜剛而惡柔，貴陽而賤陰。黄赤相麗而異道，六子嬗化而共位。以極于孳姙博設，流火納冰，翾蜈飛動，蟣蠓野馬。風雨神雷之至教，以神其剛柔陰陽之摩盪。而必得其陽苞陰紐、高明沉潛之人，以寄其體之不委，而神其用者。（轉出「用」字。）故肆一人焉而聖。聖也者，口耳也，王也，以其能爲口耳王。是聖人者，神于黄赤之道而六子之化也。靈根美厥，黄裳元吉，與天地合其德，與日月合其明，鬼神合其吉凶，先天而弗違，後天而奉時也。（眉批：神魚鼓鬣。）惟聖人然後能權。（入題。）故曰：「權者，聖人之大用也。」夫權而予以聖人，聖人之私也。（此下就「權」字發揮，説權是聖人之私，轉到聖人之公上。）龍雲火鳥異其用，而官私。金木水土異其用，而時私。盈虚進退異其用，而數私。土穀教養異其用，而政私。（眉批：官、時、數、政四字，是一篇眼目。）私，故聖人以公救之。救焉而聖人不敢居其名，天下亦忘其名而囿於時、數、官、政之所乘，故一而尊之曰「權」。權者是無偶之體，而神明之司。聖人謹而凛之，倪變而不委于變，乘運而不積于運者也。（此正是聖人之大用。）奉其權于上帝靈閣之側，而不違以下民嬉笑啼處之常。（眉批：才情横溢。）尊其權于霓雹雷雨之上，而不違以下民七箸胾腐之卑。謹其權於渊默龍見之區，而不違以下民燕居情暱之邇。其然則有權，而自託于黎丘；其不然則有谷神，七日之不深者。其然則有權，而觀變于未窮；其不然則有狃目前，而貽處堂之嬉者。其然則有權，而致履于堅冰；其不然則有鴞之毀我室者。其然則有權，于今以立政立事者；其不然則有隱神龍于出没，而太阿之不可持者。（應上「聖人之私」句。）故曰：「權者，聖人之所私也。」因能以大其用。用之于官而權以雲紀者，權以鳥紀。權以龍紀者，權以火紀。天下炫于雲鳥龍火之大，而聖人不過以命官之權。（應上「官私」句。）用之于時而權水火以功名，奪金木以衰囚，權火木以通明，遂抑水土以驕穉。天下炫於水火金木之大，而聖人不踰以因時之權。（應上「時私」句。）用之於數而權虛消者，不溢而用以盈滿。權進乘者，不退而避以委頓。天下炫于虛盈進退之大，而聖人不外以乘數之權。

（應上「數私」句。）用之於政而權于士者，即權以穀，權以養者，即權以教天下。（眉批：逐段鋪陳，自有節次。）炫于土穀教養之大，而聖人不越以敷政之權。（應上「政私」句。）故聖人亦人也，而口耳王也。（應前「口耳王」句。）言而王以口，聽而王以耳，非大權其孰以一之？惟大權故曰王，而以口耳合之。借王之權，而成聖人。非然而不以權自昇，是天地捴不繼之道以自焚。（應上「與天地合其德」句。）日月以出没之度自愆也，（應上「與日月合明」句。）鬼神以隱見之權自愚也。（應上「與鬼神合吉凶」句。）（眉批：反收數語，筆力勁拔。）唯權而以大用，用而以聖其人，故能立于陰陽之外而盪以剛柔之理。（此段説惟聖人能大用其權，自然隨事俱有妙用出來。）如是而焉有下堂之見？周、鄭交惡取其麥，而聖人不以劑其用乎？焉有索雞之鳴，譁左右之袒，而聖人不以預其用乎？焉有七國之削，致東帝以自稱，而聖人不以燭其用乎？焉有黨錮之禍，白馬清流以笑黃河，而聖人不以宣其用乎？焉有藩鎮之患，至私交相脅者，至以天下不能取，而聖人不以神其用乎？焉有繒布金錢之奉，至以獻納盈庭，令其滿萬不敵者，而聖人不以通其用乎？（眉批：運筆如環，而意自嚴密。）捴之，（捴鎖。）天下見聖人之用爲甚奇，而聖人僅以王其口耳。故尊聖人以名，而私聖人以權。惟私聖人以權，而權者多寡輕重之衡，搽于心而觀于化，矚以世而發以機，非常之原。黎民懼焉，大用彰而天下晏如也。昔者禹之治水，（引禹之治水説他是個行權。）四載乘載，天地山川，震撼而不寧。惟其不以私與，而行以無事者之爲權也。即以夫子之作《春秋》，公其好惡於人。至其權，游、夏不能贊一詞，而聖人不過曰竊其義。故聖人之權，無絲毫溢也。而尚以還其權於天下，而不自私。（眉批：呼應有神行其間。）後世不知而竊其權者，用于官而不悉其命，直以土苴之不可效于世而已。用于時而不悉其則，直以亥水之相繼而已。用以數而不悉其理，直凝其歸奇之用而已。用以政而不悉以政，直以爲井田封建之不可用而已。不可用，而始曰權之不足以爲大也。聖人不得已而用之。如不得已而用，則其用不爲之大，故唯聖人法天。（論東歸結在聖人，見得惟聖人方能法天用權。）王日吸三陽明之氣而消其陰翳之私，（眉批：卓識宏才。）故能六龍而御天，見龍在田，而天下文明。夫龍之德至中而至正，故能隱能躍、能張能弛、能闔能闢，確乎有不可拔者，龍德也。故曰權也。

此論大意，説聖人一龍德也，時潛時見，時惕躍飛亢，權之用也。是篇直抉其藏，貫串百家，錯綜諸子，縱横排宕，真覺光芒直射斗牛。

［釋］

六子：伏羲八卦，乾坤縱而六子橫，相爲對待以立本。

野馬：《逍遥遊》：「野馬也，塵埃也，生物之以息相吹也。」

龍雲火鳥：伏羲以龍紀官，黄帝以雲紀官，神農以火紀官，少昊以鳥紀官。

淵嘿龍見：莊子曰：「尸居而龍見，淵嘿而雷聲。」

黎丘：《吕春秋》：「梁北丈人有之市而醉者，黎丘鬼喜効人子姪之狀，扶而道苦之。歸而誚其子，始知奇鬼也。明且復往，其真子往迎之，丈人望其真子拔劍而刺之。」

谷神：《老子》：「谷神不死，是謂玄牝。」

靈根美厥：《太玄經》：「沉心于淵，美厥靈根。」

貽處堂之嬉：燕雀處堂，子母相樂。突决棟焚，而怡然不知禍之將及也。

周鄭交惡取其麥：《左傳·隱公》：「周、鄭交質……鄭祭足師取温之麥，又取成周之禾。周、鄭交惡。」〔三九〕

索雞鳴：《書》：「牝雞之鳴〔四〇〕，惟家之索。」

譁左右之袒：吕后崩，諸吕欲作亂。太尉勃入軍門，行令曰：「爲吕氏右袒，爲劉氏左袒。」軍中皆左袒。

七國之削：晁錯患諸侯強大，請削七國。

黨錮之禍：東漢之末，賢人君子如李膺、范滂輩，宦官皆謂之黨人而禁錮之，遂以亡國。

白馬清流以笑黄河：朱全忠聚朝士裴樞、獨狐〔四一〕損等三十餘人于白馬驛，一夕盡殺之。李振謂全忠曰：「此輩自謂清流，宜投之黄河，使爲濁流。」全忠笑而從之。

藩鎮之患：唐末藩鎮如范陽、魏博、易定、淄青、成德輩，各用兵戰殺。

獻納盈庭：宋仁宗時，契丹欲增幣，且曰：「南朝既增我歲幣，其詞當曰『獻』，不則爲『納』。」富弼曰：「不可。」因以死拒之。

非常之原：司馬相如《喻蜀父老》：「非常之原，黎民懼焉；及臻厥成，天下晏如也。」

封建：武王大封同姓，唐長孫無忌曰：「慎擇守令以治郡縣，亦足以致太平而興禮樂，又何必如古封建乃爲盛哉？」

聖王能致天下之治

錢希忠

天下可以獨治治乎？其必有以致之矣。（破題便説出致治。）（眉批：層遞開合，精於古法。）致之而能則治，致之而弗能則否。（承出「能致治」，轉到「聖王」。）致之而以不自爲能則治，致之而或以弗能爲能則又否。其惟聖王乎！王之取象，連三而貫一其中。何謂三？天、地、人是也。（眉批：不妨拈出。）廼聖實通天下之口若耳，（此把「聖」、「王」二字分疏明白。）而以一王承載之。故聖冠古今，而不以聖恃；能絶臣隣，而不以能矜。而天下始有代之口耳，而致之治者矣。（入題。）今夫天下之治，所從來遠。（正講。就三皇、五帝、三王説到五伯，見得天下之所以致治處。）大庭栗陸，不得而知也。開天之聖王，斷自軒昊始，徧是可約畧睹已。軒冕之治以誠，爾時君爲心，天下爲百骸。（眉批：歷指治象分明。）中心無爲，而百駭自理，則天下一治。堯舜之治以明，爾時君爲目，天下爲物。明燭無疆，而四達皇皇，則天下又一治。三代之治以仁，爾時君爲醫，天下之兆民爲疾。見垣一方，而霍然病已，則天下又一治。五覇之治以智，爾時君爲工，天下爲材，（眉批：奇論創闢。）如大匠操斧斤從事，而雖有朽楝，尚可削而爲椽；雖有枯竹，亦可織而爲籠也。即其能固代殊，甚至降而爲伯，而於以言天下之治，固各有以致之而致者矣。（鎖定「致」字一句。）（此段説後世不能致治。）迨後世之治，吾戚焉。君爲隄，而天下爲水，一切以法持之。民至柔，法至悍，然而濫觴之勢，不難稽天，則法雖悍，不悍于此。于是天下之望治者，不得不推其能於聖王。（重在聖王能致法。）（此段説聖王之能致治，是莫之致而致，乃是天能。）（眉批：挽到聖王，有力。）聖王非能人而絜之，人而餔之，人而鑄之，人而臥之春臺也。盡其性焉而能，盡人性焉而能，盡物性焉而能，不過以其總統三才者自爲鼓舀，使天下之有口者，無不宣之齶；使天下之有耳者，無不入之歡。（正。）而天下大治，此夫莫之致而致者也。（眉批：傳接妙。）（反。）天能也，若其有以致之，而致正非亶此而已矣。（眉批：轉應有神。）以風后力牧之能爲軒昊，（應前軒冕。）能而治，何以不誠？以二十官、一十六族之能爲堯舜，（應前堯舜。）能而治，何以不明？以益、伊、旦、奭之能爲三代，（應前三代。）能而治，何以不仁？即人知五伯（應前五伯。）之難語於聖王，而不知尊賢育才則有命，取士必得則又有命。未有不本于聖王之意，而依傍行之者也。則五覇之智，緊誰牖之？（眉批：誠、明、仁、智四意絶奇。）雖後有作者，鮮不在其鑪錘間。（又歸重在聖。）而於是乎天下之論治者，又不得不推其能於聖王。夫聖王葢有以致之也。（揔結醒。）（出題而字眼。）其致之也，葢不自以爲能也。其不自爲能也，葢以必能之人爲能也，故曰天下不可以獨治治也。（應轉破題。）貫三才爲一而謂之王，（應前「聖」、「王」二字。）以一王承天下之口若耳而謂之聖。吾以著治法焉。

浙題易入。帖括段落，吾故畧標，采而按其法。

此論大意，説天下之所以大治，非人力之所能爲，乃莫之致而致者也，故不得不推之聖王。篇中以此起，以此形，以此關鎖，以此總束。段段俱有法，則是科塲所最利者。

[釋]

口若耳一王承載：目擊道存之爲睿，其字從目。聲入心通心爲聖，其字從耳，故曰：「聖人者，時人之耳目。」

大庭粟[四二]陸：大庭氏栗陸氏見《荒史》。

見垣：俞、扁治人，隔垣知病。

風后力牧：黄帝夢大風吹，天下塵垢皆去。又夢人得千鈞之弩，驅羊萬羣，得風后爲相，得力牧爲將。

貫三才爲一：三畫而連其中爲人，三者，天、地、人也。見《繁露》。

太極在先天範圍之内

歸有光

天下之道，不可以象求也。（破出一「象」字，作一篇之骨。）以象求道，則道局於象而有所不該；以言求象，則象滯於言而有所不盡。（眉批：蒼蒼莽莽而來，深微之致自浮於楮墨。）嗟夫！（以慨嘆意作承。）古之聖賢，本以天下之道不著，而以象該天下之道；本以天下之象不詳，而以言盡天下之象。卒之象立言設，而反有所不該不盡，則聖賢之心，於是乎窮。雖然，聖賢者[四三]固非逞奇炫異。苟爲制作以駭於天下，則其始之爲象也，將謂其足以該道也；其後之爲言也，將謂其足以盡象也。象有不該之道，而言有不盡之象，則聖賢不輕以爲之名。由此言之，（總四句應轉破題然後説到太極。）則天下之道不可無聖賢之象；而天下之象，不可無聖賢之言。先天之圖，伏羲之象也；太極之圖與説，周子之言也。天下（入題。）無異道，則無異象；無異象，則無異言。〔四四〕然則〔四五〕太極在先天範圍之内者，何也？天下之道，（此下就太極推而言之。）太極而已矣；太極之動静，陰陽而已矣；陰陽之變合，五行而已矣；五行之化生，男女善惡萬物萬事而已矣；聖人、愚人、君子、小人之別，動静修達〔四六〕之間而已矣。（眉批：參伍以盡變。）而《太極圖》者爲數言以括之，而未始遺也。則夫先天雖上古聖人之作，寧能有以加乎？周子之善〔四七〕，六十四卦，三百八十四爻，周旋布列，寧有出於太極、陰陽、五行、男女、善惡、萬事、萬物、聖人、君子、小人之外？而〔四八〕範圍焉者，固非以不該不盡爲周子病，而獨爲夫周子之未離乎言也。未離乎言，則固不若先天〔四九〕渾淪於忘言之天也。聖賢之始爲説於天下，固謂可以盡象而該道；而明言曉告，以振斯世之聾瞶。孰知夫象之所不該者象不能盡，而言之所不能盡者，非言之所喻也？上古之初，文字未立，《易》之道渾渾焉流行於天地之間。（此就上古説到羲皇。）俯仰遠近，巨細高卑，往來升降，浮沉飛躍，有目者皆得之而爲象。天下未嘗有《易》，而爲《易》

者亦未始不存〔五〇〕。（任意而談，莫可止遏。）迨夫羲皇既出，〔五一〕始爲先天之圖，天下之道一切寓之於方圓奇耦之間，如明鑑設而妍媸形，淵水澄而毛髮燭。然而失之者，猶不免狗象之病，則天下固已恨其未能歸於無象之天。孰謂其生於聖遠言湮之後，建圖屬書，嘵嘵然指其何者爲太極，爲陰陽，爲五行，（應上陰陽五行句。）爲善惡、男女、萬物、萬事，爲聖人、君子、小人，其言如此之詳也，而可同於無言之數〔五二〕耶？故曰：「圖雖無文，終日言之而不盡也。」噫！惟其無文，故言之而不盡。而言之所可盡者，有文〔五三〕故也。故自先天之《易》，羲皇未嘗以一言告天下。而千古聖人，紛紛有作，舉莫出其範圍。以《艮》爲首，夏之《連山》也，而不能易先天之《艮》也。以《坤》爲爲〔五四〕首，商之《歸藏》也，而不能易先天之《坤》也。（眉批：「先天」二字絡繹不絶。）聖〔五五〕八卦而更置之，周之《周易》也，而不能易先天之八卦也。暢皇極而衍大法，而有取夫表裏之説；觀璿璣以察時變，而有取夫順逆之數。以經法天，而必始於文字之祖。備物制用，立成器以爲天下利，而必尚象於三卦之象。未始爲聲音也，而言律吕者推之；（縱説一番，光華滿口）未始爲曆象也，而言十二辰、十六會、三千六百年者推之，未始爲寒暑、晝夜、風雨、露雹也，而言天地之變化者推之；未始爲情性、形體、走飛、草木也，而言萬物之感應者推之；　未始爲元會、運世、歲月、日辰也，而言天地之始終者推之；未始爲皇帝、王伯、《易》、《書》、《詩》、《春秋》也，而言聖賢之事業者推之。（眉批：　畫前有易，此語是其注脚。）形器已具，而其理無朕，則大極之立也；　剛柔相摩，八卦相盪，則動静之機也。《乾》、《兑》、《離》、《震》，居左而爲天卦；　《巽》、《坎》、《艮》、《坤》，居右而爲地卦；　所以分陰分陽而立兩儀也。《乾》、《坤》亥巳，天地之户，陰陽所以互藏其宅也；　《否》、《泰》寅申，人鬼之方，天地相交，生生之所以不息也。以清〔五六〕長求之，而動静見；　以淑慝求之，而聖人、君子、小人見。先天未嘗言太極也，而太極無所不該；　太極言太極，則亦太極自説耳。是故無言者不假言而博〔五七〕，而有以盡天下之所不言；　有言者待言以明，而不能盡天下之言。（眉批：　拈花微笑，解者幾人？）自羲皇而下，所以敷衍先天之説者愈詳，而卒不能自爲一説，自立一義，以出六十四卦之外。譬之子孫雖多，而皆本於祖宗之一體。故太極者，先天之子孫也。雖然，有先天，則太極可以無作，而周子豈若斯之贅也？蓋天下不知道，聖賢不得不托於象；　（總結出道象言三字。）天下不知象，聖賢不得不托於言。於是始抉天地之秘以洩之，自文王已不能無言。而《易》有太極，孔子亦不能自默於韋編三傳〔五八〕之餘矣。大享尚玄酒，而薄酒之用也；食先黍稷，而稻粱之飯也；祭嚌先大羹，而庶羞之飽也。嗚呼！亦其勢之所趨也。

數百年來，《易》學首推震川先生。如此篇，固當與程、邵抗席。

此論大意，説太極生兩儀，兩儀生四象，四象生八卦，八卦生八八六十四卦。萬事萬物，森然畢備，總是伏羲先天《易》理。通篇以「道」、「象」、「言」三字爲眼目，段段精微，字字玄奥，非會心人不辨。

〔釋〕

先天之圖：伏羲繼天立極，因河圖以畫八卦，八倍爲十六，十六倍爲三十二，三十二倍爲六十四，天地鬼神之奥，萬事萬物之理，森然畢備。此伏羲先天之《易》。

太極之圖與説：周濂溪上祖先天之《易》，著《太極一圖》。所謂太極云者，蓋本于《易》。有太極而陰陽五行人物由此而生，即太極生兩儀，兩儀生四象，四象生八卦之謂也。

六十四卦：《河洛》第九篇曰：「周文增通八八之節，轉序三百八十四爻。」

文字未立：伏羲之時未有文字，六十四卦者，即六十四大字也。

方圓奇耦：陽之象圓，陰之象方。陽數奇，陰數耦。

故曰圖雖無文：邵子謂：「圖雖無文，吾終日言未嘗離乎是。」蓋天地萬物之理盡在其中者是也。

連山歸藏：占辭傳夏歷商有《連山》《歸藏》之屬，邵氏互體《既濟》卦一諸圖即《連山》之遺法也。後世納甲歸魂之法，即《歸藏》之遺法也。然其辭不復可考。

表裏之説：伏羲之畫卦，其表爲八卦，而其裏固可以爲疇。大禹之敘疇，其表爲九疇，而其裏固可以爲卦。

觀璿璣以察時變：以玉爲璣，以象天體之運轉。以璿珠飾之，以象星辰之位次。以玉爲横筩，推其分度時節，以窺天而與璣合。羲和之法，至是益密。後世渾天儀，象其法也。

十二辰：起于甲寅，支干相配爲十二辰，六甲而天道周矣。

十六會：會者，數之交也。十六者，四象相因之數也。凡天地之變化，萬物之感應，古今之因革損益，皆不出乎十六。十六而天地之道畢矣。

三千六百年：去堯之世三千五百餘歲，而差四十餘度。至景定甲子冬至之日，已在斗初漸入東陸。後此三千六百年，已在東陸。又三千六百年，過東陸之中。又三千六百餘年冬至之日，遂行南陸。則冬長夏短，幾相貿易造化，不幾于變乎？曰：「非然也。」

元會運世：蔡西山曰：「元會運世、歲月日辰，八者之數，皆天地自然，非假智營力索。而天地之運，日月之行，氣朔之盈虚，五星之伏見，朓朒屈伸，交食淺深之數，莫不由此。」

皇帝王伯《易》、《書》、《詩》、《春秋》：聖人之四府者，《易》、《書》、《詩》、《春秋》之謂也。《易》爲生民之府，《書》爲長民之府，《詩》爲收民之府，《春秋》爲藏民之府。皇、帝、王、伯者，《易》之體也。虞、夏、商、周者，《書》之體也。文、武、周、召者，《詩》之體也。秦、晉、齊、楚者，《春秋》之體也。意、言、象、數者，《易》之用也。仁、義、禮、智者，《書》之用也。性、情、形、體者，《詩》之用也。聖、賢、才、術者，《春秋》之用也。

玄酒：《禮書》：「太羮玄酒，所以防其淫侈，救其彫敝。」

稻粱之飯：《記·内則》：「飯、黍、稷、稻、粱、白黍、黄粱、稰、穛。」

人君其尊如天（臣道類順題發明式）

王錫爵（墨）

明於天下之大分者，斯可以成天下之大忠矣。（破。冠冕。）夫君尊臣卑，天下之大分也。（承。説明大分大忠。）臣而不欺其君，天下之大忠也。忠以維分，故其分益嚴。君臣相與之情，亦可以通於分之外，而交孚於間。此言之所以易入，而道之所以易行也。君子之視君也，如視天而已矣。其事之也，亦事之以事天之道而已矣。（扼要處在此。）（眉批：「事天」是一篇眼目。）天之尊無對，則君之尊亦無對。天不可欺，則吾之事君亦不可欺。何也？其分則然也。君子明於其分，則不得不思以盡乎其分。思以盡乎其分，則不得不求乎此心之誠，以爲感動之地。故其恭敬之念，懇切之情，每預嚴於人所不及見之際。而至於隨事納忠，則必本其素所自誓者，委曲而道之，從容而牖之。要使吾心一念之敬無不可知之於天，無不可言之於人，而後尊君之誼篤，斯之謂盡忠，斯之謂明分。忠固所以維乎其分者也。（眉批：氣勢充沛。）知乎此，而和靖之言，可以觀其深矣。（入題。）其曰「人君其尊如天」，蓋言分也。（小講。）繼之曰「不可不盡誠敬」，蓋言忠也。夫古之人言天必言君，言君必配之天。非強合也，誠有見於分之所在，一定而不可易，蓋真以事天之道望天下之爲臣者也。後世之臣，乃或以獻納爲彌文，以登對爲故事。入而告其君，出而忘之矣。（眉批：庸臣肺肝如見。）朝而效諸庭，夕而棄之矣。及其言之而不入，則曰：「非我也，君之不我用也。」其或幸而得入，則又曰：「非君也，我之善進言也。」嗚呼！其將誰欺乎？若是者亦未明於天下之大分耳。不觀之天乎？（此段説天。）日月以臨之，而天下莫敢不仰。雷霆以震之，而天下莫敢不畏。風雨霜雪以鼓動之，肅殺之，而天下莫敢不承。（布宣天象，何等森嚴！）四時五行以運旋之，摩盪之，而天下莫之能違。無聲無臭以主宰之，涵育之，而天下莫之能測。如此乎天之尊也，如此乎天之不可欺也。匹夫孺子，莫不知有天之尊。有所欲，則祈祝之。有所苦，則籲呼之。（此下正講人君之尊如天。）此其所以事天者，皆出之此心之誠。而至於人君之尊，乃或事之以面，而不事之以心。動之以言，而不動之以誠。此不亦大惑矣哉！盍亦反而思之人君履天之位，而奉天之職？其尊即天也。（眉批：明白正大，盛世之文如此！）以聰明照四方，非即天之日月乎？（句句應上。）以剛健制六合，非即天之雷霆乎？執慶賞刑罰之權，非即天之風雨霜雪乎？摠百司庶府之事，非即天之五行四時乎？高拱穆清而六服奔走，非即天之無聲無臭而握玄機於沖穆者乎？今夫受命於長者，雖折枝之微，猶不敢輕視，而况至尊如君者，其當敬何如也？（此段説至尊如君便是當敬。）受命於君者，雖米鹽之賤，猶不可以易承，而况職在論思者。則君德視之以隆污，生民視之以休戚，其當敬又何如也？君子於此，亦可以惕然省矣。是故君與天一體也，事君與事天一道也。莫尊於天，則處乎天之下者，皆當奉之於君而後可以靈承而無愧，可以奉若而不違。（眉批：結構争奇。）莫尊如君，則位乎君之下者，皆當敬之如天，而後可以成一體之孚，可以濟交修之美。世未有能敬天而不能格天，則亦未有能敬君而不能感君者也。信而見疑，忠而受戮，盖有之矣。而要非大無道之世，則不至是也。（眉批：轉旋如風過水。）所貴乎事君者，亦惟緣其不可逃之分，以盡其不容僞之誠。（此下把人臣事君件件發透，毫無剩意。）使下之情，常得以上通；上之情，常得以下達。仰不負於君，俯不愧于心，而相須之殷者，庶不病於相遇之疎矣。是故沐浴而朝，昭其虔也。齋宿而言，盡其慎也。非堯舜之道不敢陳，盟其心也。君能之而我不能，不敢言焉。我能之而君不能，不敢言焉。量其進也，上荅之不敢以疑，上不荅不敢以諂。貞其守也，（眉批：句法從古文淘洗出來。）忠懇之念，存於未言之先。而欽翼之忱，形於既言之際。彼君子者，何其委曲敬慎之若是耶！其心以爲君至尊也，吾至卑也，君至尊而承之以至卑，苟有一念之慢，則褻天；有一毫之僞，則欺天。欺且褻焉，而其得罪於天也大矣。（挽轉大分。）是故視君如視天，而移其敬天之心以敬君，分定故也。由是而明王道，述禮樂，出吾之誠，以是奏之，而運筭合主意矣。由是而繩王愆，補衮闕，出吾之誠，以匡弼之，而忠言無逆耳之聽矣。（眉批：儼然忠臣告君之象。）由是而都俞吁咈之無間，明良喜起之相孚。出吾之誠，以感通之，而上下交矣，德業成矣，尊卑各得其所，而天下泰矣。要之心一於誠，則雖苦鯁之言，批鱗之諫，而主雖昏必悟，雖暴必容矣，况虛己者乎？苟誠之不至，則雖願治之主，好賢之君，不以爲衒直，則以爲沽名矣，况逆忠者乎？是故唐虞之世，君有言而臣咈之不以爲抗，臣有言而君拜之不以爲屈。何則？下之情素孚於君，故雖有所辨難以争是非，而其事君如天者自若也。上之情素孚於臣，故雖有所少貶以廣忠益，而其尊如天者，亦自若也。（此段説人臣不能敬君，其與事君如天之義未講。）迨德下衰，高卑之分不明，而忠敬之心不篤。至於范史所載，露布德音，班檄三公，危言激論，終無補於國事。而一言不合，則悻悻以去。一説不行，則憤憤以死。（眉批：無一筆落寒酸氣。）嗚呼！此豈獨聽言者之過哉！彼其進説於君者，忠信誠慤之心，或有所未至。而事君如天之義，或有所未講也。其岩而仕庸主，以直諫爲愛君，以牽裾爲得禮。而杜欽、谷永之徒，直攻成帝，以躐取忠直之名，又惡有所謂積誠以感動之哉？（又還題面二句。）然則賢如和靖，其真可謂百世事君之法矣。（論束就臣又説到君身上。）雖然，積誠以進言者存乎臣，而所以愛之者存乎君。故古之帝王，每朝日夕月，必與三公九卿，祖識地德，糾虔天刑，宣序民事。（眉批：較題意出一層，更見老識。）而居論思之地者，與之握手入臥內，同起居飲食。至於一介之小民，亦得至於外朝以盡其情。此義理之所以日益明，善言之所以日益進，而人君之所以日益尊也。古之人不云乎：「天道下濟而光明。」又曰：「居高而聽卑。」此天道也，亦君道也。

此論大意，説臣卑如地，君尊如天。人臣須當委曲敬慎，以明上下之分。不可有一毫欺僞，留于胸臆之間。是作窺破大旨，雍容博大，不爲尋幽摘險之語，而忠愛宛然。

［釋］

獻納：晉潘岳：「愧無獻納，尸素以甚。」

百司：端扆朝四岳，無爲任百司。

補衮闕：《烝民》之詩：「衮職有闕〔五九〕，維仲山甫補之。」

君有言而臣咈之：唐虞之際，都俞吁咈。

露布德音：《後〔六〇〕·李雲傳》：「憂國將危，乃露布上書，移副。」〔六一〕

牽裾：魏文帝欲徙冀州十萬户，辛毗諫。帝不答而起。毗隨而牽其裾。

谷永、杜欽之徒直攻成帝：谷永知王鳳柄用，陰欲自託，乃曰：「方今四夷賓服，皆爲臣妾。骨肉大臣有申伯之忠。無重合、安陽、博陸之亂。切恐陛下舍昭昭之白過。聽掩昧之瞽説。重失天心，不可之大者也。陛下誠宜深察愚言。解偏駁之愛。平天覆之施，使列妾得人人更進。則繼嗣蕃滋，災異訖息矣！」杜欽亦倣此意。上皆以其書示後宮，擢永爲光禄大夫。〔六二〕

一歲寒暑之候（敬天）

黄道周

盈虚之數，不可以稽日。（破題總攝殆盡。）升降之形，不可以測地。日之脩短，不倚於坤儀。地之升降，不徵於海勢。（眉批：識論斐亹。）觀候者所不可以不審也。

（承出寒暑。）寒暑往來，著之於天，而論議相差，豈不異哉！（説明來歷。）橫渠嘗言：「地有升降，日有脩短。陽上地下，中虛而景長。陽下地上，中盈而日促。脩短既分，寒暑以定。」嗚呼！此非橫渠之言而王充之言也〔六三〕，非王充之言而釋氏之言也。（以理推出數。）誦儒者蔽理，專門者蔽數。是以虛盈之説，自戾其辨。凝結之形，自漏其説。（眉批：文法頓挫。）占緯之家，往往非之。夫以平子之儁明，道安之確據，猶未足以窮脩短之常，浮沉之故也，況於動静殊形，喘息乖義，因四遊〔六四〕之迂談而襲乘舟之謬旨哉！黄瑞節曰：「晝夜脩短，因天體之高低。潮汐往來，因月行之進退。」大〔六五〕地升降，殊爲不然。以愚所見，天體月行，亦何必皆然也？凡人所見，求其一是。律家考晷，以定二陸。望極遠近，以分涼燠。景短而日長以爲暑，景長而日短以爲寒，此以爲占候之至晝而二氣之確算也。（此就天文轉出地理。）然而渾儀斜倚，則日道多南。踰中道於地中，移冬行於南岸，則北土鮮有晞陽，嵩陰永無日道。何以居延之取照，不異於東崖；鐵勒之爛脾〔六六〕，更炎於南土？是則九十一〔六七〕度，未當員顱之中。而三十二餘，未迫垂地之極也。且以樹表中道，縣垂則影收，平晛則晷縱，由其影之有邪正，非缘體之爲高卑。（眉批：孰謂天不可繪？）故地下之深，埒於天上。而衺正之維，均於地中。如必井鬼之分，去地最卑，則地中之度倍浮。牽牛之至，去地最卑，則地中之度倍浚。折而勾之，天體正方，是則暑極於寅戌。原徑道於圍三，寒極於辰申，非衰殺而割一，此夫去極度晷之，不足以定序也。然而升降之説，程於修短。耳目可辨，詞説可推。盈虛之數，不及天地，槩可見焉。由斯而談，歲維主日，水則比地。**（此下就易道惟出天地運行度數。）**二兩潛施，九六各濟。《復》濟而陽漸升，《姤》濟而日漸降。升降之平，皆在卯酉。**（田批：確然不易，非僅以博奥見長。）**衡地之分，約百八十二。升高則視北，升下則視南。人之所謂高卑，即天之所謂南北。高下之間，各一十二。故陽升而氣盈者，日行之高，則以爲修高而迫下，其影宜短，如懸火而視箸也。陽降而氣虛者，日行之下，則以爲短卑而逼下，其影宜長，如爇火而視倚也。天下之移一度，則臨地之差九十。卯酉之間，影殊南北，故其所也。天地之數，以日而從星，以水而從月。日歲也，星辰也，月節代水候也。天生水而寄於地，地使比於月。地生辰而寄於天，天使舍[六八]於日。日率數者，而天地不與者[六九]。天以無形爲寒暑之父，地以不動爲寒暑之母也。**（眉批：天地之理俱從指尖逼出，非胸中十日並行，不能有此！）**日引氣以出於地，日之氣晝夜一周，三百六十五。水之氣晝夜一周，三百五十二。天以日和地之星，地以水和天之月，非從也，其乘氣以爲度者，一也。日從一而差星，故寒暑之分辨。水從常而北朔，故弦望之期見。日司寒暑，月司弦望。寒暑差星，弦望差潮。星得氣而益旋，故河漢之横，夕南而朝北。水得氣而轂轉，故大地之凖，氣至而潮行。盖旋之星〔七〇〕過北極之外，轂轉之氣平九道之中，故知極海之南有星，而蒸氣之環爲水。運行之義可推，而凉燠之期非日不具也。（此處反言以結上意。）夫不知天之無形，地之至静，日之因候，水之乘氣，而以測乎寒暑者，彼不過恒星潮汐之形誤之耳。（此處把天下事總鎖，一切錯綜變化，令人莫可端倪。）天下之事，不知形不可以言理，不知情不可以言機，不知象不可以言氣，不知數不可以言叙。日出而辨形，絶國異域無殊指者。影見而辨情，遠近高卑無殊器者。類窮而辨象，隱顯疏通無殊致者。度設而程數，進退升沉無殊義者。見日而問斗，可以知形；見火而問照，可以知情；見儀而問機，可以知象；見磨而問蟻，可以知數。（眉批：窮數以見理，可補《天官書》所未是。）故陸有凉燠而形見也，晷有高下而情見也，道有激旋而象見也，潮有止齊而數見也。天地之分，各九十有一。四正之衡，潮及於日月。八交之臨，潮平〔七一〕於東西。日遲過十有三，氣平地而潮出者，猶水之東沸而西注也。踰九十有一，氣遠地而潮平者，猶雲之蒸遠而濕乾也。（眉批：妙喻！）夫不揣潮之升氣以爲度，而浮揣其應月，謬承於喘息，此於寒暑之義，豈有鍼芒之因哉！（此就潮見出寒暑之候。）故知日乘氣以爲寒暑，而地之温凉應之。水乘氣以爲潮汐，而天之晦朔應之。四海之潮，八節各異，故秋冬晝夜，魚龍互易，大小之差，寒暑變焉。以晦朔而司寒暑，猶以常儀而司日，非其類也。盈虚之類，定於陰陽。日星皆陽故恆盈，水月皆陰故恆虚，日星氣衰以爲寒，水月氣盛以爲盈。〔七二〕水之盛衰在一月，日之盛衰在一歲。（此又説盡一歲自然之理。）一月之盛衰見於辰，一歲之盛衰見於日。日有升降，因陽之盛衰。以天之高下，較地之浮沉，是非相别，豈有差哉？是以史氏知日之有南北，不知日之有高下；黄氏知日之有高下，不知天之無高卑；余氏知潮之不因於地，而不知潮之不因於月；盧氏知潮之不因於月，而不知潮之不因於日也。（實實將史、黄、余、盧四人來證驗。）不疑於潮汐，而後可以論升降。不疑於升降，而後可以論寒暑。（眉批：採天地於毫端。）倏短者數也，盈虚者氣也。倏短出地而成形，盈虚體天而無象。以陽上地下而得虚，地上陽下而得盈。此倣於《離》、《坎》之象，而昧於《乾》、《坤》之旨也。（一部《易經》幾于包括無遺。）《離》虚而《坎》盈，《乾》盈而《坤》虚。盈虚畸行〔七三〕，則子母不得。陰陽離〔七四〕動，則化成不生。嗚呼！人之所見，各尊其後〔七五〕。渾儀著，而斥蓋天。考極呈，而陋測地。肇論伸，而舟喻絶。海圖作，而肇論息。雖有取於一得，皆無當於自然。夫在天成形，出地爲象，顯在耳目，而曹〔七六〕議閧然。况於測分絫黍，吹候纊〔七七〕息。聽出地之微灰，稽在天之積宿。而能視於昭昭，辨於察察者哉！

此論大意，説寒暑往來，乃一歲升降之氣數。觀天者，不可不審其候也。通篇説周天度數，博極羣書，而出以靈悟，遂可以量天地之分寸。

〔釋〕

平子儁明：衛玠談道，平子絶倒。

道安：彌天釋道安。

四遊：《博物志》：「地有四遊，冬至地上北而西三萬里，夏至地下南而東三萬里。春秋二分其中矣。」

潮汐：水名，出陽城。早曰「潮」，夕曰「汐」。《抱朴子》：「月之精生水，是以月盛則海潮。」〔七八〕《海嶠志》：「水隨月盈虧。」《高麗圖經》：「潮汐往來，爲天地至信。」

二陸：夏南陸，冬北陸。

渾儀：高陽氏造渾儀，宋錢樂又鑄銅作渾天儀，衡長八尺，孔徑一寸，璣徑八天，圓周二丈五尺。彊轉而望之，以知日月星辰之所在，即璿璣王衡之遺法。

鐵勒：北狄種類。

三十二餘：率三十二月而置一閏。

《復》濟而陽漸升，《姤》濟而日漸降：自《震》四，一陽之復爲冬至，歷《離》三、《兑》二之交爲卯中，則由一陽、二陽、三陽、四陽、五陽至六陽爲《乾》一之乾而《姤》生。自《巽》五，一陰之《姤》爲夏至，歷《坎》六、《艮》七之交爲酉中，則由一陰、二陰、三陰、四陰、五陰至六陰爲《坤》八之坤而復生。此天運循環之序也。

高下之間各一十二：日月會于十二次而右轉，聖人制六吕以象之。斗柄運于十二辰而左旋，聖人制六律以象之。故陽律左旋以合陰，陰律右轉以合陽，而天地四方陰陽之聲具焉。

斥蓋天：黄帝命容成作蓋天。

絫黍：王杉以絫黍，求聲氣之中。

吹候：吹以攷聲，列以候氣，皆以聲之清濁、氣之先後求黄鍾者也。

人主當使知四方艱難

馮琦（程）

善謀國者，必慎君心之所由起。（破，就人臣謀國説起。）君心起於心，而成於畏。一念畏，爲興資；一念侈，爲敗資。（眉批：「侈」字是一篇之骨。）非一念足爲興敗，而極此一念，則興敗分焉。吾畏其卒，故怖其始。不見〔七九〕其未形，析其將萌。待其敗而後救，駭而後圖，則已晚矣。是故態臣獻諛于已安，而直臣弼違於既過，智臣識機[八〇]於將動，蓋臣籌策於未兆。君志欲定於此，又不欲移於彼；（應轉破上。）禍機不欲發於彼，又不欲伏於此，夫是之謂謀國之臣。宋至真宗時稱極盛已，景德數十年間，内帑充陳，閭閻富厚。即郡國舉災傷，亦歲時常例耳。（入題。）李文靖爲相，輒聞而輒奏之。[八一]及語王文正曰：「人主當使知四方艱難。」蓋至祥符、天禧之間，然後嘆文靖之見遠也。（眉批：入題有頭緒。）夫人主生深宫之中，不離茵旃之上，成業襲于累世，威令行[八二]於四方，未嘗知憂，未嘗知勞，未嘗知危，未嘗知懼。（正講。人主在深宫之中，不知四方艱難。）又況六合爲家，羽檄不馳，桴鼓不鳴，桑麻徧野，露積充溢。内快心於勢之足自給，而外騁志於時之無可憚。彼其視天下國家，曾何足爲我難者？（此下説侈之害。）其無乃寬然而有侈心。一有侈心，而天下弊端，從此起矣。語曰：「侈，惡之大也。」夫侈於事，其患小；侈於心，其害大。何者？事有萬[八三]，而心未有極也。（眉批：一語指破。）譬之水然，惟所道[八四]之。則有侈於欲，侈於遊，侈於居，侈於功，侈於福澤利益。於是乎長袂利屣進，騕褭纖離御。栢梁、建章之役興，大宛、月支之使者出，鄜畤雍祠建，蓬萊五城、三神山之屬，庶幾遇焉。始不過幾微方寸，而後乃舉環海内外，以奉此方寸之侈心而不足。人主惟無侈，四方亦相與則而象之。天子傳之左右，左右傳之藩鎮，藩鎮傳之州牧，州牧傳之鄉吏，然後及民。（眉批：寔見其然，恣筆出之。）民欲弘侈，衆費繁興。逐末商賈，矜子母，耀鄉里。閭左少年，負才使氣，任俠兼并，奔走富厚。窮鄉細民，亦且智盡能索，慕所不如，始以天下奉人主之侈心。既且以天下奉天下侈心而益不足，天下之勢，至於不足，而國費又不可卒省，則不能無重斂，重斂不能無重法，重法不能無重怨。（眉批：如置身漢靈、唐德之時。）天下有此三重者，國必大傷。夫安知吾一念之極，使四方人至此也！人非顓愚，誰肯以四海之大、累世之集〔八五〕以狥此方寸之侈心？彼固寔不知耳。夫其端居高拱，處深稱聖，人主固然，其無足怪。（此下就人主責望人臣。）朝廷置公卿輔弼之臣，亦惟是朝夕獻善敗于王所，豈其矯太平虚名，爲一切奉行故事，彌縫顧忌，而不以上聞？且大臣而不使人主知四方艱難，天下更有誰能使知之者？天下葢有欲言而不能，能言而不敢，敢言而不得，得言而不欲。則陳閭閻疾苦，道田野情狀，吾既不敢望之小民，不敢望之小臣，不敢望之遠臣，又不敢望之嬖幸貴近臣。然則微大臣無責已！大臣者，既已任天下之責，則不能不憂勞天下。與其求之天下，則不如求之人主之一心。求之人主之一心，則莫若使之有所畏而無所侈。（應破上畏字。）使之有所畏，而無所侈，則莫若使之知難。所謂難者，曰王業艱難，國〔八六〕步艱難。而此兩者，則自四方之艱難始。（此下數斷正是知四方艱難處。）故牂羊在道，飛〔八七〕鴻在野，粟〔八八〕菽不充，蔬糲不給，吾必使之知其饑。被苫蓋，卧荊棘，裋褐不完，蒙犯霜露，吾必使之知其寒。褁糧坐甲，枕戈待旦，塹山堙谷，暴骨草澤，吾必使之知其勞。（眉批：歷點「知」字，眉宇分明。）奇請它比，鍛鍊周内，呼天搶地，斷肌割膚，吾必使之知其急。捐親戚，去墳墓，委道路，廢町疃，澤葵依井，荒葛冐塗，吾必使之知其離。揭竿裳，呼庚癸，伏潢池，依蕉蒲，作氣無聊，呌呼山澤，釋耒帶劍，走死地如鶩，吾必使之知其危。其視祥麟神雀，芝房蓂莢之瑞，直廐豢囿植，無足知于人主。惟是四方可驚可愕，可憫可涕之狀，是進是御，是臣〔八九〕是弼，此豈徒區區操此危慄，束縛人主，令人無所誰何者耶？天下所視治亂者，在人主一心耳。（說入人主之心更細。）以天下奉之，則不足，以天下檢制之，則有餘。夫一夫向隅，滿堂動色，安有天下阽危，而人主不動念者？亦安有念天下阽危，而晏然不爲所者？必且穆然深思，淵然遠覽，宵衣而起，當饋而嘆，則必不〔九〇〕斂四方之憂以爲樂，斂四方之勞以爲安，斂四方之咨嗟太息以爲豐亨豫大。（眉批：四方艱難，無微不徹。）太平無事，夫然後驕泰之心折，荒淫之樂絀，後宮不敢鬭妝而望嚬笑，酒池糟丘盡爲杯莽，秦隴之材不浮于江，張放、李明不在側，長平、冠軍之校不遣，新垣平、文成、五利之屬不進，以照臨百官，風示天下。天下亦相與則而象之，則朝廷無浮靡之闕，貴幸無僭擬之誅，守牧無貪黷之辟，閭閻無誅求之擾。禮義自生，刑政自清，甲兵自寧，溝洫自平，浮蕩自耕。如是而國不治，天下不安者，未之嘗有。（結住本題。）其效始於人主知四方艱難，而大臣能使知之也。昔真〔九一〕宗侈民物繁盛，（此下又引證一段。）吕文穆避席以都門外飢寒死者對，上默默爲色變。陳恕爲三司使，有詔趣具中外錢穀數。恕以爲天子富春秋，恐知府庫充寔，生侈心不進也。蓋老成深慮，類如此。王子明豈不亦稱賢相哉！猶且以爲細事，不足煩上聽。蓋至天禧之末，而始歎李文靖真聖人。彼真宗之侈，不在天禧，而在祥符之始。不在祥符，而在景德之末。景德之末，邪説已入君心，已侈大矣。不早先其未形，折其將萌。及侈德已成，欲進一言，不可得，則豈非相天下之烱戒哉！戒之則莫若使知四方艱難。（又收住一句。）（眉批：是何等局法！）雖然〔九二〕，四方何艱難之有？如君相者，乃稱艱難耳。（論東説四方非艱難，如君相者乃稱艱難。較本題更深入一層。）匹夫匹媍，得一金不知所措，彼其欲易足而求易給。即不然，亦安往不得貧賤者。

而君與相以天下爲家，天下一人有不得其所者，且蹙眄而冀幸焉。盖四方各以一人艱難爲艱難，而君與相以四方人艱難爲艱難，此其難易相去遠矣。《書》曰：「后克艱厥后，臣克艱厥臣。」君與臣，自知其艱難也，即四方亦何艱難之有？

此論大意，説人臣謀國，不可使君有侈心。四方饑寒勞急之狀，當一一盡知之。盖不以一人之艱難爲艱難，而以天下之艱難爲艱難，方是后艱厥后，臣艱厥臣。篇中盤旋曲折，如舞如織，如泛海航，不知爲天爲水，而線索自在。此極有法律文。

〔釋〕

長袂利屣：《史記》：趙女鄭姬設形容，楔〔九三〕鳴琴，揄長袖〔九四〕，躡利屣，目桃〔九五〕心招。

腰裹纖離：腰裹者，神馬也。《荀子》：「纖離騄耳，古之良馬也。」

栢梁建章：栢梁臺、建章宫，皆漢武帝所作。

大宛月支：西域國名。漢武帝時，張騫自西域還，請厚招諸國，斷匈奴右臂。帝深然之。于是遣使使西域諸國。

鄜畤雍祠：　秦穆公卜居汧渭之間，作鄜畤，祀上帝。至德公以犧三百牢祠鄜畤，卜居雍。其後漢文帝、武帝皆祀焉。

蓬萊五城三神山：　蓬萊，海中神仙仙人所居。上天有五城，皆白玉爲之，亦仙人所居。三神山、蓬萊及方丈、瀛洲也。漢武帝既已封泰山，而方士更言蓬萊諸仙若將可得。于是上欣然，庶幾遇之，復至海上望焉。

閭左：　《秦紀》：閭閻謂「富强爲右，貧弱爲左」。

裋褐：　裋音樹，童豎所着褐毛布衣。語出《貢禹傳》。

奇請他比：　《刑法志》：奇請，律法之外設奇而請以定其罪。他比，引他例以比之，附致其罪。

呼庚癸：　《左傳》：「吴申叔儀乞糧于公孫有山氏……對曰：『粱則無矣，粗則有之。若登首山而呼曰：庚癸子〔九六〕，則諾。』」庚，西方主穀。癸，北方主永〔九七〕。

祥麟神雀芝房蓂莢：　黄帝時，祥麟遊于苑囿。漢宣帝獲神雀，用以紀年。漢武帝時，芝草生于甘泉宫之齋室，作《芝房歌》。堯時有草生子于階，十五日以前生一葉，十五日以後落一葉。月小則一葉，枯而不落，名曰「蓂莢」，又曰「曆草」。

張放：　漢成帝幸臣，常與帝晏遊爲樂。

長平冠軍：　衛青以擊匈奴功封長平侯，霍去病以擊匈奴功封冠軍侯。

新垣平文成五利：　漢文帝時，方士新垣平以望氣見上，上惑之。貴平上大夫。武帝時，方士少翁以鬼神方見上，拜文成將軍。奕〔九八〕大言：「黄金可成，河決可塞，不死之藥可得，仙人可致。」拜五利將軍。而土木神仙、封禪諸事競起矣。

三司使：　鹽鐵使、度支、户部也。

歎李文靖真聖人：　王旦相真宗，王欽若輩以封禪諂帝，引用小人。旦欲諫，則業已同之；欲去，則上遇之厚。

追思李沆之先識，嘆曰：「李文靖真聖人也。」

仁者急親賢爲務

黄景昉（墨）

蓋聞仁者愛人。（破。劈頭就「仁者」起。）自古愛天下者，至堯舜而極。而必銖銖然求所以愛天下之端，堯舜無一焉。天東欹，地西折，堯舜不顧。草木天，龍蛇走，堯舜不顧。牙其毛，齒其血，巢其棲，窟其宅，堯舜不顧。而獨亟亟於屏不賢。（眉批：劈空而來。）（先説屏不賢。）即屏不賢，而共之周、兜之嚚、苗之窮竒、老崇伯之檮杌，震驚朕師，堯舜又不顧，而獨亟亟於親賢。（方説到親賢。）即親賢，（又就親賢推入一步。）而由之瓢、巢父之耳、樊仲父之牛石、户州伯之隱，與夫歌之童、謡之老，散佚於聳聳箕山、潺潺潁水之下，堯舜又不顧。嗟乎！此自古愛天下者（入題應轉破上。）所以至堯舜而極也。今試觀之天。天蒼蒼耳，漠漠耳，不動也，（正講。借天之日月、風雨、霜露、雷霆譬喻。）而暄之以日月，潤之以風雨，沐之以霜露，震之以雷霆。夫日月、風雨、霜露、雷霆，豈能有加於天哉？而詳天之意，則若慇慇焉，以此數物爲賢而逼爲之親。（説天亦若親賢。議論新異！）而此數物者，亦若嚙嚙焉，德天之親而爲之，各盡其賢。（眉批：意精語細。）然則天亦親賢矣，而況仁君乎？（說入仁君。）（此下正說仁君。）仁君者，非能代父煦也，代母乳也，令天爲櫟陽雨也，錢樹生花也。非能如陽羨書生，河東姹女，而怪幻不可幾。又非能如鷲嶺慈悲，竺國波羅而有割肉剔骨，捨生濟人之事也。優然游然，安坐於四目四聰之上。朝得一人焉，暮得一人焉。（此數段正是急親賢處。）知羽淵之戮餘賢，而分風爲二，劈流爲雨矣。知平林之鬼子賢，而禾甲三莖，麥穗兩岐矣。知女娀之燕卵賢而兒不三歲，言婦不十五月孕矣。知司火之大高賢而澤若焦、獸若僵矣。知漁河之濵有喑啞之大聖賢，而其君曰「宥之」三，其臣曰「殺之」三矣。（眉批：入五臣，法奇筆古。）此豈仁者獨愛一人，（就仁者跌一句。）不愛千萬人哉？（然後轉出「務」字。）假輿馬者，無足而馳千里；乘舟者，不勞而絶江河。琴不鳴，而二十五絃各以其聲傳；軾不運，而三十六輻各以其軸旋，務固然也。（眉批：通篇只以逆法取勢。）（項〔九九〕「務」字說。）故得其務者，毋先風吹，毋先雷毁，毋代馬走，毋代鳥飛。委濡於前，若有處女子之色。而不然者，則是堯舜終日敝敝焉。釋其禹，其益，其稷契，其咎繇，而欲右鼃補地也，左右補天也，前攓草木也，後抉蛇龍也，朝走而解衣衣也，夕走而解食食也，東西南北走而四頑十六族，是生是殺也，則是天亦終日敝敝焉。（又應轉在天上。）釋其暄，其潤，其震，其沐，而爲頹風也，塊雨也，晝月也，日不夜也，五月霜也，十月雷也。（眉批：役使淮南，直可自我作古。）夫如是也，（論束。）雖目數千羊之羣，耳分八風之節，足蹀陽阿之舞，手會緑水之趍，智終天地，辨解連環，猶無益於治天下也。故孟氏起而爲之説曰：「仁者急親賢爲務。」（結出本題。）

此論大意，説仁者非獨愛一人，不愛千萬人，惟以急親賢爲務耳。中間以堯舜爲經，以天爲緯，旁引曲喻，段落分明。組織處，更自精深宏博。真奇才也！

〔釋〕

窮奇檮杌：少昊氏有不才子，毁信廢忠，崇飾惡言。天下之民謂之「窮奇」。顓頊氏有不才子，傲狠明德，以亂天常。天下之民謂之「檮杌」。

雷動，風散，雨潤，日暄：出《易·繫辭》。

箕山潁水：許由隱居洗耳之處。

陽羡書生，河東姹女：皆善幻者。

燕卵：燕，玄鳥也。帝嚳妃簡狄吞玄鳥之卵而生契。

殺之三宥之三：當堯之時，皐陶爲士，將殺人。皐陶曰「殺之」三，堯曰「宥之」三。

二十五絃：女媧氏時，娀陵制都良莞，以一天下之音。用五十絃之瑟于澤丘，以郊天侑神，聽之極悲，乃更爲二十五絃以抑其情，而樂乃和。

風吹雷毀：《淮南子》：「聖人不先風吹，不先雷毀，不得已而動，故無累。」

馬走鳥飛：《管子》：「君無代馬走，代鳥飛。」此言不奪能也。

處女子色：《莊子》：「綽約若處子。」

鼇補地石補天：《列子》：「天地亦物也，物有不足，故昔者女媧氏鍊五色石以補其闕，斷鼇足以立四極。」鼇即鼇足也。

前攓草木：五句《淮南子》。

四頑：《舜紀》：帝鴻氏有不才子，號曰「渾沌」，其二即窮竒、檮杌。縉雲氏有不才子，號曰「饕餮」。

頹風：暴風從上而下曰「頹」。《詩·小雅》：「惟風及頹。」

塊雨：《西京雜記》：「太平之世，風不鳴條，雨不破塊。」

晝月日不夜：《淮南子》：「月不知晝，日不知夜，日月爲明而不能兼也。」

耳分八風節：八風，八方之風也。東谷風，東南清明風，南凱風，西南涼風，西閶闔風，西北不周風，北廣漢風，東北融風。

足蹀陽阿舞：《邊讓傳》：「妙舞麗于陽阿。」陽阿，古曲名，又舞名。

手會緑水趍：緑水，舞曲。趍，中節也。

辨解連環：《戰國策》：「秦始皇遺齊襄王后玉連環，曰：『齊人多智，請解此環。』后引椎擊破之，謝秦使曰：『謹已解矣。』」

夫子賢於堯舜

梅之焕（程）

自古無不同之聖，而有不同之時。（論破。）惟爲可爲於不可爲之時，而聖爲重。夫時者天之所藉以爲，（論承。）亦人之所爲也。（眉批：以「時」字作領，識高而確。）天地將闢，必有人焉以開其先；天地將閉，必有人焉以禪其後。故謂人不能違時，而一聽其權於代謝寄移之運。此庸衆之所藉口，不爲聖人說也。聖人者，時之至也。（處且泛講聖人，尚未説出堯、舜、孔子。）以此心此理之同，遞衍于一泰一否之際。無論時可爲與不可爲，而無不引之爲己任。迨時愈艱則其力愈巨以全，其心愈危以苦。其愛天下萬世也，誠莫知其何心。而天下萬世之愛之也，亦復莫知其何心。此所謂夫子賢於堯舜者乎？（入題。）葢孟子言必稱堯舜，（起講頂堯舜開場。）然顧學乃在孔子。孔子則亟稱堯無名，舜不與云。無論憲章有在，即其精神自任，惟一文王。而文王之德，程子所稱如堯舜者耳。抑何以賢焉？説者曰：「語聖則不異，語事功則有異。」夫執中之訓，其加一毫則偏。精一之傳，加一毫則二且粗。此千聖所共由，集大成者所不能軼也。吾謂杏壇、洙泗之微言，《易》、《詩》、《書》、《禮》、《樂》、《春秋》之顯教，功在萬世者乎！俯而以爲今之仰而戴天者，（論腹。）（此下説堯舜賢於孔子，是逆法。）羲和之曆象也。匡直輔翼於前，流放誅殛履地者，伯禹之水土也。食稷之稼，明契之倫，而後爲人也。于後，而後不至不爲人也。（眉批：將搏故伏，一發而脱其距矣。）八元八愷，九官十二牧，非遜於三千七十；揖遜禪授，草芥敝屣，非歉于用舍行藏也。揆百事，布五教，脩五禮，和五器，制五刑，非署於删述垂憲始終條理也。以彼夢東周，志三代，如有用我，則亦闢堯天揭舜日已耳，而猥云賢且遠乎？嗚呼！（此下説孔子之不得爲唐虞者，時也。與堯舜比方一番。）極盛極衰之運，聖人之所乘也。即衰即盛之權，聖人之所操也。春秋之不爲唐虞者，時也。即春秋而爲唐虞者，天〔一〇〇〕子也。知春秋之唐虞而忘唐虞之唐虞者，天下萬世之見也。蓋由混沌以至唐虞，天地之一大闔闢也。（設喻。）猶夜之必旦，冬之必春也，所謂因可爲於可爲之時者也。由唐虞以至春秋，天地之又一大闔闢也。猶旦之復夜，春之復冬也，所謂創可爲于不可爲之時者也。（眉批：全篇大旨，數語括盡。）不睹夫治家者耶？（又設喻。）祖父際無事之日，拮据堂搆，以可垂可繼者昭示子孫。子若孫丁運中衰，望恩者睥睨，承指者倨侮。賊或在外，讎或在傍。用能勤愁悍禦以無隕厥家聲，而且光啓之，開擴之。竊以爲祖父賢乎？子孫賢乎？夫子之於堯舜，何以異此？（煞本題一句。）試跡當年行事，（此下説夫子當年行事，非有遜於堯舜，只是堯舜爲其易，夫子爲其難耳。）以還究其難易之數，褒善貶惡，命德詩[一〇一]罪之軌也。然堯舜以惟辟而威福，夫子以匹夫而衮鉞矣。擊磬問津，其咨儆予之衷也。（眉批：藻采雲飛，却無一筆墮俗艷。）然堯舜同室而方憂，夫子鄉隣而自救矣。兩觀夾谷兩階，四罪之武也。然堯舜乘乾而徐革，夫子揖[一〇二]事而卒辦矣。（眉批：此説孔子賢於堯舜，是順法。）金聲玉振，肅韶鳴球之禮樂也。然堯舜際二代而太和，夫子當獨居而元氣矣。退修歸裁巽位，倦勤之作止也。然堯舜以此道爲方終，夫子以此道爲方始矣。至于魯迹削，宋木伐，陳桬[一〇三]厄，向魋仇，武叔毁，東家譏，彼婦走，亂賊服，晏嬰子西沮，而卒之[一〇四]少泠其與易之心焉。夫子之爲，不綦難乎？夫子爲其難，故人賴有夫子之難，以無失堯舜之易。於是堯舜不得不遜賢于夫子，而夫子不得不（顧母。）賢於堯舜。試觀八卦畫於伏羲而文王演之，然今之用者，《周易》也，則謂文王賢於伏羲可也。夫子獨稱顧[一〇五]淵爲好學，蓋終日如愚耳。而今之師者，曾、思之書也，則謂曾、思賢於顏子可也。廣此而談，則雖謂管仲賢于太公，武侯賢於子房，梁公、鄴侯賢于房、杜、姚、宋，亦可也。（眉批：不罵。）何也？（有関鎖。）周可爲而齊不可爲，漢高可爲而後主不可爲，貞觀、開元猶可爲，而嗣聖、興化〔一〇六〕不可爲。彼其爲可爲于不可爲之時，（顧母。）有不白之心而無不竭之力，無可濟之勢而有必濟之勇，卒之庇社稷而光天壤者，是人也，聖人之徒也。大抵聖賢豪傑之生，往往多在於屯難之會，人皆以爲天之有意于厄之，不知天亦不能自逃于厄運。而正以其不能逃者，轉而託之所篤生之人以補綴。（眉批：快心！）故凡以時爲而不能爲時者，意天之精神不屬焉。惟孟子深承孔脈，其時愈非，其辨愈力。曾不以淫詞邪説，寔繁有徒，而委於獨力之難勝，卒使堯舜以來相傳之意，不至榛蕪無餘者，皆其所留也。故松栢非不秀于春華也，而在剥窮之侯〔一〇七〕者，更覺改觀。揮戈而晚〔一〇八〕夕照之暉，則視揭中天之日者，彌彰景耀。夫子賢於堯舜，意在斯乎？（眉批：段段得顾毋法。）（結出本題。）不然，堯舜事業，不過太虚之浮雲。洙泗纂修，又特性道之糟粕。掘地得泉，而曰水専在是，豈理也哉？夫唐虞亘古一見，而爲春秋者比比也。屯而經綸，蠱〔一〇九〕而振育，否而休吉，剥而順止，亦爲之耳。善乎魏徵之告于唐宗者曰：「若謂時不可爲，如江河之日下，則自堯舜以至今日，當漸化爲鬼魅，尚可得而治之哉？」嗚呼！此真識時者也。

此論大意，總以「時」字爲主。説堯舜在唐虞，因可爲于可爲之時。孔子在春秋，創可爲于不可爲之時。故孔子之聖，非有遜于堯舜也，時爲之也。通篇擒定此意，高論雄才，種種出人意表。

〔釋〕

五教：《書經》：「敬敷五教在寬。」

五刑：《書》：「天討有罪，五刑五用哉！」謂墨、劓、剕、宫、大辟也。

五禮：謂吉、凶、軍、兵、嘉也。《書》：「天秩有禮，自我五禮有庸哉！」

兩觀：孔子由大司寇攝朝政，七日而誅少正卯于兩觀之下。

郲谷：孔子會齊人于郲谷，一言而却萊兵三千。

巽位倦勤：《堯典》：「朕在位七十載，有〔一一〇〕能庸命，巽朕位？」《舜典》：「朕宅位三十有三載，耄期倦于勤。汝惟不怠，揔朕師。」

寔繁有徒：《書》：「簡賢附勢，寔繁有徒。」

揮戈：魯陽侯將戰，日西沉而揮戈，日爲之迴光。

表部

表訣目次

表腰
表尾

○表（屬二場）

表以用意忠厚、造語和平、音響鏗鏘、引用切實四者爲本。近時尚古體者，不拘聲韻，只虛實相對，亦每每上第。而温醇之表，必拘聲韻。若引用故事，不論切實，只以富麗爲工，恐乖正則。翰林名表，于引用處有一二精實對聯，即用活聯幹運下去，並不勉强牽扯。或詳或畧，又在隨題制宜，不可拘定。至于造語，徒欲務華炫彩，好使奇異之字，反令真味索然，尤爲可厭。（眉批：切戒。）須如文義一般，只平順正大，自有華彩。況對君之言，惟取温厚和平，可傷于叫號哉？故入翰林知制誥者，非和平不可。若夫用意忠厚，則表之大關節也。蓋表雖比體，實寫臣子之情。凡自破以及祝聖處，皆寓有仁愛之意。此表之上，如惟只對待，亦一技耳，何足對君？（眉批：蓋名士無虛言，安爐煉汞符，需火候耳。）故破承氣象貴壯麗渾成，即此寓對揚吾君之意；援証抑揚貴渾然不露圭角，即此寓匡辟〔一二〕吾君之意。頌聖處當據善政作頌，不可徒誇耀尊榮；自敘處當就本題自勉，不可徒卑諂求容。但入題所在，最宜善體君心，或賀、或謝、或進，不必同，同于歸德于君，而幹運圓融，斯已矣。主司每于此處看人體認。此處忽畧，先後縱戛玉鏗金，有何裨益？若乃祝聖，必寓責難之意，（**旁批：子輿氏敬王微意。**）方是臣子不得已之情，豈可徒願其集福無疆而已哉？

四六盛于六朝，然皆風煙月露之詞，于政事、禮樂、典章、文物之體未備也。自唐開元十二載詔以詩賦取士，而後八韻律賦盛行，煆煉研窮，聲律始細。然當時作者，如陸贄、裴度、吕温輩，猶未能工。至晚唐薛逢、吴融等出于場屋，頗臻妙境。及宋嘉祐、治平間，相傳四百餘年，師友淵源，講貫磨礲，口傳心授。以駢麗之詞，敘心曲之事，寓行雲流水之態于抽黄對白之中，而四六始稱絶唱矣。今之作者，須將《宋監》中所載諸表，從頭一閱；而于王介甫、蘇軾諸公表，尤宜盡心，庶有古人渾厚氣象而不至于淺薄也。

漢表無四六。自唐而後，其體始定。故場中之表，惟出唐宋。然唐宋表俱用四六，而體亦不同：唐人聲律極精，對偶極切，如奇珍雜寶輳合；宋人以聲律之文爲敘事之體，明暢過于唐人，而典麗不及也。既曰擬唐擬宋，則亦當論其世而各肖之，斯爲合格。（**眉批：作家名言。**）否則便非作家矣。

潛修〔一一二〕曰：四六句，須用蜂腰、鶴膝法承遞，始得體。

懷易〔一一三〕云：諫而無驕，頌而無諂，作表法也。

表有聲有律，平仄相間，宫商迭宣。朗然可誦者，聲也；對偶精切，分毫不爽者，律也。

表以簡潔精緻新雅爲貴，用事不可深僻，造語不可險怪，鋪敘不可繁碎。〔一一四〕表與啓不同。啓猶可隨己創意，表須要有朝廷氣象，詞極華采而不卑弱，極豪縱而不怒張。雍容揖遜，冠冕珮玉的意思，乃爲本色。

表者，明也。表以敘之，使之明白通曉，得盡其忠也。（眉批：擬唐擬宋而並擬國朝者，多是此意。）起於劉安《諫伐閩越》、孔融之《荐禰衡》、諸葛之《出師》、李密之《陳情》。然皆用散文，獨唐尚駢驪，語工而意晦，故表條暢也。制舉表題，惟唐宋及皇明，而不及漢，以漢未有四六體也。

作表之法，大概宣上德、達下情而已。宣上德以尊君爲主，達下情以抑臣爲主。然其尊君也，必於頌美之中寓規諷意，而規諷之辭則又貴乎温〔一一五〕。知乎此〔一一六〕，而能稽之以事寔，証之以成説，發之以巧思，則無不善者。

對待之法有六：一曰正名對，天地、日月是也；二曰同類對，瓊琚、玉石是也；三曰連珠對，明明、赫赫是也；四曰借字對，伍相、千軍是也，「伍」是姓，「千」是數；五曰就句對，「一麾五部，餘十萬以臨民，白首丹心，歸彤庭而遇主」是也；（眉批：大段拘大得。）六曰不對之對，「自有生民以來，未如孔子〔一一七〕之盛」是也。

表之對偶駢四驪六，貴乎精當。如《神降萬歲山》題「恍若壺天，金成宮闕，浩如玉海，虹貫山川」是也。

作表須是胸中有物，方見他蘊蓄處。（眉批：亦必破工夫。）故燈窓之暇〔一一八〕，將可出之題，件件編類，一一搜覽，臨場亦少補云。

運靈曰：四六之外，須一對甚長，一對甚短。所忌者，氣脈斷而不續，詞語俚而不清耳。

作表平仄要調，如上對平而仄，則下對仄而平。一篇之內，音韻盡殊；兩句之中，輕重各别乃可。如其不爾，弊且有二：曰平頭，曰犯尾。平頭如「嵬嵬龍鳳之姿，明明天日之表」，兩句起頭便同韻耳。犯尾，如「剛健中正，居九重而凝命」，下句「命」字，犯上句「正」字耳。〔一一九〕

前表不用「之乎者也」字。今用之，反覺逸矣。

表斷句要有力。如柳子厚《謝官》，乃云：「戴巨鰲之山，未知恩重；泛大鯨之海，但覺魂摇。」凡此樣表，須有此樣句，方能動人。

表有體制不同〔一二〇〕，且如進玉牒表，便須純用玉牒事，勿以他事雜之。餘倣此。

表須要臺閣氣象，不可作山林體態。如「九重仙詔，休教丹鳳啣來；一片野心，已被白雲留住」。此等狂句，只可于隱士用之。若宰相表，宜端嚴；將帥表，宜奮揚；學士表，宜清麗矣。

大凡四六格，上句起，下句應，最要呼答有情。

〇諫表

諫表即疏章，而文之以四六耳，所以規君之過也。（眉批：可作台諫知己語。）過言則諫，過舉則諫，興作違時則諫，任用匪人則諫，好尚不端則諫，喜怒不中則諫。大要敷奏詳明，瞭瞭見其終始，如此利，如此不利，如此可，如此不可。不傷于激，不動于憤；敦厚其意，温潤其詞；可畏而不可拒，可愛而不可狎，則善諫矣。

○請表

人君當行不行，介在疑二之間者，吾修詞以請之可也。于是視學有請，經筵有請，臨御有請，册立有請，纂修有請。不敢以私意請，不敢以親故請，不敢以乞哀請，不敢以田宅請。（眉批：正大光明。）惟温厚其言，而意獨懇到，使皇上視之，有不容不中止之勢，斯稱善請。

○辭表

有所賜而懼不敢當，則辭；有所托而懼不能副，則辭；有所除授而懼不克勝，則辭。言則謙讓，意須真切。如禹辭百揆，讓在稷契也；伯辭典禮，讓在夔龍也。若不委曲其言，不謙冲其意，將辭非真辭矣。（眉批：諺云「假慈悲」是也。）

○進表

進者，人臣各以意進也。或進經史，或進圖書，或進詩賦，或上圖畫，或上箴言，或獻祥瑞。（眉批：是其規，亦是其□。）不以佞進，不以諂進，不以非禮進，不以聲色貨利進。皆所以養君心、清治本也。均之進也，其解題處宜詳，如書籍，則備敘其著作之由；祥瑞，則偏列其生成之實。必默寓規諷之意，令上人一見起敬可耳。

○謝表

有所感激故稱謝。謝幸御，謝官爵，謝金帛，謝宴享，謝頒降，謝珍味，謝衣服，皆感激君父殊恩而非僞也。夫忠心感則興，激則奮。恩踰望外，則敬從中起，非徒啣結思報而已。（眉批：無限深情。）最要默動人君以禮使臣意，然入題自叙處須詳之。

○賀表

凡天降祥、地獻瑞、四夷〔一二二〕賓、武功捷，皆人君盛德事也。表中歡誌之意雖多，尤必戒盈持滿，使皇上竦然動苞桑之計，始得。其頌聖宜詳，解題處宜畧。（眉批：賀則爲君，非自幸也，故解題畧。）又多有不用解題者，以不可及前朝衰颯事也。

○表破（「伏以」起句）

起語貴該括題意，即破題也。或四句，或六句。若八句便多矣。主司看表，全在此處。

表中眼目，全在破題二十字。故題中數字，破題須包盡。貴〔一二二〕冠冕雄壯，忌體骨太露。

《慶曆二年某月某日，具官臣韓琦臣范仲淹伏蒙聖恩命爲陝西安撫經畧招討使，謹奉表稱謝者》

伏以（眉批：表破式）紫臺謹邊臣，虎踞關山增百二。彤庭覆閫寄，鷹揚將幕耀三千。師中饒鼓暢天靈，域外騎鋒消虜魄。欣龍驤之寵擢，奮蹇駑以前驅。（此表起聯何等壯麗！）

○表承（「竊惟」、「慨自」起句）

敘古〔一二三〕，謂之冒頭，即承題也。喜簡潔，怕枯淡；喜豐贍，怕冗長。或十聯、十四聯止。前三代宜詳，後三代遞過。有起語下畧敘古，而接連敘事者，亦不妨，惟取切題耳。

《擬國子監奉旨校刊十三經注疏成進呈表》（萬曆二十二年）

臣等誠惶誠恐，稽首頓首！竊惟（眉批：表承式。）治本道而道本心，稽古所以正學，注什經而疏什注，繼往亦以開來。粤自鴻濛既分，述作漸備。説天莫辨乎《易》，道事惟本之《書》。《詩》可以觀，《記》陳經曲，《春秋》爲史外之要典，《公》《穀》參《左氏》之異同。《儀禮》、《周官》，洛鎬法度具載；《論語》、《孟子》，鄒魯斅學攸存。《孝經》乃萬世之常經，曾衍厥旨；《爾雅》備百物之博雅，商得其傳。上下數千百年，資藥石蓍蔡之實用；鋕次爲十三種，咸布帛菽粟之正宗。奈經烈燼之餘，几墜微線之緒。漢晋以降，儒碩代興。承師説而守耑門，握靈珠而誇拱璧。雖紛紜刺謬，未盡馴雅。而睹記見聞，足徵文獻。蓋因信以傳信，豈窮經而絶經？迨至宋代之集成，多本前修之緒論。鴻業潤色，可忘草創之勞？學海沿波，宜法源流之自。（此表解題處系進表，故詳之。）

○表項（「恭惟茲蓋伏遇」起句）○表腹（「乃於」起句）頌聖，即表項也。或四聯，或五聯，止于六聯，多則贅矣。有起語下先頌聖，後敘古者；有止頌聖敘事，不敘古者，體各不同。大凡頌聖處，惟貴切實。矜式云〔一二四〕：敘事謂之表腹，主司多于此觀才。喜敷腴，怕窘束，即十聯不爲多也。須句句切題方妙。亦有敘事在頌聖之前者，尤着不得一閒字。

《擬上視朝，暇召翰林儒臣講論書史，遂命禮部遣使購求天下遺書，廷臣賀表（永樂四年）》

茲蓋伏遇（眉批：表項式。）皇帝陛下（眉批：此處明寫「皇帝陛下」，以本朝故耳。若前朝，只用四圈。）勇由仁錫也，守與創並已。南國一戎，收社稷于金甌玉燭；幽州三拓，暢聲靈于桂海冰天。歸馬放牛，順治威嚴並奏；崇儒重道，大全性理兼修。乃當幾務之燕閒，薄採史書之芳潤。進金華之彦，矢口而談；發石室之微，輯顔而問。花磚日轉，恍步武于夔龍；綵殿風危，商斯文于左馬。聖明在念，述作関心。俯仰二百年，誰爲實録？上下百十種，未是全書。自非探深山窮谷之藏，何以佐玉檢金縢之秘？乃頒（眉批：表腰式。）巽命，下屬春卿。亦有文獻世家，豈無博雅君子？苔侵壁蝕，不妨繕治以會其全；亥豕魯魚，正可互參而求其是。少府司務農之常經，帛無惜給。友監司郡縣之賢良，宜需廉訪。芝編芸帙，無翼而俱飛；往行前言，按籍而可索。彙之東觀，共天球河璧以增輝；副在西崑，與杖火藜光而兢耀。（此表頌聖處，系稱賀，故語獨詳耳。）

〇表腰

陳志乃表之腰，只好四句，或六句，止于八句。不可多，多則腰重。（眉批：三不可忽，一不得。）不可抗，抗則誇張。不可卑，卑則貢諛。如王陶《自陳州移許州謝表》云：「有汲黯之直，未死淮陽之郊；無黄霸之才，願老潁川之守。」陳州乃淮陽郡，許州乃潁川郡，黄霸自潁川入爲三公，而我不敢願也。其用事的確如此。又范文正公《隨母冒姓朱後復姓表》云：「志在投秦，入境遂稱乎張録；名非伯越，乘舟偶效于陶朱。」此聯雖唐人舊語，亦范氏當家故事也，亦的確。

《擬上御右順門，召侍臣面議優恤守備二事，謝表（永樂元年）》

（眉批：表腰式。）臣等推食有懷，請纓無計。飢溺由己，恥每切於内溝；軍旅未聞，畫易窮于借箸。惟昧安攘之奇策，故貽焦勞于至尊。危明憂治之謂何？定保悦安之罔效。捧聖旨而踼蹐，負懼芻蕘。承顧問而對揚，敢辭葑菲？企伊謨于負鼎，抒益贊于九重。無事而豫有事之防，至安而切至危之慮。沛恩膏之浩蕩，四方之暵溢必陳；審陰雨以綢繆，萬里之烽烟蚤戒。築牆備盜，獻宋鄰父之愚忠；矯詔開倉，倣汲内史之大節。爲懸魚，爲猛虎，行當採訪以聞；或細柳，或棘門，會且條陳而上。用抒忱于一得，期集益于萬全。（此表自敘處。）

○表尾（「伏願」起句）

「伏願」以下，謂之表尾。多不過四聯，少不過三聯。惟攄忠愛之情，寓規諷之意，則善矣。

大都稱祝處，要有真實語。如進書，即竊本書之意乃佳。真德秀《進〈大學衍義〉

表》云：「止其所止，願益切止善之功；新以又新，祈愈增新民之化。」凡此皆不泛泛祝聖者。

《擬唐宰相李德裕進籌邊圖籙表（會昌三年）》

伏願（眉批：表尾式。）大振乾綱，永持坤紐。修意、修言、修文、修名、修德，齊居不廢圖書。異宜、異制、異和、異俗、異齊，政教必隨疆域。中國起聖明之頌，仁涵桂海冰天；三邊絶赤白之囊，威喻玉關銅柱。若來王，若來享，肆關王會之圖；日卜世，日卜年，遠邁蒼姬之籙。臣無任瞻天仰聖，激切屏營之至。謹奉以所撰籌邊圖籙，隨表上進以聞。（此表祝聖處。）（眉批：若無圖籙，則止曰「謹奉表上進以聞」耳。）

了凡知寶坻時，久荒，民皆逃竄，啓張撫台曰：「叨居一邑，大潦五年。屋有飢烏，野無宿草。閭閻悉竄，猶征無主之糧。田地盡荒，更急未耕之賦。敲朴徒由于下吏，絲毫無補於皇家。稱貸疲民，已下停徵之令；廣招佃言，僅成闢土之謀。但寛兩月之誅，便滿三農之望。倘至期而無成效，請褫職以謝監司。伏願俯遂私求，曲撓成法。但得少延于萬命，更何顧惜乎一官？」此以明白之詞，達微婉之意者。

元厚之云：「忠氣貫日，雖金石而爲開；讒波稽天，孰斧斤之敢闕。」上句「忠氣貫日」則與「金石而爲開」有情，可以相襯。下句「讒波稽天」，則與斧斤似無干涉矣。此四六之病也。

丁謂云：「補仲山之袞，雖曲盡于巧心，調傅說之羹，終□□□衆口。」〔一二五〕二句如出一線，此呼答之有情者。

表式目次

聖學
擬御製《聖學心法》書成，頒示侍臣，謝表（永樂七年）　萬曆壬辰會試程
聖政
擬宋置寬恤民力司遣官分路延訪，謝表（嘉祐五年）　萬曆辛卯順天程
御製
擬唐以御製金鏡頒示侍臣，謝表（貞觀元年）　萬曆甲戌會試程
皇儲
擬上御奉天門命侍臣輯古今以來嘉言善行爲書以授長子，謝表（永樂元年）　萬曆甲午浙江程

吏治

擬上因天下來朝，群縣官陛辭切，諭以百姓要在安養，謝表（洪武元年）

萬曆戊午江西程

官職

擬宋以范仲淹兼知延州，謝表（康定元年、慶歷三年）

萬曆丁酉陝西程

書史

擬進《十三經注疏》表（萬曆二十二年）

萬曆甲午廣西程

士學

擬宋賜禮部進士呂蒙正等及第，謝表（太平興國二年）

萬曆癸酉山東程

武備

擬上諭兵部援遼兵餉如期速發，所進地圖留覽，謝表（萬曆四十六年）

朱童蒙程

宴賞

擬宋仁宗同羣臣賞花釣魚賦詩，謝表

嘉靖戊午福建程

擬御製《聖學心法》書成，頒示侍臣，謝表（永樂七年）

萬曆壬辰會試程

永樂七年某月某日，恭遇上以皇太子正當進學之時，御製《聖學心法》一書賜之，特頒示。臣等謹具表稱謝者。伏以元良蚤建，九重壓根本之圖；（眉批：議論正大。）謨訓昭垂，萬世樹温文之範。寵頒青禁，副在黄扉。燕眙施及於雲來，雀躍彌深於侍從。臣等誠懽誠忭，稽首頓首。竊惟太子承宗祧之重，置諸安則安；君心爲化理之原，養以善則善。國惟長立，學貴少成。帝驟王馳，與韋布之呻佔自異；廟趨郊見，即襁抱而模範已端。蓋千載而長治安，惟三代能蚤諭教。湯風惁，禹典則，儀刑不乏於前編；春弦誦，冬詩書，規制益嚴於東序。觀橋示讓，齒胄崇謙。必非聖之語不觀，斯有道之長攸賴。欣逢昭代，茂闡芳規。大本堂開，覩丕基之雲構；文華鑑列，瞻寶訓之星回。既詒穀之有方，宜發祥之彌遠。恭惟皇帝陛下，運鍾《下武》，德懋重華。（眉批：露出雄才大略。）内難削平，冀北演大横之兆；外攘修舉，幕南空老上之庭。禮樂百年而將興，綱常萬古以爲重。宸御初臨於南面，册儀崇舉于東闈。念虎步龍行，可卜太平于異日；（眉批：意大而語更工秀。）而金追玉琢，宜培潛德於茲辰。見先聖於羹牆，時同授受；漱羣書之芳潤，躬事編摩。見聞悉助於耳提，采掇一綜之心法。自君臣以迨父子，靡不纂其要而鈎其玄；谿唐宋以溯黄虞，直欲因其言而見諸事。前作後述，思締造守成之並艱；却慮遠圖，惟晏安荒溺之當戒。故在人倫四端之内，特於君道一事爲詳。始學問而敬天法祖之兼修，終征討而理財禦夷之悉備。首尾二十九目，櫽括乎倫物身心；上下數千餘年，貫穿乎經傳子史。探驪龍於秋海，爛然萬寶之藏；（眉批：爛熳可觀。）錫蓍蔡於瑶山，允矣千秋之鏡。以教家之言而教國，窺聖學之傳心；資事父之理以事君，煥皇猷於指掌。學有就將，四三王而奚羨？道窮源委，十六字以俱垂。臣等幸忝羽翼之聯，夙仰珪璋之聞。面墻自愧，作礪何能？煌煌首覩夫雲章，亹亹復承乎天語。謂生知之聖必有學，惟理道之要在乎心。儻於執中建極之傳，果有篤信力行之實。則修齊平治，可坐運而無難。彼黄老申韓，當直擯而弗視。真詞嚴而義正，可傳後以式今。美哉明君慈父之閎謨！焯矣聖子神孫之世寶！伏願道從心契，教以身先。日至於寢門三，誨之孝，誨之讓，誨之忠，而不徒託之典籍；天下有達道五，行以仁，行以智，行以勇，而將以措諸治功。斯金甌鞏固，本支衍百世之長；

而玉燭光華，寰海賴一人之慶。臣等無任瞻天仰聖，激切屏營之至。謹奉表稱謝以聞。

破題首一聯，前半聯説皇子進學，後半聯説聖學心法。次聯説頒示臣隣，三聯則致謝意。原題處，頭一聯泛説太子皇上，二聯説當進學，三聯正原其當學意，四、五、六、七聯説三代古人之勤學。「欣逢」以下三聯説皇上御製《聖學心法》，教子有方。頌聖處説内外平寧，正宜演習聖學。「宸御」聯就皇上轉到册立太子。「虎步」一聯是贊其好處。以下二聯正是聖學心法，自「君臣以後」至「俱垂」八聯，是言父子作述相承，以成君德處。「臣等」以下則自叙以致謝也。

［釋］

青禁：長男《震》卦也，于位爲東，其色青，故太子稱青宫、青禁。

黄扉：扉門也。天子凡塗飾以丹，三公則以黄，示不敢抗也，故稱黄扉。

宗祧：《禮記》：「遠廟爲祧。」

齒胄崇謙：齒，與國之人以齒相讓也。胄，長也。

既詒穀之有方：穀，善也。《詩》：「君子有穀，詒子孫，于胥樂兮。」

宜發祥之彌遠：《詩》：「濬哲維商，長發其祥。」

運鍾《下武》：《下武》，《詩》篇名。美武王能纘三后之緒也。

金追玉琢：《詩》：「追琢其章，金玉其相。」

探驪龍于秋海：《莊子》：「千金之珠，必在九重之淵驪龍頷下，而河上有探得之者。」〔一二六〕

錫蓍蔡于瑶山：《山海經》：「西海之外有瑶山，其上有人，名太子長琴。顓頊生老童，老童生祝融，祝融生長琴。」〔一二七〕

雲章：《詩》：「倬彼雲漢，爲章于天。」

擬宋置寬恤民力司遣官分路延訪，謝表（嘉祐五年仁宗年號）

萬曆辛卯順天程

嘉祐五年某月某日，伏蒙詔旨，置寬恤民力司，遣臣等分路延訪，謹奉表稱謝者。伏以列署建官，布九重之寬大；臨軒遣使，分十道以咨詢。既弘損上益下之規，亦開公聽並觀之路。恩需率土，喜溢羣工。臣等誠惶誠恐，稽首頓首。竊惟禹甸三千，貢惟任土；（眉批：述往事但舉其良者，不數其劣者。蓋恐既述往朝之劣，又述今時之病，必致重冗。如此説去，意纔明白痛快是體。）商野九一，法本宜民。《周禮》垂弛力之文，《漢史》紀蠲租之詔。皆以與民休息，故能享國久長。繄我昭代之興隆，實邁前朝之仁愛。顧朝廷當豐亨豫大之際，國費滋煩；而天下有紛華侈靡之風，物力漸絀。自金繒之歲益，兼土木之煩興。撫字非才，催科無藝。法因人立，人去而法已復更；賦以事加，事止而賦猶未減。僞增虛額，巧避微文。水旱爲災，既委于天行之數；逃亡逋賦，又移之地著之民。夤緣多請寄之姦，輸納有導行之費。吏呼何怒，民困難蘇。冷風缺畎畆之耕，暑雨抱泥塗之嘆。南有箕而北有斗，念此蒼生；釜無糜而桁無襦，誰非赤子？破家折産，雖懷土以難安；搶地呼天，欲叩閽而無力。鴻鴈之劬勞如此，牛羊之芻牧謂何？比役法於張弓，蘇威知其難弛；譬民情以御馬，顔闔知其將疲。緬惟二朝休養之餘，正當四海昇平之日。即一草一木，亦自樂于化日光天；而匹婦匹夫，或相泣於窮簷蔀屋。何意泰寧之世，有失所之民。豈祖宗之法則然？宜聖明之心不忍。茲蓋伏遇○○○○，廓蓋容於天地，躬勤儉於邦家。罷左藏，月進二千緡，洗瓊林大盈之陋；發内帑，歲積三百萬，助金城紫塞之儲。謂西北之虜患方殷，顧東南之民力已竭。國無三年之蓄，士餽千里之糧。若非軫念民嵒，何以輯寧邦本？（眉批：斬截。）乃詔計部，特設專官。有制而寛，減差徭之煩重；無疆惟恤，咨稼穡之艱難。德音藹冬日之温，利事嚴秋毫之戒。蓋賜蠲給復，尚爲一時暫下之恩；而分局設官，遂成百世不刊之典。（眉批：抑揚轉摺，大有意歟。）猶恐立一切之法，難于奉行；不如詢四方之情，徐爲措置。必其謀於邑而謀于野，庶無病于國而病于民。分遣廷臣，延諮諸路。民亦勞止，堪嗟萇楚之謡；女往欽哉，期慰黍苗之望。臣等仰承帝簡，俯愧皇華。在君父尚爾焦勞，矧臣子敢辭奔走？王言在耳，如高天厚地之難宣；民瘼關心，恐窮谷深山之未達。（眉批：壯麗。）務求閭閻之疾苦，以副廊廟之疇咨。顧此星軺，暫違日馭。心有懷而靡及，忠在遠以不忘。欲定惟正之供，當釐不經之費。倘大内之制度未節，即三司之省約幾何？若以民力難堪，暫從寬假。旋因國用之不足，復有徵求。是爲暮四以朝三，豈曰用一而緩二？伏願永懷禹儉，益普堯仁。民未易安，先去民間之蠹；賦難盡減，姑停賦外之征。爲者疾而用者舒，講先聖生財之道；（眉批：儼然臺閣氣象。）施從厚而斂從薄，罷一時言利之臣。則有德自將有財，而足民亦可足國矣。臣等無任瞻天仰聖，激切屏營之至。謹奉表稱謝以聞。

破題首聯，前半聯言置寬恤民力司，後半聯言遣官分路延訪。次聯仍舊一句寬恤，一句延訪。末聯則致謝意。「金繒」、「上〔一二八〕木」以下六聯，述諸爲民病者。「吏呼」、

「民困」聯一句承上，一句起下。「冷風」、「暑雨」以下二聯，述民困。「鴻鴈」、「牛羊」聯，一句爲民訴，一句爲上責下，二句言今日之當爲處也。切題誦聖，「謂」字、「顧」字，是轉脚字眼。以下七聯言置寬恤民力司，猶恐不若。又是轉脚。以下四聯言遣官分路延訪。「臣等」以下六聯致謝意。惟正不經以後聯，則皆規也。謝少規多，于此題得體。

［釋］

禹甸三千：《禹貢》：「五百里甸服」，「五百里侯服」，「五百里綏服」，「五百里要服」，「五百里荒服」。共二千五百里。通云「三千禹服」者，舉成數也。

《周禮》垂弛力之文：《周禮・大司徒》：「以荒政十有二聚萬民……四曰弛役〔一二九〕。」

金繒之歲益：賈誼《疏》〔一三〇〕：「匈奴漫侮侵掠至不敬也，而漢歲致金絮采繒以奉之。」宋真宗景德元年，與契丹議和，歲予絹二十萬疋，銀十萬兩。至仁宗慶曆二年，歲加銀、絹各十萬。

移之地著之民：地著，謂見在地方之民，著于藉者也。

鴻鴈之劬勞如此：《詩》：「鴻鴈于飛，肅肅其羽。之子于征，劬勞于野。」

化日光天：《潛夫論》：「化國之日舒以長，故其民閒暇而有餘力。」《書〔一三一〕》：「光天之下，至於海隅蒼生」、「罔不率俾。」〔一三二〕

金城紫塞：金城，言城之堅如金鑄也。秦築長城用紫色土，故稱「紫塞」。

洛稼穡之艱難：《書》：「君子所其無逸，先知稼穡之艱難，乃逸。」

德音：《詩》：「佚佚〔一三三〕德音。」

擬唐以御製金鏡述頒示侍臣，謝表（貞觀一年）

萬曆甲戌會試程

伏以鳳藻昭垂，百代仰典謨之善；鴻編寵錫，九霄分奎璧之光。表王度以如金，儼帝摹而可鑑。俯躬拜貺，拭目知榮。臣等誠惶誠恐，稽首頓首。竊惟肆筆爲書，固出聖入神之餘事；觀文成化，寔經天緯地之全能。爰稽軒几之著箴，載睹湯盤之勤誨。武王受丹書之訓，道列户楹；成后揆紫庭之歌，義存堂搆。慨渾噩之辭既降，致勸誡之旨寢微。風起雲飛，侈雄心于過沛；菊芳蘭秀，增佚志於横汾。縟彩雕華，曲技徒工於聱悅；編珠貫玉，大猷何藉於珪璋？是皆混鐵而爲金，何異灰鏡而索照？信惟作者之爲聖，爲能焕乎其有章。兹蓋伏遇〇〇〇〇，應籙御天，握符授命。陶冶輯帝王之粹，萬幾匪練而精；鑪錘極造化之工，方寸不磨而净。定山河于金戈鐵騎，調海宇於玉燭金甌。慨想古風，如周鑒殷而殷鑒夏；睠懷今治，謂王可帝而帝可皇。乃當幾務之稍閒，搏採書林之富潤。爰假玉犀之管，遂成金鏡之編。出入千百八字之間，上下數百千年之跡。隆污失得之狀，具在目前；沿亂興替之繇，猶運掌上。悦民心向背于眉睫，辨人品忠邪於肺肝。是蓋睿知鎔《墳》、《典》於洪鑪，故藻思涣清光於照乘。持以出治，自能咸五以登三；勒之成經，即宜襲六而爲七。信英君誼辟，未可一日而不觀；而聖子神孫，所當萬歲爲寶者也。臣等器靡盪鎦，品同瓦缶。自昧以人之鑒，殊慚作礪之金。稽首寶帙之頒，何論天球弘璧；拜手琅函之啟，恍若龜範龍圖。顧兹寶運當千，改元方二。擬諸出匣之鏡，正宜預養乎精明；方夫在冶之金，尤貴致嚴于鉤鑄。倘纖毫滲漏，亦非鍛練之純；如點穢蒙翳，終是光明之累。伏願鑑不以書而以理，宸衷懸七曜〔一三四〕之貞明；照不以鏡而以心，皇極配三光之摩盪。靈輝普燭，瞻堯眉舜目于九重；神氣常寧，鞏夏鼎商敦于萬世。臣等無任瞻天仰聖，激切屏營之至。謹奉表稱謝以聞。

破題首聯，前半聯言御製，後半聯言示臣。次聯言見所製所示者爲金鏡述。三聯則致謝意。「竊惟」首一聯，尚未切題。以下二聯，寔見自古帝王有作，皆以儆戒爲心。「慨渾噩」、「致觀懲」聯，一句帶上，一句管下。以下三聯，或寔，或虚，或分，或總，皆見其未善。末聯則指當日之作者，頌聖處「弘文」二字，便起下意。自「頃當博采」聯以下直至「英君誼辟聖子神孫」聯，皆言御製金鏡述，而極贊其爲要典。「臣等」以後則自敘以致謝也。

〔釋〕

爰稽軒几之著箴：《皇王大紀》：「黄帝作《輿几之箴》以儆宴安，作《金几之箴》以戒逸欲。」

武王受丹書之訓：武王踐祚三日，聞尚父丹書之戒，惕若恐懼，退而爲戒書。

成后掞紫庭之歌：鳳皇翔庭，成王援琴而歌曰：「鳳皇翔兮于紫庭，余何德兮以感靈。」

風起雲飛：漢高祖過沛宫，酒酣擊筑，歌曰：「大風起兮雲飛揚，威加海内兮歸故鄉。」

玉燭：四時和謂之玉燭。

鎔《墳》、《典》于洪鑪：《三墳》，三皇之書。《五典》，五帝之書。

藻思涣清光於照乘：魏惠王徑寸之珠照車十二乘。

器靡盪鏐：黄金謂之盪〔一三五〕，其美者謂之鏐。

殊慚作礪之金：《書》：「若金用汝作礪。」

擬上御奉天門命侍臣輯自古以來嘉言善行爲書以授長子，謝表

（永樂元年）

萬曆甲午浙江程

永樂元年十月某日具官，臣某等恭遇上御奉天門，命侍臣輯自古以來嘉言善行爲

書以授太子。謹奉表稱謝者。伏以乾文啟秘，萃千古燕翼之謀；震器承符，膺五位龍章之錫。瞻袞冕而特頒睿命，敬編摩而少罄愚忠。鶴禁光生，鳩班喜動。臣等誠惶誠恐，稽首頓首。竊惟國崇主鬯，青方列長子之宫；義備典刑，紫極弘垂後之烈。堯受丹于石户，啟敬承乎鼎盤。弦誦詩書，惟修諭詔。刀、几、户、牖，具礪箴銘。教之爲人子爲人臣，樹恭敬温文之度。令其親正人敦正道，衍仁義禮樂之精。帝典皇墳，烺烺日星竝耀；左言右動，煌煌金石齊聞。自法律授於祖龍，竟成望夷之禍；而故事遵於漢馬，遂弄湖陰之兵。訓儲幾千言，陸沉無救；《帝範》十二紀，牝索彌彰。椒殿賜書，不貴呈圖昭象；蘭亭墨玅，何取繡梓傳芳？雖有《承華》《帝鑑》之頒，未盡輔養規誨之義。言無文而不遠，矧一二策之僅存；書不法以何觀，豈億萬年之永鑑？玆葢伏遇皇帝陛下，文武聖神，剛健中正。縱四經，横七緯，高飛北甸龍吟；統萬姓，臨千官，再闢中原鳥跡。創能兼守，德與功俱。猶念鴻圖之肇造維艱，深思燕貽之規範宜豫。惟長子岐嶷首出，允矣決有道之君；矧四皓羽翼心歸，翕然稱令德之嗣。體漢儀而蚤建，國家之神氣統宗；式周典以培元，天下之大本克正。方宸極之初蒞，庶政未遑；乃諭教之亟行，帝心簡在。爰勤法駕，特御奉天。斗轉軒轅，九尾星陳於輦轂；雲開閶闔，五明日麗於鈞陳。襲龍衮之浮香，乾道下濟；顧鳳池之清影，巽命隨由。謂蓄德貴及於冲齡，而考文必資於古訓。在前人之嘉言善行，即今日之治範君謨。第散布秇林，竊恐義難偏識；非要諸纂輯，奚繇學禆遠稽。開局分曹，會簪珸於東觀；徵詞比類，搜珍錯于西崑。若帝載，若王猷，若忠臣孝子之芳蹤，網羅靡佚；若聖作，若明述，若學士文人之緒論，彙次無遺。是皆奉睿思以折衷，豈謂極諸臣之採選？方仰呈于丹陛，遂俯錫乎青宮。錦軸流紅，義例與金簡玉字共燦；牙籤露白，精微偕紫臺丹洞俱傳。發中秘而披函，恍若龜呈馬負；副東朝而展册，儼如保列師陳。萬寶家藏，爛然散彩。千秋蓍鑑，炳矣縣明。況典則謀猷，既極漱潤含芳之選；則凝丞輔弼，必皆春華秋實之英。如日方暉，浴咸池而更麗；若海重潤，衍道派以無涯。是誠媲無憂於文王，而邁有子於大禹者也。臣等職叨侍從，愧調鼎之未能；才竭勘讐，幸養蒙之攸賴。纖塵無禆泰嶽，涓滴亦收滄溟。若訓弗伊周，不敢瀆元良之德；必道通堯舜，始可揚綸綍之休。蓋自昔矢謨翊運之臣，常陳古誼；而仰追聲律身度之主，惟切反觀。古聖哲盡倫，高皇帝立極。碎鏤金之牀，却南王之獻。即行爲師，親九廟之享。肅三朝之儀，以躬貞教。用垂明明之卓軌，乃奠赫赫之丕基。伏願寡慾清心，敬天法古。體好生之德，湯綱三開。弘納諫之風，舜門四闢。勤政事無替于始終，優名賢不間於左右。朝詩暮禮，聞尤切於過庭；南梓北橋，道愈隆於作法。則太平玉燭，煌煌暄御座之輝；而黄道金繩，燦燦瑞上樞之柄。顯哉謨，承哉烈，大明一統之皇圖；儀惟壽，曜惟明，永樂萬年之盛治。臣等無任瞻天仰聖，激切屏營之至。謹奉表稱謝以聞。

破題首一聯，前半聯説嘉言善行，後半聯説授長子。次聯一句説上命，一句説編輯。三聯則致謝意。原題首一聯，一説太子，一説皇上。自「堯受」至「齊聞」四聯，正言古來嘉言善行，爲臣子之箴銘。自「法律」以下至「永鑑」，是言其不能編摩，以致言行之交失。頌聖處「龍吟」、「鳥跡」一聯，是泛言其崇文。「創能」、「兼守」二聯，方切皇上太子。「長子」一聯，前説太子，後説侍臣。又引漢周以爲証，方轉到上命，説出御奉天門，以命侍臣。「謂蓄德」二聯，説太子當遵嘉言善行。「散布」以後至「大禹」十餘聯，是言侍臣輯書以授長子。「臣等」以下則自叙以致謝意也。

［釋］

鶴禁：周靈王太子乘白鶴飛昇于緱山之巔，故稱太子禁曰「鶴禁」。

鵷班：象鳳而多黄色者爲鵷，故稱朝班曰「鵷班」。

刀、几、户、牖具礪箴銘：武王受丹書于太公，刀、几、户、牖皆有箴銘。

自法律授于祖龍，竟成望夷之禍：祖龍，即始皇。始皇令趙高以法律數，胡亥卒被弑于望夷宫。

故事遵於漢馬，遂弄湖陰之兵：漢高以馬上得天下，武帝遵其教，開博望苑教太子，故賓客多以異端進，後以巫蠱事成湖陰之禍。

蘭亭墨妙，何取繡梓傳芳：宋太宗好晉王右軍蘭亭墨跡，命工梓之。

《承華》：《承華要略》，宋太宗所製以賜太子者。

鳳池：中書曰「鳳池」。

錦軸牙籤：秘閣書表以牙籤，覆以錦軸。

保列師陳：《禮記》：「凡三王教世子，入則有保，出則有師。」

千秋著鑑：張九齡獻千秋鑑。

咸池：東方日出方。

擬上因天下來朝，郡縣官陛辭切，諭以百姓要在安養，謝表（洪武元年）

萬曆戊午江西程

伏以乾符開始，至仁先軫乎民勞；巽命作新，大法丕照於人牧。聚衣冠以聽綸綍，俾墨夫慄慄戢心；望閶闔而拜冕旒，想赤子欣欣動色。明明膏澤，的的砭鍼。臣等誠惶誠恐，稽首頓首。竊惟國繫於民，静爲治徵，動即爲亂象；民託之吏，廉能造福，汙則能造殃。桼數當勝國之窮，遂家被貪風之焰。賄賂公行而無忌，紀綱盡弛而罔聞。彼何人哉，知我如此！固宜謡生緑線，蒸怨氣於天毛。奚待讖應黄陵，兆亂萌於石眼。挺而走險，越閩隴蜀，桑麻變生旌旗；急則弄兵，汝潁蘄黄，牛犢化爲戟劍。行路難，風蕭蕭而鬼哭；無家別，日冉冉以烏啼。揆厥厲階，嗟兹紕政。恭惟皇帝陛下，天縱之聰。日新爲盛，正奕奕之禹甸，自西自東，自南自北，已徵萬國來同。流生生之舜心，欲富欲爵，欲逸欲安，猶恐一夫不獲。念兵燹亂離甫定，謂閭閻財力俱殫。披荊尋侶，月明猶傍烏棲；載釜問扉，日暮祇看蛸綱。譬雛鳥試新飛，保護爲宜，豈可輕傷其羽？如弱條經初植，動摇不得，祇應亟沃其根。親莫親於有司，要毋要於安養。思惟廉吏，方能約己以裕民。若使貪人，必且朘民而厚己。乃睠朝集之臣，正分騶從；遂承陛辭之候，明示轡銜。赫乎涣號之傳宣，奉以周旋，洗胡虜百年敝陋；冷然蒙心之悚覺，莫不震疊，啓中原萬古清明。臣等拜諭有懷，居官無狀。幸與聞典謨訓誥，敢頓忘雨露雷霆？捧檄而行，知舉頭之見日。違顔不遠，期滌慮以承天。從兹守澹泊之清規，船可石，甑可塵，無求温飽；將以撫瘡痍之黎庶，大如鱄，小如鱦，總冀生全。伏願歛時五福，式於九圍。用周典考成，緣訓污者訓廉，而慶威立序；與漢民休息，本酌損者酌益，而經制永垂。碩鼠潛蹤，復上古之嬉遊，人人耕鑿；哀鴻斷響，普大明之光輝，在在照臨。臣等無任瞻天仰聖，激切屏營之至。謹奉表稱謝以聞。

破題首聯，前半聯説百姓要在安養，後半聯説責在天下羣縣官。次聯仍一句説官，一句説百姓。末聯則致謝意。原題先就民吏泛起二聯，「杰」字、「遂」字是轉脚語。以下六聯説元年虐政恣肆，國事紛紜，百姓不得安養。頌聖處前半聯引禹，照天下來朝；後半聯引舜，照百姓安養。「念兵」以下三聯説洪武元年之新治。

「親莫親」二聯以安養責任縣官。「乃」字、「遂」字又是轉下文法。一面説來朝，一面説陛辭。「赫乎」二聯始見「諭」字意。「臣等」以後則自敘以致謝也。

［釋］

綸綍：《禮記》：「王言如綸，其出如綍也。」

墨夫：貪官也。

閶闔冕旒：唐王維《早朝》詩：「九天閶闔開宫殿，萬國衣冠拜冕旒。」

勝國：元也。金、木、水、火、土五行相勝，故以亡國爲勝國。

緑線：元至元年間，有緑線之謡。

天毛：又有鳥啣泥塗樹，處處有毛，謂之「天毛」。

石眼：元時謡：「石人一隻眼，挑動黄河天下反。」後開河掘得石人一隻眼，天下果反。

汝潁、蘄黄：皆元起兵之處。

日冉冉：《楚詞》：「日冉冉以將暮。」

紕政：紕絲之有纇者，以喻虐政。

兵燹：兵火也。

船可石：陸績爲鬱林守，罷歸無裝，惟限一石以重其船。

甑可塵：范冉爲萊蕪長，清廉，歌曰：「甑中生塵。」

大如鱄，小如鱦：鱄、鱦，未成魚，言澤無不及也。

斂時五福：《書經》。
式于九圍：《詩》：「帝命式于九圍。」
碩鼠：喻貪吏也。
哀鴻：言民離也。

擬宋以范仲淹兼知延州，謝表（康定元年）

萬曆丁酉陜西程

伏以玉帳銅符，飛風霜於重鎮；隼旗熊軾，施雨露于專城。老將鳴劍馳伊吾，欲驅榻邊之鼾睡；循吏解繩平渤海，將救赤子於潢池。顧文武之兼官，亶軍民之重柄。非壯猷之方叔，幾於野鶴乘軒；必全節之郭公，是謂老熊當道。方今西事燃眉之急，萬竈雲屯。顧此延州累卵之危，孤城斗絶。稽分野昔爲白翟，至天保更延安郡之名；憤元昊今益跳梁，雖范雍坐保安軍之敗。遊玉門之寨，嘆李將軍之不得封侯；登祁連之臺，思霍驃騎之無心治第。鄜川漾秀，忍聽採花之歌？延水涵清，怒觀救鴿之怪。彼重圍解于雪夜，而强虜遁于燈霄。是蓋天心降康，欲挽銀河以洗甲兵之穢；詎期日旰忘食，乃聞鼙鼓而思將帥之遺。茲蓋伏遇○○○○，晉明出地，離照當天。繩祖武而重道崇儒，固邦本而忍饑却貢。寧用購首三千錢之將，深知稼穡之艱難；何信蟠胸十萬兵之名，謬拜絲綸而寵亹。是固神武不殺，兩階舞干羽之儀；豈知夷狄無情，數載困疆埸之備。在丈夫當鷹揚奮擊，直擣（音賽）賀蘭山頭；乃醜虜益豨突狼奔，反取金明些口。彼其志欲長驅席捲，及此時宜固守隄防。惟聖明已洞燭乎虜情，故愚臣乃濫叨乎兵柄。循牆莫遂，覆餗何堪？切念臣性惟粗直，饘粥亦已備嘗；志在先憂，園林何敢封植？顧迂疎而效螢爝，何增日月之光明；乃狂瞽以披龍鱗，頓喜雷霆之開霽。調官京兆，益懷蹇蹇之匪躬；落職江南，將傚優優之布政。愧四論空獻，誤厠四賢之歌；甘一筆行勾，遑恤一家之哭。仰荷納污藏垢，容試錯節盤根。大要建堡修城，出其不意，以斷來路；更兼練兵積粟，先爲莫勝，以老逆鋒。移庫絹之三千，散挾纊之軍以作其氣；推麥舟之五百，頒善飯之將而結其心。第恐樂羊子一篋謗書，難逃投杼；欲如趙韓王半部《論語》，心切銘盤。憶萬言空達于王曾，孤晏殊握髮之雅；慚六丈過稱于富弼，幸韓琦擊楫之同。敢不益勵忠貞，約五路而著律？宏恢遠略，分六將以訓兵。惟恤窮民以固本根，請蠲榷酤酒税；若革僭號而正名分，許易繒帛駝羊。益擴造化好生之仁，用敦王師無敵之義。誓不共鯨鯢戴紫，蓋心隨江水流西；切欲隨鴛鷺拜丹墀，情與塞鴻向北。必使膽驚鶴唳，萬里烟絶烽墩；庶幾名協龍圖，三農影鋤桑柘。伏願清心慎德，外寧獨抱乎内憂；制治保邦，文事兼資乎武備。拓列聖未成之業，華夷一家；開累世太平之基，玉帛萬國。臣無任瞻天仰聖，激切屏營之至。謹奉表稱謝以聞。

破題首二聯，言其延州之踐任。後二聯，言其柄之重，非己所堪，而不敢不自勵也，以致謝意。「方今」、「顧此」以下二聯，原西事。「延州」、「玉門」、「祁連」以下二聯，述己之壯志。「重圍」、「強虜」以下二聯，敘往事，説到用己上來。頌聖處不多幾聯。「是固」以下二聯，前半聯俱説用武，後半聯俱説夷狄。「彼其志」二句，是煞上語，「惟」字、「故」字是轉脚文法。以下六聯則敘己之見用而榮，大要更兼。是一步緊一步意。「第恐」以下二聯，惟慮不勝其任。「敢不」以下，正言其勉勵處，以後則致謝也。

〔釋〕

隼旟熊軾：鳥隼曰「旟」。漢制，刺史畫熊于軾上。

老將鳴劒馳伊吾： 伊吾，匈奴地名。《後漢》：「臧宫、馬武之徒，撫鳴劒而抵掌，志馳伊吾之地〔一三六〕。」

欲驅榻邊之鼾睡： 宋太祖伐南唐，其主遣使求緩師。太祖怒曰：「天下一家，卧榻之側，豈容他人鼾睡！」

循吏解繩平渤海，將救赤子於潢池： 漢宣帝時，渤海盗起，以龔〔一三七〕遂守渤海。遂曰：「海濱遥遠，不沾聖化，故使陛下赤子弄陛下兵于潢池耳。」

老熊當道：《北史》： 韓軌等襲華州，王熊大呼曰：「老熊當道，卧貛子那敢過！」敵驚退。

鄜川漾秀，忍聽採花之歌： 鄜川有葦谷，水流三川。唐詩：「水會三川洋〔一三八〕碧波，雕陰人唱採花歌。」

延水涵清，怒觀救鴿之怪： 昔尸毘王于此割身以救鴿，身肉俱盡，水濯其筋骨，因名「濯筋水」。

强虜遁于燈霄： 真宗時馬知節知延州，寇至，時方上元，張燈啓關宴樂。賊不測所謂，引去也。

寧用購首三千錢之將： 元昊常榜塞下，得夏竦首者，與錢三千。

直擣賀蘭山頭： 賀蘭山、金明砦二山，在元昊境内。

四論四賢： 初爲開封，爲四論以獻，餘皆貶黜。蔡襄作《四賢一不肖》詩。

移庫絹之三千： 公歸自政府，搜外庫，惟絹三千疋。令掌吏録親戚及閭里知舊，散之皆盡。

推麥舟之五百： 公有麥舟五百，令子純仁載至汴州，遇石蔓卿喪，捐助之。

樂羊子一篋謗書： 樂羊伐中山，文侯與之謗書一篋。樂羊謝曰：「此非臣之功，君之力也。」

慚六丈過稱于富弼： 公欲寬晁仲，約之誅富弼，曰：「范六丈聖人也。」

庶幾名協龍圖： 羌人親愛公，稱爲龍圖老子。

擬進《十三經註疏》表（萬曆二十二年。《易》、《詩》、《書》、《春秋》、《禮記》、《周禮》、《儀禮》、《孝經》、《論語》、《公羊》、《穀梁》、《孟子》、《爾雅》）

萬曆丙午廣西

萬曆二十二年某月某日，具官臣某等恭承上命校刊《十三經註疏》成，謹奉表進呈者。伏以奎壁星躔，聖學益隆稽古；圖書運啟，宸衷獨邕横經。編摩殫先哲之遺言，章句奏微臣之薄技。用發西山之籍，敬塵乙夜之觀。臣等誠惶誠恐，稽首頓首。竊惟義繩既易，三皇刻石以摛華；堯檢初呈，五老浮河而闡秘。玄訓珠飛於往哲，竹素成園；繁文綺合於末師，丹青充棟。笙簧坑乎秦焰，枝葉漫於漢庭。略以七分，詎是足千雞跖；部因四雜，寧非學萬牛毛？邕定書碑，摹寫致車填太學；雄觀蠲捧，標題煩筆賜上方。十席增庸，戴説競通碎義；百條取要，吕呈割裂全書。故欲粉澤皇猷，必藉旁蒐洪帙。況經籍傳心於往聖，而註疏潄潤於先儒。妙籥管三，宏綱總百。美刺兼備，經典具明。得鼠辨明而《爾雅》斯著。獲麟絶筆而三傳迭興。孝行善言，兩部揭日星於萬禩；　敷仁揚義，七篇接洙泗於一源。雖諸家訓古不同，總堪鼓吹；　而列代表章無異，允作鑑龜。運不中天，文幾墜地。兹葢伏遇皇帝陛下，祥摛戴玉。道契寢繩。隆孝養於兩宫，晨鍾長樂；　勤咨詢於三事，晝漏金華。拓地軸以登皇，樹威稜於讋異；　掩天紘而踐帝。開昌籙於玄同。謂大學爲賢士所關，宜先藜照；　而註疏乃聖經之翼，當辨豕迷。爰採葑菲之言，特新剞劂之令。假編緡以歲月，字字袪韓昶之訛；極讐校於雌黄，人人取形邵之適。是以今編焕古，舊典增新。鐫刻精明，照徹類西秦之鏡；　篇章炯發，導迷同南指之車。編可謝韋，璧寧求魯。經緯燦於掌上，損益具在目前。博極萬殊，肯貽捐生勤學之誚；　深兹左癖，頓開墨守痼疾之疑。窺星炳之素文，瞻巖高之英氣。陰陶帝虎，往嗟脱簡驚心；　璀璨珠璣，今喜新編觸手。廻環展誦，昭哉龍馬呈祥；　反覆思維，恍矣聖賢對語。藏金匱石室，光連璧水夜生暉；　捧芝檢蘭函，色映雲霞朝絢彩。綜方册而面命，何如游市肆洛陽；　挈正印以耳提，不必瞻天球東壁。葢誠一王不刊之盛典，而萬世有賴之鴻編也。臣等識類豹班，學慙麟角。鐸聲未能振魯，竽吹竊已混齊。涉文字以來之書，粗能成誦；　秉斯文未喪之統，謂必可師。卷帙恭成，函封敬進。伏願玄探畫前之旨，奥窺紙上之言。畋素漁墳，期得意於筌蹄之外；含宫嚼徵，更忘象於糟粕之中。詩書禮樂致太平，民擊壤，士弦歌，堯鏡常輝於億載；中正仁義立人極，下登三，上成五，軒圖廣耀于入埏。臣等無任瞻天仰聖，激切屏營之至。謹以所校刊《十三經註疏》隨表上進以聞。

破題首一聯，説上命校刊《十三經》。次聯、三聯，則言書成而進呈也。原題首二聯，説古來皇帝之遺經。三、四、五、六聯，則言其壞于秦漢。「故欲」以下六聯，正説註疏《十三經》。頌聖處首四聯，見當註疏意。自「爰採」至「之疑」七聯，説上命校刊。「窺星」以下至「鴻編」六聯，是言其註疏之成。「臣等」以後則自叙其意以祝聖也。

〔釋〕

乙夜：一更爲甲夜，二更爲乙夜。

三皇：伏羲、神農、黄帝，有《三墳》之書。

部因四雜：魏鄭默制《中經》，荀勗又因《中經》更著《新簿》，分爲四部，總括羣書。一曰甲部，紀六藝及小學等書；二曰乙部，有古諸子家、近世子家、兵書、兵家、術數；三曰丙部，有《史記》、舊事、皇覽、簿雜事；四曰丁部，有詩賦、圖讚、《汲冢書》。

邕定書碑，摹寫致車塡太學：《後漢書》：蔡邕拜中郎，校書東觀。以去聖久遠，文字多謬，乃求正定《六經》文字，自書策于碑，始立模寫者，車乘日千餘輛。

字字祛韓昶之訛：韓昶，退之子也。性闇劣，爲集賢校理史傳。有「金根車〔一三九〕」，昶以爲誤，悉改「根」字爲「銀」字。

人人取邢邵之適：邢邵爲翰林侍讀學士，真宗召講《左傳春秋》、《孝經》、《禮記》、《論語》、《書》、《易》。據傳疏敷引之，多及時事。上甚嘉獎之。

壁寧求魯：漢武帝時魯恭王壞孔子宅壁中，得古人經傳。

洛陽：古都會繁麗地。

天球：球，鳴球也，玉磬名。

東璧：天下圖書之祕府也。

擬宋賜禮部進士呂蒙正等及第，謝表（太平興國二年）

萬曆癸酉山東程

伏以熙朝拔傑，材賢幸際乎風雲；上國觀光，恩命忽乘乎霄漢。詎謂策名之始，獲霑連茹之榮。韋布生輝，儒林共戴。臣等誠惶誠恐，稽首頓首，上言：竊惟治必稱乎堯舜，典重明揚；法莫善如〔一四〇〕夏商，道公舉錯。曰選士、曰俊士、曰造士、曰進士，迨成周而名始分； 或孝廉、或茂林〔一四一〕、或經術、或詩詞，歷漢唐而制各異。求材〔一四二〕惟斯爲要，得人自古稱難。 士習日滋，賓興風邈。 書生見陋，謾誇車馬之榮；學士材迂，濫預瀛洲之選。 仲舒之賢良非偶，策負天人； 劉蕡之忠直堪嘉，才遺〔一四三〕甲第。 臨大廷以焉用，宴曲江以何爲？ 玆葢伏遇○○○○，仁恕夙鍾，英明誕錫。 握乾符而御世，秉離照以當天。 虎步龍行，久識太平天子； 王馳帝驟，載覩有道聖人。 納善如流，求賢若渴。 星躔奎璧，嘉禎曾奏於先皇； 光射斗牛，文運復開於今日。 爰命禮闈以大比，更煩宸鑑之親裁。 冀麟角鳳毛，畢集三驅之網； 庶隋珠卞璞，咸陳九級之階。 臣蒙正草澤寒儒，貧且甘于白屋； 齊賢芸窓苦志，選猶愧于青錢。 列其名，約四百有奇。 究其實，懼萬分無補。 豈期末品，曲荷陶鎔。 何幸巍科，均濡雨露。 合驪黃而並進，紓青紫以同升。 籍紀金閨，叨入英雄之彀； 名傳玉闕，謬奔豪傑之塵。 韡（韡與靴字同）笏下九重，倬彼雲霞麗彩； 絲綸揮五色，燦然日月照光。 瓊林與鴈塔齊芳，杏錦偕宮袍竝爛。 搏迅風而縱大壑，竊效鵾鵬； 附鳳翼以攀龍鱗，喜趨鵷鷺。 長安春曉，爭誇閬苑羣仙； 太液恩濃，共羡龍門佳客。 誠國家之盛舉，信聖世之奇逢。 臣等敢不矢登對之初心，同心效用； 盡平生之學力，協力宣忠。 分猷念以相從，勵靖共而自獻。仰副朝廷拔一二之望，俯攄臣子抱涓滴之忱。伏願稽古右文，崇儒重道。乾坤並育，化益普于菁莪；巖穴旁招，善不遺於葑菲。撫五百年之昌運，明良合而庶績咸熙；保億萬載之丕基，勳華協而休聲永播。臣等無任瞻天仰聖，激切屏營之至。謹奉表稱謝以聞。

破題首聯，前半聯，見當開科取士之期。後半聯，見舉進士賜及第。次聯二句，則見「等」字意。三聯則致謝也。原題首二聯，述歷代取人之制。第三聯總束之。第四聯轉下五聯、六聯、七聯，則言用者未必賢，而賢者未必用也。頌聖處以「求賢若渴」句爲過脉。以下三聯，言當天開文運之期，禮部進士大廷試策，要以羅豪傑爲務。「蒙正」、「齊賢」以下十聯，則誇其以貧陋而際寵榮皆賜及第。「敢不」以下則自述意以致謝也。

〔釋〕

典重明揚：《書》：「明明揚側陋。」

曰選士、曰俊士、曰造士、曰進士：《禮記》：「鄉論秀士，升之司徒，曰選士。司徒論選士之秀者而升之學，曰俊士。升于司徒者不征于鄉，升于學者不征於司徒，曰造士。……大樂正論造士之秀者以告于王，而升諸司馬，曰進士。」

選猶愧於青錢：唐張鷟文猶青銅錢，萬選萬中，時謂「青錢學士」。

叨入英雄之彀：石〔一四四〕太宗見新進綴行而出，喜曰：「天下英雄入吾彀中矣。」

竊效鵾鵬：《莊子》：「鵾化爲鵬。」

喜趨鵷鷺：唐上官儀「接武夔龍，簉羽鵷鷺」。言羣臣會朝，朝班如鵷鷺然。

擬上諭兵部援遼兵餉如期速發，所進地圖留覽，謝表（萬曆四十六年）

萬曆戊午河南程

伏以巽號麗璇霄，士虓虎，粟丘山，先聲度長雲陣色；離暉曦玉塞，跨巫閭，橫渤澥，遐靈消絶漠壘烟。按形而軍稍飈馳，計日而腥羶霧掃。福流萬祀，鼓臥三陲。臣等誠惶誠恐，稽首頓首。竊惟皇國建都於燕，蓋使天子自爲守。邊城環衛皆虜，欲以諸夷作我藩。獨遼地三面鄰胡，寔神京之左臂；僅山海一線出塞，爲甸服之咽喉。醜穴蟻屯，處處弓彎明月；毳廬碁布，年年騎騁高秋。益繒輸金，既賫賞而資寇；開關納市，且抉險以戳夷。狡爾逆酋，原隸屬國。窺吾甲馬單弱，乘我芻飼空虛。罔顧恩靈，情慚久豢之犬；竟墮堡堞，宜逾反噬之豺。孤城下殘照于頽隍，長嘯井葵幽魅；全師化霄燐于隕血，誰招沙磧羈冤？慘如之何，辱莫甚矣！況憂先寢榻，虜釁生而旁隙虞開；患逼門庭，邊境危而京師亦震。此九重所爲動色，而舉國因之張皇者也。茲蓋伏遇皇帝陛下，天符握赤，聖畧凝玄。洗雨橐而韜兵，何慮青丘丹浦？候風海而委贄，盡來烏革黄皮。念此孤隅，罹茲劇厄。將士張拳而短氣，村墟懸釜以無烟。析驚明月照嚴關，勢寡而情銷乘障；戈指浮雲迷澀路，腹枵而胆悸聞鼙。自非決聖王之英威，安能涣天詞于雨潤？簡八畿之勁卒，驟騎横飛；出五庫之金錢，輸輪錯擊。顧將招諸路，誰云風鶴成兵？而策集盈庭，不覩塵沙量粟。至於沿邊之形勢，益非固圉之金湯。連五道而扼兩河，直窮鴨緑；起鐵塲而終長奠，惟見埃黄。朶顔之鷙臊，梟張於錦義；大寧之醜孽，豕食于汎懿。獨建奴已負其逆情，而天討難逭於聲罪。魑形踣踔，大流獰毒于六城；禽語啁嘈，敢託慢書于七恨。但酋巢盤亘數百里，而我軍必出兩三途。北搗球房，劔氣開馬墩之霧；南趍凹里，鼓聲破兀鷄之雲。伏念臣等，勇張螳臂，智短鼯窮。射虎無飲羽之能，誓銜恩於一劔；運牛乏流木之術，期享士以千金。怒繞鳳皇城，金絡馬騣霓影；氣吞甯宫塔，玉標劔落寒花。乃勝敗在謀，愧拾吐之誤國；而機權貴速，恐處堂之伏戎。是以熟觀二鎮之圖，深明要隘；矢效七擒之畧，永固河山。伏願勅桑土閒暇之謀，清廟廊文墨之論。勿空談功罪，而問之區畫則模稜；勿驕語韜鈐，而委之事任則束手。勝之于堂上，預戒乎不庭不虞；慎之於任人，斯得乎一韓一范。恩翔六幕，履尊而永式湯圍；威偃五兵，撫夏而時來舜羽。臣等無任瞻天仰聖，激切屏營之至。謹奉表稱謝以聞。

破題首聯，前半聯説兵餉，後半聯説援遼。次聯一句説地圖，一句説如期速發。三聯則致謝也。原題首一聯，泛説天子諸夷。二聯、三聯，説遼東地圖。四聯説兵餉。五聯説賞邊之苦。六聯、七聯、八聯，説奴酋之情形。九聯則煞住也。十聯説當救援意，切題頌聖。「況」字、「且」字是轉脚字眼，一句説兵，一句説餉。「九閽」以下二聯，説上諭兵部。「念此」以下三聯，説將士之苦。「自非」二句承上起下。「簡八方」以下二聯，又一面説兵，一面説餉。又以「至于」二字爲轉脚。以下二聯説遼地形勢，「獨建奴」以下六聯，正説上諭援遼。「臣等」以後則自叙其意以致謝也。

［釋］

璇霄：璇霄，星也。見詔書。如從星邊而下也。

虓虎：勇力。

玉塞：塞有玉門關。

巫閭渤澥：遼東近地。

漢壘烟：北漢之地十里一堡壘。胡虜犯則焚狼烟，皆應援。

毳廬碁布：胡人所居以毳毛爲廬，如圍棋之布列。

益繒輸金：宋神宗使富弼往元議歲金繒，每年加五萬。

伊祁：黄帝别號。

風鶴成兵：《史》：謝玄勝敵八公山，風聲鶴淚〔一四五〕，皆疑是兵。

塵沙量粟：《史》：塵飯土羹，不可以爲食。談〔一四六〕道濟唱籌量沙。

畧窮鴨緑：遼東通朝鮮江名，其水緑色，如鴨頭也。

魑形踸踔：踸，跳行，停水也。踔，跛者之行。

禽語啁嘈：夷言如鳥調韻而嘈嘈然，喧也。

歸牛長白：歸牛於長白之野。

浴馬西潭：戰國周王浴馬西潭之下。

勇張螳臂：螳螂怒，其臂以當車轍，不知其勝任也。
智短鼯窮：鼯鼠五技而窮。
射虎無飲羽之能：《漢書》：「李廣夜出見石，以爲虎也，射之飲羽。後射之，再不能入。」

擬宋仁宗同羣臣賞花釣魚賦詩，謝表

嘉靖戊子福建程

伏以萬象光昭，盛世啟雍熙之運；六龍順動，靈辰協樂育之休。仰承睿藻之寵頒，益侈儒林之盛事。光榮罕儷，踴躍奚勝？臣等誠惶誠恐，稽首頓首。竊以皇州春早，花期獨盛于上林；太液恩深，魚牣久誇乎靈沼。必賢者而後樂此，惟明王善與人同。鹿人先時以戒途，虞官卜磯而望幸。霄騰浮景，仰窺蒼帝之呈靈；風不揚波，俯察馮夷之效順。細草偏承乎玉輦，神鮫獻技於金鈎。百穀維蕃，露湛青門之錦；羣生咸若，日華素滻之文。採不折萌，王道奚心於玩物；釣維取順，聖情適意於忘筌。隋園剪採雖工，終愧體元出震；唐室放生誠惠，何如含静懲貪。矜榮擬奏乎甘泉，灑翰忽傳乎大雅。百篇刪後，驚聞解阜之章；七步才高，寡和陽春之曲。光騰奎壁，林間花鳥深愁;　呴協宫商,水底魚龍欲奮。朝廷特典,章掖奇逢。兹葢伏遇○○○○,至仁天育,盛德海涵。迎筴以撫五辰,斷鼇而立四極。養人法種樹之術,臨淵興結網之思。任老成而萋菲之謗不行,開言路而骨鯁之臣必用。太業重光于三葉,豐年屢兆于多魚。吾王不休,百辟方均情於夏諺;　君子樂胥,曠恩遂媲美於周詩。吹萬同欣,如臨比懽。獨樂恥嚴刑於八囿,遠遊陋不軌於觀棠。采菽采芹,想見成周忠厚;　魚罶魚藻,追踪洛鎬交孚。玉律回造化之春,何假鄒生之技;　客槎犯斗牛之渚,應來太史之占。竊念臣等樗櫟散材,江湖蠢質。弁髦獻芹負志,偶隨桂苑攀枝。朝端佩紫何功,深愧龍門點額。幸際采葑之世,遂叨縱壑之歡。春此趨陪,賫蕤混栽於蕙圃;　何以殫竭,涓流少助乎鯨波。忠罄葵心,赤膽以報國;　勞甘魴尾,畢力以匡時。當盤錯而不辭,效王臣之蹇蹇;　飲江湖而知足,思良士之瞿瞿。伏願益廣賁敷,弘周滲漉。恩不專於向陽之花木,澤必及於涸轍之鮒魚。申重巽之風,化行必偃;　懋中孚之德,信格無知。臣等無任瞻天仰聖,激切屏營之至。謹奉表稱謝以聞。

破題首聯,前半聯言花魚,後半聯言賞花釣魚。次聯言賦詩,「益」字尤沉着,便見得當賞花釣魚矣。三聯則致謝意。原題首一聯，前半聯言花盛上林，後半聯言魚牣靈沼。以下七聯言賞花釣魚，順動。而與隋唐之事異。「矜榮」、「灑翰」聯，一句借意，一句講題。以下二聯，賛賦詩，而總以「特典」、「奇逢」結之也。頌聖處前五聯，便句句切題。「吾王」、「君子」聯，前半聯借意，後半聯講題。「吹萬」、「如臨」聯，且幸且懼。以下二聯，一聯言超世主，一聯言近盛世。「玉律」、「客槎」聯，一邊賛詩，一邊賛樂。「臣等」以後則自敘以致謝也。

〔釋〕

上林太液：上林，漢苑名。太液，池名。

聖情適意於忘筌：筌，取魚器。《莊子》：「筌者以在魚，得魚而忘筌。」

三葉：太祖、太宗、真宗爲三葉。

采菽采芹：天子因諸侯之美已而作此詩以答之，申其無已之情，而祝以有加之祉也。

魚罶魚藻：魚罶，天子燕，臣下受燕而頌天子之詩。

龍門點額：《三秦志》：「龍門登者化龍，不登者點額而退。」

采葑之世：《詩》：「采菲采葑，毋以下體。」言不求備也。

縱壑之歡：王褒《頌》：「若巨魚之縱大壑。」

當盤錯而不辭：《虞詡傳》：「不遇盤根錯節，無以辨利器。」

恩不專于向陽之花木：范文正公知杭州日，屬官皆獲薦，獨劉檢、蘇麟在外，不見録，因獻詩曰：「近水樓臺先得月，向陽花木易爲春。」公遂薦之。

澤必及于涸轍之鮒魚：莊子見車轍中有鮒魚，曰：「我東海之波臣也，君豈能以升斗之水活我？」莊子曰：「待我收西江之水以近子。」鮒魚曰：「如君言，不如早索我于枯魚之肆。」

頌 敘

頌敘目次

○一臺頭式

祖宗廟號　諸陵　列聖　累朝　先帝　先朝

兩宮　慈宮　皇祖　皇考　皇上　皇天　皇后

皇極　皇言　皇圖　皇猷　皇明　聖祖　聖皇

聖母　聖躬　聖子　聖嗣　聖旦　聖節　聖旨

聖裁　聖聰　聖聽　聖慮　聖斷　聖慈　聖心

聖武　聖學　聖政　聖治　聖化　聖制　聖諭

聖訓　聖謨　神宗　神孫　神祇　神器　神主

神靈　神功　神武　神謨　神算　帝德　帝載

帝心　帝座　帝鑒　帝眷　上天　上玄　上穹

上意　上命　上裁　上聞　天地　天顔　天恩

天語　天聽　天威　天討　天戒　天命　天道

天朝　天府　天潢　太社　太稷　太廟　太祀

大享　大祫　大位　大號　大統　大業　大明

大誥　大典　大赦　玄穹　玄佑　圜丘　方澤
郊壇　郊祀　日月　宗廟　萬壽　萬乘　萬幾
宸衷　宸聰　宸諭　宸章　宸翰　宸斷　宸極
宸旒　宸扆　宸嚴　睿訓　睿謨　睿藻　睿算
親灑　親策　親御　親祀　寵命　寵光　寵靈
寵頒　鴻業　鴻烈　鴻化　鴻恩　鴻庥　鴻私
龍飛　龍興　龍袞　龍章　龍樓　龍亭　講幄
御極　御前　御禮　御覽　御製　御蹕　祖訓
祖制　廟算　廟謨　廟佑　明詔　明旨　明命
明良　欽依　欽定　欽陞　欽除　欽降　欽恤
欽差　特旨　特命　特勑　特賜　俞命　俞旨
俞允　綸命　綸音　勑書　勑諭　赦書　赦放
德音　玉音　徽號　尊號　密旨　温旨　懿旨

璽書　制詞　駕帖　戒諭　臨朝　臨御　臨軒
視朝　視學　視政　幸學　躬耕　召對　召見
召用　恩威　恩典　恩宥　渥恩　曠恩　殊恩
錫予　錫典　盛心　昭代　簡命　新命　休命
景命　景祚　郵録　郵典　成命　握符　踐祚
乘乾　膺曆　建極　登極　當宁　九重　陛下
紫微　紫極　丹宸　丹霄　清朝　清問　清讌
冕旒　冕弁　黼扆　黼座　法駕　渙汗　淵衷
聰聽　曆數　寶曆　寶訓　寶録　節册　册討
間讀　天敬　祖法　起居　山陵　内殿　廟堂
朝廷　明興　熙朝　熙運　頒降　頒布　皇極殿
中極殿　皇極門　乾清宮　奉先殿　建極殿
大明律　君　駕　准　誥　見　辭　知　寵
恩　赦　旨　覲　詔　制　請　勅　令　賜

聞　上

○二臺頭式

皇妃　皇嬪　皇都　皇城　皇牆　皇后　彤墀
丹陛　丹墀　中官　中禁　中秘　禁苑　禁中
禁衛　儲教　朝政　朝儀　朝房　朝貢　內闕
內府　內帑　內庫　宮闈　宮禁　鳳池　鳳闕
殿陛　闕廷　便殿　秘殿　平臺　輦轂　鹵簿
御橋　掖垣　閶闔　密勿　扈從　駐蹕　清蹕
警蹕　侍從　侍衛　螭頭　紫禁　法宮　經筵
日講　齋宮　齋戒　廷試　廷議　國計　國儲
國體　國憲　國家　邦家　神京　畿輔　京師
留都　中都　明廷　明時　明例　丕基　丕圖
昌期　昌運　瑤圖　今日　賞賜　陞賞　封贈

崇文　右文　會典　令甲　制額　黄榜　符驗
登聞　表箋　進呈　正旦　令日　冬至　千秋
東宮　青宮　藩邸　宗藩　宗室　宗盟　宗枋
玉牒　親王　郡王　殿下　令旨　啓本　先聖
先師　文廟　釋奠　盛世　成憲　盛典　鑾輿
乘輿　國祚　陵户　文華殿　武英殿　坤寧宮
弘政門　宣治門　會極門　歸極門　午門
左掖門　右掖門　闕左門　闕右門　端門
承天門　大明門　東長安門　西長安門
東華門　西華門　西安門　北安門　東安門
思善門　朝　進　賀　謝　題　奏　貢
以上二式如該載不盡者以此類推

頌聖類

表無秦漢者，以表自唐始也。若遇唐、宋皇帝，勿稱「皇帝陛下」，只圈四圈爲一題頭，若本朝，須寫「皇帝陛下」。

唐朝

高祖（姓李，諱淵。隴西人也。）

武德

龍飛晉水，掃甸宇而静天綱；鳳起昴墟，廓妖氛而清地紀。首獎伏伽之直，心懷素立之忠。聽政不忘于日昃，遠追周后之心；談經每至于夜分，近邁漢王之畧。

〔釋〕

晉水、昴墟：高祖起兵晉陽。晉陽，古冀州，星屬昴。

伏伽：伽上表，請更隋轍。上悦，擢爲御史。

素立：李素立爲郎，有犯不至死者，上命斬。素立争，亦擢爲御史。

太宗（諱世民。幼有相者謂曰：「此人有濟世之才，安民之畧。」故取以爲名。）

貞觀

鳳姿龍表，華夷同執玉之朝；雷震風行，宇宙協垂裳之化。丹旗再舉，遥開關朔之功。黄鉞一麾，丕建晉陽之績。會瀛洲而振藻，開弘館以崇文。斗米三錢，不齎道路；獄囚四百，自返圜扉。

［釋］

斗米：貞觀初，關中豐稔，一斗米值三錢。

四百：録囚四百，縱釋還家，期以來秋就死。及期，囚果自詣獄，赦之。

高宗（諱治。太宗第九子。）

永徽　顯慶　龍翔〔一四七〕　麟德　乾封　總章

咸亨　上元　儀鳳　調露　永隆　開耀

永淳　弘道

中宗（諱哲。高宗第四子。）
嗣聖　神龍　景隆

睿宗（相王旦，武太后幼子也。）
景雲　太極

玄宗（諱隆基。相王旦之次子也。初封爲臨淄王，進封平王。因韋氏之亂，陰聚才勇之士，密謀匡復。斬關入禁，平韋后黨人之亂有功，策封。父王旦爲帝，遂封隆基爲太子，後即位。）
開元　天寶
應籙御天，握符授命。天星散落，内難悉除。臥内置衾帷，情孚友愛；殿前焚珠玉，德尚儉慈。殿改集賢，御芸香而散馥；樓開勤政，對花蕚以交輝。

〔釋〕

天星：帝與劉幽求謀社稷，天星散落如雨，乃斬關而入，殺魏侯與安樂公主。

衾帷：帝素友愛，置長枕大被于殿中，與兄弟同寢。

花蕚：勤政樓居南，花蕚樓居西。

集賢：上與張説飲于集仙殿，改曰集賢殿。

肅宗（諱亨。玄宗嫡子也。）

至德　乾元　上元　寶應

代宗（初名俶，改名預初。封廣平王。因亂出爲元帥之職，以兩京之亂有功，宣入，封爲太子，後即位十八年。）

廣德　永泰　大曆

德宗（諱适。初封爲雍州王，加授天下兵馬都元帥。征伐有功，宣入爲太子，後即位，在位二十七年。）

建中　興元　貞元

誕膺泰運，獨攬乾綱。大德受命，納直言于止輦；殷憂啓聖，收勝筭于轉圜。蒼兒一征，坐見祲氛之息；白旄再指，旋觀反側之平。

［釋］

止輦：漢文帝止輦受諫。

轉圜：言其捷也。

朱泚奉天：泚欲稱帝，段秀實以笏擊泚，泚遂稱大秦皇帝，圍奉天。

懷光：賜懷光鐵券，懷光對使者投鐵券于地曰：「人臣反，賜鐵券。懷光不反，今賜鐵券，是欲使之反也。」

順宗（諱誦。在位半年。）

永貞

殪李錡于浙右，檻劉闢于劒南。河北歸心，淮西授首。贖魏徵之故第，忠鯁彌光；徵少室之山人，遺賢盡出。

〔釋〕

李錡：錡據浙。

劉闢：闢據蜀。

河北：王承宗。

淮西：吴元濟。

故宅：魏徵子孫失其故第，上贖還之。

少室：李渤隱少室山，上徵之。

憲宗（諱純。在位十五年。）

元和

原禹錫西播之流，孝能錫類；底元濟上蔡之績，斷乃成功。狐兎蒙恩，罷獻納于京兆；金錢槩却，絶進奉于諸藩。

穆宗（諱誦。在位四年。）

長慶

敬宗（諱湛。在位三年。）

寶曆

英賢神授，睿性天成。肅陶匏於南郊，禮謹丹漆；體耜趾于東作，惠溥黔黎。諫慰叩墀，聰闢四門之遠；赦寬解網，恩覃萬姓之春。

文宗（諱極。在位十五年。）

太和　開成

大化迴翔，仁風編播。松蘿辨邪正，治慶彈冠；鱗介易衣裳，威宣戴斗。窮髮占風而納貢，雕題候月以歸琛。

〔釋〕

松蘿：德裕言于上曰：「正人如松栢，特立不倚；邪人如藤蘿，非附他物不能起。」

候月占風：夷無曆法，惟占風候月而來。

武宗（諱田。在位七年。）

會昌

干羽敷文，太阿振武。南衙委政，洞觀朋黨之忠邪；北鎮收權，漸矯藩臣之跋扈。

宣宗（在位十四年。）

大中

懿宗（在位十五年。）

咸通

僖宗（在位十五年。）

乾符　中和　文德　廣明　光啓

昭宗（在位十七年。）

龍紀　大順　景福　乾寧　光化　天復　天佑

唐名臣（此皆自敘語，須得謙遜口氣，亦要得忠直體。）

○○房玄齡、杜如晦

早年歲月，同遊王氏之門牆；弱歲塵埃，並辱高生之藻鑑。遂忝瀛洲之選，旋登綸綍之尊。

［釋］

瀛洲選：太宗開館於宫西，延四方文學之士杜如晦、房玄齡等十八人，號十八學士，時謂之「登瀛洲」。

○○魏徵

宫端被遇，首承雨露之恩；諫草披陳，畧效涓涘之益。十漸十思之贅，未協嘉謨；金刀金甕之奇，偏成渥賜。殿木移來蓬户，宫屏辱記葛言。

〔釋〕

十漸十思：五月旱，徵上十疏十條。又云：「人主善始者多，克終者少。兼十思可以治矣。」

金刀金甕：皇孫宴五品以上于東宮。上曰：「貞觀以來，魏徵糾繆之力，其賜佩刀。」又諫點中男爲兵，賜之金甕。

殿木：徵宅無堂，以小殿之木搆之。

宮屏：上命以十漸之疏列于屏。

○○姚崇、宋璟

臣崇志存經濟，敢陳十事之謨；臣璟守在剛方，謬忝一人之舉。同覆金甌之姓名，得參玉鉉之調和。或應變，或守文，冀希蹤于房、杜；欲知今，欲知古，尚垂訪于高齊。

〔釋〕

十事：政先仁恕、不倖邊功、法行自近、宦豎不與政、絶租賦、外戚屬不任臺省、接臣下以禮、臣得批逆鱗、犯忌諱、絶道任營造。

一人舉：姚崇薦宋璟。

應變守文：崇應變成務，璟持法守正。

知古知今：高仲密博〔一四八〕通典籍，齊澣練習時務，姚、宋每坐二人以質所疑，既而嘆曰：「欲知古，問高君；欲知今，問齊君。」

○○馬周

伐戎周以揮策，帝眷忽承；賜甲第而受錢，天珍誤落。會文僅能切理，立論未免騎牆。鳳羽冲霄，願輸股肱之力；龍章射斗，遥來璀璨之光。

〔釋〕

揮策：周代中郎將常何陳置《便宜二十策》。上怪問之。何以實對，節拜御史。

切理：岑文本嘗稱馬君論事會文切理，一字不可增減。

鳳羽冲霄：上以飛白書賜周曰：「鸞鳳冲霄，必假羽翼。股肱之寄，要在忠賢。」

○○陸贄

發迹賢科，學慚鴻漸；拜官御史，采謝鷹揚。執羈靮于奉天，辱荷捐金之賻；秉鉛槧于禁地，愧無横草之功。空叨内相之名，未懋中興之業。

〔釋〕

鴻漸：《易・漸》卦象鴻，取進有序之義。

鷹揚：言猛將勇疾如鷹，飛揚而將擊也。

奉天：贄從上奉天，贄在翰林。信之，凡宰相有事與之謀時，稱曰內相。

鉛槧：鉛，鉛粉。槧是簡。

○○○韓愈

昌黎末學，山斗虛名。東序三年，深慙冗食；西臺數月，徒玷清班。白首長驅，馬擁藍關之雪；丹心不昧，天開衡岳之雲。

〔釋〕

山斗：愈没，人仰文行如太山、北斗。

西臺：愈爲御史，不久竄南夷。

東序：愈三爲博士，冗不見治。

衡陽：愈《謁衡山南岳廟〔一四九〕》詩云：「我來正逢秋雨節，陰氣晦昧無清風。潛心默禱應感通〔一五〇〕，須臾盡掃象峰出〔一五一〕，仰見冗突撐晴〔一五二〕空。」

藍關雪：公貶潮洲，藍關遇雪，故其詩云「雪擁藍關馬不前」。

〇〇張玄素

名列諫臣，職叨給事。洛陽露奉，披龍頂之逆鱗；素綵天恩，知彈冠而汗背。晨摇玉佩，黄門聯八舍之曹；夕拜瑣闈，丹地核千官之疏。

〔釋〕

洛陽：太宗修洛陽宫時，玄素爲給事中，諫：未有巡幸之期而預修宫室，非今日之急務。

露奉：太宗謂玄素所言誠有理，即後日或有事至洛陽，雖露居亦無傷也。

素綵：太宗賜玄素綵二百匹。

〇〇〇李德裕

出從翰苑，領使節於雄藩；忝在相門，沐恩波於再世。十連假寵，胡山歸節度之權；八命登壇，草木帶風霜之氣。

［釋］

使節節度：裕爲西川節度使，至鎮，作籌邊樓，圖蜀地形，訪南詔吐蕃險要，與習邊事者商議於中。

宋朝

建隆　乾德　開寶

太祖（姓趙，諱匡胤。在位十六年。）

香飄夾馬之營，瑞應化龍之夢。天與民受，日蕩瑶光；璧合珠連，星開文運。用宿儒，處重地，一闡皇猷；舉杯酒，釋兵權，保全宿將。闢門悟正心之學，贊像契聖真之傳。

［釋］

夾馬：帝生，異香經宿不散。

龍夢：董遵誨夢黑蛇龍化。

日蕩：苗訓觀天文，見日下復又一日，摩盪久之。

珠連：璧合珠連，指丁卯五星聚奎。

宿儒：以寶儼爲翰林。
舉杯：太祖與將帥飲，輸釋兵柄。
贊像：親製《孔顔贊》，命羣臣分贊其餘。

太宗（諱廷美。在位二十六年。）

太平興國　雍熙　端拱　淳化　至道

日表天顔，龍行虎步。下太原而功成混一，收圖籍而院起崇文。一榜求賢，千卷進御。緋魚寵孫奭，光被章縫；和藥賜曹彬，恩覃將帥。百神合吉，罷封禪之浮誇；七政齊觀，窺渾儀之雅製。

［釋］

龍行：太祖語近臣曰：「龍行虎步，他日必爲太平天子。」
太原：興國四年，命潘美征北漢。
崇文：帝立崇文館以貯書。
一榜：帝因張齊賢下第，一榜盡賜及第。
千卷：命吏官參《御覽》一千卷，日進三卷。

緋魚：衣帶。

真宗（諱倪。在位二十五年。）

咸平　景德　大中祥符　天禧　乾興

時廑内寢，至愛治於慈闈；寚禱禁庭，深仁周於民瘼。蠲逋釋係，大施曠蕩之恩；恤旱求言，周裨修彌之政。

仁宗（諱禎。在位四十一年。）

天聖　明道　景祐　寶元　康定　慶曆

皇祐　至和　嘉祐

屏書無逸，閣起邇英。鹿洞頒經，海宇仰文明之化；龍圖賜詔，朝端增敢諫之風。下黄織於寶岐，光生隴麥；分青疇於兖學，頌起泮芹。藥不貴犀，重賢良而爲寶；膳猶却蛤，慎儉德以永圖。

［釋］

無逸邇英：帝作邇英、延英二閣，寫《尚書・無逸》於屏風。
頒經：頒《九經》於白鹿洞。
龍圖：學士孫奭侍講，畫無逸圖以進，命施於閣下。
隴麥：皇祐元年，帝幸後苑，觀刈麥。
青疇：王堯臣及第，賜《中庸》；吕臻及第，賜《大學》。
貴犀：京師疫疾，大醫方内用犀，帝出通天犀。
却蛤：或獻蛤蜊二十八枚，投一千錢，帝：「下箸費一千錢，吾不堪也。」

英宗（諱宗實。在位四年。）

治平

鉅鹿分封，默定神人之主；潛龍應兆，允符中外之心。獨斷萬幾，出羣臣之意表；俯詢故事，期二代以同歸。

［釋］

鉅鹿：英宗本濮安王懿子，初封郡公。仁宗立爲嗣。

意表：韓琦取十餘事，令帝裁，皆出人意表。

神宗（諱頊。在位十八年）

熙寧　元豐

鋭意帝王，委心輔相。右經義而盡革諸科，定方田而獨追古制。重道表六經之學，崇儒增三舍之員。

［釋］

諸科：更定科舉法，罷詩賦，以經義、論、策取士。

方田：立制置方田二司，行青苗法。

三舍：立太學士三舍，由外舍入内舍，由内舍入上舍。

哲宗（諱煦。在位十五年。）

元祐　紹聖　元符

道光殷后，明邁漢昭。念先帝之初心，大推紹述；罷一時之新法，内付施行。起元老而服四夷，榜朝堂以來敢諫。

徽宗（諱佶。在位二十六年，傳與欽宗。）

建中靖國　崇寧　大觀　政和　重和　宣和

欽宗（在位未二年被害。）

靖康

高宗（諱構。在位三十六年。）

建炎　紹興

乾綱獨斷，泰運重開。延攬羣英，期伸威於塞北；驅馳衆策，誓振旅於幕南。日羽一揮，女直之師宵遁；天戈再指，逆齊之衆潛奔。駕宣王復古之威，邁光武中興之業。

孝宗（諱伯宗。在位二十八年。）

隆興　乾道　淳熙

奮起外藩，入承大統。兩宫齊壽，帝德允協乎太和；三載終喪，乾節不撓於羣議。禮嚴敵國，猶恢復之靡忘；圖作敬天，恐起居之或懈。

［釋］

外藩：帝，秀王子，高宗無嗣，立之。

乾節：高宗崩，帝致三年喪。

敵國：孝宗與金人正敵國之禮。

作敬：隆興七年，作敬天圖。

光宗（諱惇。在位五年。）

紹熙

禮嚴定省，隆孝養於重華；惠事懷柔，覃恩威於朔漠。特下直言之詔，正士登庸；禁道學之譏，斯文有幸。

〔釋〕

懷柔：懷正柔安。

道學：劉光祖乞禁道學之譏，帝從之。

寧宗（諱擴。在位三十年。）

慶元　嘉太　問[一五三]禧　嘉定

下詔伐金，誓復中原舊土；問安視膳，克諧南面歡心。四十日平夷，威行梁益；百萬錢賑貸，惠洽淮西。

〔釋〕

下詔伐金：詔曰：「犬戎誇我久矣，中原天厭久矣，狐兎失其故穴，人兢逐之。」[一五四]

平夷：安丙討張福，平之。

淮西：時淮西水旱。

理宗（諱與莒。在位四十一年。）

寶慶　紹定　端平　嘉熙　淳祐　寶祐
開慶　景定　咸淳
金虜之俘獻，天討斯張；洽學之禁開，德音廣播。五賢追爵，並侑孔庭；六籍表章，特宗朱氏。

［釋］
伏獻：端平元年，金亡，獻俘於太廟。
禁開：黜王安石從孔子廟。
五賢追爵：表章《六經》，追封周敦頤、張載、二程、朱子。

度宗（諱孟啓。在位十年。）
啟淳
恭帝（即位未二年，被執。）

德祐

端宗（諱昰。在位二年。）

景炎

帝昺（即位未二年，溺於東海。）

祥興

宋名臣

曹斌（太宗時人。）

提戈有志，早竊虛名；學劒徒成，長慚實用。登壇受鉞，叨日月之光華；西伐南馳，伏雷霆之威命。

［釋］

提戈：斌周歲，父母羅百物於前，觀其所取，但提戈取印而已。

學劍：項羽少時學書不成，去學劍，曰：「劍，一人敵，不足學；學萬人敵。」

受鉞：唐太宗曰：「古命將，授以鉞，曰：『從此至天，將軍制之。』又授以斧，曰：『從此至地，將軍制之。』」

西伐：嘗定蜀孟昶、夷李煜。

南馳：上命斌伐唐，授之劍曰：「副將以下不用命者斬！」

呂蒙正（真宗時人。）

丹墀對策，忝厠龍頭；樞府轉官，叨承豹尾。貧骨得知參政，雅量見推時人。爲子辭官，恐妨賢路；薦材奉使，期振國威。

［釋］

龍頭：榜畫龍，爲登龍頭者，狀元也。

豹尾：大駕屬車八十一乘，乃尚書省中所載，最一乘懸豹尾。〔一五五〕

貧骨：蒙正先貧，及爲叅政，朝士指之：「此子亦爲叅政！」正徉〔一五六〕爲不知，人服其雅量。〔一五七〕

辭官：真宗兩過洛陽，語曰：「卿子弟孰賢？」□無可者。

薦材：帝欲遣人使朔方，正上其侄夷簡。帝不許，三上之。既用，果稱職。

張齊賢（太宗時人。）

十策上陳，已荷先皇之眷；一榜及第，繆承帝命之隆。判衡陽而駑力未勤，登樞密而梁鵜是懼。

〔釋〕

十策：賢在太祖時上十策，太祖抑之。太祖命太宗用爲輔。

及第：已釋。

判衡：賢先判衡陽，後爲樞密。

梁鵜：水鳥，即陶河也。《詩·曹國風》譏小人在位者。〔一五八〕

田錫

通仕籍者三朞，荷官階者四轉。初參五雉之署，靡效經營；旋佐分虎之州，莫稱治績。躐登秘省，點石渠金馬之班；出判漕司，負芻輓星軺之寄。

［釋］

四轉：錫入仕三年，凡四遷，爲臺諫，上疏五十三章。

分虎：錫因旱，言太切，曾出知陳州。

金馬：漢武得大宛馬，以銅鑄其象於省門，曰金馬門。

出判：盧多遜專政，惡錫，自拾遺出判轉運使。

負芻：嚴安上武帝書：「蜚芻輓粟」。

星軺：《詩》：「星軺玉節兩青青。」

王曾

青州發解，誤點朱衣；丹陛傳臚，謬先黄甲。平生學術，不懷温飽之心；一旦遭逢，敢效淟阿之態。

［釋］

發解：曾，青州人，中鄉解。

朱衣傳盧：已見前。

温飽：或曰：「狀元試三塲，一生吃着不盡。」曰：「曾平生志不在温飽。」

洪阿：時丁謂權重，人不敢抗。曾獨正色立朝，人倚重焉。

寇準

讀霍光之傳，深懷不學無術之譏；守陳恕之規，不改新榜刊行之例。奉澶淵之役，而城下盟成；授利用之書，而關内清絶。

［釋］

讀霍光：準初請教張允，允曰：「《霍光傳》不可不讀。」

守陳恕：陳恕爲三司使，有心計，榜行便民者甚悉。準爲政不改。

奉澶淵：契丹寇澶淵，準勸帝親征，卒定和議，南北弭兵。

授利用：契丹請和議幣，準謂曹利用曰：「過多漸汝矣。」

韓琦

偶應綵雲之瑞，時懷捧日之誠。再轉清階，復兼詞府。對邊無策，虚名空齒於仲淹；調鼎何功？雅譽更齊於富弼。

［釋］

綵雲：琦舉進士，唱名時，太史奏綵雲見。

捧日：錢文仲詩：「霄漢常懸捧日星。」

對邊：琦因元昊強侵上策，與仲淹同爲西邊經署使。

富弼：琦有定策功，與弼同有相望，人謂「韓富」。

虚名：琦在邊軍中，謡曰：「軍中有一韓，西賊聞之必膽寒；軍中有一范，西賊聞之驚破膽。」天下稱爲「韓范」。

文彦博

賢科發軔，初試民功；旅進登階，遂當言路。麾旄九秉，殿直兩司。出判河陽，重負北門之命；入登兩府，浪誇首相之榮。

［釋］

出判：博以老求罷，乃以使相出判河陽。

首相：公久爲平章，軍國事班上宰相。

兩府：中書、樞密，文武兩府。

范仲淹

性惟朴直，志在先憂。十事奏於天章，獻同曝背；四論譏乎時弊，道未格心。膽落元昊，幸著軍中之號；胸藏萬甲，空傳塞上之名。

［釋］

先憂：仲淹作《岳陽樓記》云：「先天下之憂而憂，後天下之樂而樂。」

十事：天章閣奏十事曰：「明黜陟、抑僥倖、精貢舉、擇官長、均公田、厚農桑、修武事、推恩信、重威令、省徭役。」

曝背：宋人有曝背於日者，欲以獻之君。

四論：四論曰：「帝王善好尚」、「選賢任能」、「近名」、「推委」。

胸藏萬甲：淹知延州，敵人戒曰：「小范老子胸中有數萬甲兵，不比大范老子可欺也。」

膽落：見前。

富弼

舉自茂材，任由監職。虜廷出使，力嚴二字之争；河北賑饑，暫紓一路之哭。

〔釋〕

二字：獻納也。

紓一路：弼知青州，出官廩賑饑民數十萬。

虜廷出使：弼使契丹，以正辨屈虜，復定和議。

杜衍

昔判晉州，忝名良吏。逮承御史，妄論常平。内降封還，恃聖慈之能受； 西兵論駁，嗟狂瞽之空陳。淮使問名，特荷天乾之春； 乾州賜宴，遥承天語之温。

〔釋〕

晉州：衍置常平倉於京師，谷賤則增糴以貯之，年饑則減價與貧民。

内降封還：衍在樞密，每有詔，悉不行。積詔十數，輒納帝前。

論駁：琦對西兵攻守之策，衍曰：「僥倖而成，非萬全〔一五九〕也。」

司馬光

擊甕虚傳於兒童，簪花謬却于通籍。并州一請，妄探驪龍； 諫院五規，愚同芹曝。

十九年之精力，盡在編摩；二千石之班行，久承華要。

［釋］

擊甕：公少與兒童嬉戲，有一兒童倒濡甕内，公以石擊碎之，而濡者得生。
簪花：光舉進士，賜宴不簪花。或者勸強簪一枝。
并州一請：光判并州，請選宗室繼嗣，自爲必死。帝嘉之。
五規：光知諫院進五規，曰：「保業」、「惜時」、「遠謀」、「謹微」、「務寬」。
十九年：光修《資治通鑑》，十九年而成。
二千石：華要，學士也。想學士禄與郡牧同。

歐陽脩

節推初授，書記最迂。謫夷陵而望闕心懸，知諫院而回天力短。一麾數郡，慚無治行之良；八職兼叨，備極清華之選。

［釋］

謫夷陵：今湖廣。范仲淹上白官圖，又獻四論，落職知饒州。尹洙、余靖救之，皆貶。脩遺書責高若納不能救，納怒上其書，俻坐貶夷陵令。

知諫院：俻知諫院，每入對，帝必延問執政，咨所宜行。既多所張弛，小人翕翕不便。

清華：學士。

唐介

迹本孤危，言無忌諱。歷風波於險道，敢辭淮浦之吟？憶日月於窮途，寧復諫垣之想？

［釋］

孤危：李思中贈詩：「孤忠自許衆不與，獨立敢言人所難。」

風波：介劾彦博，貶英州。舟渡淮中流，大風，吟曰：「平生仗忠義，今日任風波。」

諫垣：吴中復請還介，彦博亦言之，乃召至諫垣。

范鎮

論園陵之失制，何惜批鱗；指鼎軸之匪人，惟憂折足。

［釋］

園林：上召議濮王園廟，鎮曰：「陛下既以仁宗爲考，又加于濮王，所失非細。」故罷知陳州。

鼎軸：鎮論陳執中非宰相器，執中免相。

呂公著

蘭臺謬躐，樞軸叨登。已出補於外州，復召還於政府。細陳十事，聊竭微忱。

［釋］

樞軸：宋興以來，以三公平章軍國事者四人，而著與父呂夷簡居其二，世以爲榮。

召還：著先爲新法行，出補楊州。高太后因哲宗立，召爲尚書左右丞。

陳十事：著爲尚書，上十事：敬天、愛民、修身、講學、任賢、納諫、薄斂、去奢、無逸〔一六〇〕。

趙抃

撫瑶琴而自適，籠野鶴以來歸。告帝焚香，漫説韓琦之譽；讀書蒙誚，徒貽后稷之慚。

〔釋〕

瑤琴野鶴：抃任成都，携一琴一鶴以行。抃日所爲事，夜必焚香告於天。

蒙誚：安石問抃曰：「公等全不讀書？」曰：「后稷所讀何書？」

范純仁

天語春温，漫作《尚書》之解；時宰執拗，羞聞制誥之榮。

〔釋〕

作《尚書》：上語仁曰：「卿〔一六二〕善言事，可陳古今治亂爲鑑。」遂作《尚書解》進。

執拗：仁嘗曰：「安石不曉事，又執拗耳。」

制誥：安石使人語仁曰：「且除君制誥矣。」曰：「此言安可及予。」

蘇軾

岷峨冷族，箕斗虚名。驚華髮之半空，生還萬里；笑丹心之未振，坐闢三遷。光溢金蓮，榮分玉署。

〔釋〕

岷峨：蜀山。華髮：蘇軾自謝語。

生還：軾嘗謫嶺南。

箕斗：箕四星，斗六星，應南方。

蓮：軾爲學士，入對至昏。上以金蓮燭送歸院。

朱熹

詩禮早聞，幸賴父兄之教；切磋無替，蚤承師友之規。知行未得其入門，誠敬空求於實地。平生四字，敢抱終身；大學三綱，翼資聖治。

〔釋〕

父兄師友：公父朱松，吏部侍郎，嗜理學。臨終命公從胡憲、劉子翬等遊。

實地：黄勉齋曰：「先生之爲學也，窮理以致其知，反躬以踐其實，居敬者所以成始成終也。」

四字：周必大薦公爲江西提刑，或要於路曰：「正心誠意之論，上所厭聞，慎勿復言。」公曰：「平生所學惟此字，豈可隱默以欺吾君乎？」

三綱：明德、新民、止至善。

程頤

弄月吟風，晚得濂溪之趣；門外尺雪，自分師道之尊。戇直難容，人言勿恤。涪州歸命，寒雀影斷於昭陽；河洛尋縱，鳴鐘倦聞於長樂。

［釋］

弄月吟風：頤嘗曰：「自再見周茂叔後，吟風弄月以歸，有『吾與點也』之意。」

濂溪：在道州西，茂叔所居處，遂稱爲濂溪先生。

尺雪：楊時、游酢共事程頤。一日偶頤瞑坐，時二人侍立不去。頤既覺，門外雪深三尺。

國朝

太祖高皇帝

洪武

天挺真人，民歸義主。闢乾坤于再造，高飛淮甸之龍。揭日月以重開，盡逐胡元之鹿。不階尺土，以有普天。修三綱五常既墜之彝倫，復二帝三王已淪之土宇。

［釋］

淮甸：帝句容人，至仁祖，始遷濠州。

元鹿：祖秦失其鹿。

普天：《詩》：「普天之下，莫非王土。」

成祖文皇帝（在位二十八年。）

永樂

祗承上帝，靖内難于皇都；紹纘丕基，覲耿光于烈考。《本訓》以授皇儲，則基永固；《大全》以淑天下，斯道重明。七佐叅謀，宏開内閣；兩都並建，雄鎮上游。

［釋］

七佐：元年，詔建内閣，簡楊士奇、解縉七人入内閣。

兩都：金陵、金臺。

《本訓》：帝作《務本之訓》以賜仁宗。

《大全》：命胡廣作經書《性理大全》。

仁宗昭皇帝（在位一年。）

洪熙

監國留都，先沾惠澤。養蒙禁闥，快覩光儀。惇睦二王，鴻雁依輝于花萼；咨詢五佐，鳳凰叶應于梧桐。

［釋］

留都：成祖遷北京，以南京爲留都，命仁宗監之。

惠澤：潁川軍民缺食，御史于謙請賑。仁宗曰：「民方待哺，卿尚從容。汲黯何如人也？」急賑之。

宣宗章皇帝（在位十年。）

宣德

序昭《洪範》，憂寓《豳風》。甲冑躬擐，曉戰奮北胡之氣；明良胥會，春遊光西苑之花。含譽呈輝，騶虞薦祉。納忠良之獻替，寵溢頒金；懷稼穡之艱難，文摛織婦。

［釋］

《洪範》：上召楊士奇等，出御書《洪範》及制序文示之。

《豳風》：召翰林曰：「《豳風》周公陳周家致王之由，民事之宜于成王。朕甚愛之，爲賦。爾其書于圖之右。」

北胡：兀良哈犯邊，帝親搗之，大勝。

含譽：八年閏八月戊午，景星見于天門。學士王直進頌。

騶虞：四年，騶虞見於南郊。又南海諸藩獻麟凡四。楊士奇進頌。

英宗睿皇帝（**在位二十二年。**）

正統　天順

主鬯青宫，垂衣紫極。孝承太母，晨趨聽長樂之鍾；禮接老臣，晝訪命延英之席。（**正統時**）

寶曆重開，瑶軒再涖。敦親釋繫，藹堯舜之至仁；任相咨謨，儼地天之交泰。殄奸雄于輦下，談笑成功；徵遺逸于山中，謙虚示禮。（**天順時**）

憲宗純皇帝（在位二十二年。）

成化

重農事而耕籍田，供秉耜三推之禮；振儒風而臨太學，聳環橋萬姓之觀。加樂舞于素王，輯《文華》于寶殿。《綱目》續編之作，統正中華；君道子職之隆，昭垂萬世。

〔釋〕

素王：孔子也，加禮先師，籩豆樂舞。

《文華》：帝彙次古今，論爲《文華大訓》，以遺孝宗。

《綱目》：起宋太祖，終元順，以尊華攘夷。商輅筆。

玉關：班超云：「但願生入玉門關。」

孝宗敬皇帝（在位十八年。）

弘治

首下寬仁之詔，躬行節儉之風。讞獄必親，視朝有節。開言路，塞倖門，遠紹虞周之治；戮妖僧，竄方士，一袪晉魏之迷。闕里建而聖道益崇，會典修而人文丕著。

［釋］

闕里：孔文端從宋高宗南渡，居衢州，遂名闕里，子孫世襲，衍聖公爵號。元廢之。至是命孔顔繩爲五經博士。

典脩：上以累朝典制未會於一，命徐溥等修之。

武宗毅皇帝（在位十六年。）

正德

敬承七廟，孝協兩宮。燭幽隱之邪謀，同明離照；靖宗藩之大變，獨斷乾剛。

［釋］

七廟：自太祖至孝宗。

兩宮：慈慶、慈寧張、蔣二太后。

邪謀：中官劉瑾不軌，至謀家擒之。

宗藩：江西寧王爲亂，王守仁等討平之。

世宗肅皇帝（在位四十五年。）

嘉靖

龍起荊襄，河清淮甸。律天襲地，郊丘嚴分合之規；尊祖敬宗，帝祫正異同之辨。敬一箴垂，文摩牛斗；廟九禮定，道合陰陽。壽考作人，萬類沐淪濡之澤；平康撫運，九圍宣正直之風。

［釋］

起荊：上本楚藩興王子，武宗無嗣，承之。

河清：武宗七年，河清五日。議者曰：「世宗龍飛之兆。」

壽考作人：《詩》：「文〔一六二〕王壽考，遐不作人。」

九圍：《詩》：「帝命式于九圍。」此頌湯也。

穆宗莊皇帝（在位六年。）

隆慶

崇儒重道，紹千古之真傳；虛己授人，作一代之令主。臨軒講學，寒暑必親。當登極之初，舉南郊之典。革道士真人之號，排斥異端；廣九經方面之科，大崇正學。

［釋］

南郊：隆慶嘗祀天于南郊。

太學：隆慶嘗謁釋奠。

神宗皇帝（在位四十八年。）

萬曆

聖齡方茂，睿學日新。崇徽號于仁慈，孝思罔極；隆錫類于藩服，仁浹宗盟。優禮老成，追三代羞耇之政；顯録隱逸，大二帝稽衆之公。

光宗皇帝

泰昌

應期出震，握紀御乾。時當大壯之年，日躋豐亨之會。發帑藏，薄税斂，中外均沾乎雨露；　録恩勳，親故舊，臣隣幸際乎風雲。

熹宗皇帝（在位七年。）

天啟

岐嶷蚤著，模範增新。抽芸臺芝室之秘，正切編摩；　乘書林册府之餘，兼思韜畧。受録圖於河馬，忻瞻中國聖人；　垂玄袞於山龍，喜識少年天子。

當今皇帝

崇禎萬萬歲

玄德孔敷，文思特湛。蟄神龍於潛邸，備悉艱難；　試利器于盤根，益明治亂。出修代帝之儀，入講唐堯之事。弟可承兄，先皇素言其孝友；　臣今有主，父老久知其太平。

本朝名臣

劉基

承鳳詔於青田，對龍光於丹扆。瞻雲識瑞，早知真主之將興；諏日行營，歷贊王師之無敵。致隆子房之號，俾參諸葛之謀。

［釋］

青田：上遣使徵基於青田。及至，尊禮之。

識瑞：基少遊西湖，有異雲起西北，光映湖水。語同遊者曰：「此天子瑞也，吾當輔之。」

子房號：上嘗曰：「伯温，吾子房也。」

宋濂

偶緣文字，獲草絲綸。鶴禁傳經，重荷先生之號；龍樓侍宴，寵頒學士之歌。

［釋］

草絲綸：濂以文學稱，由起居注進學士。

先生號：公與葉珍、章溢、王偉〔一六三〕，上稱四先生而不名。

《學士歌》：濂性不飲，嘗侍宴，强卒爵酒，面色如頳，行不成步。上笑，親作《醉學士歌》賜之。

陶安

渡江綰墨，躬逢聖作之期；棘院木天，久厠清華之選。賜户庭之春帖，驚心彩鳳之來；頒彭蠡之新詩，靦面鱷魚之去。

〔釋〕

棘院：即棘闈也，以試天下貢舉。

木天：翰林謂「木天」。

楊榮

閩南土梗，冀北萍踪。早入翰林，幸先皇之眷遇；繼窮毳漠，同聖駕以於征。定策兩朝，唯咸一德。功既慚於蹇夏，識亦短於士奇。

［釋］
閩南：楊榮謚文敏，閩建寧人。
先皇：謂永樂。

孔彦博

忝尼父之衣鉢，力曷勝乎龍驤；接洙水之箕裘，心每慚乎蚉負。守先人餘緒，莫克藏脩；荷大造生成，何容補綴？

［釋］
龍驤：神馬能負大任。
蚉負：接輿曰：「治天下猶涉河鑿海，使蚉負山也。」
衣鉢：僧家以此相傳。范質舉進士，王文愛其才，置之十三。語質曰：「君才宜冠多士，屈居十三者，欲君傳老夫衣鉢。」

楊士奇

初起布衣，俾與編摩之職；既由藩閫，遂參帷幄之謨。偕七佐以同心，首三楊而擅譽。

〔釋〕

編摩：奇初典編修。

七佐：奇與解縉等七人入內閣典機務。

三楊：與楊榮、楊溥稱「三楊先生」，而奇爲最。

于謙

夙參臺省，遂總韜鈐。清操彌堅，兩袖清風朝北闕；丹心自矢，一腔熱血灑中原。

〔釋〕

兩袖：謙巡撫河南、山東，入京不賂當路。汴人誦其詩曰：「清風兩袖朝天去，免得閭閻話短長。」

熱血：天順復位，斬謙于市。石亨言其謀立外藩也。

薛瑄

崛起河汾，上宗濂洛。踶跂群聖，愧山斗於當年；枕藉六經，剖藩離於末學。拜講筵之秩，廻坐論之寃。

［釋］

河汾：屬山西。王通講學於此，公之生土也。

踶跂：公有《讀書録》，嘗言讀書得於心，須驗於行。

愧山斗：公提學山東，有「薛夫子」之稱。

濂洛：周、程之地，公理學宗宋儒。

拜講：公提學，後召入經筵，遷至禮部侍郎兼學士。

王守仁

斥奸一疏，遠竄龍場；諫佛萬言，未陳螭陛。行師江右，承廟筭而破宸濠；移鎮廣南，伏天威而取諸塞。

〔釋〕

竄龍埸：仁上疏救戴詵，下獄，謫貴州龍埸驛丞。

宸濠：江西寧王名，後謀逆，仁起兵擒之。

通用

表聯通用目次

○議政（通用）

議邊

○聖誕（通用）

元旦

冬至

敬天圖

曆法

○郊祀（通用）

廟祀

大明會典

訓鑑

○天瑞（通用）

壽星

五星聚奎

含譽星

慶雲

甘露

醴泉

禱雨

甘雨

瑞雪

河清

嘉禾

瑞麥

奇花異木

鳳凰

駿馬

麒麟

玄兎
白兎
鹿
獅
龜
○皇太子出閣（通用）
册立
太子冠
太子婚
訓箴
脩玉牒
○謝官（通用）
三公
平章事

尚書令
吏尚書
吏侍郎
户尚書
户侍郎
禮尚書
禮侍郎
兵尚書
兵侍郎
刑尚書
刑侍郎
工尚書
工侍郎
諫官

翰林院
知貢舉
狀元及第
○賜衣帛（通用）〔一六四〕
賜宴
印章
玉帶
賜貂
黃金廐馬
賜扇
賜茶
朝門
河工
遣賑貸

○○御製

伏以鳳藻日新，寰宇矚絲綸之美；鴻編天啓，雲霄分琬琰之光。普陽春而迭奏，散天籟於群工。拭目知榮，捫心拜賜。竊惟肆筆爲書，固出入聖神之餘事；觀文成化，寔經天緯地之全能。遐哉堯思安安，邈矣周文郁郁。侈雄心於汾沛，徒聞風起雲飛。工繡帨於陳隋，堪嘆庭花燕草。信惟作者之謂聖，爲能焕乎其有章。伏遇

○○○○，心涵奎壁，道貫圖書。則大居尊，耀三辰之珠璧；希聲應物，宣六代之雲英。筆海澄波，月瑩明珠之浦；學山烟秀，天開群□之峰。滙河洛於心源，文涵龜馬；馳風烟於筆陣，勢起龍蛇。王度式其如金，宸文昭於合璧。一時揮灑，萬世典謨。臣等玉闕霄看，北斗燭蛟龍之氣；崑山夜望，層城懸日月之明。不謂五色雲中，天章忽墜；十行札上，御墨猶鮮。滿袖琳瑯，豈假藍田之玉？一天星斗，長生蓬户之輝。伏願靈輝普燭，瞻堯眉舜目於九重；神氣常寧，鞏夏鼎商彝於萬世。

［釋］

絲綸：《禮》：「王言如絲，其出如綸。」

琬琰：《書》：「弘璧琬琰，上世之傳寶也。」

陽春：《楚詞》：「客有歌于郢中，其始曰《下里巴人》，國中屬而和者數千人；其爲《陽春白雪》，國中屬而和者不過數十人。」

天籟：《莊子》：「天籟地籟人籟。」

庭花燕草：隋煬帝善文，常以新聲被之曲，不欲人出己右。薛道衡死，曰：「復能作『空梁落燕泥』否？」五冑之死，則曰：「復能作『庭草無人隨意緑』否？」盖二人嘗有是句也，俱以才爲煬帝所誅。

筆陣：衛夫人著《筆陣圖》，王右軍跋其後：「紙爲陣，筆爲刀稍，墨爲鍪甲，水硯爲城池。」

合璧：《天文志》：「日月如合璧。」

龜馬：見《九經》。

○○○御詩

（冒同前）竊惟風入虞絃，洩南薰之帝藻；露晞周宴，開北闕之天葩。魚藻鹿鳴，載綴明良之韻；采薇伐木，交成上下之懽。雅既云亡，風斯已下。（以下并頌同前）五字成文，珠連東井；七言裁賦，杓貫北辰。月滿洞庭，萬里聽鈞天之奏；風生閶闔，九衢傳清籟之音。絢烟雲於掌上，羅星斗於胸中。雙龍之匣乍開，氣冲牛斗；五鳳之音忽聽，響徹雲霄。（述祝同前）

［釋］

南薰：舜鼓十二絃之琴，曰：「南風之薰兮，可以解吾民之愠。」

魚藻：王者燕諸侯，諸侯美大子之詩。

鹿鳴：王者宴賔客之詩。

采薇：王者遣戍之詩，出《小雅》。

伐木：王者宴朋友故舊之詩，出《小雅》。

○○御書

（冒敘頌同前）上究黄軒鳥跡之工，下殫紫府結空之勢。三辰舒魄，筆下功奪化機；萬態呈姿，毫端景移天象。二渺秦書八體，細卑漢扎十行。（述祝同前）

［釋］

鳥跡：蒼頡觀鳥跡，象之以制文字。

十行：漢光武頒詔，皆一扎十行，手跡細書成文。

○講禮賜詩

伏以人子立隆以爲極，瑶編衍二戴之傳； 聖人賜筆而成書，寶軸拜十行之札。維地緯天經之旨，仰契宸衷； 故日纏星麗之光，下垂品彙。竊惟陋儒創綿蕞之儀，末學聚石渠之訟。同異徒紛於東觀，典章未備於曲臺。（頌同前）彼宣父適周而問，未窺禾穗之書； 若韓起聘魯而觀，詎覩雲龍之蹟。聞詩聞禮，儼挾策於鯉庭； 有晝有文，勝採疇於龜範。得一言以佩服，不敢斯須而去身； 謹十襲而珍藏，先惧光芒之燭漢。

（以後同前）

［釋］

二戴：《前漢》：戴信〔一六五〕爲信都太傅，戴聖以博士論《石渠》，皆受禮于后蒼，删《禮記》，故號「大小二戴之學」。

綿蕞之儀：《史》：漢帝初即位，去秦苛政，爲簡易。羣臣飲酒争功，醉或妄呼，投劍擊柱。叔孫敖説上制禮，乃于綿蕞野外，習朝儀。綿，謂設置綿索，爲習肄處。蕞，謂翦茅植地爲尊卑之次也。〔一六六〕

東觀：班固著作於東觀。

曲臺：后蒼説《禮》數百言，號曰《后氏曲臺記》，授……〔一六七〕

○○求賢

雲隨龍現，常遊皇路天衢；　霧宧豹藏，或在他山空谷。雖國香芬馥，原植根于瑶池瓊圃之間；　廼道氣幽閒，每托契于江籬杜若之泮。松軒自憩，杳冥姑射之心；　茅舍逃虚，寂寞峒山之駕。詎因猿鶴之成怨，遂令鹿豕之爲羣。但不言自芳，彼自成蹊于九畹；　而無因難合，君亦永錮之三湘。維草木差池，有媿梗楠杞梓；　即天葩爛漫，徒成月露風雲。乃寤寐幽人，時作岩阿之養；　而披陳往牒，恍聞絲竹之音。婉轉躊躇，淋漓寫就。以筆代指，如月明滄海之聲；　翻譜爲新，有木落洞庭之怨。紛披五色，何物降自天來；　編耀千官，對此方知日近。

〔釋〕

霧宧豹藏：　豹每伏重霧中，以潤文其毛而成文章。

九畹：　《楚辭》：「滋蘭之九畹兮。」

梗楠杞梓：　梗、楠、杞、梓皆可收之以備棟梁之用。

風雲月露：　「連篇累牘……盡是風雲月露。」〔一六八〕六朝文靡，故有此語。見李鍔上書。

○御經筵

伏以寶幄弘開，發一代文明之運。禁闈地密，闡百王心法之傳。益進無疆，懽騰有慶。竊惟在昔英君誼辟，不離輔弼凝丞。典學以始終，納誨於朝夕。迨皇風既邈，聖學遂湮。馬上成功，未覩詩書之效；座前致問，徒矜講習之名。弘文開館，倫理罔聞。麗正修書，辭華是兢。視學見規於暑月，講筵用勸於觀兵。學有緝熈，獨專聖哲。伏遇○○○○，天啓聰明，聖兼問察。無逸乃逸，體乹健以時行；日新又新，晉離明而普照。乃不廢乎芻蕘，俾得陳其涓滴。承天顔之睟穆，知睿慮之謙虛。紬旃晝啓，察興衰之故於羣經；博帶雲從，資啓沃之功於衆論。或問或疑，發聖門之奧旨；一都一咈，繼聖世之賡歌。臣等益堅素學，勉竭丹忱。非仁義不陳，竊効孟軻之敬；無慢遊是好，敢爲帝舜之箴？伏願懋敦身範，嚴事心師。尊所聞，行所知，納誨常資於朝夕；月有將，日有就，典學無間於始終。斯心涵太極之精，遠接千年之聖緒；而道一貞觀之運，永熈萬載之皇圖。

［釋］

輔弼凝[一六九]丞：《記》曰：「虞、夏、商、周有師保，有凝丞，設四輔及三公，不必備，惟其人。」

馬上成功：漢高祖謂陸賈曰：「乃翁以馬上得之，焉用詩書爲？」

座前致問：漢庭大臣多短賈，帝疏之，以爲長沙王傅。后文帝思之，召入見。時帝方受釐宣室，因感鬼神事，問鬼神之本。誼具道所以然。至夜半，帝移席前聽之。

麗正修書：元宗置麗正書院，聚文學之事。或修書，或侍讀，有司供給甚厚。

〇〇幸太學

伏以奕葉雲仍，壯千載辟雍之治；奎明星煥，回九重玉殿之春。雲旗翻於璧波，天表垂於泮水。寵錫縉紳，慶洽宮牆。（敘頌同前。）快覩堯天之錫潤，冠帶圜橋；幸瞻舜日之文明，旌旗夾岸。翠華聳視，蛟豹蔚乎交輝；紫蓋揺臨，風雲護其至止。凝旒肅穆，執鬯粹精。神交未薦之誠，化被無言之格。祇瞻廟貌，皜皜乎江漢秋陽；和聽宮懸，洋洋乎金聲玉振。臣等目親俎豆，似隨游、夏以升堂；耳側簡編，如見顔、曾之侍坐。（祝同前。）

〔釋〕

辟雍：《禮記》曰：「天子學宮曰辟雍，諸侯曰泮宮。」《白虎通》曰：「天子立辟雍所以行禮樂，宣教化也。辟者，象璧員，法……又雍之以木，象教化流行。」〔一七〇〕

圜橋：漢明帝幸辟雝講經，冠帶縉紳之士，圜橋聽者億萬計。

旃旗夾岸：舜設旃陳鼓，以開直言之路。

翠華：天子之駕曰「翠華」。

○○書箴銘

伏以聖學日新，黼座契簡編之妙；宸居天啓，丹書煥户牖之銘。惟王者能自得師，非大聖莫之有作。竊惟自允執首咨於堯命，而惟微再衍於舜傳。日新銘盤，湯存顧諟；風至刻牖，武不泄忘。自非學豫淵源，未免愧生屋漏。窖房邃寢，忘嗜欲之滑和；瓊室瑤臺，甘逸豫以滅德。惟聖衷之翼翼，故立象以存存。（頌同前。）謂治慎無虞，怠勝何如敬勝？而道形有象，聞知不若見知。瀚灑青華，晃寶搆璇題之字；書成左右，絢玉函石室之藏。法從遥臨，宛若呈圖書於河洛；簪裾儼集，恍然悟心畫於丹青。彼石渠天禄之設，徒聞何關自牖；緊長夜太液之箴，雖善未免面牆。豈若抒秘典於鴻編，列徽猷之龜鑑？（述祝同經筵。）

［釋］

丹書：《大戴》：「武王問師尚父黄帝、顓頊之道，對曰：『在丹書。』曰：『敬勝怠者吉，怠勝敬者滅，義勝欲者從，欲勝義者凶。』王聞之，惕若恐懼，退而作戒書。」

風至刻牖：武王爲銘于户，曰：「若風將至，必先摇摇。雖有聖人，不能爲謀也。」爲銘于牖曰：「隨天之時，以地之財。敬祀皇天，敬以先時。」

石室：國家誓書，以金爲匱，石爲室藏之。

天禄：漢校書閣。

〇〇進箴銘

伏以心勸顧諟，日新陳儆於盤盂；義效啓沃，一得粗申於納牖。撫兹泰交之運，未忘乹惕之圖。職忝凝丞，分宜將順。竊惟堯兢舜業，咨永戒於危微；益贊皋謨，矢颺言於喜起。自諱忌之風漸啓，致韋弦之聱罔聞。稽古訓以存存，惟皇衷之翼翼。（頌同前。）欲收至愚于一得，乃垂天聽於九重。（以後同經筵。）

〔釋〕

韋弦：西門豹性急，佩韋以自緩。董安于性緩，佩弦以自急。

一得：武安君謂韓信曰：「愚者千慮，必有一得。」

〇〇賜書籍

伏以聖教天開，恩出牙籤之軸；王章日麗，光分璧府之暉。承學快觀，斯文生色。竊聞建事須於多聞，學古乃能有獲。顧金馬傳宣，徒工組織；而石渠稱制，空富篇章。矜才鄴郡之縹囊，鬪靡江南之赤軸。事如有待，文豈在茲？（頌同前。）學於古訓，善與人同。謂非世安之聰，幾亡三篋；不有惠施之富，難致五車。証明帝虎魯魚，下頒庠序學校。雞窗謾展，不須牛角之懸；螢火時親，若入馬遷之室。《周禮》並傳於在魯，虞《韶》已幸於聞齊。芸檢香浮，瑞氣繞蓬瀛之島；蘭幽散彩，文光透薇省之墟。舊聞庶免乎面墻，壁蠹空中見日；新見益開乎心竇，鳴蛙井底觀天。化洽蓬茅，澤沃芹藻。臣等學殊半豹，技愧全牛。當路勤鋤，庶書田之可藝；中流擊檝，期學海之先登。（祝同前。）

［釋］

金馬：漢武帝得太宛馬，乃以銅鑄象立于書門，因以爲名。東方朔、父偃皆待詔此門，故翰林有金馬之稱。

縹囊：縹，清白色。唐四庫書用縹囊。

三篋：漢武帝幸河東，忘書三篋，安世説之，俱得其事。後得忘書，校無所遺。

五車：《莊子》：「惠施多方，其書五車，其道駁雜〔一七一〕。」

〇〇九經

（冒同前。）竊惟龍出河津，羲睹赤文而畫卦；龜浮洛水，禹因緑字以成疇。迹存蝌蚪之書，芸孫飛潤；道寄鳳麟之篆，葦竹成編。建麟趾徵尼父之靈，而鳳歌阨素王之位。因覃恩於道岸，遂建績於文江。蒐輯詩書，纂修禮樂。《易》贊三編之絶，孝原百行之先。志在《春秋》，教存《論》、《孟》。惟九經具在，實萬世當遵。奈秦政不綱，聖訓作咸湯之燼；而漢高弗事，前言遺天録之儲。雖常振起於表章，旋復散亡於椎鑿。

（頌述祝同前。）

［釋］

赤文：伏羲睹赤文以畫八卦，河出天苞。

龜浮洛水：禹治水時，神龜負文出洛而列於背，因而第之以成《九疇》。

緑字：大禹緣緑字以成《九疇》，洛出地苻。

蝌蚪：古人以漆書字，謂字形如水虫之蝌斗也。

三編：夫子作《易》，韋編三絶。

秦政不綱：秦李斯上書：「天下有藏《詩》、《書》、百家語者，詣守、尉雜焚之。」

〇〇議政

伏以天啓泰交，丹扆廣咨詢之益；日隆晉接，章縫荷霑漑之榮。感知遇之非常，愧贊襄之未效。竊惟天道下濟斯光，君心好問則裕。都俞吁咈，賡載咸熙。喜起明良，時幾交勑。保衡資於一得，論道備於三公，自堂陛之分日嚴，致尊卑之情遂隔。秦帝深宫稱朕，但使聞聲；漢主恭默若神，徒勞辨色。是以密謀幾事，奸或出於傳宣；至於大政羣疑，事必宜於奏對。恭惟〇〇〇〇，聖不自聖，治猶未治。道登文岸，望懷未見之憂；心沛舜河，問好邇言之察。乃於萬幾之暇，遂隆三接之儀。俄聽絲綸，佇登閶闔。翠華端拱，共瞻日月之光；寶幄弘開，恍訝雲霄之近。龍光晬穆，天語温和。雖判決如流，乾剛自優於獨斷；而咨諏若渴，國是咸協于平章。大海罔擇於細流，采葑豈遺於下體。臣等寅共協濟，敢云步武夔龍？謀斷相資，竊欲希踪房杜。伏願心存兢業，學懋緝熙。明目達聰，並廣合宫之聽；親賢遠佞，永除煬灶之奸。斯泰運同流於天地，而鴻圖永邁乎古今矣。

［釋］

丹扆：《史》：李德裕居外鎮，遣使獻《丹扆六箴》、宵衣正服、貢獻、納誨、辨邪、防微六事。

晉接：《易·晉》卦：「晝日三接。」

天道下濟：《易·謙》卦：「天道下濟而光明。」

喜起：《虞書》：「帝歌曰：『股肱喜哉，元首起哉！』」

絲綸：見《御製》。

夔龍：上官儀御史供奉丹墀，接武夔龍。

房杜：房玄齡善謀，杜如晦善斷。

煬灶：彌子暇寵專衛國，侏儒見公曰：「臣夢見灶，爲見君也。夫灶一人煬焉，則後人無從見矣。今或者一人有煬君者乎？」

○議邊

（入事。）兩堦之干羽聿修，猶思益贊；　萬國之梯航時至，尚念奭規。豈天高而聽則卑，乃外寧而憂乎内。（餘並同前）

［釋］

兩堦干羽：《虞書》：「舞干羽于兩堦，七旬而有苗格。」

梯航：方武王克殷，遠慕其義，梯山航海而至。于是史臣敘其事，作《王會篇》。

○○聖誕

伏以神樞繞電，九霄開誕聖之祥；　帝德當陽，萬國祝齊天之壽。天開壽域，人樂熙辰。竊惟春回正月，律和舞鳳之庭；　日暎芳旬，瑞紀流虹之渚。惟君萬邦，受天百禄。（須入事實。）羽士御青鸞，望添籌於海屋；　靈妃輝玉鏡，看皓采於瑶臺。日臨閶闔，蓂開十葉以敷榮；　雲映蓬萊，桃熟千秋而薦實。三千開塞，壽域茫茫；　億兆生靈，春風浩浩。共觀百獸之舞，咸稱萬壽之觴。金莖滋灝澤之旁流，後三光而不老；

玉宇煥人文之朗布，與萬物以皆春。臣等忻逢聖節，愧無唐臣之金鑑；樂際昌期，聊進漢輔之瑶觴。伏願駿命隆昌，鴻圖鞏固。九五福曰康曰壽，備膺箕範之疇；八千歲爲春爲秋，茂衍莊椿之算。

〔釋〕

流虹：《史記》：「大星如虹，下流華渚。女節感之而生少昊，以金德王天下。」

海屋添籌：《老子》云：「海水變滄田，吾始取一籌紀之。今籌滿屋矣。」〔一七二〕

蓂開：堯時有艸生殿庭，十五日以前生一葉，十五日以後落一葉。若月小則餘一葉，名蓂莢，王者以是占曆。

桃熟千秋：西王母賜武帝桃曰：「此桃三千年開花，三千年結實。」

金鑑：唐張九齡每遇玄宗千秋節，備述前代興廢之原，爲書五卷，謂《千秋金鑑録》，上之。

五福：《書》：其疇「五福：一曰壽，二曰富，三曰康寧，四曰攸好德，五曰考終命」。

○○元旦

月正元日，節應勾芒。浮祥煙而泛佳氣，闢閶闔而敞德陽。三朝之禮畢陳，九賓之儀咸具。虞賓光於列位，呼韓次于班行。雲車晻藹，羽葢葳蕤。

［釋］

勾芒：顓頊以少昊之四子重、該、修、熙，寔能金木及水，乃俾重爲木正，曰勾芒；該爲金正，曰蓐收；修、熙相代爲水正，曰玄冥。又以炎帝之子勾龍爲土正，而帝之孫爲火正，曰祝融。是爲五官。

佳氣：光武生，赤光照室，影如五麟赤鳳。望氣者見春陵城郭，曰：「佳哉！佳哉！欝欝葱葱！」

○○冬至

陰偕物極，陽與朋來。指曆玩占，乃見潛萌之信；體元御辨，以知敦復之中。天地之心，玩羲爻而來復；日月所照，觀周政而徧頒。

［釋］

朋來：《蹇》卦九五爻「大蹇朋來」。

敦復：《易·復》卦六五爻辭：「『敦復，無悔』，中以自考也。」

○○敬天圖

伏以皇穹眷命，一人體龍德之純；聖敬傳心，五位覩鴻圖之赫。作範遠稽乎《墳》

《典》，成象上契於高明。精粹瑶編，光生黼座。竊惟乾稱父，惟辟奉天。曆數在而精一執中，文命承而幾康弼直。六事禱桑林之旱，七日彌祥穀之災。書有明徵，理非茫渺。郊丘有常祀，胡爲東禪西封？昊極無加隆，奚取稱名進號？天不容僞，人亦誰欺？伏遇〇〇〇〇，心涵太始，道格重玄。明晉德以自昭，五辰胥正；察賁文而觀化，百度惟貞。圖取敬天，義存對越。列在左右，揭日月於丹青；擬諸形容，呈圖書於河洛。按諸圖如指諸掌，寓於目而契於心。臣等由觀今之圖以觀古，見千載於羹牆；體敬天之意以敬君，合羣情於怙冒。伏願配天行健，與日俱新。靈承以實不以文，欽若在心不在迹。戢井鉞，偃參旗，焕瑶華於璧府；調箕風，順畢雨，熙玉燭於璣衡。斯備箕疇之歛福，而過周曆之卜年矣。

［釋］

桑林之旱：湯時大旱七年，湯禱桑林之野，以六事自責曰：「政不節歟？民失職歟？宫室崇歟？女謁盛歟？苞苴行歟？讒夫昌歟？」言未已，大雨數千里。

晉德：《易・晉》卦：「明出地……君子以自昭明德。」

賁文：《易・賁》卦：「觀乎天文，以察時變；觀乎人文，以化成天下。」

圖取敬天：宋孝宗隆興七年作敬天圖。

卜年：周公營洛，其符曰：「卜世三十，卜年八百。」

○○曆

伏以帝德統天，紹千聖欽崇之典；靈符啓運，開萬年敬授之傳。載纘鴻圖，九重歛福；聿新鳳曆，四海同春。竊惟曆象始於軒轅，肇舉五辰之制；璣衡作於虞帝，用昭七政之規。自儀象既失，步筭無稽。更四分于李梵，衍五德于鄒生。星紀一淆，推占未協。天高星遠，誠推測之爲難；氣盈朔虛，信揣摩之不易。欲若天以授人，湏迎日而推筴。（頌同前。）謂御曆必先治曆，而明時乃可授時。法不必於沿舊，制有待于更新。東皇啓秘，葭灰應玉管之調；北斗移春，律呂協黃鐘之候。揭日月于中天，玉燭叶三靈而薦祉；煥星辰於指掌，旋穹圜六合以迎祥。臣等幸際昌期，快叨正朔。敢不進時幾之成，期襄台德于明明？賡勑天之歌，用贊皇猷于赫赫。（祝同前。）

[釋]

鳳曆：少昊氏立，鳳鳥適至，故紀官云：「鳳鳥氏曆至也。」註：鳳知天時，故名之。

璣衡：《書》：「璿璣玉衡以齊七政。」璿，美珠也。璣，機也。以璿飾璣，所以象天體之轉運也。衡，横也。以玉爲管，横而設之，所以窺璣而齊七政之運行也。七政，日、月、五星也。

步算：日月轉運于天，如人之行步，故推曆謂之「步算」。

迎日推筴：《外紀》：「黄帝迎日，推筴造十六神曆。」筴，尸策也。迎，逆數之也。

葭灰：冬至置葭管九寸三分于地中，布灰于上，氣至則灰飛。

黄鍾：劉歆《三統曆》：「黄鍾爲天統，始施于子半，爲天正。」

〇〇郊祀

伏以聖兼述作，聿崇萬古之曠儀；義取尊親，茂創一王之令典。仰無私於覆載，報罔極於生成。中外騰懽，幽明協慶。竊惟虞庭類于上帝，故后土同馨；周室判於圜丘，乃國社斯别。慨自秦典不經，漢蕞未備。始皇分祀，高祖襲於西京；新莽合禋，光武沿于東鼎。彼王清昭誕，何取於唐？而太極陋儀，奚式於宋？懿惟中制，允屬昌辰。伏遇〇〇〇〇，道合重玄，允矣高明博厚；功隆九廟，丕哉創業守成。由尊尊而達親親，孝緣情篤；來雍雍而至肅肅，歡與心孚。先視特牲，禮祇嚴於繭栗；臨期主鬯，敬寔溢於陶匏。紺宇澄清，燔燎共星河並爛；瓊宫流彩，《簫韶》與日月同熙。占顥氣于薇垣，拱玄靈于閟座。瞻依有慶，休徵永賴於兆民；奏格無言，明畏肅將於百辟。臣等恭逢鴻薦，叨與駿奔。辨賢無補于祼將，執事何功於尊俎？伏願有嚴有翼，明威常赫于鑒臨；惟時惟幾，昭事不忘於夙夜。普至誠之化育，極大孝之尊崇。寶曆萬年，永作神人之主；本支百世，共承宗社之休。

［釋］

圜丘：《周禮》：「凡樂，圜鐘爲宫，黄鐘爲角，太簇爲徵，姑洗爲羽，冬日至於地上至圜丘奏之，則天神皆降，可得而禮矣。」

秦典不經：《史》：「襄公始封爲諸侯，作西畤用祀上帝，僭端見矣。」

漢蕞：漢武帝習朝儀，乃于綿蕞野外，爲習肄處。

〇〇〇廟祀

伏以列聖重熙，貌覩顯承之象；九重御極，誠深繼述之思。懿典顧瞻，歡聲曷罄？竊惟大祫之禮，列聖攸先。吉帝之儀，明王令典。酎金以來助祭，昔陋漢儀；灌玉以祀先王，今隆周典。（頌同郊祀。）龍旂是建，鞗革蹌蹌；玉輅來臨，威儀肅肅。陳其牲醴，願言民力普存；奉以粢盛，端出豐年蝦賜。禮惟終乎九獻，王柱生芝。樂並展乎四懸，鈞天合律。踐天子位，豈魯僖之閟宮？顧曾孫將，儼周文之清廟。（述祝同郊祀。）

〔釋〕

大祫之禮：三歲一祫，此周禮也。

酎金：《史記》注云：「正月作酒，八月成，名酎。酎，言純也。武帝時八月嘗酎，會諸侯廟中，出金助祭，所謂『助金』。」〔一七三〕

灌玉：凡灌玉濯之禮，陳之以贊灌事。

閟宮：《詩》：「閟宮有侐，以此爲祀。」禧公之詩，鄭玄注曰：「閟，神也。姜源神所依，故廟曰『神宮』。」

清廟：祀文王也。周公既成洛邑，朝諸侯，率以祀文王也。鄭玄注曰：「清廟者，祭有清明之德者之宮也。」

〇〇大明會典

伏以琬琰星懸，式著臣民懿範；琅玕日麗，永貽創守弘規。熙朝典制燦然，上聖訏謨炳若。巖廊生色，寮寀改觀。竊惟歷代之興，各備一王之法。雖質文煩簡，隨世推移。而斟酌變通，與治同道。蓋自唐虞而下，其法簡，惟周之六典爲詳； 繇漢晉以來，其法繁，惟唐之六要最約。至於我明之作法，實鑑周唐以折衷。伏遇皇帝陛下，統傳二祖九宗，治邁三皇五帝； 鍾鳴長樂，躬造膝以承歡； 漏盡金華，厪虛心而問道。鑒于成憲，既幸文獻之足徵。佑我後人，信謂愆忘之可免。爰命史館，分緝諸曹。仍其故事，而益以近規。提其大綱，而分爲衆目。凡設官分職之等，種種條陳； 即發號施令之科，班班可考。變則通，通則久，百世鴻猷； 尊而信，信而從，一王令典。臣等醯雞小見，豈能通其條貫。而依經作傳，或可比於素王。伏願多聞達事，主善爲師。不愆不忘，繼序有光于假樂； 爾彌爾性，卜年遠過乎卷阿。

［釋］

六典：《周禮》：天官「掌建邦之六典：治典以經邦國，教典以安邦國，禮典以和邦國，政典以平邦國，刑典以詰邦國，事典以富邦國」。

長樂：宮名，太后所居之宮。

金華：殿名，天子聽講之處。

醯雞小見：《莊子》：「丘之于道也，猶醯鷄焉。」言猶蚊蚋之居甕中，而不知道之大也。

卷阿：召康公從成王遊，歌于卷阿之上，因王之歌而作，以爲戒。其詩曰：「鳳凰于飛，翽翽其羽。」

〇〇訓鑒

伏以燕翼貽謀，列聖仰典謨之善；鴻編纂要，九重隆紹述之規。儼先聖之在天，資一人以御世。於昭令範，有赫徽猷。竊惟羲軒開物，身垂律度之宗；頡誦紀官，世演動言之記。夏傳典則，殷守風愆。逮姬氏之顯承，寔後人之啓佑。至如漢家制度，不辭雜伯之因承；宋室訓辭，亦動爾英之諄浚。矧惟昭代，迥絶前編。高皇帝手廓紫氛，心遊玄化。逮聖聖之凝基，益乾乾于繩武。並吐詞而爲訓，咸觸事以成經。事在史書，光彌嗣服。（頌同郊祀。）謂天清地寧，宇宙之二百年方始；繇父作子述，聖賢之六七作相仍。凡一言一動之昭垂，皆天語天工之代運。爰抉酉藏之秘，將留乙夜之觀。奄芸帙之告成，望楓宸而奏進。臣等欣傳盛事，益慰遠謨。彼澙水之羹牆，猶殊世澤；即尼山之璧履，孰與家傳？矧神智同源，開卷可知有益；抑權輿接跡，當機自覺不忘。（祝同前。）

〔釋〕

燕翼貽謀：《詩》：「豐水有芑，武王豈不仕？貽厥孫謀，以燕翼子。」

酉藏：大酉、小酉，二山名，皆藏書之所。

溈水：舜生于溈水。

羹牆：堯崩，舜慕之，三年坐則見于牆，食則見于羹。

〇〇天瑞通用

玄德格天，九霄垂有道之符；洪禎曠世，五位獲休徵之應。懽騰萬宇，慶在一人。伏遇〇〇〇〇，德孚穹昊，道貫神明。中和成位育之能，信順達雍熙之化。至德所召，諸福咸臻。休備庶徵，雨暘燠寒時若；功歌九敘，水火土穀惟修。（以後事實。）臣等快覩休嘉，舉忻忻而有喜；仰攄讚頌，實蕩蕩以難名。（祝同聖誕。）

〇壽星

春分見丙，秋夕懸丁。顥氣凝于霜宮，騂芒燁于弧外。掩白榆而絢采，玉管凝寒；通黃道以流暉，朱躔麗極。

［釋］
白榆：古詩：「天上何所有？歷歷種白榆。」言星似榆也。

〇五星聚奎

奎宿分躔，特主文章之事；五星爲緯，寔維法象之宗。馬負龜呈，啓聖人之制作；珠連璧合，臨上帝之書躔。

〇〇含譽星

若連貝，若連珠，總彰政舉；或聚房，或聚井，竟驗邦興。煌煌耀青竹之編，歷歷顯白榆之種。睠兹含譽，標厥瑞輪。素如玉而黄如金，品高格澤；大比丸而芒比彗，義掃欃槍。瑞輝忽傍乎九游，望舒逈映；殊彩更張于八穀，津界爲棠〔一七四〕。

［釋］
連貝：《九辨》曰：「衆星纍纍如連貝。」

連珠：《白帖》：「五星連珠，至德之萌。」
聚房：《元命苞》：「商紂時五星聚房，周處而興。」〔一七五〕
聚井：《漢書》：「高祖入關〔一七六〕，五星聚于東井。」
八穀：《天文録》：「八穀八星，主候歲。一星芒〔一七七〕，一穀不登。」

〇慶雲

碧海甫升乎羲馭，彤墀俄燭于卿叢。初屏翳以霏微，忽離披而璀璨。青虬閃爍，精華與烏影齊飛；紫電繽紛，斐亹共朱明一色。繡成霧縠，錦奪霓裳。金莖拂瑞靄以初晴，玉宇漾祥光而乍曉。送翔螭于萬里，近飛燕于九霄。紅紫排空，恍映袞龍袍上彩；玄黃麗漢，疑分棲鳳閣中烟。

〔釋〕

羲馭：每日出于羲、和二國，爲御推而升太虛。
霓裳：李詞：「雲想霓裳花想雲。」〔一七八〕
朱明：夏日曰「朱明」。
霧縠：楊子：「霧縠之組麗。」縠，縐紗也也〔一七九〕，言其組織之文如霧也。

○甘露

津分太液，碧瀉瑶池。一滴濕青雲，味過上方醽醁；九霄明素練，祥驚沃土琳琅。朝光初燭，方湛湛而未晞；晨景轉炎，更瀼瀼而未已。芳襲椒蘭，味兼飴醴。然則零于庭而著異，紀于年而標奇。

［釋］

醽醁：魏左相能治酒，其名醽醁。

「朝光初燭」二聯：柳宗元《賀甘露表》。

紀于年而標奇：甘露降未央宫，因改元「甘露」。

○醴泉

龍源獨湧，平地滂流。當神明之積高，表陰陽之不測。其氣香潔，其味甘醇。抱華清而盪邪，資靈化以除穢。積年之疾，一飲皆愈。挈缾而至，重跰相望。

○○禱雨

翠幄嚴凝，瑞檢香浮於寶籙；　紫壇高峻，靈旗風動乎玄冥。　潤沛江河，瞬息回春六合；　機捷桴鼓，須臾望滿三農。

［釋］

須臾望滿三農：　韓魏公作相，《久旱喜雨詩》：「須臾慰滿三農望，却斂神功寂似無。」

○甘雨

鶴飛鳴於在垤，崇朝雲上於天；　龍夭矯以騰空，向夕月離於畢。　東扶桑而北大漢，六合凝陰；　南祝融而西流沙，九圍色動。

九垓增潤，四海咸流。　赤土重蘇，焦苗再沃。　行見男耕女饁，相逓聞壠上之歌聲；即今北客南船，不復問關中之米價。　千村黍稷，何誇雨玉雨金？萬井桑麻，即可阜民阜國。

［釋］

鶴飛鳴於在垤：《詩》：「鸛鳴于垤。」註：「鸛好蟻，將雨，蟻出穴而食之。」

祝融：《禮記》：「孟夏之月，其帝炎帝，其神祝融。」

關中米價：貞觀初，關中豐稔，一斗米值三錢。

〇瑞雪

同雲斯兆，宿麥可期。以五穀布植之精，驗于農志；當一陽發生之候，助此休徵。散亂徘徊，雰霏皎潔。混二儀而並色，覆萬有而皆空。始飄飄而稍落，遂紛紛而無窮。似北荒之明月，若西崑之閬風。授簡而居客右，雖慚梁苑之辭；爲樂而與民同，請上齊宫之對。

［釋］

宿麥：坡詩：「遺蝗入地應千尺，宿麥連雲有幾家？」蓋蝗遺子於地，若雪深一尺，則入地一丈。

授簡而居客右：梁王遊兔園，司馬相如居客之右。俄而雪下，王授簡于相如，曰：「抽子秘思……爲寡人賦之。」

明月閬風：劉嶓《雪賦》曰：「曉連光而映净，北荒之明月，若西崑之閬風。」〔一八〇〕

○○河清

九曲静娟，皜乎有同于江漢；兩原凝激，清兮不羡于滄浪。昔晦今明，轉污爲潔。龍門而下，鑑品物之殊形；鯨海以東，湛長天于一色。景浮日影，江中瓊雪千層；光漾天河，海上銀濤萬頃。

○嘉禾

大有既徧於寰區，上瑞特呈於禁苑。異穎則虬翔鳳翥，同稃則璧合珠聯。后稷樹而勾芒畊，籍神功之嘿相；倚雲栽而和露種，荷帝澤之先霑。故乃繁滋，尤爲殊絶。彼露醴星華，匪切民生之日用；即遊麟鳴鳳，祇爲盛世之羽儀。豈若農祥，實關邦本。明告無疆之證，彌彰有羡之休。

○瑞麥

纖芒濯露，並金縷而分枝；香稼摇風，對銀緍而隅穗。浪流翠畝，彩拂青丘。降之自天，何必來年之咏；祈之于廟，先符孟夏之祥。一穗兩岐，徒羨漁陽之秀；傾畦三倍，漫誇扶風之嘉。

［釋］

一穗兩岐：張堪爲漁陽太守，開田八百餘頃，民以致富，歌曰：「桑無附枝，麥穗兩岐。」

○奇花異木

春先禁樹，驚草木之初回；光動上林，訝雲葩之忽擁。金條散采，霽泛和風。寶蕋叢珠，曉含清露。扶疎直上，籠瑞靄以葱蒨；馥都遠聞，引清風而旖旎。根迴九地，蛟蟄龍盤；蓋結雙輪，鸞飛鶴翥。茸茸抽碧玉，疑造物擅其刻雕；點點綴青珠，若鮫人爲之攢簇。覆千官之淑影，清旭重重；開九陛之慈顔，濃雲靄靄。

○○鳳凰

祥符華渚，開聖世之奇禎；　采絢丹山，來明王之靈囿。鴻前麟後，質備九苞；　龍藻龜文，德含六像。晨鳴曰賀世，宵鳴曰善哉，噰噰聲叶《簫韶》；　非梧桐不棲，非醴泉不飲，皎皎儀峙霄漢。迴旋八風之舞，驚靈鳥非凡鳥之稱；　吐納六律之和，羨雌鳴應雄鳴之響。名高鸑鷟，千百載一覩其來儀；　類冠羽蟲，億萬禽争附其光彩。焯矣！爲火精之麗日；　奇哉！寔仁鳥之揚休。

[釋]

采絢丹山：丹穴之山有鳳凰鳥，自歌自舞，見則天下之大安寧。

九苞：一曰歸命，二曰心合度，三曰耳達聰，四曰舌屈伸，五曰彩色光，六曰冠短州，州當朱色也，七曰鋭鉤，八曰音激揚，九曰腹户，户所由出入。

類冠羽蟲：羽蟲三百六十而鳳爲之長。

雄鳴雌鳴：黄帝命伶倫制十二筩，以聽鳳凰之鳴而别十二律。其雄鳴爲六，雌鳴亦六，以比黄鐘之宫。

火精之麗日：鳳凰，鶉火之禽，陽之精也。德能致之，其精畢至。

來儀：舜《簫韶》九成，鳳凰來儀。

○駿馬

五材誰能去兵？戰始基乎涿鹿；三用莫如乘馬，制馴備於攻駒。顧水瑞星精，應期始出；而御文服皂，非聖不生。突營過即墨之牛，貫陣鑠昆陽之象。膺門沐赭，詎因流矢之偶加；戎壘追風，寧見霜蹄之少蹶。想躡雲之徤步，一塵豈至驚揚？意振鬣以長鳴，萬騎必爲辟易。

［釋］

涿鹿：黄帝擒蚩尤于涿鹿，兵之用始此。

三用：天用莫如龍，地用莫如馬，人用莫如龜。

水德星精：《瑞應圖》：「龍馬者仁馬，水德之精也。」

服皂：《淮南子》：「天下有道，飛黄服皂。」

膺門：胸前也。《禮記》：「圉人浴馬，有流矢在白肉。」

沐赭：赭，赤色。沐流如渚。

追風：秦始皇有七名馬，一名「追風」。

霜蹄：杜詩：「暫蹶霜蹄未爲失。」

○麒麟

六合同歸，則麒麟至；天下和一，則嘉禾生。異質卓犖，奇彩光明。顧步幽岩，發聞郡國。神物自生於聖日，靈編徒載其嘉名。

○○白兎

明月淪華，玉衡散氣。精分建卯，瑞啓昌辰。不角不牙，秀出中山之族；自形自色，皎同空谷之駒。

〔釋〕

月淪華：兎望月而孕。

出中山：毛氏穎出中山中，衣白兎褐。

○玄兎

冰縠傳神，黝質疑來於北極；毛蟲獻狀，清暉長護以玄雲。劈春練以規模，爰爰故態；織秋煙而點綴，趯趯馴姿。霜杵澄鮮，彷彿瑤臺傳筆；墨花摇動，分明玉宇飛毫。瞻來如蒼壁盈眸，掃就若玄珠在掌。

○鹿

惟皇王之盛烈，表帝德之休符。有金方之瑞獸，乃曜質于明都。既馴洽於郊甸，亦騰倚於山隅。素毿呈彩，雙毫應圖。宴嘉賓於雅什，偶仙客於天衢。故能著美祥瑞，流名典謨。

［釋］

素毿呈彩：二句出虞世南《白鹿賦》。

宴嘉賓：《詩》：「呦呦鹿鳴，食野之苹。我有旨酒，以燕嘉賓。」

○獅

德之所感者深，物之所懷者遠。中國有聖，占候而自來；四夷不王，征伐而難致。

天骨雄詭，材力傑異。得金精之剛，爲毛羣之特。（出張九齡獅子贊序。）

〇龜

靈根深抱，久全歛息之功；　精氣潛通，妙致延年之益。神異允稱乎玄武，貞姿實應乎瑶光。

〇〇〇皇太子出閣

伏以聖主當陽，離照啓前星之耀；　春宫典學，蒙泉清少海之波。端國本以承天，握化機而有地。光生寉禁，喜溢虎闈。竊以雲開銀榜，青方列長子之宫；　岳峻瑶山，紫極纂承祧之業。蚤建夙聞于漢詔，教成預見于周規。降自古道之既遠，遂致聖學之弗隆。賜帝範作承華，徒爲觀美；　開弘文置東閣，焉用靡文。道不虚行，事如有待。伏遇〇〇〇〇，祈天永命，裕後光前。一代皇綱，顯哉謨，承哉烈；　百王心法，作者聖，述者明。乃命儲宫，俯臨文軸。出宫闈而領外傳，不拘視膳之常儀；　離保姆而就嚴師，無取問安之小節。已正少陽之位，更披東序之經。品題春擁，文光夜徹牛墟；　芒曜星寒，筆陣時聞風掃。實托惜陰學問，不徒憲天聰明。臣等行匪端方，濫叨前後左右；學慚慱雅，竊沐弦誦詩書。慶溢文王之無憂，懽騰大禹之有子。伏願教先身範，道裕家傳。貽謀有典有則，敬承克長克君。則萬國儀刑，仰一人之足法；而兆民永賴，歷億世以無疆。

〔釋〕

離照：《易・離》卦：「大人以繼明照〔一八一〕四方。」

前星：稱太子爲前星，庶子爲後星。

少海：天子比大海，太子比少海。

雀禁：周靈王太子乘白雀而去，後世稱太子之宮曰「雀禁」。

銀榜：《神異經》曰：「東方東明山有宮，青石爲牆，門有銀榜，以青石碧鏤，題曰：天地長男之宮。」

瑶山：祝融生太子長琴，是時處瑶山，作瑶山之樂。

蚤建：漢文帝詔曰：「蚤建太子，所以重國本也。」

視膳：《史記》〔一八二〕：「文王之爲世子，朝于王季日三。王季一飯，亦一飯；再飯，亦再飯。」

少陽：天子比太陽，太子比少陽。

貽謀：見前「訓鑒」。

判　部

判式目次

吏律

信牌

選舉

户律

私借錢糧

多支廪給

僞造寶鈔

轉解官物

因公擅科歛

錢糧互相覺察

隱匿費用税糧課物

鈔法

錢鹽

禮律

上書陳言

失占天象
私借官軍船
禁止師巫邪術
收藏禁書及私習天文
祭祀
失儀

兵律

擅調官軍
申報軍情
優恤軍屬
縱軍擄掠
宿衛人兵仗
不操練軍士
官馬不調習

主將不固守

漏泄軍情大事

夜禁

刑律

辨明究枉

詐爲瑞應

僞造印信及曆日等

謀殺制吏及本管官

違令

工律

冒破物料

盜決河防

脩理倉庫

織造違禁龍虎文叚疋

擅造作

○判

判者斷也。比事所以軌衆，聲律所以成文，而要之所重不在此也。惟以闡明律意，明示罪情，不可移易焉耳。近時不知本意所在，惟引用泛濫，本以炫博，適以晦事；至于音韻璀璨，無異表體，可笑。故工于判者，惟直斷事情，明彰律意，間引用一二，皆比合切當，罪人斯服，而音律則不拘也。

判語要通達政事，以儒、吏兼通爲上。去取雖不專以此，然所以設此者，正欲觀其治才耳。故起頭或四句，或六句，至八句止，却説事理當如此，今却不可如此，亦是冒頭也。「今某」以下，要見其人心術，得罪根由，緣情定罪，引歸律令。便如一宗小公案，其言又在典雅不粗倍〔一八三〕，在舒徐不深晦。

運靈曰：制判之體，題雖有反正，俱于歹邊〔一八四〕判之，即今有司審單耳。而以之取士，又即按臺試農民以假如者。故入題處不直指姓名，而但曰「今某」。

以身言書判時事，原是觀人古法。至唐，而判始腴暢。大要貴決斷明允。

一書生學判，當于閒時將《大明律》一檢。非但可以治人，兼亦可以律己。解得判題明白，自然易作矣。

朝廷欲得深明律法之人，故試用五判。乃今之舉子，於同號中互相抄録，不視爲虚設之具乎？非實學也。不可爲訓。

矜式云：起聯係是正提，引詩書亦可，引事實亦可。至頸聯，或反轉，或正接，只看來路何如。腹聯正據題入事處，故用「今某」字下去。若結聯，惟依律直斷可耳。

判式

吏律

濫設官吏

曹國赤芾三百，終來濡鵜之譏；漢廷朱紫數千，祇肅爛羊之刺。葢設官所以爲民，而用人不必求備。今某惟圖多制，不思省官。四人而挈一輿，虛縻朝廷廪禄；十羊而供九牧，終爲黎庶瘡痍。盈盈金貂之貴，逐隊成行；濟濟銀青之流，斗量車載。合付官刑，用清仕路。

［釋］

曹國：曹國，周武王封弟振鐸之地。赤芾三百，見《詩·侯人篇》，刺曹君遠君子而近小人，使乘軒者三百人也。鵜，水鳥。《詩》：「維鵜在梁，不濡其翼。彼其之子，不稱其服。」

爛羊：漢更始，委政趙萌，日夜飲讌。后庭羣小膳夫，皆濫授官爵。長安爲之語曰：「竈下養中郎將，爛羊頭關内侯。」

挈輿：范睢云：「百人輿瓢而趨，不如一人持而走。」四人指「華陽用之，穰〔一八五〕侯用之，太后用之，王亦用之」相類。

十羊九牧：出《魏元忠傳》。

金貂：《漢官儀》：「御史侍中金蟬左貂。」

銀青：銀章青綬也。

斗量車載：《三國志》：曹丕問趙咨曰：「吴國如卿者幾人？」對曰：「車載斗量，不可勝數。」

封掌印信

國設璽符，用以防奸示信；官分僚佐，實資協力同心。既非高帝之銷刻自由，豈宜項王之忍刓弗予？故封者不掌，惧政柄之下移；而掌者不封，恐權衡之倒置。今某操持獨任，驕蹇自如。矜己若子陽，不容封押；視人爲王述，專務逢迎。豈懲裴晉公之失而然歟，抑防魏公子之竊所致也。蓋私于佩綬，徒懸肘後黄金；故昧乎斜封，祇忌手緘白絹。欲示懲千之戒，宜嚴杖百之刑。

[釋]

銷刻：酈生勸漢高立六國後，趣刻印。語張良，良借前箸，畫其不可者八。漢王罵曰：「豎儒几敗乃公事！」趣銷印。

忍刓：項羽使人，有功當封，刻印刓，忍弗能予。

子陽：子陽，公孫述字。隗囂使馬援往覘之，歸謂囂曰：「子陽井底蛙耳。」

裴晉公：裴度失印，飲酒自如。或問其故。曰：「急則投之水火，緩則還其故處。」人服其量。

魏公子：信陵君欲救趙，用侯生計，以白狐裘獻如姬，竊兵符于臥内。

肘後黄金：周顗曰：「明年取金印如斗大，懸之肘後。」

手緘白絹：盧仝詩：「白絹斜封三道印。」

磨勘卷宗

劉珙在銓曹，惟制奸巧；公綽爲節度，必誅舞文。蓋斷案以定章程，非私意所能加損。今某塵視文移，類曹參之不視事；土苴案牘，甘味道之爲模稜。罔克懷刑，藉口寇準拘例簿；惟知懷惠，不法武侯親簿書。掩實爲虚，匡衡何由察其詐；改虚作實，孝宣不能簡其奸。輕者計曰論答，重則以贓坐法。

〔釋〕

制奸：宋劉珙在銓曹，若吏爲奸，思有以制之。

舞文：唐柳公綽爲山東道節度使，行部至鄧縣，有納賄、舞文吏。衆謂公綽必誅犯贓者。公綽判曰：「贓吏犯法，法在；奸吏弄法，法亡。」竟誅舞文者。

曹參：曹参爲相，無所事事，惟日飲醇酒而已。

味道：蘇味道爲相，于事漫無可否。人號爲「蘇模稜」。

贓例簿：寇準爲相，用人不以次用，衆頗不悦。堂吏持例簿以進，準曰：「宰相所以進賢退不肖也。若用例，一吏職耳。」

武侯：諸葛孔明日親簿書，而萬事以下，必親覽焉。

漏使印信

朝廷授官分職，必設璽以圉奸；臣子守法奉公，須謹藏而示啓。關係攸重，防範宜嚴。今某綰金印如斗大，悠悠出岫浮雲；視銅墨若塵輕，蕩蕩飄風柳絮。致信陵君竊於臥內，而擅搆鄰兵；同裴晉公失於中書，而幾投水火。似此怠玩，當議曠瘝。

［釋］

金印：晉周顗曰：「今年殺諸賊奴，取金印如斗大，係肘後。」

銅墨：印以銅刻篆文。

信陵君：信陵君欲救趙，用侯生計，命如姬竊魏王兵符，奪晉鄙兵，大破秦軍于邯鄲。

貢舉非其人

朝廷設科取士，珍求盛世之英；古人以禮爲羅，簡迪多賢之宅。故慶曆得三偉士，一榜增光；而河陽來四書生，諸藩預賀。今某林藪樗櫟，空焚史館牙香；紅勒珠璣，枉綴上方彤管。致一班玉笋，反居康了之中；萬選銅錢，棄在孫山之外。難受進賢上賞，合坐妄舉常刑。

［釋］

三偉士：仁宗時張詠登第，嘗曰：「吾榜中得人最多，謹厚雅望無如李公沆，深仁有德無如王公旦，面折廷諍無如寇公準。」

焚牙香：歐陽修詩：「焚香迎進士，欣慕侍諸生。」

紅勒：《筆談》：劉幾程試，累爲第一。驟爲怪誕之語，翕然成風。歐公甚惡之。有舉人論曰：「天地軋，萬物札〔一八六〕，聖人發。」公曰：「此必劉幾。」戲牘曰：「秀才剌，試官刷。」一大硃筆橫抹之，謂「紅勒帛」。

班玉笋：唐李宗敏知貢舉，門生多秀清，時號爲「玉笋班」。

康了：柳冕應舉多忌，謂安樂爲安康。榜出，令僕探名。報曰：「秀才康了」。

孫山：孫山末名得解，有同試者探山，探得失。山曰：「解名盡處是孫山，吾兄更在孫山外。」

事應奏不奏

事云應奏，必重大關焉；應奏不奏，則玩瀫甚矣。毋乃廢朝廷之至計，重以貽瘝曠之深憂。今某早春馬上看山，夜半甕頭沉醉。寒蟬自便，鳴鳳無聞。久不飛白簡之霜，幾復有皂囊之露。類不鳴之雁，無用當烹；愧立仗之駒，一鳴輒去。

〔釋〕

沉醉：畢卓爲吏部郎，比舍郎酒熟，卓夜至酒所，盜飲之，醉不能起，爲掌酒者所縛。至明觀之，乃畢吏部也。

寒蟬：蟬至秋而不鳴，比諫官不言也。

鳴鳳：唐高宗時久無言者，李善感一諫，人謂之「朝陽鳴鳳」。

白簡：晉傅玄性急，有事欲奏，嘗整朝服，執白簡，坐而待旦。霜，言其嚴也。

皂囊：漢儀：言官以皂囊封，事露不隱也。

立仗駒：李林甫欲專權，明召諫官，謂曰：「諸君不聞立仗馬乎？食三品料，一鳴輒〔一八七〕斥去。」

交結近侍官員

析圭擔爵，人臣例絶私交；杜漸防微，國憲猶嚴近侍。豈以樞機之職，敢爲連結之謀？今某志存三窟，徼君側之有腹心；盟締八關，蔑道傍之無耳目。阿大夫借譽齊右，難免鑊烹；翟墨子受賕遼東，竟遭顯戮。

〔釋〕

析圭擔爵：楊雄曰：「析人之圭，擔人之爵。」

私交：《春秋》：「人臣義無私交，大夫非君命不越境。」

三窟：晉王衍説太傅越，以弟澄爲荊州都督，族弟爲刺〔一八八〕州刺史，語之曰：「二人在外，而吾居其中，足以爲三窟矣。」

八關：唐李逢吉用事，最親厚者有張文〔一八九〕新、李仲言、李續之、李虞、劉栖楚、姜洽、張權輿、程弘〔一九〇〕範八人，時人謂之「八關」。又指其附和者，名曰「十六子」。

阿大夫：齊威王時，以阿大夫厚事左右以求譽，故烹之。

翟黑子：魏遼東公翟黑子奉使并州，受布千疋。事覺，上問高允，不以實對。帝怒殺之。

棄毀制書印信〔一九一〕

蘭簡芝英，木鳳高翔於雲路；龍文鳥篆，銅螭上出於天朝。蓋龍縑動色，當爲什襲之藏；虎竹分輝，宜入三緘之笥。今某不安常職，每玩朝章。壞白麻于帝闕，不是陽城；失相印于賓筵，敢同裴度？不思井中玉璽，事出倉皇；却效醉後告身，希圖博醉。宜加棄市，庶勵臣恭。

〔釋〕

木鳳：後趙主石虎出制書，刻木爲鳳，啣之鳳口。

龍文鳥篆：印信也。

什襲：襲，重也。什，重封之也。

井中玉璽：漢末董卓之亂，太后擲璽井中，太守孫堅得之。

博醉：唐德宗時，兵興以爵賞功名，器大潰。大將軍告身只博一醉。

擅用調兵印信

玉帳風嚴，登壇而持帥印；油幢雲擁，仗節以振天威。蓋重之則尊，輕之斯玩。今某擁旄方面，分閫邊頭。擬公子之竊符，非因救趙；效司農之用印，不是追兵。符輕試則人不知嚴，烽虚傳而後何取信？首領合行杖黜，正官取自上裁。

［釋］

窃符：魏公子無忌竊王符，將兵救趙。

司農印：唐德宗幸奉天，朱泚遣兵進襲。司農卿段秀實假泚書，止其兵，倒用司農印。

大臣專擅選官

除吏盡未，田蚡之專權可鑒；隨人品題，山濤之啓事惟勤。蓋持衡賜鏡，雖高象斗之宫。而序鴈貫魚，每守停年之法。今某叨掌邦衡，倒持國柄。名器等草萊之賤，私門植桃李之陰。縱能因材授官，殆且不可；若曰薦賢爲國，夫豈宜然？汝既擅爵人于朝，我固當棄之于市。

［釋］

啟事：晉山濤爲吏部尚書，所奏甄收人物，各有品題，時稱「山公啟事」。

賜鏡：唐高季輔爲吏部侍郎，善銓序人物。太宗賜金背印，象其清鑒。

象斗：漢李固云：「陛下之有尚書，猶天之有北斗也。」

序鴈貫魚：後魏崔亮爲吏部，奏行停年法，不問賢愚，專以停解歲月爲斷。薛琡論之曰：「義均行鴈，次若貫魚……數人而用，何謂銓衡？」

信牌

申屠傳檄，鄧通輒徒跣以趍從；吴道伏床，范滂即應時而出見。故凡信牌之遣，豈宜銷檄之遲？今某怠緩公文，却乃乘機賣法；悖違程限，不能隨事銷牌。豈潛藏公主之家，一時難捕？抑隱匿宦官之壁，刻限何求？計日加笞，原情用杖。

［釋］

傳檄：申屠嘉爲相，惡鄧通之慢，檄召通，將斬之。通叩頭流血，不解。文帝使人持節召通。申屠嘉曰：「此吾弄臣，君赦之。」

伏床：吴道受勅捕黨人，至潁川，閉驛門伏床而泣。范滂聞之，曰：「此必爲我也。」遂就捕之。

潛藏公主：漢胡陽公主蒼頭白日殺人，因匿于主家，吏不能捕。後公主使奴驂乘入朝，洛陽令董宣伺而捕之，即殺奴于車下。

匿宧官：中常侍張讓弟朔爲野王令，殺人最多。司隸乃捕朔，匿兄家合柱中。司隸李膺破柱取朔，即殺之。

選舉

曰選士、曰造士、曰進士，周嚴其典；或孝廉、或茂才、或卓異，漢詳其科。既操天下公衡，當爲朝廷得士。今某權知貢舉，價惟濫收。學漸五車，謬與瀛洲之客；才非萬選，叨登閬苑之仙。惟樹桃李于私門，豈植棟梁乎王國？不能拔十而得五，是宜三褫乎終朝。

［釋］

瀛洲：唐虞世南有五車書，記憶不遺一字。時太宗選有文學知名者十八人爲學士，與其選者，謂之「登瀛洲」。

萬選：青錢萬選萬中，言高才無不榮顯也。

閬苑：神仙所居之地。

桃李：狄仁傑薦士於武后，皆擢要秩，人謂之曰：「天下桃李盡在公門矣。」

拔十：宋太宗曰：「非敢望拔十得五，亦冀免士人淹滯之嘆耳。」

三褫：《易》曰：「以訟受服」，「終朝三褫之」。

户律

私借錢糧

掌握貨泉，出納係有司之職；斡旋金谷，轉輸由公府之文。故范淮南奉天子之言，始得便宜貸用；尉遲公駭神人之語，自宜書貼懸梁。今某既先假用，亦或借人。持左券以責償，忙如捕影；掠上美以市惠，易若探囊。與受俱非，罪名難逭。

［釋］

便宜：范旻爲淮南使，太祖曰：「卿貧，凡所須悉用官錢，悉以便宜從事，不必一一申覆也。」

尉遲公：唐初一人入庫盜錢，見金甲神守庫，曰：「此非尉遲公帖，不得。」時敬德爲鐵匠，書帖果得。後太宗賜之。〔一九二〕

多支廩給

周遣行人，必豐委積之禮；漢陪計吏，特垂續食之條。葢置侯館以授粲，廩惟稱事；命太宰而致餼，食不浮人。今某溪壑在懷，衣冠厠列。駕星軺而出境，意氣頓殊；持使節以渡關，貪風遂扇。不安常數，輒用過求。亭長受遺而見恕，豈是他人？坐客彈鋏而無厭，正惟此輩。

〔釋〕

亭長受遺：漢卓茂爲密令，民有言亭長受其遺者。茂曰：「亭長從汝求乎？爲汝有事囑之而受乎？將平居自以恩意遺乎？」民曰：「往遺之耳。」茂曰：「遺之而受，何故言？」

彈鋏：孟嘗君、馮驩事。

僞造寶鈔

圜法立于九府，義取泉流；交子置自宋朝，用資貿易。葢欲濬財源，先窮蠹穴。

今某心愛家兄，權竊關子。交引連箱，直是民間交作；飛錢充棟，不聞天上飛來。不思濫惡有懲，何況利權自擅。放利而行，于己得矣。五刑有辟，其可違乎？

［釋］

圜法：《漢書》：「太公立九府圜法。」

交子：宋置交子務于益州。

關子：宋賈似道造金銀，見錢關子。關子行物益貴。

飛錢充棟：唐憲宗以錢少，復禁銅器。時商賈至京師，令其輸貨，官授之券，以取錢于諸道，號其券爲「飛錢」云。

轉解官物

維揚厥貢，節轉泗淮。先漢灌輸，歷浮河渭。州而郡，郡而行省，順流以達貨源；下而上，上而京師，續進而紓民力。今某尸居上位，秦越民間。三十鍾而致一，領脊俱穿；數千里而獨勞，皮毛安傅？天子明禁，汝無知矣。司寇金科，我當明之。

［釋］

三十鍾：漢主父偃諫伐匈奴，轉輸河北，率三十鍾而致一石。

皮毛：《左傳》：「皮不存矣，毛其安傅。」

因公擅科斂

科斂民財，有國者之禁也。因公以斂，天下其誰悦之？乃敢嚇腐鼠之餘榮，嗜蝗螂之穢飽。今某菜傳纖手，都來赤子之膏；酒泛金甌，半是黎甿之血。以藏珠而剖其腹，似攫金而不見人。狠如羊，貪如狼。春取絲，秋取穀。幾乎一網盡矣，未知三尺照然。

［釋］

藏珠剖腹：西域賈胡得美珠，剖腹藏之，忘其身也。

攫金：入市攫金，知有金，不知有人也。

狠羊貪狼：宋義將兵救趙，屯安陽不進，恐將山争之，下令曰：「有狠如羊，貪如狼，強不可使者，殺無赦。」

一網：宋附韓侂胄攻擊善士，嘗曰：「魏了翁乃僞君子，真德秀乃真小人。吾一舉網盡之矣。」

錢糧互相覺察

韓延壽私放官錢，望之劾奏；桑弘羊掊克民利，卜式上書。盜用則李紳必按吴湘，擅侵而趙開不容席孟。欲杜交侵之漸，須嚴互糾之防。今某有意朋奸，無心嫉惡。離珠分耀，共爲藏府之官；天囷連輝，並掌庾人之職。相助匿非，不減祥符五鬼；同惡相濟，還如寶慶三凶。故縱者罪與犯同，失察者刑依杖斷。

〔釋〕

韓延壽：韓延壽爲左馮翊，在東郡時，放官錢千餘萬。蕭望之代爲左馮翊，即自奏。〔一九三〕

桑弘羊：桑弘羊興利筭及民車船，齊相卜式爲御史大夫，乃言郡國多不便，縣官作塩鐵，苦惡價貴，或強令民買之，而船有筭商者少物貴。

離珠分耀：《天文要集》：「離珠爲藏府，在須女北。」

天囷連輝：《石氏星經》：「在天〔一九四〕六星，在婁南，倉谷所藏。南之星，天庾，積貯粟之所。天囷十三星，囷，倉廩之屬，主御廩也。」

隱匿費用稅糧課物

嬴粮影從，著于過秦之論；方物畢獻，垂諸旅獒之書。惟供王者之求，亦利公家之用。今某懷狼貪之志，蓄狗竊之謀。損下而益上，實同孔僅之徒；左支而右吾，接踵延齡之弊。牛車不絕，慚漢世之完租；杼柚其空，愧周人之納貢。孟氏稱爲民賊，此其徒乎？獻子所謂盗臣，正此類也。宜加監守自盗之罪，庶警將來效尤之人。

［釋］

狗竊：孟嘗君客雞鳴狗竊。

損下：漢武帝以孔僅爲大司農丞，領塩鐵事，言利事，析秋毫，百姓不安其生。

支吾：唐裴延齡以左藏正物徙置别庫，虚張名數以惑上。

牛車不絕：漢倪寬推情于下，吏民大信愛之。收税時與民相假貸，以故租不多入。后寬以負租課當免，民聞，皆恐失之。大家牛車，小家擔負，連屬不絕，課更以最。

鈔法

流于泉，布于市，圜法本以便民；去其舊，更其新，鈔制亦以科國。自宜通行交易，豈容阻滯貿遷。今某敢違國憲，不守王章。目楮幣爲虚文，奚取龜貝？詆闕會爲虐政，焉用龍文？欲昭三重之權，使斯利兼行天下；宜隷五刑之屬，令厥奸懲戒將來。

〔釋〕

流泉布市：太公置九府圜法，欲其通行如泉之流布于市也。此先言錢以配鈔。

楮幣：鈔搗楮爲之持尺，楮可當數斤之銅。

龍文：鈔四周篆刻龍文，即宋之關會也。

錢塩

錢府法肇自太公，塩政制行於管子。蓋利雖當公之乎下，而權則宜收之於君。今某希求潤槖，莫顧王章。荇葉榆策，任其自行。漏引買吐，圖爲私鬻。渺乎一窮簷蔀屋之民，偃然擅煮海鑄山之利。是宜正罪，以警將來。

〔釋〕

太公：錢自太公立九府圜法而起錢。

塩政：齊桓公問管子何以富國，管子曰：「海王之利也，宜謹塩策。」

荇葉榆策：荇，水草，其葉圓小如錢，榆莢薄錢如其薄，喻錢行也。

漏引：引，即今之塩引。商人納銀于邊官，給文引，使隨所在取塩貿易。

煑海鑄山：煑海水爲塩，鑄山之銅爲錢，漢吴王濞嘗擅鑄山煑海之利，富甲天下。

禮律

上書陳言

李善感慷慨敢朝，采徹朝陽之鳳； 狄仁傑從容論事，功成夾日之龍。況夫青鎖黄門，衮職由其補闕； 凜矣霜臺栢署，豸冠任其觸邪。今某位列冰嗡，空承天眷。伏馬飼芻豆，白簡深藏。鳴鳳化寒蟬，皂囊自括。折朱雲之檻，安敢望于若人？壞陽城之麻，不復見于斯世。欲開言路，合付刑曹。

［釋］

李善感：善感諫高宗封禪時，言路久塞，天下謂之「鳴鳳朝陽」。

狄仁杰：狄仁傑薦張東之五人，卒復中宗之位。吕温贊曰：「五龍夾日以飛。」

化寒蟬：漢劉勝隱嵩山，已自化寒蟬。

失占天象

敬授人時，放勳稽候； 欽崇天道，仲虺格君。慨宣夜周髀之制莫傳，故保章馮相之法靡驗。今某雞丸罔識，蟻磨奚窺？五百里有賢人，未聞太史之奏； 二使星來益部，不爲李郃之占。太白經天，孰謂禁門喋血？流星入尾，那知夷狄亂華？欲正臺官，合如律杖。

〔釋〕

人時：放勳克命，羲和欽若，昊天曆象，日月星辰，敬授人時。

天道：仲虺之誥，欽崇天道，永保天命。

宣夜周髀：古人言：「天之形曰渾天，曰蓋天，曰宣夜。周髀之術以爲天似覆盆，蓋以斗極爲中，中高而邊下，月月〔一九五〕傍行遶之。日近而見之謂晝，日遠而不見爲夜也。」保章、馮相，《周禮春官》：保章氏掌天星以志日月星辰之變，馮相氏掌歲月辰日二十八星。

鷄丸蟻磨：《渾天儀》：「天如鷄子，地於中黄，天之包地如卵之裏黄，日月行天如蟻行磨上，磨左旋，蟻右行。」

五百里：陳寔與子侄造荀淑家，太史奏德星見，五百餘里内有賢人聚。

二使星：李郃好天文，和帝遣使者觀風俗，有二使向益州。夏夕，郃露坐，問曰：「君發京師，寧知二使何時發？」客驚曰：「何以知之？」公指曰：「有二使星來益州部。」

太白經天：太白，唐高祖時，太白見秦分，秦當有天下。世民率長孫無忌等入玄武，射建成、元吉，殺之。
流星：宋建中，流星自西南入尾。任伯約曰：「此夷狄竊發之証。」

私借官軍船

彌子瑕之矯駕，本出曲恩；劉延孫之乘舟，徒憑勢籍。葢車舟雖堪共載，而官物則有司存。今某一介庸夫，駕星軺以自若；五湖扁棹，出水驛而公行。異終軍駟馬之車，豈祖逖中流之楫？恩出掠美，惠不補刑。宜計日而追賃錢，且據情而加笞罪。

［釋］
彌子瑕：衛靈公寵臣，以母病，矯駕君車。公聞不怒，更羡其孝。
劉延孫：爲宋僕射，許乘舟造朝左，至平昌門。
終軍駟馬：終軍度關，棄繻曰：「大丈夫當乘駟馬，何以繻爲？」後果建節出關。
祖逖中流：晉永嘉之亂，祖逖爲豫州刺史，渡江中流，擊楫誓請。

禁止師巫邪術

造言者亂民，周官不赦。左道而惑衆，王法必誅。故廣東經畧，毁佛像，杖僧人；

而河南安撫，廢淫祠，脱愚俗。今某自號雲宗，妄稱蓮社。一方鼠卜，知爲誰氏之神？五德鷄占，云是越人之鬼。黄巾、紅巾之禍，並起邪徒；大巫、小巫俱投，方快人意。爲首者即時議絞，爲縱者量地遠流。

［釋］

鼠卜鷄占：嶺表凡小事必占，有鼠卜雞占之術。田饒謂魯哀公曰：「君不見雞乎頭戴冠者，文也。足搏距者，武也。敵在前敢鬭者，勇也。見食相呼者，仁也。守夜不失時者，信也。是謂五德。」《史記》：「東粤王敬鬼，命粤巫立粤而以雞卜，上信之。」〔一九六〕

黄巾紅巾：漢末黄巾、元末紅巾皆以左道倡亂。

大巫小巫：西門豹爲鄴令，止河伯娶婦之妄，先投大巫，後投小巫。

收藏禁書及私習天文

應禁之籍，非文淵閣不藏；星曆之書，惟欽天監可習。故黄巢學讖，竟亂唐宗；若張角占風，遂擾漢室。今某職非東觀，臺豈司天。術數靡康節之精，掌上漫占星步斗；韜畧鮮尚父之柄，囊中多戰策陰符。要見何處得來，究竟何人指授？假夏楚以警邪謀，追青鉄而獎告者。

［釋］

張角、黄巢：皆習術數，所以輒生覬覦，鼓衆倡亂。

東觀：後漢東觀校書之室，聚當時文學士，校讐其中。

司天臺：司天，觀天象之官也。高陽氏命南正重司天。

康節：邵堯夫探賾索隱，尤精術數之學。

尚父：吕氏詩曰：「維師尚父，時維鷹揚。」

祭祀

自四岳而至五祀，禮重明禋；由春祈而至秋報，誠所昭格。是以諂瀆可羞，不聞鬼神可慢。今某身有幽冥之寄，罔顧盻饗之儀。彼藩臣而臚于郊禘，僭端見矣；倘至尊而簡于禋祀，罪安逃乎？

［釋］

四岳五祀：東岳太山、西岳華山、南岳衡山、北岳恒山。井、竈、門、户、霤爲五祀。

春祈秋報：祈其登，報其成。

失儀

九天閶闔開宫殿，臣道尚恭；萬國衣冠拜冕旒，朝儀貴肅。背闕崇嗣，清霜之簡俄飛；戲殿鄧通，相府之檄遂至。今某趨蹌無度，深漸鴛鷺班中；舉止不常，空立鳳凰池上。滿池細草，未聞委佩之垂；萬樹宫花，輒敢舉頭而視。誠散于既灌之後，孔子本不欲觀；擊柱于既醉之餘，叔孫因而制禮。既已倉皇失措，安能精白承休？罰俸爲不恪者懲，連坐示失糾者警。

〔釋〕

清霜簡：唐大將軍管崇嗣在朝堂，背闕而言咲自若。御史李勉彈之：「簡上霜凝。」

相府檄：漢文帝時鄧通愛幸，戲殿上丞相。申屠嘉坐府中，檄召通，痛責之。

鴛鷺：唐上官儀曰：「御史供奉赤墀，接武夔龍，簉羽鴛鷺。」

擊柱既醉：漢初未有朝儀，群臣飲醉擊柱。叔孫通因制綿蕞之儀。

兵律

檀調官軍

烏陣雲屯，閫外重將軍之寄；魚書鳳詔，營中宣天子之威。故尹吉甫奉命攘夷，見歌《周雅》；而魯公子固請伐莒，致貶《麟經》。今某心存跋扈，手竊太阿。金闕九重，曾乏一封之朝奏；玉關千里，敢合萬馬之霄馳？似拜表之桓温，托名北伐；踵要功之奉世，矯制西戎。欲警奸邪，以申軍法。

〔釋〕

烏陣：孔明八陣中有烏陣。

閫外：古王者遣將，跪而推轂：「閫以内，寡人制之；閫以外，將軍制之。」

魚書：軍書柙其形如魚。又古詞曰：「遺我雙鯉魚，中有尺素書。」

尹吉甫：周宣王命伐玁狁。《詩》所謂「維岳降神，生甫及申」是也。

跋扈：扈，捕魚具。魚入扈，躍而出之，强梗不順之喻。漢沖帝目梁冀曰：「此跋將軍也。」即此。

太阿：劔名。倒持，則以柄授人矣。

桓温：温，東晉將軍，凡事專決意于己。伐蜀，恐朝議止之，拜表即行。

奉世：奉世出使西域，值莎車王弟欲叛漢，奉世矯制發兵滅之。帝欲封奉世，蕭望之刻其要功。

申報軍情

龍沙斥堠，徹烽火于邊頭； 雁塞風塵，飛狼烟于内地。葢兵家最貴神速，軍務豈容停留？今某忝司金鼓，謬典戎韜。漁陽之鼙鼓喧天，曾無羽檄馳報； 塞北之風塵接地，不見蠟書申詳。緩睢陽之救，是誰之過歟？損奏狀之文，孰不可忍也？街亭敗事，宜從大將處分； 好水無功，安得軍法獨廢？

［釋］

奏狀：隋内史虞世基以帝惡聞盜賊，諸將及郡縣有告急求救者，世基輙損奏狀，不以實聞，但云：「鼠竊狗偷盜，郡縣捕逐，行當殄盡，願陛下勿以介意。」

街亭敗事：蜀漢馬謖違孔明節制，敗街亭，孔明斬之。

好水：宋任福與西夏戰，敗績好水川。

優恤軍屬

投醪感戰士，義以情聯；挾氣壯軍容，勇由恩奮。故賈復病瘡于真定，光武且爲約婚；馬謖敗死于街亭，孔明尚且流涕。今某身尸閫外之權，目擊死亡之苦。自當應付還鄉，俾晝宫而受齊弔；豈得遷延不發，使聚泣而環魯髽。死者血作燐光，生者身留死所。秋風鼓怨氣，彼惡知之？夜雨動冤聲，若罔聞也。忍心若此，敵愾何能？彼惟無恩撫士，我則有法將兵。

［釋］

晝宫受弔：《檀弓》：哀公使人弔蕢尚，遇諸道，辟于路，畫宫而受弔焉。曾子曰：「蕢尚不如杞梁妻之知禮也，齊莊子〔一九七〕襲莒于奪，杞梁死焉。其妻迎其柩於路而哭之哀。莊公使人弔之。對曰：『君之臣不免于罪，則將肆于市朝。而妻妾〔一九八〕執。君之臣免于罪，則有先人之敝廬在，君無所辱命。』」

魯髽：《檀弓》：「魯婦人之髽而弔也，自敗于臺駘始。」

縱軍擄掠

義見説，仁見親，載諸司馬之法；静以正，遜以治，著在孫武之書。葢弔民者不可殃民，禦寇者豈宜爲寇？今某令不嚴明，竊牛馬而自若；軍無紀律，致鷄犬之靡寧。束芻之士無刑，誰知縮首？取笠之夫不斬，更肆野心。火熱水深，望拯已者徒切；斬祀殺厲，稱斯師其謂何。宜寘之辟，以儆其餘。

［釋］

束芻：宋岳飛行軍嚴肅，有軍取民束芻者，立命斬之示懲。
取笠：吴吕蒙出師，有取民家一笠覆官鎧者，立斬之。

宿衛人兵仗

九重宫闕壯宸居，防閑宜慎；五夜漏聲催曉箭，譏察須嚴。豈謂無警之朝，遂任弗習之卒？今某備員禁垣，出入内地。天街露冷，未聞柳拂旌旗；玉路霜侵，那見花陰劍佩。設有觸瑟之虞，空拳莫措；倘遇獻圖之儆，袖手若何？合置兵科，用彰國憲。

［釋］

觸瑟：李德裕《防微箴》：「亂臣猖獗，非可遽數。玄服莫辨，觸瑟始仆。」

獻圖：荊軻爲燕報仇，奉燕督元地圖，圖窮而匕首見。

不操練軍士

周嚴勵武，原謹衣袽；漢重防秋，宜思桑土。故心降吐渾，習弓矢於顯德殿前；志掃幕南，演樓船于昆明池畔。今某身居閫外，耳不習于鼓鼙；命寄專城，足不履乎營壘。縱使擊狐搏兎，藉口歸馬放牛。獨不思武吏百人，晉朝因以失鹿；金人十二，秦室遂以亡羊。既無山巨源之先憂，宜坐程元振之軍伍。

［釋］

勵武衣袽：周軍制教勵武士，所以預患也。即《易》所謂「濡有衣袽，終日戒」之意。

防秋桑土：秋高草枯，則匈奴馬肥，故防其入寇。即《詩》所謂「天未陰雨，徹彼桑土」之意。

習弓矢：虜主名吐渾，唐太宗時納款。太宗曰：「天下雖安，忘戰必危。」于是日令將士習弓矢於顯德殿前，令之曰：「朕居閒則爲女師，征伐則爲女將。」

演樓船：匈奴嘗于幕南置王庭，漢武若掃清之，以軍士不習水戰，命鑿昆明池，肄舟師。

擊狐搏兎：田獵則擊取狐兎。

歸馬放牛：武王定殷之后，歸馬華山之陽，放牛桃林之野，示不復用也。

武吏百人：晉武平吴，謂天下已太平，所置武吏止百人。武備既弛，遂有五胡之變。

金人十二：秦始并天下，謂兵可不復用，下令除田器外，有刀劍之類，悉命輸官，銷以爲金人十二，立司馬門外。未幾陳勝兵起，皆斬木揭竿，卒亡天下。

山巨源：晉山濤以群臣勸帝伐吴，曰：「自非聖人，外寧必有内憂。曷若仆吴以爲外懼耳？」

陳元振：唐宦官擅政者，嘗沮郭子儀、李光弼諸勳臣。軍政漸廢，后吐蕃至便橋，代宗出走，始罪之。

官馬不調習

四驪維則，吉甫成北伐之功；俴駟孔羣，秦襄奏西戎之績。故王良善御，猶範我馳驅；而僖公無疆，乃駉馬斯作。教必閑習，性始調良。今某位列圉師，職竽芻牧。嘶春風於晴野，奚足來伯樂之誇？臥夜月於芳郊，何以當晉侯之錫？磬控恐爲泛駕啣橛，驂服豈皆上襄雁行？果四騏之翼翼乎？抑八鸞之瑲瑲也？事關軍國，犯合鞭笞。

〔釋〕

四驪維則：《詩》：「比物四驪，閑之維則。」

剗〔一九九〕駟孔羣：《小戎》之詩，秦伐西戎而作也。

無疆：《魯頌·駉篇》：「思無疆。」

圉師：圉師，官名。

伯樂：伯樂，天廐星名。孫陽善相馬，故以名之。

晉侯：晉康侯錫馬蕃庶。

泛駕：《詩》：「抑罄控弓。」漢武帝詔曰：「泛駕之馬，跅跎之士，在御之而已。」

雁行：《詩》：「兩服上襄，兩驂雁行。」

四騏：《詩》：「乘其四騏，四騏翼翼。」

八鸞：《詩》：「約軝錯衡，八鸞瑲瑲。」

主將不固守

李牧守鴈門，絶胡騎於北塞；王剪據函谷，成虎視於山東。故鼠可掘，雀可羅，睢陽必不可陷；而子可貸，女可鬻，澤潞必不可危。今某既膺保障一方，未能金湯萬里。棄潼關而中宵遁去，全無光弼之忠；守天雄而修齋誦經，竟同欽若之怯。削松飼馬，那有符丕之雄心？煑弩充饑，誰效耿恭之勁節？失陷失報，官軍嚴兩觀之誅；　曰掠曰侵，邊戍重百杖之警。

〔釋〕

守鴈門：　趙使李牧居代鴈門，備匈奴。單于遠遁，十餘年不犯趙邊。

據函谷：　秦使王翦擊趙，克邯鄲。燕王走遼東，翦定燕薊，據函谷。

掘鼠羅雀：　張巡守睢陽，食盡，羅雀掘鼠，復殺愛妾以享士。

保障：　尹鐸爲晉陽守，曰：「保障哉！」

金湯：　金城、湯池。

棄潼關：　唐天寶〔二〇〕之亂，郭子儀與李光弼引兵取范陽、潼關，大將宵遁。

守天雄：　宋王欽若守天雄軍，契丹至城，束手無策，閉門修齋，誦經而已。

符丕：　燕兵圍符丕于鄴。鄴芻粮俱盡，削松飼馬。

煑弩：　耿恭禦匈奴，食盡，煑鎧弩，食其筋，軍士卒無二心。

失陷失報：　失陷城池與失飛報致陷軍者，俱斬。

百杖：　被賊侵境虜掠人民者，杖一百，發邊衛充軍。

漏泄軍情大事

事泄晉陽，沉竈之蛙頓去；呼聞淝水，淚風之鶴俄驚。葢温樹問且不言，矧惟軍計；玉巵漏而無當，何取機謀？今某三緘不戒，盡輸席上之奇兵；一語害成，直賣軍中之至計。腹中傾于敵國，螫起僆蜂；肘腋喪于我軍，患由養虎。似此大逆，論以極刑。

〔釋〕

沉竈：趙襄子使張孟談決水灌智伯。

淚風：晉謝玄拒符堅事。

温樹不言：漢孔光性謹密，出入禁中。或問温樹中何樹，亦不答。

玉巵無當：當，底也。《韓非子》：「堂谿公見昭侯曰：『今有白玉之巵而無當，有瓦巵而有當，時何以飲君？』曰：『以瓦巵。』堂谿公曰：『爲人主而漏泄其羣臣之語，辟〔二〇二〕猶曰玉巵之無當。』」

三緘：孔文廟見金人，三緘其口，曰：「此古之謹口人也。」

夜禁

司寤氏掌以星分，宵行有禁；執金吾傳呼曉暝，夜犯必懲。葢天道既限于晨昏，人事當隨其動静。今某昧嚮晦宴息之訓，忘不夙則暮之詩。子規枝上月華濃，故揚鞭于五劇；　夜半歸來宫漏永，猶縱轡于三條。非伍子之度昭關，何爲見星而往？豈孟嘗之出函谷，顧乃鳴雞而行。罪計京外爲重輕，笞論蚤莫爲加減。

［釋］

司寤氏：《周官》：「司寤氏掌夜時，以星分夜。」

執金吾：漢制，執金吾掌禁外，戒非常水火之事，曉暝傳呼，以禁夜行。

嚮晦宴息：《易》：「君子以嚮晦入息。」[二〇二]。

不夙則莫：《詩》：「不能晨夜，不夙則莫。」

度昭關：伍子胥走吴，夜度昭關。

出函谷：秦囚孟嘗君。以白狐裘獻幸姬，得歸。至函關，關法：鷄鳴方出。客有善爲雞鳴者，野雞聞之，皆鳴，乃得脱。

刑律

辨明冤枉

帝堯命士，先疑獄之惟輕；　西伯下車，凡罪人之必放。故賤臣叩心，飛霜擊于燕地；而庶女呌天，振風襲于齊臺。今某伏彼桁楊，逞其刀筆。秋風夜雨，誰憐犴狴之冤？白日寒雲，痛測盆盂之覆。彼緹縈之少女，寔所寒心；若驚乘之愚民，豈宜獨殺？已絶欽恤之念，宜從故入之條。

［釋］

疑獄：疑獄，《書》：「臯陶曰：『宥過無大，刑故無小。罪疑惟輕，功疑惟重。』」

賤臣庶女：「賤臣」四句出《文選》江文通賦。《淮南子》：「鄒衍事燕惠王，左右譖之，被係于獄，仰天而哭，盛夏爲之霜降。」「庶女寡居事姑孝，姑女利姑財，殺姑誣庶女，女號泣，天雷擊景公臺。」

桁楊：《莊子》：「桁楊接摺。」謂械夾頸及踵者，刀筆隨行。

犴狴：犴狴，犬名。古以名牢獄。覆盆，司馬遷：「戴盆何以望天？」又：「日月雖明，不照覆盆之下。」

緹縈：父淳于意，漢文帝時爲太倉令，有罪當刑。少女緹縈上書，願没入爲官婢以贖父罪。天子憐愍其意，詔除肉刑。

驚乘：漢文紀：上行行出中渭橋，有一人從橋走，乘輿馬驚。捕屬廷尉。張什之奏罰金。獨殺。漢宣帝，嚴延年爲河南太守，論囚河血數里。號曰「屠伯」。其母到洛陽，適見報囚，大驚，謂之曰：「天道神明，人不可獨殺。」

詐爲瑞應

國家以得賢爲上瑞，而赤麟丹鳳不存；聖主以豐年爲至祥，而金馬碧鷄無論。縱人臣欲彰美盛，懼大君或生侈心。今某乏致主之謨，惟逢君之惡。時非武氏，謾跨九月梨花；政異張堪，那得兩岐麥穗？類寇準天書之降乾祐，效德孺鸞鳳之集朝堂。甘露雨苑中，玉杯獻闕下。詐可知矣，杖能免乎？

［釋］

赤麟、丹鳳：赤麟、丹鳳，唐貞觀有白鵲巢于殿，左右稱賀。上曰：「瑞在得賢，此何賀？」《山海經》：「汾水中多紫魚，狀如儵而鱗赤。」「丹之山有鳥，狀如雞，五采而文。」

金馬碧鷄：漢宣時，方士言益州有金馬碧雞之神，使王褒持節求之。

九月梨花：唐則天九月出梨花，宰相稱賀。杜景儉曰：「草木黃落，而此更發榮，陰陽不時，咎在臣等。」

兩岐麥穗：張堪有異政，麥皆兩岐。

天書：北門鎖鑰，如寇萊公猶不免天書之誕。

甘露：唐太宗時，韓約奏廳事。后夜有甘露，命中尉仇士良等往方丈視之。執兵者甚衆。

僞造印信及曆日等

輯五瑞，命四官，肇從虞代；分麟符，頒鳳曆，紀在漢年。葢欲明大統之義，寧容詐僞之奸？今某市井邪氓，穿墉小智。金斗琅函，瑞非騰于鵲墜；渾天宣夜，形不察于鷄如。豈心懷肘后之榮，欲暮封乎呼吏；抑私便山中之覽，冀寒盡以知年？憲典既違，市朝合戮。

［釋］

金斗函瑞：晉周顗曰：「今年討諸賊，取金印如斗大，琅函印笥也。」

鵲墜：張顥見鵲墜化爲石，剖得金印。

渾天：《天文録》：「古今言天形者有三：一曰渾天，二曰蓋天，三曰宣天。」《渾天儀》曰：「天如雞子，地如中黄。天大地小，表裏有水。」

謀殺制吏及本管官

持節煌煌，鸞鵲書噉於天上；專城赫赫，虎麟符擊于日邊。何物鼠曹，敢懷鴆毒？今某迹若蚊蝱，謾起刺天之響；毒生蜂蠆，多藏犯上之謀。聽其言，雖張綱龔遂，猶曰非良。任其計，而官署使軺，横罹不軌。鄧景山之死，推案難迯；宛毋寡之兕，懸頭未挽。未行者，服杖流之罪；已行者，正梟首之誅。

〔釋〕

鸞鵲書：唐詩：「鸞鵲天書濕紫泥。」

虎麟符：漢郡使佩虎符，隨文帝改爲玉麟。

鄧景山：河東軍亂，殺節使鄧景山。及郭子儀斬程元振，河東節度辛雲京聞之，亦按誅殺景山者數千人。

宛毋寡：宛王毋寡殺漢使，漢攻之急。宛貴人殺毋寡，持其頭降漢，兵乃罷。

違令

山東布詔，老羸扶杖而往觀；函谷縣書，民庶一言而不易。若有違令，即屬頑民。今某玩法欺公，爲下倍上。非叔齊遜孤竹之國，何承父命潛逃？豈亞夫次細柳之軍，乃聞君命不受？用笞五十，庶警百千。

〔釋〕

布詔：漢布詔書於山東，父老携杖往觀之，感泣曰：「須臾毋死，見德化之成也。」

懸書：呂不韋書成，懸之市曰：「有能更定一字者，予千金。」卒無敢應者。

細柳軍：周亞夫屯軍細柳營，文帝勞之至轅門，不得入。軍士曰：「但聞將軍令，不聞天子詔。」文帝按轡徐行曰：「真將軍也！」

工律

冒破物料

國有六職，貴在綜詳；天生五材，戒乎暴殄。故木屑竹頭，侃士行所不棄；而餱粮財用，士彌牟所必書。今某竊官物以潤家，無嫌冒破；駕虛詞而計料，欲濟貪漁。造車而梯木蔽江，伊誰過矣？建宫而綱運俱竭，謂之何哉？合追物以還官，仍計贓而論罪。

〔釋〕

餱粮：《左傳》：「士彌牟營成周，慮材用，書餱粮，以令役于諸侯。」

梯木：木片也。晉將伐吴，造船上流，梯木蔽江而下。

綱運：運粮十舟爲綱，隋煬帝作江都宫，綱運俱竭，民窮盜起。

盜決河防

濬畎導川，神禹奏平成之績；壅泉激水，齊桓申輯睦之規。太史特表於河渠，班椽載陳乎溝洫。豈容盜決，以潰官防？今某藉口疏通，忍心穿鑿。居然荷鍤，夷積土爲鯨波；倏爾轟雷，泛長堤成蟻穴。九秋瓠子，徒悲漢武之歌；三板晉陽，誰惜趙襄之急。彼既效白圭之故智，吾當用蕭何之典刑。

〔釋〕

河渠：司馬遷《史》有《河渠表》。

溝洫：班固《史》有《溝洫議》。

蟻穴：蟻穴不塞將潰長堤。

瓠子：漢武時河決，瓠子發卒數萬修之。帝自臨河，沉白馬以祭河神。

三板：智伯率韓、魏之甲攻晉陽，決水灌之，城不浸者三板。趙襄子陰通韓、魏，魏因滅智氏。

修理倉庫

國之大計在積儲，則緩急有需；官之大幹在謹勤，則戢治宜早。蓋以無事而預有事之防，豈堪有事而甘無事之惰？今某伴食而不顧足食，貪財而罔知惜財。儻遇庚癸之呼，數萬姓之命，何以待之？若逢戊巳之役，數千里之外，胡所給也？似此怠事，合正明刑。

［釋］

預防：《易》：「君子以思患而預防之。」

伴食：《唐玄宗紀》：「盧懷慎同姚崇爲相，以爲才不及崇，每事推之。時人謂之伴食宰相。」

庚癸呼：《左傳》：吴叔儀乞糧於魯公孫有山氏曰：「佩玉蕊兮，一無所係之。旨酒盛兮，予與褐之父愧之。」對曰：「糧則無矣，食則有之。若登首山以呼曰：『庚癸乎？』則諾。」

戊巳役：漢元帝置戊巳校尉屯田。戊巳屬土屯田，以耕土爲事，故名。

織造違禁龍虎文段疋

黄帝垂裳，已有等威之辨； 神堯作服，必明黼黻之章。故漢武帝編翠羽于離宫，終爲太侈； 石季龍綴流酥於斗帳，真是不經。今某不揣僭踰，乘機織造。盤龍孕彩，晃若晴雲； 對鳳翻朱，燦同旭日。霞光輕閃春江濯，虚費精思； 花色濃粧綉帳開，妄爲勞役。從公决杖，追物入官。

〔釋〕

翠羽： 漢武起招靈閣于甘泉宫西，編翠羽翎毛爲簾。

流酥： 石季龍冬月張蜀流酥斗帳，四角垂金。

擅造作

作高門，作應門，作冢土，是惟建國之初。書築郎，書築薛，書築秦，摠爲罷民之戒。蓋官師主于恤人，而土木不聞擅作。今某職在長人，寄專守土。會斧斤而霧集，巧練成風；召徒庶以雲從，成期不日。睅其目，皤其腹，棄甲則那；澤之哲，邑之黔，興役何易？計役錢以坐贓，完罪贖則還職。

〔釋〕

作門：《詩》：「乃立皋門，皋門有伉。乃立應門，應門將作。乃立冢土，我醜其行。」

書築：莊公三十一年築臺于郎夏薛秋秦。《春秋》讥之。

成風：王勃文：「郢客成風之巧。」

睅目皤腹：《左傳》：「宋城，華元爲植，巡功。成謳者：『睅其目，皤其腹，棄甲而復。于思于思，棄甲復來。』使其驂乘謂之曰：『牛則有皮，犀兕尚多，棄甲則那？』役人曰：『從其有皮，丹漆若何？』華元曰：『去之，夫其彼衆我寡。』」

哲邑黔：哲白黔黑也。宋華國父白而居澤門，子罕黑而居邑。《左傳》：「皇國父筑室，子罕請俟農收之畢，弗許。築者謳曰：『澤門之哲，實興我役。邑中之黔，寔慰我心。』」

策部

策訣目次

○策（屬三場）

策者，籌度之謂也。本於唐虞之稽衆，著于禹皋之陳謨，盛于漢廷之大對。（**此策之所畸重也，而視爲故事者何心！**）嗣後上以此選，下以此應，而習日靡矣。蓋問者，謀猷咨度，以審其計之是非；答者獻納開陳，以決其事之可否。科目設此，正謂識時務者在俊傑，欲以觀其明經而致用，非徒事乎無益之虚文。宋末專事套括，非策也。今之策，惟務直述，又非矢口自撰已也，正要見真是。上下古今，疏陳利害。如排擊衆論，我之理勝而氣鋭；如指畫君前，我之情切而事明，自然聳聽。

大抵起頭發策，樂作而金聲也；中間答策，樂成而雅奏也；後面獻策，樂終而玉振也。

策題有二體：時務也，經史也。然二者未嘗不相閔。故問時務，必引經史爲證。問經史，必因時務而發。作時先須體認二體，然後詳看問中何者爲綱領，正寔事處；何者爲浮泛，引旁事處；何字爲血脈，何字爲眼目。主意一定，區處不難矣。

趙懷易曰：作策全要體認問意。如目中有好話頭，拈來主張，謂之「摘出問意」。如目中原有輕重，已分賓主，謂之「就題答問」。或所問煩難，斷以一説，謂之「立説斷制」。或所問偏疵，折以正理，謂之「凌駕折辨」。大都我使策題，而不爲策題所使，方爲善對。（眉批：前四説尚是書生面孔，末兩言則豪傑心腸矣。）

蓋策者，測也，所以測度當時之務，而不在于多述往事，而無所適從者也。但古今不可不通貫，如法制之沿革，人才之歷履，世道之盛衰，典籍之綱領。然亦不過識其大意，而掇其要領于前而已。惟在專意斷制：必吾策可用于今日。如此而已。（眉批：方有益於國家。）才不貴華，貴古雅不浮，正當有法。聖制策以規諷爲主，人才策以抑揚爲主，典籍策以折衷爲主。至于法制、世道，皆屬時務，此則固當通貫乎已往，尤在洞達乎當時。蓋策場所重者在時務，而策士所對，類皆究心已往，而不達當時。如籌邊一策，只以守戰爲言。至于九邊之夷情，渺無所識。有遼東不可施之薊州，宣大不可施之固原。（歷歷明言。）（眉批：策必要如此。）守榆林，何如成筭于河套？制甘肅，何如萬全于哈密？凡此皆當設身處地，不襲常套。至于六曹時務，各例不一。總當通達國體，方爲識時。審如此而據事措詞，正大典雅。或駢頭、直頭，或駢腹、直腹，或駢尾、直尾。味其意，則忠愛有餘。覩其辭，則古潤可度。其殆獨鳴祥鳳于高梧之上，而不與羣哇〔二〇三〕共噪者與！

趙運靈曰：快爽鎮密、整齊鯁切、豪縱波瀾、明白簡健、純粹剖决，此策之美者。（眉批：釋回增美可也。）若雷同腐爛、冗長緩弱、窘束空疏、塵俗貢諛、晦僻套括，總策之病也。

太祖高皇帝開科，令曰「試策」，只許直陳所見，不許脩飾文詞，最爲有理。蓋以策試士，正欲其通達治體，敷陳確寔。粉飾虛文，有何用處？他日又語劉三吾曰：「唐虞詢事考言，今試策，是其遺意。命庭試，只用策一道。」（眉批：國朝令甲如此，策學豈小補云？）又士子在學，試官教之，而以提調之權歸之有司。孟月試經義，仲月試論、表、判，皆在學宫教官主之。季月則專試策，有司主之。其重策如此。金時既不重策，間有閲策者，亦正取其文采而不取其練達。故爲今之士，作今之策，文詞亦不可畧。但當以練治爲主，工文次之耳。

時策見有四體：有問學該洽，條答無遺者；有題雖不記，識見超卓，只憑己意斷制，全不着題者；有題問間記，止以一二所記，敷衍成章，而其餘悉置者；有題雖不記，而對不合題，隨題抑揚，而藏頭見意者。四科皆經入選，而末體最爲下乘也。

陸象山曰：它人答策，隨問走答耳。（時策大都類此。）我每對策，如身坐堂上，部勒堂下。（眉批：九轉丹原不同於半偈者。）士卒呼之則來，麾之則去。觀此策，思過半矣。

天地間大學問，不過天文地理，律歷兵刑等類。能一一考究得精，自語得分明耳。策欲博古通今，古惟宗《文獻通考》，今惟宗《大明會典》，足矣。如魯鈍之甚，不能編[二〇四]閱二書，只將策目幾許，各擬作一篇，亦勝拾殘膏剩馥，以欺主司者。

如問漢，則羲皇之始，與成周之盛，起處不可不敘。中間則惟説漢事成敗得失。敘漢事畢，則敘及本朝，制以己意斷之。至對問唐宋亦然。

又策冒無不對之句，而問有突然敘起。不用對者，此方中之圓，善用圓者也。（眉批：語還須方耳。圓只於過接字見之。）其起處則必用援引入題；繳處則或諷斷，或顯斷，或條列以爲之斷，或設譬以爲之斷，只看人筆力如何。

〇策破

破題，要見策題何如。問兵財，則出兵財字。問刑獄，則出刑獄字。觸類而長，莫不皆然。若只掇揖陳言，彫鐫巧語，可耻之甚。

○策承

承者，所以發明破題之意，須要轉換曲折，使終篇主意盡見于數句之中，其語言尤不宜太多，恐失之泛。

○策腹

敘策題畢，將人腹講，須作一小股，引入正答，亦如經義之講，然其爲體不一。又不可與策題重疊，或區處事宜，或評論是非，或辨析疑難。只要規模廣大，間架整齊，籌度詳明，辭語精采耳。

○策尾

上已答盡，策問至此，又須自作一段，收拾題意，别有區處，則謂之獻策。惟鎮密不漏，始得。

（眉批：策問式。）

古人觀人之法詳矣，然往往有捷得奇中、所操約而鑑甚精者，此何術也？今摘一二言之。餉饁尋常事也，而因以徵德。不由徑一節也，而據之爲得人。墮甑倉卒耳，乃就名譽。落帽至微淺，亦見賞稱。圍棋豈關軍務？而即知辨賊。蒲博何係韜鈐？而遽占克敵。游汎非偶然乎？而奚以審其鎮安朝野？任履屐亦細故矣，而胡以必其決能立勛？之數者，皆俄頃不意之遭，人情所甚忽也。其較別才品，驗若符契，可謂奇矣。且舜、伊尹，大聖人也，而稱者曰「風雨不迷」，曰「一介不取與」！是豈小物亦足以概大聖與？乃或有魁壘之事，汪洋之談，顯白之譽，而終無足觀者，又何也？夫人之不可假者神，以神遇者，物不能逃形。意古之善觀人者，固有在耶？今天下才品混淆，未可區區名績辨也。如古法可用，尚精言之，以備采焉。

（眉批：對策式。）

第一問（對策不寫策題，只寫第一問、第二問、第三問、第四問、第五問便是。）

賞罰以衮鉞一時，盛王之權也；是非以考信萬世，儒者之論也。賞罰從是非而生，是非又從真知而定。人不易知，知人亦何容易哉！吾將觀以名，而腐鼠疑璞，車輈混朔，孰從而衷之？吾將觀以跡，而狂鳥之冠似鳳，修蛇之角似龍，孰從而執之？脱徒據聲影之間，以别雌黄于眉睫。定月旦于士林，揭揭然若負建鼓而求亡子。此必不得之術矣。惟照之以神，然後可以抆姸媸，而信若列眉於天下。夫所謂神者，豈浮蕩于無津崖之宇，而模蘇揑搁于不可測識之鄉乎？正於忽焉勃焉之時，效質以宣，聲有所出，而口不及呫嚅；載素以往，身有所行，而足不及趦趄；是乃神也！神者出於安，動於便，應於偶，成於疾者。一節可以會全體，頃刻可以卜終身，將焉推避履匿于其間哉？是故武丁之相傅説也，得于夢寐；西伯之師尚父也，得於田獵。未接貌而若親，未睹功而若素。神來神往，幾出幾没，有先于見，有貴于言者矣。彼不以神求者，雖藏五觀之術，錯九徵之變，耳眩目憒，終無已時。又奚捷得奇中之足云？三代而降，代不乏賢，觀豈在赫？餉田舉案，冀缺德徵於形家；正路托足，滅明聞著于律己。（眉批：墨策對問争件件不遺，最難處。）休宗人倫標準，而墮甑不顧之孟敏，取以給高；桓温蓋世雄姿，而落帽疎狂之孟加，招而置幕。符堅百萬投鞭，劉幾瓦解，而圍棊較勝，安石益重玄才；契丹澶淵對壘，宋稱孤注，而蒲博懽呼，真帝紓憂準席。司馬洛陽，游汎一出，而朝野蒙安；　武穆履屐，赴觀任將，而中興克振。　夫此數者，或事關瑣屑，知慮有所不及周；　或勢起倉皇，矯強有所不能副。　乃徵之于此，明之于彼。　如合符契，如鼓宮商。何若是懸斷而畢合哉！　大凡意有所矜，可以輕萬乘，而不能不失聲于破釜；　行有所勉，可矯餙于父子兄弟，而不能不敗度于醉夢。　迹可持，而真不可假也，真者神之動也！　以舜之聖而稱者曰「風雨不迷」，以伊尹之聖而稱者曰「一介不取與」，豈非大爲小槩，微爲顯基。　精神之運，隨地立儀。　覘一班而自喻，不待政行功立者。　我國家造士作人之法，既詳于往代，而廣闢三途，時勤徵詔。　武樹燕建，因事招揀。　宜赴闕盈廷者無遺行。　而碁布星羅者能一長自見，如古所稱窮達一致者矣。　乃硃砆亂玉，魚目混珠。羊質虎皮者僨敗于當機；　梟性鸞音者罔終于晚節。　而當事者輒悔其信之過，而覈之未詳也。　則非古今人之不相及，由於按名循迹之日久，神遇天合之幾微也。　嗚悲伏櫪，足蹇鹽車，而與金羈玉勒之下才較華彩，則以阨窮阻矣。　緤手賁育，摺脇專莊，而與耰鋤棘矜之農氓較搏擊，則以牽制廢矣。　政拙催科，思留去後，而與僞增屠伯之酷吏較功能，則以不辨拙矣。　囊中韞穎，樹下弢才，而與辨捷應給之利口較稱許，則藏斂困矣。然則鑒別才品，洞燭方畧，道必有所出已。　昔之相馬者，塞風氏相齒，子女屬相頰，衛朝相尻，公孫弗忌相踦。至九方臯之相，則出乎牝牡驪黄之外，其所觀者神也。故知馬之神者，可以無失馬；知士之神者，可以無失士。神之所載，形不能窮焉；神之所傳，口不能喻焉。誠欲觀人乎？其本在心，其符在識。不于顯而于微，不于大而于小。迎而無應，距而無競，得失若一者，其量不可禁也；覘之若驚，受之若承，夷險若一者，其才不可挽也。指言無喜，藥言無怒，愉怫若一者，其度不可窺也；于身若忘，于世若汎，利鈍若一者，其德不可禦也。滑稽脂韋，成陰接㻔，則其流也鄙；指松誓水，藏鑿巖城，則其流也險；苦節異揉，寡恩鮮儔，則其流也矯；高譚玄著，駭聵披聾，則其流也僞。核才品之是非，定國家之賞罰。庶倜儻不羈之彦，免混淆于僉壬不肖之夫矣。執事以爲何如？（此隨問走答後以己意斷制者，勁健可法。）

（眉批：題同前策式。）

有璧于此，無瑕者上也。舍是則瑜勝焉者取矣，舍是則瑕不掩瑜者取矣。宋人何故而襲礫于匣，及笑於周客，藏之益固也。嗟夫！神誠蓋難言之哉！

今天下誠不得全瑜之士而用之。顧天之所隆，地之所毓，祖宗數百載之所培隲，要不淺矣。八紘之中，人負其幹。士抱一得，誀詼而談，踴躍而起。前後非乏也，而不稱得人者何？曰：人皆贋爲瑜于石，而不能真爲瑕于玉也。且才品亦人所各造也。近嚴馴，則以嚴馴養恬；近豪暢，則以豪暢展彩。兆而驗之，非一符也；徵而應之，非一事也。要以偶露其真精神于此，而徐察其真力量于彼。左右相印，當不至莛與楹。故生竊謂今日所操以觀人者，在先定其玉與碔砆之真，而毋爲周客所笑也。夫真者何也？文章事功，不必其兼全；理學節義，不必其合並。且其有者，有之以樹于時，而爲時利；其無者，無之以遊于時，而不至爲時害。故事不必魁壘也，談不必汪洋也，譽不必顯白也，惟其真也。（眉批：題中問事，須如此輕點，方有波瀾。）今之人，多贋瑜而餙瑕者，真似之途，固已龐雜矣。又奈何觀者壓舉區區之定法號于天下，如建鼓而求亡子焉。虚名之士，膏餙而前，如身被寶璐，而蒙首以錦。不觀本質，惡別美醜哉？故相人之人，在神識。神識者，且以何占之？曰：以微占之。幾微倏忽之際，人情之所不及覆也。不及覆之處，真之所以告人也。誠有人于此，縫衣博帶，雍雍焉以賓于人。貌若肅，行若莊，而草野曲折之間，不無闒冗，則冀缺滅明之羞也。目不瞬于麋鹿，名一任夫牛馬，而不能恬于成毁貴賤之交，則墮甑之耻也，落帽者之所不出也。吾氣實不足以揖變，而詹炎韜鈐，以文踐内。少有驚懼，輒股栗而畏人，圍棊蒲博，非其任矣。吾量寔不足以鎮浮，而黎褦不具，寧澹是鳴。小有濡則競焉而湛，游汎履屐，非其質矣。何者？其養之未至是，而固之不覺其離也；其識之未至是，而藹之不覺其障也；其力之未至是，而引之不覺其踣也。餙之者以有心，而露之者以無心。餙之有心者，不益其瑜。而露之無心者，祇增瑕也。然則必求其所謂真者云何？今天下矜氣節矣，吾必不負氣，而不磷不涅，則真氣節也。今天下喜事功矣，吾必不邀功，而善始善終，則真事功也。文不必襲柱下、淮南，而一抒性靈，則爲真文章；理不必説性命無生，一敦躬操，則爲真理學。真者無全瑜，亦無贋瑜。真者非必無瑕，正不必匿瑕。蓋孔子之言曰：「不得中行而與之，必也狂狷乎？」狂者得聖人之神，狷者得聖人之骨，鄉愿得聖人之皮。狂狷者，有玷之玉也。（眉批：以玉起還以玉收，回顧得好。）鄉愿者，無瑕之石也。學者無自托於鄉愿，而觀者毋爲鄉願混也。（此只憑己意斷制，而間以一二所問點綴者。）

策式目次

戰守

袁熿

戰守無二事也，無二時也，則亦無二策也。（直説戰守，朗快！）不守安得戰？不守而戰，即强如秦，富如隋，而投鞭未斷，風鶴已驚；遼海猶波，駱倉半盜矣。然不戰又安得守？不戰而守，則陰平取道，劍閣無堅；鐵鎖沉烟，長江不塹。吴、蜀初豈無所恃者哉？（眉批：戰守互發，極得肯綮。）故謂决戰守之策，策則有之，無容爲戰决也。决策者何？决勝而已。决勝者何？謀之廟堂之上，制之疆場之外而已。國家所患，不在遼也，亦不在京城之隣虜也，患在我無以爲守。亦不在守也，患在我無以爲戰。（此就戰守轉出兵餉。）戰必以兵。今可謂有兵乎？無兵乎？（眉批：風致瀟灑！）以爲無兵，則擐長纓而驅者，劍撩雲，戈耀日，非不桓桓赳赳也。然以爲有兵，問躍馬枕戈、成功一鼓者有幾？戰必以餉。今可謂有餉乎？無餉乎？以爲無餉，則□金錢而輸者，舟銜艫，車擊轂，非不滔滔軋軋也。然以爲有餉，問投醪挾纊、享士推牛者有幾？此亦既日夜談兵者也，談兵而寔不爲兵計。故市會充其半，老弱充其半，甚者奉家丁若驕子，而悍不可使也。（眉批：胸中有刀劍氣。）又甚者賤士卒如奴虜，而急不可倚也。是直以靡餉則可，國家尚得一卒之用乎？（對耦精確。）此亦既旦暮請餉者也，請餉而寔不爲餉計。故空藉耗其半，奸胥耗其半，甚者私橐肥而割其羸，以輦之權貴也。又甚者梁肉厭而分其潤，以私媚虜庭也。是直以玩兵則可，國家尚得收半粟之功乎？是故不特遼與虜足憂也，蜀乘之蜀患，黔乘之黔患，齊魯乘之齊魯患。患在我之無以戰，不在遼、虜、蜀、黔、齊、魯也。（眉批：運局如意。）爲今日計，戰者莫如鍊兵。（權衡得宜。）然鍊兵先鍊其鍊兵之人。火牛之捷，識之鐵軸之自全。七國之功，乃在壁門之按騎。授鉞得此，召募可得士心也，簡閲可得士力也。即捐閫外責之，當如漢宣之不中制，而後兵可用也。又莫如清餉。然清餉先清其清餉之人。（眉批：原本之原。）關中調發，心計獨悉于蕭何；流沍撫循，甘苦必同于吴起。主計得此，綜核可不虛餉也，廉能可不竊餉也。即捐軍需責之，如漢高之不問出入，而後餉可支也。（眉批：□在其中。）餉足十年，則士無「庚癸」之呼，故可激超距投石之勇。兵堪九死，則餉無濫冒之蠹，故可塞沃焦卮漏之虞。此時即以戰爲守，如充國之討羌，柴紹之禦虜可也。我不窮於戰也，即以守爲戰，如忠嗣之在河東，守珪之在瓜州可也。我不窮于守也，鼎奠屹如，金甌常拱。我且漸爲恢復計，又何小醜之足介介哉？（戰、守、兵、餉四件，更説得淋漓痛快。）不然，今日議戰，則以堅壁爲逗留；今日議守，則以長驅爲孟浪。餉臣言餉，竟不知餉之何以用。兵臣言兵，竟不知兵之何以强。（眉批：極切今日情景。）吾恐待其計定，天下事已有不可言者矣。執事抱安攘之志，其何策之從？化其筆墨爲劒戟，以十萬横□匈奴，真可呼韓稽首。

東虜

陸璨

中國所以制夷狄者，恃其愚，恃其貪我寶貨，嗜我招來，而可以從容計取也。是故鄭公子之救齊，公孫僑如之斬狄，此以中國勝之者也。（眉批：自東事以來，輦金萬計，而不收諸酋一矢之用。論欵于今日，斷不易言。）漢之用烏孫，唐之用回紇，此即以夷狄勝之者也。然生謂御夷狄者，當以魯、鄭爲常，而以漢、唐爲變。（此二段是一篇綱領。）以中國制之，勝則進逐，敗則退守。是勝亦利，敗亦利也。以夷狄制夷狄，敗則示弱於外，而使跳梁者有輕中國之心； 勝則求我者無厭，狐虺雖除，豹狼入室。此北宋之金，而南宋之元也。是敗亦害，勝亦害也。 蓋夷狄去來無常，喜怒忽變，信義不可以相要，而廉耻不足以相激。（由漢唐説到今日。）漢用烏孫，雖獲其援，然降帝子於氈荒，亦云辱矣。 唐用回紇，（眉批： 唐人看不破。）回紇亦用唐，而東西兩京，所過如掃，得不償失。 此皆前世用夷之得者，猶且如此，而況於反覆狙詐，陽順陰逆，如朶顔諸酋者乎？蓋今日之患，其顯者在夷，而其陰者在虜。 夷之患，在犯我封疆，掠我民衆，據我形勝，挫我鋭師。 則今之經世撫世，與總戎諸臣，皆兢兢焉憂之慮之。 而虜以名與我，以寔叛我。（眉批： 何曉暢至此！）夷去則以却敵爲功，而要賞要貢； 夷至則以他詞爲解，而按甲惟命，恣掠惟命。 邉臣猶或羈縻之，姑息之，多方曲就之，而虜益不可知矣。大約制夷之術有三： 曰戰、曰守、曰欵。（戰、守、欵三字，是一篇條目。）大三表五餌，賈子所以著績於漢； 和戎五利，魏絳所以樹奇於晉。 然有不可槩論者。 蓋漢與匈奴，非有封爵名號，劉、項新定之餘，猶然敵國也。 晉與諸戎，雖華夏殊風，然或出太岳之胤，或禀削桐之封，俱表章於天府。 非若逆酋之世受我約束，而一旦逆顔行者也。（承上起下説欵之不可行。）故欵可議於三路未衂之先，不得議於兩河掃蕩之後； 守可議於金甌無缺之始，不得議於胡笳滿塞之餘。何也？我愈退則奴愈進，無兩河即無山海；吾氣愈平，則奴氣愈傲，忘舊耻則益長新仇。（眉批：款尚不可用之虜，其可用之奴？書生壞乃公事，大率類此。）乃説者謂：（自立己意，把款先揚數句。）「討之未能，姑嘗以款。」此亦旦暮緩兵計，以窺其虚實，暇我卒徒，似無不可。然而事勢不得與魯、晉例。蓋昔之諸戎，皆其隸之中國者也。故會盟則從，征伐則從，晏享朝聘則從。間有竊發，而隨發隨止。其意在貪中國之物，志猶憚中國之威。故稍煦之即悦，稍嚴之即懼。而今之逆酋，抄掠無餘日，攻伐無已時。凡中國之夷險要害，我叛臣又教之，視魯之長狄、齊之諸戎何如者？此以勢論，而不可款者也。（眉批：多少轉折。）且以理論，款亦非計之得。（更進一步説款之不可處。）蓋夷所恃者，騎也。吾未嘗與較馳，安知奴計之捷？（眉批：奴騎至廣寧，在經撫空城，三日後是奴未嘗敗我也。）夷所恃者，力也。吾未嘗與接刃，安知奴力之雄？夷所恃者，器也。吾未嘗與格鬭，安知奴器之利？夷所恃者，技也。吾未嘗與發縱，安知奴技之絶？則未能議戰，不能議款，亦可知矣。漢、唐以來，未有火器，所恃者坦地之矛戟，阻地之短兵，與夫弧矢角距之屬。如今之佛郎、神槍、飛礮、飛砲者，皆未有也。發乎指掌之間，傷人於數十里之外，當之者碎，迎之者靡。此皆中國之長，而十倍於漢、唐者也。漢、唐無其資，而虜惴惴不自保。我全擁其盛，而勢益不支。則將將將兵，固安在也？邇者寧遠、錦州之捷，亦既明效矣。思今之何以致勝，即當思前之何以不敗。知今之何以不敗，即當計後之何以常勝。（四語善於謀筭。）興水喜峰，路屬拗僻。然酋知我宿重兵於山海，焉知不避實擊虚？知我三凱方旋，安知不乘驕攻怠？如向之襲鐵嶺、襲開元，詭出百端，皆奴慣技，不得不長計者也。（此數語尤有遠慮。）（眉批：老成長慮。）即以款論，（又把「款」字推入一步。）寧不計及於金元之歲幣，六國之割地？以用虜論，寧不計及於大晉之契丹、司馬氏之延遏置虜？何也？六國與宋，惟圖一日之免，而其後遂不支。石晉與司馬氏，惟見一時之利，而其終遂大敗，極壞而不可救。凡此皆萬萬必不可行之事也。（眉批：戰不輕言，在今日當枕戈卧薪。）無已，則惟有鄭太子忽、叔孫僑如之成績在，曰戰而已矣。蓋惟以戰寓款，則可以我用，而不爲虜用；惟以戰使虜，則可以我愚虜，而不爲虜愚。以我用虜，以我愚虜，此不戰之戰，不款之款。中國制夷，萬古之長策也。至於臨變出奇，（拓開一層愈覺出奇無窮。）相機决勝，以逸待勞，以静待動，妙用於致人致於人之際者，則所謂變化之用，存於一心，在當事者謀之爾。

賈生五餌文，最精工生色。弄胡雛於殿堂，識者譏之。必如此條議，有略有識，方稱國士。江陵通貢，亦緣一時夷情。偶得要領，又樞府同心，處置周密，故能以堅款而遺數十年之利。然前枰勝勢，即後枰敗局。國手當鋒，自無錯着。

［釋］

鄭公子救齊：魯桓公六年，北戎伐齊。齊使求救，鄭遣太子忽將兵救齊，大敗北戎。

公孫僑如斬狄：魯文公十一年十月甲午，叔孫得臣敗狄于鹹，獲長狄僑如，終甥椿其喉，以戈殺之，埋其首于子駒之門。

用烏孫：漢宣帝遣常惠護烏孫昆彌兵，共擊匈奴。後隨昆彌還。帝帝〔二〇五〕常惠奉使克獲，封長羅侯。

用回紇：唐安史之亂，徵兵回紇。回紇遣葉護督兵助唐，克復兩京。及師還，恃功虜掠兩京如掃。

太岳之胤：《左傳》：「謂我諸戎，是四岳之裔胄也。」姜戎，太岳之後。

逆顔行：《嚴助傳》：「如使越人蒙死，以逆執事之顔行。」

發縱：漢高帝曰：「追殺獸兎者，狗也。發縱指示者，人也。」

佛郎神槍：中國火器。永樂中置神槍營。

晉契丹司馬延遵：石敬塘得契丹之助，割燕雲十六州賂之。晉武時，羌胡、卑鮮降者處之塞內，後爲民患。

富強

譚元春（刻程）

國家有元氣，有神氣。（元氣、神氣，二意大奇。）元氣之強，固非道德仁義之譚、伸王絀霸之學，無以上助乎國脈。（眉批：風歸麗則，碎剪美稗，是有數文字。）至於神氣，者，有尫羸而必爲之補，有浮溢而必爲之治，則須就其所宜翕者而翕之，宜張者而張之，如富強是也。（點出富強。）夫富強者，儒者所不道，以其出於管、商也。（以管、商爲富強之揔。）徒以其出於管、商也而不道焉，亦不足語於天下之大計也。且管、商又何可得也。彼其人皆有過人之才，有經世之略，而不拘乎腐儒之空譚。一則以《山高》、《乘馬》、輕重九府之法，大用乎齊，而因其帶甲之雄，魚鹽之富，衣履天下。一則以開墾耕耘、農戰筭地之方，盡展乎衛，而厚招三晉之人，地力之産，以并吞諸侯。（説得管、商詳盡。）至今讀其書，而或歎其深以刻也。（眉批：管、商皆是大手段人，其書不止益人神智也，其識又過古人矣。）而當日管、商所以盡其才而不恨，明知其深刻而爲之者，寔知貧弱之苦，而株守貧弱者之無益於人國也。爲今畫者，無不言餉、言兵。而深謀之士，亦有師管子之意而爲鹽鐵者，（借塩鉄屯田形起富强來。）亦有倣商君之意而議屯田者。此其法非不可行，而要無甚補於兵食之數，則不知其何説也。從來稱强者莫如秦，稱富者莫如隋。（以此二國爲富强之主。）師富强之意而鋭用之者，莫如漢武帝、唐太宗，俱不足爲我皇上道者。（方講到本朝。）皇上事事法堯舜，（以下俱就我朝講。）而控弦百萬，積粟十年之計，則不妨一同於秦、漢、隋、唐，而不必遠慕乎藏富于民，以仁義爲干櫓之盛世，思秦之蠶列國而挫諸戎，（應上秦、漢。）兵威何以無少衂？思隋之富，洛口諸倉，日食百萬之衆，布帛之積至於無所容，而資儲之在天下，何以不窮？（眉批：章法遒宕自喜。）思漢武連年出師，衛、霍更迭爲將，何以空幕南？思太宗既平天下，猶歲歲出師，從事夷狄，而何以晚年親征高麗者再，（應上漢武、太宗。）其兵食何輒輒給也？此非一加額之征，充國先零之謀，一切後世緡筭舟車之法，可以致富也。亦非一吴、楚之弓矢，閩關之擊刺，於越之材官武勇，可以見强也。元氣盈於内，神氣溢於外，盧扁終身不接，而可以壽國壽民於千百年者，固司馬司農之福，而愚生重爲補管、商數篇不難焉。（又就管、商結局。）（眉批：大隆中管、樂自命之意。）

如此論商、管，方使古人心折。

［釋］

《山高》、《乘馬》：管子書篇名。

鹽鐵：管子相齊，煮海爲鹽，鑄銕爲耕器，齊大富強。

秦隋：莫強秦始皇，莫富隋煬帝。始皇蚕食諸侯，并吞六國。隋置洛口倉，周二十餘里，穿三千窖。

緡算舟車：漢武時，縣官用乏，公卿請算及民舟車。

兵要

譚元春

兵者，不得已而用。用之而如神，非可以豫言者也。然可激發於一時之憤心，與數萬人同有之耻心，則九廟之靈，隱隱寄於人心而不散。（全在「憤」、「耻」二字爲旨要。）（眉批：用憤、用耻，直欲以氣吞之。）未有不操必勝之權，以殄滅之無遺育者。建酋之敢于抗天討也，業既十年。十者盈數，物不盈其數，則機不深；逆不盈其量，則禍不大。君子是以知酋之無類也。昨者錦州之捷，亦可見矣。昔奴之墮我名城，殘我士馬，掠我轉輸也，直咳吐間耳。未嘗登陴相向，亦未嘗一矢相加，而前歌而至，後舞而歸。（眉批：道盡奴情。）我軍自棄其城，非奴力也。奴是以輕我中國，復作向時狡獪，而不知廟算已定，信賞必罰，士卒樂死，已凱旋于人情恟恟之時矣。語曰：「安危在所用，存亡在所任。」而愚以爲十年瘈狗之凶，孤人之子，寡人之妻，浚人之膏血，主上坐不安席，君憂臣辱，朝嬰夕側，而若以爲敵國。故廟堂之上，（應起處，有関鎖。）即在天下人之憤心，與天下人之耻心，一發抒其聰明神武，而何患奴之不頸繫闕下也哉！（眉批：羽扇綸巾，揮洒自若。）雖然，一夫不可狃，方今帷幄謀高，必有不因驟勝而生玩，不因驟退而生懈者。及是時，足之兵焉，兵氣方鋭，可足也；足之餉焉，餉未虚耗，可足也。而執事更惓惓于六要：（已前俱説「兵」，此處方説出「要」。）一曰「敵有所必間」，用間者，陳平之智也；二曰「交有所必攜」，用攜者，范睢之恨也；（眉批：好點化！）三曰「情有所必破」，破其情則魯仲連矢也；四曰「勢有所必蹴」，蹴其勢則灌晉陽水也；五曰「變有所必合」，合變者，黄石陰符之旨也；六曰「機有所必决」，（援引古人確當。）决機者，孫武、吴起之秘也。愚亦知當事者高其識而沈其勇，變化縱横，用正用奇，必有出乎六者之外而制其命。（宛轉善于獻策。）然此六者亦幾幾乎不可外之策也。行且見耻從此雪，而憤從此伸矣。此陳亮所不能得于宋之仁宗者，愚何幸哉！（眉批：高爽亮出。）

陳奏兵法瞭然，即孫、吴復起，不能易此。

［釋］

魯仲連矢：燕將攻齊聊城，拔之。或譖之燕王，燕將保聊城，不敢歸。齊田单攻之，歲餘不下。仲連乃爲書，約之矢以射城中，遺燕將，陳利害。〔二〇六〕燕將見書，泣三日，遂自殺。聊城亂，田单乃克聊城。

灌晉陽水：智伯帥韓、魏攻趙襄子，引水灌晉陽城，不浸者三版，民無叛意。襄子使張孟談潛説韓、魏。二子乃陰與襄子約，决水灌智伯軍。遂殺智伯。

陳亮：亮，字同父。孝宗時上《中興五論》，不報。退居永康，力學著書。淳熙中詣闕上書，極言時事。孝宗赫然震動，將擢用之。大臣惡其言切直，交沮之。

文武

黎元寬

文、武之用，非可分也，亦非可合也，而特期於盡其用。（一語破的。）（眉批：翕忽游變，莫定其倪，文心幻化至此！）蓋今之所爲文者，曰「操觚者」也，「制舉義者」也，「冠進賢者」也，未足以盡文之用。今之所爲武者，曰「介而馳者」也，「在籍而食饟者」也，「或爲百夫之長」而「或將三千之軍」者也，未足以盡武之用。以不盡其用之人而自溺于其職，則名實相乖。以不盡其用之人而相貿于其功，則質文俱喪。故分之、合之，皆非計之得也。（應起首二句。）聖門之士，顔淵、子游氏則爲文，子路氏則爲武。而禹步舜趨，又非所貴也。暴虎馮河，又不與也。彼何嘗不各盡其用，而亦何嘗離異兩途以爲教哉？夫治國家宜若此矣。夫今日者，東西交訌，正值國家有事之時。或者遂以爲急武，而武誠急也。有簡練生力，不可破之軍乎？有不畏死之將乎？有明于將將之術者乎？不有，則自天子拊髀以外，凡今之人，舉未急武者也。則以爲平治既久，若殆爲文所窮耳。（眉批：風飄羽旋，轉摺盡變。）而今日文有何似也？夫文者，下則以抒性情風俗，上則以斧藻皇猷，治則以飭，亂則以定，真無時不需之者也。而今也，文章之衡，或不能服之于士；文治之理，或不能竟之于官。（説盡今時之弊。）所相詡者，則必其操觚爲舉子業而冠進賢。冠焉已矣，彼自以爲相沿而相貴者，止于若是。而况素所賤簡之武，以一旦故急之者，又安能盡其用哉！（收一句有力。）乃猥云「合」也。故爲今計，欲收文、武之用，莫如使之各盡其長。而欲使之各盡其長，即莫如于文岀致其力。（四語道盡用文、用武之妙。）盖今之文者，虛文也。去虛文則實者可求，而其餘者可及。（眉批：實如何求？此大難言。）安攘之功，將在于是。重華之格有苗，以臯、夔、益、稷；宣王之靖玁狁，以召、張、尹吉；彼豈不皆文人哉？又何必安危而分將相也。致力于文，大爲進賢長價。應運鵲起，猝難其人，然以實求之，則駿骨自立。此在上下血誠相感，又當于賞罰外另置眼色。

［釋］

介而馳：《左傳》：「不介馬而馳。」言不俟介胄乘馬也。

進賢：逢掖之冠，士人所服。

召張尹吉：召虎、張仲、尹吉甫，俱宣王時名臣，出入將相者。

財用

魯元寵

理財、用人，國家兩重。而欲理財，必先用人。（一篇主腦。）人每言之，是豈其以人能生財哉？夫財則天生之，地生之，民生之耳。一生于人，未免孔出而浚削成。再生於人，未免澤竭而枯瘠見。然則人何以生財也？節用之而弗濫於虛冒，儉用之而弗流於奢靡。不害財，乃生財也。生者有限，而留者無窮。生之者未免悖入，而留之者斷不悖出。由此觀之，不特人不能生財，且不可生財。不可生財，故不得不節財耳。（以生財轉出當節財。）今我皇上承興作浩繁後，減膳罷織，凡所以節養財力者，可謂一念而省數百萬緡。即搜剔那移，捐俸加派之類，亦漸漸報罷。議生議節，兩臻其美。而執事猶有中匱之虞，則以知節財，而未得所以節財也。財非徒節，要在守法。（一語扼要。）（眉批：節在守法，的語破的。）祖宗之成法，本足裕財。法廢而始有冗冒，法廢而始有濫觴，法廢而始有侵漁，法廢而始有乾没，法廢而始有漏巵，法廢而始有偷竊，法廢而始有拖欠，法廢而始有寢閣。（廢法之害，一至于此。）凡此者，稽其數則有，核其實則無。稽其用則什一，核其費則什九。總而計之，則財與用相當。徐而權之，則出與入相懸。無法之世，固乏財之世也。（益見當守法意。）即如鹽、屯、馬、茶四者，軍國之用，大半需此。（塩、屯、馬、茶四者，及國之要用，故摠揭而言之。）而今法安在？鹽壅於南北之争利，引少而鹽多，引輕而鹽貴，財耗矣。屯田雖有其名，實皆民種。民虛出其軍租，而自荒其南畝，財耗矣。馬自東事來，折色僅一二三分，而馬入軍手輒疲倒，財耗矣。茶通之東西，今專行之西北，而私商挾帶，日漏課額，財耗矣。（眉批：體勢蒼錯，語簡而苞。）乃良法之始然乎哉？國初衛屯碁列，徵發則取諸額軍，而無增餉。鹽司有轉運，有提舉，但疏滯而無增課。以茶易馬，資其利，不得不誅其私販；以馬騍駒，滋其生，不得不厚其種類。數十年來，法漸凌夷，於是朝廷視四者爲利源，而人臣亦視此四者爲利藪。漸相玩愒，彼此薰染，成法既不可問，積弊又不可除。於是支吾之計，不得不出。生財一途，而天下始囂然無樂生。夫屯之多荒蕪也，鹽之多壅積也，茶與馬之兩窘也，此其大者也。他如撫賞之冒也，漕河之糜也，錦衣之冗設而班軍之虛詭也，官吏之以外府爲家藏，而中涓之以内府爲外寄也。抑生之者財裕，而節之者財裕哉？（生財全在節財，老成石畫之見。）（眉批：霜鷹摩空。）管子曰：「王者不求之人，而求之令，其樞在法。」故國不患無理財之人，而患無守法之人。（收此二句，有千鈞力。）誠舉成憲而釐之，將見昔財此足，今財亦此足，不必僅僅節省，而財不可勝用矣。

持論必揆其實實可行者，昔人所稱體國之英。

[釋]

孔出中匱：孔，穴也。《管子》：「利……出四孔者，國亡[二〇七]。」中匱，中虛也。

濫觴玩愒：《莊子》：「江始出汜山，其源可以濫觴。」[二〇八]《左傳》：「玩日愒月。」

班軍：國朝河南、山東等處，春秋衛所軍士分班入衛。

才情

丁乾學（程）

君子之所以見於世，與世之藉君子，豈不以才哉？（先就「才」說起。）而儒者或以德絀才，非定論云。三才之間，天、地其至者也。天、地之生萬物，其才大矣。宜動而莫不動，宜撓而莫不撓，宜燥而莫不燥，宜說而莫不說，宜潤而莫不潤，宜終始而莫不終始。無不兼也，而無不專也，其才大矣。（眉批：才生于情，自是千古至論。）孔子觀於其際，悠然而嘆曰：「復其見天地之心乎？」不言天地之才，而言天地之心。孔子之嘆蓋嘆情也。（此方說出情。）生生之情至，而才不得不至。四時五行，天地之才臣也，其才有原委焉。日以行九州七舍，有五億萬七十三百九里爲才，以幽汶畢達爲才，以必照者爲情。（此以下俱就才見出情。）風以能撓萬物、入萬物，調調刁刁者爲才，以作而怒者爲情。水以靡濫振盪、鴻洞天地、蟠委錯紾、始終萬物爲才，以原泉不舍爲情。非情而日月之奇熟〔二〇九〕幹之？風水之奇孰爲之？（眉批：出口爲波，落手爲鋒。）伏羲氏（此處借古聖君賢相以見才情之合一處。）才見於《易》，情通乎道也；神農才見於百草，情憫萬民之天折也；黄帝才見於兵，哀萬物凌害也；堯舜才著於君，情憂天下洪荒也；禹才見於治水，情迫於已溺，悲于父死也；伊尹才著於殷，爲納溝也；周公才顯於周，有先王之靈，承以迫其情也。三代而後以才見者不可勝數，而吾乃始深求之。之死而致生，則甯俞才哉！之亡而復存，則狄仁傑才哉！之危而後安，則張良、李泌、劉基、于謙、王守仁才哉！之無而致有，則諸葛亮才哉！顧諸君子莫不有情以迫之，情至而後之，（此下又就「情」見出「才」。）（眉批：忠臣孝子，只是情至。妙論入懷。）死而生之，亡而存之，危而安之，無而有之，才亦赴焉。蓋觀俞之情，足以動周、晉。良之情，足以驚秦皇。亮之情，足以泣李平、廖立。仁傑之情，足以動妖后、懾淫豎。泌之情，足以回肅、德兩主。基之情，足以恨惟庸。謙之情，足以感金瑛。守仁之情，足以鼓烏合。夫其交於前者，貿貿也。我之至者足以動之，而況乎其在我者，呼之之極一身之精氣，有不恍惚而來？叩之殷而天神、地祇、先王、先公之靈，有不來而翔乎？如是而有不盡之才哉？而或謂聖賢固然矣，（喝過聖賢，説及辨士名將。）蘇秦、張儀、甘茂之才於辨，吴起、孫臏、韓信之才於兵，韓延壽、趙廣漢之才於吏，天下有一途，必有一途偏至之才焉。彼烏乎情，而才若是！噫！天下有偏全之才，無離情之才。聖賢之情，切於天下萬世。而生其聖賢之才。豪傑之情，繫於建大功，立大名，而成其豪傑之才。尋常工巧之人，繫於成一名，建一藝，而成其尋常工巧之才。然則救世以用人者，豈徒索之才，藉令情之不可見，烏乎有其才？烏乎才之取？（正説、反説，總見「才」「情」不可離意。）今天下物衆地大，極熾而豐，東酋西夷，煽禍其間。兵餉旁午，束手無以應，則愈益稱乏才。（眉批：出人血性。）而愚以爲且無急才，所急有甚於才者，則以情故。假令今之人而適得其情，何患乎情所生之才？使情不能如其情，更安望才？且所急更有過於才者。今夫情之生，一也。（此段就「情」説及皇上身上。）太上篤於情，其次以情感，最下激之，而情興焉。聖賢之情，不數數見。其次以情感，感應相酬，則亦常人事矣。其下激之，而情興焉，則愈益常事矣。國家養士二百六十餘年，去奥渫，釋蔬蹻，光祖考，傳子孫，較之前代甚厚。顧神祖時多滯衡門下，令白駒無留，考槃絶咏。朝署一席地，金紫幾滿，甚厚。兩朝之覃恩，皇子之覃恩，上無不錫之祖考，下無不蔭之童稺，甚厚。神祖時有致嘆積薪者，今取士加額，用官備員，起廢之臣五六品階，一歲驟至卿貳。侍從之臣六七品階，三四年中，便至金紫大官，甚厚。神祖時章疏多留中不行，今朝上疏，夕報可，人盡得俞旨，而疏皆奉行；欲發帑則發帑，欲用人則用人，欲容言則容言，甚厚。夫上以情感，下以情應，何俟乎有不平者以激之？而況乎有大不平者以激之？東夷小醜，西南酋長，我鼻息驅也。拒我經畧，殺我廵撫大將軍，非小吏也。喪地千里，殺我吏士人民數千萬，非小辱也。夫既以情感，必以情應，而況乎有大不平者，以激其情？（此段就怒、恥、懼、悲、喜五件暢發「情」字。）（眉批：怒、恥、懼、悲、喜，幾令人醒酒醉也。）人情之常，於此宜怒焉。東夷西酋，至犯上，至無等，故曰「宜甚怒」。人情之常，於此宜恥焉。南冠而去盗，司敗而居者，皆我同濟也。且以天下才，何不勝一賊永芳，故曰「宜甚耻」。人情之常，於此宜懼焉。以一山海，隔一神京，何異燕雀之處堂，且黔中失，則楚、蜀危，中原無所得餘地。今吴、越、淮、蔡，妖言繁興，頻見告矣。神京危，安所置身？天下危，安所置廬舍妻子？故曰「宜甚懼」。人情之常，於此宜甚悲焉。三韓之人死於屠，諸邊精鋭死於戰，齊、魯死於妖，黔、蜀死於夷，何啻百餘萬？寡妻孤子，想寃於鋒鏑之間者，如蟻如螺，故曰「宜甚悲」。（眉批：曲盡人情。）然而虜滅夷誅，朝廷故有不次之賞，大者公，小者侯，餘者不失金紫世襲之業，而事外者亦可以免於死，亦可以常守富，亦可以常守貴，亦可以常守廬舍妻子，故曰「宜甚喜」。且宜怒而怒，宜恥而恥，宜懼而懼，宜悲而悲，宜喜而喜，豈過求哉？要以望之適得其常。而吾所望於適得其常者，要以在位之君子，適得其常，當亦無患於時事之變。（此段就怒、耻、惧、悲、喜五件見出才來。）且吾聞之，情之怒者，可以生才。孫子曰：「殺敵者，怒也。」故夫情之怒者，可以生才。而今未見甚怒。情之恥者，可以生才。曹沬奮三北之辱，遂劫强齊。茅夷鴻懷負瑕之羞，遂敗東魯。故夫情之恥者，可以生才。而今未見甚耻。情之惧者，可以生才。蘇子曰：「人之怯者，與之臨於深淵，未能越也。」顧見猛虎，暴然向逼，則怯者不待告，跳而越之。故夫情之甚懼者，可以生才。而今未見甚懼。情之甚悲者，可以生才。越之怨吴，始據船而作《烏鳶》之歌。既而采葛之婦相傷，而作《若何》之歌。既而出師，國人各送其子弟於郊境之上，軍士與父兄昆弟，皆作離别相去之詞。觀者莫不悽惻。吾嘗誦其歌，覽其情事，皆羽聲而怨調。（眉批：浩歌對酒，憤不可吞。）江雨來，海水鳴，而悲風入焉。此三者天下之至悲也，卒以滅吴。故情之悲者，可以生才。而今未見甚悲。情之甚喜者，可以生才。毛遂自薦於脱穎，而楚趙合。虞詡邀試於錯節，而大盜擒。故才之甚喜者，可以生才。而今未見甚喜。夫何以知其不甚怒、不甚恥、不甚懼、不甚悲、不甚喜？蓋情至者必急，今猶皋皋也，習頑慢也。情至者必洽其羣，今猶呰呰也，言相詆也。情至者必危，今猶好好也，所謂樂也。夫謂今之君子之情而薄，則誰甘於薄？以爲情處厚而上既已待甚厚，事變激之甚不平，而不甚怒、不甚恥、不甚懼、不甚悲、不甚喜，又未見情至，則又安所激之而爲才？報沖聖數年之蒙養元吉，報先帝一月解雨巽風，報神祖四□□〔二一〇〕年之高天厚地，報列祖二百餘年之敬士尊賢。古之劒術傳諸處女，（又引古爲証佐。）處女得之袁公，要以國人男女之情，有至而神術出焉。（眉批：文情變幻，不可復禦。）陳音謂弩生於弓，弓生於彈，彈生於古之孝子。忠臣之情至而才至者，古記之矣。雖然，惟情生才，而吾終有望於今之情，（就古説到今。）而吾終有望於今之才。昔者楚屈原憤楚疆之日蹙，（此後又就屈原作《離騷》，見出人情之至。）憂然幽思，而作《離騷》。其詞之荒，至於前望舒，後飛廉，求虙妃，見佚女，朝天津，夕西極，麾蛟龍，詔西皇，流觀上下，僕馬蜷曲而不行，可謂情至而誕。（眉批：文亦幽荒幻怪。）夫其繆幽、荒唐、諔詭、幻怪，無所之而不可以加諸已者，則其繆幽、荒唐、諔詭、幻怪，必且無所之而不可以加諸衆人。第無之不可以加諸人，而終不可以繆幽、荒唐、諔詭、幻恠者，以加諸衆人本善之情，故其於漁父言，第曰：「是濁也，醉也。」夫水動則濁，止則清，其清可立而待。醉者孰視不見泰山，静聽不聞雷霆。然而世無竟日之醉也，濁與醉，非情之常，將必反其故。況上遇甚厚，（眉批：回顧有情。）時艱甚不平，驟而清且醒，必甚清甚醒也，必將甚怒、甚恥、甚懼、甚悲、甚喜，發而才必甚駿。（應前怒、耻、惧、悲、喜五字。）且夫臣下之情，每俟聖天子之情以轉移。漢祖情見乎《大風》之歌，而平、勃應之。文帝情見於拊髀，而周亞夫應之。漢武情亟於《天馬》歌，而諸將相文學、使絶域諸人應之。漢世人才於斯爲盛。且夫秦敗於晉孟明，增修國政，重施於民，遂伯西戎。越大夫苦成、范蠡、句如、扶同、計倪之流，皆情深而才長，以一國怒顯名天下。其臣之效乎？抑其君之效乎？（眉批：獻策甚佳。）今天子神聖，情殷東顧，已再述《大風》之詩，思賢之情，遠過漢帝。夫情以廟堂鼓，其孰不應？（總把才情歸結在君身上。）才以廟堂勵，其孰不和？則夫復三韓，平黔、蜀，武偃文修，吾得執簡而記昭代之才，即繼高陽之才子，當不遠矣。

腐史雄于才，讀之而感慨涕洟，所鍾固在。湘纍深于情，讀之而天上、天下，離奇天矯，政不恨多。才無情則拙，情無才則薄。讀此瀟疎激楚，使人悲喜交集，政未知才生于情，情生于才。

〔釋〕

驚秦皇：張良欲爲韓報仇，使力士操鐵椎擊始皇于愽浪沙中，悞中副車。始皇大索，十日不得。

泣李平廖立：廖立以怨謗孔明，廢爲民。孔明卒，立泣曰：「吾終爲左袵矣。」李平聞之，亦發病卒。

動妖后懾滛豎：唐武天欲立武三思爲太子，狄仁傑言于后曰：「陛下立侄爲太子，未聞侄爲太子而祔姑於廟者也。」后悟。滛豎，張昌宗、易之輩。

回肅德：李泌在肅宗朝辨建寧之寃，在德宗朝諫太子之廢。

恨惟庸：我高祖欲用胡惟庸爲相，問劉伯温。温對曰：「陛下用惟庸爲相，必破轅壞犂。」惟庸恨之。

毛遂脱頴：趙平原君約其門下文武備者求救于楚，得十九人，毛遂自荐。君曰：「賢士處衆，如錐處囊中，其未立見。」遂曰：「使遂早處囊中，乃脱頴而去。」

虞詡錯節：《後漢·虞詡》：「不遇盤根錯節，無以别利器。」〔二一二〕遂破劇盗。

拊髀：漢文帝拊髀而思頗、牧。

聖學

朱天麟

《易》曰：「『神』也者，（眉批：起「神」字便奇。）妙萬物而爲言者也。」（「神」字是一篇骨子。）天地未判，形如雞子，精爽團圞中，寓元神焉。神産以虚，字曰「渾沌」。此學之祖也。（追遡聖學源頭。）當渾沌氏頭乘乾天，腹盤坤地，坼爲上下，裂爲四維，即其軀中九宫八卦之氣所排搆也。（眉批：有此妙理，盤古不妨日長一丈。）離日坎月，心腎曜輪也。（此就人一身言。）兑澤震雷，肺肝生户也。巽風艮山，股手積精也。而且光射圓頂，散爲星辰。液吐方肚，漾爲洲瀆。毫髮鬃鬉，抽爲草夭木喬。蟾虰蛔蟯，化爲日子十二相，二十八禽。於是乎天地之形立矣。遂杳闢爲神宫，兼陰陽而不測，鼓萬物而不憂。夫然後呈祥河洛，洩秘圖書。圖數主生，書數主尅。而尅以爲生，同肇中五。（眉批：發用在中，清斯厥旨。）乃五中之一，隱然宅無方之神焉。則帝王執中之學，本於斯矣。（此就古帝王言。）彼堯欽明，而四表光被者，神被之也。舜温恭，而四方風動者，神動之也。（眉批：段段不離「神」字，是其法之縝密處。）以逮湯式九圍於日躋，文新有二於登岍，武清四海於敬勝者，皆神式之、神新之、神清之也。自不識形所君何物，心所棲何主，則爲漢之學，（此就漢、唐、宋言。）或趨黄老，或務刑名，甚荒于土木戰争，而學之神雜。則爲唐之學，或錮女色，或事游畋，併奪於詩賦詞章，而學之神怠。又爲宋之學，或泥古法，或矯紛更，雖侈於番直談經，而學之神浮。夫萬形一形也，萬神一神也。形以氣相求，神以虚相應。廢心而忘形，則氣澄物始；息念而返神，則心游氣初。（借「形」、「氣」、「心」形出「神」字。）（眉批：闇中。）不卦爻而步皇之道，不典謨而懋帝之德，不雅頌而驟王之功。宇宙在乎手，萬化生乎身。神乎！神乎！殆公卿郎將所不克牖，亦天章筆札所不能繪也。惟我聖祖言「神役心，非心役神。以神使軀，不以軀使神」。斯十六字者，直與勳華授受，有仰苻焉。盖美玉不琢，含日之氣不生；寶鑑不拭，映宿之輝不發；潛神不養，則光天之德不耀。（「神」字説得精細。）是在皇上霽神幾務之先以待其感，（眉批：神中有體用，不墮虚無。）提神講讀之暇以研其微。覩水流物生以昭神趣之普存，借雲騰鳥飛以徵神機之迅發。則列經筵於性地，焕經義於顯猷。所謂帝王之學，與韋布異者，第曰「范形以心，制心以神」而已矣。雖然，神生於明，息於晦，不與萬物並役，方能妙萬物而言神。故鶡冠氏有曰：「聖人貴夜行。」

提一「神」字，結想在未有文字之始，其筆神鮮霽，亦如旭露台晞。

［釋］

形如雞子：玄黄渾淪時，如雞卵之未分。

蠐虰蛔蟯：腹中虫也。《齊丘子》：「蠐虰食腸，邪臣害國。」〔二一二〕

黄老刑名：黄老主清净無爲，刑名則申、商慘礉之學。

妙萬物而言：《易》曰：「神者，妙萬物而爲言者也。」

○○册立〔二一三〕

伏以乾元居上，映皇統於中天； 震器有歸，衍孫謀而奕世。神人闔懌，河嶽清寧。（敘頌同前。）太史筮日以荐郊，宗祀齋心而告廟。羽儀在仗，鱗簴充庭。鶴禁風高，聲動翠微之駕； 龍墀日近，煖回黃道之春。大人繼照乎四方，主器震驚乎百里。當周室本支之盛，獨冠百男； 宜漢家羽翼之成，無煩四皓。（述祝同前。）

［釋］

震器：《易》：「主器者莫若長子，故受之以震。」

鶴禁：見「太子出閤」。

黃道：太平日行上道，升平日行中道，伯世行下道。黃道乃上道也。

繼照：《易》：「象曰：明兩作，大人以繼明照四方。」

震驚：《易》：「震象震驚百里。」

本支：《詩》：「本支百世。」

四皓：漢高欲易太子，張良招四皓曰：「綺里季、東園公、黃夏〔二一四〕公、角里先生侍太子，上見之曰：『羽翼已成，不可動矣。』」

○○太子冠

伏以蒼霞出乾，令節肇三加之禮；黄離敷賁，重華開五福之徵。光摇丹陛，龍章瑞藹青陽；象服熙明，有象彝典惟虔。緊周文該曲禮之三千，乃成后寔加冠於十五。偏衣金玦，並月貽譏；胡服鞊冠，承雲曷範。甲子丙子，僅聞綿蕞之朝；一加再加，孰睹威儀之盛？（頌同前。）兹者赤文緑字，九天錫極箕疇；玉質金相，五老鍾祥啟胤。三物蚤承夫鯉訓，五雲高出于鳳毛。集青宫保傅之賢，協黄道陰陽之會。青藻赤羽，遥分日月之光；皮弁冕旒，俯納山河之象。（述祝同前。）

〔釋〕

三加：《家語》：「令月吉日，王始加元服，去王幼志，服袞戢。」

五福：即箕疇五福。

綿蕞：見郊祀。

三物：謂六德、六行、六藝也。《周禮》：大司徒「以鄉三物教萬民而賓興之」。

黄道：即上道也。太平日行上道。

〇〇大子婚

伏以正家義先，化國咸孚于采藻；　大婚禮本，庶士猶謹于標梅。昔帝堯以狥事考言之時，先試釐于潙水；　而神禹當亮采惠疇之日，已納娶於塗山。高禖報吉于有娥，淑女寤思于姒氏。（頌同前。）褘衣璀璨，玉册開而祇謁宮闈；　珠珥輝煌，金根駕而勤修棗栗。中閫仰脱簪之範，衮自補，羹自調；　長秋瞻繞殿之祥，鵲有巢，麟有趾。（述祝同前。）

〔釋〕

褘衣：周初内司服掌褘衣。

金根：車名。

棗栗：《春秋》：「女贄，不過檜〔二一五〕、栗、棗、修，以告虔也。」

脱簪：宣王常晏起，姜后脱簪珥待罪永巷，使傳母通于王曰：「妾不才，使君樂色忘德，取諸罪。」王曰：「寡人過也，夫人何辜？」

補衮：見前。

調羹：《書》曰：「若作合羹，爾爲鹽梅。」〔二一六〕

長秋：宋皇后居長秋宮。

繞殿：《孔子世家》載：夫子生時，二龍遶其室。

鵲巢：《詩》：「維鵲有巢，維鳩居之。之子于歸，百兩御之。」

麟趾：《詩》：「麟之趾，振振公子，吁嗟麟兮。」

○○訓箴

伏以寶訓陳常，燕翼總圖書之秘；明規折義，鴻文發琬琰之光。必法祖乃可無愆，非師古奚能有獲？事存龜鑑，道炳丹青。竊惟典則貽謀，萬世之遠猷斯在；明徵定保，一王之憲式攸存。粤考成周，益隆儲教。蓋惟審父子君臣之道，故能承宗廟社稷之基。（頌同前。）地闢文華，已識青宮之講幄；書成大訓，久陳丹府之徽言。副在東朝，儼若師陳保列；藏之中秘，炳然馬負龜呈。（述祝同前。）

〔釋〕

琬琰：見御製。

丹青：《楊子》：「聖人之言，炳于丹青。」

師保：《周禮》：「保氏掌陳〔二一七〕王惡」、「師氏詔王以媺」〔二一八〕。

馬負龜呈：俱見《九經》。

○○脩玉牒

濬源貽燕，衍銀潢而灑潤；寶牒垂鴻，布玉葉以凝華。光揚先緒，垂裕後昆。竊惟建邦啓土，胄出神明。惇睦尚親，禮沿隆古。迨于叔季，漸廢芳猷。慨白馬之尋盟，終梯禍亂；撫黄臺而申咏，莫救危亡。幸際熙朝，復追盛美。（頌同。）厥開真主，命輯曠文。發揮昌緒，見大宗小宗之蕃；丕顯王支，著三穆三昭之列。千八百國之封，后乎異姓；三五六經之籍，展也同符。臣等才愧柳芳，擬新圖之日録；筆非班固，與世譜之歲脩。幸成琬琰之文，仰進雲霄之上。

〔釋〕

銀潢：天子宗室曰「銀潢之派」。

白馬之盟：漢高帝刑白馬，盟曰：「非劉氏而王者，天下共擊之。」

大宗小宗：宗法從始祖，正派下爲大宗，旁派下爲小宗。大宗惟一，小宗有四。

○○謝官

伏以天陛承恩，五色捧絲綸之命；雲官踐職，九重叨雨露之滋。初受光華，若登霄漢。退思塵忝，如履春冰。竊惟玉宇雕楹，不取材于蟠木。丹裳繡黼，豈襲冕於薛蘿。易爻垂負乘之文，曹風起在梁之刺。任難虛據，用各有宜。伏遇○○○○，堯仁下濟，舜智敦臨。戒警日中，惟勵精以圖治；憂先天下，在知人而安民。乃借一爝之螢光，來千金之駿骨。如臣自慚棄櫟，敢望採葑？十載空山，謝雄文於霧豹；三秋玉露，遜迅翮于雲鵬。秦冠漢綬，叨踐名班；燕石齊竽，坐收聲價。浪泛太鯨之海，但覺魂搖；力戴巨鰲之山，未知恩重。臣拜命而後，蚤夜以思。下何以無玷厥職？上何以仰酬隆眷？策駑力以求前，板龍鱗而直上。伏願德以日新，政由人舉。出入神聖，隆萬年社稷之休；延覽英雄，爲千載人君之法。

［釋］

一爝螢光：《莊子》：「日月出矣，爝火不息。」曹植《表》：「願以螢燭末光增輝日月。」

千金駿骨：郭隗謂昭王曰：「涓人賫千金求市駿馬，馬已死，買其骨五百金而還。朞年而千里馬至者三。」

負乘：《易・解》卦三爻：「負且乘，致寇至。」言小人負擔「而乘君子之器，盜思奪之矣」。
在梁：《詩》：「惟鵜在梁，不濡其翼。彼其之子，不稱其服。」
鰲戴：《列子》：「渤海之東，有五山常，隨波上下。帝恐流于西域，命臣鰲十五，舉首戴之，山始不動。」

〇三公

四環酧飛雀之報，預啓四世光榮；三鱣墜野鳥之啣，已知三公遷秩。魏舒機兆于車馬之聲，丁固戢符于松樹之夢。仲舉榮受龍袞，臨朝動叔度之思；長孫儉守熊皮，輿論興晏嬰之譽。

［釋］

四環雀報：楊寶救黃雀後，雀化一黃衣童子獻玉環四枚與寶，曰：「後世當爲三公。」
三鱣：楊震《明經博覽》：「不應州郡禮辟，後有冠雀啣三鱣魚墜堂下，都講取魚進曰：蛇鱣卿大夫服之象也。數三法三台也，先生自此升矣。」後位三公。
叔度之思：《後漢》：「黃憲，字叔度，同郡陳〔二一九〕蕃爲三公，臨朝嘆曰：『叔度若在，吾不敢先佩印綬。』」
晏嬰之譽：長孫儉拜司空，加侍中。性忠厚廉謹，身爲三司而衣不華飾，食不兼味，一熊皮障泥，十年不易，時人比之晏嬰。

○平章事（即今閣老）

逢吉許一郡于秦藩，心已溺于玉帶；李愚書《六典》于粉壁，志徒切乎金鉉。趙光逢慎行謹微，縉紳仰名教之宗主；文潞公博文多藝，虜使嘆天下之異人。

［釋］

逢吉心溺玉帶：鳳翔李永吉初朝京師，蘇逢吉以永吉故秦王從曮子，家世王侯，當有奇貨，使人告永吉，許以一州，而求其先世〔二二〇〕玉帶。永吉以無爲解，逢吉乃使人市一玉帶，直數十〔二二一〕緡，責永吉償之。……即而〔二二二〕不得州。

李愚書《六典》：李愚爲平章，性剛介，往往形言，然無人唱和者。但舉《六典》之舊章，書之粉壁，其經緯大畧，全無所施。

名教宗主：五代趙光逢兩登廊廟，四遻丘園，百行五常，不欺暗室，縉紳咸仰以爲名教宗主。

天下異人：文潞公彥博平章軍國重事，契丹使耶律永昌、劉霄來聘。蘇軾奉詔館客，與使者入覲，望見公殿門外，契丹改容曰：「此潞公也？即所謂以德服人者。」問其年。曰：「何壯也！」軾曰：「使者見其容，未聞其語，其綜理庶務，酬酢事物，雖精練少年有不及。貫古穿今，洽聞強記，雖專門名家有不逮。」使者拱手，曰：「天下之異人也。」

○尚書令

五曹司總，百揆是階。同冢宰之司，專臺閣之任。識書三篋，足徵張安世之能；揚戢萬機，宜玩刑子才之表。三獨尊于專席，八座比于文昌。

［釋］

識書三篋：《張安世記》：「亡書三篋，……上奇其才，擢爲尚書令。」〔二三三〕

八座比文昌：劉洎疏曰：「八座比于文昌，二丞方于管轄。」

○吏尚書

八座位隆，五曹望重。典南宮之喉舌，象北斗之樞機。式資藻鑑，奚綜賓實？自非孝先亮直，彥輔公忠。山濤之簡靜篤素，顧譚之心精體密。何以對揚天哲，厭塞人望？

［釋］

喉舌：李固上書：「陛下有尚書，猶天子〔二三四〕之有北斗。北斟酌元氣，爲天之喉舌。尚書出納王命，爲天子之喉舌。」

彦輔公忠：宋葉顒爲吏部，帝曰：「吏部條例，亦置一通在禁中。」又問：「卿當官以何爲先？」對曰：「以公忠爲先。」帝曰：「卿宜無忘此二字。」

山濤：晉吏部尚書所奏，甄拔人物，各有題目。時稱「山公啓事」。

○吏侍郎

風神高邁，裴楷得玉山之稱；選舉公明，唐馮蒙金鏡之賜。孝基知人，識房杜之國器；行險選士，拔王蘇之雄才。

〔釋〕

玉山之稱：晉裴楷，武帝時爲吏部侍郎，風神高邁，容儀俊爽，時人謂之「玉人」。見楷如見玉山，照映人也。

金鏡之賜：高唐馮爲吏侍，凡所銓綜，時稱平允。太宗賜金背鏡以表其精鑒。

行儉選士：吏部裴行儉設能〔三五〕名榜，列註限期等法典選，有知人之鑒。

○户尚書

八座樞機，五臺要劇。上代七星之象，旁理萬邦之教。自非元凱之明允忠肅，陳韓之敦樸淳深，將何以釐正版圖，擾安邦國？

〔釋〕

元凱：處户部法司，施行者五十餘條，以資當時之急。

版圖：司民掌登萬民之數，自生齒以上，皆書於版。

○户侍郎

省中伏獵之譏，蕭炅未慱於經史； 例外羨餘之進，柳約聚斂于貨財。户版精于楊瑒之議，民數詳於承慶之辭。

〔釋〕

伏獵之譏：蕭炅不知書，嘗與嚴挺之稱「伏臘」爲「伏獵」。挺之曰：「省中豈容有伏獵侍郎乎？」乃出之。

羨餘之進：宋柳約權户部侍郎，感激奮厲，悉力盡言，凡例外宣索，皆執奏以進。

户版：楊瑒爲户部侍郎，帝召大臣議户版，揚〔二二六〕言利病甚詳，帝咨賞。

民數：唐太宗問盧承慶歷代户口多少之數，承慶敘夏已後迄周、隋，皆有依據。

○禮尚書

文紀陟官，神機形于鼎卦之筮； 宋弁多藝，兼攝顯于祀戎之詞。 顧維北斗喉舌之司，當謹出納； 如稽古禮文之事，敢廢討論？五星懸輝，差池紫宫之曲； 百官報本，聯曹建禮之門。

［釋］

鼎卦之筮： 李綱初仕隋，官不進，筮之得《鼎》。 筮人曰： 「君當爲卿輔，待易姓，乃如志。」至唐終禮部尚書。

祀戎之辭： 後魏孝文征馬圈，留宋弁兼祠部尚書，攝七兵事。 及行，執手曰： 「國之大事在祀與戎，故令卿官攝三曹。」

五星懸輝： 此聯蕭子範《表》。

○禮侍郎

瑞柳試士，呂渭見嘉於英君； 德星題堂，崔邠特褒于明主。 惟宗伯古之清曹，貳卿今之膴仕。 禮樂自天子出，雖上稟於聖謨； 籩豆則有司存，當附求于故實。

［釋］
瑞柳試士：呂渭字君載，遷禮部侍郎。始中書省有古柳，建中末枯死。德宗自梁還，復榮茂，人以爲瑞。柳渭令貢士賦之，帝聞以爲善。
德星題堂：崔氏兄弟六人，邠、酆、鄲凡……里〔二二七〕，構便齋，宣宗曰：「邠〔二二八〕一門孝友，可爲士族法。」因題曰：「德星堂。」後京兆民以其里爲「德星社」。
清曹：唐命張元夫爲禮部侍郎，制云：「官有秩清而選要者，其儀曹乎？」

〇兵尚書

《史記》載縉雲之名，《左傳》紀雎鳩之戢。南省視事，西曹掌兵。懷遠却駿馬之求，吴湊留槐樹之想。緝熙九法，董正六師，威嚴著孫逖之制詞；上比七星，連芳八座，職業見李嶠之表疏。圻父戈動，行伍列龍虎之驅馳；玄扈樓高，顧盼觀鳳凰之翔集。

［釋］
南省：唐李輔國爲兵部尚書，南省視事，使武士〔二二九〕戎裝夾道。
西曹：國初循唐制，即中書之北，置樞密院。元豐改制，遂變于中書之西。
駿馬之求：唐李懷遠除兵部尚書，乘欸叚馬，豆盧曰：「公榮貴如此，何不買駿馬乘之？」答曰：「此馬幸免驚蹶，無暇别求。」聞者嘆服。

槐樹之想：吴湊爲京兆尹，官街樹缺，所司植榆以補之。湊曰：「榆非九衢之物。」亟命易之以槐。陰成而湊卒，人指樹而懷之。

緝熙九法，董正六卿：孫逖授李林甫制。

連芳八座，上比七星：李嶠《爲楊執柔讓夏官尚書表》。

圻父：司馬也。

觀鳳凰：黄帝坐玄扈之樓上，與司馬容光臨觀鳳凰之至。

〇〇兵侍郎

八亞六卿，共行司馬之法；出膺九命，俱收元戎之律。

［釋］

司馬：《周禮》：「大司馬之職，以九伐之法正邦國。」

〇〇刑尚書

載念士官之所掌，寔於國脉而相關。舜不賴臯陶之明，何以布好生之德？周不得蘇公之敬，安能審用罰之中？蔽芾興歌，秋卿思唐家之詔令；棘木聽察，司寇率王制之哀矜。

［釋］

蘇公之敬：「司寇蘇公式敬爾由獄，以長我王國。」見《書·立政》。

蔽芾興歌：「秋卿恤刑，事物枉撓。」又云：「紹蔽芾於謳謡，盡俐成於法理。」見唐太宗詔令。

棘木聽察：「司寇正刑明辟以聽獄訟……聽之于棘木之下。以獄之成告于王。」見《記·王制》。

○刑侍郎

丹墀議刑，白雲思職。子韶辭賞，展根心惻怛之誠；劉瑑明刑，奏大中統類之籍。秩貳秋官，貅執邦典。

［釋］

白雲思職：裴復除制云：「俾試白雲之司。」以黄帝時秋官爲白雲也。

子韶：張文忠公九成兼刑侍，一日，法守以成案上大辟，公閲首末，得其情，因請覆實。因果誣服者也，奏黜之。時法官抵罰，而朝論欲以爲賞。公辭曰：「職在詳刑，而賣衆以邀賞，可乎？」

劉瑑明刑：劉瑑爲刑，精法律，選制勑可用者，議其輕重，成一家書，號《大中統類》。奏行之。

○工尚書

位當玄武之官，職在司空之任。虞舜之世，百禹統其班；周成之朝，毛公處其地。正身奉法，夙推善果之才；好善樂賢，誰擬休烈之績？

［釋］

位當玄武：二聯皆唐張鷟制云。

正身奉法：鄭善果爲工部尚書，正身奉法，甚著勞績。見《唐新語》。

好善樂賢：于休烈爲工部尚書，不治產業，樂善下賢，推轂士甚衆。

○工侍郎

御書一軸，時誇忠簡之榮；典制百工，世頌常袞之制。疇若予工，汝往爲允。紀綱繕修之政，杜塞淫巧之作。

［釋］

御書一軸：宋張忠簡權工部郎，條具時務，公上十事。時應詔数十人，推公與國子司業王十朋指陳實事，斥言權倖，無所回隱。明日，上召兩人對内殿，大加稱賞，賜酒者再，囬授御一軸。

典制百工：「百工惟時，命汝典制。」（《常衮制》）

疇若予工：此聯見曲阜制。

○諫官

紫禁聯班，實糾繆繩愆之托；銀臺封駁，正拾遺補過之司。俯戒寒蟬，仰追鳴鳳。皂囊白簡，勇排閶闔曉生寒；錦軸牙籤，語徹縹緗春動色。攄丹心而傾日，展素悃以舒霜。

［釋］

紫禁：天子之居上，應紫微垣，故曰「紫禁」。

縹緗：縹清白，緗淺黄色，唐四庫書縹囊緗帙。

補闕拾遺：唐制左補闕六人，拾遺六人，右補闕六人，拾遺六人，掌諷諫。大事則廷論，小事則上封事。

白簡：任昉、沈約爲中丞，彈文皆曰「奉白簡以聞」。

皂囊：《漢官儀》云：「諫大大凡章奏表皆啟封，其言密〔二三〇〕事則用皂囊。」
勇排闥：漢高祖枕宦者臥，樊噲排闥而進。
寒蟬：秦檜當國，諫官惧誅，隱忍如寒蟬。蓋蟬遇寒，則伏而不鳴。
鳴鳳：唐李善感進諫，時謂之「朝陽鳴鳳」。

○翰林院

西掖承恩，清切紫微之禁；北門待詔，榮登白日之堂。技細雕蟲，憂深濡鵜。披琅函而校籍，魂摇羣玉之峰。侍寶幄以繙經，身在然黎之閣。出入班聯于法從，寢兵署切于嚴更。子雲之職雖清，猶甘寂寞；方朔以才見幸，僅雜侏優。

〔釋〕
西掖：西掖垣，中書所居，又號紫薇省。唐以中書務劇，乃以翰林分掌制誥書勑，故翰林亦號西掖薇省。
白玉堂：漢武帝所建，猶今翰林也。
雕蟲：《楊子》：「或問：『吾子少而好賦？』楊子曰：『童子雕蟲篆刻。』俄而曰：『壯夫不爲也。』」

○知貢舉

鑾坡視草，允叨儤直之榮；棘院掄才，誤辱明揚之寄。知人則哲，揣己奚堪？點掇珠璣，聊借尚方之彤管；輝煌錦繡，遥分太乙之青藜。筆陣生風，聽春蠶之競巧；墨花飛霧，看萬蟻于戰酣。

［釋］

尚方：凡天子所御皆曰「尚方所」也。

彤管：彤管，筆也。《史記》：「用彤管以記事。」

春蠶競巧：歐陽修詩：「下筆春蠶食葉聲。」

萬蟻戰酣：梅聖俞詩：「萬蟻戰酣春日永。」

○○○狀元及第

伏以熙朝拔俊，賢才幸際乎風雲；上國觀光，恩命忽承于霄從。詎謂策名之始，獲沾連茹之榮。韋布生輝，儒林共戴。竊惟鵬摶海内，莊周壯九萬里扶摇。魚縱壑中，王褒頌千百年會遇。自非書富五車，何以仰副明揚。忽值拔茅之無棄，敢誇結網之不踈。（頌同前）者〔二三一〕日曙臨軒，天葩賜問。曈曈日色，光生五丈之原；點點揚花，香入千人之硯。臚唱忽傳于玉殿，宫花斜插于烏紗。桃李紛紛，昨日春官庠序；參苓種種，今朝天子筠籠。拜舞玉階，行將有官守言責之寄；趨蹌金闕，亦得與縉紳冠帶之班。臣等韋布寒士，章句腐儒。誤點朱衣，謬知青眼。敢不益勵初心，務守温飽之戒？勉圖後報，毋貽渴睡之譏。（祝同前。）

〔釋〕

連茹：《易・泰卦》：「拔茅茹，以其彙。征言〔二三二〕。」君子相連，而進如茅之拔其根連起也。

結綱：臨淵羡魚，不如退而結網。

楊花：唐詩：「點點楊花入硯池。」蓋言春試也。又：「墨花香噴硯池春。」

臚唱：殿試唱名曰「臚唱」。

參苓：元行沖謂狄仁傑曰：「凡爲國家者，必有儲積以自資也。脯醢以適口，參苓以攻疾。僕計名公之門充旨味者多矣，請備藥籠。」傑曰：「公正吾藥籠中物。」

朱衣：歐陽修知貢舉閲試卷，嘗覺後有一朱衣人點頭，然後文入格。有句云：「文章自古無憑據，惟願朱衣暗點頭。」

温飽：或謂王曾：「狀元試三場，一生喫着不盡。」公正色對曰：「平生志不在温飽。」

〇〇〇賜衣帛

伏以製出天機，黼黻下堯階之彩；恩頒雲錦，金縷騰晉接之輝。禮重解衣，義嚴在笥。厠章縫而有愧，荷衣被以奚勝？竊惟天命有五服五章，而明主愛一嚬一笑。古服特貽碩輔，色暎冰天；貂裘飛慰元戎，春生宵夜。有如德不稱服，忝茲衣以文身。伏遇〇〇〇〇，心妙經綸，學提綱領。垂衣裳於五位，王道無爲；厲宵旰於萬幾，太平有象。詎意曳裾之寒素，得蒙挾纊之春温。紛鳳彩於鮫綃，光含日月；焕天葩以冰繭，爛徹雲宵。煌煌焕虎豹之文，楚楚飾蜉蝣之羽。錦衣行晝，恐遺誚於續貂；露冕當春，竊懷慚於濡鵜。臣敢不正德以幅，聞善書紳。進欲盡忠，爰補山龍之衮；退思靖節，再詠羔羊之皮。伏願學懋緝熙，治宏經緯。被褐懷玉，無忘尚絅之初心；居高聽卑，永享黄裳之元吉。

〔釋〕

天機：天孫織錦之機也。

黼黻：《書》：「予欲觀古人之象，日、月、星辰、山、龍、華蟲，作繪，宗彝；藻、火、粉、米、黼、黻、絺、繡，以五采彰施于五色，作服。」

金縷：古詩：「勸君莫惜金縷衣，勸君須惜少年時。」

解衣：韓信謂漢王曰：「解衣衣我，推食食我。」

在笥：「衣裳謹其在笥」，言不輕以與人。

五服五章：《書》：「天命有德，五服五章哉。」

一嚬一笑：《史》〔三三〕：「韓昭侯有敝袴，命左右藏之，曰：『明主愛一嚬一笑，敝袴豈止嚬笑！吾敝將待有功者。」

貂裘：《宋紀》：王全斌伐蜀時，大雪。宋太祖解紫貂裘帽遣中使馳賜之。

挾纊：《左傳》：楚師伐宋，人多寒，楚子勉之。三軍之士皆如挾纊。

○賜宴

兎園置酒，舒興于玉蓮蕉葉之杯； 龍門賦詩，奪袍于宿雨流雲之句。問唐家之酒價，徒誇賜宴太清。吟令序之韶華，何羨娛賓玄武。絲蟻飛觴，醉流霞于天上； 金杯搖蕩，餤旭日于壺中。美續八珍，翠釜出紫駝之色； 香添九醞，黃流增玉斝之波。

〔釋〕

兎園置酒：歲將暮，時即昏，寒風積，愁雲繁。梁主不悅，遊於兎園。乃置旨酒，命賓友。俄而微霰，零雪下。

王乃歌「北風」於《衛詩》，詠「西山」於《周雅》。

龍門賦詩奪袍：《宋之問傳》：「武后遊龍門，詔從臣賦詩，方虬詩先成，后賜錦袍。之問俄頃獻，覽后嗟賞之[一三四]，奪袍以賜。」

緑蟻：酒名，駱賓王詩：「離樽緑蟻空。」

八珍：《周禮》：「膳夫掌王之飲食膳用八珍。」[一三五]杜詩：「御廚絡繹送八珍。」

紫駞：唐詩：「紫駞之峰來翠釜。」

九醖：酒名。

○印章

金輝玉潤，象昭追琢之章；璧合奎聯，光映圖書之府。扛龍文之萬斛，發鳳藻于千年。竹虎銅龍，並天球而等麗；盤螭舞鵠，齊石鼓以争奇。肘後纍纍，黄浮月暈；腰間若若，紫襍霞文。或控鵲而字剖中藏，或放黿而紐呈左顧。金芒佶屈，倒薤垂禾。鐵畫廻旋，驚蛇蟄蚓。

［釋］

石鼓：周宣王出獵，爲文勒于石鼓。

肘後纍纍：《周顗傳》：「今歲殺賊，取金印如斗大，懸之肘後。」

石鵲：《搜神記》：漢張顥爲梁相，有鳥如雀，飛翔墜地，化爲圓石。顥剖破之，得金印，文曰：「忠孝侯印」。

銅龜：《晉中興書》：孔愉經餘亭，放龜溪中，龜中流左顧。後以功封餘亭侯，及鑄侯印而龜左顧，更鑄亦然。印工以聞愉，愉悟，乃佩焉。

○玉帶

位重鉉金，帶方橫玉。麟經記傳，夏璜特重于魯侯；馬史流芳，和璞見珍于泰伯。紫雲滿袖，攜寶鼎之香烟；白玉在纓，溢崑山之瑒氣。寵拜瓊瑶之錫，勞逾黼黻之章。平蔡無功，錫同裴度；佐唐有效，恩並魏公。敢不精白一心，戰兢三褫？韜而藏匱，常瞻華袞之榮；束以立朝，罔惜書紳之戒。

〔釋〕

夏璜特重于魯侯：周成王封魯王伯禽，分璜以封于東土。

和璞見珍于秦伯：《史》：趙惠王得楚和氏璧，秦昭王請以十五城易之。

三褫：《易》：「或錫之鞶帶，終朝三褫之。」

〇賜貂

慧質紅飛，技能穿地； 星精玉立，媚可依人。 産于嫗厥律之方，契丹資之瞻足；生有黑白黄之異，諸國藉以轉輸。 漢餙侍中冠，寧北豸牙之善觸。 玄多關内爵，幾同狗尾之乞憐。 即石晉拜賜德光，致山後十六州，從兹陸沉異域； 彼全彬泣戴藝祖，乃蜀中東西鎮，復爾蠢動一方。 念師人之多寒，皇言吹嶰谷之律； 發内藏之秘笥，尚衣分龍塞之春。 天賜奇温，匪止恩深挾纊； 將膺異數，會看功掃妖氛。

〔釋〕

豸牙： 獬豸能觸邪，故取以爲冠。

狗尾： 晉王倫既簒位，奴役亦加爵位。每朝會，貂蟬盈坐。時人語曰：「貂不足，狗尾續。」

全彬泣戴藝祖： 宋太祖命王全彬代蜀，值大雪。太祖謂左右曰：「我被服如此，體尚寬寒。西征將士，何以堪處？」即解取服紫貂裘帽馳賜全彬，仍諭諸將曰：「不能遍及也。」全彬感泣，故所尚有功。藝祖，宋太祖也。

嶰谷之律： 黄帝命伶倫自大夏之西、阮隃之陰，取竹于嶰谿之谷，以生空竅厚鈞者，斷兩節，間長三寸九分而吹之，以爲黄鐘之律。

〇黄金廄馬

麟趾褭蹄，瑞協自天而降；龍鬐鳳臆，德同行地無疆。藏以爲榮，乘之拜賜。補闕之樊侯，八鸞將命；遊説之虞卿，百鎰見投。坐致九州之貢，鐋鏐鈒銑之咸陳；駕馳千里之材，牡牝驪黄所不許。如臣駑鈍，亦忝班資。荷大冶之陶鎔，有懷必吐；思朽索之臨馭，不見是圖。

［釋］

龍鬐鳳臆：杜甫《胡馬行》曰：「鳳臆龍鬐未易識，側身注目長風生。」

麟趾褭蹄：漢武帝曰：「往者朕郊見上帝，泰山見金，又有白麟神馬之瑞，宜鑄金爲麟趾，褭蹄以協瑞焉。」

虞氏百鎰見投：虞卿者，遊説之士，躡屩擔簦説趙孝成王，一見賜黄金百鎰，白璧一雙；再見爲趙上卿，故號曰「虞卿」。

鐋鏐鈒銑：《爾雅》：「黄金謂之鐋〔一三六〕，其美者謂之鏐，餅金謂之鈒〔一三七〕，絶澤謂之銑。」

牝牡驪黄：秦穆公使九方皋求馬，還報曰：「牝而黄，使人視之，乃牡而驪。」公不悦。伯樂曰：「皋之所相，天機也。得精而忘形，得内而忘外也。」

朽索臨馭：《書經》：「予臨兆民，凜乎若朽索之馭六馬。」

〇〇賜扇

義重肱肱，一榻傍雲霄之氣；　恩分掌握，九天開閶闔之風。地接螭頭，宮開雉尾。吹嘘濫及，舒卷惟時。剪鵲翅于周庭，下龍綃于漢殿。慰綏黎庶，仁風有得于謝安；出入君懷，明月慮周于班女。某拜九齡之白羽，獻賦未能；　叨張詠之金龍，摛文何有？

［釋］

龍綃鵲翅：《拾遺記》：漢作龍綃扇，周作鵲翅扇。
雲霄：古詩：「裁成新製雲霄月，人手輕摇意自秋。」
閶闔風：唐詩：「閶闔涼生六幕風。」
雉尾：殷高宗有雉雊之祥，章服皆用雉羽，故有雉尾扇。

〇〇賜茶

烟烝雀舌，玉芽分閬苑之春；　露疊龍鱗，金鼎茁蘭池之秀。紫笋名高于漢苑，殊英紛結於雲門。石花浮蒙頂之香，藏陰南劒；　霏雪照薔薇之色，逞艷東君。蘭芷香輕，緑影舞黄金之碾；　醍醐味薄，翠濤捲碧玉之甌。絨啓白泥，影摇丹穴。色勝筠而香勝麝，艷灸銅絲；　方中圭而圓中蟾，光翻銀粟。日華筐筥，桃花疑飲于蘇園；　烟靄茸香，萱草今傳于越志。金屏燦霏雲之麗，霜筠騰寶月之精。

［釋］

雀舌：　茶名，取其芽似之也。
石花蒙頂：　劍南有蒙頂石花茶。
蘭芷香輕：　此聯見范希文《和章岷從事鬭茶歌》。
色勝筠香勝麝：　丁公言：　北苑焙新茶。
方中圭圓中蟾：　並見范希文《鬭茶歌》。
蘇園：　蘇子瞻《問大冶長老乞桃花茶栽東坡》云：　「他年雪滿堂，尚記桃花裔。」
茸香萱草：　覺林僧志崇收茶三等，待客以驚雷莢，自奉以萱草帶，供佛以紫茸香。赴茶者，以油囊盛餘瀝歸。

〇朝門

伏以鼎觀增崇，聿肇萬年之運；　晉臨赫奕，茂延五位之禧。穹窿申錫於無疆，華閣焕新於有象。（入事。）開閶闔于天上，聳閣道于雲中。兩觀崔嵬，璇題切紫極以崢嶸；五城縹緲，朱拱並廣寒而掩映。雕文有燦，九龍獻采於承明；綺翌斯飛，五鳳騰輝於景福。日臨仙掌，九重遥醉春桃；雲近蓬萊，五色恒迷曉仗。極建中天，肅群黎于日覩；神凝五位，拱萬國於星羅。

［釋］

兩觀：觀，闕觀也。古者天子每門外必樹兩觀于前，以懸法象。後世稱「兩觀」。

璇題：以玉飾椽頭，故曰「璇題」。

五城：天上仙宅也。仙人好樓居，黄帝爲五城十二樓候仙。

朱拱：拱柱頭，斗拱也。以朱爲飾，故曰「朱拱」。

翌飛：《詩》：「如翌〔二三八〕斯飛。」言簷阿華彩。

承明：漢之殿名。

景明：魏之殿名。

日臨仙掌：唐詩：「日色纔臨仙掌動。」

雲近蓬萊：唐詩：「雲近蓬萊常五色。」

○河工

伏以帝德格天，懋纘平成之治；神功雨地，光昭清晏之祥。萬國朝宗，四方歌頌。

竊惟黄河起於崑崙，通乎淮泗。遡九折而上，始窮其源；自屢遷以來，蓋非其舊。扼漕運之咽喉，係京師之命脉。或塞或疎，人心之區畫靡定；隨築隨决，河身之移徙無常。伏遇皇帝陛下，玄德淵涵，睿謀涣發。大地徧恩波，潤澤寧惟九里？熒光浮德水，澄清奚啻三朝？頃因河伯之横流，時勑司空而平土。行河使者，首推九列之賢；都水長丞，畢簡諸曹之彦。謂千丈之波，易潰於蟻穴；而八年之績，必始於龍門。乃控遥隄，再穿高堰。障狂瀾以東，悉循故道；自清河而北，漸號坦途。金斗吕梁，銜尾見舳艫並進；牙檣錦纜，歌喉與榜枻同聲。伏願心源常濬，道岸先登。修府事而九敘惟歌，若雨暘而庶徵來備。金繩玉牘，百靈呈川至之符；紫閣珠宫，萬載頌河清之瑞。

〔釋〕

起於崑崙，通乎淮泗：河源自星宿海逾崑崙，已折而趨積石，乃會雍浮汴，達淮泗。

漕運：國家轉輸江南，河與漕争道，乃欲避河之害，而爲漕之利。

澤潤九里：郭汲爲潁州太守，光武勞之曰：「賢能太守，帝城下遠，河運九里，京師并蒙福也。」〔二三九〕

德水：德水應千年之祝，嵩山動萬歲之呼。

河伯横流：漢武《瓠子歌》：「河伯兮何不仁，横流不止兮愁吾人。」〔二四〇〕

牙檣錦纜：古歌詞：「以象牙作帆檣。」又，隋煬帝以錦纜龍舟。

金繩玉牘：舜與諸侯觀洛河，有黄龍負圖置舜前，以白玉爲檢，黄金爲繩。

紫闕珠宫：《楚辭》：「魚鱗屋兮龍堂，紫貝闕兮珠宫。」言河伯所居也。

○遣賑貸

伏以皇心通八表，九重解澤遍穹壤；使節下丹霄，一道福星飛雨露。郡國之懽呼丕振，閭閻之蕩析更生。竊惟國保于民，王省惟歲。詩興七月，啓軫念于痌瘝；禮重三推，知艱難于稼穡。自苛政不寧其雞犬，而流離自托乎哀鴻。賜出春和，僅動漢皇之詔；圖陳無逸，但聞宋帝之屏。自非父母孔邇，詎能宇宙偕春。伏遇○○○○，大度海涵，至仁天覆。治先邦本，念六馬以懷憂；幾勑時乘，撫群龍而宅吉。頃緣旱魃屢災，肥蟥告警。三農失望，食半菽以無餘；千里成埃，登二鬴而不足。捐白鏹于少府，發紅粟于太倉。解推偏及於幽遐，補助陰相乎覆載。伏願永懷禹儉，益溥堯仁。民未易安，先去民間之蠹；賦難盡減，姑停役外之征。爲者疾而用者舒，講先聖生財之道；施從厚而歛從薄，罷一時言利之臣。則有德自將有財，而足民亦可足國矣。

〔釋〕

詩興七月：《詩》：「七月流火，九月授衣。」又云：「三之日于耜，四之日舉趾。」

三推：《禮》：孟春元辰，「天子親載耒耜，帥三公、九卿、諸侯、大夫躬耕帝藉，天子三推，公五推，諸侯九推」。

不寧其雞犬：《家語》：「苛政横行，即雞犬爲之不寧。」

哀鴻：《詩》：「鴻雁于飛，哀鳴嗷嗷[二四一]。」流民以哀鳴鴻雁自比而作。

漢王之詔：漢文帝詔曰：「方春時和，草木群生，皆有以自樂。而吾百姓，或帖于危亡，其議所以賑貸之。」[二四二]

宋帝之屏：宋仁宗命蔡襄寫《無逸篇》于屏。

旱魃：南方有魃，長二丈，裸身而目在頂上，行走如飛，所見之國必大旱。詩曰：「旱魃如飛」。

千里成埃：詩：「大雨不濡物，良田起黄埃。」

二餔：《周禮・廩人》：「凡萬人之食食人者，四餔[二四三]，上也；人三餔，中也；人二餔，下也。若食不能人二餔，則令邦移民就粟。」

邊考

○九邊考

國家驅逐胡元，混一區域。東至遼海，西盡酒泉，延袤萬里。中間漁陽、上谷、雲中、朔代，以至上郡、北地、靈武、臯蘭、河西，山川聯絡，列鎮屯兵，帶甲四十萬，據大險以制諸夷。初設遼東、宣府、大同、延綏四鎮，繼設薊州、寧夏、甘肅三鎮，又以山西鎮巡統馭偏頭三關，陝西鎮巡統馭固原，亦稱二鎮，遂爲九邊。

○遼東鎮

遼東古幽、營二州之域，舜分冀東北爲幽州，即今廣寧以西之地；青東北爲營州，即今廣寧以東之地。東至鴨緑江，西至山海關，南至旅順海口，北至開元城。三面瀕夷，一面阻海。特山海關一線之路，可以内通。亦形勝之區，歷代地皆郡縣。我朝盡改置衛，而獨于遼陽開元設安樂、自在二州，以處内附夷人。其外附者，東北則建州、毛憐、女直等衛，西北則朶顔、福餘、泰寧三衛，分地世官，互市通貢。事雖羈縻，勢成藩蔽，是以疆埸無迤北之患。顧東北諸夷，屋居耕食，不專射獵，警備差緩。而西北則俗仍迤北，窃發頗多。若大舉入寇，則亦鮮矣。故遼東夷情與諸鎮異，要在隨勢安輯，處置得宜。先事申嚴，防守不墮。俾恩威並立，足制其心。開元廣寧，並據襟吭。金復海蓋，頗稱沃野。海上自劉江之捷，倭寇絶跡，弘治中未及岸而逝。三岔河南北直數百里，遼陽舊城在焉。草木豐茂，更饒魚鮮。木葉、白雲之間，遼之北京、中京地也，自委以與虜，遂進據腹心。限隔東西，守望勞費。道路迂遠，遼人每憤憤焉。若復其舊，則城堡士馬，芻粮可省十之三四。成化以來，論者率欲截取而屢作屢輟，無亦爲啓釁之慮乎？他如革馬市之姦欺，糾驗放之抑勒，塞請開之貢路，禁驛傳之騷繹，增臺軍之月給，教百姓之儲蓄，專制一方者，不得不任其責矣。

○建夷

按今女直，即金餘孽也。金以前，往牒載之備矣。滅金，以其地置軍民萬户府五，國朝分爲三種：曰建州，曰海西，曰野人。而建州實居中雄長，地最要害。永樂元年，野人酋長來朝，已建州、海西悉境歸附，先後置建州等衛所城站地面，共二百六十十二，置都司一，曰「奴兒干」以統之官，其酋自都督至鎮撫有差。惟野人以絶遠，貢無常期，其建州、海西，定每歲以十月驗放入貢，仍設爲重關原城。當是時，建州衛指揮阿哈出及子釋家奴，皆以有功賜姓名。而釋家奴弟猛哥不花，亦以内附，故俾領毛憐衛，累都督同知。父子兄弟先寵于時，此建州之始大也。正統初，建州衛都督猛可帖木兒爲七姓野人所殺，弟凡察、子董倉逖之朝鮮，併失亡其鄉，則稍衰焉。時董倉弟董山嗣爲建州衛指揮。亡何，凡察、董倉歸建州。朝廷存繼絶之義，詔更予印。比得故印，凡察輒匿更給者，乃更分建州左衛置右衛，剖二印，令董山領左，凡察領右。而夷性故驁蹶，謂中國我驕也，輒煽誘北虜入寇不絶，殺掠遼東吏民無算。景泰中，巡撫王翺遣使招諭，稍歸所掠，復欵關。然七姓之亂諸酋多死，子孫失其賜勅不得官，以舍人入貢，賞賜大減，更失望。董山糾毛憐、海西諸夷盜邊無虚月。成化二年，遣都督武忠往諭，檄致董山，覊廣寧，尋誅之，命都御史李秉、靖虜將軍趙輔督師三道，入擣其巢，捕斬首虜過當，築撫順、清河、靉陽諸堡，邊備日嚴。夷稍創，乞欵貢。而朝廷亦欲與之休息，令董山、凡察復皆得襲。諸從叛者，視先世遞貶一官，諸夷復貢，顧時時以報董山讐爲辭，往來還苦塞上。會大璫汪直方倖功用事，巡撫陳鉞揣其意，疏言建州夷連結海西，名雖屏蔽，實懷獸心，宜大發兵創之。廼以東寧侯朱永爲師，偕直行襲破之，頗有斬獲。論功永將校封賞有差。而夷益憤怨，深入焚掠，慘于往時。開元、廣寧之間，騷然煩動矣。居久之，其酋完者禿貢馬，入謝許之。諸衛復奉貢請襲如故，少入寇。迄正、嘉間，塞上得息。嘉靖二十一年，建州夷李撒赤哈等入寇，巡撫孫繪御之，失亡多。亡何，撫臣于敖坐減賞物，夷人譁。更詐殺譁者，夷由此挾忿，數入塞殺掠如成化時。遼東西幾困，已復稍戢。至今上朝貢羈縻勿絕。萬曆二十八年，今建州奴兒哈赤襲殺猛骨孛羅，其勢始悍。猛骨孛羅者，與那林孛羅，俱海西部落，與奴酋二家，俱封龍虎將軍。猛最忠順，虜或入犯，輒預報得爲備。諸夷皆心畏惡之，奴酋尤甚。會猛酋與那酋相讐殺，猛力不支，請于邊吏，求救不許，願得乘障杅一圍，不許，遂求援奴酋。奴酋悉起兵以援爲名，襲執時。邊臣遣使講救，奴酋外恐吾聲罪，寔心利其妻妾部落，廼僞以女許猛酋，而陰縱其妾與通。徐以私外母名殺之，仍以女許妻猛酋長子，送次子歸我内地，以苟塞前講說。邊吏亦因循不與較，奴酋自是有輕中國之心。又先是奴酋父他失以内附，邊吏貪功執殺。于是撫鎮以計非是，匿不報聞。廼奴酋故恨恨也，日與弟速兒哈赤屬兵扶馬，設險擺塘。數年前料騎一萬，今且至三萬。自三十四年貢後以勒索車粮爲名，遂不復貢。時擁衆要挾，憑陵開元，邊亡禁悸，莫可誰何。撫鎮相傾，皇皇以益兵請，而不知跋扈之勢，已成于襲殺猛酋之日矣。按奴酋故部，在清河邊外甯宫塔寨，直開元之東。而猛骨、那林二酋，部落在鎮北撫順關外，直開元東北，與韃靼三衛接壤。奴酋所以不得通北虜，以二酋爲之障也。今那酋竭力拒守，僅五千餘騎，勢不支必亡。亡則建酋與北虜通矣。或傳其餙名姝，捐重貲，以搆于虜，志豈小哉！愚又考建夷，素瀇㨗，喜馳獵，上下巖壁如飛浮馬，渡江河不用舟楫。夫北虜至傑𧇊矣，遇江湖則股栗。南夷習水道矣，賴大海爲限蔽。建夷則不然，兼水陸之長，無河海之限。繇此言之，奴酋不死，中國之禍蓋未艾也。

○薊州鎮

薊，京師左輔也。我大祖既逐胡元，廼即古會州之地，設大寧都司、營州等衛，而封寧王與遼東宣府東西並建，以爲外邊。又命魏國公徐達起古北口至山海關，增修關隘，以爲内邊。文皇帝靖難後，兀良哈部落内附。廼改封寧王于江西，徙大寧都司于保定，散置營州于順天之境，而以大寧全地與之，授官置衛，令其每年朝貢二次，往來互市，永爲藩籬。即朵顏泰寧、福餘二衛〔二四四〕是也。遼東宣府，自此隔絶，聲援絶矣。正統以前，夷心畏服也，方寧謐。土木之變，頗聞三衛爲也。先嚮道，乃命都御史經略之。而夷情亦變詐不同，然尚未敢顯言爲寇也。弘治中，守臣因燒荒掩殺無辜，邊釁遂起。正德以來，部落既蕃，朵顏獨盛。陽順陰逆，累肆侵噬。花當則協求添貢，把兒孫深入虜掠。動稱結親，迤北恐赫中國。叅將陳乾、魏祥俱以重兵前後陷没。故三衛夷情難與往日例論，黄花鎮擁護陵寢京師後門，古北口、潮河川俱稱要害。而潮河川殘元避暑故道，尤爲虜衝。作橋，則浮沙難立；爲塹，則漲水易淤。雖曾設有關城，勢孤難守。喜峰口三衛入貢之路，久累軍丁。近聞取諸馬塲子粒似矣。從國初長久之計，惟在驅三衛，復舊制，以守外邊。若事勢難爲，仍守内邊。必從邊人長計，據險要，修墻堡，增墩軍，益邊粮，以嚴防守，其庶幾矣。

内邊龍井關起，西至累谷關止。邊城罄折，計六百里。夷地一區，可田千頃，乃在腹裏。外有横山一帶，止百五十里，相連高峙，窺見内地虛實。又横山一帶，舊爲我軍架砲之所。山外撒江經流，真自然之險。若修築外口，不惟我據其險，有地可耕，且以守六百里之人堡移之守〔二四五〕百五十里，豈不省且便哉！

內邊諸山，險處亦多。但山外扳緣易上，山空水道處所，每年雖修壘一次，皆碎石乾砌，遇水則衝，虜過即平。都御史戴金欲將山外可攀援之處，塹崖鑿壁。山頂以內，嚴令禁長林木，仍補砌山口水道，使連亘如城，亦如陝西各邊之制。更添墩堡以備防手，此亦至計。國初設六邊禦胡，自開元歷興中大寧，抱紅螺跨獨石以達諸宣府。自宣大迤西直抵甘肅，勢如率然，首尾相援，天設之險，而創造之艱也。永樂初有劉江之役，兀良哈效順，遂以興中大寧與之，掣大寧都司于保定。于是紅螺、白雲之北，因而失險。遼退守錦義、寧前、喜峰三屯，密雲白羊以達居唐。自是宣府左臂受衝，盧龍背傴僂。之襟吭傾哽，諸陵亦時警嚴烽候矣。夫不復興中大寧，則寧前一散地耳。自潮河川、喜峰口以窺盧龍，則灤平騷然矣。自黄花、白羊以窺薊北，則諸陵震驚矣。當是鎮者，其尚念哉！

〇宣府鎮

宣府，古冀州之域。秦漢爲上谷郡。石晉以後，淪没于夷狄者，葢四百餘年。我太祖盡徙其民於關内，號其地爲宣府，置萬全都司。其地東據黑水，東北據獨石，南距紫荊關，東南距居庸關，西據枳兒嶺，西南盡順聖川，北據西高山，西北距野狐嶺。國初常忠武王破虜于漠北，即元之上都，設開平衛守之。置八驛，東四驛，接太寧古北口；西四驛，接獨石。文皇帝三犁虜庭，皆自關〔二四六〕平、興和、萬全出入。嘗曰：「滅此殘虜，惟守開元、興和、太寧、遼東、甘肅、寧夏，則邊境可永無事矣。」後太寧既以與虜，興和亦廢，而開平失援難守。宣德中乃徙〔二四七〕衛于獨石，棄地葢三百里。土木之變，獨石八城皆破。雖旋收復，而宣府特重矣。宣府三川糾紛，地險而狹。分屯建將，倍於他鎮。是以氣勢完固，號稱易守。然去京師不四百里，鎖鑰所寄，要害可知。北路獨石馬營一帶，地雖悠遠，然長阻長安嶺，虜難徑下。中路之葛峪諸堡，西路之萬全諸城，南路之東西順聖，皆稱虜衝，警屢至焉。東路永寧四海冶及龍門所，則三衛窺伺之地。而四海冶上通開平大路，下連横領兒，又要地矣。若日補長峪城鎮邊城之募軍，重浮圖峪插箭嶺之防守，留茂山衛京操之士以益紫荊，築李信屯交界之堡以固兩鎮，此豈容已乎！

○大同鎮

大同古雲中地，東至枳兒嶺，西至平虜城，川原平衍，無山設險，故多大舉之寇。初設大同府，分封代王。分東、西、中三路，西則平虜威遠，中則右衛水口等處，皆稱要害。蓋虜南犯朔應諸城，必窺之路也。東則天城陽和，爲虜入順聖諸路之衝，平虜西近老營堡，虜纔由套，便涉其境。故大同稱難守焉。大同鎮城高拱完固，舊爲二邊拱衛。鎮城以限邊夷，後兩邊俱壞，虜至直抵鎮城，復築五堡于二邊，内爲耕守計。夫修五堡有三利焉：藩屏外固，内地獲安，一也；沃土茂田，富庶可期，二也；二邊既復，宣寧等縣棄地亦可漸理，三也。高山聚落，二堡蓋在鎮城兩腋間，實爲東西虜衝募軍分駐，則按伏之費省，特角之勢成矣。北虜哈剌真、哈連二部，常在此邊住牧，入寇無常。近來套虜出套，亦同此虜入寇。

○三關鎮

偏頭、寧武、鴈門，自西迤東，三關並列。西盡黄河東岸，東抵大同。雖太原北境要害之地，與真定相爲唇齒，非惟山西重鎮，而畿輔之地安危係焉。況達官達舍多安置真保、河間等府，子孫世受國恩，臣服効力，固無他志。但同本源，性習尚在，勢終與合。故三關疆域所係非輕，與宣大並稱重鎮。黄河東北，舊有東勝城，與大同大邊興和、開平相連，通爲一邊。外挾内寬，復設偏頭、寧武、鴈門三關十八隘口于内，以爲重險。往年東勝、開平能守，三關未爲要害。正統以來，東勝、開平俱失，三關獨當其衝。時無住牧之虜，防守尚易。弘治十四年以後，虜住套中，地勢平漫。偏頭關逼近黄河，焦家坪、娘娘灘、羊圈子地方皆套虜渡口，往來蹂踐，歲無虚日，保障爲難。今三關要害雖同，偏頭尤急。十八隘口雖同，胡峪〔二四八〕口、陽方口、石硤口尤急。河岸渡口雖同，娘娘灘、太子灘尤急。故今之急務，惟在備一〔二四九〕關之險，擇將師，覔壯勇，積芻粮，以整深入之門户。庶山西定而畿輔之地無警矣。

〇榆林鎮

榆林舊治綏德，而棄米脂、魚河等處于外幾三百里。虜輕騎入掠，鎮兵出禦之，每不及而返，虜得投隙焉。成化九年，都御史余子俊建議徙鎮榆林堡，襟吭〔二五〇〕既據，内地遂安。邊墻東起黄甫川，西至定邊營，長亘一千二百餘里，連墩勾堡，横截河套之口，内復塹山湮谷，是曰夾道，地利亦得矣。彼時虜少過河，軍士得耕牧套内，益以樵採圍獵之利，地方豐庶，稱雄鎮焉。自虜據套後，邊禁漸嚴，我軍不敢擅入，諸利皆失。而鎮城〔二五一〕四望黄沙，不産五穀，不通貨賄。于是一切芻粮始仰給〔二五二〕腹裏矣。弘正〔二五三〕中，改西延慶三府本鎮之税爲折色。軍用始窘，遂有米珠草桂之謡。愚故論榆林者，急在芻粮，他非所慮。黄河自陝州而上，至綏德近境，春初時皆可舟行，若計沿河郡縣改徵本色，水陸接運而上，則榆林其少蘇乎？再于延、寧、甘、固適中之地另設倉場，每年糴置儲畜，專備客兵之用。倘客兵一年不至，則有一年之積。如是數年，或可少裕也。套地長幾二千里，横至數百里，亦漢武朔方地也。唐猶内屬。韓公築三城於河外，史稱其功。近有復套之議，謂當循唐舊，守三城。又謂當復守東勝，則榆林東路可以無虞。審時度力，不知計所出矣。西路最稱要害，而定邊連接花馬池，更爲衝劇。築墻設險，事有不容已者。夫榆林地險而防嚴，將士敢勇，戰不貫胄，虜呼爲駱駝城。人馬見則畏之。四方征調，所向有功。更多將材有節氣，視他鎮爲最焉。

河套東西長一千八百里，南北中長一千餘里，左右减半。榆林外套皆漢朔方郡，秦取匈奴河南地，即此。成化七年，虜始入套，搶掠即出，不敢住牧。弘治十三年，虜酋火篩大舉入套，始住牧。正德以後，應紹不、阿兒禿斯、滿官填〔二五四〕三部入套。應紹不部下爲營者十，舊屬大師亦不喇，後分散各部，惟哈麻真一部全。阿兒禿斯部下爲營者七，舊亦属亦不喇，今則大酋吉囊領之，爲營者四。滿官嗔部下爲營者八，舊屬火篩。今則大酋俺荅阿不孩領之，爲營者六。三部兵約共七萬，俱住牧套内，時寇綏、寧、甘、固、宣、大等邊。

河套外皆中原之地。唐從朔方總官張仁愿之請，奪取漢南地〔二五五〕，築三受降城。中城南直朔方，東城南直榆林，西城南直靈武，皆據津要，置烽候千八百所。由是突厥不敢渡山南牧，減鎮兵數萬人。後安禄山反，邊兵精鋭者皆徵發入援，留兵单弱。數年之間，胡虜蚕食于内。自鳳翔以西，邠州以北，皆爲左衽矣。元末爲王保保所據，國初追逐之，築東勝等城屯兵戍守。正統間失東勝城，退守黄河套中膏腴之地，令民屯種以省邊粮。厥後易守河之役爲廵河，易廵河之役爲哨探，然打火燒荒而兵勢不絶。故勢家猶得耕牧而各自爲守。後此役漸廢，至成化七年，虜遂入套搶掠，然猶不敢住牧。八年，榆林修築東、西、中三路墻塹，寧夏脩築河東邊墻，遂棄河守墻，加以清屯田，革兼併，勢家散，而小户不能耕。至弘治十三年，虜酋火篩大舉踏冰入套住牧，以後不絶，河套遂失。議者謂驅河套之虜易，而守河套難，蓋地廣人稀故也。

○寧夏鎮

寧夏亦朔方河西之地，即古夏州也。南北朝晉時赫連夏及拓跋魏，皆都於此。至唐、宋胡裔李繼遷、趙元昊相繼居夏，累世據朔方之險，爲中國患甚矣。今三邊既爲中國所有，而寧夏居中，適當喉襟之地。國初立寧夏府，洪武五年廢之，徙其民於陝西。九年復設寧夏等五衛于上郡，東南距河西，北抵賀蘭山。蓋四塞之地，内有漢、唐二渠，引水灌田，足稱富庶，亦陝之樂土也。所隸賀蘭山後，虜賊出没無時。而花馬池鹽川東西三百里，地勢平漫，與武營靈州一帶，又套虜侵犯腹裏之路。虜居套中，朝夕窺伺，終歲無寧刻矣。成化以前，虜患多在河西。自虜據套以來，而河東三百里更爲敵衝。是故窺平固則犯馬花池，掠環慶則由花馬池之東入靈州等處。則清水一帶，是其境矣。若花馬池一帶，適其利涉之境，遊騎出没無日無之。宜乎延寧固静不得少息也。今三百里池便利之地，大建城堡，添設叅遊，移總制居之，分屯重兵于清水、武興等營。之間，旗幟相望，刀斗相聞。其鐵柱泉等處水草大路，盡建墩堡。此不惟得扼吭先制之計，東援榆林，西援寧夏，亦常山蛇勢也。

○甘肅鎮

甘肅，即漢之河西四郡，武帝所開以斷匈奴右臂者。蓋蘭州即漢金城郡，過州而西歷紅城子、莊浪鎮羌古浪六百餘里至涼州，即漢武威郡。涼州之西歷永昌、山丹四百餘里至甘州，即漢張掖郡。甘州之西歷高臺鎮夷四百餘里至肅州，即漢酒泉郡。肅州西七十里出嘉峪關，爲沙瓜赤斤苦峪，以至哈密等處，即漢煌燉郡。與前四驛地方，俱隸甘肅。洪武五年，宋國公馮勝下河西，乃以嘉峪關爲限，遂棄燉煌焉。自莊浪岅而南三百餘里爲西寧衛，古曰「湟中」。自涼州岅而北二百餘里爲鎮番衛，古曰「姑臧」。此河西地形之大略也。夫以一線之路，孤懸幾二千里。西控西域，南隔羌戎，北遮胡虜，經制長策，自古已難。且哈密，甘肅藩籬，諸番領袖。國初封忠順王。成化以來，陷於土魯番，恢復之議至勤[二五六]累朝。今之議者，曰獲城置裔弗能衛而守也。約好興師，祇費賂而匱積也，不如棄之。不知此地，乃我國之藩籬，未可槩以夷視之也。殆必責彼寇往昔犯順之愆，納彼寇今日通貢之使，施恩羈縻以緩其謀，使彼逆無敢逞，而我謀有暇日。甘肅等衛主兵則補兵闕伍，遊兵則徙其室家，而又撫捄〔二五七〕多方，俾卒旅悉復國初之盛。甘肅等處，熟地則倣趙充國興屯田，荒地則效魏武令開墾，而又措置多方，俾粮餉悉復國初之積。守備既固，攻戰時發，將見瓦剌、瓜沙等夷，見彼通好，必漸效順。我則結以恩賚，以固其必從之志。赤斤苦峪等族，依我安妥，必漸蕃息。我則率以大義，以振其勇奮之氣。然後于忠順王嫡裔，擇其智勇足以服諸番者，仍其封爵，授以禦侮復讐之畧。于赤斤等衆選其技力足以長諸酋者，官爲都督，諭以翊贊協心之謀。在我唇齒應援之勢成，而在彼背腹受敵之機就。然后徙其部落以實空城，移其臣主以司宰御。倘彼不悛，再肆侵奪，則哈密犯其前，我兵襲其後，赤斤等衛之兵，衡脅旁出，四面夾攻，無不破者。雖十土番，亦不能爲哈密患矣。

○日本

《夷地志略》曰：倭奴國在東南大海中，依山島爲居，西南皆阻海，東北隅隔以大山。廣袤四面，各數千里。東北山外，歷毛人國，到文身國，約七千餘里。西循一支北望躭羅，渡到樂浪及帶方等郡，約一萬二千里。國王以王爲姓，歷世不易。其地有五畿七道，以州統郡。附庸之國百餘，小者百里，大者不踰五百里。户少者千，多者不踰二萬。至遼東遠，由閩浙近。其貢道自浙明州衛，繼其艘傳驛至京師。按倭人自後漢通中國朝貢，始于光武之初年，桓靈間倭國大亂，歷年無主，立女子卑彌呼爲王。魏景初二年來朝獻。自晉及隋，貢使不絶。唐貞觀五年，因使人争禮，遂附新羅。永徽初，其王孝德即位，始有年號。復通中國，後稍習夏音，惡倭名，更號「日本」。宋雍熙元年，遣僧大周然，與其徒五人浮海而至，自是而後，連貢方物。然其來者皆僧也。元遣趙良宋往覘，既發水犀數千艘襲之，皆漂没無遺。我朝洪武二年，遣使趙秩往諭，因命僧九人隨秩稱臣入貢。是年五月，海沙餘寇犯我永嘉等處，始于閩海設備倭官。終洪武之世，閩、廣、登萊，俱遭寇掠。永樂二年來貢，并擒獻犯邊賊，因給與勘合百道，定爲十年一貢。正統中，倭奴入鄞，大肆焚掠。宣治間，寇貢相繼。正德六年，鄞民宋素卿叛附夷人，交通番貨，閩、浙之民争趨之。嘉靖元年三月，使僧宗設使人謙道等稱貢至鄞。四月使僧瑞佐宋素卿等亦貢，及驗辨勘合。謙道等遂于城中掛甲攻瑞，幸得奔活。上令造船，賜放還國。自後未聞大爲寇掠。其後通番之人日盛，閩賊陳思盼據横港，徽賊許二據雙嶼，虎視海上。許爲中丞朱紈敗之，乃懼匿去，不知所終。其募下司櫃卿倉王直，號「五峰」，多機略，人推服之。移駐洌港，以毛海峰爲子，分領黨衆。壬子夏，五峰與毛海峰、徐碧溪、徐元亮等寇黄岩，掠金帛器物數十萬餘，獨不犯通番之家。浙巡柱史懼，復奏設巡視中丞王忬焉。癸丑甲寅十餘年間，連犯閩、浙，殆無虚日。百姓流離，四方騷動。巡撫胡宗憲以計誘誅之，始稍休息。倭陸不能與北兵角者，騎不若也。水不能與南兵角者，舟不若也。故南當扼之于海，北當殄之于陸。扼之海則沿海島嶼宜廣設衛所，而今反禁人耕種。説者徒藉口國初厲禁，不知國初愚民内向之意未堅，往往綷倭以掠中國，故湯和徙之。今二百餘年，漸沐厚德，驅之猶不肯向倭，可同論乎？北方利用陸，宜廣開水田，變斥鹵爲良畞，築堡戍守，倭至即以材官羽林蹂踐之，簔不勝矣。

今之四夷，北虜爲急，國初設大寧都司屯重兵鎮之。其地繞出山后，而遼東、宣府、大同，勢相連屬。自偏頭關逾河跨西北，大虜之警，守在東勝河套之南。又有榆林，實爲六鎮。后棄大寧，移置都司於保定。而宣府、遼東，勢始分矣。正統以來，有司又失守。東勝太虜乃得逾河，而偏頭關逾西，遂有河套之虞。因循既久，有司又不肯以時巡套。東勝之鎮，併近内地，形勢愈弱。於是所賴以衛京師、防邊虜者，不過遼東、宣府、大同、榆林四鎮而已，故圖中獨詳于北，以備考焉。

校勘記

〔一〕「佛書」，《鐵立文起》作「子書」。
〔二〕「佛書」，《鐵立文起》作「子書」。
〔三〕「器」，《鐵立文起》作「氣」。
〔四〕「什」，《鐵立文起》點改爲「釋」。
〔五〕「懷易云」，《鐵立文起》作「趙懷易曰」。
〔六〕《鐵立文起》無「議也」。
〔七〕《鐵立文起》無「又論者綸也，彌綸羣言而研一理者也」。
〔八〕「秘」，《鐵立文起》作「微」。
〔九〕「應」，《鐵立文起》作「必」。
〔一〇〕此句《鐵立文起》作「此論之常格也」。
〔一一〕「如一變……是也」引自《論學繩尺》，爲《鐵立文起》所無。
〔一二〕「懷易云」，《鐵立文起》作「趙懷易曰」。
〔一三〕「整然」，《鐵立文起》作「井井」。
〔一四〕「文」，《鐵立文起》作「時文」。
〔一五〕「而反笑……也夫」句，爲《鐵立文起》所無。

〔一六〕「先儒」，《鐵立文起》作「國初諸儒」。
〔一七〕「論學」，《鐵立文起》作「文章」。
〔一八〕「初」，《鐵立文起》作「始」。
〔一九〕「五」，《鐵立文起》作「其」。
〔二〇〕《鐵立文起》「劉勰」前有「袁儀卿曰論」五字。
〔二一〕《鐵立文起》無「曰陳政」等十二字。
〔二二〕《鐵立文起》「魯」後有「著《文體明辨》」。
〔二三〕「苟學者……毋忽」爲《鐵立文起》所無。
〔二四〕「如賢才……時習之」爲《鐵立文起》所無。
〔二五〕「治天下……用字爲貴」引自《論學繩尺》，爲《鐵立文起》所無。
〔二六〕「破」，《論學繩尺》作「破題」。
〔二七〕「正大」，《論學繩尺》作「鮮明」。
〔二八〕「簡潔高古」，《論學繩尺》作「嚴整」。
〔二九〕「中」，《論學繩尺》作「後」。
〔三〇〕「處」，《論學繩尺》作「之文」。
〔三一〕「主」，《論學繩尺》作「有」。
〔三二〕《鐵立文起》「在」前有「全」字。
〔三三〕「如承用一正一反……方爲完全」，此數句爲《鐵立文起》所無。
〔三四〕「論之咽喉，正是此處」，《鐵立文起》作「起講，正論之咽喉」。

〔三五〕「古云……識見」爲《鐵立文起》所無。
〔三六〕「塲」，應爲「場」之誤。
〔三七〕「塲」，應爲「場」之誤。
〔三八〕原文夾批，加括號以標示。下同。
〔三九〕中華書局本「師」前有「帅」字，「又」前有「秋」字。
〔四〇〕「鳴」，中華書局本作「晨」。
〔四一〕「狐」應爲「孤」。
〔四二〕「粟」爲「栗」之誤。
〔四三〕嚴佐之等主編《歸有光全集》本無「者」字。
〔四四〕《歸有光全集》本此下有「奮乎千百世之上，而常符于百世之下；奮乎千百世之下，而常符于千百世之上：是先天之與太極也。豈可以先後大小而區别之耶」數句。
〔四五〕「則」，《歸有光全集》本作「謂」。
〔四六〕「達」，《歸有光全集》本作「違」。
〔四七〕「善」，《歸有光全集》本作「書」。
〔四八〕《歸有光全集》本「而」下有「曰」字。
〔四九〕《歸有光全集》本「先天」之下有「之籠統包括，淵涵」七字。
〔五〇〕「未始不存」，《歸有光全集》本作「未嘗亡」。
〔五一〕「既出」，《歸有光全集》本作「有作」。
〔五二〕「數」，《歸有光全集》本作「教」。

〔五三〕「文」，《歸有光全集》本作「言」。
〔五四〕第二個「爲」爲衍文。
〔五五〕「聖」，《歸有光全集》本作「取」。
〔五六〕「清」，《歸有光全集》本作「消」。
〔五七〕「不假言而博」，《歸有光全集》本作「不暇言以傳」。
〔五八〕「傳」，《歸有光全集》本作「絶」。
〔五九〕「闕」，中華書局本作「缺」。
〔六〇〕「後」指《後漢書》。
〔六一〕《後漢書》：「雲素剛，憂國將危，心不能忍，乃露布上書，移副三府……」
〔六二〕此段引自《資治通鑑》，文字微異。
〔六三〕翟奎鳳等整理《黄道周集》（中華書局，二〇一七年）無「也」字。
〔六四〕「遊」，黄道周集本作「卜」。
〔六五〕「大」，黄道周集本作「天」。
〔六六〕「脾」，黄道周集本作「胛」。
〔六七〕「一」，黄道周集本作「二」。
〔六八〕「舍」，黄道周集本作「合」。
〔六九〕「者」，黄道周集本作「焉」。
〔七〇〕「星」，黄道周集本作「心」。
〔七一〕「平」，黄道周集本作「及」。

〔七二〕黄道周集本無「水月皆陰故恆虚，日星氣衰以爲寒，水月氣盛以爲盈」三句。
〔七三〕「行」，黄道周集本作「形」。
〔七四〕「離」，黄道周集本作「雜」。
〔七五〕「後」，黄道周集本作「説」。
〔七六〕「曹」，黄道周集本作「衆」。
〔七七〕「纊」，黄道周集本作「曠」。
〔七八〕王明《抱朴子内篇校釋》：「月之精生水，是以月盛滿而潮濤大。」
〔七九〕「見」，《馮琢庵先生北海集》（萬曆三十七年刻本。下稱「北海集本」）作「先」。
〔八〇〕「機」，北海集本作「幾」。
〔八一〕北海集本「之」下有「斯不亦憂勞天下乎」八字。
〔八二〕「威令行」，北海集本作「什資取」。
〔八三〕「萬」，北海集本作「方」。
〔八四〕「道」，北海集本作「導」。
〔八五〕「集」，北海集本作「業」。
〔八六〕「國」，北海集本作「天」。
〔八七〕「飛」，北海集本作「蜚」。
〔八八〕「粟」，北海集本作「芋」。
〔八九〕「臣」，北海集本作「匡」。
〔九〇〕北海集本「不」下有「忍」字。

〔九一〕「真」，北海集本作「太」。
〔九二〕北海集本「然」下有「而愚以爲」四字。
〔九三〕「楔」，《史記》作「揳」。
〔九四〕「袖」，《史記》作「袂」。
〔九五〕「桃」，《史記》作「挑」。
〔九六〕「子」，中華書局本作「乎」。
〔九七〕「永」應是「水」之誤。
〔九八〕「奕」，《史記》作「欒」。
〔九九〕「項」應是「頂」之誤。
〔一〇〇〕「天」，《梅中丞遺稿》（下稱遺稿本）作「夫」。
〔一〇一〕「詩」，遺稿本作「討」。
〔一〇二〕「揖」，遺稿本作「攝」。
〔一〇三〕「桀」，遺稿本作「蔡」。
〔一〇四〕「之」，遺稿本作「不」。
〔一〇五〕「顧」遺稿本作「顔」。
〔一〇六〕「化」，遺稿本作「元」。
〔一〇七〕「侯」，遺稿本作「候」。
〔一〇八〕「晚」，遺稿本作「挽」。
〔一〇九〕「蠱」，遺稿本作「蒙」。

〔一一〇〕「有」，中華書局本作「汝」。

〔一一一〕「辟」，《鐵立文起》作「弼」。

〔一一二〕「潛修」，《鐵立文起》作「趙潛修」。

〔一一三〕「懷易」，《鐵立文起》作「趙懷易」。

〔一一四〕此段《四六叢話》作：「大抵表文以簡潔精緻爲先，用事不要深僻，造語不可尖新，鋪敘不要繁冗。」

〔一一五〕「温」，《鐵立文起》作「婉」。

〔一一六〕《鐵立文起》於「知乎此」前有以下數語：「其抑臣也，必於謙避之中寓忠奮之心，而忠奮之辭則又貴乎温。若爲宰相上表，氣象要端嚴；元帥上表須奮揚；學士上表須清麗。要思此是何人，便做此人身分上行文，則於題切矣。」

〔一一七〕「孔子」，《讀書作文譜》同，《文通》、《鐵立文起》作「今日」。

〔一一八〕「暇」，《鐵立文起》作「下」。

〔一一九〕此段《文通》、《鐵立文起》均作「其病有四」。

〔一二〇〕《鐵立文起》此句作「或曰：作進書表，須認明諸書體製」。

〔一二一〕「四夷」，《鐵立文起》作「外國」。

〔一二二〕「貴」，《鐵立文起》作「喜」。

〔一二三〕敘古，《鐵立文起》前有「《指南録》曰：敘古，謂之冒頭」，可見在《指南録》原書中，此則題爲「敘古」。《鐵立文起》即將此條歸於「敘古」題下。

〔一二四〕「矜式云」，《鐵立文起》作「趙矜式曰」。

〔一二五〕《歸田録》作「補仲山之袞，雖曲盡於巧心，和傅説之羹，實難調於衆口」。

〔一二六〕王孝魚點校《莊子集釋》：莊子曰：「河上有家貧恃緯蕭而食者，其子没於淵，得千金之珠。其父謂其子曰：『取石來鍛之！夫千金之珠，必在九重之淵而驪龍頷下，子能得珠者，必遭其睡也。使驪龍而寤，子尚奚微之有哉！』」

〔一二七〕袁珂《山海經校注》：「有北狄之國……有榣山。其上有人，號曰太子長琴。顓頊生老童，老童生祝融，祝融生太子長琴。」

〔一二八〕「上」爲「士」之誤。

〔一二九〕「役」，孫詒讓《周禮正義》作「力」。

〔一三〇〕指賈誼《治安策》。

〔一三一〕「書」，原文爲「盡」。據引文内容改。

〔一三二〕「盡光天率俾」出自《尚書》。

〔一三三〕「佚佚」，中華書局本作「秩秩」。

〔一三四〕「瞿」應爲「曜」。

〔一三五〕「盪」，《爾雅》（郭璞注，中華書局，一九八二年）作「盪」。

〔一三六〕「地」，《後漢書》作「北矣」。

〔一三七〕「襲」爲「龔」之誤。

〔一三八〕「洋」，《全唐詩》作「漾」。

〔一三九〕「車」，原文作「單」。據《四庫全書總目》改。

〔一四〇〕「如」，《新鐫翰林評選註釋三場判學司南》（下稱《司南》）作「於」。

〔一四一〕「林」，《司南》作「材」。

〔一四二〕「材」，《司南》作「治」。
〔一四三〕「遺」，《司南》作「迂」。
〔一四四〕「石」爲「唐」之誤。
〔一四五〕「淚」應作「唳」。
〔一四六〕「談」應作「檀」。
〔一四七〕「翔」爲「朔」之誤。
〔一四八〕「博」，原文作「傅」，據《資治通鑑》改。
〔一四九〕《全唐詩》題作《謁衡嶽廟遂宿嶽寺題門樓》。
〔一五〇〕「唐感通」，《全唐詩》作「若有應」。
〔一五一〕「盡掃象峰出」，《全唐詩》作「静掃衆峰出」。
〔一五二〕「晴」，《全唐詩》作「青」。
〔一五三〕「問」爲「開」之誤。
〔一五四〕《宋史稿會要》：「内降詔曰：『朕厲精更化，一意息民。犬羊污我中原，天厭久矣；狐兔失其故穴，人競逐之。』」
〔一五五〕蔡邕《獨斷》：「最後一車懸豹尾。」
〔一五六〕「牂」應爲「佯」。
〔一五七〕司馬光《涑水記聞》：「初参知政事，入朝堂，有朝士於簾内指之曰：『是小子亦參政邪？』蒙正佯爲不聞而過之。……时皆服其量。」
〔一五八〕見《詩經·曹風·候人》。

〔一五九〕「全」，原文作「金」。據《宋史》改。

〔一六〇〕據《宋史紀事本末》，「十事」尚有「省刑」一條。

〔一六一〕「卿」，原文作「鄉」。據《宋史》改。

〔一六二〕「文」，中華書局本作「周」。

〔一六三〕《明史紀事本末》四先生作：劉基、宋濂、章溢、葉琛。

〔一六四〕原書目録下缺，今據正文補入。

〔一六五〕「信」，《漢書》作「德」。

〔一六六〕此注引述自《史記》及《集解》，非原文。

〔一六七〕《漢書》作：「倉説《禮》數萬言，號曰《后氏曲臺記》，授沛聞人通漢子方……」

〔一六八〕《隋書·李諤傳》：「連篇累牘，不出月露之形；積案盈箱，唯是風雲之狀。」

〔一六九〕「凝」，朱彬《禮記訓纂》作「疑」。

〔一七〇〕「辟者象璧員法」，《白虎通》（《新編諸子集成》本）：「辟者，璧也。象璧圓，以法天也。」

〔一七一〕「駁雜」，郭慶藩《莊子集釋》作「舛駁」。

〔一七二〕此典出自《東坡志林·三老語》：「海水變桑田時，吾輒下一籌，爾來吾籌已滿十間屋。」

〔一七三〕《史記·集解》：「張晏曰：『正月旦作酒，八月成，名曰酎。酎之言純也。至武帝時，因八月嘗酎會諸侯廟中，出金助祭，所謂酎金也。』」

〔一七四〕嘉靖己未科程文《擬含譽瑞星見輔臣楊士奇進賀詩表（宣德四年）》：「若連貝，若連珠，總彰政舉。或聚房，或聚井，竟驗邦興。焰焰耀青竹之編，歷歷顯白榆之種。睠兹含譽，標厥瑞輪。白如玉而黄如金，品高格澤。大比虚而芒比彗，義掃欃槍。忽傍乎九游，望舒迴映殊彩。更張乎八轂，津界開蒙。」見《古今圖書集成·庶徵典星變部》。

〔一七五〕《春秋元命苞》云：「殷紂之時，五星聚房。房者蒼神之精，周據而興。」

〔一七六〕「闕」，《漢書》作「秦」。

〔一七七〕「芒」，《隋書目録》作「亡」。

〔一七八〕《全唐詩》作「雲想衣裳花想容」。

〔一七九〕第二個「也」爲衍文。

〔一八〇〕《周書》：「曉分光而映净，夜合影而通朧。似北荒之明月，若西崑之閬風。」

〔一八一〕「照」，中華書局本作「照於」。

〔一八二〕《史記》無此語。

〔一八三〕「粗倍」當爲「粗俗」之誤。《鐵立文起》作「粗俗」。

〔一八四〕「歹邊」，《鐵立文起》作「仄邊」。

〔一八五〕「櫰」，《戰國策》作「機」。

〔一八六〕「札」，《夢溪筆談》（侯真平點校本）作「茁」。

〔一八七〕「輒」，原文作「輟」。據《通鑑紀事本末》改。

〔一八八〕「刺」，《資治通鑑》作「青」。

〔一八九〕「文」，《資治通鑑》作「又」。

〔一九〇〕「弘」，《資治通鑑》作「昔」。

〔一九一〕此文與《新鐫翰林評選註釋三場判學司南》錢允元之同題文文字極近似。

〔一九二〕事見《古今逸史》。

〔一九三〕《資治通鑑》：「韓延壽代蕭望之爲左馮翊。望之聞延壽在東郡時放散官錢千餘萬，使御史案之。延壽聞知，即部吏案校望之在馮翊時廪犧官錢放散百餘萬。望之自奏。」

〔一九四〕「在天」，朱彝尊《曝書亭集》作「天倉」。

〔一九五〕「月月」，《尚書正義》作「日月」。

〔一九六〕《史記》作：「乃令越巫立越祝祠，安臺無壇，亦祠天神上帝百鬼，而以雞卜。上信之，越祠雞卜始用焉。」

〔一九七〕「子」，中華書局本作「公」。

〔一九八〕「妄」，中華書局本作「妾」。

〔一九九〕「剗」，中华书局本作「伐」。

〔二〇〇〕「寘」應爲「寶」之誤。

〔二〇一〕「辟」，《新編諸子集成》本作「譬」。

〔二〇二〕中華書局本作「君子以嚮晦入宴息」。

〔二〇三〕「鼃哇」，《鐵立文起》作「草蛙」。

〔二〇四〕「編」，《鐵立文起》作「褊」。

〔二〇五〕第二個「帝」應是「以」之誤。

〔二〇六〕「陳利害」，《資治通鑑》作「爲陳利害曰：『爲公計者，不歸燕則歸齊。今獨守孤城，齊兵日益而燕救不至，將何爲乎？』」

〔二〇七〕「國亡」，《新編諸子集成》本作「其國必亡」。

〔二〇八〕此語出自《孔子家語》：「夫江始於岷山，其源可以濫觴。」

〔二〇九〕「熟」應爲「孰」之誤。

〔二一〇〕此二字原文不清，據上下文意，應是「十餘」二字。
〔二一一〕《後漢書・虞詡傳》：「不遇槃根錯節，何以別利器乎？」
〔二一二〕譚峭《化書》作「蠐虹者，腸中之蟲也。所謂奸臣盜國，國破則家亡」。
〔二一三〕自此條始，至「遺賑貸」條，這一部分上接前「通用」部「皇太子出閣」條，東洋文庫藏本將其分裝兩册。特此説明。
〔二一四〕「黄夏」，《史記》作「夏黄」。
〔二一五〕「檜」，中華書局本作「榛」。
〔二一六〕中華書局本作「若作和羹，爾惟鹽梅」。
〔二一七〕「陳」，《周禮正義》作「諫」。
〔二一八〕《周禮正義》作「師氏掌以媺王詔」。
〔二一九〕「同郡陳」，《後漢書》作「及」。
〔二二〇〕「世」，《新五代史》作「王」。
〔二二一〕「十」，《新五代史》作「千」。
〔二二二〕「即而」，《新五代史》作「而皆」。
〔二二三〕《漢書・張安世傳》：「安世字子孺，……上行幸河東，嘗亡書三篋，詔問莫能知，唯安世識之，……上奇其材，擢爲尚書令，遷光禄大夫。」
〔二二四〕「天子」，誤。《後漢書》無「子」字。
〔二二五〕「能」，《新唐書》作「長」。
〔二二六〕「揚」應是「楊」。

〔二二七〕《新唐書》作「兄弟六人至三品，郊、鄖、鄆凡爲禮部五，吏部再，唐興無有也。居光德里」。

〔二二八〕「郊」，《新唐書》作「鄆」。

〔二二九〕「士」，原文作「王」，今據《新唐書》改。

〔二三〇〕「密」，原文爲「蜜」，今據蔡邕《獨斷》（中華書局，一九八五年）改。

〔二三一〕「者」字疑爲衍文。

〔二三二〕「言」，中華書局本作「吉」。

〔二三三〕指《資治通鑑》。

〔二三四〕「覽后嗟賞之」，《唐才子传》作「后覽之嗟賞」。

〔二三五〕《周禮注疏》作「膳夫掌王之食飲膳羞……珍用八物」。

〔二三六〕「盪」，《爾雅注疏》作「璗」。

〔二三七〕「鈒」，《爾雅注疏》作「鈑」。

〔二三八〕「翌」，中華書局本作「翬」。

〔二三九〕《後漢書》作：「賢能太守，去帝城不遠，河潤九里，冀京師並蒙福也。」

〔二四〇〕《史記》作「爲我謂河伯兮何不仁，泛濫不止兮愁吾人」。

〔二四一〕「噭噭」，中華書局本作「嗷嗷」。

〔二四二〕《漢書》作：「方春和時，草木羣生之物皆有以自樂，而吾百姓鰥寡孤獨窮困之人或阽於死亡，而莫之省憂。爲民父母將何如？其議所以振貸之。」

〔二四三〕「凡萬人之食食人者，四鬴」，《周禮注疏》作「凡萬民之食食者，人四鬴」。

〔二四四〕朵顔、泰寧、福餘應是三衛。

〔二四五〕「堡移之守」四字，原文不清，今據陳子龍《皇明經世文編》補入。
〔二四六〕「闗」爲「開」之誤。
〔二四七〕「徙」，原文作「徒」，今據《皇明經世文編》改。
〔二四八〕「峪」，《皇明九邊考》作「峪」。
〔二四九〕「一」，《皇明九邊考》作「三」。
〔二五〇〕「吭」，《皇明九邊考》作「喉」。
〔二五一〕「城」，原文不清。據《皇明九邊考》補。
〔二五二〕「仰給」，原文不清。據《皇明九邊考》補。
〔二五三〕「弘正」，許論《邊鎮論》作「弘治」。
〔二五四〕「塡」，《邊鎮論》作「嗔」。
〔二五五〕「地」，《邊鎮論》作「北」。
〔二五六〕「勒」，《邊鎮論》作「崖」。
〔二五七〕「倈」，《邊鎮論》作「猍」。

當湖陸先生評選先正制義一隅集

〔清〕陸隴其選評

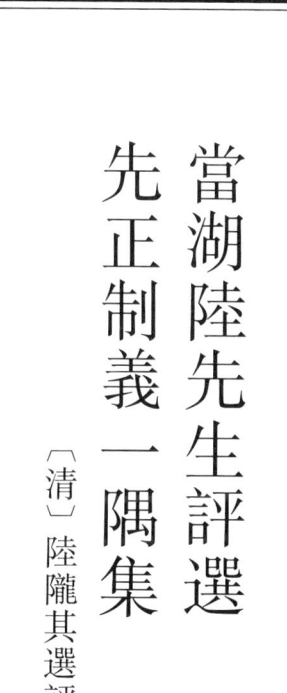

《當湖陸先生評選先正制義一隅集》提要

《當湖陸先生評選先正制義一隅集》二卷，清陸隴其撰。

陸隴其（一六三〇—一六九三），字稼書，浙江平湖人。康熙九年進士，歷官嘉定、靈壽知縣及四川道試監察御史。「清節直聲，表著天下」〔一〕。張師載稱他「昭代粹儒，接孔孟之真傳，紹程朱之正脈。凡所論述，闡明幽微，黜塞邪僞，亦既家有其書矣」〔二〕。他「雖位未究用」〔三〕，官階並不高，但以其「克己之嚴，造道之勇，自少而老，矻矻不懈」〔四〕的理學精神而著稱。《浙江通志》説他「平生講學，不爲科舉。嘗云：『窮理不居敬則玩物喪志，居敬不窮理則師心自用。』點勘宋元諸儒語録，苟與朱子之論似是而非者，必辟之。」〔五〕清初，爲加强政治文化控制，清廷實行了一系列尊儒崇道的措施。尊崇孔子，推重朱熹，編纂刊行儒學經典，重開科舉，特開博學鴻詞科，選拔理學的奇才碩彦。在康熙朝所推重的理學家名單中，陸隴其榜上有名。在朱子學官方化的過程中，陸隴其功不可没。雍正二年從祀文廟，乾隆元年追謚「清獻」。

《一隅集》編成於康熙二十七年。該書選取明朝先輩制義八十八篇，始於正統年間的岳正、成化間的章懋、王鏊，終於崇禎間的宋學顯、黄淳耀。選文最多的是王鏊七篇、顧憲成五篇，唐順之、馮夢禎、許獬各四篇，瞿景淳、鄧以贊、王思任、李繼貞各三篇。

該書的「凡例」共列「先立志」、「務正學」、「崇小學」、「敦實學」、「尚實行」、「論文體」、「論篇章」、「論字句」、「論大結」等九條。可視爲一篇八股文話。

該書於有清一代廣被推崇，乾隆五十一年，高嵣將《一隅集》中「論文體」等四條收入《論文集鈔》中，題爲《陸稼書先生論文》，其《明文鈔》也時録《一隅集》之評語。但《一隅集》之刻本今天已難覓其蹤，國内各圖書館及古籍目録書均未見著録。今可見者僅日本内閣文庫所藏雍正十三年重刊本，現據該本校點整理，以陳名夏《國朝大家制義》、方苞《欽定四書文》、高嵣《明文鈔》、佚名《明文傳薪》、莫晉抄録《隆萬時文鈔》、許振禕《明文才調集》等參校。

注釋

〔一〕張師載《陸子年譜》，四川大學古籍整理研究所編《儒藏·史部》，四川大學出版社，二〇〇七年，第三十一册第四頁。

〔二〕張師載《陸子年譜》，四川大學古籍整理研究所編《儒藏·史部》，四川大學出版社，二〇〇七年，第三十一册第三—四頁。

〔三〕張師載《陸子年譜》，四川大學古籍整理研究所編《儒藏·史部》，四川大學出版社，二〇〇七年，第三十一册第四頁。

〔四〕張師載《陸子年譜》，四川大學古籍整理研究所編《儒藏·史部》，四川大學出版社，二〇〇七年，第三十一册第四頁。

〔五〕（雍正）《浙江通志》卷一百七十五，四庫全書本，第二三五九五頁。

當湖陸先生評選先正制義一隅集

〔清〕陸隴其選評

原序

《一隅集》共經義八十八首，余甲寅歲選而評之，以課長兒定徵者也。曷言乎「一隅」也？吾見人家子弟殫精弊神于時文中，積案盈箱，矻矻窮年。而一切經史皆不暇讀，讀亦不暇精。故擇此數十篇授之，且爲指點其淺深虛實、賓主反正、提挈照應之法，使其因此擴而充之，則時文之規矩盡是矣。此「舉一隅以三隅反」之意也，庶幾有餘力讀天下應讀之書，得從容講究聖賢全學。長兒如吾法，漸通文義。《四書》本經之外，以次讀《詩》、《春秋》、《三禮》、《國語》、《國策》、《史記》、《漢書》、韓、柳、歐、蘇之文。涉獵《通鑒》、《綱目》、《性理》，漸知聖賢門路。壬戌九月，不幸夭没，年止二十有三。日月如馳，倏忽已經三載，而此集儼然在敝簏中。余既痛吾長兒之遺跡，且以其可稍救俗學之失，故出以授問學之士。蓋嘗譬之庖人治饌，時文則在筵席之饌也，一切經史則在庖之粱肉、山珍、海錯也。庖中無粱肉、山珍、海錯而徒廣收筵席之餘饌，珍而藏之，欲以此饗嘉賓，其不至臭穢不堪者幾希。此集則不然。指示其烹飪之法，觀一席而千萬席可知。暇則置備粱肉、珍錯，尋出其産之處，廣求豫積。客至案法烹之，馨香鮮潔，客無不悦。且不徒可待客也，一家之中，養老慈幼，無不綽然有餘。較之收拾殘羹剩汁者，相去豈不遠哉！子弟用功之法當如是，有志斯文者，其亦有取於此也夫。

康熙乙丑季夏當湖陸隴其序

凡例

集名《一隅》，篇不滿百，欲學者以其暇日從事聖賢全學，不徒汩没于時文，簡於此而博於彼，非欲其徒簡也。謹志其當用之功如左。

一、先立志

今日世風之壞，莫患乎士志之不立。束髮受書，即從富貴起見。終日皇皇，但知以科第爲榮，不知以聖賢自勵。科第到手，心滿意足，求田問舍，驕奢淫泆之外，無復他事。士志如此，世風安得不日下也！是宜知有向上一途，不沾沾于世局。當抱不得爲聖賢之懼，而不肯以第二等人自處。此志既立，然後可尋門路。

一、務正學

士之志氣卑靡者，既不足言。亦有志氣卓然異於流俗，而不知學術有正派。或溺於詞章記誦者有之，或入於虛無寂滅者有之，又或陽儒陰釋，借孔孟之微言爲佛老之藩籬者有之，千態萬狀。志氣愈高，爲害愈甚，世道之憂也。是宜別其途徑，知所去就。欲求正學，必宗孔孟；欲宗孔孟，必從周、程、張、朱。舍孔孟而言學者，非正學也；舍周、程、張、朱而言孔孟者，非真孔孟也。如胡敬齋之《居業録》，陳清瀾之《學蔀通辯》，分别邪正最明，不可不看。取舍既定，然後可下手。

一、崇小學

朱子教人諸書，如《四書》、《詩》、《易》之注，《太極圖》、《通書》、《西銘》之解，以及《綱目》、《儀禮經傳通解》、《文集》、《語類》，廣大精深，皆學者之準繩，皆當以次漸讀。而《小學》一書尤爲學者入德之門。所以許魯齋一生敬之如神明。自明中葉以來，聖學失傳，其書雖存，皆束之高閣，視若弁髦。故風氣日壞，是宜反覆玩味，身體力行。更取朱子《童蒙須知》、《訓子帖》與之互相參閱。基址既定，然後可以次擴充。

一、敦實學

取聖門之學，雖云一以貫之，然未有不從多聞多見入。故欲求聖學，斷不能舍經史。今人於經，則但知看講章，作時文。而鄭康成、王肅之異同，鵝湖、鹿洞之辨論，不知其爲何語。《大全》則厭其煩，《性理》則嫌其迂。鹵莽滅裂，心粗氣浮。史則略窺蘇紫溪、陳眉公纂本，而不知有紫陽、涑水《全書》。至於十三經、二十一史，不能舉其名者比比也。固陋如此，何以入道？是宜取《程氏分年讀書日程》，依其節目循序漸進。見識既廣，然後可求實踐。

一、尚實行

聖賢千言萬語，皆是要人篤行。知而不行，雖讀盡天下書何益？每見今人視書自書，身自身，若不相關。正誼明道之言不離於口，見微利輒動色。懲忿窒欲之訓，日寓於目，遇細事輒矜張，威儀不能自檢，手足不能自主。箕踞而談《太極》，跛倚而讀《西銘》。程子所謂「只作一場話説」，豈不可惜？是宜刻刻檢點身心，以不能變化氣質爲深恥，以負所學爲大懼。内省無疚，然後可講文章。

一、論文體

自古文章貴乎有用。章楓山先生所謂「治世用之不能興禮樂，亂世用之不能致太平」者，君子所不取。君子所取，必其義精辭確，天下所不可少，而不得僅以辭章目之者。其體則有議論、敘事、辭令、詩歌之分，真西山先生《文章正宗》一書辨之詳矣。學者取而閱之，可見其大概。至於應〔一〕科舉之時文，特文之一體耳。宋以前無之。然君子所以不廢者，以其代聖賢口氣，發揮義理，束學者心思于規矩繩墨之中，比之傳注，體異而功同。故前代名賢皆出於其中，不可菲薄也。若不合聖賢義理而徒以誇多鬥靡爲能事，亦安用此嘵嘵者乎？朱子曰：「科舉文字固不可廢，然近年翻弄得鬼怪百出，都無誠實正當意思，一味穿穴，旁支曲徑，以爲新奇。此〔二〕今日莫大之弊。今欲革之，莫若取三十年前渾厚純正、明白俊偉之文誦以爲法，此亦正人心、作士氣之一事也。」至哉言乎！今自明季以來，爲文者亦可謂鬼怪百出矣。非反求之先正，何以正人心而作士氣乎？先正之文，非濂、洛、關、閩之言勿敢言。其所發明，不過因人之味而指示之，因人之偏而救正之，不敢絲毫旁溢于聖賢語氣之外。雖曰「戛戛乎陳言之務去」，然皆是述而非作，爲天下闡幽，非與天下爭勝，此舉業之大體也。大體既正，然後細辨其篇章句字。

一、論篇章

科舉之文，謂之八股。此特爲兩截題言之耳。題有兩截，非上下各自發明，則題意不出。然欲發題意，非虛實併發，則題意亦不出。故先輩于兩截題，必將上截發四股，兩虛兩實；下截發四股，兩虛兩實。此所以有八股之名也。兩截之外如一句題，亦有發八股者矣。由虛漸實，所謂「一滚格」是也。亦有發六股者矣。題意已透，不多贅也。至如二句、三句之題，則用兩扇、三扇之格；全章通節之題，則用隨題挨講之格，固不拘於八股。但八股者多，不八股者少，此所以統謂之八股。若今所謂八股者，則異是。先輩之八股，皆所以發題之正面〔三〕。至或前有提掇，後有結束，則不在八股之內。今人一起講便將題之正面説盡，則先輩之八股已盡於此，不必更做矣。此一謬也。起講之下，有所謂起股者，或承上敷衍，是先輩所謂開講也，而可算在八股之內乎？或叫呼題字，是先輩所謂提掇也。而可算在八股之内乎？或將全題虛衍一番，則又與其前之起講重疊，此又一謬也。起股之下，則將全題直出。夫一篇文字皆所以體貼此題目，何必又將題目渾淪先點乎？是題自題、文自文也。惟論體則有此，豈可以此作經義耶？

此又一謬也。出題之後乃有所謂中股者，將題之正面敷衍一番。蓋先輩所謂八股者，今人惟此二股足以當之。而又或遽呼下文，或夾入旁意，則並先輩之結束詠歎亦攙入之矣。此又一謬也。中股之後有所謂後股者，别起峰巒，另生意見，佳者則是先輩之結束詠歎，粗者則野話而已，而可以當八股之數乎？此又一謬也。如此而遂已，則止六股。或再強加二股，非氣不相接，則意涉重複。以此而足八股，豈不更謬？故愚嘗謂先正八股之亡久矣。今人之文，但可謂之「四橛」而不可謂之「八股」。起講一橛也，起股一橛也，中股一橛也，後股又一橛也。八股之文，譬如畫人，首自首，足自足，各從其位，不相混也。四橛之文，如聚首足於一處，顛倒重複，不知其爲何物矣。八股之文如一身之氣脈周流貫通，四橛之文則頭目之氣不貫於手足，手足之氣不貫于心腹。夫文所以明理也，文體正然後理可明。今之決裂如此，而欲以發揮聖賢之理難矣。《虞書》云：「詩言志，歌永言，聲依永，律和聲。」樂本於志，然必律以和之。今以經義明理，猶詩之言志，無規矩以行之，是有詩歌聲而無律也，豈能成樂乎？先輩成式具在，取而閱之，固昭昭可考。雖奇正濃淡，長短疾徐，不必盡同。而必不可廢者，此規矩也。

一、論字句

作文用字用句，必有根據，非《六經》、《語》、《孟》及經周、程、張、朱論定之語不可輕用。然用《六經》字句，亦須避其古奥者；用周、程、張、朱字句，又須避其通俗者。非欲以是悦人耳目也，蓋所貴乎文者，欲人之明白易曉耳。《六經》之書在當時皆是眼前説話，人人可曉。至今世遠風移，則覺有古奥處，必待注疏以通之。今舉業之文，本因聖賢之言精微，故藉我文以發明。若用古奥難曉語，則其旨不仍晦乎？何貴乎有是文也？宋儒語録間用俗語，此爲時人説法耳。今舉業之文，則代孔孟口氣。孔孟之時豈知有後世俗語乎？故此皆不可用。又有語出《六經》，今人所慣〔四〕用而當戒者，如刑于〔五〕、貽厥、媚兹、念典、物恒、居諸之類。將古人成語恣意割裂爲歇後、爲射覆，不成文理，亦大雅所不取。

一、論大結

八股之體，中間皆代聖賢口氣，而前之破承，後之大結，則作文自己口氣。蓋中間雖與論體不同，而兩頭則仍是論體。故先正之文，往往於大結中發出精論，以補聖賢口氣所不及，此必不可少者也。後來漸失其初，口氣之内即旁及他意。至於大結更無可發，只敷衍幾句套語。閱者遂視爲贅物，士子不復講究。平日作文皆不作大結，惟入場應舉之文，則綴數語於篇末以了故事。且有不肖之徒，藏關節於其中，以圖僥倖。康熙初年，科臣遂建議罷之，於是場中亦皆用無大結之文。選先正文者，多將大結抹去，後學之士不復知有所謂大結矣。不知文無大結，與不完篇無異。若以防關節言，則關節無處不可藏，豈必大結然後能生弊耶？今文運方隆，必有能建白於朝復其舊者。故此集中略存一二，亦不敢廢餼羊之意也。其原本所無、及一時搜求未得者，則姑闕之。

當湖先生評選先正制義一隅集目録〔六〕

卷上

當湖先生評選先正制義一隅集目録

卷下

他日其母殺是鵝也……王思任
爲湯武毆民者桀與紂也……湛若水
出……錢　樌
殛鯀於羽山……黄淳耀
象不得有爲於其國……許　獬
外丙二年仲壬四年……高　拱
王勃然變乎色……楊繼盛
五就湯　伊尹也……王　鏊
一不朝　則六師移之……張大詔
丹之治水也愈於禹……宋學顯
今吾子以鄰國爲壑……李叔元
終身訢然樂而忘天下……許　獬

右是集所選止就文論文，其中大賢君子人文俱絶者，固不待言。間有學術偏僻，人品卑汙而其文偶有可取，亦得列焉，不以人廢言也。至如一代名賢，如方正學、薛文清、曹月川、胡敬齋、羅一峰、整菴輩，集中皆缺焉，不必以此爲重也。學者讀此可見制藝一道，必原本學術人品，方始足重。學術人品果能爲天下第一流，雖無制藝可傳，不害其爲正人。若學術人品一差，雖制藝爛焉可觀，爲人膾炙，不能掩其偏僻卑汙之咎，可以知所勉矣。

雍正乙卯中秋長洲後學蔣恭棐重校

當湖先生評選先正制義一隅集卷上

道千乘之國　章

顧憲成

萬曆丙子應天鄉墨[七]

聖人論治國者，當於其要圖之也。蓋治莫貴於知要也，得其要，而千乘之國可幾而理乎。昔夫子示人之意若曰：（起講）[八]善爲國者無他，期於國之得其理而已。顧治不可以泛圖，而世之君類屑屑焉求諸法制之末者，此必非深於治者也。何也？千乘之國，大國也。（總提）上有不易理之萬幾，而下有不易結之民心。上有不容濫之財用，而下有不容竭之民力。甚矣其道之難也！（總起一句）君人者欲起而道之也，吾以爲在於敬事焉。敬者，宰制萬化之樞也。一念忽則事因以隳，君子懼夫事之由吾而隳也，勿之敢忽焉爾矣。吾又以爲在於信焉。信者，聯屬億兆之本也。一念欺則民因以貳。君子懼夫民之由我而貳也，勿之敢欺焉爾矣。國資於財，其出入之際甚可念也。誠欲財之恒足，必也其節之乎！以不得已之心，經不得已之費，而用之者舒矣。民依於君，其休戚之際甚可念也，誠欲民之常懷，必也其愛之乎！以不忍人之心，行不忍人之政，而恤之者厚矣。至於其使也，必以時焉。非其時，則民之力君所寬也，恐以妨私家之務也；當其時，則民之力民所餘也，用以給公家之役也。民於是戴君之惠而忘己之勞矣。（總結）斯則以精明純一之道，端爲治之體，故庶績熙而民知用情，以撙節愛養之道，握爲治之機，故財用充而民有餘力。（小結）執此而於千乘之國何有哉！

開講用「正題先反」之法，與《必世後仁》篇同。開講下先將「事」字、「人」字、「用」字、「民」字暗提出，束處又將五件分收二股，成弘以前無此法。然亦自無礙。五件俱是道千乘之法，則做五件，無非所以做首句也。今人好空纏首句，另尋一種閒議論，敷衍幾股，反非所以重首句矣。看此作及馮具區《回之爲人》篇，只將首句略點，何等高雅！何嘗不是重首句？五段内皆先説所以當敬、當信、當節、當愛、當時之故，後説題面。況無回云：「不曰敬而曰敬事，是萬殊之敬，非一本之敬也。若一本之敬，則脩己以敬，堯舜其猶病諸，安得復有別項？」講「敬」字最明，此作雖以萬化之樞貼「敬」，然須知與《脩己》章「敬」字有辨。五者有反覆相因之理，此亦自讀書者看出。若夫子口中只是平平説去，今人有將反覆相因意作一篇主意者，是以旁意作正意矣。看此作自知其非。今人作此題，有將一「心」字糾纏而抛荒實義者，此泥注而謬者也。□□□曰：「楊氏論所存未及爲政之説，本之伊川。伊川之意正爲此五者有條目實政在，恐人不去講求，故欲人向此五者擴充推極也，是補言外意，故朱子列之圈外。近來反以此爲正意，滿紙『心』字糾纏。若云求治於一心而有餘，却正犯程子之所病矣。」此一評掃盡時文之謬。看此作只言心之不可無五者，初不言政之只在一心，亦極妥當。時文又有謂考存而未及發，觀禮而未詳用者，此知政之不可專恃一心矣。然於聖人口中自露筋骨，亦非體。且五者雖但言所存，未及治具，特未詳其條目耳。非毫無事實也，亦不得如此立言。

管仲之器小哉　章

馮夢禎

聖人小大夫之器，疑者終不得其意也。夫器小之評，夫子於仲觀其深矣。儉與知禮，豈其然哉？（起講）且夫濟天下以才，居才以器，才與器兩大者，王佐是也。下此則才有餘，器不足矣。夫子有遐思焉。故管氏之功，常亟稱之，此何爲而曰「管仲之器小哉」？（首節四股）豈不以器大者不得已而見才〔九〕，常深沉而不露，仲蓋微有沾沾自喜之意焉。雖揮霍有餘，其底裏可窺也。器大者不得已而功成，常謙抑不居，仲蓋微有哃自多之意焉。雖勳猷爛然，其邊幅易盡也。故以當時之大夫較仲，仲不啻賢；以王佐律仲，仲藐乎小矣。此或夫子抑仲之微意乎？而或人不足以知此。（下二節二股）始而疑其儉，謂狹隘者必樂撙節也。夫仲即儉，無解於器小，況三歸備官，幾於濫乎！既而疑其知禮，謂廣侈者必樂緣飾也。夫仲即知禮，無解於器小，況塞門反坫，幾於僭乎！（束）蓋仲惟知君淫亦淫，君奢亦奢，爲善於功名之會，而不知國奢示儉，國儉示禮，乃游乎道德之塗。故不儉不知禮，仲之小疵也，録霸功者之所必略也。器小者，仲之定品也，思王佐者之所必斥也。（小結）吁！夫子之意亦微矣。

先輩於一頭兩脚之題，必於前一截作四股，後一截作二股。此定格也。至於前有提喝，後有繳束，則多寡隨題，本無一定。看此文束題竟作四股，不嫌其多，以其氣緊也。○首句若順口氣，有許多牽制，不説明白，則含糊無味；一説明白，便不須或人再問。愚嘗論《曾子曰》、《唯孔子曰諾》、《孔子曰知禮》諸題，皆不當順口氣。而於前輩名篇俱有所不滿，爲此故也。看此作講首句，全在夫子意中揣摩，不在夫子口中揣摩，最爲得法。〇仲所以爲器小者，以其局量褊淺，規模狹隘，不能正身脩德，致主於王道。此集注正意也。蓋不能正身修德，則身心之局量規模小矣。不能致主王道，則事業之局量規模小矣。局量以内之所受言，如《中庸》言溥博淵泉，便是大局量。規模以外之所施言，如《中庸》言時出，便是大規模。此以其生平之大槩言之，若《大全》朱子云：「奢而犯禮，是他裏面着不得，見此些小功業，便以爲驚天動地，所以肆然無所忌。」此是解下二節，非正解「器小」也。具區此作，格律精妙，而講首句以自喜其才、自多其功爲説，不免病偏。蓋即使仲不自喜其才、不自多其功，亦不免於器小。器小不但不關奢僭，亦不關自喜其才、自多其功。讀者辨之。〇仲之器小，即是仲之才小，即是仲之功小。蓋以仲之功與才，較之春秋諸臣則大，較之伊周之佐則小。《大全》齊氏謂仲功大而器小，輔氏謂仲才大而器小，皆誤看也。此作開講謂才有餘器不足，便差。才若有餘，器安得不足？〇篇中「揮霍底裏」、「邊幅」等字，亦嫌涉俗。〇朱子以「不能正身修德致主王道」解「器小」，而以「裏面着不得」解下二節，裏面着不得，即是自喜其才與功也。具區以「自喜其才與功」解「器小」，而以「君淫亦淫、君奢亦奢」解下二節，皆是與注不同處，須辨。蓋此是具區擬程之文，作於萬曆中年，已開後來叛注之漸。○或人所以終不得其意者，由當時道學不明而王霸混爲一途也。楊注最好。

先進於禮樂　章

鄧以讚

聖人述時人之論禮樂，而因自決〔一〇〕其所從焉。蓋禮樂惟先進爲〔一一〕中也，夫子惟用中而已矣。而肯徇乎時好耶？（起講）想其傷今思古之意曰：天下（虚、賓）有可以循俗〔一二〕者，則與衆〔一三〕從之而不以爲同；有（主）可以自信者，雖違衆從之而不以爲異。吾茲有感於禮樂矣。（提）禮〔一四〕樂者，先王制之，後世守〔一五〕之。初何有於進之先後也。（上節二股）自末流漸遠，於是有先進之禮樂焉。彼其以誠愨之真，而飾〔一六〕人文之賁，蓋誠〔一七〕得其中者矣。而時之人昧於制作之本，乃反目之爲野人。野人云者，謂其無以侈天下之觀聽也。自先制既隳，於是有後進之禮樂焉。彼其〔一八〕以文物之華，而掩忠信之實，蓋誠失其中者矣。而時之人眩於侈靡之習，乃反目之爲君子。君子云者，謂其有以新天下之耳目也。（過文）夫即〔一九〕時人之論，則其禮樂之用，必從後進而不從先進明矣。（下節四股）然文質彬彬，然後謂之君子。使其誠君子〔二〇〕也，則正吾之所願見者也。而今之獨勝於文，果可謂之君子乎？吾固不敢以必從也。質勝其文，然後謂之野人，使其誠野人〔二一〕也，則亦吾之所深病者也。而古之適得乎中，果可謂之野人乎？吾則不敢以不從也。用之治己則以之飭〔二二〕躬，以之和志〔二三〕，所願爲從周之民者此也，雖舉世非之亦不顧〔二四〕也。用之治人，則以之定志，以之平情，所願爲東周之治者此也，將與世反之而不辭也。（束）蓋寧有野人之議，而不可〔二五〕使實意之漸微。寧無君子之名而不敢使繁文之日勝，此固吾之所自決〔二六〕乎？（小結）吁！觀此而夫子之慕古者意亦深矣。

先輩於一頭兩脚之題，則必將一頭作四股。兩脚作二股。於兩頭一脚之題，則必將兩頭作二股，一脚作四股。蓋兩頭兩脚，所以俱止作二股者，猶之兩扇格耳。故王守谿《危言危行》篇，則於下截作二股。鄧定宇、黃葵陽《先進》篇，則於上截作二股。此皆從八股格變通之以合題者也。○鄧作則開講虛起，開講下提禮樂；黃作則開講即提禮樂，同一提法，而緩急不同。鄧作過文只三句，黃作則用二股。同一過接，而詳略不同。袁了凡謂鄧作二比於過文之下，黄作二比於過文之上，皆所謂扼要争奇，是不知鄧之二比即是正講，黄之二比即是過文也。○講上節先發正意，後點人言。照注最是。或疑下節方用斷語，上節未可遽斷者，是不知「野人君子」四字，雖是時人之言，而先後二句，仍屬夫子自言也。○二「中」字是全題主腦，時人之言所以謬者在此，夫子所以從先進者在此。○下截四股，先説君子非真君子，野人非真野人。次説吾之從不從，此是由所以然説到當然之法，既説從不從，方説用之治己，用之治人，此是由虛説到實之法。黄、鄧皆有繳轉二股，然黄作正講處略，故繳處詳；鄧作正講處詳，故繳處略。

先進於禮樂　章

隆庆辛未会墨　黄洪憲

聖人志先代之禮樂，雖違時而必從也。蓋古之禮樂，所以制中也。是今非古，時則然耳，而聖人豈從之哉？（起講）昔周末文勝，而古道衰矣，夫子欲維之而不可得也。故言曰：禮樂之用，萬世無弊。而習俗之異，則人心爲之也。撫今思昔，而吾之所適從者蓋有在矣。何則？禮樂本無先也，（上節二股）而古之進於是者，則曰「先進」焉。茲固文質得宜，用之極其中者，而時則以爲野人，爲其近於質也。禮樂本無後也，而今之進於是者，則曰「後進」焉。茲固文浮於質，用之流於靡者，而時則以爲君子，喜其過於華也。（過文）夫風會日流於下，而況「野人」之言一出，則今之從先進者寡矣，而吾不敢以或徇也。人情易趨於文，而況「君子」之言一出，則今之從後進者多矣，而吾蓋不能以苟同也。（下節四股）故聲明文物之盛，雖目擊夫近代之風，而淳龐渾厚之遺，不敢失乎作者之意。如用禮以治躬，有先進之禮在焉，吾從而履之，履其所自始者也，而非先王之禮弗敢用矣。如用樂以治心，有先進之樂在焉，吾從而樂之，樂其所自生者也，而非先王之樂弗敢用矣。（束）蓋救禮樂之實者，嘗求之於野。而況先進之制本非野也，故寧冒野人之議而有所不恤也。雖生今之世者，不敢反乎古。而茲先進之制，固周制也。是雖無君子之稱，而有所必從也。（小結）此固吾之竊有志焉者，而人□謂吾何哉？

此篇與鄧作同一機局，不過詳畧緩急之間微不同耳。大抵前詳則後畧，前畧則後詳，前緩則後急，前急則後緩。合觀之可以見文之變化。○創爲「野人」「君子」之名者，亦不是平常人，必是才智出衆，足以轉移風氣之人。所以其言一出，而翕然風靡，此作過文中見得此意。○元作禮樂到底合發，此作於下截分發，各有其妙。○禮以治躬，樂以治心，亦是各舉其重者言。其實禮不獨可治躬，樂不獨可治心。○熊次侯此題起講云：「天下之用，莫大於禮樂矣。顧先王以禮樂變風俗，而後世以風俗變禮樂。」結云：「自有生民以來，日新月異，而人道終不至於盡者，皆此從先進者之一念爲之也。」可以補先正所未發。○□□□云：「下節從先進則不從後進可知，若聖人立言，必要句句道盡，則聖人亦良苦矣。」故鄧、黄名墨，必補「雖無君子之名」云云，或以不補爲妙者，不亦異乎？朱子謂東晉之末，其文一切含糊，是非都没理會，秀才文字如此，最可憂，其病止是鶻突不通，而其流至於悖理非聖，皆此種議論成之也。愚謂如有所譽者必補無毁，亦是如此。○□□又云：「夫子從先進，從其文質得中耳。若主反質，便是老莊家言，非聖人意也。」張江陵程文謬拈，不及鄧、黄之精細。愚按《二程外書》，大程亦主先進尚質之説，此江陵所本也。然大程是寧儉寧固之意，與老莊不同，至效之者則又甚矣。故終不若伊川、考亭之説爲正。

所謂大臣者　節

穆孔暉
弘治甲子山东乡墨

大臣所以事君者，惟其道而無所徇也。夫大臣負天下之望，非偶然也。事君以道而無所於徇，此其所以爲大臣也與！（起講）且夫人臣皆有委質之義，而大臣獨負不世之名，固其所挾持者甚大，而其所操守者甚堅也。（提）是故天下有所謂道焉，固天理之當然，人倫之極致。而人臣事君之極，由此其選也。所謂大臣者，（一股）職司台輔，而當論思獻納之際，所以自靖而獻於吾君者，必以道而不肯違道以干譽。（二股）位冠羣僚，而有謨明弼諧之風，所以盡忠而告於吾后者，必以道而不敢枉道以徇人。（三股）君所謂可而吾否之，君所謂是而吾非之，君所謂俞而吾吁之，凡其夙夜匪懈，而懷勵翼之心者，惟欲致吾君於堯舜焉，以是犯主之怒而有不恤也。（四股）一家非之而不顧，一國非之而不顧，天下非之而不顧，凡其日夕承弼，而極忠愛之忱者，惟欲迪吾后於勳華焉，雖以是觸君之威而有勿忌也。（五股）故使吾言用，則天下受其福，而我固安享其榮。（六股）吾言不用，則天下受其害，而我亦無所於徇。（七股）忠言嘉謨之陳，廢於下而不録，則高爵厚禄不可以一日而縻吾之身。（八股）誠意正心之學，棄於時而不用，則虛辭縟禮不可以一朝而變吾之志。（束）蓋我之身非吾之身也，斯道之身也。道期於可，可則道合焉。而不能以不留，吾爲道而留也。道期於不可，不可則道亡焉。而不容以不止，吾爲道而止也。（小結）大臣之所以爲大臣者，如此。由、求豈足以語此哉！（大結）雖然，聚斂之謀，求無足責矣；結纓之斃，由其庶幾乎！此夫子鳴鼓之攻，所以不於由而於求也。

此是兩截八股之格，中間直接，不用過文。○開講是虛起法，「挾持甚大」、「操守甚堅」二句包盡題面，與今人起講無異。然不嫌其與篇内重複者，蓋僅言其挾持之大而已，未言其所挾持之何物也。僅言其操守之堅而已，未言其所操守之何如也。此之謂「能虛」。若今人起講，則必將「理」、「義」等字亂填在内，而但以不點「道」字爲虛，此之謂「改頭換面」、「藏頭露尾」，不可謂「虛」。且先輩起講在題前發論者多，虛起只是其一法。今人則篇篇如此，若舍此更無别法者，尤屬無謂。○開講下將「道」字先提出，説得十分鄭重，便見事君者不可不以此。此是題前發所以然之故。束題復繳轉「道」上，與提處相應，此是題後發所以然之故。○中間八股，前四股發「以道事君」正面，兩虛兩實，後四股發「不可則止」正面，亦兩虛兩實；前四股先以「不干譽」、「不徇人」對説，次以「上不徇君」、「下不徇衆」對説，即從不干譽徇人内推出，後四股先以「吾言用」「吾言不用」開闔説，次以「爵禄不能動」、「虚文不能變」對説，即從「不用而無所徇」内推出，先輩虚實分合開闔之法，備於此矣。○篇中亦有可則矣，如以「勳華」對「堯舜」，以「我后」對「吾君」，换字不换意，不若不换爲高。○此題王陽明程文，以簡老勝；文熙此篇，氣魄不凡。各有其妙。按正德時閹瑾勢熾，公卿皆伏謁跪拜，公挺正不屈，與安陽崔銑獨長揖而已。以此篇觀之，可謂不愧其言，士能不愧其言，文方足傳。

非禮勿言非禮勿動

顧憲成

爲仁者，在禁其言動之害於仁者焉。夫言動不可以不慎也，非禮之言有禁，非禮之動有禁，而仁其庶幾矣乎？夫子告顔淵曰：（起講連上）仁心，德也。心無聲也，而未始離乎聲也。心無形也，而未始離乎形也。（兩扇起句借上落下）故聽也者，聲之所自入；而言也者，聲之所自出也。非禮勿聽，豈不善乎？而或者猶不免乎非禮之言，則雖舉天下之妄聲，悉從而却之，而我心之妄聲固在也。一旦我心之妄聲與天下之妄聲交，自不覺爲其所引矣。何以能終勿聽哉！必也，其勿言焉。言有禮也，防其悖於禮也。言有己也，防其溺於己也。蓋言之生於心也，其初念未嘗不是也。未幾而於是之中，覬夫言之利，則初者離。又未幾而於是之外，慮夫言之害，則離者遠。愈遠愈離，而非遂成於言矣。此以知君子之爲仁也，言不可以不慎也。視也者形之所自入，而動也者形之所自出也。非禮勿視，豈不善乎？而或者猶不免於非禮之動，則雖舉天下之妄形，悉從而屛之，而吾心之妄形固在也。一旦吾心之妄形與天下之妄形交，自不覺爲其所眩矣。何以能終弗視哉！必也，其勿動焉。動有禮也，戒其妨於禮也。動有己也，戒其逐於己也。蓋動之生於心也，其初念未嘗不是也。未幾而以喜動之意，希利於是之前，則初者違。又未幾而以惡動之意，虞害於是之後，則違者遠。愈遠愈違，而非遂成於動矣。此以知君子之爲仁也，動不可以不慎也。（束）要之非禮勿言，則所言者必其皆可與天下共聽之者也，而言莫非仁也。非禮勿動，則所動者必其皆可與天下共視之者也，而動莫非仁也。（小結）回也，其毋以仁爲精，以形色爲粗，而別求克己復禮之方哉！

開講説心未始無形聲，此是合上二句説所以當禁止之故。兩扇起手言吾心之妄聲、妄形猶在，則天下之妄聲、妄形將復入，此是就本題二句説所以當禁止之故。○兩扇中只言「有禮也」四句，是叙題面，此前是説非禮之言動所以當禁，此下是推所以有非禮之故。○兩大扇從聽説到言，從視説到動，此是借上落下之法，非正法也。大凡題有當承上文者，如枝之承幹、幹之承根。若此題克己復禮，則根幹也。視聽與言動，則同是枝耳。本不必承，在先輩偶一爲之，且妙有精理，不覺其厭。今人習此成套，舍根幹而承旁枝，如《爲人子止於孝》，必要承君臣來作二股，《慈者所以使衆》，必要承孝弟來作二股，此不過爲敷衍完篇之計，何得藉口先輩此等文也。○説言動所以有非禮之故，大意不過云：初念未嘗不是，而後漸入於非。然若一句説盡，則文氣直而少味。看其分作數層叙出，委曲有致，此是將直作曲之法。然究其大意，仍歸於一，則又所謂曲而有直體。作文最要審勢之曲直，知直而不知曲，則爲朴率；知曲而不知直，則爲支離。○末束二股，補出所言所動皆禮，題意始完。又繳到「仁」上，與起講相應。○馬君常評「非禮勿視」四句云：「四勿是請問其目答語也，自宜從視聽言動着眼，一味説非説勿，又涉克己復禮虛冒子

矣。」看涇陽此作，只從「言」「動」着眼，最合題氣，開口便云「仁不離形聲」，結復云

「毋以仁爲精，以形色爲粗」，一口咬定，此即孟子「不動心」、「在養氣」之意。

如有王者　章

顧憲成

聖人論王道，必以久而後成焉。夫治以仁爲極功也，王者必世而仁始成，豈易也哉？夫子明王道也，若曰：（起講）爲天下者，期於仁之而已。自世之君，有所狃焉而小用其心，則徒粉飾於耳目，而其及民也必粗；有所迫焉而過用其心，則徒責望於斯須，而其爲效也必淺。均之未足以語於仁也。如有王者作焉，（一股）其德聖人之德也，以天下萬世爲一體者也。（二股）其位聖人之位也，以天下萬世爲己責者也。（三股）是故所期者遠，則施爲之氣象自殊，既非小康之所能限。（四股）所就者大，則措注之精神自別，又非欲速之所能幾。（五股）就天下而觀，必遠邇親疏，無一人不與王者治。斯仁也，不可以歲月計也。其惟優焉游焉，仁義禮樂之所浸漬，衍而及於世焉，而後上恬下熙，油然並育而不害也已。（六股）就一民而觀，必心思志慮，無一息不與王者洽。斯仁

也不可以旦夕期也。其惟涵焉泳焉，道德禮義之所薰蒸，沿而及於世焉，而後淪膚浹髓，藹然默順而不知也已。（七股）其始雖不免有積累之勞，而卒之愈舒徐，則其中之凝結者愈固。凡厥有生，莫不以雍以和，而忘其爲誰之功。（八股）其始雖不見有震耀之迹，而卒之愈醞釀，則其中之流注者愈深。施及方外，莫不以生以平，而忘其爲誰之力。（束）蓋王者之於斯民，未嘗不有以感之，而有不急於感也，乃所以爲深於感也。斯民之於王者，未嘗不有以應之，而其不急於應也，乃所以爲深於應也。（小結）夫是之謂仁，夫是之謂王道也，有天下者可以審所尚矣。

起講是正題先反之法，小用其心，反起「仁」字意； 過用其心，反起「必世」意。○開講下「其德」、「其位」二股，在題前，是所以不肯小康、不肯欲速之故。「小康」、「欲速」二股，是虛衍題面，「小康」與起講「小用其心」相應，「欲速」與起講「過用其心」相應。「就天下」、「就一民」二股，是實發題面，上半股先將「仁」字説得精微，便見所以「必世」之故，與前「小康」意相應； 下半股敷衍「必世」正面，與前「欲速」意相應。後二股以不免積累形起凝結之固，以不見震耀形起流注之深，是就題面開闔法。「流注」等字，微嫌其舊。股末虛繳「王者」、「蓋」字以下，即接出「王者」，繳轉作收，此不在八股之數。○「不免積累」，是言其艱難。「不見震耀」，是言其淡漠。○蕭漢冲作云：「德教所孚，不崇朝而徧天下可矣。然可以偏天下，不可以深入乎天下。風聲所播，不終日而感人心可矣。然可以感人心，不可以浹洽乎人心。」是賓主法。蓋聖人言治化，有説得極易者，有説得極難者。此意涇陽尚未及發。通篇意思周密，則勝蕭作遠甚。○「王者」二字只虚説，最有斟酌，若説受命而興，便傷當代。○《蒙引》云：「仁不兼教、養。」故此及蕭作皆只就「教」上説。然所以至此者，亦必有賴於養，故顧麟士又有取於班固「耕九餘三」之説，此意亦不可不知。○「百年」、「必世」二章，因何而發？蓋致亂非一朝夕之故，則致治亦非一朝夕之故，此必然之理也。夫子斯言，其即「七年之病求三年之艾」之意乎？此意先儒亦未及發。

子貢問曰何如斯可謂之士矣　三節

馮夢禎

萬曆丁丑會墨

聖人與賢者論士，而其所重者可知矣。夫才與節合而後爲士之至也，不然，寧取節焉耳，斯固聖人維世之意乎？嘗謂古之爲士者，才、節出於一；今之爲士者，才、節出於二。自才、節分，而士始以才顯矣。自士以才顯，而論士者益輕節矣。夫子蓋欲維之也，故子貢以士問焉，而告之曰：爾欲知士乎？夫士貴有守也，亦貴有用也。兹有人焉，所任者綱常，而行不爲苟合。蓋凜乎以恥自防矣。而用於國家，則可以爲使，一出而國體以重焉。此其藴藉何偉也！所惜者道義，而名不爲苟成。蓋卓乎以恥自持矣。而使於他邦，則可以專對，一言而君命以申焉，此其抱負何宏也！是可以爲士矣。若而人者，其本不虧，而非以一善成名；其用不泥，而非以一節自好，士之最優者也。而以此槩天下，則無士矣。故子貢思其次也。夫子曰：親長，人之大倫也。善事親而以孝聞焉，善事長而以弟聞焉，蓋稽之宗族鄉黨，無間言矣。夫士也，行脩於家，而聲譽隨之，斯固尚德者所深嘉也，可以其設施之未究而少之也哉？乃子貢又思其次也，夫子曰：言行，人之大端也，有所言而必於信焉，有所行而必於果焉，蓋義之是非可否，不暇計矣。夫士也操勵於己，而終身以之，抑亦取節者所必録也，可以其硜硜之小人而棄之也哉？要之論士者，節爲重，才次之，才足以稱其節焉，士之至也，君子所重予也，然而不可以必得也。才不足以稱其節焉，非士之至也，君子所不滿也，然而有補於世道也。夫子列三品以語子貢，其維世之意深哉。抑嘗因士品而論之，其上焉者，通士也；次者，國士也；又其次者，亦不失爲獨行之士也。士有此三者，可以表於世，而立於士君子之林矣。

維世之意，是題之所以然之故。開講從古今士習不同説起，又是所以欲維世之故。○此是三段先奇之局，後用總束，亦猶兩扇之有活格也。○三段皆先提後講，首節先提「有守」、「有用」，次節先提「親」、「長」，三節先提「言」、「行」，提處皆未着人説，講處乃着人説，亦是先發所以然，後發當然。○張侗初、袁了凡論此文用字淺深之法，最明。袁云：「先曰任，後曰惜；先曰用國家，後曰使他邦；先曰可以使，後曰可以對；先曰國體重，後曰君命申。」張云：「惜生於任，故先曰任；名生於行，故先曰行；始合終成，防暫持久。」○行己有恥，固重。然在首節自應「才」、「節」平説，下三節方見重行己意。時文於首節預照下意者，謬極。□□□云：「此章隨問隨答，各不相蒙。夫子豈能預知其必問而先備之也？行己有恥一句中，安有包括通章之理？」掃盡時文謬見，讀具區墨亦自明。○或謂行己有恥是第一等士品，與狷者不爲有别，此説本吴因之，亦屬支離。合「使於四方」二句看，則與狷者有别。若止就「行己」句看，則與狷者何别？何必預將此句擡高？玩此作亦自明。○

開講只說夫子蓋欲維之也，束處一繳，方知三段所言，皆是維之之意。○此等書關係古今氣運不小，若無聖人此等議論，則有才者皆得自矜所長，而自守之士，將不復爲人所齒矣。江河日下，何所底止！有此一種議論，然後人知徒有其才之不足尚，而正氣藉以不墜。然說得又極斟酌，苟徒曰貴守不貴才，則沮溺、荷蓧、陳仲子一干人又將紛然自鳴於世，而天下艱難重大之事，無人擔當矣。看聖人未嘗不重才，又未嘗重才，說得兩邊平隱，真是無絲毫病痛，所以爲聖人之言。而非此名筆，亦不能發得如此明白。○此題程文分天下士、一節士、一鄉士，評者謂其露斧鑿痕，以當時聖門未必如此分也。此文大結通士、國士、獨行之士，即程文之意，然在結中便不妨。

克伐怨欲不行焉　章

唐順之

賢者以制私爲仁，聖人所以抑之也。蓋無私之謂仁，而制私不足以言之也。原憲之所問，與夫子之所以教原憲者，於此見之矣。（起講）今夫仁者，寬裕温柔，本自無所克伐，而不仁者，矜己誇人，則有是而必行焉者也。仁者不忮不求，本自無所怨欲，而不仁者恣情徇物，則有是而必行焉者也。（此一段作二股看）憲也以狷介之資，勵堅忍之力，故能於此而不行焉。（此一段作二股看）至於不遠之復，彼固有所未能。而無妄之真，彼固有所未識也。乃遂以是爲仁而問於夫子，夫子從而告之曰：（「可以爲難」句，二股）人心惟無所克伐也，一有克伐焉，其勢不至於以私滅公不止也。於天人交戰之中，而力有以防其潰，可不謂難乎？然特不行而已，猶有克伐在也。人心惟無所怨欲也，一有怨欲焉，其勢不至於以情鑿性不止也。於愛惡相攻之際，而力有以遏其漸，可不謂難乎？然特不行而已，猶〔二七〕有怨欲在也。（「仁則不知」句，二股）非必人欲横流，而後爲此心之累。但藏蓄而不化，已非静虚之本體矣。況檢點少或疎焉，固有潛滋暗長而不自知者乎！以其僅未至於横流也，而遽以爲仁，吾弗知也已。非必形迹暴著，而後爲吾仁之病。但留滯而不釋，已非順應之本然矣。況操持稍或懈焉，固有投間抵隙而不自知者乎！以其僅未至於暴著也，而遽以爲仁，吾弗知也矣。（束）是則原憲之問，雖若過於自任，而亦見其求仁之切。夫子之答，雖若抑之，而實進之於安仁之域者也。

說得四者不行，與顔子克己截然不同，認理最真。○開講先將仁者、不仁者兩路說明，則「克、伐、怨、欲不行」所以勝於「不仁而未得爲仁」者，已曉然矣。此是題前總發所以然之故。開講下將原憲所以能不行之故説一段，次將憲所以認不行爲仁之故説一段，此是上節所以然之故。次將「可以爲難」句作二股，俱説所以爲難，點題面只一句。次將「仁則吾不知」句作二股，俱就所以不知，點題面亦只一句，此是下節所以然之故。〇下節四股，上節二段，亦可作四股看，仍是八股局。然此是隨題挨講，非八股正格也。〇昔人謂荆川之文，只是一開一闔。今以此文觀之，通篇俱就不行處説，而開講先將仁者不仁者形起，此是一篇大開闔。要説憲之未識仁，先説憲之能不行；要説不行所以未得爲仁，先説不行所以爲難，此是逐段開闔之法。要説有克伐，先説人心惟無所克伐；要説防其潰，先説天人交戰；要説潛滋暗長，先説藏蓄不化，又先説非必人欲横流，此是逐股内開闔之法。〇人欲横流，在内説；形迹暴著，在外説。〇不從敬恕入門而遽求克己，猶未可爲仁，況不行則并不求克己；己雖克而未能復禮，猶未可爲仁，況不行則并己亦未嘗克——荆川此作意思周密，然此二意亦未及發。〇結云：「欲進之於安仁之域」，此語微有疵，蓋克己工夫，尚屬勉強，其進步則在安。若四者不行，其病不止於不能安，正在不能勉強以去私，尚留病根在内，而姑禁制之使不行。夫子之言，是欲進之以敬恕克復之方，非便欲進之於安仁也。今人俱謬云：「仁是自然，不行是勉強，所以不許。」不知克己何嘗不勉強？何嘗不是仁？此誤不可謂非荊川作俑。〇「可以爲難」句是揚，「仁則吾不知」句是抑，破題只説抑之者，以下句爲主也。或并「難」字亦作抑之之辭，如云走難路者，此説謬。〇「不行」不但與顏子克己有别，與「日月至焉」者亦尚差一層。蓋此是原憲最初頭事，後來未必終如此。

邦有道危言危行

王鏊

弘治壬子應天鄉試程

天下之治道方隆，君子之直道斯顯。蓋世隆則道從而隆也，君子處此，言行有不遂其直者哉？昔聖人之意謂：（起講二句，今人便可化作數行。）夫所貴乎君子者，有特立不變之操，有相時而動之宜。（一股）是故在上者惟明明之后，（二股）在下者多休休之臣。（三股）世道清明，見於刑賞予奪者，皆公平正大之體。正君子向用之時也。（四股）朝綱振肅，列於前後左右者，無險陂側媚之私。正陽德方亨之候也。（過文）邦之有道如此，居是邦也，言焉而不盡，行焉而不伸，不有負於時乎？（二大股）蓋君子之於言也，固有或默之時。而邦有道，則無所俟於默者。故理有當言則必言，面折廷諍，侃然正論之不屈。事關利害，有舉世所不敢言而獨言之。幾伏隱微，有舉世所不能言而獨言之。入以告於君，出以語於人，一皆忠義之激發。言非沽直也，時可以直而直也。君子之於行也，固無可貶之時。而邦有道，又無所待於貶者。故義所當行則必行，秉道嫉邪，挺然勁氣之不回。非其義也，一介不以與〔二八〕人，一介不以取諸人。如其義也，一家非之而不顧，一國非之而不顧。上以事乎君，下以持乎身，一皆行義之峻潔。行非求異也，時可以〔二九〕直而直也。（小結）君子之處世如此，則世道之隆，豈非吾道之泰乎？（大結）雖然，君子之言行，非有意於危。自卑者視之，見其危也。然言有時而孫，何哉？蓋行無時而變，持身之道也。言有時而孫，保身之道也。士而至於保身，豈盛世之所宜有哉？古人有言：「願爲良臣，無爲忠臣。」人臣愛君之心，類如此矣。〔三〇〕

此是一頭兩脚之格，上截作四小股，下截作兩大股，下截即兩扇體也。〇開講虛起，「有特立不變之操」暗指「危言危行」，「有相時而動之宜」暗指「必邦有道」然後「危言危行」，通篇皆應此二句，先輩所謂真血脉也。〇「在上者惟明明之后，在下者多休休之臣」二句作二股看，以君、相對説。「世道清明」二股，以行政、用人對説。股末「正君子向用之時」、「正陽德方亨之候」，即起下危言危行意。過文復反説一段，見言行所以不可不危之故。○危言危行二股，起手照下文作一句，此亦先輩偶然如此，所以不病其侵軼者，以其簡而不煩，如電光石火，一現便收，其實不必盡如此也。今人遂將此法作玉律，一遇有下文之題，寧將本題抛荒，而纏繞下文不休，葛藤可厭，此是不善用之之故，勿罪先輩作俑也。○看「危言」一股中，先云正論不屈，次云人所不敢言不能言而言之，次云告於君，語於人，由虚漸實。一股之法，即是八股之法。「危行」亦然。○兩股末復點「時」字，與開講相應，繳轉邦有道，而先云言非沽直也，行非求異也，將似是而非者翻去，此一句中藏多少議論！○通篇不露一「危」字，却無非「危」字之意，先輩只在發題意，不在點題字。

子曰吾之於人也　章

余有丁

聖人以直道待民，以民猶古也。甚矣直無毁譽也，古今同此民耳，聖人烏得而枉之哉！夫子蓋曰：（起講）好惡人情也，顧直則爲是非，枉則爲毀譽。毀者，惡之甚而有餘貶，失其真非者也；譽者，好之甚而有餘褒，眩其真是者也。吾之於人也，奚有是哉！（一股）見一惡焉，稱之以垂戒，稱之如其惡而止，吾於誰毀也？（二股）見一善焉，揚之以示勸，揚之如其善而止，吾於誰譽也？（三股）無論毀非君子之道，在所不爲，（四股）即使譽以成人之美，亦必有試。吾何爲而枉天下耶？（提）蓋毀譽不行直道也，三代之所以爲烈也。（五股）禹湯文武，君以此道行於上，而賞罰明。（六股）夏后殷周，民以此道行於下，而勸懲備。（七股）當其時，曾有以善私一人而作好者乎？至於今，所以公其是而不可私以好者，即此民也。雖欲枉而譽之，謂吾民何？（八股）當其時，曾有以不善誣一人而作惡者乎？至於今，所以公其非而不可私以惡者，即此民也。雖欲枉而毀之，謂吾民何？（束）吾視今之民不異於古，而欲以古之道行之於今，（小結）則是丘而已矣。

此題是下原上格，「斯民也」節即是所以「無毀無譽」之故，故作者只就題面挑剔明白，不必更推所以然，而理自精妙。然「斯民也」三代所以直道而行，何以便當無毀無譽，此中又有一層所以然之故。元作束題二股，推得更好。○開講將「毀譽」先提起，中間將「直道」先提起。前一截，二股講「誰毀」二句，二股講「如有」二句。後一截，二股講「三代直道而行」，二股講「斯民也三代之所以直道而行」，格法天然。○「毀非君子之道」二句，是補題法。○先正之文，要看其股法相接處，如此文第五、第六股是言「三代」，第七、第八股是言「斯民」，然第七、八股起句，却仍説三代，此是承上接下之法。瞿昆湖《事君》篇後二股起句，顧涇凡《舜亦》篇後二股起句，皆是此法。○直道而行，林次崖、艾千子皆指三代之君言。但民心原自有直道，三代之君特因之耳，故君民兼説亦可。元作專主因民心説，未免病偏。若艾千子謂斯民豈盡皆能直道，即三代之民亦豈盡皆能直道，則又主張太過矣。所謂民心之直，只論其良心耳，豈可拘泥其形迹耶？

子曰吾之於人也　章

李廷機

聖人無毀譽，而援民心之直以自信也。夫毀譽非直也，以直道之民而以直行焉，斯聖人之自信者哉！（起講）夫子有感也而言曰：　君子之所以維持天下之人心者，獨有是非之權。而其究也，乃流而爲毀譽，則亦未嘗以天下之人心揆之也。丘也竊自諒焉。（喝）夫毀譽何自起哉？（一股）自憎心勝者則有餘嫉，而毀行矣。吾之於人，未嘗生一憎心也，而誰毀焉？（二股）自愛心勝者則有餘羨，而譽行矣。吾之於人，未嘗生一愛心也，而誰譽焉？（三股）借曰：有其譽之，或見以爲溢美之辭。（四股）則必有其試之，而預卜其將來之善。（束二句）吾益信吾之無譽也，吾又益信吾之無毀也。何也？凡吾之所與天下相是非者，固取決於己，而亦取決於民（提）。乃今斯民（喝）何民哉？（五股）是禹湯文武所臨涖之民也，有敦龐之餘風者也。（六股）是蕩平正直所漸濡之民也，有大公之遺意者也。（七股）見一善，翕然而好之。質諸三代直道之好，不少改焉。即有作好者出，亦安能以一人之偏愛，掩天下之公是乎？而譽何爲也？（八股）見一不善，羣焉而惡之。質諸三代直道之惡，不少異焉。即有作惡者出，亦安能以一人之私惡，淆天下之公非乎？而毀何爲也？（總束）蓋君子爲世道計，即使三代而不可復返也，是世道之降也，吾猶將挽之於既漓之日。況斯民而猶然三代也，是世道之幸也，吾何爲而自外於大道之公？吁！此吾所以爲無毀譽也。

民心本直，是三代之君所以直道而行之故，是從題面進一層意。程文以君、民對言，較林、艾之説已畧差一針。此作專主民心言，則以題意爲題面矣。故千子力辨其非，况云是蕩平正直所漸濡之民，則又不以天性之良言，而以三代之流風遺俗言矣。此尤可議。○開講是正題先反之法，毁譽二字，雖已點破，然只説有毁譽，未嘗説所以有毁譽之故，故開講下喝一句云：「夫毁譽何自起哉」？今人於開講内，已將正意説盡，開講下又用喝法，便重複可笑。○上截將誰毁誰譽各發一股，將「如有」二句敘二股，與程文同。但程文於誰毁誰譽只叙題面，此則先叙所以有毁譽之故，與喝句相應，程文將毁意補在譽前，此則於譽後另束二句補出。○下截，程文則先提直道，次提三代，此作則先將「民」字一提一喝，程文則先叙三代二股，次提斯民二股，此作則用總叙，兩虚兩實。○束題一開一闔，與黄葵陽《先進》篇束題相似，但黄則於二股内各自爲開闔，此則一股開一股闔。○鄭素臣謂：「三代直道而行，非謂不敢毁譽之故全在此也。全在此，則聖人無品矣。」説得最妙。此作束題二股，深得此意。

衆惡之必察焉　二句

趙南星

聖人志好惡之公，故不徒以其衆也。夫好惡不當其實，則雖衆之所同，未足爲公也，何可以不察哉？夫子意曰：（起講提「公論」二字，是題之源。）使天下之人爲善而不爲惡者，公論明焉耳。公論出於人心之好惡。皇極之世既遠，（轉到衆好衆惡。）作好作惡者衆，吾人不得不取而任之於身矣。（此段先將「察」字一翻。）今夫人之言曰：一二人之好惡，宜察也；衆人之好惡，不必察也。（轉到當察意，尚未實說。）吾以爲一二人之好惡不必察也。衆好衆惡，權在，則將據之以爲旌別，天下之公論係之矣。道在，則將據之以爲褒貶，後世之公論係之矣。（兩大股頭，當察意漸露，然猶未實說。）故衆之所惡，吾不敢遂以爲公惡也。斯人之所以見惡，其有可指之事耶？其果心迹俱非而無可原耶？不然，則挺特自堅，不能與世浮沈者也。是不流不倚，吾之所謂君子也。睽孤之行，固庸俗之所怪也。衆惡之而敻絶之，美益彰。故排衆而拔賢，乃謂之能好人。否者，爲善之苦亦甚矣。（方實説當察。）夫衆惡之可以或不察哉？衆之所好，吾不敢遂以爲公好也。斯人之所以見好，其有可述之行耶？其果表裏合一而無可疑耶？不然，則脂韋取悦，惟務與時俯仰者也。是無非無刺，吾之所謂鄉愿也。側媚之徒，固濁世之所暱也。衆好之而詭隨之，巧益著，故違衆而別慝，乃謂之能惡人。否者，爲惡之幸亦甚矣。夫衆好之可以或不察哉？蓋衆人多任心，恒以一己之愛憎，爲人之善惡，則所謂衆惡衆好者，乃衆人之私也。（察所以明公論。）吾而不察，是隨其波流也。況衆人多信耳，但以一二人之毀譽，爲己之好惡，則所謂衆惡衆好者，即一二人私也。吾而不察，是聽其簧鼓也。（小結）當我之世，而使衆人之私情，成天下後世之公論。其責有不得而辭者，豈容苟焉已哉？嗚呼！夫子斯言，其憂世之意深矣。好惡而至於衆，猶不足據也。自非聖賢者從而察之，賢奸幾何而不倒置也？《春秋》之作，蓋著其所察於無窮也。夫世道益衰，好惡益舛，使人讀史亦不敢信以爲然。天下不可一日無聖人，而聖人不嘗有。賢者即能察之，而不能爲《春秋》，然則賢奸終無時而明也。

中間兩大股，前後合起合收，此杜静臺所謂兩扇活格。〇篇中句句發所以然，絶不敷衍題面：起講從公論之關係，説到公論之當身任，是所以當察之故；開講下以衆好惡之不必察，引出衆好惡之關係，亦是所以當察之故；兩扇内除起末二句外，皆是所以當察之故；　後二股言衆人所以易差，亦即是所以當察之故；兩扇所言，是察其受好受惡之因；　後二股所言，是察其用好用惡之故。〇須知察之本安在，以億逆而察之，不可也。以窺伺而察之，不可也。須知朱子所謂「大居敬而貴窮理」，方是察之本。　凡「舉直錯枉」、「視其所以」等章，及《尚書》論知人，皆當如此看。〇衆好惡之變態無窮，顧瑞屏《孟子不虞》篇云：「惟不虞而愈覺譽之有味，而謂博其知己，或覬其感恩，此又譽者之後念矣。惟求全而愈覺毀之有權，而謂惡其好脩，或幸其同敗，此又毀者之後念矣。過爲仁者之過，疾亦古者之疾，無可非轉陷以無非，無可刺轉陷以無刺。」皆此文所未發者，蓋任心任耳，猶是衆人恒態。　如顧所云，則是末世極刻薄氣象。〇繼《春秋》而察衆好惡者，莫如《綱目》。大結内，似不應將賢者一概抹倒。

子曰事君敬其事而後其食

瞿景淳
嘉靖甲辰會墨

聖人論人臣之義，惟務自盡而不求其利也。夫人臣[三一]爲禄而仕者，非所以事君也。事求自盡，而禄有不計焉。知此義者，可以事君矣。[三二]夫子之言，亦以立人臣之防也。蓋曰：（起講）君之使臣也，固以厚下爲深仁；而臣之事君也，則以奉公爲大節。人惟不明乎分義，而臣節始微矣。以予觀之，臣之事君，自一命而上，（提「事」字）孰不有事之當爲者乎？是事也，所以熙帝之載也，存乎臣者也。（提「食」字）亦孰不有食之當得者乎？是食也，所以恤臣之私也，存乎君者也。（合發二股）是必明乎内外之分，而可貞之守每定於立朝之初。嚴乎義利之辨，而匪躬之節恒勵乎策名之日。（敬事二股）小而爲服采之臣也，其事雖小，亦必有難盡者，則思任使之未稱，而精白以承之，翼翼焉惟懼事之或曠而已矣。大而爲服休之臣也，其事愈大，尤必以難盡者，則思付託之未効，而嚴恪以圖之，兢兢焉惟恐事之或忝[三三]而已矣。（後食二股）上之求不負吾君也，而非求以自利也。雖曰君之詔禄，因吾事以上下，然我方懼食之浮乎人，而不懼人之浮於食，則亦靖共爾位可矣，而他又何知焉？下之求不負所學也，而非求以肥家也。雖曰君之制食，視吾事之繁簡，然我方以素飡爲恥，而不以得禄爲幸，則亦無曠庶官足矣，而他又何計焉？使事之不敬，（散行一段作束）而唯食之急焉，則其事君亦懷利以事之而已矣。臣道幾何而不亡也？（小結）吁！夫子此言，所以勵天下之臣節者，亦嚴矣哉！

開講將「君之使臣」引起「臣之事君」，此是賔主法。隨反一句以起正講，此是通篇開闔之法。末又反收，與起講相應，此是通篇回環之法。○不知者必以此爲八股格，其實不然，此是先輩變格，與八股正格不同。以正格論，則此題自應截講上下各四股。今此作開講下先將「事」字、「食」字提二股，此是提掇之法，不在八股之數者也。次將兩截合發二小股，成弘以前八股文字，亦無此法。惟「服采」、「服休」二股，是正講上截。「非自利」、「非肥家」二股，是正講下截。蓋變八股爲四股，實爲後人變格之宗。所以異於後人者，仍是一氣呵成，絶無重複之病，與今日四橛體，相去遠甚。○先提「事」字、「食」字説明，便見所以當敬、所以當後之故。後四股云：「其事雖小，亦必有難盡」，「其事愈大，尤必有難盡」，此又是一層所以當敬之故。「方懼食之浮於人」，「方以素飡爲恥」，此又是一層所以當後之故。○袁了凡評此文云：「明乎内外二比，先曰明，次曰嚴，知而後行也。先曰定，次曰勵，立而彌奮也。」又云：「中比以『任使』粘『小』，以『付託』粘『大』，有任使則曰曠，有付託則曰忝，皆隱隱相承，移易不動，如灰中線路，草裏蛇蹤。前輩細心處也。」此評最妙。○上之不負吾君，下之不負所學，二句承上接下，有此，局法便緊。先輩論此文云：「人皆用官守言職，此獨用服休服采，韓退之所謂戛戛乎惟陳言之務去也。」此亦不必盡然，所惡於陳言者有二：一則有前人言之而盡善者，不能明其所以然而徒襲其言；一則有前人言之而未必盡善者，不能明其所未至而徒襲其言。此所以惡夫陳言也。非謂前人所已言者皆陳言，而必務去之，另换一種新奇字面，以爲能不襲陳言也。務此不已，而流於鑿空杜撰，爲害不小。

子曰鄙夫可與事君也與哉　章

秦繼宗

鄙夫不可語於臣者，極其心之所至也。蓋得失非人臣所能與者，鄙夫乃患得而復患失，則其心之所至，曷有極乎？此聖人甚惡之也。（起講）意謂人臣自靖而致之君者，獨此心爲之主持。心之所至，能令國家收忠藎之益，亦能令國家蒙傾邪之敝，則其所患殊也。是故人臣無不可事君者，而吾獨謂鄙夫不可與事君者。何哉？（一股）蓋臣下析圭擔爵，則當委身於君。既不必於榮通，亦何至於醜窮。（二股）是以君上倏予倏奪，則當委身於命。其未得也聽其適來，其既得也聽其適去。而鄙夫非是也。（三股）柄進人者，即恐恐患其不得人，而非患其不得鄙夫也。乃鄙夫則代而爲之患。（四股）柄退人者，即恐恐患其或失人，而非患其或失鄙夫也。乃鄙夫則又代而之患。（五股）夫得失非兩事，誠冀其必得，未有不患其或失者矣。（六股）患得患失非兩心，顧未得而患，猶阨卑賤而不得肆；既得而患，則憑寵靈而可以逞矣。（七股）其人而才不足以濟也，則惟是狐媚邪柔，以阿徇而巧合，以彌縫而比周，令終身於盛位而曾無齟齬也。夫以此輩而久於盛世，則必有危機禍本伏焉，而天下不及知。（八股）其人而才足以濟也，則惟是挾數舞智，以擠排乎善類，以竊攘乎太阿，令天下即忿怒而莫可誰何也。夫以天下而莫可誰何，則雖有善人君子繼焉，而國事不可救。（束）是彼之常得而無失也，生於患失之心也，此不過以名器濫匪人，而其害小。乃治理之浸非而浸紊也，亦生於患失之心也，此之謂以小人釀國禍，而其害大。然則鄙夫果可與之事君乎哉？（小結）是以明君惟賢士大夫是親，而憸壬小人則斥逐之必嚴。大臣惟正直忠厚是與，而傾邪羣小則拒絶之必甚。豈非有鑒於鄙夫之心，而預杜其末流哉！

開講就題中提一「患」字起，又就「患」字上提一「心」字起，泛以人臣言，不專就鄙夫説，局面極濶大。○首句只一句點出，絶不粘帶。以下竟作八股格，首二股是反題先正法，亦是患得患失所以可鄙之故。蓋鄙夫所以患之，故不足叙。叙其患之所以可鄙，則題情白生動矣。次二股是患得患失正面，却用賓主法叙出。第五股是所以患失之故，第六股是患失所以無所不至之故，第七、第八股是無所不至正面。合前五、六二股看，則又是先合後分之法。束題以害小、害大分二股，小結以明君、大臣分二股，皆不在八股之數。○此題近來作者皆在「與」字上發論，蓋以君子最易錯認小人。其始也，或見其片長而節取之，或因其虚譽而交通之；其終也，將阿比附和則聲實坐損，將獨立不懼則無益於國家而身危，是故不可不早辨而爲之防。議論極精。先輩吳中行作結云：「鄙夫未進，事君者不可無辨奸之明。苟吾君而用之，吾以身諍焉可也。鄙夫既進，事君者不可無斥奸之勇。苟吾君而庇之，吾以身退焉可也。」亦指人臣言，此作并人君亦戒在内，不專對人臣説，似尤高。○鄙夫，註以「庸惡陋劣」訓之，惡與劣爲一類，而劣甚於惡；庸與陋爲一類，而陋甚於庸。此作「才足以濟」、「才不足濟」二股最精，有才屬惡劣，無才屬庸陋。然須知四項内，又各有剛柔之分。○湯霍林《好善優於天下》篇云：「好善者而才足以運也，則益以助其所長；即好善者而才不足以運也，亦不至窮於所短。」吴因之《以約句》篇云：「能約而才足以濟，則敬畏之意，益足以善用其所長；能約而才不足濟，則謹審之心，亦足以維持其所短。」股法與此篇同，此一時之文，互相倣效，然分得却皆好。○鄙夫所以接踵於天下，只因教化衰微，學術不明，少而讀書，父兄師友指授，便從爵禄温飽起見，安得不鄙？正本清源，其在興學校、明道術乎？斥逐拒絶，猶是救末流之法。

舜亦以命禹

萬曆己卯應天鄉墨　顧允成

帝之所授於王者，一中焉盡之矣。夫道不外乎中也，則舜之命禹，亦何以易此哉？《魯論》記此，所以明道統也。想其意〔三四〕曰：（起講）帝王之授受也以位，而其所以授受也以道。道者，中而已矣。堯之命舜，固命之以「允執厥中」也。（一股）至舜所授於禹之天下，即堯所授於舜之天下也，其責同也。（二股）舜可以中而治堯之天下，則禹亦可以中而治舜之天下也，其理同也。（三股）故舜也爲天下計，則不容一日而無禹。而總師之任，既公之而有所不私。（四股）爲禹之治天下計，則不容一日而無中。而執中之訓，自因之而有所不變。（五股）「人心道心」之命，似乎堯之所未發。而要之，言人心，以言中之雜乎形氣者也。言道心，以言中之純乎義理者也。當堯命舜之時，危微之旨，已隱然於「允執厥中」之内，舜特爲之闡其秘而已矣。（六股）「惟精惟一」之命，似乎堯之所未及。而要之，言「惟精」以言中之無所於蔽也，言「惟一」以言中之無所於淆也。

當堯命舜之時，精一之理，已昭然於「允執厥中」之內，舜特爲之洩其藴而已矣。（七股）上以天禄而畀之，則亦并其所以凝承天禄者而命之。蓋紀綱之舉廢，其隨時而易者，誠不能以預定。而惟此中之原於天，固亘萬古而不磨者也，安得而加益也？少有益焉，則爲太過矣。夫太過何以治天下哉？（八股）下以四海而畀之，則亦并其所以撫安四海者而命之。蓋制度之沿革，其與世而更者，誠不能以預擬。而惟此中之具於人，固俟千聖而不易者也，安得而加損也？少有損焉，則爲不及矣。夫不及何以治天下哉？（小結）吁！自舜一命，而上紹有唐，下開商周。道統之傳，所從來遠矣

開講從「位」字出「道」字，此是由賓及主之法。從「道」字出「中」字，此是由虛漸實之法。○治天下不過一「中」，所以舜必以是命禹，此是一層所以然之故。「中」原於天，「中」原無可益損，所以治天下不過一「中」，此又是一層所以然之故。「中」具於人，所以無可益損，此又是一層所以然之故。第一、第二股用前一層意，第七、第八股用後二層意，此是由淺及深法。第七、第八股先言「中」原於天，具於人，次言無可益損，此是由深及淺法。○中間四股，叙題面，以不容無禹引出不容無中，此是兩股開闔之法。以舜命禹不止言「中」，說到不過闡一「中」，是一股内開闔之

法。末二股將言「中」之萬古不磨，則先言紀綱之有舉廢。將言「中」之千聖不易，則先言制度之有沿革。亦是一股内開闔之法。○若只講「中」字，便與「允執厥中」無分別。句句説「中」之不可移易，方是「亦」字之神。○上以天禄而畀之，則亦并其凝承天禄者而畀之，承上接下，與昆湖《事君》篇後二股起句同法。○「人心道心」言隱然，「惟精惟一」言昭然，原於天則曰「安得加益」，具於人則曰「安得加損」，皆是互文。

此謂惟仁人爲能爱人能恶人

王鏊

惟夫人之至公，斯得情之至正。蓋好惡天下之同情，而莫難於正也。非仁人之至公者能然哉？（起講）大學申言好惡公私之極，而推廣絜矩之義，謂夫好惡雖有兩端，而其用惟出於一心。仁人之於娼嫉〔三五〕者，既深惡而痛絶之。（補上文）則其於賢才也，必尊崇而篤好之。（直出題面）此謂惟仁人爲能愛人能惡人矣乎？（「唯仁人」三字作四小股）蓋仁人者，物格知至，不以一毫私意自蔽；意誠心正，不以一毫私欲自累。吾知公則明矣，而善惡不能逃。公則溥矣，而好惡無所徇。（「能愛人」一大股）故於人之有才有德，而天下同以爲賢者，不徒曰愛之，而實能愛焉。蓋知其爲衆欲之所在，而與之聚之，是惟不見，見之必舉也。是惟不舉，舉之必先也。愛雖出於一人，而實愛以天下。所謂能愛人者如此，況肯愛人之所惡乎？（「能惡人」一大股）至於人之嫉賢妬能，而天下同以爲惡者，不徒曰惡之，而實能惡焉。蓋知其衆惡之所歸，而不欲勿施，不見則已，見之必退也。不退則已，退之必遠也。惡雖出於一人，而實惡以天下。所謂能惡人者如此，況肯惡人之所好乎？（隨束隨結）吁！一己之好惡，而極天下之公，則絜矩之道盡於此，而天下又何不平之有？

上文只説仁人之惡人，未嘗説仁人之愛人，今人遂云此題必宜側重惡人，能愛全由於能惡。此但知拘題字，不知補題意者也。觀此作起講承上文説來，補一句云：「其於賢才也，必尊崇而篤好之。」則愛人意仍是上文所有。本題只宜平説，不必側串，何等正大。○先輩於口氣迫促之題，皆於開講下先將題面一句直出，然後發揮其所以然之故。今人不知此法，欲顧口氣，則不能發揮義理。欲發義理，則又礙口氣。許多牽制，遂習成一種半吞半吐惡套，不讀先輩此種文，無由蕩滌。

○「此謂」以下，作一頭兩脚之格，故將「惟仁人」作四股，下六字作二股。○先輩只避下文之意，不避下文之字。意苟不犯，何嫌於字之侵下乎？看此作講能好能惡，直將下二節字面收拾在内，然豈有一句犯下乎？下文自反説，此則正説，各不相蒙。今人不敢如此，見此種文，反駭其侵下者，可謂不思之甚矣。洪武乙丑黄子澄《天下有道則禮樂二句》會墨云：「制度聲容，議之者天子，不聞以諸侯而變之也。生殺予奪，制之者天子，不聞以大夫而擅之也。」竟入「諸侯」、「大夫」，與文恪此篇同一老法。○或疑將書中字面反覆串插，此萬曆中年以來所謂法脉也。其法盛於宣城湯霍林，其獘也絲緒繁而大義鮮，不暢發題理，而專究題字。今觀此文將下文字面插入本題，與宣城之派何異乎？曰不然，所惡於宣城之派者，謂其專事串插而抛荒實義也。苟串插而大義愈明，則何惡於串插乎？○註以其至公無私，故能得好惡之正。《論語》「唯仁者能好人」章註同。愚意此註是總發大意，非以「至公無私」貼「仁人」，以「正」字貼「能好惡」也。蓋「仁人」二字，是以人品言，公正二意皆在其内。能好惡則是公正之見於好惡處，但就公正二意推之，則正又本於公耳。然守谿此作及《蒙引淺説》，皆以「公」貼「仁人」，以「正」貼「能好惡」。愚所未安，姑識於此。

生財有大道　一節

鄧以讚

隆慶辛未會墨

傳者論理財之有要，得其要而常裕焉。夫財生於勤而匱於侈也。先之以勤而復繼之以儉，財不有餘裕哉？此所以謂之大道也夫〔三六〕！傳之意曰：（起講）君子有平天下之責，則財之理也，固有所不諱。而有公天下之心，則財之生也，亦有所不私。（首句二股）是故不必於殖貨也，而所以廣其利者自有均平之大計。不必於任術也，而所以裕其蓄者自有節制之宏規。（中四句四股）財以生而聚，患於不衆也，則以九職〔三七〕任萬民，驅游惰而農之，而不使其有餘力。財以食而耗，病於不寡也，則以六計弊羣吏，簡俊乂而官之，而不使其有冗員。爲之不疾，猶弗生也。必不違其時，導以趨事之敏，而凡司徒之所統〔三八〕者，固皆得以力本而自盡者也。用之不舒，尤甚於食也。必計入而出，定以匪頒〔三九〕之式，而凡司會之所總者，固皆其所因時而制費者也。（末句二股）夫有以生之也，而又不冗於食。則生之所出者恒足於所食而不窮。蓋不必別求所以益之，而其舉盈也、舉絀也，固見其益之無方矣。〔四〇〕有以爲之也，而又不濫於用。則爲之所殖者，恒足於所用而不匱。蓋不必外求所以利之，而其大用也、小用也，固見其利之可繼矣。〔四一〕（束）是始焉經制於上，因天下之財，與天下理之，而不謂之悖入。既也藏富於民，舉天下之財，皆我之財，而不至於悖出。此之謂内本外末，而生財之道大矣。（小結）長國家者以是而存心，雖言多寡有無奚諱哉？惟徒知國之當足，而以其私心與民爭尺寸之利，夫是以所得之不足以償所失也。（大結）抑《周禮》一書，理財居半。然大要理其出而已，初非憂其不足而或至於聚斂也。後世桑孔之徒，藉以爲口實，遂用一切苟且之計，至開利孔爲民厲階，是豈周制之弊也？故財一也，後世私之以釀禍，聖人公之以致太平，其心異也。故又曰仁者以財發身，諒矣。〔四二〕

題是一頭四腹一脚之格。此作開講虛起，開講下將首句作二股，中四句作四股，末句作二股，又總束二股，繳轉上文，散行一段作結。此是隨題挨講，先正常格，妙在章法之緊簇，字句之精密。○講中四句，皆先説所以要衆、要寡、要疾、要舒之故，然後轉到正面。講末句，亦先説所以恒足之故，然後正叙題面。○此節與

「忠信」節不相接，而與「先慎乎德」數節相接。蓋因財用爲天下所不可缺，故既論用人之後復取而申言之。看此作起手不牽連上節「大道」而竟從理財直起，何等高雅！豈不知此「大道」即上節「大道」中之一端乎？題有不當承近脉而當承遠脉者，此是也。康熙癸卯浙墨不知此故，乃皆將上節「大道」糾纏不休，無謂甚矣。□□謂此「大道」與上文「大道」風馬牛不相及，誠有激而言之也。○蘇紫溪謂本文生財足財，俱主國家之財説。中間四句，則是民間之財之所以足，蓋百姓足而君亦足也。讀定宇此作，則通節俱合上下公私言，比蘇説似尤高。○癸卯浙墨講生財有曰：「聚之固不可爲常，散之亦不可爲繼。」仇滄柱評云：「生衆食寡，留不盡於民間，何嘗非散？豈必發盡府庫然後爲散財乎？」最明。○合中間四句，方見財之恒足。癸卯浙墨有於每句中遽逗末句意者，殊非口氣。熟玩先正此種文，自知其非。○講首句一股言不必殖貨，對鹿臺、鉅橋橫取之徒言；一股言不必任術，對管、商、桑、孔巧取之徒言。俱與外本内末對鍼。崇禎己卯順天元墨云：「道之大者，必不使草野謀生之計，出而亂會計之權；道之大者，可使天地欲流之數，俯而受損益之功。」議論非不冠冕，然聚財之君，何嘗聽之天地，何嘗聽之草野？細思之便覺不對鍼。

孟獻子曰　節

陶望齡

利國者不言利，徵之訓有家者焉。蓋國家之利在義，而利非利也。獻子直爲有家訓哉！通於國矣！（起講）且夫平天下者，不諱言利。而顧常主散不主聚者，非以義遺利也，亦察乎義之利耳。（上截散行）昔孟獻子戒專利而揭官箴，故謂畜馬乘之不察雞豚也，伐冰之不畜牛羊也，此猶其小者也。乃聚斂之臣，操術之巧以成貪。其言利者甚悉，浚〔四三〕民之膏以附上，在好利者必庸，而百乘之家無利於畜此臣也，甚且不得與盜臣等。何也？蓋人臣奉公守職，即錙銖不得下侵，而欲保世承家，則封殖豈爲完策？（過文）又況於人君家四海以爲富者哉？（下截四股）故皇皇求利，世主以爲善計，而國之利不在焉。皇皇求義，明主所爲勤民，而國之利甚附焉。利端一開，則積之者無用，而供之者無已。此以斂之怨耳，何利乎？固不若散財以聚民，而自得夫守富之術也。利源既竭，則供者難繼其求，而積者必至於散。此以階之禍耳，何利乎？固不若聚民以守財，而坐收夫藏富之效也。彼所稱不察不畜者，其此謂哉？（倒點題面）（繳轉作束）有國家者繹獻子之言〔四四〕，察義利之幾。無令天下言利之徒有以窺其隙而中之，使謂天子有聚斂臣，（小結）則平天下易易矣。〔四五〕（大結）夫有餘不足，非天下之公患也。況在萬乘，豈其患貧？弊有二：在侈大，在纖嗇。侈大者，人主以天下之財，費之於天下而不足；而纖嗇者，人主聚之而自有餘。在天下則財猶遞相流注，在一人則朽蠹而已。故吾以漢之武帝，猶賢於唐德宗也。〔四六〕

開講先提義之利起，通篇以獻子之言爲一截，以斷獻子之言爲一截。前一截散行，化三段爲一段，半叙題面，半發所以然，雖不作四股，仍與四股相似。中間以「又況乎人君」一句作過文。下截二股叙題面，二股發所以然，末復散行一段，繳轉獻子之言。大結切神宗時事講，故謂漢武賢於唐德。○此作向與董思白作並稱。然董作實不如其簡勁也，惟起手則董作三段平出爲是。□□□常論之曰：「引獻子言只取食禄之家不得與民争利耳，此謂二句，通釋三段，未嘗有單指聚斂意，《或問》朱子引公儀子、董子以証上二段，引臧文仲、冉子以証下段，則亦並舉無疑。自陶石簣墨署過上二段，側重下段，後人遂以爲不易之説，其實非也。」○張侗初評此文云：「股中字句，深淺相生，瞿、馮的派。先說端開，後說源竭；先說斂怨，後說階禍；先說無用無已，後說難繼必散，二股如一股，此作文對股法也。」○王方麓此題作原評云：「此以義理論，不以利爲利者，未說到利有害處，只見得義不可也。」以義爲利者，亦未說到義未嘗不利，只見得義之所安即是利也，下節方極言耑利之害。觀此則己丑元魁諸墨，俱有間然。熊次侯此題開講云：「吾言發身之效，而必以守財爲好義之終，豈上之於仁，亦有所利而爲之也乎？而不然也，下以守財爲分，則謂之義；上以守財爲心，則謂之利。惟以好仁爲當然之理，而無所求於下焉。斯仁之至而義之盡矣。」最得題旨。○唐荊川《此謂國不以二句》文，亦就利害上說，與陶、董同，然其後二股云：「蓋苟利於民而不利於君，固亦爲民父母者之所不辭也，況財散而身自尊乎？苟利於民而無利於國，固亦先慎乎德者之所不恤也，況有德而必有財乎？」則又陶、董所未及。大抵此節只就心術上說，非以聚散得失而驗利不利。獻子之言，純是正誼明道之意，絕不從效驗起見，故大學取以爲平天下法。下節所言，乃是爲中人以下說耳。

子曰回之爲人也　章

萬曆丁丑會墨　馮夢禎

聖人於大賢，而與其學之能守焉。蓋道不貴於徒擇也，擇而能守之，此夫子所以重與夫回也與！想其意以爲：（起講）人之於道，期於有得而已。未得也，從而擇之；既得也，從而守之。學者力此二者，而於道也幾矣，吾茲有取於回焉。夫回之爲人也，以道之有中庸也。（一股）其理在心，本反之而自足。（二股）而其用在天下，必擇之而後精。（三股）道本無過，而其孰爲中，孰爲過而非中？在毫末之間也。回則出其識之沉潛者，審而擇焉，不使過者得以累吾中也。（四股）道本無不及，而其孰爲中，孰爲不及而非中？在幾微之際也。回則出其見之明睿者，決而擇焉，不使不及者得以眩吾中也。夫既擇之矣，能無一善之得乎？夫既得之矣，能保其終身之不復失乎？而回也，（五股）則斂其精神，而無一念不運於道之中。（六股）敬其踐履，而無一事敢踰於道之外。（七股）據吾審擇之所得，固純然中也。而毫末少違，則中者忽流於過矣。回惟拳拳焉奉而持之，無寂無感，常合而不違也。殆終其身與中道相依倚，而不復失之過者耶？（八股）即吾決擇之所得，固粹然中也。而幾微少放，則中者忽流於不及矣。回惟拳拳焉秉而執之，無久無暫，常存而不放也。殆終其身與中道相周旋，而不復失之不及者耶？（束）夫擇守一事也，堅於守而後所擇者皆實見矣。得失一機也，防其失而後所得者皆實境矣。回也，其仁矣乎！

開講只説能擇者又貴能守，未着人説，是在題前。今人於起講便就人之能如此者説，便下贊語，則是包盡題面，雖未點「回」字，尚屬虚説，然已無餘步矣。○「回之爲人也」一句，只是開口語，本無深意。今人以其爲第一句也，必將此句虚衍二股，嚼蠟無味。先輩初無此法。看此文只將擇中、守中作兩截講，何嘗空纏首句？○第一股、第二股，是所以要擇之故，第三、第四上半股，亦是所以要擇之故，下半股是「擇」字正面。過文先發所以要弗失之故，過文下四股，則俱是弗失正面。○束處繳轉開講意，開講將擇、守分説，此將擇、守合説，不分則不知知行之二，不合則不知知行之一。分是此題正意，故在前；合是此題旁意，故在後。○審擇是擇之始，決擇是擇之終，以審擇貼「過」，以決擇貼「不及」，是交互法。後以「無寂感」貼「過」，以「無久暫」貼「不及」，亦然。○愚嘗論《得一善則拳拳服膺》題，開口即宜取「拳拳服膺」之意，不宜先糾纏「得」字。今看具區此作過文先點「得」字，然亦覺妥當者，以其一點即趨下也。勢既趨下，則雖先點不妨。若欲於得一善處停留，則必先喝破拳拳服膺之意，方不失之寬緩。

善必先知之　三句

唐順之

惟至誠之知幾，所以合德於神也。夫幾也者，神之所爲也。而至誠知之，亦神矣哉！（起講）且天地之間，明則有至誠，幽則有鬼神，若將判然二物矣，而孰知有合一者存乎？何則？禎祥、妖孽，與夫蓍龜、四體之倫，所以徵夫福之將至者，不必皆同而均謂之善也。所以徵夫禍之將至者，不必皆同而均謂之不善也。苟見其幾而知之不蚤，固不可以言至誠矣。苟有所知而有所不知，亦不可以言至誠之如神也。今也有一善焉，幾動於彼而誠動於此，固無幽深遠近，而凡爲福之徵者，隨其所見而無不知之矣。有一不善焉，幾動於彼而誠動於此，亦無幽深遠近，而凡爲禍之徵者，隨其所見而無不知之矣。至誠若此，而可不謂之神乎？蓋善之先見與不善之先見，皆鬼神氣機之微露也，而吾獨能先知之。（一股）故鬼神涵天地之實理，而洩其幾於朕兆之間。（二股）吾亦全天地之實理，而炳其幾於著見之始。（三股）神以知來，人皆知；鬼神之不測如此也，而不知。至誠先知之哲，所以占事而知來者，實與鬼神而合其吉凶。（四股）神以體物，人皆知；鬼神之不測如此也，而不知。至誠周物之知，所以探賾而索隱者，實能質諸鬼神而無疑。（五股）方禍福之未至，與至誠、與鬼神同一寂然不動之體也。（六股）及禍福之將至，與至誠、與鬼神同一感而遂通之妙也。（七股）在鬼神也，誠而形。（八股）在至誠也，誠而明。（小結）孰[四七]謂至誠之不如神也哉！

此是下贊上格，上二句意，全在下句描寫出來，故上截作四股，只淡淡寫過，下截另自作八股，全力皆注於此，在諸格中又别爲一格。○開講從「至誠」「鬼神」分處説到合處，似從題面起，却是全節口氣，此先輩連上起法也。開講下先將善不善提明，然後將上二句作四股，兩反兩正，次作過文二句，將下截題面點出，又將「神」字提一句，便見至誠所以如神之故。然後將「如神」正面實發八股，前後四股，將「至誠」與「神」分説；中間四股，將「至誠」與「神」合説。神以知來，就事上説；

神以體物，就物上説。○「善」「不善」二字，朱註雖無明解，然孔疏、《存疑淺説》俱以「善」「不善」即作禍福看，最爲直捷，此荊川之所本也。《大全》許氏則將「善」「不善」在妖祥上説，謂祥爲善，善中亦有禍福之應；妖爲不善，不善中亦有禍福之應。萬曆以來新説，則又將「善」「不善」在人心上説，謂合理爲善，善則祥雖未至，而先知其必有是福；逆理爲不善，不善則妖雖未見，而先知其必有是禍。二説雖高，然於文勢不順。○講家謂知之非徒曉得便了，有保持禳却實事在，不然何貴於前知？此意甚好。又顧涇陽論至誠所以能前知之故曰：「禎祥興兆也，非興本也，必有所以興者矣。妖孽亡兆也，非亡本也，必有所以亡者矣。故至誠不待禎祥妖孽而後知也，然禎祥妖孽之類泛泛觀之，其狀顯，何人不見？細細求之，其情微，何人能見？即如『成子受脤』一節，成子不知也，成人亦不知也。獨劉子知之耳。又如『邾子執玉』一節，邾子不知也，邾人亦不知也，獨子貢知之耳。推而上之，蓋有劉子、子貢不知，獨至誠知之者矣。况乎福中藏禍，禍中藏福，變紀百端，豈尋常智慮所能窺測？故禎祥妖孽亦必待至誠而後能知之也。」説得最周密。此皆可以補荊川所未發。○或疑此篇所謂「幾動於彼而誠動於此」近於有意將迎者。□□

曰：「誠何以動？誠之明動也，如目之忽見，耳之忽聞，所見所聞，幾動於彼也。見明聽聰，而心通理得，誠動於此也。將迎者幾未至而自私用智，非誠動也。」闡發荊川之意極明，蓋即聲入心通若決江河之意，但此只就禍福上言耳。

君子尊德性而道問學　節

顧憲成

君子有脩道之全功，而道凝矣。夫天下無一偏之學也，有所以尊德性，有所以道問學，而道其凝矣哉！（起講）且天下莫大於道，而尤莫大於人。人者，德與道凝而爲一之謂也。（此一句便見所以要尊要道之故，「自世之人」至「奚以凝道」，作一口氣讀。）凝者，内與外合而爲一之謂也。自世之人不知道之無外也，而專索之於外，則遺内矣，洋洋者與其優優者判然而不相屬矣。不知道之無内也，而專索之於内，則遺外矣，優優者與其洋洋者涣然而不相麗矣，奚以凝道？是故君子尊德性而道問學焉。（此一句便見所以要致。）謂夫廣大者心體也，從而致廣大可也。而精微之理，即廣大中之實理，（此一句便見所以要盡。）其盡之而已矣。謂夫高明者心體也，從而極高明可也。而中庸之用，即高明之實用，其道之而已矣。温故矣，而必繼之知新。（股法又變）良知之惺然於心者，吾不敢有所以昏之，而又不敢無所以充之也。敦厚矣，而必繼之崇禮。良能之渾然於心者，吾不敢有所以漓之，而又不敢無所以閑之也。（束）脩其内以爲外之主，而卒未嘗因之以廢乎外也。故内之所得，合諸察識而益真。雖日游神於天地萬物之表，而不流於蕩。修其外以爲内之輔，而卒未嘗因之以廢乎内也。故外之所得，體之涵養而益粹。雖日殫力於三千三百之間，而不滯於粗。（小結）吾謂聖人之道待人而後行者，待此尊德性而道問學之人也。

開講是承上起法，「自世之人」至「奚以凝道」反説一段，今人必以爲是起股，不知此只是起講，先輩無所謂起股也。此一段只如昆湖《事君》篇「人惟不明乎分誼而臣節始微矣」一句。○此題雖是一頭四脚之格，然首一句是綱，下四句是目，下四句所以發明首一句，將下四句講透，則首一句自明，故此作將首句直點出，不講一語，手法高絶。李九我此題作將首句畧講二小比，仍不侵實地，各有其妙。○廣大高明故厚，李作只以德性還之。此却以心體貼之，較明。然須知所謂心體，是指其中之理言，非指空空之心也。若認得不明，便易落金谿話頭。○束題二股，繳轉内外二字，與起講相應。○艾千子評此文云：「内外二字，讀者不可以辭害意，非偏以存心爲内而致知爲外也。蓋道問學以致知，皆於事理上細微曲折，求其精詳，故以外屬之。此外字，亦如合外内之道外字，皆德性中事。」説得最好。不如此體認，便與「義外」之説無異。○註以存心、致知分貼「不及」、「力行」。史氏以「盡精微知新」屬知，「道中庸崇禮」屬行。《蒙引》、《説約》俱取之。愚意不然，如此則難道行處獨無精微與新乎？知處獨無中庸與禮乎？《語類》有一條甚明，曰：「致知、敬、克己，此三事以一家譬之：敬是守門户之人，克己則是拒盜，致知却是去推察〔四八〕。伊川言：『涵養須用敬，進學則在致知。』不言克己。蓋敬勝百邪，便自有克，〔四九〕猶善守門户，則與拒盜便是一等事，不消更言别有拒盜底。若以涵養對克己言之，則各作一事亦可。」觀此則註存心内自包得力行，不必如史氏説也。○涇陽、九我此題作，俱不用存心致知作柱，豈亦疑註之偏耶？○德性與廣大高明故厚，總是一件；問學與中庸新禮，總是一件。《或問》載游、楊二説，分别先後，似俱不是。朱子是因節取而及之，非取其分先後也。觀涇陽、九我二作，俱不分先後，最是。○上文「待其人而後行」是言待聖人，不是言待君子。此作結語似誤看，只可云道之待聖人而凝者，有君子而亦凝矣。〇「尊德性」「道問學」，從來講學者，以此爲朱、陸異同之原，此本吴草廬調停之説，其實非也。朱子於德性問學之功無不備，象山不但無問學工夫，其所謂尊德性，亦只如禪家之守心，與吾儒涵養本原工夫不同。此未易辨，要細看《困知記》、《學蔀通辨》等書方知。〇「故厚」註以已知已能言，此文以良知良能言，雖已知已能之出於天然者即是良知良能，然兼用則不妨，專用亦未免有病。

舉舜而敷治焉　農夫也

顧憲成

萬曆丙子應天鄉墨

觀聖人任人以圖治，而知其所憂者大矣。夫天下非人不治也，得舜以總治，得禹、皋陶之徒以分治，而後民可安焉。固知聖人之憂，不同於農夫之憂也。（起講虚説）且天下之未治也，聖人能以心憂之而不能以身徇之也。爲君者，舉治民之責付之於一相。爲相者，舉治民之責付之於羣有司。天下可坐而理矣。（承上文）時惟陶唐，天下之爲民患者誠多，而堯之憂誠切也。（首句先點）乃舉舜而敷治焉，（次發所以舉舜之故二股）謂夫天下之治，必得人而後可圖也；　謂夫天下之人，必得舜而後可舉也。（先發所以舉羣臣之故二股）舜也，仰承一人付託之重，而思殫心以釋其憂。俯念四海屬望之殷，而務擇賢以分其職。（次點益、禹、稷、契二股）命益以司火政，而鳥獸匿矣。禹則起而治水焉，所以竭力於疏瀹決排之間者，何亟亟而不遑也！命稷以司稼政，而民人育矣。契則起而明倫焉，所以致意於勞來匡直之間者，何孜孜而不倦也！（先發所以不暇耕之故二股）在天下方幸聖人之有作而害可除，在聖人則方慮夫民瘼之未易恤。在天下方幸聖人之有作而利可興，在聖人則方慮夫民欲之未易遂。（次點出不暇耕）如此乎聖人之不暇耕矣。由此觀之，（先發所以憂之故二股）堯一日無舜，則孰與命禹、益？舜一日無禹、益，則孰與拯昏墊之患，而登天下於平成？堯一日無舜，則孰與命稷、契？舜一日無稷、契，則孰與粒阻飢之民，而躋天下於揖讓？（次點「憂」字二股）然則憂舜之不得者，堯也，君道也。憂禹、臯陶之不得者，舜也，相道也。（末句只點題面，然「忘情天下」便是所以然之故。）彼以百畝之不易爲憂者，蓋忘情於天下之所暇耳。即禹、益、稷、契之徒，猶有不屑。況君如堯、相如舜，獨奈何而躬農夫之行哉！（小結）信矣！許行之妄也。

開講言聖人不能以身徇天下，只在擇相擇有司，是泛以理言，未着堯舜上。只説當如此，未説能如此，與時文包盡題面者不同。○此題頭緒雖多，然其大意，不過是君擇相，相擇羣有司，而不同於農夫之憂，用兩截八股之格亦可。此則隨題挨講，將「舉舜」句作二股，「舜使益」以下至「而暇耕乎」作六股，「堯以不得舜」二句作四股，「百畝不易」句散行一段，前後一氣呵成，故股數雖多，不厭其煩碎。○篇中或先點題面，後發所以然之故；或先發所以然之故，後叙題面。參錯成文，最宜玩味。○題中不暇耕意，兩處分結。又上節歸結在禹，下節歸結在教，此是孟子隨筆所至，或詳或畧，原無他意。時文因此便生出許多支節，總由拘題面而不識題意耳。此作只於教後總結，何等高老。○作文必知詳畧之法，一句題則詳於一句之旨，而全章之旨則只畧叙；全章題則詳於全章之旨，而每句之旨亦只畧叙，數節數句題亦然。如此文首尾只詳叙大意，其間如掌火教稼、「疏瀹決排」、「勞來匡直」等字，只輕輕點過。若不知此法，便不勝汗漫葛藤之患。

使禹治之　節

嘉靖甲辰會墨　　瞿景淳

聖君命官敷治，而因有以成天下之順治焉。夫聖人能使天下順治者，惟其不擾也。堯之君臣得之，此其民患除而民終賴之與！孟子述之亦以見天下之治於堯者非偶也。蓋曰：（起講）先天下而開創者，人君之仁；後天下而代終者，人臣之義。堯之時天下之亂極矣，其能一日忘乎？（一股）是故以民之憂爲憂者，堯也。擇人以治之而必於禹者，知其足以紓天下之患也。（二股）以堯之憂爲憂者，禹也。承命以治之而必以漸者，知其難以逆天下之勢也。（三股）水之爲民患者，水之未有所歸也，而未可以力排也，於是乎掘地而注諸海焉。海固水之所歸，禹特因其勢而利導之耳。（四股）蛇龍之爲民患者，蛇龍之未有所歸也，而未可以力制也，於是乎驅蛇龍而放之菹焉。菹固蛇龍之所歸，禹特順其欲而斥遠之耳。（五股）由是氾濫息，而水之行地者，各循其就下之性。觀之江淮，而江淮此地中行也。觀之河漢，而河漢此地中行也。蓋舉天下之名川，而各就禹之疆理矣。（六股）由是險阻遠，而鳥獸之害人者，各泯其搏噬之毒，以類聚而不争於民之所食也，以羣分而不争於民之所居也。　蓋舉天下之異類，而皆從禹之區别矣。（七股）夫然後地平天成，而萬世垂永賴之烈；　民安物阜，而四隩成可宅之休。（八股）高者不安於窟居也，而六府之脩，民皆得以作乂矣；　下者不安於巢居也，而三事之治，民皆得以樂業矣。（束）此固禹之有成功，而堯之憂其釋矣乎？（小結）然則天下之亂而卒治者，非特氣化之盛，而堯之君臣，則固有以爲之所矣。

開講及首二股，雖虚實不同，皆以堯、禹並説，與王守谿《周公》篇點武王一例。但彼因題中無武王而點出，是補題法；　此因題中有「使」字而點出，是順題法。然又不如程文起手云：「當帝堯在位之時，有洚水警予之患。　時則鯀罔績矣，乃舉舜而敷治焉。　舜納麓矣，復命禹以嗣興。　以上則君憂臣勞而弗恤，以下則父舍子用而不疑。　凡以爲天下而已。」并舜補出，尤高。◯此節只重「爲天下」，不重「不擾」意，篇中畧覺粘帶。◯通篇雖有八股，然是隨題挨講，非八股正格。◯「掘地」二句，是工夫。「水由地中」四句，是第一層效驗，就除害上説。「然後人得」句，是第二層效驗，就興利上説。　篇中於上截言工夫處，皆先發所以然，於下截言效驗處只叙題面者，蓋上截言水與蛇龍爲患，由於未有所歸，則下截言水與蛇龍之不爲患，由於既有所歸可知。上截言水與蛇龍之未治而爲民患，則下截言人之安土，由於水與蛇龍之治可知。此是争上流法。○第五股「江淮」、「河漢」分講二句，第六股以「類聚」、「羣分」作對，此是以虚對實之法。馮具區會試首墨，以「是非可否」對「宗族鄉黨」，與此一例。○楊維斗曰：「文不貼章旨，雖工無當也。如《孟子》題同説恒産，《惠王》章要貼『盡心』，《宣王》章要貼『保民』。同説伊尹，《萬章》章要貼『要湯』，《伯夷》章要貼『尚論』。同説堯舜，《許行》章要貼『並耕』，《公都子》章要貼『好辨』。其他相似者，莫不皆然。」如此文言禹之不能一日忘處，便貼「好辨」。言禹之不擾處，便不貼「好辨」。格法雖工，終有間然。

周公兼夷狄驅猛獸而百姓寧

王鏊

成化乙未會墨

論古之聖人除天下之大害，成天下之大功。夫天生聖人，所以爲世道計也。周公撥亂世而反之正，其亦不得已而有爲者與！孟子答公都子之問而言及此，意謂：（起講）天下大亂之後，必生聖人之才。商紂之世，民之困極矣，於是有周公出焉。（一股）武王既作之於上，（二股）周公則佐之於下。（三股）彼其夷狄亂華，不有以兼之，吾知其被髮而左衽矣。周公於是起而兼之。而若奄國，若飛廉，皆在所兼。兼夷狄，兼其害百姓者也。（四股）鳥獸逼人，不有以驅之，吾知其弱肉而強食矣。周公於是起而驅之。而若虎豹，若犀象，皆在所驅。驅猛獸，驅其害百姓者也。（五股）是以夷狄之害既除，則四海永清，無復亂吾華夏者矣。（六股）猛獸之害既息，則天下大治，無復交於中國者矣。（七股）天冠地履，華夷之分截然。人皆曰百姓寧矣，而不知誰之功。（八股）上恬下熙，鳥獸之類咸若。人皆曰百姓寧矣，而不知誰之力。（小結）吁！周公以人事而回氣化，撥亂世而興太平，其功之大何如哉！〔五〇〕

開講從一節大意説起，竟接本題，不必另推開上文，此是先輩老法。〇凡文中用賓主，有先賓後主者，有先主後賓者，如此題「周公」是主，「武王」是賓。此文開講下云：「武王既作之於上，周公則佐之於下。」此先賓後主也。而先提一句云「於是有周公出焉」，此先主後賓也。不知先主後賓之法，則題之來路不清；不知先賓後主之法，則題之接脉不清。須熟玩。亦有竟從賓意起者，要看文勢何如，不可拘一法。〇凡兩截題，有上截之所以然，有下截之所以然，有兩截相接之所以然。如此文先言夷狄猛獸之爲害，便見其當兼當驅，此上截之所以然也。言無復亂我華夏，無復交於中國，便見百姓所由寧，此下截之所以然也。然兼之驅之，何以便無復亂華夏交中國而百姓寧？以其所兼所驅者，即兼其害百姓驅其害百姓者也。下截之所以然，又先埋伏在上截内，此謂争上流法。〇此節是總結上文，故「兼」字、「驅」字只將上文奄飛廉虎豹犀象點綴，絶不另生支節。〇上截四股，從周公説到百姓。下截四股，從百姓繳到周公，此是一篇回環法。與《危言危行》篇繳轉「邦有道」一例。有以「人皆曰百姓寧」云云爲咏歎法者，非是。〇或疑此及《邦有道》篇，首二股皆以一句爲一股，嫌於太短者。夫作文在於明理而已，豈論長短哉？理苟明矣，何以長爲？

我亦欲正人心　節

萬曆丁丑會墨

馮夢禎

大賢自發其爲道之心，其所任者重矣。夫三聖人之作，凡以爲道也，大賢承之以闢邪焉，自任豈輕乎哉？（起講）且夫天行之數，始乎治，常卒乎亂。而人心之機，出乎正，則入乎邪。自聖賢出而握其微權，以撥亂而治，反邪而正，而世道終有賴焉。若禹、周、孔子是已。予也敢自諉乎？蓋今之時非三聖之時也（提），而予之道即三聖之道也。（上截作四股看）自楊墨行而人心壞矣（反），自人心壞而聖人之道息矣。故欲明聖人之道，當先正夫人心（正）。而欲正斯人之心，（虛）當先開其陷溺。邪說惑人心者也，吾息之使不著焉。詖行蔽人心者也，吾距之使不行焉。淫辭蕩人心者也，吾放之使不濫焉。（實）蓋今之天下，惟其無三聖人也，故楊墨從而亂之也。而予之正人心，凡以承三聖也，故必欲辭而闢之也。（下截四股）（開）執予之跡，則其說也長。而諒予之衷，（闔）則其責也重。予之切切焉與楊氏辨也，予豈好之哉？正以人心有義，而爲我者出而害之。苟不早爲之辨焉，其病於吾道之義不少也。而予之心有大不得已者在矣。予之諄諄焉與墨氏辨也，予豈好之哉？正以人心有仁，而兼愛者出而賊之。苟不嚴爲之辨焉，其病於吾道之仁匪淺也。而予之心有甚不得已者存矣。（束題）蓋三聖人之道不可一日不明，則人心不可一日不正。人心不可一日不正，則楊墨之言不可一日不辨。（小結）外人以好辨爲予稱也，予其滋戚矣乎！（大結）嗟嗟！孟氏闢楊墨之功，昔人稱其不在禹下，蓋詳哉其言之矣！愚未暇論，獨竊歎夫楊墨之爲異端也，易知也。乃吾儒之中，亦有異端焉，其害甚於楊墨而難知也。蓋楊墨者特其學術之偏爾，而其意真，其行直，猶未甚詭於道，而孟氏力詆之。乃吾儒之異端，方且以孔孟之術，託其盜賊之身，而汲汲焉號於人曰儒，世亦遂從而儒之。噫！此詎可令孟氏見也。

欲正人心，必先息邪距詖放淫，此與君子反經意不同。彼是先治其本，此是先去其病，各自一義。此作認定息邪、距詖、放淫皆爲正人心而設，題理最明。《淺說》謂正人心四者當平說下，太拘。〇開講是承上起法，通篇是兩截格，下一截講「予豈好辨」二句，整整四股，兩合兩分，固是常局。上一截先將三聖提起，自「楊墨行而人心壞」二句，似一股；「欲明聖人之道」四句，似一股；將邪說、詖行、淫辭實點三小段，又似一股；將「承三聖」實發一段，又似一股；合看則先反後正，先虛後實，仍與四股一般。此隨題立格，變而不離於正者也。○楊墨行而人心壞，所以欲正人心當先開陷溺；人心壞而聖道息，所以欲明聖道當先正人心。看其欲發當然，先正發所以然。篇内皆如此，須細會之。○「承三聖」即是承道，用一「道」字，則「承三聖」便有實際。此一「道」字，從上文「聖人之道」、「孔子之道」、「世衰道微」諸「道」字來。○張侗初曰：「文字於破承内擒出一字爲主宰，則通篇段段須照顧之。」鄧定宇首篇「中」字、開之此作「道」字，皆是此法。其他元卷，無處不用。○東題繳轉三聖，全旨俱醒。○按馮具區、鄧定字、黄葵陽、陶石蕢、董思白，做舉業時，皆能將聖賢道理，言之鑿鑿。而晚年俱入於禪，不惜身爲異端，到底是學問尚淺，見得未明。亦由明運將衰，人材敗壞，所以賢者皆不能自立。

匹夫而有天下者　二節

唐順之

大賢兩推聖人不有天下之故，以見天與子也。蓋聖人之有天下，不獨以其德，亦以天子之薦與繼世之不賢耳。不然，其如德何哉？此孟子歷舉羣聖之事以證禹之非德衰也。想其告萬章之意若曰：（起講）吾子謂禹爲德衰者，蓋徒知益之爲舜、禹，而不知啓之非朱、均也。且自古聖人之不有天下亦多矣，豈獨益哉？何則？匹夫而有天下者，非曰德之爲聖人，而天遂與之也，功不得違勢而獨立，名不得背時而獨彰。必也德如舜矣，而又有薦舜如堯者，而後可以帝於虞；德如禹矣，而又有薦禹如舜者，而後可以王於夏。舜不遇堯，一耕稼之夫而已矣。禹不遇舜，一崇伯之子而已矣。是故仲尼雖有舜、禹之德，而所遇非堯、舜也，孰委之以國焉？孰授之以政焉？蓋其德則是，其位則非。天亦何從而與之天下哉？（兩股中間用一過文）若夫有德矣，有薦矣，而亦不有天下者，何也？蓋匹夫以有天下者與繼世以有天下者，其勢常相低昂者也。繼世而有天下者，非曰德不如聖人，而天遂廢之也，先王之澤未泯，天心之眷未衰。必也大惡如桀（正），而後有南巢之放；大惡如紂，而後有牧野之誅。（反）禹之天下苟不遇桀，未亡也。湯之天下苟不遇紂，未亡也。故益、伊尹、周公，雖有舜、禹之德，有天子之薦，而所遇非桀、紂也。啓之賢足以繼夏，而商則太甲焉。太甲之賢足以繼商，而周則成王焉。蓋雖與子也，而猶與賢也。天亦奚必奪此而與彼哉？（束）夫伊尹、周公、孔子，皆聖人也，而不有天下，其何疑於益？商、周皆繼世者也，其何疑於禹？（小結）比類觀之，天意見矣。而獨謂禹爲德衰哉？

此杜静臺所謂「中紐格」，如對胸之衣，而中用一紐者也。此因前面不用提挈，故須如此説下。若起手有總提，則便不須用此矣。〇開講從益喝起仲尼、伊尹、周公，束題從仲尼、伊尹、周公繳到益，賓主了然。黄葵陽所謂「作文貴知大頭腦」也。然止在起束點清，中間絶不糾纏。今人一知有大頭腦，便滿篇叫喊，章旨雖清，而題面反亂，則又與先輩霄壤矣。〇先輩立論，必歸平正。後人往往流於偏僻。如此文只説得天意之無定，何等大雅。天啟乙丑項煜有此題文，便云「天之意常在繼世」，却説偏了。〇兩扇内「必也」以下，是叙題面。看其前先云：「功不得違勢而獨立，名不得背時而獨彰」，「先王之澤未泯，天心之眷未衰」，此是所以然之故。〇叙題面處，一正一反，文氣最活。

孔子有見行可之仕　三句

萬曆癸未會墨　鄒德溥

大賢歷舉聖人之仕，無非道之所在也。夫聖人進以道者也，而或以「行可」，或以「際可」、「公養」，則道固變通也哉！孟子語萬章曰：（起講）聖人之爲天下甚殷，而其待天下甚恕。故嘗委曲以冀道之行，即或道之未可行而亦時就焉。乃其究卒歸於道，若孔子可睹已。夫孔子之仕爲道也，宜乎道可大行而後仕也，（翻一句）然且有見行可之仕焉。視其君若足以建治，視其相若足以佐理，吾姑以其身周旋於君相之前。蓋天下方病吾以難，而吾則時示以易。固吾委曲之微權也，事道也。（股法聯絡）然非必行可而後仕也，則嘗有際可之仕焉。彼其禮遇之隆也，（翻一句）而能必其行吾道哉！顧其所爲致敬於吾者，抑猶知隆吾道也。吾由此而仕，其或因晉接以啟道合之機乎？此固時事之未可知者。即不然，亦鑒其誠焉已矣。而鑒其誠者，固道也，是本乎事道之心而權之者也。又非必際可而後仕也，則嘗有公養之仕焉。彼其問饋之豐也，而能必其行吾道哉！顧其所爲致養於吾者，抑猶知重吾道也。吾由此而仕，其或因鼎養以啓道合之機乎？此又時事之未可知者。即不然，亦享其儀焉已矣。而享其儀者，固道也，是因乎事道之窮而通之者也。（隨束隨結）然則以獵較爲非道，固非所以論孔子，而以交際爲必却，夫亦未以孔子權之與。

通章以交際爲主，上文即獵較以明交際之不必却，此節合孔子生平之仕以見交際之不必却。「際可」是主，「行可」、「公養」是賓。陳大士云：「交際之事，孔子引爲仕之中。上之雖不得等於見可，下之亦不夷於公養，最明。」此作將三項蟬聯而下，不用提挈，而賓主自見，尤屬老法。○將上節「道」字，爲一篇主張，逐處提點，最爲豁目。○開講是虚起法，題分而開講合，題指事言，而開講以理言，故與通篇意思不相重複，此善用虚者也。若今人名爲虚起，而將題意説盡，是仇滄柱所謂「一篇小文字」，而非起講也。○李九我此題開講，先用孟子論交際及此一句，則有根源。此作開講竟就題直起，不糾纏上文，則省葛藤，又是一法。○李作於開講下云：「以行道之故而示天下以徇，聖人固有所不爲；以重道之故而示天下以峻，聖人亦有所不忍。」是用反法。此作三段起手，則用翻法。○此是三段先奇格，而股法聯絡，三股如一股，與張君大韶《一不朝》篇同法。○行可、際可、公養，若説得太好，便與下桓子、靈公、孝公不對針。看其下語，俱有分寸。○三股中叙題面只一句，餘俱發所以然之故。○束處先繳獵較，次繳交際，通章賓主俱醒。

遊於聖人之門者難爲言

王鏊

惟聞乎天下之至道，斯渺乎天下之衆道。蓋道至聖人而止也，人苟得聞之，則天下之道，皆無足觀。聖道之大，於是而可知矣。且夫聖人之身，斯道之所出。聖人之門，斯道之所寓。未遊聖人之門，不知聖道之大也。苟一遊其門，則睹聖人之儀刑，日從容乎仁義禮樂之中。承聖人之謦欬，日周旋於道德性命之際。宗廟之美，百官之富，親得而睹之。江漢之濯，秋陽之暴，親得而承之。所聞所見如此，則天下之言，又何足以動我之聽哉？（一股）蓋其識見高明，而天下之言道者，唯覺其卑汙。（二股）氣量遠大，而天下之爲術者，唯見其淺近。（三股）如回也遊聖人之門，而領四勿之教，天下之至德在已，復何德之可言？雖有之，德其所德，非吾所謂德也。（四股）參也遊聖人之門，而悟一貫之旨，則天下之至道在己，復何道之可言？雖有之，道其所道，非吾所謂道也。（五股）《國風》《雅》《頌》，《詩》之至也。苟得聞之，天下不復有詩矣！（六股）《說卦》、《文言》，《易》之奥也。苟得聞之，天下不復有《易》矣！（七股）辨莫如儀、秦，自聖道觀之，不過縱横之邪説耳，何足以爲辨？（八股）高莫如老、莊，自聖道觀之，不過虚無之異端耳，何足以爲高？（束）吁！不觀滄海，不知水之大也。不遊聖人之門，不知道之大也。（小結）然非孟子之知道，亦安能知其所以大哉？

此文與荊川《善必先知》篇同格，將題分作兩截，前一截發四股，後一截發八股。但荊川開講連上起，此作提聖人之門起；荊川前一截四股，兩反兩正，此作先反一句，四股皆正説。○方山亦有此題作，亦作兩截格，然前一截四股，後一截亦止四股，先正固不拘一法。○方山於前一截云：「其爲道也，堯、舜、禹、湯、文、武、周公也。其爲言也，《易》、《詩》、《禮》、《樂》、《春秋》也。中至此而後謂之大中矣，正至此而後謂之至正矣。」方山善用虚，此作善用實。○「宗廟」「百官」，就充實光輝處説。「江漢」「秋陽」，就大而化之處説。○方山講上截，便就聖人之言上説，見所以難爲言之故。此作講上截，只就聖人之德上説，至下截方就言上説，俱見所以難爲言之故。○難爲言之言，亦見道之言，但不免有偏。此作儀秦、老莊二股，稍覺粗，只當云：「辨如儀、秦，固爲縱横之邪説矣；即不屑爲儀、秦，而稍涉於利害焉，亦非聖人之所謂辯也。高如老、莊，固爲虚無之異端矣；即不肯爲老、莊，而稍偏於虚静焉，亦非聖人之所謂高也。」○歸震川《君子創業垂統二句》文，亦用此格，將「創業垂統」叙四股，「爲可繼也」發八股。大抵先輩此格，多用之下承上、下贊上之題。

君子引而不發　一節

蘇濬

君子施教之法，亦以待從教之人而已。夫教有定法，中焉止矣。因其法而從之，亦存乎其人也，而豈有所徇哉？（起講）且夫教學之相須也久矣。循道以立教者，教之中也。緣法以入道者，學之能也。子不求其能而欲教者之貶法也，其亦未知中道之不容貶乎？（一股）彼君子以天下之道，其可以言傳者，跡也，無論於能不能，而皆授者也。（二股）其不可以言傳者，精也，無論於能不能，而皆莫之授者也。（三股）傳之而不盡傳，何嘗諄諄然曰：道之高者何如乎？而意寓於言之中，則即其卑者而道之高者，固躍如也。（四股）授之而不盡授，何嘗諄諄然曰：道之美者何如乎？而精藏於法之内，則即其粗者而道之美者，固躍如也。（過文）原其始，雖有躍如之幾也，而未嘗言躍如之故。要其終，雖有不發之秘也，而未始無善發之功。斯教也，其將謂其幾及之易乎？抑將謂其登天之難乎？如以君子之引而疑其易，則其不發者果何爲也？如以君子之不發而疑其難，則其躍如者果何故也？（五股）既不以難震天下，又不以易徇天下，昭然中道而立之趨者，是教者之事也，而謂之一繩墨彀率焉可也。（六股）既不狃於其易，而亦不阻於其難，孶孶然從其教以入於中者，是學者之能也，而謂之一善工善射焉可也。（七股）天下而有能者之人乎？吾將賴之以發其未發之傳矣。而高者美者，吾安得而私之？（八股）天下而無能者之人乎？吾亦終於不發之教矣。而高者美者，吾安得而徇之？（束）今子也不病已之不能，而病吾之不發；不孶孶焉以從吾之教，而欲廢吾之中道以徇子之學。（小結）噫！亦弗思也已。

荊川此題作，截然八股，前一截，「引而不發」二股，「躍如」二股；後一截，「中道」句二股，「能者」句二股，中間不用過文，此正局也。此作前後亦各四股，而中間過文，却用層波疊浪，如魚龍變化，不可捉摸。此是先輩極奇橫文字。○荊川起講云：「羿之教人射也，固未嘗變其彀率以徇人矣，何獨於君子之教而疑之？」承上説來，有駿馬下坂之勢。此作直提教學起，有單刀直入之勢。○荊川作俱用實講，如講「引」字，則云「示之趨向以審其端，示之循習以致其實」；講「不發」，則云「聖智合一之機，未之及也」；心跡渾化之妙，未之及也」；講「中道」，則云「形而上矣，未嘗不形而下」；講「能者從之」，則云「中道所在，巧者皆可得而中也。中道所在，力者皆可得而至也」。一一還他實際。此作則純用虛講。然首二股云：「其可以言傳者跡也，其不可以言傳者精也」，實處已先提在前，則篇中虛處皆實。與今人一味含糊者不同。○此作首二股先説所以引而不發之故，過文先説所以爲中道之故，荊川作則通篇皆説當然，而所以然之故，只帶見於其間，各自一法。但荊川作字句有未醇者，故置之。○首二股即點能不能，開後來串插法門，然語氣自然，不傷大雅，故無礙。○不發，小註以「雖啓其端不竟其説」爲解，《蒙引》謂與大註之意不同。蓋既授以學之之法，則非只啓其端而已。如博文約禮、三綱領、八條目，諄諄不倦，特未嘗告以「以得之」之妙，即所謂不發也。荊川以一隅方舉、兩端方竭並言，似欲兩用小註、《蒙引》之説。紫溪此作，則又含糊過了。此處只依《蒙引》爲是。○註云：「中者，無過、不及之謂。中道而立，言其非難非易。」玩此則是因中道而謂之非難非易，不是因非難非易而謂之中道也。《蒙引》云：「得之之妙，如曾子所得之一貫，顔子所得之卓爾，此誠所謂中道而立，無過、不及之所在，固非可以易言，然亦天理之當然而已。」故曰非難非易也，甚明。荊川以形而上、形而下貼中道，亦是指其無過、不及者言。蓋無過、不及之中道，形而下者在是，形而上者即在是，此所以非難非易。嘉、隆以前，先輩之説都如此。至吴因之《講意》則云：「中者謂在難易之中間，非如大中至中之説。」王觀濤《翼註》則云：「中道，中於道也。今人誤認作大中之道。」依此二家之説，則是因非難非易而謂之中，非大註意矣。紫溪此作，文氣固極精妙，然看中道亦即因之、觀濤之意，讀者須辨。○因之諸家所以將非難非易作中道正解者，緣公孫丑是欲孟子貶教，不是欲孟子貶道。貶道者，以高美之不可及，而欲另换一道。貶教者，以高美之不可及而欲盡情發出與他。欲貶道，則宜以大中之道不可貶者告之。欲貶教，則只宜以非難非易不必貶者告之。所以如此解也。不知教之所以非難非易，正以其道之大中也。

言大中之道，則非難非易可見，豈可即以非難非易爲中？非難非易意，自當補在「中道而立」之外。「中道而立」，猶《論語》所謂「吾無行而不與二三子」。上文「躍如也」，猶《論語》所謂「吾無隱乎爾」。徐儆弦云：「言躍如而不言中道而立，則學者便談空説妙，無形無影，無所歸著矣。」最爲得解。若直以非難非易爲中，則仍無形無影。如此文首一股，雖有「跡」字、「精」字，不十分落空，究竟所謂跡與精是何物，豈若實講中道爲有把柄乎？

當湖先生評選先正制義一隅集卷下

有朋自遠方來

王鏊

即同類之信從，而學之成物可知矣。大學所以成己而成物也，遠方之朋而有以來之，不可以驗其所得乎？（起講）且天下之德無孤立之理，君子之學有類應之機。學而至於悦，則所以成己者至矣，豈無所以及物者乎？（一股）是故[五一]天下之遜志時敏者衆矣，其先覺之思猶之吾也。惟不能自淑，斯無以發其信從之志耳。（二股）天下之勇往從道者多矣，其同志之求猶之吾也。惟不能自成，斯無以動其來歸[五二]之心耳。今惟學而悦也，（三股）則意氣之所招來（淺），不禦於遠，而志吾所志[五三]者自相感而來焉。（四股）風聲之所鼓舞，不遺於遐[五四]，而學吾之學[五五]者自相應而來焉。（五股）雖封疆之界，若有以域之也，然彼方幸先覺之有人，而興親炙之心[五六]。涉履之勞，固其所輕者矣。（六股）雖山谿之險，若有以限之也，然彼方謂同志之多助，而有聚樂[五七]

之思。往來〔五八〕之煩，固其所願者矣。（七股）是非吾之有求於彼也。人性之善，其遠也，猶夫近也〔五九〕，吾誠自淑矣。雖在百世之下，猶興起焉，而況生同斯世者乎？（八股）亦非彼之有私於吾也。人心之同，其遠也，猶夫近也，吾誠自成矣。雖在百世之上，將尚友焉，而況生同斯世者乎？（小結）吁！學至於此，則即其及人之衆，而驗其成己之功。向之悦者，有不能不暢而爲樂矣。學者可不勉哉！

開講四句，只是泛以理言，在題之前，與今人開講包完題面者不同。前四句敷衍題面，後四比發揮題意。○朋自遠來，此是題面。幸先覺之有人，幸同志之多助，故來此，是所以然之故。人性之善，人心之同，又是所以幸先覺、幸同志之故，作文須如此一層進一層。○先言自淑，後言自成。先言意氣招來，次言風聲鼓舞，俱是一淺一深。○上言「先覺」，則接云「興親炙之思」，「先覺」、「親炙」，俱是以師道言。上言「同志」，則接云「有聚樂之思」，「同志」、「聚樂」，俱是以友道言。下字皆有斟酌。師如夫子於七十子，友如夫子於蘧伯玉、左丘明。○此作手法最高，微有不足者，據《大全》、朱子，「朋來」乃是從「學悦」後進一層境界，故曰「此學之中」也。今此文落題曰「今惟學而悦也，則」云云，是竟將此節作「學悦」之效驗，無進一層意矣。不無可酌。又第一股「遜志時敏」四字，是《書經》語。第二股「勇往從道」四字，無所本，似對不過。且「勇往從道」即是「時敏」之意。不早呼「樂」字，是高於今人處。○曾記顧涇陽集中云：「相傳此文非文恪手筆。」然亦是高手。

人而無信　章

黄淳耀

無信之不可，聖人於其行慮之焉。夫信者，人所以行之具也。無之自有必窮者，亦奚便於己而出此乎？（起講高題一層。）今夫人遊三代之世而推誠相與，然諾不欺，彼蓋以爲道固然也，亦何嘗逆計其事之可濟而後出於此哉？自夫人有速求濟事之心，則其詐必至無所不爲。自夫人有無所不爲之心，則其術終於一無所濟。君子既傷其譎，又病其窮。於是成敗通塞之間，不得不爲斯人熟計之矣。（提）蓋信者所以成也，反是必敗。信者所以通也，反是必塞。（四股講不知其可，緊貼「行」字。）人無智愚，各有其心。心在而誠感之，所爲一室之内，聲應千里也。若夫告天下以欺，而曰「爾姑從我」，則人必非〔六〇〕之矣。一行敗而百行盡屬可疑，片言虚而千言盡爲飾説。雖至數窮悔起，不惜指天日以明之，而人猶不諒，蓋謂其已用之智，又將施於今日也。遇無險易，（與前股意多可互用。然句句精警，故不嫌混。）貴白其志。志在而辭將之，所謂胸中之誠，明於皎日也。若夫設天下以詐，而曰「後不復然」，則衆共疾之矣，我行而背誕焉。（試一猛省，還敢無信麼？）而傳聞其背誕者，又過於所行，我言而矯誣焉。而指目其矯誣者，又甚於所言。即至情見勢屈，猶欲矯末路以贖之，而聞者不應，蓋謂其巧詐之謀，又將托於拙誠也。雖朝廷之上，詐諼者時起而有功，然急則用之，（原評云：「此燕君所以疑蘇秦也。」）緩則棄之，彼其君非得已也。忠悃不施〔六一〕於平日，明主蚤疑其心，故其後雖無可指之罪，而僇〔六二〕辱有所必及。雖朋友之間，權譎者亦力能相濟，然或盛禮貌以謝之，（原評云：「此馬援所以戒兄子也。」）或戒子弟以遠之，彼其友非得已也。反覆已見於他人，智士必危其繼。故其時雖無身受之禍，而讓斥有所必加。若此者，豈非無信之不行，（將上截點明。）章章可驗哉？人之有信也，（下截略發。）猶車之有輗軏也。輗軏之用去，則車不行。傾危之俗成，則民不立。而或者乃欲挾其區區之小數以得志於世，不亦惑乎？在昔武王不愆甲子之期而商國徠臣，（此二股是束亦是結。）桓王實申交質之文而鄭伯懷貳，非桓王之力不如武王也，不信而已矣。至若齊桓稱盟約之長，而諸侯叛其晚節； 季路爲布衣之雄，而邾子重其一言。 非季路之勢大於齊桓也，信而已矣。

無信有二種： 有狡詐而無信者，有輕浮而無信者。 雖深淺不同，病痛却一樣。 其輕浮一種，學者尤易犯，急當服膺此文。 ○此題上下兩截，有分二意看者，謂論其理則曰不知其可，論其勢則曰何以行之。 然玩集注只是一意，不知其可，即就行上説，蓋原對世俗人言。 此作亦不分二意，而起講則從三代上正誼明道風俗説來，比題高一層，與趙儕鶴《衆惡》篇起講同法。 ○起講下先將「信」字提四句，隨將無信所以不可之故，暢發四大股，題意已十分透徹。 此四股當得先輩八股。 下截喻意，只畧發數語便住，雖前輩於譬喻題皆不略喻意，喻意説得醒，則正意愈見。 然亦看文勢如何，正不必拘。 ○「朝廷」、「朋友」二比，暗用蘇秦、馬援事，或疑此是崇禎間習氣，春秋戰國後事，不宜雜在聖人口氣中。 然聖人之言，後世變態，原都包得盡。 只論切不切，偏不偏，暗用自不妨。 萬曆甲午山西《雍也仁而不佞章》墨，講禦人以口給，一比云： 「屈盈廷之辨，而國是因之混淆。」隱指荊公。 一比云： 「困百家之知，而學術由之頗僻。」隱指金谿。 此法從來有之，非始崇禎。

見義不爲無勇也

黄淳耀

聖人以取義望天下，而激其本明之心焉。蓋勇生於義，義立於爲。苐曰見之而已，吾何望哉？（起講）且〔六三〕人有識以明内，則可帥氣使必行。有氣以充外，亦可扶識使必達。而吾終不敢謂天下大事，皆取辦乎識多氣少之人。夫非氣與識離而爲二也。識嘗主乎事之發，而氣嘗主乎事之成。事不可以有發而無成，故人不可以有識而無氣也。今天下事會多矣，名教亦凛〔六四〕矣。（暗提「義」字。）使是非之所存必不與利害相反，則古今安得有忠良？使好惡之所寄必不與誹譽相違，則人心安得有廉恥？（點上截題面。）奈之何有見義不爲者。（一股）居平私憂竊歎，以究當世之利病。事至則循循然去之，曰將有待也。逮所待者既至矣，則又自誣其前日之議論，以爲狂愚。此其力尚足仗哉！（股末虚喝「無勇」。）（二股）夙昔引繩批根，以刺他人之去就。身臨則縮縮然處之，曰期有濟也。至所濟者罔聞矣，則又反訕乎賢豪之樹立，以爲矯激。此其氣尚可鼓哉！（三股）選輭〔六五〕出於性生，則雖學問經術本異庸流，而舉平日之所知所能，盡以佐其浮沉之具。（四股）畏葸積於閲歷，則雖醇謹老成不無可取，而因此日之一前一却，遂以釀夫簒弑之階。（五股）禍福何常之有？避禍深而英華銷阻，遂并其不必獲禍者而亦避之。彼其心非惡義也，惡義之可以獲禍也。然至藏身之固既得，而觀望周章，久矣爲笑於天下矣。（六股）生死何定之有？畏死極而中情回惑，將并其可以觸死者而反蹈之。是其死非合義也，不獲於義而又不免於死也。原夫賢愚之身同盡，而坊〔六六〕檢空裂，甚矣進退之失據矣。若此者，謂之無勇。（點下截題面。）世豈有無勇之人而可與之慷慨誓心、從容盡節者哉？是以君子治氣如嬰兒，欲其專也。（補出正論，作小結，應起講「氣」字。）用氣若大帥，欲其静也。不敢輕喜而易怒，慮其氣之旁有所洩也。不敢留力而玩時，慮其氣之内有所阻也。氣盛，故塞乎天地、行乎淵泉而無不之也。氣純，故達乎百爲、貫乎萬事而無不當也。嗚呼！是亦足矣！

起講將「識」字、「氣」字虚説，俱在題前發論，絶不犯題之正面。起講下暗提「義」字一段，人所以見義不爲，只是怕利害毁譽。不知利害毁譽，乃從來所必有，奈何怕得？此段便見義之不可不爲。正講「見義不爲」一截止二股，「無勇也」一截四股，稍變八股之格。又先輩兩截題，多在中間過文内點題，此作上截先點題，後發揮;下截先發揮,後點題,亦稍異。然與俗體不同者,以其一氣呵成,無重複之病,故變而不失其正。○結内補出正論,與秦繼宗《鄙夫》篇同。○此章「諂」與「無勇」,《大全》勉齋黄氏謂是推原其病之所自來,明季講家謂是就上文而斷之,不作推原説,陶庵此文亦不作推原。蓋《大全》是以病源言,此文是以病證言,可互相發明。○是一篇「養氣」章注疏,亦是一篇孔光、張禹、王祥、馮道傳贊。《無信》篇説得虚僞一輩通身汗下,此篇説得柔懦一輩通身汗下,皆是有關人心風俗文字。

季氏旅於泰山

顧錫疇

大夫有自危之心,見之乎旅矣。夫泰山自有旅者,以季氏而亦旅,則其自危也何如?(起講)大凡奸雄必聽命於鬼神,豪強必營情於禱媚。是故季氏在魯(翻),其種種僭擬之狀,不可勝誅。而一旦有事於泰山,論者徒以增季氏之罪案,竟莫能窺季氏之隱情。吾則謂泰山而旅之,必將潔而粢盛,成而犧牲,至虔也;必將命而儐相,脩而祝史,至肅也。豈若舞佾之可以娱目,歌雍之可以悦耳,而季氏僭之也哉?其心蓋曰:

（一股）禄歸於我，政逮於我，聲靈之赫濯，亦已久矣。而有識者動言三桓之微，則何如乘今日之未微而徼覬於泰山，使長爲子孫之呵護乎？（二股）禮樂惟我，征伐惟我，威命之震疊，亦太甚矣。而遠慮者每卜五世之失，則何如及吾身之不失而貸寵於泰山，使陰爲蕭牆之庇蔭乎？（三股）得罪於君猶可衡也，得罪於神不可逭也。吾隆岱宗之祀，而從前汰侈之孽，悉冀於一旅消之。由是則君有所督過而不顧也。（四股）民之怨兮猶可脅也，神之恫兮洵可畏也。吾舉望秩之儀，而向後熾昌之勢，悉冀以一旅迓之。由是則民有所觖望而亦不顧也。（五股）況在魯公，視朔不告，既灌不恪，何有於泰山？有其代之，豈反爲幽冥之所棄？（六股）且在泰山，時巡已廢，肆覲已虛，何有於旅？有其行之，諒必爲山靈之所祥[六七]。（小結）此季氏隱情也。蓋惟其自危之極，故假此以自禳耳。奈何徒以其僭責之？

破題「自危」二字，是一篇主張。人皆以季氏爲僭，此獨言其自危，是翻案法。○開講二語，是泛論，在題前。「季氏在魯」至「季氏僭之也哉」一段，先將僭之一説翻去。「其心蓋曰」以下六股，實發所以旅泰山之故，總是破題中自危之意，然未嘗明點。至結尾方一句點出。○實發處止六股，亦是變格。○六股内，先言徼覬貸寵，次言消禍迓福，是由虚漸實之法。前四股，從季氏説到泰山；後二股，從泰山説到季氏，是回環法。〇此文妙處，只是能發旅之所以然。若呆衍「旅」字，便是低手。

我愛其禮

顧憲成

聖人之心，惟知有禮而已。夫告朔之禮，至大禮也。聖人之心，於是乎在，而何暇爲餼羊惜哉？想夫子之意若曰：（虚提「禮」字。）禮之重於天下也尚矣，故其不幸而至於廢也，智者無所用其謀，強者無所用其力，而一物之微有足以志之者，誠不幸中之幸也。子欲去告朔之餼羊，似也，而惜乎其害於禮也。夫餼羊者，其在於昔，斯禮（實提「禮」字。）之所藉而行也；其在于今，斯禮之所藉而留也。（主）（中四股，每一股當作二股看。）告朔明有尊也。告朔廢，則當世之天下不知有尊。所以告朔者廢，則自兹以往，即有忠臣義士能慨然起而脩之者，且遺〔六八〕於觀感之無因，而萬世之天下不復知有尊矣。（有履霜堅冰之懼。）吾誠不忍尊尊之誼，一旦泯然至此也，安得而不惜之？告朔明有親也。告朔廢，則當世之天下不知有親。所以告朔者廢，則自今以往，即有仁人孝子能毅然起而復之者，且阻於考據之無由，而萬世之天下不復知有親矣。吾誠不忍親親之誼，一旦漠然至此也，安得而不惜之？其供之有司也，若曰爲告朔也，仍而不革，則之禮也，雖不在於君，猶在於臣。昔先王所爲殫心瘁慮，畫此不朽之令規者，典籍之官，庶得習其遺以詔將來，而將來者亦可謀諸國而不失也。不然，任其禮之壞，而不能爲之援，斯亦已矣。顧又從而佐之，以速其壞也耶？其征之自民也，若曰爲告朔也，沿而不廢，則之禮也，雖不在於上，猶在於下。昔先王所爲勞精竭神，創此不易之懿典者，草莽之夫，庶得抱其遺以俟方來，而方來者亦可謀諸野而獲之也。不然，任其禮之亡，而不能爲之救，斯亦已矣。顧又從而助之，以果其亡也耶？（柬後二股）是則存一餼羊，其所損於有國者之費無幾，而禮受其無窮之益。（柬前二股）去一餼羊，其所益於有國者之費無幾，而禮受其無窮之損。夫賜也，亦於斯二者之間權之而已矣。

開講只説得「禮」字，尚未説到「愛」字，而「禮」字亦只是虚説，未着羊上。開講下從羊出禮，「禮」字方實。○通篇雖有八股，然首二股是先輩提挈之法，不在八股之數者也。末二股是先輩咏歎之法，不在八股之數者也。止中四股是實講題。蓋因股法已長，故合八爲四，亦是變格。○「明有尊」、「明有親」二股，是言去之有無窮之損。「供之有司」、「征之自民」二股，是言存之有無窮之益。皆是所以可愛之故。止前二股内「吾誠不忍」數語，是敘題面。〇此文之妙，在説得聖人一段維持禮運之意出，不止空感慨。時文有滿篇爲吁嗟歎息之態者，何其將聖人作楚囚相對也！〇明季講家謂羊存即禮存，不消説到興復，此謬也。看註禮雖廢，羊存猶得以識之而可復焉。得以識之，是存羊即存禮。而可復焉，是因羊可復禮。兩意並用，何等周密！此文中四比悉遵註。〇子貢欲去之意，註以惜費言，蓋從民生國計起見，亦是一箇大議論，只是不曾計及於禮，《大全》胡氏所謂主於利害而不主於是非也，《蒙引存疑》亦只主惜費説。明季講家嫌惜費意淺，欲爲子貢回護，謂其出於感憤，亦從禮上起見，將子貢説得滿口詭譎，欲存禮反説要去羊，大非賢者氣象。此文束處，悉依註惜費意。

有反坫

趙承謙

先王制兩君相會之禮，惟諸侯得以行之也。夫天下莫不有相會之禮，而反坫之制，則兩君之所行也。此固先王之禮，而孰得僭越於其間哉？（起講）且夫世之所爲知禮者，吾知之矣。辨上下之等，則雖細事有必謹也（虛）；明尊卑之分，則雖小物不敢越也（虛）。何也？凡以先王之制禮甚嚴，而名器所在，一毫而不可犯也。（一股）是故辨之等威，則一燕享酬酢之間，莫不有諸侯大夫之限。頒之名器，則一俎豆几席之際，莫不有君臣貴賤之差。（二股）有諸侯會同之禮，則必有諸侯相好之儀。有諸侯相好之儀，則必有兩君反坫之制。（三股）主人獻賓於西階，而賓既卒爵，然後反爵於坫，以俟更爵之舉。而禮度之雍容，主人以此衎嘉賓而合其歡也。（四股）賓獻主於阼階，而主既卒爵，然後反爵於坫，以俟復爵之舉。而禮文之交錯，大賓以之答嘉貺而成其禮也。（五股）主惟諸侯，故得以備兩君之禮。而賓亦可以受之，而不嫌於僭。（六股）賓惟諸侯，故得以成兩國之交。而主亦可以施之，而不嫌於偪。（七股）自諸侯而上，則天下之燕諸侯也，而在宗載考，不過笑語之洽而已矣。蓋慈惠之示，非兩君之好也，而何有於反坫之制乎？（八股）自諸侯而下，則大夫之相飲宴也，而朋酒斯享，不過房户之間而已矣。蓋飲食之禮，無兩君之好也，而何有於反坫之制乎？（束）然則酬酢之間，禮莫辨焉；坫几之間，制莫大焉矣。紊此，是爲不臣。不臣而曰知禮者，未也。大夫之僭，管氏始之。

此文要看其由虛漸實之妙。開講從一節大意寬説起，「辨之等威」二段作一股，漸切反坫。而先説燕享酬酢，次説俎豆几席，則一股中又是先虛後實。「有諸侯會同之禮」二段作一股，明指反坫，而先説諸侯相好之儀，次説兩君反坫之制，則一股中又是先虛後實。「主獻賓」、「賓獻主」二股，敷衍反坫正面。「主惟諸侯」以下四股，則發其所以然之故。二股言惟諸侯斯有之，二股言非諸侯不得有之。

舊令尹之政　二句

尤瑛

大夫無忘國之心，（**不忘國是，所以必告之故。**）於去位見之也。夫人臣爲國，不以去位而可忘也。此子文之政，必於繼之者告乎！（**起講。此二句是人所以不肯告之故。**）且人已相乘之際，正猜嫌易起之時。世之失位而去者，必將曰：「不在其位，非吾議政之日矣。不謀其政，亦吾潔身之義矣。」而子文不然。（**一股**）（**此二股是子文所以必告之故。**）以昔之政，非吾舊令尹之政也，是君所與圖治也。以君視政，彼我皆君之臣子，而敢自私乎？（**二股**）今之政，非彼新令尹之政也，是民所與望治也。以民視政，彼我皆民之父母，而忍自外乎？（三股）既不得身親其事，終究夫謀王〔六九〕斷國之猷，（四股）則必以布告於人，俾識夫因時立政之畧。（五股）如其政而果是與，則君之仕我於始者，必有取也。吾思之，吾必舉而告之。雖因所當因，以俟夫人之自擇，而吾亦畢吾忱云爾。（六股）如其政而果非與，則君之已我於今者，必有以也。吾思之，吾必舉而告之。雖革所當革，以待夫人之自裁，而吾亦盡吾心云爾。（七股）一而已焉，政所告矣。推之屢退而其心猶是者，蓋誠念君恩之未報，而思因人以答之，是故江湖而懷廟廊之憂也。不然，身且去矣，何睠睠乎有餘思哉？（八股）再而已焉，政所告矣。推之三黜而其情亦猶是者，蓋誠念民望之未衰，而思因人以慰之，是故畎畝而存經綸之志也。不然，政已代矣，何惓惓乎有永思哉？（餘波）故三仕非喜，惟政而得也，則雖新令尹之榮，而吾亦與有喜，不仕猶仕也；三已非慍，惟政而失也，則雖新令尹之辱，而吾亦與有慍，已而不已也。（小結）若人者，其公而忘私乎？

通一篇看，則開講反説，下八股皆正説，是一反一正之局。就八股看，則首二股先發所以必告之故，次二股總叙題面，次二股叙「告」字正面，次二股叙「必」字正面，股末君民二意又與首二股相應，是一起一應之局。末又借上文喜慍作餘波，此不在八股之數。○子張意中是要寫出一箇「仁」字，却仍説得一箇「忠」字，作者最要斟酌。若云所告之政，是則真是，非則真非，這便是仁。

魯一變至於道

薛應旂

聖人言魯至道之易，欲其知所變也。夫道，先王之所以爲國者也。魯如一變，斯至之矣，而可以不變乎哉？夫子意曰：（起講）齊魯之爲國也，其俗不同；而其變而之道也，其勢亦異。齊一變，固至於魯矣。以魯言之，其又何如哉？粤自我魯開國之初，當伯禽受封之日，文武之謨烈尚在，周公之訓誥方新。（一股）惟時秉禮立教，而凡所以行之於上者，莫非道也。迨隱、桓以來，漸以替矣。然於禮教則猶知所重也。（二股）惇信明義，而凡所以達之於下者，莫非道也。迨成、襄以降，浸〔七〇〕以微矣。然於信義則猶知所崇也。（三股）苟爲之魯者，因先王之所遺而思其垂創之心，將見不必紛更之擾也。偏者補之，敝者救之，而一振舉之下，百度爲之自貞。（四股）因今日之所乘而興其紹述之念，將見不俟改革之繁也。廢者脩之，墜者舉之，而一轉移之間，衆正爲之畢舉。

（五股）言乎禮教，不特重之而已。秉之立之，而昭布於上下者，洋洋乎一如其舊。（六股）言乎信義，不特崇之而已。惇之明之，而顯設於民物者，駸駸乎盡復其初。（七股）祿之去公室者，自是可復，而爵賞一出於上。今日之魯殆周公之魯，而非隱、桓以來之魯矣。（八股）政之逮大夫者，自是可還，而政柄不移於下。今日之魯殆伯禽之魯，而非成、襄以降之魯矣。（小結）謂之曰「至道」，信乎其爲有道之國，而望於天下也，不徒然矣。奈之何其不變也哉！

開講是連上起法，開講下將「魯」字提四句，隨發二股，先說「一變所以可至道」之故。次二股，是「一變」正面，股末即略起「至道」意。後四股，詳叙「至道」正面，與首二股分應。小結責魯之不變。○以禮教爲行之於上，以信義爲達之於下，亦是交互說。補偏救敝，就除弊說。脩廢舉墜，就興利說。○禮教信義，此意深。還政柄復爵賞，此意淺。若專以此爲至道，則不過是僖公、文公之魯，猶未是周公、伯禽之魯也。須辨。○《史記》：伯禽三年報政，太公三月報政，周公皆預卜其後之弊。黄藴生謂此是秦漢間謬說，國無成俗，顧轉移何如耳。豈有立法一定，如素之染緇乎？方山此文原本有大結，謂後世寖微之説，特以勢言之耳。聖人因時立法，其勢固不能無弊，若後之人因其勢之窮而變通之，以歸於道，則固聖人所深望，而非所能料矣。此意勝於藴生。〇王文恪此題作，前講「道」字，以西周言，後便云：「孰謂《桃夭》、《兔罝》之化，有不可復見者乎？孰謂《葛覃》、《江漢》之美，有不可企及者乎？」此作前講「道」字，以周公、伯禽言，後仍歸到周公、伯禽上，可見先輩照應之法。

從我於陳蔡者　二句

章懋

聖人於與難之賢而深致其思焉。夫陳、蔡諸賢，夫子不能忘情者，思而不見，其奈之何哉？（起講）意以師友相依之誼，本不忍一日而忘。而人情之所最不忍離者，則常與共患難之人也。（一股）方予講學於洙泗之濱，二三子之從我學者，固吾思也。（二股）及予受厄於陳、蔡之間，二三子之從我厄者，尤吾念也。（三股）使其人而皆及門與，吾固怡然適矣。（四股）使其人而一不及門與，吾猶慨然思矣。（五股）乃今陳、蔡之事往矣，陳、蔡之人與之俱往焉。試觀吾門，其有從容於几席間者，果何人也？而我蓋不勝其離羣之悲耳！（六股）陳、蔡之事遠矣，陳、蔡之人與之俱遠焉。試觀吾門，其有周旋於誦讀間者，固伊誰也？而吾蓋不勝其索居之歎耳！（七股）昔也與彼同其憂，今也不與彼同其樂。即欲見焉，付之神交而已矣。此其於今昔之感何如？而況二三子者，皆天下之士哉！（八股）昔也與我同其勞，今也不與我同其逸。即欲晤焉，付之想像而已矣。此其於聚散之慨何如？而況二三子者，皆吾門之選哉！（咏歎）蓋二三子之於我也，情雖親而勢則違。我之於二三子也，勢雖阻而情益愴。（小結）然則今雖無陳、蔡之厄也，曾〔七一〕不如陳、蔡之時，猶得與二三子遊也已。

此文不言所以皆不及門之故，只言所以可感慨之故，開講便將此意提出。下六股言不及門之可慨，二股言不及門所以可慨。〇六股言不及門之可慨，先言從厄之可念，次言從厄而一不及門之可念，次言從厄而皆不及門之可念，此是一層進一層之法。以洙泗陪起陳、蔡，此是賓主法。以皆及門挑「不」字，此是反正法。以一不及門挑「皆」字，此是淺深法。以「陳、蔡之事往矣」對「陳、蔡之事遠矣」，此亦是淺深法。〇二股言不及門所以可慨，一股同憂不同樂，是以心言。一股同勞不同逸，是以身言。今昔之感，聚散之慨，此是一層所以可慨之故。「而況二三子者，皆天下之上」，「皆吾門之選」，此又是一層所以可慨之故。前一層應起講，是正意。後一層起下文，是旁意。○或疑上言「徃矣」，則下言「從容几席」。上言「遠矣」，則下言「周旋誦讀」。上言「憂」「樂」，則下言「今昔之感」。上言「勞」「逸」，則下言「聚散之慨」。何也？曰：此是互見法。古人文章，徃徃如此。如《中庸》言「郊社之禮，禘嘗之義」，朱註云：「禮必有義，對舉之互文也。」但先輩於短股中則不妨用此法。今人用長股，乃亦只以一句領頭，下數十言皆可通用無分别，則不成文矣。若黄陶菴《人而無信》篇，「智愚」、「險易」二大股，語多可互用，以其氣足以貫之，故不厭其混，然終屬變格。

愛之能勿勞乎

吴默

觀愛於父，而得其所以成之者焉。蓋勞固所以成其愛也，愛而不知勞者，其必不愛其子而後可與！（起講）嘗謂子之於親也（賓），患情之不足；而親之於子也（主），患情之有餘（虚反）。惟有餘而其究也，亦歸於不足矣。由今觀之，父之於子，天性也。而其愛也，將以溺愛愛之乎？將以不愛愛之乎？（一股）夫生而克肖者，勞之可也（賓），佚之亦可也。而天之生上智則不數矣。（二股）生而不類者，佚之敗也（主），勞之亦敗也。而天之生下愚亦不數矣。（三股）乃中人之性，多介於可成可敗之間。（四股）而慈父之心，惡得不審於成之敗之之術？（五股）愛則撫摩而鞠育之，似也。防閑之切，奚所當於顧恤之恩。而不知惟愛之也，將必爲之計長久，計長久則有開其動心忍性之端而已矣。藉令今日勞瘁，他日聖賢，此吾所日夜勤懇而冀之者也，而何能聽其自放爲也？（六股）愛則怙恃而顧復之，宜也。督責之術，奚所當於保護之意。而不知惟愛之也，則必爲之求成立，求成立則有杜其慆心佚志之漸而已矣。藉令今日晏安，他日不肖，此吾所旦夕焦勞而慮之者也，而何能縱其自便爲也？（七股）嘗觀庶人之子，習爲勞苦，曰此其分也。乃有以帝王之儲貳，而不得廢前後左右之防。（八股）諳練之日，試之勤勞，曰此其時耳。乃有以蒙養之方始，而不得忘少成習慣之戒。則豈非不忍常寄於所忍，而至愛固疑於不愛哉？（小結）是故昵庭幃之私者，成寡恩之行者也。進姑息之説者，誤燕翼之謀者也。而欲以篤父子之倫，難矣！

開講反起，前四股從氣質不齊説到不能不勞，地步最寬展，此是緩行法。而其上却先云：「將以溺愛愛之乎？將以不愛愛之乎？」二句喝起，此是急轉法。不知用急法，則文氣便寬懈；不知用緩法，則文氣便迫促。○中間一股「計長久」，一股「求成立」。「計長久」則望其爲聖賢，「求成立」則懼其爲不肖。前一股深，後一股淺，愈淺愈深。蓋人即不望其子爲聖賢，獨不懼其爲不肖乎？○後二股從庶人之子説到帝王之子，從諳練之日説到蒙養之始，而以二散句總收，此股法之變。○八股俱寫所以不能不勞之故，只後四股末，略點「能勿勞乎」正面。○勞以成愛，本不專主中人言，子無論智愚，皆不可不勞。此文起手專主中人，未免稍偏。讀者取其文氣寬展，勿泥可也。

問子西

陸慶衍

於或人之問楚大夫，知其留意人物也。夫子西，楚之賢者，中國之人多稱之，故或人之問及此也。（起講）且吾觀春秋之時，晉强則楚弱，楚强則晉弱。自盟先楚人，而晉遂不競。於時論者，以爲晉卿不如楚也。其不如楚者，蓋有説矣。晉之卿在世家，故多謀其私。而楚卿在公族，毀家以張國者，不乏於時也。若子西，其最著者也。（一股）夫自平王之末，而讒人在側，繼嗣不定，國人之望在子西矣。子西之在當時，自立也易，立嗣也難，乃卒讓國而不有，又能使嗣王安之而不忌，豈非賢者之高致乎？比德而論，則延陵季子之流也。然季子讓而終身不入吴，子西讓而退就，執政無二色，此非常度矣。（二股）自昭王失國，而强敵在境，君臣震恐，國事之難在子西矣。子西之在當時，内撫其國也易，外不失霸也難，乃卒使故都晏然，又能招攜方城之外而不貳，豈非定傾之略乎？度功而議，則包胥之節，不能過也。然包胥外倚大國之力，子西和輯，内外無間言，尤非易事矣。（三股）吾聞楚之先，孫叔之賢也，脩其政令，數世便之。然郯之戰，欲還車而避晉，則其謀不足取也。若子西能知夫差之强不足以難楚，其智料亦已審矣。且莊王之時異於子西之時，而卒之以亂而爲治，其人何如也！（四股）又聞楚之先，子本之才也，恃其强辨，敵國畏之。然宋之會，欲衷甲以襲人，則其信不足多也。若子西周旋隨、鄖之間使其皆親楚，其行義亦已著矣。且康王之時亦異於子西之時，而卒之以弱而爲强，其人又何如也！夫子固嘗適楚矣，（五股）覽其山川，豈不知其人物？（六股）觀其人物，豈不知其高下？（七股）以天下之才論子西，固爲天下之望也。（八股）以楚之才論子西，又爲一國之選也。夫子必有定論矣。（小結）此或人所爲問也。（大結）然而後之論者，以爲子西有二失：其一在沮孔子之封也，此與晏子同矣。而孔子數稱晏子，則知不以此貶子西也。其一在召白公也。夫白公之父，無罪而廢於楚。收恤其後，豈非盛德之事哉！且其時孔子已先卒矣。然其曰「彼哉」云者，外其國，非外其人也。蓋《春秋》之旨也。

開講就晉、楚人材泛論起，晉是賓，楚是主。開講下四大股，叙子西之爲人，以起問意。四小股，言夫子之必識子西，以起問意，而以「此或人所爲問也」一句結之。通篇純是發題意，不衍題面。○讓國、圖霸、料敵、服鄰四股，皆用一賓以相形。首二股，先主後賓；次二股，先賓後主。季札、包胥、孫叔、子木，皆春秋之翹楚，未必不如子西，特各就其一事言之耳。通篇不作貶詞，故不礙下。○大結云：沮孔子、召白公二事不足以貶子西，此意不是。子西之沮孔子，與晏子不同。晏子之沮，不過是意見不合。若子西則純是私意，觀《史記》所載二人之言可見。若白公之父，無罪而廢，收恤其後可也。舉而任之，則可謂不知人矣。「彼哉」之言，豈獨外其國哉？子文亦楚人也，夫子未嘗外之，而獨外子西耶？大抵子西爲人，天資甚好，却不學無術。遇昭王可以有爲之主，但能改囊瓦之政，而不能改荊楚之舊習。所以夫子不惡楚而惡子西，楚之不能不終外於《春秋》者，子西之罪也。

不能死又相之

錢櫝

賢者於霸佐薄責其不死，而深尤其事仇也。夫仲之不死而相桓者，遺小節而成顯名也。子貢之論，毋亦人臣之義，而不可併責功名之士哉！（起講）嘗聞君父之仇，不共戴天。忠臣之義，有死無二。使管子而愚人也則可，管子而天下才也，宜其聞之熟矣。彼子糾雖死，仲之君也；桓公雖立，仲之仇也。既爲糾也臣，則宜爲糾也死；不爲糾也死，亦宜不爲桓也相矣。（一股）夫何子糾以爭國死，而仲不能與之俱死？吾猶曰：殺身成仁者，仁人之大節，而不可以是求多於仲也。（二股）召忽以殉君亡，而仲不能與之俱亡。吾猶曰：明哲保身者，智士之大畧，而或可以是寬仲之責也。孰意又從而相之乎？（三股）桓公納鮑叔之薦，而堂阜之囚，遂爲登庸之地。（四股）魯君拒施伯之言，而亡命之虜，遂爲霸佐之良。（五股）稱之仲父，尊則尊矣，抑不思今之北面而事之者，乃昔之射鉤而討之者乎？反顔事仇，不惟無以見子糾於地下，而亦無顔立於桓公之朝矣。（六股）寵之亞卿，榮則榮矣，抑不思今之舉國而授我者，乃昔之檻車而徵我者乎？甘心臣虜，不惟死無以見召忽，而生亦赧顔於齊之廷矣。（七股）將謂懷才未試，一死不足以塞責，則當争國之時，何不免糾於死，而必佐桓於霸也？（八股）將謂擇君而事，斯足與有爲，則當出奔之日，何不奉桓以去，而必相桓於終也？（隨束隨結）以必死而責仲，仲或可以逃其責。以相桓而責仲，仲其無辭矣。

開講就大義泛説起，落到管子。先説一段宜死不宜相，此所謂反題先正也，亦是提法。此一段尚在題前，不在八股之數。〇論題面，宜截講。上下各四股，因子貢意重在「又相之」，故作者將上句作二股，下句作六股。此是上輕下重之格，變而不失其正者也。末總收四語，亦不在八股之數。〇不能死，有所以不死之故，有不死所以可議之故，有不死所以不必深責之故。又相之，有所以又相之故，有又相之所以可議之故。篇中止首二股頭及第三、第四股是叙題面，餘俱發所以然。〇夫子所以不責管仲之死，以桓公兄而子糾弟，子糾原不宜立，與王珪、魏徵事不同。伊川之説甚明。黄陶菴全章文力翻伊川之説，殊不可解。此作承題亦覺微混，概以殉君難爲小節，何所不至。

一匡天下

唐順之

霸佐〔七二〕有輔世之功，聖人所以取之也。甚矣聖人取善之公也！以管仲正天下之功，而夫子稱之，其亦不没人善之意與！（起講）自今觀之，春秋之時何時也，繻葛一戰，而天下之人不知有君臣之分；蔡師一敗，而天下之人不知有夷夏之防。天下之不正也甚矣！其孰能匡之？管仲之相桓公也，（一股）志同道合，而一以取威定霸爲己任；（二股）言聽計從，而一以招攜懷遠爲己責。（三股）慮王室之衰也，於是乎有葵丘之會焉。誓之以五命之嚴，申之以載書之信，而以下陵上者始知所懼矣。（四股）慮夷狄之横也，於是乎有召陵之師焉。連八國之援以摧其鋒，許屈完之盟以懷其德，而以夷謀夏者始知所警矣。（五股）雖曰借其名以遂其私也，而名之所以不亡者，亦其借之之功。（六股）雖曰假其義以文其奸也，而義之所以不泯者，亦其假之之力。（七股）君尊臣卑，視夫周鄭交質之際，不有間乎？（八股）内夏外夷，視夫憑陵江漢之日，不有殊乎？管仲匡天下之功如此！（束）身係天下之重，故北面請囚而不以爲恥。心存天下之圖，故忘君事仇而不以爲嫌。（小結是記者口氣。）子貢何議其未仁耶？

起講是正題先反之法，亦是先提後講之法，將「天下」二字先提出，轉到「一匡」，便有破竹之勢。首二股是所以能「一匡」之故，次二股從所以「一匡」之故説到「一匡」正面，是題意、題面交接之際。後四股純是「一匡」正面。〇首二股曰「志同道合」，曰「言聽計從」，似歸美桓公。然此題只重管仲，不重桓公，此只帶説。〇起講以君臣、夷夏雙起，第三、第四、第七、第八股，俱與相應。然不嫌重複者，蓋前二股言「一匡」正面，只云知所警懼。後二股始詳言之，此前略後詳之法。中間隔以借其名二股，又是斷續之法。〇「借其名」二股，説得最有分寸，貶中有褒，褒中有貶。若竟作褒詞，則不見管仲生平底裏。若竟作貶語，則又非此處夫子贊仲之意。〇「遂其私」、「文其奸」二意不同，「遂其私」，是遂其富强之私；「文其奸」，是文其貪詐之奸。一是爲實，一是爲名。〇管仲一匡本領，在以禮義廉恥爲四維，作内政而寄軍令，皆包在首二股「志同道合」、「言聽計從」内，雖都非真王道，然却猶知有王道。

微管仲

張榜

霸佐而可無，亦未諒其所係者大矣。夫仲之功不可無，如之何可無仲也？厚誅仲以不死，將無仲而可乎？（起講）且方周之凌夷也，桓以一人定霸，而天下莫不秩秩然而從之。夫非有仲在乎？桓公知天下之不可無仲，故釋之纍囚，尊之仲父，而不以爲忌。仲知天下之不可無已，故脱於堂阜，執乎國柄，而不以爲羞。至於今，莫不曰：幸哉仲之不死也，而世之得有仲也！如子之説，罪其忘君，罪其相桓，而深以爲仲尤。（一股）夫仲不忘君，則仲必死，仲死而齊無仲也。豈惟齊無仲，將令天下遂無仲也。（二股）仲不相桓，則仲不如死，仲死則當時無仲也。豈惟當時無仲，將千百世竟無仲也。（三股）齊有仲則夷狄有中國，故有之以爲重。而微仲則師召陵者誰乎？伐山戎者誰乎？斬孤竹者誰乎？以其係華夏之有無者，而一旦無之，寧獨仲一身之泯泯已也？（四股）齊有仲則列辟有王室，故有之以爲利。而微仲則封邢衛者誰乎？會葵丘者誰乎？盟首止者誰乎？以其係王室之有無者，而一旦無之，寧獨仲一人之没没已也？（五股）蓋一身輕而名義重，則仲若可以無生。捐小耻而立榮名，則仲亦可以無死。（六股）仲存而無以爲抗節致忠者訓，則有之若爲天下羞。仲亡而無以爲匡王定霸者輔，則無之深足爲天下惜。（七股）故有以召忽之死律之者。然魯人桎梏之頃，忽固曰：「齊可無我，不可無仲。」則仲之不可無也，忽先知之矣。（八股）有以殉糾之難責之者，而天下萬世之言，則又曰：「糾有死臣，亦有生臣。」則仲之不可無也，糾猶賴之矣。（小結）而子獨欲無仲。嗚呼！其未思無仲之禍，而徒以匹夫匹婦之小節期之耶？

天下深賴有仲，此一層是所以不可無仲之故，在題前。如罪其相桓則必無仲，此一層是所以無仲之故，亦在題前。無仲則天下有許多可慮，此又是一層，此是題面，并起下文。以第一層作起講，以第二層作二股，以第三層作四股，語氣已竭，不可復發。末復將召忽、子糾亦不可無仲發二股，凑成八股，此即起講天下不可無仲一層内意，置在後幅，與下文口氣本不相接，但取議論不窮而已。此是先輩變局文字。〇此題與「今不取」三字一樣。萬曆己未吴炳作，中間一段云：「而有如夫子之言曰：是先王之所建封也，蔑顓臾即以蔑先王，而不取；是邦域之所範圍也，亂顓臾即以亂邦域，而不取；是社稷之所憑依也，弱顓臾即以弱社稷，而不取。」

最似此文第二層。

夫子欲寡其過而未能也

鄧以讚

觀大夫省諐之心，而賢可知矣。夫人惟不自知過之患也。欲寡過而常若未能，可不謂賢乎？使者之意曰：（起講）君子之交，所以最相繫者，不在離合之跡，而在道誼之真。此夫子何爲之問，所爲惓惓也。小人事夫子有日矣，敢對以所知。夫子非無所爲也，夫子非別有所爲也。（一股）但以過者心之違也，本非其心而不可使有。（二股）惟是過者幾之微也，雖非其心而不能遂無。（三股）其上無過，此天之常定者也，夫子不逮此也。兢惕於淵默，亦曰庶幾其寡之。而不能必其幾微之或〔七三〕密，則其所不快於心者也。（四股）其次改過，此過而後悔者也，夫子亦不至此也。戒慎於隱微，亦曰庶幾其寡之。而不能必其恍惚之不疎，則其所不慊於中者也。（五股）常致嚴於心思，而猶或有越思。蓋余聞之夫子，非必沈溺之爲害也。即精神意氣之間，一有所向，皆清明之累也。是以未能也。（六股）常致詳〔七四〕於躬行，而猶或有侈行。蓋余聞之夫子，非必邪僻之爲害也。即視聽食息之間，一有所倚，皆虚靈之蔽也。是以未能也。（七股）要其視過也，期於必寡也。其心無窮，故常見其欲寡，而亦常見其未能。（八股）抑其未能也，期於必能也。其心無已，故常見其未能，而亦常見其欲寡。（收束）朝夕之間，皆反躬克己之務。方寸之際，亦臨深履薄之真。小人之所能知，如是而已。（小結）倘惠顧前好而加之以訓辭，有其道可以寡之，斯寡者，夫子雖不敏，敢不敬承之？

開講從交情上説起，見君子之交與常人不同，此是承上起法。開講下先將「夫子」提二句，次作四股叙題面，次作四股發題意。前四股，以「不可使有」陪起「不能遂無」，此兩股一開一闔之法，以「無過悔過」陪起「寡過」，此一股内自爲開闔之法。後四股，「非必沈溺」，「非必邪僻」，此是翻進一層法。「欲寡而常未能」，「未能而常欲寡」，此是回環法。「朝夕之間」二股，收束上意，不在八股之數，結復繳歸交情上。〇心思躬行之過所以難寡，只是氣質難變化，習俗難跳脱，明理工夫難精，存心工夫難密，所以極用功之人，雖大段無差，而不能無絲毫之疵，所以然之故，内又有所以然。

作者七人矣

魏允中

聖人歎賢人之多逸，亦以歎世道也。夫世道之盛衰視乎人也。作者七人，而聖人寧不爲衰世〔七五〕歎耶？（起講）且君子之出處，惟其時而已矣。當時之盛，則在野者常聚而升之於朝。遭時之衰，則在朝者常散而歸之於野。是故見幾而作，達人之節，而非邦家之幸也。吾重慨於今〔七六〕矣。今之作者，蓋有七人焉。（一股）始也，嘗出吾身以爲天下。而本其待用之具，自試夫可行之機。（二股）繼也，復出天下以全吾身。而即其樂行之中，易而爲憂違之舉。（三股）上焉，不與吾君共廟堂，而羣然遠跡於邱園。彼獨非人情乎？意者明王其不興也已。不然，斯人何爲而作，作者又何爲而七也？（四股）下焉，不與吾民興教化，而浩然抗節於肥遯。彼果爲名高乎？意者天下其無邦也已〔七七〕。不然，作者何心，而七人之繼作又何心也？（五股）天下〔七八〕之生才無盡，七人而同升也，吾猶慮世之有遺賢矣。舉其人之七而悉隱去焉，其如鍾英之意何哉？遐想九官十二牧，師師一堂，固中天之景運也，而今無望也已！（六股）國家之用人有數，一人而去國也，吾猶慮君之無與共治矣。而況高蹈者不止一人焉，其如用世之資何哉？追思四友十亂，濟濟同朝，固太和之昌期也，而今難再也已！（七股）要之天地閉，則人文無興起之機，吾固不能不以天下故而悲七人也。（八股）賢人隱，則天下無太平之會，吾又不能不以七人故而悲天下也。（小結是記者口氣。）吁！至於世莫予宗，聖人且有乘桴之歎矣，獨七人也乎哉？

開講泛論盛衰起，開講下即將題面全出，後作八股發揮。〇首二股叙題面，用一開一闔法。次二股言所以作之故，以君、民分柱。下四股是言作者之多所以可慨之故，俱用賓主法。立意與章楓山《從吾於陳蔡》篇同。但先將題面全出，則不同耳。〇以七人同升引起七人悉隱，以一人去國引起不止一人，以九官、十二牧、四友、十亂引起今之難再，此是一股內疊用賓主法。以「天下故而悲七人」引起「七人故而悲天下」，此是兩股一賓一主之法。

吾二臣者

李繼貞

賢者既知有二臣，則無容自寬矣。夫主之有臣以救過也。季氏有二臣，而乃以歸過乎？亦安賴此二臣者〔七九〕爲也？想求之意曰：甚哉爲臣不易也！幸而翊主於德，不敢與之分功；不幸而自蹈於違，則將與之引咎。如吾兩人者所爲極難耳。今夫顓臾之役，季氏實獨斷之，而夫子以爲黨同之，是使我〔八〇〕二臣遠開罪於先王，而近蒙詬於邦域也。是使吾二臣進無以爲社稷之忠，而退無以爲季氏之良也。亦何說之辭？（一股）第天下人我之分，本不相代，安見臣主之必爲一體？（二股）且天下心跡之辨，兩不相掩，安見二臣之不可原情？（三股）以吾二人之朝夕奉教於夫子也，名義之閑，忠貞之誼，聞之熟矣，豈其事人而負所懷來？今日之事，人或曰：大夫何罪？其二臣實左右之。而人不知二臣，二臣竊自知也。（四股）以吾二人之夙夜同寅於有位也，塤篪之雅，塤〔八一〕規之義，共矢之矣，豈其當事而各有二心？今日之事，即夫子亦曰：求無乃爾是過與！而夫子不知吾二臣，吾二臣深相知也。（五股）律以格心之上軌，即不敢附會。然以不能奏大臣之功，而遂責以具臣之所不爲，則吾二臣何敢輒受？（六股）揆以引慝之苦心，即任過何難？然亦天下明知其主而陽代之，何可直受其責而強冒之，則吾二臣豈無後言？（七股）縱大夫過計謀及下臣，而首事之與分猷，尚有輕重。（八股）況大夫自雄不叅末議，而上非之與下是，何妨並見？〔八二〕（小結）乃夫子必欲以爲吾二臣咎者，毋乃不察愚衷，而督過之深乎？

吾二臣者皆不欲也，是欲辨「無乃爾是過與」一句。篇中只說所以不得不辨之故，不但不侵下，并不曾着題面。自開講下反說一段，正說八股，皆只在題前發揮，所以爲妙，縮脚題當以此爲法。若從題之反面側面尋話頭，便是第二等伎倆。

伯夷叔齊餓於首陽之下

文震孟

首陽有兩賢，而商千古存矣。夫夷齊餓於首陽，則首陽非周有矣。賢者之存人國，豈一世已哉！嘗謂征誅之代揖讓，自湯始也。當時之視征誅也，猶之乎視揖讓也。惟湯有慚言曰：恐以台爲冂實。而至於商周革命之際，較之往事，抑又甚焉。天於是不得不生忠臣以維之，而伯夷、叔齊乃應運而起。（提）夫夷、齊，固孤竹之亂也。兄弟相讓，千乘如屣。其志操既卓犖於天壤，避地北海，就養西伯，其名姓亦彪炳於人間。不立惡朝，不事汙君，其峻潔又取信於濁世。（作二股看）於是天之意若曰：此可付以綱常之任者也，此可托以孤憤之義者也。此可指仁爲暴，可以正討罪爲弑君，可以斥善述爲不孝者也。此可以愧敏達裸將之士，可以鄙鷹揚抱器之儔者也。而兩人者遂於首陽之下餓焉。（作二股看）首陽，商之山也，今轉爲〔八三〕周之山也。而夷、齊居之，則非周之首陽而夷、齊之首陽。且夷、齊餓焉，則非夷、齊之首陽而遂爲商之首陽。（作二股看）是故比干之墓，彼則封之。商容之閭，彼則表之。而夷、齊之首陽，生弗敢表，死弗敢封也。則餓夫之威亦赫矣！洛邑之步，有時而改。郟鄏之鼎，有時而遷。而商之首陽，終古莫改，終古不遷也，則餓夫之祚亦永矣！（作二股看）是以有兩賢之餓，而人始知革命之日，不可無授命之臣。始知勝國之朝，不可無殉國之士。始知分茅胙土，不足爲人榮。始知鼎鑊刀鋸，不足爲人懼。兩賢非萬古忠臣之幟〔八四〕哉！而以一餓得之。〔八五〕故夫反面事仇，行同狗彘，（小結）皆由於不能餓之一念使然也。餓果何負於人也耶？

錢櫝《出》篇，説不是天，此作偏要説是天，各持一見。總之聖賢此等處，天亦有之，人亦有之。作文者偶因所見，故專主一説爾。○此純變八股之格矣。然細按之，自起講下「夷齊固孤竹之亂」一段，是提起法，與《事之以珠玉》篇一例，此不在八股之數。「於是天之意若曰」一段，作二股看，此在題前，是所以餓之故。「而兩人者」至「商之首陽」一段作二股看。「比干之墓」二股。「自有兩賢之餓」一段，作二股看，俱在題後，是餓之所以有益於世，仍是八股規模。○今人作文，例于第二股之下將全題直出，謂之「出題」。究竟題之口氣，則前後已詳，所謂出題者，特贅詞耳。重複可笑，莫此爲甚！先輩從無此體，間有之，則必在起講下。蓋因通篇只發題意，不叙題面，故先將全題直出，然後可發揮其意。未有前後既敘題面，而復將全題强綴於其間者也。若湛持此文中，「而兩人者遂於首陽之下餓焉」一句，與今人第二股下出題相類，然亦絶不同。蓋以此句之上，是發題前之意；此句之下，是發題後之意。故以題面點於此，讀之如一氣呵成。豈若今人之重複强綴者乎？○天啟乙丑葉紹袁作，破云：「論古之賢人，似無足爲身重者焉。」是題後反起下文之法。此云：「首陽有兩賢，而商千古存矣。」此是題後正起下文之法。

又聞君子之遠其子也（其一）

李繼貞

門人不識君子，故始終以私窺之也。夫謂君子厚其子者私也，謂君子遠其子者亦私也。總之未聞君子之大道耳。想其言曰：（起講）世稱君子篤於親者，妄也。親莫親於父子，篤莫篤於作述，乃以子觀於夫子，豈其然乎？過庭再訓，無過聞詩聞禮耳。是詩禮者，（一股）即令常人誨子，有不以此爲箕裘者哉？（二股）即令君子誨他人，有不以此爲宗派者哉？（三股）誨他人不以爲薄，而以誨他人者誨子，則未見厚也。（四股）常人誨子不失爲厚，而君子以常人之誨子者誨其子，則反見薄也。（五股）其父表章六經，而其子僅通二義；其徒尚承四教，而其子僅舉兩端。是詩禮之外，其吝而不宣者太多也，可謂親愛之乎？（六股）詩妙興觀羣怨，而但蔽之以言。禮妙克復歸仁，而但示之以立。是就詩禮之中，其漏而不傳者尚多也，可謂親愛之乎？（七股）使當時子不獨立，鯉不趨庭，則併詩禮之教，亦不授矣。此天幸而與其子以近，非君子之近其子也。（八股）又使當時問詩而謬對之以學，問禮而謬對之以學，則併言立之訓，亦不發矣。此子賢而有意近其父，君子原無心於近其子也。（餘波）乃遠子之心，何爲也哉？挾恩恬愛，則父子之倫褻，故以遠而得稱嚴君。責善相夷，則父子之恩賊，故以遠而得稱慈父。（小結）亢聞教於君子矣。

題說遠其子，便要還他着實從何處見得遠。首二股言詩禮本是平常之教，次二股言以平常之教教其子，所以見其遠。次二股，言并此平常者亦不盡教，益見其遠。次二股言使其不相遇，則并今之所教者亦將不教，益見其遠。一層進一層，總是還他着實處。末又另推出夫子所以遠之之故，作二小股收拾，此在八股之外。

○陳亢淺人，故皆從淺處立論。

又聞君子之遠其子也（其二）

李繼貞

自喜其又聞者，惑之甚者也。夫君子即不私子，亦何嘗遠子？而亢何自聞之哉？亦不近人情矣。想其言曰：（起講）亢竊有意求異聞而不得也，乃焉知無異聞之即異聞耶？聞詩矣，聞禮矣，更有進焉者，又聞君子之遠其子也。蓋嘗重疑焉，以爲天下最難割者，父子天性之愛。最難明者，家庭授受之隱。乃今知君子最爲矯情也，君子最善引嫌也。（一股）彼其一室周旋，何時不當顧復，而嘗獨立。獨立者，即其預爲遠之之地矣。（二股）膝下瞻依，何地不可追隨，而嘗趨過。趨過者，即其子亦默會遠之之意矣。（三股）且其言曰：學詩乎？學禮乎？子之學業，父不能知。而待於問，則其居平之漠不關心可知也。（四股）既而曰：不學詩，無以言。不學禮，無以立。言立之間，淺學細事而以命子，則其屬望之初無遠志可知也。（五股）原其過庭之際，詩禮可以並傳，而必分爲二，恐今日盡言之，而他日無以副也。故姑留不盡，以俟後之更端，君子所以妙遠子之權。（六股）又原其遠子之心，雖詩禮亦非本懷，而强爲塞責，恐一無傳而子知其爲遠也。故姑示一二，以存箕裘之槩，君子所以泯遠子之跡。（七股）乃今思唐虞禪受天下，不以與子，而與他人者，其遠子之宗派乎？（八股）然堯、舜不以富貴私子，而夫子并不以道德私子，其又賢於堯、舜乎？（小結）亢益矣！子無異聞，亢乃得異聞矣！

前篇是就題直起法，此篇是連上文起法。前篇是隨題發揮之法，此篇是先出題後發揮之法。前篇「遠」字用暗點法，此篇「遠」字用明點法。◯出題先虛說數句，不在八股之内。自「一室周旋」以下二股，就獨立趨庭上見其遠。次二股，就學詩、學禮、以言、以立上見其能遠。次二股，就分爲二强爲傳上見其能遠。末二股，將夫子與唐虞相形，所以贊歎其遠。前六股在題前一層，後二股在題外一層。

按《大全》朱子及新安陳氏，謂亢聞伯魚之説，而又以孔子爲遠其子，則以其私意之未忘，而以爲聖人故推其子而遠之也，此將「遠」字説壞。尹註及南軒張氏，則謂孔子之教其子，無異于門人。故亢以爲遠其子，此將「遠」字不説壞。二説不同，看來尹註是正解，謂亢私意未忘，恐非朱子之定論。蓋亢在聖門，雖見識短淺，然亦不是下愚之人，故終得列於七十子之内。觀《檀弓》載其止陳子車之殉葬，其晚年造詣精進可知。蓋亦好學深思之人也，初問伯魚「有異聞乎」，固問得極淺。然聞伯魚之言，而爽然自失，亦可見其進學之機，似未可輕視之。即其求與之問，仲尼豈賢於子之問，一聞子貢之言而默然無言？亦必有一段深自悔悟光景，所以終得列於賢人，特記者不之詳耳。此等處正可見聖門切磋之益，豈可一槩抑之乎？李君二作皆主朱子未定之説，未免説得亢太淺，姑存之以備一解。然文雖巧而未確，讀者不可不知。乙丑臘月八日又識。

亞飯干適楚　適秦

唐順之

魯之以樂侑食者，而避亂各異其地焉〔八六〕。夫樂官之賤，宜不可責以去就之義也。況侑食尤其賤者，而皆避亂以去焉，可以識聖人正樂之功矣。且夫諸侯之禮，日舉以樂，固其分也。自三桓之僭，而樂官之失其職也久矣。然三桓固不自知其爲僭也，樂官亦不知其爲僭也，安於其位而不知避也亦久矣！逮乎夫子正樂之後，師摯適齊之日，於是亞飯有干也，則去而適楚焉。三飯有繚也，則去而適蔡焉。四飯有缺也，則去而適秦焉。（一股）其適齊也，猶曰是比鄰之國也。若夫適蔡則不於其鄰矣。以爲苟可以潔吾之身，何暇計乎地之遠與近耶？（二股）其適蔡也，猶曰是諸夏之國也。若夫適楚適秦，則又入乎夷狄〔八七〕矣。以爲苟可以藏吾之身，則又何暇計乎地之爲夷與夏耶？（三股）魯備六代之樂，而蔡則小國之風也。豈其有所樂而趨之哉？其情有不得已焉耳。（四股）魯得《雅》、《頌》之傳，而秦、楚則韎任之音也。豈其有所樂〔八八〕而就之哉？其情有不得已焉耳。（五股）飲食燕樂之暇〔八九〕，向固各司其次也。今則羣然而適乎他邦，非惟其家之不暇恤，而君側亦無其人矣。（六股）公庭萬舞之餘，向固聚於一堂也。今則紛然而去乎異國，非惟其官之不能守，而其技亦窮焉而無所試矣。於此固〔九〇〕可以見聖人過化之神，樂官見幾之智。而魯之爲國，其益〔九一〕可悲也與！

杜静臺以此篇爲一滚格，謂先提出本題，然後正講六股足矣，不必以八股爲拘也。愚謂六股畢竟是變格，但此篇起處、提處已長，故雖六股，不覺其促耳。○起講暗提「飯」字，恰好是本題三句。六股内要看其先後次第，先言舍魯而適他國，次言魯是文物之國，不比他國，而竟舍而他適。次言諸伶在魯之得所，乃竟舍而去之，此是題面之次序。先言潔身藏身而不暇計其地，次言非有所樂而不得已，次言君側無人，技窮無試，此是題意之次序。○以樂官之去爲夫子正樂之功，此《集註》説也。譚梁生則云：「齊人歸女樂，孔子行而羣樂官亦行。」又云：「子語魯太師樂，夫子仕定公時語也。太師摯適齊，夫子去定公時事也。師摯之始，思摯樂也。夫子自衛反魯，然後樂正。正樂之篇章，莫與正樂之音器，是以有洋洋盈耳之思。則哀公時語也。」此與《集註》不同，姑附記於此。

諸伶去國之年，本無可考。《集註》據張子説，謂在夫子自衛反魯之後，蓋先儒相傳之説如此，學者因之可也，不必立異。或疑夫子過化存神之妙，何以能感諸伶而使之去，不能感三桓而使之改；能感諸伶而使之去，不能感荷蓧沮溺而使之出。此則極重之勢難驟反，而堅僻之學不可一時奪，是又聖人所無如何也。乙丑臘月十一日又識。

伐冰之家不畜牛羊

歸有光

厚享夫君之禄者，不侵夫民之利也。夫卿大夫以上，制得用冰，斯享君之禄厚矣。牛羊之不畜，夫亦不盡利以遺民也與。（起講）且古者貴賤異分，而各有所爲之事。以財利爲務者，庶人之職也。以愛人爲心者，卿大夫之任也。是故伐冰之家，其貴異於畜馬乘矣。牛羊之利，不輕於雞豚矣。彼筮仕者，既遠夫纖微之利，則厚禄者，豈屑爲封殖之謀？（一股）故夫冰槃以共賓客，冰鑑以共祭祀，夷槃以共喪紀，夫皆得而爲之者。蓋位尊而備物，備物而禄之所出必取多矣。（二股）以賓客則用冰，以祭祀則用冰，以喪紀則用冰，夫皆無所限之者。蓋爵重而隆禮，隆禮而禄之所享必加豐矣。（三股）夫禄者，民之所輸以奉我者也。牛羊之畜，民之所自以爲利者也。吾既享民之奉，而於民之所自以爲利者又兼而有之，不幾於殫天下之財乎？（四股）禄者，上之所取以自奉者也。畜牧之饒，上之所寛以予民者也。吾既取民以自奉，而於吾之所寛以予民者，又朘而削之，不幾於罔天下之利乎？（五股）故牛羊非不可用也，不可得而畜也，非謂其取諸民也。吾畜焉而民之畜者，其利有幾也。是謂之侵下，而君子忍爲之耶？「謂爾無羊，三百維羣。謂爾無牛，九十其犉」，誠非肉食之所謀矣。（六股）牛羊非不可畜也，不可得而自畜也，非謂其奪諸彼也。民畜焉而吾又畜之，其利無遺也。是謂之妨民，而君子忍爲之耶？「爾羊來思，其角濈濈。爾牛來思，其耳濕濕」，誠非三事之所及矣。（束）蓋古之君子，居斯民之上，而知財利之原。操於上者既贏，則存於下者必乏。取諸此者有餘，則在於彼者不足。故哀己之心常切，而予民之意恒多也。（小結）夫即牛羊之一事，而凡遠利以厚民者可推矣。

起講從通節大意泛説起，不拘定題面。起講下將「伐冰之家」四字，及「牛羊」二字先提四句，次將不畜意虚説二句，此尚不是正講。次將「伐冰之家」講二股，次將「不畜牛羊」講四股，正講只六股，亦變格也。末復泛説一段作收。〇看其講「不畜牛羊」，俱是説所以不畜之故，不是呆衍「不畜」。○講「伐冰」二股俱用「禄」字收，講「牛羊」二股俱用「禄」字起，接法最緊。

雖有善者

陳天定

計轉禍之人，而深爲聚財者危之焉。夫不有善人，國何賴焉？而曰雖有善者，國其能有濟乎？（起講）且國家之患，莫大乎有善人而早不收，有扶危定傾之術而早不試。事不極壞，而闒茸尊顯。若人者，悉投閒置散耳。噫！投閒置散矣，又〔九二〕責之扶危定傾也哉！吾觀聚財之君，菑害並至。爾時者勢不得不更有所善矣。（一股）曩所謂善，今所謂不善也，帝憎而人悟也。（二股）曩所謂不善，今所謂善也，時窮而節見也。此時此〔九三〕善人，（三股）亦慮〔九四〕摧殘之下，不能以自全耳。夫祖宗培植百年，豈無尊賢敬士之報？今之人尚有舊也，吾所慮不在此。「天之降罔，惟其優矣」，豈待「人之云亡，心之憂」乎？（四股）又慮〔九五〕播棄之餘，不肯以復出耳。夫士君子休養百年，豈無忠臣義士之心？出而圖吾君，亦其宜也，吾所慮又不在此。「天之降罔，維其幾矣」，豈待「人之云亡，心之悲乎」？（五股）則雖束縛而馳驟之曰：危而不能安，禍而不能福，是無所貴於智者也。而善人亦撫肌誓臆而不敢辭，幾扼腕而僅得委之當局，幸乎不幸？（六股）雖號呼而激發之曰：吾向不用子，今急而求子，是寡人之過也。而善人亦吞聲忍泣而不忍辭，事已迫而乃欲收之末路，效乎不效？夫使其果效，（七股）則小人之計得也。以我爲前驅，而賦斂無不克。以彼爲後勁，而彌縫無不固。能始之，能終之。不亦太明於操縱也哉！（八股）且長國家者之務財用，計亦得也。非不知小人之召殃，而恃君子有後圖。非不知小人之厚毒，而恃君子有急智。能舍之，能用之，不亦太工於補捄也哉？（小結）噫！大廈將傾，非一木所能支。雖有善者，亦如之何？

此題只宜如《吾二臣者》篇作法，從所以無如之何處發論，則題意醒而題位亦自不侵。此作惟起講是題前所以然之故，起講下首二股，是先輩提挈之法，不可當八股之數。次二股是「有」字反面，次二股是「有」字正面，次二股則在題後，較之先輩俱降一層，今人縮脚題，俱宗此種，姑存之以見近時風氣，非正法也。〇講「有」字，本之培植休養，是平時所以有之之故。又本之束縛號呼，是臨時所以有之之故。議論最精。又上言「束縛」，則下便云「不敢辭」；上言「號呼」，則下便云「不忍辭」。下語有斟酌。○「有善者」内兼有人君悔悟意，看得亦精。「善者」更須剔得醒，此不但是平常善者，即是絜矩君子、慎德君子一流。

壹戎衣而有天下　武王末受命

王世貞

周王以武功受命，而終有不得已之心焉。夫戎衣著而天下定，周之受命隆矣。自非不得已之心，何至末而受命哉？（起講）且聖人憂天下之無君，故雖革命之事，身嘗蹈之。聖人憂天下之無臣，故雖受命之際，心嘗戚之。吾於武王之纘緒者窺〔九六〕焉。方其成〔九七〕三后之統，值商辛之暴，天命祚姬不祚商矣，武不得不起而受矣。（一股）戎衣甫著，聿成一統之功。（二股）獨夫既殄，不失令名之著。（三股）於焉爲天子，於焉保四海，威福玉食之命，武受之也。（四股）於焉享宗廟，於焉傳子孫，光前裕後之命，武受之也。（過文）然是舉也武，豈有幸心而驟焉翦之者哉？（五股）吾知度其身，雖已爲天下係屬之身，（六股）原其心則猶存終身事殷之心。（七股）故擅天子位，擁四海富，僉曰：周命何焕然新也！而武〔九八〕之意方念：天位商之天位，四海商之四海，何忍一旦撫有之也？太白懸旗之事，其在武王垂老之年乎？（八股）以隆先祀，以啓後昆，咸曰：周命何赫然隆也！而武〔九九〕之意方念：商先王之不血食，商子孫之不奕葉，何忍一旦翦滅之也？牧野陳師之役，其在武王既耄之年乎？（反收）向使以有天下爲利，而汲汲戎衣之著，當時且有議之者，又何顯名之不失哉？（小結）吁！武之受命而至於末也，總不得已之心耳。

先輩作文，必擇明白正大之題，然後爲之。雖虛縮之題，亦不屑爲，以聖賢精義不在此也。至於今之所謂搭題，則又與虛縮不同矣。虛縮之題，雖非精義所在，然猶曰是聖賢口氣也。得聖賢之口氣，則可以漸求其精義。若搭題則并非聖賢口氣矣。語勢各不相蒙而強而合之以爲題，於是作者不得不穿鑿附會以成文，其有害於人心學術不小。朱子於《學校貢舉議》〔一〇〇〕嘗痛論之曰：「今日治經者既無家法，其穿鑿之弊已不可勝言矣。而主司命題又多爲新奇，以求出於舉子之所不意，於所當斷而反連之，於所當連而反斷之。大抵務欲無理可解、無説可通，以觀其倉卒之間，趨附離合之巧。……其爲經學賊中之賊，文字妖中之妖，又不止於家法之不立而已也。」夫朱子豈無謂而詆之如此哉？其所憂者遠矣。今學者未有主持風氣之權，既不能必主司之不出此種題，亦當知此爲先儒之所深病，而不以穿鑿附會自矜，亦庶幾中流砥柱也。○如此題「壹戎衣」六句，是言武王纘緒之事。「末受命」句，是言武王暮年不及制禮作樂，以起周公之事，並非繳上文以明其不得已也。今因出題者連上文，故作者便以此意成文。雖於理上無礙，然於子思此處立言本意，則固風馬牛不相及也。○開講將兩截意雙起，俱在題前泛説。○講上截則帶下截，講下截則帶上截，此搭題定法也。故此作於上截則點受命，於下截則點尊富饗保，此法須要用得自然。若不善用之，則便爲顛倒錯亂。○上截前二句，每句一股。後四句，每二句一股。皆止叙題面，而題意則於四股之前先提出。下截一句作四股，兩虛兩實，皆發題意，而題面則於後二股末略點。○過文只一句，最爲簡老。末用反收，以繳上截。繳上與帶上有別，須辨。

不誠無物

王鏊

惟所存之不實，斯所爲之皆妄。蓋誠成天下之有者也。心苟不誠，尚何物之有哉？

（起講承上）今夫天下之物，莫非實理之所爲。而在人之心，豈容一息之不誠？何則？（一股）繼之者善，成之者性，人心本自真也。氣拘物蔽之後，真者於此而妄矣。（二股）無極之天，二五之精，人心本自實也。知誘物化之餘，實者於是而虛矣。（三股）静焉而不能存養，而内欲得以抵其隙。隱微之間，真妄錯雜，已累吾寂然不動之體。是静而不誠也。（四股）動焉而不能省察，而外誘得以投其間。存主之地，理欲混淆，已汩吾感而遂通之用。是動而不誠也。（過文）不誠如此，何以遂無物耶？（五股）蓋天下之理，真與妄不容以兩立，不真則妄，而凡有所爲，皆出於欺詐不情之私，而不可以言有。（六股）天下之理，實與虛不容以並行，不實則虛，而凡有所爲，皆出於誕謾無成之境，而不可以言物。（七股）静而不能誠而大本已失，所以爲物之體統者何在？蓋其未感之前，而此理先亡矣。理亡則物隨以亡，而經營措置，亦何益耶？（八股）動而不能誠而達道已乖，所以爲物之質幹者何在？蓋其既感之後，而此理愈謬矣。理謬則事隨以謬，而錯綜區處，亦何補耶？（束）是心與跡有合一之機，誠與物有相須之妙。君子安可不以誠爲貴哉？

此章首節言「誠」「道」，次節止言「誠」。這「誠」字便包得「道」字在内。猶之第一章首節言「性」、「道」、「教」，次節止言「道」。這「道」字便包得「性」、「教」在内。

故守豁此作，講「不誠」兼「大本達道」言，是先輩細心認理之文。○起講承上句來，起講下「不誠」四股，二股是所以「不誠」之故，二股是「不誠」正面。「無物」四股，二股是所以「無物」之故，二股是「無物」正面，中間用一句過文，是八股正格。○上下兩截，只是「真」、「實」、「動」、「静」四字作柱，照應最密。過文内用「何以」二字，似非此處口氣。蓋先輩過文，間有不順口氣者，今不可爲訓。第二股内無極之天，本周子「無極之真」來。因恐與第一股「真」字混，改「真」作「天」，亦似未妥。

黿鼉蛟龍

張以誠

歷舉水族之異者，所以著生物之功也。夫水族衆矣，而曰黿鼉，曰蛟龍，非其尤甚〔一○二〕者耶？於此見水之能生物也。（起講）且觀水之用者，不於水而於物，不於常物而於異物。水以一勺言，則勢微於涓滴，固不能成孕育之功。量歉於包容，又豈能昭並蓄之盛？而非所論於不測之水也。（一股）不測者，汪洋浩漫，大不可測也。故其賦形有獨大，而每多瑰異之倫。（二股）倏忽迅疾，神不可測也。故其禀性有獨神，而尤多靈變之物。(三股)介屬之巨者有黿,似莫與偶矣。而黿之外又有鼉焉。各具蹣跚之質,同呈廣大之形,而水族所望以爲君者此也。(四股)鱗屬之長者有蛟,似莫以過矣。而蛟之外又有龍焉。各具飛騰之性,同昭變化之能,而百鱗所推以爲異者此也。是四物者,(五股)沼沚不能囿,溝澮不能容。而至於江潯海澨之間,則類聚而族居,非水孰爲大其蓄?(六股)網罟不恒得,耳目不恒見。而至於洪波迅濤之内,則出没而游泳,非水又孰與善其藏?(七股)故以水而觀四物,則黿鼉並集,而川不以爲盈;蛟龍並逝,而淵不以爲虚。因水之大,若見四物之細也。(八股)就四物而觀水,則望洋者驚,而黿鼉聚以爲宫;向若者阻,而蛟龍憑以爲宅。因四物之異,益見水之大也。(餘波)况乎種類錯出而人有不能舉其名,則四者雖衆,猶爲少矣。形跡變幻而人有罕得見其狀,則四者雖異,猶爲常矣。即大以該其小,舉四以盡其餘,(小結)而水之生物,其不測哉!

水之不測,是所以有此四物之故。故篇中自第三、第四股叙題面外,餘俱是發所以然。○起講説水一勺則不能生異物,是根上起法,亦是正題先反之法。首二股,一言大不可測,則生大物;一言神不可測,則生神物。是題前發所以然之法。此是分次二股,一以黿鼉並言,以其俱介屬也;一以蛟龍並言,以其俱鱗屬也。此是分敘題面之法。次四股，俱繳歸水上，是題後發所以然之法。一以沼沚溝澮之小引起，一以綱罟耳目之恒引起，是一股内自爲開闔之法。一以水而觀四物，則見四物之細；一就四物而觀水，益見水之大。是兩股共爲開闔之法。「况乎」以下，則是推廣法。又在八股之外。

書同文行同倫

胡友信

天下之宗周，於文於禮見之也。夫文也，禮也，皆周天子考之、議之以統一臣民者也。而今皆無不同焉，可以觀爲下之不倍矣。（起講）且夫制作有一定之權，上下有相安之分。在古帝王之世，罔不皆然。今稽周道，尤其粲然者矣。（兩大股反「同」字起。）彼五方之聲音不相通矣，列國之紀載不相襲矣，宜乎文有不同也。而不知是文也，（轉出「文」字所以然之故。）乃周文、武以聖人之德，居天子之位，而考之以建數百年人文之極，天固縱之以奕世無窮者也。今何時也，而敢有不同者乎？是故天子爲先世守謨訓，（敷衍「同」字正面。）諸侯爲天子守圖籍，卿大夫以下爲諸侯守天子之典章，點畫形象不同，而所以效法者無不同也；　輕清重濁不同，而所以諧聲者無不同也。雖魯有《春秋》，晉有《乘》，楚有《檮杌》，莫非左右史之餘編。至於杞有夏時，宋有坤乾，亦無復《禹謨》、《湯誥》之可言矣。蓋周家開斯文之統，（又推所以不可不同之故。）則天下屬斯文之運。順之者昌，逆之者亡，此固天之道也，世之紀也，而敢有不同者哉！五方之風氣異齊矣，民生其間異俗矣，宜乎禮有不同也。而〔一〇二〕不知是禮也，乃周文、武以聖人之德，居天子之位，而議之以開數百年人道之端，天固啟之以垂範無已者也。今何時也，而敢有不同乎？是故君臣莫不同敬，父子莫不同親，夫婦、昆弟、朋友莫不同序別信，小而周旋裼襲之儀，無不同也；　微而進退出入之度，無不同也。雖魯之尚親、齊之尚賢、魏之尚儉，莫非大司徒之遺教。至於杞有典則，宋有風愆，亦無復夏忠、商質之可言矣。蓋周家爲皇極之主，則萬世在〔一〇三〕皇極之中。循之則治，失之則亂。此固天之道也，世之紀也，而敢有不同者哉？

此題「爲下不倍」是第一層脉，「德位時」是第二層脉，「議禮考文」是第三層脉。○起講只就一節大意説起，不必拘題位，何等大雅！今人欲推開「車同軌」句，開口便用許多尖巧文法。不知此節三句，本是平説，其中豈容有轉折耶？○先講「文」

字、「倫」字，次講「同」字，此一定次序也。要看其講「文」字必先講所以有此文之故，講「同」字必推到所以不可不同之故。「周天子以聖人之德」云云，此先講所以有此文之故也。「蓋周家開斯文之統」云云，此推到所以不可不同之故也。至于中間言天子、諸侯、卿、大夫，點畫形象、輕清重濁，魯、晉、楚、杞、宋，此不過是「同」字之正面。○「倫」字即上文「禮」字，篇中不點「倫」字，竟點「禮」字，此先輩最高處。今人必用挑剔之法，曰自何者言之則爲禮，自何者言之則爲倫。雖似清楚，然非口氣。譬如人有一名一字者，議論之際，或稱其名，或稱其字可也。若方議論，又安得有閒工夫自作註解，曰自其名言之則曰某，自其字言之則曰某，必無此口氣也。○「書」字、「行」字俱不用明點，五方之聲音、列國之紀載，即是「書」字。五方之風氣，即是「行」字。○先輩避下文，避其意。今人避下文，避其字。不知字雖同於下文，而意不同。豈得謂之犯下乎？看此文絶不避杞、宋字。

不遠千里而來

岳正

大賢遠涉於梁，梁王有深幸焉。夫賢如孟子，梁王所願見而不可得者也。一旦輕千里而來，誠厚幸哉！昔梁王卑禮厚幣，大招天下謀臣略士，而深幸孟子之來也。故廷迎之曰：（起講）叟，天下士也，寡人所日夜切心，而願奉社稷以從者也。第叟處東鄙，寡人處西鄙，地之相去，千有餘里，亦云遠矣。遠則寡人之庭，宜無叟之跡矣。（一股）今竟不計夫千里之勞〔一〇四〕，而遠涉於梁邦。（二股）又不鄙夫寡人之愚不肖，而惠臨於敝邑。（三股）自我文公創霸於全晉之日，則憑軾而來者，有狐、趙諸君子。而今且絕足於寡人之國矣。叟何間關列國，儼然辱而庭教之，而不憚夫千里之遥也？（四股）自我文侯下交於分晉之日，則結軔而來者，有田、李諸君子，而今且絕跡於寡人之都矣。叟何偏顧群侯，惠然辱而遠臨之，而不恤夫千里之勞也？（五股）豈天下無邦，叟將擇邦於千里之外，而僅得之於梁耶？（六股）豈天下無君，叟將擇君於千里之遠，而獨注意於寡人耶？不然，（七股）是天所以幸梁而賜之叟也，（八股）是叟所以幸梁而賜之來也。梁其厚幸哉！卒之不仁義是言，而汲汲於利之圖。此孟子不遠千里而來者，終不遠千里而去也。

開講用反起，先將「千里」二字提清。「不計道遠」、「不鄙寡人」二股，叙題面。文公、文侯二股，亦是叙題面。「豈天下無邦」至「賜之來也」，作四股看，是推其所以來之故。先輩文雖長短變化不一，不脱八股之法。○以「不鄙寡人」對「不計道遠」，此是補題法。以狐、趙、田、李引起孟子，此是賓主法。擇邦、擇君、天賜、叟賜，俱不説煞，此是活法。

河東凶亦然

王守仁

觀盡心於河東，而見救荒無奇策也。夫河東誠荒，而救之必有道也。如以河内之治治之，不幾於無策乎？想梁王自謂盡心而言曰：（起讲）寡人之於國也，不能必其無凶荒之歲，而能必我有救荒之仁。是故前此而河内，固以其凶而爲之移民爲之移粟矣。然豈惟救河内爲然哉？（一股）脱也河東之凶，猶河内之凶也，則河東之有賴於我，猶河内之有賴於我也。（二股）拯救之術，既已曲全於河内，則兼濟之方，當不容異於河東。（三股）其利於就食者民也。河内之民可移，河東之民亦可移也。我以移河内之民者移河東之民，一遷就之間，庶乎凶者不見其凶，而轉禍爲福。於河東乎其再覩矣。（四股）其便於轉輸者粟也。河東之粟可移於昔，河内之粟亦可移於今也。我以移河東之粟者移河内之粟，一轉移之間，庶乎天者可以人濟，而通變宜民。於河東乎其復見矣。（五股）荒雖有異地，而救荒無異心。（六股）變雖無常形，而濟變則有常政。（七股）若曰厚於河内，而薄於河東，則失之隘。寡人之心固不若是之隘也。（八股）救於河内者如此，救於河東者又如彼，則失之私。寡人之心又豈若是之私乎哉？（隨束隨結）吁！救荒一事雖不足以見治道之全，而兼濟兩河，實可見我仁民之意。治國如寡人，可謂不盡心乎？

起講「不能必其無凶荒之歲，而能必我有救荒之仁」，此意不但在題前，并在上文移民、移粟之前，此連上泛起法也。故遂將上文接出，而以「豈惟河内爲然哉」一句，喝起本題，文勢何等順利！今人起講已將本題説盡，乃起講下復從上文説來，此所以顛倒重複可笑也。◯前二股是言其不可不然，次六股是正言其亦然，此是先發題意，次衍題面之法。結尾又連上泛説，以應起講，不在八股之數。○第三、第四股雖是正言其亦然，然每股上截，仍是題前所以然之故。蓋此二股，是題意、題面交接之處。

棄甲曳兵而走　三句

黄淳耀

同走而異止，皆敗軍矣。夫走則非佯北也，止則非能軍也。戰者如此，其不謂之無勇乎？（起講）吾聞古聖王之誓師矣，其言曰：不愆於六步七步，乃止齊焉。蓋慮其以輕進致衄也。夫輕進且不可，矧其輕退？一人之輕退必斬以徇，而況其牽率以共退？是必擐甲執兵摧鋒以往，至於破堅禽〔一〇五〕敵而後止焉可矣。乃今之戰者異是。當其兵刃既接，非有彼衆吾寡之勢也，非有我客彼主之分也，非有示緩示怯、設伏佯退之智也。（正講上截）組甲被練，所以衛堅。而忽以爲不利於趨走〔一〇六〕，曰：「犀兕尚多，吾姑棄以餌敵乎？」於是敵人登巢車而望之曰：「彼師其遁。」厹矛鋈錞，所以折馘。而忽以爲不宜於擊刺，曰：「倒戈在昔，吾姑曳以自衛乎？」於是敵人援枹鼓而進之曰：「彼師其遁。」（過文）當斯時，左拒右拒，或遼遠而不相聞。上軍下軍，或自顧而不相救。紛紛藉藉，各鳥獸散耳。及其既止而觀之，則有百步焉者，有五十步焉者。（正講下截）其百步也，不自知其爲百步也，非靮絶不能收，即馬逸不能止。迫鋒鏑既遠，遂休憩焉，以冀徒旅之復振，而不覺五十步者之瞠乎其後矣。其五十步也，不自知其爲五十步也，非驂絓不能前，即馬蹶不能進。適追躡未來，因逡巡焉，以幸同列之分謗，而不覺百步者之瞻之在前矣。（收上截）當其走也，必有一人先走，而羣走者闃然失次。吾不知百步者走而五十步者隨之耶？抑五十步者走而百步者過之耶？（收下截）當其止也，必有一人先止，而羣止者聊以自堅。吾不知五十步者先止，而百步者却視而亦止〔一〇七〕耶？抑百步者先止，而五十步者遥望而遽止耶？（小結）是皆未可知也。不意〔一〇八〕敗軍之中，已有粲然而笑者。

起講是反題先正之法，直從兵刃既接之前説來。故下遂接以「當其兵刃既接」云云。非如今人起講説完題面，而又復從上文另説起也。○將題上一截止正講二股，下一截亦止正講二股，已變先輩八股之法。然所以不甚相遠者，以其無重複顛倒之病也。又上截二股之前，先提「彼衆吾寡」三句。下截二股之前，過文甚長，故正講雖皆止二股，而不嫌其促。末用「當其走也」、「當其止也」二股，此先輩八股外雙收之法。○看其上截内，寫出所以棄之曳之之故。下截内，寫出所以走所以止之故，不止呆衍題面。

故太王事獯鬻　二句

李攀龍

二君之事大也，智足觀矣。夫太王、句踐，皆智於謀國者。其事狄、事吴有以哉！（**起講連上**）且自古王霸之君，未始逞小忿而忘大計。非屈也，智也。智以事大，於太王、句踐見之。周自后稷以來，而長爲西諸侯之望矣，至於太王而獯鬻亂華焉。（**剔清上文「大」「小」二字。**）當其時，狄大而周小也，彼將環邠人之境而騁戎馬之足，意已無周矣。使太王懵於勢，闇於理，乃欲争雄於一戰，周其不遂爲狄乎？（**兩大股中止，此三句是題正面。**）於是屬而耆老，去而宗國，甘心事虜弗恤焉。此何爲哉？計以邠可亡，岐可徙，而先君后稷之祀，必不可自我斬也。吾寧隱忍而俟未定之天也。蓋至西山垂統，而周且盡狄人而臣之，然後知太王之以屈爲伸也，智也。越自無余以來，而長爲東諸侯之長矣，至於句踐而夫差報怨焉。當其時，吳大而越小也，彼既轉檇李之敗，而爲夫椒之勝，目已無越矣。使句踐懵於勢，闇於理，乃欲争雄於再戰，越其不遂爲吳乎？於是納大夫之謀，遣行成之使，反面事讎弗恤焉。此何爲哉？計以身可臣，妻可妾，而先君無余之祀必不可自我斬也。吾寧隱忍而俟再舉之日也。蓋至東海興師，而越且盡吳地而沼之，然後知句踐之以怯爲勇也，智也。（束）小之事大，自古而然。今齊而有鄰如獯鬻耶，請爲太王。有鄰如吳耶，請爲句踐。（小結）不然，吾竊爲齊懼矣，智者不爲也。

二大股中，只「於是」以下三句是題正面，餘俱是所以然之故。而所以然之故，又有兩層：先君之祀不可斬，而隱忍以俟，此一層是所以事獯鬻、事吳之故；狄大周小，吳大越小，此一層又是所以當隱忍之故。以一層置在正面之前，以一層置在正面之後，文勢最曲折。〇「智」字是題之脉，開講即喝破，兩大股結句俱繳到智上。交鄰又是題前最初之脉，開講暗藏。結句仍歸到交鄰上。凡題有遠脉、近脉，起手必從遠脉説到近脉，結尾必從近脉繳到遠脉。或明點，或暗點，則各不同耳。〇馬素脩先生評曰：「此與楊忠愍《勃然變色》題，皆吾邑尤瞻迴先生鈿筆也。先生以博學有聲諸生閒，摹于鱗便見奇韻古法，摹忠愍便見義膽忠肝，可謂文人優孟。」

夫民今而後得反之也

呂柟

大賢諒鄒民報怨之心，見鄒臣之自取也。夫殘民者民必讐之，鄒有司之死於師也，民藉是以舒其怨矣。孟子對穆公曰：（起講）上下固有常分，報施亦有常情。出乎爾者反乎爾，曾子之言則然矣。（一股）今政之出於有司者，其結怨於民非一日矣。民特敢怒而不敢言耳。（二股）民之欲反於有司者，其蓄怨於心非一日矣。向特無釁而無可乘耳。（三股）一旦而魯師壓境，此羣臣之憂而百姓之喜也，以爲吾乃今而後〔一〇九〕始可藉寇兵而舒宿憤也。（四股）一旦而鄒師敗績，此羣臣無生之氣，而百姓無死之心也，以爲吾乃今而後〔一一〇〕始得假敵人而除積怨也。（五股）死於兵與死於歲，其死適相當也，而後一洩其未洩之憤焉。（六股）死於戰與死於饑，其死適相酬也，然後一平其未平之怨焉。（七股）方幸夫老幼之冤得以償之，而尤痛其先填於溝壑，曾不得少待有司而偕亡也。是豈民之喜禍哉？昔以此施，今亦以此報而已矣。（八股）方幸夫壯者之恨得以舒之，而尤悲其既散於四方，曾不得親見有司之就死也。是豈民之好亂哉？昔以此感，今亦以此應而已矣。（小結）向使含怒蓄怨之民，而顧爲捐軀赴敵之士，則出爾之謂何，而反爾乃若是耶？胡不引曾子之言觀之？

開講從「曾子曰」以下大意説起，不拘定題位。前四比敷衍題面，後四比發揮題意。敷衍題面處，先反後正；發揮題意處，先淺後深。「敢怒而不敢言」、「無釁而無可動」，是題之反面。「始舒宿憤」、「始除積怨」，是題之正面。「適相酬」、「適相當」，尚淺一層。「不得少待有司而偕亡」、「不得親見有司之就死」，則深一層。此是一篇次序。首二比先言政〔二二〕結怨於民，是就上言；後言民蓄怨於心，是就下言。次二比先言魯師壓境，是以兵始至言；後言鄒師敗績，是以兵既敗言。次二比先言死於兵、死於歲，次言死於戰、死於飢。死於兵者未必皆戰，如流離顛沛皆是；死於歲者未必皆饑，如憂愁困苦皆是。前是虛説，後是實説。末二比先言老幼之寃，後言壯者之恨。寃者未必能恨，恨則寃不待言。此是逐股次序。〇此篇與王守谿《有朋自遠》篇同一局法。按顧涇陽集中言，王作係後人筆，則似從此篇模擬得之。

事之以珠玉

陸燦

賄敵以寶，愚之也。夫珠玉，國之殃也。狄人珍之，太王庶可免乎？故事之以此。（起講）且狄之强於中國者，其服食玩好不同也。不貴難得之貨，故其國不貧。不聚無用之資，故其力不竭。使易其俗以從中國焉，則狄不難制矣。於是太王以珠玉嘗之。（提）夫珠玉者，非若皮幣之可裘而衣也，而其直不貲也。非若犬馬之可騎而獵、挾而馳也，而其用靡侈也。中國以此爍川而求焉，鑿山而取焉，連城而易焉，照乘而珍焉。其習俗使然也。狄之得專力於畜牧騎獵者，惟其不以此爲營。其不以此爲營者，惟其不以此爲貴。（作二股看）太王曰：我欲困之，易其俗而已矣。欲易其俗，示以中國之所貴而已矣。（作二股看）駝蹄獸枕以爲器，不如琳瑯之珍也。骨角毛羽以爲飾，不如璣璇之美也。（作二股看）一旦而夜光列於前，琬琰介其側，彼必悦之矣。悦之則上以此爲尚，而下以此爲趨矣。况明珠不繫於旃裘，則必文其衣幣。璠璵不設於鞍韉，則必易其居處。瑚璉不以盛駝酪，則必脩其飲食。貝玉不以綴胡笳，則必雕其器皿。若此則狄且盡爲中國之爲矣。（作二股看）爲中國之爲，則棄其所長而國斃矣。是貽之以焚身之具，而自嫁其懷璧之辜也。（小結）太王何不爲之哉？故曰：嘗之也。（大結）後世餌表之術，皆祖此而通之也。迨中行説之降單于也，教以不貴中國之貨。惟不貴中國之貨，斯虜之不可制者也。

太王珠玉之事，與三表五餌心術自必不同。但以珠玉爲國之殃，是千古不可磨滅之論。有國家者知此，自當思反樸還淳，不肯敝精於無用之物。○開講虛起，開講下先將珠玉提一段，此與陽明《子噲》篇提「燕」字，雖長短不同，然總一提法也。「太王曰」以下，雖俱散行，然實具八股體段。先言欲困之在易其俗，欲易其俗在示以中國所貴，此似二股。次「駝蹄」四句，即所云示以中國所貴也，此又似二股。次言悦之而上下以此爲趨尚，必至盡爲中國所爲，即所云「易其俗」也，此又似二股。次言棄所長而有焚身懷璧之禍，即所云「困之」也，此又似二股。「太王何不爲之」二句，是小結。「後世餌表」以下，是大結。○起講從狄説到珠玉，起講下從珠玉説到狄，是回環法。「太王曰」以下先從困之説到示以中國所貴，次從示以中國所貴説到困之，亦是回環法。○或疑珠玉之事所以與三表五餌不同者如何，曰：知其爲國之殃而以之誘敵，此三表五餌心術也。以此爲事大之禮而非有誘之之意，此太王之心也。

由湯至於武丁　天下歸殷久矣

王鏊

聖世之興王者非一人，當世之歸王者非一日。蓋君德有關於人心也尚矣。商家明王之迭興有如此，民心之歸，不既久乎？昔孟子論文王難王之意，（起講）謂夫得天下之心者，本乎德。成天下之功者，存乎時。文王非無德也，其如商之時何？（一股）蓋商自成湯，聖敬日躋，革夏命而創業於前。（二股）至於武丁，恭默思道，靖殷邦而中興於後。（三股）語其世二十餘世矣。然賢聖之君如成湯者，未嘗不先武丁而生。處仁遷義如太甲，脩政明禮[一二]如太戊，重光繼照，振振乎非一二傳焉。（四股）語其年六百餘年矣。然賢聖之君如武丁者，未嘗不後成湯而生。恪謹天命有祖乙，紹復大業如盤庚，前作後承，繩繩乎已六七君焉。（過文）世德相繼，則恩之洽於人者必深。歷年既多，則澤之施於民者必久。（五股）吾知其敬服用情，殷有二十餘世之天下，民亦有二十餘世之歸殷。

（六股）愛戴歸往，商有六百餘年之天下，民亦有六百餘年之歸商。（七股）仰其祖功，而又思其宗德，不特徯后於成湯，大悦於太甲也。太戊之民猶太甲之民焉，於亳歸之而於囂亦歸之也，何其久哉！（八股）臣其孝子，而又附其慈孫，不特從遷於祖乙，服役於盤庚也。武丁之民猶盤庚之民焉，於耿歸之而於殷亦歸之也，豈暫時哉？（收）夫以世德相承，既不易於淪喪；人心永戴，又不易於變更。（小結）一文王而欲興起其時，固已難矣。百年未洽，誰得而議之哉？

此題爲文王而發，故起講從文王説下。「由湯」二句作一截，發四股。「歸殷」句作一截，發四股。中間「世德相繼」二小股，是過文。末「不易淪喪」、「不易變更」二小股，是收。俱不在八股之數。○賢聖之君六七作，天下何以便歸殷久？由恩之洽於人者深，德之施於民者久，此其所以然之故也。所以然之故，只在過文内見。前後八股只敘題面。大抵成、弘以後之文，發所以然之故多，敘題面處少，其妙處在精深。成、弘以前之文，敘題面處多，而所以然之故只一二語發之，其妙處在簡要。若今人之文，則題面、題意皆所抛荒，而惟用呼唤挑剔，所以日下。○起講用一「時」字，今人必以爲犯下文矣。然下文自言今之時，此自言文王之時，何妨？○過文與收比似相同，然過文是從世德説到人心，收比是從世德人心説到難變。過文二比：一比世德相承，是以世言；一比歷年既多，是以年言。合而言之，總是世德。故收比止應世德。

惡聲至必反之

錢有威

大賢推勇士必勝之心，雖言之辱而弗受也。夫言語之傷，固亦辱之小者也。於此而猶必報之焉，則其必勝之心可見矣。（起講）且夫北宫黝之養勇也，不受挫於人，而必求以刺之，固爲無嚴諸侯矣。然豈必挫之大者而始不受哉！雖小則亦有然者矣。自夫人之相與，而假言以示之意也，於是乎有聲焉。自夫人之相戾，而假言以鳴其忿也，於是乎有惡聲焉。人以是而加於我，固未必其有益於人也。我以是而受於人，亦未必其有損於我也。怯者甘於下人，固將直受之而不報矣。勇怯半者不能勝人，亦將有所報有所不報矣。（一股）黝則曰：「彼人也，我人也，胡得以不遜之語而加於我也？」（二股）又將曰：「彼弱也，我強也，胡爲而顧受其忿戾之言也？」（三股）故惟卑辭以相與，斯亦已矣。苟惡言既出於其口，則忿言必反於其身焉。蓋出悖來違，固未有直受而不報者也。（四股）惟巽言以相下，斯亦已矣。苟言悖而出者，必將以悖而入焉。蓋無言不讐，亦未嘗有報有不報者也。（五股）褐寬博者，而以惡聲至焉，固從而反之，雖嫌於鰥寡之侮，不顧也。（六股）萬乘之君，而有惡聲至焉，亦從而反之，雖極夫強禦之勢，弗畏也。（七股）夫人之有聲，事至微也，而猶必反之，況大于聲者乎？（八股）聲之惡，其辱至小也，而猶必報之，況大於惡聲者乎？（咏歎）蓋其以氣而雄乎天下，寧己之辱人，無寧人之辱己也。以力而蓋乎一世，寧心之不欲，無寧力之弗遂也。此其有微必報，而弗安於惡聲之受也。（小結）然則其養勇也，以必勝爲主者也，而心亦幾於不動矣。

開講是根上起法，開講下先將「聲」字、「惡」字作兩層提出，隨反説一段，此不在八股之數，與《事珠玉》、《殛鯀》諸篇一例。自「黝則曰」以下，將所以必反之故發二股，次將必反之正面發四股，又推廣一股，題局已竟。自「蓋」字以下又詠歎二股，不在八股之數。〇吹毛求之，惟「卑辭」、「巽言」二股，微有合掌之嫌。然卑是謙意，巽是婉意，人固有謙而不婉，婉而不謙者，二字本有分別，但其下文不見得確然是卑，確然是巽，不可移易耳。〇作文須知分合之法，如題言惡聲至，此是合言之耳。分言之，則有以不卑而爲惡者，有以不巽而爲惡者。又分言之，有以褐寬博而惡者，有以萬乘而惡者。如此逐層分出，最佳。每喜崇禎間吴國華《在下位不援》一篇云：「上援我而我因而援之，則有知己之感。上不援我而我強欲援之，則有按劍之辱。其實知己之累人，更深於按劍。」題只是「援上」，文却分出「上援我」、「上不援我」兩層。又順治己丑熊伯龍《位卑而言高》篇云：「其爲盛世之臣，則必官人以德，卑者之不可爲高，猶高者之不可爲卑。大臣舉事，定異尋常，而非我之所得争也。其爲衰世之臣，則必官人以世，卑者之可爲高，猶高者之可爲卑。天禍人國，授之顛倒，而非我之所得怨也。」題只是位卑，文却分出「盛世」、「衰世」，與此同一法。學者熟此，文氣便開拓。

子噲不得與人燕　二句

王守仁

舉燕之君臣而各著其罪，可伐也。夫國必自伐而人伐之也。燕也私相授受，其罪著矣，是動天下之兵也。（起講）今夫爲天守名器者，君也；爲君謹侯度者，臣也。名義至重，僭差云乎哉？故君雖倦勤，不得移諸其臣，示有專也。臣雖齊聖，不敢奸諸其君，紀臣道也。燕也，何如哉？燕非子噲之燕，天子之燕也，召公之燕也。（一股）象賢而世守之，以永燕祀，以揚休命，子噲責也。舉燕而授之人，此何理哉？（二股）恪恭而終臣之，以竭忠藎，以謹無將，子之分也。利燕而襲其位，罪亦甚矣。（三股）堯舜之傳賢，利民之大也。噲非堯舜也，安得而效其尤[一一三]？（四股）舜禹之受禪，天人之從也。之非舜禹也，安得而襲其故[一一四]？（五股）自其不當與而言，無王命也，墮先業也，子噲是矣。（六股）自其不當受而言，僭王章也，奸君分也，子之有焉。（七股）君[一一五]子之於天下，苟非吾之所有，雖一毫而莫取也，況授受之大乎？（八股）於義或有所乖，雖一介不以與人也，況神器之重乎？（小結）夫以燕之君臣而各負難逭之罪如此，有王者起，當爲伐矣。

開講是虛起法，與今人起講不甚相遠。但此是論事之題，故開講從理上説起。雖包完題面，而仍在題前，不爲重複。今人於論理之題，亦用此法。使題無餘地，則重複不堪矣。○開講下「燕非子噲之燕也，天子之燕也，召公之燕也」，先將「燕」字提出，然後將「不得與」、「不得受」之意，發揮八股。○八股俱是發所以然之故，而題面只夾敘於其間，此另是一法。如云「此何理哉」、「罪亦甚矣」、「安得而效其尤」、「安得而襲其故」、「自其不當與而言」、「自其不當受而言」，此皆即題中「不得」二字，是題面也。餘則皆所以然之故。○看其前四股，從所以然之故説到題面。後四股，從題面説到所以然之故，此是回環法。○末二股與《惡聲至》篇一樣，但彼是從題内推到題外，此是從題外説入題内。

管叔以殷畔

艾南英

殷遺〔一一六〕之不靖，王室爲之也。夫叔親臣，且重臣也，而至於畔，則非殷畔也，叔以之也。（起講）且君子明大義於天下，其持論必確，而不使姦雄得假借以文其説。周之有管叔也，當時舉事而藉口也，曰「不利於孺子」。後世巧推而曲庇焉，曰「有殷之忠臣」。乃〔一一七〕君子則正而名之曰「畔」。何也？彼果志清君側（翻），豈不能直舉義旗，鼓行而西？而〔一一八〕陰先之以流言，則其計詭；事敗懼誅而始動，則其謀窮。且挾仇讐而圖懿親，不利孺子，孰大焉？〔一一九〕此其事易明也。乃等叔於逃蠻之隱志，而齊叔於西山之餓夫，則黼哻而裸將者，非湯孫耶？棲心域外而無所爲者，非父師耶？而內見非於叔，非情也。武之心，質之南巢而無愧，對之管叔而有歉，非理也。諫於孟津之初，猶云武之諍弟。發於受監之始，猶云待柄而爲。斯何時也？其心不過謂（作二股看）天下始定，少主危疑，此萬世一時，（作二股看）而獨忌公之坐鎮也。驟加以兵，則公能禦我。倘流言信，而公出而我代，天下可中制也。即我不代，而公出而中虛，天下可外撼也。事成則我王，事不成以一丸封殽函，捲徐兗而有之，東周固自若耳。（作二股看）然而肘腋之下，殷人搗我巢窟〔一二〇〕，則腹心之疾也，計不若餌武庚而共之也。然而，度也處也，從中誅我，則內變也，計不若誘二弟而共之也。而紂之逋逃臣及徐戎淮夷者，令自戰其地，以分其力，庶幾山東諸侯並起而亡周也。（作二股看）故君子不言武庚，而曰以之者叔；不言羣弟，而曰以之者叔；不言奄徐淮戎，而曰以之者叔。何也？天下既定，殷餘諸臣，大者侯，小者伯、子、男。安樂無他志，自叔首事，而覬覦之心動矣。（小結）而〔一二一〕且曰忠殷也，則取殘之義晦，而立君爲民之意失，人將曰湯武非征獨夫也。嗚呼！此尤不便於後世爲人君爲人臣者哉。

此篇與《季氏旅泰山》篇同一翻案法。但彼用整，此用散耳。《季氏》篇起講，照季氏虛起；　此篇起講，照論管叔者虛起。《季氏》篇起講下，先翻去僭之一説；此篇起講下，先翻去忠殷之一説。《季氏》篇「其心葢曰」以下六股，實發所以旅泰山之故；　此篇自「其心不過謂」以下至「並起而亡周也」一段，實發所以畔之故。《季氏》篇結尾，復繳到僭上收拾；　此篇結尾，復繳到忠殷上收拾。絲毫不差。◯先輩謂作文忌武夫氣，當場怒張，全無禮樂揖遜之習。作翻案文字最易犯此病。觀千子此文，須知其極激切而不至怒張處。此題論正局，只應順陳賈口氣，見得管叔既是周公所使，必是忠藎之臣，當日濟濟多士，必無出管叔右者，必能和輯殷人，使不思畔；　禁制殷人，使不得畔。即不然而聽其自畔，猶將咎叔之德不能化，力不能制，而因以議及於周公，而乃竟以殷畔，如此講方是正局。此作純用變法。然議論自有關繫，變而不失其正，故存之。丙寅又識。

時子因陳子以告孟子　二句

徐仲楫

觀齊臣與門人所以傳命者，皆不足爲知賢矣。夫賢者爲道不爲禄也。時子、陳子之傳命，知有禄而已，曾是以爲留賢之道乎？（起講）且孟子之去齊者，惟其道。而齊王之留之者，惟其禄。使時子而知其非，則必以道啓其君，而齊王未必不悟也。使陳子而知其非，則必以道語其臣，而時子亦未必不悟也。時子悟而知所以啟君，齊王悟而知所以留賢，非吾道可行之一機乎？（一股）夫何時子雖與孟子同朝，而不知其道？凡授之室而養之禄者，意以王之待賢厚矣，孟子可以無去矣，是故因陳子而以告孟子焉。（此下二句是題面）如是而受命於君，亦如是而致命於賢。其所以托諸陳子者，欲其言之易達而早圖之也，固不暇計其留之爲道與否也。（二股）陳子雖從孟子受業，而不知其道。凡授之室而養之禄者，意以時子之傳命信矣，孟子可以無行矣，是故以時子之言告孟子焉。（此下三句是題面）如是而聞言於友，亦如是而傳命於師。其所以望孟子者，欲其意之可回而復返之也，固不暇計其道之可行與否也。（三股）自時子言之，其慶我君之有是舉乎？而委曲以告孟子者，謂之不蔽賢可也，不可謂非忠也。惜乎齊王有留賢之意，而不歸諸道，時子未有以啓之也。（四股）自陳子言之，其慶吾道之有是遇乎？而詳悉以告孟子者，謂之無宿諾可也，不可謂非賢也。惜乎時子有好賢之心，而不歸諸道，陳子亦未有以啓之也。（五股）夫時子，齊臣之良也。以是爲國之華，而無一言以啓其君，則孟子之心，非惟齊王莫知，而齊臣亦莫之知也。（六股）陳子，門人之選也。以是爲道之榮，而無一言以語其臣，則孟子之心，非惟齊臣莫知，而門人亦莫之知也。（此一段散行作二股看）齊王不知，而齊國猶有人焉，道未窮也。齊臣莫知，而吾門猶有人焉，道亦未窮也。至於門人而猶不知，尚何以責齊之君臣哉？（小結）此孟子所以去也。

通篇以一「道」字作主，是大頭腦。孟子所以不遇於齊者在此；時子、陳子所以不知孟子者在此；有二子之告，孟子所以愈窮者亦在此。承題首句即揭出此意，篇中反覆發揮，如一線穿下。拈「告」字正面處，不過數語。○大凡正題先反，反題先正，起講責時子、陳子處，所謂反題先正也。隨接二股説時子、陳子不暇計及於道，與起講「知其非」反應。次二股説齊王有留賢之意，而時子未有以啓之，時子有好賢之心而陳子未有以語之，與起講「以道啓其君」、「以道語其臣」反應。末二股并散行一段，與起講「吾道可行之一機」反應。散行一段，不作對偶，略變八股之體，因起講中已多對偶也。○或云：「時子知王留賢之意不誠，欲傳命不可，欲不傳命不可，故始因陳子達之以塞責。」則看得時子是箇奸猾之人。此只云「欲其言之易達而早圖之也」，則看時子只是箇庸碌之臣，皆從所以因陳子處看出。然庸禄之説，平正可從。〇後幅章法從《東萊博議》中《周鄭交質》篇來。〇天啟壬戌馮明玠此題破云：「齊人惟知有萬鍾，故驚相告也。」是從其所蔽言。此文云：「二子不知其道。」是從其所昧言。立意俱佳，但馮作用筆不如此文之妙。

又使其子弟爲卿

錢謙益

賤臣之謀世卿，工於患失矣。夫已失卿而子弟得之，猶弗失也。叔疑何患乎無卿？（**起講**）且甚哉黜免之一途，足以窮巧宦也！雖有熱中之士，不能不恬。雖有濡首之夫，不能不去。然而又不足以窮于叔疑也。叔疑當爲政之不見用，且不能長有卿矣，又安能卿其子弟哉？而叔疑之意有異焉，（**一股**）以爲天下有可敗之身名，而無不可據之爵禄。（**二股**）爵禄不可以身留也，而可以後市也。（**三股**）吾奉職無狀，已爲世所指名。令子弟皆至大官，則行雖辱賤，終不失爲重人。是失計於身名，而取償於爵禄也。（**四股**）吾削跡朝廷，已爲人所不齒。令子弟相繼通顯，則身在廢棄，且長據於要津。即昔日之熏灼，反不如今日之餘焰也。（**五股**）且爲卿之賓，吾子弟知之熟矣。吾教之暇豫事君，吾使之俛仰逢世，吾之子弟皆卿材也，吾子弟何故而不卿？（六卿）爲卿之術，今天下又槩可知矣。一榷門而争爲市，一仕路而互爲營。今之爲卿者，皆吾子弟之類也，君何靳而不卿吾之子弟？（七股）以吾之退爲避賢，而以子弟之進爲籲俊。於黜陟之法，故無傷也。（八股）吾既退，在子弟可無並進之嫌。吾退而子弟進，在國家可引録舊之典。於進退之途，又兩相藉也。（小結）此叔疑所爲以卿爲家，以政爲窟，而更欲以子弟爲媒者哉！夫如是則罷官不足患，乃正爲子弟地耳。爲卿者人人有子弟，人人不失卿矣。故曰：異哉子叔疑！

開講是反題先正之法。八股俱不實寫「其使」，而寫其所以「又使」之故。與王季重《驅虎豹》篇、楊椒山《王勃然》篇同法。但彼一篇先將題面點出，此篇題面至末方點出，微不同。〇首二股是泛言爵禄之可求，不可失；次二股是言子弟之不可不使；下四股俱是言子弟之可使，兩股就勢利上説，兩股就義理上説。小人口角，不但計勢利，并欲借義理，從古如此。

然友反命

郝敬

君傅述禮於君，大事可舉也。夫世子以問禮托之傅，而然友述所聞以報之君，以是爲忠君之命則可矣。（起講）滕世子究喪禮於孟氏，選擇而使然友往來將命也。襄大事，惟彼之功。君子曰：賢哉！（揚）傅而抑有不滿者，（抑）何也？（先發正論一段）古明君教養世子而立之傅，以傅其德誼。賢良端正之士，則必教世子以知禮。博聞强記之士，則必導世子以力學。養成君德，固非臨事以驟辦；學古有獲，亦非每事而問人。然友，世子之傅也。（一股）馳馬試劍之日，既不聞有規諫之言；（二股）百官有司之阻，又不聞有折衷之論。（三股）齊衰之服，飦粥之食，所爲三年自盡者，皆諂人以告君，其素無切劘之益可知矣。（四股）即位之哭，深墨之容，所爲先以風人者，皆因人以成事，其衷無獨斷之明可知矣。（五股）出聞讜言，入告爾后，疑於獻納之忠矣。視之父兄族人阻君之善者，差若有間。（六股）朝而受命，夕而復命，不過報命之恭耳。較之勸學行禮坐而論道者，殊非其職。（七股）屈受教之尊，而下行聽教之事，卑矣；（八股）失輔養之益，而徒効奔走之勤，末矣。（束）向使性善堯舜之旨，啓廸於平時；　而生事喪祭之禮，講求於積累，則因心定制，緣義起禮。孟子且不能贊一詞，而何必爲區區反命之舉？我是以謂君子不深取也。雖然，滕無人矣，羣議紛紜之際，使然友從風而靡，世子誰與爲善也？君子於是乎賢然友。

論此章正旨，無責備然友之意。此作却以責備然友爲正講，亦是變局。然責備得曲盡其妙，有關世道。此義不明，而天下以師傅而徒知奔走之勤者多矣。〇起講用先揚後抑之法。起講下將爲傅之道發明一段，是反題先正之法，不在八股之數。次點然友一句，隨將責備之意發揮八股：前四股就上文發論，後四股就本題發論。又散行一段作束。末用「雖然」二字一轉作結，仍贊他好處。與起講相應，此法從蘇東坡《范增論》來。

許子冠乎

王思任

以冠詰異端，詰其必用者也。蓋冠非農夫事，而必爲農夫用，當以此問許子耳。孟子曰：（起講）天下（賓）有天下之體統，一人（主）有一人之體統。天下之體統在君臣，一人之體統在冠履。此皆必不可廢者，吾由許子之衣，而又疑及許子之冠矣。凡人莫不冠，而吾何獨疑許子之不冠。冠則貴賤分，而許子之説並耕也。冠從黄帝製，而許子之教神農也。（一股）許子尊神農以上之教，則未必冠。（二股）許子係黄帝以後之人，則未必不冠。（三股）解衣而作，茁髮而遊，是畎畝泥塗，耦俱者皆無猜之野人，而冠誠可省。然而竊料許子力田之時少，治家之日多也。顧野自思，而眉目何以不愧，則亦將冠乎？（四股）戟手相語，脱巾相呼，是蓽路藍縷，往來者無責禮之君子，而冠不必施。然而竊料許子居鄉之時少，入市之日多也。衆咻難避，而椎結不能自安，則亦將冠乎？（五股）即如踵門而來，滕公以軒冕遇之，爲許子者，豈其被褐蒙首，無簪無纓，而對人君亦箕踞亡賴乎？吾謂南蠻可憎，猶遠禽獸，而或者不自暴至此。（六股）即如受廛之後，數十人以屨席供之。爲許子者，豈其朝饔夕飧，不櫛不沐，而率弟子盡蓬垢一堂乎？吾謂楚囚相對，猶有南冠，而或者不太古至此。（七股）醮賔命父之典，必見以爲煩。但岸然無容，一如枝鹿之野。彼或有其情，而未必肯有其貌也。（八股）三加百拜之儀，必且以爲僞。但髡然自放，一如病狂之惑，彼其心則然，而其狀未必然也。（隨束隨結）服雖奇，不得棄元首。人雖奇，不得逃世法。而謂許氏子冠乎？

通篇純用賓主法，以「天下之體統」陪起「一人之體統」，以君臣陪起冠履，以履陪冠，此俱是正賓。先曰「未必冠」，次曰「未必不冠」。先曰「冠誠可省」，曰「冠不必施」，次曰「則亦將冠乎」，此俱是反賓。「踵門」、「受廛」二股，此就主中分出二意。醮賓三加，此是主中又分賓主之法。◯起手先説體統，次説冠履，次説冠，此是由虛漸實之法。開講下先説「冠則貴賤分」、「冠從黄帝製」，此是將「冠」字提起，與王陽明《子噲》篇同法。此下然後發揮八股。◯八股俱是發所以然之故，而題面夾敘於其間。「未必冠」、「未必不冠」等語，此題面也。「尊神農以上之教」、「耦俱皆無猜之野人」、「徃來無責禮之君子」，此其所以未必冠之故也。「係黄帝以後之人」、「而力田時少，治家時多」、「居鄉時少，入市時多」、對人君不容箕倨、對弟子不容蓬垢、「枝鹿」、「病狂」、非人情，此其所以未必不冠之故也。

交於中國　北學於中國

吴鍾巒

中國治經列聖，而楚士之學正矣。夫列聖之治中國，其道非以並耕也。陳相亦忘其師北學之意乎？而變於夷也。（起講）且中國者，帝王之所開闢也，聖哲之所經營也。（總提）其上有堯、舜，其下有禹、益、稷、契、臯陶，其後有周公、仲尼。數千載間，聖人之用其[一二二]心於中國者良苦，而學者[一二三]之嚮往，始的然有所宗主而不辭。許行乃欲以並耕之學亂吾中國耶？（提）亦知昔之交於中國者何物乎？堯之獨以中國爲憂者何憂乎？（此一段作二股看）使堯區區焉用其心於耕，而不憂不得舜，則中國至今不治。使舜亦區區焉用其心於耕，而不憂不得禹、臯陶，則中國亦至今不治。（此一段作二股看）唯君[一二四]爲天下得一相[一二五]，相爲天下得五臣。益乃起而用心於掌火，禹用以成八年之功，不聞以並耕治也。稷乃起而用心於教稼，契用以明五等之倫，不聞以並耕治也。夫聖人亦爲其難者耳。小惠小忠，中國又奚賴焉？（过文）未已也，中國之道（提），唐虞而後莫顯於周公，莫大於仲尼。爾師，陳良嘗悦之矣。產於夷而忽聞中國有聖人，學之所以北也。變於夏而幸履聖人之中國，道之所以南也。（此一段作二股看）想其北學時，閱中國山澤之坦易，曰：「此益之成勞乎？」涉中國江淮之浩衍，曰：「此禹之明德乎？」撫中國稼穡之殷盈，曰：「維后稷。」服中國人倫之秩敘，曰：「維司徒。」而後歎堯、舜之用心如此其蕩蕩巍巍也。豈憂百畝之不易哉？（反收）使非列聖，則鳥獸之交中國，蓋至今然矣。許子又安得飽食煖衣以談並耕耶？

「並耕」二字，是一章大旨。而此題以中國起，以中國止，故作者又將「中國」二字作一篇主張。大意謂中國帝王之道，從無並耕之説。然亦因題如此搭，故不得不如此附會耳。究竟自「吾聞用夏」以上，豈有重中國之意？且並耕之説，豈獨中國無此道哉？南海北海，亦豈有之？○起講將「中國」二字提説，而以全題貫於其中。開講下雖俱散行，仍是兩截八股之格。「交於中國」至「亦不用於耕耳」作一截，「吾聞」以下作一截。前一截將「交於中國」、「堯獨憂之」二句先提起，下反説一段，作二股看。正説一段，作二股看。下一截將周公、仲尼先提起，下就本文説一段，作二股看。帶上截益、禹、稷、契説一段，作二股看。○兩截俱只敘題面，而題意則於起講及結尾見之。○兩截中間，只用「未已也」三字作過文。因兩截意思本順，故只當如此。若上下意思相逆，則不得不費轉折，作文繁簡本無一定，當相題爲之。末用反收以繳上截，與《壹戎衣》篇同。○蕩蕩巍巍，不叙於上截，而見於陳良之下，此是倒補法。○搭題附會之法，不可勝窮。舉一可以見百，如鄭之元《止於仁爲人臣》篇，破承云：「聖人之盡仁，善爲臣者也。夫文王不行仁，則天下之去紂必速，而文不得竟爲臣矣。甚哉文王之難也！」亦巧於附會者。并記於此。

有攸不爲臣東征

姚希孟

周王以義正名，而有不臣之討焉。夫不臣於周，此其罪未可定也，而遂以不臣之罪征之，所謂名以義起耳。（起講）且君臣，定位也，而至於天怒人怨、親離衆叛之秋，則君臣似非定位矣。故興王崛起，而順之者昌，逆之者亡。順之者爲王佐，亦爲帝臣，帶礪之所必及也。逆之者爲賊黨，亦爲亂臣〔一二六〕，斧鉞之所必加也。（喝起不臣）當商周易姓之際，遺佚如太公，貴戚如微子，前而三分有二之衆，後而八百會同之國，孰敢不臣？而有不臣者，伊何人哉？（一股）蓋崇侯、奄君之屬，明知稔惡已久，而爲聖世之所必誅，故閉關而不朝耳；（二股）飛廉、惡来之輩，自揣衆怒已深，而爲王法之所不宥，故負嵎以相抗耳。（三股）此其人無論非周之臣也，即起商先王於九原而問之，亦非商之臣也。不奴不死，而使祖宗艱難辛苦之業，離披至此，是斬商祚者正此臣也，而猶得藉口於不屈乎？（四股）無論其不爲周臣也，即使其稽首於王之馬前，而亦不願有此臣也。長君逢君，而使商辛聰明才辯之資，兇惡至此，是喪殷師者正此臣也，而猶敢托名於殉國乎？（五股）於是蒼蒼之表，默啟武王，若曰：爾其討獨夫紂，而先討其蠱惑此獨夫者。（六股）元元之衆，又環向武王，若曰：王其誅無道商，而先誅其相與爲無道者。（七股）玉杯象箸，誰獻此淫巧？（八股）瑶臺璇室？誰興此土木？刳孕婦，斮朝涉，誰爲紂作刑官？盈鹿臺，充鉅橋？誰爲紂作聚斂？計其罪，即比之共工、驩兜之屬，殆有甚焉。而殲其魁，則雖爲阪泉、涿鹿之師，亦所弗恤矣。此東征之所由起也。蓋惟天地間，從未嘗有此臣子，故欲其身伏司敗，以寒萬世奸臣之膽，而非徒爲脅服人心之計。惟宇宙中必不容有此臣子，故欲其名載丹書，以立後世臣道之防。而非徒爲翦除勝國之餘。不然，叩馬之義士，則聽之而已矣。演疇之父師，則封之而已矣。梗化之頑民，則遷之而已矣。必欲胥天下而臣之，夫豈帝王之度哉？

起講與陽明《子噲》篇同法。通篇是兩截八股之格，俱發揮所以然之故，絶不鋪敘題面。前一截是發所以謂之不臣之故，後一截是發不臣所以當東征之故。自知稔惡，自揣衆怒，斬商祚，喪殷師，此其所以謂之不臣之故。天人交迫，有共、驩之罪，自當爲版泉、涿鹿之師，此不臣所以當東征之故。「玉杯象箸」至「東征所由起也」一段散行，作二股看。此一段即在前「稔惡」、「衆怒」、「斬商祚」、「喪殷師」之内，此處復叙出者，是總數其罪以起當東征之意，猶云斬商、喪殷即當膺斬商、喪殷之罰，稔惡、衆怒即當行稔惡、衆怒之誅，非另一意，亦非重複也。「蓋惟天地」以下，總收，不在八股之數。〇有攸不爲臣，便是所以當東征之故。中間却又寫天人交迫一段光景，剔出不臣所以當東征之故。文章最要如此曲折。〇前一截先云：「孰敢不臣，而有不臣者伊何人哉？」此是先出題後發揮之法。後一截末云「此東征所由起也」，此是先發揮後出題之法。

今茲未能

瞿景淳

革弊不能速，可以卜其終矣。甚矣，弊政之害天下也！革之惟恐不速耳，而可以自退托也哉？（起講）且夫革之時義大矣哉！所以振天下之蠱，開天下之泰，而更化者之所先也。盈之乃謂孟子曰：天生斯民，立之司牧，固當養天下以和平之福，（急轉）而天下之政不能盡如吾意也。（緩行）是故古之取民，其實皆什一也。而今則二（提「今」字），吾猶不足。今之民受害多矣。古之爲關也，將以去暴也。而今則將以爲暴，今之行旅失次久矣。盈之豈獨忍於斯民，而滿於斯世耶？不忍於斯民，則所以起其仆者，惟恐其不至。不滿於斯世，則所以新其政者，惟恐其不周。奈之何今之去古太甚矣！（一股）風會之流，正當人窮之運。（二股）功利之習，已成世濟之凶。（三股）爲君者以是爲足國之法，而吾速反其令焉，不免獲罪於其君。（四股）爲臣者以是爲事君之忠，而吾獨更其議焉，是徒取懟於其友。（五股）不惟不能起天下之仆，而將來可爲者未必不以驟而失機。（從古庸臣往往以此藉口。）（六股）不惟不能新天下之故，而勉强自立者未必不以速而召蠱。（七股）非特爲民之戚，而不忍斯民之心，亦不能以自慰，時也，非意也。（八股）非特爲旅之憂，而不滿斯世之懷，亦不能以自慊，勢也，非意也。（束）然則所計者遠，則必有所待； 所就者大，則必有所忍。（天下原有此理，但非所論於輕賦。）（小結）盈之之所以不能保於今日，而願一去於將來也。

開講是口氣題斷做之法。入口氣，先説天生斯民之意，次説古今不同之弊，次説己之欲起其仆、新其政，皆就「今」字游衍，不在八股之數。「奈之何」一轉以下，實將所以未能之故，發揮八股： 首二股是就從來言，見其流已遠，其根已深； 次二股就人言，見囿於積習者，上下皆然； 次二股就事言，見一與君友立異，則非惟無益而有害； 次二股就今日時勢言，見事必不能違時勢。此皆所以未能之故也。末結數語點題面，并趨下。○《對曰不能》、《吾二臣者皆不欲也》、《此非距心之所得爲也》、《有司莫以告》與此題當作一類看。○前幅先云：「天下之政不能盡如吾意也。」然後復從古今不同之弊，寬寬説至題上，此亦是急轉緩行之法，與吴因之《愛之》篇同。但吴作緩行法，用在八股之内； 此作用在八股之外，則異。

驅虎豹犀象而遠之

王思任

元聖除物害，特遠之而已矣。夫害民之物，所當急殲者也。而猶賜之以生全，公豈無意於其間乎？（起講）昔紂之園囿，有異獸（先提虎豹四字。）充牣其中，曰虎豹，曰犀象。紂爲此數物，以故壞民居而奪民之食；民怨此數物，咸思食其肉而寢處其皮。當公之靖亂也，何弗盡殺之以快民志，而僅僅驅而遠之哉？公以爲（一股）吾誅此類，則不可盡誅。（二股）而求其大治，則必至於大亂。（三股）爲仁民之故，而致妨其愛物，雖無傷於胞與之量。（四股）繼肅殺之後，而甚之以物憏，實有干於天地之和。（五股）害人者獸，而率獸以害人者非獸。獸本知有長林，所以猖獗於禁苑，而致民不敢問者，紂爲之明庇也。（六股）長君之惡者獸，而逢君之惡者非獸。獸本安於遐方，所以驛騷乎畿甸，而暴君與之狎者，飛廉五十國爲之先容也。（七股）惟紂有德於物，故吾特寬物之罪，而罪及其主，令後世顯然知虎豹犀象受主之恩而不能救主之死。紂既死而物固自若也，足見蓄珍者，有害無利。而子孫有好異之心，未必不惕於此而深戒已。（八股）惟飛廉五十國爰致此物，故吾特宥物之戮，而戮加於人，令後世曉然知虎豹犀象爲人斂怨而不能爲人殉亡。飛廉五十國既亡，而物仍無恙也，足見進異者，有損無益。而臣民有貢獻之端，未必不鑒於此而中止已。（咏歎）上以剔民生之蠹，下以因物性之宜。陽示好生於天下，陰垂炯戒於將來。（小結）然則公之用驅而不用殺，意者有在於斯乎？

「遠」有用嚴意，亦有從寬意。云「僅驅而遠之」，便是寬意。云「必驅而遠之」，便是嚴意。題旨似重嚴，不重寬，文反重寬意，此是主張在題外之法。微似論體，不可不知。黄藴生《殛鯀》篇亦是此法。○通篇俱發所以驅而遠之之故，惟開講下云「何弗盡殺而僅驅而遠之」，末云「公之用驅而不用殺」，意者在於斯乎？此數語是拈題面。○首二股言殺之則至於亂，次二股言殺之則傷於和，次二股言獸本無罪而罪在人，次二股言不殺足以垂戒。末又作四語詠歎，不在八股之數。「因物性之宜」與前四股相應，「垂炯戒於將來」與後四股相應。○文有輕叙、重叙之法，看此作於垂戒意，則用重叙法，暢發四股。於召亂傷和意，則用輕叙法。每意止用二小股，未嘗説所以召亂傷和之故，此非詳略不均也，所謂物莫能兩大，其勢則然耳。善作者，當相其勢而爲之。

他日歸

胡友信

以去家爲廉者，亦有時而歸焉。夫仲子以去家爲廉，則仲子不有其家也，曷爲而有他日之歸哉？此可以識廉意矣，而惜乎未之悟也。（一股）彼仲子之居於陵，固將避乎兄也。然有同氣之情在焉，雖矯廉者安得而終避乎？（二股）仲子之避於陵，亦將離乎母也。然有一本之恩在焉，雖求潔者安得而終離乎？（三股）故既已避乎兄而去之矣，有一日焉，又將思乎兄而歸覲之也。（四股）既已離乎母而去之矣，有一日焉，又將思乎母而歸寧之也。昔也去蓋而之於陵，今也自於陵而反蓋。（**八股中間著此二句是敘題正面。**）（五股）釋一壟之願，而歸萬鍾之家。若彼之所大不便者，而有兄在則弟然；或爲之兄者不復望乎弟之歸，而弟不得不然也。（六股）去窮士之居，而歸大夫之室。若彼之所甚不堪者，而有母在則子然；或爲之母者，無復望乎子之歸，而子不得不然也。（七股）雖曰避者其常，而歸者其暫，然避則其習，而歸則其性也。試一思之，則先後疾徐〔一二七〕之念，宛然在一舉足之間，而頃刻不容忘者，顧可獨爲他日之歸也耶？（八股）

雖曰離者其恒，而歸者其忽，然離則其人而歸則其天也。試一思之，則温凊定省之儀，惻然於見親之際。而一息不容間者，顧何以有前日之去也耶？

此是無起無收，光頭八股之格。通篇是一回環體，前四股，是因其天性之不容泯，故有他日之歸。後四股，是因其他日之歸，而見其天性之不容泯。説他日之歸處，是題面。説天性之不容泯處，是所以然之故。〇看其前截首二股略起歸意，下二股詳發。後截首二股略起天性意，下二股詳發。此是由略漸詳之法。仲子此日之歸，與乍見孺子，嘑爾之不受，平旦之氣，齊宣之戚戚，夷之之憮然，互鄉童子之請見，同是良心之不可泯滅處。

他日其母殺是鵞也

王思任

觀母之所以用愛者，而齊士忍矣。夫以離母之子，而猶爲之殺一鵞，母之於仲子可知也。（起講）於陵仲子之歸也，耳目幾廢，形容盡槁。其母見之，以爲嘻，憊矣。天何以困仲子，而使之至此極也！我何懟於仲子，而使之至此極也！於是以顧復之心，動鞠養之念，而又恐仲子之矯情用憎也，則以他日殺前饋者之鵞矣。（一股）夫仲子丈夫子也，若有三年之愛於其親，則五鼎大烹，當養其母。而是鵞也，仲子之所當殺者也。（二股）仲子不能養父母，而其兄勞於王事，則供旨視膳，當代其兄而殺是鵞也，又仲子之所得專者也。（三股）乃仲子歸來，曾無一芹半菽之獻。（四股）而母氏聖善，反有充庖命宰之勞。（五股）吾想婦人無不愛其子，更無不愛其幼子，謂長則成立，而幼則無知。故雖以仲之愚頑，至爲不孝，而母第有護之憐之也。（六股）吾想母惜富貴之子尤惜貧窮之子。今兄爲冑卿，而弟爲餓士，故雖以仲之寒賤，徒乃自苦，而母第有痛之撫之也。（七股）鵞雖常畜，而亦爲特牲。天下有人子在母之前而當客禮者乎？然其去也杳然，其來也偶爾，并不望此後堪倚閭也，則疎逖之象，子而似客矣。至於似客，而母之心悲而不可喻矣。（八股）殺雖無時，而亦有常節。天下有子來見母之日而稱難遇者乎？然其匍匐而來，又顰蹙思去，更不知何時可寧家也，則邂逅之留，子而難遇矣。至於難遇，而母之心苦而僅有託矣。（餘波）當其時，母愛有加。惟少一仲子，而未必不多其兄也。母恩罔極，既見其子，而又未必不思其婦也。則是殺鵞之事尋常，而殺鵞之心無限也。（小結）於仲子安乎？

通一篇看，則起講從其母愛子之心，說到殺鷟。起講下八股，從殺鷟說到其母愛子之心，是回環體。就八股看，則前四股叙題面，是兩正兩反之法。後四股發題意，兩股泛言母之愛子，兩股就殺鷟見其愛子，是兩虛兩實之法。末復以「未必不多其兄」、「未必不思其婦」作餘波，此不在八股之數。○愈說得其母愛子之切，愈顯得仲子離母之非。非獨此句爲然。吾鄉周永瞻先生嘗作《是鶂鶂之肉也一句》文，篇中皆說其兄藹然有愛弟之意，蓋喜其不却鶂鶂漸能圓通，而非有所刺譏，最得當時光景。總之其母其兄雖不免於俗，而天性自在。仲子雖自謂超然絕俗，然戕其天性，亦已甚矣。

爲湯武敺民者桀與紂也

湛若水

商周之得民，暴其民者使之也。蓋暴其民甚，民必畏之矣。桀紂帥天下以暴，此湯武之所以得民與。昔孟子意曰：（起講）人惟有所畏也，而後有所欲。故魚以畏獺潛於淵，爵以畏鸇止於叢。夫物則亦有然者矣，何獨至於民而疑之？（一股）彼夏失天下，湯得之，是湯之民，夏之民也。禹之明德遠矣，孰使之去夏而歸湯也哉？（二股）商失天下，武得之，是武之民，商之民也。天下歸殷久矣，孰使之去商而歸武也哉？（三股）良以桀之君不仁也，滅德作威，民斯有曷喪之悲；（四股）紂之君不仁也，敢行暴虐，民斯有如燬之戚。（五股）凶害罹矣，而幸子惠者在湯焉，胡爲而不徯我后也？（六股）穢德彰矣，而幸寧爾者在武焉，胡爲而不紹我休也？（七股）故民向不知有商也，桀自敺之以與湯，始就乎商而已矣，是桀猶獺而湯猶淵也，民其不爲魚乎？（八股）民向不知有周也，紂自敺之以與武，始附乎周而已矣，是紂猶鸇而武猶叢也，民其不爲爵乎？（反收作結）向使湯不遇桀，未必有來蘇之望。武不遇紂，未必有倒戈之迎。民何德於湯而仇於夏，悦於武而畏於商耶？

開講是根上起法，首二股是「爲湯武敺民者」正面，次二股是「桀與紂也」正面，後四股是所以然之故，末用反收。◯湯、武、桀、紂到底分講，今人不肯如此，然各有其妙。◯趙儕鶴《爲叢敺爵》篇云：「一爵得而羣爵驚，一爵得而羣爵亂。」數語最妙。桀紂亦然，民於桀紂，豈必人人受其虐哉？荼毒一民，萬民離心，人君何可不懼？◯獺喻桀，鸇喻紂，是互見法。◯讀秦皇、項羽、漢高《本紀》，便是此題註解。

出

錢櫝

遇難而能免者，此聖人所以爲孝也。夫曲從父命，而因以自斃，非孝也。舜固愛身以愛親者，而甘泥於井哉？（起講）且自古未聞有父而欲死其子者，而自瞽瞍始。焚廩不已，使之浚井，豈非人倫之大變也哉！苟以常情度之，未有不以從親爲孝者。而舜終以出焉，此何以故？或者曰：「舜之浚井，是舜之勇於從而順令也；而其出也，則天所以哀舜而賜之生也。」而不知舜固有以自愛也。（一股）蓋親恩罔極，而一死不足以報親，故身可勞而不可死。（二股）從命非孝，而守身斯足以爲孝，故井可浚而不可陷。（三股）父母生之，父母殺之，於人子固亦無憾（一二八）。但爲子者，既不能諭親於道，而又成其殺子之名，是尚可以爲子乎？由是見禍而避，轉存亡於呼吸之間，亦付之無可奈何而已。（四股）不得乎親而以死自刎，於吾心固已甘之。但爲子者，生不能順親之心，而死又彰父之惡，是尚可以爲人乎？由是臨難而避，爲萬死一生之計，亦出於無聊而已。

（五股）且[一二九]吾之身，父母之身也。父母之身，而置之不得其所，則已非歸全之孝矣。況天下無不愛子之父母，而今之忍殺其子者，猶之亂命焉耳。萬一追悔而無及，寧不重親之悲也哉？（六股）吾之生，天地之生也。天地生之而使之不得其死，則已非没寧之孝矣。況天下無不可回之親意，而今之必死其子者，徒以有象焉耳。萬一痛念而自傷，寧不重弟之罪也哉？（七股）故舜之孝不在於完廩浚井，而在於死地而能生。（八股）論舜之孝者，亦不在於完廩浚井，而在於亡地而能存。（小結）慎毋以舜之出爲天幸也。

此篇亦是翻案法。但《旅泰山》、《管叔畔》二篇翻處多，此篇翻處少耳。起講下「或者曰」一段，先翻去「天」之一説。下八股，實發所以出之故。末復繳到「天」上收拾，與前二篇實同一局。○開講是承上起法。八股要看其由虚漸實、由淺漸深之妙。首二股先虚言死不足爲孝，而守身斯爲孝。次二股言死則陷親於惡，次二股言死則貽親之悔，次二股從舜之孝引到論舜之孝者。其次序一毫不可亂。○作翻案文字，必有一段不可磨滅之論，如倪鴻寶先生《子路愠見》篇云：「夫以子路之愠爲褊衷者，此即褊人之論也。在陳何時而得不愠也乎？以子路之愠爲淺計者，此即淺人之説也。絶粮何遇而忍不愠也乎？絶粮之天，惟聖人能不怨之。而厄聖人之天，又惟豪傑能怨之。絶粮之人，惟聖人能不尤之，而厄聖人之人，又惟豪傑能尤之。」翻去時解，確有卓見。惜其篇中字句不免駁雜，故置之。附記於此。又有翻得不是，求深反淺者，如崇禎甲戌劉侗《其愚不可及》篇云：「微論人不及也，即令武子事過險出，而回思疇昔之朴忠，亦自覺渺然而難追。即令武子委蛇有道，而欲如困阨之肫摯，亦自覺耿然而難渾。」説得武子只是慷慨氣節之士，全無學問氣象。

殛鯀於羽山

黄淳耀

暴其罪而不戮其身，聖帝之所以待崇伯也。蓋鯀之罪不至於死，而亦不可徒生也，羽山之殛有以夫。（起講）嘗觀帝堯之使鯀，竊疑聖人於此何其輕於徇衆論，而緩於行天誅也。知鯀之圮族，而以四岳故用。及用之而九載弗效矣，不及其身刑之，猥以遺舜焉。是不幾以百姓爲嘗試，而骫法縱姦也哉？及觀舜之所以處鯀，而知鯀之爲罪固未可與共、驩並論者也。（提）鯀所際者，天傾地陷之世。其勝任者，大神大聖，而非夫尋常之智所能爲。鯀所負者，堅強婞直之才，其得罪在獨斷獨行，而非有滔天之惡以禍世。方鯀之舉以四岳，而不舉以共、驩也，蓋亦非比周乎小人者矣。方堯之不用其子以登庸，不用共、驩以若采，而姑用鯀治水也，蓋亦必一時之臣無出鯀右者矣。至久而弗效，則又惡得無罪哉？舜自攝位之後權之，以爲（一股）鯀雖不殺一人，而洪水之所殺已多，是即無異於鯀殺。（二股）鯀雖殺及天下，而原其殺之者出於治水，是終與殺人有殊。（三股）於是設爲拘囚困苦之刑，（四股）置諸東方瀕海之地。（五股）言有殛焉，是其刑也。（六股）言有羽山焉，是其地也。（七股）蛟蜃之與遊，魚鼈之與守，〔一三〇〕俾知百姓木處而顛、土處而病者之舉似乎此也。汨陳之罪，亦足以正之矣。（八股）黜陟之不知，聲名之不及，〔一三一〕俾知昔日見才太急，任事太鋭者之自致乎此也。永遏之條，亦足以錮之矣。〔一三二〕（收束）夫惟苦其形神，而不必殊其首領，所以聖子嗣興，無礙其爲幹蠱之地也。而始則脩遺功於太原，繼則臚鉅典於郊祀，皆足酬曩時障水之勞，亦惟寬其肆市而不復貸其投荒，所以黃熊復生，亦無憾於羽淵之入也。而殛之者不爲不惜才，使之者不爲不知人，適足見聖朝一德之美。蓋聖人之仁義，交盡如此。

《萬章》之意，是言舜待鯀之嚴。此作是言舜待鯀之寬，非題正意，與王季重

《驅虎豹》篇同。○開講從堯之待鯀説起，是借勢入題之法。開講下將「鯀」字作四股，此即先輩提掇之法。語雖多，然實算不得在八股之數。「舜自攝位之後」以下，作八小股，因提處已長，故正講不嫌其短。「夫惟苦其形神」二股，是收束，亦不在八股之數。大抵先輩八股，或發題意，或叙題面，或反或正，或分或合，皆屬正講。若前之提掇，後之收束，皆不在其内。先輩精力，俱用在八股，故提掇收束處，不煩多語。後人提掇收束處長，故正講或減八爲六，或雖具八股，而縮大爲小，皆是變格。○此文原本有大結，以王安石比鯀，議論最好。今俗本多删去，覓之偶未得。附記於此。

象不得有爲於其國

許獬

虞聖不欲以權假其弟，爲慮深矣。蓋象非君國之器，舜所知也。然苟有爲者不在焉，則何害於有國哉？（起講）且昔帝王宰制宇内，而樹之侯王君公，凡以分猷宣力共理此民也。故其德厚者重畀之，能薄者顯斥之，未有灼知其不任而猶以空名羈之者也。

乃舜之處象則不然。蓋象之惡著矣，（提「象」字。）不有其兄，何有於其國？脱或并其國而授之以有爲之柄，（一股）則將生殺予奪惟其命，而天子不得問，羣臣不得言。（二股）賞罰廢置惟其情，而約束有所不能加，訓誥有所不能諭。（三股）就象而言，得罪於兄，兄可恕也；（賓）得罪於國，國不可恕也。（主）孰若授之位而奪之權，勿令速戾於厥躬也？（四股）就有庳而言，虐於他人猶可控也，（賓）虐於天子之弟，不可控也。（主）孰若陽以優之，而陰以制之，令彼君臣上下兩相能也？（五股）是故分茅土而盟河山，象之視有庳曰：吾國也。至問其國之民社若何，進退予奪若何，象不知也。（六股）隸編户而奉奔走，有庳之視象曰：吾君也。（賓）至問其君之建立若何，廢興因革若何，有庳之民亦不知也。（主）當其時，（七股）職掌勿詔於朝，明試勿行於國，優焉游焉，以自適於百工臣庶之上，而天下不嫌於養尊。（八股）閭閻無所厪其慮，廊廟無所考其成，泮焉涣焉，以自逸於四岳羣牧之中，而天下不病爲曠職。（餘波）是舜之心猶堯之心也。丹朱之傲，不足以托天下，故天下大器，雖堯不得私其子。象之傲，不足托國，故君臣大政，雖舜不得私其弟。然堯也奪其子，而天下後世服其公；舜也制其弟，而後世乃被之以不友之名。（小結）是豈終不可白耶？故表而出之。

開講是反題先正之法。前四股先發題意，後四股敷衍題面，末復以堯、舜相形作餘波。○開講下先提「象」字，亦與陽明《子噲》篇同。○發題意處看其全從象與有庳起見，方是大舜心事。若從恐害於己起見，便是後世帝王見識。發題面處，看其純用虛筆，絕不犯下文實地。

外丙二年仲壬四年

高拱

有商二王之不永，可以觀天意矣。夫天有所廢，必有所興也。商二王之不永，天其有意於太甲乎？（起講）且王者方開萬世之基，而適長子孫，有未能承吾嗣（一三三）者，此其變通之權在元臣，而其脩短之數在上帝，吾於商事有感焉。湯之崩也，太丁逝矣，太孫幼矣。尹思曰：（一股）國有長君，則危疑斯可以自定。（二股）家無宗子，則支庶亦可以承祧。（三股）繼湯而有天下，將屬之誰也？吾得外丙而立之。外丙者，湯之庶也，丁之弟也。父作子述，丕基紹焉。宗廟生靈之慶，庶幾永賴矣。而奈之何其二年也！二年歿，而商人之所以悲外丙者，猶其所以悲太丁者乎？（四股）繼丙而有天下，又屬之誰也？吾得仲壬而立之。仲壬者，湯之庶也，丙之弟也。兄終弟及，洪業遵焉。社稷生民之計，庶幾永托矣。而奈之何其四年也！四年歿，而商人之所以悼仲壬者，猶其所以悼外丙者乎？（五股）以湯之明德，足以啓佑乎二王者，何如而皆不得蒙其庇？豈天之不眷乎湯也，抑神靈之統自有歸耶？（六股）以尹之精忠，足以保佑乎二王者，何如而皆不得厚其終？豈天之不鑒乎尹也，抑曆數之傳自有在耶？（七股）再世相承，統幾三絶，而兩朝定策之勳日隆，人將謂天之有意於尹。（八股）六年未久，喪吾兩君，而三載宅憂之主尚幼，人將謂天之無意於商。（小結）而孰知其終歸太甲哉？惟其終歸太甲，而後知天之廢二王，有以夫。

開講是虚起法。前四股發所以立外丙、仲壬之故，即開講所謂「變通之權在元臣」。後四股發所以二年、四年之故，即開講所謂「脩短之數在上帝」。而題面只於前截第三、第四股内略點。〇此題二句有一太甲在内，因太丁卒而太甲尚幼，所以有此變通，故此文開講先點一句云：「太孫幼矣。」此是補題，非侵下也。下文自說太甲顛覆典刑而卒能悔過，另是一意。若「太甲」二字，則非獨下文有也。然此文不直曰「太甲」而謂之「太孫」，亦是怕俗眼指爲侵下，而改頭换面以避之，非正法也。每見今人作《文王我師也一句》題，怕點出「周公」來，真是可笑。不知此句上自應有「周公曰」三字，特省文耳。下文自斷周公之語，另是一意。若「周公」二字，則非獨下文有也。與此題一例。○後四股與今人吸下文之病微相類，然實天淵不同。蓋此四股是欲呼出「太甲」，「太甲」乃本題所有，非至下文始有，作者是欲繳到本題之「太甲」，非欲呼出下文之「太甲」也。若「太甲」止爲下文所有，則何必於此題内呼之？

王勃然變乎色

楊繼盛

時君之惡直言也，徵於色焉。夫孟子論貴戚之卿，直言也。直言聞而王色變，尚可與言哉？（起講）嘗謂暴國之勢，尊君而抑臣；驕主之心，好諛而惡直。久矣，夫直言之易忤也！齊王聞所謂貴戚之卿矣，盍思曰：過之不可有也如是夫！吾飭吾躬，而常使之無可諫；位之不可恃也如是夫！吾虛吾聽，而常使之無可易。則於孟子之言，不和顔以受之，即改容以禮之矣，而乃勃然變乎色焉。（一股）以爲君者卿之君也，天澤之分甚嚴也。以卿而加乎君，天澤之謂何？（二股）卿者君之卿也，冠履之辨甚明也。以君而聽乎臣，冠履之謂何？（三股）縱心敗度，人恒有之。而向之聽我予奪者，乃今一旦而可以予奪我也，是設卿固自危也，吾何樂乎有卿？（四股）飾非拒諫，人孰無之？而向之聽吾進退者，乃今一旦而可以進退我也，是擅國不在王也，吾何樂乎爲君？（五股）社稷有常奉，而親臣世臣方且議短長而操廢置。即弒君篡國，其誰復禁焉？吾恐教天下以忠者，其言不若此矣。（六股）長君猶踐祚，而伯父伯兄且敢挾公議而除共主。脱主少國疑，其誰肯服焉？我恐教天下以亂者，其機必自此矣。（七股）是故逆於耳而遂逆於心，（八股）發於心而遂徵於色。（小結）由是推焉，設有大過而貴臣爲之強諫，必不聽矣，位亦危矣哉！

起講虛起。「盍思曰」一段，是反題先正之法。此下便將題直出，然後將題意發揮六股，皆是所以勃然之故。又將題面敷衍二小股，其敷衍題面處，仍將「逆於心」陪起「徵於色」。逆於心者，所以徵於色之故也，即上六股意。慶曆間先輩俱貴發題意，不貴衍題面。○看其發題意處六股，首說「以卿而加乎君」、「以君而聽乎臣」，次說「予奪我」、「進退我」，次說「弒君篡國」、「主少國疑」，此是由淺漸深之法。

○此係蘇州文學尤鈿作。鈿，字洵美，才名甚盛。從遊者多達。屢試不第，寄興山水詩酒間，嘗感時事，借楊椒山名作此文，見尤展成《西堂雜組二集》。○篇中發所以勃然之故，自人君言之，則爲愎諫。然在人臣，亦不可以孟子之言爲口實，而遂有廢置在我之意。所謂有伊尹之志則可。

五就湯　伊尹也

王鏊

觀聖人所就之無常，不以形跡異其心者也。夫心者，理之主〔一三四〕也。求合於此而無愧焉，則其數數於去就之間者何嫌哉？（起講）且擇君而事者，智士之所以定其交也；委心不變者，忠臣之所以介其守也。而伊尹則有不必然者。（一股）蓋其始之就湯也，湯聘之也。推堯舜之學而事堯舜之君，何今之非古也？其意固如此也。（二股）繼而就桀也，湯薦之也。體成湯之心而盡成湯之意，何事之非君也？其意又如此也。（三股）豈惟湯之就焉而已，不合乎桀，而就湯者五，而往來之不拘，殆有權焉以通其變，而豈常情之可測乎？（四股）豈惟桀之就焉而已，屢命於湯，而就桀者五，而推移之靡定，殆有權焉以妙其用，而豈淺衷之可識乎？（五股）蓋桀、湯之所事也，不用於桀而歸之湯，忠湯即所以忠桀也，何嫌於就湯之五也？（六股）尹、湯之所舉也，起莘於湯而歸之桀，事桀即所以事湯也，何嫌於就桀之五也？（七股）此伊尹之志，（八股）伊尹之道也。苟有見於跡之大異，（反收作結）而無見於心之大同，徒觀夫跡之萬形，而不察夫德之一致，幾何而不疑其異於夷惠也哉！

或疑此文將「不以形跡異其心」作主張，似侵下文「何必同」地位，非也。先輩作文豈有侵下之理？蓋下文「何必同」等語，是合三子言。此文所謂「不以形跡異其心」，是專就伊尹言。細認自不同。或又疑題是五就湯、五就桀者伊尹也，文却似伊尹五就湯、五就桀，不嫌於倒乎？此亦非也。蓋人知題之下截始見伊尹，不知題之上截先有一伊尹。故此文起講下「伊尹則有不必然者」一句，此是補題之法，非倒也。○首二股，是就湯、就桀正面。次二股，是兩箇「五」字正面，股末俱帶起所以然之意。次二股是發所以「五就」之意。「此伊尹之志也，此伊尹之道也」二句作二股，看是「伊尹也」三字正面。末用反收。

一不朝　則六師移之

張大韶

王法之加於諸侯，隨其罪以爲重輕也。夫朝覲以時，諸侯之常度也。常度廢而王者示罰有差焉，其諸情法之兼行者乎？此王道之隆，而後世所弗及也。（起講）且天子中天下以同萬國之諸侯，所以萃人心而章紀法者也。是故三年、五年（暗提「朝」字）以爲期，時見、歲見以爲度，而凡遐荒外服，無敢後先矣。其或有不朝者，又將何以處之哉？蓋王者衆建諸侯，以藩屏内外。（總收）其爵則王之爵也，可得而黜陟者也。其地則王之地也，可得而加削者也。其臣則王之臣也，可得而誅賞者也。方其一不朝，是不臣之萌也。而視之來朝者，其罪彰矣。於此而不示之罰，非所以令天下也，則爲之貶其爵焉。上公降而爲七命也，侯伯降而爲五命也，子男降而爲三命也。錫之自天朝，貶之自天朝，而品秩衣冠之榮，不得以安其故矣。其在一不朝如此。（股法聯絡）然爵雖貶矣，而封疆猶舊也。王者於此，非不能并其地而削之，顧其心或知悔悟焉，是猶吾之諸侯也，雖復其爵而予之，亦可也。於此而又不朝，罪且積而至於再矣，視其初又不同矣，尚可使之全擁其地乎？由是則爲之削之。大國不得以擅其百里之封，小國不得以襲其五六十里之故，翦其幅員而弱其兵甲，雖礪山帶河，載在盟府，而今無論也已。其在再不朝如此。然地雖削矣，而其安處猶故也。王者於此，非不能移其師以伐之，顧其後或能改圖焉，是猶吾之屏翰也，雖復其地而歸之，亦可也。於此而又不朝，罪且積而至於三矣，視其再又不同矣，尚可使之負固於下乎？由是則爲之討之。王朝之師統於司馬，列國之師統於方伯，墟其社稷而覆其宗祀，雖簪纓世胄，遠承先代，而今無論也已。至此則天誅不可留，而王法不容赦矣，豈得姑息行之也哉？（東）是知侯國之罪，以漸而淺深；王法之加，以漸而輕重。（小結）所以法令脩明，人心震肅，而六服羣辟，莫敢有異志也與。

凡題中要緊字，有當先提出者，如《子噲二句》中「燕」字，及此題「朝」字。先提出講明，則一篇文勢自振。但有在起講下提者，有起講開口即提者，有明提者，有暗提者，其法不同。陽明《子噲》篇是起講下方提者也，又用明提法。此文則開口即提者也，又用暗提法。○又題中最要緊字，則於第一層提出。其次者，則於第二層提出。如此文起講下提「爵」字、「地」字、「臣」字是也。人知此三字之提，而不知起講已先提一「朝」字也。○「臣」字是題中所無，然所謂六師移之者，是移箇誰？非臣而何？此是補題法。○或疑今之講先輩者，謂先輩只順題挨講，無逆提之法。今云當提何也？曰：先輩固有順題挨講，而不逆提者矣。然所惡於逆提者，爲其不審題之輕重而亂提之也。苟提之而當，何惡於提？評《仁者人也四句》曰：「仁義兼資，意在題前挈出，則眉目分明，此先輩老法也。若到做過《仁者二句》後，突如其來，須用分疏，叠橋布欖，費盡閒文葛藤，終成兩橛。」觀此一評，可知提法之有時當用矣。○此文自總提以下爲三段格，其第一段散行，下二段整對，而每段交接處聯絡不斷，則三段而實一滚者也。○每一段内有敷衍題面處，有發揮所以然處，須認。

丹之治水也愈於禹

宋學顯

與神聖争水功，侈極矣。夫禹之水功遠矣，而丹未之知也，乃抑之以自侈，曰：（起講）豪傑舉事，識遠力卓，即身處叔季，以樹開闢之局，無難焉。而或者與古人遜功，陋也。即不然，僅與古人同功，猶之陋也。若丹之治水，則固善自處矣。〔一三五〕乃或者推禹以爲功首〔一三六〕。（一股）夫禹亦僅成禹之治，若之何其以抑丹也？（二股）夫丹則自成丹之治，若之何其以讓禹也？（三股）且無論胼手胝足，丹不屑爲此瘁容。獨念禹當日者，非君警於上，相咨於下，恐亦束手而難成。則禹之治水分，而丹之治水獨也。夫分功之與獨任也，績孰茂？（四股）且無論八年三過，丹不必持此曠日。獨念禹當日者，非父殛於前，子繼於後，慮亦驟施而寡效。則禹之治水因，而丹之治水創也。夫因前之與創竪也，業孰峻？（五股）且無論跋履山川，踐行險阻，丹無事此遠駕，孰知夫山用隨，木用刊？禹雖克奏其成，而地脉之傷殘已多，以視丹規土築防，而水即屈其勢者，利益之源孰長？（六股）且無論疏瀹異名，排決異用，丹不設此多方，孰知夫圭錫元，疇錫九？禹雖獨受其祉，而神功之假借已侈，以視丹師心出奇，而水已歸其度者，神明之用孰偉？（七股）如曰禹治難而丹易，倘亦正未易也。夫洪流之水，已横極而欲衰。今日之水，且始潰而正旺。以水運考之，而丹之受艱可知也。（八股）即曰禹治遠而丹隘，其奇正以隘也。夫以九州爲蓄洩，展布易以見長。以一隅爲疆界，盤錯轉以形短。以地利揆之，而丹之權變可知也。〔一三七〕（反結）而猶曰丹不愈禹，則禹之績，當必與天無極。

水之患，應亦至今不再。何乃有逆流潰隄，至以疆理之事重煩丹也哉？

開講虛起，開講下先提丹之治水一句，次提「禹」字一句，下遂作八股，皆發所以愈之意。首二股，看其輕叙之法。中四股，看其去淺取深之法。末二股，看其翻駁之法。描寫小人顛倒是非手段，最真最細。讀此等文，須知世間自有此種強辨，君子略無主張，不難入其彀中。若徒笑其妄言，便非省身學問。一部《戰國策》皆當以此心讀之。

今吾子以鄰國爲壑

李叔元

以水厲鄰者，非其道矣。夫鄰國非四海也，而以爲壑可乎？丹爲禹之罪人矣。孟子折之若謂：（起講）今抵掌而談天下事者，輒謂古人之智不如我，而不知其相懸萬萬也。胡不以禹之治水與子比而觀之？蓋天下未有四出而無所歸之水，故不特禹之治水有壑也，而吾子亦有壑。（提「壑」字。）但吾子之所謂壑者，非禹之所謂四海也，以鄰國爲之而已矣。九州之外爲海，而四境之外爲鄰。（提「鄰」字。）海可以受水，而鄰不可以受水。（一股）入吾疆者皆版圖也，而不入吾疆者，豈巨浸乎？若之何其以鄰之版圖，爲我巨浸之區也？（二股）隸吾籍者皆赤子也，而不隸吾籍者，豈鱗介乎？若之何其以鄰之赤子，爲我鱗介之藪也？（三股）誰非虞夏商周之亂，而翦爲波臣！（四股）誰非伯叔甥舅之邦，而湮爲澤國！（五股）吾想子之民，必有聚族而祝者。（六股）吾又想鄰之民，必有聚族而詛者。其祝曰：吾有田疇既植矣，吾有室廬既聚矣，而歡忻鼓舞，緊子之賜。其詛曰：取吾室廬而洿之，取吾田疇而瀦之，而辛苦墊隘，亦緊子之怨。子將樹德而兼樹怨乎？抑聞祝而不聞詛乎？（七股）假令神禹而師子之智，則冀亦可移之兗，雍亦可移之豫，何事胼胝十三載，奏平成之功，是禹拙而子巧也。（八股）祇恐鄰國而人人師子之智，則西鄰有水，將以子爲東海；北鄰有水，將以子爲南海。而子亦四面爲懷襄之域，豈巧偏在子而拙偏在四鄰哉？（小結）子細思之，勿哂古人，恐後人哂子也。

開講是連上泛起法，開講下承上將「壑」字提出，次點題面。將「鄰」字提四句，以見鄰國不可爲壑。此下俱發鄰國所以不可爲壑之意。前四股是言其貽害。「吾想子之民」一段作二股看，乃整中忽散之法，是言其積怨。「假令」二股，是言其害於人者又將自害，以神禹陪起鄰國。

終身訢然樂而忘天下

許獬

爲親而忘天下，可以觀聖孝矣。夫親吾親也，天下非吾有也。舜惟樂得其親而已矣，而他又何知焉？（起講）且夫勢分者，與情法相輕重者也。爲士師者，必不知有勢分之尊而後可以善用法；爲天子者，必不知有勢分之尊〔一三八〕而後可以善用情。竊負之逃海濵之處，舜之心何心也？以爲吾之尊吾親者，以天下也。親〔一三九〕以天子父之故而殺人，則是陷吾親者，亦以天下也。吾之養吾親者，以天下也，今以爲天子之故，而不能脱其父于辟，則是累吾親者，亦以天下也。（一股）故親之未得其所則憂，憂則天下有所可棄。（二股）親之既得其所則樂，樂則天下有〔一四〇〕所可忘。（三股）父安底豫之常，子遂祗載之願，家庭之際，其樂融融，而終身無餘憾矣，何不訢然而自得也？（四股）進無吏議之譏，退無窮追之擾，膝下之歡，其樂洩洩，而身外無餘羡矣，何所介然于其中也？（五股）是雖海濱之賤，若非所以尊其親也，然吾爲親而棄天下，則是以天下而贖父之刑，亦猶之乎以天下尊也。（六股）竄伏之陋，若非所以養其親也，然吾爲親而逃天下，則是以天下而償父之罪，亦猶之乎以天下養也。（七股）向也以耕稼陶漁之人，而竭力於子職之供，吾供吾職，而天下本非吾素。（八股）今也復其耕稼陶漁之身，而且復其天性之樂，吾樂吾性，而天下於吾何關？（束）蓋我之所憂者，朝廷之有法，而我之無親也。親以竊負而得全，則無親非我患矣。吾之所不能忘情於天下者，海濱之有父，而天下之無君也。士能以法而佐民，則無君亦非我患矣。（小結）若天下〔一四二〕之貴，四海之富，玉帛之奉，神明之祚，固已視之若敝蹝矣，又安肯以一日而易此樂哉？

起講泛以理言，在題前。起講下先將「天下」提二股，此不在八股之數。次將所以樂而忘之意，實發八股：前四股，是言其所以樂；後四股，是言其所以忘。末束二股，亦不在八股之數。惟第三、第四股用平對法，餘俱用開闔法。題面只於第二股内畧見。○或疑八股之格，有四股發題意，四股叙題面者；有八股俱發題意，而題面只於前後一點，或於中間略見者；有八股俱叙題面，而題意則於前後或中間另見者；又或先叙題面，或先發題意，法各不同，果孰爲善？曰：是固不可以一格論也，要在相題之勢而爲之。然善發題意，尤是文家妙境。吴因之謂作文貴言其所以然，不貴止言其當然。當然者，題面也；所以然者，題意也。只不可失之穿鑿附會。○大抵成、弘以前之文，叙題面處多，發題意處少，而題意已躍然於題面之中。成、弘以後之文，發題意處多，叙題面處少，而題面已躍然于題意之内。是皆從實處着力，而非若今人之僅以虚滑了事也。○凡叙題意多者，須得先淺後深之法。叙題面多者，須得先虚後實之法。

校勘記

〔一〕「應」，高塘《論文集鈔》作「本」。
〔二〕「此」，郭齊、尹波點校《朱熹集》作「此是」。此段引文略去朱熹原文數句。
〔三〕「面」，《論文集鈔》作「而」。
〔四〕「慣」，高塘《論文集鈔》、孫萬春《縉山書院文話》均作「習」。
〔五〕《縉山書院文話》無「刑丁」。
〔六〕此目録與正文標題多有不一致處。
〔七〕原書此行文字刻于書口，現移至此。下同。
〔八〕括號中爲陸隴其的自注，下同。
〔九〕「見才」，《欽定四書文》（下簡稱「四書文本」）作「才見」。
〔一〇〕「決」，四書文本作「審」。
〔一一〕「先進爲」，四書文本作「古爲得」。

〔一二〕「俗」,四書文本作「世」。
〔一三〕「則與衆」,四書文本作「雖與俗」。
〔一四〕四書文本「禮」上有「彼」字。
〔一五〕「守」,四書文本作「從」。
〔一六〕「飾」,四書文本作「飭」。
〔一七〕四書文本無「其」字。
〔一八〕四書文本「誠」上有「獨」字。
〔一九〕「即」,四書文本作「實」。
〔二〇〕「君子」,四書文本作「是」。
〔二一〕「野人」,四書文本作「是」。
〔二二〕「飭」,四書文本作「治」。
〔二三〕「和志」,四書文本作「治心」。
〔二四〕「顧」,四書文本作「願」。
〔二五〕「可」,四書文本作「敢」。
〔二六〕「決」,四書文本作「審」。
〔二七〕四書文本「猶」上有「是」字。
〔二八〕四書文本「人」上有「諸」字。
〔二九〕「時可以」,四書文本作「道當」。
〔三〇〕「古人有言」至「類如此矣」,四書文本、高塘明文鈔本均無。

〔三一〕四書文本無「人臣」二字。
〔三二〕四書文本無「知此義者，可以事君矣」一句。
〔三三〕「忝」，四書文本作「曠」。
〔三四〕四書文本無「想其意」三字。
〔三五〕娼嫉，朱熹《四書章句集注》作「娼疾」。
〔三六〕「夫」，四書文本作「大」。
〔三七〕「職」，四書文本作「賦」。
〔三八〕「統」，四書文本作「任」。
〔三九〕「以匪頒」，四書文本作「其職貢」。
〔四〇〕四書文本無以上二十五字。
〔四一〕四書文本無以上二十五字。
〔四二〕四書文本無以上「大結」九十八字。
〔四三〕「浚」，明文鈔本作「朘」。
〔四四〕「言」，明文鈔本作「說」。
〔四五〕明文鈔本此文至此止。
〔四六〕四書文本無以上「大結」九十一字。
〔四七〕四書文本、明文鈔本均無「孰」字。
〔四八〕王星賢點校本《朱子語類》（中華書局，一九八六年）此處有「自家與外來底事」七字。
〔四九〕王星賢點校本《朱子語類》此處有「如誠則便不消言閑邪之意」一句。

〔五〇〕四書文本此下有大結部分：　雖然，此亦周公之不得已耳，豈特禹抑洪水、孔子作《春秋》、孟子辟楊墨爲不得已哉？蓋禹與周公，不得已而有爲，除天下之害者也；　孔子卒，孟子不得已而有言，除後世之害者也。然皆足以致治，其功之在天下後世，孰得而輕重之哉？韓子曰孟子功不在禹下，愚亦曰孟子之功不在周公下。

〔五一〕「是故」，明文鈔本作「蓋」。

〔五二〕「來歸」，明文鈔本作「歸向」。

〔五三〕「志吾所志」，明文鈔本作「學吾之學」。

〔五四〕「遐」，明文鈔本作「遠」。

〔五五〕「學吾之學」，明文鈔本作「説吾之説」。

〔五六〕「心」，明文鈔本作「念」。

〔五七〕「樂」，明文鈔本作「首」。

〔五八〕「來」，明文鈔本作「還」。

〔五九〕「人性之善，其遠也，猶夫近也」，明文鈔本作「人性之善，在朋也，猶夫己也」。

〔六〇〕「非」，明文鈔本作「笑」。

〔六一〕「施」，明文鈔本作「孚」。

〔六二〕「僇」，明文鈔本作「戮」。

〔六三〕才調集本「且」下有「夫」字。

〔六四〕「凛」，才調集本作「懔」。

〔六五〕「選輭」，才調集本作「巽懦」。

〔六六〕「坊」，才調集本作「防」。

〔六七〕「祥」，明文鈔本作「許」。
〔六八〕「遺」，才調集本作「困」。
〔六九〕「王」，明文鈔本作「主」。
〔七〇〕「浸」，明文鈔本作「寖」。
〔七一〕「曾」，明文鈔本作「反」。
〔七二〕「霸佐」，四書文本作「佐霸」。
〔七三〕「或」，時文鈔本作「常」。
〔七四〕「詳」，時文鈔本作「謹」。
〔七五〕「衰世」，傳薪本作「世衰」。
〔七六〕「今」，傳薪本作「今日」。
〔七七〕傳薪本無「已」字。
〔七八〕「天下」，明文鈔本作「造物」，傳薪本作「天地」。
〔七九〕明文鈔本無「者」字。
〔八〇〕「我」，明文鈔本作「吾」。
〔八一〕「瑱」，明文鈔本作「篋」。
〔八二〕「而上非之與下是，何妨並見」，明文鈔本作「而局外之與局内，豈可例觀」。
〔八三〕「商之山也今轉為」，才調集本作「海内之山也，則亦」。
〔八四〕「幟」，才調集本作「則」。
〔八五〕才調集本無以下二十二字。

〔八六〕明文鈔本無「焉」字。
〔八七〕明文鈔本無「狄」字。
〔八八〕明文鈔本「樂」下有「焉」字。
〔八九〕「暇」，明文鈔本作「間」。
〔九〇〕明文鈔本無「固」字。
〔九一〕「其益」，明文鈔本作「良」。
〔九二〕「又」，明文鈔本作「忽」。
〔九三〕「此」，明文鈔本作「之」。
〔九四〕明文鈔本「慮」字下有「霜降水涸」四字。
〔九五〕明文鈔本「慮」字下有「鳳隱鴻冥」四字。
〔九六〕「窺」，明文鈔本作「觀」。
〔九七〕「成」，明文鈔本作「承」。
〔九八〕明文鈔本「武」下有「王」字。
〔九九〕明文鈔本「武」下有「王」字。
〔一〇〇〕郭齊、尹波點校本《朱熹集》作《學校貢舉私議》。
〔一〇一〕「甚」，明文鈔本作「異」。
〔一〇二〕「而」，明文鈔本作「殊」。
〔一〇三〕「在」，明文鈔本作「爲」。
〔一〇四〕「千里之勞」，明文鈔本作「道里之阻長」。

〔一〇五〕「禽」，傳薪本作「擒」。
〔一〇六〕「趨走」，傳薪本作「走趨」。
〔一〇七〕「亦止」，傳薪本作「不前」。
〔一〇八〕「不意」，傳薪本作「然」。
〔一〇九〕明文鈔本無「而後」二字。
〔一一〇〕明文鈔本無「而後」二字。
〔一一一〕明文鈔本無「政」字。
〔一一二〕「禮」，明文鈔本作「紀」。
〔一一三〕「效其尤」，四書文本作「慕其名」。
〔一一四〕「故」，四書文本作「跡」。
〔一一五〕四書文本「君」上有「夫」字。
〔一一六〕「遺」，许振禕才調集本作「道」。
〔一一七〕自「乃」以上二十九字，才調集本無。
〔一一八〕「而」以上十八字，才調集本無。
〔一一九〕自「此其事」至「何時也」，才調集本無。
〔一二〇〕「窟」，才調集本作「穴」
〔一二一〕才調集本「而」後有「後世」二字。
〔一二二〕明文鈔本無「其」字。
〔一二三〕明文鈔本「學者」前有「治統道統」四字。

〔一二四〕「君」，明文鈔本作「堯」。

〔一二五〕「相」，明文鈔本作「舜」。下同。

〔一二六〕四書文本無「順之者爲王佐，亦爲帝臣」、「逆之者爲賊黨，亦爲亂臣」兩句。

〔一二七〕「徐」，原作「除」，今據陳名夏《國朝大家制義·胡思泉卷》（陳氏石雲居刻本）改。

〔一二八〕「憾」，時文鈔本作「恨」。

〔一二九〕時文鈔本無「且」字。

〔一三〇〕才調集本「守」下有「蕩蕩默默，不能自聊」八字。

〔一三一〕才調集本「及」下有「戚戚嗟嗟，莫保厥命」八字。

〔一三二〕才調集本「矣」下有「豈直三歲不施而已」八字。

〔一三三〕「嗣」，明文鈔本作「祀」。

〔一三四〕「主」可儀堂本作「管」。

〔一三五〕明文鈔本「矣」下有「夫丹也，亦第少試其籌而洪濤已作安流。河伯於焉而歸命，亦第暫舒其技。而巨浸竟歸平土，蛟龍各適於不争，一人效之，四境賴之，而數世利之，丹亦人傑也哉」六十二字。

〔一三六〕明文鈔本「首」下有「則非丹之所敢安也」八字。

〔一三七〕明文鈔本「也」下有「然則水不得丹，所以成洪水耳。誠令丹挺生太古之世，則阻飢昏墊何至貽列聖之憂。然則禹不得丹，所以稱神禹耳。誠令丹拜手帝堯之廷，則平地成天，豈遂誇明德之賜」六十六字。

〔一三八〕「尊」，陳名夏《國朝大家制義·許子遜先生文》作「樂」。

〔一三九〕「親」，《許子遜先生文》作「今」。

〔一四〇〕「有」，《許子遜先生文》作「在」。

〔一四一〕「下」，《許子遜先生文》作「子」。

稀見明清科舉文獻十五種

（下）

陳維昭 編校

復旦大學出版社

吴蘇亭論文百法

〔清〕吴蘭撰

《吴蘇亭論文百法》提要

《吴蘇亭論文百法》不分卷，清吴蘭撰。

吴蘭（生卒年不詳），號蘇亭，一號芝園。江西安福人。康熙間國子生，拔貢。工詩文，精書畫，嘗寓金陵，與金壇王汝驤、王步青、上元黄際飛、長沙陳鵬諸君子友善。所著詩文多見收於名家選本。據傳，雍正五年，邑大旱，吴蘭畫龍點睛，得雨，邑侯大奇之，題曰「霖雨蒼生圖」。卒年八十一。《安福縣志》有傳。其父吴雲（字舫翁）爲康熙間名儒，與著名畫家梅清有唱和，尤精書法。其祖吴甲以遺民志節聞。

該書論時文二百二十種作法。它不以八股文之文體結構（如破題、承題、起講、八股、大結）爲順序，而采用隨筆方式。其論述也較簡練，提綱挈領，點到即止。其内容則涉及制義寫作的方方面面，包括八股文的章法、句法、字法以及各種各樣的筆法、修辭法。它還提出「聲調法」，這對於後來乾、嘉時期的古文與時文來説，可説是得風氣之先。它還提出「文訣四十八字」，實是一篇制義範疇論，比起晚明董其昌的《論文宗旨》

之八大範疇來説，其内容大大地豐富了。

該書的論説形態極具特色。首先是它並非就制義論制義，而是在「文」的大概念下談制義之法。王汝驤説：「是書歷歷指陳時文各法，而古文之法，亦寓焉。」吴蘇亭論説各法時，古文、詩詞、經史乃至釋、道的相關知識脱口而出，由此顯示制義與詩文遵循着相同的寫作規律。他以釋家參禪之棒喝解釋制義中的「喝」法，（而他又有所創造，他强調了「喝中有應聲」，這是他超越其他制義論家之處。）以畫論之「平遠法」、「淡遠法」闡説制義之境界。

《吴蘇亭論文百法》初刻時間未詳。嘉慶八年于光華刊刻《塾課集益》時收入此書，並稱「至《吴蘇亭論文百法》，舊係楚北所刻。論多新穎，未及遠播。兹備録之以廣見聞」。楚北刻本未見，今從《塾課集益》輯出，校點整理。

吴蘇亭論文百法

吴蘭 撰

吴蘇亭論文百法序

予承楚撫張大中丞聘，主江漢書院，率弟子員授舉子業。有以江右芝園昔年所與門人子姪論文新刻小本寄予。其書大如掌，因舉其所論諸法細語諸生曰：「此吾友蘇亭之所作也。其令祖佩韋先生忠孝學問，予常見於《今釋集》中。其尊甫翁先生，乃理學節義，文章大儒，海内所知者。是書歷歷指陳時文各法，而古文之法亦寓焉，豈但八股之秘如示諸掌乎？此傳心之要也，雖小如掌，諸生試潛心玩索，則作文自有把握矣。」

金沙弟王汝驤書於江漢書院。

吴蘊亭論文百法

破題法

達而已矣，是先正破題法。入題中而出焉，（中竅會而詞淺近之謂出也。）故曰破。

承題法

從破後引而伸之也，稍得韻致爲上。

意謂法

勿庸易放過「意謂」二字，孔子之言，難「意謂」，難「若謂」也。《两論》簡而文，温而理，其言藹如。得藹如之意者，乃可得孔子「若謂」。得巖巖泰山氣象者，乃可得孟子「若謂」。彼夫或人等語，直是想像其人語氣便是。

起講法

是一篇最短文字，見才、見識、見學力在此。初學用開門見山法最好。毋悶，毋澁，毋棘，毋蔓，毋俗，是主司眉目。離合悲歡，恰動頭第一關。最忌將全題盡現，先正所以只露半面。

入題法

將欲出題，必先入題。蓋不入如何有出也？此第一手眼處。先輩八股精神在此兩處，眼光四射，射此兩處，猶神舍也。〇有承上，有不承上，此乃脱卸起講，又起起比也。法在用輕筆點入，忌直，忌塞，忌實，要弔起得起比意來。

起比法

上承入題入意，下透出題出意，于其已入將出中着想，呆不得，泛不得，鬆不得，緊不得，須向題中虛字、切要字句處描擬透脱他的神來，然後可聞題之栒，合題之縫，恰好以落題。有雙法，有单法。雙行不宜長，单行不宜散。語氣要想是起比該説的話，着不得實。做此一處也，乃牽動閲文主司喜捨關鍵處，要能使他放不下筆。此處若生厭棄，後雖陳、羅、章、艾、歸、胡、楊、湯，無爲也。

又

若要想他生歡喜，動圈子便立竒抉異。操此迎合，反是方柄納圓，立好竽之門而鼓瑟矣。須要即于題中取透神情，而用筆却要新靈，意出之以宕折，而别有逸致之趣，乃射生手也。語曰：「窓下莫言命，場中不論文。」然盡其在我，要當如此。

出題

要出落的精神。○先正作文，着意在此。先正看文，着眼在此。有似不欲出而不經意出，有正面出，有側面出，有反面，有一路趕來出，有四下逼將出，有直捷取題出，有剪碎出，有跌斷出，有點綴出，有作一截、二截、三四截出，有至篇末出，有踢倒出。（乃將題句下意倒掀上意，然後順而出之。）總之入題、出題，各有法門。入看題前神理入，出看題面神理出。

中股法

中股如人之腹，五内在焉。題之實地在中股，須將題之精義入神者以發揮其題，勿浮泛，勿填塞，勿散緩。人腹中臍之上、心之下有三寸六分虚處，神之舍也。神在舍和平，則五内無病。文至中股實發處，當用虚筆入題之虚處，生出逸致新靈種種妙來。到股末摇擺兩三句，如龍之掛雨天半，用力在尾，而活動夭矯亦在尾。《易》曰：「大車以載，有攸往。」從此後意又往後對矣。

後股法

是題之去路也，多用側筆入正意。股末收似可不必引透下意，留結題地位爲妥。若股末引透題下句，則結題如何又説起題中意也？到後股却不宜懶緩敷演，乃關係受用處。筆力至是，當更躍如。

結題法

先輩大結用成語，此本經傳法也。今避嫌不用，須從時宜，宜作一小對偶以結，方謂之八股。不然則六股矣。

散行法

通篇散作，或单或雙，要相題當如此則如此。

一字法

看《孟東野序》。

設色法

如《李愿歸盤谷序》，其在外一段是也。

冷語法

亦似軟，亦似輕，亦似趣，是爲冷筆，如冷冷一句是也。讀昌黎先生《答崔立書》，又段段熱，意意熱中冷，是又一法。

陪出法

用彼以陪此也，如韓以疏廣、受陪出楊尹。

偷閒法

茫[一]裏偷閒，太史公《史記》及各名家多有，可不必舉似。

詳畧法

人詳我畧，人畧我詳，各有見解，在認題認得真。

回顧法

如《原道》「博愛之謂仁」數句，至後回顧此數句。

呼應法

前者呼，後者應，如《原道》前「非吾所謂」，後應曰「斯吾所謂」、「非向所謂」也。

天馬法

似天馬之行空，少陵詩云「所向無空濶」是也。文之氣足勢迅，中無一字之佶屈類此。

如是法

此昌黎先生傳劉正夫《文章訣》云：「無難易，惟其是耳。」如是而已。

旁搜法

本《進學解》「獨旁搜而遠紹」，言讀盡羣書，旁搜其理；理足于心，斟酌而出于筆墨之中也。

布局法

古文、時文，如般倕架屋，每篇必立局格。少陵詩云：「伐木爲巢〔二〕結構同。」予今請出一二爲諸君道。《孝經》各章俱用詩收住，《大學》釋「止善」章，各節俱用詩起端。又如《大學》首節首句单起，中雙行，末句单收；第二節用「而后」走調；第三節雙開後单行，照前「道」字，一大收住；第四節、五節用「先」「後」字分柱，「本」字大結；末節承「本」字收。非布局乎？予看《四書》，篇篇布局，學者忽過。

經語法

不鎔不化，適足爲累。歸太僕有通篇俱用經語者，陳百史病之。不知太僕用得自然，故不覺。

本色法

先正無齒外一語，語語自然。

翻跌法

不翻不能跌，不跌不能轉。

吞吐法

不是話弔在喉嚨，剪了舌。行文腔調自合，間或有此。然有等題意不得不話到尖頭又咽。

棄取法（懶畫眉調）

別人抛閃在天涯，閒情冷意難休罷。倩瑶姬，剪彩綉奇葩。正看他不掛齒粘牙，我偏把秋波一借。

人情法

文章只向人情上理會，知此自然情生於文，文生於情，情文相生而文至矣。

境地法

口氣各有地步，筆端須生出境界來。問：「境界何似？」答曰：「桃花流水杳然去，别有天地非人間。」

清折法

清折、淡折、幽折、紐折，皆折也。清類淡，淡則類薄矣。幽類清，而幽則深矣。紐折則拗，折之下者也。

長題法

法貴短，在扼要。王荆公《上神宗書》萬言，夫子只道「千乘之國」十八字。問：「《牽牛》章當如何扼要作？」先生曰：「踞『心』字，收『本』字，串『術』字，點『欲』字，插『仁』字也。莫丢下『是』字。『是』字有两箇，一箇属心上，一箇属欲上，用活調巧弄出『是』字來取勝。」

又問：「如《至誠無息》章當如何扼要做？」先生曰：「天地同體，天地同用，二意分合爲之，用簡要法清出節要。若不握其機括，可百紙不了，反不能奪席。」

數章法

數章共一題，當如何落筆法？曰：切勿如唐肅宗時二十四箇節度圍史思明，雖郭、李在内而同敗，何也？無統制也。前明永樂年間徙都北直，江南有軍忽鼓噪出，集雨花臺。撫軍及司道急無所措，往見徐中山夫人，年九十矣。夫人曰：「噪兵有旗色乎？」曰：「無。」夫人曰：「無旗色則軍尚無主，可招回也。待老身去。」于是夫人廣輿出，召諸噪卒回營。知此則知數章長題宜尋一意以貫數章，如老將之貫陣然。

理致法

要如衛叔寶談理，王陽明先生講學，看得透，説得出。理學題筆怕枯寂，偏要風雅灑脱，如周公作《豳風》詩：「其新孔嘉，其舊如之何？」何等風流！須平日將理致題合數十篇爲一彙，讀至梅子熟矣，自然不酸。

典故法

典故題在平日分類考校，出陳易新以落墨。不然，清湯白水，那能肆筵設席？

呆板法

有一種呆板題，如齋莊中正，如剛毅木訥，如仁義忠信，如江淮河漢，如麻縷絲絮等類題，使不得聰明巧妙，此全在學問工夫，而詞調却必要新靈。題呆文莫呆者上。

擺動法

在股末，不在股之初起，此爲大家。

用史法

時文中從不用史上事，固也。盖史册所載，皆齊家治國平天下之理，正與孔孟所論，若天平之針鋒相對，暗用其意，不顯用其事，此大士先生心得之學，讀其文自知。

韓調法

要曉得時文調皆從古文中抽出，及入時文，遂見今不見古矣。試以《原道》一篇約畧其一二。開手四「之謂」，乃從《天命》章三「之謂」出，其多一「之謂」者，就是我韓老師避嫌處，却瞞不得晚生也。○「其所謂道」、「非吾所謂」、「其所謂德」、「非吾所謂」，調以「其所」、以「所謂」，段中播弄，遂活。○用「道」「德」二字分柱。○以下類推。

排調法

排調者，調之兩相排比而成小段者也。如蘇公《春秋論》：「賞罰者，天下之公也。是非者，一人之私也。」以「公」「私」二字作骨。

相承法（同上《春秋論》）

「位之所在，則聖人以其權爲天下之公，而天下以懲以勸。道之所在，則聖人以其權爲天下之私，而天下以榮以辱。」以後入孔子作《春秋》云：「周之衰也，位不在孔子，而道在焉。」以下便縱横馳驟矣。此非與時文同一法乎？吾甚不解時文家視古文猶方圓冰炭也。

字眼法

用字眼不可不慎。庚戌前，予初學文，尚讀有以「居諸」二字代「日月」兩字者，不知「居諸」爲何物。其後見袖中石解明，乃詩註「日居月諸」，以此代「日月」二字，誠可笑也！

脉絡法

脉絡要相接，又要有顧盼。然脉絡中間，古人亦有斷處。非斷也，此如廬山瀑布，李白詩云：「海風吹不斷。」其倏如斷者，或烟抹霧鎖耳。

分合法

有大分合，有小分合，此即乾坤闔闢之義。初學當先留心，先正文小分合尤妙。

相間法

以段落言也，小間大，大间小，則勢古峭矣。

相互法

以一二意互相爲經也。

短題法

題短意長，文偏豐滿爲妙。

截題法

上下總要截得清耳。有短截，有長截。短截中間頭緒少者也，長截者中間或一節二節，或多句，頭緒多者也。頭緒少者易于點清，頭緒多者要拈緊要處用筆。○起講不宜承上，入題畧點，入後便反擊下面末句以吸起頭句意。或多句，或少句，看文勢當怎的，然不宜吸下大〔三〕多，恐傷末句。提得起，轉到上面句意便罷。○中間「一葦航之，誰謂宋遠？」下段意已近在目前，野航恰在兩三人爲妙，言□下不宜多句也。○下段截句命意，切不可含下。至後收用倒搬槳，繳上句「欸乃一聲山水绿」，是土瀨船也，乃有此聲。總之，提、轉、繳，三處不耳。

搭題法

起講後弔起下句入，多用反筆，末總收繳上，則前後聯貫矣。中過渡處，要振起下意卸上意。通篇總要訣，如常山之蛇，率然之勢，擊其首則尾至，擊其尾則首至，擊其中則首尾俱至。〇長短與截題長短法亦同。〇搭有巧搭，入意亦用巧妙，當如柳子厚《乞巧文》，莫向吴蘇亭愚子乞愚，則玉簫金管坐两頭矣。是爲巧搭題法。

枯題法

題枯寂，覺命意難。盖題枯須從題之活處着想，然後作出文來。如秋間紅葉，當零落時，而景色偏可愛，絢爛不減芳春。不然，則枯木倚寒巖，三冬無暖氣矣。問：「題既枯，後何入意？」曰：「題前、題後、題當中，三路看來。」

藕家法

藕家文字以氣爲主，究竟那一名家不以氣爲主？老泉秘授，枕中止有孟子《知虞公》節，被乃郎偷看太早，早便早與□□不差多少。

歐公法

歐公最重「布帛菽粟」之文，此真至文也。不競奇，不鬬勝，却耐久。先輩作所重在此。

天傭法

艾千子先生自號天傭子，云：「謂歸太僕文真先秦西漢文字，非制藝也。然震川文當時非之者多，久而後定。」可見以古文爲時文之難。

附録艾東鄉先生一逸事

東鄉有人，攜其子文求先生問可中否。先生於文上批四字云：「遇劉必中。」其人大喜，問曰：「然則小兒文可中乎？但曰『遇劉必中』，何也？」先生不答。苦逼其故，先生曰：「令郎文不通，本不能中，除非一姓劉的入簾，卷落其房，則中矣。」其人又苦求問：「姓劉人多，知爲誰耶？」一時私語曰：「除非某府推官劉入簾，文落其房，必中矣。」已而卷果爲劉房所取中。○名生往謝，劉美其文，生惟只道千子先生神見。劉怪而問之，具以實告。劉恨先生甚，寅緣署東鄉縣印，密羅先生事，無所得。適先生庄佃一命案事，遂牽引先生名，徧詳各上，欲置先生于危地。即見任憲老書無用也。聞有劉一同年將至，使人邀諸路，求其一語以救。曰：「不能。但可將劉文刻入各新選，批好鐫定後，予始入署，乃可耳。」遷延數日于道，至即入署。至夜席間，問：「年兄與千子先生常見乎？」劉曰：「彼眼中焉有姓劉的乎！」詢其故，劉具以情告。同年曰：「年兄誤矣。千子乃年兄真知己也。某選中某題文如是語批，何怪之深也？」夜即傳書坊某選，看見先生批，劉爽然自失，其事遂寢無他。

詩曰：「無易由言，毋曰苟矣。莫捫朕舌，言不可逝矣。無言不讎，無德不報。」先生亦不料其言之中也。是亦慎言之一法云。

賢裔學問

予聞之前輩云，先生於甲申年閏三月十九，自成犯闕事，遂冠帶北面稽首後，躍井死焉。其年一文衡督學江西，按臨川，下學講書，籤符先生賢嗣名，講至滅國者五十已講過下句矣，文衡曰：「如何順口講去也？要講五十國是何國文。」生曰：「大文宗欲生員講乎？某國，某先神明之後，封于某地。今某府某州，至幾世爲某國。某人某事滅。」講至四十九國，生乃揖曰：「生員惟一國忘之矣，乞文宗指示。」督學乃出席揖生曰：「東鄉先生之後，自是不同。本道少年僥倖，望先生勿吝教。」於是并講此國本末尤詳。相傳亦因先生選文，得罪於學使或其祖父先人故耳。要之，作文難，選文更難。

之字法

篇中「之」字多不得，少不得，安頓最要妥貼自然。末語用「之」字，如《待漏院記》，一直計多「之」字，何嘗見得多？

乎字法

《時習》章三箇「乎」字，何等悠悠揚揚！要知此三「乎」字俱從三箇「不亦」二字裏面出。《日省》章三箇「乎」字，何等魚魚雅雅！又如《孟子》「知虞公」節五箇「乎」字一連，何等活活動動！時文中如近時《十五解元》中有《必也聖乎》文，見一連四「乎」字逼出題中「乎」字。

者字法

時文中題末字有「者」字者，可以作段末句之末字。如題「者」字收，吾嘗見之，然未見有一連四五箇「者」字者，古文有，乃木之《孟子》。

也字法

篇中「也」字多，覺不甚好。《醉翁亭》一二十箇「也」字，何嘗見得多？箇箇「也」字落脚貼穩，歐公得之《中庸》。

矣焉法

朱子作《四書註》，草稿「矣焉」字有一「哉」字，改「焉」又改「矣」字，其一字之不苟也若此！

哉字法

哉字愈不能多，一連用下愈難。如《書經》「元首明哉」一連六箇「哉」字，何等古峭！惟至時文却使不得。

如此法

「如此」二字一氣用六七箇，前古後今没有。到昌黎先生手，愈多愈妙。

夫蓋法

「夫」字用得多，「盖」字用得少。惟作《春秋》經藝，承題不用「夫」字，用「盖」字。故習《春秋》者無七夫犯。

而字法

是轉語轉意，不拘時用字眼，時文中不能一連句句，惟《大學》章「而」字用得多多益善。

與字法

三箇一連好，如：「秦與？漢與？將近代與？」妙妙！

先後法

此以意言也：有意當在前者而置于後，則後非所當後矣；有意當在後者而置于前，則先非所當先矣。

收煞法

唐明皇善擊鼓，如内侍黄繙綽尤爲絶技。又時有一人作一皷曲，妙極矣，但自覺其音收煞不來。忽于月夜間〔四〕步，聞有擊鼓者，聽之，始悟其皷曲當以耶婆娑雞收，遂按法鼓之，乃自喜其神化。想吾輩作文，凡結收處當知此義。（**如《送董邵南序》末收，有耶婆娑雞法可悟。**）

能之。

參差法

段法不板，參參差差不齊，不見其古峭，卻有古峭，便在參差中，此老于古文者能之。

軟語法

非綿軟也，有時必要一二語，方轉得身。

務本法

本在何處？在《論》、《孟》白文。如前江西劉詎溟先生，臨場無他本子，只有《四書》白文一本在笥，所以中解元兩次。（前己卯中元，丁卯以第三場失。）

最忌法

忌俗，忌堆，忌深，忌亂，忌滯，忌埋頭，忌起講說盡。

惜墨法

惜墨如金，文必簡該，未免絃絃急促矣，必得文氣和緩而不促，斯能以少少許，勝人多多許。

精細法

此予之病根也，只緣作文不甚肯改故耳。願門人子姪勿效尤也。《詩經》曾有句教人作文云：「追琢其章。」惟能追琢其章，然後能「金玉其相」，法在讀文時細心精研，則出筆自然精細，非臨時能精細也。先正亦有粗筆處，乃非不能細，盖故意不肯細耳。此學唐人詩首句，頗有粗句者，亦時樣耳，時文使不得。

正覺法

法在陶望齡先生《辭達而已矣》，文云：「夫人意得而爲理，理鬱積無以自達，則假詞説以傳之。」〇是意乃詞之宰，而詞特意之發，意在則行乎當行，而意達則止于不得不止。○俊北云：「盖辭有可以一言畢者，而務博則誕而不根于理，務華則浮而不務于實。此之謂意外之詞。」先正所以彷佛此意，故不大狠翻弄，恐傷題本意。

其字法

如萬歷己未余紹煃文，運「其恕乎」「其」字，文云：「子曰：『賜乎！夫亦安得所爲一言者遂可以終身行之哉？』然亦有之。」○若此下便接出「其恕乎」，也得「乎」字神。乃作二小股，又单行一段，始出「其恕乎」，「步香閨怎便把全身現」？是爲養局也。

養局法

養局是養局，布局是布局，法各不同。養者有如花之半放半未也，如傳奇演事，必有多少離奇變幻養出團圓一曲。

隱見法

山岳隱見，若有若無，有等文境似之，與烟影之説不同。烟影乃合下之取喻也，勿疑重複。

逆翻法

偷本題下節，七分話作三分説，逆翻落上節是也。

巧喝法

釋氏子參禪不在棒，即在喝。雖是他們藏拙躲閃自家方便法門，然亦儘有巧喝得真妙的。我輩時文中巧喝，使不得一絲賣弄。要喝得如王陽明先生講學，喝出來，言言醒悟。●近來我輩不細心體認他的學問，只管向别人口唇邊涎唾下討生活。○或問：「如何見得陽明先生喝得巧？」吴子曰：「喝中有應聲，所謂空谷傳聲也。」先生一日講學，有一人出班問曰：「良知是何顏色？」滿堂鬨然一笑，其人面赤。先生喝曰：「顏色紅。」豈非巧喝乎？又問：「此喻極妙，只恐後學不解，請問時文中巧喝實地。」曰：「如萬歷李廷機《吾之于人》：『夫毁譽何自起哉？』便是喝。下接『自憎心勝者』一段，『自爱心勝者』一段，便是應。如董《言忠信二節》云：『子問行乎？』喝也不呆，也不巧，却極妥。」

姿態法

昔程夫子一門人見一婦有姿態，不覺回首。程夫子曰：「此女子有千觔之力。」門人問曰：「先生何以知之？」程子曰：「此女子如無力，何以牽得你們頭轉？」可見文章有姿態者，閱者自轉頭動目，生歡喜心，是故文要姿態。雖然，「慎莫近前丞相嗔」，若一味愛姿態，未免少渾樸，無大家氣象矣。然則如之何？姿態須在有意無意之間，也能教人傷如之何。

銖錙法

題中各節各句，宜輕宜重，宜多宜少，稱量當多多，當少少，當輕輕，當重重是也。

醒挑法

挑得醒，則下文接去，亦必醒豁，故曰醒挑。

侵漁法

侵漁先達文爲我文也，要停當妥貼，如《吾餼羊》章有詩云：「偶因告朔感先賢，跪乳空存一餼牢。魯自文公斯禮廢，周公寒盡不知年。」此吾剽竊唐詩「寒盡不知年」也。却換不得。及觀古人亦不免有此，李于鱗選唐人詩，有小本曾詳論明白。

淡遠法（與平遠有別）

淡而遠，淡如湘烟；　遠如天，碧如海上看海外奇峰列岫。

條理法

有題面平列，似無側重，而題意有側重者，須仍完題面，或于起講與起結處側帶，不可過多，多則碍題面，所謂條理也。

還虚法

化題還虚，置身處題外，而後能落筆貫串向題中也。若爲題束縛，如何得超脱。

大言法

篇中用幾句濶大氣概語，使人動目，亦即警句也。然必與題親切，勿學宋玉《大言賦》，有長劍倚天外，徒説假話耳。

典貴法

要如玉階仙仗、金闕曉鐘、鸞臺鳳閣氣象，勿作郊寒島瘦。

虚喝法

有一等虚喝題文，亦要憑虚御風，從虚處着筆。

縮脚法

本意在下文，本題如縮縮不伸，文亦要如足縮縮景象，以虚神影映下意。

截然法

截然而起，截然而住，須不覺陡爲妙。如先君《詠黄山詩》有奇句云：「地上猶疑揷未穩，（此句喻截然而住者。）空中如忽墜來時。（可以喻截然而起者。）」

門扇法

局法如門作两大扇，但段落必長，中間必用小聯鋪展以引伸之，猶大門中有小户也。如昌黎先生《上宰相書》，開手两大扇，一邊「皆已」，一邊「豈盡」，後又散行裏各立門户，時文則两大股而已。○此格式有題两句，或两段，平面分理，固可用矣。亦有面平而意有側重者，如《人無有不善水無有不下》，題面平對，而理单在上句。若作此格，中渡下句處，周旋他本旨，多一「如」字亦可矣。○如江西辛酉科《子張學干禄全章》，第十七名因卷作兩大股，以下節之重匹上節之輕，題意題面俱不合兩平對，然看其用筆極有經畧節制，此立竒制勝也。

塲中法

昆陵董特翁夫子三掌文衡，爲江右文宗，時號稱得士。數承訪予于天寧僧舍。一日予請曰：「夫子文章司命也，塲中有秘授乎？」夫子曰：「不犯疑三字耳。」

見我法

倪鴻寶先生序先内祖解元劉詎溟先生文云：「爲今人則求見我，爲古人則求見今。」

虚字法

題中虚字，題神所寓也。先妻祖詎溟先生《弟子入則孝章》取「則」字神云：「匪以爲孝也，以爲入也；匪以爲弟也，以爲出也。」鴻寶先生極贊賞。

淺深法

法在《毛詩》各章。

離合法

法在《周易》卦爻，如《二五同功而異位[五]》文，每比立意先離而後合，即開合法也。

緩急法

一段之中有當急處，有當緩處，當急而緩則氣不振，當緩而急則氣太促。或行文到一處，必須用一緩筆以舒其氣，少此一筆，却做不得。又或必須用一急筆以振其氣，少此一筆，却聳拔不來。

高下法

如檀板度曲之有高調、低調也，如段落中到將收處，必用高調提起，然後用低調倒收正意。若此處用低調，又如行船走了下風，便提不起。

冷梅法

不經意句從冷處出新，如杏園忽見一枝梅。

休粘法

休粘滯，荷珠露水兒，這其間，呆講何事？又要含宏，又要解脱，憑説寸心知。

整暇法

要如白孝德取龍仙。

高超法

命意遣詞，異想天開，要矩於止。

雄奇法

如丹崖千丈，倉壁萬尋，忽然「天門中斷楚江開」，忽然「諸峰羅列似兒孫」，忽然「剗却君山好，平鋪江水流」，忽然又「西嶽崚嶒聳處尊」，忽然又「三山半落青天外」。

輕淡法

輕淡筆法要韵。

重厚法

重厚之筆必力透紙背，句句顔筋柳骨，須帶活潑瀟洒，不然則痴重也。

刻畫法

刻畫題之精藴也，意須刻畫，而詞須華茂，乃妙。先正中刻畫者，葵陽爲最，大士先生爲特。

敘事法

敘事中夾議論，太史公能之。作古文，作時文，皆當取法也。

寫生法

古人喻文之情境生活者曰「寫生手」，要能寫出那人的心來，乃真能寫生也。

弄丸法

如宜僚弄丸，必一轉一法，一轉一妙。

收韁法

一意奔注，風行電掣，勢如驟馬，有丟韁法，有偏收法，有反收法。或問：「如何是反收法？」答云：「大包容饒了曹瞞罷。」（末語《四聲猿》）

順作法

順題作去，不用逆提串插諸筆，先止正法也，却極難。用筆在敘次及過渡中見力量。盖聖賢口氣，不肯言來語去，自家翻弄也。

覆反法

覆掌掌也，反掌掌也，倒收正意，總歸一理。

啣尾法（《番卜算》詞）

股末淡飄摇，接首相啣照。通篇連棧下山腰，段法真精妙。

餘韵法

文至末句當如何乎？詩云：「過去惟留一陣香。」

活潑法

活活潑潑者不在走調弄句，却又不出走調弄句。欲真能活活潑潑于文者，先養得此心先活活潑潑，方能看得題活活潑潑，然後能活活潑潑。

回顧法（《四邊静》，取喻于公領孫看燈也。）

一篇中有箇竅，四面題神遶，墨縫筆影摇，字裡珠光走。好一似兒孫嫩驕，燈兒遠遥，步步轉回頭，怕驕的的落後。

虛心法

金虛則鳴，竹虛則長。《易》曰：「君子以虛受人。」虛之爲益大矣！讀書人最不肯虛心，文章只是自家的好。昔艾千子先生每有友寄書通問者，輒持其書三復覽觀。一日持一書行看坐看，且遶庭游看，或曰：「此直平手耳，何愛之深也？」先生曰：「與千子書者，其人必有一段學力在焉。予詳察之則得其平日所得，彼一生學問爲我有矣。」東鄉安得不名滿寰區哉！今吾黨見人之文，輒曰：「彼雖能是，尚不足稱也。」於己之文則曰：「我能是，是亦足矣。」此通病也。

止水法

乃收心工夫也，心如止水，則心澄徹矣。水澄徹則鑒物，心澄徹則見理。若風來水面，水便皺動，急須止住。

根上法（調）

根上否，年年惆悵是春過。寒戀重衾覺夢多，拖帶了江南舊事休，重省油壁香車不再來。（不宜多纏上也。）

字眼法

句中不宜多用四實字，使句成笨伯。

眉山法

有如蘇公之《刑賞忠厚之至論》，可法其調。○取蘇公之《留侯論》熟讀，有時文自起講至出題法在内。

用筆法

用筆輕，愁似淺，有如「空梁落燕泥」。何嘗不淺何嘗淺，何嘗不輕何嘗輕。○用筆直，愁似戇，有如「一月不梳頭」。（杜詩。）何嘗不粗何嘗粗，何嘗不直何嘗直。（時文使不得一筆粗。）○用筆老，愁似嫩，有如「雨在八九峰」。何嘗不嫩何嘗嫩，何嘗不老何嘗老。○用筆寬，愁似泛，有如「今夜鄜州月」。何嘗不泛何嘗泛，何嘗不寬何嘗寬。○用筆緊，愁似促，「掖垣竹埤梧十尋」。促矣以其在起句，似促也要知其不促處。○用筆軟，愁似弱，「秋盡東行且未回」。弱矣以其在起句，似弱也要知其不弱處。○用筆高，切忌怪，題意恐「落青天外」。君如立馬第一峰，吴山青靄平如畫。

平遠法

畫家有平遠法，文家亦有平遠法。平而不遠，何以文爲？所謂遠者，用筆有不盡之意，其不盡之意與題恰親切，是之謂遠。

襯貼法

如牡丹之有緑葉相扶持也，是故行文要知襯貼之法。○又如花色之以白貼紅，或以黄貼紫也。

扣住法

扣住題意不許過，不許不及也。

擬議法

《易》曰：「擬之而後言。」法在「擬」字中。

用經法

用人易知者，勿用險句，勿用人所不知者。

取人法

勿用本題文，取别人文入我篇中，奪他人酒盃，澆自己塊壘。○如「爾俸爾禄，民膏民脂」四句，乃蜀王孟昶詔書中十六字也，宋太祖用之以警邑僚，取用何等精切！今碑亭尚有存者。

逸致法

文怕忙手忙足，東奔西逐。逸致者安和閒適，不疾不徐，而有意趣冷然喜也。

設想法

設想其人心地境界，如楊椒山《王勃然變乎色》文云：「縱心敗度，人恒有之。而向之聽我予奪者，乃今一旦而可以予奪我也。是設卿固自危也，吾何樂乎有卿？」此設想變色之所由來也。

出色法

有一種題，本有色樣的做出色樣者易；有一種題，本無色樣的做出色樣者難。蓋題皆有色樣，如一花有一花之樣，自有一花之色。梅不襲色于桃，桃不借色于李，各自爲樣，各自爲色。大手筆人自會造出花樣來。若舉世無知己，我便作玉茗堂花神云：「今已後再不開花了。」

割愛法

此第一難事，名家往往有此。徐文長《女狀元》詞云：「那棗兒又生不乖，都掛向他家搖擺。我人情又不做得，好難割愛。」論文章中，即昌黎先生大得意小得意也。場中寧斟酌，割舍窗下猶可。

高古法

弱者不能高，雜者不能高，剽竊者不能高，不古者不能高。不高者不能古，高則古矣，古則高矣。然高古有分別，命意高者易出筆，措詞高超者在性分也。

俊俏法

虢國夫人承主恩，平明上馬入宫門。却嫌脂粉污顔色，淡掃娥眉朝至尊。

引機法

機神不至且丟開，且玩水尋花，且聽鳥語，且與人説閒話。待機神來到，使捉筆迅掃，瑕字句姑置之，稍縱則逝矣。

根本法

根本在看題。先正臨場，只帶一本《四書》白文，揣摩聖賢立言之旨。今也不然。

精確法

先正乃有其命意造語，尚得幾分孔孟真正妙諦。如《易》之《象》曰：「象也者，像此者也。」「意謂」、「若謂」方不虛，此從身體力行心性上功夫得來，不是嘔心喊讀裡做出的。

伸縮法

筆要能如龍之化，巨則爲錢塘君，小則爲丁謂石。或曰：「巨爲錢塘君，何如？」曰：「《報任安書》是也。」「小爲丁謂石，何如？」「《龍説》是也。」問：「何以爲丁謂石？」曰：「昔丁謂有石，小如拳，中有數竅，以水澆之。俄而霧起，一小龍出霧中，久之仍隨霧入石。其石名龍精石。」錢塘君見《柳毅傳》。

機圓法

筆墨有時酣透，我之神與題之神風水相遭，偶爾得之，文自圓而神也。

恰好法

前輩且縱横奇才者，於時文題位、題神、題義、輕重、濃淡、長短、先後、淺深、吞吐、疾徐、起止，只是一個恰好，並不迎風倚笑，争妍取憐，不凌駕，不使氣，并若不見學力。此等文斯乃至文。

金針法

金針撥轉瞳人，乃授受之要也。有可商者，坐皋比席，勿以己文或高古，或清正，或博大，或雄奇，堅執一例，以成後學，使之就我。須相人以教，看其筆力落在何項内，一生一法，非可衆生共一法也。如學者之筆亂雜而無章法，取先正之規矩準繩淺近而易知者，連月累日使專工焉，自必範我馳驅矣。如學者之筆不渲染絢采，法取本朝之名家，華茂清麗、暢達而相近者，連月累日使專工焉，則必自有成着矣。他如筆力之委靡及粗濁或梗直等類，各按其所不足與受病處，分別記文以撥轉之，是謂金針。

圈點法

殊可笑也，圈點焉得有法乎？那知大關鍵正在圈點。法凡有二：凡文之美，圈；次者點，固也。教生徒不然。如張生之筆少清正，則於張也圈清正者，揭出以知之；如李生之筆少博大，則於李也圈博大者，揭出以示之。看生之文亦視此。至成後乃圈取其好處，不拘前法矣。

剥蕉法

題中精義，一重一重如剥蕉，然愈入愈嫩。又如《四聲猿》辭云：「分明是楚陽臺，九層階，一層高矣一層賽。」此言意愈入而愈高妙。

淘洗法

凡作文，一題入手，機到神行，不必淘洗。杜少陵詩云：「淘米少汲水，汲多井水渾。」至脱稿後稍置之不顧，俟精神清靈足時，或次早，或至夜深，再三細閲，始用淘洗，即昌黎先生所謂「刮垢磨光」是也。

七字法

一輕者如秋風也，二清者如秋月也，三新者如春花也，四靈者如天機也，五真者如丹之九轉，六神者變動不拘，七成者如作樂之有小成、有大成也。

右七字各有愚者之一得，每字有拙論。昔年桃源縣卜氏家抄存，不及記憶，姑述拙論大槩云爾。

家訓法

先君庭訓嘗云：「學必本之六經，然後文如樹之有根，水之有源，方成大家。」

筆陣法

題之實者如臨大敵，摧堅陣入其中，乃能出其外而搗其虛。

字縫法

題上字要做得徹，要在題中字外縫裡做，然後那文章字外有字，句外有句。

風韵法

山東父老説農桑，事事言言皆切實。便在切實裡生出風韵，非風韵處風韵，着實處着實。文最是要風韻，始能出塵。

簡練法

古人謂「簡練以爲揣摩」，中間「以爲」二字，乃即揣摩以簡練耳。

三多法

多記，多作，多改。

暢矣。

大都法

大都寧空無塞，寧淡無鬱，寧直無壅，脱滯去陳，剖洗烹鍊，使精華自生，則神流機暢矣。

奔注法

有一樣筆力，機神一到，如黄河一瀉千里，其折筆即折在直中，正似「黄河曲裡沙爲岸」，又是「不盡長江滚滚來」，乃一時機靈筆活，不常有者。

考校法

才大者氣浮，志高者心粗，自足者看得自家句句好，字字好，好中恐有錯處。脱稿後，私把自家作宗師那文看是别人做的，吹毛求出疵來，如此方無大失矣。歐文忠每作文稿就，録置壁上牖間，出入觀之，顛撲不破，乃存其文。安得不爲萬世宗匠耶？

讓半法

讓一半意與別股也，時攀芳樹，愁花盡心。段末要留餘氣。

看書法

元至元間，許平仲先生爲國子祭酒，每謂書中無疑看得有疑，有疑看到無疑，方是有功。〇想言者之人何如人，時何如時，事何如事，如春秋之野井事，乾侯事，夏四月戊辰事，此聖人取季孫意如斷獄擬罪之大關繫處。是誰肯把冷眼一看，孔大聖人扶持君臣名分大義，用筆之嚴正在此，只爲不出題，遂不上學者眼角。如何得聖人作《春秋》之意？《春秋》之意若曰：魯公如何在野井？齊侯如何來唁乎？魯公如何薨齊地乾侯乎？公之喪如何至自乾侯乎？則意如之罪昭昭矣。妙在此書法，把季孫意如也看得，即看得亦不怒，此等筆法，非聖人其孰能之？若使《五經》、《四書》不以之取士，到不如《四書笑》尚有人看也。〇予頗怪《心典》一書，意把聖人苦心所删定之書，丟却本文大半。而學者只取便利，弗顧孔聖當日是何心思，以正《五經》。誠可爲嘆息者一，流涕者二，勿怪愚子囈語，恐尼山夫子有靈亦必不喜。〇便把「學而」章麤論看書法，看這一箇「學」字，是兩論開頭第一義，包括萬有，在此一字。「時」字在《中庸》爲須臾，須臾不可離，就是時習。在《書經》便是「惟學遜志，務時敏」。在《易經》即「君子以自強不息」，在天即「行健」，「六位時成」。在夫子自家，即發奮忘食。「有朋」節在《易》即「麗澤，兑；君子以講習」，在《詩》即「求其友聲」。「不愠」節在《易》即「遯世無悶，不見是而無悶」。

烟影法

如烟如影，不是詞句淺薄之謂，乃題中前後句地位。有處只用此如烟如影之意，若稍用重筆，則侵淩後句，逼迫後意矣。

聯珠法

股段以收末句串下，如魚麗陣，又如天文之貫索星。

透理法

一題萬理，萬理一理，要歸於是，乃歸於一。是故萬人一題，萬路紛取。題理道不着的，則如杜少陵句「欲往城南忘城北」矣。

白描法

此指用輕筆白描透出神情。若輕描淡寫而無神情，則顧繡也。

圓熟法

欲詞之圓，法在口，不在手。

不翻法

先正作文輕不翻，如江水面細波瀾。聖賢語氣從來渾，肯把語言自倒掀。（亦十絕句中之一。）

聯絡法

所謂打成一片也，有詞句似不聯絡而意却暗度陳倉道者，有詞意俱聯絡如黄金鎖子甲然者，總要氣貫脉接耳。馬素修先生評吕柟文云：「文如一線穿珠。」與今畫股起意者迥別。

籠罩法

或在開講起，或在入題後，或单提，或雙提，如振衣挈領，須如漢高籠罩英雄，或據床洗足，無非是法。

反形法

如明癸未王堯封《吾之于人》講下節，以「枉」字反形「直」字也。

顯淺法

妙諦也，穿衣吃飯便是《中庸》，所以前言飲食，後言衣錦，聖人道統也，只是一顯淺。若一涉幽深，便是索隱。何況時文但顯淺，不要走入浮薄了。○或問：「顯淺是何色相？試一舉似。」蕉亭曰：「秋風清，秋月明。落葉聚還散，寒鴉棲復驚。相思相見知何日，此時此夜難爲情。」

大方法

文必要大家舉止，不宜齷齪小品。然有性分，勉強不得奴婢學夫人也，此在心地功夫得來。

雅健法

筆到此極難，此如漢張桓侯飛，畫川蘭于閬中，題玉鑪三疊。及寫鳶飛魚躍曰大字，皆雅健也，其法在筆力。

分體法

要分別題是何體以爲文也，體立而神情出矣。如右軍以手空擬書法，不覺向内君身上摹寫。夫人曰：「人各有體。」右軍先生遂悟字各有體，由是字學大進。時文如《周公謂魯公節》，誥誡體也，宜莊重。石有恒作語語酷想當日口氣，如見其人，如聞其聲。如公曰：「告夫三子。」此體宜作弱靡悽酸。魏浣初作讀之活活一箇没用的哀公如在目前。不能悉數，各體以類推可也。○作文之法不拘時文、古文與詩詞樂府，一管筆能叫人笑便笑，哭便哭。如古有韓娥者過一市，少飯錢，爲肆人辱，放聲而歌，其音悲愴。去数月，居人無不慘悽欲泣，户户皆然，乃知其爲韓娥也。追而反之，禮而敬焉，遂喜而歌。于是一市之人，咸若喜動於中，歡忻鼓舞，千門若春。技至此乃神也。○或問：「其法如何？」曰：「法在《牡丹亭》，看其用筆分體之妙，如夫人哭，聲聲是慈母想女聲；杜南安哭，聲聲是杜南安語氣；春香哭，聲聲是侍女體態；那帮哭的道姑，語語是帮哭的體段，乃哭中帶笑□。又如冥判讚筆硯等調，恰是冥判筆硯體。句中字上，恍如風悽露冷，鬼神欲出，使人毛髮生寒。」餘以類推。

聲調法

此兼論師法也。前明吴因之先生，諱默，文名噪重一時。有欲邀主西席而不能者，乃密遣人視先生所居室廬、庭徑曲折、花木園林，及圖書翰墨位置境像，費千金，始如優孟衣冠，毛髮畢肖焉。乃投刺謁公，並不語及西席事而别。公往復之，主人命酒歡甚，夜送先生至其處。先生以爲抵家矣，遣送者還，始知新豐雞犬門户皆識之故，遂信信焉。由是感激，遂許設席。主人率其子具拜茵上，千金爲贄。浹旬後出一題，命生爲文一篇。嗣是惟日泛小舟浮山看水，倚樹聞鶯，或綦酒間適，並無片語及窗課文藝。如是者數月，始發笥中出小木魚一器，暨文十篇，命生熟讀，親以木魚擊而調之，期必合音，如引觴刻羽。一字稍失，責令改唸，如是者一月。遂别主人告歸，曰：「郎君中矣，但十名内耳，余無庸羈此也。」主人復具千金爲壽。又越月入場，榜發，果如公言。于是率其子登公之堂，頓首復具千金以謝。酒半，主人問曰：「向也先生之教小子也，不使讀一文，止引小子常遊于郊原之間。夫豈謀野則獲耶？」先生曰：「公郎之文成矣，獨筆不流動，文無聲調。由向所記失法，致心不靈活，余故使之忘其舊，乃能即其新而棄其故，從而和其聲調，以節宣之而珠圓矣，而玉潤矣。木魚豈虛設哉？」吴子聞王君天閑述此事，乃嘆息曰：「此真時習功夫也！」誰其知之？誰其知之？曷亦勿思。

風光法

釋迦法弟有鈴和尚者，日向街頭摇鈴叫曰：「明來明打，暗來暗打；四面八方來，旋風打；虚空來，連架打。」如來聞之，投弟子語，從後抱之曰：「都不來時如何？」如《慶歷新編何選》：《周有八士節》、《仲忽》、《叔夜》、《季隨》等篇，忽有忽的説，夜有夜的説，隨有隨的説，仲有仲的説，叔有叔的説，季有季的説，題中妙諦也。有明來的，如仲前云伯，是明來的，明來明打，如《仲忽二字》題。叔季是暗來的，暗來暗打，如王字春《季隨》文云：「無隨是無季也。豈徒無季？若伯，若仲，若叔，其倫未可定也。」又云：「有隨方開季也。豈徒開季？若達，若突，若夜，其班始可齊也。」豈非「四面八方來，旋風打」乎？夫四面都不來，自有本題風光，無事騎牛覓牛。

看文法

作文之法，四面看來，如釋氏之説牟尼珠，有看得是青的，有看得是白的，有看得是赤的，有看得是黄的。如作文題目，此看如此，彼看如彼。惟歸于本題正法眼，則諸色相皆拱手矣。看文之法亦同。

雖字法

歸子慕先生《雖執鞭之士》文，入題云：「使富而誠可求也，安得復論天下士哉！」乃取「雖」字神法。

付村法

孟子所居，今名付村。予嘗謁孟子廟，晤賢裔，知其地名。謹按七篇，篇篇是古文，傳記、辨答，各體俱備，學者多忽畧，不知古文古莫古于《孟子》七篇也。以之爲時文，凡敘事體及小題，可以爲法。

平仄法

文本無平仄也，而有自然之平仄，如排偶之語固有，即散句亦有。此不用調，乃句之圓活者，用平仄自合矣。曉人自知。

轆轤法

轉而又轉也。此法在金井梧桐邊。

變體法

如三股共一調式，至後股，稍變體格也。

游龍法

若龍之掛雨，夭矯於天半也。

穎悟法

孔聖最喜人穎悟，如與子貢論貧富，悟到詩上，獎以「知來」。如與子夏論逸詩，孔子取喻於繪事，子夏悟到禮上，讚以「起予」。舉一不反三，孔子則不復也。彼鈍根人自面牆立矣。予故所論多引人入悟境，是亦予一片苦心也。

界限法

此疆彼界，巧論題之分野，各有度数。又如先王之畫井分疆，必要清楚。

串插法

彼串此，此串彼，此必在巧。

補意法

或題中無，而題外本原必宜補一筆。

洗發法

洗發精義，筆要細膩。

對面法

凡題必有對面，如《豈不爾思》題，爾思是正面，爾之思我是對面。對面説得真摯，則正面倍覺生動矣。

脱卸法

或從此節卸到彼節，或從此句卸到彼句，或從此一字卸到彼一字，須有兔起鶻落之勢，又須如天衣無縫。

鎔鑄法

如鎔工之冶鑄然。鎔則同，鑄則異。鎔須化，若冶铁至如水，然後可鑄。此言詞句火候煉得鎔化。夫然一題一範，鑄出成篇。「鑄顔」本楊子《法言》。又如前朝何綮詩云：「天地大洪鑪，鑄成活秦檜。」題意之美惡，須鑄得像。

頓挫法

句法要老，有大頓、小頓。

扮演法

如梨園之在塲上，扮得最真相，使觀者鼓掌乃可。如桓魋花面，臧倉小丑，俱要聲吻。總之要盡態極妍，始得推班出色。

影射法

如口中所説是箇影子，乃其本懷却有所指，須要句句做得影肖，如燈照影，如影隨形，使讀者恍惚如遇，斯爲神筆。

引伸法

從上句引伸之，而合爲調也。如《刑賞忠厚之至論》文：「有一善，從而賞之，又從而咏歌嗟歎之」是也。

觸長法

觸類而長，如喜怒哀樂之未發，由「情」字觸出「性」字之類。《易》曰：「引而伸之，觸類而長之，天下之能事畢矣。」大易之卦，觸類而長，如《乾》卦觸而長《夬》以至《坤》，《坤》卦觸而長《復》以至《乾》，六十四卦皆觸類而長，卦中之爻，爻中之理，皆引伸觸類也，况時文之小藝乎？此處趙州茶和盤托出矣。先君一生學問在《易》，每日拜跪聖像前誦《易》，或静坐思《易》。蘭聞之庭訓云。〇陳滸山夫子評云：「予官吉安時，看蘇亭時文，多本之《五經》，此由家學淵源也。」

剪裁法

或全章，或数節，全在剪裁，如匹幅中織成龍鳳，其首、足、尾、翼原不聯屬，此在縫工使金粟尺，按法度，然後銀剪裁成雙鳳舞，金針引動六龍飛。若有差池，則如杜工部《北征》初曰： 見小兒女穿補裰衣，「天吴及紫鳳，顛倒在倒褐」矣。裁剪題目，間成色樣，大足見才處。

波瀾法

若江河之水，波瀾有大小。小者如織，大者如杜詩云「江間波浪兼天湧」是也。小波瀾宜在小段中，大波瀾自宜在大段中。

提挈法

入題後，或单行提起全題之要領，法在有氣有勢。詞藻得鮮艷或古致者，最易動人眼目。

文訣四十八字

文家有一定心訣，古今人爲文，皆準於此。初學熟之，則拈題布局時自有屈伸變化之妙。今約舉之其訣凡四十八字，有扼，（扼者，凡一篇章旨及一題眼目，扼定作主，所謂扼題之吭是也。）頂，（頂者，頂上。根據上文，使文有原委。）領，（領者，領下。一篇或一股大意，以一二語領之，猶兵之有將，衣之有領是也。）喝，（喝者，喝題有反喝、冷喝，令人豁然猛省，悄然思深，猶禅家之有喝棒是也。）提振，（提者，提挈之法。題義緊要處，以一筆提起，所謂高題重墜是也。振者，恐文勢太平，則用筆振起以鼓其勢。）生發，（生者，文義已盡而復生之，所謂水窮雲起是也。發者，題之正面盡情闡發，如春花春柳，盡態極妍也。）反正，（反者，與題目相反，如講學先講不學，講君子先講小人是也。正者，承上反意而正言之，有反必有正。）賔主，（賔者，借賔形主，陪發正意，與反不同。主者，題之正位，主重賔輕。）開闔，（開者，拓開一步，使其寬展有勢。闔者，就開處一筆收轉，反與題目緊對，其意逼；賔與題目旁照，其意寬。以反在題中而賔在題外也。）翻跌，（翻又與反不同，將題意翻駁，由一層以致数層，如老吏舞文，雖一成鉄案，亦如翻轉，故謂之翻。跌者，以側筆跌出題面，而有反跌、順跌之不同。）抑揚，（將欲揚，必先以一筆按倒，故謂之抑。承抑後隨以一筆揚起，故謂之揚。如鷙鳥將飛，先伏其翼是也。太史公諸傳贊多用此法，□者自知。）起伏，（起者文之發端，或起一峯，或起一波，最要崚嶒浩瀚，聳人心目。伏者，隱筆也，或于未起之前，或于既起之後，隐伏數筆，與起作應，如兵家設伏，待時而動，更添幾倍聲勢也。）轉折，（轉者，團轉之謂，如車輪，如轆轤，一轉一境，愈轉不窮，乃爲占勝。折者，一氣奔騰中作一折，所謂千里一曲是也。又有一句一折，或一股数折者，要視文勢爲之。）照應，（照者，照映下文，如鏡花水月，匣劍帷灯，可望而不可即。應者，照應起處主意，如人之有呼必應也。與映不同。）呼吸，（呼者，題意未醒，我以高亮語呼之，有首尾呼者，有連作数呼者，如登高放聲，山鳴谷應，所以爲妙。吸者，題意在下，我以虚按語吸之，使其文不犯而神已來，筆尚留而氣相攝。）頓宕，（頓者，頓挫。文勢欲行，故以一筆頓注，如忙裡偷閒，急來緩受是也。宕者，摇宕一筆，欲吐未吐，神脉沉涵。）挑斡，（題中字眼，以細筆挑出，謂之挑。如金針撥瞳，光明立現。題中艱深處，以側筆斡旋，謂之斡。李長吉云：「筆補造化天無功。」善斡之謂也。）點綴，（點者，點題。有總點，有分點，有正點，有順筆帶點，須通變點之。綴者，點染姿色，猶畫之有丹青，女之有粉黛，布景生情，引人入勝者也。）渡接，（渡者，過文也。鶴膝蜂腰，争奇在此。平弱無渡過文，最忌。須如驚濤駁浪中滿拽風帆，截江而過。接者，承接也。接上起下，或接明上意，或接開一層，最要有力。又有前意未畢，中插一意，復以後意接前意者，謂之遥接。古文多用之。）推掉，（推者，援引旁意，用一筆推開以入正意。又推進一層，推遠一步，亦謂之推。掉者，掉轉一筆，如舟子掉舟，帥龍掉尾。轉在文中，掉在文末，故曰掉也。）案斷，（案者，設立公案，或一事、二事、三事，每事先立一案，後即從此斷之。斷者，判斷前案。最要緊嚴練達，屹然不移，如老吏斷獄，令人無復活路。）省補，（省者，省筆也。文恐太繁則用筆省之，有省文、省句、省字之不同，如《論語》「舜亦以命禹」，將「亦以」字省却「執中」等字。《孟子》「河東凶亦然」，將「亦然」字省却「移民」、「移粟」等字，是爲省筆。餘可類推。補者，補筆也。題中所無，又似題中所有，須用補出。如講三代，補出唐虞是也。又文字於極忙處，兩意不能並寫，則先寫一意，再留一意于間處補之，亦謂之補。）拖繳，（拖者，拖下。文勢未終，特以一筆拖去，或有就上拖者，或有另拖一意者，所謂餘音嫋嫋，不絶如縷是也。繳者，繳上。文意已足，特以一筆繳轉，或有繳章旨者，或有繳上文者，或有就本題講義作繳者。繳與掉不同，繳用實而掉用虚，繳用完題而掉係弄筆也。）揷帶，（插者，方講此句，而即以彼句文意穿插于中，文家之玲瓏活變法也。帶者，非本題緊要處，不可不寫，而又不必正寫，衹以順筆帶過。文家之息肩法也。）夾弔，（夾者，以兩意文擊正意，猶兩軍擊一軍，無不制勝也。弔者，如一題二句，方講上句以上出，方過起下句，使文字不冷落也。巧搭題多用之。）結証。（結者，結煞。結一段曰小結，結一篇曰大結。要收束精嚴，使題無□義也。或引証，或引事，或引人，以爲本題証據，最要精確不膚。）以上四十八字，乃合理學先府君暨先師及朋友麗澤所得，今以公諸同人。但中有與予前所論間有一二同者，大同小異，非重復也。

单句法

宜用反筆、虚筆、倒筆，使前不突，後不竭。得力處全在一起，即文之反挑處也。一起得勢，後便勢如破竹。

数句法

必於章旨相關處提綱挈領，提一句則数句之脉俱動，更不可寬泛一筆。若泛使一筆，便懶散而不緊湊矣。然雖緊湊，却又不宜急硬。

姓名法

如八士中《伯突》等題，法在《慶歷何選》。

看題法

凡題是詠古人事，或述古人言語，如《禹惡旨酒》，須要是禹語氣。若不是禹惡，便可移酒誥矣。如近試題《回雖不敏二句》，要是顏子口氣，不得移作《雍雖不敏請事斯語》。如作《雍雖不敏》題，不得移作顏子。如昌黎先生《毛頴傳》代中書君答始皇語曰「臣所謂盡心者」，移不得墨紙上。

省力法

何屺瞻先生《慶歷選》論矣。吴子云：「此法須看予所倣吕紀『海東青，打天鵞，朝踞其首，夕調吾酸鹹』矣。」此省力法也。

圓緊法

讀陶望齡先生集。

謀篇法

文短意長，法在王荊公《唐百家詩序》，學其氣足力厚。〇不宜太長，長則怕冗怕泛。〇大塲中長短勻稱。

風氣法

韓慕廬先生轉風氣，不爲風氣轉。如歐陽公然。

浩瀚法

用筆浩瀚不來，讀歷科名家之浩瀚者，又要取太史公《報任安書》千百回熟讀，則筆墨自然浩浩瀚瀚矣。

短峭法

讀《麟説》與《孟嘗君傳》，尤必取《公羊》、《穀梁》看其筆法。

客主法

客在前，主在後。借客陪主，不借主陪客，不可客強主弱。

兩孟法

兩《孟子》中題，作文多論事。須看《戰國策》，則用筆自老。熟讀《春秋》胡傳，則理明詞暢，自不覺其筆墨之變化。

政事法

政事題目文，如筆意不得明爽，取陸宣公奏議，讀其文精警暢遂。蓋大家手筆，時文俱不单從時藝中來，故今本朝名家文，有許多傳文，兹不便单单别别指陳芳名台諱耳。

看題法

此時文第一義也，須相題作文。○如《詩經》「牧人乃夢」，看那「乃」字，從「畢來既升」頂門入。這一箇「乃」字是實字，不是虚字。又這「乃」字不止是實字，此「乃」字中有安心法。問：「如何是安心法？」「羊畢來矣，既升矣，此夢前境也。「衆維魚矣」、「旐維旟矣」，是「乃」字實地，「豐年」、「家臻」〔六〕，是夢後境也。所以看題法在看虚字。舉此例推。

柳州法

子厚云：「凡文章以神志爲主。」其意自貶抑，故志不舒，神不暢，言無意于文也，非吾所謂文神、題神，故其文渤鬱挫頓，自成一家。時藝彷彿之，能使筆墨蒼老。

粘合法

言甲拈乙，言乙拈甲，如繆昌期史魚比拈伯玉，伯玉比拈史魚是也。

虚實法

虚實相生之法，如先君《闕里集·告聖文》云：「天由空轉，月當虚懸。風無一迹，月有萬川。」

時宜法

丙寅年，吾師曾有《論文詩話》絶句十首，先父時爲江蘇臬司，最喜詩一首云：「時文無定學隨時，科歲尤宜看主司。好取新人新樣總，淡粧濃抹應相宜。」○《後赤壁賦》以一夢收通篇境象，法向此中生，句造到化神。

妥字法

句妥字適，夫然謂之文。一字不妥，覺他在紙上，自覺站脚不住。此在火候工夫。然文能造到有句無字，文乃至也。如昌黎先生文，真是有句無字。若孔子《春秋》，並若無句無字。請萬世學者想想。

歸宿法

文章要有歸宿地，清正成清正，高古成高古，博大成博大，雄奇成雄奇，俊逸者成俊逸，新靈者成新靈，各歸一路，不得落蒼蒼之野，入何有之鄉。願君且宿黄公家，不然，城北城南無老樹，馬能望門投止。

起止法

如忽然却自然，吾不知其何以然，必求其所以然。

解結法

頭緒多，題用小小股，或单单行，點清要疎落有別，如齊兒解結，或以不解解之，正是善解結者。

增減法

先正文之所不可及者，只是完他本來面目，更無他事。李太白《僧伽歌》有句云：「亦不減，亦不增。」

造句法

「掬水月在手，弄花香滿衣。」如是如是，難言難言。

着想法

先正着想，筆從性地流出。

過脉法

先正過脉，不露圭角。

一半法

有時文章只要做一半，前一半便是後一半，後一半便在前一半。如《尋親記》中解周羽，一曰：其前一半如雷如霆，便伏後一半光風霽月，拜稽贈與而别。且前解差，一言一怒，一舉一動，與相師言者，後俱一一覆在解差身上。豈非「前一半便伏後一半」法耶？

四宜歌（皆非必詞也）

早宜作文

天初曉，且氣清，花影拂簾開兔穎，書香入坐引龍賓。（龍賓，墨神名，有十二。大文人方有是神。）此際作文應入妙，自然下筆如有神。一歌兮，語吾黨，清晨莫落非非想。（非非想，佛經語。此言非所當想而想也。）

午宜看書

日中時，景卓午，書中莫道無金屋，枕上切疑如糞土。我既生涯託孔孟，爾亦功名出鄒魯。一歌兮，勿偃息，宣尼發憤且忘食。

晚宜息問

日反照，色昏黄，数聲漁唱歸前浦，幾處樵歌下夕陽。須問五經兼八股，當講三綱與五常。一歌兮，日之夕，窗邊看取他山石。

夜宜改稿

夜如何，斗轉參，空庭無語花飛帙，舊稿改完星滿琴。燈領筆摇光闇闇，窗移竹影月森森。一歌兮，須勉者，漏子魚更人未眠。

主要法

昌黎先生《師説》云：「師者，所以授業解惑也。」爲師者，一生苦功，乃得爲人師主。人不尊師，不厚師，師或望之深，責之備，此正不得法者。○昔岳武穆王箭師周同死，典衣市酒饌，每日一哭祭。大先生聞之曰：「吾兒不忘一箭師，他日豈負君父乎？」予近見僧家敬愛其所謂師，不覺失色，想吾輩之於師反不如也，可勝浩歎！因想及先師有三，其初學文，則得力於鍾律奏先生；次則得力於劉竹根先生，乃隐居高尚，善古文詞者也。兩先生皆伯道無兒，每一念及，悽然哽咽焉。

讀五經文

《詩經》文

以古致錯落者爲上乘，文宜麗藻掞天葩，如唐詩白雲。蓋《诗經》名《葩經》，以昌黎先生《進學解》云「《詩》正而葩」也。葩者，華美之草也，要絢爛有采色，句法光景稍別。此必學力高者乃可語此。

《書經》文

與《四書》文同，理同，局同。

《易經》文

惟主君道説，其主聖學者，不過幾題耳。○《易》之爲書也，天地造物，聖賢學問，國家隆替，以及人之言行、舉動、進退、得失、安危，無一不備。時文中多在浮泛一層皮膚耳。不觀之朱夫子也，只輕輕淡寫，大概知此，《易》理變化，不可端倪，從何處説起？從何處説完？只得如此註明大概，此予追溯紫陽之深情大意，故爲吾黨言之。○予見天地古今人物，那一事不是《易》之流行，在《易經·繫辭》？聖人亦曾讚云：「《易》與天地準，故能瀰綸天地之道。」「輔相天地之宜，以左右民。」是故君相不要不知《易》，卿、士大夫、士庶不可不知《易》。

《禮記》文

大概與《四書》、《論》、《孟》文詞同。

《春秋》文

《春秋》文不但不與《論》、《孟》同詞，并不與諸經同調。其文要如老吏斷獄，又如唐宋時升降臣僚榜之朝端，文雅而實，理簡而章，惟得文定傳熟，便可彷彿成文矣。本朝松江三槐以世其家，皆本此經。前朝麟文更加古峭耳。杜詩云：「伯仲之間見伊吕。」誠亦足伯仲於文矣。

〇附記安福《麟經》科第之原

前朝國初人言山陽《禮記》，麻城《春秋》，言冠海内人文也。成化年間，有鮑先生，諱時，變衣冠與姓名，至麻城聞一僧舍有傳《春秋》者，投身于僧爲柴頭。每先生講經時，輙提茶一壺，偏送諸生，因得竊聞之，数月而畢。衆悉歸，先生尚留意。以数月蒙柴頭送茶，入其寢處候之。鮑因外出，先生見其牀邊几上有一硯，取觀之，忽見《春秋》文，訝曰：「此必盜傳經者也。」鮑適至，張皇失措。先生曰：「幸吾一人在，若諸生在舘，子無歸路矣。尚有口訣傳爾，可速去毋遲。」鮑還至安福授衣。但竹坡公《春秋》中解元，先祖登先主堂拜曰：「解元吴節中，經學老師傳。」言不敢忘本也。鮑先生曰：「雖藉先生力，還要爲子賢。」後中會魁第二，官至祭酒、侍講學士。先祖又傳于彭文恪公，狀元宰相。其後鄒泗山先生以《春秋》名海内。〇又縣東去十里，有麟山主《春秋》。前朝有周先生昆仲，讀書于山之僧寺，一夜俱夢山神語曰：「游吾山而不讀吾書，何也？」晨起各述所夢，神語皆同，遂俱改《春秋》，是年俱捷登顯在。今安福《春秋》每科必二三人。述此見前輩傳經之不憚艱苦至此。師可忽乎哉？〇先師舫翁先生庭訓，必令習熟《五經》。雖不出題，亦記得聖賢立言之旨，原非爲後世出題而設，皆從根本上着腳。其後先師見世兄所著,《四書》亦及,《五經》亦至,抱世兄所著之書,跪告于太老師靈位曰:「長子雲可謂有子,我父可謂有孫矣。」大喜至此,天倫樂事也。世弟長洲李惠時述。

校勘記

〔一〕「茫」應是「忙」之誤。
〔二〕「巢」,全唐詩作「橋」。
〔三〕「大」或爲「太」之誤。
〔四〕「間」應是「閒」之誤。
〔五〕《周易》:「二與四同功而異位。」
〔六〕《詩經·無羊》:「衆維魚矣,實維豐年;旐維旟矣,室家溱溱。」

能文要訣

〔清〕周夢顔撰

《能文要訣》提要

《能文要訣》不分卷，清周夢顔撰。

周夢顔（一六五六—一七三九），一名思仁，字安士，自號懷西居士。昆山人。諸生。博通經藏，深信因果。通世務，習知吴中田賦原委得失，著書甚具。康熙三十八年，仁皇帝南巡，安士迎駕揚州九龍橋，上疏請減蘇松浮賦。其後應巡撫張公聘，校録宋元明先儒書，老於家。金潮《周安士先生傳》稱其「諸子百家，莫不淹貫。爲文有蘇潮韓海之風，爲人端毅正直，不苟言笑，絶無恃才傲物氣概，蓋淵源有自也。制義凡有關性理學問佳句，輒識不忘。咸歎爲茂叔再生。」但却屢躓場屋，大志未伸。《蘇州府志》、《浄土聖賢録》有傳。

《能文要訣》一書具有啓蒙性質，面對的是時文之初學者。著者循循善誘，多方設喻。於文法之解説淺顯易懂，深入淺出。其「爲初開筆者設三喻」，在八股文理論史上可謂别開生面。爲説明八股文之章法結構，他先以「請客喻」，以日常習見之人情詮解八股文之章法；再以「房屋喻」，由日常起居之常態詮解八股文之結構；再以「出遊喻」，以出遊之常事詮解八股文之「題前」、「題後」理論，即八股文與蘊含於其後的經學大背景之關係。重操作性是它的第二個特點。作者所歸納的「五法」、「五忌」、「五體」、「五病」等，都是提綱挈領、便於記憶、利於操作的。其「三不窮法」（**推原法、回抱法、詐呆法**）都是拓展文思、深化題境之妙法。

《能文要訣》歷來未見著録，僅金潮所撰《周安士先生傳》提及此書，《琳琅秘室叢書》收録周夢顔的《質孔説》時附有金潮作所之傳。此書未見刻本，僅見者爲清戴繩武抄本。戴繩武，字纘周，生平不詳。此抄本現藏蘇州大學圖書館，爲殘本。今據以校點整理。

能文要訣

崑山周夢顔安士氏著
虞山戴繩武纘周氏録

初學當先博古

文章一道，必其取材也富，而後俊彩生；必其閲理也精，而後聲光茂。要其識見學力，皆當於《五經》、古文中求之。昔人云：「細心讀《四書》、《五經》，大心看諸子百家。」蓋經旨深厚，非體驗不知。細心者，體驗之謂也。古文繁多，非博觀不可。大心者，博觀之謂也。凡此皆文章之根柢也。不於根本處著力，而但求之於時藝，豈非有志讀書而挾持者無具乎？

開筆不可太早

聰俊子弟，不患其心之不靈、機之不至也。患在慕虚名而貪速效，遂矯揉造作。或不當開筆而開筆，則助之以人力。或開筆而不知所以開筆，則迫之以艱苦。如是而欲其成也，難矣。惟在爲師者循循焉，教之以讀書，與之以講解，令其熟讀精思，優游自得。彼其胸中不能自制，急欲表而出之矣。何必務開筆之虚名，求俄傾之速效哉？

讀文貴於得法

子弟讀文之始，乃舉案第一關頭。讀之不得法，則勞而鮮功。彼有不相題目，揭開文便張目摇頭，高聲朗誦。不過高聲朗誦也，謂之讀文則非也。必也每遇一題，先取通章白文，朗誦數遍。看一章重在何處，一節重在何處，本題又重在何處，使題之來路去路了了於中，實理虚神歷歷在目，方可。想到我若措筆，開□當如何説起，中間當如何安頓，後面當如何生發，使胸中先有成竹，然後□□静氣，逐句微吟，逐字理會。每讀一段，則想一段；每讀一股，則想一股。□□□□讀，當重者重讀，當悠揚宛轉者悠揚宛轉讀。要使讀者之□□□□□□□□□□契合，方有悟入。題縱極易，須作極難者看；文縱極熟，當作□□□□□□□□分明做過一遍；讀過百遍，分明做過百遍，何患文之不工乎？故曰：「□□□□□□速，筆下來得越遲；口中讀得越遲，筆下來得越速。」真不易之論也。

爲初開筆者設三喻

以童稚之年，一旦授之卷而告焉，曰：「爾讀文。」彼誠不知何者爲讀文也。又或命之題而課焉，曰：「爾作文。」彼又不知何者爲作文也。夫惟導之以所不知，故雖終日正襟以讀，而總無當也。莫若使之旁通觸發而導以彼之所知者。導之以所知，則説不勞而教可入矣。爰設三喻。

一、請客喻

善教者當呼初學童子而謂之曰：「爾無難視作文也，苟能靜聽吾言，操觚當亦易易也。爾不見好客者招人飲乎？夫招人來飲，題目也，當招之以□。能敷衍其説，使有倫有序，便成一篇之文矣。且如初開口時，先敘寒温，備道主人欲見之意，此便是做開講之法。次言『前次欲一屈駕而未果』，此即是做起比之法。『今日正欲屈到荒齋』，便是做中比之法。次言『切莫切勿他辭，累我往返』，此又是做後比之法矣。方起口時，但説願見，不説招飲，謂非開講虚籠題意之法乎？或言『向因無暇而未遑相屈』，或言『向因無物而不敢奉邀』，此非題前分股立柱（旁批：此即起股。）之法乎？或言『此刻有人舟車，請從此行』，或言『此刻有輿馬在，請從此行』，此非題面分股立柱（旁批：此即中股。）之法乎？或言『並無嘉餚，萬勿見拒』，或言『並無外客，萬勿見拒』，此非題後分股立柱（旁批：此即後股。）之法乎？何言乎文章之設色？所謂『開瓊筵以等花，飛羽觴而醉月』等語是也，何言文章之反正開合？所謂『不來則虚主人之意，來則可伸彼此之情』是也。語語□脱招飲，是認清題面之法；言言稱道主人，是回龍顧視之法。説來娓□□□□詞之所以雅飭也。氣宇不急不忙，而已之所以安和也。孰謂□□□□□□□作文之法乎？」

一、房屋喻

入股之有布格也，猶築室之有位置也。開講止宜渾發大意，猶夫門牆之貴□高峻弘敞，但當虚置，而不宜鋪設也。起比貴於落脈清真，（旁批：指題之上文。）題前作勢，猶夫小廳之前接高門，後通大廈，不容參差紆曲，以隘其規模也。由出題而至中比，則通篇之正意於此發焉。大抵宜精實而忌空疏，宜靈動而忌死煞，猶夫大廳之貴於壯麗煥發，居乎中以握其要也。過此而爲後股也，則亦後堂之類也。後堂若空虛，其家必不富；後比若單薄，其文決不佳。若夫東西之有夾道也，則即題中之脈絡貫通也。其單句、單段也，（旁批：指散文不用出股、對股之整文。）乃書齋斗室也。文有台閣之氣，彼畫棟雕梁者似之矣。文有蕭疎淡宕之風，其即閒亭別院乎？觀乎牆垣之峻，可悟作文者題界之清焉。觀乎器皿之多，如見作文者腹笥之富焉。前門，題之來路也；後門，題之去路也。

一、出游喻

假使即以「出遊」二字爲題，初學者問如何佈局，當先以做開講法告之，謂學者固當一室潛修，足不出户。（旁批：此從反面説不出遊。）然目不睹高山大川之奇，身不歷都邑人民之盛，亦非所以開拓心胸，而廣其聞見也。如此則雖未爲正言出遊，而已虛含出遊之意矣，此做開講之法也。其次當言某處可以遨遊，以布題前之局，而題比之作法在此矣。其次當備言所遊之地，及同遊之人，而中股之作法具焉矣。其次則言既遊之後，當以何時而歸，或既歸之後，當於何日復往，而後比之作法亦盡此矣。初學之士，若能如是觸類引伸，以其所知者而爲開導，則木落花開，皆成□□；溪聲鳥語，盡是文章。縱有不達，亦當漸曉，況其穎敏者乎？

初學當知始終條理之説

每一題必有一題之説起處，所謂始條理也，必有一題之□□□□□□□也。始條理者，大約題中實字也。終條理者，大約題中虛字也。一始一終，□□□有層次。按其層次，漸漸説到歸結，一篇之能事畢矣。如《學而時習之》題，當□「□」字説起，而「之」字神情，乃其歸結也。《天命之謂性》題，當從「性」字説起。而「之謂」二字乃其歸結也。《孟子見梁惠王》題，則或從孟子説起，或從梁王説起，而「見」字即其歸結也。此始終條理之説也。亦即先做實字，後做虛字法也。亦即所謂「拆得碎方合得緊」也。初學究心乎此，題中之題緒自清。

作文當預定一篇之局

畫家之將有事於丹青也，先摹一程式於楮上，名之曰「落稿」。士子之將有事於作文也，先定一位置於胸中，名之曰「布格」。布格之道，全在相題。看清題之精神結聚處，而後分之以先後、層次，佐之以反正、開合。沉思默想，謂此題應虛做乎？實做乎？用短比相接乎？用六股、八股格式乎？將先整後散乎，抑先散後整乎？前字清出乎？渾發大意乎？前宜用提、（旁批：此即起股。）中宜用渡、（旁批：此即中股。）後宜用繳乎？（旁批：此即後股。）抑不用提挈、過渡、繳轉乎？或整齊中帶不整齊乎？（旁批：整齊多於散。）或不整齊中帶整齊乎？（旁批：散多於整。）或題語雖繁而文當略乎？或題語雖略而文當詳乎？一一衡量，使通篇機勢瞭然於中。然後執筆揮就，自然一氣呵成。

總論八股正格

八股者，合起、中、後、束四比而言之也。四比如四時，八股如八節，乃天地間自然之道也。起比爲八股之首也，意含而未發，其象爲春。中股正疎題意，最宜□榮發洩，其象爲夏。後比則發足題旨，有成實之義，其象爲秋。東比不過□□收斂，以後更無可發，其象爲冬。然就起、中、後、東四比而言，各具前□□□□□，絶不可雷同合掌，猶夫立秋之有春分，立夏之有夏至，可□□□□□□也。若夫出題之前，復有虚股之説，止因提比下尚有要□□□□□□□之春夏之交，有中央土可也。

論破承

破承者，乃一篇斷做之小文也。破題略露其意，承題申明其説。一破一承，兩相照應。大約破貴渾融，不貴淺露；貴切實，不貴虚浮；貴簡當而該，不貴庸腐而漏。承者承其意而剖析言之也。祇因破語太簡，不明其説，故用承語反正、開合申明之耳。破與承，非有兩意也。

破有五法

一、首句先破題面，次句申出題意。一、首句先申題意，次句方點題面。一、上下二句皆破題面，或皆破題意。一、首句總冒下文，次句方扣住題面，所謂分破是也。一、題目甚長，或隔章搭截，意議不能聯屬，則以字句聯屬之，所謂對破是也。

破有五忌

一、忌界限弗清，如連上連下是也。一、忌題意有漏，如兩三句題，不能用一語以渾括之也。一、忌直寫題面，如題中有人物名色，某人某物，不能用體身而以文之也。一、忌語句觸目，謂鹵莽粗率，不能雅點題面也。一、忌嬰兒學舌，謂題如此說，破亦如此說，如講章語句，不能自出己見以破之也。

承具一篇之局

承題雖不過三四五句，然首句或用翻筆，或用推原，即前半篇作法也。轉到題面，分明即是中股。末句收繳，分明即是後股。細心讀之，其理自見。

承有五體

一、用反筆説起，謂與題之正意相反也。一、用翻筆説起，謂就題之旁意作□□□。一、用推原之法，謂尋出題中所以然處而推原寫□。一、用□□□□□□□□緊要字面而點醒之也。一、用承上冒下之法，謂有上文者□□□□□□□含是也。至其間正破反承、反破正承；或順破逆承，逆破順承，則隨其□□□□也。

承有五病

一、忌連上之病。一、忌侵下之病。一、忌説彼遺此，平頭平脚之病。若有首句先扼住本題字面，而以次句找補上文，則不連上矣。起處先照下文，結句仍收到本位，則不侵下矣。題句若多，但寫大意，便無説彼遺此之病。説訖務與破題變换，則所謂平頭平脚者又免矣。

承有字面迴避法

承有先反後正，先正後反者。大約題中字面，既從反面出過，則正處當用意以避之。若從正處出過，則反處當用意以避之，方不嫌複沓。如黄陶庵《棄甲曳兵二句》承云：「夫走則非佯北也，止則非能軍也。」二句尚是大概説。轉到本題，只用「戰者如此」四字便包括得題目，不消又用「走」與「止」字面。舉此一則，便可三反。

承上有絶不連上之訣

題脈既從上説來，則必當承上矣。然承則易連，不可不知截上之法，宜從本題説起補入上文之意，則雖承上而不連上矣。其有必不可從本題説入者，則又用點綴之法以截之，尋出題中一二字面，擒住生波。但使意連而字面不連，亦爲合式。此法不論破承、開講、通篇，總不能出其範圍。

逗下有絶不犯下之訣

有題意在下文，而必欲挑逗者，當虛含下意，用倒入題面法，説到正面，戛然而止，則全旨躍然，而絶不犯手。若於題後稍添一語，便爲犯下矣。此倒□□□□用於破而破，善用於承而承，善用於開講而開講，善用於□□□□□□□一篇而一篇善者也。

用字虛活亦不犯下

同一意也，用實則犯，用虛則不犯。同一語也，正言之則犯，大概説則不犯。同□□也，用收束之筆則犯，用呼宕之筆則不犯。同一收束也，用完全語則犯，用不了語則不犯。潛心者乃能知之。

論開講

通篇文字，皆從開講發端，振起一篇局勢，猶人身之有面目，而宫室之有門牆也。開講出色，能使通篇壯觀。主司閲文，莫先於開講。作者構思，亦莫難於開講。故考試遇合，其去取關頭皆在開講。大抵宜渾雅，不宜浮露。貴紆曲，不貴平鋪。當空靈，不當塞實。總以新緊軒爽爲第一。

開講有上生下生法

上生者，謂題有上文，當緊蒙上意脱卸而來也。下生者，謂題無上文，當暗照下文，籠罩而起也。

開講有三裝頭法

文意説起時，必須尋出波瀾，然後引到題面，所謂裝起一頭也。裝頭之頭〔二〕，不出三種：一反、一正、一側。反裝頭者，於題之反處尋出一意也。正裝頭者，於題之正處尋出一意也。側裝頭者，於題之邊傍處尋出一意也。

開講有三「如是」法

三「如是」者，謂「當如是」、「不如是」、「今如是」也。「當如是」者，從題之大概説起，虛籠題意也。「不如是」者，題之反面。「今如是」者，題之正面。三法開講可用，通篇可用。若□□恐其説完，止用一兩「如是」足矣。

開講有借字擒題法

開講若不便擒住題意，則當借題中之字明擒之。或用□□□□□□□□□本題之字冒下意，或用本題之字作波瀾，則雖未嘗説及正意，然既□□□□□面借景，則本句已在其中矣。所謂擒字不做意，做意不擒字也。

開講宜用超忽之筆

行文而無超忽之筆，庸矣。善作文者，方開口時，便如萬仞峰頭忽從平地湧出，能使閲者目眩神摇，乃爲出色。然其文固非一落筆而即有也，必其沉思研審，掃去數層尋常之語而後可也。試觀孟子之文，便可知其落筆之不苟。且如「牛山之木嘗美」，發端句也。然孟子意中初非便想到牛山也。且必因人有仁義之心，而後設喻山木；因山之有木，而後想到今此之濯濯；更因今此之濯濯，而後回思當日之嘗美也。然而題中之意至此，已到第七層矣。夫以發端之語，便想到第七層而後落筆，宜乎文章之飄宕雋永而令人十日思也。則夫未落筆時，其所以徘徊審慎者，不知若何矣。次章《無惑乎王之不智》，亦用此法。「王」字一層，王之當智一層，王之不智一層，王之所以不智又一層。王想到所以不智之故，不覺恍然大悟，而後有「無惑乎」三字也。則是甫開口而已至第五層也。他若「魚我所欲」、「矢人豈不仁於函人」等章，止此一個機□。

開講宜留餘地

開講發端固貴精湛出色，又貴含蓄不盡。若一反一正，早將題面説完，則落題後不免重起，文勢便成兩橛。欲治此病，止有三四種法：一、純從題之反面説透，於收處一句掉轉，如尤作《舊令尹之作[二]兩句》及黃作《棄甲曳兵》文是也。一、尋出題中一字作波，即引到題面，如黃作《朝於[三]下大夫言節》之文是也。一、但就通□大意立論，不過帶住題中一字以爲把握，如黃作《芸者不變四字》□□□□、《君子實玄黃于匪四句》文是也。一、通篇將發議論，開口將旁意□□□□□□□爲小講，如黃作《殛鯀於羽山》篇是也。更有一開一合體，□□□□□□□□者以所指者不過大概説，未嘗實指其事耳。

論承上文

承上而號曰「入題」，（旁批：在開講後即領題，又名「入手」。）何也？以前乎此者尚是大概説，至此方承出上文，引到題面也。文雖甚短，然上承開講，下引提比，接縫之間最宜鬭合也。若題並上文，則當領出本題之意，作一虚喝之筆。否則就本題中先出一字，亦可。

論起股

二十年前，開講自成一局，八股自成一局，故有斷而復起之病。近日此弊略少。須對提比緊接入題，只宜引起題目，不可發揮正面。其法有從上翻入者，有就本題翻入者，有虚籠下意翻入者，有取本題之字以頓住者，有預作推原引起題面者，有正提反挑、反提正挑者，有用旁意作翻而借本題之字挑剔者。大抵宜於逆而不宜於順，宜於雋而不宜於平，宜軒爽而不宜卑弱，宜簡要而不宜冗長。須令一股之勢，全神皆注在股末。

能使本題之句，隱躍欲出，乃爲妙手。

起股不得概承上文

起股有必宜承上者，有必不宜承上者，有可承可不承者，須相題用之。若上文語句，與本題語句同屬一事，上文是引起，本題是歸束，此必宜承者也。如題爲《不亦説乎》，必當承「時習」句是也。若上文語句與本題各不相照，上文是一件，本題又是一件，此必不宜承者也，如題爲《與朋友交而不信》，不必又承「爲人謀」句是也。若上文語句，與本題雖各是一件，然其間理可相通，又當隨時斟酌。□□爲節用而愛人。與上「敬」、「信」各自一意，本不必糾纏。然不能節愛，原足□□□□累，則借來作翻亦可，不借來作翻亦可也。

論虛股

虛股在起股之後，原屬可有可無之數。止因題前之意，不止一層，雖□□□□景尚不能接到本題，故又用之以作襯耳。其股法宜短不宜長，句法宜鬆不宜實。總以逼出本題爲要耳。

論出題

承上處爲咽喉之所，（旁批：指領題。）出題處爲點睛之所，結束處爲洩瀉之所。三處最宜關照，不可忽略。而於出題尤甚。其法有順出、逆出者；有全出、半出者；有錯綜變化而出者；有兩句題分作兩股，或於股頭出，或於股脚出者；又有中股不全出，留一二字與中股後出者；又有通篇皆不出，直至結句方出者。總要相機而施，不可懸定。至於嘉、隆以前，無一句出題之法。到出題處所，則用兩小股，或四小股，將題目字面，融化出之。先輩之文，無不如是。

論中股

中股爲一篇之正講，猶人之有腹、日之當正午也。較前後四股，尤當圓滿曉暢。最宜聚精會神，用深思大力以發之，而後佐以反正開合，於實處詮其理，於虚處傳其神，方成一篇之大觀。

中股宜用立柱之法

兩耳相同而各聽其聽，兩手相同而各骨其骨。然則兩比相並而可不各意其意乎？先輩爲文，每股一意，而隱藏前淺後深、前虛後實之法於中，所以爲貴。今則但靠字面裝飾，並非每股一意，安在其爲八股哉？故通篇文字，皆忌合掌，而中間二比，尤當格外留神。

中間必具起承轉合法

起承轉合，文字中隨處皆有，不獨中股，而惟中股爲易見耳。起者□□□□□者，承明其說。轉者，借上所言轉到上正面合者，會合一股□□□□□□□□□欲其鬆，承則欲其暢，轉則欲其醒，合則欲其穩。雖不必膠於定格，而□□□□□不出乎此矣。

論後股

後股單薄，非富貴福澤相也。富貴福澤之文，往往氣脈悠長，神思渾厚，決無虎頭蛇尾之態。題中正旨，中股發洩殆盡。閱者至此，方意山窮水盡。作者於此，偏要路轉峰迴，乃見心思之不竭。

後股有三不窮法

有一初學，做完中股，擱筆良久，來問於余。余曰：「無患也，當告汝以『三不窮』之説。一者用推原之法，二者用迴抱之法，三者用詐呆之法。用此三法，則不窮也。何謂推原？蓋一題必有一題所以然處，一用推原，便做所以然一層矣。縱使中間做過，而所以然處，亦非三句五句可盡。且如王守溪《有朋自遠方來》文，中間四股正面已盡，其所以然處，未嘗不講明。而後比竟用申説，口氣隨接之。是非我之有求於彼也，亦非彼之有私於我也，便能開出兩股絶妙文字，亦推原之類也。何謂迴抱？如張作《微管仲》後股，一云：『仲之不可無也，忽先知之。』一云：『仲之不可無也，糾猶賴之。』此以脚股抱上文也。又如闞若韓《修廢官》後股，一云：『官修，則權衡自此而益修。』一云：『官修，則法度自此而益修。』此以股頭抱上文也。何謂詐呆？蓋題中之義，本是了然。作者故意尋出許多話頭，設疑問難，以作挑剔，非詐呆而何？然一經詐呆，而文字已多幾行矣。細玩時藝後幅，所用『或者』、『意者』，『得毋謂』、『將毋謂』等，其妙自見。」

論束股

收繳一篇之局，則句法自貴緊嚴。總承上比之文，則思路□□□□□□□乎簡，首韻務取其調□□□□□□□□□□□□□□□□□□□□□

論結尾

作文至結尾，末矣。或收到本題，或寫出下句，斯已而已矣。然善作文者，偏要於絶不著意處，故作波瀾，使讀者但覺言有盡而意無窮，乃成傑構。

論兩扇題式

題有截然一對冠冕正大者，則於開講下劈頭做兩大比，（旁批：即兩板股。）恰戛然而止，亦正格也。《論》、《孟》中有其調矣，如「道之以政」、「譬如爲山」、「羿之教人射」、「口之於味」等是也。若韓昌黎《原毁》，則得其法而變用之者矣。

論三扇四扇題式

有以三、四句爲題者，則開講下竟作三四比便可了局。然亦當相題用之。若三句題，則三扇猶可用一樣股法。若四句題，則第三、第四比又當變一樣機局矣。三句題不但可作三扇也，（旁批：即三股。）而有用參差筆法可作三段者。亦有上二句作一對，下一句小變其説，另爲一調者。更有上二句作一對，下一句忽分兩比者，皆當相題用之。

論短比相接式

近時風氣以六股、八股爲板，多用短比相接之文。其法不拘股數，要以題前多做幾股發完題意而止，雖股法之長短初無定式，然其光竟亦有可以略言者。大抵開講以下之股法宜短不宜長，正講本題之股法宜長不宜短。做過三、四比後，其接縫處必間單句單段於其中，以爲通篇之脈絡，乃見靈動。

論散行式

散行之文不止一法，有全篇用散者，有一半用散者。若全篇用散，先□□□□篇局勢某段做某字，而後以起伏呼應之法，散□□□□□□□篇段。若一半用散，則或於對股中置單段，或於單段中置對股□□□□□□□中後仍用對股，皆篇法之處，而不失爲□者。若前半用整，後半忽用散，□□□篇法。

散行有波起波落之法

非有層巒疊嶂、高下參差，則不成其爲山。非有紆徐曲折、激盪縈迴，則不成其爲水。人之於文也亦然。静觀古人之文，投其通篇局勢，大約一波乍起，一波隨落。至三、四起落而後一篇之局勢方終。散行之文若能神明於此，則其章法之妙，必迫出尋常矣。將與題近，忽然飏開。將與題遠，又復挑動題意，或挑動題面，亦即波起波落之類矣。

校勘記

〔一〕「頭」字或爲「法」字之誤。

〔二〕「之作」，原文作「之政」。

〔三〕「於」，原作「與」。

舉業淵源

〔清〕樓灃撰

《舉業淵源》提要

《舉業淵源》一卷，清樓渢撰。

樓渢（一六八二—一七四八），字季美，浦江縣大溪人。天性篤厚，弱冠爲諸生，勵志讀書。流寓江西德化縣，郡守馮公課試，得其文，大加欣賞。縣人咸師禮之。其授徒一以存心制行爲本，讀書稽古爲用。著有《舉業淵源》、《明文分類小題貫》、《分法小題濬靈秘書》等。《浦江縣志》有傳。

《舉業淵源》首列養心、立行、看書、學古、讀本、行文等六項，收録前人論舉業之格言。然後從「理體」、「題體」、「文體」三個層面對制藝進行分類闡述。「理體」指制藝題目内容之性質，「題體」指制藝題型，「文體」則屬於制藝風格論。全書具有制藝體系建構之鮮明傾向。「題體類」部分闡述細緻，具有指導應試之實戰意味。「文體類」部分則頗具創造性，這使它與一般之制藝文法論著作區别開來。

中國國家圖書館藏有《舉業淵源》抄本兩種：一爲杏花山館藏本，僅存卷三、卷四兩册，爲明代墨卷窗稿選本；一爲民國抄本，一册，責任者題爲：清匡援輯。匡援，字劍堂，爲清末民初人。一生著述宏富。國家圖書館將其子匡聯吉所獻匡援遺書著録爲《匡劍堂先生遺稿》，《舉業淵源》即《遺稿》中之一種。該書實爲樓渢《舉業淵源》與《今文詳法》（**正文中題爲《讀今詳法》**，作者未詳。）之合抄，而其《舉業淵源》部分尚未抄録完整。樓渢《舉業淵源》一書在其生前已行於世，今未見傳本。其《明文分類小題貫》（**初刻於雍正九年**）卷首附有該書。河南大學圖書館藏有《明文分類小題貫》的乾隆四十三年增訂本。嘉慶間于光華《塾課集益》摘録了此書「文品類」一節。另，廣東省中山圖書館藏有抄本《明文分類小題貫新編》一册，題「明董其昌等撰」，佚名輯。今據雍正九年愛蓮堂刻本《明文分類小題貫新編》輯出，校點整理，以民國抄本《舉業淵源》、于光華《塾課集益》參校。

舉業淵源

浦江樓　渢季美氏撰述
受業黄正學時敏
男　紹梁元津　仝校

養心

人爲萬物之靈，靈在此心。人稟五行之秀，秀亦在此心。故人有此身，必有心田。有心田，必有心苗。有心苗，必有心花。讀書以耕之，則心田自治。積理以種之，則心苗自長。涵泳以養之，則心花自開。當心花正開時，其文機必有活潑，心思必然開拓，詞華必然炯爛。自此日積月累，造至極純極老，令人一字不可增減移易，方是結果成就田地。

諸葛武侯曰：「才須學也，學須静也。」夫武侯所謂才，固不專指乎文章。然立德、立功、立言，事雖殊途，理歸一致。試觀古今来傳世不朽之文，何一不從學問而得？古今来經經緯史之學，何一不從沈静而来？然試問人心何以不静？曰：「欲累之也。」欲不淡則心不清，心不清則理不現。孟子曰：「養心莫善於寡欲。」

朱子曰：「心於未遇事能〔一〕静，至〔二〕臨事方用，便有氣力。」此是不可不静之故。又曰：「動時循理，則静時始能静〔三〕。」此是所以能静之由。

武叔卿曰：「文者，心之精也，而神所爲也。神有清濁，則文有純雜。神有静躁，則文有麄細〔四〕。神有昏明，則文有顯晦。有諸内必形諸外。若表影相符，未有或爽者也。故修文之士，先務凝神。神完則精固，精固則氣充，氣充則志强。天下事無不可爲者，況區區文字乎！」

董玄宰曰：「讀書要養精神。人一身只靠精神幹事，精神不旺，昏沉到老。只是這箇人，故要養起精神。戒浩飲，浩飲傷神。戒貪色，貪色滅神。戒厚味，厚味昏神。戒飽食，飽食悶神。戒多動，多動亂神。戒多言，多言損神。戒多憂，多憂鬱神。戒多思，多思撓神。戒久睡，久睡倦神。戒久讀，久讀苦神。人若調養得精神完固，不怕文字無鮮悟，無神氣。自是矢口動人，此是舉業最上乘。」

武叔卿曰：「石韞玉而山煇，水懷珠而澤〔五〕媚。文字淺俗，皆因蘊藉不深。蘊藉不深，皆因涵養未到。涵養之文，氣味自然深厚，手筆自然明朗。理有餘趣，神有餘閒。詞盡而意不窮，音絶而韻未已，所謂淵然之光，蒼然之色者是也。程明道謂：『子長著作，微情妙旨寄之華墨〔六〕蹊徑之外。此無他，惟其涵養到，藴藉深，故其情致疎遠若此。』

立行

孔子曰：「有德者，必有言。」言，心之聲也。德，得也，行道而有得於心也。人以體諸身者存諸心，又以存諸心者見諸文，則其所爲文者，皆素行，皆實德也。夫何患其不精之有？無何世之學爲文者，視聖賢過高，視己過卑。於是一題到手，不遑厥私心，妄爲揣度，便倚着時文，謬爲附會。夫作文而至於揣度附會，豈能於題神有合也哉？吾本有一捷徑於此，可以聖賢之言爲我之言，亦可以我之言爲聖賢之言。無他，學爲聖賢而已矣。擇師訪友，誦法古人。心，聖賢之心；行，聖賢之行。下而在田，則以聖賢之德爲德；上而在天，則以聖賢之功爲功。不潛不見，而躍於淵，則以聖賢之德與功，而發之爲言。如是則身之所行皆文章，筆之所書皆實行。即聖賢復起，亦當許我。又何必以揣度附會之文，僥倖功名於萬一也哉！

夫文章之不精，由於品行之不立。品行之不立，由於心術之不純。而心術之所以不純者，夫豈無故而然哉？其必有所以中之也。今夫天之生人，既賦以耳、目、口、鼻、四肢之形，雖上智，豈能無人心？惟是古之聖賢爲能以性制情，是故心術純，品行立。以之立功，則勳業著於當時；以之立言，則文章顯於後世。若今之人則不然，耳好聲，心即從之而好聲；目好色，心即從之而好色；口好味，鼻好臭，四肢好安佚，心即從之而好味、好臭、好安佚。好之而思得之，安能不汲汲於富貴？好之而不能得之，安能不戚戚於貧賤？夫如是，則心日紛。心日紛，則行日壞。行既壞，則其文又安能脗合於聖賢也？是故君子之爲學也，必有不貪富貴，不厭貧賤之志，而人品乃立。亦必有不貪富貴，不厭貧賤之志，而文品乃成。

學者立身士林，非甚不肖，亦必有志聖賢。然學問之途，岐之中又有岐焉，擇術不可以不慎。夫道統間，自唐虞三代相沿，孔子已集其成矣，無何而有楊墨亂之。楊墨之學，孟子力爲闢之矣，無何而佛老又亂之。佛老之學，朱子力爲闢之矣，無何而又有陽儒陰釋之學以亂之。學者欲學爲人，必以孔子爲宗。欲學孔子，必從朱子而始。今者

《朱子全書》，其在理學之淵源，亦即文章之秘鑰也。學者盍取而叅之？

看書

天之生人，本無聖凡之異。聖賢之心，即我心也。我之心，即聖賢之心也。惟聖賢先得我心，故先我立言。則聖賢説出的話，揔是我自己説出的話。學者果能如此設想，書理自然明白。此是看書第一法。次之則設身處地，将曰：書許多話頭，一一就自己身上體貼。體貼既到，又何必再看注解？然由此而再看注解，固沛然若决江河矣。朱子云：「凡看文字，熟讀精思。久之，於正文邊自有細字注解露出来。此方是自家得力處。只於外面注解上尋影子話，終不濟事。」此言讀書者，不可先看注解也。又曰：「讀書須是将本文熟讀，字字咀嚼，令有味。理會不得處，自宜深思。思之不得，然後将注脚看，始有益。如人飢而後食，渴而後飲，方有味。不飢不渴而强飲食之，甚無味也。」此言讀書者必先自爲深思，然後可看注解也。

看書如遇長章，要得大頭腦。大頭腦既得，方分出段落節次来。看段落節次既分，方好逐句細看。逐句細看時，不可徒看他實字，須要理會他虛字。如此看得分曉時，然後通融前後，一氣看之。看他重在何處，輕在何處，脈絡貫通在何處，口氣呼應在何處。如此看得久慣，不但書理明白，即行文之法，亦瞭然矣。

古人曾云：「好古能文。」人未有不好古而自然能文者。又云：「好學深思。」人未有不深思而可言好學者。

人之讀書，早悟早通，遲悟遲通，不悟不通。既讀書矣，而仍然不通，何如不讀？人之看書，小疑小悟，大疑大悟，不疑不悟。既看書矣，而仍然不悟，何如不看？

一句書若看得八面玲瓏，作文亦八面玲瓏。一句書若看得上下貫徹，作文亦上下貫徹。是以董思翁嘗云：「看書是大半工夫。」

朱子曰：「讀書之法須要熟讀，熟讀之後又當正看、背看、左看、右看。看得是了，不可便説是，更須反覆玩味。」

朱子曰：「讀書有疑者，須看到無疑。無疑者，須看到有疑。有疑者看到無疑，其益猶淺。無疑者看到有疑，其學更進。」

陸象山曰：「大抵讀書訓詁既通之後，但徐心讀之，不必强探力索。如有未通曉處，姑闕之無言。且就明白昭晰者日加涵泳，則自然日充日明。後日本原深厚，則向来未曉者，得亦涣然冰釋矣。」

朱子曰：「某自二十時看道理，便要看到那裡面精微處。嘗看《上蔡語録》，其初将紅筆抹出，後又用藍筆抹出，後又用黄筆抹出。三番之後，更用墨筆抹出。其精微處，自然瞞我不住，漸漸顯露出未〔七〕。」

先儒曰：「善讀書者，讀萬卷書，無一字在胸中。不善讀書者，讀萬卷書，亦無一字在胸中。」

學古

積事生理，積理生氣，積氣生文。

不讀先輩，不知時文之高下。不讀古文，不知先輩之高下。不讀五經，不知古文之高下。

源之遠者，流必長。古書，文字之源也。多讀古書，則一題到手，或原或反，或正或推，發一巧思，即有一絶巧之理以副之。措一妙筆，即有一絶妙之理以副之。不然，則腹笥寒倹，揔有巧思妙筆説来，皆成杜針矣。

古書不可不讀，何以見之？諸虎男曰：「人盡知文章多讀不如多做，然每畏而不爲者，何哉？學無根柢，識不高遠，不能置身題上。一題到手，無處非難，安得不畏。其弊在幼時無人指點，未曾多讀正經書史及佳美古文耳。若曾多讀，而又得父師良友指點，則書中義理與作文法度了然於心，握筆搆思自有確然見解、天然議論出於心手，何至苦難畏憚而不爲哉？」

古書不可不熟讀。唐翼脩曰：「朱子言：『今人讀書，只要去看明日弋〔八〕讀的，不曾去紬繹前日已讀的。』又曰：『今人讀書，未看到這裡，心裡已想後面。未曾有所得，便置捨去了。』朱子此言雖爲讀經史者規戒，然已確中少年讀文弊病。但此弊病其来有由。内無家學，外無師傅，雖讀過《四書》本經，尚未講解明晰。此外所讀者，非腐爛不堪之時藝，即粗豪怪誕之假高文，其諸經、《通鑑》、古文，全未之見。縱讀古文數篇，亦不過是坊間所刻，或寄於坊間所賞〔九〕十數種古文而已。其中所載佳篇甚少，而又皆删頭截脚者也。所讀止於如此，故腹中空疎，全無所有。於是未讀了此篇，又想他篇。若曾讀得好書佳文，而又得父兄師友指點，則玩索有味，自然不肯舍置，又安肯汶汶馳騖於未讀而反忽畧夫現在當務之功哉？」

古書不可不多讀。唐翼脩曰：「從古未有止讀《四書》、《一〔一〇〕經》之賢士，亦未有止讀《四書》、《一經》之名臣。故欲知天下之事理，識古今之典故，欲作經世名文，欲爲國家建大功業，則諸子中有不可不閱之書，諸語録中有不可不閱之書，典制誌記中有不可不閱之書，九流雜枝〔一一〕中有不可不閱之書。即如制義，小枝耳，歸震川、唐荊川、金正希輩，皆讀許多書而後能作此可傳之制義也。雖然，此數項中，書甚煩多，其當門〔一二〕者，豈淺學所能自知哉？非請教於高明不辨也。」

古書不可亂讀。唐翼修曰：「有當讀之書，有當熟讀之書，有當看之書，有當再三細看之書，有必當倫以資查巧之書。書既有正有間，而《五〔一三〕經》之中，有精麄高下，有急需不急需之異，故有五等分別也。學者苟不分別當讀者何書，當熟讀者何書，當看者何書，當細看者何書，則工〔一四〕夫緩急先後俱誤矣。至於當倫攷究之書，苟不倫之，無以查考，學問知識，何從而長哉？」

讀本

《易》曰：「方以類聚，物以羣分。」葢言萬物之各有其類也。即今詩賦家亦各有類書，誠以理分其類，則取材易而收功捷也。然吾謂文章宜分類，不特詩賦如是，制義亦然。習舉業者，必須分出門類，然後可以專意加功。其類維何？一曰理體，二曰題體，三曰文體。道理所以擴其見識，題體所以分其位置，文品所以辨其家數。然三者之類，雖皆不可不備，而需用有緩急之分，用功有乘除之異。何謂需用有緩急？蓋人當少年，見識未充，須先窮理體。及見識已充，又恐不知位置，故須辨題體。及位置得宜，又恐不能成家，故須辨文體。何謂用功有乘除？蓋始備理體，固以理體分類。然窮理之餘，必須預分題體，庶可爲後来開筆行文之地。繼備題體，固以題體分類。然審題之後，必須預辨文體，庶可爲後来揣摹摩倣之基。揔之，知題體而不知理體，雖明於位置而苦於無所發揮；知理體而不知題體，雖見識已充，而苦於一籌莫展；知理體、題體而不知文體，雖理法粗穩，文品未成，終不足以爲榮世壽世之品。

唐翼修曰：「士人讀文，宜分其義類，揀必需之題各讀數篇。不然，將閒雜之題多讀，不能割爱，其必需之題反多遺缺，其此弊最大。何也？辟如吴綾蜀綺，非不甚佳，然有以備服飾之需即足矣。設爱博而多購之，十倍其數，則財力有限，必需之物反致缺少，害可言乎？故余將題分類，欲學者於必需之題，畧讀數藝，則學充識廣，有所取資。

重疊之文，自可以不多讀也。」

學古謂之尋芳，趨時者謂之逐臭。

售時者未必盡是先輩，讀先輩者何嘗不可以售時。

「文章自古無憑據」，此是最鄙陋語。蓋無憑據者，不過俗眼之從違耳。至於理之是非可否，乃古今一轍耳，烏得云「無憑據」哉？

道理無分於古今，先輩何分於後先。古人而不通，則亦後之而已矣。今人而盡善，則亦先之而已矣。

制義一道，雖推明文，然先輩中有純粹之先輩，又有狂放之先輩。有必發之先輩，又有幸遇之先輩。有刮垢摩光、志在必傳之先輩，又有功名成就、苟安一時之先輩。苟以爲先輩而遂以爲盡善無弊，則彼之佳處未得，而彼之疵處先來矣。是故讀先輩者，大疵則舍之，大醇則取之，大醇小疵必改之，而後讀之。

孔子曰：「辭達而已矣。」孟子曰：「言近而指遠者，善言也。」先輩之佳者，必近於時文。時文之佳者，必近於先輩。是故先輩與時文，人每分觀之，而吾一視之。

孔子曰：「不知言無以知人也。」文之於人，其猶形之於影乎？於醇厚是以見其仁，於周密足以見其智，於斷制足以見其才，於發凝足以見其學，於君臣父子之事流連感嘆，足以見其性。

理之所到，皆是文章。聞見辭華，皆糟粕也。務記誦者心勞而日拙，務窮理者心逸而日休。

選讀時文，須擇其有學識者讀之。如專讀有姿性之文，雖亦輕利動人，然終不能到古大家田地。

古之所謂妙手空群者，非以不用詞語爲空也，正謂其見理真切，隨手寫来，毫無浮詞牽掛耳。

文之奇秀在虛字，不在實字；在語妙，不在語句。

作文貴先有成局〔一五〕，此論本領，非論局陣也。如局陣〔一六〕有成局〔一七〕，即如印板一般，令人一望而厭矣。故先輩作文，並是相題立意，移步換形，是以文成而法立。

曾聞名人有云：「凡作文，必須究其所從來，而推之以至於所終極。」此立〔一八〕誠可謂初學津梁，然非所語於上達之神妙也。金聖嘆云：「善用筆者，心之所不得至，筆已至焉；筆之所不得至，心已至焉；筆所已至，心遂不必至焉；心所已至，筆遂不必至焉。」斯言至矣！盡矣！學者熟讀此集，當自得之。

凡欲揣摩某家文字，必須將某家文字日日涵泳，日日玩索。久之，自然合同而化。及至題目到手，須將平日所讀文字置之度外，專取本題真正神理發揮，其氣味自然與某家文字相合，不得以平日所讀之文律之。

行文

文章書禮〔一九〕，皆貴因〔二〇〕乎自然。自然則千變萬化而不可勝窮。

行文有四法：一曰篇法，二曰股法，三曰句法，四曰字法。四者俱不可忽，要之以篇法爲主。

辭從意出，意從局出，局從題出。凡作文者，未相題，莫立局；未立局，莫用意；未用意，莫使辭。

文有妙想，非筆不足以達之。文有妙筆，非調不足以諧之。惟善養氣者，惟能兩臻其妙。

儒家所謂設身處地，即釋家所謂現身説法也。作文者果能現身説法，則聖賢奸佞口吻，無不相相欲活矣。

吴因之曰：「文章貴議論，不貴鋪排。貴抄其所以然，不貴贅其所當然。當然者，傳其形。所以然者，傳其神。鋪排者，銖積寸累而無功。議論者，提綱挈領而了朗。」

沈虹合曰：「文章硬澁，只是不熟。不熟由於不多做。做多則其間利病，不必待人指摘，自能見之。東坡云：『新詩如弾丸。』蓋言閒〔二一〕熟也。」

夫作文者，字欲其響，句欲其潔，筆欲其健，韻欲其悠，氣欲其壯，意欲其精，理欲其細，神欲其閒。

朱老之相石也，要秀，要皺，要瘦，要逗。余謂作文亦須如此。蓋文不秀必失之笨，不皺必失之平，不瘦必失之癡，不逗必失之浮也。

學者行文，毋論聞見多寡，當落筆時，必須盡置度外，獨将本題真正神理細加摹倣，細加搜求，自然有一種出色處。

作文能依題神以立局，便有官止神行之妙。

文章處處有結束，則神力完固。處處有轉折，則變化不窮。長篇多結束，則文長而局愈緊。短篇多轉折，則文短而氣彌長。董玄宰曰：「文章要知取舍，衆人啬者吾獨疎之，衆人巧者吾獨拙之，衆人華者吾獨樸之。」又曰：「取人所未用之辭，捨人所已用之詞；取人所未談之理，捨人所已談之理；取人所未布之格，捨人所已布之格。取其新，捨其舊，不廢辭，却不用陳詞。不越理，却不用皮膚理。不異格，却不用卑瑣格。得此思過半矣。」

張洪陽曰：「行文知所忌，則文自工。忌俗，忌粗，忌庸，忌泛，忌弱，忌冗，忌生，忌空，忌疎，忌促，忌險，忌滯，忌板，忌晦，忌混，忌淡，忌顛倒，忌斷絶，忌幽琢，忌詭，忌啞，忌贅，忌澁，忌杜撰，忌套，忌合掌，忌疊床架屋。」

袁了凡曰：「股中立柱，得一忌：沉腐。如窮達常變之類，一見令人可憎。第二貴如題，講聖人題，用不得明健作柱。講三代以後題，用不得主猷帝載作柱。餘如細題用不得俗柱。倣此推之。」

陸稼書曰：「用字用句必有根據，非《六經》、《語》、《孟》及經周、程、朱、張論定之語，不可輕用。然用《六經》字句，亦須避其古奥者。用周、程、朱、張字句，又須避其通俗者。又有語出《六經》，今人所習用而當戒者，如刑於、貽厥、媚兹、念典、物恒、居諸之類，将古人成語恣意割裂爲歇後、爲射覆，不成文理，亦大雅所不取。」

舉業淵源理體類

性情　學問　言行　倫記　理致　經濟　典制　處境

處事　名譽　交遊　道統　教學　論古　觀人　出處

周流　仕宦　隐逸　遊説　理數　君德　臣道　政事

教化　用人　好賢　交鄰　兵戎　農務　禮儀　音樂

國勢　民風　感應　治亂　賓客　死喪　祭祀　朝聘

制度　鄉黨　異端　技藝　傷感　憤激　世情　情景

物理　諧謔　天時　地利　服物　宮室　飲食　器用

天下之理紛紜變化，何可勝窮！泛然讀之，則題之間雜者，反有贏餘。題之緊要者，反致欠缺。一旦入塲考試，遇贏餘者，或可驅遣自如。遇欠缺者，縱然後〔二二〕索枯腸，何堪入目？此皆由平日讀文不能分類故也。所以教小子者，必須分出門類。何題最難，何題最易，何題緊要，何題閒冷，令他一目瞭然。然後循序加功，自無多寡不勻之患。但小子讀本，係一身功名學問所關。爲父兄者，能自選則自選，如不能則必須虔請高明長者，博採而慎擇之。所選文字，大抵要整飭無變亂，踈暢無沉悶，要精實無空踈，要生新無陳腐。題之要緊而難者，多讀幾篇可也。題之閒冷而易者，少讀幾篇亦可。約讀佳文三百篇，便已足用。蓋凡人家少年子弟，雖極頴悟，不無空踈之病。父師於此，須先以道理一類教之。而道理一類又必擇其聰明有趣之文教之，庶幾可以助其興會，曠其見識。然少年心性易於游移，每日早晨必須背文。背畢必須覆講三四句，覆講之後又須默本文難字數十箇。如覆不来，默不出，不妨以薄責示警。如此教法，日積月累，文與字必有會心之益。且爲父師者，亦必須勿忘勿助。俟他心下文機勃勃，方可教他做破承，做起講。破承起講做得虛字妥當，轉折分明，方好教他做文字。且父師要子弟開筆前，此又必先教之以題體。若前此不先教以題體而驟然使之開筆，則一題到手，茫然無措。雖望其速成，反入於不通矣。如之何其可哉！如之何其可哉！

舉業淵源題體類

単題

単題語氣完全，道理充足。故從来爲父師者，皆以此爲易作。凡小子入門，必先令作単題。殊不知圓渾嚴密之中，道理之表裏精粗，源流本末，無所不脩。非心思尖利者，不能分拆題字，安排先後。非心思周到者，不能剌入題局，刻畫玲瓏。非學問深遠者，不能於清晰中含敦厚篤實之思。非見識高超者，不能於切實中行挫頓起伏之勢。此所以古今来人人執筆，而窺其堂奥者絶少。乃世間更有一種純[二三]根傖父，半死冬烘，每逢単題到手，不知先後次第，即以六股八股了之。不特此也，即截上截下題、相因滚作題、過脈結上題，亦緊以六股八股應之。彼固以爲吾得此一局，凡各種題不問虚實，可以一網打盡。而不知欲蓋彌張，識者於此固已如見肺肝矣。今特取《一隅集》凡例正之。陸稼書先生《一隅集》凡例云：「科舉之文，謂之八股。此特爲両截題言之耳。題有両截，非上下各自發明，則題意不出。然欲發題意，非虚實並發，則題意亦不出。故先輩於両截題，必将上截發四股，両虚両實；此所以有八股之名也。両截之外如一句〔二四〕，亦有分〔二五〕八股者矣。由虚漸實，所謂『一滾做〔二六〕』是也。亦有發六股者矣。題意已透，不多贅也。至於二扇、三扇之題〔二七〕，則用二扇、三扇之格；全章通節之題，則用随題挨講之格，固不拘於八股。但八股者多，不八股者少，此所以統謂之八股。若今所謂八股者，則異是。先輩之八股，皆所發題之以〔二八〕正面。至或前有題綴〔二九〕，後有結束，則不在八股之内。今人一起講便將題之正面説盡，則先輩之八股已盡於此，不必更做矣。此一謬也。起講之下，有所謂起股者，或承上敷衍，是先輩所謂開講也。而可等〔三〇〕入八股之内乎？或将全題虚演一番，則又與其前之起講重叠，則又一謬也。起股之下，則将全題直出。夫一篇文字皆所以體貼此題目，豈可将題目渾淪先點乎？是題自題，文自文也。惟論體有此，豈可以此作經義也？此又一謬也。出題之後乃有所謂中股者，将題之正面敷演一番。葢先輩所謂八股者，今人惟此二股足以當之。而又或遽呼下文，或夹入旁意，則並先輩之結束咏歎亦攙入之矣。此又一謬也。中股之後有所謂後股者，别起巒峯，另生意見，佳者則是先輩之結束咏歎，粗者則野話而已，而可以當八股之數乎？此又一謬也。如此而遂已，則止六股。或再强加二股，非氣不相接，則意涉重複。以此而足八股，豈不更謬？故愚嘗謂先輩八股之亡乆矣。今人之文，但可謂『四橛』而不可以謂之『八股』。起講一橛也，起股一橛也，中股一橛也，後股又一橛也。八股之文，譬如畫人，首自首，足自足，各從其位，不相混也。四橛之文，如聚手足於一處，顛倒重複，不知其爲何物矣。八股之文如一身之氣脈周流貫通，四橛之文則頭目之氣不貫於手足，手足之氣不貫於心腹。夫文所以明理也，文體正然後理可明。今之文決裂如此，而欲以發揮聖賢之理難矣。」陸先生之鄙薄四橛如此，四橛之見鄙於先生又如此。習舉業者，可不知所從事哉？〇《今文商》云：「单題諸體皆備，其中亦有一滚，有兩截，有挨講，有逆提，有段落。今以其法推之，如《是禮也》、《又聞君子之遠其子也》，是一滚做法。《君子篤恭而天下平》是兩截做法。《鄭聲淫》先有鄭聲，而後有淫字，是挨講做法。《一匡天下》須先説天下不正，然後可落『一匡』，是逆提做法。至若《舜有臣五人一句》題中藏段落，其作法亦與長段落題彷彿。是故单題者，諸題之根柢也。能上[32]此，則諸題皆可旁通矣。然吾謂单題位置固須如此，而其中脈理又有不可概視者。或則禿頭説起，上無来脈，只消就題布局。或則上有来脈，下有去路，必須步步照顧。或則各有頭項，雖有上文，不必照應。或則從上落下，只消一顧，不必再理。或則語有神氣，必須曲爲體認，不可一味靠題呆發。蓋即单題一種，便已阡陌紛紜如此，奈之何徒以八股、六股該之也？」郭青螺曰：「单題前貴不突，後貴不竭，如溪壑之水，漸入江淮。江淮之水，漸入河海。其中瀲豔滔騰疊見疊出，始稱奇觀。若突然起，突然涸，便不佳矣」。○又曰：「单題虚字最重，如《臣事君以忠》，『事』字、『以』字重。《惟天下至誠爲能化》，『惟』字、『爲能』字重。《自誠明謂之性》，『自』字、『謂之』字重。餘倣此。」○盧孝徵曰：「袁了凡謂文有推原法，有游衍法，有襯貼法，有涵泳法，有繳足法，有進步法，俱是行文秘奥，而於单題尤爲金針之度。不觧此法，一両句将題目説完，以下便難措手，不是篇法架叠，即是股法重複矣。」○袁了凡曰：「凡股中用意，以一意到底爲妙。若用両意，便雜。」盧孝徵曰：「凡单題之義，有當然一層，有所以然一層。作文者貴抉其所以然，不貴抉其所當然。蓋以當然者皆是題中皮毛，所以然者方是題中精神也。」○又云：「单題中有反説題，小講須正起；有正説題，小講須反起。以後便當如題行文，不得正題反做，反題正做也。」○又云：「凡以順綱題之目命作单題，宜處處注意綱中要字。以倒綱之目命作单題，宜處處着眼下文綱意。如以段落題之首句命作单題，須留下文地步，使人知道下文還有。若以段落題之次句、餘句命作单題，開口便要使人知道是次句、餘句。此數語俱要按題切脈，學者知此，自不至泛溢題位矣。」〇愚按此单題作法，千變萬化，不可勝窮，揔要以全篇爲起承轉合，方有一篇如一股之妙。

虚冒題

如《君子有九思》虚冒題，及《舜其大知也與》等題，皆是。此與截下不同。葢截下題勢如駿馬下坂，難以中止，故以截下爲名。若虚冒則神閑氣静，只是冒下，並非趨下，故非截下可比。唐翼修曰：「題有虚題，有假實題，有虚冒題，如《人之過也》、《或告寡人》等題，人皆知其虚矣。若《勿自欺也》、《我知言，我善養吾浩然之氣》之類，似乎極實，宜於實做，而不知其正義俱在下文，畧不照顧，便見侵犯。至於虚冒題，又與前項不同。全章全節之意，已於本句冒起。葢必有下文之意在先，而後有此句。作此等題，貴於虚能映下，實不犯下，方稱高手。」

截上題

截上題不論語句多寡，揔之有根在上者，皆謂之「截上」。然何以謂之「截上」者？

是言其題也，而非言其文也。拈此者要割上，又要粘上。蓋不割上則牽連上文，其病也，有題理而無題位。不粘上則抛荒上文，其病也，有題位而無題理。惟是鎔鑄上文，貫入本句，從本位倒入，不從上文順入，則題位題理而得之矣。至於股股倒入，股法易複。又有變通之法在，曰：或反從本位入，或正從本位入，則重複之患免矣。〇此一則意本黄氏、盧氏。

截下題

截下題，凡截去下文而單出上半者皆是。此等題意思俱在下文，作者須截下，又須吸下。凌文起曰：「題半面而文兩露全神，是失題面也。題半面而文不俱全神，是失題意也。以全者運意，以半者運筆，如人之五官百骸，運一體而全神一之，斯極虚題之妙矣。」〇愚按，截下題有虚有實，實者尚有實意發揮，虚者須就其題字之死活以分出層次之先後，死字先出，活字後出，最死者最要先出，最活者最後出。或二層，或三層，或四層、五層，題位雖虚而峯巒偏自簇起，方是文家異觀。若虚者無實義可發，無層次可分，作者於此不可張皇失措，須是融會下文，自出議論。於題前空際多作騰挪之筆，使之盡態極妍，然後收住題位。自来虚題不一，作虚題之法亦不一。揔之，前幅要步步放開，後幅要步步收攏。處處要截住下文，又處處要令下文可接，方是妙品。不然，當截而不能截，則拙矣。當吸而不能吸，則滯矣。要吸而恐其截，一路强作呼喝，抑又陋矣，豈是先民截下之法？○汪武曹曰：「截下題須於題前取勢，逆籠下意，一入題之正位，急宜扣住。若順添一語，即犯下文。不特此也，即題前虚籠下意，亦須用側面、對面、反筆、襯筆，始無弊。若用一順筆，便犯下矣。」顧有常曰：「截下題既説明題之正面，此下若用順接、正接，則易侵下。須用逆接、反接法，乃無弊。」○唐翼修曰：「反接、逆接之外，當用古人往事及經史作襯，亦可免侵下之病。」○盧孝徵曰：「凡題有神氣，有陪位，截下題亦然。作者處處逆取下文之意，縮到本題，雖做本題，而於下文已得即離隐躍之妙，是謂有神氣。下文之意已明明透起矣，及歸題處却仍還本題虚步，絶不侵占下文，是謂有部位。要之，此題大約有要字者居多，其要字正與下文緊對，處處扼定要字，以作頓宕，則下文意自不擊而動，不吸而起矣。」○截下題雖若與截上對待，然截上頗易，而截下甚難，故必畧於彼而詳於此。

截上下題

截上下題云何？謂題有上下文，就中拈出一句也。此等題上下文俱有意思，作者上須找上而不可連上，下須吸下而不可侵下。能找上，能吸下，則本題脈理得矣。不連上，不侵下，則本題界限清矣。如此方稱截上下題能手。

人名題

人名題，或欲序其事而先稱其名，或欲與之言而先呼其名。一題只一名字，可謂枯窘之甚矣。作者必須融會下文立論，而又多設巧思以襯之，方無寥落之病。

詠物題

詠物題如《鼉鼍》、《蛟龍》、《雞鳴狗吠》等題皆是。此等皆因設論事理而發，不可言比，亦不可言興。作者須注定題旨發揮，方覺語語空靈，筆筆跳脱。不然，雖雕繢繁革，只成窩爛而已，豈能使人擊節？

枯窘題

人名題猶有事實可稽，詠物題猶有物理可發，雖似〔三二〕枯窘而實非枯窘也。至若《出門》、《任廡〔三三〕》、《湯九尺》及《城門之軌》等題，既無事實可稽，又無意義可發；題位既虚，題徑又窄，是非枯窘而何？盧孝徵曰：「枯窘題雖難動筆，然有題即有文，必無束手坐困之理。作者須理清来路去踪，以爲行文之的，然後定局行文，或寫題情，或寫題景，或於題之前後左右擊射，或於題之反正異同培〔三四〕襯，義〔三五〕或於題之字義咀味，題之面目碎折。大要將筆致放開，將題旨包住，則觸靈通不支不溢矣。」

鄙俚題

盧孝徵曰：「鄙俚題語粗而事俗，作者自當出之以細膩，澤之以風雅。然亦須體認立言本旨，將題之来踪去路一一理清，方不致抛荒語脈。至於用引典故，又恐餖飣雜湊，堆垛不化，學者當此又貴乎讀古能化〔三六〕矣。」〇周安士曰：「題之俚俗處往往在實字，不在虚字。從實字描寫，則俗矣；從虚處摇曳，則雅矣。如《食不厭精二句》題文，若從『不厭』二字搆思，則筆致自健，文能靈運，又何不雅之有？」

游戲題

游戲之題本可供人談笑，若以莊語出之，反與題情不合，故有此題，即須有此文以副之。學者默其才思有餘，則吟風弄月之下，借此以供其揮洒，未嘗非養心之一助也。但此等題文易涉纖巧，學者誠能取法於先輩，即喜怒笑駡，亦自無傷大雅矣。

相因題

相因題者，下半截之意即從上半截生出，所謂「一爲根下便爲枝」也。如《孝慈則忠》、《上好禮則民易使也》等題皆是。盧孝徵曰：「此等題大約起須應逆入作勢，前半一直説下，後半自下逆上，或順或逆，錯綜變换，乃不板滯。然終歸重上半截，乃見根柢，乃扼要領。若跧蹄所謂起處，根柢宜竝提者，亦有一等題可用此。然必持此以爲定式，而篇篇用之，竊恐未是。」

滚作題

滚作題，題雖両句，而氣脈緊緊相連，凑来只得此句。拈此者只當一句題看去，處處合説，方得題神。或曰：「股股合説到底，豈不患其架疊耶？」曰：「善作文者，自有反正、淺深、順逆、賔主之法在，又何患其架疊也？」盧孝徵曰：「亦有從第二句倒入、以下用滚作者，亦有起下二比二句界分、以下用滚作者，作者須相題爲之。」

両截題

両截題體亦不一，有一語而以口氣虚實分両截者，《君子人與両句》題是也；有一意而以道理虚實分両截者，《宗廟之禮両句》題是也；有以意義淺深分両截者，《不能死又相之二句》題是也；有以上下相反分両截者，《天地之大人猶有所憾二句》題是也。如上截重則重發上截，下截重則重發下截，上下截俱重則上截両虚両實發四比，下截両虚両實發四比。揔之上要起下，下要抱上，題雖両截，而文却一氣相生，方見運題之妙。〇此題之格有上下各做二股，而中作二股，即以收上起下者；有上截做二股，股脚即抱下截，次發下截両股，而股脚仍抱上截者；有上下両截各做二比，而前作一段，逆提下截，中作一段膠連上下〔三七〕，末作一段，迴合上截者。此皆互相顧盼，截而能聯者也。自比〔三八〕以外，神而明之，存乎其人而已。

過脉題

過脉題如《知及之二句》、《七十者衣帛食肉二句》題皆是。近見有人以「固國不以山谿之險」爲過脉者，非是。此等題覆理上文，正欲引起下文，作者着不得一星力氣，故盧孝徵曰：「凡題皆可先反，惟過脉題不可先反。蓋一先反，則已占在上文之前，將正寫亦在上文中矣。法在小講之中，先取題神，然後倒找上文。小講之下緊貼本位，作冀幸語，頓宕以畜勢，然後拍題本位，還他複裡現成口氣。且拍題本位處，再作追憶語，以爲題之縱筆，則文勢不板，而用語亦不混入上文中裡去矣。若恐犯四橛之病，則亦須小講從上文味嘆而下，隨接入本題，作冀幸語云云。」〇陳法子曰：「凡過脉題，其字面皆上文説過，故當在題前翻弄以作勢，不得複實發正面，正面止可咯〔三九〕加描寫。即其描寫處，亦當在現成上説，方與上文有别。」〇唐翼修曰：「此等題面逼窄，與割截題不甚異，亦須從題前翻折而入，又須用對描、旁襯諸法佐助之，始得境界寛舒也。」

結上題

盧孝徵曰：「合一章之意而以一語收束之，通一節之意而以一語收束之，皆結上題也。與截上之割半句者不同，其法在融鑄上文全旨，入之題中。其收一節者，則鎔鑄一節。其收通章者，則鎔鑄通章。亦有收一節而兼收通章者，則前半鎔鑄一節正義，後半鎔鑄通章全旨。然亦必於小講下現出結上字面文義。不然，則是合上文搃作矣。至其中又有順題逆做，逆題順做，急題緩做之不同。緩題急做，此類難以悉傳，熟於他法，於此自然有得。」〇唐翼修曰：「結上題，題首虚字有順疏、逆疏、兼順逆疏三法。如借勢将題首虚字點煞講下，又将題首虚字見於股首，順題面發揮者，此順疏法也。如前幅只發題之寔字，将題首虚字煞於股尾後者，此逆疏法也。又如通篇皆逆疏，惟不借勢，先見其虚字。題首虚字既順見於前，又倒煞於後，此即是兼順逆疏法也。其餘如《君子未有不如此》題，其順疏逆疏之法，則亦與正結者無異。但要還他反面語氣，方不失題之神理也。」〇盧孝徵曰：「結上題之所以異於截上者，截上題中字皆本題所自具，特其根株实在上文。結上題中字多上文所已見，特其眼目却在本題。而且截上題倒入上文處，多宜用着力語結上題。鎔鑄上文處，惟當以現成口吻完之，此其所以異於截上題也。」

上偏下全題

下截兼領數項，而上截但只出一條，則未〔四〇〕題所出者是主矣。本題所出者爲主，則上文所不出者賓矣。撇却上文，既非下截兼領之意混入上文，又非上截偏舉之體，故必處處將上文結入首句，以爲下截兼領之地，則賓主既極分明，落下自無痕迹，庶乎上偏下全之法，可以無憾。○周安士曰：「如《友多聞益矣》題，枯〔四一〕『多聞』，亦要不放過『直』、『諒』說，方能爲下句作勢，發『益矣』句，『直』、『諒』雖宜並發，然又要倒重『多聞』一邊，此定法也。」

上全下偏題

上全下偏題，論者皆以爲與割截題無異，此大謬也。蓋搭題有情無情，隨意併搭，此則上下一氣，不同者一；搭題過渡須用巧思，此則揔冒側落，不須弄巧，不同者二；搭題前吊後挽，必不可改，此則後可以挽上，而上必不可以挈下，不同者三。有此三不同而尚以爲與搭題無異，其悮人亦已甚矣。但此等題，上截有不可不重發者，有宜畧發幾句急入下截者，有以下截爲主全然不發上截者，試舉一二言之。如《君子無所爭揖讓而升》、《小子何莫學夫詩，詩可以興》、《故君子不出家而成教於國，孝者所以事君也》等題，下截從上抽出，必當重發首句，方可轉落次句。如《君子有三畏：畏大人》、《君子有九思：視思明》等題，上截急注下截，首句畧作發揮，便可使走下截。至於《文學：子游》、《逸民：伯夷》，則全以下截爲主矣，如何以〔四二〕發揮上截？不審諸此，則當發者不發，落下必無精神；不當發者誤發，落下必致寬懈，安在其能無獘也！○汪武曹評邱兆麟《逸民伯夷叔齊》篇云：「『逸民』二字雖是衆人捴冒，然若空衍此二字，然後轉出夷、齊，便落油腔滑套，可厭可憎矣！篇中獨從夷、齊倒入，却於説二子處粘住『逸民』發論，此亦是在下句中做上句之法。『逸民』二字方不空不脱也。」又云：「萬歷〔四三〕庚子，湖廣趙解元《非天子不議禮》墨卷，入手即擒『議禮』，不空衍『非天子』三字，而於不議禮中庸體夫子〔四四〕發論。」葢此乃先輩一定法也，并録於此，以爲此種題式。又云：「如《今天下車同軌》題，從『車』字逆入，不空衍『今天下』；《洋洋乎發育萬物》題，從『萬物』逆入，不空衍『洋洋乎』，皆此法也。」以上所云，俱極有理。然自愚思之，拈此〔四五〕是題者，必須就首句而玩其語意之輕重，文氣之緩急，然後可以製局。如「非天子」、「今天下洋洋乎」，皆其語之輕而氣之急者，固當提下句直入。若首句語重而氣緩，則斷斷不可如此矣。今録此以爲定式，惡乎可？惡乎可？

割截題

上偏下全，上全下偏，本與割截相類。然而不列於割截者，以其猶有書理可通也。若夫割截，則全然不頋書理矣。雖割裂語氣，或爲大雅所不取，然王〔四六〕司出題，嘗以此防人剽竊，是亦揣摩家所不可廢也。其題有短搭、長搭、巧搭、無情搭、隔章搭之異。揔之，做題首必須顧題尾，方知題之止處；做題尾必須顧題首，方知題之起處；中間必須兼頋首尾做，方知題之起處、止處。是故单題所重在乎實義，稍有泛溢處，即謂之閒話。搭題所重在乎起止，稍有停積處，亦皆謂之閒話也。其行文有纓帶穿揷法、埋伏應照法、剪裁幹補云〔四七〕、明暗相參法、牽上搭下法，大約以意義正大、筆意錯落爲高。不然而自作聰明，牽强附會，固失搭題之意。即或有呆做一吊、一渡、一挽，而以對隅附之者，亦皆未免於庸俗也。○唐翌脩曰：「搭題佳處全在提吊。提吊得法，文自精美。其法難以執一，貴乎圓通。不可吊其意者，可吊其字；不可吊其字者，可吊其意；意與字不可順吊者，可以反吊；不可正吊者，可以借吊也。」○又曰：「搭題有難易，故後幅挽帶，亦有不同。其易者，可以正挽、順挽。若夫割截搭題與無情搭題，正挽、順挽多有窒礙，惟用借挽、反挽法，占〔四八〕綴生意，愈覺文彩燦然。」○又曰：「長搭題之中間綰合，與短搭題之過渡不同。短搭題正有一處過渡，故宜作勢以見精神，不然便欠精力。若長搭題，節次甚多，處處作意，文必沉長，無節非體裁矣。惟隨便帶上，隨便帶下，作首股便帶入次股要緊句，作次段復串入首段要緊句，推之三段、四段、末段串帶，無不皆然。此如兵家伏兵接應，得力全在於此。知此則中間佈置皆易矣。」○汪武曹曰：「作長搭題，固須將首尾二句綴合。至其中開題句，萬一〔四九〕不可隨題鋪敘，或一句一字而反覆提綴，或兩節三節而一筆掃過，不可不知。」○唐翌脩曰：「長搭題有多至數十句者，無論問〔五〇〕句，不能盡點。即要緊句，惟用借點、反點、補點。如文做到其地勢不能正點者，便須借意點出其字句，謂之借點。又如文做到其地勢不能正點，便須用反勢點出其字句，謂之反點。又或不能見於本位者，則補點於末後，謂之補點。長題補點非倒置，實是神奇。」汪武曹云：「長搭題最忌正點題句。」誠有味乎其言也。

援引題

引《詩》、引《書》、引《禮》、引古語、喭語，皆謂之援引。有援引而兼之斷制者，起講即從斷制説入。入手點過所引之辭，直從斷制語發論。如下有斷制而不出者，一點過題句，只就本題發揮以避下文。如下文本無斷制者，只當靠着本題隻関正旨發論。如或有援引極多，不便直點者，須[五一]於中間随點随做，随做随點。做完題目，恰好點完，此一法也。又或有援引極多，可以緩點者，中間行文，且於空中摩盪，探取下文，直至盡態極妍，然後點出全題，此又一法也。

比興題

《詩》有比興，《四書》亦有比興，文雖殊而體則一也。如《歲寒然後知松栢之後凋》、《驥不稱其力》等題皆是。比，作者自起講隻闗正意外，只許就比意發揮，不可夾入正意一筆。如《離婁節》及《爲淵敺魚節》，俱是。興，作者必於興處帶入正意，又於正處帶入喻意，方覺玲瓏刻巧。又有一句暗帶比興者，如《拳拳服膺》、《小德川流句》是也。又有一句中明帶比興者，如《速於置郵》、《天之尊爵》等題是也。暗者只須雙闗語發揮正意，明者不妨旁見側出以顯其烘染之奇。李九成先生以此爲映射題，不如黄選直説比興爲妙。今從之。

攻辯題

或聖賢，或異端，或時人，或辯士，有一種品格，斯有一種性情。有一種性情，必有一種議論。揔是設身處地，即其意而暢快言之，方得攻辯之體。〇李儿成先生云：「凡此等題，前半多用敷衍，後半多用翻空，反覆攻擊，但以聖賢攻衆人，詞語宜確；以衆人攻聖賢，語宜稍緩。」〇盧孝徵曰：「此等題有虚字，必須剔出。蓋古人無限神情，只靠這幾箇虚字傳出。一經抹過，不惟文場直率，而古人之意亦不出此也。」

口氣題

鄙俚題，攻辯題，非無口氣。然亦有不鄙俚，有不攻辯，而神吻宛然者，如《孔子曰知禮》、《公曰告夫三子》、《子見夫子乎》此等題，既非鄙俚，又非攻辯，併亦非游戲。歸之单題，而此之虚不如彼之實；歸之截上截下，而此之偏〔五二〕又不如彼之全。然則欲收此文，口氣一門，固不可以不立也。何屺瞻曰：「口氣題但貴肖題神，不貴肖題貌。拘貌肖題，不免淺露。」〇王虎文曰：「口氣題有挑撥題中虛字，使口氣活動者，是明取口氣法；有不挑剔題中虛字，而口氣渾然在中者，是暗取口氣法。明取如錐處囊中，脱穎而出；暗取如寶劍在匣，光氣外溢。然明取易而暗取難，明取不如暗取之高也。」〇愚按列公之論，一取神，一取暗，此可見做此等題者，貴乎以實理取虛神矣。試觀董玄宰《如知其善而莫之違一句》題文、吴因之《爱之能勿勞乎》題文，何曾明煞「乎」字？而實理既透，「乎」字自然躍躍言下，此妙品也。若許譽卿《如有復我者一句》題文，本可以不必煞出「者」字，而中二比必欲硬煞「者」字，及将「者」字一玩，又非題中正身「者」字，真醜態不可言矣。學者試共詳之。

記言題

唐翌偹曰：「此乃一句小題，如《顔淵喟然嘆句》、《周公謂魯公曰句》是也。此項題宜探入下文生發，以見其發言之所以然。如嘉穀初生，先結虛房，中便包涵全體意在内。作者須得此意，文情殆不失之枯寂。

記事題

記事題全無口氣，原可任我發揮。但此係實而不斷之體，照下着筆，既恐侵佔下文。而横使議論，又恐放溢題位。拈此者，須用董文敏公「代」字訣代他口氣，説他心事，則題義雖透，而于下文論斷，仍自絲毫無礙。至於題之不可用代者，又不妨援古證今以助其波瀾。學者才情學問，皆於此覘。

序事題

序事與記事不同。蓋記事則據事直書，毫無口氣，序事則有口氣。且記事則據事直書，自有定情。序事則無定情。其氣語有明有暗、有真有證、有正説、有翻案，總要覷定論斷之意以用筆。如題中有論斷，小講中直從正意説入，小講下直出所引之詞。以下或虚或實，或反或正，總要照定所引之辭爲斷制。如題無斷制，易於犯下，即以代語避之可也。

二扇題

盧孝徵曰：「二扇題，題面確對，如門扇面者也，題對文自宜對。然其難處亦不下於單題。單題以一句題敷衍一篇，二扇以一句題敷衍一股。敷衍一篇者，反正、虛實、倒順、賓主，每兩股而一變。敷衍一股者，反正、虛實、倒順、賓主之法，俱於一股中具之，其變換只在傾刻之間，最忌一直説去。然有文於每扇中，各藏小股者；有不藏小股，變而爲一句一轉者；有一句一轉，較藏小股者更爲生活。要之，皆正法也。學者可以相題爲之。」○愚按，兩扇之格摠以劃然兩扇者爲正，其餘變格，摠須随題随轉。如《不患無位章》，無上無下，意在題中，固當整作兩扇。至於《事君數一節》，内有「數」字相同，雖抽出摠意，装成頭尾，無礙也。至於《與下大夫言兩段》，上有来脉，中有「大夫」二字相同，装出頭尾，可也。兩邊互擊互襯，亦可也。後人吾〔五三〕新好異，乃又有叠作小股相卸而下者，又有摠擒摠放，凴空散行者，雖皆决破藩籬，難爲定式。然理脈工穩，亦自可以推堅陷陣。葢有止〔五四〕必有竒，此亦文家之常，正不必拘拘於死法爲也。

裁對二扇題

盧孝徵曰：「裁對二扇題，謂題面參差而題意平重者也。欲截發則題意平重，而於理不順。欲對做則題而〔五五〕參差，而用筆難圓。如《三仕三已二段》，一是禧〔五六〕怒不形，一是物我無間。《春秋脩其祖廟二節》，一是事神之敬，一是待下之周。《昔者太王居邠至或曰世守節》，一是遷，一是守，自是平重而語句參差，却又難於措手。然以理揆之，則宜對做，不可截發也。惟用剪裁之法，於其短者伸之，於其長者縮之，則以長對短，以短對長，皆不失平重之意矣。」

二扇分輕重題

二扇分輕重題，題面雖平而題意實側。如性、習並舉，古、今並舉，君子、小人並舉，王者、伯者並舉等題，皆是也。上截重則以上截爲主，下截重則以下截爲主。荊川先生於此等題，每於中間添出一二語以作轉關，如對衿衣之有捧於紐子者。然其法最妙，學者拈此以平分側淫〔五七〕爲主，稍加變通，上下截發亦可，揔提平放亦可，上散下整、上整下散亦可，叠股相啣而不亦無不可。

三扇題

三扇題有三平者，有一層重兩層輕、一層輕兩層重者，有一層宗以〔五八〕一層者，如《老者安之三句》，以三平爲正。《學而時習之三節》及《畏天命三句》，須將上一層獨做二股，下二層分做二股。如《明明德三句》、《素〔五九〕隱行怪三節》，須將上二層分做二股，下一層獨做三股。至於《純如也二句》，則蟬聯而下，不分輕重。《可與共學一節》，則一層深似一層，其體勢又各不相同。餘外變格，或前裝頭，後裝尾；或前以二比開局，束處連作小比、四比、六比作收。又有變而整散相生者，純散無整者，又有揭過題面、捴發大意者。捴要理真脉稳，不必是彼非此。〇二扇中有分輕重題，三扇亦然。即上所云《學而章》重首節，《素〔六〇〕隐章》重末〔六一〕節是也。但此等局法，可以三股，亦可以四股。作文本無定格，做三扇分輕重題，另立類。

段落題

三扇以外，多至四扇、五扇以至八扇、九扇者，皆謂之段落題。拈此者，發揮要簡，股法要變。而其中所宜加意者，猶莫如一提一束。葢人之所詳者，吾畧之。人之所畧者，我詳之。此處精采則通篇爲之壯觀，此處平庸則通篇爲之減色。故元不可不加意也。○盧孝徵曰：「段落題無論四段、五段、六段、七段、八九段，或可〔六二〕或零，皆須照題分比勻停還之。其中股法之變，有前用籠罩，後用收束，中間分股換法者；有難令各開其說，遂節生情，串遞蟬聯而下；又有詳審題之要害，而或以首段貫下數段者；或以末段攝上數段者；亦有揔反、揔正、揔鋪、揔繳者。揔之，股數既多，勢不可長。每股中，制題之命，有一語而當人千百者，不可不加意烹鍊。但以題衍題，恐長失之冗，短失之促，分失之平，合失〔六三〕之畧，揔不足以耐人玩賞也。」

偏舉題

盧孝徵曰：「題何以偏舉名？謂其或一章之中數節平重，或一節之中數句平重，而或剪其頭，或去其尾，或並剪去其頭尾者也。平重而剪其頭，開講必須從上文落脉，篇末再合上文收煞，使人知道上邊已有别項。平重而去其尾，開講必冒全項入題，篇末向下文拖去，使人知道下邊還有别項。平重而剪去其頭尾，開講必先冒全項一二筆，次撮上文一二筆，次急轉入本題發揮，篇末再合上文，以拖到下文，使人知道上下還有别項，夫然後人之見吾文者，方知聖賢説話不止題中几節几句已也。至於正講處，必須映帶回環，令本題數句鉤連鎖結，分折不開，方句句是本題文字。不然，則老老實實靠題詮發，别人再添一股兩股，便可那移通用矣，不亦大負乎偏舉令題之意哉！」

移步換形題

一題到手，固有本題實義可發。然題句既與上文相彷，倘專向本題發揮詞意，揔然粹美，却似八面風一股〔六四〕，將人之讀吾文者，畧易數句，亦可抄去矣。誠能處處以上文相形，則借賓定王〔六五〕，越粘越脱，雖以上文命題，而吾意可思，吾文固不可得而移也。

倒綱題

盧孝徵曰：「上條列，下揔承，則爲倒綱法。」在扼題之全意作小講，小講下倒挈其綱於前，或作二比，或作一段，但看題尾之綱是何等字面。如是振〔六六〕前通行字面，便可明指泛提；或不係通行字面，只可暗吸借提。提綱以下，凡諸目只用小股輕遞過去，不得重發。蓋一重發則執〔六七〕先文〔六八〕重，便急時不得見綱。即見綱，亦少神氣矣。所以止宜用小股輕遞三〔六九〕去，以便歸乃〔七〇〕。在綱處重發，其目或兩件，宜照目分做對股；若其目雖兩件，而語句却多少不同，則用剪裁之法作兩對股；若或三件，亦可用一樣股法作三股，亦或於一股中包舉三件作兩對股，或四件只須上兩股一樣，下兩股一樣；若多至五件、六件以至七、八、九件，股雖短，文亦長，斷不宜如其目數作幾〔七一〕股，須用包舉之法作兩股；至若或其目祇〔七二〕一意，而語意煩雜而錯綜〔七三〕，則須随勢點綴，輕遞過去，第於講目處以能引綱之線爲佳。至講綱處，切不可離却上面之目，須将上面之目包舉，暗藏於其中，乃得綱目一貫。〇又云：「先輩於倒綱題，多於小講内暗吸末句綱領於前，倒入小講，下即緊接。且説不必又用揔冒，恐裝頭太重，以下轉掉不靈也。邇来文字如此者雖少，然而典型不可有忌〔七四〕。」

順綱題

一〔七五〕綱舉，下條列，則爲順綱。順綱題作法與倒綱大異。蓋倒綱精神全任〔七六〕於綱，故須輕發目，重發綱。順綱實義全在於目，故須輕發綱，重發目也。盧孝徵曰：

「順綱之法，亦揔題之全義作小講，小講下即直入綱。做綱以二比爲正，亦有用一段者。大抵皆虛籠下目意以做綱，亦有不籠目意而但就綱衍説者，却不可別生議論，以致與目有不相貫之獘。做完綱時，宜直入目，亦有用揔提者，法當在入首句下，粘首句作提，從無起講下又提空，然後入首句者。大約此處宜虛不宜實，可半面不宜全面，留正位目中暢發也。至做目處，亦有包舉其目，什〔七七〕兩對做者，亦有如其目做几股者。做兩對股，其法不過起承轉合。至如其目做几股，則有變換之佉〔七八〕。兩件、三件、四件者，其法亦與倒綱題無異。若多至五件、六件以至七、八、九件者，則亦或做兩對股可也，或如其目做几股亦可也。而與倒綱之五、六、七、八、九件必不可如其目做几股、定當做兩對股者異矣。但做目處，股股宜帶定綱中要字，亦有股中不帶，做完目後一揔打轉者。其於股中帶定綱中要字者，做完目後，須將揔綱與目意再收束二股，或收束一段，以與起講下之或二股或一段者相應。若於做完目後一揔打轉者，則有或做二股，或做四股者矣。凡此皆係正當之格，不忽於先輩而又不違乎先輩者，學者可以參酌用之。」

立綱發明題

立綱發明，如《君子無所争一節》、《三人行一節》、《臧文仲〔七九〕竊位一節》諸題，皆是。此等題與順綱題全然不異。然順綱首句極虚，必不可做。此首句自有實義，固不妨於實做也。綱下白文多係散行，作者必須步步囬顧題首，覺有枝與幹連。不然，則於做完下截之後，亦須揔繳一筆，方能清出眉目。其法不一，揔要照顧所立之綱爲主。

淺深相應題

黄際飛曰：「淺深相應題，截去題首看，與倒綱題不異。截去題尾看，與順綱題不異。如《子所雅言》、《禹吾無間然章》題，先輩大率不做淺處，與順綱題直入首句者相同。亦不另做中間，急貫入深處痛發，此又與倒綱題歸注綱處發揮者同。蓋淺處先發，則洩後文之氣；中間另發，則艮首尾之氣。惟貫入深處去發，則淺處愈明，首尾亦得貫串成篇法也。」〇又云：「首句下虚變不可别生議論，要緊與下意對。末句上揔説，即是實發末句。蓋先做後點，只一點便了，不必又加蛇足也。」

横擔題

此即先輩所謂「中實題」也。如《吾與回言終日章》，重「亦足以發」句。《不怨天一節》，重「下學而上達」句。《段干木踰垣而避之至非由之所知也》，重中節「孔子」。此皆天然横擔也。至於《知者樂水》，論書理本不重中間，而自作者看来，竟以「動」「静」爲主，則亦自成横擔矣。大約此等題，首尾虚而中間實，如八卦中之有次卦相似。拈此者，做上截須注到中間，做下截須回抱中間，如是則實義布於首尾，而首尾亦不嫌其枯寂者矣。

兩截長題

《今文商》於兩截之外，又有兩截。盧孝徵《文資選本》特加「長題」二字以别之，立名尤妙。此等題如《其爲人也全章》、《孟懿子問孝二節》、《惟天下至聖至而時出之》，皆兩截長題也。黄際飛曰：「有兩截題，而又有一兩截者，非惟兩句有兩截，多句亦有兩截，一兩節、全章亦有兩截也。或以兩人語分兩截，或以兩意分兩截，或以一意有淺深輕重分兩截。」筌題有上輕下重題，鄙意謂宜并有上重下輕題，今合併於此，其法與兩句両截不異，其應詳廡〔八〇〕略亦不異，學者相題變而通之可也。

割截長題

或剪頭，或去尾，或剪去頭尾，其體與全章長題不同，而與割截題相似。作者於破、承、起講，即須扣清首尾，不特文中宜步步照顧〔八一〕也。

全章長題

長題與单句相反者也，而全章長題尤與单句題相遠。學者習於彼而不知有此，則眼光小，膽力微，一旦以長題相難，未有不變色失步者。《傳》曰：「辟如行遠必自邇，辟如登高必自卑。」學者自单題以下，諸題體既無不講明而切究之，才情筆力當必斐然可觀，則全章長題不可以不急急講明也。今夫題之長者不一，而其實只有二種：一爲衆人問答之長題，一爲一人獨説之長題也。一人獨説者，意有先後，語有次第，必無武斷之理。作者扼定章旨以行文，只須起伏得勢，呼應有神，便稱傑作。至於數人問答之題，辯多難而頭緒煩，若彼枝枝節節而衍之，豈能免於扶墻捫壁之譏？作者相題立法，或於起講作一揔提，或於起講提出主腦。自此後意中須有節次，筆下須要凌駕。或翻點，或正點，或借點，或撮點、補點；或牽上搭下，一筆掃過三四節，直走下文第几節；或題緒已完，忽於第几節一筆逆捲上文三節、四五節。揔之，做章首須顧章末，做章末須顧章首，做中間須顧兩頭，方有常山率然節節相應之勢。○長題有四要：一曰提綱挈領，二曰隨便插帶，三曰從類併敘，四曰剪裁煩簡。何謂提綱挈領？唐翌脩曰：「凡書必有綱領，綱領不必定在前，且不必定在中，更有在後者。善爲文者，相題綱領之所在，而直擊之，始能握題之全勢，所謂直奪險〔八二〕要也。」何謂隨便插帶？唐翌脩曰：「如長章書，起伏轉折多，故節次多。倘處處聯絡，不幾煩冗之甚乎？善爲文者，化其斷痕，視此句可以隨便插上者，則竟插上。此句可以隨便帶下者，則竟帶下。得此法，能省無窮針線，而自然聯絡，且簡捷健勁，無較弱之態矣。」何謂從頭併敘？唐翌脩曰：「將題中精細之義類集而併敘於一處，則體格整齊而機神震動，與零星分敘而散漫細瑣者異矣。」何謂剪裁煩簡？唐翌脩曰：「或三四節而一二語駕過，或一二語而頻呼疊喚，不厭再三是也。」此四段意義，上一段亦已包得，而此特說得明白痛快，故復採之。

連章題

連章題有書理相通，易於聯絡者，又有書理各别，難以貫串者，然既以連章命題，無論難易，揔以一氣喝成爲主。大抵此等題與長章、長搭相通。長章題須出落變化，此亦須出落變化。長搭題須照顧首尾，此亦須照顧首尾。拈此者，能將長章、長搭之法合而用之，則妙矣。○書中章數極多，若不扣住本位，何以裁清各章？故連章題做首章，定須照顧末章；做末章，定須照顧首章；做中問〔八三〕定須照顧首尾二章也。○連章題雖相通，亦各有意義。作者必須通盤熟筭，方能變化痕迹。故首章文字須將末章字面照入，末章文字又須將首章字面點入，中間文字須將首尾二章字面點入。要其所以點者，揔不外於反借翻補而已。而所以善其反借翻補者，揔不外於明暗蓄洩而已。○連章題必須抽出一章或數語以作主腦，方可駕馭各章。即如《季氏富於周公〔八四〕》二章，柴等之弊小，求之罪大，自所〔八五〕以求作主。《或問子産》四章中間貧富一節，易於遺落，必須特提此章作主。《楚狂接輿三章》，一是楚狂辟夫子，一是丈人辟子路，自應描〔八六〕出中間辟人作主。《逸民太師摯二章》，人名極多，無所統攝，自應描〔八七〕出夫子作主，形家所謂「十龍並出，縮者爲正；十龍並縮，出者爲正」，即此意也。學者悟此，則長題皆不足以難之矣。

舉業淵源文體類

整飭第一

文章之巧妙，皆從法度而生。文章之變化，皆從整飭而起。葢整飭乃衆妙之門也。初學而不從事於此，則後来作文篇法糢糊，勢必艱於進取。成人而誤流於狂僻，則文不從，字不順。不返諸此，亦必不能成名。故愚以爲整飭一門，凡小子之未通而凌亂，成人之凌亂而未通者，皆須以此藥之。

有朋自遠方来		王　鏊	齊之以禮	一句	許　獬
父母惟其	一句	章日炌	舊令尹之	令尹	延〔八八〕瑛
魯一變至	二句	薛應旂	小子	二字	周志儒
過位色勃	其位	李嗣京	夫子欲寡	一句	鄧以讚
吾二臣者	四字	李繼貞	今不取	三字	吴　炳
有國者不	一句	董其昌	一戎衣而	受命	王華貞

尊爲天子之禮		李廷機	河東凶亦	一句	王守仁
夫民今而之也		吕　柟	邠人曰仁歸市		黄洪憲[八九]
惡聲至必	二句	錢有威	禹聞善言	一句	董其昌
周公兼夷	姓宲	王　鏊	今日之事	一句	徐　芳
使浚井	三字	湯顯祖			

輕靈第二

昔之言逢時者，必曰輕、新、靈。誠以主司閲卷，猶之走馬看花，非輕靈無以動其心目也。雖然，此但逢時利器已哉。夫童子性靈初啟詩[九〇]時，以刻劃奇古之文，則見爲難而畏之。誘以輕靈之文，則見爲易而樂之。是讀本之筆有輕重，即小子進退之機也。況此時入門一誤，後日應試，將何以望其必售乎？故小子而預防其重滯者，須讀此；成人而誤流於重滯者，尤須讀此。

求之與抑	二句	顧天峻	色難	二字	章光岳
禮後乎	三字	唐順之	是禮也	一句	唐順之

君子之至　見也　顧天峻　孔子退揖　進之　李叔元
我待價者　一句　唐順之　人皆曰予　辟也　楊起元
天地之大　一句　唐順之　失諸正鵠　一句　張輔之
必得其名　一句　董其昌　既稟稱事　一句　唐順之
人十能之　二句　王肯堂　事齊乎事　二句　姜士昌
昔者魯繆　子思　邱　濬　文王視民　一句　許　獬
是故得乎　三句　包壯行

秀雅第三

令文[九一]陽和一布，則萬卉敷榮。而江山韶植[九二]，此即天地之大文章也。夫天地之文章在乎兩間之秀氣，則文無秀氣，其又可以言文乎哉？顧世之爲文者，亦未嘗不從事於秀。而秀不清則失之晦，秀而不潔則失之雜，秀而不整不鍊則失之軟矣[九三]且媚。如是以爲文，秀則秀矣，而品則俗矣。夫文章之秀，在乎氣與骨，而不在乎辭語之間。此文之秀，皆在氣骨者也。人之患其粗俗者，盍亦以此防之。

行人子羽　一句　劉必達　鄭聲淫　三字　錢振先
吾非斯人　一句　管玉音　子見夫子　一句　鍾世芳
子路拱而　二句　李嗣京　所以逮賤　二句　宋琮
送往迎来　一句　劉侗　昔者王豹　善歌　李嗣京
父母俱存　二句　周延儒

疏暢第四

疏者，通也，通則塞之反也。暢者，舒也，舒則異於鬱矣。善乎，董思翁〔九四〕之論文也！曰寧空無塞，寧淡無鬱。蓋塞與鬱之累人也，甚矣！余故立疏暢一門，以爲塞鬱者戒。

欲正其心　二句　歸有光　雖聖人亦　二句　歸有光
仁者人也　二句　歸有光　知遠之自　三句　瞿景淳

正大第五

黄河之水從天上來，祇自一氣奔赴。而其中魚龍砂石，無所不有，此大地間正大之氣所聚也。文章有此氣魄，則一谿一壑之勝，皆不足以擬之。熟讀此文，又何患其瑣碎之有？

天将以夫	一句	歸有光	舜有臣五	一句	歸有光
不能死又	二句	錢　櫝	一匡天下	一句	唐順之
書同文行	二句	胡友信	有攸不爲	二句	姚希孟
春秋天子	二句	陳際泰	諸侯放姿	二句	黄淳耀
天子一位	一句	胡友信			

精實第六

大文章所以載道者也，微而天人性命，顯而日用人倫，遠而天地萬物，近而語默起居，道之全體，不可窮極，皆於文焉發之。則作文之必以理勝，尚矣。然大道雖甚無涯，命題目有定位。題位只須如此，而或以源頭大話蓋之，則失之太過。題位必須如此，而或以浮面道理副之，則失之不及。夫作文而失之過與不及，則題中實理安在其能透露也？善爲文者一遇理題到手，必欲抖擻〔九五〕精神，直窮到底，或由淺以入深，或由端以竟委。題前不敢摇曳，恐其入題太遲也。題中不敢旁襯，恐其分占題位也。題後不敢生發，恐其題神不顧也。是故題之空者，能使綻；題之晦者，能使明；題之泛者，能使確；題之重者，能使輕。呼理題能是，是亦足矣。竊以爲空疎之症，不可不以此文補之也。故特舉以相勗，且自勉云。

臣事君以　一句　胡友信　晉文公譎　二句　吴　化

是故君子　一句　歸有光　君子篤恭　一句　胡友信

孔子聖之　一句　唐順之　聖人之於　一句　胡友信

縱横第七

魏武以八十萬連環而敗，能合而不能分也。漢昭列以五百里連營而敗，能分而不能合也。語云：「勝者所用，敗者之棋。」吾以連營之術作小題，而以連環之術作長題，則百戰百勝矣。何則？小題人不能分，吾以分取勝。長題人不能合，吾又以合取勝也。此文以我馭題，鈎聯隅落，一片神行。學者得此術以運題，題雖長，如一句矣。故以此爲拘縮者對症之藥。

陳司敗問　全章　黃汝亨　何以伐爲　不取　李應昇
所謂平天　全章　何景明　故大德必　篤焉　馮元颷
愚而好自　全章　張以誠　詩曰衣錦　全章　汪文璧
齊桓晉文　全章　鄭　鄤　鄒與魯鬨　全章　張　榜
有爲神農　全章　黃洪憲　自楚之滕　之滕　陸之棋
蛇龍居之　獸也　黃毓棋　順天者存　衆也　楊　溥
敢問交際　全章　許　獬　敢問不見　全章　林齊聖

古健第八

文有顓思妙筆，而仍使人褻者，豈果其文之不佳？亦由其筆之不古耳。筆之古者如虬龍翠葆，一望使人起敬。又如夏鼎商彝，一見使[九六]人增重。此等境界，雖由寢食古文得来，然不能借徑於此[九七]，終無以爲進步之階也。古健如此文，學者深知而篤好之，可以化其嫩弱矣。

入公門鞠　全章　唐順之　以杖叩其　之事　黃淳耀

止於仁爲　一句　鄭之女　棄甲曳兵　三句　黄淳耀
晉國天下　一句　魏浣初　勾踐事吳　一句　黄淳耀
又有微子　膠鬲　包爾庚　段干木踰　知也　錢　禧
曾子居武　子反　吴鍾巒

尖穎第九

錐處囊中，脱穎而出，以其尖也。此文喜笑怒罵，皆成文章，誰能擬其尖利哉？然終與世之輕薄纖俚者迥别，則以其皆從古文中變化而出也。乃世之出筆平鈍者，欲矯其平鈍，反得纖俚。吁！是文〔九八〕何與前門拒虎、後門進狼者若出一轍也。

公曰告夫　一句　魏光國　公伯寮愬　二句　荊本徹
在陳絶糧　四句　周宗健　又聞君子　一句　李繼貞
人莫知其　一句　王思任　昔者太王　一句　魏光國
雞鳴狗吠　一句　徐良彦　王驩朝暮　一句　馬世奇
王自以爲　一句　曹　勲　又稱貸而　一句　耿争光

脅肩諂笑　一句　吴之彦　夫蚓上食　二句　徐良彦

而未嘗有　一句　章光岳　徧國中無　一句　何謙

牛羊父母　一句　張以誠　始舍之圉　三句　周宗健

舜見瞽瞍　一句　周宗健　微服而過　一句　周延儒

王勃然變　一句　楊繼盛　今吾子以　一句　李叔元

沉鬱第十

古今来沉鬱之詞，大抵皆幽憂之作也。夫憂愁之言雖曰易好，然老杜歌行沉鬱無比，造之者能有幾人？善讀此文，則感慨悲歌，唾壺欲碎，思愈深，氣愈静矣。安得有輕浮之病？

賜也爾爱　二句　陳際泰　久矣吾不　一句　王士騏

四十五十　二句　歸子慕　從我於陳　二句　章　懋

作者七人　一章　魏允中　故舊無大　二句　金　聲

此非距心　一句　金　聲　予然後浩　二句　魏光國

刻入第十一

聞之楊真復先生云：「治米者磨而去其殼，舂以去其衣，又加之斫以去其膜，然後其精露焉。故臨文初思，是治理殼，不可用也。又思之，始及理衣，亦未可用也。又重思之，始及理膜，膜去精見，乃爲可用。」自吾思之，善作文者，何曾去一層又去一層，然後用之哉？總是平日思之深，見之真，認題到手，便不肯随人步趨耳。是編也，俱係刻入之作，欲去膚淺之病者，舍是其誰與歸？

雖執鞭之	三句	金聲	既富矣又	一句	金聲
爱之能勿	一句	吴默	小人閒居	二句	魏光國
賢者而後	一句	金聲	天下溺援	二句	陳際泰
出	一字	錢櫝			

精警第十二

筆不警不峭，意不警不醒。文有一語入目而令人擊節嘆賞者，精警之功也。近見獻文不售者，每以主司之則爲恨。吁！彼未讀先民精警之作，又安知自己疎慢之醜乎？

敏而好學　二句　樓如曾　逸民伯夷　二句　邱兆麟

禍福将至　一句　譚元禮　子噲不得　二句　王守仁

君子曰此　難焉　錢禧

生新第十三

駕輕車，就熟路，自是行文樂事。然能熟而不能生，揔不至如臭腐黄虀，令人可厭，亦必不能如蓴羹鱸膾，令人可思也。古人謂文章之妙，在行乎不得不行，止乎不得不止。先輩又謂文章之奇，在止乎不得不行，行乎不得不止。若此云者，寍非生新之謂哉？雖然，蓬萊三島，自非凡境，倘或習於陳腐，其有過而問焉者寡矣。

相維辟公　二句　夏儀　道不行　一句　李嗣京

則吾必在　一句　陳組綬　君取於吴　一句　陳際泰

伯夷叔齊　之下　葉紹袠　民到於今　一句　錢謙益

孔子曰諾　四字　鍾惺　四飯缺適　一句　蔣鳴玉

雖有善者　四字　陳天定　夫之日　三字　李嗣京

藴藉第十四

豹隐南山，龍潛滄海，人雖未見其形，而雲水蒼茫，往往畏而忌之。彼其藴藉者，誠深也。況天地之化，不收斂則不能生發，無秋冬則不成春夏。君子仰觀俯察，筆之於書，安有不以藴藉爲重者乎？愚向嘗以淺露自戒，令欲同志者之共進乎是也，故以藴藉終焉。

謂武盡美　一句　周順昌　孔子曰知　五字　王心一

子路問聞（合下三段）　鍾　惺　如其善而　二句　董其昌

康子曰夫　二句　金　聲　君子賢其　一句　劉〔九九〕之夔

故仲尼不　一句　金　聲

校勘記

〔一〕「能」，《朱子語類彙校》作「時須是」。

〔二〕「至」，《朱子語類彙校》作「及至」。
〔三〕此句《朱子語類彙校》作「惟動時能順理，則無事時始能静」。
〔四〕「麄細」，《游藝塾文規》作「雅俗」。
〔五〕「澤」，《游藝塾文規》作「川」。
〔六〕「華墨」《游藝塾文規》作「文字」。
〔七〕「未」應是「來」之誤。
〔八〕「弋」，民國鈔本作「未」。
〔九〕「賞」，民國鈔本作「賣」。
〔一〇〕「一」，唐彪《讀書作文譜》作「五」。下同。
〔一一〕「枝」，唐彪《讀書作文譜》作「技」。下同。
〔一二〕「門」，唐彪《讀書作文譜》作「閲」。
〔一三〕「五」，唐彪《讀書作文譜》作「正」。
〔一四〕「工」，原文爲「一」，據唐彪《讀書作文譜》改。
〔一五〕「局」，民國鈔本作「句」。
〔一六〕「陣」，民國鈔本作「体」。
〔一七〕「局」，民國鈔本作「句」。
〔一八〕「立」，疑爲「言」之誤。
〔一九〕「禮」，民國鈔本作「理」。
〔二〇〕民國鈔本無「因」字。

〔二一〕「圎」，疑爲「圓」之誤。

〔二二〕民國鈔本無「後」字。

〔二三〕「純」，民國鈔本作「鈍」。

〔二四〕陸隴其《一隅集》，「句」後有「題」字。

〔二五〕「分」，《一隅集》作「發」。

〔二六〕「做」，《一隅集》作「格」。

〔二七〕此句《一隅集》作「至如二句、三句之題」。

〔二八〕民國鈔本點去「以」字。「以」字應是衍文。

〔二九〕「題綴」，《一隅集》作「提掇」。

〔三〇〕「等」，《一隅集》作「算」。

〔三一〕「上」，民國鈔本作「明」。

〔三二〕「似」，原文作「以」，今據民國鈔本改。

〔三三〕「任廉」，民國鈔本作「任人」。

〔三四〕「培」，民國鈔本作「陪」。

〔三五〕「義」，民國鈔本作「又」。

〔三六〕「化」，原文作「他」，今據民國鈔本改。

〔三七〕「下」，民國鈔本作「截」。

〔三八〕「比」，民國鈔本作「此」。

〔三九〕「咯」，民國鈔本作「畧」。

〔四〇〕「未」，民國鈔本作「本」。
〔四一〕「枯」，民國鈔本作「作」。
〔四二〕「以」，民國鈔本作「可以」。
〔四三〕「歷」，民國鈔本作「曆」。
〔四四〕此處原文或有誤，民國鈔本於「中庸體夫子」側有批語：「此處再查。」
〔四五〕民國鈔本點去「此」字。
〔四六〕「王」，民國鈔本作「主」。
〔四七〕「云」或爲「法」之誤。
〔四八〕「占」，民國鈔本同。應爲「點」之誤。
〔四九〕「萬一」，民國鈔本作「萬萬」。
〔五〇〕「問」，民國鈔本作「閒」。
〔五一〕此字原文爲黑塊，現據民國鈔本補入。
〔五二〕「偏」，原文作「而」。據民國鈔本改。
〔五三〕「吾」，民國鈔本作「喜」。
〔五四〕「止」，民國鈔本作「正」。
〔五五〕「而」，民國鈔本作「面」。
〔五六〕民國鈔本點去「禧」字，旁改爲「喜」。
〔五七〕「淫」，疑爲「注」之誤。
〔五八〕「宗以」，民國鈔本作「重於」。

〔五九〕「素」，原文作「索」。據中華書局本改。
〔六〇〕「素」，原文作「索」。據中華書局本改。
〔六一〕「未」，民國鈔本作「末」。
〔六二〕「可」，民國鈔本作「整」。
〔六三〕「合失」，原文作「今夫」。據民國鈔本改。
〔六四〕「股」，民國鈔本作「般」。
〔六五〕「王」，民國鈔本作「主」。
〔六六〕「振」，民國鈔本作「根」。
〔六七〕「執」，民國鈔本作「勢」。
〔六八〕「文」，民國鈔本作「板」。
〔六九〕「三」，民國鈔本作「過」。
〔七〇〕「乃」，民國鈔本作「赴」。
〔七一〕「作幾」，原文爲「件元」。據民國鈔本改。
〔七二〕「祇」，原文爲「抵」。據民國鈔本改。
〔七三〕「綜」，原文爲「一」。據民國鈔本改。
〔七四〕「忌」，民國鈔本作「忘」。
〔七五〕「一」，民國鈔本作「上」。
〔七六〕「任」，民國鈔本作「在」。
〔七七〕「什」，民國鈔本作「作」。

〔七八〕「佉」，民國抄本作「法」。
〔七九〕此處脱一「其」字。
〔八〇〕民國鈔本無「廡」字。
〔八一〕「顧」，原文作「頭」。據民國鈔本改。
〔八二〕「險」，原文作「儉」。據民國鈔本改。
〔八三〕「問」應爲「間」之誤。
〔八四〕「公」，原文作「八」，據中華書局本《論語》改。
〔八五〕「所」，民國鈔本作「當」。
〔八六〕「揣」，民國鈔本作「抽」。
〔八七〕「揣」，民國鈔本作「抽」。
〔八八〕「延」，據樓渢《明文小題貫》，應作「尤」。
〔八九〕「慮」，據《明文小題貫》，應作「憲」。
〔九〇〕「詩」爲衍文。
〔九一〕「令文」，于光華《塾課集益》本（嘉慶八年刻本）作「今夫」。
〔九二〕「植」，《塾課集益》本作「麗」。
〔九三〕「欶矣」，《塾課集益》本作「軟」。
〔九四〕「翁」，原文作「誦」，據《塾課集益》本改。
〔九五〕「抖擻」，原文作「科擻」，據《塾課集益》本改。
〔九六〕「使」，原文爲「之」，據《塾課集益》本改。

〔九七〕「此」，原文爲「以」，據《塾課集益》本改。
〔九八〕「文」，《塾課集益》本作「又」。
〔九九〕「劉」，據《明文小題貫》，應爲「周」。

墨譜

〔清〕薛鼎銘輯注

《墨譜》提要

《墨譜》三卷，清薛鼎銘輯注。

薛鼎銘（一七四〇—？），字象三，一作象山，號葦塘。松江府上海縣人。鼎銘幼善讀，弱冠爲名諸生。乾隆十八年以五經舉於鄉，二十八年成進士，以舉業課其徒，操觚家奉爲圭臬。除浦江令，興廢補敝，重濬月泉，創建十三賢祠。主持修纂《浦江縣志》二十卷。修官廨，政聲卓然。甲午、丁酉爲鄉試同考官，稱得士。〔一〕据《光緒川沙廳志・藝文志》記載，薛鼎銘著作有《墨譜》、《述訓篇》、《桃硯齋詩文稿》、《春餘吟詩文稿》等四種。此外還編有《墨卷萬選》。《浦江縣志》、《川沙廳志》有傳。

此書一册三卷，實由三部分内容組成：卷一爲朱岵思著，薛鼎銘輯注《會元薪傳雜論》；第二卷《論墨雜録》，爲薛鼎銘輯注之前賢名家語，包括蘇軾、茅坤、焦袁熹、徐秉哲等，其中引述最多的是焦袁熹和徐秉哲；卷三爲薛鼎銘著《勸學九條》。

朱錦，字天襄，號岵思。周浦人。生而穎異，爲諸生即以文章雄視儕輩。順治己亥會試第一，選庶吉士。辛丑充禮闈同考，得人最盛。旋以母老乞歸。生平淡於進取，日肆力經史，雖貴而砥礪名節，服食不異寒素。卒年五十四。〔二〕焦袁熹，字廣期，號南浦，松隱鄉人。爲康雍時期制義名手，著有《棘闈要訣》。徐秉哲，字紹虞，號超亭。高行鎮人。孝友能文，少從同邑貢生趙旭生遊，獨識之，妻以女。後成乾隆十九年進士，授徐州教授，勸學興行，士風一變。嘗選大家文以課學塾，稱善本。卒於官。〔三〕

可以説，《墨譜》是順康時期朱錦與乾隆時期薛鼎銘之舉業論著的合集。乾隆甲戌，薛鼎銘於其友人徐秉哲處得到朱錦之《會元薪傳》，因其書「括而文簡」，兩年後即予以注釋。朱錦此書本屬「揣摩」之作，薛鼎銘指出此書的特點是：「先之以勘題，次之以謀篇，然後再及於聲色詞調之間，而總歸於根底厚而涵養深，中正而不偏，包舉而無遺。」朱錦的原著言簡意賅，薛鼎銘之注釋則頻舉例證，深入淺出。朱錦此書並非系統之論著，全書僅有認題式、作文式、認題作文式、用功式、學古式、臨場式。「筆性易犯」部分則列舉了六十條注意事項。多爲經驗之談，而較少理論概括。唯「作文式」部分，列舉了融、湛、輕、大、暢、淺、清、勢八大範疇，對明清制義範疇體系的建構具有重要意義。對於朱錦的《會元薪傳》，梁章鉅評價甚高：「其書語括詞簡，得注釋而其旨益明，洵元燈也。」〔四〕錢振倫則頗爲貶抑：「若項水心《論墨》、朱岵思(錦)《會元薪傳》之類，則揣摩陋本耳。」〔五〕薛鼎銘對《會元薪傳》之注解充實了朱錦的制義思想。其《論墨雜録》輯録了自蘇軾至其友人徐秉哲等人的文章觀。在明清時期的一些制義文選中，這種文論彙編常置於卷首，是明清制義文論的一種重要形態，薛鼎銘之輯録延續了明清時期制義選本這一批評形態。

中國國家圖書館藏有兩種《墨譜》，其一爲乾隆三十二年序刻本，三卷一册，其一爲民國抄本。民國抄本偶有把薛注與朱錦原注混排的情形，且時有漏抄。乾隆刻本《勸學九條》僅有七條，缺八、九兩條，民國鈔本之《勸學九條》則是完整的。另外，南開大學圖書館藏有《墨譜》二卷，後附動忍子《作文要訣》。今據中國國家圖書館藏乾隆刻本校點整理，以民國抄本對校，並附動忍子《作文要訣》。

注釋

〔一〕清應寶時《(同治)上海縣志》同治十一年刊本。

〔二〕據清金福曾《(光緒)南匯縣志》卷十四，民國十六年重印本。

〔三〕據清應寶時《(同治)上海縣志》同治十一年刊本。
〔四〕梁章鉅《制義叢話》,上海書店出版社,二〇〇一年,第二四五頁。
〔五〕錢振倫《制義卮言》,清抄本。

墨譜

〔清〕薛鼎銘輯注

殿試居三甲，雖朝考列名，而以歸班需詮次焉。時小兒纔入泮，正資訓誨，而念久客不便固留。憶是年六月，天方隆暑，葦塘偃蹇驢出彰義門，予治杯酒爲别。思才品如斯人，年過強仕，家又甚貧，窘而未能得一官以去，代爲嗟戚。而顧視葦塘，無絲毫芥蔕之色。蓋其詩書之氣湧濡，漸漬於其中，發於其外而不自知，而又以知其量之過人遠也。葦塘既南歸，閲一載，予以衰老乞致仕，蒙聖恩俞允，養疾邱園間。今年秋忽得其手書，並賚其所著《墨譜》及精選闈墨，以示兒子，且請序於予。予惟制義爲文章之一，墨裁又爲制義之一，明試以言，將以覘其人品，而驗其學問，非可苟爲炳炳烺烺者。今其論墨也，經之以義理，緯之以法度，佐之以卷軸，成之以涵養，大有當於聖天子清真雅正之指。而所録一如其所論，凡皆足以程式多士，俾之鼓吹休明，則不特以是爲葦塘嘉惠後學之資，而即以是爲葦塘之文章報國也。奚待他日服官奏績，舉其學品所夙負者而大展之？始知朝廷得佳士爲不虛也哉！是爲序。

乾隆三十二年歲在丁亥季秋上浣

年通家眷侍生月溪陳悳華拜撰

墨譜卷之一

海上薛鼎銘　葦塘　輯注

朱岵思先生會元薪傳

先生諱錦，岵思其號也。居上海，今隸南匯縣之周浦鎮。自其爲孝廉時，有講論墨法，傳布藝林。洎順治己亥科中會元，以故後人名之曰《會元薪傳》。吾鄉之言揣摩者，奉爲枕中秘久矣。甲戌春，鼎銘計偕北上。逆旅中，得是編於吾友徐超亭先生。蓋自甲戌至癸未，數年之間，殫精研思，不踰是編。而逮今需次家居，所以酧諸同學之問字者，亦不出是編焉。惟因遠鄉之人，不克朝夕講貫。而此書義〔一〕括而文簡，恐未能了然於心，或並因而悮解者有之。丙戌之冬，不揣固陋，輒加註釋。自喜數日而成，筆間無滯礙，或於先達之見，庶幾舛謬者鮮矣。及門好之篤而信之深，且請授梓，以公同好。予惟揣摩之説，名流不屑道，而要以先資拜獻，自有體裁。歷來闈墨彰彰可考，而必屏棄之，豈非類於沮溺丈人之逃名絶俗者耶?第揣摩不必諱,而得其途者鮮,盡得其途者益鮮。題名雁塔,各抒所長。言人人殊,偏而不舉。欲如先生之言墨,先之以勘題,次之以謀篇,然後冉及於聲色詞調之間,而總歸於根底厚而涵養深,中正而不偏,包舉而無遺,蓋未之有見也。既以是幸叨一第,竊願同志之士,沉潛體味,得之於心,而注之於手,則先生之書,僅數百言,而每科之登龍門以翔步於玉堂金馬間者,沾溉何可悉數耶?爰識予之所以得是書而釋之者如此。

認題式

全題不論單節、兩節、散亂,(全題,是無上下文者。散亂,謂有數節也。)俱要討個結聚,或上或下或中,(謂題之上中下也,餘倣此〔二〕。)或虛字,或實字,或一字一句,或數字數句是也。

結聚在上,如《學而時習之章》,重首句是也,結聚在下,如《賢賢易色章》,重末句是也。結聚在虛字,如《其言之不怍節》,重「則」字是也。結聚在實字,如《吾日三省章》,重「省」字是也。〔三〕結聚在一字,如《慎終追遠章》,重「厚」字是也,結聚在一句，如《子禽問於子貢章》，重「温良恭儉」句是也。結聚在數字，如《貧而無諂章》，重「可也未若」及「其斯之謂」等字也。結聚在數句，如《富與貴章》，重「不處」、「不去」及「無終食之間違仁」等句是也。

除全題外，不論單句、兩句、段落、兩節、單節，（亦未包括，只是隨舉耳。）俱要從上下文想出本題結聚，或上下所無者重之，或上下文所應者重之而已。

單句中之結聚，如《夫子温良恭儉讓以得之句》[四]，以「得」字乃應上文「求」字而重之是也。兩句中之結聚，如《二三子以我爲隱二句》，以「我」字乃即下文「某」字而重之是也。段落中之結聚，如《視思明數句》，重「思」字，以應上文「綱」句是也。兩節中之結聚，如《巧笑倩兮二節》，重「爲」字，「後」字，以通下文禮後消息也。單節中之結聚，如《多聞闕疑節》，重在「其中」，以應上文「干」字也。此皆「上下文所應者重之」之謂也。其云「上下文所無者重之」，如《君子務本二句》題，「務」字意上下文所無，而實通章關鍵也。餘可類推。

作文式

融（自注　渾圓　擒串）（凡原本岵思所注，特標「自注」二字以別之。餘倣此。）

融字有二，一就題之或數句，或數節，或段落，或散亂，或單句，而意思有層折，者言之。學人每逐橛做去，説此遺彼，説彼遺此，便不融。故一篇之格局要融，首尾照應，股頭啣接，過接自然，皆融也。逐段之詞意要融，如作一起講，或一比，將題目團結極緊，一氣貫注，渾灝流轉，不呆不板不斷，此融也。其一則不拘何等題，專就逐段之文法而言之。蓋即題無層折而文中之意必有層折，或由反而及正，或由所以然而及當然，或由事而及效，或更用襯托。若説完一段，再説一段，呆呆板板，何以動人？看墨卷非無層折而不覺層折之痕，無痕之謂融，故此亦融之一義也。

渾圓者，滅去稜角也。○擒串者，擒定主腦一線串去，使無斷續之跡也。（凡於自注者，又加註釋，另作一行以別之，餘倣此。）

湛（自注　工緻　斬截　詞色）

湛者，專就句法而言，或股頭，或股中，或股末，着精神處，固不可不湛。即不着精神處，亦要句子圓足，特不可句句版實，以塞文氣耳。

工緻，就一比中對仗之句，及兩比對仗者而言，此必在着意處。若其餘却不可過於拘泥，實字必對實，虛字必對虛，數目必對數目，致轉生牽湊之病。看先輩傳文，原不如此，但要緊處却不可疎忽耳。○斬截者，學人筆弱，數句中每有賸句，一句中每有賸字，便不斬截，即餒怯而不湛足。要如能言人，牙間乾浄爲得。○無詞色，焉能飽湛？

輕（自注　曲折　游泳　姿度）

輕有專指句法者，此所謂輕，乃指節奏。蓋固要鍊意極緊，但若毫無動宕則板重而不輕逸，有吃力之態，乏雍容之致，雖使無懈可擊，究非完作。鄉墨嫌之，會場更甚。故「輕」字甚不可忽，但輕非柔靡一種，即所謂曲折游泳姿度，亦要學得好，稍差一針便入寬鬆一路，流於考卷矣。

曲折者，前輩之所謂緺也。大曲爲曲，小曲爲折。墨中折多曲少，有曲亦不可太長，以致文氣散漫。○游泳即頓宕，與題相摩挲，不可以曲折言，而亦如水中縠紋所在也。○姿度全於虚字眼求之。

「輕」字一條，岵思先生之意，總欲使文氣不太緊。但學人又不可因此而失之太寬，極須善會。且先生專指一比之輕，而余又謂通局要輕。蓋練局不好，無波瀾起伏、離合斷續之妙，則自頭至尾板重不靈，亦不輕也。

大（自注　解不偏　局不碎）

大字訣，必兼下文精、大、輕三語椽，方備。

解不偏，是於命意求其大也。文中有偏鋒一格，此所云偏，非是之謂，謂見解落邊際也。嘗見一友，論《不在其位二句》題云：「必主《蒙引》，就大夫言。」不知聖人言語，包羅萬象。若拘「大夫」，意已淺狹，文必局促矣。不偏則從濶處走，故大。○局不碎，是於立格立其大也。房考如園亭，不妨疎散。墨卷如堂室，必須整齊。縱或稍參活動，乃是整齊中之活動，與疎散不同。故股數不可太多，即間用散行，亦須段落分明周整，不離乎墨方可。

暢（自注　理足　氣周　神旺）

文雖意合局合，而説得不暢，則無以饜閲者之心。但暢只達之謂，不可貪多務得，如塗塗附以爲暢也。

理是囫圇的，作文必看得徹，方能發揮他出來。次要有經籍以供證佐，次要有筆力以透筋骨，三者缺一，理不能足也。〇理生氣，所謂理直則氣壯也。但蘇穎濱謂：「文者氣之所形。」學人執筆，先已意興索然，如不得已而爲之，則雖使題理胸中明白，而筆下衰颯，何以曲暢其指〔五〕？故拈題後必如臨戰之一鼓作氣，而書卷筆力又足以副之。所謂周者，無一處怯弱而不振也。〇神生於氣，氣周則神自旺，如筆墨之外，猶有餘力者然。

淺（自注　不刻　不晦）

淺非淺率之謂。淺率者，浮游膚泛，不着題目者也，此蓋謂説着題目而止，明人向有淺、顯、典三字訣，淺與顯却相連。

文貴刻入，而此云不刻者，蓋刻入只是精透；此所指之刻，乃是過於求深。不特恐見棄庸目，即明眼人，亦嫌其吃力痕跡，無花放水流自然之真趣也。〇不刻是意思不刻，不是詞句不晦。凡墨卷雖醉後亦看得出，古今一轍，故爽朗最好。

清（自注　有來路　有去路　有正面）

清是文章貴品，此只言來路、去路、正面，似有未盡。總之，意要不雜，局要不亂，氣要不濁，語要不混，用淡亦清，用濃亦清。清之大概如此。

來路去路，非專指有上下文者，即全題。從某處説起，從某處作收，亦是來路去路也。

勢（自注　扼要）

能扼題中要領，便勢如破竹，不必極意經營，而局自渾成。須細玩墨裁。

認題作文式

一題有一題之面目神情，一文有一文之起伏開合。

面目者，題之形像，或長，或短，或整，或散，或寔，或虛等是也。○神情者，或注上，或注下，或注在言外意思也。○有起伏，即有照應。起伏在前，照應在後，如此方有局。○開合最盡文中之法，兼反正，賓主，縱擒，虛實，淺深等法而言。（反爲開，正爲合。餘倣此。）有一股以内自爲開合，又有兩股共爲開合者，有四股共爲開合者，有通篇大開大合者。此條所云開合，乃指立局而言，非一股内之開合也。但墨卷通篇大開大合者絶少，兩股開合，考卷最多，墨卷亦用，但句調不可太流走，以墮輕佻。四股開合，開處二股，墨法不可長，須簡勁，或用反，或用推原，或用補腦，或先泛説，此等皆謂之開。如此則文章錯綜變化，有巒而無平蕪之患矣。

用功式

猛聚心，多看書念注，多讀揣摩文，多作文。（自注 講章傳注，切勿反之，須暢之，熟之。）

聚心下個「猛」字，心最難聚，故不可不猛。但有猛於一兩日，又漸復如舊者。要隔了一兩日，又加振作一番。每見謀利之人，終歲孜孜，而讀書者却不然。蓋利易見，而讀書長進處，不易見也。不知日計不足，月計有餘，果能有恒，收效正未可量耳。○看書必須看《大全》諸書。蓋高頭講章，絶少善本，如體注家有其書，而錯誤不可勝舉。况講章限於尺幅，如《學》、《庸》及《論》、《孟》中理題，寥寥數語，豈能明晰耶？○看諸書精透後，再去念注，覺道理都已包括。否則注雖熟，作文仍舊模糊。○讀揣摩文太多，必難精熟。此所謂多，指遍數言。但寥寥數篇，在真個成熟後方〔六〕可，始亦不宜太少。凡事無不由博反約者。○多作文最要緊，火候不靠讀而靠做，做得一百篇是一百篇火候，做得二百篇是二百篇火候。但若趨向不定，無名人講貫，猶爲無益也。

所云講章傳注，切勿反之，背注自然不可。若講家之蒙雜者，盡多誤事。但有一種説數，於理未甚愜當，而世俗相沿已久，場中只得從衆，亦宜斟酌也。○暢之者，博觀以暢其説也。熟之在乎每日必看，不限頁數，能解爲主〔七〕。看了凡隔幾

日，即暗想一遍，弗使既忘後另起爐竈，則以漸而通矣。〔八〕

學古式

五經、秦、漢及後場《通鑒》，以解以熟爲主。

五經、秦、漢，先生只是隨口舉似耳。《易》、《詩》、《書》須全讀，《三禮》、《三傳》，及《國語》、《國策》，不妨採摘，其秦漢八家，視質之高下，以定繁簡。○以今日論，後場詩、策尤重。排律縱不能雄麗，必求清穩。大忌故典訛用，平仄失調，及抬頭錯誤。策條須平時記其要者，經學尤重。入場倘有遺忘，切不可影響謬對，亦不可輕聽人言，比空疎之害更大也。要之，後場未必有益於中，而易有礙於中。闈中以瑕疵黜落者，每科不少。故宜純用檢點之功，打摩乾净，方爲三場完璧也。○《通鑑》原系根柢之學，但若記性拙，工夫少，與其多而不熟，不若先通其簡者，以漸擴充。

作四書文，若胸無卷軸，不特識見拘墟，抑且詞色譾陋，況墨求精湛，豈可枵榎爲之？每見人有五經不盡讀者，一生受病已甚，即吾鄉往往不免，科名之不甚盛，職是之故。但三年之艾，蓄之未晚，並且廣勵塾間，早加學殖，則庶幾挽回痼疾，實屬風氣轉關。鼎銘聞之安州陳大宗伯云：「人可一日不讀時文，不可一日不讀經書。」旨哉斯言！余故因岵思學古一條，而不惜痛切爲人告也。

臨場式

養精神，養喜神。

有平日文字好，而場內平常。雖由運數，亦或精神不濟使然。故臨場不宜過費心思，不宜挈伴太多，應酧煩亂，須静以養之。〇人平日不宜聽命，而臨場不得不然。蓋患失之心勝，則氣餒，即敗之先機也。故董思翁謂「欣欣若已得者然」，此亦一説。而尤當思盡人事以聽天，則鋭氣不撓，文自充然有餘矣。

此條爲用功人言之，若平日荒蕪，雖養精神，養喜神，何益乎？〇以上諸式，是岵思指示大綱，以下是雜論，隨原本録之。

中式之文，必穩必新。穩非庸也，津津入理；新非佻也，目所未覩。

津津入理，理是人心所同。一人説好，百人俱説好。初看好，細看更好，此之謂穩。若詭異之文，未必然矣。○目所未覩，不是言人所不言，同此意思。用筆色澤不同，便覺耳目一新，前人所云，同中更有異也。

筆性易犯

痕跡（自注　板注　添設）

作墨要渾涵，則氣象方能濶大，氣韻方得超脱，故以痕跡爲忌。○板注者，用筆不好，有註疏氣也，與立胎立柱不相涉。○添設者，如《閔子侍側一節》題，是科以「四子得剛氣」作主者，大抵黜落，蓋非題理所無而嫌其痕跡也。看書有與作文異者如此。

喫力（自注　粗狠　鏤）

墨卷，雍容大雅，臺閣氣象。喫力則如武夫之伸拳矣，故以爲戒。○學問涵養不足，而求文章警策者，多入粗狠，每難售之。

率下筆（自注　模糊　任意）

作文須得之難，出之易。一題至，雖工夫已到者，亦必審之又審，先得其題竅，次得其通篇之佈置。於作起講，及每作一股，又必先想其大概，有勝人處，方落筆。輕率爲之，出場後悔之無及，又等三年矣。

模糊者，一由平時理不明白，一由臨時心不透徹。○任意者，一等是踈懶人，要緊完場；一等是輕躁人，自謂得之。

題外想，題外調

墨卷最深謹，意思都是題中應有之義。不必説者，便是題外，此爲切忌。○題外調，人往往不解。蓋文貴肖題，題宏壯者調亦宏壯；題委婉者，調亦委婉。因題爲之，自然合式。若因性情所好，平日所長，强題就我，節奏定與題不相湊拍，難免斥落矣。

墨體一定，如制曲者，曲變而曲體不變，閲歷科元墨自知。

自前明來，文風屢變，而變之中有不變者存，故謂如制曲之〔九〕曲變而曲體不變也。學人須看歷科，意見方定。曰元墨者，其他之文，容有變體，元墨則否。余又謂即使主司好異，元文亦變，但凡事只守常道，豈變者獲遇而常者反不遇乎？故此等文不足惑也。

題中要字，切忌糊亂輕出。

小題講出落，墨卷人多忽之，而不知其大不可也。糊亂者，或囫圇一點，或硬出而不自然，皆是。最要有如水出峽之妙。丁丑會試，《臧文仲其竊位者與》題，出「竊」字，卷卷不苟。庚辰會試，《既而曰四句》題，出「既而」，卷卷留意。可以類推。

不讀時文，固患舌本強；多讀時文，又患腕底弱。

人欲爲名世之文，則宜多讀古文。若只爲榮世計，自宜以時文爲主。腕弱固可患，但墨之出色者，原有勁氣，學之亦無患其甚弱。惟予見學人，股中尚有時文調頭可以支撑，於提束、出落、過接等處，全露弱態，此亦有礙於中。況間有必須用散段者，故古文亦當讀，不必多篇，須極精熟。至有學古文而筆力太高，不近墨卷者，則前人先已戒之矣。

人見爲生，己見爲熟，便是飛鳴之候。

旨哉斯言！生非生疎之生，乃目所未覩，生新是也；熟非平熟之熟，乃彈丸脱手，純熟是也。見之者疑其千錘百鍊，戛戛乎其難之，不知作之者只是信手寫出。此是丹成之候，故飛鳴可卜也。若初下工夫，自以爲生矣，别人看去，仍是人云亦云耳。

振裘挈領，前半篇要融要大，要精神。

語云：「八行中式前半篇。」謂起講至提比也。此處好則門面先有氣象，令閲者刮目，況中後文勢亦振得起。○起講、提比不可太寔，而全題俱已包括，此之謂融。○大，非廓落，乃意思扼其要，又調不酸澀，有函盖萬千氣象也。○精神者，着筋着骨之謂。膚泛則雖平滿，而真氣衰乏。故説大，又説精神。

凡看文字，先論穩，次論新，兼者方取。

此論選墨。

爲諸生看筆氣，爲同袍（指會試者）看精熟。眼高手生，大忌也。要其由來，惟荒疎耳。

諸生中多庸軟筆氣，故英發爽朗便是中材。會試者已多好筆路，又要火候足，方能勝人，非會試全不要筆氣也。◯越荒疎則眼愈高，此一定之理，眼高而加以手生，必無濟矣。

簡脱深雋之文，非場屋利器也，竟以昌明蘊藉爲主。（自注 兼者元也。否則必以高華透洽爲主。）

簡脱則近於枯，深雋則嫌於冷，皆是秋冬之象，即使文字好，中者什不得一。昌明如朗日之中天，蘊藉如春光之明媚，原是墨卷正宗，故元作如此者居多。若高華透洽，稍發洩矣，而亦是必售之文，看天分所近。

詞鍊氣舒。［自注］股内弗多轉則舒，弗率意卑枯則鍊，急脈緩受以養局則舒。

此一條有兩解，一則拆開看，文之鍊者易於傷氣，故詞鍊又要氣舒也。一則合攏看，文不鍊則文法支離，氣必抑塞，故詞鍊方得氣舒也，即「股内弗多轉則氣舒」之意。

股内多轉，如水之曲折多者，其流迫促，而無舒長之致也。弗多轉，非直布袋之謂。兩層意鍊作一層，兩句話鍊作一句，文省則跳脱，活活潑潑，氣自寬舒，非閲歷者不知。○急脈緩受處，看去似屬閒文，而正妙在閒，非此則氣象迫促矣。此是於篇法舒文氣也，亦不可忽。

看書要記，要長記；　讀墨要想，要長想。

看書法前已註明。○讀墨要想得極細，字字不放過。凡説許多揣摩法，隨舉一篇，無不相合，豈可滑口念過？長想者，不可謂我已想過，不必再想。須知越想越有巧法出來，想得熟，讀得熟，便與他浹洽，握管時，氣魄聲調自到筆頭上來。

闈中切忌輕下筆，頭篇以多思索定結構，有得意勝人處，與題無負，與墨恰合，才足。這篇以後，只匀暢爲主耳。

場中未見别人文字，何以知爲勝人？一即平時自己病痛之易犯者得之，一則人家不好文字，居常留心觀看，則場中得此題，通患已在目前。能曉得一派不中之文，便決得出命中之所在也。○與題無負者，先要得題之竅。中式之文，雖各出心裁，而相題自一。此處一走，定到落卷中去矣。其次又要才力足以副之，方盡題之能事。○與墨恰合者，兼立局、結調言之。○頭篇要極意研鍊，第二三篇以氣充詞沛爲主，但題竅揔不可失。且主司意見不同，有專重首篇者，有兼留意第二三篇以覘其人之火候者。新例頭場較舊從容，自宜篇篇著意，揔要每完一篇，另加一翻振作。蓋精神用則生倦怠，之後又存草率之心，必至庸陋不堪入目矣。

書義明而渾涵之，書義透而酣宕之。若刻與奥，不特作文忌，看書先忌之矣。

惟書義明者，方能渾涵。不明則語落邊際，何渾涵之有？惟書義透者方能酣宕，不透則與之相拒，豈能與之委蛇？何酣宕之有？但岵思此二句之意，謂書理雖明與透，而作文不可太露筋骨，致有痕跡也。○聖賢言語，條條直直，道理平鋪在那裏。故看書須平心易氣，得其顛撲不破處。議論好高，刻意求深，又或專理支節，而忽其寔義，殊失之矣。

一篇如一股，便不痕跡。善用提呼聯宕，便不喫力。

於每段每股接縫處留心，使氣脈聯貫，便能化去接縫之痕跡。○提呼聯宕，所以舒一篇之氣，俾不喫力也。但必曰善用者，須部位恰好。若用不得宜，或如贅疣，或反亂文格，又不如無之爲愈矣。

作文全貴直取虛神，惟虛則動，不惟本文動，而上下文俱動，讀《詩可以興》墨自知。若寔落之義，只須運之虛中耳。

此條議論固好，但「全」字稍失之偏，如《牛山之木至是以若彼濯濯也》題，「嘗」字，「是以」字，全取虛神，方得靈動。若如《詩可以興數句》題，「可以」字，與上文「何莫學」相應，自宜着意。但「興」、「觀」、「群」、「怨」，究須切寔發揮，方爲虛寔兼到。云寔落之義，只運之虛中，恐錯會者以總發爲能，又生蹈虛之弊耳。

虛神不貴挑剔，而貴融會。融會而凝鍊出之，所謂高渾。

挑剔是小題法，融會而凝鍊出之，即所謂虛字寔做也。

圓者，或數句中拈一句圓之；或數字中拈一字圓之；或題句不可輕重，而以截其散，化其板，括其煩，迴環映發圓之；或單句寔發，則以淺深具見爲圓；或兩截作扭，則以上下融貫爲圓。

圓者，謂將題目團結，題圓而文之圓亦因之。○題有數句數字，若逐句逐字做，則板滯而不圓，拈題之一句以貫串數句，拈題之一字以貫串數字，或運題一句之意於數句之中，或併題數句之意於一句之內，則運置變動而圓矣。但此只順題中自然之輕重，非有矯揉造作也。若題句不可輕重，如《遠方之人至織席以爲食》題，無輕重而頗散碎。南闈墨大抵以前四句作一截，下三句作一截，所謂截其散也。如《食饐而餲一節》，亦無輕重，四個「不食」，或化兩爲一，又用蟬聯串插等法，所謂化其板也。不論長題、段落，題之煩碎者，可併則併之，所謂括其煩也。以上數項，大抵行之以迴環映帶，使其篇法圓轉。單句寔發，難於换意，最易重複，疊牀架屋，焉得有圓美之觀？故須淺深具足，則面面俱到，其中自有起伏照應，停頓過接，篇法流美之謂圓也。兩截作紐，上下融貫，則説此動彼，説彼動此，不亦圓乎？

以上言虚圓二字，虚者神也，圓者法也。理則以必真必透爲主。具此三者，然後可以言氣之足，色之鮮，調之琳瑯矣。

理真則抛磚落地，字字着實，此由看書之功。若透則又要筆氣好。○學人求氣足，有貪多以爲足者，非也。又有直布袋以爲足者，亦非也，全在轉接處導其氣，使之不滯。何謂導其氣？不太踈，不太密，應振則振，應頓則頓，應曲則曲，應直則直，使行間有自然之致，看去不多一句，不少一句，便是足處。○色鮮在有書有筆。○結調必錬句錬字，長短錯綜，平仄和諧。

文字前幅，最忌劈空生柱。（嫌其痕跡，必無渾涵之妙、籠罩之觀。）起股或承上虚籠，（應承者則承。）或總全題虚籠，或單提，或雙提，（截發者用單提，對發者用雙提。）或帶敘者，竟依題敘起。（如《舍瑟而作二句》題，豈可全籠？須敘清上句，然後落下句。）至結處必須有結，去路有餘地。（有下文而關係要義者，必須落下，否則可不落。無下文，或歸到立言之旨，或用推開，其法不一，皆去路也。）

以平意發高調，以舊法展新姿，知此乃可讀先輩文字，又可用先輩而不同先輩一字也。

意與法是不易者，句調及姿態，古今微有不同，故先輩不可不看，而非印板先輩之謂。

用己之長，勿效顰見短。

筆性各有所長，勿舍其長而用其短。但有長處必有短處，去其病而留其長，則得矣。

會場看氣象，須臺閣體。

只是氣度春容，不可故作濶大語，自以爲臺閣規模也。

題理周匝無遺，透也。托出紙上，豁也。豁最要緊。

應有之義層層皆到，使題藴透徹無比，此由心思周密得來。○「豁」之一字，大半根於天分，然未有生疎而能顯豁者，故亦可以熟得之。墨卷切忌膚浮，又忌深晦，切寔而能爽朗，無不售者。故云「豁最要緊」。

立意中題之確處，動處，是之謂精。

確處，是題之真種子，以寔義言。動處，乃題之筋脈，以虚神言。

精而運以意之不尖不奥不刻，氣之不促，局之不碎，調之不酸，是之謂大。

尖則輕薄，奥則沉滯，刻則深晦，氣促則乏從容，局碎則欠整齊，調酸則不宏朗。文之小樣可知，一病已足壞事，不必兼也。

精而運以理之不跡不鏤，詞之不冗不腐，轉之不鈍，煞之有韻，是之謂輕。

說理痕跡，與極意鏤刻者，必支離其語以明之，多其層折以達之，故皆不輕。○詞之新者必雅鍊，腐者必支贅，故腐與冗同歸於不輕。修詞之不善也。○轉折輕若游魚，此由法熟，須玩墨卷。○煞之有韻，收處有遠神，得輕逸之致也。

精也，大也，輕也，三者缺一不可中。（自注　細玩墨卷，皆備者也。）

時人大抵知墨之大而廓落以爲大，由其「精」字未之見也。至「輕」字尤少有知者。蓋墨卷之輕，與考卷之輕，大不相同。考卷之輕，如春堤風柳，丰姿宜人。墨卷之輕，如百金戰馬，注坡越澗，如履平地，惟其力大也。杜句云：「風入四蹄輕。」此「輕」字似之。

此三字，原本名「三語椽」，乃岵思《薪傳》要訣。有天分好而自然合拍者，有一日之長，與之暗合者。若用工夫，臻此境界，正自不易。然真百發百中之技，何愁鄉、會不連飛耶？

三者外，又須一「厚」字，惟鍊意、鍊句、用偶、用襯得之，否則便落房稿腔矣。

惟鍊則厚。○用偶須流水，不可板。○用襯貴短不貴長。○房稿厚而古茂，墨卷厚而昌明。

筆氣之妙，只在爽分秀分。爽者矯健雄放，秀者風流藴藉，二者要在各用其長。

矯健雄放，不可深看，致入房書徑路，失墨卷體裁。只是不比考卷之懦弱迫促耳。風流藴藉，亦只是和平渾雅，不可求之嫵媚。二者固在用己之長，亦有因題而異，因時而異，不可不知。

文到妙來無過熟，調近者熟，調生者亦熟；用時者熟，用古者亦熟。熟者機也，機至則發，此候自知。

中式之文，調近者十居八九。間有句調稍生者，然亦是脱口而出。用時者，研鍊得好，不厭其時；用古者，運化得好，不覺其古；此皆存乎熟也。熟由平日工夫，此云「機至則發」，指臨文時興酣落筆言之。〔一〇〕

一到會場，不患筆氣不好，只患工夫不透洽，則簡脱之爽，爽而見薄；雋巧之秀，秀而見纖。細思之，三語椽斷不可易也。

簡脱雋巧，鄉墨已忌，然尚有近此者，會場則絶少，三語椽即精、大、輕也。

文字不論長短，大小，板寔，融貫題，先要識次序之法。有是法，則篇不重複矣。後要識開合、起伏、頓挫之法，有是法，則文不徑直矣。

墨卷亦忌前後複沓，不成片段。且意複則詞之相近者亦複，穢雜殊不可耐，故先要運意。一處有一處意思，便一處有一處景象，學者宜先講此。層次雖清，而無開合、起伏、頓挫，又恐直瀉而少波瀾。不重複，又不徑直，謀篇之法備矣。

平日要將《四書》本經題，時常思索窾會，又將樣式好墨卷，時常再三諷詠，使下筆時去故我，像新墨，便稱得手。

一題有一題窾會，思索得熟，則場中一想便得，不至遊移無定矣。選墨之最佳而最愛者，讀得熟，想得熟，使氣機與我浹洽，則下筆不求似而似之矣。云「新墨」

者，合風氣也。

精神要足，題理要透，句字要不礙眼，方足動人。

時文乃明理之言，代聖賢語貴純白無瑕。除六經外，秦漢八家，語之精粹者可用。稍涉粗豪，不可攔入，況老莊諸子乎？每見學人好逞新奇，不知闈中以此屏棄者不少也。經語固不在成〔一二〕例，但房官亦間有生疎者，故如《書》之《盤》、《誥》，《禮》之《内則》，及三傳中非時文常用者，究宜慎之。但此中有幾許異同處，如通篇絢爛，則生熟俱可。蓋彼明知其典博，非杜撰也。清滑之文，偶用不經見語，直奮筆抹之矣。遇典制題，無論生熟，切題即用。蓋題固貴濃，場中舉子運用，大抵相同，雖生亦熟矣。其他題目尚宜斟酌，且同此運用，又要鎔鑄得好，不覺其生，方是好手。

論題論文，論天論人，題理不得，文雖工，無益也。天分不佳，功雖沉，不刮目也。然又有如題而發不出，筆氣好而汩没荒疎者，不可不辨。

只諧聲琢句以爲工，而題竅不得者，所謂有文無題，只好隔壁聽也。天分中人，尚可造就，若十分庸劣，究無益也。如題而發不出，有題無文，由於力怯也。天分好而汩没荒踈，自棄其功名者也。

吾鄉己未遺卷，皆從事生新，而理不精，調不穩，局不大，以至黜落，乃知好言自作，而不知揣摩墨裁墨調者，真失計矣。他若荒踈率筆，全無竅會者，又不足譏焉。

生新非不好，而是墨卷中之生新方可。有根柢人而每遭擯棄，大抵坐好言自作之病，終身失計而不之悟，或亦命使然歟？

儀聖〔一二〕言淺，謙六言不亂，蘊生言不喫力，章君平事言得機，數子之言，皆得手人語，其大本大原，只在勤勘題，多讀墨，自然在在合拍。

數子之言，總歸於水到渠成。自岵思至今，又數十科，終一轍也。

一題到手，切勿鹵莽就做，須再三尋繹。認定題神（兼題義言之）後，定一篇之機局。定一篇之機局後，定逐股之詞意，然後落紙。落紙完文須考訂字句，勿使礙目。總之，題義既確，不狠其容而自透，不多其思而自精也。前半篇尤爲喫緊，看元魁墨之精渾便知。（自注　精者，宜射題神。渾者，冠冕包括。）

作文切忌信手寫去，先定通篇大局，然後伸紙落筆。每作一股，先將起承轉合，定其大概。其中有出色處，方振筆書之，自然一氣貫注，與支支節節而爲之者大不相同。此由平時習慣，非闈中猝辦也。〇題義既確，三句說得精不可言。凡得題旨者如庖丁解牛，芒刃不頓。否則狠其容而徒覺獰狰，多其思而適增闇晦。要做題目却不是題目。諺云：「喫力不討好，討好不喫力。」此之謂歟？故以勤勘題爲第一要着。〇落卷之文，前半篇大抵失之於鬆，由其率下筆也。精渾二字，真是不易。

法有次序，則理不版寔。法有起伏頓挫，則氣不粗豪。使理與氣之皆得其當者，法也。此言出自《會墨法序》，細思之不易。

理要運化，氣要駕馭，少不得個法，惟熟於文者知之。

看來文到得手，不論淺深，必有自然之逸致。自然者有脈，（上下文之脈絡。）有法，（次序反〔一三〕起伏頓挫也。）有正面，（文之切寔處。）有神情，（文之紆餘宕漾處。）有一氣吹息，旋轉自然之樂。（有此二比，似恰有下二比；有此句，似恰有下一句；行文樂事也。）而必無題外想、題外調。（題外想，題外調，皆從没擺佈生出。得手之候，題中樂境無窮，何暇題外生支？）講題如打鐵，（說不透。）取題如揑沙之苦，（團不攏。）此非爲膚淺者言，爲勘題精透者言也。

惟勘題精透，方能得手。然用法不熟，使筆不熟，興會不到，亦仍有未得手者。故此境最是難到，須從勿忘勿助得來。若未能自然，而勉強摹擬，以期其自然，定又生出許多病痛，不可不知。

高手字字飛，低手字字砌。

二語最是行文生死之别。同此意思，而飛者自飛，砌者自砌。活活潑潑則是飛，悉悉率率則是砌。學人閱文，先辨得出是飛是砌，後要詳究其用筆之處，何以能飛，何以成砌。雖極聰明人，亦不可少心細工夫也。

文之貴清也，以介立骨，以妍赴時。不染一塵，介之至也。若吐清泚，妍之符[一四]也。

文之清者，多是廟廊之器。意理不雜之謂清，雅淡者清，絢者亦清，簡净者清，暢茂者亦清。人但見墨卷之濃，而不知其自首至尾，只「清」字不易及。蓋未嘗不以妍赴時，而却以介立骨，若吐清泚，亦異於浮艷以爲妍者矣。

凡融題，要渾，要圓，要湛，要透。

兼此四者，乃盡融題之妙。

看書融，作文自渾；看書透，作文自輕。

理融則不落邊際，故渾。理透則游刃有餘，故輕。

看大概，無多記，苦心按理。

此二條，言看書之法，學人每懶於看書，而不知董思翁云：「看書抵作文一半工夫。」書義不明，何從勘題？又有雖看而仍屬無當者。嘗見一友，於《四書》異同諸説，枚舉無遺。及覩其文，仍屬模糊。此死記而乏理會者也。此云「看大概」，又云「苦心按理」，乃是勘其要義而略其枝葉。凡聖人言語真下落處，必看到十分洞徹，要法須就自己身心上體會，此做時文第一工夫，勿看作等閒語也。

不漏不溢。

題中所有不宜漏，題中所無不宜溢。

得難出易。（自注　若得之易，是一番活套語。若出之難，其文必艱深、不醒人意也。）

認得是，做得出，看得到，運得輕。

認得是而發不出，終不足動人。題理看得周匝，意思又須地位安放得恰好，則不板重。

不偏鋒、不尖碎爲大。

作昂首語爲高。(昂首語,墨中處處有之。)

神理腔調,認清恰合爲穩。(肖題便穩。)

踈密變化爲輕。(有密無踈,文中最忌。)

力去陳言爲鮮。(語無新陳之别,不切者爲陳言。但有一種,雖切近,而知〔一五〕性中之固有,職分之當然,用得太多,亦嫌其舊,究須去之。)

藴藉宕折爲秀。(此是踈處。)

作勢便活。(自注 或順,或逆,或構空,或扼要。)

運題要輕,融題要湛,起手要融洽,要氣象。(自注 古人得力,前半篇也。)

賓意還於主中見，大勢以正面爲主，一比中踈密相間，氣方展舒。切忌句句要圈。

考卷賓面多，墨卷正面多。但全用正面，何以成文？故以賓意插入，作推激之筆，乍看純是正面，而不知巧處却在賓面也。

年老筆嫩。

少年之文，患其不老。老年之文，患其不嫩。嫩與穉不同，穉者弱也，嫩者鮮也。穉則使人輕，嫩則使人愛。欲年老而筆嫩，比少年時，越要讀英發之文，蒼古者一字不入目，方能之。

文字不患意見不高，不患理路不徹，只患心粗氣揚，不能雍容大雅，以游於冠裳佩玉之林。須加意收斂，雖有應酧，只以無事處之。執筆爲文，須鎮静舒徐，不動聲色，不逞才氣，惟言乎其所不得不言，止乎其所不得不止，則舂然雅淡，綽有廟堂風度矣。此先輩瞿昆湖語，蓋深有味焉。故稍節其語而録之也。

此條歸到息深養邃，是墨卷圓滿工夫，「言乎其所不得不言」二句，真墨之三昧也。

墨譜卷之二

海上薛鼎銘　葦塘輯注

論墨雜録

墨法莫備於《會元薪傳》一編，但一人之説，或疑不足盡憑，則互證參觀，亦不可缺。予故溯流窮源，遠自前代，近及時賢，雖不能採輯無遺，謹就篋中所有，稍加註釋，並付剞劂，其亦食芹而美，不敢自私之意云爾。

東坡與姪書曰：凡文字少小時，須令氣象峥嶸，彩色絢爛。漸老漸熟，乃造平淡，其寔不是平淡，乃絢爛之極也。汝只見爹伯今日平淡，一向只學此樣，何不把舊時應舉文字，看其高下抑揚，如龍蛇捉不住？且當學此。

此條傳誦久矣。可見應舉文字不可平淡，父兄戒子弟切骨之論如此，其云「氣象峥嶸，詞采絢爛」，及「如龍蛇捉不住」，與今日之言命中何以異哉？故雖非論制義，而託始於是，以見古今一轍。

茅鹿門四則（前二則録其要者）

一曰認題。題[一六]中之精神血脈處，學者須先認得明白，了了悉之心中，方可下筆，然後句句字字洞中骨裏。予故論爲文須首認題。今之學者，於題類多鶻突，焉能入解乎？

岵思先生之首認題，淵源於此。

二曰布勢。勢者，一篇呼應之概也。大將提百萬之兵以合戰，其要只在得勢。舉業亦然，得其勢，則相題言情，如風之掣雲，如泉之出峽。蘇文忠所謂「行乎其所不得不行，止乎其所不得不止」是也。不得其勢，則語意蹇滯，扣之不成聲矣。

此言謀篇之法，是第二層工夫。

三曰鍊格。格者，猶言品局也。（格是品格之格，非格局之格。）後世論古文，首先秦兩京者，以其去古不遠，神理渾融也。薄晉宋以下者，以其世既衰薄而神理不振也。唐宋八家，能窺測道理，約六經之旨而成文，是以其格獨高。即如舉子業亦然，世之名家，往往能深於六經，故其胸中所見既超，鏗之爲聲響，布之爲風藻，與人迥別。不然，則終不免爲卑品下局矣。

云「鏗之爲聲響，布之爲風藻」，則非置詞調於不講矣。此第三層工夫。

四曰中彀。彀者式也，世所稱中式也。以上三條，予所自喜獨得其解者。然世之有司，往往操其耳目所向，繩墨所習以求之。而我不能赴之，韓昌黎之所以三試禮部而不遇者也。予故不得已別爲「中彀」二字以懸之於心。其規模大較，雖不出於前三者，而於三者之中，令典則淺近。令人覽吾認題處，不必淵深，而大旨了然；覽吾布勢處，不必宏遠，而脈絡分明；覽吾鍊格處，不必高古，而風韻可掬。則世之宗工大匠，當屬賞心，即如肉眼，亦不吾棄矣。

前三則，是泛論時文。後一則，是時文言揣摩之始。其云「規模大較不出前三者」，則非全不講認題、布勢、鍊格，而決裂以爲墨卷矣。其云「令典則淺近」，則是不得不降而下之，而非好高以自取擯棄矣。嗟乎！鹿門巨手，猶以「中彀」懸之於心，況他人哉！予故録此以見墨法從古如是，源流可溯也。

傅夏器曰：文章不拘奇正，只要英發出色，豐滿光亮，始能千萬人中，奪人心目。否則庸庸腐腐，未有不遭擯者也。

墨卷以傳世之文相較，則目爲庸腐矣。而以落卷觀之，主司正取其不庸腐而異於人也。英發出色，豐滿光亮，此等文在高下間乎？

先輩論文曰：明潤象春，柔嫩亦象春；暢茂象夏，穠雜亦象夏；高潔象秋，蕭索亦象秋；老成象冬，閉塞亦象冬。得春夏氣者，雖少年或速售；得秋冬氣者，即宿儒亦蹇滯。

墨有高下之别，柔嫩穠雜，是次於明潤暢茂，少年學問未深者〔一七〕也。而亦或早達，難售之文，亦有高下，高潔老成，是宿學之文，任於蕭索閉塞者也，而每難遇合，可見文章貴熱，不貴冷。熱與冷根於性而亦系於習，生死關頭不可不慎也。

柔嫩非弱之甚，穠雜非亂之甚，須善會。

前人詞曰：三場只看一場文，七藝全憑首藝精。開口擒題須渾勁，（言起講之法。）領題二比要剛凝。（言起比之法。）篇如股股相生義〔一八〕，（言由中及後之一氣呵成。）回龍顧祖要分明，（言後面回顧前面，又於題旨收束得點水不漏。）有人識得其中趣，大海撈針不用尋。

袁了凡曰：今日之文欲極新，又欲極穩；欲極奇，又欲極平；欲說理，又欲不著相；（即岵思所謂不跡也。）欲切題，又欲不粘皮帶骨。（粘皮帶骨，只是由題目看得不透不融。）正大處欲帶圓活，透脱處欲帶含蓄，（二句是言一「渾」字。）流動處欲帶莊嚴，輕逸處欲擔斤兩。（流動而不莊嚴，輕逸而不擔斤兩，氣味純乎考卷矣。）

徐退山曰：凡作舉業文字，意不可求奇，而筆不可不奇。意奇則僻澀，筆奇則生新。（袁了凡之所謂新而穩，奇而平者如此。）

殷价人《勸學》〔一九〕四首

揣摩何處覓真傳，諦當工夫不易全。（言墨者多矣，或太高，或太低，每不能當。或各言其得手處，而未必完全無缺。）脈正理純詞欲湛，機圓神足色求鮮。（二語括盡大旨。）個中警策時當露，（不警策，何以動人？警策只在用筆措詞求之。）意内精微仔細研。（精微者，不求深刻，只是透徹。）費盡才人無限力，徒勞門外寔堪憐。

工夫最忌雜而忙，（愈雜則愈忙，只是無定見之故。）水滴繩穿用日長。（工夫要純熟，彼求效於期月之間，不得即棄，豈科第盡如拾芥乎？）厭故喜新無定見，眼高手硬乏真方。彀中入彀堪爲法，（文家以得竅爲要，不必矜奇。）題外尋題總自荒。（所謂題外想、題外調也。）我勸世間才學子，莫將才學病膏肓。（庸才失學者，固無論矣。扼腕太息，正爲此等才學人。終身不悟，或亦命使然歟。）

入門先辨路頭真，荊棘叢中莫問津。不淺不深期恰好，（文字只是「恰好」二字最難，到此百發百中。）或虚或寔要停匀。（虚實兼到。）總教熟極能生巧，（丹成之後無不如是。）便使奇來亦入醇。（昌黎所云「醇而肆」也。）可惜聰明多誤用，窮經皓首歎沉淪。

力業工夫如弄丸，求成寧得畏窓寒。當行闈墨宜精讀，（闈墨亦微有不同，須擇其當行而又出色者。但讀之不精，終無得也。）應制房書要細看。（應制房書，是司門卷，非窓稿也。逐篇細看便見多識廣，得其殊途同歸之理，而自家見識已定。）題旨精微遵傳注，（注中虛字、寔字，一字不可忽略。）文章浩瀚學蘇、韓。（以氣旺爲主。）世人若肯堅心入，不患功名到手難。（雖説難，究竟不難，有志乃成耳。）

王緱山曰，應制科有利、鈍二途。凡文之蓬蓬勃勃如釜上氣者，利之途也；（意理略清者，無不成進士。）掩掩抑抑如窓隙風者，鈍之途也。（名士之文多如此。）鮮鮮潤潤如叢花帶雨者，利之途也；（此少年利第之文，更帶渾厚者，福澤必大。）孑孑直直如孤幹擎風者，鈍之途也。（老手之文如此。）活活潑潑如游魚飛鳥者，利之途也；（「活」字本行文之要訣。）悉悉率率如蟲行蟻息者，鈍之途也。如物在口，探之即得者，利之途也；（爽朗。）結塞胸中，若嘔若吐者，鈍之途也。（艱澀。）如鼎在世，古色駁犖者，利之途也；（經籍紛披。）如鐵在水，黯然沉碧者，鈍之途也。（時文爛語。）

利鈍之分，大半天資，亦由人事。利者雖淺學，早掇巍科；鈍者雖宿儒，困頓場屋。功名成敗盡洩於此數語之中。學者字字熟記，方知所趨避焉。

王罕皆曰：人縱不能爲必中之文，當無爲必不中之文。所謂必不中者何？孤高與汗漫皆是也。

孤高，是文之氣骨太高者。高者必冷，墨卷以熱爲貴，冷則不售矣。汗漫，是文之漫無紀律者，墨卷整齊勻净，堂皇中有謹飭之致。彼好逞才情，或貪多務得者，又失之矣。

焦廣期先生《棘闈訣〔二〇〕》

先生諱袁熹，制義名手也。《棘闈要訣》，乃其降格爲之。但立論間有偏處，不若岵思之平正通達，周匝無遺。予故特採其言之無弊者，其餘所尚偏鋒之説，概不敢存。蓋蕩蕩平平中自有必售之文，詭遇何爲哉？

場中爲其可得，勿爲其必不得。所謂必不得者，蓋非一軌，其譾劣已甚，藍縷不堪者勿論矣。亦有文如翻水，自然成熟。（此熟爛之文。）或乃語出嘔心，不辭精苦，（此生澀之文。）而歸於不效，此可惜也。操必不得之道，以入場屋，非惟不求，又固辭之。然且曰：「有司之過也。」夫有司則何過哉？

先輩云：場中中奇不中平，然則中式之文，平者宜少，奇者宜多，而頗不然。何歟？曰：身在場外，與場中閲文者不同。凡今之所謂平者，皆主司於累百中特取之也。其特取之，必見以爲異於累百也。其所以異之故，人不盡知，以不見累百者果何如也。大約十人如此，而一人獨如彼，則如彼者得矣。不必果奇也，以其不雷同而名之曰奇耳。

場外之目，别於場内。揣摩者雖身不入場，而平日留心一派平庸之文，則於萬卷皆在我目中矣。

上乘文字，以神理爲主。今日場中，理不必太精，神亦未必盡能領取，只争一個「氣」字耳，氣盛自足以奪人。若節節爲之，推敲字句間，而氣更銷沮，未論文之工拙，已先輸却别人矣。

理不必太精，非全不求義理之謂。神未必盡能領取，非全不顧神氣之謂。字句不必過於推敲，非全不修飾之謂。凡前人言須善會。

以吾文示人，却是從未見此文者，此便是好機括也。只是眼前語，人人意中所欲言，而此特出之爽朗，境界一新，如何不觸動人心眼？若我文初脱稿，而人以爲某處見之，又示一人，又以爲某處曾見之，則必無濟矣。

文之雷同者，多由率意下筆，及襲用時調，不可不慎。

最是酣適爲貴。夫酣適非冗漫之謂，心手調諧，筆歌墨舞，作者快活，閱者亦快活。兩相湊洽是也。不然者，雖履規蹈矩，而意興索然。如以不入耳之言，強聒不休，彼已不勝厭倦矣。孰肯紬繹其意思之所在乎？故苦心研鍊之文，與趁手塗抹者同棄，職此之由。

破承不得率易，亦不可太做作。起講須是未落筆時，極其揀擇，忌庸、忌縮、忌版、忌寬泛。既落筆後，一筆揮灑，勿過鍊傷氣。若得一個好起講，又得好起比，三場文字，便抵一半工夫也。

議論似譏諷時事者，不可用。

諺云：有理不賭聲高。場中正不然。理不必異人，只賭得一聲高耳。體格不異於衆者，須是逐段中有警策之句。

文字若無光燄，雖於題理一字不走作，然主司所取，在彼不在此。有數病焉，願相與講去之：庸也，膚也，酸也，枯也，澀也，粗也，戾也。

《孟》藝以興會爲主，題目散碎者須渾須整。

同一字樣也，或落卷被抹，而墨中用之，此不足怪。彼中式者，其熱如火，閲者神氣已爲所奪，雖有瑕疵亦自不覺。此雖朱衣使然，亦其文之氣燄有以攝之也。若落卷則不然，彼先已昏昏欲睡，又撞着字樣不好，不抹何待！

更有一説，通體柔細之文，雜一二粗硬字句，便覺礙目。若是氣蒸波撼，雖有沙礫亦自混過。然揀擇之功畢竟不可忽也。

余更有一説，文之熟者，瑕疵不覺；文之生者，瑕疵立見。

徐超亭先生論文

先生名秉哲，庚午孝廉，甲戌進士，予之同鄉老友也。揣摩功最深。鼎銘初求墨法，寔問津焉。其論墨，大抵淵源岵思，而能發所未發。茲子深體所友〔二二〕不驕不吝之意，並欲傳之藝苑，而拙刻亦借以叨光。第此道精微，不嫌詳盡，故復演繹於各條之下，總冀閲者展卷了然，不識吾友以爲有當否？〔二三〕

審題爲場中第一緊要，凡題必有主腦所在，須認清，開口直擒。切勿游移放鬆，即或用反、用翻、用襯，總是不離其宗其法，總在相題之有上下文、無上下文者，要得聖賢立言之意。

聖賢立言之意，即是宗也。開口直擒者，乃是擒定題之宗旨所在。學人每以捉牢題面爲擒，失之遠矣。

審題既清，説來仍不動人者，只是用筆不好。用筆之法，在起筆要突兀或飄忽，轉筆要捷要圓，提筆要振，煞筆要有力或有韻。

突兀如雲峰矗起，飄忽如鷹隼摩空，總要使股頭有勢，則通比俱振。轉筆之捷與圓，即岵思所謂轉之不鈍也。墨卷每比中提筆最多，提者乃從上文文勢小小頓斷處，隨用提筆，是句頭無虚字眼者。蓋不提則一片説去，文氣倒塌而不振。故長比中固多提筆，即短比亦有之。此最墨之巧處，説破後，細玩自知。煞筆有力則清挺，有韻則舒長。收韁之法，不脱此兩種。

立身題外，以我論題，便活動，便超脱。切忌句櫛字比。

立身題外，初學最難領悟。只是擒定主腦，一線穿去，使題之層折都歸我大氣鼓鑄之中，則我不束縛於題中，便是立身於題外也。句櫛字比，是依牆摸壁者，何由活動？何由超脱？

股頭將一股大意憑空説去，然後再開再合，文便錯綜變化。若呆呆一反一正，必至板滯。

墨卷於股之起頭，作一小冒者，多寔題，及中比尤甚。考卷多有半股反，半股正，半股賓，半股主，墨卷則必無。蓋以反正賓主錯綜而出之者也。

題或幾句幾節，（題之不全考。）起講要融會大意，兜底咬定，使題之全神俱動，方爲得手。若説三兩句，只見題之一面者，必不入彀。

融會大意以得其宗旨，兜底咬定以清其起訖。

題或幾句幾節，切忌呆做，要説彼此動，説此彼動，如此方融貫。

一題必有一題之所以然，説得幾句汁漿出方好。朱岵思所謂津津入理者在此。

要説得幾句汁漿出，理要透，筆要豁。

閑句閑字，最要淘洗。一篇中着一段閑話，一篇失勢。一股中着一句閑話，一股失勢。

墨卷貴切要，不可閑雜。

題之真精神所在，固是多一句好一句。然亦要融鍊，他人數句説者，我以兩三句了之。他人兩三句説者，我以一句了之，氣味便厚。

厚從鍊字中出，方是墨卷之厚。

會墨以大爲要。所謂大者，不離「緊」字之外，大非浮廓迂遠也。只是春容大雅，有函蓋乾坤之致。

能緊者，其爲大也，必不失之廓落。故初揣摩，切忌先求大而不求緊。緊矣，火候再熟，氣象自會放大。

天下之高聳者必大，深厚者必大，寬裕者必大。而高聳、深厚、寬裕，非工夫十分純熟者，何以能之。

高聳、深厚、寬裕，皆於氣象求之，此却不可生擒活捉，其在九轉丹成之候乎？雖亦有平日工夫未到，而場中却自純熟者，此由一日之福分使然，非可預必。惟有多讀多做，以臻此境界，乃是我爲政耳。

墨譜卷之三

海上薛鼎銘　葦塘著

勸學九條

前所輯論墨二卷，其法固已略備，縱鄙論未敢自詡，而諸公之言具在，不可没也。鼎銘抗顔爲師，嘗有《勸學》數條，書而懸之於塾。今及門並請付梓，念海内豪傑之士，何屑聞此淺陋之言。第情性不同，則芻蕘容有一得。區區之誠，情見乎詞，惟閲者鑒焉。

定志

國家以制藝取士，然則士子進身之階，舍是末由矣。而學人自游庠後，每患志向不定，各因所好，大約有三：一曰涉獵而志不專。夫詩古文詞，以及博通典故，雖士人分内事，但必天資邁等，兼騖而無妨舉業，則可。若質既中人，更或奔走衣食。光陰迅速，自問才力幾何，而能旁及耶？排律原是場例，只須工穩，可以速成。若欲樹幟騷壇，追蹤風雅，談何容易！古文之功，根原甚深，淹貫古今，則博之不勝博。故我非〔一三〕教學人，只辨時文伎倆。但與其東塗西抹，皆爲覆瓶之物，不若專心致志，先求時藝之精。果能早入詞林，棄時文以專攻古學，不猶未晚乎？一曰見小而志不大。歲、科之文，別於闈墨。乃未食餼者酷慕食餼，既食餼者猶必求前列。不知揣摩成熟之後，則無所不可，雖歲、科亦不居人後。而初下工夫，斷不可紛歧誤事。試思試必冠軍，終淪草澤，而似依依不舍於明倫堂上，何哉？一曰求深而志太高。自前明來，時文中非無不朽之人，果能不朽，勝於科名。但資必極其高妙，學必極其淵深；而尤在絶無人之見者存，方能精心果力以赴之。今人往往不讀古大家所讀之書，而輒欲摹倣大家所作之文，其必不成一也。又平時則曰：「我歸、胡，我熊、劉。」及文宗將到，則名心頓起，尋覓時樣梳粧，其必不成二也。與其不成則莫若爲不高不低之文，輕輕步入青雲中，欲成不朽之業，此後正大有事在，何必時文乎？凡此三者，皆余追悔少年時受病之處，故不覺言之親切，願學者以定志爲第一。

勵志

用功人志患其不定，疎懶人志憂其不勵。人方試童子時，讀文作文，類不下數百篇。及青衫穿，大不然矣。饒士則明窗浄几，常常虚設。貧士則三次館餐，消除一日。以故有經年不作文者，有統十年僅成百篇者。方其入場也，荊棘生於腕下，亦或萌發憤之思。及其報罷也，今年且待明年，倏忽又大比之歲。嗚呼！閲一科而朱顔漸改，只消槐花黄。數次已斷送一生，言之可爲傷心。故余願學者常如未入泮時，孜孜不輟，無不高飛遠舉者。雖云人到中年，豈無塵務？但歐陽公謂平生作文，只在馬上、枕上、廁上。可知精心果力，雖以衆人必不用之光陰，都成有用，況未必一無閒暇乎？語云：「少壯不努力，老大徒傷悲。」能換去一副懶骨頭，可決其爲富貴之器也。

識命

高人逸士不能爲，亦不必爲。挾策之徒，誰無科名之念？所以作輟無常者，亦或懼其爲之無益也。何以無益？曰：有命。夫善惡之報，天理昭灼。祖宗及本身，德厚者得之易而位尊，德薄者得之遲而位卑。其有陰惡者，文字雖佳，必有意外蹉跌，豈可抹煞「命」字，謂士人不妨糊亂行事耶？但若自問，非有不可逭之孽，而徒諉之杳杳無憑之數，若得失一聽於命，而文字無與者然。嗚呼！昧亦甚矣！農夫不力耕而云：「命飽即飽，命飢即飢。」豈知其不力耕者，即其命之應飢而死也。蓋鬼神即在人心，心之所之，若有鬼神潛驅默率於其間。一念堅決就是天誘其衷，一念游移就是天奪其魄。故即云有命，命從何處看？只反而求之於心耳。揣摩家謂須作奪命之文，夫命豈可奪？予謂命在文中，不在文外。識破此關，何有才無命之足患乎？

識途

世之望中者，謂入場只求文字好，何論墨與不墨耶？不知主司原欲取好文字，只是同此好，又要合於程式。夫所謂程式者，非主司一人之見，自有程墨以來然也。又非從來主司之強立其程式。情勢之出於自然，又不得不然也。何謂「自然」？富貴福澤，根乎人之心而形見於心之聲。玉堂金馬之人，豈能作郊寒島瘦之文？見識自是濶大，氣魄自是雄偉，局面自必整齊，聲調自必宏朗，作者不覺做此文，閱者不覺取此文，懸定價於冥冥之中，直是跳不出這個模樣。即謂其文稍近庸俗，但庸俗即是福澤處。天之所爲何可强哉？此所謂自然者也。何又云「不得不然」？士子窗下作文，不妨任意爲之。若場中即所謂敷奏以言也，自當正大昌明，雍容爾雅，乃爲立言有體。若率意爲野戰之文，如披野服以入闕廷，雖使裙屐風流，不敬孰甚耶？况取士將以適用，文之尖刻者，心術未必光明；文之放縱者，氣質未必醇雅。即或循規蹈矩，而氣味閑冷，國家於山林中人何取焉？故衡文之識見有深淺，墨卷之高下有不同，而四百年來軌轍則一，能不惑於此之謂識途而已矣〔二四〕。

釋疑

每科闈墨一出，下第者議論紛紛，或以爲某篇文字不佳，或以爲某篇不似墨裁，不知此無可惑也。我所謂〔二五〕不佳，不知果平允之論耶？抑出於憤激之意，或眼力未到耶？即使平允，但場内與場外不同。主司在場中，見當行出色之文甚少，其他庸庸萬卷，增厭已甚，遇有蹊徑異人者，録瑜忘瑕，此亦容有是理。然真個可議者，一篇中或數句，百篇中或三四篇，而遂以此爲場中不論文之證，豈篤論哉？至不合墨裁者，魁卷中往往有之，江浙鄉闈尤甚。蓋主司特不過取一二超妙之文，以見老眼之無花，以見衡文之不拘一律。及合通場墨觀之，體裁仍自不變。故論墨當舍其變而取其常可也。至若謂中式中必無可落之卷，落卷中必無可中之文，此又不足以服人。要知有必中之文，有必不中之文，有可中可不中之文。必中之文甚少，必不中者最多，可中可不中者，場内百卷中約有五六卷，俗所謂弟兄文字也。獨此項中得失難卜，須視其人之福命，但何不爲必中之文，則亦不必疑矣。更或平日蜚聲黌序，而屢躓棘闈；或絶少文名，而破壁飛去，此尤不足怪異。蓋以近中論，少年或勝於宿學；以福分言，千短或偶有一長。故有志者，總當爲其有定，而不必惑於無定，此之謂卓識。

祛妄

釋疑之後，何又有祛妄？疑者，疑文章之無據，而志向游移。妄者，自揣文理之平常，而希圖倖獲也。蓋每科所售，不盡素望服人。或出於一日之長，或由於針芥之合。於是妄想之士，歷引以爲口實，曰：「我焉知無一日之長耶？」不知此何可卜哉？倘使一日不長，又閲三載；三日不長，便歷十年，可待乎？不可待乎？又曰：「我焉知無針芥之合耶？」夫投合比之針芥，明是萬中之一，妄乎？不妄乎？總之弋獲之説，不過貪懶人倚此作逍遥計，而其實一點癡心，却錯過一生事業。余嘗謂學人曰：「彎弓而閉其目，於箭亦或有一中之時，孰若持〔二六〕弓審固，即不百發百中，豈不得多失少耶？」夫穿楊貫虱之技，謂罕〔二七〕其人則可，謂無其人不可。請從此盡祛妄想，寔下工夫。或工夫未〔二八〕足，而已展鵬程，此亦不可知之事。然在立志之初，掘井及泉，有爲〔二九〕者當如是耳。

問途

前數條，鄙意無非攔截别路，使人專向墨裁。乃或問於余曰：「如志已立矣，若不得其途，奈何？」余曰：「嗟乎！此我《墨譜》之所以輯也。」夫累代科名之家易中，其傳派真也。人文極盛之邦易中，其講貫多也。如一鄉之間，中者寥寥。間有先達，或出仕無從問津，或謙光不欲傾倒，又或天資過人，先自不勞而獲。曲折精微，豈能詳盡？予故搜〔三〇〕羅衆説而解之、暢之，亦欲使鄉之人，稍稍有路可尋耳。但閲是書者，功名得失，尚未可知。蓋心不虚則不能入，成見在胸，看未畢而先已扞格也。心不細則不能入，自謂已得而未之得也。功不沉則不能入，走得壹層，方望見前面壹層也。總之躍如之旨，原在面前。得力淺深，存乎其人而已矣。且得是書而謂可無明師益友，則又不然。蓋言不盡意，非面命究難合轍也。明師縱不能得之一隅，當求之四方。益友不必定是勝我，得同志便可集益。俗所謂一人爲兩人智，凡先得一長者，就是我問途之處。不然，吾恐終其身倀倀無之而已。

立基

根之固者實必茂，昌黎論文之言也。作揣摩文，何獨不然。世有自外於墨而不售者，亦有好之甚，並從事專且久，而仍不得售者，由其根基不立，而於墨貌合神離者也。根基何在？一曰理熟。蓋時文發揮四子書道理，墨之異於房考者，不過在體裁音節間，其爲明道之言何以異？況作墨更須實勘，苟不透徹，何由切實？故知明理之爲要也，不特作此題，要明此章之書，須於聖賢道理，通身明白，方能淵涵無盡，周匝無遺。一曰經熟。經與四子書，源流一貫，故文之高者，固無不原於《六經》。墨卷雖不甚高，而經義不明，根柢終不厚。即降而以取材論，若非鎔鑄經籍，則不得不清。即欲其濃，無非襲時文爛語以爲濃，色澤仍不鮮明，適形其膚廓陳舊，焉能奪目？一曰法熟。蓋墨裁，法度之外，氣局聲調，別有講貫，而非離乎法度以爲墨也。謂墨卷法不必過密則可，若偭規越矩則不可。故前明來佳文，縱不能多讀，亦須多看，勿只守時墨數篇也。夫築台者，先立基址，有此三長，則根荄既固，墨卷不過範我馳驅。雖期月間，得效而去，豈意外事哉？不然，挾其空疎淺陋之胸，《墨譜》云云，無從安頓矣。

振儒

或問於予曰：「俗之言墨卷者，不過炳炳烺烺，以別於寒瘦之文耳。而如《譜》所載，曲折精微，得無畏難者，望塵却步乎？」予曰：「彼苟爲炳炳烺烺者，將以爲得乎？失乎？《墨譜》之輯，原代爲人功名性急。如別有捷徑可從，何必爲此迂論以苦學者乎？」夫舉子誰不讀墨？而所以不中者，規撫其形貌，實未見其籓籬也。即使弋獲間有其人，竊恐命稍蹇，無不困頓諸生中。又或早登鄉榜，而終身見擯禮闈，良由探之不精，語之不備，操之不熟，以有此蹉跌。然則前人之論，爲不迂矣。夫天下事，只患無路，不患路遠。況此道雖資稟有高下，得力有難易，而較之爲不朽之文，猶相什佰也。彼苦其難者，直欲求效於旦夕間。但我之所易，人亦易之，何以取勝於人而居人上哉？揆厥所由，只是貪懶一念，牢不可破。嗚呼！科名關係不小，比人喫得一分苦，方勝得人一分。文齊乃得福齊，皇天原是不負。故以振懦一條，終我之荒言耳。聾者聲必響，拙心者語必切。余之絮絮，亦予之拙也夫！

［附録］作文要訣

〔清〕動忍子

發很心，用猛力　放大眼，下辣手　小心審題，大膽落筆　識踞題巔，神遊象外　取神審勢，養脈赴機　逼拶　吞吐　緊警醒活　有議論，有興會，有筋節，有提掇　氣清而腴，文豔而秀，局整而緊，句鍊而切　透亮迅朗，清矯精鋭，靈快停匀　句句靈，字字鬆，節節緊，處處提，筆筆縮　鍊意使新，鍊局使活，鍊氣使旺，鍊句使峭，鍊字使老　如孤軍遇敵，奮勇向前；　如老吏斷獄，推勘到底　成語善翻，平蹊善轉　去人所常説，去人所争説　精團氣聚，意暇神閒　乍使人怒笑交加，勿〔三一〕使人泛常相視　場中中異〔三二〕不中同，切勿隨人覓生活右十八則，或得於古人之評論，或得於師友之指授，或得於甘苦之閱歷，彙而書之，以當觸目警心之助云。辛卯花朝動忍子書於泉潤芝香室之南牕。

節録吴蘭陔先生闈試總論

應試之文，太高不得，太低不得，要使内含韻味，外露光聲，情極合時趨，思力迴超流俗，斯為命中之技。

墨卷未嘗不可讀，但不可學其腔套，貌似神非，最為行文下品。朱雲麓先生曰：「學墨卷不可學其鋪排，須學其圓利。鋪排則膚而呆，不能得題貌；圓利則靈而入裏，兼可得題神。」

主司命題，必有命意之處。命意無他，只在認題而已。凡一題到手，必須將白文細註反復〔三三〕涵詠，某一種實理宜發，某一種虚神宜摹，某一字不可滑過，某一句不可着迹。題之真種既得，自然口口咬著。若認題不到真切處，則命意必不能緊。認題不到微妙處，則命意必不能超。三年心血争此一刻眼光耳。

求題間，清題脈，識見真，眼光遠　神在題前用呼喚，神在題内用挑剔，神在題

外用播弄　一層分數層讀，數層併一層寫　詳人所略，略人所詳　虛字實做，用緩急輕重讀；　實題虛做，用騰挪包埽寫　到題快，拍題緊，取題別　忌杜撰蹈襲避同

以上七則最有益於命意之法，附識於此。

命意既定，須知鍊局。局貴活，不貴板。貴緊，不貴寬。貴曲，不貴直。虛實相生，長短相間，向背離合得其情，操縱順逆得其勢。局無定式，不過發揮命意之處，期於透徹而止。相題立局，變化從心，所謂文成而法立也。預先擬定，便是印版文字。

放重筆，用輕筆，避板局，就活局　勿板重，勿生澀，勿閒冗，勿寬緩　一氣揮灑，呼吸靈通　機當在心，不當在紙　氣欲寬，局欲緊　水到渠成，自然湊泊　局常則意欲新，意常則語欲新。

以上七則亦足發明鍊局之法，至於鍊氣〔三四〕、鍊詞之法，備詳望之先生論文語，茲不再鈔。

作文要有議論，有興會。議論高卓，興會飛騫，方令閱者聳目，當代為閱卷者設想。起藁以腹藁為上，人心須在無形處運用，或因一字而換數句，或因一句而換數行，或移後以置前，或化股而作段。胚胎未兆之時，騰九天而潛九淵。人心之所以靈也，一

落楮墨滯於有形矣。

平日用功，舍多讀多，做更無襲取之法。臨場一月，卻須涵養此心，活潑潑地使文興勃然，有不可忍耐之勢，以此應試，焉得不佳？

闈中秘要已盡於此，故節其要語，並附管見及得之聞見者，以爲揣摩之鵠云。

辛卯花朝動忍子書於泉潤芝香室之南牕。

節録史望之先生論文

認題之法無過按脈切理，脈從本章尋求：來龍在上文者，緊緊跟定；歸宿在下文者，處處注射。理向題中覓取：題眼在實字者，切實發揮；題眼在虛字者，極力追摹。題須渾淪説纔得神氣者，不可分開；題須拆字做纔見分曉者，不可合并。認得真則説得透。

文以立意為主，一篇有一篇之意，一股有一股之意，出股有出股之意，對股有對股之意。一篇之意有正面，有反面，有對面，有側面，有題前之意，有題後之意。大約先虛後實，先淺後深，先反後正。其常也，先正有兩股分柱、一綫到底、一字不可互易者，有每股各有一意、愈出愈奇、層見不窮者，又有開闔之法貌雖排偶、神實單行者，故無重複敷衍之病。

謀篇不外相題，有宜迅速以取者，稍緩則遲；有宜紆曲以入者，太急則突。必使著著相生，首尾相應。開講為一篇之綱，既不可實，亦不可空；不可無曲折，亦不可多曲折；不可多排句，排則板；不可多用長句，長則累。疏題要開門見山，擒題要探驪得珠，氣聚神完，方為得手。領題要領得題起，如本題與上文詞意相屬，即從上文高唱而入，本題自躍躍言下，乘勢便可點出題中一二字。若本題與上文詞意不屬，或本無上文，俱可另外提筆，亦當點出題字。提筆不過三四句，前人多用開闔之筆，避平直也。

宜點實字，留虛字，而題中要緊字轉須藏起，一露如嚼蠟矣。至即有必須點出者，亦衹用提虛喝，或借點，不可直道題意，最好系從題尾逆入，轉落題首，便有高屋建瓴之勢。提比有切實發揮者，則出題須從容停頓，急脈緩受，題字或不出盡題意，轉略推開，以便中比綽有餘地。如提比虛虛籠罩，則出題必字字剔清，玲瓏透漏，乃可為提比點睛，亦即為下文開路，此揣摩家所謂「前八行者如果得勢，以下便如破竹然」。中比亦關緊要，起筆不可不健，股中不可無立句，不可無層次曲折。若一篇精神專注在此，則前路又須平淡，使其疎密相間，後比或翻或互，或推開，或旁襯，但盡題意，均無不可。總之一篇之中，欲即先離，欲操先縱，空處欲其靈，實處欲其卓，鬭筍接縫欲其緊，如斯而已。

截下題收處要將題位勒住，中間倒從下文兜轉本位。截上題起處要從題尾入手，中間坐實本位，迴顧上文。截上下題仰承俯注，不黏不脱，能逼能留，幅幀内實，疆界外守。虛冒題須有按切。段落題須明起止。偏全題須轉則不窮，轉則不板。轉筆一句轉纔辣，兩句便不辣。作文將筆提起，不肯一筆放倒，不肯一筆放使，直久久習之，平鈍之病自改。

昌黎云：『氣盛則言之短長、聲之高下皆宜。』而其本在於讀書。讀書多則識見廣，議論濶，一題到手，直抒所見，洋洋灑灑，暢所欲言，未嘗使氣而氣已浩然莫禦。氣利單行，氣盛則奔放之中雜以排偶，不獨不滯，反形其厚。氣利長篇，氣盛則短比之中勁氣直達，不獨不促，反增其壯。或翕或闢，舒卷自如；獨往獨來，詞意畢舉，則氣為之也。至於氣盛而和，天機鼓盪，春意春容，自在流行，一團生趣，則養到功深，未可猝致矣。

鎔經鑄史，情采並茂，此詞之無待於修也。修詞之法，一在選色，色不可晦，而妙於筆。一在諧聲，聲不可喑，而妙於響。一在造句，句要自然，不可勉強。一在錬字，字經爐錘，始有聲光。然取材必在經史，非枵腹所能辦，是又貴多讀書也。

右論文數則，作文秘鑰，盡度鴛鍼，幾於一字一珠，而歸於多讀書為本，更為不易之論。辛卯花朝用悔道人書於泉潤芝香室之南窗。

動忍子自戒語

彭草亭云：「做舉業者，不苦三年，必苦一世，人當刻刻作是想。」須思此身是何等景況，跋涉三千里為着何事來，此心自知收拾得住。

陶長沙云：「大禹聖人惜寸陰，吾輩當惜分陰。」此言當刻刻記着。外靜内浮最是壞事，憶往期來，徒亂心曲，切宜痛改。

讀文要拆開讀，合攏讀，設身處地求其落想落筆之精神命脈，否則隨口滑過，全不濟事。

作文須將通章白文涵泳百徧，又將本題涵泳百徧，認定題之真種。機神既至，迎而赴之，急起直追，免起鶻落，揮灑既完，然後斟酌字句。若輕易落筆，枝枝節節而為之，必無好文字。

淵甫與余論古文云：「文須一氣打并，節拍轉捩不可著寬懈之筆、平直之筆。接筍處不可一平直下，亦不可有段落痕迹。」余以為制藝得此，更可高步一時矣，同書之簡端云。

辛卯花朝動忍子書於泉潤芝香室之南牕，壬辰嘉平月朔旦面壁居士録於城東館舍。

校勘記

〔一〕「義」，民國鈔本作「又」，鈔本誤。

〔二〕民國鈔本無「餘仿此」三字。

〔三〕民國鈔本無以上三十三字。

〔四〕民國鈔本無「句」字。

〔五〕「指」，民國鈔本作「旨」。

〔六〕「方」，民國鈔本作「則」。

〔七〕「主」，民國鈔本作「得」。

〔八〕此段爲朱錦原文，民國鈔作誤作薛注。

〔九〕「之」，民國鈔本作「者」。
〔一〇〕此段爲薛注，民國鈔本誤入正文。
〔一一〕「成」，民國鈔本作「戒」。
〔一二〕「聖」，民國鈔本作「重」。
〔一三〕「反」，應是「及」之誤。民國鈔本作「及」。
〔一四〕「符」，民國鈔本作「至」。
〔一五〕「而知」，民國鈔本作「如」。
〔一六〕原文缺此「題」字。據民國鈔本補入。
〔一七〕以上文字，自「予故不得已别爲」至此，原書缺頁，今據民國鈔本補入。
〔一八〕原文缺「義」字。據民國鈔本補入。
〔一九〕民國鈔本「學」後有「詩」字。
〔二〇〕原書脱「要」字。據民國鈔本補入。
〔二一〕「兹子深體所友」，民國鈔本作「予體吾友」。
〔二二〕民國鈔本無「並欲」、「而拙刻亦借以叨光。第此道精微，不嫌詳盡」、「不識吾友以爲有當否」等句。
〔二三〕民國鈔本無「非」字。
〔二四〕此句民國鈔本作「識途者細思而遵行之，必不淪落終身」。
〔二五〕民國鈔本無「謂」字。
〔二六〕「若持」，原書殘破，據民國鈔本補入。
〔二七〕「技謂罕」，原書殘破，據民國鈔本補入。

〔二八〕「夫或工夫未」，原書殘破，據民國鈔本補入。
〔二九〕「泉有爲」，原書殘破，據民國鈔本補入。
〔三〇〕以下原書缺，據民國鈔本補入。
〔三一〕原文「勿」前有「毋」字，被點去。
〔三二〕「異」應是「與」之誤。
〔三三〕「復」，原文「覆」，被點去，旁改「復」。
〔三四〕此處原有「之」字，被點去。

秀才秘籥

〔清〕仲振履撰

《秀才秘籥》提要

《秀才秘籥》不分卷，清仲振履撰。

仲振履（一七五九—一八二三），字臨侯，號柘庵、雲江。江蘇泰州人。嘉慶十三年進士，官廣東知縣，歷任皆有善政。恩平縣修金塘橋，興寧縣禁水車，疏河道，東莞築虎門碉臺，嚴海防，南海築桑基，衛農田。尤加意學校，振作文風。曾修《興寧縣志》十二卷。除《秀才秘籥》，尚著有《作吏九規》、《虎門攬勝》等書。〔一〕又著有傳奇《冰綃帕》、《雙鴛祠》。《恩平縣志》有傳。其兄仲振奎爲第一部《紅樓夢》戲曲的作者，弟仲振猷也喜歡戲曲，曾依《牡丹亭》寫成八股文《而未嘗有顯者來》。

《秀才秘籥》卷首有南城蔡光華所撰《書秀才秘籥册首》，稱仲振履「著《秀才秘籥》一册，與操觚之士現身説法。自搦管以迄成材登第，自大家名家以及房書試牘，罔不巧度金針，揣摩精熟，去其多岐以歸于道，祛其多方以束諸學。……昌黎有言，諸生業患不能精，無患有司之不明；行患不能成，無患有司之不公。蓋琥珀不受腐芥，磁石不引曲針，綾錦徒工，花樣或異，則曷與搜先生之秘帳哉！」考生與考官之關係正如琥珀與腐芥、磁石與曲針，投機相吸，則功名可成，點明這部科舉文話之獨特性所在，即針對考官之興趣、判卷之狀態、科目之特性等而提出相應之應試策略。

該書初刻於嘉慶十六年仲振履於興寧知縣任上。同治間胡曦稱仲振履「嘗撰《秀才秘鑰》一卷教士」。《道光泰州志》，今人宋志英、駢宇騫編著《地方經籍志彙編書名索引》，王澄編著之《揚州刻書考》等均著録此書。國内圖書館未見傳本。法國國家圖書館藏有嘉慶二十五年重刻本。今據法藏本校點整理。

註釋

〔一〕《道光泰州志》卷二十三「仕績」，第二五九頁。

秀才秘籥

蒲濤仲振履柘庵甫著

書秀才秘籥册首

「大道以多歧亡羊，學者以多方喪生。裹糧就學者成羣，半途而廢者皆是，則多歧與多方之迷也。」宋晁无咎題段謹修紙云爾。仲柘庵先生善承先學，讀書成進士，出爲名宰。公餘著《秀才秘籥》一册，與操觚之士現身説法。自初搦管以迄成材登第，自大家名家以及房書試牘，罔不巧度金針，揣摩精熟，去其多歧以歸於道，祛其多方以衷諸學，非三折肱不能爲是秘本也。劉勰《時序篇》曰：「鄒子以談天飛譽，騶奭以雕龍馳響，屈平聯藻於日月，宋玉交彩於風雲。」「中巧者獵其艷辭，童蒙者拾其香草。」古藝爲然，至於時文何獨不爾？故紀事者必提其要，纂言者必鉤其玄。不此之求，則丘仲深有一屋散錢，只欠索子；劉希賢有一屋索子，只欠散錢。道既多歧，學又多方，迷乃滋甚。昌黎有言：「諸生業患不能精，無患有司之不明；行患不能成，無患有司之不公。」蓋琥珀不受腐芥，磁石不引曲針。綾錦徒工，花樣或異，則曷與搜先生之秘帳哉！昔陳述古爲仙居，令作《勸學》一篇，邑之子弟得所矜式。兹先生《秘篇》出，覺項水心之論文、殷价人之舉業諸詩、唐順之之《讀書作文譜》猶未能抽其秘而啟其篇也。請亟付剞劂氏，以公諸同好可耳。

南城蔡光華凌庵氏撰

童子初開筆，出語便爽快。雖蠻話，却説得有想頭，此必成之材也。出語沾滯，一句文章，有數樣毛病，令閲者欲批出他毛病來，却非一語可盡。此絶無用之材也。

出筆俗惡者非偉器，出筆乾枯者無福澤。文無生氣者，雖成片段有工夫，終不售。

童生之文忌蹇澀，秀才之文忌老秃。蹇澀者格格不吐也，老秃者貌爲渾古也。

童子初學作文，務令作四個提比，筆氣便會開展。

場屋文章，要在人不經意處留意，無論大小考皆如是。

歲試作文要有膽，科試作文要有法。歲試人人畏懼，志在只求無過，我獨明目張膽，暢所欲言。科試人人放逸，我獨周規折矩，舉止官方，如此未有不一等者也。

無論大小考，臨場前數日，不必讀文，惟擇同學中素有學問者，相聚講習。談到得意處，便覺心花怒開，最能增長智力。如無良友，則取前人傑作閲之亦好。

有友人歲考屢不録，問于余。余曰：試前當取項水心文，大概閲之。場中將文章前路，摹擬數句，便高取。然不可多學，多則三等矣。其人試之果然。此法大場亦可用，但不可沾灊耳。

項水心論文數則，不可不熟讀。

場中作文，先作首藝，便作第三藝，再作第二藝。何也？人之精神，至三條燭盡，未有不委頓者。首藝用全副精神，到第二作，便有興到筆隨之妙，三則竭矣。簾官挨次看去，每況愈下，索然無味。將二三篇一爲移换，閲至三藝，興致勃勃，毫無委頓之態，則售矣。

墨卷、試帖、館閣字，一物也。詩文日日做，字日日寫，到得工夫純熟，便覺自在遊行，處處合法。

作文火候，全在有了上句便有下句，一篇一股，若有模子澆成，則售矣。試帖亦然。

童生筆氣平庸，能日日讀，日日做，亦可入學；秀才筆氣乾枯，能日日讀，日日做，亦可中舉。蓋熟則巧，熟則潤也。

老吏斷獄，全在盤駁要證；名手作文，全在梳剔要字。余嘗作《無暴其氣》文，另疏「暴」字二比。爲友人改《諸侯之寶》三文，另疏「寶」字二比。均優取。

長題要頻頻點醒題字，若囫圇做去，閱者不知何題矣。

趙子昂跋《蘭亭》云：「結字古今不同，用筆千古不易。」作墨卷亦然。

胡文恪（高望）督學江蘇，示履曰：「天下有必不中之文，蹣跚爲大、料峭爲高是也。去其不中者則中矣。」履謹書諸紳。

張紫硯先生（九鉞），西江名宿也。嘗與先君子客邗上，論作墨卷曰：「大命人生而筆性過人，不知場屋之苦，便破壁飛去，不必論矣。其餘則必於此道中三折肱而後有得。蓋墨卷之當行出色者，必合正、嘉之出落，隆、萬之機局，天、崇之筋節，國初之議論丰采，以成一家，斯百發百中矣。彼譏墨卷不屑爲者，不能也，非不爲也。其學墨卷而流爲庸俗冗闒者，是不善學者之咎也。墨卷之名作俱在，豈有是哉！

本朝墨卷以宫會元（夢仁）《巍巍乎唯天節》文爲第一，熊閣學（伯龍）《湯之盤銘章》

文次之。熟讀精思，可得千古用筆之法。

薦卷房師聞在東夫子（鏞，六合令）謂履曰：「杭州某前輩，教弟子臨場，唯讀三藝：一、姚希孟《有攸不爲臣》文，一、金正希《所謂平天下》文，一、吴玨《四方之民》文。姚文提筆、落筆、煞筆，縱横排奡，變化無窮，正、嘉之傑作也。金文筋脈貫注，機局流利，熊次侯、韓慕廬諸作，皆脱胎於此，合隆、萬、天、崇而兼之者也。吴文志和音雅，如春前草、雨後泉，國初諸老之遺音也。果能學得他一三分，安得不中？

宫言可夫子嘗謂及門曰：「高生（筠）文如集錦，仲生文如堅金。」蓋譏下筆過重也。重則板，板則不輕。輕則圓，圓則不覺其重。余以筆重，故四十外始售，售時輕矣。先君子曰：「作文要圓，亦要方。」謂行文處貴圓，出落處貴方。方者有棱角之謂也。

又曰：「人之筆性，無論犯何弊病，只要多讀多做，自然渣滓去而清虚來。

又曰：「做長章大節題，務將上下截消息打通，則元矣。如王解元《或問禘之説章》文中『知禘也，知天下也』是矣。」

文章不切題，不中也；太切題，亦不中也。趁著筆性放倒題目，不離題，亦不泥題，滔滔汩汩，説個暢快，中品也。

翁明府（運標），江蘇老房考也。嘗謂人曰：「中式文章有二種：離奇光怪，如兇神惡煞，人見必畏，畏則中矣；搽脂敷粉，如西子王嬙，人見必愛，愛則中矣。」

方、王二家，制義之圭臬也，然亦要善學。牆東先生善發題藴，豎義精而語無泛設；朴山先生善體口氣，故得題情而筆筆生動。然意太親切，則下語必深。深則驟難領會。場中走馬看花，何能降心探索？不若筆筆生動，令人一目了然也。是有畫虎刻鵠之别。

場中作文，要有興致，尤要做得諦當快活。做得快活，則看得亦快活。若太苦心孤詣，俯首愁眉，抑鬱無舒展氣，閲者愈看愈悶，十數行後棄去矣。此是場中第一要訣。

場屋文字，粗不妨，氣要豪。平不妨，調要高。淺不妨，詞要湛。熟不妨，筆要新。制義以清爲主，夫人而知之也。然清非説白話也，於典制裔皇中自得乾坤清氣，斯爲中品。

今人作文，未有不欲其華者。然不讀十三經、披閲疏注，惟事餖飣剽竊，雖將《典制》、《類林》填寫滿紙，仍然無華。無華者無書也。故古人云：「腹有詩書氣自華。」

少年略解詩賦，便嗤墨卷爲腐儒所爲，不屑從事。不知甲乙兩榜，未嘗以詩賦取士也。老生株守舊説，又詈墨卷爲盡失古義，力講章、羅、徐、艾之秘奥，以爲剽盡浮華，足以壽世。不知時文者，因乎時以爲文者也。生今之世，反古之道，固屬太謬。且所學之章、羅諸公，果真能到諸公地步否？果遂能與諸公同壽世否？皓首窮經，老死牖下，固曰命不猶人，亦怪念頭錯了。

薛葦塘《墨譜》，是苦海慈航，迷津寶筏，不可不細心潛玩。

命中者膽要壯，氣要豪，手要勤，心要虚。

有人問王太史（蘇）曰：「命中有秘訣否？」曰：「有，每日必作文，每科必下場。」場後看中式人文字，不必菲薄他，要想他所以得中處。

墨卷家有鍊丹法，如李駿《閔子侍側》文、李東樓《或問禘之説》文、仲嘉德《湯之盤銘曰》文、潘汝誠《君子篤于親》、吴玨《鄉人儺》文。鍊到爐火純青，未有題目，先有文章。無論何題，總有一篇典雅恬適的文字。真妙訣也！然不知始於何時。或曰：「是從前明程文中得來。」其後馮夢楨、石有恆已衍成此派，至諸君子擴而充之耳。然此秘非攻苦三年，不能辦也。

文有四色，清、奇、濃、淡是也。清、奇、濃皆中，惟淡者甚難。然淡而能鍊，亦可中。如張京江《不患無位》文，「且士一出而天下之人皆引重焉」，淡而鍊者也。

作文用典語，不如用典字。引典語，貴其精，不貴其多。

童生出題，謂之挑剔，當如春波魚躍，清脱令人愛玩。秀才出題，謂之跌落，當如懸崖石墜，震響令人驚駭。

文要有模子，如前明王錫爵《用下敬上》文，歸震川《大學之道》、《生財有大道》、《舜好問》文，唐荊川《匹夫而有天下兩節》文，張以誠《愚而好自用》文，石有恒《周公謂魯公》文，吴韓起《奢則不孫》文，及桑弢甫《斧香集上選》諸作，皆須手爲編輯，滙成一册，頻頻翻閲。到場中便有依傍，所謂脱胎也。本朝佳作尤多，此不過約言之耳。

大凡作墨卷法，是圓的領題，後便揭題尾，貫落題首。中間作夾縫二比，將首尾攝入空際盤旋。後比尾仍拍轉題首，所謂常山率然之蛇也。質而言之，即是截題做法，不過大同小異耳。截題入手映下，便是墨卷之揭題尾。截題過下，便是墨卷之夾縫二比。截題之挽上，便是墨卷之回抱題首。所小異者，乃體裁虚實之間也。做童生不會作截題，做秀才自然不會作墨卷。

作墨卷全以火候爲主，天資不足恃也。聞吴解元（珏）天資甚優，因小試爲人捉刀，革去廪生，乃發憤閉户三年，鍊成金丹。壬午科試，求學使復衣頂。學使試《夏曰校殷曰序》題，云能首拔，即准復。得其文，亟賞之，即許以是科必元。仲解元（嘉德）天資最鈍，考必三等。時薛葦塘《墨卷萬選》初出，每取一藝，裱糊於案上，讀得爛熟，洗去再裱一篇。金丹既成，亦得元。有志者事竟成，秀才當猛省也。

今之秀才，到老不中，則諉之曰命。不中者，果盡如王牆東、方百川諸先生，誠命不猶。若一做秀才，便將書本擱起，雅則做詩學畫，交結名流；俗則盤利放債，專心居積；甚則做呈狀，鬧漕規，以資口腹。諉之曰命，恐造物者不任咎也。

秀才臨場最喜擬題作文，延請高手改正，以期倖中。此必不可。古人之文，根柢深厚，故歷數百年而光景常新。工夫淺薄之人，才脱稿，尚有可觀，轉瞬便覺陳腐氣矣。場中雖遇舊作，亦必重入錘爐，去其陳腐。

讀文之法，將一藝展開，先看題當如何做法，再看文是如何做法。看畢要高聲朗誦數十遍，以領其氣韻聲調。又恬唫密詠數十遍，以探其線索義藴。又默誦數遍，以察其句法、字法，及如何層接法。既掩卷將此藝留在心中，存養少刻。日日如是，則心下便有一段絪緼綿密之氣，凝注於其間。一有題目，此氣便蒸然而上，化爲當行出色之文矣。工夫不到者，不能領會也。

作文之法，一題到手，先將上下白文背清，便看他來龍在何處，竅竅在何處，歸宿在何處，用何局法，立何柱意。想畢，拈筆便做，斷不可輕於擱筆。蓋筆一離手，遊思頓起，蛛絲馬跡，想入非非。待得猛省回頭，已耽擱工夫多刻矣。余生平作文，拈筆在手，文成而後擲筆。雖有求之不得之處，亦必執筆構思，故燃線香一枝，可成一藝。同人常謂仲某文在筆管中，此亦振作精神之一法也。

場屋文章做得快，其妙有三：人未及半，我已全篇，則可以細加改正，一也；二三藝與詩，可以從容構撰，二也；大場完卷早，可以先謄送閱，小試可以端楷寫字，三也。往往見人聳肩面壁，搓手攢眉，或伏案，或巡簷，人皆完卷，彼尚一藝未成，自以爲苦心孤詣，與衆不同，不知學問之淺深，毫不能強。做得快固不盡佳，做得遲亦不見好。果學問平常，雖構思三五晝夜，恐亦不過如是。況風簷寸晷中，能讓人慢慢構思耶？

秀才要常做小題，小題做得好，方無顢頇之弊。文無論有無醖釀，只要聲調高，高則中矣。

文滑不得，又滯不得。空不得，又實不得。不宜生，又不宜過熟。不宜淡，又不宜過濃。用心人自有悟入處。

文章正面不好做，要設法敷之。惟先大兄能力排正面，余不及也。

工夫用到純熟後，便覺一篇之前後，一比之長短，一句之多寡，總是定該如此的。

左太沖十年成《三都賦》，王實甫九年成《西廂記》，沒有人催他繳卷，原可以消停細做。鈍秀才以此藉口，是自己討苦吃。

或曰：「場中文不可太快，快則粗率少静穆之氣。」即如王農山壬辰會試，矮屋爲風雨所摧，迅筆急書，先真後草。先君子壬申春闈鄉試，大雪覆簷，巳刻始得題紙，至三更七藝俱成，曾未見有粗率處。坊刻具在，可覆按也。

秀才不讀兩漢、八家之文，雖有文名，是鄉里土財主。

劉閣學（星緯）曰：「秀才胸有一千篇熟文字者，廢物也。」

嘗見名人通籍後，好作高淡文字，以示其落落大方。然而遺誤後學亦是罪過。

又見有好秀才或長於詩賦，得六朝駢儷之遺；精於考據，有鄭、賈〔一〕宏深之目。及閲其制義，則於八股之法，絶無合處，是可惜不開詩賦考據科。

秀才用功法，清晨作文一首，次讀經書，次讀古文。飯後手抄策學一通，作試帖一首。餘功讀文。久久行之，未有不成名手者也。惜做秀才者恒苦其難。

朱明經（晉），先君子門下士也。嘗謂余曰：「書是窮秀才本錢，愈窮愈要讀。不患不利市三倍。若窮而改操，是將本錢花費了，終於窮而已矣。吾弟當志之。」旨哉斯言！可爲窮秀才下一針砭。

七弟振猷喜燈下作文，每晚飯罷，一燈熒熒，拈毫朗詠，得意作多膾炙人口。其後則非點燈，胸中無一字也。余嘗戲之曰：「余文在筆管中，弟文在燈花中。」然究不如清晨之合時也。中時亦改其故態矣。

弟又喜揣摩《牡丹亭》爲制義，嘗作《而未嘗有顯者來》文，幽折秀婉，神似《驚夢》、《尋夢》口吻。吴起亭夫子評其文，謂如携斗酒雙柑，聽新鶯於陌上。可見古來好著作，皆可以爲文料也。遺其體制，求其神韻，是精于爲文者。鈍秀才當于此參之。

戊辰會試前數月，余與高舍人約日作一藝，午後互相批閲。半月後，兩人布局命意，率多相似，甚且句字多有同者。蓋揣摹同，工夫意見同，斯運筆吐詞，不期同而同矣。

余作秀才時貧甚，夜僅一燈，置先宜人室中，余與七弟讀書燈下。一夕，絶晚膳，購市粥奉先宜人。又奇冷，取床頭草，燎於瓦盆中奉宜人寢。宜人憐余兄弟之餒也，向老嫗貸錢二文，買薯芋置瓦盆上，且烘且煨芋。三更後，宜人倦臥，芋與瓦盆俱冷矣。少時渴甚，乃起煮茶，出視庭際，大雪没階，廚下無束薪，返室則燈滅矣，遂和衣酣睡。晨起膚冷如未睡時。然余兄弟豪性勃勃，不自覺其貧也。此種興致，秀才亦不可少。

獨往獨來，空諸依傍，一字一句，俱從性靈中流出，上乘也，如汪會元（汝洋）《則衆物之》文、先君子《可與言》文是矣。然由天授，不可以人力争。俯仰揖讓，神味淵永，讀之令人心氣俱平，中乘也，如田解元（玉）《夫子莞爾》文、許解元（祖京）《吾何執》文，於工夫純熟之候，意到筆隨，端莊流利，兼而有之，是可偶得，不能常得也。敲金戛玉，典麗喬皇，如青錢萬選萬中，下乘也，《湯之盤銘》、《曰鄉人儺》諸作是矣。是自家鍊成一顆金丹，未有題目先有文章，能令雅俗共賞，但工夫用到，自然可成。此丹真是秀才活命丹也，亟宜學之。

學前人文字，只要得其精藴，不必襲其皮毛。人各有丹，丹各有鍊，一勦襲便是陳飯土羹矣。

富秀才心苦，貧秀才心泰，老秀才心虛，小秀才心鋭，則中矣。

先宜人善聽人讀文，有鄰家子方夜讀，宜人曰：「某某此會必售矣。」及與試果掇芹。家人以請。宜人曰：「其聲疾徐長短，若有節拍者然，故知其必售也。」可見讀得好，便做得好。讀與做，不可偏廢也。

作文第一要相題。題中字眼脈絡，斷乎不容略過。《不亦悦乎不亦樂乎》，集注言之矣。他如《民德歸厚矣》「歸」字，《吾無隱乎爾》「爾」字，《有美玉於斯》「斯」字，《無所禱無所争》「所」字，《八佾舞於庭》「庭」字，《三家之堂》「堂」字，又如《瑚璉也》「也」字，不可截斷，將來還有工夫。《韞匵而藏諸》兩「諸」字，一開一合，不可對翻。《今女畫》「畫」字，即在「曰」字上看出。《夫子哂之》，是哂；《率爾而對》，不是哂。《有勇知方》、《莞爾而笑》，是欲戲之，所以先笑。《管仲之器小哉》，器是承受之物，不儉不知禮，是其小處，即是其不能承受處。《女爲君子儒》二句，平不得，蓋以下句鞭辟上句也。《默而識之章》，是通盤打算，故曰：「何有於我？」《若聖與仁章》，是盡力行去，故曰：「可謂云爾。」《顏淵喟然一歎》，是在欲從末由時。《善人之道》，「跡」字、「室」字，是就「道」字上説。《子路問聞》，是挾唯恐有聞意來問。《冉有問聞》，仍是「力不足也」神情來問。

《師冕見一章》，均是從子張眼中看出。《君子學以致其道》，「學」是太學，對上句「肆」字。《仲尼日月也》，是言其高，方與上文「邱陵」對。類而推之，是相題要訣也。

第二要布局。其法取先達名文，編而閱之，如前明之程墨，與本朝諸名作，及歷科墨選，看其如何題，作如何布局。或一題一局，或一題數局，或數題一局，融會於心，取之不竭矣。

第三要命意。近來天人水火，摇筆即至，數見不鮮矣。一字必拆作兩意，當於大士求之。

第四要措詞。其填寫《類林》者不足語也。博雅之士，一題到手，不顧題理題神，率將《墳書》、《路史》，及《符命》三篇，直書滿紙，竟不知題在何處，此大不可。經書而錘鍊出之，便覺光芒萬丈。用典太僻，自以爲新奇，而場中往往誤事。余蓋三折肱矣。

看文貴於多，讀文貴乎熟。看得多，則自前明及近科，千變萬化，無美不備，足以增長見識。讀得熟，則自實字至虛字，從口吻間流出，無不自然合拍，下筆時亦無不合拍矣。

人不讀桑弢甫《斧香集上選》八篇，無怪嗤墨卷爲腐爛文字。凡作文求入彀者，無論大小試，總要性靈好。

場中文字，不可太短。作短文須要句句精光迸露，甚不容易。

場中開講數語，寧明毋暗，寧空毋實，寧突毋率。起講煞句，要却好勒在題巔。

場中用虚字，要用得莊重，要用得飛舞。「也」字，「焉」字，「矣」字，「乎」字，「哉」字，用來都有精神，便是中品。

長比中要有提筆，有用「今夫」、「間嘗」等字提者，有用禿提者，不提則平沓矣。

《寬則得衆四句》，《題炬》云：「此題能截發，更覺新樣。」蓋謂四扇做者多，總做又吃力，故創此論，亦可爲做板重題之一助。

前輩云：「場中文字，不在乎解題之創，立局之新，撰語之奇，只要氣和音雅，出語豐潤，自然入彀。」

作當行文字，中者十之九。作偏鋒文字，中者十不及一。何必于少處争勝。

做題承以官樣，乾净爲主，不可過於冗長，令人生厭。

文章之制勝者有二：曰氣味沖和，曰筋力彌滿。而怪僻者、艱深者不與焉。

文章有議論者足以動人，有情致者足以動人。

好文字全要會鍊。鍊密處易，鍊疏處難。鍊實處易，鍊虛處難。鍊得通篇無懈可擊，所謂攧撲不破之文也。

文章要鍊去閒話。語縱新奇典雅，與題無涉，皆閒話也。

初學墨卷，文成後，要多删虛字。

文章鍊到十分火候而不中者，真命也。蓋有之矣，我未之見也。文章鍊火候，鍊得一分，便有一分捉摸。鍊到十分，便有十分捉摸。有火候而不中，仍是火候未到。

趨風氣之説，名手所不爲也，然做秀才亦不得不爾。

前輩云：「歷科風氣不同，然不同者，只元魁及前列之文耳。中間仍不過一樣。熟讀薛葦塘《墨卷萬選》者，多中在中間。」歷驗其説頗確。

文章最容易看，豐腴潤澤者，必中之文也。裔皇典麗者，必中之文也。清老高淡者，明經之文也。毛草沉晦者，三等之文也。用功人雖自己亦看得出。

筆直立者中，横臥者不中。氣上揚者中，下垂者不中。此非工夫所能挽回，所謂命也。

筆性系乎天分，火候系乎工夫。詞之豐潤在乎讀，氣之静穆在乎養。

典致不豪，精神不振，中者鮮矣。

謝金圃學使（墉）曰：「墨卷要讀順天三江之文，他編有出奇制勝處，小省只擇其尤佳者閱之。」

或曰：「吴蘭陔《讀墨一隅》，是一部大搢紳。」然科名乃富貴事，讀吉祥文字，亦可領會金華殿中人語。

昔人云：「梨花院落溶溶月，柳絮池塘淡淡風。」此真富貴人語。寒士家有此景致否？可見豐腴秀潤是有福澤文字。其堆垛餖飣自矜典博者，皆寒乞相也。

文字太奇險，不是有福氣人。項水心文，無一句不奇險，終無好收煞，初學當慎之。章雲李驚才絶豔，開宕心胸，只是不甚合律。張素存了不異人，只是俯仰疾徐，自然中節。讀古人文，而中不中之分，可以默識。

二場經文，要與頭場一樣做。但頭場宜守律度，經文則驚奇炫異，無不可矣。策問能條對，天下鮮有其人也。行險懷挾，一朝失足，玷及終身，斷乎不可。余做秀才時，經學則墨守《稽古日鈔》，不獨備策料，且與頭二場俱有益。頻頻手抄披閲，亦可得其十之六七。史學則取杭大中《道古堂文集》中一藝，並有經學一藝，均足以資稱引。其餘若字學、韻學等類，則取《文獻通考》，挨次手編五六百字。另有新題，則構求他書。照樣編好，時時翻閲。場中所忌者，亦不過十之一二。策問到手，我所有者對之，我所無者闕之，我有而彼未問者亦不妨添湊之，房官不暇句句比對也。此亦枵腹人不得已之一策。較行險懷挾，差爲放心耳。不敢藏拙，用以直告。

每篇策做一大帽子，最是可厭。然而無帽子則太短，亦無可如何也。不若將帽子放在後幅，爲總匯推衍之論，如符命做法，花樣便新奇好看。

校勘記

〔一〕「買」應是「賈」（賈逵）之誤。

舉業度針

〔清〕司徒德進撰　司徒修記註

《舉業度針》提要

《舉業度針》不分卷，清司徒德進述，司徒修注。

司徒德進（生卒年不詳），字月瑞，號貫易。滘隄（今屬廣東開平）人。天姿高邁，好讀書，研深理學，腹笥淹博，尤精《周易》。督學翁方綱頻稱之。爲人多才藝，慷慨仗義，鄉里咸推重焉。司徒修（生卒年不詳），字納瑞，號則廬。滘隄人。少穎悟。年十七補諸生。嘉慶庚申恩科舉人。歷任韓城、永壽、安康、寶雞、平利等縣，所至有聲。公餘必集諸生講習經義，加意培植，故所至文風丕變。曾手注《禮記》、《周禮》、《儀禮》、《孝經》、《爾雅》、《三傳》、《性理》、《通鑑》、《古文辭》等書行世。

司徒修輯録其族兄司徒德進所口述之舉業家數爲《墨譜》，並對之進行深入具體的詮釋，是爲《舉業度針》。全書對薛鼎銘《墨譜》時有借鑒，然也多有一己之心得。此書不僅爲八股文論，其中也包括試帖詩論，上承毛奇齡以八股文法論詩之路數。該書還論及第二場之五經文和第三場之策，强調五經文與四書文之不同作法，一改明清科舉文論忽略二三場之積習。

是書初刻於道光二年。現藏山東省圖書館，爲海源閣藏書，二册一函。版心題「舉業度針」，中國海洋大學圖書館藏有此書一册。清道光二十五年，東昌葉氏書林校刊《制藝簡摩集》後附此書，今存美國哈佛大學漢和圖書館。現據山東省圖書館海源閣藏本校點整理。

舉業度針

司徒德進撰
司徒修記注

貫易先生墨譜

貫易先生墨譜序

先生諱德進，字月瑞，號貫易。修之族兄也。生平博學能文，於書無所不讀。雖嚴冬炎夏，風雨寒暑之夕，手不釋卷。凡《五經》康熙、乾隆御纂及王己山《四書匯參》等書，皆能舉口成誦，辨析疑義，如燭照數計，無所窒礙。而尤深於《易》。前督學宗工翁覃溪先生曾牌示省門，謂精於《易》學者莫如開平廩生司徒德進。其見重於當途有如此者。先生爲人篤於孝友，重氣節，尚然諾。襟期瀟灑，識見遠大。於聖賢理學源流實能得其要歸，尤好引誘後學談理論文，終日亹亹不倦。雖隨舉事端，輒洞見本源，一以貫之。其言《易》兼通理數，故精於卜筮。每有占驗，響應如神，聞者嘆異而莫解其所以然。嘗與友人笑謔，自稱爲司徒子，亦可知其胸中確有所得矣。修自成童親承提命，請業請益，多所領受。及弱冠遊泮，得其口授《墨譜》一則，揣摩既久，始知舉業家數，盡括於是。因不揣冒昧，註而梓之，以分送同族諸子及友生。誠以學有淵源，不敢一人私之也。

道光壬午孟冬，則廬司徒修題於永壽縣景呂書屋。

貫易先生墨譜

司徒德進撰
司徒修注

起講

開門見山

一起便中題要害，前人詞「開口擒題須渾勁」是也。（是擒題吃緊之意，不徒擒字面而已。融會大意以得其宗主，爲渾健筆，獨扛爲勁。）○中間以警鍊疏題，圓通流動，虛實兼到者，此穩調也。有用曲筆勘題運調，天矯若游龍，而恰與題之竅會相赴，一氣旋折，中邊俱透者，此調洵稱萬人敵。（譜止就起筆言，注更合全講説。）

領題

提綱挈領

須看「綱領」二字，若綱在綱，振裘挈領，此處喝得起，全篇俱振矣。「今夫」、「且夫」

調最可用。

提股

高唱入雲

要精，要渾，要大，要精神。（精者，直射題神也；渾者，包括全題而不占實也；大者，有涵蓋萬千氣象也；精神者，着筋着骨而非浮膚平滿也。）前人詞「領題二比要剛凝」是也。（「剛凝」二字，精渾、大精神俱包在内。此二比，調不宜太長，轉折不宜多。）〇綰攝全神虚廬籠起，一法也。空中起步，援古突唱，一法也。扼題之要，力争上游，一法也。大處落脈，壓題而起，一法也。透上一層，爲題補腦，一法也。出比用襯貼，對比拍本位，股法流水，又一法也。（此法須於流動中見雄渾剛凝之概，倘輕佻便入考卷家數矣。）諸法難以枚舉，總須結體高渾，俯視一切，乃佳。若遇兩截題，有以出比直注下截，對比折入上截，用開合法，旋轉靈活者，最能制勝。（如胡君彦昇《吾有知乎哉一章》題文，起二比最可學。）〇墨卷提比用反者甚少。若用反，須要反得盡，不遺餘地乃可。反面透，正面自透，不過一覆手耳。如鈕君驥先《行其言一句》題文，提股將全題在反面層層抉透，何等精心果力！若考卷家一抄半剔伎倆，無當也。○俗語「八行中式」，謂自起講至提比也。

中股

股頭作勢

股頭先攝一股大意，作一小冒。墨卷多用此法。其勢須軒翥突兀。（軒翥如鷹隼摩空，飄然而起也。突兀如雲峰矗立，陡然而起也。）

股間推宕

得此一疎以舒文氣。○徐超亭云：「墨卷每於股頭將一股大意憑空説起，然後再開再合，賓主反正，錯綜而出之，文便變化。若如考卷，半股反，半股正，必至板滯。云云。」所謂再開者，即指此推宕一筆也。

股内精鍊

發題意，抉題理，追到深處，疏其精義，是謂透切。或用襯用托，借賓定主，亦佳。須知襯托即是托出此精義來，襯托處便是精鍊處。惟呆寫板正面，則成鈍漢。○寫板正面者，謂止敷衍題目門面語，毫無精義也。須看譜内精字。

股末勾勒

要酣，要完。○有用勁筆收住者，駿馬勒韁是也。有用拖筆徐收者，游揚澹宕是也。

後股

花團錦簇

包羅經史，旁推交通以盡題藴。要使波瀾壯闊，議論風生，乃佳。

結束

神龍掉尾

用一二語收結一篇之局，或與開講應，或與領處應，或倣漢文兜束法，總括題旨，警鍊數語，結束全篇。若遇學問、教化等題，收處補出實在工夫，實在作用，爲一篇歸宿，尤見卓識。隨題佈置，總以挺拔矜鍊爲佳。若衰頹，則不堪入目矣。（此是結束，非作小束之謂。每見舊墨卷，無論何題，篇末硬作小束二比，又毫無意義，幾若贅疣，此則真令人可厭。）

凡文章隨風氣爲轉移，原不得以式樣拘。然風氣因時不同，格律千載不易。自前明茅鹿門、項水心開揣摩之論，至國初諸名公，各著墨訣，皆使人有規矩可循。可知墨卷法門誠舉業之傳薪也。每見村學之士，自童至老，止讀小考卷，專務一挑半剔伎倆，爲採芹食餼計。其好高者，則又貌爲先輩，自謂大家。及示以墨卷，輒鄙夷不屑道，甚則反唇笑之。宜其終身不得門路，困於場屋而不能一售也。先生會萃諸名論，著爲《墨譜》。於一篇文字，各處部位，示以標準，使人望以爲趨，可謂言簡而該。修引伸其説而注之，亦自謂頗有發明。揣摩家誠能遵其程式，神而明之，理法本諸先正，風氣參乎時尚，力除昔年濫腔濫調，出以雄渾清勁，則百發百中矣。（末數語可謂括盡舉業要詮，墨卷爲高明弗屑，而余必區區據墨以爲言者，原欲爲揣摩家示以標準，使之斂鴻才而就範。即茅鹿門所謂「中彀」也。至説到理法本諸先正，風氣參乎時尚，爲除濫腔濫調，出以雄渾清勁，則豈復可以墨卷相視也哉！必如此乃不負先生作譜之意。）

以下諸條，或出先生緒言，或雜引前輩名論，或修自記所見。愚者一知半解，不敢自匿，特録於後，以備揣摩。

鍊墨十要

命意要高

無論如何取徑，總要高人一著。

製局要大

海闊天空，包涵萬有。

取勢要緊

通篇呼吸一氣。○局大而無勢，則散漫無收拾矣。故以取勢要緊次之。「緊」字重，「勢」字尤重。茅鹿門論文四則，至謀篇，不曰「布局」，而曰「布勢」。其略云：「勢者一篇呼吸之概也。大將提百萬之兵以合戰，如使左右手，縱橫開闔，無不如意，以能所向無前，百戰百勝，惟得勢故也。作文亦然。得其勢則相題言情，如風之掣雲，泉之出峽，行乎其不得不行，止乎其不得不止矣。」至哉，斯論！此可以悟立局取勢之妙矣。（論勢一段比原文略有增減。）○取勢全在認題來，認題真而勢自成矣。

議論要雄

高談雄辯驚四筵。（項水心云：「作文要使人可驚可喜。」）

胎息要厚

六經根柢史波瀾。○議論雄而胎息不厚，則不免失[二]之粗豪。

詞旨要融

理融，詞融。左右逢源則理融。一線串成，渾化無痕跡，則詞融，而筆亦融。

機調要圓

旋折如意，動中自然。

下語要重

須語語鎮得紙住。前輩云：「考卷要輕，墨卷要重。」信然。

選言要新

典雅。○忌粗俗，尤忌陳腐。凡尋常話頭，人人所共寫者，休寫。

體裁要别

相題布格，人連我斷，人斷我連；人整我散，人散我整；人合我分，人分我合。或作偏鋒翻案文字，撇去常解，獨抒己見。此等在大場中，最易弋獲。然非書理爛熟，確有見解，有筆有書者，不能爲此。

鍊墨十訣

擒

此「擒賊擒王」之擒，扼定題珠，不肯放過。自起至結，無論反正開合，百變而不離其宗。○此以通篇布局命意言，一個主意，一條線索到底，乃成局法。

提

特筆提喝，展局開下，《地書》所謂「頓起」。星峰開帳列屏，真龍中出，此提之妙也。領題、提比、下、中股後，皆宜用之。

離

不粘題目一字，而題之實理虛神一齊綰攝，使實境皆於空中活現，妙不可言。大約墨裁頗嫌逼實，得此空中樓閣，運實於虛，堆垛悉化煙雲矣。中幅腰間，多宜用此。兩截題，於夾縫中，上承下注，轉捩處更宜用之。或作長股，或作短股。長則渾渾浩浩，短則肌動脈揺，俱能制勝。

反

文不反不靈。墨卷有於中幅反展一大段者，每分作數層掀翻，使筆峰簇起，波浪疊生。且轉換間，都出人意表，幾令觀者捉摸不住。而再接再厲，一噴一醒，此調最擅勝場。夫其所以必作數層掀翻者，誠以反必欲其盡，非數層不足以盡之也。且不特盡其本義而已，且有於本義再透過一層者，此則盡之又盡者也。（吾鄉庚申《孟》藝《故苟得其養四句》題文，有魁卷於中間翻一段，大意言：「物之消長，只是時數之適然，全與人事無涉，故養之未必長，失養亦未必消。或養之有長，亦有不長；失養有消，亦有不消。且養之不特未必長，或以人事害之，反至於消；失養不特未必消，或聽其自然，反可望其長」云云。末一筆正所謂比本義再透過一層也。）反面透，則正面一撥便醒矣。亦有兩比用反者，可以類推。

追

此追捕之追，撇却粗淺，獨取精深。剔去假相，獨露真面。進一步，再進一步。深一層，再深一層。螺旋愈入，蕉剥愈出。此追之妙也。

團

此「團結」、「團聚」之團。主意吃緊處所，須厚其勢以發之。又題有三層、兩層意，於股段内合攏聚寫，用筆屈曲盤旋，鈎心鬬角，不肯放過一著，是之謂「團」。墨卷批語有「精心結撰，搏挖有力」，即此之謂。

鋭

一字兼精、悍、捷三意。不精則浮膚，浮膚非鋭也。不悍則庸軟，庸軟非鋭也。不捷則遲滯，遲滯非鋭也。大將率鐵騎，疾馳赴敵，摧鋒陷陣，一以當百，轉戰無前，人訝爲飛將軍。何其精！何其悍！何其捷！是謂鋭不可當。

昂

作昂首語之謂。股中得昂首語，突兀峥嶸，一股精神俱振。墨卷每處處用之。

飛

徐超亭云：「高手字字飛，低手字字砌。」此二語，最是行文生死之别。砌者，堆塞枯滯。飛者，活潑圓靈。字能飛，句能飛，筆亦能飛。〇文到妙來無過熟，只是熟時便有此活趣。然其始，必須句斟字酌，細細講求，究其用筆之處，何以能飛，何以成砌，久之乃能有得。

豁

意理托出紙上，爲豁。墨卷最怕晦。深刻而能以爽朗出之，無不售者。前人所以著「顯」字訣也。

讀墨戒濫調（濫調當戒，已見前。因關要緊，特再言。）

所貴墨裁者，爲其格調高華，有臺閣氣象，得敷奏體故也。然墨卷有必要學處，有必不可學處。高渾精大，矜鍊圓融，警湛清勁，透暢新雅，疎密相間，（墨卷最忌句句求密圈。）此其必要學者也。庸濫，逼實，駢偶，冗長，此其必不可學者也。大約墨卷之盛，莫盛於康熙、雍正。及乾隆初年間，一時諸名公相繼並出，根柢深厚，格正理醇，華贍矜鍊而無俗調。至乾隆三四十年間，則誠不免腦滿腸肥之譏。（言其太飽滿、太逼實也。）且有幾個濫調，彼此轉相倣效，越效越濫，越濫越臭。墨卷所以爲世詬病者在此。善學者務其所必要學，而力去其所必不可學，則墨卷不特可以榮世，直可以傳世。（當今功令限以七百字。過限，文雖佳不録，冗長之弊自可免。既不冗長，則中間必有疎宕。股段連，逼實之弊亦可免。至駢偶本不可議，惟須警鍊動宕。對法用流水，於著精神處用之，最能令人擊節。舊墨排偶所以可厭者，中間並無精義，只作意鋪排敷衍，以求飽滿，故不可學。且有於應著精神處，止空衍一長聯，謂之長頸四六，此尤當戒。若夫蹈襲濫調，則斷不可效矣。去其弊，求其醇，以果力精心著金馬玉堂之體，以銀鈎鐵畫作龍飛鳳舞之文，可以榮世，可以傳世矣。）

讀墨辨路

凡讀墨卷，須講理，講法。理者何？《四書》中聖賢道理也。法者何？作文認題、布局、鍊字、鍊句、鍊調、鍊氣之法也。理從何得之？從《四書五經》得之。《四書》惟王已山先生《匯參》最可看，此書集先儒諸説而折衷之，於聖賢道理，實能認得真。於每章脈絡，實能分得清。於口氣虚神，實能摹得肖。而又上下今古，旁推曲引以暢其説。得此一部，便已貫通矣。《五經》須看御纂，乃有見解。即如《詩經》，只看《衍義》、《備旨》等書，有何開發處？惟《彙纂》及《折中》，茍得一二解説，以入時文，便覺根柢深厚，卓犖不群。餘經可類推。至於鑑史，尤須博覽。上下數千百年，凡國家之治亂，政事之得失，人品之邪正，制度之因革，理學之源流，靡不畢貫。又得先儒論斷，以識其指歸。始以《四書》證經史，繼以經史證《四書》。（此二語亦貫易先生言。）從容玩索，積歲月以深之，自然浹洽於心。以此入時文，無論何題到手，於聖賢道理，便能左右逢源，一以貫之。如此則謂之理熟。（初學亦豈易及此？然門路總須從此做去。）法從何得之？從前明、國初諸巨手名文名墨得之。

一、認題。凡題必有真命脈，即題眼也。此命脈都從上下文體認出來，王已山所謂「有題眼應覷前，有題眼應覷後」是也。凡聖賢説一章書，必有個主意結聚處。此結聚處，或在題之上文，或在題之下文。在上文，則須顧上；在下文，則須照下。總要在本題按定一字一句，或數字數句，或實字，或虚字，從此討出消息，求出竅會，與上下文結聚處關通。（或將題翻空，於無字句處起思議，亦然。）一眼注定，自然語語洞中骨裏，牽一髪而全身俱動矣，所謂真命脈也。（余少時曾作《天下之民舉安一句》題，以「仁義」作骨，以「湯武」作證，文筆頗充暢。貫易先生批云：「滿紙浮詞。此題須上跟『王如用予』，下注『望之』、『安天下』，即從『安』『齊』講出。」余見批，如夢初覺。先生之論，蓋本金正希作也。）其有結聚即在本題，不在上下文者，即向本題結聚處吃緊發揮，仍與上下文關照。其全章題無上下文者，亦即在本題求其結聚所在，用全力發之，其法亦猶是也。認題既真，而布局命意從此出矣。

一、布局。局要大，又要緊。不大則迫狹，不緊則汗漫。相題布格，題之節奏，即文之波瀾。其中順逆往還，離即斷續，直而有曲體，曲而有直體，皆因題事之自然。多一段不得，亦少一段不得，此好局也。

一、鍊字。凡作文，須惜墨如金，多一字不如少一字，字辣則句老，字妥則句圓。（有一句話可以一字圓之，是謂鍊字。）

一、鍊句。句法有宜短，有宜長。盤空橫亙，嫋娜生姿，須烹鍊出之。（有數句話可以一句圓之，有十數字之句可以數字括之，又有學舌文長句以二三十字爲一句，却無一剩字可去，皆是鍊句之法。）最忌稺弱、粗率、累贅。

一、鍊調。有長調，有短調，有高調，有低調，有直調，有曲調，有繁音促節調，有澹宕悠揚調。隨其所之，心手相應，動中自然。嘗謂文調本自天籟，試觀山野樵歌，何識聲律，而矢口成音，清濁高下，俯仰疾徐，無不中節。此可以悟自然之調矣，然非經百鍊不能成。

一、鍊氣。此氣即孟子所謂「浩然之氣」，理直則氣壯。（精語。）凡一題到手，於認題、布局既已見得真，把得定，乃目布其心、腹、腎、腸，信筆直書，語語探喉而出，遂覺韓潮蘇海畢集腕下。行乎其不得不行，止乎其不得不止，此真氣也。

以上諸法，從名文名墨細細講究出來，而名文名墨，又從古文得之。如此則謂之法熟。講理講法，乃許人讀墨卷，做墨卷。若不講理法，識見淺，根柢薄，止將從前舊墨卷讀熟幾篇，及執筆爲文，惟欲規倣其形似，遂使濫腔濫調，填砌滿紙，縱極經營鋪張，總無入彀處。殷价人《勸學》詩有云：「入門須辨路頭真，荊棘叢中莫問津。」又云：「可惜聰明多悞用，窮經皓首嘆沉淪。」讀之可發猛省。嘗見友人説謔，謂三家村請三本書先生。何謂三本書？一部《四書體注》，一部《詩經衍義》，一卷手抄文章。挾此三本書，遨遊於荒陬僻壤、深山窮谷之鄉，舌耕餬口，此等斷無振作。蓋譏其孤陋寡聞也。故謂讀書家，須多置書籍，此爲第一要事。不特經傳子史，文集詩集，及《佩文韻府》、《淵鑑類函》、《文獻通考》各種類書宜置，即百家方技之書，亦宜置。蓋天下止是一理，看得多，漸漸融貫。執筆爲文，自然言之有物矣。有志者勉之。

讀墨火候

「火候」二字，本出自仙家煉丹之説。丹熟至爐火純青，謂之火候到。文家借以喻工夫純熟時候。人自童年，讀《四書》，讀《五經》，讀古文，隨讀隨講解。（**切不可讀書、**

講解分作兩套事，此最耽誤時日。）至十一二歲，便可學作論，（其時止讀古文，即教其學古文格樣。）讀詩，（宜讀唐詩。）學作詩。（詩關要緊，須自幼學起。）越一二年，即宜讀些清醒時文，（宜在《分編》、《式法行機》二集擇讀，以讀經傳爲正課，讀時文、讀詩止作餘課。切莫舍本圖末。）學作文章。至十六七歲，便須進以《四書大全》，名文名墨。擇其清真好筆氣者授之，漸漸講解起來。（仍温讀經傳，不可舍本圖末。）此時作文，便要學作雄博文字。但不必拘以理法，宜縱其筆之所之。總以詞語乾净、筆勢開展、氣機流走爲要。（最忌讀枯老先輩如《明文小題》等篇，至餒其氣，窘其步，則後來難以振作矣。）大約至弱冠，可卜遊泮。自此以後，腹笥漸富，見解漸開，筆調漸熟，文章亦蓬蓬勃勃，斐然可觀。補廩食餼，馳譽黌序矣。及核以中彀程式，則未知所裁也。腹笥雖富，而不會運用。見解雖開，而未有定識。筆調雖熟，而未曉矜鍊。文章雖蓬蓬勃勃，而未有線索。趁此時節，若不得門路，竊恐顢頇一生，更無進步矣。幸而有一前輩宿學，授以揣摩家數，始則徐而引之，令其怡然領受；繼則刻以繩之，令其縛手縛脚；終則解而縱之，聽其自己融化。大約天資高人，不過一半載，便自了了。即天分稍低者，不過一二年，亦可純熟。從此優游涵泳，自見涣然冰釋，怡然理順，月到天心，水到渠成矣。是之謂火候到。此火候，全從平日積累工夫得來。倘平日毫無積累，而欲取辦於一時，不可得也。至有中年遊泮，從前本無根柢，至是始欲進取者，則須及時發憤，從頭做起工夫來。大約亦不過四五年間，便可貫串。七年之病，求三年之艾。及今蓄之，猶未晚也，有志者其早圖之。雖然，揣摩之説，非其時不言，尤非其人不言。世間有一等人，天資學力本好，無奈性情執拗，彼自有意見，先入主之，牢不可破，任人千言萬語，總不肯承受，此不可與言者也。又有一等人，與之説法，亦自語語點頭，以爲有理。及聞有人斥墨卷爲不可讀，彼又翻然改圖，盡棄所學，卒至一無所成。此存騎牆之見，亦不可與言者也。故此道惟虛心人乃能領受，亦惟堅信人乃能有成。凡前輩緒論，都是過來人語，一字真成一滴血。當下即未能解曉，實因自家學力未到所致。故須思之，深長思之。或博觀他説以求其合，久之自怡然以解矣。且又要好之深，信之篤。一條門路做去，不爲他歧所惑，乃能做得有歸結。項水心講揣摩，謂直以此爲身心性命之學。（此語刻苦已極。）及薛葦塘所著「定志」、「識途」、「釋疑」諸説，皆謂此也。遇其人，則相得益彰；當其時，則一點便化。合此二者，火候到而舉業成矣。

認題

吴蘭陔曰："主司命題，必有命意之處。作文之意，務與命題之意訢合無間，昔人所以謂『師生沆瀣一氣』也。（沆瀣，音骯械，露氣也，海氣也。）然命意無他，只在認題而已。凡一題到手，必須將白文細注，反復涵泳。某一種實理宜發，某一種虚神宜摹，某一字不可滑過，某一句不可著跡。題之真種既得，自然口口咬着。若認題不到真切處，則命意必不能緊。認題不到微妙處，則命意必不能超。雖復選聲鍊色，只是皮毛上工夫，無關痛癢，安能訢合無間乎？慎之勉之，三年心血，只争此一刻眼光耳。"按蘭陔認題之説，與諸家若合符契。所稱"題之真種"，即真命脈也。余謂認題全從書理來，書理熟，然後認題真。所謂"師生沆瀣一氣"者，只一氣，此書理耳。故看《四書》爲舉業第一件事。（看書認題之法，於"辨路"一條已言之詳矣。此因吴蘭陔之論，再抽出言之。）

用筆要好

徐超亭云："審題既清，説來仍不動人者，只是用筆不好。用筆之法，在起筆要突兀，或飄忽；　轉筆要捷，要圓；　提筆要振；　煞筆要有力，或有韻。」薛葦塘注之曰：「突兀如雲峰矗起，飄忽如鷹隼摩空，總使股頭有勢，則通比俱振。轉筆之捷與圓，即朱岵思所謂轉之不鈍也。墨卷每比中提筆最多，提者乃從上文文勢小小頓斷處，隨用提筆，是句頭無虛字，故見竦拔。蓋不提則一片說去，文氣倒塌而不振矣。故長比中固多提筆，即短比亦有之。此最墨之巧處，説破細玩自知。（提筆即昂字訣。）煞筆有力則清挺，有韻則舒長。收韁之法，不脱此兩種。」（此用筆之法，已見《墨譜》及各條。因此更明白親切，故録出。）

立身題外

徐超亭云：「立身題外，以我論題，便活動，便超脱。切忌句櫛字比。」薛葦塘注之曰：「立身題外，初學最難悟。只是擒定主腦，一線穿去，使題之層折都歸我大氣鼓鑄之中，則我不束縛於題中，便是立身於題外也。句櫛字比，是依牆摸壁者，何由活動？何由超脱？」（此等馭題之法，已見各條，因「立身題外」四字，人所難曉。此説得最明白，故録出。）

透題所以然

徐超亭謂：「一題必有一題之所以然，説得幾句漿汁出，方好。朱岵思所謂津津入理者在此。」（「**津津入理**」**四字可味**。）愚謂「所以然」，乃題之骨裏一層道理也。透其骨裏，則題之中邊俱透，得不津津入理乎？試觀名文名墨，篇内必有所以然一層，但粗心讀過弗覺耳。其易見者，如方靈臯《必也臨事而懼二句》題文，領二比透出所以當懼、當謀之故。李君紱《原思爲之宰二節》題文，中二比透出所以不當辭之故。張素存《忠信重禄四句》題文，兩大比中間停頓數語，透出所以勸之故。左君世容《相在爾室一節》題文，後二比透出所以不言不動亦要敬信之故。皆是深透骨裏、津津入理者。餘可類推。

分股忌合掌

前輩論文，先鍊柱。蓋凡題必有義，凡義必有偶。一分爲二，而兩柱立焉。所謂鍊者，欲其至精而至切也。誠能每股鍊出兩柱，如雙峰並峙，確切不移。以此詁題，則題堅自破矣。（並峙之柱，如先輩《君使臣以禮一句》題文，中股以禮之體、用分柱：「禮之體嚴，嚴以辨冠履之分；禮之用和，和以通上下之情。」何等堅切！又有對比與出比全反而同歸一意者，如陳大士《爾愛其羊二句》題文，中股出比以一羊爲少，貼注「羊存」意；對比以一羊爲多，貼注「可復」意。少、多二義雖反，總見禮之可愛。此等柱意尤足駭人心目。）但並峙之柱，不可多得，且多用則局法亦易於板滯而少活潑流行之趣。此外則有活套分比之法，約言之，有四類。無論何題俱可用。四法列左：

出比本面。（就這事本身說。）

對比對面。（就旁人看出這事說。）

此一意分作兩意用之法。

一、比時；（直說）

一、比地。（横説）

此等分柱易尋思議，金、陳、章、羅最善用之。

出比淺（且就淺一層說。◯此比亦須喫緊着痛癢。看此一比文字，已令人擊節。但其意理較下比略淺些，話頭較下比略渾含些，尚未直窮到底。對下比言，則謂之淺耳。倘此比不着痛癢，不可下密圈，下比雖佳，亦減色。）

對比深（追入深處。）

此等股法，一步進一步，一層深一層。螺旋愈入，蕉剥愈出，最足引人入勝。○凡虚實遠近等法，俱以淺深二字該之。

出比開（或用反，或用陪，或推原題頂前一層道理。以其未拍本題，總謂之開。）

對比合（拍合本題。）

此流水對法，兩比如一比，股法最爲活動。○凡反正、賓主、縱擒等法，俱以「開合」二字該之。

對法變換

墨卷對股，固以工整爲佳，然亦間有變换處，如出比用「則」字接，對比用「然」字轉。出比用正筆收，對比用反筆收。出比以本位收，對比用襯托收之類。蓋文章當合兩比爲一比，其伸縮變换，原可參以變通。且筆勢之縱横夭矯，不可方物，亦往往於此處見長。但必氣盛言宜，實在得心應手，方可運用。倘稍涉牽强，反致誤事。故余嘗有論金正希股法一條，頗能曲盡其妙。今不敢載入，正恐畫虎不成，轉滋流弊也。揣摩家知有此法，隨時斟酌可耳。〇乙丑會元胡君《敬老者安之三句》題文，後二比對法變换可玩。此蓋摹倣方百川《歸與歸與全章》題文後二比筆意也。已上專就整對之股言，既是整對，故以變通見筆妙。若是開合流水對，則股法既已圓活，轉接間又以不多换虚字見能事也。總之以自然恰好爲妙，非可一言盡。〇又墨裁上比用題字，下比必用題字對，乃能穩稱。或另换一字亦可，惟必要題中字耳。至如金正希《今也純儉三句》題文，後股上比收云：「吾寧從焉耳。」下比收云：「吾何爲也哉？」上比用題字，下比不用。又《既富矣二句》題文，中二比云：「富國之可以傲貧國也，猶之乎庶民之可以傲敝民焉耳。即以今日之洋洋大風，如齊晋者之宏且侈也，而或無以大過乎魯衛，此豈無故耶？患富者之有時不如無財也，亦猶患貧者之有時不如無民焉耳。至如今日之僻處沃壤，如吴楚者之壯東南也，而或不免於夷狄之擯，豈謂未富耶？」上比不用題字，下比用。此等股法，原當兩比合看。《今也》篇是上明下暗，《既富》篇是上暗下明。其上明下暗者，以入墨裁，必致失色，切莫效顰。至上暗下明，以股法有淺深論，尚覺較穩。然必有正希之筆力，乃能運掉出色。觀此二比，何等神力！上比收句直走「教」字，却是虚含，並不侵犯。下比收句亦承股内意，欲走「教」字，忽縮入上截，借「富」字反勒，非正希孰能有此絶世筆妙！

題中小義不宜分股

凡題句分布，各有義藴宜疏者，是謂兩扇、三扇、四扇題。如《君使臣以禮二句》，《車同軌三句》、《文行忠信四字》之類，自宜分股發之，乃得透闢。其有兩句疊出，雖分兩事，却無甚分别者，如《立則見其參於前也二句》、《君子戒慎乎其所不睹二句》之類。「立」與「在輿」、「不睹」、「不聞」，只同一樣事，無甚義藴分别，作文自須通篇合發，乃見力量。倘依題句分股，便非作法。即股中有好句，雖分兩事言之，其實合掌。再有細講書理，題句雖分布，仍當合做者，如《老者安之三句》，老少朋友，只隨舉三項以該天下之人。程注「夫子安仁」：「如天地化工，付與萬物而已不勞」乃是大主腦。若呆滯題面，分三大比做，便顧貌失神。故乙丑會墨多中間輕筆分點，前後聚力合發。而江西元墨闕君作，竟全篇合發，只於股内分點，以清眉目。此非無所見而然也。又《上老老六句》，孝、弟、慈，只沿上章隨口舉來，作一絜矩樣子，精神全注下句。若呆分三大比做，亦是失神。故張曉樓先生作，通篇俱用合做，倒影下句，翻入盤空屈注，是謂有神無跡。《四書》中所言，如此類甚多。（如《老吾老四句》，亦是此類。）其宜合不宜分，乃一定之法。而淺學往往依題分股，豈知好走易路，正大輸便宜也。

文不喜平

跌得斷，振得起。
離得開，拍得緊。
反得盡，扭得轉。
如此則不平矣，所謂如龍蛇捉不住也。通篇布勢要如是，一比節奏亦要如是。

筆貴拗貴轉

王半山《筆訣》云：「善拗得勁，善轉得深。」此二語，可謂括盡用筆三昧。不拗不轉，則順直無義味。能拗能轉，乃變換不可捉摸。此與上條同一不喜平意，而「拗」、「轉」、「勁」、「深」等字，耐人尋味，故特爲標出。

作勢自活

徐超亭論文，有「作勢自活」之句。其自注云：「或順，或逆，或構空，或扼要。」（順逆等皆就題言。）此條可謂説盡布局運筆之法。凡物之無勢者，必是死蛇爛鱔是也。物之有勢者，必是活物，龍跳虎躍是也。所謂「作勢自活」者，蓋勢必待作而後出，作勢，乃見其活也。故一篇有一篇之勢，其順逆、構空、扼要，勢之所成，皆從認題來。他條於「布局法」已論之詳矣。至一股一段之勢，亦要一鼓作氣而成。或由順而逆，或由逆而順；或先構空而後徵實，或先徵實而後構空；或即扼要而起，皆因此處自然節拍以生興會。其順逆等之間架，所謂勢也。按其節拍以求勢，所謂作之也。（勢須作，尤按節拍而作，此語精極。）運筆如生龍活虎，所謂活也。倘一比文字，只平平做去，如死蛇爛鱔一般，既無此勢，何以見活？○此與「文不喜平」條同意，因「作」字、「勢」字、「活」字説得更有義味，故抽出言之。

行機取曲勢

凡作行機文字，一篇如一股，最令閲者快目。然有二弊：一失之滑，一失之直。詮發不透，則太滑；布局無勢，則太直。此等文格，本一氣呵成，然各處必有實義發揮，方不落空。至於布局，尤須得順逆、往來、反正、賓主，向背、離合諸法，使一篇文字雖挨着題目層次做去，而其中風雨合離，波潮上下，幾令觀者駭目驚心，不可捉摸，乃成巨觀，（總不外順逆往來等法。）徐超亭所謂善用提呼聯宕是也。提者，峰巒矗起也。呼者，叫喝而行也。聯者，湊笋恰好也。宕者，揚開生波也。善用者，安頓部位得宜也。（若用不得宜，反亂文格。○部位有就題之層次言，有就行文之節推言。）兼此數法，曲而能直，直而能曲，行機之妙盡於是矣。

前後左右取波瀾

題有正面當寫者，固須疏鑿其精義，方不落空。但正面不過數語而止，何以使花團錦簇，波濤洶湧，以成大觀乎？其法須從題之前後左右取之。前者，題之上一層道理也。後者，題之下一層道理也。左右者，題之旁而陪襯也。推之或用反抉，或引古作證，或攝題中意理，構空發論，或讀書得間於無字句中，生出議論以詁題，皆是吹波助瀾，以托出此正面道理。而文章之奕奕有神，能動人目處往往在此波瀾，而不在正面，可知波瀾之爲貴矣。有此法，則自有此文，又何至有「心如廢井」之歎哉！

各股挨題字順逆起法

凡作文，前幅、中幅、後幅，各處起法，必須變化錯綜，乃成章法。得訣只在挨着題字，順逆變换而起耳。如提比挨題某字逆起，中股則挨題某字順起，後股則又挨題某字逆起，或挨題某字中間扣起之類。（各處應順應逆，全在相題行之。此只舉其端耳。）一順一逆，錯綜變换，則既不失之板滯，且有離奇境界矣。然所謂挨某字起者，非必處處明拈某字也。或明或暗，（大約必須明暗相間，如某一字明拈起，則某一字須暗貼起。若處處明拈，則不成文法矣。）或反或正，或離或即，或用陪襯。用筆雖極變幻，然每處落想，大約總須挨着題中某一字起意也。循法做去，有是法則有是文矣。〇雖曰挨着題字順逆變换起，又須知湊笋之法。凡篇内將題字分層次出落，出到某一字下頭，即須緊接此字起，或明接，或暗接，或開接，或緊接，總須頂着此一字意，是謂湊笋。夫起法既要頂着出落之字，又何言有順逆變换乎？須知出落題字，因乎布局層次，凡布局必有順逆之勢也。

墨卷要醒題字

墨卷固貴凝鍊精深，尤怕瞞頭瞞腦，渾淪説去，使人看之不分曉。夫文章原做題目，大約某股向題，某字着意起議，都有條理。故題字必須處處點出，乃能豁目。不特於領題處揭得透露，於出落處點得玲瓏，即在中幅、後幅當精心團結、議論閎肆之中，能將題字隨手醒出，以清眉目，令閲者識其意緒之所在，一目了然，是亦制勝之一着也。

題句題字不得率出

凡題之全句，及題中扼要之字，不得輕易放出，更不得勉强押出。有蓄而出之，有迫而出之。前路已將此句此字理藴發透，更無餘地。至此持滿而發，蓄極而通，乃趁勢出之，所謂蓄而出之也。或前面一路追拶，拶到緊處，至此更無可躱閃，無可停留，亦即趁勢出之，所謂迫而出之也。故出此一句，如土委地。點此一字，如日當天。令閱者至此，爲之拍案擊節，（無論出在提比、下、中股後、末股後，皆要如此。）乃是入彀之技。倘稍涉強押，或緩慢點逗，或顢頇放出，則全篇失色，不堪入目矣。此乃一篇文字眼目所在，關係匪細，切莫忽過。○將題句脱口全出者，固見恰好。或將題目逐字挑醒分點，亦見字字活現。二法俱臻絶妙。

鍊墨須調平仄

結調要調平仄，凡作文皆然，而墨裁爲尤甚。一比中承頂轉換之平仄，皆有一定之粘。錯一字便拗口。對比與上比全反，錯一字便失調。調之諧與不諧，全在於此。倘文佳而平仄不調，必令閱者發悶，縱有好處，亦恐忽過，故不可不慎也。論者謂墨卷中惟吴君玨《鄉人儺一節》題文，平仄最調，無一字錯。信然。就此篇論，詞筆似覺太密，幾不免腦滿腸肥之嘲。然其結體高華，義藴閎深，理法俱臻絶頂，誠墨卷之正軌也。須善學之。

洗刷字句

徐超亭云："閒字閒句要淘洗。一篇中着一段閒話，一篇失勢。一股中着一句閒話，一股失勢。"余謂一句中着一個呆字，一句失色。夫以一字而累一句，以一句而累一股一段，甚或以數句而竟累一篇，則字句之妥與不妥，所係豈淺鮮哉？當風簷寸晷中，有明知其不妥，再三思之，而不知所以改者，有一思之而即得者，雖一時朱衣使然，而淘洗烹鍊之功，總在平日。試觀佳墨，步步精神，從頭至尾，金精玉渾，無懈可擊，此豈取辦於臨時者哉？○其再三思之而不得者，須提起精神，猛力索之。又平心觀理，徐而求之。又放活此心，通融而斟酌之，則必得之矣。

造語率天機

凡作文遣詞造語，淺不得，深不得，輕不得，重不得，總求肖題達意而止。此中自有天機流露，活潑潑地，幾非人事所能爲。大約腹稿初定之見，已得其七八。及至下筆，重加斟酌，一再思之。如果稱意，與題無負，便自了當。倘費過求，竊恐私意起而反惑，惝怳游移，荊棘生於腕下矣。然此不在詞上求也。詞以達意，意生於題。看題真，認理確，則有一定之意，即有一定之詞。此時機趣盎然，眼前活現，不可掩蔽，更不容穿鑿。陳新安解「辭達而已」章謂：「達理者，乃能達辭。」此真千古修辭之準則也。每見人作文，一語輒塗改數次，而終歸浮膚蒙晦，皆因所見不定故也。若或明知其不妥而姑聽之，則又苟焉自欺，草率了事，其爲害更大矣。

場中戒雷同語

凡場中看文，庸庸萬卷，惟求新樣文章。所謂新樣者，非必偏鋒變格也。只詞色新鮮，非千手雷同。便是文章中有習見語，如「致君澤民」、「遂生復性」、「性分所固有」、「職分所當爲」等話，本是至精至粹語，但人人所共寫，數見不鮮，拈來便少色澤。故同此意思，話頭總宜新鮮。又場中所出題目，大約當行所擬，有名作在前者居多。如遇有名作，切不可蹈襲一句。凡主司出題，當下即未知有舊作，及頭場開門，即着人往書店，盡取各文集，搬入内簾，逐一搜尋。如有舊作，即拈出送各房考傳觀，此闈中事例也。故濫寫名作，主司、房官必知之，斷無徼幸弋獲之理。且不待抄寫全篇也，即一股段内，夾寫三兩句，亦必擯斥矣。自揣非不能文，乃因此誤事，豈不惜哉！又有一等至愚極拙之人，不偷其詞而偷其意，通篇布局命意，步步規倣，却又不明寫，自謂善於彌縫，不知既已爲彼所縛，則斷不能出其範圍，究必至左支右絀，弊露而後已，其爲不能倖售一耳。故場中遇有名作，宜力避之，須另出手眼，另立胎骨，以求駕乎其上。即不能駕其上，亦要自出機杼，我用我法。雖一二尋常詞句，亦不肯蹈襲。總使彼走一路，我走一路，撒手游行，傲睨而不可羈縶，此文人之能事也，有志者勉之。（陝西壬午闈中頭場首題以蹈襲張素存作及他名作黜落者不少，故有感而言之。）

場中戒用僻語

場中作文，用語固須求新，尤要戒僻。薛葦塘曰：「時文乃明理之言，代聖賢語，貴純白無瑕。除六經外，秦、漢、唐宋八家語之精粹者可用。稍涉粗豪，不可闌入，況老、莊、百子乎？每見學人好逞新奇，不知闈中以此屏棄者不少也。經語固不在戒例，但房官亦間有生疏者。故如《書》之《盤》《誥》，《禮》之《内則》，及三傳中非時文常用者，究宜慎之。但此中有幾許異同處，如通篇絢爛，則生熟俱可。蓋彼明知其典博，非杜撰也。清滑之文，偶用不經見語，直奮筆抹之矣。遇典制題，無論生熟，切題即用。蓋題固貴濃，場中舉子運用，大抵相同，雖生亦熟矣。其他題目，尚宜斟酌。且同此運用，又要鎔鑄得好，不覺其生，方是好手。」（此條戒人用僻語，又分别異同，説得極圓通，亟宜省覽。）

凡經傳語，有爲本題作正義訓解者，自宜正引。其餘須以化裁變通運用之，或將此典語翻轉看，或更進深一層看，或鏤金錯采雕琢而出之，或讀書得閑率扯作證，看似天外飛來，恰是本題眼前妙義，總不外此數法。至引用典事，更當死事活用，斷不可板板填砌，致同鈔胥手。此乃文章死活所關，故特綴於此。

揣摩戒學高古

蘇東坡與姪書云：「凡文字少小時，須令氣象峥嶸，彩色絢爛；漸老漸熟，乃造平澹，其實不是平澹，乃絢爛之極也。汝只見爹伯今日平澹，一向只學此樣，何不把舊時應舉文字，看其高下抑揚，如龍蛇捉不住。且當學此。」（此條是墨卷揣摩之祖。）又傅夏器曰：「文章不拘奇正，只要英發出色，圓滿光亮，始能於千萬人中奪人心目。否則庸庸腐腐，未有不擯棄者也。」又先輩論文云：「得春夏氣者，雖少年或速售；得秋冬氣者，即宿儒亦蹇滯。」又王緱山曰：「應制科有利、鈍二途：凡文之蓬蓬勃勃，如釜上氣者，利之途也。（意理略清者無不成進士。）掩掩抑抑，如窗隙風者，鈍之途也。（名士之文多如此。）鮮鮮潤潤，如叢花帶雨者，利之途也。（此少年科第之文，更帶渾厚者福澤必大。）孑孑直直，如孤幹擎風者，鈍之途也。（老宿之文如此。）活活潑潑，如游魚飛鳥者，利之途也。（活字本行文之要訣。）悉悉率率，如蟲行蟻息者，鈍之途也。（粘滯。）如物在口，探之即得者，利之途也。（爽朗。）結塞胸中，若嘔若吐者，鈍之途也。（艱澀。）如鼎在世，古色駁犖者，利之途也。（經籍紛拂，非古拙之謂。）如鐵在水，黯然沉碧者，鈍之途也。（時文爛語。）」合此數條，總見揣摩命中之文，必要絢爛光昌，不得爲高古簡澹，更不得爲艱澀晦刻。自有制科以來，古今同一轍也。每見文人動曰「我王、唐也」，或曰「我歸、胡也」，試思王、唐、歸、胡文章，原不從時文得來。學者無此根柢漿汁，而欲竊其形似，必不能相肖。且即肖之，而於主司、房考走馬看花中，欲進以聲希味澹之文以求合，豈不難哉！夫揣摩原欲榮世，非爲傳世。倘才高不遇，雖直與歸、胡比肩，無益也。至於啟、禎章、羅鑱刻一路，亦須經過。但既已入去，亟須出來，切莫爲其所困。鑱刻而以顯淺光昌出之，乃爲百發百中之技。薛葦塘謂：「文章貴熱，不貴冷。熱則易售，冷則難售。此是生死關頭，不可不慎。」其言可謂深切著明矣。吾願有志者斷之於早也。人所以學作高古文字，多因每科鄉會墨中，必有一二卷，以高古簡澹中元中魁。好高者遂據高古爲可學，不知主司於此等止拔取一二，以示高識，無論效顰見醜，即使實有可觀，而以高古獲售者萬得一二，以絢爛取中者十居八九。揣摩貴操券，切莫希冀於不可必得之數。

［附戒襲時文爛語］習舉子業不得不讀時文，然止取其機調。若論造語，則時文中非可以求生活者。凡名家文，出語皆有來歷，無論明引經傳，即其憑心獨造之句，亦必融會經義，或根柢先儒緒論，化而用之。彼腹中有書，因題觸發，運以心裁，故能浹洽稱意。倘罔識來歷，只依樣剿襲，則必無頭無腦，勢難天然妥貼。且天下有一可怪事，凡經傳古文語，今日寫，明日寫，人人寫，俱見可看。惟在時文，雖極精湛語，一經剽竊，便覺臭腐可厭。王緱山所謂「如鐵在水，黯然沉碧，鈍之途者」，即指此也。故在所戒。言至此，轉恐學者畏難。然無難也，惟讀時文與讀經傳，工夫並進。且寧可一日不讀時文，必不可一日不讀經傳。饜而飫之，渾而化

之，日久自有好境界出來。有志者請試驗之。

融題

融題者，題之意理層次，要融貫也。凡題必有層次，有層次處皆要融。即如一單題，其中盡有許多層折意理，融者或扼重某意以駕全題，或從某一層意折入某一層，又從某一層意緊抱某一層；既於合處見分，又於分處見合，總使一篇文字，一線穿成，面面周匝，是謂之融。徐超亭云：「融題要渾，要圓，要湛，要透。渾者，包舉無痕跡也。圓者，轉遞不牽強也。湛者，足也，詮發無漏義也。透者，中其肯綮也。」此則認題、布局、措詞、運筆之妙，俱括在内矣。試取一名手單題，細看其如何融題之法，便知。竊謂凡題皆要融，而於幾句幾節題尤易見。徐超亭云：「題或幾句幾節，切忌呆做，要説彼此動，説此彼動。」此言題目節次稍長，更要融也。題有幾句幾節，自須挨次做去。但各處止呆衍本位，絶不關照上下，則解散不成文律矣。故做上節，便要將下節意理貫入，或於股末即趁勢呼動下截；而做下節，仍迴抱上節，乃見融貫。譬如人身四肢百骸，雖各分支節，而筋絡血脈，固自彼此貫通也。憶前課徒，拈《魯無君子者二句》題，甲作把上句頓做二比，止呆疏本位，毫無關照。余謂此處對比收筆，即宜呼起下截。及塗抹數語，遂覺全篇機神流通。此一證也。然此猶屬小可。嘗見會元錢君棨《待文王而後興二句》題文，於上截做「待興」二比，即透「凡民」。錢君楷《苟爲不熟二句》題文，於上截做「不熟」二比，即透「不如荑稗」。朱君任林《中庸之爲德也二句》題文，於上截做「中庸之爲德」二比，即透「至」字；下截意理已在上截寫透，故下句可以應口直出。三作均以此得元，蓋衣鉢相同也。此尤能以全力運題，雄渾可學。○超亭又云：「題有幾句幾節，起講要融會大意，兜底咬定，使題之全神俱動，方爲得手。若説兩三句，只見題之一面，必不入彀。」此條專就開講言之。題有幾句幾節，起兩三句，只見題之一面，則其不能融題可知。試看名墨，無論何等頭緒繁重之題，開講一起數句，便全題俱見。其得手處，因能融會大意，以得其宗主故也。

鑄題

鑄題與融題不同。融者，因題本有之層次意理而融之；鑄者，在題不必有此形樣，由我用法以鑄之也。其法約略可舉：一曰截其散，二曰化其板，三曰括其煩，四曰銷輕爲重。何謂截其散？題語有零碎錯出，無分輕重，本無可截。文却用截做，遂見有欹側之勢。如《遠方之人至織席以爲食》題，乾隆壬午江南墨多以上四句作一截，下三句作一截，文勢遂覺趨重下截是也。何謂化其板？題有段落平布，本應平還。文或化三爲兩，化兩爲一，或用蟬聯、串插、迴環、映帶等法做之，如《食饐而餲一節》題，五個「不食」。不肯平衍，化而出之是也。何謂括其煩？題有章節，長而零星散亂者，作文可併則併，立主腦線索以整齊之，如吴君翊《君子不以紺緅飾全章》題文，以「辨乎色，審乎時，因乎地，上觀天道，中體人事，下察物理」控制全題是也。何謂銷輕爲重？題有數句，或一節，意理歸重題尾。中間零碎記敘，本非扼要。常法只宜輕輕點過，能手偏於此處着精神，借其話柄，用全力發之，以闢通所重之竅。如王君應遇《點爾何如至異乎三子者之撰》題文，「鼓瑟希」數句，人皆輕點，彼偏於夾縫中聚墨寫之，以通合異撰，遂制一篇之警策是也。（此篇《藴華集》改作更佳。）此如冶者，鎔衆鐵屑以成一重器，故曰「銷輕爲重」。以上數法，皆是因題制形，題由我鑄。餘可類推。○雖曰題由我鑄，究非矯揉造作而爲之。總要恰好，如冶者鑄成一器，竟似天生成的一般，乃得。

虛字實做

徐超亭云：「虛神不貴挑剔，而貴融會。融會而凝鍊出之，所謂高渾。」超亭所言，蓋即虛字實做之法也。每見墨卷遇題有虛神當摹者，竟將此虛神當作實事，追魂攝魄，鍊實語以敷寫之。就其易見者，如薛君田玉《唐棣之華至未之思也》題文，文内所云「刻以相繩，識微燭隱，直指而不嫌於苛」等話，皆是實寫「也」字之神。其他虛神實做，比此更爲刻露者尚多。（如方文輈《故諺有之曰》題做「故」字，《王如知此》題做「如」字，此真是虛字實做，刻劃之至。）要之，墨卷總以全力見長，斷不肯爲一挑半剔伎倆也。多看佳墨便知。

理題顯微

《四書》中本無淺題，凡聖賢語言，皆徹上徹下。淺者見之，謂之淺。深者見之，謂之深。原不能分出某章某句爲理題，但其中有説天人性命之章，道理本屬無形，題境遂見深奥，則即别之爲理題，亦宜然也。此等題，最怕説理障語。凡天人性命道理，須從自己身心體認，及人情物理，日用常行，推究出來。（此是認理踏實地要訣。）看得明白真切時，落筆爲文，不過如説家常事，雖童豎亦能解曉，乃是絶頂好文字。倘題既深奥，又復填寫瞞頭瞞腦話，令閲者發悶，斷難取勝。〇至理題而有幾句節及全章者，頭緒更覺繁重。此等首要分清脈絡，次要拈定線索。起手要埋伏某一層意，中間某幾層實義要疏，那一層意要串入某一層，某一層意又要迴抱那一層，樸寔頭筋筋絡絡做去，使一篇文字，起伏照應，處處骨節靈活，明白了當，而渾樸中自具雄健之氣，便是巨製。（雖曰「樸實頭做去」，既有脈絡、線索、起伏、照應、波瀾，便自壯闊。但此之波瀾與别樣弄花斧者不同耳。）試看歸震川所作繁重理題，何等顯白精緻，真制藝之極軌也。〇推之淺題深做，小題大做，俗題雅做，可以類推。

不喫力

凡人讀書到息深養邃時候，做出文字，無論華贍清秀，雄壯豪邁，總見自在流出，大雅春容，有書卷氣，有醞釀味，是謂不喫力。倘根柢淺薄，涵養未到，遽欲效墨卷之雄放警策，則必如武夫之伸拳，豪暴之叱咤，北鄙殺伐之聲，震驚紙上，殊非廟堂風度矣。其實彼並未能説得入去，所謂雄放者，非真雄放也，躁莽耳。所謂警策者，非真警策也，粗豪耳。此却是錬墨一關，故特標出。

文章貴自然

徐超亭云：「看來文到得手，不論淺深，必有自然之逸致。自然者有脈，（上下文之脈絡。）有法，（層次及起伏頓挫也。）有正面，（文之切實處。）有神情，（文之紆餘宕漾處。）有一氣吹息旋轉自然之樂，（有此二比似恰有下二比，有此一句似恰有下一句，行文樂事也。）而必無題外想、（設想非題中應有之義，是謂題外想。）題外調，（調貴肖題，如宏壯題而出以委婉調，委婉題而出以宏壯調，是謂題外調。）講題如打鐵，（説不透。）取題如捏沙（團不攏。）之苦矣。」此條薛葦塘注之云：「此境最是難到，須從勿忘勿助得來。」竊謂此境雖是難到，却正自可到。只是書理熟，法律熟，便得之。而書理爲尤要，將《四書》看得透徹融洽時，一題到手，題中有如此之神理筋節，則自有如此之局勢層次。且自有如此之正義，自有如此之襯貼，自有如此之議論，自有如此之波瀾，自有如此之機趣。無論如何擒串，如何運掉，如何曲折生姿，皆因題事之當然，氣機之不得不然，竟似天生成的一般，此之謂恰好，此之謂自然。斯時題外想、題外調，更從何處插進來，而又何有如打鐵、如捏沙之苦哉？古人云：「文章本天成，妙手偶得之。」雖曰偶，其所由來者漸矣。○此即論火候條「涣然冰釋，怡然理順」四句意，再抽出言之。

戒率下筆

古人論作文，以腹稿爲上。腹稿者，腹中所定之稿也。凡神能造形，形不能造神。（此二語精極。）存諸心者爲神，書於紙者爲形。方其存諸心也，神明變化，無方無體。或因一字而换數句，或因一句而换數行，或移後以置前，或化股而作段，往往有之。緣此時胚胎未兆，尚在空虛之中，顛倒由我，變换由我，思之思之，鬼神通之，自無難斟酌以求其是也。若一寫在紙上，便滯於形。心無定見，手亦無定適，寫出來似是似不是，似湊笋，似不湊笋。惝恍游移，扞格於心手之間，斷無佳構矣。嘗見人作文，一見題，便做破承，隨即做開講。至叩其通篇作意，則曰：「尚未有定也。」如此支支節節而爲之，可卜其不能完篇。即或勉强做完，亦必不成文律也。故腹稿之説，必當講求。一題到手，先將題目認真；次將局勢布開；次就一處合籠思索，以求制勝出色所在；次將柱義分撥；次就一比打算，起承轉合，層層佈置，即至字字句句，措詞用典，運筆鍊調，皆須逐一籌度妥貼，仍合對比商量。倘有棘手處，還要通融挪移，以求相稱。一處如此，各處皆要如此。總使一篇文字，從頭至尾格局規模、細微曲折，無不了然於心，確有所據。然後取之心而注之手，信筆直書，此時興會淋漓，隨筆勢爲飛舞。或有腹稿所未及，而寫來更覺酣暢者，則亦有之。要其原底線索，總不能改易也。及至完篇，從頭紬繹，展紙微吟，其中有應竄改增添之處，再加修飾，便自了當。嘗見前輩謂某篇文三易稿而後成。斯言必不可信。作文至易稿，非得心應手，銜口而出，縱有到處，亦晦澀不堪入目矣。須知章、羅體格，鑿險追幽，言足以達難顯之情，皆是腹稿先定，必非從易稿得來也。

論頭場《四書》三篇文

前人詞云：「三場只看一場文，七藝全憑首藝精。」（前時頭場用七篇，故云七藝。）此說蓋專重頭篇也。薛葦塘云：「頭篇要極研鍊，第二、三篇以詞充氣沛爲主，但題竅總不可失。且主司意見不同，有專重首篇者，有兼留意二、三篇以覘其人之火候者。自宜篇篇着意，總要每完一篇，另加一番振作。蓋精神愈用則愈生，倦怠之後，又存草率之心，必至庸陋不堪入目矣。」此説蓋謂首藝固重，而二、三藝亦要勻稱也。竊謂場中雖云風簷寸晷，畢竟時刻尚屬從容。若果工夫純熟，則頭篇固極精鍊，即二、三篇亦必詞充氣沛，水到渠成。倘或再而衰，三而竭，竟至晦滯庸陋，不堪入目，其人必非有真本領。故二、三篇必不可忽也。或有頭篇加意研鍊，尚費經營，至二、三篇，則如彈丸脱手，越做越熱鬧，越做越靈活。下筆滔滔，若有神助。此雖關乎一時福命，實則由於火候所到。故揣摩成熟，工夫全在平日。（陝西壬午，修分校内簾，主司吴梅梁先生云：「二、三篇不懈者，其人必是宿學。」可知葦塘所言主司以此覘火候之説，信不虚矣。）

論詩

當今最重詩律，場中閲卷，每頭篇看畢，即看詩。蓋謂詩佳，其人必能手也。詩之重如此！然竟謂以詩取中，亦太過之論。只求詩與文稱耳。倘不成韻語，則恐有礙於中。詩須材料，非枵腹所能成。此材料全在平日讀詩，翻閲典故，強記得來。起句須飄渺突兀，作勢而起，能呼起全局爲妙。四句破題，須字字點醒。（不特起四句爲然，於中幅能將題字趁勢點出，亦極醒露，總要恰好自然。）中間詮題，將題目分做、合做、串做、交互迴環做，便綽有地步。（詩亦有題眼，須向定題眼尋義味，尤須分虛實遠近層次寫，不可一句説完。）十三、十四兩句，須振筆作轉，爲收結地步，或宕開，或陪襯，或反揭，或一句束上，一句起下，總要振蕩有勢。前人云：「未學吟詩，先學轉筆。」緣此二句一平弱，則結處便難收拾矣。結二句，或歌頌，或自寓、干請，須雅與題稱。八韻十六句，要一氣貫串，渾浩流轉，最怕句櫛字比，堆砌無靈活氣。（紀曉嵐《河間詩律矩》專講分層次，全律一氣流貫，句法多用流水，此最能化排偶之跡，而高明每病其滑。善學者取其靈活法門，參以名家之莊重雄厚，則兩得之矣。）造句要清秀，要工雅，要雄渾，要寫意。寫情，寫景，須語帶風致，得比興體。（如此則語語超脱渾融。）最怕粘滯題面，下老學究話頭。（如此便不成韻語。前人謂理題須寫理趣，莫寫理語，是格論。）句法尤忌雷同。凡虛實字面，宜參差變換而下。（如上聯先用實字，後用虛字，下聯則先用虛字，後用實字之類。如此則無句法重複之弊矣。）押韻最要穩，（因韻生意，按定粘眼平仄，先成韻句，後以出句湊之，則押韻無不穩矣。）平仄尤須辨。（《詩韻辨》同《四音釋義》等書須常披閱強記。）當今功令甚嚴，一字平仄失錯，便誤大事，不可不小心檢點。兹將平仄定例，及緊要事宜，作歌列後，以便記憶。

制詩五字辨分明，對句二平首必平。（此以首一字言是對句，是對句之第二字用平者，首一字必須用平。此是定例。）若逢出句對二仄，首字不拘可任情。（若是出句、若是對句第二字用仄者，首一字俱可平可仄。五言律詩其平仄不拘者，止此兩項首一字，其餘則字字有定例。）二四爲眼由來舊，（此以二四言。）三五相背遵定程。（此以三五言。）韻下出句粘二四，（此以粘言。）最防出韻誤功名。（出韻有二樣：一、忙中不細看韻紙，六魚韻誤用七虞字之類；一、一字入兩韻，義不同，音不同，如八庚平字音苹，而誤用「王道平平」、「平平左右」；一先平字音㛹，而誤用「中和且平」、「無平不陂」。又四支唯字同惟，而誤用諾也。四紙唯字音委，而誤用獨也之類。此類甚多，得失所關非細，考究工夫全在平日。）

首句休要用韻裝，（首句用一韻，便是九韻，雖有此體，不可用。）未聞拗體入賡颺。（拗體是平時唱和用，場中犯此，便以失平仄論。切戒。）領聯結語押官韻，（領聯謂第四句，結語謂末句，官韻即得韻。）起手嫌輕中不昂。（起手謂首韻，此言押得韻，宜放在領聯及末句，更爲鄭重醒露，不宜放在首韻及中間也。◯得韻最要留意，凡得字離奇者，其中必有典故，能知其來歷，押出者最爲出色。若不知來歷，押此字倍要妥穩。其有照常無甚深意者，押此字亦須倍加推敲，求其落紙出色，總要妥穩。○凡押險韻，全靠書卷作主。因此一字落紙，屈曲以成句法，看似空山墜石，實則蒂固根深，乃妙。）大韻同音均莫犯，（大韻即本韻，如本韻得「東」字，一聯九字中有用同、桐、中、弓之類，是謂犯大韻。同音謂字音相同，如離宜、家嫁、壬人、元願之類。一聯十字中有用同音之字，是謂犯同音。凡此皆聲口相忤，故宜戒。○犯大韻最忌同音，稍緩宜讀其聲口，隨時斟酌。且同音而非同在一聯中，更不必論。）敲金戛玉響琅琅。（詩口要字字響亮。）若求風格超凡唱，根柢還從多讀唐。

論二場經三場策

二場五經文，以不失經旨爲要。《詩》、《書》、《易》、《禮》四經，須將上下文記清，最怕以下文爲上文，致承上錯誤。（陝西壬午有一卷頭場文已發刻，因《禮記》文講下承上，誤以下文作上文，遂黜落。可惜！）《春秋》可遵《左傳》，亦可遵《公》《穀》，總不如遵《直解》爲扼要。作經文與《四書》文不同，不必拘以理法，只須文氣磅礴，古色爛斑，得騷、《選》、子、史話頭來寫最妙。若能每經各寫本經語，如《詩經》作詩賦體，《春秋》作《公》、《穀》體之類，更能出色。然此亦不易事。但能照常格做得詞充氣沛，筆有餘妍，則亦必售之技也。（須買時下五經文章看。）〇三場策問，能條對者少，做策居多，但不可全寫題目，須每類得些話頭來填寫。（如問經寫經話，問史寫史話之類。）做得有議論，有間架，有筆勢，篇幅長些，便可看。既是做策，則題目所問「然歟」、「否歟」等句，總宜擱過。若向此處着話，如謂「孰得孰失，必有能辨之者」，又云「其中自必有説也」，此便是拙極。（場中有此最礙眼。）其不知者，切不可影響謬對，亦不可輕信人言。倘有錯誤，比空疎之害更大也。（已上以做空策言。）此亦是一場學問，平日須做些工夫，買《試策便覽》一部，（此部最簡便明晰。）隨時閲看，擇其要者挑出，默寫之，强記之，則各類必得些話頭，且記得多，場中必有遇着。每問能對得二三條，便自出色。（若得二、三條對，便不致太空，主司、房官必喜悦。）〇要之，二、三場經策，無益於中，（闈中頭場薦卷，乃看二三場，不薦者不看。）而有礙於中。（二、三場有瑕疵者，每多點落，且頭場仲伯之卷，亦每以二、三場比較優絀。）去其有礙，便是有益矣，有志者切莫潦草了事。

揣摩古文

前輩云：「對偶中亦可用古文。」蓋謂讀古文者，原取其胎息深厚，骨韻雄秀，非僅形求惟肖，規摹於段落詞筆間已也。但此論未免太高，恐生人畏，惟古文有不得不讀者。即如在場中，欲作一散行文字，（孟藝居多。）倘非運以古文間架，竟自不成篇段，不成調數，則古文之當讀，固與時文同一要着也。徐超亭云：「讀古文不必多篇，須極精熟。」旨哉斯言！揣摩非精熟不能，只在西漢、《史記》、唐宋八家中擇取十數篇，爲自己性情所酷好者，置之案頭，朝夕讀之，讀到爛熟時，不覺浩氣自在喉間流出，落筆便不猶人矣。嘗占一短歌云：「作文思避俗，古文要熟讀。一讀讀百回，筆奇氣更足。」蓋至筆奇氣足，則不特可以運之散行，並可以入之對偶矣。

論看文讀文

前輩云：「博覽之文貴多，揣摩之文貴少。」此二語，可謂要言不煩。文章變態無窮，看題、製局、命意、措詞、用典，各擅所長。若不博覽，則無以廣識見。自前明、國初文選、墨選，及各名家文集，每科直省鄉會墨，皆宜遍覽，尤不得掉以輕心。每看一篇，須求其作意所在，有得於心方可。看文尤看選家，本朝如方靈皋之選《四書文》，王已山之選《八集》、《所見程墨》，吴蘭陔之《選墨一隅》，皆講理講法。其大小批語，一字一珠，圈點不錯下一句，看此自然根柢穩，眼法真。其餘都要探索涉獵，總以多多益善。每見村學人止有手抄文章一卷，及《明文小題》、《文範》等編，所有大選家，大文章，從未見過，井蛙不可以語海，竊恐終身無入門之日矣。揣摩文多，則雜而難精，少則專而易熟。宜就其性之所喜所近者，擇讀七八十篇，或五六十篇，二三十篇，俱可。不怕少，只要熟。日日讀，年年讀，要與之俱化，使其機杼腔調如自己出。嘗謂學文如學曲，曲不離口，文亦不離口。讀到爛熟時，下筆便是這個調數，隨手口而來矣。每見村學之士，從不識讀經傳古文，止知讀時文。今年從甲師，讀二三十篇，明年從乙師，又讀三四十篇，積至十餘年，約得四五百篇，或至七八百篇、千篇不等，高置案頭，篇篇讀過，無一篇念得熟，無一篇解得透，卒之一無成就，終老泥塗。此中枉過多少有用光陰，埋〔二〕没多少聰明子弟，言之可爲浩嘆。合此二者，約而不博，則拘於墟；博而不約，則失之泛。博約交致，揣摩之能事盡矣。○推之讀古文亦然，讀經傳亦然。

論學古

安州陳大宗伯云：「人可一日不讀時文，不可一日不讀經書。」此二語可謂藝苑格言。薛葦塘又云：「《詩》、《書》、《易》須全讀，《三禮》、《三傳》、《國語》、《國策》不妨採擇，秦、漢、唐、宋八家古文，視質之高下以定繁簡。」此一條亦是讀書要領。竊謂作四書文，倘胸無卷軸，不特識見拘墟，抑且詞色譾陋。況墨求精湛，豈可枵腹爲之？故經書不可一日不讀也。第天質不齊，中人資禀居多。若謂經傳等籍必要全讀，則曠日持久，成功爲難。且貪多不能務得，更恐徒勞無功。故與其多而不熟，不若少而能熟。《詩》、《書》、《易》三部，卷帙本自無多，且至爲緊要，故須全讀。（《孝經》亦宜全讀。）至《三傳》、《三禮》、《國語》、《國策》、秦、漢、唐、宋古文等，盡可擇其要者讀之，餘則涉獵而已。（《性理》、《爾雅》亦宜擇讀。）且即《詩》、《書》、《易》，亦宜專精一兩部，專則熟，熟則精，精則鎔，即一部亦足貫串矣。揣摩貴簡鍊，此不磨之論也。薛葦塘又言：「每見人有五經不盡讀者，一生受病已甚。吾鄉往往不免，科名之不甚顯，職是之故，云云。」此又是格言至論。經傳等籍，其可以擇讀者，只許人擇讀，必不許人闕一不讀。若因有就簡之説，止讀一兩經了事，其餘遂束之高閣，終身不問津，則又成三家村三本書先生矣。切戒切戒！且所讀經傳，須常温，常翻閲，常解曉。倘一讀便棄之如遺，則又讀猶不讀也，不可不知。

多讀多做

吴蘭陔曰：「思、學不可偏廢。平日用功，舍多讀多做，更無襲取之法。（揣摩之文貴少，多讀以回數言，不以篇數言。朱岵思曰：「多作文最要緊，做得一百篇，有一百篇火候；做得二百篇，有二百篇火候。但若趣向不定，無名人講貫，猶爲無益也。」）至臨場一月，却又不可苦讀苦做。興之所至，或把卷流連，或拈毫揮洒，不必拘定功課，總要養得此心活潑潑地，如龍抱珠，如花含蕊，（欲發之象。）使文興有勃然，有不可忍耐之勢。以此應試，焉得不佳？」（後條即朱岵思所謂「養精神」、「養喜神」也。）

奪命安命

前輩謂窗下宜做奪命之文，場中宜做安命之文。斯誠格論！蓋窗下作文，簡錬揣摩，以必得爲期，命不足道也，故曰「奪命」。至場中作文，倘不知有命，將自期其必中，而又深慮其不中，則必畏首畏尾，勉強矜持，患失之心勝，勃發之機餒矣。惟得失置之度外，曰：「吾有命存焉。」然後胸中灑樂，乘其興會，縱筆所之，無不如意，故酣暢淋漓之作多出於天機洋溢之中，則吾又得下一轉語曰：「惟安命乃能奪命也。」倘或一委之命，人事不修，遂草率了事，是又自墜厥命矣。

此下隨舉各題法數條，只擇其要者言之，原非備法，觀者幸勿譏其缺略。

斷做定格

凡一題有敘事，有口氣，或問答錯出者，（俱指首尾語氣完全者言。）作文只宜斷做，不宜入口氣。蓋斷做則能以我馭題，左縈右繞，無所不可。若一入口氣，便爲口氣所縛，更不能照顧首尾，而題事決裂矣，（至首尾不完全有割截者，如《子路問強子曰南方之強與二句》題，此是截搭題，更宜斷做，以行鈎渡挽之法，斷無入口氣之理矣。）此一定之法也。（方靈皋《吾未見剛者一章》題文下截入口氣，彼因題之神理全重在下截，故如此，究非正格，不必執此爲口實。）貫易先生曾言之。

引述定格

凡引述題，（如《周任有言曰一節》及《詩云宜兄宜弟》之類。）要照引述之人口氣做，不得入所引之人口氣。若入所引口氣，便死在句不〔三〕，不能照顧本旨矣。此亦一定之法也。惟於引述中夾以「代」字訣，最爲合作。

两大比三大比格（此等題大場多有）

凡作两大比、三大比文，題句前、中、後應有之義，俱於一比中裝入。此等股法，不患佈置無層次，最忌用筆太平直。平則無勢，直則無味。須於佈置歷落中，取峻曲勢，乃妙。（「峻曲」二字宜味。峻者，峻高而陡險也；曲者，曲折而繚繞也。壁立千仞，峻也；峰回路轉，如往而復，曲也。）得訣約有六樣：一曰逆撲，（從題尾逆扣而入。）一曰反跌，（須反得盡。）一曰提振，（中間特起，一波震蕩奮發，或提空，或掀翻，或宕開，俱好。得此一筆文字，全比精神俱振矣，擅勝處在此。「夫」字、「且夫」、「今夫」等調俱宜用。）一曰排奡，（一比中藏二小比，所謂「大營包小營」是也。多於中間流鑿題義處用之。此調創自歸震川，後來張曉樓最善踵武。務須運以雄健渾浩之氣，而又樹以堅確精切之義，乃能出色。倘委靡庸腐，則堆垜不堪入目矣。不可不知。）一曰反掉，（收處用之，所謂如龍蛇捉不住也。）一曰倒捲。（收處捲轉題首，神迴氣合，章法完密。）以上數法，相題行之，總以得勢爲主。（「得勢」二字可謂要言不煩。得勢全在認題來。）試細看名文名墨，其出色處，總不外此數訣。又有作兩大比、三大比，首尾有提束，中間有停頓。（首尾有提束者，常見中間有停頓，如歸震川《顔淵問爲邦至韶舞》題文做完夏時一股，中間停頓二語云：「至於文質異，尚三王之道，若循環然。」何等矜重！後來墨卷多學此法。）或兩大比體分勢串，中間用一樞紐轉下。此法本自正、嘉諸公。（如唐荊川《德必若舜禹二節》題文，裁對作兩大比，中間用一小段作紐，遂覺體平勢串是也。）以入墨卷，最新樣可學。○至遇板實理題，則又以疏鑿題義、精確不磨見長，不在多弄花斧，止於樸實中見雄渾之氣，便高不可及矣。（如張曉樓《充實之謂美四句》題文，四大股可看。緣此等題原不以花斧見長，且恐多占地步，反遺卻實義，説不透也。）○凡文格，只有兩扇、三扇，極至四扇而止，更無五扇做法。其自五扇以下，如文王「敬止」之目，「九思」之目，「五教」之目，此是段落體，總握大旨合做，是正格，蟬聯、串插、映帶做，是變格。不外此兩法。

論兩截題中權扼要

凡作兩截題，最要留意中權。於夾縫中融會兩截道理，得其真命脈所在，抉而發之，以此橫擔兩頭，實制一篇之警策，故曰扼要。或作一大段，或作兩長股，或作兩小股，無所不可。其法有提空，有徵實，有力透其所以然，有作勢反跌，有束上生下，開合動蕩數様。提空，如祝君堃《孰謂微生高直二句》題文，及薛君田玉《唐棣之華至未之思也》題文、吴君鴻《子路曰有民人焉二節》題文，各中二比是也。此等精心團結，管攝兩頭，使實理虚神都於空中活現，既見氣勢雄厚，尤覺骨節玲瓏，最足震耀心目。徵實，如潘君汝誠《孟懿子問孝二節》題文，中二比是也。扼定注中夫子以懿子未達而不能問，恐其失指，而以從親之令爲孝意，重發二比，遂使上下截消息俱通，精鋭驍悍，真是争關奪隘手。力透所以然，如明文姚君希孟《有攸不爲〔四〕臣東征二句》題文，中間四比一段，發出不爲臣所以當征之故是也。渾渾浩浩，雄直罕儔，其駱賓王《討武曌檄》之遺歟！反跌，憶吾鄉乙卯科《固天縱之將聖二句》題，有友人獲售一卷，於中間作一反跌，言夫子既已聖由天縱，即不多能，亦無損於聖。如此重頓二比，既與上文何其對針，跌出「又」字，尤見一落千丈強。又如韓慕廬《誦詩三百一章》題文，中二比言誦詩者，即使達政能言，尚有愧於詩人，用加倍説法，跌落不達不能專對，其勢更覺陡峻。束上生下，開合動盪，如王己山《何謂也子曰不然二句》題文，及方靈皋《吾未見剛者一章》題文、李君紱《原思爲之宰二節》題文，各中二比是也。此等股法，不尚冗長，或則雄渾磅礴，或則活潑圓靈，俱能制勝。（須要有思議，有漿汁，倘如考卷家數，只知一比束上，一比起下，中間毫無漿汁膠粘，名曰「串渡」，實則艮限列夤，斷難入彀。）總之法門難以枚舉，惟於此處，必須議論，叢生波濤洶湧，乃成大觀。倘平淺單弱，則不堪入目矣。此條亦貫易先生言，修引而伸之。

論滾作題兩截題之别

凡題有二句，而語氣緊相貫注，道理互相申足者，此是滾作題，非兩截題也。如「民可使由之不可使知之」二句，「可」、「不可」緊相呼應，不使知正以善其所由。「事君敬其事而後其食」二句，「而」字中間轉下，主一無適之謂「敬」，既是敬，必不能分心於「食」。

後食正以專其敬事之心。「夫子欲寡其過而未能也」二句，中間亦一「而」字轉下，「過」豈能「寡」得盡？越欲寡，越見未能。越未能，越欲寡。「君子博學於文約之以禮」二句，「約之」「之」字，即指所博之文，禮即在文中。不博無以爲約，博而不約，則又失之氾濫無歸，故博約須交致其功，乃能弗畔於道。此等類皆語氣緊相貫注，道理互相申足，宜用滾做，不得截做。餘可類推。至兩截題，則必題有二句，上下各一事，乃得謂之兩截。作法宜用鈎渡挽，莫與滾作題混看也。◯凡大場出題，兩三句題居多，其宜滾宜截，總須看題神理以布格，原不得以定式拘。若以墨裁論，則凡題不易分作兩截做。蓋一用截，則將題目打成兩橛，神理涣散，易致鬆懈。且走易路，恐入輕佻。惟滾做，乃能見力量，見結撰，見精神。佳墨類多如此。至題本有層折，不能抹煞者，宜以層遞法做之，而仍運以團結摶捖之全力，斯爲能事。若題定是兩截，不能合攏者，則須照兩截格做，固不能屈題以從文也。此條亦貫易先生之言。

滾作題法（此等題大場多有）

凡滾作題，題之兩頭，各有實義應發揮，其滾處有平提，有側落，有串遞，有環抱。

説來要融洽，又要分明。要透切，又要圓足。以常法言，提比用雙領，中股用串遞，後股用迴環，此其大略也。（明文鄧君以讚《夫子欲寡其過二句》題文、瞿君景淳《事君敬其事二句》題文，此二篇最明晰可看。）至相題佈置，文無定格，只求其是，神而明之，存乎其人。惟精心團結，搏捖有力，此則墨卷之律令耳。

虚冒題法

虚冒題者，題句是開端語，冒起全章全節。作法固宜照下，然不必規規打探，只宜在本位盤旋，將題目字字咬出漿汁，而下文意理都攝在裏許，乃爲得手。憶前課徒，拈《禹吾無間然矣一句》題，甲作襲儲中子全章題文後二比意，暗以文景恭儉、武帝雄才作襯。彼謂只在旁面映下，尚未至侵占。不知如此立論，已語語走入下文甲裏去矣。（即熊次侯作中二比云：「欽寅清者得其道，樂明備者得其欲。」又云：「有爲者君之功，無事者民之福。」此亦侵入下文甲裏語。）高手則不必如此説，只在本題「間」字、「無」字、「禹」字、「吾」字，字字研出義藴，不過按題作文，而下文意理已於隱約中一齊攝起矣。視借旁面以照下者，奚啻靈蠢之别。此之謂高，此之謂渾。（前見《歸雅集》有此題文，作法極超渾，今忘其名矣。）

結上題法（此等題大場亦多有。）

凡結上題，題之意理，上文已經説盡，此不過用一語總結之耳。在本題原無别樣意理，作文不得不鎔納上文。但將上文板板填砌，便屬鈍漢，斷無佳作矣。得訣在鎔會上文而寫其意，此其大略也。或將上文翻轉看，而後歸還正論，一法也；或將上文觸類引伸，旁推交通，而後歸還本位，一法也；或將上文道理，更追深一層説，一法也；或題中有虚字當摹寫，則摹寫其虚字，而上文道理都在箇中，一法也；或上文有數虚字當摹擬，他人皆寫上文板實面，我却專摹上文數虚字之神，而實面道理即在箇中，又一法也。須相題行之，得訣總在力開生面。（要言不煩。）

偏全題法（此等題大場少有，亦間有。）

凡上偏下全、上全下偏題，斡補串側，其定法也。然人只知横使議論以用法，幾至有法無理。惟高手則以理行法，理既爛熟，法自神明，遂覺觸手生春，頭頭是道。生平劇喜任翼聖先生鄉墨《知天地之化育二句》題文，以知化上串經綸立本，下貫無倚，尤妙在併三爲一，總完得一箇「知化無倚」題目。此真有神無跡，超前軼後之作。要之此等題固以法爲主，舍法無以馭題。惟法而能以理行之，乃見真本事，真力量耳。

縮脚題照下勒題法（此等題大場少有，亦間有。）

縮脚題即截下題。此小題也，題位本窄，作文須騰挪有地步，乃可。前輩云：「小題須知開拓，乃見窄路排陣之奇。」又云：「凡作縮脚題，欲照下發議論，只須在題前騰挪。說到本位，便要勒住，更無題後一層。」（說到題後便侵入下文。）又云：「凡作縮脚題，須拈兩條線子起，一條線子止。」（此即先用照下，後以本題勒住之說。）此皆至要之訣。總之此等題，題字本少，最怕渾淪吞過，便覺無處覓思議。惟將題目逐字拆開看，其扼要之字，固須喫緊。即其閑字，亦必一個個咬出漿汁，不肯放過。總求與下文關照，則題位既寬展有餘，而亦處處靈醒矣。約將數法列下：有在對面看出道理照下，而以本題勒住者；有在旁面陪襯照下，而以本題勒住者；有將下文所以然道理，或其效驗道理，先透在前，而以本題勒住者；（是謂寫下文之影。）有扼重題字，研出漿汁以通下文之竅，用全力透發，只在本題盤旋，而下文意理都在箇中，却不溢題目一絲者；（此法最高，所謂筆所未到氣已吞也。）有用反激照下者；有緊顧上文而下文道理即在顧上處預透，仍如本題勒住而止者；有虛字實做，融會上下文神理，把題中虛字竟作實字發揮，而上下文竅〔五〕會俱通，仍不溢題一絲者。（此等苦心孤詣，直奏單微，惟方文輈最擅長。）墨卷家若遇此種小題，其照下勒題，亦不能越此數法。但於玲瓏活現之中，必能運以矜鍊雄渾之氣，非如考卷家止以一挑半剔了事也。

長題法（此等題大場罕有，但其法亦有益於舉業，故附於此。）

凡作長題，第一須拈定線索。前輩所謂大題須識精微，乃見衆兵擒王之妙是也。線索在手，則一線串成，操縱生滅，無不如意矣。其次則須識輕重詳略之法，重者詳之，輕者略之。（輕重詳略總不外「線索」二字，其應重而詳者即線索之所在也。）又其次則須識實者虛之、虛者實之之法，如做此處正面，止用數語渾括過，其字面却放在他處點綴。做他處亦然。此兵家所謂實者虛、虛者實之法也。其次又須識得隨便帶點之法，輕者固略之矣。至於行文驅駕議論時，或將題中閑字閑句隨便錯綜點逗，亦覺生趣。（必須錯綜點乃妙，如題尾字或於前半逗出，題首字或於後半逗出，中間字或於首尾逗出。若順題直點，則無味矣。）前輩論作長題法，有譬之畫家畫雲龍者，可謂罕譬而喻。凡畫龍者，必先畫其首尾，所謂線索在手。然龍無真形，畫者或止露正脊一節，或止露其一爪，其餘俱用雲遮，令觀者於雲氣隱現中想像其蜿蜒之全形。所謂詳重略輕、實者虛、虛者實之法也。而其間片鱗條鬚，亦或於雲氣中隨便露出一二，所謂閑字閑句，隨便帶點也。妙喻妙喻！又須識得縮篇之法。前輩謂短題長做，長題短做，此格論也。凡作長題，於題目中一句一節，不必區區鋪敘，有一節兩節，而以數語該括之者，有於題中閑文，竟闕之而不敘者，總須以擒賊擒王、飛行絶跡爲妙。（雖曰飛行絶跡，而於隱約中細按題之脈絡，仍毫絲不失，此爲老當。）故長題而能短做，則可知其識老氣豪，駕馭有法矣。若題長而文又鋪長，幾何不緩漫可厭也。○又題長而上下語氣完全者，方謂之長題，若題雖長而首尾或有割裂者，則又謂之長搭截題。作法又須專向割裂處著精神，生議論矣。非復長題可比也。移步换形，莫誤認爲要。

校勘記

〔一〕「失」，原文作「夫」，誤。

〔二〕「埋」，原文爲「理」，誤。

〔三〕「不」應是「下」之誤。

〔四〕「爲」，中華書局本作「惟」。

〔五〕「竅」，疑爲「窾」之誤。

制藝雜話

〔清〕鄭獻甫撰

《制藝雜話》提要

《制藝雜話》不分卷，清鄭獻甫撰。

鄭獻甫（一八〇一——一八七二），象州縣人，原名存紵，字獻甫，號小谷。爲避文宗舊諱，以字行。祖、父皆力田。讀書爲諸生，年十五入州學，後十年拔貢，中舉人。又十年中進士。以主事用，分刑部。請假歸丁父母憂，遂不出。道光三十年，廣西爆發洪秀全起義，獻甫所著書在動亂中散失。咸豐七年避亂至廣州。咸豐十年，廣州省城總督勞崇光延請獻甫掌教書院。未幾，返桂林復掌教書院。廣東巡撫郭嵩燾向朝廷上奏獻甫「學深養邃，通達治體」，請飭赴廣東差遣委用。獻甫力辭。廣西巡撫張凱嵩復上奏朝廷，稱獻甫「品高守正，足勵風俗」，請賜五品卿銜。得旨如所請。同治十一年卒于桂林。

獻甫天資高朗，耿介豪逸。生平嗜書，博覽强記。《十三經注疏校勘記》皆有評點，尤熟諸史。所著《法論》、《儲材議》、《士策》、《學官議》、《權論》、《治盜説》諸篇，皆對時政立論，言之痛切。陳澧説：「國朝二百餘年，儒林、文苑之彦疊出海内。及風氣既衰，而鄭君特起於廣西，學行皆高，可謂豪傑之士矣。」〔一〕其文集有《補學軒文集》及《續編》，詩集有《補學軒詩集》及《續刊》。徐世昌《晚晴簃詩匯》卷一百三十八選其詩十四首，稱小谷「詩直抒胸臆，無所依傍，骨韻甚秀，當時粤西詩人以朱伯韓、王少鶴、龍翰臣爲最著，小谷頡頏其間，其伉爽之氣，清越之音，亦拔戟自成一隊」〔二〕。林昌彝《射鷹樓詩話》説：獻甫「詩筆嫻雅，幽豔如馬守真畫蘭，秀氣靈襟，紛披楮墨之外；又如倩女臨池，疏花獨笑」〔三〕。陳澧《象州鄭君傳》稱獻甫「尤不喜近之爲文者」〔四〕。制藝方面著有《補學軒制藝》四卷。

《制藝雜話》首尊制義體：「八比文義理本於注疏，體勢仿於律賦，榘度同於古文，體本不卑，作者自卑耳。」因而制藝與儒家經典、經史注疏、古文傳統相銜接。真正優秀之制藝，必以儒家經典爲根柢。「學者非考究唐之注疏，研尋宋之語録，則必不能解聖賢之言；非流覽唐之律賦，誦習宋之古文，則亦不能代聖賢之言。何則？言之精者爲文，注疏之瑣碎必濟以律賦之整齊，語録之腐俗必行以古文之淵雅，而後義理明，典章確，語氣肖。其品似在策論詩賦下，其學實在策論詩賦上。」「試問，《關雎》合樂，執圭聘禮，不考《儀禮》，能動一字乎？庶人在官，八家同井，不考《周禮》，能動一字乎？」該書涉及制藝的體制、範疇、章法、筆法等方方面面。

是書有咸豐五年刻本，貴州師範大學圖書館藏。同治十年有重刻本。今據貴州師範大學圖書館藏本整理。

注釋

〔一〕繆荃孫《續碑傳集》，江楚編譯書局，宣統二年，卷七九，第二六a頁。
〔二〕徐世昌《晚晴簃詩匯》，退耕堂一九二九年刊本，第一三八卷第五a頁。
〔三〕林昌彝《射鷹樓詩話》卷八，上海古籍出版社，一九八八年，第一七七—一七八頁。
〔四〕繆荃孫《續碑傳集》，江楚編譯書局，宣統二年，卷七九，第三五b頁。

制藝雜話

鄭獻甫 撰

《經義模範》，楊氏所傳論宋人經義也。《作義要訣》，倪氏所輯論元人經義也。今元人經義不存，惟宋人經義尚在。顧荊公十篇，不過初體。文山三首，或疑贗作。其體皆備，其法益詳，必以明三百年爲準乎？今學者讀高頭講章，習新科利器，謬以襲謬，歧之又歧。試問以體製所自，程式奚如，大都不得其解。因相與不求其解，而文於是乎極弊。年來主講書院，不免多講經義。學者皆若罕聞，乃録其閒談，都爲《雜話》，共得數十則如左。或見而哂曰：「古人有詩話，古人亦有文話，經義之體，詞人不道，何亦瑣瑣及此？」曰：「八比文義理本於註疏，體勢仿於律賦，榘度同於古文，體本不卑，作者自卑耳。嘗見荊川之會墨，一峰之破題，顧亭林《日知録》言之；東鄉之誤評，鍾陵之佳語，閻百詩《釋地》續言之。二君皆博極羣書，詞擯羣雅，不屑爲八比文者，而亦論及八比文。然則雜舉所見，各言所知，亦何害於道也？又況駢體爲文之變，宋王氏有話；

倚聲爲詩之餘，近毛氏有話。又何靳於禀承帝製，解釋聖經者耶？」客以爲然，遂書爲序，時咸豐之五年夏六月一十三日小谷氏識。

策論取士，多談功利。詩賦取士，多尚詞華。荊公創經義體以救時敝，使之明義理、考典章、貼語氣。學者非考究唐之註疏，研尋宋之語録，則必不能解聖賢之言。非瀏覽唐之律賦，誦習宋之古文，則亦不能代聖賢之言。何則？言之精者爲文，註疏之瑣碎，必濟以律賦之整齊；語録之腐俗，必行以古文之淵雅，而後義理明，典章確，語氣肖。其品似在策論詩賦下，其學實在策論詩賦上。今學者乃以爲至卑，而習爲至易。無怪乎苟以干禄，而無所解也。

《論語》、《孟子》列於羣經，《大學》、《中庸》編於《禮記》，古無所謂「四子書」。世之稱「四子書」，其始於熙寧以後乎？臨川、眉山首刱論體，止齋、六安漸開時局。古無所謂「八股文」，世之稱「八股文」，其始於成化以後乎？自是而《四書》講義、八股文章遂爲士大夫之常業。

《韓文公集》有《顔子不貳過論》，《蘇文忠集》有《孔子從先進論》，皆是《論語》題，又皆是考試作，正與今應試作制藝者相類，特未嘗用口氣，未嘗摹神吻，未嘗拘比偶，未嘗裝破題，未嘗作大結。故雖科舉之文，法尚疎，而體尚古。至時文出而局以一定，格式加以一切禁忌，流弊遂爲古文家所切詬。

唐賦起或整練八字，或對練兩語，即今破題所本也。結處或借頌時事，或別抒己意，即今大結所本也。中間不用論斷者，必順敘口氣，如王棨沛《父老留漢高祖賦》，即作父老語；宋言《漁父辭劍賦》即作漁父語，即今用口氣所本也。前後用己意論斷，所以驗其學識，中間用口氣代言，所以徵其義藴。萬曆以後，八比就衰，士或藉以行私。於是禁用大結，而又仍用破題。天下事有頭無尾，而國運隨之矣。今學者試問以通篇皆代人言，何以起頭必作己語，皆不能對。又問以破題或作對句何以押脚必用虚字，亦不能對。蓋天下之以訛傳訛久矣。今唐荊川、歸熙甫、陳大士、黄陶菴集中破題猶有存古者，大結猶有未删者，學者曷取而考之？

文以散爲古，駢即不古矣。文以奇爲變，偶即不變矣。顧亦不盡然。韓文公《原毁篇》前後皆作二整比，白香山《動静交相養賦》通篇乃似十數小比，而柳子《賀王參元失火書》前疊三句，以後即作三層遞講，蘇老泉《史論》前立四柱，以後即分四段發揮，韓文公《原性》亦前列三等，以後即將三意申明——文何嘗不古？格何嘗不變？時文之用對偶，蓋本此也。試讀荊川《季氏將伐顓臾一章》文，及尤瑛《寡人之於國也一章》文，尤爲分明學古者。

古文一氣舒卷，不容畫段。律賦八韻發揮，故須畫段。然畫之使逐段分明，非畫之使逐段橫決也。今觀白香山《漢高祖斬白蛇賦》、元微之《兵部觀馬射賦》等篇，雖八韻發揮，何嘗不一氣舒卷？若牧之《阿房宫》、歐公《秋聲》、東坡《赤壁》，本是文賦，不是律賦，其通體流走，又勿論矣。今之時文即古之律賦，例應點句，又例應勾股，所以便冬烘者之閱耳。而學者若一經畫斷，遂兩不相顧。其稍知前中後之法者，亦不過勿令顛倒，未嘗自成運掉。如作傳奇者每唱曲一套，即道白數句，以爲出落通氣，其去夫丑、末能有幾哉！

言之不已，又長言之。其衍爲一篇，即古文之法也。言之已明，又重言之，其裁作二偶，即律賦法也。譬如《聽秋蟲賦》以聞蟲之人分發，《曲江池賦》以游池之時分發，起句以此一層立柱，以下即貼此一層取義，未有率爾出之，而意無分別，詞可互換者。惡睹近日合掌陋套乎？荊川自言，平生得法，只是開合。大士自言，平生得力，只在分股。

蓋天下之物無獨有偶，人心之靈舉單見雙。必出比一字不敢輕，而後對比一字不敢苟，如詩句然。「暮蟬不可聽，落葉豈堪聞」，上二字分對，下三字不合掌乎？「蟬噪林逾静，鳥鳴山更幽」，論其詞亦分對，論其意不合掌乎？解此則於文必嚴矣。

時文之題，不外《四書》。時文之人，必博羣書，否則斷無是處。今學者動謂十三經、廿一史何與此事，特詩古文家藉以見才耳！然試問《關雎》合樂，執圭聘禮，不考《儀禮》，能動一字乎？庶人在官，八家同井，不考《周禮》，能動一字乎？又況周、召二南國，見《汲冢書》；淇、澳二水名，見《博物志》，世之論地理者或略焉。滅明故有父，見《左傳》文；子思必有兄，見《檀弓》語，世之考人物者或駭焉。

他如顔淵度轂之仁，曾子架羊之義，仲弓含澤之諺，冉耕芣苢之歌，雜見諸書，尤難枚舉。而欲以固陋之學闡發聖言，推求古典，如明人《宗廟之禮二句》題文，謂昭之子孫在左，穆之子孫在右，而不知死者之昭穆以左右分，生者之昭穆不以左右分。是不熟《禮記》也。《君召使擯一節》題文，謂拜賓時視與手俱下，賓之顧不顧在所不敢知，故待復命，而不知本有「賓升車，不顧」、「擯送賓，復命」之文，是不熟《儀禮》也。讀之皆令人笑來，是古欲以經義明經，今反以經義蔑經矣。

時文之題，必宗一説。時文之理，必考衆説。否亦不知是處。古《論》、魯《論》，字既多異。漢注、宋注，解亦不同。以義門何氏批《困學紀聞》，而於《射不主皮節》馬注，不了其義；惕菴張氏作《翼注論文》，而引《道千乘之國節》何注，不得其句；又況瑣末餘子耶？故不觀古本《大學》，不知今本《大學綱目》之分明也；不觀何晏《集解》，不知朱子《集注》義理之精深也。至於趙岐古注多有删節，宣公正義皆屬僞托。既稱習《四書》之文，亦宜攷《四書》之本。

實字研義理，虚字審精神。此看書法也。虚處起樓臺，實處開洞壑。此作文法也。虚處認得不真，實處必説得不透。故曰：「理貴踏實，何以神必摹虚耶？」曰：「子不見明人之作文，子亦見宋人之注書乎？」如「自誠明謂之性，自明誠謂之教」，「之」字在「謂」字下，易解也。「天命之謂性，率性之謂道，脩道之謂教」，「之」字在「謂」字上，難解矣。朱子注云：「蓋人知己之有性，而不知其出於天；知事之有道，而不知其由於性；知聖人之有教，而不知其因吾之所固有者裁之也。」「之謂」虚字既分明，本節實義益透闢。若如今人囫圇讀書，似「謂之」二字亦同「之謂」二字，則豈有一言之當乎？又如「回也非助我者也，於吾言無所不説」，本是贊賞，而乃加以指斥，得注中「喜」「憾」字，則了然。「由也升堂矣，未入於室也」，本當推崇，乃反貶抑，得注中「特」、「耳」字，則豁然。此皆摹虛爲踏實之證也。作文何獨不然？

神理之切泛，由臨時之體貼。義藴之淺深，則由平日之講求。胸中本無一物，而腕下欲作千言，非剿襲陳言，即敷衍俗意耳。然其功在多讀古書，其效即在精研《集注》。若《孟子》「有不虞之譽，有求全之毁」節，説此二句似無謂，故作此二句多牢騷。注中填實本旨，曰：「言自脩者勿以是爲憂喜，觀人者勿以是爲進退。」解此則下筆有主矣。又《論語》「吾日三省吾身」節，自檢三件何所益，故説此三句殊少味。注中補實其功曰：「有則改之，無則加勉。」解此則立言有歸矣。又如子路志在車裘，顔淵志在善勞，夫子志在安懷，各執一詞，殊不一類。作文便如滿屋散錢。注中揭出本義曰：「子路求仁，顔淵不違仁，夫子安仁。」便覺滴滴歸源，層層入細。若不解此義，第一節只似俠士，第二節只似善人，其與夫子所言三句，皆不相入，理既粗而文亦謬矣。

文之實理既得，文之虛神又得，則可以練意矣。然將欲練意，必先練識。識者不離文字之中，而又不滯於語言之下者也。即如陳中子、方百川俱有《吾猶及一節》題文，而方之識高於陳：一破題外餘地，一得文表纖旨也。韓慕廬、焦此木俱有《事齊乎二句》

題文，而焦之識高於韓：一將「乎」字作商量語，一將「乎」字作危迫語也。曹蛾雪、方樸山俱有《王自以爲與周公一句》題文，而方之識高於曹：一前路徐襯周公，一講下突出周公也。識既獨到，意即判然。如鴻鵠舉於碧落，盡見山川。如漁父入於桃源，别有天地。此爲第一義諦，知練意則可以言練局矣。

將欲練局，必先練勢。勢者，死活所分也。譬之相地者，某處來龍，某處過脈，某處結穴，非不井井成局，然或四平無勢，則一路直瀉矣。又譬之作室者，某爲外門，某爲中廳，某爲内奥，非不羅羅成局，然或四布無勢，則一覽徑盡矣。故均之敘意，或順或逆，必相其機；均之出題，而或緩或急，必盡其致；均之顧母，而或明或暗，必循其格；皆所以布勢也，即所以布局也。或請舉其似，曰如張太岳《先進於禮樂一章》文，小講收句云：「吾方憂其弊而莫之救也。」得此一呼，其勢百倍，下面出「君子也」、「小人也」，皆有力矣。趙儕鶴《名不正一節》小講收句云：「子以我之正名爲迂也，豈以名不正而可以爲政乎？」得此一拍，其勢百倍，下面出數「不」字，皆有神矣。又如葉自端《生而知之者上也一節》題文，小講下突接句云：「藉曰不學則必生而知之者而後可也。」緊練得四字，便呼得一篇，其勢全重「學」字，而徐作上數句，皆無一呆語。此皆勢之分明如畫者。知練局則又知練筆矣。將欲練筆，尤當先練氣。氣者，所以斂吾筆、縱吾筆、抑吾筆、揚吾筆、頓吾筆、宕吾筆者也。顧氣之横奇近陽，如水出峽，如火燎原，如龍行空，如虎步野，勢不可當，而起伏出没，又不可測。氣之疎㟁近陰，如松吟風，如桐過雨，如雁度塞，如魚乘流，勢無所滯，而婉曲跌宕，又無所軼。是以馳驟而不病，其泛駕結練而不病其循牆。若氣不能横奇，而筆貌爲横奇；氣不能疎㟁，而筆欲爲疎㟁；其粗者必野，其弱者必促。跛驟行路，三起三蹶，不離故處。寒士乞憐，半吐半吞，依然此語。則有令人不能耐者矣。

今論文者傳起、承、轉、合四字，不知始於何時，猶作論者傳理、弊、功、效四字，亦不知始於何人。要之皆極不可訓而又斷不可行者也。如神龍行空，攫拏夭矯，豈有呆步？如大將置陣，作坐進退，豈有定方？文不過首尾欲成龍而已，不過方圓欲成陣而已。是故有起而又起、承而又承者；又有轉而不轉、合而不合者；又有當承反起、當合反轉者。今若教人以起則要承、承則要轉、轉則要合，必至心機呆滯，手法平衍，而到死無一筆出奇矣。且以此四字論全篇猶可，以此四字作小講則大謬。吾嘗舉趙儕鶴《齊人有一妻一妾一節》題，小講云：「慎名檢者不以飲食爲細，畏清議者不以妻妾爲愚，無若齊人然。」此講道理至足，題義至完。試問起、承、轉、合何在？總之，文妙只擒縱、離合、斷續數字耳。然將欲縱之，必先擒之，則以後可以即擒，亦可以不擒，而縱之愈見其奇。將欲離之，必先合之，則以後可以即合，亦可以不合，而離之愈見其妙。將欲斷之，必先續之，則以後可以即續，亦可以不續，而斷之愈見其連。否則，當其縱之、離之、斷之之時，已漫無擒之、合之、續之之勢，必且舉足不敢違，斂手不敢放，安得縱横如意，控制由我，周流於九天九地而無滯哉！

截搭之題，前人不作。弔挽之法，前人亦無。惟隆、萬間時無英雄，文有魔道，乃有遊戲如此者。然不過見題之起止，還題之偏全而已。未嘗有「弔」字、「挽」字惡法也。宋時子朱子已極言割截之妖，國朝陸稼書亦詳論截搭之謬，不意至近日而盛行。余以爲好出截搭題，其人目力必昏。蓋恐人以抄襲相眩，故妄以爲成文必少，而不知已無所稟以爲準矣。好爲弔挽文，其人心地必壞。蓋專以誕妄爲事，故竊自喜頃刻必成，而不知已無其理而取鬧矣。余嘗見有作《景公説出至畜君何尤》題者，前路弔「尤」字不得，弔「畜」字又不得，竟有不能下筆者。又嘗出《齊饑至是爲馮婦也》題，前路弔「馮」字不得，弔「婦」字又不得，竟有相率來問者。噫！謬種之流傳乃至此乎？

作文無他謬巧，切題而已。切題無他謬巧，相題而已。然其中有斷不可忽而人皆不能悉者，請爲約略言之。如《未入於室也》題，不得於題中漏却「由也升堂」句，此人所知也。至不得於題後找補「由也升堂」句，則人不知矣。《前言戲之耳》題，不得於題中脱却「偃之言是也」句，人所知也。至不得於題後找補「偃之言是也」句，則人不知矣。豈知語有先後，則詞有次第，豈容倒置不顧耶？又如《其不善者惡之》題，「其」字跟上句來，不得再加「不如」兩字。《如之何者》題，「者」字合上句頓，不得又加「不曰」兩字。又如《民之歸仁也三句》題，分發下兩句，必不可分頂上一句，否則多添一「民之歸仁也」句矣。《離婁之明四句》題，分點上二句，必不可分帶下二句，否則多添一「不以規矩不能成方圓」句矣。又如《君子不重則不威四節》，敬事而信五事，上文無派定數目，許其合併側重，若《三畏》、《五美》、《九思》等題，上文已派定數目，則斷不許合併側重。「怪力亂神」四字，「文行忠信」四字，下文無總結語言，許其後半合發。若「剛毅木訥」、「詩書執禮」等句，下文另有總結語言，則斷不許其後半合發。此皆近人所訛謬而不思者。聊舉一可以反三。

題苟有上文，則必領上文，蓋語氣來路在此也。然有可領者，有不可領者。今人無論語氣何如，講下必用。如「吾言云云」，或用「則豈但云云」，習爲固然，視爲當然，而不知已説下一句，又追説上一句，最爲顛倒無理。如作《有朋自遠方來一節》，小講下忽接曰「如爲學者，豈但説於己而已哉」；作《在親民一句》，小講下忽接曰「如入學者，豈但明明德而已哉」，理未嘗不可通，而語已不相串矣。然則宜何如？曰：前人於題之各自爲説者即各自立意，更不領上文。錢鶴灘作《邇之事父二句》、金正希作《節用而愛人一句》是也。若相承爲説者，即相因立意，須先説上文，如季彭山作《與國人交二句》、崔東洲作《我則異於是二句》是也。然莫妙於小講起頭先承明，若「昔夫子論某某而及此」，及「賢者述某某而及此」，最爲古法，可以立式。次則於小講起筆領題，而於收筆扣題，如錢鶴灘《王顧左右而言他》篇，小講云：「孟子憂齊治之不振，冀宣王之改圖，故先以二事發之而及四境之不治，欲王反求諸身也。」又王守溪《瞻之在前二句》題，小講云：「想其發歎曰：『夫子之道高矣堅矣，而又極其妙焉。』」各以末句緊拍本題，籠起全局，而接處更不必另承。又次則於小講串承，蓋而消納之。若王房仲《在邦無怨二句》題，小講云：「世之論仁者，直以仁爲心德，則止於事心矣，而卒未始遺事也。直以爲仁由己，則止於成己矣，而未嘗不兼萬物也。」暗承上「敬」「恕」兩層。又葉永溪《君子無終食之間違仁一節》題，小講云：「且夫至無間者，仁之體，而至不容間者，體仁之功。一取舍必於是焉，固仁也。必取舍而後於是焉，其去仁亦多矣。」明承上「去」、「處」兩段。又其次則於小講起筆，徑自擒題。而於收筆虛涵領題，如茅鹿門《管氏而知禮二句》題，小講云：「蓋曰：『禮也者，所以治上下，經家國。』此固爲人臣者所以自將，而亦君子之所不敢輕以與人者也。」下即分頂「樹塞」、「反坫」兩層，而各冠以「管氏侯大夫也」句。又顧涇陽《行有餘力二句》題，小講云：「若曰：『夫弟子語其所存，固在未雕未琢之天。語其所趨，又在可善可惡之介。故其心不可使之一息而無所用也。』」下即承上「孝弟」、「謹信」數層，而總承以「其理無窮，終身行之而不盡也」句，既不突接，又不另起，皆作法之至善者也。

題苟有下文，又當落下文，蓋語氣結局在此也。然如《小子何莫學夫詩一章》，出前數句，則落處可用「然猶不止此」等語。《王之臣有托其妻子而之楚游者一章》出到二節，則落處可用「然此其小焉者也」等語。其他苟非趨到下文，即不必強落下文，只還本題語意足矣。若結在下文而截去下文，上面有數層説下者，如作《月無忘其所能》題，落處非並「日知其所無」句，斷不可直落「可謂好學也已」。作《敬鬼神而遠之》題，落處非並「務民之義」句，斷不能落「可謂知矣」。今皆以訛傳訛而不考。又有前面不點題句，而落處始出題句者，必相其語氣，審其文勢可如此，乃如此。若韓長洲《詩云經始靈臺》篇，只全出詩詞，故其末全點詩詞，不必更贅一語可也。往有作《詩云迨天之未陰雨至孔子曰爲此詩者其知道乎》題者，一妄人亦仿韓長洲所作前式，於落處全出題，則笑柄矣。此亦不可不知。

領題固有法，落題固有法，中間出題尤有法。如陳大士之《有德慧術智者一節》，講下直承末句「去」字説入全題，曰「去疢疾則將去德慧乎，去疢疾則將去術智乎？無慧而德愚，無智而術拙，無疢疾而德，無慧術無智」數語，將題之累贅字翻作文之奇突筆，此法之奇者也。金正希《夫子温良恭儉讓以得之一句》，講下亦承末句，偪出全題曰：「則嘗於賓主相見之時而觀其感應不爽之機，其願得奉教君子而就正有道者，非邦君之能與，而邦君之不能不與也。夫子殆温良恭儉讓以得之者也。」將題之想像語爲文之提唱勢，此亦法之變者也。又嘗見吴櫝有《譬如爲山一節》題，通篇全注兩「吾」字，而通篇不出兩「吾」字，直至末乃點：「夫而後恍然自悟曰是吾之責也，是吾之責也夫。」譬如畫龍點睛。又張標有《所謂立之斯立四句》題，通篇皆摹「所謂」字，而通篇亦不出「所謂」字，直至末乃點「夫而後罣然高望曰：『其殆謂吾夫子歟，其殆謂吾夫子歟。』」法亦新。又有必當襯以他語，乃能醒出本句者，否則累説不得了。然如《雖閉户可也》題，上面必要頓：「豈但髮不必被，冠不必纓，而無害爲可哉？」而後「雖」字、「也」字始出。《猶爲棄井也》題，上面必要襯：「豈但未嘗試掘及未能深掘之爲棄哉？」而後「猶」字、「也」字乃出。又有本句頓得不足，又要幫句襯之始足者，如金正希《然後敢入》篇，其收「然後」字曰：「蓋至於驅車直入，而精神已大費躊躇矣。」可謂妙絶。李祖慰《翔而後集》篇，仿之作「而後」字曰：「蓋至於歛翼而集，而精神已大費躊躇矣。」亦可謂妙絶。乃復爲襯一句以足之曰：「而不然者，則無甯矯翅而飛也。」更覺精警透題。此亦不可不知。

或曰：「人有已知相題，已知行文而局苦呆、筆苦直，則何也？」曰：「此雖關乎天姿，亦可挽以人力。在乎善用反正、起結數字而已。」譬如前一股反説，對一股正説，此必笨極，不能成文。巧者將反意置前爲兩偶，將正意置後爲兩偶，則中間有波折，有過渡，有夾縫，其妙不窮矣。局安得呆耶？又如反筆作起，正筆作結，此筆順下，不能成文。巧者將兩起割之爲兩偶，將兩結割之爲兩偶，則承接無横，決無平衍，無支詘，其病悉去矣。筆安得直耶？非但此也，即如題義當兼兩説，文義必兼舉兩説，若呆爲對偶，即少味矣。程子解「居敬而行簡」，謂「居敬而所行自簡。」「而」字無轉彎。朱子解「居敬而行簡」則謂：「居敬而所行又當簡。」「而」字有轉彎。方朴山作此二句題文，竟用程子之説在前爲立案，作二股；别用朱子之説爲斷案，作二股。而中間跌出「而」字，重波疊浪，生出文機，通篇精神俱旺，如李光弼入郭子儀軍，刁斗森嚴，旌旗變色，令人耳目改觀，尤爲巧絶，可以醫俗耳。義理既富，法度又精，氣體尤不可不辨。天下怪之病可醫，俗之病不可醫。澀之病可治，滑之病不可治。李賀之詩、劉蜕之文，可謂怪矣，而後世欽爲至寶。孟郊之詩、宗師之文，可謂澀矣，而當時見賞鉅公。若學者誦習皆許渾詩、李遠賦，必入圓熟一派；起手即談長慶體、劍南集，必入平暢一派；而一切俗與滑之病出矣。時文何獨不然？故論者於海剛峯之不入繩墨，諸理齋之不事修飾，章雲李之不循尋常，皆不敢有所貶。而圓美如瞿昆湖，和平如孫月峯，或不足焉，正謂此耳。至老譬之仙人、俠客、癖士、枯禪，裝束迴異與人殊，性氣又與人别，而入坐落落自喜。於世故者，衣冠言動毫無圭角，然自有一種説不出可厭處。

有降就時文之格而紆迴震盪，純是古文之神者，前則歸震川、周萊峯諸人，後則黄陶菴、陳臥子諸人也； 有盡變古文之貌而謹密微至，獨造時文之極者，前則王守溪、錢鶴灘諸人，後則徐思曠、羅文止諸人也； 有盡得古文之精而清奇深厚，特闢時文之徑者，前則唐荊川、後則金正希諸人也； 有專工時文之法而淡遠流逸，間存古文之味者，前則茅鹿門，後則艾千子諸人也； 其有不似古文不似時文，而自爲至文者，前則稽川南、張小越，後則陳大士、章大力諸人也。 學者各就其性之所近而求其學之所入，必有獨至處。 制藝之推明，猶詩賦之推唐與策論之推宋，取其工而多者言，非但出彼時即爲佳製也。 故許鍾斗之文，望溪譏其俗； 陸治齋之文，桐川謂其盡； 董思白之文，吾亦嫌其圓。 他若胡思泉、郝敬輿過於平實，萬二愚、張魯叟過於刻削，鄧定宇、錢季梁亦無甚可喜處。 但其人皆有學，故其文皆可傳。 若項水心之徒流爲尖巧，譚友夏之徒流爲纖仄，陳眉公之徒流爲游戲，此則斷不可法者。 何則？時文之魔生而古文之氣盡也。

國初諸老談詩，頗講格調。 至乾隆間俗士作文，亦講聲調。 此則明三百年所無者。 嗟乎！ 聖賢之文字，亦聖賢之語言耳。 有此意直作此語，而必抑揚其聲，如優人登場，幫字裁句，唱出惡劇。 有此言自用此字，而必塗飾其句，如記室作啟，梟趨燕賀，塡盡惡膩。 天下不讀書者流遂謂時文別有一種面子，亦別有一樣腔子，而此道乃爲丑、末之餘技。西泠諸子，南紀名流，如吴頡雲、秦劒泉、吴並山等得不爲作俑者所藉口乎？善論詩者不必皆工作詩，嚴滄浪是也；工作詩者未必皆善論詩，謝茂秦是也。時文亦然。前朝韓求仲、湯霍林、艾千子、錢吉士最善談文，尤工選文，而所自作亦未見過人。國朝俞甯世、何義門、王己山亦善談文，亦工選文，而所自作均未有過人。豈眼光太細，手法太愼，遂無以自盡其才歟？然今世流傳選本惟俞甯世《百二十家》最妥協。次則蔡芳三之《三十家》，亦清愼。又次則劉芙初之《八家文鈔》，猶近理。其餘皆當從火者耳。夫文不窺全集，無以知其造詣。而此雖不全具家集，尚可略見家數，故足尚也。若各出意見，各采精華，必多不得其真。彼義門之小題《行遠集》、己山之《八集塾抄》，文不盡善，論皆入妙。至《欽定四書文選》，雜出茅鈍叟、周白民諸人手，間有非望溪本旨處，然曾經望溪操選政，終與坊本有殊。學者第看此數種而無惑於他歧，庶不致迷其塗耳。

場屋之文謂之墨卷，平素之作謂之房稿，而成體之文又謂之名家，雖異其名，非異其製也。名手場屋之文無異平素之文，即其正大光明處，安得所謂墨腔與所謂墨派耶？今人奉鄉會試墨卷爲場屋中程式，若必如此而後可。殊不知明三百年來數十家内所有中式文皆在，則皆墨卷也，亦皆名家也。而不學者乃劃定鴻溝，甘爲雉竄苟語，以王、錢、瞿、唐之文及章、羅、陳、艾之作，則必震驚不顧。豈識明時凡有能者，無不得第，尤能者更無不得元？王守溪、錢鶴灘、瞿昆湖、羅一峯、唐荊川、章楓山、鄒東廓皆元也。而上有太岳，下有鄧、黄；上有華亭，下有陶、董。作者如射有的，取者如磁引針，致爲古今佳話。高文安有不遇？高文而不遇，則命也。萬曆時有王房仲，天啟時有徐思曠。然文如二公，即不遇何損於二公哉？夫文本不以得失論，即以得失論，而得者如彼其常，失者如此其偶。人亦可以自決矣。

文判於所學，尤判於所志。志在實學者，必恐以揣摩陋其意；志在虚名者，必恐以服古妨其功。兩者常互譏而未已。殊不知富貴功名關乎命者也，言行文章由於學者也。盡吾學以順吾命，倘其得則兩得也；荒吾學以倖吾命，倘其失則兩失也。學者此志不先定，則誘於勢利，鶩於速成，終身不能自立。文徵其學，亦徵其品。讀方孟旋文，知其爲孝子；讀左蘿石文，知其爲忠臣；讀趙儕鶴文，知其有風節；讀湯若士文，知其有風流。故文者，挾吾之性術、精神、氣度而出之者也。文中無實際，是爲浮；中無真際，是爲僞。彼言與行乖，文與人左者，非特其人不佳，即其文亦不佳。第不得有具眼者爲之鑒耳。余論文以此終，請爲文者以此始，庶不致迷其本。

制義卮言

〔清〕錢振倫撰

《制義卮言》提要

《制義卮言》八卷(今存四卷),清錢振倫撰。

錢振倫(一八一六——一八七九),原名福元,字崙仙,後字楞仙。浙江歸安(今湖州)人。幼而聰穎,年十四童試冠軍。其文如老宿,於時文有癖嗜,日構一篇。道光十五年乙未恩科中式本省鄉試舉人,十八年戊戌會試中式貢士,改翰林院庶吉士,二十年散館授職編修,二十四年甲辰充四川鄉試正考官。三十年庚戌丁母憂回籍,終制不出。生平淡榮利,不諧於俗。爲體仁閣大學士翁心存婿,協辦大學士翁同龢姐夫。《歸安縣志》有傳。

生平著作有《樊南文集補編箋注》十二卷、《示樸齋駢體文》六卷、《示樸齋駢體文續存》不分卷、《示樸齋制義》四卷、《制藝卮言》八卷、《鮑參軍集注》、《示樸齋駢體文賸》。此外,曾撰有《吳興錢氏家乘》,未付刊,歲久抄本亦不完,後錢恂續以成編。曾任同治十三年《續纂揚州府志》主纂。據錢仲聯先生所記,其祖父尚有《唐文節鈔》十册,今佚。〔一〕復旦大學圖書館古籍部吴格先生曾將他購得的《示樸齋賸稿》複製贈送錢仲聯先生，錢先生剔除其中李聯琇一文，以《〈示樸齋駢體文〉未刊集外文》爲題，將其整理本發表於《學術集林》第四卷。錢振倫對後世産生較大影響的是他的《樊南文集補編箋注》、《鮑參軍集注》和駢文。張之洞曾稱「《示樸齋駢體文》用唐法」〔二〕，以錢著爲清人駢文宗唐法之代表。

《制義卮言》卷首有咸豐九年（一八五九）作者自敘，表明此書與梁章鉅《制義叢話》之不同：「乃取梁氏之書讀之，見其上述列聖之敷言，旁稽名宿之緒論，體裁掌故，殫見洽聞。於斯事之源流固已詳且盡矣。惟中丞生長乾嘉之際，當時墨體以鏗訇藻麗爲工，後則敭歷中外，恒欲藉是以覘經世之學。其於因題立制，慘淡經營之處，或不盡以告人。視余之約言卑論，呶呶焉惟恐弗喻者。固質性之敏鈍不同，抑亦處境爲之已。昔徐廉峯侍御論列八韻詩，爲《試律卮言》。兹所追録不及梁氏之賅博，因名之曰《制義卮言》，蓋將出其穴見以相質。而梁氏所已言者，間亦申其義，糾其失焉。」可以説，梁章鉅《制義叢話》代表了道光時期制義批評的最高成就，錢振倫的《制義卮言》則代表了咸豐時期制義批評的最高成就。錢振倫清楚他與梁章鉅之間的不同。梁著是

「上述列聖之敷言，旁稽名宿之緒論」，在體裁、掌故、源流方面甚爲著力，而「於因題立制，慘淡經營之處」著墨不多。錢著采取詳者略之、略者詳之的策略，建構自己的批評特色。

該書僅「全國古籍普查登記基本數據庫」有著録。全書八卷，復旦大學圖書館藏本爲卷一至卷四，爲海内孤本。卷五至卷八已經迷失。錢振倫在《樊南文集補編自序》中説：「庚申，賊擾江浙，倉促渡江而北，平生書篋，悉付灰燼，而此本居然獨存。」錢仲聯先生曾憶道：「余幼時先父曾命我抄寫五、六部，以半數寄伯父（指錢恂——引者）處。日本侵華，我家全毁于炮火。《唐文節鈔》無一留存，伯父處計亦無有矣。」〔三〕《制義卮言》之卷五至卷八可能即於某次戰亂中散失。

此書題名前後不統一，卷一、卷三和卷四，題作《制義卮言》，卷二則題作《制藝卮言》。

今據復旦大學圖書館藏本校點整理。以俞長城《可儀堂一百二十名家制義》參校。

注釋

〔一〕錢仲聯《〈示樸齋駢體文〉未刊集外文》，《學術集林》第四輯，上海遠東出版社，一九九五年。

〔二〕張之洞《書目答問·附録》，中西書局，二〇一二年。

〔三〕錢仲聯《〈示樸齋駢體文〉未刊集外文》，《學術集林》第四輯，上海遠東出版社，一九九五年，第七九頁。

制義卮言

錢振倫撰

叙

曩余官京師，同年童薇硯編修謂余曰：「昔人詩話之外，如宋王性之有《四六話》，近則毛大可有《詞話》，孫松友有《賦話》，君盍作《制義話》乎？」余曰：「自來詩集多無評點，即後人重刻，亦注多箋少，故有待於詩話之引伸。制義則無論佳惡，一篇之刊，評點俱滿。當世流傳之作，彼無品鷺，轉有評多於文者。沿之則徒襲陳言，埽之則恐成僻論。其不易作，一也。詩中近體多有佳句可摘，其餘各體亦篇幅無多。至七古長排，作詩話者已以文繁不録。若文之工拙，必閲全篇而始見，摘其警句或不足以盡其長。統載全文則又太繁，令人生厭。其不易作又一也。」坐是甫思捉筆，輒復遷延。維時梁茝林中丞《制義叢話》刊行而未及見，更未知阮文達在粤東有搜葺《四書文話》之舉也。南旋以來，日以講席餬口，朋好之中間以老馬識途叩其所見。性懶酬接，尤不健談。論題論文往往以筆代舌，亦不及録副。復有謂何不彙存以裨初學，惜幼時誦習之本，分散迨盡，未能廣徵以暢其説。乃取梁氏之書讀之，見其上述列聖之敷言，旁稽名宿之緒論，體裁掌故，殫見洽聞，於斯事之源流固已詳且盡矣。惟中丞生長乾嘉之際，當時墨體以鏗訇藻麗爲工，後則敭歷中外，恒欲藉是以覘經世之學。其於因題立制，慘淡經營之處，或不盡以告人。視余之約言卑論，呶呶焉惟恐弗喻者，固質性之敏鈍不同，抑亦處境爲之已。昔徐廉峯侍御論列八韻詩，爲《試律卮言》。兹所追録不及梁氏之賅博，因名之曰《制義卮言》，蓋將出其穴見以相質。而梁氏所已言者，間亦申其義，糾其失焉。雖然，善《易》者不占，善《詩》者不説，昔之作詩話者不必盡爲詩人，余之作此敢自謂工於斯事乎哉？咸豐九年十二月歸安錢振倫書。

敘例

制義爲文之一體，謂其於道未尊則可，必謂天地間不應有此一種文字，則過也。兑之戈、和之弓、垂之竹矢、歐冶之劍、秋之奕、宜僚之丸、痀瘻丈人之蜩，皆以精思運於無間，不自知其所營爲藝也。若夫宋之斤、魯之削，則習之者多耳。今之時文幾於斤、削矣，而能臻於和、兑之流者誰乎？述《總論》爲第一卷。

論時文者必曰前明，蓋體之所刱，遂併時代而屬焉。《文苑》、《列傳》非爲時文設，而工時文者未嘗不與其列，豈非爲之者多不能廢歟？槩而論之，如唐詩之初、盛、中、晚，不特窮是體之正變，亦可資以論世焉。述明文爲第二卷。

本朝文運超軼前代，而取士則沿明之舊制。無論劉、戚諸公本皆明產，即後之工斯體者，有不宗明人之法者乎？或師其意，或變其法。要之淵源有自，不能以時代畫也。述本朝文之出於明文者爲第三卷。

國初之文雍容華貴，一埽前明纖仄馳騁之習。論者以覘開國氣象，是矣。要知是體雖始於明，而實盛於明之中葉。至國朝則無人不能，不覺磬所蓄積，乘運而發。至方侍郎奉敕選文，遂集斯體之大成矣。述順治至雍正間文爲第四卷。

詩體至元無可變，故明人復返於唐。字體至宋無可變，故元人復返於晉。桐城、金壇輩即返制義於王、唐、歸、胡者也。乾、嘉間墨體多閎麗，道光間墨體多清轉，風氣所趨，爲干禄計耳。若卓然名家，有一不宗於正軌者乎？述乾隆至近人爲第五卷。

時文之刻，雖隸首不能算其數，不能盡觀，亦不必盡觀也。而作法不可不備，審題而已。題境萬變，莫不有類。有以類相從者，有類而不類者，有不類而類者。引而伸之，觸類而長之，文之能事畢矣。徐靈胎作《傷寒類方》，猶此意也。述題類爲第六卷。

《制義叢話》有《别解》一卷，余謂别解究不可爲訓，惟俗説相沿，有能獨攄己見而仍確當書旨者，斯足貴焉。前人評文必論題，即文未必佳，而論題精當者必采之，師友辨論亦間附焉。若朱子注《四書》，間有典據未覈經後人駁正者，《叢話》列爲一卷。兹不多及，恐經解之體不可以入時文也。述枘解爲第七卷。

昌黎自謂應舉之文近於俳優所爲，而袁簡齋之論時文，直比於元人雜劇。平心而論，亦作者不自尊，其體非盡爾也。《叢話》末卷多附笑林瑣事。兹有冗碎無可附麗與夫忍俊不禁者，姑彙入焉。睡餘酒半，可資談枋，可供軒渠。述雜綴諧談爲第八卷。

制義卮言卷一

歸安錢振倫楞仙

時文源於經義，此大輅之椎輪耳。有明一代，化、治專衍註疏，正、嘉始開風格，隆、萬尚機法而流爲纖佻，天、崇尚才情而過於馳騁。至本朝則久道化成，家不異學。方侍郎奉命選文，於前明分爲四集，而本朝則總爲一集，職是故也。今又閱百餘年矣，朱蘭坡(珔)爲梁茝林(章鉅)作《制義叢話序》云：

本朝初，屏除天、崇險詭之習，而出以渾雄博大，蔚然見開國規模，如熊次侯、劉克猶、張素存，其最著也。康熙後益軌於正，而李厚菴、韓慕廬爲之宗。尋桐城二方相與輔翊，以古文爲時文，允稱極則。外若金壇王氏、宜興儲氏，並堪驂靳焉。雍正、乾隆間，墨藝喜排偶，而魄力芒厚，頗難猝辦。擇其醋老，即獨出冠時。至嘉慶，當路諸臣研覃典籍，士子競援僻簡以希弋獲。近稍厭棄，又未免漸趨萎弱。蓋二百年來文之遷變大概在斯。

此段論列本朝制義源流，頗爲賅括。特序成於道光二十三年，於常日之專事白戰尚言之未詳，而今日之復趨塗澤，又目所未覩耳。

割併年號，如熙豐、政宣之類，顧氏《日知録》頗譏之。至明而化治、正嘉、隆萬、天崇，不獨以爲時代之名，幾以爲時文之名矣。然相沿既久，即方選亦承用之。後來學者既苦萬曆以前之枯淡，又薄同時墨體之膚庸，塾師課本率以天崇、國初爲圭臬，就此四字而論，摘勝國年號二字加於本朝之前，究爲失檢。近來生徒厭其繁重，竟改曰「天國」，此則不問而知爲不通者矣。

時文溯源成、弘，幾於導河積石矣。而《叢話》載錢吉士（禧）云：「論文者首成、弘，而當時前後典文，如徐時用、邱仲深、吴原博、李賓之、謝于喬、王濟之、張廷祥諸公，已有厭常好奇、生心害政之憂，故其取士刊文，必以明經合傳爲主。」然則「文莫盛於天順以前，至成、弘漸衰」云云，執是以論，無異詆建安之綺麗，薄羲之之姿媚矣。要知法久弊生，凡事皆然。補偏救弊，固扶持世道所與有責耳。

制義初體，並稱王、錢。荊川出而代其席，何義門（焯）《行遠集》引一條荊川子元卿所修《毘陵志》云：「方山爲諸生，即以制義著稱海内。於時王相國濟之，錢修撰與謙儼然前輩。而人輒以並稱曰王、錢、唐、薛，其文可知矣。四家之名，當以元卿所記爲正。其稱王、唐、瞿、薛者乃後來習詩義者爲之也。」又云：「有明八大家，王、唐、瞿、薛、歸、胡、楊、湯也。中惟歸善楊貞復（起元），人罕知者。葢以禪學入制義，爲東鄉所訿也。八家之中，自以王、唐、瞿、薛、歸、胡爲尤著。」然方選於浮山、方山、思泉猶微抑之。

以陽明之心學而不涉禪機，以六如之風流而不涉側艷，以升庵、弱侯之淵博而不涉考據，制義初體謹嚴如是。

正、嘉以前，文多順題挨講，諸理齋（燮）獨以古文段落透入於八股之間。葢借題以自成其文，自先生始。而風格高嚴，則又不似隆、萬之專恃巧法也。

正、嘉以前，破、承竟有不見題中一字者，葢猶存宋人經義之式。又俞桐川（長城）云：「凡承題不複破題，起講不複承題，爲古文清境，惟震川能之。」

震川行文往往將題之參差處裁作兩比，而縱横變化，讀之不覺爲對偶文字，所以爲高。揣摩家以方板出之，則謬矣。

典題正則自推歸、胡。大力之精確，文止之研鍊，亦各造其極。

本朝宜興儲氏稍平易，而不失爲雅音。其餘堆詞料則膚，事考據則碎。

明至隆、萬，論者以爲文運之衰。然時文小巧機法，實開於此。里塾發蒙多讀《必自集》，實則與陸清獻《一隅集》無甚出入。姚姬傳選《四書》文，亦托始隆、萬也。

何大復作《明月篇序》，謂七古至少陵專事馳騁，初唐猶參儷偶也。長題至啟、禎始事馳騁，隆、萬猶參儷偶。

陳百史（名夏）曰：「臨川用《詩》似勝方山之用《易》。」要知彼皆自然流露，非今之提經配經者比。

書家以蘇靈芝一派爲最俗，文家以湯霍林（賓尹）、許鍾斗（獬）爲最俗。夫爲科名計，即不必有此功力而已可取悦於一時。否則窮其功力之所至，而適以見譏於後世，人可不自擇術耶？

俞桐川評《方孟旋（應祥）稿》：「題經先生手，無粗題，無小題矣。」余謂無小題之説，豪健者皆能之；無粗題之説，後惟桐城二方庶足擬此。

周容齋（爾墉）論書云：「唐楷以率更、清臣爲真如來，以有著力處可頂禮。虞、褚近禪宗頓義。」學時文者類讀天、崇及國初名家，此亦文中之真如來。而鄭板橋（燮）《與弟書》獨推前明董思白。

本朝韓慕廬以爲疎秀之筆利於場屋，豈亦所謂禪宗頓義者耶？

金正希文出於王遂東（思任），如董思白書出於陸子淵，吴梅村詩出於杜子皇，智過其師，不必諱所自出也。管緘若（世銘）詆王金壇專摹語氣，而思代興於江左。評管文者又比顔脩來於邾莒。平心而論，其能追步二公否乎？又有自評其文横衝真[一]突，視正希何如者，尤奇。

文至正希，大題、小題皆稱聖手。前此，王、唐、歸、胡諸家文多大題；後此，朴山、耘渠祇得其小題之一體耳。

文句之長始於正希，而桐城二方繼之，至管緘若則近時矣。俞桐川、柏藴皋（謙）皆善用短者也。

汪堯峯（琬）《正希稿序》謂：「時文之靡爛詭異，即《五行傳》所謂言之不從之孽也。」蓋自李卓吾以武后爲聖主，馮道爲聖相，李斯二十分膽、二十分識，又有謂孔子之道傳於公孫龍者，流入時文，專以顛倒是非爲奇警，較之心學狂禪，降而愈下矣。若夫殉國諸賢，雖涉羽聲，終留正氣，同爲亡國之音，而有君子小人之别。

大士長題多短篇，其結體密也。熟題多短篇，其樹義精也。詩之多無過香山、放翁，時文之多無過大士、曉樓。

時文題出於經，體則近集，如章、羅之奥衍則出於子，陳、黄之豪邁則出於史。袁簡齋（枚）謂金正希及西江五家可謂文中之聖，而詩不傳。黄陶菴、陳臥子不過文中之豪，而詩已有傳者，人之精神必無兩用也。望溪學爲詩，漁洋阻之，亦此意。

作家從欹側處取勢，能使平正處皆化板實，河南是也，文之正希似之。從平正處著力，能使欹側處悉就鎔裁，平原是也，文之陶菴似之。

陶菴、臥子文稍近策略，於《孟子》尤宜。

或問：「陶菴長於議論，小題不無疎略，而理題乃精酯如此，何也？」余曰：「譬如豪傑闊略世故，若忠孝大節定然不苟。」

時文爲義理之學，長於論事而疎於理題，終非大家。大樽之不如陶菴，石臺之不如稚川，皆由於此，宜方侍郎以金、陳、章、黄爲明季四大家也。

臥子理題多主帝王事功，説近於永嘉一派，當日評家頗有議之者，却爲墨卷大話開一方便法門矣。

王、唐、歸、胡，文中之中行也；　陶菴、臥子，文中之狂者也；　文止、思曠，文中之狷者也；若韓敬、周鍾輩，揣摩元訣，則文中之鄉愿矣。

項水心（煜）文不惟好與大注作難，並好與白文作翻。塾師以此講授，謂可救子弟文筆之平，此大謬也！所惡於平者，特用筆無曲勢耳。豈全篇議論皆與聖賢背馳而後謂之不平哉？且文即平，不過一藝之不工耳。專學項稿顛倒是非，流爲小人之歸，所失不尤大耶！

姚姬傳曰：「文家約有二派，自西漢流而爲唐宋八家，此一派也。正、嘉之文實出於此，而啟、禎金正希、章、陳諸公因而變之。然制義之體本爲排偶，故又當兼采歐、蘇、王四六句格用之。歸、唐諸賢頗厭其卑，不復留意。故竇東皋閣學有『守溪爲正宗，歸、唐爲大家』之論。必守此旨，則將失之過拘，然義亦不可不知也。自東漢沿至中唐以前，此又一派也。隆、萬人文及啟、禎雲間諸君多本之。然隆、萬人往往得魏晉六朝人風神佳處，復社諸賢雖藻麗而風神不逮矣。陳大士文有取裁《三國志》、《後漢書》處，則風神殊妙，亦略以效法玉茗故也。及至本朝名家，大抵和合於江西、雲間之間，以爲體意在豐約得中，取長去短。是誠善矣，然不能追極前人高境，亦在此也。惟李文貞獨法成、弘，吾鄉二方上取正、嘉，下則金、陳、東皋閣學。劉海峯先生則並置啟、禎，不復道矣。品其高卑，千蹊萬派，不可勝窮。然文家大致，實盡於此。」此一則源流貫徹，論斷公允，而《叢話》未采，亟補録之。

陸宣公之文，以爲古文則大半偶句，以爲四六則不涉禮詞，在唐人别成一格，蓋爲歐、蘇開其先路者。姬傳謂制義當兼采歐、蘇句格，則宣公其鼻祖矣。若韓昌黎《原毀》，王禹偁《待漏院記》，評者謂其體近時文，則如正、嘉之兩大比耳。

前明書家多以思翁爲第一。若謂守晉人之繩尺，則以允明爲第一可也；謂得吴興之正傳，則以仲温爲第一可也。即如制義斯事，開山作者，謂聖可以守溪爲第一；原本古文，包埽一切，可以震川爲第一；能大能小，變化無窮，可以正希爲第一。至本朝文家林立，與書家同，必推何人第一，定論殊難，故孔谷園（繼涑）論書云：「文運方隆，會當俟諸異日。」

國初文家雖難確指何人第一，而紀文達以熊、劉、李、韓爲大家，自是定評。吴蘭陔（懋政）偏詆國初諸公，而以望溪、朴山、曉樓爲三峯，此或自道其得力所在耳。

熊、劉所以爲開國元音者，以其真氣盤結，小有疎舛，不足爲累。儲禮執所評兩家文稿，論多造微。吴蘭陔以可入讀卷繩之，則取便揣摩，無關宏旨矣。惟言「傳世之文，熊較真；　榮世之文，劉較近」二語頗允。

張素存文優游淡雅，往往他人窮力苦追，適成溢分。而先生恰到好處，如趙吴興書，自是大家。蘭陔必謂勝於熊、劉，亦非公論。

韓慕廬爲一代宗匠，而自言得力於小題。即大題亦奏刀甚微，無鼓努爲力之狀，是其天分絶人處。鄭板橋比之虞伯施之字，最爲愜當。若蘭陔論文絶句，竟以昌黎爲比，又太過矣。

古人作文，不檢類書，往往臆記誤引，慕廬典題文亦所不免。然其運用生動，非考據家所及。

李榕村潛心理學，所爲文精醋簡貴，幾幾有因文見道之功。惟誤於奪情，遂不能與湯、陸諸賢從祀兩廡。時文家宗其義法足矣。《叢話》以桑梓之望置諸名臣之首，推奉似微溢其量，此亦如江右之祖荊公，浙人之祖陽明也。

籢弄題字，其源出於項水心，而托於莊列；　疊句連排，其源出於劉大山（巖），而托於韓非。

俞桐川文筆簡鍊，於前明萬二愚（國欽）爲近，《百廿名家》選本嘗自言之。初學文筆拖沓，閱《可儀堂稿》或《柏藴臯稿》，自然簡矣。

鄭板橋謂：「本朝文章以方百川時文爲第一，侯朝宗古文次之。」蓋取其直攄胸臆，一空依傍也。百川早世，望溪晚達。然望溪後攻古文，百川則獨傳制義，致力尤專，所以能擴而充之，不能跨而越之也。

魯山木（九臯）《制義準繩》内一條云：「近時名家，金壇王氏、淳安方氏爲文，皆宗法嘉魚。」然王氏諸子讀書，能見其大，其所宗法，全於虚字出落處追神。而耘渠、淵翔二家尤得其勝。雖本領稍怯弱，要不失嘉魚嫡傳也。朴山本領本從六朝出，其宗法嘉魚，僅窺見其奥折之致，遂力追摹之。而其爲文，每割裂經史句，綴緝成文，如百衲之衣。又好用莊、列可解不可解之句，依稀惝怳詁題。蓋六朝亂襍之遺，於嘉魚失之遠矣。初學學嘉魚，尋其門徑，當從金壇王氏入，斷不可入六朝惡派也。山木本姬傳弟子，古文家例詆六朝，特姬傳於朴山稍致微詞，山木竟加毒詈矣。

蔡芳三（寅斗）《三十家》内，蔣子遵（杲）文恪守化、治法度，極似《榕村藏稿》，此在竇東臯、朱石君之前者也。

魯賓之（繽）《今文覈敘》云：「繽常病張曉樓文爲不深於古。古人説理之文有二：熟於宋五子書而得其精，自然出之，若無意於文而文自至，此歸太僕、唐吏部之文也；熟於荀、韓、老、莊之書，取其奧窔以自鎔其精義，不屑屑於宋五子之書，而與其書未嘗不合，此章大力、陳大士之文也。曉樓於二者無當焉，取資於五子之書而句櫛字比，惟恐其不合，卒不免於安排之迹，此曉樓之所以不如古人也。」愚謂朴山與金壇爲近，曉樓與宜興爲近。在時文功詣至深，而不必有餘於時文之外。吴蘭陔至與望溪並列，則過爲推奉，轉失其位置之宜矣。

文有嘉惠後學者，亦有絶人攀躋者。上而王、唐、歸、胡，近而曉樓、禮執，學之而至，則爲大家；學之不至，亦不失爲雅音，皆嘉惠後學者也。大力、文止、价人、朴山之流，似我者病，學我者死，皆絶人攀躋者也。

駢文採用成句，唐人以借用生動爲巧，集虛齋似之；宋人以銖兩悉稱見長，經畬堂似之。

俗傳《張太史塾課》，初學效之最易成篇，而每流於空滑，疑爲僞托。陳句山有評云：「大家府規尺度，以利後學，厥功偉矣。」即此本耶？抑別一本耶？

黄陶菴作秀才時便喜閱邸鈔，故其文多感時慨世之語。杭堇浦舉鴻博旋里，最不喜閲邱鈔，洪稚存《更生齋集》曾言之。兩公皆制義名手，而好尚不同如此。

前名〔三〕大家成名之後，類有宦稿，彼直以爲身心性命之事。國初諸大家外，如文輈、漢階、中子輩尚以全力赴之，然官職類不甚顯。至乾隆以後，高才博學既不屑究心於此，而溺苦於文者率不離揣摩迎合之技。求其卓然成家、追蹤先輩，宜乎未易多覯矣。

袁簡齋與沈歸愚論詩多不合：一薄時文，一不薄時文，則以袁早達、沈晚遇也。然沈之時文究爲正宗，袁則純乎別調。

《叢話》載：乾隆初以墨卷著名者，羣推吴珏、田玉、馬國果、李中簡四家。附載諸作，大率聲調鏗鏘而不能自成家數。今有舉其名而不知者矣。

竇東臯文取徑自高，視學浙中時，士子投其所好，頗有故爲枯拙以爲竇派者。然《省吾齋稿》具存，何敢妄議？

朱石君文自序：因外間飷飣難字、勦襲逸書，目爲朱派，力辨其誣。觀其所作，取法乎上，筆力蒼堅，與省吾齋爲近，但不如安溪之醕實耳。

汪雲壑（如洋）文稿與《雲南試牘》竝栞，選録之文半經删改，其詞必達意，誠足啟後學聰明。然闡發盡致，苦無餘藴矣。

吾鄉姚文僖《夜雨軒小題文》與其兄實敷（加棨）同作，專取前人名篇，攻其失而改爲之，學者參觀可開新悟。

余主講袁江，始見潘四農（德輿）《養一齋四書文》，自序云：「四書文流衍五百年，祇八九公可尊異者。」自命甚高，必謂與八九公代興，談何容易！平心而論，其潛心理學，與錢南園（灃）、姚鏡塘（學塽）文境略同。董思翁刻《戲鴻堂帖》，終於趙書，欲使千餘年後羲之再出，此意固不可不知耳。

元遺山作《論詩絶句》，後人多仿之者。吴蘭陔移以論時文，《叢話》又録鄭荔鄉（方坤）《論方七古》一首，於體稍不稱矣。余仿梁武帝《書評》作文評，前明凡四十家：王守溪如禪家初祖，作者爲聖。錢鶴灘如三代法物，質而有文。唐荊川如天馬鳴鑾，馳驅不失。薛方山如良玉離璞，磨琢無瑕。諸理齋如獨行之士，一意孤行。嵇川南如直諫之臣，昌言不諱。茅鹿門如高手寫生，神采焕若。瞿昆湖如名卿對客，詞令斐然。袁太沖如祭酒型鄉，迂拙可愛。王方麓如循良作吏，悃愊無華。周萊峯如沽水安流，自成波趣。許敬菴如醕醪久貯，絶去糟醨。歸震川如中興崛起，不主故常。胡思泉如黼黻承平，漸趨華整。鄧定宇如養到木雞，不戰自勝。黃葵陽如光騰寶劍，積健爲雄。趙儕鶴如神羊挺角，專觸佞人。馮開之如顛米成圖，獨得大意。鄒泗山如諫果徐含，自饒雋味。湯義仍如天葩初放，別擅奇芬。陶石簣如矯枉張弓，頗矜神力。董思白如臨戎緩帶，彌見從容。郝楚望如探根躡窟，務得真源。吴因之如鏡花水月，不留一字。許鍾斗如靈芝書派，以熟減價。方孟旋如漫郎文格，以澀見奇。章大力如飢鷹側翅，魄力沉雄。艾千子如老僧參禪，戒律精苦。淩茗柯如空山鼓琴，幽微獨絶。羅文止如明堂執玉，矜慎異常。金正希如春雷破蟄，群動怒生。陳大士如佛法應身，辯才無礙。左蘿石如霜鍾夜清，自存正響。楊維節如訏謨辰告，別具深情。陳素菴如高巖古柏，老幹盤空。包宜壑如空谷幽蘭，寒香絶俗。陳大樽如同甫論時，自成豪宕。黃陶菴如平原作楷，獨見端凝。徐思曠如高人嚼雪，味在淡中。錢吉士如匠石運斤，巧在法外。

本朝凡四十家：熊次侯如崑崙原積，磅礴萬山。劉克猶如旭日初升，光芒六合。王邁人如峭壁千尋，藤蘿莫附。戚价人如良金百鍊，渣滓全融。李石臺如波斯之賈，莫數奇珍。唐采臣如錢江之潮，自含元氣。張素存如九齡立朝，風度可挹。顔脩來如之推家訓，莊雅爲銘。章雲李如靈均呵壁，奇鬬自矜。趙明遠如蒙叟寓言，洸洋無際。李厚菴如積世名門，根本盛大。韓慕廬如禪宗頓義，自在游行。方百川如真宰上訴，獨闢淵宗。方望溪如四瀆安流，必趨正軌。王雲衢如摹帖名家，一絲不隔。焦廣期如彎弧妙技，七札洞穿。方文輈如鋸齒解物，其妙在斜。諸禮執如端笏歛容，所持者正。王罕皆如堪輿尋山，龍脈畢會。張曉樓如權衡稱物，銖兩無差。徐笠山如輕軀遠舉，躡步翔空。高虎文如大力爭持，握拳透爪。柏蘊皋如狹巷短兵，犀利無敵。周白民如白描妙相，藻繪全空。陳句山如老驥伏櫪，以勁得雄。周力堂如遊屐通幽，由深得奥。馮夔颺如飛瀑淙潺，急而彌險。趙鹿泉如坡陀演迆，緩而不平。管緘若如引吭奏曲，宛轉入情。陳鍾溪如揮麈〔三〕清談，高超中理。竇東皋如高行孤漦，自耽艱苦。姚秋農如克家肖子，不染紛華。鮑覺生如伯鸞滅竈，熱不因人。陳厚甫如祖逖聞雞，勇能起懦。宋芷灣如九曲武夷，自開奇境。顧南雅如三峯華嶽，獨見孤標。顧耕石如神童妙悟，無意契直。張翰山如巨室多藏，隨在見寶。周敬脩如漢陰劬勞，恥言機事。潘四農如宫人閉置，猶學古妝。若夫理學之儒，忠節之彦，文以人重，偶見緒餘，此不藉評也。詩選體則有類詩騷，矜漢學則無殊註疏。別情難廢，僞體易滋。此不敢評也。孫鍾、鍾惺之輩，誇説元燈；吴田、馬李之流，專營墨派。此不足評也。並世之士，不乏知音。炫其所長，既近於訣；料其所就，亦流於隘。此不暇評也。

余曩選十家試帖，以鮑覺生（桂星）、徐廉峯（寶善）比之李廣、程不識。覺生制義戛戛獨造，所刻不多。廉峯並未之見，但見其爲人，評點持論極精，而墓志有「文可奪命」之語，想名下無虚士也。

從前京師論文者多推費耕亭（庚吉），余所及見者朱仁山（栻之）、徐辛菴（士芬）。厥後同年楊樸菴（掞藻）代興焉。近則沈蓮溪（濂）、曹秋湄（汝賡）皆甽正理醕，力宗先輩。可知横驅別駕之才難與軌步繩趨者争勝也。仁山文行世不多，其緒論多見於《石眉課藝》。

明張天如彙録漢魏百三家文以存崖略。俞桐川《百二十名家》托始荊公，意亦猶此。繼此自推儲宜興之《六十家》、蔡芳三之《三十家》。若後來之《二十四家》，又朱茱堂（爲弼）之《二十家》、李香雨之《續二十家》，似漸不如前。欲成鉅編，會當俟之異日。

時文之刻如爝火之光，隨現隨滅，祇如《甲癸集》前所列及《叢話》載、《明文海》中時文集序，知明人刊本舉其名而不知者多矣。今日流傳《嶺雲編》、《龍鬠集》，蒐羅最富。然苦難閲竟，特供好奇嗜博者流偶然搜訪而已。

明孫月峯（鑛）評點古書，爲通人所譏。若施之時文，似無不可。然耘渠謂其自作之文，反開輭熟法門，元墨尤劣，則底藴可知矣。

蘇包九（翔鳳）《甲癸集序》云：「求仲、千子、羽皇、素脩、維斗、崟陽、介生、百史諸先生所選者皆足闡發微言，羽翼大義。」其中最工文者自推千子，若崟陽全章長題亦稱絶技也。

徐山琢（越）《嶺雲編》所引舊評，前明則宋羽皇、朱大復、艾千子、陳百史、錢吉士，本朝則王惟夏、仇滄柱諸家，皆在何義門前。又《例言》論前明壬午、癸未間風氣雜亂，得固城力任，廓清海寧。鍾陵附之。常德、大名兩先生主壬辰禮闈，於昌黎嫓烈，庶幾人心正邪説息矣。今人或不識識，録之。

何義門深於小題，當緣多見隆、萬間文之故。其標輕、新、靈爲宗旨，未始非道其心得。晚年妄思講學，易爲安定辭，所選程墨《行遠集》動云：「因文見道，則所托者尊。」而行不掩言矣。全謝山《困學紀聞序》曾論及之。證之選本，益信。

汪武曹（份）以評選時文名，望溪撰其墓表，略云：「當時崑山徐司寇、常熟翁司成方收召後進，其所善名稱立起，舉甲乙科第如持券。獨長洲何義門、常熟陶子師（元醕）

與君三人不求親昵，坐是名位不進，其氣節有不易及者。」

姚姬傳《古文辭類纂》、李申耆《駢體文鈔》，如鄒陽書、賈誼論之類，往往互見，故知文之至者，無所謂駢，抑無所謂散也。方侍郎奉敕選《四書文》，專取大題。王已山《塾課分編》八集專取小題，而時文名篇亦未嘗不互見，故知文之至者無所謂大題，抑無所謂小題也。

漁洋《古詩箋》五言詳於漢魏六朝，至唐而止；七言則唐以前較少，而下迄宋元。緣作者之多寡不同，而選家因之也。王氏《八編》，「啟蒙」祇選明初，别無下集；「式法」、「行機」率選隆、萬；「精詣」以下則多選天、崇，而本朝文以類從焉——亦因其自然之勢耳。

王氏《八編》列「大觀」於「精詣」後，頗似於倒。浦芋香（敬敷）選《制義偶鈔》，從而易置之，又有所合并，名爲《五編》。觀其《例言》痛詆「不能精而求大」之弊，知先後之間亦幾費斟酌矣。

方朴山選《蕺山會課》，文格悉歸一派，評語亦奇奥可味。惜止見《初集》及《三集》耳。

《時文軌範》爲陳句山所選。句山之學出於朴山，是選多述其派。《正編》、《補遺》共止二册，遇陳舊之題多選冷僻之作，并有前人名篇大加删改者。學者觀之，可以破習見之談，臻獨造之境。

方侍郎奉敕選文，不録小題，生存之人亦不録。姚姬傳《四書文選》則稍參小題，并及望溪同時之人，而不及化、治、正、嘉，蓋意境稍稍近今矣。窺其持論，大率前明宗義仍，而大士繼之。本朝宗慕廬，而百川繼之。嘉慶十三年，御史黄（任萬）有《續選四書文》之請，得旨從緩。其實有此一編，賞續者已略具矣。

江慎脩選《鄉黨文》，題凡三百有奇，内二百餘題則自作也。明文疎於考據，故不入選。然其《凡例》云：「時文自有體裁，作《鄉黨》題亦是代記者摹寫聖人，非爲考制度也。考經籍自是平時工夫，時文用經，自有剪裁點化。有作制度考者，非體不入選，此亦考據家所當知者。」

時文之《八銘塾鈔》，猶唐詩之《别裁集》也，皆可束縛中材，不能牢籠上智。余嘗與人論及，或謂平庸已甚，何從覔徑尋途？或謂模範不踰，究勝横驅别駕，試平心參之。

吴蘭陔選《天崇百篇》，項水心文獨多，殊不可解。朱楒樹（芬）《欣賞集》選周鍾文而削其名，亦何艱於割愛耶？不食馬肝，未爲不知味也。

時文以整比爲正，猶字以楷書爲正也。張芝岡别選散文爲《酌古集》，是或一道。

《叢話》載明初科舉成式，四書義每道二百字以上，經義每道三百字以上。隆、萬已卯限文不得踰五百字。本朝順治二年定四書文不得過五百五十字，康熙二十年限六百五十字，乾隆四十三年始定以七百字爲率。此至今遵守者也。歷觀名作，大率化、治文不過四五百字，正、嘉文至五六百字，隆、萬尤多短篇，天、崇漸開鉅製。若金正希《民到於今稱之》、《象不得有爲於其國》，劉克猶《足食足兵章》，袁簡齋《天地之大也二句》諸作，洋洋千餘言，則閒中走筆，不必爲應試之文也。陳滄巖（詩）選《國朝名文約編》，逾限者悉從删節，亦非無見。

雲間、幾社一派，流爲尤、王。大致似宗選理實，則楊誠齋經義率多雕繪，乃其初祖也。《叢話》載吴中有同聲社，所選丁亥房書名曰《了閑》。嘉慶初年，此派復行，類摭拾逸書、諸子以爲奥博，如坊刻《典制文琳》可見一斑矣。若近人仿之，不過取干支、封〔四〕名、鳥獸、草木牽强屬對，非特無關選理，亦并不藉僻書，如貧家排列古玩，彌形寒乞耳。典試例刻闈墨，學政之試牘則或刻或不刻矣。汪瑟菴三江試牘《立誠編》家置一編，非文之有異，特論題精審不同耳。

時文本干禄之具，歷觀前明及國初名篇，率多程墨，當時並不薄墨卷而重專稿也。李安溪多評化、治程墨，何義門《行遠集》、王己山《所見集》尚有典型，吴蘭陔《讀墨一隅》漸入時徑，李秬香（錫瓚）墨卷之外兼選考卷，或謂平庸一派自此而開，然其持論亦尚有汰煩濫之意，特未能窮力追古耳。後則郁彝齋（鼎鐘）、梁省吾（葆慶）、許玉叔（球）、艾至堂（暢）諸選踵出。孰優孰劣，明者辯之。

有所謂《元墨正宗》者，非必學此即可掄元也。主司之好尚恒見於元墨之中，且孰習之？題前後屢出，更可以覘賞鑑之精粗、風氣之升降，亦當世得失之林也。自順治至嘉慶皆具，未知道光後有續選否。

前明主司多擬程，故師弟淵源不昧。後則私第豫擬，而時相子弟屢點科目，遂懸爲禁例矣。魏笛生（茂林）《三朝玉尺式》，凡曾經典試者，就其鄉會墨中擇刻一首，亦餼羊之僅存者。

隨園謂小版細書，瑯嬛石室無此惡模樣。太學本《欽定四書文》大版寬幅，與坊刻迥異。臨川李春湖師刻其遠祖（曰滌）《竹裕園制義》，似仿其式。近潘四農《養一齋四書文》亦然。又見桐城方氏自刻家稿，題皆頂格寬幅，端楷不斷句，惟精要語以點別之，行款極爲雅潔。鄙意亦須稱其所刻之文耳。

選家附列己作及其父兄子弟之文，或以自炫爲嫌。然託之以傳，亦屬恒情。文之工拙，自有公論。俞桐川《百廿名家》録其父以除文；方侍郎奉敕操選，附百川文；王己山《八編》間録己作，《續編》録〔五〕其仲弟（竦）作，似此固無愧色。若浦氏《五編》録其子作而加以咨嗟歎息之辭，便覺甚陋。

闈墨之刻，一題至二三十篇，勢難避複。若名爲選本，即兩篇亦必釐然兩意，此中當有剪裁。

《崇賢注》選賦、詩、騷，設論、符命、連珠，時存舊釋。文家之有注，由來久矣。時文初體，徵引不出六經，無庸加注。國初文選《八銘塾鈔》、《春霆集》之類，間有註釋，簡陋殊甚，似書估射利爲之。《典制文琳》注頗繁富，惜多僞撰。至專稿則蘭雪堂、紫竹山房注較賅洽。

慈谿葉氏栞《太乙山房稿訂正》□□大士之文頗加删改，京師重刻姚鏡塘之文，謂之未遭删改文字。一糾前人之失，一存前人之真，義各有取。

程墨《行遠集》人名下多注刻録，豈前明試録義門猶及盡見？抑從選本傳寫耶？今榜發而闈墨盛行，其試録或未必徧觀盡矣。

儀徵吴文節師《戊戌會試録序》有云：「士雖以沿襲爲文章，然其敬肆誠僞未嘗不各見於辭氣之間，不可得而同也。有司雖以好惡爲去取，然其奇正濃淡未嘗不總歸於風會之際，不可得而異也。」時文源流略具於此。

陸清獻謂今日之文衹可謂之四橛，不可謂之八股。施愚山詆人起講説盡，中比空虚，後比太長，即近人前緊中鬆後實之説也。《叢話》謂後幅之病，名家往往有之，似稍囿於積習耳。

顧亭林以破題用「真」字爲非，當日論文謹嚴如此。今則盈紙皆是，不勝指摘矣。近人作文，從小講起。閲文亦置破、承不點，皆大謬也。一篇之局，定於破、承。若虚縮繁重之題，觀其破、承而工拙已見。從前名師遇文不當意者，不能盡改，則改一破、承爲式，正欲人從此引伸耳。若名家稿中竟有不作破、承者，則别成章法，且非應試之作。

孔子、孟子之言，破題不必定稱聖人、大賢。講首不必定云「某人意謂」，以其習見也。若人涉生僻或問答紛歧，篇首不爲點明，閱之殊無眉目。

明人多於承題之末領上文，即入口氣可以不顧。又有講尾頂上，或講下游衍數語，始頂上文者，其妙總在起講不長，故因題製式，可以爲隨手之變。今起講動輒百數十字，若講下再下頂上，則全無眉目矣。且明人頂上，或承遠脈，或承近脈，亦不定爲題目之上句。自有截上之題，則不得不急頂上句以清題界，亦勢使然也。至講下用「不然」作翻，似始於大士《季康子問仲由章》文，後則句山尤多，頗有譏之者。

後半之竭，病在前半。對比之弱，病在出比。

文家之股意猶詩家之句眼。

梁省吾《舉業要言》所采皆前人成説，中引伍芝軒云：「既曰八股，則每股自各有一意，合掌甚不可也。近人亦皆知之。然緣有意避合掌而對比必與出比反背，作一口兩舌語，豈聖賢語氣乎？」論尤入微。學大士一意翻兩層者，亦當知此流弊也。又前人作文，皆對比深於出比，今人出比先爲之極，對比反至退鬆，此却無人拈破者。

文家避板實，或中幅提空二比，或後幅詠歎二比，《韞山堂稿》尤多，然從不兼用。今人兩襲之，誤矣。

文家貴逆勢，却忌倒裝。此中消息，是同是異？

筆筆正鋒者，高境也。句句正面者，下乘也。

前人刻文多不句股，閲之頗不醒目。然率多短比，且必合前篇以成章法也。今人之文，試令不句股，則重複矛盾之處自不能掩。

文家股法自貴停匀，有必不能匀者，則添入散段以救之，如楷書艱於結體，則參用行法也。

人知楷書有章法，不知行書自有章法，非楷書草率之謂也。人知近體有聲調，不知古詩自有聲調，非近體不諧之謂也。人知整比有結構，不知散文自有結構，非整比不對之謂也。

大結之不可廢，陸清獻《一隅集》曾言之。明之中葉每以此爲關節，後因文日加長，此調漸廢。我朝康熙六十年始懸爲禁例，乾隆中有請復者，時張文和爲相，議罷。乃唐翼修（彪）《讀書作文譜》猶極言不可删，《叢話》引其説而是之。唐氏干禄之書，持論甚鄙，獨於大結意在復古，可謂進退無據。要知前人作文，擇言尤雅，故不能入口氣者則於大結補之。今人岔語鄙談，喧囂盈幅，若再令作大結，横議何所既極耶？又如虛題作法，以蓄縮取姿。搭截作法，以回環見巧。加以大結，勢多難行，則將并此等題而廢之耶？竊謂選録舊文，其本有大結者，不妨留之以存舊式。若今人文字幾别成章法，必謂添綴數語，便可裨益文風，愚終未敢信也。

文家用典自以鉤元提要爲貴，若頭緒棼紜，難以綜括，或舉大以賅小，或舉偏以見全，此則存乎其人。非如市肆計籍，官廨公牘，自首至尾，不容遺漏一字也。今人稍窺漢學，輒以經解爲時文，而天資疎俊之士，則竟空發議論，以爲包埽一切，胥失之矣。

以史證經，汪堯峯引程子《易傳》爲例，朱子注《四書》亦沿之。《困學紀聞》、《日知録》所論《四書》諸條，多證以史事。若張惕菴（甄陶）《四書翼注論文》，徵引尤富，但簡當不及耳。

制義既入口氣，不得作三代後語。前人詞有未達，多於大結引史證之。天、崇以得〔六〕，則文中暗用史事，又題有經無左證，必用史而始明者，此皆根柢既深，無心流露也。余幼年時尚清空，子弟觀史，村學究輒慮有妨舉業。近來少尚議論，又謂意造一事，自與乙部闇合，何妄人之多耶！

世家大族隨意陳設，自然名貴；暴富之兒妝綴失宜，轉形俗陋，故知文之博不在徵典也。傾城之色，亂頭粗服，亦具天姿；嫫母無鹽，齲齒折腰，衹增醜態，故知文之工不在襲調也。

墨守講章，尺寸不踰，而覽之昏昏欲睡者，村塾之文也。局法官樣，句調諧和，而無一語由衷者，游客之文也。閉户自精，而眼光不隘；出門同人，而真意不漓，其庶幾乎！官樣非不佳，而公牘之鋪張可厭，故大話求切。野趣非不佳，而村諺之俚鄙可憎，故真話求雅。

胸次超曠，自無鄙談。心地和平，自無獷語。意致深静，自無高腔。操守堅定，自無滑調。

《四書》猶律也，朱注猶例也，陳文猶案也。律千古不移，例以引伸其義，若案則前人儘有錯誤者。故文果有疵，不得以陳文藉口。

凡題經前人駁進一層者，必有後人退鬆一步。乃知聖賢道理明白坦易，非可恃筆妙以矯揉也。

典試命題未必定有寄託，即有寄託，其衡文必仍書旨，斷無别作一解之理。每見應試者妄事揣測，竭力獻諛而迄於不售，不亦傎乎？

文有借題攄寫者，原本忠孝，自然流露，上也。蒿目時艱，義主諷諫，次也。鄙談忿語，侮瀆聖言，斯爲下矣。

文中別解，約有兩途：或遵用古訓而稍異朱注，或朱注沿譌而後人訂正，此皆得之考據者也。或轉折迂曲而設法疎通，或題面不倫而別探微旨，此皆求之義理者也。

俞桐川題《陶石簣（望齡）稿》云：「學者好談風氣，號爲趨時，余竊笑焉。夫學者開風氣者也，非隨風氣者也。固陋之後濟以文明，靡麗之餘返於樸實，爲正爲變，爲歛爲縱，若循環然。豫[七]識所至，而力開之，斯爲豪傑之士。」

論文稍近高格，輒慮不利場屋。統而計之，前明不過徐文長（渭）、李衷一、王房仲（士驌）、錢吉士、徐思曠、顧麟士數人。本朝不過洪谷一、方百川、王耘渠、李岱雲（沛霖）、周白民（振采）數人。方干、劉蕡本不多見也，惟沿襲墨腔而不第，則没齒無怨。「無將忠孝事，不及食河豚」，信然！

沈歸愚評東坡《刑賞忠厚之至論》曰：「以子瞻之高才、歐公之巨眼，而其遇合之文流利圓美如此，蓋自攄久困場屋之恨也。」近陸定圃《冷廬雜識》至謂應舉之文必不可以高深從事，此皆晚達之士有激而言。

一代名臣名儒，其遇合之文必不甚工，以知遇早也。然亦必不甚劣，以根柢清也。人非聖人，不能無毗於陰陽。而陽之中有剛有和，陰之中有鷙有婉。若以時文論，則陶菴、稚川之類，陽而剛者也。大士、采臣之類，陽而和者也。文止、价人之類，陰而鷙者也。思曠、蓂階之類，陰而婉者也。大抵學其所同，則易於入門；學其所異，則易於救弊；論其所就，仍是歸於所同。

孫虔禮《論書》云：「初學作書，務求平正。平正之後，務追險絶。險絶之後，復歸平正。」余謂初學作文，平正題較易成篇。及功詣漸深，則攲側題易於見長，而平正題轉難出色。至於成家，必平正題始足盡其本領，而攲側題又不屑爲矣。

閲文以卷多爲苦，其實不甚難也。命題之後，先當論局。宜整宜散，宜分宜合，擇其至當不易者，此正格也。或雖非正局，而時尚所趨，於理可通者，此備格也。其無故作兩人〔八〕比、三大比，或專經、配經，及提「天」字、「中」字之類，皆不入格者也。先從正格之中分其優劣，數有不足，則以備格補之。餘具可省目力。

文家隨手生變，出奇無窮者，惟《孟子》長章或可耳。餘則每題正格不過一二式，參以變格，亦總不及十式。士子閉門造車，出門合轍，製局相同，有何妨礙？每見典試者必欲以五花八門見長，而支離割裂之章一并闌入。解額既墮庸人僥倖之謀，又啟後學效顰之弊，所當戒也。康熙癸卯雲南元墨典試書後云：「凡衡文，務先論理法，次論筆，次論辭。毋取寬泛，毋取陳腐。其或有用拙、用樸、用離、用遠，與意轉而筆不轉，神接而句不接者，定非時文蹊徑，一時難辨，切勿輕棄。」數語不惟見宗工特識，尤足徵仁人之用心。文有意境涉舊者，却須參看餘篇，否則慮其勦襲。

文可觀人品，可觀福澤，然非徒作端重吉祥語也。褚河南書不勝綺麗，而實爲忠臣。董香光書後半潦草，而卒享大年。深識之士當於氣韻辨之。

清挺之文過於刻削，其人多寡情。圓熟之文過於模棱，其人多無品。

欲以文字覘人福澤，而庸濫之文至矣。欲以文字覘人經濟，而粗獷之文至矣。

奇僻生澀之文，一以理法繩之，則真者不致没其長，而僞者無所售其術。忌才者概從擯黜，愛才者又濫事甄收，均失之矣。

宋斤魯削，遷地弗良。各省風氣，如江蘇宜風華，浙江宜議論，江西宜理境，安徽、福建宜典制，湖南宜長章，陝西宜小品。司文枋者自當用其所長而毋強其所不習。

四庫書别列《四書》類，而深詆坊刻講章，謂隸首不能算其數，著録者非講學之巨儒，即考據之實學。若趙（南星）《學庸正說》、章（世純）《四書留書》、焦（袁熹）《此木軒四書說》，又皆時文名家也。

時文緒論以姚姬傳《四書文選》前數則爲最精，近刻何義門有數則似專論前明之文選。又《八銘塾鈔》及《立誠編》前各有數則，皆可啟迪初學。若項水心《論墨》、朱岵思（錦）《會元薪傳》之類，則揣摩陋本耳。

紀文達論八韻詩當以八股法行之，《叢話》謂奏疏不離時文之法，皆近裏著己之論。蓋試律與古今體詩有間，即尋常奏疏亦未必便是古文也。

詩家不妨涉禪，而時文忌之。詩家不諱綺語，而時文忌之。其體似較尊矣。然詩家亦以落言詮、涉理路爲戒，古文多尚議論，而時文忌近策略，其指爲較酯矣。然古文家又以語録平弱爲戒，故知各營其業者，專門之學也；兼通其蔽者，通人之見也。

紀文達謂作試律易於古今體詩，以其有一定繩尺，不煩造境也。李申耆《養一齋集》有云：「日來留意八股，屏棄一切，頗覺意有餘。間憶往時希心涉獵，兀對几案，寒忘衣，食輟餐，聞外事則腦欲裂。兆洛之才僅可於八股見餘耳。」此論在申耆或出於謙，而鄙性近之。

制義卮言卷二

歸安錢振倫楞仙

前人名篇拙樸處皆非後人所及，如邱仲深《父子有親五句》文，以五常貼五倫，題中祇見「義」、「信」二字，「親」字自當貼「仁」。至「别」之爲「知」、「序」之爲「禮」，講家尚多異説。若在今人必不如此分貼矣。歸震川《舜有臣節》文將五臣直作五比，若在今人，不過出落處點五臣之名，必不如此分疏矣。

「可以取」章，看似「取」、「與」爲一類，實則「與」、「死」爲一類。注所爲「過猶不及」也。林亨大（瀚）全節題作一頭兩脚格，《義門讀書記》云：「首段不重，恐人過『與』而輕『死』也。」余曾以「可以取」二段命題，平列者多未能愜心。

《義門讀書記》論「思事親不可以不知人」云：「守溪文用一『助』字，極妥。不可泥注中『欲』字、『必』字，説成尊賢爲親親之本，顛倒本末之序。」余觀後來作者，率多引後世帝王不知人而誤於事親爲證，意在議論名警，而於書旨則少隔矣。

又論「孟施舍之守氣」節云：「下文説無暴其氣，若因守氣句將『氣』字貶壞，便節節俱礙。守溪文云：『理主乎氣，氣輔乎理，二者相須。』而曾子尤得其要，便節節俱貫通頭應。」又云：「『以天下與人易』句最難安放。守溪文云：『以天下與人，此堯舜之所易也。爲天下得人，此堯舜之所難也。』何等直截！」

「許子必種粟」節，八問八答，不能淩駕，亦不可總發。《嶺雲編》選三首，一爲孫履泉(清)作，如題八比，而每比以「陳相曰」爲添毫；一爲守溪作，食一比，衣一比，冠一比，器一比，後二稍用消納；一爲馬素修(世奇)作，以「害於耕」句橫擔，中間作兩小比，而前後以散行點題。此外，艾千子作，連用數十「問」字，夾敘夾議，亦拙趣可愛。

俞桐川評守溪《五就湯三句》文云：「尹之就桀，即古者諸侯貢士於天子之義。事桀既[九]事湯，乃見伊尹大節。此義不明，遂有以荀彧爲名世，馮道爲時中者，而人品不可問矣。」

義門評云：「張魯叟文至結始點伊尹，其實作文於『伊尹也』三字，略致唱歎，神情足矣。上二句是實事，何容作迷藏兒戲？」其說良是。若「不降其志」三句，則虛實不同，未可執此例彼也。

守溪文《則不知足之蹈之二句》，「舞蹈」貼「孝弟」說。《立則見其參於前節》，「參

黏滯。倚」貼「言行」説。《若火之始然二句》，「火」、「泉」各貼四項，誠足救脱母之弊，然亦涉

與今人論文，至於化、治，幾以爲太羹元酒矣。然如陽明《志士節》文，氣局開展，置之陶菴集中，不復能辨。

「由己溺之也」，「由己飢之也」，《集注》作「猶」字解。陽明四句程文直作「由於己溺之、飢之，揆諸身，任其職」之義，亦自熨帖。

「位卑言高」節本是結醒「辭尊居卑」之旨，明季人借慨時事，愈説愈遠。汪青湖（應軫）作寥寥短幅，而題蘊已畢。管緘若特擴充之耳。

鄒汝愚（智）《子路問事君》、周季侯（宗建）《箕子爲之奴》、馬素修《比干諫而死》諸作，皆隱然自爲寫照。

王德中、梁鬱洲（儲）爲考官，題爲《於季桓子二句》，程文講云：「昔魯定公用孔子之時，正季桓子執魯政之際。」凡直作仕於桓子者皆落第。昔人看題，精審如此。

凡題似兩扇而文勢不平者，始於中間作紐。羅一峯（倫）《三月無君四節》文似爲開山。餘如唐荊川《匹夫而有天下者二節》、《不揣其本二節》、瞿昆湖《道也者二節》、陳隆

之（棟）《人道敏政節》，作法皆同。今或移而施諸搭題，失其旨矣。

荊川《自天子節》文，只「庶人」二字看得好，此庶人指孔孟一流，非農圃、樵牧也。章大力《壹是句》文却以齊家對平下，而結段補諸侯大夫士。

艾千子曰：「荊川《武王纘大王二節》文膾炙人口，然吾終病其『時中無忌憚』等語。蓋作《中庸》者，子思也。言武周者，夫子也。引夫子稱武周之言以證《中庸》者，子思也。安得夫子言時遂知有分章照應之《中庸》，遂以『時中』等字分別武周乎？」執是以推，則前人《中庸》文字可議者多矣。

荊川《斯可受禦與至充類至義之盡也》文，大開大合，變化無窮。大士《充類句》數作，似發源於此。

俞桐川評諸理齋《天下之言性節》文云：「孟子見當時智者穿鑿自用，遂使言性者疑性爲惡，故以此告之。言論性惟求其故，而同一故也，又要看利處方是。彼智者之鑿故也，而非利也，不得因此遂疑性惡。只就故而利處看，則天地之道亦是易明，而言性者不必紛紛矣。」如此看書方是滴滴歸源。

諸理齋《三分天下節》、萬二愚《天下大悅章》文，古氣盤旋，尺幅而有萬丈之勢。

艾千子評嵇心南(世臣)《吾日三省節》文，以末比不對爲古法。俞桐川則謂此句文義原少一轉，非有意於不對也。

張小越(元)《五霸假之也》文，俞桐川評云：「不填實事而詮發『假』字，該得五霸盡，故精。他人作此題，秦穆、楚莊間有掛齒，匙有及宋襄者。」

瞿昆湖《事君敬其事節》文，中比服采、服休二義，句山謂合兩樣只完得一個「其」字。又云：「如鍾陵作，豈不是伊、呂身分，却遺了令丞、簿尉，不令入座，聖言徹上徹下，似不如是。乃何義門程墨《行遠集》既摘其服采之非小臣，且謂『敬事後食』只與『忠信重禄』對看，乃百職事所以事君。至於公孤論道宏化，則不可以事言。其禄食已豐，且拔園葵出織妾以風庶位，亦豈惟後之云乎？」然則義門之意，豈專指小臣乎？是又矯枉而過正矣。

「使禹治之」節頭緒繁多，李安溪評昆湖文云：「掘地而注海者，『決九川，距四海』也，由是汜濫中國之水，皆由地中行，而爲江、淮、河、漢，所謂『濬畎澮，距川』也。驅龍蛇先除爲水害者也，由是交於中國之鳥獸，皆於險阻俱消。伯益所以繼禹，而若予上下鳥獸草木也。治水則先下而後上，去害則先重而後輕。」尚未有發得此意者。方朴山

《蕺山會課》論「水由」四句爲上二句之效，大旨相同。

海剛峯《足食章》文，兵從食出，不平列。末二句「信」字，非爲君相言，皆從來所未及見。

楊椒山《變色》篇，已山以爲贋本。《八法續編》選《里仁爲美》作，典嚴肅穆，猶是制義初體。觀公遺屬猶以時文義法諄諄訓子，知於此事致力頗深。忠臣義士之文原不必定爲怒眉瞋目之狀也。

高新鄭《外丙二年二句》文評云云，注趙氏一説本《帝王世紀》，程子一説，想暗刺宋朝初年德昭之不帝也。新鄭文從《世紀》，亦避半邊月兒之案，而又體伊川微意，故用「太孫幼矣」四字，爲宗支之防者深也。夫是以王文恪文力主伊川當日作文，未必定有此意。然知人論世，亦足以資談柄。

《先進於禮樂章》從前皆以尚中立説。張江陵雜著有論周初尚質一條，而程文即用其意。此與《生財有大道節》程文皆可見其嚴毅之操，亦可識其剛愎之性也。

許敬菴《初命曰五段》文全以蕭淡取致，錢吉士《凡爲天下三節》文亦然。此等題無可淩駕，此兩篇所謂寓至巧於至樸也。

《或問禘之説章》，徐山琢謂《四書》題之費推敲者莫過於是。蓋本追遠，其義深微，非仁孝誠敬不足以與此。此一意也。魯之不不禘〔一〇〕，爲臣子者所當諱，又一意也。但後意難以顯言，故嘉靖歐陽元墨全文講正義，而補諱言之義於大結中。今大結既廢，衹能就「天下」二字激射，此又隨時製局之異也。

《中庸》末章每節皆引詩以發端。歸震川《潛雖伏矣四節》文，「相在爾室」節從潛伏推出，「不顯惟德」節從靡争推出。治心、治世，劈分兩比，題緒最清。

震川《周公成文武之德至末節》文中間「祭祀之制」、「喪服之式」二語已括盡下半節。向來題下刻「及士庶人」止，王己山始訂正之。趙儕鶴《齊景公有馬章》文後半收合「其斯之謂」，理不衍詩詞者，不欲據傳改經也。向來題刻兩段，姚姬傳始訂正之。

震川《春省耕至節末》文，俞桐川評云：「題言先王之觀，則補助原説天子。因引『夏諺有爲諸侯度』一語。故上文並敘巡狩述職，非兩平也。重天子説最爲得旨。」余見書院官課天子適諸侯兩段，題首作從諸侯折入天子，頗得手法。

胡思泉《及其至也察乎天地》、《君子篤恭而天下平》二首，己山皆推爲神到之作。思泉《君子素其位節》後二比發次句，極精實。

邓定宇（以讚）《禮樂不興二句》文，耘渠評云：「無一語書生氣，却無一語宧稿氣。」推挹至矣。姬傳選大士此題文，謂末兩行愷切處勝之。

俞桐川評黄葵陽（洪憲）《舜其大孝章》文云：「大德二字指大孝，非德爲聖人之德。『德爲聖人』五句，皆孝之所致，俱在必得之列〔一一〕。德爲聖人，猶言必得其名耳。」愚謂此題，葵陽得題藴之真，正希窮文境之變。

古人文法有聯及者，如躬稼是稷事而兼言禹，三過不入是禹事而兼言稷是也。李邦在（璣）《禹稷當平世節》出比「三過其門不入也」，對比「過門不入猶禹也」，補榦獨圓，相傳爲葵陽改筆。

馮具區（夢禎）《管仲之器章》文，高簡無匹。韓慕廬極力騰躍，終不能越其範圍。汪鈍翁云：「此管席之（珍）作，具區僅改數語耳。」《禹吾無間然章》，後來名作都從大處發論，具區作獨從用財一節看出聖德，較有歸宿。

具區《子貢問〔一二〕曰何如三節》墨，義門評云：「此文重一『節』字，陸葵日重一『守』字，於『本立而才不足』、『本末皆無足觀』諸句已全無體會，漸失其次。問答口氣，至袁了凡遺卷直用『行已』作穿，并於首節，道理偏枯，不妥，悖理妄作爲尤明。墨弋選本中以融洽取之，承其餘氣者，遂極報讎行劫之弊。」可謂深譏極貶矣。不解何以至今奉爲枕祕也。萬曆癸未，《孔子有見行可之仕三句》，《行遠集》選李九我（廷機）元墨，專跟「事道」，鄒泗山（德溥）作亦跟「事道」。下二句并抱「交際」，湯若士作并「行可」收到「交際」上。至一頭兩脚，則立局並同。乃《讀書記》尚以「不跟爲之兆」少之。蓋此章常解祇是由「交際」而推及於「仕」，義門之意直以「交際」爲「仕」之一節，如孟子爲卿於齊受禄十萬是也。如此則「仕」轉是本旨，而行道尤爲「仕」中要著，故於萬曆間全章文亦以多費穿插少之。觀下章論仕而終於道之不行，則此説亦自有見。

杜詩云：「不如束縛去，亦得歸山岡。」趙儕鶴《志士不忘在溝壑》文是烈性語，不是達觀語。

《見君子而後厭然》文，都謂是羞惡之良所發，而儕鶴《未同而言二句》并駁此層，何也？彼是致知後之小人，此是病夏畦之同類，身分不同也。彼所見者君子，此未同而言。儕鶴并詆所與言者爲小人，對面不同也。

《所謂誠其意節》，儕鶴作佳矣，而其先姚廣孝二節文未嘗不警切；《不有祝鮀節》，儕鶴作佳矣，而同時沈濰作未嘗不感慨；《臨大節而不可奪也》，錢吉士作佳矣，而同時周鍾作未嘗不激烈。人能重文，文不能定人也。

「耕也」二句，大注以「耕所以謀食」四句釋之，惟恐學者以學干禄，故下必添「然」字一轉。楊貞復此題文偏言惟學中有禄，故謀道者易去謀食，是豫偷「然」字於題前，而題前〔一三〕而題之實處皆虛。此等看題乃鍾、譚一輩之濫觴。千子詆貞復之入禪，亦以語涉機鋒也。

「人皆有不忍人之心」章，羞惡、辭讓、是非，本是因惻隱而悉數之，而四端總出一源。顧季時（允成）《惻隱之心至猶其有四體也》文照題四平，却於開講提出不忍之心，至轉渡回應，作法最密。

萬二愚《子謂仲弓節》文全發喻意，最合。一涉正意，即有對子罵父之嫌。

長章短篇多用單行，二愚《篤信好學章》文參以駢麗，而氣益遒古。

《孟獻子曰章》，俞桐川取二愚作，而詆會稽怒張，華亭蒙混。所選陳素菴（之遴）作，尤爲瘦硬通神。

《父爲大夫八句》，湯若士撇去諸侯、庶人，徐思曠側重祭禮，兩首皆短篇，而題蘊已盡。

張魯叟(壽朋)《有伊尹之志二句》末幅以三「仁」作觀,大結隱指霍光一流,與《齊宣王問卿章》義理相發。

陶石簣會墨三篇皆傳誦於時。首篇《孟獻子曰節》側重聚斂臣,次篇《出門如見大賓四句》敬恕順遞。三篇《聖人之行合下節》側注「近」與「不去」,皆運法巧密處,而氣局仍自遒鍊。故上方王、瞿不足,而下視鍾、韓一輩,則勝之遠矣。

董思白《言忠信合下節》結云:「謂忠信之可行,則并其忠信而襲之;謂篤敬之可行,則并其篤敬而飾之。夫然後字得此纔足。」

嘗謂《貧而無怨難二句》題平列,則「易」字一面苦難著手。郝仲輿(敬)重發「難」字,而以下句形上句,實獲我心矣。

郝仲輿《躬自厚節》文云:「心常欲人之同歸於善,而又不以尤悔之身開天下指摘之端。志常恥己之獨爲君子,而又不爲已甚之行示天下苦難之路」。如此方不是世故周旋語。《韞山堂稿》率學此種。

仲輿《冉子退朝章》文,俞桐川評云:「庸手作此,糾纏政事名色,於『雖不吾以』二句都不敢下筆。蓋習見上下壅蔽，在廷緘默，舊臣與政，必無之事耳。猶將公聽竝觀、集思廣益之理，發得透切嚴毅，此豈近今人所有耶！」

仲輿《故君子和而不流兩段》文，王美申評云：「此與和而不同、矜而不争等語有別，蓋彼重在上截，此專重在下截也。」

仲輿《故君子以人治人二句》末段「不改而治，既改又治」、「不改不止，既改又不止」數語，從《孟子》「逃墨」章悟入。

仲輿《齊宣王問卿章》文惜齊之無世卿，張□□（鳴駿）《孟子自范之齊章》文惜王子之無輔導，題義得此，乃有歸宿，非題外添設者比。

陸稼書《司馬牛問仁章》，文後有評云：「中間問答，自不可抹過。自湯霍林爲之，無識者遂目之爲渾融。近竟以此論元家衣鉢矣。其實糊塗蒙混，亦足以驗人心之汙下，而日趨於模棱鄉愿之路也。」

《知及之章》頭緒繁多，吴因之（默）作照注重「仁守」，最有把握。

顧開雍（天埈）《季氏使閔子騫節》文：「如是而因之濡跡，使彼隱然弘其用以滋蔓，則固所不爲。如是而默有轉移，使彼油然毀其固以效順，則又似未逮。」將子與由、求相形，確是閔子身分。

顧開雍《伊尹相湯節》文全以太甲作主，風格嚴整。

孫淇澳《所謂大臣者節》後比：「惟事君以道，而齟齬違忤者必多矣；惟以道不可，而濡忍偷安者亦多矣。」想見先生立朝風節。

黄貞父（汝亨）《素患難二句》文止三百字，而該盡《易》理。

爲文語句有須覷墊始明者，黄貞父《才難節》云：「然當其時，所以襄内治者猶曰有婦人焉。而論其才，與周召相疏附者不過九人而已。」

許鍾斗《人之有技至節末》文，義門評云：「最可憐是對處又將『有技』、『彦聖』重複鋪張，挈出另講。下二股止就『寔能容』、『不能容』洗發。『若已有之』等句，都攝入二句中，運掉輕省矣。此前輩翦裁變化處，正爲平衍則頭重，而後半難以緊醒故也。董文敏《子張問明章》文亦用此法。正希先生兩對立局，便工拙懸絶。」余謂此論構局之法是矣。特《問明章》朱子明云：「其辭繁而不殺，似兩複句，亦不宜輕掉。」

顧朗仲謂《孟子》「仁者無不愛」二句原以急親賢爲急當務，故下節只説不知務。可見論仁即是論智，無二項也。義門謂：「何待看下節？上云當務之爲急，此云急親賢之爲務，語脈正自相承。」鍾斗二句文頗見及此。

張君一（以誠）《君子不重章》文以次節爲主，而以首節、三四節納入，又以「學」字作聯絡，立局最精。鍾斗首二節平列，究屬可議。

方孟旋《因不失其親二句》文落墨矜慎，得之《孟子》「癰疽」章。

俞桐川評孟旋《獲乎上有道三句》云：「拈此題者多涉鄉舉里選等意，想忘却『在下位』三字耳。先輩看題，不夢夢。」

孟旋《居下位至伯夷也》文後比以「夷歸文而不偕文事紂」作出，以「武伐紂而夷不事武」作對，屈曲盤旋，幾於想窮天末，實則爲下文「仁」字作影子耳。

顧瑞屏（錫疇）《是以君子有絜矩之道》文，元評：「『絜矩』二字，人只解作因人情，却不知人情大有不能因處。若欲人人而因之，有好便不能有惡，有登進便不能有放流。不能理一方，何以平天下？『以矩定情』四字，直抉根樞，不煩侈説。」

顧瑞屏《夫子在三卿之中三句》、陳大士《君子質而已矣節》兩作，《八法續編》皆入「參變」。一則持拗執之見，一則肖滑稽之神，格不變而理則變也。

韓求仲（敬）非不能文，而進身既苟，餘無足觀。《明史》具在，非他書所能掩飾。觀其《有美玉章》會墨，説成滿腔鄙態，其亦熱中之心聲與！

鍾伯敬（惺）詩派纖仄，時文亦然。其《作齊飢章》謂發棠原非得已，則頗有卓識。要知夏禹泣囚、孔子脱驂、子産濟人，皆仁心偶然流露，却難乎爲繼。齊王易牛，充是心即可謂仁；梁王移粟而自謂盡心，即不仁矣。發棠之復與盡心河東何異？

錢吉士曰：「石季常（有恒）《周公謂魯公節》篇、萬元白（爆）《伊尹耕於有莘之野》篇，是萬曆末年有數文字。石公殉難，萬公直諫，先資之言已見品骨矣。」

《故諺有之節》固是引證，《好而知其惡二句》但莫知苗碩不必盡由於惡。王□（豫）次句題文頗見及此。

望溪評沈□□（宸荃）《子釣節》文云：「題藴甚淺，不得强作深微語。」義門評葛□（應秋）《前言句》文云：「後來如正希，此題文實自太莽太重。解此便無騁才過當之病。」

鄭謙止（鄤）《色斯舉矣節》文酷慕冥鴻而卒不免於禍，其正平之賦鸚鵡耶？

劉□□（焜）《人無遠慮節》文不及四百字，而人情世變無所不包。後來大士《雖有智慧二句》作，特從此恢廓之耳。《昆弟也二句》特五句中之二，與天然兩對者不同。姚孟長（希孟）破云：「誼有不待交者，而交固不容廢也。」通篇照此運意，作法最合。

安溪評許□□（國）《修身則道立》程文，謂「九經」數節當切哀公説，「凡爲」二字不必定指天子。意在上通三「近」，下起「明」「強」。然於「懷諸侯」[一四]句終説不圓，乃云：「哀公亦有方伯連率之責，無論説近支離，抑豈合當日魯國時勢耶？」又如「在下位」節，祇好泛説。乃有欲切哀公，謂在魯爲治民，在周爲獲上者，亦鑿。○此章愈説愈開，朱子引《家語》而疑「子曰」二字爲衍文，唐正義則以「好學」以下爲另一章。

「夏后氏五十而貢」四節，次節痛詆貢法，易涉矛盾。末節併徹於助，易涉支離，又有「世禄」節横梗其間。吴□□（易）作補幹消納，可謂天衣無縫。

萬曆中《舉舜而敷治焉合下二節》程文以首六字對下一百□十三字，評者以爲奇。上言禹、益、稷、契，不及臯陶。下言禹、臯陶，不及益、稷、契。諸作竝不補幹，評者以爲渾，愚終以爲曲説。

《請復之》題須於遷就中帶奚落。周櫟圓（亮工）作甚妙。

「公行子」章諸君子一面爲孟子作反襯耳。李□□（應昇）《入門至簡驩也》文獨看出諸君子見輕於右師，覺附羶逐臭之流，何苦乃爾。

「伯夷非其君不事」章有兩「孟子曰」，鄒□□（之麟）作頗加梳櫛。「聖人吾不得而見」章有兩「子曰」，錢吉士作亦照點。若「南人」章復加「子曰」以別易文，大注已有明文矣。

「不揣其本」二節雖同是喻意，然語氣一正一反，「重」字又賓中之主。楊子常（彝）作用兩截格，徐山琢評：「雖最可忽之題，不肯亂著一筆，實則從荊川作紐悟入耳。」

高□□（東生）《魯衛之政節》文，焦廣期評云：「作此題者貪寫故實，將魯、衛許多不好處盡情攻發，如武王數紂一般，略無惻怛隱諱之意，亦殊失立言之體矣。又惜〔一五〕『兄弟』二字作許多尖薄話頭，尤爲可恨。」

高（東生）《百畝之田二句》文重講上句，輕置下句，方與上節「不違農時」有別。

張□□（鼐）《他日子夏子游子張二句》文，己山評云：「『似』字從『以』字想出，不但題面活，并留得曾子之不可一面在。」誠然。余謂求似者慕聖之切，不可者見聖之真。同一不倍師，而識有淺深，未可將三賢一齊放倒。即上文獨居三年，亦未可揚子貢而過詆門人也。

顧□□（大韶）《貉稽章無傷也》文云：「德立者不可謂不肖，功立者不可謂不才，言立者不可謂不文，警語足以起懦。」

徐□□（日久）《曾子曰戒之戒之三句》末云：「是以庸愚之快意當前者，不免爲庸愚所笑；而豪傑之分明恩怨者，旋復爲豪傑所資。」後二句贊皇、江陵皆不能免。

文湛持《定公問一言三節》文，汪武曹評云：「人言本足使君知難，而君之因此言知難者實少。則一言興邦，終未可幾。」此自評其文耳。若移諸論世，則思陵之忽於求治，有同龜卜。

湛持齋《明盛服三句》末幅忽反二比，似爲熹宗荒嬉敗度而作。

黄石齋《察其所安加我數年章》、史道鄰《若聖與仁章》文，皆古奧近子。二公固不藉文傳，即以文論，亦殊可味。

石齋《君子可逝也四句》文，元評：「可遊欺亦由學問，不陷罔亦關氣數。纔見君子分量，可以想見其人矣。」

石齋《篤信好學節》文重兩上截。他日致命遂志，庶幾無愧斯言。

石齋《德行節》文雄宕不及正希，而精奥過之。

章大力《孝弟也者二句》文，元評云：「『爲仁』二字只在上文涵泳得之也者，其與神理自然意味深長。」蓋此節是足上語，非推開語也。觀此覺後來愈事鋪張，去題愈遠。

大力《行前定二句》文，中比暗以「擇善」、「固執」分柱，而吐屬超妙乃爾！今人必拉扯上文字面，以爲不脱章旨矣。

大力《梏之反覆二句》文，俞桐川評云：「此要説性根堅固，直到反覆，方始消滅。他人解來竟像性體微渺，一汩没便無矣，非言性善之旨也。」

金正希《夫子温良句》文，評者多以不鋪排五項爲高。《甲癸集》刻則出題之後尚有兩小比，渾寫五項，然後接入「天下之震驚夫子」二比。想元稿如此，而後來選家删之矣。

正希《問知合下二節》文幾於化不可爲。己山評云：「括此章題者但解知以成仁，只見得下一截耳。須知知從仁出，不但化枉是仁，并所以舉錯之故，元即是仁，方見得仁、知合一。入手由仁之竅而有知，乃熟精性理語，不得以巧目之。」

正希多名破，夫人知之矣。承題如《夫聞也者節》云：「能取能違能不疑。」《説而不繹三句》云：「自説自從自不繹自不改。」疊字横絶。

任翼聖評正希《東征綏厥士女》文云：「姚文毅有《攸不爲臣七字》文，『東征』緊黏

『不爲臣』説，此文『東征』緊貫『綏士女』説，此因題立制之法也。」

己山評陳（元素）《民到于今稱之》文云：「牧齋作讀之欷歔神往而已，此則色正芒寒，使人望而生敬，其氣骨自殊。所争又有在乎風韻之先者。」余謂此文壁立千仞，正希文横絶四海，皆不朽之作。若錢謙益作此題，如嚴嵩和岳武穆詞，余固未之見，亦不欲見之也。

俞桐川評楊維斗（廷樞）《誠者節》文云：「第一箇『誠者』是本體，有聖人，有賢人。第一箇『誠之者』是工夫，有賢人，亦有聖人。第二個『誠者』是聖人，亦有本體，亦有工夫。第二個『誠之者』是賢人，亦有工夫，亦有本體。」論題極諦。章大力《誠之者人之道也》作看題亦同。

楊維斗《故至誠無息章》文將首節至六節爲一比，七節至九節爲一比，而以末節爲總束，可謂天造地設。

《時文軌範》選左蘿石《君使臣以禮二句》文，評云：「此題佳作如林，鮮愜意者。嘉、隆以前大似訓詁體，後來推左蘿石、戚价人最佳，而戚前半文不逮意，語多牽率。此中中比一氣直走，略無渟涵。又講『禮』字，衹在等威式序上著筆，則并其自立之意而自忘之。文有從粗説到細者，豈有從細入粗者哉？痛惜名章因此而廢，故爲增一頓勒之筆於前，復推拓數語於後，而中采价人四語作正疏，蓋庶乎完純可觀矣。」

明季言官喧囂，正犯聖人以數取辱之戒。作此章題者竟以勸人直諫立説，亦未察乎義之所安矣。淩茗柯《朋友數二句》文，浦二田評云：「『數』字所包者廣，假如君臣、朋友間形跡太密，易開嫌隙之端，便是取辱、取疏之道。若專指進言，竟説成諫君數、規友數矣。此雖未盡合於朱注，却不深戾於白文。」

管元翼評茗柯《新穀既升》文云：「雋思秀筆，妙在只從『新』字中極形容已久。魏仲雪先生文反都作覩物思新語，似隔一層。」觀此可知認題之法。

艾千子精於評文，而自作之文未免語録氣太重。其《有如時雨節》文頗爲深切，自評云：「顔、曾所得於聖人之次第淺深，確是如此，此程朱理學文字也。」語稍過當。大約他人自評，祇是闡明作意，惟千子動輒自譽。

《義門讀書記》論「民爲貴」章云：「得乎天子者，得乎君也。即於民爲貴對面引起君爲輕脈絡。復言得乎諸侯者，諸侯亦君。理如是始備也。有此句則下節發明君爲輕即可承諸侯來説，不言天子而義自顯。且亦言之無罪矣。孟子文章周密穩當如此，所以爲經。」千子文意義亦極精審，可以此則參之。

明季横征加派，民不聊生，當時文家摹寫民間疾苦，幾於監門之圖流民矣。然持論求快，往往過當，如王□□（紹美）《時使薄斂》至云「何必什一之爲準」，沈去疑（幾）有《布縷之征章》，至謂「常法病民，豈非孟子所爲小貉者乎」。蓋明季有司之苛虐，固不待言，而世禄之家，膠庠之秀，其於維正之供，未必與齊民一體輸納。《明史》所載大員居鄉不法者甚多。作文者但知痛陳時弊，而不覺自具供狀也。○陸集生（慶臻）《卿以下節》文以卿大夫有田而士無田立説，頗爲喧賓奪主。中云：「卿大夫之田，其半皆士之田也。」又云：「田之所入，持名以餉其祖宗，持實以肥其子孫。」亦可見明季鄉宦之横。

陳大士《羣君終日章》文説盡晋人清談之弊，方密之（以智）《何謂知言節》文括舉周末秦漢法家異學之弊，而明季風俗亦略可見矣。

《堯典》「平章百姓」指百官族姓，故下復有「黎民」句。若《四書》中「百姓」則即指黎民言矣。大士《體羣臣則士之報禮重二句》文出比以「士」剔「羣臣」，對比以「百姓」剔「庶民」，却是天然波趣。

大士《國有道其言足以興》會墨，破題即云：「所恃不在言矣。」韓求仲評云：「歐、曾之文嘗有輕題格，能識所重也。」余嘗以「盎於背」命題，文多涉凝想，解此訣者寥寥。

大士作文甚速，率筆自所不免。姚姬傳評《創業垂統篇》云：「『創垂』固即上文『爲善』，然四字亦須梳櫛。此却嫌太突。」以此推之，則《德慧篇》弊亦相同。選家曲爲之解，非公論也。

姬傳評大士《規矩方圓之至章》文云：「前半恣肆蘇氏之文，後幅抑揚砆宕，是東漢魏晋人佳處。然有合之兩傷之患，所以不逮大力《天下有道》等義也。」成邸論書有云：「《蘭亭》畢竟非《霜寒》，《黄庭》畢竟非《樂毅》。試取此帖一二字雜置彼帖之中，便覺不類。何況一幅之中忽歐忽顔，或鮮或趙耶？」可與此論互參。

大士《大人者言不不信節》全篇論「必」字之弊，而後幅對比，補出通方而不合義，最能斟酌於輕重之間。以此類推，如「無適」、「無莫」在不能比義，「不逆」、「不億」而不能先覺，皆題後補義，不容羼入語氣。

陳臥子《今王亦一怒句》文只説静晦抑節以安天下之志，深得請大之義。他手説成從臾挑戰，則與交鄰之旨全戾。

顧偉南評陳臥子《象日以殺舜章》文云：「作孔孟題不得以後世事比埒者，謂其情勢失當故也。」若此等題不以後世事比擬，想像而出，則聖人情法之厚何由而白？余遇用史之作，輒欣賞以其可以佐經之窮，而非以史奪經之謂也。

《致知在格物》題，非語録之腐談，即子書之奥語。黄陶菴文獨見精實。

陶菴《夫如是節》文詮「安之」。以安其土、安其俗分柱。中云：「徙之於畿輔之中，則室廬相入；引之於邊鄙之地，則虓踵交侵。」對云：「東之以有司之法，而讎怨易生；通之以關市之利，而誘慕胥作。」此不知於書旨何如，要是經國遠慮。

陶菴《射有似乎君子節》作，「失」字承貧賤三項來，反求承俟，命作轉語，此方不是孟子文字。

書名《中庸》，原是日用常行之理，作文者務爲深奥微眇，意在窮文境之勝。然於是書本旨亦少隔矣。陶菴《鬼神之爲總章》文，何等醕實。

《宋史·選舉志》：「場屋之文，專用儷偶。題雖無兩意，必欲釐而爲二，以就對偶。」陶菴《郊社之禮二句》文，郊社各二。閻百詩以爲各遺其二，其引經不全，亦爲牽於對偶之故。然亦可見前人作此等題，多用整比。今人遇典制題輒以經解體行之，則縱橫揮霍，惟意所適。何至牽於對偶哉！

陶菴留心經濟，每流露於大結，而持論竝不迂闊。如《滕文公問爲國章》大結云：「昔者荀悦之論，以爲井田不宜行於人衆之時，以高祖初定天下，光武中興之後，田廣人寡，尚可爲也。然此説獨可行於漢耳。去古愈遠，則雖開國之時亦不可行矣。若乃無輕賦之法，而徒欲摧兼并之徒，則破壞富室，其又昔人之所戒哉！」又《使畢戰至末》文，大結云：「孟子之言，此殆欲以滕爲試，以天下爲推，以封建既廢之時爲井田大行之日與？自是以後，西漢有輕税之名，文景有恭儉之實，而曾不一議井田，則過此無復可行矣。故生漢以後而言井田者，皆迂也。元魏始行限田，而盛於唐之口分世業。然自楊炎作兩税，而兼并者不復追正，貧弱者不復田業矣。故生唐以後而言限田者亦迂也。井田迂則出於限田，限田又迂，必也輕税乎！併冗官，汰冗兵，使百姓之力得以稍舒，則亦今日之井田也。」其言皆切實近情。而仇滄柱謂：「若天生聖人，此事終當復行，毋亦争所不必争耶？」徐山琢評云：「際郅隆之世，膺首出之位，抱至聖之德，經綸事業未可量也，豈僅復井田封建？向使時、位、德有一不備，搠一事未能，即復一古未可，竊恐主一論亦未確耳。」

「守望相助」須緊抱「鄉田同井」，指小寇、小盜而言。今人動言寓兵於農，試思孟子策滕曰「効死勿去」，曰「成功則天」，蓋已別無勝算。文公初年縱不至是，然謂恃此五十里之守望可以抗齊、楚之強敵，有是理乎？陶菴作借題攄議，特目擊明季時事，有激而言。於戰國之滕，情勢未合也。

繇謂《能近取譬節》入手必將「聖難而仁亦不易」提清，方能截上證之。陶菴《彊恕而行節》文入手云：「夫惟反身之誠既難驟得，而皆備者之終不可以或闕也。故求仁之方立焉。」私幸余言不謬。○《彊恕節》文，沈著至陶菴而極，透快至曾弗人（異撰）而極。

《直道而事人四句》，隆、萬人多對發，苦「父母之邦」四字難安頓，往往豫提於前，補點於後。惟徐思曠用截發，蓋上二句正對或人，下乃反掉以足之耳。

「仁術」言仁自生術，人每説成以術行仁。思曠《是乃仁術至節末》文安頓上二句，耘渠、已山皆傾倒欲絶。

「士未可以言」節注云：「其事隱微，人所忽易，故特舉以見例。」今人以縱橫之術擬之，粗矣。思曠文抑何微妙！

錢吉士《君子曰至又何難焉》文極爲深謹。仇滄柱評云：「借題毒罵以快己説，即是血氣之私，即是涵養未到。正如《士憎兹多口》題，若作滿紙怨尤，是代爲貉稽張之啖也。」

「孔子登東山」章正喻錯綜，幾於亂絲。施穀年（鳳儀）作首節兩比，次三節各一比，可謂匀整矣，然賓主之間尚煩支對。錢吉士分爲兩扇，則東山、太山兩喻對觀瀾、容光兩喻，「觀於海者」二句先喻後正，「流水」節亦先喻後正，尤爲天造地設。

包宜壑（爾庚）《言寡尤三句》文，結云：「業可以信，故見庸人之遇而不驚；理不可以誣，故處哀世之中而不惑。」語特深驚。

題涉治道，多成塵劫。余最愛吴青嶽（韓起）文，如《道之以政章》，破云：「兩列之使自焉焉。」《仁言二節》承云：「夫即等仁也，而言猶不如聲；等善也，而政猶不如教。主術宜何從焉？」即一破承而落想超絶。

姬傳評吴青嶽《奢則不孫節》文，謂晏子不可謂古。評陳臥子《能盡人之性二句》文，謂後幅對比不盡據《周禮》。皆可謂隸事失檢之戒。

《甲癸集》評包□□(捷)《子貢問政章》文云：「後世紛紛求足兵，不得一卒之力；汲汲求足食，不得絲粟之用。食未必告竭，而悦巾之呼頻聞；兵未嘗投戈，而殺賊之效不著。」數語論明季時勢甚當。至其文以「去之即以足之」立説，則終覺支離。不若正希之正截也。

理題苦其沉悶，多借喻以明之。如嚴□□(調御)《發而皆中節》文「赤子塗人」四比是也。然不及夏彝仲(允彝)《自誠明節》中段之精闢。

秦□□(祖襄)《國君進賢一節》文，後比不惟詆范蔡之流，似有慨於思陵七十二相如重規疊矩。湯念平(來賀)作此題，力駁「無道」之不容箝口，即此便是過中矣。「其默足以容」，即《大易》「潛龍」之義。合之「無道則隱」、「危行言孫」，聖賢持論，之弊。

張玉笥(國維)《此非距心之所得爲也》文，浦芊香評云：「觀下文引罪自責距心，定非無心肝人。篇中屈曲描摹，聲聲推卸，聲聲悲憤，一筆傳兩樣神情。張璪書松手也！」曾見一評云：「種種假慈悲醜態，無不裝盡。吁！不特寃殺距心，并負却作者苦心矣。」余謂士人未遇輒詆長吏之貪，既遇又歎宦途之苦。盍平心參之？

汪武曹評袁□□(儼)《遺佚而不怨二句》文云:「全從不屑處落想,評來自與聖人不怨天、不尤人迥别,故能吸起『不恭』神髓。」

申□□(紹芬)《文公與之處》文,言文公爲許行所愚。其實許行、陳相明是挾楚王之勢,强占民居,而文公力不能禁耳。不然,以五十里之滕,而鄰國來者有求必應,何以給之?文公賢君,不應失策至此。

讀何□□(承都)、金□□(堡)《此莫非王事二句》,覺熊經略、孫白谷一流憤衷如見。

制義卮言卷三

歸安錢振倫楞仙

前明李時勉(以字行)《君子賢其賢二句》程文,分之則四比,合之則二比。國初鍾□□(朗)《如切如磋者八句》程文全倣其式。

錢鶴灘《邇之事父二句》文,句山評云:「試思如何便可以事父事君,必將《詩》内忠孝合到自身上來,乃見實在受益處。作文者因《三百篇》中不勝舉,恐提及反有挂漏,概置勿道,且閑扯别話以爲超悟,其實全無把握。而讀者復喜其浮豔,易於襲取,津津誦之。如劉黄岡作,那得復有是處耶?」王、錢不可及,祇是饜心切理,不肯自欺欺人耳。吾故録以正謬。

《義門讀書記》云:「《禮記·王制》:『夫圭田無征。』鄭注既引《孟子》,又云:『此則《周禮》之士田,以任近郊之地。』蓋引《周禮·載師》之文也。士讀爲仕,既近郊之地,故《禮記》孔疏云:『畿内無公田,故有圭田。』後來《孟子》疏及陳用之《禮書》皆仍之。此錢鶴灘文有『或予之鄉遂之田』一説也。〔一六〕然《載師》之士田,乃謂士大夫之子所耕。有問朱子以圭田必有耕之者，豈亦有耕屬可耕乎？朱子答以『恐只是給公田之在民者。大抵古者田禄皆是助法之公田，充而八家因爲之屬』，此説不泥舊聞，而於古人立制之意尤爲近之。此鶴灘文有『或予之都鄙之田』一説也。」

鶴灘《其事則齊桓晋文二句》文，千子評云：「單舉桓文，猶四時專舉春秋也。言桓文不獨秦穆、楚莊、宋襄在内，即晋悼、晋平、吴夫差與大夫專盟，陪臣執政，歷十二公國之事，皆在其中。時文專講桓文，可謂以詞害志矣。惟先生不犯此。」

唐子畏（寅）《苟日新三句》文，首句著力，下二句一氣貫注，與大注合。後來率作三平矣。

何仲默（景明）《所謂平天下章》文，論者謂如天造地設，以精整爲能。若儲中子循次順序，至末幅補點《詩》、《書》、《楚書》、舅犯、獻子作收，亦變化而不失謹嚴者。

沈憲吉（受祺）《一匡天下》文，錢平路評云：「挈木人而爲戲，爲戲者木人也，挈木人者人也。竟言人爲戲，可乎？」憲吉於此大有權衡，覺荊川猶有未到處。余謂前人作《亡人無以爲寶節》題，直作重耳對秦使語，則又似木人，能自戲而忘却挈之之人也。

《叢話》載艾千子評張小越《或問子産章》文云：「閒閒開説，似《史記》三小傳。」汪堯峯駮之，以爲史家合傳無不穿敘者。曹寅谷（之升）數藝各明一義，然平列則褒貶不倫，總發則堆垛難化，偏重一節又非就人論人之旨。曾見《登瀛集》一首，破整爲散，似較閒逸，而亦蹈堯峯所譏。究不知如何而後愜心也。同年張子佩（璐）曾作一首重「没齒」字，蓋管仲時代最先，子產没亦在孔子前，惟子西則並世之人，故曰：「彼哉！彼哉！必須蓋棺而後論定也。」姑備一説。

許敬菴《吾聞出自幽谷節》文，以上句貼陳良之北學，方朴山多取之；而「不爲虐」徑貼「助」説，方知古人文字，一字不肯虛下。

《鄭人使子濯孺子節》，朱子謂：「庾公雖全私恩，亦廢公義。其事無足論，孟子特以取友而言。」〔一七〕語本圓足。震川《抽矢扣輪去其金》文竟作貶詞，而張□□（纘曾）全章文以爲，全、不兩全皆近吴子道劾座主之見，然於書理亦稍艮限矣。安溪評義門文云：「孺子已是歸師，兵法：窮寇勿追。春秋之義，聞疾乃還。故庾斯緣此得以伸其師友源流之情也。若繫國家俯仰安危之故，則又當有權衡其間。觀其曰『侵』曰『追』，便是《孟子》書法。」愚按，此與陸稼書《仁者雖告之章》文謂「君父之難當以死謝，而不可概於常人」，皆白文補義而非以之駮白文也。

《天將以夫子爲木鐸》，震川尚主大注前説，項水心始主後説，而管緘若因之。今人直以後説爲正解矣。

千子評思泉《學稼章》文云：「前節不輕講，遂覺文有眉目。後節不板填，故斡輕掉，作法超然，可爲癡肥之戒。」熊次侯《南面章》，徐山琢譏其重發「居敬」句，亦是理也。《齊景公有馬千駟章》，自以趙夢白爲絶唱，而方百川因之。若明葉仲韶（紹袁）《伯夷句》作，只還他餓，不説死。譚友夏（元春）兩段作又謂削其貴而存其富，高其餓而諱其死。纖仄之論，吾所不取。

趙夢白有《求全之毁》文，將受毁之人説得十分高峻。方朴山有《不虞之譽節》文，將受譽受毁之人説得十分平庸。

安溪評顧季時《惻隱之心至猶其有四體也》文云：「凡孟子言人性情處，人字皆須重讀。故曰：『異於禽獸者幾希。』下部《富歲章》論足、口、耳、目相似，便是此章有四體義疏也。」其自作《富歲章》第二首即從此悟入。

湯若士作小典題，隨手徵引，生趣盎然。韓慕廬尚知此意，如齋頭陳設，全在位置得宜。若掇拾類書，動輒七百字，則如入花局子骨董肆矣。陳句山自評《雞鳴狗吠相聞》作云：「玉茗既没，吾誰與語？」

董思白論「離」字訣云：「《出門如見大賓四句》，陶石簣作，將『出門』『使民』相對，却用一過文另做『己所不欲』二句。《素隱章》，劉國徵（廷蘭）作，講至末節，却從『君子』句遞入『遯世』句，深得『離』字之趣。」〔一八〕愚謂以上兩條，白文本非板對，不當專以「離」字賞之。嘉慶己卯湖北《出門四句》墨卷，必作兩扇，徒形支絀。惟道光辛丑會試《君子依乎中庸節》王省厓（鼎）論題，闇與董合。

錢吉士曰：「《堯舜師〔一九〕天下以仁》，作者多鋪張『如天好生』等語，惟鄭海亭（晉）墨用『嚚訟』、『九族』、『謨蓋』、『載見』，單就齊家説，最合。」顧南雅（蒓）謂堯、舜、桀、紂不過説個仁暴樣子，不必填實，所見尤超。順治丁亥李□□（人龍）元墨已見及此。鍾伯敬《春秋修其祖廟節》墨，義門譏其天吴紫鳳，顛倒裋褐。吴青嶽《奢則不孫節》文，望溪譏其太涉濃膩。張素存《射不主皮節》文，姬傳譏其失之浮泛。設見後之墨裁，又不知如何置議矣。

《湯又使人問之曰二句》，鍾伯敬作何等尖穎！陸稼書作何等悱惻！儻亦居心自然流露者與！

《歸雅集》王□□（櫓）《文王視民如傷》文，評云：「許子遜作誠爲玲瓏，而久讀之亦復無餘味，緣其皆從外面挑逗也。從『如』字拍合『存心』，不若直自『存心』勘逼『如』字。」觀其評而文可知。

《邦有道貧且賤焉恥也》，方孟旋作語語與首節消息相通，尹萛階（□□）作風神絶世而精深不逮矣。

方孟旋《是非之心人皆有之》文貼辨性説，熊次侯《是非之心智之端也》文對先王説，各切章旨。其議論警闢，則兩家所同。

題涉倫常自貴真切。方孟旋天性誠篤，故文多深絜之情。施愚山素行敦厚，故文多和平之響。有德之言不可強求也。若章雲李（金牧）《所求乎子二句》文，非不奇警，然以事父未能委咎少孤，殊失「道不遠人」之旨。今人作此等題，所謂文言道俗情者，則滿腔鄙懷，適形惡劣耳。

艾千子評顧瑞屏《惟女子節》文云：「此題將奄寺、嬪御作女子、小人者，大非，蓋此語士庶通行也。將不孫怨作國禍大釁者，亦非，蓋此就平常日用更難描寫。若國家則一司寇、一司隸校尉、一丞相足矣，何難之有？又有將『遠』字、『近』字生議，責備君子者，亦非，蓋天下未有不近女子、小人，不遠女子、小人者也。」千子又論：「有安社稷臣者，不過如子産、甯武子之類。蓋春秋戰國，一國之臣忠於所事者。作文至於比擬伊、周，與天民何異？」儲六雅（大文）《位卑而言高罪也》文，自記云：「此題祇合如此，凡多作痛哭流涕語者，皆非。」已山評姚（烈）《左右皆曰賢》文云：「作此題使間議論，攻擊近習，大約有激於漢唐末葉而然，實與書旨無涉。看下文一路説去，此特其發端耳。左右不必説成嬖倖未可，亦非。」顯爲擯斥。以上數則，並可爲貪用史事者戒。

題有簡處轉重、繁處轉輕者，王房仲《子夏問孝章》重發「色難」，韓慕廬《管仲之器章》重發「器小」是也。康熙丙子邵□□（良傑）《富哉言乎二節》、戊子李穆堂（紱）《原思爲之宰二節》兩元墨亦然。

歐陽□□（烝）《子游爲武城宰章》文，自記云：「滅明行實，只『不由徑』一節，見子游眼力高處，非公不至，是想像而願見之詞。私謁干求，古無此事，奈何以小人之腹度君子之心？」錢吉士作見地亦同。若望溪《行不由徑三句》第二首，乃有爲而作，然意致高淡，何嘗稍涉嫚罵耶？

姚□□（宗典）《司馬牛憂章》講首云：「夷齊而後富貴之場無兄弟矣，伋壽而後死生之際無兄弟矣。」名論不刊。馮夔颺（詠）《死生有命》文，「東山之兄弟不同死，西山之兄弟不獨生」段，亦奇警可喜。《叢話》載趙二今（晋）《伯夷隘》中比「甲子以後無天，首陽以外無地」，則很粹語耳。

顧開雍《吾猶及史之闕文也二句》中二用側遞，陳句山《西子章》中段點題亦然，總不欲改題貌也。

《辟如天地之無不持載》自以陳□□（萬言）作爲佳，王已山劈分三比，或因題之難而有意出奇，又當別論。《夜雨軒》論此題云：「此章上二節言聖人之道，末言天地亦如是，故能成其大，則本節『天地』斷無可著論。至聖人之持載覆幬，却有著落。前人謂當虛寫者，誤也。題既截去下句，則作法難在留下，不難在截題。若徑將『天地』分析，題句又破碎矣。」已山作竟用武斷，於理更疎。

「知遠之近」三句，上二句由章説到闇，下句由闇説到章，無平列之理，錢□□（元慜）作可法。「博學之」節，上四句屬知，末句屬行，無平列之理，而又繁簡懸殊，無以一對四之理，金□□（堡）作可法。此隆、萬巧密之製也。順治庚子江西《博學節》，曾□□（寅）元墨則以「善」字爲主，前二後三，末比稍加補幹。同科湖廣黃□□（佳色）元墨則前二分領中二，化四爲兩，後二篇行局法，又異。

「率其子弟」，鄰國止知自率其民，而不知已爲他人之子弟。明鄒□□（嘉生）作最爲曲折靈通，魏篁中（嘉琬）作因之。

馬素修《王驩朝暮見》破云：「王使之也，似有猜侮孟子之意。」《立誠編·王使蓋大夫句》題，頗駁其説。齊王此舉，特欲以重孟子者重驩耳。後世諧臣有稱就陛下乞作士大夫者，淺題不必深做也。

管緘若《見人作愛之節》文總病其直，故自作以矯之。明唐元（□）作用筆款曲，早爲開先，特氣體今古不同耳。

《四書》中待解始明者，朱子有注。若無煩詮釋，則不復分節。此例《孟子》尤多。楊子常《許子必種粟二節》，以「種粟」至「害於耕」爲一段，「釜甑」至「不可耕可爲」[二〇]爲一段，截畫最當。王篛林（澍）《陳賈曰至且有過與》亦作兩對，皆從白文涵泳得之。

張□□（榜）《或生而知之四句》後比「聖哲亦有學困，顓愚亦有生知」，大士《故大德者必受命》後比「大德或不受命，不必大德亦能受命，故曰仁者無敵」，結比「仁與仁相值，有兩議而無兩敵；不仁與不仁者相抗，有兩敵而無兩存」，張蘭樵（榕端）《故天將降大任節》後比「帝王自有神明之艱苦，匹夫亦有名教之大任」，□□□□□《鄉人章》後比「盛世有皆好者，公議孚而羣小斂迹；　末世有皆惡者，傾軋盛而君子吞聲」，竝補義精當，不同無故翻案。

繆當時（昌期）《蛇龍居之至是禽獸也》文中間以「驅虎豹犀象鳥獸之害人者而禽獸至」等句爲聯絡，顧瑞屏《決汝漢至江漢以濯之》文以「楚」字爲聯絡，項水心《禽獸偪人至則近於禽獸》文以「禽獸逃匿」爲聯絡，馮夔颺《鳳兮至殺雞》文以「鳥獸不可與同羣」爲聯絡。長搭如常山之蛇，命題作文皆當解此。

己山評高（東生）《儲子曰九字》文云：「若入儲子口氣，則題語未了，有何意緒？此與《夷子曰七字》題皆坐困之道也，學者合陶□□（崇道）《夷子篇》參之，可得死中尋活法。」愚謂題有「曰」字，則全篇斷做，尚不骫於正。若顧瑞屏《今病小愈二句》，全篇用斷，則變調矣。此例一開，後人遇題目犯手，即可藉爲通融之據。如劉覺岸（思敬）《莫己知也二句》，全篇斷做。韓慕廬《學不厭四句》真用孟子口中夾發子貢語。《歸雅集》郭□□（嗣齡）《雍也仁而不佞》全篇斷做，皆沿顧法也。嘉慶甲子江西《公孫丑曰詩曰不素餐兮》，梁□□（崑）元作全篇斷做，此沿高陶之法者也。

長題以淩駕爲巧，惟孟子文最宜。若《哀公問政章》，則衇縷甚細而名目又多，正須一一疏通，不能過求短幅。鄭謙止作所以不甚傳誦。若儲中子作，以性道教爲提綱；管緘若作，以兩「所以行之」爲關鍵，竝洋洋大篇也。

鄭謙止《齊桓晋文之事章》文，妙手偶得，化不可爲。王邁人（庭）《夫子加齊之卿相章》文，步驟井然，較易效法。《孟子》此二章爲最長也。

《北宫錡章》自以「爵之有等」、「禄之有差」爲大綱，而爵略禄詳，苦難支對，又不能任意淩駕。徐日久文寓變化於整齊，可爲法矣。陶子師作以節〔三二〕四節之禄配第三節前一段之爵，第五、六、七、八、九節之禄配第三節後一段之爵，誠爲直截。究苦繁簡不匀，故點次全用減筆。

連章非截搭、偏全可比，但題緒錯出，亦不能不稍事剪裁。《文轍》李□□（光縉）《孔子謂季氏四章》文評云：「首二章言樂，第三章兼禮樂，末章言禮。文於開首補禮，所以爲三章地也。不用平補，而用側補將樂納入禮，又所以爲四章地也。既將樂納入禮，則做四章處竟不必説著樂矣。」《八銘塾鈔》沈□□（遴）《譬如爲山五章》文評云：「前半若挨次夾入顔子，則血衇横亙。第四章喻意，勢必另起鑪竈，不能一氣卷舒矣。

文將前四章正喻意直用一鍋煮熟之法，然後點出顔子，即趁勢折入，後生波瀾，意趣備極自然，固不同任意淩駕也。」以上二則皆鍼綫之顯然者。

連章文《行遠集》有張魯叟《子謂子賤十一章》、陳□□（萬言）《孔文子七章》、顧瑞屏《微子全卷》，作法略具。後有蔡芳三《微子全卷》、王己山《性猶杞柳也四章》、吴蘭陔《孔文子七章》，《八銘塾鈔》有吴□□（鼒）《孟子見梁惠王五章》、王□□（化鯨）《滕文公爲世子四章》，《考卷約選》有□□□□《萬章上卷》，《制義約選》有□□□□《康誥曰克明德十章》，蓋題皆類記也。方朴山《閔子侍側五章》，一綱四目，尤爲奇巧。

淩茗柯《觚不觚節》寄慨雖深，而仍不失逐句語氣，似勝方朴山作。《巽與之言》謂猶是法語，而巽以與之言也。左蘿石兩段文已不平對，李子仙（福）《法語之言八句》側重「改」字，蓋本其意。而末二句本不順承，作法尤合。《德行節》文自以正希爲絶調。《八銘塾鈔》沈雨齋（廕）作、《制義約選》盛□□（超然）作，皆極意感慨而才力懸絶。惟王惕甫（芑孫）作，謂諸賢不以從難增重。石琢堂（韞玉）作則以義繫陳蔡立説，兩作相反，皆從記者書法得間，似尚可作補義耳。

朴山評正希《冉有曰既庶矣二節》文云：「當是時，秦人未開阡陌，鄭人尚游鄉校，則注中『制田里』、『立學校』兩條，不過一整頓之，不得搬衍一部《周禮》，徑似重新鑄造，如孟子之語滕文畢戰也。」持論頗精。若其自作之文，則力求擺脱陳言，而本領終覺不及。

正希《鄉人皆好章》文云：「萬物可以爲一體，遯世可以不見知，鄉愿可以無不容，怪僻可以無忌憚，是大聖大傑之所出没，而亦大奸大惡之所淵藪也，未可也。」梁蕉林（清標）《衆惡章》文直揭衆惡衆好爲大奸，似偏指一邊，而實脱胎於此。

正希《康子曰夫如是》作妙於曼聲，朴山《聖人之憂民如此》作妙於促節，要皆酌題胳而爲之。

正希《大孝章》以四「故」字爲筋節，緘若《離婁章》以四「故曰」爲段落。

文家貪使議論，往往礙理，如正希《惡紫之奪朱也二句》云：「浸假而亂之清廟明堂矣，或謂雖明皇不至此。」錢□□（振光）《鄭聲淫》後比亦與同病。又如俞桐川《卿以下二節》云：「感秋霜春露，得無悵舊澤之湮？」方□□評：「既有世禄，即無圭田，何至無以供祭？」蔣□□（龍光）《殷有三仁焉》云：「鳴條一役，不聞一人一士。上酬九廟之靈，有謂無以處龍逢者。」焦廣期《思天下惟羿爲愈已二句》云：「羿之道，殺人之道也。有謂無以處子濯孺子者。」錢起士《殷有三仁焉》義蘊深沈，不作血淚粗豪語。末言夏亡無宗臣殉節，亦勝於蔣作之竟謂絕無一人也。

《歲寒章》題文山積，要以安溪爲正解，文止作見性情之沖淡，望溪作見風格之端嚴。餘從「知」寄慨，即落第二層義。○《驥不稱其力章》重看「稱」字，弊亦相同。文止《天下有道至大賢》文，徐山琢評云：「題係正論，適居賓位。文能筆筆裏面有下文，而正面是本文。深心結構之章！」觀此知劉克猶作典博有餘，而神注通章似尚不及。

《子路人告之節》，《八法老境》集上文止作、集下于□□（偁）作，皆以本題「人」字照下七「人」字。此外思曠作尤微妙可思。

淩仲遠□□評楊維節（以任）《直躬章》文云：「攘羊子證之直，葉公自是指斥白公、乞一輩，隱語以相質耳。楚居蠻服，不能習聞堯、舜、周、孔之道，所以大義不明，遂有平王、子建、伍奢、伍員等事。篇中屢以君臣父子陪說，作者所見，自得言外大義。請出堯禹一輩，則子西讓王定國之忠，用人召亂之失，俱在洪鑪陶冶中矣。」《制義約選》有《葉公語孔子至異於是》，王□□（之霖）作大指謂從井救人，宰我以之難； 人證父攘羊，葉公以之難，直似不若此説之有據。

《射不主皮章》，姬傳獨取大士文，以爲得文質之中。其於張素存文尚致微辭者，以其過於文也。前明末造，令天下生員習射，當時作此題，竟有作尚力解者。此則背題徇俗，尤不足論。

大士《宗廟之事如如會同》[22]作，葉載之(□□)以爲宜興氏開先。《由女聞六言至吾語女》作，謂《集虛齋稿》由此種得力。《乃所願則學孔子也》作，謂金壇王氏所宗。方、王固學大士者，宜興却未必然，特意境不期而似耳。《吾未如之何》都是盡情決絶語。大士《不曰如之何節》文却以下句「如之何」與上句作回環之勢。己山作本此。

大士《獲乎上三句》文極精實，項水心作遠出其下。《信乎朋友三句》文，首篇凝重，次篇暢達。施愚山作乃别以情韻勝之。《順乎親三句》文反身不誠，都從父母心目中看出。葉載之評稚川作「刻摯正復相當，而入情款曲終讓先生」。《直哉章》，大士以尸諫事穿之，則兩節自不必板對。《公冶長章》，朴山以免於刑戮句穿之，作法亦同。

大士《然則夫子既聖矣乎》，承題：「非尊其已至於聖，將疑其未至於知言，養氣而已矣。」朴山《然則舜僞善〔一三〕者與》作見得僞喜之弊甚於不知，即從此悟入。

楊維節《爲人臣二句》文勝李石臺，熊次侯《此謂唯仁人三句》文勝劉克猶，皆有謹嚴汗漫之别。大士《見義不爲節》，姬傳以爲勝陶菴。乃其首作，若其二則未嘗不馳騁也。《嶺雲編》采摭極富，而家塾習誦之文或不入選，如大士《爾愛其羊節》則以其語少含蓄，次侯《可使南面章》則以其重發第三節也。

題雖有二句、三句，而文氣迅駛，不可横風吹斷者，只能全篇作勢，而收局一氣併點。《八法續編》大士《金重於羽節》、楊□□（瓚）《回也非助我節》、謝□□（榕生）《切切偲偲怡怡如也二句》諸作，並可爲法。

「君子不施其親」四句，大士每句一首，《嶺雲編》全載之。顔修來《齊戰疾》三首，各選多載。劉□□（培元）《博學之》等五首，王氏《八法》全載之。學者參觀，不惟見名家之不苟同，而諸題之孰難孰易亦可見矣。劉作《博學篇》究不及羅文止之精，《篤行篇》亦不及蔡芳三之摯。惟《明辨篇》評云：「以辨屬人，既與問犯重；以辨屬心，又與思易混。切定知行之交，筆力斬斬。」數語可爲定題之法。

一題而作數藝，自推大士《充義至類之盡》〔二四〕五篇。合之則迭衍靈機，分之則各成篇法，所以妙也。已山《桃應章》四首悉力倣之。先是，顧瑞屏已有《桃應章》七章，王介人（又樸）有《子華使於齊節》十六首，選家各登其一耳。又陳素菴《湯之盤銘章》五首、方望溪《何以是嘐嘐也節》四首、張曉樓《柴也愚章》四首、陳句山《獨樂樂二段》五首、鄭芥舟（天錦）《柳下惠不以三公易其介》七首、曹寅谷《或問子產章》四首、陳厚甫（鍾麟）《君子疾没世章》四首，此等多在專稿，不及備舉。

《孟子》長章，隨舉一義皆可成篇，獨《桃應章》，題中問答已屬出人意表，行文祇應直達本心，不當再參權用。名作如林，無出陶菴右者。已山四首力求角勝，終不能越其範圍。

讀陳臥子《求也藝二句》文，方見藝有益於從政。讀尹蓂階《事其大夫之賢者二句》文，方見賢仁有益於爲仁。他作多脱母。

《雨我公田節》爲庸手塗澤眯目。臥子第一首較清析矣。若以理論，稼書作更長。自記云：「時友謂周名徹而實助，相習言之，莫知其非。謂行徹而兼助，庶幾近之。然又須知與所謂鄉遂用貢、都鄙用貢不同。彼是參用貢助，此又相土之宜而爲之法，是言參用助、徹。時文亦以都鄙用助解末句，然説得不明白。似周之都鄙，止有助而無徹矣。須知周之都鄙或用助或用徹。」

臥子《卿禄二大夫》作刻畫盡致，《歸雅集》選《小國節》「禄足以代其耕也」。郭嗣齡作從小國之府史胥徒穿穴精義，解此便得「以意定題」之法。

任翼聖《王者之跡熄章》文不取桓文，蓋無道桓文，正「君子存之」分内事，與千子「桓文兼五霸」之説可以互參。孟子之時，六國之勢自然必并於一，而秦却非久享之國。徐闇公（孚遠）《由今之道節》文暗指秦説，乃遠見之先幾，不期而自驗也。何義門《定於一》文不指秦説，乃不易之定理，亦不必諱其不驗也。

《孝者所以事君也》，陶菴有二作：一主君子、國人分説，一就一人身上合説。是當時以分説爲常解也，今則止知合説矣。王惕甫首作猶主分説。

徐山琢評陶菴《節彼南山二節》文云：「合『樂只』節共三節，義理方全。蓋引文王詩以證得失，結上二節也。命題截去『樂只』節，便是上偏下全。作文正理，仍該補出『樂只』詩，合民之好惡一筆，此在藴生，自可不必，恐礙其文氣耳。」又評次侯《帝臣不蔽二句》文云：「比如以『切問而近思仁在其中矣』命題，則上文『博學而篤志』，處處該找。作此兩句題，則考亭、南軒、虛齋雙承之論，略看活些，亦不礙大方。」以上二則皆讀名家文者所當知。然方孟旋《節彼南山二節》不補「樂只」節，吴因之《帝臣不蔽二句》不補「有罪」句，則其疎不始於陶菴、次侯矣。

《小弁章》自以陶菴爲定論。王□□（茂遠）作見解亦同。臥子作力爲平王回護，謂天子之孝異於庶人，究近曲説。素存作不能出陶菴之範圍，而深醕過之。

陶菴《小弁章》「平王之孝可議而小弁之詩不可議」，其論精矣！儲同人（欣）《素餐章》云：「《詩》以不素餐美君子，非以耕而食爲不素。」亦可云説得解頤。

青苗之行，朱子謂寬一分則民受一分之益；而戴盈之請輕之議，孟子斥之。何也？陶菴文：「輕之無益，必復於重，此逆料其將來者也。」蔣公遜（德峻）文謂：「盈之本無欲已之心。」此直破其虛誕者也。

「不曰堅乎」四句乃是不入了義，思曠文如此，己山據以入《匯參》，不獨《八法續編》選之也。乾隆乙卯山東李□□（方翀）元墨即宗其説。道光丙午順天、陝甘並出，則知此解者漸少，闈墨所刻僅得一首。

錢吉士《仲尼日月也》作，楊維斗評云：「『仲尼』對『他人之賢者』説，『日月』對『邱陵』説，『也』字合拖出下句不了之詞。『仲尼』當一讀，『也』字文勢未止，亦宜讀，不宜句。『日月』説高不説明，然『高』字又在『無得而踰』句，此間又著不得一語。『仲尼日月也』五字，囫圇中間添不得一『如』字，置『日月』於『仲尼』之前不得，補『仲尼』於『日月』之下不得，題之至難下手者也。細玩錢作，大率以青天白日奴隸亦知其清明爲口，陸稼書作見地亦同。」

錢吉士《體羣臣則士之報禮重》文不必過求研鍊，而忠愛之性自然流露。唐采臣（德亮）《臣事君以忠》文竟境似之。

《季路問事鬼神節》，曹峩雪（勳）作極奇警，曹微之（志周）作極昌偉。一爲崇禎戊辰，一爲康熙己未，亦見當日闈文不拘忌諱。

沈去疑《睨而視之》文，顧備九評云：「摹擬刻酷，後來人推絶技矣。然説得十分著意，與『遠』字太逼，於『猶』字不轉，隔礙乎？審題子細，只以較淡取神，『猶以爲』三字不隔一塵。」汪□□（嘉濟）《晨門曰》文，己山評云：「未嘗不眼注節末，却只就題景閒閒唱歎，不疾不徐，亦近亦遠，若急擒則無味矣。」以上兩條皆可爲很手照下之戒。

《句踐事吴》題引用《吴越春秋》，説成沈謀秘計，殊非書旨。故《行遠集》謂明季此題文多入惡趣，不若初體猶存雅音也。句山承題：「句踐不必興，吴不必亡，而計無有出於事者，故可與太王例觀焉。」評云：「事吴非沼吴，長頸王不必實有此意，而孟子引爲以小事大證，則斷斷當主是説。」

《乃屬其耆老以下》，前明傳作甚多，大率以敘事蕭淡見長。徐□□（之凱）《去邠三句》文坐實大王之能遷而滕之不可輕去，自見章旨，較醒然，如宋詩之入論宗矣。

國初《人之所不學而能節》墨，皆不説壞「學」、「慮」，明季人一例抹倒，則姚江習氣也。與《杞柳數章》不肯貶告子見地相同。

明人《然而無有乎爾二句》文，坐殺見知聞知，決其必有，是爲屈經從傳。己山一節文體會全神，將題面分三處直點，最爲得之。緘若此節文，「氣盛於願始，心折於學成」二節亦妙。

制義卮言卷四

歸安錢振倫楞仙

俞桐川《百廿名家選》

本朝文以劉覺岸爲首取。其幽深峭拔，自開生面也。其《百姓足節》兩「與」字暗指三家語，有歸宿。《不信仁賢節》尤可爲明懷宗本紀論。

章雲李《必也臨事而懼二句》文獨從行軍推説，李虹舟（□□）《子使漆雕開仕節》作并融離仕一層，皆看題勝於望溪處。

《温故節》説到次句，多靠注中「所學在我，而其用〔二五〕不窮」發揮。徐山琢次句題後比詮發爲師，別有淵理，附載《嶺雲編》。

《此天地之所以爲大也》，若於題下添出仲尼，便失語氣。邱季貞（□□）評徐山琢文云：「口中説天地，意中無天地。意中有仲尼，口中不説仲尼。」衹此四語可想見其文之妙。

儲中子評劉稚川《周監於二代節》文云：「運古於時，運散行於排偶，此法自荊川始。嗣後萊峯、震川變而益暢。按其摹仿神骨，要不出歐、蘇、曾三家。明季諸公古情横逸，不免浮雜矣。先生獨欲以清峻之神，挺勁之骨，運於屈曲排偶之中。在唐宋大家中，於半山爲近。雖火候成熟不及前賢，亦緣取徑獨難。而高邁處已足俯視一切。」又評《物有本末二句》文云：「清寫純是神骨，神邊見丰，骨中露采，此古文、時文中最上之品。前明惟諸理齋、趙儕鶴、金正希三先生有之。大士、大力則子氣重、蒙駁多矣。稚川先生雄才大略，然高處却在此一種以上。」二評皆有以窺稚川之深。吴蘭陔謂其才氣勝而或失之霸，則似但見選本中文耳。

稚川《大孝終身慕父母三句》後二父母分比，義門評云：「後幅乃切耳，非別也，安有實事而不可入文者乎？」又如閔子事見《説苑》及《韓詩外傳》，朱子《或問》取之，本明白可據，而村夫子目之爲題外枝節，遂使爲文者多所疑阻，不信古書，反信時文讕語，可怪也。

《叢話》載程扶埜（定鼎）《孝哉章》文，摹寫後母不慈，可謂淋漓盡致。鄙意終不如《敬其所尊二句》，稚川以典，慕廬以情，翦林以理，可稱三絶。竝見陳師洛（世治）中子之存雅音耳。

所選《歸雅集》。

劉克猶《以道事君》文不作三代後語，儲中子二句題見地相同，而風格遜之。克猶《不失其身二句》作，精深透闢，包得全部《孝經》。中子評此，謂：「《唯仁人三句》，熊勝於劉；《周公成文武之德》，劉勝於熊。」皆不易之論。若《君使臣以禮二句》，熊之雄渾自勝於劉之蕪雜，而句山尚病其廓落。向讀熊次侯《尊其位三句》文，歎其古致歷落，無復整比之跡。嘉慶庚申浙江崔元朗（楙炯）《昔者先王三句》元墨大致相仿，道光庚子山東于□□（如川）《無曲防三句》元墨亦頗近之。

詩家有神韻天然不可湊泊者，時文之中如愚山《父母其順矣乎》、中子《人不間於其父母昆弟之言》兩作，庶幾近之。

《行夏之時四句》文如山積，率以藻麗縈拂爲工。惟王邁人作，四事衹是影子。餘可類推，見地高絶。

《中庸·無憂章》以邁人作爲最佳。緣題緒錯綜，三節平列，固非。即作一頭兩脚，亦苦艱於裁對。必須散行始能通其曲折也。

邁人《我四十不動心》文，入手補出王者未有動心者也，霸者未有不動心者也，儭起「我」字，有識。

《人人親其親三句》，今人多讀趙明遠（炳）作。《時文軌範》改邁人第二篇，評云：「是爲求治者指出至德要道，使有著手處，有唤醒意，有慨想意，竝非對游客異端説法。若輩自無意天下平，奚煩聒耳。」又：「語意是，但存其理。非謂實有人以此致治平而用以爲勸也。邁人先生其一作，空舉道理，甚善。而氣色太烈，如夏日之可畏，少年效之，則盡失其鮮潤之趣矣。此作於沉摯中見華美，亟宜引進後學。但中間美中之疵，在神氣微差。後幅則潰敗之甚，直野話耳。既擲棄，復取閲者再，終不能割。爲易一開講以避連塗，改中兩行以去混，爲中二比增一領句以救呆，盡抹後半篇，補以己意以剗僞，而題之語意始合。何屺瞻《行遠集》點潤陳大士字句，無不允愜。某則更易太多，然有不得已也。效我者鮮不爲狂爲瞽，戒之慎之。」

徐山琢詆戚价人《臣事君以忠》文中比「禹、皋、伊、旦」數語，以爲春秋有孔子，戰國有孟子，何得直斷曰無此數人。不知此時孟子未生，而文即入孔子口氣，亦無自居聖人之理。對比誠意正心數語，原本程子，尤無可議也。

价人《惟聖人然後可以踐形》中比「定形先之志，裕形表之氣，抑遂形之情，静遂形之感」數話，獨得「踐」字真際。

《湯之盤銘節》刻畫字義，無逾价人。餘或參用銘體，獨吴梅村作。楊維斗評云：「中三比還題前後，發端究竟俱在『新民』上。蓋行一章之理於一節之中，此第一人識力。」

侯朝宗以古文名，時藝非其所屑。《嶺雲編》載其《事前定二句》文，恢廓閎偉，絶似陶菴。

尤展臣（侗）《舜有臣節》作可謂才人極筆，然不可執以爲法也。徐笠山（廷槐）文自記云：「因論周才，故比例唐虞。因『九人』字，故撮武成十人句作柄；因十人，故追敘五人爲唐虞之際，於斯爲盛。作柄看似順流而下，實則逆挽天河也。觀《書》云：『予有亂臣十人，同心同德。』義重次句，記者但以存十人之目。賦詩斷章，其意自明。五人之目，當時無稱，亦記者撮舉之耳。『舜有』二字，即下『唐虞之際』四字。二『有』字中，下面『難』字、『盛』字都植根於此。但解點竄《舜典》爲五臣注，是記者本先經發傳，而作者直迷頭認影矣。」

王農山（廣心）《緜蠻黄鳥》文，姬傳詆其緜蠻分比之非，且謂：「出比乃似絡緯，對比乃似百舌，於黄鳥何嘗像似耶？」陳師洛《歸雅集》亦以爲疑，復録汪師退（□□）旁批云：「傳訓『睍睆』則云『清和圓轉』，文自持其一説，便合下。」此種形容，不必核論，則前人早有議之者矣。

袁丹叔（國梓）《使天下之人》文奇警絶倫，然與下節不相銜接。張曉樓《思與鄉人立》文，《夜雨軒》亦極詆之，謂：「《八法》不當入『精詣』，其弊皆以虚題作單題也。」

幼時讀張□□（標）《上好禮三段》、《所謂立之斯立四句》，曉樓《上老老三段》諸作，輒疑題本平正，文何躡虚。後稍體會白文，始知全爲上下文呼吸靈氣、本題立脚之地無多也。又錢□□（世熹）《上好禮三段》文，自記云：「此節一氣趕下，歸重在『焉用稼』，非言不當稼也。題貌似莊重，而題神實走注。若將『禮』『義』『信』與『稼』『圃』呆講，較量大小，則舛矣。」又有講到治道者，愈失愈遠。惟王□□（校）《立之斯立四句》文，仇蒼柱評云：「此就事功上明聖化同天之意，觀末句『如之何其可及』與上文『不可及』緊相呼應，便知只是申明上節，非上言盛德，此言大業也。四比照天道形出聖化，獨見領衇真。『立』『道』『綏』『動』，皆有實事，非一舉念而應願即赴也。四箇『斯』字極言神化之速，亦非旦夕間遽爾澤徧天下。各句還他實義，不作懸空語。」又見《談理確四句》引述古語，舉帝王已然之事，證明夫子在。夫子本無此事，只於前幅領出夫子。中間俱概言聖人功化，是其還題妥。「所謂」二字直貫六句，特於起處單提「所謂」二字，虛冒通節。四股竟住，不作繳結，方能一氣趕下，是其立格老。觀此知局法方圓，各臻勝境。至後路不作結束，則與張作同也。

《君子敬而無失二句》，切「兄弟」説，亦文家討好法。望溪評唐采臣作則云：「此處先切『兄弟』，則下句轉合無勢。」此妙可參《夫仁者節》。今人多讀于□□（登俊）作，其實究以張素存作爲正鋒。孫起山（□□）云：「己欲立而立己，人亦欲立而立人，此『譬』字意也。删却『己』底下半截，并删却『人』底上半截。此『而』字精神即『仁』字分位矣。」陳句山云：「施途丐一錢，課村童千字，皆立達中事也。」二評竝妙。

《孔子之謂集大成二節》，上節取喻於樂，三子爲小成，孔子爲大成；下節取喻於射，又三子力有餘而巧不足。在分節命題不好，各顧節旨。若合兩節，不免矛盾矣。張素存以「智始聖終、聖由於智」爲關鍵，隨題安頓，鎔成一片，其訣祇在不泥看下節耳。

《夫孝者節》，今人多讀李石臺文。望溪兼選史□□（普）一首，語氣較合。

張譽（并顧）《郊社之禮二句》，自注：「南北分合漢儒議論，不可入夫子口中。」句山《宗廟之禮所以序昭穆也》，首篇整比，次篇散行，亦不襲近儒之説。

沈憲吉《詩云邦畿千里至於緝熙敬止》，三比俱以詩詞收住，却於第二比下還「子曰」一段。彌拙彌巧，彌參差彌整齊。

顔脩來《遇丈人至至則行矣》文，自記：「以『四體不勤』二句爲諺語。」

脩來工於設喻，如「疾」字、水火二比，人所共知。余尤愛其《莫見乎隱篇》云：「形之著者莫大乎離，而聖人之命官授時，不於方中之熭，而於暘谷之賓；聲之著者莫大乎震，而先王之閉關息旅，不於百里之驚，而於一陽之奮。」

趙明遠《樊遲問知節》文於民義、鬼神皆用白戰。蓋懼一加塗澤，則「先難」、「後獲」難以屬對也。如《擇可勞而勞之兩段》，亦須識此。

趙明遠喜清空，竇東皋喜切實。然作《嘗獨立兩段》文，則皆如題，兩比用淡筆寫之，益見他手横使議論，無有是處。

明遠多用莊列筆法，其《楊子取爲我章》作尤極虚空粉碎之長。中論夷齊不得謂無君，夏禹不得謂無父，語殊名警，勝於《雞鳴章》。

《祭於公以下》文，勢若自爲一節者。李安溪《食不厭精全節》文，割此與上扇爲對，亦自有見。鄙意尚苦繁簡不勻耳。

《春秋脩其祖廟二節》只是祭之先後次序如此，以尊親分配，又有分時祫、大祫。上節爲禮，下節爲義者，皆講章曲説。安溪作最爲融渾，曉樓作兩扇而截昭穆一段，與「春秋」二字作對，漸有門徑可尋矣。

《孔子登東山而小魯二句》常解多作喻意，微苦「孔子」二字，一讀語勢不明。安溪全章文竟以此二句爲孔子實事。

詩文多用人名，謂之「點鬼簿」。陸稼書《管仲非仁者與》文，評者云：「若就管仲身上著想，固易占下。即泛舉他人事迹翻觀，尚恐占實。讀者勿訝其人名太多也。」又《立誠篇·子謂衛公子荊》王□□（鳳翽）作，評云：「篇中所引俱是經文，直書『公子』者，尤得隸事之法。」

稼書理題文或疑近於語録。然《執射乎二句》乃似《史記》。《今王田獵於此一段》、《過宋而見孟子至又〔二六〕見孟子》，乃似《國策》。《文王之囿至於傳有之》、《麒麟之於走獸四句》，又似蘇文。才人見之，亦當頫首。特難與揣摩墨卷者道耳。

稼書最惡割經文，故其所作《子所雅言詩》則上截四比，下截四比。《執禮皆雅言也》祇於中幅略補《詩》、《書》，餘俱各做各句。在今日或有難行。句山《君子之所以教者五二節》、《得天下英才至有三樂》兩篇，成架略備，而中間皆不多著語。近人多作束上起下二比，是以偏全爲搭題矣。

張羲傳（廷璇）論《溥博淵泉節》云：「『溥博淵泉』看來是説大德了，其實是形容小德，猶言道之小而日優優大哉耳。」見《陸稼書稿》。

余向謂「如使口之於味也」當指易牙説，下文「其」字、「我」字方有著落。稼書文已然。

韓慕廬《器小章》後比，晚年自行改竄，陳滄巖謂較前刻詞義更深穩，而姚姬傳詆其徇俗，斯事烏有定論哉？儲中子作以不儉不知禮即器小之一端，評者謂筆力雄偉遜於慕廬，而見解遠勝。斯持平之論。

一題作數藝，大率以首作爲正解。慕廬《子路問〔二七〕聞斯行諸節》，首作評云：「進退者是進退兼人，亦是進且兼人，與退又有別。」《此謂唯仁人三句》，首作評云：「『惡』字上文已盡，此處方出『愛』字。故從愛貫惡兩句作一句讀，題面不倒，皆可謂定盤鍼。」

慕廬《子以四教節》作，「文」與「行」對，「忠」、「信」又承「行」說。《我亦欲正人心節》，正人心必息邪説，距詖放淫皆息邪說中事，皆極變化迷離之巧。後人貪作排疊，誰復窺此意匠？

《點爾何如節》説成曠達，固非；過於推崇，亦謬。慕廬破云：「狂者自如其狂，而適契聖心焉。」語已探得驪珠。俞桐川評云：「三子有金而無丹，曾點有丹而不知用經，聖人手便變化不盡，然點實不自知其丹也。此處不許俗人問津。」

慕廬《洋洋乎如在其上二句》作，評云：「題十二字，細思之無一字是實字。文數百言，細讀之亦無一字是實字。」《聞君行仁政至聞君行聖人之政》作，評云：「兩人行徑不同，口角頗類。行徑之不同，正要分別，爲下盡棄其學蓄勢也；口角之頗類，又要點逗，爲下盡棄其學學焉伏案也。」不獨文工，評亦妙絶。

慕廬《此其大略也節》文旁批云：「今人必云如何潤澤，則仍是孟子自己說，非在君與子之意也。」鄙論《軍旅之事二句》不可填寫《周禮》，與此正同。又如《罕言不語等章》，亦祇可虛論其理，徵典太多皆與題反。

金穀似（居敬）《可以仕則仕五句》文，見得春秋之時未可直言治亂，故變進退而言仕止，變仕止而言久速，分析最清。

本朝理學大儒，平湖、睢州皆有傳誦之文，獨儀封張清恪罕見。其康熙辛丑《十室之邑節》墨措語婉約，或比之廣平《梅花賦》云。

《三月无君則弔》，饒氏謂：「弔其不得祭，非弔其不得君。」亦未必便爲確解。義門《周霄章》文主其説，特取「耕助」節不冷落，而提父母字與末節互映，尤使首尾縈拂有情也。

徐壇長（用錫）《優優大哉》文：「自其委曲善入而無微不至也，似不可謂之大也。然其纖悉必周而取之不盡也，得不謂之大哉？」《非天子二節》文：「議道自上，必經緯人倫無所失，而後簡器用，謹書契，則由大及小而不失其序；風行於下，必法度文章莫之悖，而後重禮教，敘彝倫，則由粗及精而乃觀其成。」竝引入《義門讀書記》。

俞桐川《由君子觀之節》文：「夫羞者閨閣之飾容，遇無志之配則面目斯真；泣者粉黛之常態，覩不淑之夫則血淚斯烈。」數語近趙高邑。

廖蓮山（騰奎）《言前定四段》文，於行事道分析最清，實則一層深一層耳。

姬傳謂方百川《道之以政節》作爲集中最盛之文。又謂方□□（澤）《王曰何以利吾國》作善學嘉魚者，百餘年無逾此文。近人讀者頗尟，何耶？

方百川《子路宿於石門章》作以晨門爲夫子知己，儲六雅作則於夫子不贊一詞，得間自記云：「此章義例當與『孟子之滕』章比合，俱用孔子、孟子作主。」若沈歸愚作則不能出百川範圍矣。

尹莧階《邦有道貧且賤焉恥也》文風韻獨絶，百川則所見者大矣。

義門論「如有王者」章云：「此章須體會『如有』二字口氣，葢隱然指其或繼周之人也。東遷以後，舊俗猶存。過此以往，繼極亂之後，必以漸而變，積久而成泛，作王道無近功。議論則無復『如有』二字，亦非注中所謂聖人受命而興矣。」望溪文即用其説。

朱子謂讀史不徒記事迹，須識得治亂存亡之理。如望溪《天下有道則見二句》、《天下之生久矣節》兩篇，庶幾無愧斯言。

讀望溪《不有祝鮀之佞節》文，識世風陷溺之由；《是猶或紾其兄之臂二句》文，見天理淪亡之故。他手以文爲戲，宜其體之不尊矣。

望溪《天之生斯民也節》、《耘渠此謂身不修節》二作，讀之似全篇單行，不復知爲整比文字。

方朴山《王如知此》文，義門評云：「摩盪『如』字以追攝『則』字。」已山評：「轉是逆攝『則』字以逼勒『如』字，用意入妙處都從題後繞出題前，俗手但解向『如』字作一挑半剔，則句下走入死港，無復轉身地矣。」此數語乃虚題無等等呪。

吴蘭陔論又曰：「《持其志》題較《既曰志至焉》尤難。」誠然。若朴山之文，則自以已山之評爲諦評，云：「『又』字之脈固從『既曰』尋根。」又曰：「之神却於『無暴』歸宿『持志』，轉是中間一過峽語，須認得母腹中疑團，認『氣次』只并歸『志至』，勢不得不疑。『無暴』殊屬更端，『持志』乃特連而及之。」至元評引「爲文傷命」之語，而朴山卒永其年，殆以棘端刻猴之精而成庖丁解牛之適者與！

朴山《則曰古之人古之人》〔一一八〕文自注：「狂者、獧者，是孔子標目，不得入鄉愿口中。」其説超矣。余又疑此節特孟子代揣鄉愿見地如此，非鄉愿實有此分議狂獧之語，而孟子轉述之也。

題句分量本輕者，如《知之爲知之》、《不受於褐寛博》是也。朴山、耘渠皆追攝下句於題前，而題之輕者轉重，是何神勇。

王淵翔評朴山《觚不觚節》文云：「四『觚』字有三義：前二『觚』首句第一字要讀斷，下二字要拆看、連看；後二『觚』要速讀首句，緩讀次句。」其實朴山衹渾發議論耳。許素園（廷鑅，又字子遜。與鍾斗同）文層折較清。

朴山《天地位焉》文是心正，不是氣順。朱□□（元英）《知天地之化育》文詮「知」字，不説向作用去，與《可以贊天地之化育》不同。

朴山《且古之君子二句》文先言過之宜者不必改，跌出「且」字，分外有力。

姫傳選朴山小題文甚多，然亦知其流弊。如《吾必以仲子句》文，則云：「謝郎神鋒恨太儁，雖然，豈不超人羣？」又徐笠山《而後受之》文書朴山評後云：「自方文輈輩效正希作小題，追攝題神，以翔躡虛無爲巧，文家固不可不解此法。然爲之太過，遂有如蹙額而嘗菖葅者矣。」

朴山《未入於室也》文自記云：「不得於題中脱漏『由也升堂』句，不得於題後增加『由也升堂』句。可爲截上題法，至《其事不終者也》題尤易犯手。」《蕺山會課》秦□□（肇垿）作，朴山評云：「總注到『府庫財』句，此特如户之有樞耳。不見此意，縱使反説如題，截上有法，而户樞蠹矣。作者獨有筋摇㠯動之訣，每股中皆句眼字筆也。」其意蓋以兼顧語脈爲難也。《夜雨軒小題文》自記云：「題意是終其事，題面是不終其事，此處極難措手。『未有』二字又萬無倒找之理。他處倒繳虚字，已爲改竄白文。況此題於三『未有』中忽作横截，尤爲非法。此方是『未有好義』句下、『未有府庫財』句上一則文字，通幅只作一筆書，妙絶。」其意專以不失語氣爲難也。若蔣季眉（拭之）《非其財者也》文特便於初學耳。

敘事題隨題寫去，非直致即散漫。《八銘塾鈔》選儲同人《臣聞之至以羊易之》文，處處將「臣」夾寫，唐□□（冠賢）《曾子居武城節》文處處將「左右」夾寫，不惟易於貫穿，且夾敘夾議，可以觸手生波也。

焦廣期《非祭肉》文自記云：「朋友有通財之義，是正意。敬其祖考同於己親，是旁意。於旁意多著一筆，即於正意寬一筆。做『非祭肉』還只是『雖車馬』，方妙。若認作『非帷裳』一樣，去而萬里矣。」審題精絶。

陳師洛評廣期《善爲我辭焉》文云：「看末句復何所宛轉？本文『善』字一層，不過欲其不復。他文過於卑巽屈曲者，全不與下一語相屬。」余嘗論《言必有中》題，「必」字消息全在上文不言之中，不言則已，言則斬釘截鐵，無所謂微詞婉諷。庸手滿腔俗見，謂以持論過激一層作覷，方合閔子身分，遂與上句全然不貫，且亦非此章書旨矣。私喜與前人不背。

《八銘塾鈔》選廣期《去三年不反》文，是從對面看出。他作如藍□□（畾）《將入門》從旁面看出，李□□（清載）《不問馬》從上文悟出，鄒□□（登恒）《將命者出户》從下文悟出。皆别尋一主而以題爲賓，故不犯手。

《泰伯章》名文山積，有主讓商者，有主讓周者，有調停兩説者，有悉力翻空者。儲中子獨以渾括出之。中云：「以爲愚忠愚孝不可，以爲成仁成義亦不可。指爲忘國忘家不能，指爲中經中權亦不能。」詮「無稱」，獨見真諦。

中子文多温醕，獨《士志於道節》將「志」字與「恥」字對勘，最爲刻露。

句山評中子《十室之邑章》文云：「語見理實而出以沖和之氣、高宕之韻、雅潔之詞，故能以此道壽世。若徒明理而不治筆，有泛然與波上下而已。此時文與講學不同處。」又評《夏后氏五十而貢三句》文云：「朱子言先王疆理天下大段，費許多氣力。若自五十而遞增，更改疆理，勞民動衆，煩擾甚矣。孟子之言，舉其大而不必盡其細，師其意而不必泥其文。」此言良是。陳氏則云：「夏時洪水方平，可耕之地少。至商而寖廣，周而大備，故田益增。」徐氏云：「古者民用度少，故田少而用足。後世彌文而用廣，故田亦增。」二説於理亦通。但無解於朱子更改煩擾之説耳。王制曰：「古以八尺爲步，周以六尺四寸爲步。」蔡邕《獨斷》曰：「夏尺十寸，殷九寸，周八寸。」〔二九〕則周之十尺乃夏之六尺四寸，周之一步視夏少一尺六寸也。以此權之，則畝數之異自應由尺寸之殊。主尺寸者理長，主陳、徐二説者理短。至於論文則詞理兼尚，理長而詞不達，不若理短而詞強，某所以舍翼聖作而録中子也。此時文與考據不同處，然詞強理短亦究不可爲訓。

姬傳評潘巢雲（宗洛）《仲尼之徒二句》文云：「後二股乃時士所歎賞，而求以義理之實，則失據。桓文興霸，實未嘗有詩以歌其事耳。若以爲孔子抑之，則甫田、渭陽之類無關勸懲者猶存焉，而獨削桓文之詩，於義爲無取矣。凡見於《尚書》，非事關興衰，即文成誓誥可垂法戒者，宰孔、王子虎之命，寥寥數語，意盡於言，亦難與《周誥》、《殷盤》竝列。」凡此皆時文家將無作有以伸其説耳。因憶朱子詩曰：「廣平作梅花賦，老杜無海棠詩。正是一時偶爾，世人平地生疑。」豈獨時文哉！

「信近於義」二句，朱子云：「言而不踐則是不信，踐其所言則是不義。」錢（世熹）

文通篇本此兩意，是大士法。

洪□□（肇楙）《請野節》文以助爲主，而貢以通助之窮，如此方與全章書旨相合。

康熙乙丑《仲尼祖述堯舜章》墨，論者以韓□□（鼎盛）作爲壓卷，究之不外以天地作縈帶耳。余謂《矢人東山兩章》亦當以取喻多者爲主。

康熙戊辰《樊遲問仁三節》會墨，王甸宇（□□）以李海若（本涵）爲第一，評云：「第三節不於前幅逆提，而無意中自然籠罩。第一節亦於後幅單繳，而側發處獨得全神。若中間『能使夫人自爲可愛』一句，極玲瓏又極藴藉，誠耐人百思不置也。」

汪退谷《參乎章》元墨，筆力閎肆，中間《大學》、《中庸》二比，妙切曾子學問源流。後來皇極、太極則摹元之空腔矣。○堯峯、退谷皆不僅以時文名，即武曹之評時文，亦能抉出隱微深痼之弊。後人或病其刻，不過欲趨易路耳。

《欲貴者章》語妙全在從「弗思」呼起兩「所以」。康熙庚午江南楊□□（良）墨，汪遄喜（□□）評其中間先伏膏粱文繡，最爲得訣。通篇超超元著，指與物化，試易紙重録，誰復知爲應試之作耶？

康熙壬午順天朱□□（書）《見賢思齊焉》墨極精醕，尤極名貴。評者謂長於古文者，時藝必然拔俗千丈也。

康熙乙酉順天《禹惡旨酒節》，黄□□（越）墨：「是特其惡惡之心所見端於此，而非其止惡乎此也。」看題最確，道光乙未山東《武王不泄邇節》郭□□（啟魁）墨，處處歸重存心，不鋪張遠邇事迹，見地亦同。

華亭張文敏文似李文貞，純廟知之，而士林或轉未之知也。《叢話》載數篇，世所罕見。其康熙戊子《穆穆文王二節》墨整散兼行，筆勢雄宕。意後來所造更深耳。

康熙戊子順天《赦小過二句》，夏□□（慎樞）墨全切宰季氏發論。出比云：「爲季氏寬一有過之人，即爲魯國蓄一有功之輩也。」對比云：「借魯國之賢才以爲季氏用，正所以易季氏之心思而爲魯國用也。」看似別調，然他手誤以家宰爲冢宰，而人人以爲正格，又何說耶？

書有數節一例，而命題既異，即作法因之而異者。如康熙癸已江南《宰我曰二節》，儲□□（龍光）墨分出夷尹無位，堯舜百王有位；堯舜言其少，百王言其多。此前二節作法也。辛卯順天《子貢曰二節》，曹□□（鳴）墨則以兩「自生民以來」與上文相應，此後二節作法也。

許素園《如之何者》文，義門評云：「此題有三難：入題承上句，先加一『者』字便難脱卸，一也；起比用反轉入本題，又添出『不曰』二字，與上隔斷，二也；中復不蒙上句，竟似『不曰如之何者』六字口氣，三也。」或謂但知縈繞，未能處處截清，便是連上又一難也。余謂截上乃人所易曉，故義門不屑置論耳。

「季孫曰」節大注：「季孫、子叔疑，不知何時人。」儲六雅偏從「季孫」得間。王鶴書（之醕）評云：「季孫本能斷魯國者，而忽爲是言，令人鄙叔疑之貪，復憐叔疑之愚也。」

《歸雅集》選王□□（開泰）《唯謹爾》文，陳師洛評云：「看得『謹』字在『便便』之前，至『廟』、『朝』則但不失其爲『謹』耳，却是『便便』至盡也。」觀此知俗手認作轉脚語、歸重「謹」字者非。

又選盧□□（軒）《南容三復白圭》文，自記云：「『白圭』非篇名，記者撮舉此二字包四句。」自有見地。後來陳句山文特從此擴充之耳。

又選詹□□（銓吉）《苟有用我者章》文，後二比低回唱歎而不落空腔。近人多讀百川作，故知之者少。

又選沈貞蕤□□（荃）《季桓子受之》文，但云：「庸臣誤國，而以後人疑桓子本欲去孔子。」爲近於深文語，最平允，亦淺題不必深做也。

又選顧□□（贄）《未有府庫財》文，吴荆山評云：「凡題句未完，虚字與下相連者，如此題及《曾謂泰山》、《安見方六七十》等題，其虚字須用反點借點法，方不窘困。」余曾出《夫夷子十三字》題，相顧莫敢點「信」字。有一首點於後比之末，自是解人。

又選杜□□（光先）《中立而不倚》文，評云：「中立即似不倚，却又添『而』字一折者。《或問》謂『中立而無依，則必至於倚』，合之《語類》『氣弱不能自持。他若中立必有一物憑依，乃能不倚。不然則傾倒而偃仆』一條，最分曉。蓋兩旁不倚爲中立，然中立時亦自有所依靠，乃能之即是倚也，意思極難分曉。文暗用伯夷事，乃朱子之説。筆意淩空，蓋得之昌黎。」論題甚細，録之。

曩出《王曰善哉言乎二節》題，作者沿句山文，多以「疾」字作主，竊疑須重扼「不行」，方不似從「寡人有疾」出起。《歸雅集》選狄□□（億）作，有云：「王以不行王政而好貨，非因好貨而不行正政也。」歎其獨得了義。

又沈□□（近思）《非其道二句》文評云：「不特眼光專注，簞食爲錯，即精神力透，非道亦癡。」凡賓位題須識此意。

王耘渠《天之所覆二句》文，自記云：「兩『所』字作如是解，脚踏實地，變化自生。空作恢張，焉得不窘？」凡空閲題須解此訣。

耘渠《天下大悦而將歸己》文，自記云：「題句從空而墮，竟不知影落何處。語勢絶奇，然是舜之實事，不當作虚擬，看文斟酌虚實之間，發皇揚詡，庶幾神理俱到。」時手未見耘渠文，試令作此，恐不知所云矣。

耘渠《周有八士章》作，確是微子全篇總結。己山《色斯舉矣節》作，確是鄉黨全章總結。

己山《不憂不懼》作以天幸、曠懷二意雙銜到底。《立誠編》何星橋師（烺）《浸潤之譖後段》兩起比「苟情勢本不甚工，苟逆億以期偶中」，兩層反襯，則轉入首二句，倍見著力，似脱胎於此。

王氏《八法》選王□□（日藻）《女弗能救與》文，評：「『能』、『不能』只論自己，不論人之從否。此是聖賢行義真傳，『孔明之不逆睹成敗利鈍』，『文山之病雖不治，而必用藥』，皆此志也。」按此則「與」字是切責語，不是商量語。

又選任翼聖《大宰知我乎》文，自記云：「止爲急辭天縱之聖，姑以大宰所云自居耳。」下文言少賤見多能，非以聖之故，又言鄙事見能，亦非聖之故，則并大宰所謂聖者而辭之矣。非心實謂大宰不知，故作周旋世故語也。其文暗將「聖」與「多能」雙銜，并暗將子貢作對照。初學玩其旁批，便了然矣。

題至朱、張，可謂枯矣。《八法》選荊石鈞（琢）文六百餘字，不徵一典，皆在題之上下咀吮得之。

《叢話》載《百畝之糞》題王農山、杭堇浦兩作，並點染風華。然此題本有草人、稻人、薙氏、柞氏諸典可以運用。若《糞土之牆》題，則尤爲枯窘。《八法》選荊石鈞文，可謂俗題能雅矣。

《八法》又評魏篁中《申之以孝弟之義》文云：「其得旨要在切定『鄉』字，提明子弟皆雜處田間，『義』字、『申』字方安放有地步。對鍼下句，自然親切分明。時文只囫圇講箇孝弟，病在先將上句混看，竟忘却庠序設於何地也。」

又選王□□（詒燕）《或謂寡人取之》文，自記云：「決取在下文天意或人，發策雖與『勿取』有異，要只是乘勝長驅『人力』上論，細玩白文自見。」向來看作恰合齊王心事耳。證以「其知者以爲爲無禮也」句法，便知此論之確。○一説宣王蓄意在取兩，或謂皆設辭以語孟子，「勿取」是賓，「取之」是主，非真有二人獻策齊廷。所見亦超。

《人之過也章》，今人多作周旋回護語。任翼聖此題文自記云：「此章自是爲君子而發言，不特觀之『仁而仁』可知，即觀之『過而過處必與小人不同』，其仁亦無不可知耳。」上二句正是説觀法，離上二句講「觀」字即差。○此下十八條皆出王氏《八法續編》。

任翼聖《王者之迹熄章》文，自記云：「無論詩史糾纏，總屬閒話，即作周世家、譜春秋論辨，究與存之何涉耶？」《時文軌範》選黄崑圃（叔琳）此題文，句山評云：「世作如林，喧囂至於耳倦。大抵横出旁枝，開頭一句便説不明白。」偶檢坊選，見崑圃先生作論詩迹相因處，較有著落，又不支離，其辭通體一線，足見先輩有道行者方肯留心書理，但是才人多不濟事耳。惟是前段敘正月民勞，諸詩爲王迹未熄，至東遷而熄。語尚囫圇，未見了了。詩人之義隱，《春秋》之義顯。將《詩》與《春秋》比勘，又爲外間喧囂者所誤，自汨亂其本旨矣。爲塗改增删約三百字，倍見完好，他日入都，當褒以質先生。度先生之明，不予呵責也。

李□□(基塙)《知者樂水二句》文，已山評云：「注中『知者達於事理』云云，已透動静一截在本位，故自虚涵無容豫奪，所謂注書與作文異也。」

李□□(基塙)《使己爲政三句文》，入手云：「爲政者，爲卿之借名也；爲卿者，爲政之厚實也。」二語最妙。姚□□(天成)數首似就其意而推演之，摹寫巧宦心事，不啻然犀照怪矣。

陳榕門《如或知爾》文，已山評云：「下句語氣須認得清，本句神理方看得活。然不通澈全文，此故亦無由領取也。」觀此可見酯儒本領，其機致近今，則時代爲之。

聞□□(棠)《異乎三子者之撰》文，張開三(□□)評云：「對師措語，豈可矜張？然竟作未能願學一例，不又失狂士面目耶？小時師授義門先生文，竊未服膺。讀此爲之賦滿願矣。」

《子謂衛公子荊章》名之曰「苟」，不過略舉見例。張□□(克嶷)文最得「以不寫寫之」之妙。必將三項分析體認，已成滯相。或從反面刺耆，尤客氣也。

《不降其志三節》，馬章民(世俊)作首節另敘，是矣。而下兩節横截三比，則近變。王紀作鋮對末節，是矣。而三節竟作平列，則近變。宜乎竝列參變也。

楊方達《其爲父子兄弟足法》文自記云：「此句不重推本於身，要補出「家」，以見齊、治相因之意。」

嘗論《聖人也三字》題，承上從容中道，後衹能直接虛籠二比出題，方如語氣。一作翻騰，則語脈爲横風吹斷矣。程□□（之銘）《達天德者》文作法亦同，但彼題系屬反説，故於講末承固聰明聖智，而於中後比末回應「苟不」字，亦不得不然也。

周力堂（學健）《徵則悠遠》文，郭豹章□□評云：「『悠遠』雖根『久』説，然本句『則』字緊承驗於外，離『久』字講，固不是；做成『久則悠遠』，亦不是。『久』、『徵』并發，又似兩句題，最爲棘手。」今人作《中庸》題，有此細心否？

魯秋塍（曾煜）《麀鹿攸伏二句》文自記云：「兩句均是麀鹿，畫而斷之，非是；然上句緊承『王在』，下句另對『白鳥』，合而并之，亦非。」是可悟相題行文之法。

有人論「内無怨女」二句乃憑空設想之詞，不比「居者」二句爲當時實事。張□□（峯之）《行者有裹糧也》文，評云：「尚未啟行，何有行者？從公劉意中看出，使『故』字語脈、『也』字神氣一齊竝列，尤爲善於覓間。」

汪□□（灝）《三里之城》文，義門評云：「題是第一句受兵，却是第二層豫即暗藏得一外城在，則已包含曠日持久之意矣。」想見小題意外巧妙，有童子作《築斯城也》，領題云：「池之外不更有城哉？」學使批云：「城不在池外。」雖刻而殊有理。

萬□□（五梁）《引而置之一句》文，朴山評云：「此下不言『傅』字，他文偶有會意，而挑剔不分明。學語只尋常往還，一語一言，便是他文，都説似作意爲之，便不切『莊嶽之間』，惟此層層細入。」

李□□（東檈）《孔子曰有命》文自記云：「進禮退義，留與孟子説。只以『有命』破他『主我』，最合。」喻□□（化鵬）《得之不得曰有命》文，評云：「從上『可得』生根，頓斷『得之』，側注『不得』，文心入細，義法俱圓。其綰合禮義，則離即具見聖人地分，尤爲眉眼獨清也。」合觀之可識題竅。

曹諤廷（一士）《魯君之宋節》末幅歸重慨廣居之不似。全章書旨，方有歸宿。

周□□（應宿）《貉稽章》文，陶爾音□□評云：「此是孟子借貉稽自寫胸臆耳。不然，貉稽何如人，乃以文王、孔子相慰藉耶？」説亦有見。

宋儒精研義理，然有議其勇於改經者。徐笠山《闕疑》文，浦二田謂足砭晚宋前明結習。余謂宋儒須砭，元儒亦不免。若明人變亂古書，直不足貶矣。

宋四六以成語巧對見長。馮夔颺《十室之邑節》結比以「人皆可以爲堯舜，我猶未免爲鄉人」相對。道光己亥福建《子貢欲去告朔之餼羊》□□□墨後比尾句云：「剥果重生，蒙泉可達。作《易》者其有憂患乎？盟首王人，朝書王所，知我者其惟《春秋》乎？」皆天造地設。

句山之文出於朴山，特《初集》能破其幽晦之扃，而出以光昌。《二集》并斂其險側之勢，而歸於平實。斯爲善學耳。《叢話》乃盛推其《見賢而不能舉節》文，以爲第一得意文字。此殆如評右軍書惟喜其雄彊者耶？

「點爾」節隨處化機，却不容空作曠達語。句山《春服既成》作可云神妙獨到。

句山《舉直錯諸枉二節》文，蔡肯堂（宇泰）評云：「題面上截虚指，雖向樊遲意中破解，却不得分下注疏。夫子微窺其未達者，不知其早忘却合問一邊也。題面下截復述，雖全舉夫子口語，却又不曾明析疑端。樊遲意中轉叩者，不知其已遺却原問一截也。題旨關竅全在上文二節。」作者苦心，悉爲窺破。

《近者説二句》爲庸手填塞楚事，幾於糊心眯目。句山作不失身分，不失語氣。

「禹疏九河」兩段與禹貢及今水道不同。望溪謂孟子口中不得自加辨駮。誠然，而水之大小懸殊，亦不能不少爲回斡。所選陳□□（詵）文已見大意，句山文則更寓變化於整齊，自注云：「下十字只抵得上『疏九河』三字，『注之江』不對『注之海』，『瀹濟漯』敵不得『疏九河』。提清頭腦便易辨也。」余窺其作意，大率以海爲歸墟，「江」與「河」對，「淮漢」與「濟」對，「汝泗」與「漯」對。其如題兩扇，則與陳作同。

句山《是奚足哉節》文自記云：「朱子謂：『此章文義本不可曉，以豐氏説差明白，故存之。』[三〇]則是究未信爲定解也。作文者獨不疑而洒洒出之，亦未求其義之安耳。以『追蠡』謂用之者多，『城門之軌』謂由之者衆，則仍是『追蠡』之説，換湯不換藥，何以服高？先儒所疑在此。愚意高子心粗膽大，直忘却禹、文之世，故用極淺意呼之，使覺城門之軌，只是言其久。一車兩馬，『兩』字著眼，不知閱多少車馬，多而且久，惟久愈多。如此説來，庶幾近是。『城中之軌』一條，注雖伴説，孟子語意所無。若以城中城門兩兩比勘，竟似以城中之軌比文王之樂，而車可散行，由之者少，則爲望門輸服，高子反得執金鼓而見之，全局敗矣。」前輩讀書細心如此！備録之。他如《彼爲善之殷受夏十四字》之類，皆朱子所疑而講章所深信不疑者。

句山《過我門而不入我室三句》以三「我」字爲經，兩「不」字爲緯。何星橋師論《子之君將行仁政三句》須著眼三「子」字，見解相同。

雍正乙卯江南吴□□（鎮兖）元墨首題《據於德二句》、次題《誠者天之道也二句》，評者云：「首藝用遞串截發，此作自宜對舉，兩藝合觀，知立格不可不講。」余謂此論或不可通行，要知主司命題，先當避局法之複也。

校勘記

〔一〕「真」，應是「直」之誤。

〔二〕「名」或爲「明」之誤。

〔三〕「塵」，原文作「塵」，誤。

〔四〕「封」，爲「卦」之誤。

〔五〕「録」，原文作「緑」。

〔六〕「得」字或誤。

〔七〕「豫」，可儀堂本作「預」。

〔八〕「人」當爲「大」之誤。

〔九〕「既」，可儀堂本作「即」。

〔一〇〕「不不不禘」，據《禮記・大傳》，當爲「不王不禘」。

〔一一〕「列」，可儀堂本作「例」。

〔一二〕「問」，原文爲「門」，誤。
〔一三〕「而題前」三字應是衍文。
〔一四〕「侯」，原文作「候」。
〔一五〕「惜」，或爲「借」之誤。
〔一六〕中華書局本無「錢」字。
〔一七〕朱熹原文：「庚公之斯雖全私恩，亦廢公義。其事皆無足論者，孟子蓋特以取友而言耳。」
〔一八〕此段與董其昌原文之文字多有出入。原文：時文如《出門如見大賓四句》，「主敬行恕」，後來印板也。陶石簣作此題，先將「出門」、「使民」二句相對，卻用一過文另做「己所不欲」，破板爲活。又如《素隱行怪全章》，庚辰會試卷講至末節，卻以「君子依乎中庸」對「遁世不見知而不悔」，雖一串做，總有痕跡，惟劉廷蘭講四比云：「故君子之依乎中庸也，擇之也精，而依之以爲知者，不惑於似是之非；守之也一，而依之以爲行者，不淆於他歧之惑。由是而遁於世焉，吾安之而已；由是而不見知於人焉，吾弗悔而已。」深得離之趣。
〔一九〕「師」，《四書集注》本作「帥」。
〔二〇〕「不可耕可爲」原文作「不可耕且爲」。
〔二一〕「節」應是「第」之誤。
〔二二〕原文爲「宗廟之事，如會同」。
〔二三〕《孟子》原文爲「然則舜僞喜者與」。
〔二四〕《孟子》原文爲「充類至義之盡」。
〔二五〕「用」，《四書集注》作「應」。
〔二六〕「又」，《四書集注》作「復」。

〔二七〕「問」，原文作「聞」。據《四書集注》改。

〔二八〕《孟子・盡心》原文无「則」字。

〔二九〕蔡邕《獨斷》（中華書局本）：「夏以十三月爲正，十寸爲尺。律中大簇，言萬物始簇而生，故以爲正也。殷以十二月爲正，九寸爲尺。律中大呂，言陰氣大勝，助黄鍾宣氣而萬物生，故以爲正也。周以十一月爲正，八寸爲尺。律中黄鍾，言陽氣踵黄泉而出，故以爲正也。」

〔三〇〕《四書章句集注》原文：「此章文義本不可曉，舊説相承如此，而豐氏差明白，故今存之，亦未知其是否也。」

分體利試試帖法程

〔清〕鄭錫瀛輯評

《分體利試試帖法程》提要

《分體利試試帖法程》一卷，清鄭錫瀛輯評。

鄭錫瀛，字愓盦，順天大興人，生卒年不詳。道光乙巳進士。咸豐四年二月由吏部主事入直，後歷任軍機章京、光禄寺少卿、廣東鄉試正考官、大理寺少卿、都察院副都御史。曾於嘉慶二十四年爲黄幡綽《梨園原》一書作序。《清秘述聞三種》有傳。

今見該書最早刻本爲咸豐九年己未（一八五九年）通德堂藏板。其「敬避字樣」列清帝名諱，只列至「皇上御名」，即至咸豐帝，知此書作於咸豐朝。牌記題書名爲《分體利試試帖法程》，而目録則題爲《分體利試詩法入門》。前有鄭錫瀛於咸豐九年所作序文，後爲凡例。卷首有「寄嶽雲齋論試帖十則」、「龔文恭公艷雪軒試帖詩話」、「陳青丈學使試帖論」、「龍翰臣修撰應試程式」，此或即書名另題爲《詩法入門》之依據。之後爲「敬避字樣」、「忌用字樣」。

自乾隆二十二年丁丑科會試始，裁去表、判科，增用五言八韻律詩一首，永著爲例。

此外，進士朝考、庶常散館翰詹大考，皆考律詩一首，名爲「試帖」。試帖詩與試帖詩學由此而盛。據己未刻本目録，該書分試題爲「描景」、「寫情」等十九種類型，分試帖詩爲十九卷。而卷首之試帖詩論則是針對試帖詩創作而歸納出的創作規律與原理。己未刻本僅存卷首試帖詩論一卷。同治元年之後的重刻本之全書目録在十九種類型之下均有鄭錫瀛所作題解，爲鄭氏之試帖詩學。這些詩學理論對於整個清代詩學來説是一種新的變異，是清代詩學體系的重要組成部分。

較早著録該書的是張寅彭，其所著録的書名爲《分體試帖法程》，爲光緒十二年成文信刊本。吴宏一的《清人詩話述考》也據此著録。蔣寅的《清詩話考》則著録了同治元年書業德記刊巾箱本，山東大學圖書館藏。蔣著稱該書「前有同治元年初伏日葉錫麐《序》」〔一〕。該序實爲己未初刻本鄭錫瀛所作的原序，葉錫麐於同治元年重刻此書時删去鄭氏署名，改爲「時同治元年初伏日武水葉錫麐雲臺氏書於退廬」，遂被誤爲葉序。

己未刻本有後來同治、光緒重刻本所無的聶蓉峰〔二〕「寄嶽雲齋論試帖十則」，是重要的清代試帖詩論。爲張、吴、蔣等學者所未及經眼者。

今據己未刻本整理校點。並附同治元年刻本「分體利試詩法入門目録」。

注釋

〔一〕蔣寅《清詩話考》，中華書局，二〇〇五年，第五八三頁。

〔二〕聶銑敏（一七七五—一八二八），字晋光，號蓉峰，湖南衡山縣人。嘉慶十年進士，選庶吉士，改兵部主事，授編修，典貴州鄉試，督四川學政。著有《寄嶽齋試體詩》、《蓉峰詩話》、《玉堂存稿》等。《寄嶽雲齋論試帖十則》原附於《寄嶽雲齋試體詩選》（嘉慶九年刻本）卷首，題爲《寄嶽雲齋與及門論試帖十則》。

分體利試試帖法程

鄭錫瀛輯評

試帖取士，仿自唐代，至我朝而極盛。由童試至鄉、會兩闈、殿廷考試，均有試帖一首。各省試牘、闈墨、房稿，以及《木天清課》，諸選家每於其中擇尤雅者裒集成帙，以供藝林揣摩。然大率精求於詞采色澤間，而於律法概略而未講。從前紀曉嵐宗伯《我法》、《庚辰》二集雖於各詩尾均有評論，亦未能别類分門，俾學者一目了然。且所選諸詩文少質多，掾觚家每病其塵腐，往往束之高閣，未肯寓目。余於讀禮之暇，匯取近時各種刻本，精加採擇，竭半載之力，凡閲詩萬七千餘首，擇其推陳出新兼合館閣體裁而又於法律纖毫不背者，僅得詩五百七十餘首。仿汪武曹《今文商》、郝敏齋《分體利試文中》體例，分類編題，每類先揭明作法，弁諸簡端，隨附以詩若干首，著爲程式。由描景以至政治，凡十九門，部分派别，朗若列眉。復綴評語於各詩尾。凡相題、命意、布局、運筆、琢句、鍊字、押韻諸法，逐細指明，俾學者顯有軌轍可循，於入門路徑較爲便易。

昔毛西河以八股法論試帖，發其端而未暢其旨。兹余即前人之旨而引伸之，視西河論説較爲詳明，揣摩家亦易於觀覽。初僅爲家塾課本，因索觀者衆，慮其散失，爰取付剞劂，公諸同好。刻既成，因爲敘述緣起，弁諸卷首云。

己未年嘉平月愓盦鄭錫瀛序

凡例

一、試帖體屬對揚，專以工麗端莊爲主。凡輕佻纖豔有礙場屋，及山林稿派不合館閣體裁者，概不敢登諸簡牘，致誤學人趨向。

一、前輩舊詩中有工麗華贍、歷久常新、不爲風氣所限者，仍行採録，以備揣摩。近時墨考及房、行稿本中，有詞采而無精意者，概不敢濫行選入。

一、刻本諸詩佳作甚多，以集隘不能多採，容俟續刻中再爲補録。

一、頌揚擡寫最關緊要，集中單擡、雙擡及近日應避之字，悉加斟酌，便於適從。

一、詩中字句間有應避者，有忌用者，場屋中均宜留意。集中所選諸詩遇有此等字句，概加改正，以從時尚。

一、是集字體均細加考證，逐字校訂，一切俗寫訛體均於付梓時詳爲改正，庶殿廷應試時不致沿襲誤用。

分體利試詩法入門總目

鄭錫瀛惕盦甫初輯評
陳雲瑞鑄農甫
鄭錫鴻志齋甫同校勘
鄭錫泰春海甫

寄嶽雲齋論試帖十則

一、詩貴審題。近人作文皆知審題：必如何方合題之法，得題之理，會題之意，肖題之神。獨至試帖則率爾成篇，全不審題。如題係詠山，即泛作山水詩；題係詠花，即泛作花柳詩。敷衍成篇，有何意味？不知詩宜細審題旨，看題中著眼某字，得移步换形之法，方有悟門。即以詠竹詩言之，如《修竹引熏風》，須從「修」字做出「引熏風」，題珠在一「引」字。《多竹夏生寒》，須從「多竹」做出「生寒」，題珠在「多」字、「生」字。不曰涼而曰寒，措詞亦須警切。《修竹不受暑》，須從「修竹」做出「不受」，見得風節超然，題珠在「不受」二字。遇數目題，須當刻劃，不得含糊了事。如《一月三捷》，不切「三」字，便是屢捷。《望衡九面》，不切「九」字，便是面面。《上農挾五》，不切「五」字，則挾三挾四。有何分别乎？如《秧針蒲劍》等題，不得單做上一字，又不得呆做下一字。不粘不脱，似是而非，最爲大雅。如《雷乃發聲桃始華》等題，不做「乃」字、「始」字，雖有麗句清詞，買櫝還珠，與題何涉？又詩貴肖題，題係朝堂，著不得草野風景；題係山林，著不得臺閣氣象。布衣入朝，冠佩遊山，均非所宜。其他宜補斡，宜雙關，宜平列，宜側串，因題製局，要自有定法也。

一、作詩必先講層次，須得淺深、虛實、反正、開合之妙，方有做頭。不講層次，則開口一兩聯已將正意説盡，毋怪入後窘手，因之眉目不清，正意作旁意，旁意作正意，每聯可以互換，雖有佳句，亦不足觀。此毛西河先生以八比法論試帖爲不易之定則，金雨叔先生《今雨堂詩墨》嘗引述之，今大宗伯紀曉嵐先生《我法集》所爲特舉以示人也。曉嵐先生《庚辰集》每首評論甚明，《我法集》所論更爲推廣盡致。學者能悟此訣，下筆時自無鬬字成句、鬬句成聯、鬬聯成篇之苦矣。至本題字眼，必於起四句點明，或先點題面，次承題意；或先破題意，次點題面；或有當於題前展開步驟者，亦必須於五六句點盡。有前數句不能盡點者，即於收四句補點。中間參差錯出，便失層次，似於題字略不經意。遇題中字有可對者，對點出題，亦覺工整醒目。

一、詩押韻宜圓穩，不可勉強趁合。遇險韻正須善引，有舒卷自如之致，不以仄徑窘步，方可出色。吴穀人先生《反舌無聲》、紀曉嵐先生《春帆細雨來》詩，一氣直注，引韻自然，最爲可法。天下好詩皆自韻生，善詩者不必執韻以求詩，究未嘗離韻以索詩也。韻中有懸脚押法，更須穩妥，如懸崖獨立，雖無攀援，却不顛撲，比〔二〕唯老手能之，初學可不必效顰。用韻宜變換，如連押實字，連押虚字，或連押同音者，亦試帖之一病。字不典不顯，非官限韻，即可不必押上。通衢坦道，任人往來，何必自尋荊棘乎？更可哂者，場中應試詩題，或有舊詩，限韻不同，即隨意更恰，絶不顧韻之穩否，是鬬韻，非押韻也。他如韻中有字同義同者，「寅」字在四支，又在十一真；「涯」字在四支，在九佳，又在六麻；「槐」字在九佳，又在十灰，意義雖同，若係官限，即宜遵在先者押。有字同義異者，「逢」字一東二冬兼收，「馮」字一東十蒸兼收，「函」字十三覃十五咸兼收，意義迥别，豈可假借？又「愁」、「嗟」等字，韻不甚佳，似非應制所宜，有可用處，亦須善用。

題有必須點明出處者，有不必點明出處者。如題本典實，不點明則題旨不清，此必須於起結處點明。若平常吟詠景物之句，可不必拘定出處，必一一指出，反失之鑿。近人試帖，遇不必點清來歷之題，亦爾自矜典博，或首一句從景物入題，第二句忽插出詩出某人，横隔語氣，景不耐觀。

一、詩筆最忌平樸，必有新雋之思，用筆須縱横如意，恰又恪守規矩之内，方爲合度。以渾雅之旨，發新雋之思，和平藴藉，大雅不羣，斯爲得之。曉嵐先生曰：「欲學縱横，先學謹嚴。」此定論也！盍取以爲法焉？

一、試帖對仗宜精工，不得顛倒不齊，所謂詩律也。天地之物，無獨必有對。作詩者苟細心求之，自有天然對偶，毫不容混。對法不可太熟，須是在人意中，恰又出人意外，方爲入妙。開合流水，均當求其可對。豈得過於脱灑？相沿既久，厭故喜新。僅工穩尚不能出色，必取巧以勝人矣。但巧不可入纖，不可傷雅，仍須出以大方，如李商隱《馬嵬》詩：「此日六軍同駐馬，當時七夕笑牽牛。」温庭筠《蘇武》詩：「回日樓臺非甲帳，去時冠劍是丁年。」此逆挽句法，却是巧對，其筆格固自落落大方也。近今試帖如吴稷堂先生《敩鷄鳴度關》詩：「學成鷄口利，穩度虎牙尖。」蔣丹林先生《求馬唐肆》詩：「物已成烏有，人還與馬謀。」此種對法皆巧不傷雅。至於青紅黄白、禽獸草木、一二三四等字，自不可重疊雜出。或連用四句，亦須錯綜。其他同頭合脚爲詩中之厲禁，自不可犯。

一、用典宜自然用出，不可露矜張之迹。如巨室大家樓臺壯麗，器用周全，衣食華贍，出入取攜，出之不覺，自不是貧兒驟富光景也。又運用之妙存乎其人，虚事實用，生事熟用，僻事顯用，總在下筆時思量斟酌。作詩固忌空疏，亦不可呆填故實。須得文質相宣，疏密相間之法。初學作詩，專務詞料摭拾字面，汩没性靈，致以堆垛取厭。不知詩以意爲主，意足而詞以達之。有好字眼，不得好意，用出亦不合拍。用事須有寄托，有神韻，方爲出色。即近今試帖言之，如秦簪園先生《山雲潤柱礎》詩：「可知擎柱目，未異在山心。」王晉川先生《披沙揀金》末句云：「莫教同翠羽，旖旎飾華簪。」金雨叔先生《河鯉登龍門》詩末句云：「多士天衢近，毋煩慕李膺。」師仙舟先生《海上看羊十九年》末句云：「仗節終難屈，猶將皓首歸。」寓意絶高，不同凡響。有空中一聯傳神者，戴蓮士先生《漁舟唱晚》詩：「月白人歸浦，山青客倚樓。」英煦齋先生《遠看原上村》詩：「幾家深樹曉，一帶夕陽殘。」石琢堂師《瀟湘夜雨》詩：「雁飛秋在水，人語夜生潮。」葉穀庵先生《疏雨滴梧桐》詩：「數行斜點處，一葉始凋初。」不著一字，盡得風流。詩家妙句，豈在抄撮典實乎？他如吴穀人先生《元鳥歸》、法時帆先生暨汪瑟庵先生《自鋤明月種梅花》末首、汪瑟庵先生《寒梅著花未》，一片神行，深情流溢。此試帖之超詣，不可以尋行數墨求也。

一、試帖有應制體裁，原貴典重，不得有輕佻之習。但端莊之中宜雜以流麗，一氣轉旋，方不板滯。如蔣恒軒先生《日浴咸池》、劉雲房先生《王道蕩蕩》、裘超然先生《洞庭張樂》，氣息醇厚，逼真盛唐名作。近來詩多喜用虚字，意亦期於流麗動目。然過多則失之薄，以作詩原有異於爲文也。每首中，或間以一二聯則可。必須出自成語，方有雋味，不可任意杜撰。近作如曹麗笙先生《鴻毛遇順風》詩：「時哉方舉矣，善也正洽然。」吴雲巖先生《帆隨湘轉》詩：「人兮常若有，逝者竟如斯。」用成語點題。如陸平泉先生《吉人辭寡》詩：「吉哉彰九德，寡矣慎三緘！」語有來歷，偶然參用，故耐人尋味。又有兩句作一句讀以醒題者，如彭雲楣先生《風不鳴條》詩：「有時花自落，應是鳥頻驚。」紀曉嵐先生《殘月如新月》詩：「有時斜照水，定亦誤驚魚。」玉愓甫先生《風泉韻繞幽林竹》詩：「却將千个緑，併作一庭秋。」有從旁觀醒題者，如曹習庵先生《太乙乘蓮》詩：「洵有黎爲杖，從知藕是船。」汪蘭畲師《昭文不鼓琴》詩：「是誰真識曲，不必定無弦。」通體莊雅，略參一二活筆，最爲透脱。邇來有通首全用虚字者，絶不似詩家口吻。破度敗律，莫此爲甚。初學戒之。

一、詩於起結處最宜留心。作古文争起手，時文亦争起手，試帖何獨不然？一題到手，必先聚精會神，全題在握，一起自必得機得勢，通首精神俱振，閲者自覺神旺。若起便平塌，作者固不得勢，閲者亦奄奄欲睡矣。試看杜少陵五律起句，何等精神！何等氣概！用其意以入試帖，便覺超拔。錢仲文《湘靈鼓瑟》詩，結句人人稱賞，而起句終以未得曠遠之神爲歟〔二〕。甚矣，起筆之難也！至結處不可衰颯，此最關人終身受用。如唐人《晦日幸昆明池》詩，沈、宋二作俱同入選，而沈作終以結句見抑，宋云：「不愁明月盡，自有夜珠來。」切「晦日」，切「昆明」。收句如題，又不寂寞。沈云：「微臣雕朽質，羞覩豫章材。」既不切題，又極衰竭。其遜宋作明矣。又試帖原以應制，遇可以頌聖題即當頌聖，不可過於别致，亦不可抬頭過多，致使題意蒙糊不清。宜切定本題，引入頌揚，不纖不濫，方爲合法。如講到草木，便云：「宸衷勤茂對。」講到雨露，便云：「聖朝多厚澤。」此最取厭。矯此弊而走入尖巧一路，亦爲大雅所譏。至題有難於作頌者，須善用意。如曉嵐先生《指佞草》起句云：「盛世原無佞，孤芳自効忠。」戈園先生《繞屋樹扶疏》詩結句云：「儻令生盛世，肯許樂懸匏？」措詞可謂得體。此類《庚辰集》中曾詳言之，學者其細繹焉。

一、試帖雖喜雕琢，終須自然。過於自然，則失之滑。過於雕琢，氣便隔塞不通，所謂過鍊傷神也。必雕琢而出以自然，使人不見其雕琢之跡，方爲試帖勝境。古今流傳之句，如「池塘生春草」、「明月照積雪」、「緑净不可唾」等句，自有天然神韻，畢竟不以雕琢勝也。昔湯惠休評謝康樂詩如芙蓉出水，顔延之詩如錯采鏤金，顔終身病之。作試帖者，其僅以雕琢爲能事乎？

龔文恭公豔雪軒詩帖詩話

由童試至翰詹大考、京堂考差，皆有五言八韻唐律一首。功令所在，士大夫無不致力於此。爰就積年聞見所及，彙録如左。《韻府拾遺》係康熙五十五年武英殿詞臣奉敕增輯，除補藻補註外，每韻多有新增之字，坊本《詩韻》俱未增補，今開列於後。

冬（增一字）膧　江（增二字）椌　玒　支（增四字）灕　蓁　鄺　禗

魚（增一字）慮　虞（增一字）拊　灰（增四字）磓　䃶　鮠　咳

刪（增二字）虥　藚（以上上平聲）　先（增三字）鏈　櫞　鰬

肴（增一字）嘮　豪（增二字）蠔　䜈　歌（增一字）茉

庚（增一字）請（以上下平聲）　紙（增二字）你　仔

吻（增二字）蚡　殷　阮（增二字）棍　鯶　旱（增一字）趲

哿（增一字）隋（以上上聲）　寘（增三字）蒔　杫　䈻

勘（增一字）賧　豔（增一字）傔　陷（增一字）站（以上去聲）

屋（增一字）縠　　職（增一字）濇（以上入聲）

「苔臥緑沈槍」之「槍」從木不從金，收入陽韻。「鎗」字收入庚韻，即折脚鐺之「鐺」，音稱，乃鼎釜之屬，與七陽所收「鐺」字異。鋃鐺，鐵索也。鶼鰈之「鰈」自應收入葉韻，而遍查不得，閲字典「鰈」字註，與「鮻」同。今韻有「鮻」字，故不收「鰈」字耳。陳春溆先生以《香遠益清得濂字》課官學生，「濂」字應入鹽韻，而今韻不收。查字典，「濂」與「溓」同。余家有明板《廣韻》一部，鹽韻有「溓」字，故無「濂」字。今所用之陰時夫《韻》〔三〕，則并「溓」字而無之。「笭」「箵」字，蘇詩皆作平聲，入九青韻，見《能改齋漫録》。故曉嵐先生《翠輪桂餌》詩云：「舴艋晨頻出，笭箵晚定虛」也〔四〕。今韻不收「笭」字、「箵」字，入梗韻，作仄聲。又如經典習見之字而詩韻不收者，如「媺」即「美」字，「蟻」即「螘」字，「掛」即「挂」字，「罪」即「辠」字，「蚤」即「早」字，其蚤蝨之「蚤」，亦在皓韻，作「𧖅」，註與「蚤」同。韻有「凸」字無「凹」字，「凹」與「坳」同韻中。此類甚多，姑枚舉一二耳。

詩韻重收之字有義同而音異者，如七虞之「譽」及七遇之「譽」皆訓名譽，十一真之「寅」及四支之「寅」俱訓寅恭及支干名，一先、十一真之「甄」皆訓陶甄，七陽、二十四敬之「慶」俱訓吉慶是也；有音同而義異者，如一屋之「樸」訓棫樸，三覺之「樸」訓古樸、質樸，與「朴」通是也；亦有音微異而義同者，如四支、九佳、六麻有「涯」字，俱訓水際是也；有音義俱同者，四支、八齊俱有「驪」字、「鸝」字是也；有音義俱異者，如六魚之「於」，助語辭，七虞之「於」，音烏，嘆辭；四支之「差」，參差、等差，九佳之「差」，差遺，六麻之「差」，差錯；八薺之「洗」，洗濯，十六銑之「洗」，姑洗，律名，音銑；二蕭之「蛸」，音銷，海螵，蛸見《本草》，三肴之「蛸」，音銷，《詩》：「蠨蛸。」十三元之「賁」，音奔，虎賁，十二文之「賁」，音文，三足鼈，四寘之「賁」，音鄙，卦名；又若「蕩平（音便）」之與「太平」、「樹藝」之與「樹木」、「艱屯」之與「屯聚」、「平反（音翻）」之與「反覆」，若此者，不可枚舉。應試諸君頗有以此被斥者，似不可不講求也。

虹霓之「霓」有平、入二音。《南史·王筠傳》：「沈約製《郊居賦》示筠草。筠讀至『雌霓連蜷』，約撫掌欣抃曰：『僕常恐人呼爲霓。』」雌霓之「霓」，五的反；爲霓之「霓」，五兮反。又《宋史·范景仁傳》：「景仁召試學士院。詩用『采蜺』字，學士以讀『蜺』爲入聲，謂景仁失韻。當時有學者皆爲憤悒。」〔五〕按，「霓」見齊韻、錫韻。「蜺」見支韻、屑韻，見仄韻者讀若齧。「中」字有平、去二音，皆可。杜詩云：「今朝漢社稷，新數中興主。」《容齋漫筆》云：「『司』字有入聲，如白居易詩『四十著緋軍司馬，男兒官職未蹉砣』、『一爲州司馬，三見歲重陽』，武元衡詩『惟有白鬚張司馬，不言名利尚相從』是也。」按，字典「司」字有平、去二音，白、武所用當是去聲，無讀作入聲之説。

嘉慶戊午大考翰詹，以「春雨如膏」命題，凡遵純廟御論「膏」字作去聲讀者，皆在前列。惟汪瑟菴先生句云：「膏之膏自普，雨我雨偏多。」有不黏不脱之妙。道光年間以此題覆試新舉人，無一作去聲讀者。是科通場無一等。

乾隆辛亥大考翰詹，以眼鏡得「他」字命題，聖製詩云：「八旬不用他。」其時應考人員有云「重瞳不用他」，有云「聖明焉用此？臣昧必須他」，皆在前列。至道光年間亦曾以此命題，則以聖壽六旬以上批覽章奏，需用花鏡，故限明字耳。時憲書之「麋角解」改「麈角解」，純皇帝有文辨誤。陳初哲《麈角解》詩云：「是麈非麋也，誰訛解角名？」著書儒者誤格物，聖人精點次最明晰。

袁簡齋己未朝考詩（題爲《因風想玉珂》），袁詩有「人似隔天河」之句，以語涉纖佻，幾被斥落。《隨園詩話》曾言之。乾隆年間多以詩句輕豔被議，應制之體本非所宜。

詩題兩平者，如「松風水月」、「貢玉論珠」之類，風月珠玉必不可倒置。稍一淩亂，即遭擯斥。曉嵐先生作《鏡花水月》詩，以韻限「花」字，遂通首先月後花，恐亦非定格也。余壬戌會試題係《山輝川媚得藏字》，有友人以「亥既丁當」作對偶者，對仗既工，押韻亦穩。內簾以其淩亂，未售。想亦因南人佳卷林列，遂有此吹求耳。

《橘頌》云：「行比伯夷。」有以此命題者，湯畫三庶常（錫蕃）云：「叟真稱大老，奴肯附新王？士貢猶懷夏，山呼詎改商。」巧不傷雅，落落大方。（《秋雨菴隨筆》一則）

戊午順天鄉試以「八月剥棗」命題，南元詩云：「秋聲隔巷知。」闈中傳誦，以爲佳句。

排律首四句須將題字點清，而熨帖自然者頗難得。丁未大考翰詹，以「澡身浴德」命名，王雁汀太史考列第一。「皇極身爲度，宸修德克明。浴風賢者樂，澡雪聖人情。」起四語頗可籠罩一切。李松雲中丞名堯棟，乾隆壬辰翰林，素有詩名。睿皇帝曾見其試帖詩，以爲翰林名宿，久不在朝。不料由知府召見，適見其名，曾詢以：「『一犂新雨露，萬頃助波瀾』是汝《麥浪》詩乎？」李感荷聖恩，顔其齋曰：「新雨堂。」李官知府將三十年，不數年超擢至巡撫。

鄉會試例不准帶《詩韻》，主考官將所限官韻摘點數十字，刊入題目紙備用。其未經刊入者，士子多不敢用。丙辰會試，《春雨如膏》題，得「稀」字。邵君（葆祺）詩：「秧賸新試馬，棘軸不煩豨。」「豨」字未刊入題紙，而粘合「膏」字頗細切，是科邵中第十八名。

嘉慶庚申考差以「鏡無蓄影」命題，通場不知爲陸士衡語，惟邱皃川（勳）記係《連珠》，亦疑而未確，未敢入詩，以告其同鄉何夢巖（學林）。何即以「大寶」對「連珠」（取大寶箴如水如鏡意）作第七聯，竟列第一。（考差例不發名單，而第一名多典試江南。何是年放江南副考官，外間以此卜之。）自後考差多以點出處爲重。戊辰四月，余與六兄同考試差，詩題係《貢玉論珠》，六兄知係《南史·顧協傳》，余與六兄俱用顧協，遂並荷典試之命。聞睿廟諭閲卷官云：「但點『湘東王』者，或係耳食，必有『潤山』『枯岸』，方是真知出處。」六兄能記其全文，余以「枯岸」字面不佳未用。聞某部郎有句云：「潤山暈采現，枯岸夜光浮。」頗具點化之妙，惜忘其姓名。戊寅年《農教先八政》，點陳叔達。己卯年《靈液播雲》，點琴賦，亦多得差。

嘉慶戊寅，考差以「農教先八政」命題，題係陳叔達詩，點出典者多蒙簡放。有某君筆性遲鈍，謄詩上卷，時殿上人已寥寥矣。忽風吹來詩藁一紙，不知何人所遺，上有「叔達」字樣，伊即嵌入詩句，是科竟得差。時有「時來風送陳叔達」之謡。

本朝名公鉅卿以試帖專集名家者甚多，久已家絃户誦已。其以一兩聯傳誦人口者，亦頗不少。吴貽《詠繁林翳薈》詩：「蔭密蒼疑雨，陰濃緑到天。」蔡鑾揚《鳴鳩拂其羽》詩：「翠梳春影薄，紅掠野花輕。」于蓮亭《左右惟其人》詩：「輔也還兼弼，臣哉即是鄰。是誰肩厥辟？惟汝翼斯民。」洪昭冋《鏡無蓄影》詩：「春雲隨聚散，秋水共澄空。」路德《秦雲如美人》詩：「曾隨王母馭，合想貴妃裳。」鄭城《文姬歸漢》詩：「黄金勞漢使，青塚别明妃。」黄葮塘《琥珀拾芥》詩：「勢同青紫拾，情喻漆膠投。」陳沆《詩正而葩》詩：「芑是王孫草，蘭爲孝子花。」宓如椿《艾人》詩：「慕色應從少，經年或及者。」楊庚《尋碑野寺雲生履》詩：「碧落胸間有，紅塵脚底無。」奎照《年少不廉》詩：「那識黄童慧，真成墨吏嫌。」孔傳綸《紅蓮稻》詩：「鸚鵡休教啄，鴛鴦誤欲眠。」趙光禄《斲梓染絲》詩：「其材周作誥，有色漢成碑。」路德《看朱成碧》詩：「相馬騮成馵，來禽鳳誤鸞。」錢寶琛《梅聘海棠》詩：「李媵行媒慣，桃奴送喜忙。」六家兄《飛流界道》詩：「一條山色破，萬壑雨聲來。」四先叔《七月食爪》詩：「巾以含風葛，揮將轉月鐮。」定菴姪《麥秋至》詩：「春老桑陰外，秋生麥浪中。」楊能格《角黍》詩：「譯名原作黍，取象或古星。」莫寶齋《廉泉讓水》詩：「飲馬投錢處，牽牛洗耳餘。」宋嚳《糊名易書》詩：「禰刺懷同祕，虞戈代儼能。」何元烺《春城無處不飛花》詩：「但隨雙屐到，都有衆芳迎。」吴蓉塘《五經爲衆説郛》詩：「此中堪墨守，以外任胥抄。」秦大士《春蠶作繭》詩：「經綸猶有待，吐屬已非凡。」施惺渠《琢玉成器》詩：「器之惟所琢，玉汝底於成。」鮑桂星《擊鉢催詩》詩：「曇花方一現，郢雪已争飄。」池生春《散爲百東坡》詩：「上下天光裏，何髯不是蘇。百年紛聚散，滿地認江湖。」自今以始，歲其有詩。「取陳多益善，望蜀願皆同。」許球《歸雲擁樹失山村》詩：「樹色兼山色，村光本不分。況當初過雨，忽擁欲歸雲。酒家無路問，僧寺有鐘聞。」謝淑元《春水船如天上坐》詩：「水外疑無地，人間别有天。」馬沅《水仙花》詩：「礬弟梅兄外，拳山勺水邊。此花原不俗，斯品恰宜仙。」偶然憶及，拉雜書之皆可誦也。

道光癸未，欽命詩題《雲隨波影動得波字》，内外簾及通場士子無一知者。數年後閲《西湖志》，始知爲宋徐集孫《同杜北山鄭渭濱湖邊小憩》詩。今録原詩於後：「與朋看落葉，捨櫂踏湖西。野店傳杯酌，殘陽索品題。雲隨波影動，山被柳陰迷。一點寒鴉過，知他何處棲。」已亥科鄉試，宗室題《霜林落後山争出得山字》，都下當時亦無知者。（按「霜林」句係歐陽修《懷嵩樓新開南軒與郡僚小飲詩》。）

排律詩八十字耳，體格甚卑。然星使詞曹皆以此進，遂無不盡心力而爲之。某《忠言膏粱》詩云：「甘應同説士，穀定可貽孫。」孔荃溪《雲蒸礎潤》詩云：「題柱墨花酣。」余時亦作此兩題，殊自愧弗如也。

國朝康熙初年及乾隆元年，兩次薦舉博學鴻詞，皆有排律詩。康熙初以《省耕詩二十韻》命題，不限韻。乾隆元年係《山雞舞鏡得山字》，七言八韻。南劉中堂（綸）以「可能對語便關關」一語爲純廟所賞，拔置第一。

謝金圃先生《六事廉爲本》詩：「勤慎從清始，猷爲賴守兼。」於「爲本」二字頗爲穩括。張鵬翀《元宵粉團》詩：「甘白俱能受，升沈總不驚。」寓意頗占身分。胡深園《飛蓬不賓》詩：「出山猶小草，入世總勞薪。」感慨之中具見寄託。孫淵如《講易見天心》詩：「數點梅初綻，方中月乍臨。鄒談千字侈，弼説一言深。」極典切。秦泉《工先利器》詩：「若金資汝礪，有玉自他攻。修來吳斧月，揮去郢斤風。」極工細。

陳春溆先生己丑探花，文名藉甚。詩稿遺失，僅於館閣詩中見其排律十餘首。今將其佳句彙録如左：《秋山瘦益奇》詩：「瘦疑春筍簇，奇勝夏雲盤。格應推落落，仙許並珊瑚。」《日長如小年》詩：「畫裏山川別，壺中歲月舒。世在羲皇上，人安作息餘。」《五經爲衆説邪〔六〕》詩：「星羅昭大義，囊括息羣吸。面墻曾示戒，腹笥不須嘲。」《楝花風》詩：「候接荼蘼近，芳先芍藥翻。」《輪扁斲輪》詩：「諫昭工執藝，理悟德爲車。」《秋雲似羅》詩：「爛異臨風錦，輕同疊雪羅。」《方圓隨規矩》詩：「卦德兼蓍德，周旋更折旋。」《萍始生》詩：「色添紅雨外，春在緑波南。」吉光片羽，尚可想見一斑也。

題有難狀之景，如曉嵐先生之《白雲自高妙》詩：「落落如難合，飄飄自不羣。」一何超妙！題有不可名言之理，如林樹蕃之《幾生修到梅花》詩：「竹邊逢一笑，石上話三生。煉魂冰雪淡，得氣水雲輕。」另有清微淡遠之致。又如韋謙恒之《梭化龍》詩：「風雨一潭高。」戈岱之《遶屋樹扶疏》詩：「耕桑臥近郊。」皆試帖中之超詣，可以意會，不可言傳也。

翁宜泉師云：「律詩、律賦全在藻繪，然不過顔色、數目、草木、鳥獸四門。」隨舉千紅萬緑、棘猴艾虎八字爲率，以此類推，用之不窮矣。餘如卦名、支干，亦可間作點綴。然總須巧不傷雅。余曾見己未科進呈録《鳴鳩拂其羽》詩：「差池同紫乙，熠燿比倉庚。」詮其羽字頗工切。

陳青丈學使試帖論

試帖之法，第一先求層次清楚，押韻穩協。層次清楚則每韻相銜，自有一定次第，命意遣詞不致枯窘重疊，氣格自然渾成，章法自然流利。押韻穩協則句法方能挺健，不隔閲者之目。如偶遇一韻，令閲者停筆不下，必因一韻不穩，遂致全篇減色。進而求之，更有細意熨貼四字法。當於讀詩之時，恬吟密詠，試看彼八十字中，曾有一字粗獷、一字窒塞否？元遺山詩「詩要字字吟，亦要字字讀」，此最爲詩家妙訣。假於古人名篇妙句，囫圇吞棗，清口讀過，作者之苦心不見，則我之精神志氣亦不能與之爲一。欲擷取其神味丰韻，其焉能乎？故讀詩之時不細，則作詩之時亦不細。試帖而至於能細，則諸病不治而自除矣。（書味既深則出筆自然醇雅，所謂細者，只是雅之極耳。○詩又有貴於能豪者，然非能細，後亦不能豪。粗厲猛起之音，非雅音也。）

龍翰臣修撰應試程式

凡詩、賦，擬古者須頂格寫。（擬古之賦因無擡頭頌聖之處，故可頂格寫。）○詩、賦、策應擡頭者，恭遇「天」「祖」等字，擡三格。（首一字出格外寫，如圜丘、方澤、常雩、宸廟之類是也。）皇帝及恩膏德澤等字皆擡二格，朝廷及宫闕等字皆擡一格。（所用宫闕等字不指我朝者，不必擡寫。）不得以三擡誤作雙擡，雙擡誤作單擡，亦不得以雙擡誤作三擡。○詩、策及經解内引用列聖纂定書籍，凡有欽定御案等字者，皆用三擡，不得沿襲舊本，以致錯誤。皇上頒行書籍有欽定字者，皆用雙擡。又如「樂善」、「味餘」等字俱係列聖書室之名，乾隆、嘉慶間人，詩、賦中引用有作雙擡者，今宜三擡，亦不得沿用。（凡頌聖之字不必别求新奇，祇以眼前習見必無錯誤者爲妙。）○擡頭字不得誤寫，不得挖補，不得塗改、重寫，不得於夾縫中添註。○題目及擡頭字不得用省俗字，草稿亦用正字楷書。○題字錯者改，正落者添註，不得錯落過多，不得將全題添入夾縫，不得塗抹全題隔行另寫。

以上諸式，犯者歲、科試雖有佳文，概行屏斥。鄉、會試因此犯貼，其倖取倖中者，另有磨勘定例開列於後。

歲、科試磨勘例

生員歲、科試取列一等，卷内有舊詩未避廟御名者，雖經缺筆，罰停鄉試一科。其直書本字，竝未缺筆者，罰停言〔七〕科，均發學戒飭。詩少一聯者罰停一科，廩生及由本案補廩者均發停廩餼一年。詩出韻、失拈、聯句不對、字句欠妥者，考列三名以前，罰停一科，四名後廩生及由本案補廩者均罰停廩餼一年。附箷〔八〕免議。罰停鄉試者，如本科業經鄉試，其應罰一科、兩科，即從下科起算。

鄉、會試磨勘例

試卷内失格違式、不諳禁例者，恭遇〔九〕三擡、雙擡字樣，事係實用，未經擡寫，或擡寫不合，或復行塗點者，及不避廟諱、御名、先師孔子諱者，均罰停三科。（舉人停會試，貢士停殿試。）〇擡頭塗抹者，脱寫題目改行跳寫者，均罰停二科。〇恭遇單擡、雙擡字樣，並未擡寫，又雙擡誤作單擡者，詩内平仄失拈者，均罰停一科。

敬避字樣

聖祖仁皇帝聖諱，上一字書「〇德升聞」，字典缺末點。今頒行科場條例，用「元」字恭代。然元德、元黄、元鳥等字，皆不得用策内。漢儒鄭康成、元歐陽原功皆書其字，唐明皇不稱某宗，史官劉知幾本以字行，今仍書其名。弦、絃、眩、炫、率等字，敬缺末點。惟「畜」字不必缺點。牽字寫作牵。兩諱相竝之字，作玆，或作茲。舊本書有用糸、厶字代者，今不用。

下一字，韓愈文「其膏沃者其光〇」，字典作燁。《御選唐宋文醇》作爗，科場舊例作爗。今頒行條例用煜字恭代。著《後漢書》之劉宋史官范蔚宗，策内只書其字，不以名稱。又從火從曅之字，《詩》：「〇〇震電」，字典作爗，從日從華之字，《後漢書·張衡傳》：「列缺〇其照夜」，字典作曄。二字音義相近，一體敬避。然三字皆不得用。單用華字，音義各别，不得作芔，或寫古字作蕚。

世宗憲皇帝聖諱，上一字，《詩》：「永錫祚〇」，用允字恭代，然祚允、允征等字，皆不得用。下一字，科場舊例用正字代。改本朝刑部尚書王文簡名作「士正」，《欽定四庫全書》又改作「士禎」。舊本書改明崇禎年號作崇正，今不改。遇真、貞字，缺末點，今不缺。惟字典廟諱本字，敬缺末點。

高宗純皇帝聖諱，上一字，《論語》：「人能○道。」用宏字恭代，然宏道、宏化等字，皆不得用。偏旁字敬缺末點，紭字可統作紘、綋，泓字不可通作汯、浤，義別故也。強字寫作强。寫宏、厷等字不得缺末點。下一字，《書》：「天之○數在爾躬。」用歷字恭代。歷字中本從秝從止，今改從林從心。歷數字用運數、氣數字代，歷本稱時憲書。萬年歷稱萬年書。歷錫、歷法、治歷等字，皆不得用。

仁宗睿皇帝聖諱，上一字，《詩》「○○印印。」敬缺頁旁一撇一點。然○印、○若等字，皆不得用。殿板書遇周○等古人名，皆改作禺。場屋不可改用。下一字，《書》：「宏璧琬○。」將右旁第二火字改作又。然琬○、翠○等字，皆不得用。單用炎字及談、淡等字，音義各別，不得改炎作⿱火又。

宣宗成皇帝聖諱，上一字，《爾雅》：「秋爲○天。」○字缺點作旻。然○天、蒼○等字，皆不得用。下一字，《易》：「萬國咸○。」改作寍。然咸○、康○等字，皆不得用。時文中虛字常用者，以安字、豈字代。其不可代者，皆不得用。近日刻書行文有用甯字代者，場屋不可代用。

皇上御名，上一字，《詩》：「○○梁山。」下一字，左從言，右從宁，場屋皆宜敬避。

端慧太子諱，上一字，永不避。下一字，左玉右連。

仁宗睿皇帝面諭臣工，避書作連。場屋瑚○字，不可用。

先師孔子諱，惟祭天於圜丘不避。（不以聖加於天也。）餘皆加阝作邱，不得書本字。古文、時文中入夫子口氣，應稱名者，魯君前以臣字代，其餘以吾、我字代。孟子諱，一體敬避。朱子諱，例不迴避。詩中亦不得用。

關帝諱，例不迴避。詩中書作羽，不用四撇。

忌用字樣

詩内不得用哲匠、朗鑑及杏苑等字擡頭。

擡頭不可用王字，（王朝、王業等類。）不可用吾君、我皇等字，不可用廟號、睿字。擡頭處不可用肇、興、景、顯、永、福、昭、孝、景、泰、裕、慕等字，全卷内肇、興、景、顯字下不可接用祖字，永、福、昭、孝、景、泰、裕、昌、慕字下不可接用陵字，福字下不可接用臨字。（前代帝王陵號同此者，策内不得以某陵稱。明鍾惺，史稱竟陵人，策内不得仍用明代縣名，以竟作景。）四海、六合、宇宙、滄溟、華夏、基業等字上不得用震驚字。清字下不可用絶、晏等字。 謄真須用正字，不得寫卦畫篆字，（如乾作☰、木作𣎳之類。）不得寫古字，（如春作旾，秋作龝之類。）不得寫譌字，（如堂廉作堂簾，商搉作商確之類。）不得寫省俗字，（如聖作圣，賢作矣之類。）不得寫杜撰字。（如磨勘條例所載，催作慛之類。）寫經書題目不得用後世字，（如問陳不作問陣，弦歌不作絃歌之類。）不得互易原文古今字。（如《詩》、《論語》之「莫春」與《孟子》「朝暮」、「昏暮」異，《禮》之「樂縣」與《孟子》「倒懸」異，《易》之「引伸」與《孟子》「屈信」異。 又《論語》之「侗而不愿」與「鄉原」異，《孟子》「蹠之徒也」與「抑亦盜跖之所樹與」異，又《孟子》之「由反手也王由足用爲善無或乎王之不智也」與諸經用猶字惑字者異。 及《易》、《書》、《詩》之唯、惟、維，不得互易之類。）

詩語貴典雅，不得用鄙俚村俗等字句； 又貴莊重，不得用僧尼婦女及近於禪語機鋒、詩歌詞曲中尖巧等字句。

［附録］（編者按： 己未初刻本今僅存卷首《詩學入門》部分。《試帖分體》部分共十九卷，其目録每卷均有詩學性質的按語。 現據壬戌本録入）

分體利試詩法入門目録

鄭錫瀛惕盦甫初輯評
陳雲瑞鑄農甫
鄭錫鴻志齋甫同校勘
鄭錫泰春海甫

描景

初學作詩，無不從時景題入手，取其景物即在目前，易於描寫。然琢句敷詞、用筆鍊字亦大有法門在，固非可率意爲之也。大抵句貴雅秀，詞貴鮮潤，筆貴鬆圓，字貴精切。忌甜俗，忌粗率，忌板滯。能祛此數敝，然後可由淺入深，日有進步。

春晴（路德）
春陰（吴錫麒）
秋陰（吴錫麒）

踏青（路德）
薊門煙樹（汪廷儒）
西山晴雪（李惺）
春逢穀雨晴（黄巨卿）
首夏清和（路德）
麥天晨氣潤（那清安）
前題（李惺）
碧苔芳暉（王廷紹）
水木湛清華（穆彰阿）
天氣晚來秋（恭銘）
明河在天（吴之俊）
九月肅霜（貴慶）
月過北庭寒（王廷紹）
數家臨水自成村（鄭錫瀛）

寫情

詩之要訣不外情景二字，今人於寫情一門多略而不講，無怪乎筆情直率，毫無蘊藉。縱詞藻富有而神味索然，一覽無餘，豈足耐觀？凡遇此等題，必須體會入微，曲折纏綿，令人尋繹不盡，方能出色

驪駒在門（宋富生）

萬樹盡秋聲（李惺）

草緑湖南萬里情（聶銑敏）

今日花開又一年（朱梓）

孤舟一繫故園心（吴之俊）

悔教夫壻覓封侯（楊庚）

商人重利輕離别（吴之俊）

休上人怨别（朱逵吉）

天台仙子送劉阮還家（楊庚）

其二（楊庚）

劉阮再到天台（胡鑑）
憑君傳語報平安（李惺）
欲作家書下筆難（苗時敷）
厚禄故人書斷絶（王廷紹）
霜天留飲故情歡（何彤雲）

詮意

題有不能泥住字面刻畫者，衹可渾舉大意，大意得而題之全神自在個中。若死煞句下逐字呆疏，便成笨伯。如《先中中》題不能呆寫「先」字，《上下牀》題不能呆寫「上下」字，《騎鶴上揚州》題不能呆寫如何騎法、如何上法，即鶴與揚州，實典亦不能呆數，《散爲百東坡》題不能呆寫「百」字，《春在先生杖履中》、《處士風流水石間》等題不能呆寫杖履、水石。又有題面在此而題意恰在上下文者，呆寫題面本位，則句句都爲十成死語。如《槐花黄》題須從下文「舉子忙」句生意，《體清心遠》題須從上文「琴」字生意，《山水有清音》題，「音」字脈絡從上文絲與竹來，須緊從此處生意，《清池皓月》題中有「禪」字意在，《蟰蛸在户》題中有「人」字意在。舉此類推，可悟詩貴相題，與八股法本無二致也。

上下牀（袁紹安）
明月前身（朱錫經）
莊周夢蝴蝶（李惺）
散爲百東坡（崇碩）
春在先生杖履中（曾望顔）
處士風流水石間（路德）
體清心遠（趙長齡）
蟰蛸在户（吴孝銘）
乘風破浪（吴廷珍）
快雪時晴（吴錫麒）
江流石不轉（龔自閎）
前身相馬九方皋（葉球）

到處逢人説項斯（夏澍）

刻畫實字

題有題珠，數實字内必有一二字著重處，所重在某字，即當從某字用意刻畫。若不審題珠所在，率爾下筆，雜取通套語，填湊完篇，似是而非，不關痛癢。久之則汩没性靈，心如廢井矣。且閲者方注意題珠所在，急欲得數聯警句醒目。而作者乃無一語道及，焉能令閲者擊節？題珠有所重在一字者，如《抱葉寒蟬静》、《槐夏午陰清》等題，重在「静」與「清」字是也；有所重在兩字者，如《老樹半空腹》重在「老」字、「半」字，《鳥散餘花落》重在「散」字、「落」字是也；有所重在三字者，如《緜蠻黄鳥》重在「緜蠻」，而「黄」字亦不得徑略。學者能從此著意，一題到手，抱定驪珠，苦索冥思，定有佳句出人意表。作者快意，閲者自然快目，何至以籠統泛語令人生厭耶？

緜蠻黄鳥（馮譽驥）

抱葉寒蟬静（奎照）

天宇清霜浄（劉繹）

山鐘摇暮天（陳沆）

其二（陳沆）

湖光摇碧山（崇恩）

一磬定空山（劉嗣綰）

濛柳絲添密（楊庚）

爐煙添柳重（潘錫恩）

風約半林煙（李惺）

歸雲半入嶺（鄂恒）

古樹一邊春（陳沆）

斜陽下小樓（楊庚）

水静樓陰直（徐寶善）

雲在意俱遲（陳沆）

春草池塘獨聽蛙（路德）

一簾梅雨爐煙外(潘成貴)
重簾不捲留香久(李惺)
愛竹少留支策徑(鄭錫泰)
霜林落後山争出(陳沆)
瀠洄水抱中和氣(沈兆霖)
無竹令人俗(王翼)
水枕能令山俯仰(嚴遵)
一春無事爲花忙(方鍇)

刻劃虚字

題珠不在實字,即在虚字。虚字較實字尤難刻劃,如《雷乃發聲》、《冰寒於水》等題,不刻劃「乃」字、「於」字,便是泛詠「雷」、「冰」,然無精意,而但事描頭畫角,襲取皮毛,亦安能使題中神理躍躍紙上?凡虚字題有無口氣者,如《詞必己出》、《山可一窗青》等題是也; 有有口氣者,如《寒梅著花未》、《定有詠花人》等題是也。

有口氣中有兩層曲折者，如《未到曉鐘猶是春》、《五嶽歸來不看山》等題是也。層折既多，則口氣委婉，更難逼肖。全在精心結撰，大力深思，令題中虛神破空而出，方爲詩不負題。凡刻劃實字、虛字兩路，爲試帖入門要訣，猶之學八股者必先從單句題學起也。學者能悟通此兩訣，則門類雖多，俱可由此推求。於八韻法門，思過半矣。

詞必己出（倉景恬）

松菊猶存（貴慶）

山可一窗青（楊百）

不可居無竹（路德）

秋天不肯明（李彥彬）

深樹雲來鳥不知（陳沆）

新種竹都活（陳沆）

惟有新秋一味涼（潘祖同）

一年容易又秋風（羅家彥）

學然後知不足(鄭錫瀛)
此秋聲也(全慶)
寒梅著花未(楊庚)
春從何處來(錢陳羣)
未到曉鐘猶是春(楊庚)
五嶽歸來不看山(楊庚)
不知誰是謫仙才(陳雲章)
諸君何以答昇平(汪世樽)
且食蛤蜊(董醇)

雙關

雙關題詩全在思路開展,一筆兩用。其命意也尚巧,其設色也貴妍,觸處皆通,頭頭是道,方能制勝。題凡四類,有可以詞采聯絡者,則以巧思綺合、善於比附見長,如《火硯》、《冰牀》等類題是也;有不能以詞采聯絡者,則宜落落大方,純以意勝，如《諸葛菜》、《竹如意》等類題是也； 有詞意均不能聯絡，祇可以字法映帶者，則宜淡淡著筆，不即不離，如《金山一點大如拳》等類題是也； 又有一種理題，無可設色，非運以清圓流利之筆、靈雋工巧之思，不足見長，如《修身爲弓》、《菽粟如水火》等類題是也。神而明之，存乎其人，是在學者。

火硯（童槐）

冰牀（童槐）

彈蕉（朱階吉）

菖蒲拜竹（楊庚）

梅花學士（童槐）

春風見故人（劉嗣綰）

借得僧房似釣船（顧元愷）

文友詩敵（龔自閎）

受孔子戒（莊承籛）

串合

題非雙關，又非兩扇，意雖兩層，而神理恰自側串而下。法宜先平後側，平還兩層以清眉目，側串爲一以還題意。又有從上順遞而下，從下逆挽而上諸法，此一定之式也。其有前後側串，中間平列，或通首上下句分寫，而以虚字聯絡串合者。有通首俱行串合，全不分列者，此爲變格。要在相題布局，不必拘定。有題義本自聯絡，易於串合者，如《醒酒石》、《賞雨茅屋》、《荷芰水亭開》、《人立藕花風》等類是也。有題義兩不相涉，難於串合者，如《倚馬可待》、《巾卷充街》、《錢上寫心經》等類是也。有題本兩截而意仍串合，如八股中之滚做題者，法宜從上截翻入下截，從下截逆挽上截，或兩句分列，或兩句總串，一滚而下，開合反正，曲盡其妙者，如《舊雨來今雨不來》等題是也。篇法錯綜變化，五花八門，學者於此，兼可以得布局謀篇之法。

賞雨茅屋（戴蘭芬）

荷芰水亭開（貴慶）

張琴和古松（董醇）

風泉清道心（王鋭堂）
仙人好樓居（楊庚）
倚馬可待（陳源兖）
傅永下馬作露布（楊庚）
苦吟僧入定（李惺）
錢上寫心經（吴楷）
井花水養石菖蒲（高敏）
因過竹院逢僧話（吴楷）
黄昏到寺蝙蝠飛（高鳳臺）
舊雨來今雨不來（楊庚）

繁碎

題有數層，頭緒紛繁，不能一筆寫盡者，則逐層挨次順寫，如《夢吐白鳳》、《僧敲月下門》等類是也。有一聯可以貫到一兩層併做者，如《小窗淡月啼鴉》等類是也。有兩頭一脚，須先將上兩層平列頓住，然後再遞入下一層，以後或總或分，隨題布局者，如《淡雲疏雨過高城》等類是也。有題中數層以一聯盡之者，字字貫到，精神團聚，非大力不能，如《雪屋清談至夜分》、《疏鐙人語酒家樓》等類是也。又有層次太多，不能總寫，因題布局，每字各寫一聯，一氣呵成，自成篇法，如《緱山月夜聞王子晋吹笙》題是也。以上諸法，要在相題布置，總以結構渾成爲主，不必拘定一格。

小窗淡月啼鴉（吴仰賢）

淡雲疏雨過高城（楊韜）

老木清霜鴻雁秋（失名）

細雨騎驢入劍門（楊庚）

閉户著書多歲月（楊庚）

茶煙織樹微分縷（楊庚）

夜寒應聳作詩肩（孫翔林）

鐙前細雨檐花落（潘誠貴）

尋碑野寺雲生屨(楊庚)
雪屋清談至夜分(袁玉麟)
疏鐙人語酒家樓(楊庚)
故人家在桃花岸(董醇)
楊太真教白鸚鵡念心經(高敏)
緱山月夜聞王子晋吹笙(楊庚)

板實

板實題最難出色,渾渾淪淪,無用意處。名家遇此,亦往往束手。其制勝之法,有以雅秀勝者,如《釜粥鬭豬》等題詩是也。有以詞采勝者,如《細葛含風輭》等題詩是也。有以對仗工麗勝者,如《力田逢年》等題詩是也。有以句法流動勝者,如《時辰表》等題詩是也。有以句法琢鍊勝者,如《振衣千仞岡》等題詩是也。有以機局流動、意義清折勝者,如《神者心之寶》等題詩是也。總之,清奇濃淡,不拘一格。要必有一格擅長處,方不至麻木不仁,毫無生趣,令閱者昏昏欲睡。

時辰表（殷兆鏞）
日永星火（郭沛霖）
積土成山（馬沅）
四月秀葽（汪鳴相）
七月食瓜（路德）
八月剥棗（吴鈜）
鷄桴粥（鄭之僑）
農服先疇（何凌漢）
力田逢年（沈祖懋）
作器能銘（魯同仁）
享帚自珍（董用威）
紅泥小火爐（許乃賡）
釣使人恭（吴錫麟）
林繁匠入（王芑孫）

共柯殊工(姚元之)

目不窺園(徐鳴珂)

努力愛春華(毛夢蘭)

枯窘

題之本位既極偪仄,全賴思路開展,掉臂游行,不爲題縛,又須字字細切,毫不籠統,方能制勝。其有本題并無詞采可敷,無典故可引者,全賴於題外想出意義來,推波助瀾,巧爲附會,庶不至枯槁無色。題愈偪仄,詩則愈宜寬舒;題愈枯寂,詩則愈宜煊爛。無支絀之態,無矜持之跡,斯爲得之。

律娶妻(朱階吉)

守其雌(徐寶善)

馬作齋(胡承珙)

一屋爲笑(朱駿聲)

餘食贅行(張炳堃)

糊名易書（龔自閎）
草翁風必舅（夏濂）
木之神不二（陳雲）
蟬不知雪（汪廷儒）
片則王餘（張燮）
蝶蛣腹蟹（宓如椿）
有蟹無監州（李芝昌）
蟹執穗以朝其魁（徐寶善）
蠅虎舞涼州（彭元瑞）
蝨念阿房宮賦（馬沅）
東西鷗皆晉秦盟（許麗身）
掩鼻斆洛生詠（吴仰賢）
滅謂之點（馮蔭保）
大琴謂之離（朱階吉）

湘妃危立瘦蛟脊（周玉麒）

空濶

此等題較枯窘題尤難著手，空空洞洞，毫無依傍。一部廿一史，從何處説起？其訣在眼前景物，俯取即是。題愈空而詩愈徵實，如程形賦音是也。題無依傍，而詩必著邊際，如《叩寂求音》詩，以文賦作骨。《心清聞妙香》題，以禪房作骨。既有路徑可傍，便不至枯澁無意，即八股中寬題宜走窄路法也。又有空闊而兼性理者，如《道以神理超》、《曲直不相入》等題，既患空洞，又患板腐，因難見巧，無中生有，此詣固非易易。

羌無故實（帥承瀛）

應有盡有（沈士駿）

寂寞求音（鄭城）

叩寂求音（徐華嶽）

得意忘言（鄭城）

烏有先生（吴楷）
焉哉乎也（黄焜望）
前題（吴楷）
想當然耳（褚煫）
静者心多妙（嚴烺）
心清聞妙香（陳沆）
曲直不相入（鍾音鴻）
恍惚中有象（陶澍）

鋪敘

題中意義繁多，有非一二聯所能寫盡者，須於中間鋪敘四聯，而以第七聯總束。《歲有四秋》題宜分按四層。《日五色》題，「五」字典故難於鬭合，「日」字則宜以青黄赤紫等鋪寫「五」字。《竹林七賢》題須先將七賢分按，個個還他著落。《秋澄萬景清》等題，「萬」字無從分疏，則以天地動植等意分聯鋪敘，或以鳥獸草木、干支卦名分排。又如《田家自有樂》、《兒童冬學鬧比鄰》等題，不能以鳥獸草木等字分聯者，則宜曲盡題情，排聯分寫。此外如《葉公好龍》題，非按照出處原文逐層挨敘，則題中意義不醒，而題之層折亦不能盡，此則鋪敘題中之變格，學者不可不知。

日五色（鄭驪）

竹林七賢（吴慶增）

萬物静觀皆自得（胡來金）

田家自有樂（路德）

小時不識月（王寶仁）

兒童冬學鬧比鄰（福申）

東坡説鬼（楊庚）

誦詩聞國政（張治國）

葉公好龍（孫翔林）

映襯

題字無實義可寫，又不便於徑略，則以字面煊染烘襯爲得法。其中亦有數訣，有以字面映襯者，如《雷雨作》、《夔一足》等題是也。有以物名映襯者，如《姜母寄當歸》等題是也。有以詩中句法映襯題面句法者，如《曰暘而暘》等題是也。有以説文字法映襯者，如《止戈爲武》題是也。移步换形，在學者之細心領取耳。

雷雨作（匡源）

壬癸席（失名）

庚子拜經（宓如椿）

詢于芻蕘（葉克昌）

庭有懸魚（王德寬）

聽訟白雲中（宓如椿）

觀雲悟筆（陳嵩慶）

姜母寄當歸（吴之俊）

穀雨天晴放鼠姑（蔣祥墀）

止戈爲武（湯金釗）

典制

此即八股中之典題也。斷不能以空疏了事，然有典而不善於運，或生吞活剥，不能拆開，或筆意鈍拙，不能融洽，或配合不匀，或色澤欠工，均爲典題所忌。凡運典之法，要呆典活用，整典拆用，笨典靈用，實典虛用。其有對仗不能生成工整者，要在善於翦裁，配合匀稱。有與題意不相聯屬者，要在巧於黏合，融渾無跡。熟此數者，典題之能事畢矣。

二八升（趙未彤）

一月三捷（梁上國）

十事對九（黄麟祥）

十目所視（張錫庚）

三十六雨（許受詩）

黍生於巳（陸以莊）

律中姑洗（張沆度）
律中南吕（劉嗣綰）
知白守黑（路德）
言炳丹青（陳廷經）
斵梓染絲（趙光禄）
同律度量衡（陳啟邁）
西南其户（李芝昌）
秋色從西來（鮑桂星）
天地左海（沈兆霖）
左禹右皋（汪元方）

冠冕

試帖本爲應試而作，總以華貴雍容爲主。不獨寒儉非其所宜，即房行稿派、稍涉山林氣息，亦爲應試所忌。必須典麗喬皇，端莊流利，有委珮垂紳氣象，始合體裁。此類爲應試所必需，不可不知。

登春臺（許乃普）

河近畫樓明（祁寯藻）

朝回花底恒會客（楊庚）

直廬應許到金坡（那清安）

瀛洲會日長（孫貫一）

人在蓬萊第一峯（羅文俊）

蓬萊宮闕隔埃氛（董醇）

平地丹梯甲乙高（那清安）

天文地質（恒祥）

恩從祥風翱（倪文蔚）

維嶽降神（蔣曰綸）

太常仙蝶（翁同書）

星使出詞曹（朱方增）

晝日三接（吴錫麒）

舉筆不忘規（吴鍾駿）

詠古

此等題貴有議論，有筆仗，有才情，置身題巔，以我御題，不爲題縛，方能跌宕昭彰，興會淋漓，如《皋陶歌虞》、《子見南子》等題詩，皆是此法。又有以詞采華麗見長者，如《鳴玉以相》、《馮夫人錦車持節》等題詩，皆是。有題中可以描景者，如《聲子班荆》、《斛律金唱》、《敕勒歌》等題是也。有題中可以寫情者，如《出師前後表》題是也。大抵此等題最忌平鋪直敘，總要以論斷出之。縱横排奡，無不如志，方能字挾飛鴻，不至局促如轅下駒也。

爰及姜女（任日華）

子見南子（宓如椿）

嫂不爲炊（路德）

漢高祖爲亭長（陳竺生）

昆陽大戰（陳竺生）
曹昭續漢書（吴楷）
枕戈待旦（孫廷璋）
藍關擁馬（陶福恒）
老嫗解詩（吴楷）
賜筋表直（陳蘭疇）
華山隱士（胡珵）
南霽雲射塔（宋富生）
韓昌黎平淮西碑（蔡蔭椿）
伍子胥爲濤神（楊庚）
鮑參軍戎行（姚伊憲）

性理

題之難做者莫甚於板實、性理兩門。板實題易涉笨滯，性理題易涉塵腐。無工麗詞藻而空言理學，不過有韻之《大全》、《語録》耳，閲未畢而已昏昏欲睡矣。此等題有詞采可敷者，自以富麗爲主。其有詞采絶無可敷者，祇得專以句法輕圓流利見長。或運用書中成語，脱口而出，妙造自然；或對仗天成，不假雕飾；或用流水對法，兩句滚串如一句，毫不板滞，清而不薄，圓而不滑，均足制勝。

性禾善米（姚元之）

枕善爲居（王茂松）

上德若谷（吴舒雁）

聖言似水火（祁寯藻）

行己有恥（王芑孫）

曾子曰唯（鄭城）

莊敬日强（王煜）

一團和氣（吴楷）

慮淡物自輕（蔣祥墀）

介然離俗（戴謙）

恭儉維德（東應春）
虛以受人（敏惠）
無行所悔（湯有光）
仁静知流（路德）
誠則明矣（汪廷儒）
忠信爲寶（陶慶增）
人情爲田（霍樹清）
君子懷刑（姚福增）
心正則筆正（文慶）

學問

學問題之難於生新，不亞於性理。其微有不同者，性理題間有可用清做者，學問題則非詞藻工麗、煊染生色不能制勝。惟同一習見語，一經能手運用，則翻舊爲新，易板爲活，此則關乎心靈筆妙，學者能得其所以然之故，自無陳陳相因之弊。

經明行修（周之楨）
以學愈愚（董醇）
業精於勤（龍啟瑞）
書有三味（那清安）
觀書鄙章句（陳嵩慶）
樹皮編帙（蔣祥墀）
以文會友（路德）
奇文共欣賞（葉聲揚）
疑義相與析（鄭錫泰）
重與細論文（失名）
作文在廁上（宓如椿）
著手成春（秦鏡）
與古爲新（路德）
請試他題（孔傳綸）

遠聞佳士輒心許（鈕福保）

此等題尤非詞藻工麗不能出色。凡集中所選政治、性理、學問諸題，其典故均爲《類腋》、《事類賦》等書所不載。既無成書可採，全賴思路開展，旁徵博引，自出心裁，方不蹈空滑、板腐諸病。學者於窗下用功時，每苦此等題難做，憚於講求。闈中路徑生疏，無從下手，往往擱筆。即勉強完篇，不失之土，即失之腐，又安望其出色生新，吟壇獨步耶？集中所選此三類題詩，因幅狹不能多載，學者於平素廣爲搜羅，另編巨帙，以備揣摩。

政治

執兩用中（端木杰）

抱蜀不言（熊常錞）

一儀禮物（季芝昌）

守始治紀（趙綬章）

和衆豐財（方俊）

民和年豐（錢振掄〔一〇〕）

慈儉爲寶（陶樑）

寬而有制（趙德潾）

明刑弼教（王兆琛）

霖雨思賢佐（王祖培）

王道平平（彭藴章）

清白上通（劉學源）

大法小廉（董醇）

六計廉爲本（蔣立鏞）

凡百敬爾位（黄文奎）

移孝作忠（雷維翰）

近説遠來（莊瑶）

信及豚魚（聶銑敏）

校勘記

〔一〕「比」，《寄嶽雲齋試體詩選》作「此」。
〔二〕「敕」字或誤。
〔三〕指陰時夫所編之《韻府羣玉》。
〔四〕「也」字原書缺，今據壬戌本補。
〔五〕此段引文引自司馬光《范景仁傳》，文字略異。非來自《宋史》。
〔六〕「邪」，爲「郛」之誤，據揚雄《法言》：「五經之爲衆説郛。」
〔七〕「言」，壬戌本作「二」。
〔八〕「笓」，壬戌本作「生」。
〔九〕「遇」，原文作「過」，今據壬戌本改。
〔一〇〕「掄」，正文作「綸」。

帖括枕中祕

〔清〕謝若潮撰

《帖括枕中祕》提要

《帖括枕中祕》五卷，清謝若潮撰。

謝若潮（一八三七—？），字體乾，號慕韓。福建龍巖人。光緒丁丑進士，改庶吉士，散館改江西安遠、永甯、泰和等縣事。辛卯遷知府，在官多惠政。性好吟詠，所至以風雅提倡，邂逅諸名士，酬唱往還。著有《心易溯源》二十四卷，編纂《巖坪謝氏遷玉族譜》。《龍巖縣志》、《清代傳記叢刊》有傳。

該書共五卷，主要由總論（包括讀法、作文總訣、避忌、看題、命意）、構局、用筆、修詞四大部分構成。「讀法」部分是謝氏獨到的體會，在討論作法之前先討論讀文（尤其是範文）的方法，把聲音的高低急緩與文章筆氣文脈聯系起來，其理論的基礎便是清代流行的聲調法。「構局門」部分是該書的結構論，也即一般制義文論常談之破題、承題、起講、大結等。但謝氏在論述時常把這些結構論與修辭論結合起來。

在論說的過程中，該書的一個特點是細緻入微而多經驗之談。如「看題門」，看題不僅是要認清題體，確定文體，而且是要「審題旨」、「玩題脈」、「看關節」、「尋題間」、「窮題理」、「析題意」、「別題義」、「豎題柱」、「繪題神」、「重題骨」、「辨題體」、「正題解」、「詳題典」，極富操作性。「命意門」部分實是制義修辭論。「尋間」是該書的一個重要理論，即要善於發現「題中上下合縫處」，在無字處運思。

卷五「餘論」對應試士子提出十一點要求，前兩條「敦品行」、「嚴課程」，這是關於學習態度的。第三條「求實學」，開列了一份囊括經、史、子、集的長長的書單，包括讀經、讀四書、讀史、讀明道之書、讀經濟之書、讀詞章之書、讀考據之書、讀子、讀集。古文只是「詞章之書」裡的一種，「以古文爲時文」的主張已經不能體現士子完整的知識結構。在「求實學」部分的結束處，謝若潮作了一個總結，提出在這份浩瀚書海的目録中，應試士子選書先後、用力輕重的合理分配方式。

《帖括枕中祕》最初完成於光緒元年。光緒八年謝若潮任永寧知縣，對初稿進行增訂，篇幅增加一倍，於光緒十二年刊刻行世。該書歷來未見著録。光緒十二年刻本今僅存於美國哈佛大學圖書館，該館所提供之在線閲讀本時有缺頁。現據哈佛大學圖書館藏本校點整理。

帖括枕中祕

文人遍天下，而讀書者鮮。讀書人溢庠序，而躬行實踐者鮮。吾不知何以羣焉相騖於帖括也。蓋自設科以來，範一世奇偉非常之士，竭其心思才力，併出於帖括一途。其高者發攄精蘊，羽翼六經，不失聖賢立言之旨。次亦足以弋科第，登膴仕，勳伐顯當時，聲施流後世，謂非帖括爲之嚆矢哉？是雖小道，有法在焉。詳之雖千萬言不能賅，約之則一言以蔽，曰：「開闔之法盡之矣。」是説也，嘗得之應山吴純齋先生，今特於謝子慕韓《帖括枕中祕》發之。篇中所謂賓主、反正、虚實、淺深、縱擒、揚抑，皆開闔類也。如提振、推拓、比引、撇颺、翻襯，胥可以開統之，而信縮、跌宕、頓挫、唱歎，則介乎開闔二者之間，以爲樞紐。至或折或轉，或拍或收，則文氣闔矣。大抵行文開筆居多，未有不開而驟闔者。老子曰：「將欲翕之，必故張之。」文無古今，一致也。瀍無繁簡，亦一致也。信乎吴子之善言法也：操之至約，綱領具矣！信乎謝子之善言法也：不憚煩碎，條目備矣。予則取兩賢之瀍而比隸之，會通之。蓋纍纍乎如貫珠矣，未審其有當否也。謝子由翰林出宰安遠，調永寧，所責望於邦人士者，不第區區文藝也。其詳究經史子集之宜急讀者，若師友之指迷津。其誨人以植品力行爲先務者，若父兄之誡子弟，則尤得造士作人之本，有非俗吏所能幾者。言偃武城，文翁蜀郡，以視謝子，固何如也？予昔庖代會昌，與安遠接竟，文牒往還，朝發夕被，即知謝子之能大和其民。今讀自永寧郵寄是篇，益信操刀而治，游刃有餘。行見登上考而荷璽書，則是編其即爲治譜之見端也哉！

光緒丙戌九秋年愚弟江夏劉光焕敘

四子書命題，題以億萬計，如恒河沙數，不可枚舉。即大家、時家之文可供誦讀者，詎第汗牛充棟已哉？貴在讀之者融會而貫通耳。指頭見月，木樨聞香，參禪者貴有領悟。讀制義何獨不然？一篇只有一篇之用，淺矣。況一篇並無一筆一句之用，則亦何貴於讀哉？竊以爲讀之之法，一題到手，必先審其如何看題，前、中、後如何構局，各股中如何用意。然後展卷披讀，或如乎吾之所見，或更有進於吾之所見，斯心花不覺燦發矣。再爲之玩其筆法、句法，務令心到、眼到、口到，讀者之心悉如乎作者之心，則於此道不難神明而變化矣。兹爲撮看題、構局諸法，分類提要，庶讀文時依法，以求有所裨益爾。顔之曰《枕中祕》，亦以見作文者此法不可不亟爲講也。觸類引伸，是在善悟者。
光緒元年乙亥復月朔日龍巖謝若潮。

後序

帖括代聖賢立言，有格局，有體裁。雖非古文，亦文中之一體也。欲精其道，先明其法。欲盡其法，必得其祕。是書爲南靖授徒時而作，不二年，奔走四方，忽忽又十稔矣。癸未秋攝乏永寧地，居萬山中，刑政清簡，日與古人爲徒。邑之士有來問業者，隨時導引，闡明其題解，剖析其肯綮，點竄其詞筆。再理舊業，缺者補之，繁者汰之，比前此底本，已逾其倍。雖未免尋章摘句，畫角描頭，爲方家所訕笑，然既習八股，則當務時趨。以古處衣冠厠登於廟堂之上，服非不寶貴也，其如不入時何！且風會所趨，與時遞變。文章之事，何獨不然？故取科目者曰「中式」。式者，法也。格調有變而法則無變，花樣屢易而法則不易。習舉業者能神明於法之中，不爲腔調所束縛，則以真意運靈機，以灝氣御詞藻，斯帖括之能事畢，而祕旨無不宣矣。光緒十一年旃蒙作噩重陽前二日，潮識於江省闈中第九房。

目録

帖括枕中祕卷之一

龍巖謝若潮　慕韓

讀法（計四則）

前人有讀文之法，分破、承、開講，及提、中、後諸法，法頗繁碎。玆揭其要，見讀時有領會，則作文自有得力，切勿視爲老生常談也。

急讀

一筆直趕到底者，宜急讀以取其筆勢。

緩讀

筆氣有停頓及按寫題理、題神者，宜緩讀以玩其筆神。

高聲讀

凡振起提空之筆，宜高聲朗誦以玩其用筆、修詞之法。

低聲讀

凡虛按、實按及頓挫處，宜默詠沈吟以細審其看題、命意、構局之法。

作文總訣（計命意四則，構局五則，用筆八則，修詞五則）

命意

反正論理

無反筆則議論不透，無正筆則議論蹈空。

淺深虛實

唐順之曰：「淺以指陳大概，深以刻劃精微。實以闡發義理，虛以描寫神情。有挨次漸進法，有相間而行法。」

分合搆局

前既分疏，則後須總發，各筆亦然。

埋伏照應

前有埋伏，後有照應，章法自然一線。行機文尤爲緊要。《三國□演義》多用此法，所以篇如股，股如句也。

搆局

順逆取勢

或順局，或逆局，篇法宜審定。或順説，或逆説，股法勿複衍。

開合立論

於對待諸法中兼抑揚之致，或兼反正之致。有本股自爲開合，或二股相爲開合，或四股或全篇用大開大合法，須細玩也。

詳略得宜

柴曰：「題理輕者宜略翦裁之，勿使浮冗；重者宜詳鋪敘之，勿使淺促。□詳略宜相間而行，庶不至疊床架屋。」

整散兼行

或整比，或行機，相題而行，各極其妙。

虛實相生

有浮聲更須切響，方能奪人目睛。

用筆

縱擒取勢

一擒一縱，一縱一擒，自然筆味曲折。管韞山文慣用此法。

離合相生

周虎臣曰：「將與題近，忽然颺開；將與題遠，忽然掉轉回顧。」

進退有法

毛稚黄曰：「突然而起，下故不接。中間方敘，忽然拓開。意猶未盡，忽然勒住。」

按此是作文最上乘之訣。

伸縮有致

或縮入一步而後伸出一步，如春雲出岫，舒卷自如，方無直致之病。

抑揚往復

唐曰：「抑之欲其氣收斂，筆情屈曲； 揚之使有氣有勢，光焰燭天。 或先抑後揚，或先揚後抑，法不一也。」

子母連環

尋出子母字，迴環曲折，説得筆筆奥折精刻方佳。（如用離、合、操、舍、得、失等字。）

平還側注

題有語平意側者，須用此法。（如《徒善不足以爲政兩句》題，重在「徒善」句，方與上文「堯舜之道」三句意鍼對。）

整散兼行

或單行，或排偶，相間以成文。

修詞

疏密相間

處處踏實，必至闒冗，故須有放鬆之筆。處處放鬆，必至膚泛，故須有踏實之筆。必相間而行爲妙。（排偶過多，亦近今所忌。）

繁簡得宜

或宜繁，或宜簡，仔細裁翦，方協節奏。

長短相間

句法不可純用長句，亦不可純用短句，宜相間而行。曼聲贖字，力去乾净爲佳。

平仄協調

非特排偶爲然，即上下筆用勁語接者，句末亦平必叶平，仄必叶仄，用駢體文法爲合。（玩王子安《滕王閣序》各上下筆接句自知，皆以上排句末既平，則下排起句末亦必叶平，若仄則叶仄是也。至三句排首語平，則接語亦必平。四句排次語仄，則接語亦必仄，方能叶調。小儒末學多不究此，故述之。）

配搭停勻

三扇題上下比難以裁對者，或用化三爲兩法，或用一件單行，另抽二件作對，筆亦不板。五扇亦倣此法。四扇題用遞排法，上一排貼二扇，下一排貼二扇，亦可。至題字繁冗不齊者，用裁剪法使之整齊。

避忌門（計應避六則）

膚去則腋存，瑕去則瑜存。欲擅其所長，先去其所短。蓋以文人不利場屋者，大意不出此數病，臚列之俾知所鍼砭也。

枯寂

一題到手，苦於無話可説，如樹木之絶生意，堂屋之鮮鋪設。枯與寂最不堪入目。不知題有上下文，意有旁面、反、正諸面。（詳下「命意」。）詞有旁典、比喻諸法，皆可着想，使之生機活潑、詞藻華麗也。（如《瑟兮》題，注有「嚴密」兩字，可拆開設想，反面則嚴對寬説，密對疏説。亦可以琴瑟比喻，旁典若《抑》詩之「弓矢戎兵」，本詩之「金錫圭壁」〔一〕。至「瑟彼玉瓚」、「瑟彼柞棫」〔二〕，皆可借來以形容進德之瑟。四面八方，處處設想，何患枯寂乎？）多閱枯窘題文，可以擴心胸，長識力焉。若看題得法，則字字看透，隨所發揮，無不如意，斯神乎技矣。（如《柳下惠不以三公易其介》題，重做「介」字一篇，重做「易」字一篇，重做「三公」字一篇，重做「柳下惠」字一篇，「不以」字一篇，重做「其」字一篇，如此各按題義發揮，篇且不患複矣，何況衹説一篇乎？）

庸俗

習見爲庸，鄙俚爲俗，犯此者最難出色。（如《爲學》題，用「朝乾夕惕」、「日就月將」，《爲政》題用「致君澤民」等話。更有如云：「□□中之□□」，「真□□也」。又如「今夫天地一□之所□□也，古今一□之所□□也」。又如「□□其□□乎」。又如「閱一境更有一境以相參」。此等筆調，前此爲新，今時爲爛者，以其習見耳。窮鄉學究，每挾以爲至寶。蓋如宋人之得燕石耳，須力去之爲妙。）蓋凡物初用則新，用久則陳。作文亦忌陳陳相因。欲去此病，語俗則句加琢煉，意俗則詞加變换，調俗則筆加洗刷，自可新警奪目。至好用僻典怪字以爲新，則又侈奇異、陳骨董，非應試所宜也。

晦滯

意不醒豁爲晦，甚則刺楚。筆不暢達爲滯，甚則艱澀。此是肯用心思，自以爲苦心孤詣者。不知試官看文如走馬看花，誰爲從旁解説乎？故應試文以充沛光昌爲主，郊寒島瘦非所宜也。（自詡名家不古不今，是亦大弊。）

平板

無振起曲折之筆爲平，其失也弱；無流動生活之機爲板，其失也笨。一望平鋪，全無起伏，文家最忌。琴瑟專一，貴有鼓鐘。甘脆雜陳，貴有酸辣。故年少爲文，英華發越，有蓬蓬勃勃之觀者，不患不出人頭地也。（接筆喜用「蓋」字，「是故」字、「則」字、「夫乃知」字，歇後喜用「焉」字、「也」字、「矣」字，筆未有不平者。宜以「且夫」字、「夫」字、「顧」字、「況」字、「雖」字、「縱」字、「哉」字、「乎」字爲薑桂、大黄之藥，以文筆喜遒勁，不喜嫩弱；喜提起，不喜平鋪；喜曲折，不喜直敘也。）

空滑

詞無實際爲空，語不鎮紙爲滑。小試猶無大害，鄉、會則不可以水濟水，宜脱胎换骨，以求文質相宜，密緻堅栗爲合。（會場較鄉場更宜用輕筆，切忌重滯。）

拉雜

東扯西牽，毫無修飾，非必文不雅馴也，即一筆而詞藻過多，同一字而股中再見，以及一語分爲兩比之用，（如出比用「朝乾」，下比用「夕惕」之類。）皆難言盡美而盡善。總之，硯田不可荒疎，一荒則百病俱出。筆耒久用，則疵病自知，可以鋤而去之也。（凡喜用呆板字樣幫貼題面，亦是一病，難以奪目。）

看題門（計一十三則）

各題有各題之面目，如登山者步移則形换。故八股以看題爲先，方能認定主人翁。否則詞雖多而鮮當。

審題旨

章旨、節旨重在何處，宜仔細審定。

玩題脈

來脈跟何處説來，去脈從何處轉出，筆筆爲之鍼對，須從《四書》上下文涵泳出來。至對何人説話，亦宜鍼射。

看關節

題面繁重，必有關節相通之處。或宜注重，或宜放輕，或宜消納，自覺六轡在手，一塵不驚。

尋題間

題之有字句及無字句處，爲之尋其間，發出大議論來，所謂擒賊必擒王也。

窮題理

題中含有幾面幾層，實理宜如何透發，下「闡題義」詳之。

析題意

題之實字中，字字皆有意義，須洗發透闢。下「詮實義」詳之。

別題義

題有字面同、題句同而題義則全别者，必涵泳上下文以求真面目爲佳，切勿含混。（即如「道」字，多以大道言。然如「大學之道」，「道」字則以方法言；「可一言而盡」句上「天地之道」，以道之主宰言；「博也，厚也」句上「天地之道」，以道之發用言。至如《離婁》章「堯舜之道」，則又隱指心言。又如「五畝之宅」數語，《梁惠》章須切「梁」跟「盡心」言；《齊宣》章須切「齊」跟「保民推恩」言；《避紂》章則又須切「養老」言。題義各有不同如此。又如「仁」字或宜深看，或宜淺看。《顔冉問仁》章之「仁」，以心之全德言；《博施濟衆》章之「仁」，以仁之功用言；《令尹子文》章之「仁」以無私當理言；

《夷齊何人》節之「仁」以理得心安言。皆宜深看。若管仲之「如其仁」以利澤及人言。餘如仁術、仁言、仁聞，俱宜淺看。若「里仁爲美」，則又以仁厚言，更非心之德、愛之理所可混説矣。）

豎題柱

題有兼兩義者，如「學」兼知、行，「文」兼書、名，「政」兼教、養，「道」兼五倫、五事，「物」兼名物、事物，「乘」兼乘馬、乘田，俱可提出分説，此題柱也。（《集注》中各字訓詁兼兩義者，皆可提以作柱。又有全篇兩意分承到底，如《人莫知其子之惡王》文，以實在不知、故意不知兩意夾寫「莫」字，雙承一線，亦是。）

繪題神

題神有在本題虚字中見者，有在題之無字句處見者，有在上文、下文者。一眼覷定，筆筆注射，斯一題到手，膚泛語自無從混其筆端。

重題骨

題中含有骨子，可以提出作骨，以貫串全題者。或題面自有之骨，宜爲擒定者，或在上下文尋出者，或章旨、節旨所重之某字者，俱不可抛荒。此顧母之法也。（亦有從隔章看出者，如《伯夷非其君》章，上節語語須鍼對「隘」字説，下節語語須鍼對「不恭」字説。《禹惡旨酒》三章，語語須跟定「存」、「幾希」説，正不獨如《大學》、《中庸》各章之各有脈交綺注也。）

辨題體

題體不一，或宜滚做，或宜截做，或宜整做，或宜行機，其法俱載在《時文備法》中，可檢出仔細玩究，不複録。（至於通篇拈出一經爲主以詁題，則非近今所宜。或喜用《易》經作主，不覺與作《易》藝同。雖濬發於巧心，或受歟於抽目矣。如《思不出位》及《不恒其德》等題，亦自無妨。若用四言體，或集成語，均恐弄巧反拙。）文體或宜典雅，或宜深刻，或宜清空，或宜雄偉，或宜静細與沉着，或宜一挑半剔。因題體以定文體，法亦不一也。（又有《説文》訓詁體，如「庠者，養也」等，及姓氏枯窘題均合。）

正題解

題有常解如是而可以獨創己見者，如《問三年之喪》章謂宰我爲春秋時不行三年喪者，而《問伐顓臾》章謂由、求爲諫季氏不聽，故問於夫子。蓋春秋時清議有裨於國是如此也。至若寢衣之爲汙衣，過位之兼治朝、外朝，菉竹之爲二物，晝寢之爲居内寢，引《檀弓》「晝居於内問其疾」爲證。《犁牛之子》章之爲舉賢而發，引「女所不知，人其舍諸」[三]爲證。（此張甄陶《翼注》説。）「出從而揜之」爲舜既出而瞍始揜土。若此類者，不可枚舉。事理本是如此，並非矜奇立異。故讀四子書者，不可墨守此高頭講章。即如各家注説，及大家文鈔，皆不可不閲，以拓其識見也。（書目見卷五）

詳題典

《四書》中有大典故，如井田、學校、封建、官制、音律、郊禘、宗廟、朝聘、會同諸大典，以及日月星辰及九河、四瀆等類，皆宜於暇日詳爲考究，臨時庶不致睜眼翻閲典故，亦不至茫無頭緒。即如春秋戰國時，諸侯如五霸，諸臣如鄭僑、衛俞、管、晏、儀、衍諸人，上及二帝、三王、五臣、十亂等類，亦宜參究，悉其原委。其他器用如輗軏，物類如黿鼉、梧櫝，衣服如紺緅，飲食如割醬之類，不妨採摭。其要以備參用，庶免空疏之誚。其餘看題法、具題鏡、卷首幾頁，兹不贅也。

命意門（計儭託十一則、正詮四則、闡題義十六則、詮實義七則、描神一則、顧旨六則、扣題六則）

三十輻共一轂，當其無，有車之用。作文之意亦猶是也。有意則反正、開合、旋轉可以自如。若徒事詞華，專講腔調，有錢無串，有面目無精神，不可以制勝矣。故看題之後，又以用意爲急務也。

儭託

反面儭

文無正面呆鋪之理，必於反面透論之。或全反，或一正一反，或先反後正，或先正後反。

翻開立論

借淺以翻深，借是以翻非。翻古人之成案，翻時論之俗見。

翻進一層

翻論未透，再爲追進一層以透發之。（如云：「天下自謂可恃而卒歸於無。可恃者往往然也，況乎其本無可恃也。」「即令古人生我之世，其切磋琢磨者亦不過如是耳。」縱不能精義入神，無煩盟誓之設，而要言不苟，即僞詐之風可免，亦徑直之弊無虞也。）用虛字如即令、極之、縱使、即至、甚至、令即、特患、推之、令雖、又其甚者、不但已也、即極至、又何況、所患者、矯其弊者、且惡知夫、縱有時、所惜者，皆推進一層宜用之字也。

旁面襯

人有一身，即有左右。從左右兩旁處描寫，如寫筆則以紙墨爲倍客是也。若用典則爲旁典，或以淺形深，或借賓定主，與埶筆法略同。（如《子產聽鄭國二節》題文云：「無私如覆載，有温肅不能無嚴凝；博愛如帝王，有恩施不能無殺伐。夫豈不仁？仁固有大焉者也。賢君勤稼穡，不聞分膳夫，所薦爲萬家左饘右粥之資。哲后重桑麻，不聞頒司服，所供爲百姓夏葛冬裘之計。夫豈不情？情固有公焉者也。而子產之濟人何爲乎？」「且夫躁進之風至末流而愈甚矣，尹何以少年爲邑，所傷實多；文伯以童子備官，其細已甚。簪纓之下，半屬虛名。虛焉而一歸於實，開何其篤志不紛也。」「夫一家之中，有孝子焉。雖人往風微，而考其遺踪者，猶且式廬表宅，以垂憲於來兹，况在一脈相關者乎？」「彼歌詠達情而文多感憤，激昂見志而度少和平，譴怒之及，亦宜耳。禔躬如圭璧，夫豈意氣之爲哉？」「頑夫廉而懦夫立，聞風猶興起矣，而况景仰素殷者哉！」「視彼贈縞聯情，盍簪投契者反不若是之親切也。」「吾觀小民之家，雖豆羹觴酒，猶知輯睦其父兄，詎位列屏藩，反不如草茅之歡聚也。」「夫庸流妄爲要約，不過付之浮談；豪傑爲之，則有神明之鑒焉。」「匹夫之鄙特傳笑於鄉閭耳，公卿大夫之尊，一出口而窺其無物焉，不將蓄爲没世之恥乎？」）用虛字如「我觀」、「士有」、「末流」、「以觀夫」、「世非無」、「嘗見」、「儒者」、「世嘗有」，皆旁面儭入宜用之字也。

用旁典。（如《其父攘羊》題，排語云：「不比豳公之豕，執之無待於造曹；儼同鄭相之魚，烹之無煩於結綑。」題是説羊，却以豕魚爲旁襯。解得如此引用，不患題之枯窘矣。）

對面儭

有本面必有對面，凡物皆有。（如交友題必有「友望我」一層。愛民題必有「民望我」一層之類。）

高一層儭

以高形低。如説治道，以天地帝王爲陪客是也。亦名壓題法。（如云：「夫乞言憲德而修饋執醬之文，天子且眷高年重耆耇，況其在鄉曲哉？」「羹墻見聖人，況在同時也。蠻夷知德化，矧在同人也。」「天地訂知音人何論焉？聖賢徵知己人何計焉？」「爲人臣者，不能使腹心寄我，肝膽披我，此心已不勝誅，況乎其出於煩數也？」）若從高低兩層發揮兩比，迫出本題，是名爲兩路夾寫法。（如爲學，從未學之先、既學之後形出當下之學來，亦是。）

低一層儭

亦名以淺形深法。（如云：「鄉曲之地不相馭以威權，而予人一恩，則緩急可恃，草野之夫又何知夫投報？而受人一德，則感激不忘，況君子有孚惠心，其浹洽更無窮耶？桀驁之夫焉知規矩？入於森嚴之地而悚然動容。愚頑之子遑識準繩？束以法度之嚴而肅然變色。況君子一夫不狎，其感應更甚神耶？」「方寸有旦，明無象而若有象也，況儼然爲大人之前也。」「夫修儒有崇論，閭里且奉爲家喻户曉之資，而況君子之嘉言孔彰哉？」「忠臣烈士，一節之奇，經閭巷流傳，歌泣不遺夫婦孺，況聖人之獨有千古者乎？」「讀書者且怦然而動，念天經地義有同情也，況君公之孝行足式哉？」「夫簪御箕帚之微，尚不欲以頤氣加矣，矧其爲堂陛之尊嚴哉！」「匹夫殫術能精，而一藝之微，或以相窺於其本，循流溯源，固其理也，而況用之於學問哉？」「夫鄉閭勇悍之流，一覯孝子之作息，無不肅然其改容，況生忠厚之朝而自安桀驁，清夜殊惕然矣。」「嘗見一邑之中，經數十傳而風俗迴非疇昔者，況其在興朝締造之初也。」）

譬喻

正意難明則用比喻。東坡文最工此法。如攻惡題用攻木、攻敵爲喻是也。或二比，或點染一筆以繪題神。蓋有比喻則正意愈醒，如詩之興體也。

側面儭

從旁觀一面描寫。如用「人謂其」、「識者知其」、「人第見」等字是也。

背面儭

背後一敲則本面愈有神采。

援引儭

引成事成語儭入，則不失之迫促而有餘妍。或以耳所聞儭，或以目所見襯。或引經，或引史儭。或從題前一步儭入，（追溯往日及前際發論皆是。）或從題後一層儭入。（逆計後來及後際發論是也。）或引上文、涵下文儭，或引古人往事襯，（如用「古盛時」、「古大儒」、「士有」、「世之盛也」、「古帝王」、「古有」等字是也。）或現身說法，皆援引儭之類也。先輩謂悟得一「賓」字訣，則爲用不窮，儭託諸法是也。引往事。（如云：「自古望重朝廷，異域亦欽其丰采；品隆鄉曲，知交半慕其生平。蓋其操修素也，夫亦知達之所由來矣。自來歌嘯名山，一出而蒼黎徧德；潛修爾室，千載而孝悌傳經。蓋其斂抑深也，夫亦知達之非倖託矣。」）現身說法。（如云：「推斯意也，朝服循月吉之儀，韋編抱假年之願。予生平刻厲，爲懷其共矢此戰兢也夫。」「西周果不可再乎？考舊史而念闕文，覩遺觚而傷不類，夫亦同此慨想哉！」「筆削所存，竊擬之興王之斧鉞矣。此固春秋之義也。」「隱桓以降兵戎，不可止矣。此吾所以有春秋之志也。」）

正詮

虛按

虛論其事理而後入題，則不直致。

凌空

駕空立論，自不犯實。文家所謂「離」字訣也。中比宜之。餘則用此法，託開一筆，則筆不平板。

以淺形深

即墊筆法也。中比用此法最有神致，長排亦用之。墊以旁意，本位愈透。墊以對面，正位愈明。法宜參透。

文言道俗

就耳目所聞見者以寫其神情，中比宜之。

闡題義

題中各有實義虛神，應如何佈置？發論須令章法不亂。下詳之。

平說

題中數件並重，則宜平舉，按實發揮，不可遺漏。若宜側重者，則宜用平還側注法以消納之。

串說

題意有數層，則按其實義作數層遞發之，或題有數扇者，亦宜用此法。

橫說　豎說

平看爲橫，如以地言，由近而及遠；　直看爲豎，如以時言，由古而及今是也。凡題皆有。（如《爲學》題，「片念可貞夫全體」是横，説「一息可貫夫百年」則是豎説也。）

順說

自題首說到題尾，是爲順局。依題句、題意、題字而順逆透發之。凡題皆有。

逆說

自題尾說到題首，是爲逆局。或一比順，一比逆，或中比順說，後比逆說。自不犯複。

分說

就題字、題意拆開説，或分出品目。如地有遠近之不同，人有貴賤賢否之不一，亦是。（又如《四書》中凡「則」字急讀是一義，緩讀又是一義。亦可分詮寫神也。）

合説

就題意、題字合攏説。前既分疏，則後須總發，此定法也。

滚説

將題滚做長題，用此法爲合。

互説

將題交互看而洗發之，如出比「各盡其道」，下比則云「交盡其道」是也。兩扇題宜之。

設想

切時勢而代爲設想，從反面設想，無中生有設想，以及設身處地頌揚聖朝（如用側聞聖天子之類）皆是。（若如前人《在陳絶糧》及《公伯寮愬子路》等題文，雖善設想，究不免爲名教罪人。司文衡者不出此等題可也。）

代法

代其人自說一番，所謂「代」字訣也。此訣宜參透，記事題及虛縮題用代法，則在題前著筆，允無犯下之病。（如用「詩若曰」、「彼蓋謂」、「豈不以」等類是也。）

比例

淺深精粗原有不同，引彼以爲例，以明其同而異、異而同。用之起筆或接筆，將兩件事比例是也。比直斷者，筆較婉而成章。（如云：「綱常名教之防，貞者期於見功，諒者亦期於見過，而精粗有別矣。」「今試設一途於此，不辨其途而誤其趨，與既辨其途而異其趨，其難易必有異。從者既辨其途也。」「蓋下士有待之修，與上聖無間之學，其度量不同矣。」「從功名來者，能臣之勤勞；從學問來者，賢臣之兢業，則敬肆分矣。」「夫一理也，辨論而得其解，與不煩辨論而亦得其解，均之得也，而識見有間矣。況乎其體而備之者，又有勤惰之分也。」）

提要

題有鄭重之字提起，另說二比，或說一二筆，所謂單提扼要也。開講則蓄勢，到講尾一語點明，提筆出落，皆不可忽略。

尋間

題中上下合縫處，所謂題間也。中比尤宜着意。

推原

從後面推原其來歷，因行事推原其用心，因疑似推原其所以然，以及補題之腦，據題之巔，或溯前一層，或代其人自説其所以然，皆是。

推開

推廣餘情，儭貼旁意，援引古昔，附帶他事，推説到效驗利弊，皆是。（如云：「蓋至衆母之稱，咸知愛載，知其德之浹洽者深也。」「蓋至撫杯棬者如對先人君子，有以知其所由致矣。」「蓋至女史奄奚，亦使悉隸天官之掌，而六卿之各率其屬者無論矣。」「天下之肩鉅任而不恤者，類如斯矣。」「齊君之以羊易牛，梁王之移民移粟，均之狃於私見耳。非然者，豈聽政而不能爲政也哉？」「欣聞我國家禮懋撫辰，雅管風琴，無非德音所播。有君如此，恨不前非早滌，端素履而惕丹忱也。」「狐咼有帶，我愧其淫。鹿咼有笙，我懷其雅。迨至德隅共式，且樂爲春酒以言情。從可知宫寢儀型，即草野矩矱也，而末世權謀之風可以息。」「其弊也，説士挾策於權門，庶人薦書於闕下，吾恐釀辨言之禍者必此矣。」)用虛字如「推斯意也」、「由斯言而深之」、「信如斯言」、「遵斯道也」、「其弊也」、「推之」、「迨至」、「將見」等字是也。

詮實義

題之實字有實理，必切實作數層發揮之，或排偶，或單行，抑揚伸縮，縱擒諸法，最宜參透，下詳之。

折出鋪

或更進一層，或另轉一意皆是。

挖進一層

法與上「翻進一層」意同，兼說到正面，則從一意推出第一層以及三四層，皆是。能一層留一層，方能一層進一層。「留」字訣最宜參透。

撇筆鋪

說非一言可盡者，用撇筆撇開最不費力。詳見「用筆門」。

側筆鋪

從側面處再填寫一筆，所謂從旁議論是也。

一意化兩

或一意分作淺深用，或將前意翻轉看，則另有一面可以推陳出新。（如《民信之矣》題文云：「豐財和衆數大端，民方欲自爲計，而君已預爲之計。即民所未及爲計，而君更曲爲之計。君以民爲心，民不以君爲心，情乎哉？況不責民以顯而可見之效，而僅責民以隱不可見之信，即不信焉，亦任自爲也，而民殊惻然矣。務農講武諸大政，民不知所以自爲謀，而君必代爲之謀。即令民自爲之謀，而終不及吾君之代爲謀。君赤子斯民，而民不父母乎君，理乎哉？況不相追以重而難從之端，而徐俟以輕而易從之信，倘不信焉，亦殊非計也，而民殊奮然矣。」又如云：「使其返而思之而亦無能自解也，而卒不求解也。」「身心性命之微，深於學者能言之，深於學者並不言之也。」皆一意化兩法也。「挖進一層法」參看。）

唱歎

唱歎一筆，則題神完足。或找寫上筆未盡之意，使精神透露，餘韻悠揚。下「停頓筆法」更詳之。

援引

用經史證，用古人往事證，以耳所聞證，以目所見證，引上文證，現身説法爲證，及就眼前指點諸法皆是。並虛論其理而證以實事作收，則題無剩義矣。（韞山文能於全比中將史中一時一人之事凌空描寫，較用排偶雜引者更覺精采，須參透。若《江漢炳靈集》，是才人炫博之作，似非極軌。）

描神

描虛神

於題之虛字處領會神情，並於題之無字句處咬出漿汁而曲繪之，是文家第一要訣。（如許廷爍《禮云禮云章》文、陳大士《動乎四體》題文，全於「云乎哉」及「乎」字體會入微。又如金正希《今也純儉吾從衆》題文，絶不呆寫題面，筆筆全爲下節拜下地步，必如此方不負題情，否則，呆寫實面，死而不活矣。）

顧旨

顧題母

章旨、節旨所在，必處處覷定，或文中用以作骨者，或股中立柱者，皆不可抛空，方能章法一線。

融上

將上文納入本題以立論，截上題宜參此訣。或迴抱上文立論一筆，皆是。（若借上文以點染題情，亦名本地風光。）

涵下

將下文納入本題之上以立論，仍收扣題面題意。截下題宜參此訣。

切時地

春秋、戰國，時各不同；齊、魯、滕、梁，地亦不同，各宜按實發論。

切來人

對何人說話，用其本事以闡發之。

立柱意

題中兼有兩意，宜分比暢發之。如用識力，知行，横説以地言、豎説以時言，各盡其道，交盡其道，諷魯諷天下，盛世春秋，惜幸天人，追溯前日、逆計後來，天地帝王，堯舜文武，開創守成，頌揚盛世、贊美本朝，感慨屬望，前此後此，吾子及門。或用經分比，今時不尚。皆各題中應有柱意，務宜章法一線爲妙。（如《伯夷隘》題云：「甲子以前有天，甲子以後無天。首陽以内有地，首陽以外無地。」以天地分比，如此奇警，方不是無理取鬧。若少柱意，則將題字析開作兩比分説，或出比淺説，下比深説，自無合掌之病。）

扣題

扣題面

各筆皆不可離此法。即用襯托法，亦必關映扣勒。

扣實理扣虛神

題之實字有實理，虛字有虛神。或明扣，或暗扣，或正扣，或反扣，法不一也。題理、題神，或虚按引起，或按實頓住。題中之字，或先點後做，或先做後點。扣題總不離此法。

點醒虚字

如其、所、矣、乎、者等字，或透發其理，或摹繪其神，或照題字收住。

借扣

與題字面同而意不同者，借以扣之。割截題多用此法。

援引扣

或引經，或引上文作一實證。

關映

反面、旁面儭託，筆筆須關映注射本題爲妙。

帖括枕中祕卷之二

龍巖謝若潮　纂韓

搆局門

題既認定，意亦想透，則搆局不可不講。八股、六股之外，更有新樣局法，不妨略爲着想。如建造樓臺，局法一變，則觀玩一新。否則依常，不必矜奇立異，第前、中、後之意，佈置宜預定，不可枝枝節節而爲也。

破題（計十則）

一篇主意全在破題中見之，其法不一，詳言於後。

渾破

古法一句破題面，一句破題意。若能藏去題字而渾破之，更爲高超。作家於此亦不忽略。

拆開

拆開題字分兩句破之，或順或逆隨用。全篇亦宜將題字拆開看，則意義層出不窮。「拆」字訣初學亟宜參透。

主意

通篇主意必爲揭明以醒閲者之目，結處應之。（如《原壤兩章》題，以「禮」字作骨。《子路問成人一節》以「古」字作骨。對下「今」字。若《臧武仲之智四句》以「質」字作骨，對下「文」字。主意所在必須揭出。）

反破

截下題可用此法，如金正希《豈不曰以位》破題是也。

頌揚

典重之題，下句可用頌揚，如「大一統也」之類。

對破

兩句平對，割截題及兩扇題可用此法。

斷制

破承係吾論斷，不入口氣，可直斷其人、其言、其事之是非，以合史之斷制體。

原題

當日所行之事及所言者是何意義，體貼出來而唱明之。斷做題宜識此法。

成語

用昔人成語，亦見出色，如破《子曰二字》題，用《韓文公廟碑》「文起」二句是也。

抱上

題有上文可以迴抱者，借上文形出本題，亦覺渾脱。

承題（計三則）

承破題而申明之，務期簡括潔净，切勿複衍破題。題字亦宜拆碎，切勿罵題。（凡題中有「我」字、「子」字，破承必須實指其人，不可依題含混，此定法也。）

順逆承

順破則逆承，逆破則順承，然亦不必拘也。

反承

反跌一筆而後轉正。

正承

正説一筆而反收之，或找足勉勵人之意，或贊嘆一筆收，皆可。

開講（計七則）

起講爲開門見山之地，忌實又忌虚，忌板亦忌滯。惟從上下文及本題涵泳得透，然後從幾面想出意義，翻身而入，務期有「入門下馬氣如虹」之勢，方妙。

儭託引入

文忌平鋪直敘，必悟儭託諸法，方無粘滯之嫌。引入處大要不外此數法。法可詳，文不能備載也。（從對面説入、從背面説入、從旁面説入、高一層儭入、低一層儭入、虚論事理説入、引古人往事説入、引上文説入、涵下文説入、從反面説入、引經語説入、從題前説入、從題後説入、頌揚體説入。）

單提扼要

題有鄭重之字，或擒定此字説起，或到末蓄勢點出。

反振取勢

全講俱反，層層説透，末用一語轉正。

反正相生

或正起反收，或反起正收。（不用排偶，一氣呵成，是爲上乘。若排，必須細貼題神，切忌合十。）

借賓定主

用與題句相類者作兩扇對舉，起用一筆總含兩扇之意，不用結束，格亦大方。

子母連環

用子母字説得迴環曲折，使題意層層明亮，是爲白描手段，前、中、後亦有用此法，看題爲之。或擒題中活字翻説，亦妙。

駕空詮發

注射題意，凌空詮發，層層説透，一筆到底，至末按實題面是也。

講下提筆（計九則）

從上文落到題首，須簡潔無冗字。並須擊起題尾以清界限，全章、連章題則須涵蓋全題爲妙，大意用凌空説起，而後入題，此是無上咒，是無等等咒也。（凡題中有「是」字、「如此」字，必須承上文指實點清，以下方有眉目。）

涵蓋

將全題之意涵蓋一排而後入題，用「今夫」提起，最合墨式。或用二短比涵題，以下點次題面，亦合。（如《子貢問曰至行己有恥》文云：「今夫行苟無以質聖賢，則律己未嚴，難逃清議；己苟無以對師友，則躬行不力，有負盛名。士固有所以謂之士者。子貢高明夙擅，胡尚以『何如斯可』問哉！」又如《子游爲武城宰全章》文云：「昔夫子論治不一端，而輔政必資名賢。吾黨從夫子論人不一端，而相士必嚴小節。嘗於子游宰武城見之。」又如《顔淵問仁兩章》文云：「今夫仁也者，隱之判理欲、危微之界；顯之徵動作、云爲之間。近之在執事與人之時；遠之及天下邦家之大。我夫子舉斯詣以望及門也久矣，而能事此者卒鮮，則嘗於顔冉之問仁發之。」又如《詩云穆穆至止於敬》文云：「經言止至善，而吾不禁睪然，於躬備明新之學，位居侯伯之班，而能建極錫極，進一世於蕩平者，其惟我周之文王乎？吾蓋嘗觀於《大雅·文王》之詩而知之。」又如《小子何莫學夫詩至可以觀》文云：「曰生人之德業何窮？必有感吾心者而後精神可振；身世之遭逢何定？必有感吾身者而後趨向可端。盡其功即以收其效，孰有如學詩哉？」又如《子貢問曰至行己有恥》文云：「聖門有子貢，自一貫與聞，而後慕由博返約之修。竊思夫士之爲士，其學不專在有守，而其功實首重立身，急欲得夫子一言以定也。」）

清界

凡題尾必須擊起題界方清，或擊起本題之意，或從題尾轉説到題首，皆所以劃清題界也。若用正筆直出題字，則拙矣。（如《詩云穆穆文王至止於敬》文云：「則有如《大雅·文王》之詩可述矣。是詩也，我元公明周家受命之由，朝夕諷誦以助嗣君，以勵臣服，所爲揚厲洪休，合天下而得所止也。乃詩之四章必云『穆穆文王』，何哉？」又云：「試由知止而進驗文王，夫文王當日居西伯之位，固爲君而兼爲臣者也。當其時頽尾歌矣，玉門謫矣，而卒能維持於上下之間，歷始終而各得所止者，夫亦曰敬而已矣。《詩》不云乎：『穆穆文王，於緝熙敬止？』」又如《孔子曰才難不其然乎至爲盛》文云：「今夫奇傑之特降盛衰，恒視乎時，鍾毓之菁華際遇，亦難爲例。夫子曰：『吾嘗觀於才難之言而深長思矣。』」又云：「我孔子祖述堯舜，憲章文武，見夫賡歌颺拜糾縵，星雲疏附，後先清明，風雨不禁，穆然曰：『盛哉，千古人才，一大都會也！』而古人竊歎爲難者，則何以故？」又云：「閒嘗慨慕夫人才之盛，際會之隆，覺自來賢賢親親師師，濟濟固莫盛於斯矣。乃有慨於才難者，何哉？」）

提要

題有鄭重之字提筆喝起，末用一語點出，或用排句點出。（如《夫政也者蒲盧也》文云：「閒嘗游澤陂，涉溪澗，見夫靈根獨勁，柔葉彌長，考之《風詩》，稽之《爾雅》，知有所謂蒲盧者，而不禁於政有會也。」又如《顏淵問仁兩章》題文云：「今夫渾夫人己而安仁者，聖人一人而已。下此則力行於己以存仁，勉持乎己以體仁，皆從事於己者也。」「今夫天下之大，邦家之衆，皆己之所有事。而能盡其事者，仁也。乃懸此詣以求之，而仁者卒鮮，則以理、欲之界未分，敬、恕之學不講也。是盡觀顏淵、仲弓之問仁。」又如《不得中行章》文云：「今夫道之在人者中而已，人之幾於道者中行而已，此進德之事而大有爲者也。」）

反振

以反振筆說入，筆勢不平，用「不然」字，亦合。（如《顔淵問仁兩章》文云：「不然，及門問仁者衆矣。夫子未嘗言仁之效，而獨天下之大，邦家之衆，欲觀效於顔、冉二子者，何哉？蓋顔淵、仲弓固從事於仁而能盡仁之全量者也。」又如《願聞子之志至信之》文云：「季路、顔淵不既各有志乎？雖然，袪一己之私吝而未進一世於平康也，泯一心之矜誇而未致一世於肫誠也。子路殷然思、睪然望而知子之志更有進也。」又如《不得中行章》文云：「不然，求道存乎志，詎無襟期高遠之人；守道重乎節，不乏操持耿介之士。而皆非吾與之之初心者，誠以中行之可貴也。」）

託開

用旁意託開而後入題，擊下題宜講此法。（如《子路曰願聞子之志至信之》文云：「子路既聞顔淵之志，而復有所云，何哉？今夫庠序修於三代，養老之典特隆。《學記》教以七年，取友之經並重。使夫子得位行道，將引養引恬，治安有自，無虞無詐，忠信成風。宏遠之規模當必有大於由之志，更有進於回之志也。願聞子志，子路能不殷然請乎？」出題云：「子路之請，固知夫子之志，非一二端所可盡也，而夫子將何以志之乎？」又如《子貢曰有美玉於斯章》文云：「昔夫子棲皇道路，至老不衰。子貢從旁窺之，意其中有迫不及待歟？因設言曰：『有美玉於斯。』」）

尋間

題有可疑之處，尋其間而入，自可以奪人目睛。（如《公叔文子章》文云：「今夫文子者，才堪華國，望已著於縉紳；量可容賢，褒未榮夫華衮。是何稱文子者多，而稱文子之薦僎者少也？記者乃援筆而起矣。」）

點明

將講中層層按貼題意者，至講下一一清出，題字亦甚清醒奪目，記事題講尾亦有將題句全出者。（如《公叔文子之臣全章》文云：「何賢乎？公叔文子賢乎其有臣也，賢乎其有臣而不私爲己有也，賢乎其不私爲己有而即公爲國有也。記者特先經起義，書之曰：「公叔文子之臣大夫僎與文子同升諸公。」）

借擊

搭截題多用旁面借擊之法，或用關映之法以注射下截。

倒裹

將題尾倒裹入題首，則局緊矣。（如《賜也女以予爲多學而識章》文云：「今夫夫子之學，一貫之學也。學者必先從事學識以幾一貫，然而非其人不傳，非其時亦不喻。一日顧子貢而殷然矣。」又云：「今夫吾黨學夫子者也，學夫子之多學而識，而復學夫子之一貫者也。然而難言之矣。」出題云：「子貢從事學識久，夫子察其將有會於一貫之旨，乃詰之曰：『賜也，女以爲多學而識之者歟？明學識乎？明一貫也。』」又云：「夫子之學，一貫之學也，其始必由於多學而識。學者知夫子之多學而識，不能知夫子之一貫。而夫子不言也，一日詔子貢曰云云。」）

提比（計十則）

場中制勝，全在首藝。前半篇既搆定局法，或順布，或逆入，或虚涵，或實詮，務須將題之精神提綴得起，筆道鍊而調鏗鏘，參不得一個閒字，有高唱入雲之概，則聲聲動聽矣。

題巔立論

題之頂上有大議論在内，透發之，所謂頂上圓光也。（如《孰謂微生高全章》，劉文云：「古者直道惟昭，至情必根於至性。故孝子必無專與，忠臣不擅私恩。即至無可如何，勢不惜委婉以行其是。而心原可諒，天地亦鑒其誠。古者直聲最重，實事必根於實心。故尊酒可以論交，壺飧不妨結義。即至萬不得已，事必待婉轉以謀諸人。而志本無他，曠代猶欽其範。謂其直焉故也。何居乎？微生高而竟謂之直也。」按題説「不直」，題頂原有「直」字在内，妙在語語與本文對針。又如《季氏使閔子章》，蕭文云：「僭妄之罪，名教不容，猶且欲延攬英豪，自附於知人善任之列。詎知一官一邑，可以辱庸衆，不可以辱大賢也。季氏非知閔子者也。德行之科，體用兼備，雅不屑依阿當路，自損其修德樂道之真。蓋其大經大猷，有心仕公朝，實無心佐私室也，閔子非附季氏者也。」按先將閔子與季氏説得如冰炭之不相投，題巔既説透，則入題自迎刃而解。此作全章題要法。若如《八銘》所選此題文，未免枝枝節節而爲之，實不敢同聲附和也。）

推原立論

或推原其所以然，或補題之腦，皆是。（如《今也純儉吾從衆》，金文云：「麻冕，禮也，先王制之，天下從之，歷千百年未之有改者。有之，則自今日始。古人繁重之教，今人不能勝也，則相率而入於簡便之路。古人迂拙之爲，今人所弗便也，則浸假而開其巧利之門。純之易乎麻也，詎非世變畔禮之端哉！豈非執禮之士所欲急起而争者哉！」又如《衛靈公問陳章》，馮文云：「自放牛歸馬之風微，禮教衰於二周，中原無非軍旅之氣。君子拂之則逆天，從之則亂世，其窮所以關世運也。自葵邱河陽之事興，兵氣揚於五伯，海内幾無俎豆之地。君子今日去危邦，明日入亂邦，其窮所以困人事也。」

反振取勢

文不反則局不開展。提比宜反振者十居八九，第或全反，或收句略爲轉正，或一比反一比正，或反正互用。看題行文可也。（如《仕而優則學》，繆文云：「夫爾裳既繡矣，而自公退食，輒讀書百篇，非卓然大臣之器乎？躬居論道之任，烏容以明堂制作讓之鄒魯之儒？我綬既純矣，而留意頌歌，稱其風肆好，非斐然名臣之選乎？夙懷俗吏之慙，安得謂類壁藏書僅屬子衿所肄。」又如《周公成文武之德》，熊文云：「守十五王之澤而執其小心，其事已動頑民之寤寐，惟是大難，削平馨香，欲被於人天而君相庸愚，不克興言制作，以黼黻一朝之隆盛，斯亦聖明之累也。合八百國之心而綏乃萬邦，其事姑聽後人之深論，惟是年豐，敵克謳歌，欲洽於幽明而王事缺微，不復引伸盛美，以大服望外之推求，斯亦天家之陋也。」此全反法也。）

逆局消納

題有兩截，從下截逆入，則局自緊，關節亦靈通。法以出比按下截，下比按上截，或說上截即透起下截意，或兩截滾説，透發其所以然。截尾及全章題不外此三法。蓋消納之訣不可不講也。（如《子曰修己以敬至第二句修己以安百姓》，顔文曰：「子路之問君子，其意中蓋早挾一君子之全功，所謂天地立心、萬民立命之氣象而來也。惟夫子其何以告之？在夫子德盛化神、齊莊中正之懷，已自具立道綏動之體，至誠所觸，民物已屢其懷；真性所通，畛域胥融其跡。老者安之，少者懷之。此境久縈諸寤寐也，則君子之全量或未忘也。而在吾黨下學上達，韋布治心之要即已。」「裕帝王制治之原，不慢於匹夫，乃能不慢於天下。不愧於爾室，乃能不愧於蒼生。如見大賓，如承大祭。此身正賴有持循也，則君子之實功宜先盡也。然則先人與百姓而責之於己，先安而要之以修，且約之以敬。子所明言者止於斯，子所神遊者已不止於斯矣。何子路如斯而已之問，乃一再請也？」又如《賜也女以予爲多學全章》題，陳文云：「聖門有子貢從事於學識，而將有得者也。事物之繁也，先即理之燦著者，牖其聰明智慧以爲踐履之基。迨至察識久而神智生，覺恢之彌廣，約之彌精，恍若得所主焉。聖學之精也，必就學之所至者，察其離合淺深，以盡引伸之妙，俟其憤悱積而轉晤神，而奪其所有，予以所無。此中有微權焉。子曰：『女以予爲多學而識之者歟？』子知賜之必以爲然而又必以爲非也。子貢固從事學識而將至一貫者也。」又劉子鶴文云：「子貢學夫子，詎不知夫子之所以爲學，而徒汲汲以多學而識爲。子曰：『賜也，女以予爲多學而識。』子明知賜之非以多學而識爲足盡所學，而庶幾望賜恍然將有會於一貫也。無如子貢之見，則學識自學識，一貫自一貫也。子貢求夫子於下學，而又求夫子以上達；求夫子以文章，而又求夫子於性道。是學識與一貫見其分而未見其合也，即見其合而未得其所以合也。然而夫子之見，則學識即一貫，而一貫即學識也。子示子貢以同條而共貫，先示以共貫之條。子示子貢以萬派而一源，先示以一源之派。是學識與一貫見其同，不見其異也。即見其異，而不見其所以異也。故賜曰：『然。』夫子早知其未必以學識爲然也。賜曰：『非夫子早知其將以一貫爲是，不妨以學識爲非也。』」）又有兩截題，上輕下重，則詮上截處必神注下截，亦消納之一法也。（如《子路曰有民人二節》，吴文云：「何居乎？子路猶漫爲學解也。且夫學也者，大率從讀書來。而茲乃以人民社稷當之也，謂是鑒於載籍之多誣，而憤激以行其説。早無解於章編考業，矻矻而窮神聖之經。抑或激夫拘牽之弊，而推廣以出其才。又無解於案牘勞形，役役而失文章之守。子路之爲是論也，其視書已淺，其視學尤粗。而要皆非一時意中事也。」）

凌空立論

中比多用凌空之法，提比用之亦覺筆不粘滯。（如《詩云晝爾于茅四句》，蔣文云：「顧乘屋亦何亟之有？人情有所最重之處，而苟無他事足以擾之，則不妨徐俟其自至。惟念夫吾事所屬，本有須臾難釋者，而此又難概不一顧，則其情迫矣。人情有所注意之端，而苟有他時足以營之，亦可相循而畢赴。惟念夫此時未竟，旋有相迫而來者，而此且不暇以施功，則其情愈迫矣。然則乘屋亦何亟之有？蓋誠慮及於其始而爲播百穀計也。」

題間立論

上下截交關所以然處，先爲透論，以下勢如破竹。或做上截從下截看出，搆局自緊。（如《道之以政全章》題，詮上截即從「民」一邊看出是也。）

虛籠虛引

題意有數層，題事有數件，虛虛籠罩，有鏡花水月之妙，或虛虛引起某句、某字，反正隨用。（如《比及三年至且知方也》，王文云：「何則？卿曰：『克師兼旬而勞著矣。』大夫曰：『告糴更朔而事成矣。』掃境内瘡痍之旅以屬將軍，撫凋殘者有年，申教訓者有年，封疆創深而簡書期促，雖鷹揚之武不爲功。終朝而畢者，組練之師也。終日而畢者，強武之相也。苟起家羈旅之中以蒐軍實，將作士氣者有年，士識將心者有年，孤根未深而瓜期已代，雖方召之能目中蹶。」）

涵蓋全題

全章題宜講此法，以及連章、連節，亦如之。斷不可枝枝節節，題煩碎而文亦與之煩碎也。

引古立論

提比有宜引古說入者。如用古先王、古大儒起，或出比用「蓋嘗觀」起，下比用「因而思」起，則古今分比說矣。

旁面儭託

用兩路夾出法，或高一層儭入，低一層儭入，或跟上文儭入，或一比儭一比正，皆可。

出題（計十則）

無論何題，必有實理，有虛神，有題間，板死者貴求其生活，煩碎者必求其簡潔，兩截者務求其關通。全在出落處見手法，見精神，如畫人點睛，點得有神，則全身俱有生氣。否則呆矣，死矣。何草率不講者之多也！

蓄勢

「將軍欲以巧勝人，盤馬彎弓故不發。」文得此訣，自無直致之病。蓋文勢至此已直下矣，故作蓄疑之勢以養局，所謂元度於此見之。（如《工師得大木至勝其任也》文云：「有大木焉，工師亦既得矣。斯時也，有逆計者謂吾王將有不豫之色。使王而果有不豫之色，是王無愛材之心也。而愛材者莫如王，計之而無庸計也。有過慮者謂吾王或有不悦之心。使王而果有不悦之心也，是王無任材之明也。而任材者亦莫如王，慮之而無容慮也，則王喜也。」）此用二比蓄勢法也。又有用四比蓄勢法。（如《畏大人二句》題文云：「因而思惟天賦性，惟大人以盡其性者，復人之性而裁成輔相，直與天參。因而思惟天降衷，惟聖人以本諸衷者，牖民之衷而警覺提撕，彌彰天敘。因而思惟天成始，凡補偏救弊，天所不能自王者，自有大人本身作則，而天命更有以成終。因而思惟天至微，凡時行物生，天所不能自陳者，自有聖人吐詞爲經，而天命轉形爲至顯。」）

縮筆

出題用縮筆，則屈伸有致。（如《賜也女以予爲多學章》文云：「學識一詔，子蓋有一貫之旨於意中，以觀子貢之疑悟何若也，而子貢信矣。謂官禮爲粗迹，考證何勞？謂典籍爲空文，纂修何切？宮牆之峻大，其能忘美富之觀乎？而子貢又疑矣。謂志在多能，何以斥爲鄙事？謂理資贊述，何以屢欲無言？性道之淵微，或不繫文章之末乎？曰然曰非，微子言，亦將有會於一貫之旨，而子乃決其非而示之一貫矣。」又如《問知至使枉者直出》題云：「則何待知人之説出而始知遲之未達哉！」又如《入曰伯夷叔齊至又何怨出》題云：「且夫子貢豈不知伯夷、叔齊之爲賢人哉？詎不知古之賢人即爲古之仁人哉？而必斤斤問其何如人。蓋所共信其事者仁，而所不能遽信其心者怨也。」又如

《樂只君子節》文云：「《詩》不云乎：『樂只君子，民之父母。』夫君子於民，無生成之德也，無顧復之恩也，而民以父母稱之，此何謂哉？蓋君子能絜好惡以同民也。」）

提頓

正面説完，已覺枯寂，用開筆提起，或排，或三疊，或再翻二比，喝出題神，自有一波未平一波又起之妙。總而言之，文貴逆，不貴順；貴聳，不貴平；貴活，不貴死。（如《畏大人二句》題文云：「且夫王者之貴，非假聲勢之隆以攝人心也。典則之詞，非託神奇之論以聳人聽也。而君子之所爲畏者，又非徒震夫嚴威，拘牽夫文義也。」又云：「大人也，聖言也，皆天命所當畏也。夫君子豈必見大人而始肅其志？豈必聞聖言而始悚其神哉？其平日存心之要，無時不戒其馳驅。非必有大賓，而出門如見。非必有師保，而不顯亦臨。方寸有旦明，無象而若有象也，況儼然爲大人之前也。其平居慎獨之功，無在不深其兢惕。片詞有足録，而佩服弗諼。一善有可師，而箴規永守。操存在夙夜，無聞而若有聞也，況顯然爲聖人之言也。能示四海威，能令羣情攝，能接千聖緒，能垂萬古型。吁！可畏也！」又如《顔淵季路侍至子之志》文云：「曰：『盍各言爾志？』子固自有其志，而欲與二子共質哉！且夫慳吝者淺，矜張者浮，飾情與強抑者矯。

誠如子路車馬輕裘，敝而無憾之言，其願大矣，夫子所樂聞也。誠如顏淵無伐善施勞之言，其願更大矣，夫子所樂聞，亦由所樂聞也。斯時也，一堂之上，默然無言。而子路獨般然有請於夫子，何哉？蓋以忘我之懷勝於忘物，就使存心坦白，而重意氣者不免意氣之矜；有形之詣勝於無形，但使用力持循，而見功能者未必功能之化。」）

反振

文忌直致，用反振之筆，則於題面更覺有精神。（如《賜也女以予章》文云：「不然，多學而識，即多聞多見之功也，識大識小之義也。以是求夫子，亦何在不足見夫子者？然而云云。」又如《以予觀於夫子二句》文云：「是惟堯舜可以比我夫子也，然而猶有重量堯舜輕視夫子之心也。夫夫子豈尋常所可擬議哉？謂中都輔相，無殊帝陛升庸，使夫子身際中天，自可躋禹拜皋颺之列。其觀夫子，不可謂不明也，然而淺矣。謂韋布修明，無異衣裳揖讓，使夫子身逢中古，當不遜平天成地之勳。其觀夫子，不可謂不重也，然而疏矣。夫子殆賢於堯舜矣，且賢於堯舜遠矣。」）

順點　逆點

將題字順點，亦法之常。若用逆點從題尾點到題首，更覺題不鬆散。（如《子曰賜也女以予爲多學章》文云：「子貢從事學識久，夫子將以一貫告之，乃必先以多學而識爲問。迨□或然或非，而始示以一貫，何哉？」

正點 反點

正點爲常法，總須點得有神采。若用反點，更覺題神活動，筆勢不平。（如《顔淵季路侍至子之志》文云：「夫夫子不自言其志，夫子則欲二子之各言其志。二子不知夫子之志，夫子則欲知二子之志。藉非由言，烏知『車馬輕裘，與共無憾』爲由之志耶？藉非回言，烏知『無伐勿施，善勞不居』爲回之志耶？而顔淵、季路侍乃超然異也。一物之不自私也，一念之不自矜也，不得謂二子之志非體夫子之志以爲志者，而顔淵、季路侍當更觀其大也。高明者忘乎物，而量則猶未擴也。沉潛者忘乎我，而迹則猶未化也。不得謂二子之志即能體夫子之志以爲志者。」

消納

題面煩碎，用消納之法而側串之，則舉重若輕矣。

拆開點

將題中字字點清，或留要緊之字，再蓄勢兩比，而後點出，亦醒題神。

類點於前　補點於後

題句累墜，及記敘題，將題字總點於講下，或點於中，或點於結末，看局勢如何。至點不完之字，又有補點之法，或在股中，或在篇末，爲法始密，亦爲帶點法也。

複筆

將講下提醒之筆至中比再複一筆，結末又複一筆，元文每每有此，亦有講下隱含題尾之意，到中比複述一番，點出題字，則局不鬆散。（如《時子因陳子至不可也》題，提比下云：「特未識陳子果以時子之言告孟子否也？」中比下云：「而特未知孟子聞之，果以時子之言爲可焉否也？」結云：「第不知時子聞之，以惡知不可之言爲齊王告焉否也？」此又是層層脱卸之法，不可不知。）

中比（計一十五則）

名家之文，發揮多在中、末，亦有中長而末短者，近則發揮多在後比。故中比不宜過長，前後實則中必凌空，前後正則中必反振，前後緊則中必放鬆。爭關奪隘全在此處。各法列左。

凌空傳神

實而不空則失之板，故文家有「離」字訣，務求貌離而神合爲妙。（如《顔淵曰願無伐善至懷之》文云：「今夫人情於自矜獨得之處，忽有超乎其上者，遂不覺訝以爲奇。今夫人情於恍然自失之餘，更有進而愈深者，遂直欲窮乎其極。」）或用「今夫人及一境也」起，亦合。（又如《仁者安仁二句》文云：「一物也，取携在我。既日用之甚親，始而相習焉，繼而相忘焉，依時既久，形神且與俱恬。即令舍而之他，知必有所不適也。仁者之於仁亦若是而已。一物也，玩賞在心，竭精力以相取，神明則淬厲焉，寤寐則縈迴焉，籌畫彌工，勞瘁亦所不惜，設令忽焉相忘，知必有所不欲也。知者之於仁，亦若是而已。」）

蓄勢養局

文局最忌板滯，貴蓄勢以養其局。蓋筆法有停頓，則氣自舒而不促。段法有停頓，則局亦寬舒而有優游不迫之致矣。（如《不得中行而與之章》中比文云：「是則中行可進於道，而進取無論也。中行將以有爲，而所不爲可知也，特無如未之得也。是遂無所與乎？是將何所與乎？夫人當夙願莫償，每覺初心之頓易。而特是懸絶乎斯者，終不敢從寬以濫取，以爲難於過恕也。抑人當意念所注，或嘆覿面之無從，而忽有微次於斯者，即不敢菲薄以相輕，以爲舍是奚屬也。中行不得與，而將誰與乎？必也狂狷乎？逡巡不可以向道，而狂者之志則鋭甚。高遠之氣，邁往之姿，其進取蓋如是也，可與也。曖昧不可以立身，而狷者之節則苦甚。嶢嶢者其品，皎皎者其行，其有所不爲又如是也，可與也。」）

題縫立論

從兩截交關立論，所謂縫也。或面詮上截，神注下截，亦明修棧道、暗度陳倉之法。若第一比束上，一比起下，則俗而不見巧矣。（如《子路曰有民人兩節》，吴文云：「子路之爲是説也，其視書已淺，其視學尤粗。而要皆非此時意中事也。蓋人有迫欲自試之事，而既已苦於無端，則念反誣其所起。雖亦知其説之未當，而本志變遷之下，漸且假夫莊論以相援。抑人當猝然折服之會，而無以妙乎其轉，則詞以遁而思通。雖亦媿乎意所未安，而私心剌謬之餘，並將掩其真情以求勝，是佞也。」按民人社稷之言，全是子路强辨處，故子斥其佞强辨，是兩節關通之縫。文尋間而發，所以爲妙。可見作文全在書理熟。）

以淺形深

用旁面或低一層餓入本題，末句用追進一層以收束之，自合。（如《其子弟從之二句》，徐文云：「蓋君子固孝悌忠信之鵠也，而其效可覩矣。今夫匹夫匹婦之歌詠率多陳迹，而誦其詩，考其言論風旨，犂然有當於人心，而志意爲之一變。此以知懿德所自有也，矧其在觀聽之餘也。今夫父兄故老之傳聞無甚高論，而登其堂，睹其車服禮器，茫然自喪厥懷來，而景慕爲之甚殷。此以知教澤無所靳也，矧其肩師表之任也。」）

比喻生新

本意難以醒豁，則用比喻之法。如行道題以升高行遠爲喻，或用在末比收筆，亦合，亦有用一境也。起槩論以影照題情，亦妙。

文言道俗

將俗情所有者駕空立論，形出本面，愈覺精采，能用史事更妙。（如《先進於禮樂章》方樸山之中比、《令聞廣譽二句》題管韞山之中比皆是。浙江朱墨《不以其道得之不去也合下節》題套用其調云：「寂壑深林之地，久絶塵囂，斯亦軒車之不逮矣。而傑士高人往往樂與徜徉，流連而不能去，而露白葭蒼之境，至有從山北山南遥指屋廬之所者，此何爲者也？窮荒僻境之間，久隔人世，亦惟泉石之與居矣。而遺耆壽耇往往成羣嘯傲，結廬而止其間，而年湮代遠之餘，至有從荒煙蔓草歷詳遊釣之踪者，又何爲者也？無他，是名之成也，是不去仁以成其名也，君子知之審矣。」）

單提扼要

題有緊要之字，單提而暢論之餘，則可不煩言而解矣。出題字或在股末，或在出題，俱可。（如《古之人所以大過人者無他焉》文云：「今夫人於所共能之事而偏出其奇，以顯一人之妙用，而旁觀者亦遂驚其異而忘其質同，則他之説也。抑人於所難能之端而獨操一術，以運一己之精思，而後起者亦遂神其用而莫得其傳，又他之説也。而古人何如也。」）

兩路夾出

將題中尋出旁意，或用前後兩路，或將題字錯綜者，尋出兩意以迫出本面來，是爲兩路夾攻法也。

反振取勢

提比正，則中宜反用。雖然有難言者，跌開以爲中反地步，此常法也。

推原立論

題有所以然之理，推論之以明其故是也。用「是」、「蓋是」、「必」等字起，自合。

轉正立論

提比反，則中必正詮，以宏深肅括爲上。用「夫惟」、「及惟」、「君子則必」、「而吾也」等字起，最合。（如《不得中行章》文云：「而無如不可得也，則必於深情莫契之時，而得一奮然自任、介然自矢者，以相與激厲而有成，夫而後學力有可恃也；則必於降格相求之下，而得一超然不拘、確然不移者，以相與化裁於其際，夫而後教思爲不負也。必也狂狷乎？夫狂者未進於中行，而知有所取。狷者未能爲中行，而有所不爲者也。」）

反正相生

用一反一正以取勢，或用大開大合，亦佳。

撥開俗見

文有獨抒己見、不能不撥開常解以顯題旨之決爲如此不如彼者，此種是也。如

《泰伯至德章》題將讓商、讓周之說俱以爲非，用二比說透，而撥開之本旨，更覺軒豁呈露。

點次題面

連章及幾扇題，或二比，或三比，點清題面。或下用二短比以關鎖之，立局尤緊。

碎比詮題

或三短比，或四短比，尋出柱意，按實立論，搆局自新。亦有將題中要字分詮三比，字字清出，透發其所以然，亦是避俗之法。（如《内自訟》題用過不在見而在訟，訟不在人而在自，自訟不在外而在内，題字拆開，分三比透論之是也。）

中比下出題（計二則）

提唱有神

題面點完，用「且夫」一提，或排句，或三疊四疊，唱出題神，自然色飛眉舞，不至令人思臥矣。或後比有所感慨，則用「吾因之有感矣」一句唱起，又一法也。

提清柱意

後比立柱之意提明在先，以醒眉目。

末比（計一則）

末比者，題之後路也。或詮發正面，或推開立論，或感慨傳神，能運用經義、暗用史事，自覺華實並茂。餘命意、用筆二門詳之，不復贅。

結束（計六則）

束比

用二短比以束住全篇，更覺精神團聚，餘勇可賈。

頌揚

用頌揚體，或作吉祥語以作結尾，如云：「聖人在上」、「夫惟聖天子」等語，亦和聲鳴盛之法。下文有刺目語，斷不可露出。

反結

結下文處用反筆點出，更有精采。

遥應

篇中主意到此點出，或用「故曰」云云，與破題應，更爲醒豁。

複筆

將提比、中比下提筆，再爲複述一番，則筆有遠神。

點明

或點出一篇主意，或蓄勢結出全題，亦妙。至有題中應點之字未曾點出，再爲補點，方不疏略。

格局（計二則）

整比

八比爲正格，現用六比爲多，更有三扇題用三大比，四扇題用四大比，或前三後二，或前二中三後二，看題爲之。更有用「非」字格，前後俱用三比，中二短比以關鎖之，格局亦新。至兩截題用兩大比，中間鎖以排語，亦一格也。

行機

行機之文宜講古文筆法，有起有伏，有提有頓，夾敘夾議，有一段汪洋如長江大河之勢爲妙，否則用筆古奥，如觀圖書法物，亦不見棄於人，最忌平鋪直敘。

帖括枕中祕卷之三

龍巖謝若潮　纂韓

用筆門（計起法十五則、承法十五則、轉法十四則、合法十九則）

文人不可無筆。有筆則足以顯難達之意，寫難顯之神，造新穎之調。筆滯則板而不靈，筆呆則死而不化，須從古文入手，而後習八股，自無此病。欲精其法，約有四端，亦如詩之起、承、轉、合。分類詳繹，可以分觀，可以互看，切勿過泥。

起

起處開門見山，如西來爽氣豁人眉宇，又如太原公子裼裘而來，方合。

整鍊起

不用虚字，以整鍊勝，或單行，或排偶，或紐字，法不一也。（如云：「一念之肆佚，恒足敗畢世之操修」、「學問不足以動人，乃自高其聲價」、「遭逢之數不可知，而才略則宜素裕」、「人必自忘乎奔競，而後謂他人之奔競爲無妨」、「事之氣機視吾心之氣機爲通塞」、「篤棐之誠，萬不敢飾」、「皇躬惕勵更甚儒生」。紐字起法如云：「稽古之心常思復古」、「學術之微通於治術」、「識不鍊則不精」。）

雙筆起

用排偶諸法起，或偶句、排句，或遞偶、遞排，或紐偶、紐排，法亦不一也。

交紋起

兩件伴説，意有側注，或用紐字法起，亦是。總以凝鍊爲主，提、中、末皆宜之。近墨所尚。（如云：「鍛鍊周内之風，才士争焉，僞士亦争焉。」「大抵窮理之功，殫數十年用力者易，求一二日愜心者難。名山考道精微未易測矣，夫講學惟求心得耳。」「夫奇士所慷慨，名儒所從容也。」「吾儒有求信之學問，吾儒恒少獨信之勳名。」「大抵樞機之地，才士逞其華，志人則踐其實。」「巽懦難以圖事，果敢又適以僨事。」紐偶句法如：「爲政而稱能吏，不如爲政而稱良吏。」「夫儒術之壞也，患不在文章，而在性命。」遞偶法如：「天德與王道同出一原，宇宙内之勳名，即性分中之懋勉也。」「造物以正氣釀治運，造物亦以戾氣釀亂運。」「修爲之事，有深造，亦有淺嘗，得淺遺深，何以勵王佐才也。」「道德仁義之説，真士以之立品，僞士亦以之沽名。」）

振筆起

筆能振起，則無平板之病。起處、接處、收處，俱宜振頓精神，用「且夫」字最合。或用反振起，亦是。

活筆起

用虚字放活起，或反，或微翻，或合攏，或分疏，皆不妨用活筆也。

唱歎起

用停頓法唱起，最有風調。近墨多揣摩此法。提比、後比皆宜之。（如云：「且夫精神原無妄用耳」、「且夫商先王之養士亦云厚矣」、「時會正不可知耳」、「國家承平百餘年矣」、「夫生平揚扢同調長希矣」、「三代之英，吾黨備之矣」、「尚德進賢之風之渺而莫追也」、「五百必興之數，當事憒憒，而沉淪闤市者屈指數之矣」、「千古倫常之地，變故多端，其事蓋不忍言矣」、「抗懷談平治，平治豈易事哉」、「學人敢懈藏修？所患者微長自詡耳，才力之短長不可强矣」、「海内想治平數百年矣」。）

感慨起

感慨事勢唱嘆而起，最有聲情，末比宜之。（如云：「擁坐而披二千年之史，所謂五帝升，三王降，寖至於富強詐力，雜伯主盟，世運遷流，不知復何紀極矣！」「且夫桓文、襄穆以降，其去文武之世，蓋已極千百年矣！」「曠覽七十二邦之間，凡吾之所目見而耳聞者，其果何景象耶！」「且夫賡颺喜起，晚近無此奇逢耳！」「幼學壯行，原有志耳。當此手無斧柯，豈不樂稅此邦之駕，無如不可者竟阻於時也！」「吾不克際明備之隆，吾何忍覩凌夷之失？皇皇考訂，此心敢一日弛哉！」「轍環將遍，而亦倦遊耳。遑遑者非今之道，偈偈者非古之車，豈真有所戀而不能舍也！」「極目滔滔之天下，而遥憶夫國不異政，家不殊俗之時，幾不識爲何狀矣！」「惜也學道之傳得吾徒，大道之行不得吾子，徒坐視列國遷流，漸趨漸下而莫可挽也！」「曠觀今古之間，治亂興衰已經數十傳矣！」「惜也吾不生文武之朝，親見夫豐鎬衣冠，辟雍鐘鼓，而徒深景從之思耳！」「車轍馬迹，胡爲乎歷九州而不遑，夫惟不忍斯民之故也！」）

撇筆起

見上「命意」。（如云：「勢不能歷山陬海澨之遠，隨所值而悉布其恩施所自屢者，易地相觀耳」、「德根於性量，而事功之廣狹不與焉」、「禮以關乎運會者爲大，而周旋進退猶後也」、「運會者豪傑所不談，而躬逢明盛，言以抒德性之華焉」、「事無論内外，要必有鎮密之懷，以宰之非迂也」、「潤非猝致之謂也，猝以致之而其具不足以相周，則有蹶蹶而不遑者矣」。）

跌筆起

用旁意跌起，本意語更精鍊。（如云：「凡士無貴賤，視斯人之用舍爲貴賤。」「法制無數傳而不變，而道則常遵。」「大抵運會不能無隆污，而天理無隆污。」「時勢亦升隆所由分，讀三代之詩書，不無少異。論古者，觀其通焉可矣。」「姱修非有異，所異者内念之蘊涵。」「事無安危，視神明之操縱爲安危。」「聖賢之德業何奇？要不過砥行礪名以自盡其性天之事。」）

襯筆起

正面襯，旁面襯，反面襯，高一層襯，低一層襯，其法不一，總宜警鍊爲佳。識得襯法，爲用不窮。接筆、收筆俱有之。用之中比，是爲全翻法。（如云：「征伐可以取天下，不可以理天下。故干戈與禮樂，道固有相爲倚伏之端，而道取和平。要必勝戎馬以文章之氣，非薄兵事而不言也。」「泛舉者，其問浮； 過疑者，其問迂； 僞辨者，其問僻。 問則貴切焉。」「才士獻太平之策，語雖慷慨，終不免以躁進貽譏。 宦途切則修途必疏開也，爲之滋懼矣。」）

虚按起

虚論事理而後入題。（如云： 「大抵囂凌之象，不涉其境則不形」、「天下義理之精，機貴善迎，而緒貴善引」、「從來經天緯地之才，原不論微時之卑賤」、「人心之感慨不當其時則不生」、「氣數之盛衰原無定局，強辨焉未免入於迂」、「物必相餉也而後情移之」。）

擒題起

或擒題字，或擒題意，單刀直入，亦名一針見血法。（如云： 「説莫説於守樂行，憂違之素而不改其常」、「寶足以博一人之悦豫，不足以奠億萬人之乂安，非寶也」。）

比例筆

或起，或接，皆宜。「命意門」詳之。

兩意疊行起

兩意並重，貴出以凝鍊。（如云：「昏蒙不自覺，而後濟之以恣睢。」「優游本於氣質，而獨有剛強之詣力，逆以濟其矯罔之才。」「察識偏而後濟以難回之力，則紛賾之來，任私心爲操縱，而果於自用天下，所以多意氣而少功名。」）

提空筆

題有難以正寫者，用提空法立論。至出題一語拍合，絶不犯手，用代法最合。截下題用筆尤須得提空之訣。

承

直接爲承，翻轉爲轉，各極其妙。至文句則可以互看也。

挺接

不用虛字，以遒鍊之語接筆，便不弱。（如云：「立志定而後可語立名，抒其懷抱不必計其窮通。」「介然之卓識，守以毅然之全神。」「動也而應以靜。」「功名也以道德裕之。」「有定識而策以定力。」「有精心者必無逸志。」「風徽雖渺，志氣與通。」「達用之原，裕於明體。」「道心無權，即人心有權。」「知難者有實功，無浮鶩焉。」「詣有安勉，道無精粗。」「閱時自促，居心自寬。」「明堂之化理，何與庸愚之聽聞？」「閑存之地在執簡，不在御繁焉。」「性天之樸，澤以學問而彌精。」）

雙接

仝「起筆」。

活筆接

法亦同「起」。（能於虛字藏在句中，滅去轉折之痕，更覺遒勁。如云：「心力縱極專摯，而百念之密不敵片念之疏。」以「縱」字藏在句中是也。）

關鎖筆

文勢至此極流，關鎖之，使大氣團聚。

停頓筆

或反或正，上既透論，用此筆以提束點醒之，或明扣，或暗扣，酌文勢而行。各筆中皆宜停頓，方有風調，須參。（如云：「常人冥心，君子操心，則静也而無静矣。」「小疵而大創之，斯稱勇決耳。」「甘棠之遺，心焉慕之，乃刑書鑄而此風亦既渺矣。」「其流弊伊胡底乎？」「赫濯之隆風從夷夏矣！」「賜以壺漿，報以筐篚，人情大抵同然矣。」「休風最足繫人思耳。」「鼎祚鴻圖，河山並壽矣。」「畸士以禮法爲迂，放焉而不謹矣。」「威儀詞令，後世以爲繁文，君子以此争敬肆焉。」「夫是以讀書當求大意也。」「東山零雨，周公有憂思矣。」「道德中不必有是人，功名中不可無是人也。」「一朝可恃，終身即可恃也。」「価越不形，愧怍亦不形也。」「其相感有神焉者矣。」「《詩》、《書》、《易》、《禮》、《春秋》有殊文，無殊旨也。」「蓋其應之者神矣。」「人謂憂勤，吾謂曠逸也。」「則不暇豫於不暇豫者，乃無往而非暇豫也。」「虎門之糾警，實較象魏之森嚴爲倍真，顧之如岳，不啻防之如川矣。」「爾室之嘯歌，千百世之風聲繫焉。」「風俗有異同，人心無異同也。」「江湖斷梗，由來匏落自傷矣。」「屢豐有頌，康樂無書，亦儒林之恥矣。」「豈無莠民其以孝悌感也？夫是故鼠牙而樂在甘棠也。」「虚名之偶盜，恐未必衆論之咸歸耳。」「騰茂實者蜚英聲，斯譽滿寰區，不爲誣耳。」「泰誓三篇，人讀之而快心，武讀之而流涕矣。」「當其至也，角齒之倫與之拜舞矣。」）

跌宕筆

唐曰：「神理既得，必兼有跌宕，然後精神摇曳，姿態横生，以其有餘韻也。」〔四〕

（如云：「學術有何淺深，惟此機緘之妙，愈用而愈神耳，賜而不狃於所知也。」「從來官箴不肅，而留缺恨之慚者蓋不少矣。」「爲民父母，先自薄焉，蚩蚩者斯忍而欺之耳。」「夫天下之迷而不悟者，大都困於氣質耳。」「議論叢生，湮没幾人之節概矣。」「斧柯誰假此，願卒未知何日償矣。」「半生壯志亦稍衰矣。」「入室而聞嘻嗃之聲，識者知其國紀之已弛矣，王化之隆也。」「又何論佞臣執筆，徒貽笑於文章也。」）

頓挫筆

文無一氣直行之理，用一二語頓之，以作起勢。或用一二語挫之，以作止勢，而後可用展拓轉折之筆。本唐氏。（如云：「夫先焉者之不可外鑠也明矣」、「夫唐虞三代之漸衰，靡所底矣」、「藉先王之靈以存此孤也」、「周禮其猶在乎」、「周禮而猶在魯也」、「斯文而既在茲矣」、「西周果不可再乎」、「體用原殊致耳」、「天而篤生元輔矣」、「世澤之流傳於今爲烈也」。）

雙頓筆

用偶句頓之以取神韻。（如云：「何則？其氣淑則其感神也。」「養之素，守之堅也。」「不知分相隔者，理相通也。」「態自舒、情自斂也。」「與物無不恢之志量，在己無妄用之精神也。」「其事之愈推而愈遠者，皆其敬之愈積而愈深耳。」「大廷之建樹悉本爾室之糾虔也。」）

挽合筆

上既透論其事理，尚未説到本題，必提頓一筆，以挽合之。或兩意挽合作一串，或上故作蓄疑之勢，到此明點題字，以挽合之。（如云：「撫字之疏，王道之缺也。」「旦夕依之，即神明契之矣。」「一己之見聞，天下之見聞集焉，而無窮之功盡歸無逸。」「今日晏安即今日酖毒焉。」「百姓之身家即一人之身家也。」「爾室中之帝天，天下共懍之帝天也。」「有象之雨膏推之，即無形之鼕鼓也。」「舉世見之爲一念者，仁者應之皆全心也。」「舉世之所謂事權，仁者之所爲性命也。」「三代之循吏，儒者而已矣。」「庭闈至近，民物環之矣。」「蓋夢寐縈之，而亦性天矢之矣。」「出一言而如對神明，大廷之敷奏在是矣；措一行而無慚衾影，萬民之瞻仰在是矣。」「大畏者各完始念，實誠正者夙裕本圖也。」「其分量之無不周者，實性量之無少歉也」、「其肅然者，其肫然者也」、「心術分公私，經術所以分門户也。」「上世無救荒之政，重農之政即荒政也。」）

倒縮筆

說上一截話，勢既欲趨到下截矣，倒縮之則吞吐有神，自不直致。（如云：「人方謂其言何包括而靡遺也，而不知刻意姱修者爲已久矣。」）

映帶筆

凡翻論處及用筆處，俱宜於本題關映有情。

横擔筆

以一二語束上筆，起下筆，關筍處凝鍊，所以滅去接落之痕，亦名牽上搭下筆。（如云：「即懿訓懿烈之昭垂，而深其寅畏。」「君子以功名之地，潤以道德之華。」「有象之威儀，深以無形之乾惕。」）

跌起筆

用一筆唱起，跌出下筆，起處亦有用此法者，筆致最靈動。（如云：「聖人者落落，數大事昭於日星耳，而世之人舉熟悉之陳言，日相嗟誦，而日有無窮之甘苦，味之而愈出，則惟其所樹立者，有無窮耳矣。」「夫人於格不相入之勢，晨夕相劘，一旦豁然，而通其故說可知也。」）

翻動筆

筆勢已平，用翻筆以振起之，則有波詭雲譎之致。（如云：「豈好勞哉？非過計也。」「此非有異致也。」「此豈有異術哉。」「非迂踈之謂也。」「非迂也。」「彼豈倖而致哉。」）

撇開筆

法見上。（用虛字如「豈必」、「不必」、「豈特」、「豈但」、「非必」、「正不獨」、「萬不至」、「夫豈僅」、「又何論」、「要不徒」、「而正非」、「而詎至」等字是也。）

（文句如云：「負名物人倫之望，而重之於己，知必有不愧大廷、無慙屋漏者。而苟泛泛悠悠，不思反觀而内省，使人因其一節而概其生平，可懼也。即使人因其生平而忽其一節，尤可危也。」「其顯然眩吾視者無論，即使晋接之下，有一毫稍涉乎非禮者，招我以視，則當此視之之頃，其神已濁而不清，就令心不或移，固已負此一視也，而况乎其未必不移也。」）

轉

或轉入，或轉出，或轉正，或轉開，能手每於此見筆勢。

轉折筆

唐曰：「更進一層，另起一論，皆轉之理也。折則有迴環反覆之致，從東而折西，從西而折東也。」能一句一折者更妙。（如云：「國家自有良規，而我自越之。夫亦何所不越焉？」「美人自爲可懷，懷美人者何與焉？之子既令人思，思之子者敢自薄焉？」「吾不意人心之悉協有如斯也，而人心之協已至於斯矣。」「使其返而思之，而亦無能自解也，而卒不求解也。」「是爲不祥，維父母亦以爲不祥也。」「思親之盡力，於其子何如？而今日乃始及其事也。而今日要不過及其事也，則一言事之有，而中藏彌覺惻然爾。」「旁觀不及窺也，當境而自喻之諱言其病者，或未肯以之相告也，而自哂殊訝然矣。試思此訝然者，亦何人不有此情乎？」「彼相知者共訝其不情，而亦以爲不情也。」「身心性命之微，深於學者能言之，深於學者並不言之也。」「人生之學問有意而失之，或無意而得之，夫庸知動吾情者固如是之以類從以時獲也，而未至其境弗喻也。」）

放開筆

所謂放寬一步，正是迫緊一步也。或用代法，用設想，用推原，用推開諸法，皆以轉處見之，宜細參勿略。

颺開筆

將與題合，忽然颺開，或反振，或引古，或推説，或咏歎，或頌揚，用在接則意境層出，用在收則餘味曲包，用「夫」字最合。

比例筆

見「命意門」。

翻進一層，挖進一層

收亦可用此法，以一語按住。

撇開筆

撇開俗論而卓識乃見。撇去淺者、粗者而深者、精者乃見。或在起，或在接，或在排。此訣宜參透。

側注筆

平還側注。（如云：「其生於色者，其根於心者也。」「其釀爲風俗者患猶小，其中於人者患更深也。」）

抑筆，揚筆

先抑後揚則筆勢不平，先揚後抑則題理愈深。凡抑筆如用「雖」字、「縱」字、「即至」字、「即極之所惜者」、「所不可知者」、「向特謂」、「向特患」、「第不欲」等虚字，最合。（如云：「所患者微長自詡耳。」「所不可饜者學士大夫之心耳。」「特無以感之，斯終匿耳。」「雖曰聲名赫濯而返之隱微之地，有自顧懷慙者矣。」）

縱擒

先縱後擒，先擒後縱，法與伸縮抑揚大同小異。

伸縮

先伸後縮，先縮後伸，曲折迴環，自有別趣。

串插

將旁意插入。

點醒虚字

將題中虚字一一點出，方爲醒豁。（如云：「指之曰：所不睹，所不聞道，若示君子以有間者，君子則以爲率性之事初無間也。兢兢自矢之衷，本不因有睹聞而密，詎至因不睹聞而或疎？指之曰：其所不睹，其所不聞道，若予君子以可寬者，君子則以爲天命之理卒不敢寬也。乾乾惕若之境，本不繫乎所睹所聞，又何從施乎所睹所聞？」「天下惟無可端倪者不可施以克治之功，明指之曰：所不爲，所不欲，則遯之無可遯也，有明以察之已矣。天下惟聽之於人者不能盡其杜漸之力，明指之曰：其所不爲，其所不欲，則諉之無容諉也，有健以決之已矣。」）

合

收處須令餘味曲包，有悠然不盡之致爲妙。

按正收

按題正面而收束之，忌板，忌呆，忌率，須如銅牆鐵壁爲妙。

提比收

（如云：「則治績所由奏也。」「則考核精也。」「蓋觀我有以裕觀人之本焉。」「養之素，守之堅也。」「則修文不如修意也。」「功名之地以學問深之，則儒林之選矣。」「則先王先公之遺澤孔長也。」「則淵默之内釀太和焉。」「帝王之運量兢業而已矣。」「斯識見精而風會之説不參焉。」「實大者聲宏，言之所爲大而正也。」「此擴而充之，則爲王者胞與之量；　而實而按之，則爲儒者切要之圖也。」「理愈入而愈甘，心亦愈入而愈苦，而穆然者皆歛抑之神明焉。」）

中後收

（如云：「斯寅畏所以獨深爾。」「吾子乃即於衣冠瞻視之間而無心露之。」「其所以陶冶而成之者，立法爲至密也，則安莫安於此也。」「則不難於矜持之有意，而難於流露之無心也。」「其順也信不在無形之視聽，而在有象之周旋矣。」「精進之修爲期於必進，此固刻苦所不能辭，艱難所不能阻者矣。」「禮樂之化導甚神求，若於圖陳《無逸》、詩詠《豳風》之餘，拭目俟之。」「兩先王在天之靈當共鑒之。」「政猶有經，吾願以從焉者；《風》十五國，道未墜地，吾願以從焉者；　告億萬年，煌煌乎盛典也，所由於删定贊修之下向往深之。」「則椒繁瓜衍鐘簴銘爾功已。」「求其故者所由感慨係之耳。」「差堪與文琴旦夢同此想像耳。」「安得與文謨武烈同此表章哉！」「東序鼉球，西雍鷺鼓，惟君子彈琴而治矣。」「時事方殷，而流風頓謝，則此情其何日已也！」）

反掉收

收用反掉，則筆不平，如神龍之掉尾焉，或用諸儭法以反掉之。（如云：「不然，誹謗有典，轉益譸張有道，時有此氣象哉！」「不然，越陌度阡，邂逅相遭矣，何作此無情之面目哉？」「幸也，三年得而四國皇耳。」「不然，畫洛水而東西先志，能無恫乎？入成周之廟，有餘誅矣。」）

補筆收

補題中所缺，補文情不足，補題前，補題後，或用襯託諸法補，或以往事補，或以翻進一層補，或推原補，法不一也。

撇筆收

亦名省筆。蓋鋪敘恐其太繁，故將餘意撇却也。省文省句省字，皆省法也。（如云：「而後知後世之刑名法術不足言也。」「舉凡俎豆衣冠，猶其禮之顯著者耳。」「此禮明而皇王百世之澤可以追，夫百工其小焉者也。」「守之以常即通之以變，而膠滯之迹弗形焉。」「而第云爲下不倍猶淺耳。」「此蓋非襲取者所能爲也，其中和之醞釀爲已深矣。」「固有互積於未訟之先者矣，而但平其爭未得也。」「雖有私恩公義奪之，手足劬勞，不敢惜也，而身家更何惜乎？」「彼夫私豵獻豜稱兕者，猶躋公堂而正供之，賦無論矣！」「而補苴不事，張皇亦不事，而僅治其流者，其流易竭也。」）

雙收

仝起用偶句收，或排句收，或遞偶，或遞排，皆是。中比用紐偶收爲宜。

挺收

不用虛字歇後，俗名「硬煞」。

活收

用虛字煞尾是也，依題中虛字扣住，亦是。

唱歎收

以唱歎作收，則有悠揚不盡之致。（如云：「富教之謨商諸異日，禮樂之化俟諸將來，體用原殊致耳，求其尚知自勵哉！」「此何如景象也，而能不於有道時深長思哉！」「勳業銘之鐘鼎，功名載在旂常，此豈猝取於臨時哉！」「以言揚，以事舉，得時良獨難耳，三代所爲有直道哉！」「讀書在十年以前，樹人在百年以後，道固有如是之廣被耳！」）

颺開收

用「夫」字颺開一語收之。（如云：「凡見爲遠者，皆其拘於近者也。夫近者果何自而遠也？」「夫不止者之竟於止也，此其故可伏而思也。」「作之君，作之師，此中有精義存焉矣。夫精義者之心，志必虔也。」「是亦人心之大慮矣，夫人心固未嘗盡泯也。」「而天下乃有人心也，夫人心果何由丕應也？」「固有無可迫而若或迫之也夫，見爲迫之謂勞也。」「夫在天者之不可以人爍也明矣，是忍爲欺也？亦自欺焉耳矣。」「夫即一户而四境之在所必由者，已如此矣。」）

託開收

用傀託諸法作收。

一語兜住

全股或翻論，或駕空，或以淺形深，立論收處，用一語兜住本題，段落每多用此法，或繳歸正意，亦是。

遥應筆

與開講遥應，或與提比應，或與股首應。

含蓄收

正意妙不説出，令人徐爲玩味。如云「此其故大可思也」之類。

比喻收

文有旁喻，正意益明，如《上律天時二句》題，以律吕裼襲爲喻，發字題以震雷之發、樹木之發爲喻，點染一筆以醒出題旨，亦佳。

追進一層收

即挖進一層法也。用之收筆，更覺搜括靡遺，用「況乎」字最合。

挽合收

説見「承筆」。（如云：「迨至帝天克鑒其誠，婦孺亦諒其志，始歎信之初終不渝，抑知立乎信先者，義之裁度至精哉！」「其即此意也夫！」「方疑君子之求人何嚴以切也，而詎知其審慎而後出者，夫固有以植其基哉！」「蓋至衆母之稱，咸知愛戴，知其德之浹洽者深也。」）

推説收

將本題之意推開説一筆，則題藴畢宣矣。（文句見「命意門」）

頌揚收

和聲鳴盛最宜應試。（如云：「一自我國家臨雍肅拜，遠過前型，凡屬毛離裏之儔，無不撫膺而内媿。蓋至漸摩已久，開卷者欲廢蓼莪，服疇者思藝黍稷，不可悉其所由來哉！」「一旦王者沛陰雨之膏焉，吾見罔有中外悉主悉臣，當亦奔走偕來，效萬年之禱祝矣。」「王道之隆也，深宫警夫日新，而草野自徵，風動其象，固大可思耳！」「一沐浴於新朝之膏澤，則文獻衣冠，愛慕豈有艾焉！」）

抑筆收

末比收處多宜昌揚，方有愈唱愈高之妙。若收句稍用抑筆，亦覺幽静動聽，或用倒縮筆，亦合。（如云：「第未至其時，弗喻也，而特難概之鹵莽者耳。」）

帖括枕中祕卷之四

龍巖謝若潮　纂韓

修詞（計八則，附奇警句、識忌諱）

言之無文，行而不遠。無論單行、排語，總以典雅整鍊、繁簡得宜、平仄協調方合應試之作。所謂鍊局、鍊意、鍊句、鍊字，不可闕一也。有一閒筆、閒句、閒字，即難雅俗共賞矣。

單行

不用排句、偶句，筆筆單行，曲折有致，是爲文家上乘。

偶句

短句爲偶，四句爲排，多句爲長排，而短句尤宜知烹鍊之法，知鍊短句，然後再講排句，自無亂雜之病。總以無一「閒」字爲貴。（如云：「似亢實高，似激實直。」「人爲我守，人却我前。」「言自傲，心自平；言自奇，理自正。」「言以學醖，愈醖愈肆；言因德峻，愈峻愈明。」「屹屹乎其危甚也，於是嘆君子之立論也險而夷。」「慮事需識，識以擇而精，斯情不失之擾；　任事需才，才以斂而大，斯力不失之紛紓，乃貴焉。」「機甚危，策以力；　勢甚迫，悚以神」、「志以奮而強，畏縮者罔濟；　意以斂而靜，急遽者無功。」「有專心，無忌心；　有精心，無邪心。」「職居經筵，進講焉可，否則侵官；　職居諫議，力諍焉可，否則瀆上。」「有言責誨以言，無言責誨以事。」「策其功無過迫，致其志毋或荒。」）

排句

四六爲排，所謂駢四儷六也。有四句排，有六句排，有長排。或用虛字，或不用虛字，看筆勢爲之。其法或用疊字，或成語，或子母連環，或比喻，或點醒題字，或用覷法，用墊法，用撇法。總以切題爲妙。（如云：「任俠之名，末士所奇，眞儒所鄙；　隱怪之行，豪傑所喜，聖賢所憂。」「以旦明之誠尊大人，而敷錫之皇，不異誕降之皇，則其神肅矣；　以夙夜之誠畏聖言，而垂戒之典，儼同秩敘之典，則其志嚴矣。」「勞也處之以逸，心與理相宅而浹洽者深；　公也據之若私，心與理相謀而圖維者切。」「激烈之風，賢豪以敦性情，任俠以要聲譽；　斂抑之度，正士以貞素履，華士以循人情。」「惡在稟受之偶偏，攻之以救其偏，鄙陋在所必化也；　惡在習俗之或蔽，攻之以袪其累，毫末在所不容也。」「境無論險夷，有誠心而無邪心，則轉移自神於當境；時無論常變，能守節乃能達節，則智慮自生於異時。」「氣節不可不矜，不可過矜，獨渾涵於學問；聲華不可不重，不可過重，獨闇淡於忠貞。」「天命無定，臣志有定，則天命毌；事會難知，幽獨易知，則事會轉。」「爭蕩平，亦爭險夷，淺之覘步趨之正，深之可弭心術之憂；尚節操，不尚攀援，小之杜請託之私，大之不釀黨援之禍。」「惟受命者能造命，不必爻占利見，而獨居深念，赫赫乎如對堂廉；惟配天者能則天，不必𩔗力親承，而曠代聞知，懍懍乎如臨師保。」「不可知者時會，義在則經權互用，成敗可諉諸古今；不可踰者尊卑，禮在則剛柔合宜，諂瀆無譏於上下。」）

塾法排

（如云：「横經而負耒，髦士猶生也，當無論凡民矣。浴川而獻繭，女紅猶生也，當無論男職矣。」「孩提亦解歡欣，而況當成立？寒素亦知悦志，而何論豐亨？」「匹夫飭行家庭，聞者生感，況在公孤；義士好爲推解，受者銘恩，況在尊顯。」「修史尚採前人之議，而何論當日嘉謨；褒忠尚崇異代之臣，而何論當時碩輔。」）

撇法排

（如云：「愚民之晏安猶後也，莫患於異端曲説之士，高清浄而荒其本圖。惰民之怠荒猶淺也，莫患於奇技淫巧之流，竭精神而作爲無益。」「侍御必擇吉士，僕從罔非正人，則起居之不溺於近倖可知也。户牖亦有箴銘，刀劍亦懔佩服，則宴私之不形於動静可知也。」「顓愚之向化無論也，考文議禮，雖聖哲不敢矜制作之才。士庶之奉教無論也，訪範陳疇，雖天子亦退處弟子之列。」「顓愚之坦易猶小也，莫甚於學士大夫，深世故而務爲周旋，而顯之爲風俗之憂，微之且遺心性之疚。下士之折節猶末也，莫甚於縉紳先生，工夤緣而習爲奔競，而近之來清流之鄙，遠之且流史册之羞。」「微論放誕爲高也，但使建白之數稍絀於奮勉之數，而已覺悔莫能追。微論萎靡不振也，但使勇往之時稍緩於立談之時，而已覺急何能擇。」）

點題字排

（如云：「過曰其過，痛在切膚，不容三宥爲赦；訟曰自訟，則近在覿面，不須兩造俱陳。過曰見其過，則指示盡手目，不容譎智自藏；訟曰内自訟，則屋漏即史監，安得譸張爲幻。」「仕非要之於斯，空疎者鮮所據矣。斯非要之於信，疑似者多所阻矣。」

「倘未信而以身試之，欺心適以欺世矣；况未能而以淺嘗之，自欺更以欺人矣。」）

紐偶紐排

用字同者以紐合之，近今尤尚。

遞偶遞排

偶句、排句用虚字掉轉以聯絡之，則流而不滯，自無平板之弊，此訣更須參透。

疊句

三疊、四疊皆宜整齊凝錬，最嫌平板，即三扇、四扇題亦有化三爲兩，及遞偶、遞排之法，切不可一片三疊、四疊也。

王尤體

王農山、尤西堂文最爲古奥，另爲一體。專摹此體，不利試場；不習此體，則作經文及排句，應典麗新穎者，無以壯其奇觀。兹擇其平正者録之。（如云：「文有典，儀型我式；武有銘，几杖台承。」「雨暘寒燠箕，告我以九疇；日月風雷義，授我以八索。」「懸蓬矢之三卬，則鵠諸；錫彤弓之百卬，則燕諸。」「鼓奏其鼉，觥稱其兕。」「肥牡爾咏，兕觥爾稱。」「帛冠示儉而集鷸者漸，篳路告勤而垂綏者戢。」「宸修其鐘鼓也，我端厥蜀，而彼昏之聽聰； 匋志其璽符也，我會其虫，而陋民之心悟。」「墨矣何云訓？爲裳爲舄，爰式旦也鴻。 石矣何云嘉？爲阼爲賓，爰思夷也鵠。」「爰詔風之三，爰陳疇之九。」「林有玉，勿琢胡穀？廷有笙，勿叶胡平？」「劬征者雁，率草者狐。」「維田有粟，吾勸之耕； 維牆有桑，吾課之織。」「莫白匪粲，其愛爾粒； 莫黄非繭，其惜爾絲。」「祭爾蜡，吹爾笙。」「粟有紅，絲有素； 莘在野，旄在郊。」）

通典

文中所用之典，無論經史子集，必擇其雅馴新麗者用之。奇僻者非所宜，刺目者尤所忌。故作文又以選典爲要，匪特僻典不可入於文字，即詩賦詞藻亦非八股所宜。蓋各有體裁，不可夾雜也。知體裁之別，則於此道其庶乎。

奇警句

文無奇警之語，則令人倦而思臥。謝朓驚人之句，非特詩然也，文亦有之。兹録名家所造句法以爲式，意在選句，故不著各家姓名，亦不載題目也。（如云：「配帝有心，乃可起而勞八載； 棠華既奏，乃可出而定六官。」「舉吾之一發一膚，常足備天地萬物之數； 率吾之一喜一怒，遂可備禮樂刑政之端。」「六經並設，專一經而已成大雅之材；五倫並垂，缺一倫不足與斯人之列。」「有孚之吉在潔蘋藻，不在格豚魚；獨復之行在葆龍雷，不在式金玉。」「歷山以下難爲孝子，金縢之後難爲忠臣。」「孝不如虞舜，號泣即怨懟之聲；讓不如夷齊，采薇亦傷心之地。」「六經猶可議，詩愚書誣，或以滋誦讀之愆；三代亦可非，牧野鳴條，不聞爲臣子之法。」「殺生不如直諫，故申生之死非完節；謗書甚於邪佞，故春秋以後無史才。」「當世不白其賢奸，已極朝廷不幸之事；後世猶傳其銘誄，足深十年歌哭之情。」「三代上聖爲天子，典謨誓誥，天下不敢褻其言；三代下聖在匹夫，日月名山，異流皆得學其說。」「儒者敦行不倦，薰其德者猶見鄉隣風俗之成；匹夫爲善於家，過其門者如在虞夏黄農之世。」「援琴以同憂喜，至情可感於昊天；缺斨而念恩勤，大義無乖於零雨。」「禮樂迫我一朝，人情求我萬世。」「遲我十年者不過卿相之榮，報我百年者必在鐘鼎之事。」「袖手似可謝當途之責備，蒼生所託命者何人？蒿目或可借古人以自寬，吾人所盟心者何在？」「風氣無權，不能阻天下之大計；陰陽用事，不能敗人主之功名。」「民雖樸陋，薰以帝之琴而康衢咸舞；民即愚頑，平以王之斧而洛水無腥。」「皇一心聲希味淡，而百官何處紛更？皇一身憂盛危明，而天下何妨歌舞。」「唐虞雖遠，斯世不可一日無功；禮樂未興，斯世不可百年無治。」

「日用飲食，亦有善補造化之權；　王制周官，斷無不近人情之事。」「殘魂雖餒，不能依祖宗邱墓之鄉；　肝腦所塗，不得汙中國帝王之士。」「筆削稱天而行，文字不受鬼神之責；　刑賞從心而出，威福本參皇極之書。」「天地之數，手定其難；　禽獸之逼，鼎寫其形。」「風雅亦聖人之書，飾其詞不足當一獻；　羽干亦文德之治，襲其事豈足理一民。」「盟府銘勳，矩矱常垂孫子；　謗書盈篋，精神並壽河山。」「制作苟堪千古，宰臣時祖其書；　道學誠可萬年，世主必尊其統。」「私門之俯仰趨蹌，百其端而愈爲不肖；　朝廷之兵刑錢穀，能其一而即爲奇才。」「五行之錯迕，大臣迭劑其盈虛；　百産之精華，當代親權其衰旺。」「瞽瞍以上皆皇裔，而越在畎畝；　朱均一輩皆帝子，而讓於匹夫。」「國家有大疑難事，必歸斷於能讀書之人；　學士有數百年書，而後不絀於君父之事。」「名山千古聖賢，無不發之藏書；　師友一堂早夜，無不宣之甘苦。」「衍象者考何典？風雷如告以陰陽。　前民者讀何書？草木悉通其制作。」「簡册不幸而無言，口耳之功何補？忠孝有時而得過，文字之禍滋深。」「風雷何故，告以陰陽；　蟲鳥何情，助人歌哭。」「環堵而坐詩書，事等明堂之奏；　匹夫而有賞罰，權比稱天之文。」「人情不病貪婪，豪傑何由驅使？人主不操富貴，朝廷何以爭趨？」）

識忌諱

廟諱聖諱，在所避用，所以存誠敬也。衰濯鄙俚，在所勿用，所以求雅馴也。舉業家有不知其忌諱而輕於用者，有以爲既已恭代，不妨於用者，不知此等字最犯磨勘，殿試朝攷拘忌尤嚴，擡頭尤易錯誤。草茅新進，大半未諳體裁，故爲詳附於後云。

敬避字樣

聖祖仁皇帝諱。上字○，上亠下幺用元字恭代。然如元德、元黄、元鳥、元纁、元妙、談元等字，皆不可用，以原本犯諱，雖恭代亦不可用。餘倣推。弦炫牽衒紘等字敬缺末點。惟蓄畜字不缺點。兹今借作茲，牽改作牽。下字○，左火右華，用煜字恭代，爗曄字避。

世宗憲皇帝諱。上字○，左肙右乚，用允字恭代。凡祚允、允征，亦不可用，酳涓均勿用。下字○，左礻右真，用禎字恭代，真勿作真。禎祥休，禎字不避。

高宗純皇帝諱。上字○，左弓右厶，用宏字恭代。凡宏道、宏毅等字，皆不可用。泓紭敬缺末点，強字作强。下字○，上厤下止，用歷字恭代。凡歷數、歷象等字皆不可用。惟歷代、閱歷不避。

仁宗睿皇帝諱。上字○，左禺右頁，敬缺末筆，作顒。凡顒卬、顒若、載禺，皆不可用。下字○，上王下炎，敬改作琰。然如談、淡、炎等字不可作夋。

宣宗成皇帝諱。上字○，上日下文，減筆作旻。下字○，上宀下罒，用甯字恭代。凡嚀、獰、建甯、永甯、安甯等字，均不可用。

文宗顯皇帝諱。上字○，上亦下大，奉准可用。然亦當敬避。下字○，左言右宁，缺筆作詝，凡宁、佇、紵、貯等字，音同亦避。凡挹注、玉燭、玉柱，音同亦避。「儀注」今亦改作「儀節」。以上列聖之號，兩字同音者均忌用。

穆宗毅皇帝諱。上字「載」不避。下字○，左氵右享，敬改作湻。然道湻、風湻等字，皆不可用。醇字音同亦避。至享、郭等字不可改作亯。

皇上御名上字載不避。下字○，左氵右恬，敬避。恬字亦避，端慧太子諱。上字永不避，下字○，左玉右連，敬避。

孔聖諱○，惟圜丘不避，餘加阝作邱，或作工丠坵。然遇稱名之處，仍應敬避。

孟子諱軻，朱子諱熹，均不可用。關聖諱羽，改寫作羽。

忌用字樣

一忌用哀澀字樣(如死喪、哭泣、夭殤、死亡、疾病、凶禍、崩薨、殂落、大故、大行人、太行山、大行不加、登遐、升遐、奔喪、遐方、遐荒、遐齡、如喪考妣、宮車晏駕、龍馭上賓、賓天、皇輿上賓、梓宮、梓漆、梓材。梓宮奉安爲拱辰居,故拱辰、辰居、北辰皆忌用。仁宗大行在庚辰日,故「庚辰」字亦忌用。殯殮、岡陵墳墓、三墳典墳、冢子、廬墓、居廬、丙舍、居憂、諒闇、壽域、壽考,凡奠字忌用。石牀金井、福地即萬年吉地、敷土今作塟訓,皆勿用。邊旁有「崩」字者勿用。)

一忌用刺目語(桀紂、幽厲、桓靈、自危、滅絶、禍亂、亂臣、賊子、反、悖叛、變亂、危亡災害、誅滅、殺戮、斷絶、自裁、自決、立決。氓字拆爲亡民,亦勿用。喪心病狂、憂愁、悲、哀、傷心涕淚、秋心合爲愁,忌連用。魂夢、醉、狂、刀、血猩、譫語。天麻皇麻同休音,勿用。治化、化日,「化」字慎用。聖代代字慎用。介居兩大、魁柄倒持、國步艱難、誰家天下、大白天下、大不祥失國、易主、犯闕、倒行逆施、帝閽不見、痛哭而陳、衰朝末世、天下無道、河山非一姓,皆勿用。)

一忌用混雜字樣(淒清、清淨、清絶、雙清、清虛、清矯、清空、醍醐、无疆、純盜、一清如洗、清明、明主、明皇、明發、聖明天子、英才、英武、英發、英君、英魂、英雄、英明、清夷、遼絶、蠻貊、蘇蠻、逖聽、虜、女中堯舜、奪朱、夷狄、等夷，皆不可亂用。毒龍、釣龍、屠龍、騎龍、攀龍、嬾龍、羣龍無首、夕陽、斜陽，此君二字勿用。唬、虒勿作啼、蹄。朕兆、朕行愼用。）

一忌用俗語（鬼怪、佛、僧、神仙、靈、魔、妖孽、盜賊、囚犯、達之天下、敦倫飭紀、淫亂、邪淫、書淫、梟、獍、兔、琵琶、奇葩等字，皆勿用。）

一忌用香匳語（姜女、美人、美色、穢亂春宮、陰陽所交、胭脂、黛眉，凡一切纖艷等字皆勿用。黛緑二字可分用，勿連用。作賦不可以閨閣事做一段。）

一忌用字體不莊（如彳亍凸凹等字。）及古字、僻字及不雅馴之語（如騎大馬、坐高堂等語。）

一忌連用字樣（如聖祖又諱福全，世祖諱福臨，二字均忌連用。雖左右行上下句，皆忌連用。若單用，則無妨。又如「大行」兩字，亦忌左右行上下句相連用之。餘倣此。）

一擡頭忌錯（凡頌揚宫、殿、苑、四庫、盛世、國家、升平、我朝等字，均用單擡。凡頌揚聖躬、皇衷、治化、德業、聖製、制策等字均宜雙抬。若上林、皇州、聖朝以有、聖上等字樣，亦應雙擡。凡頌揚天、地、圜丘、方澤、穹霄、祖功、廟算、宗德、陵寢、廟號及從前列祖諭旨、列聖所製之書，均用三擡出格恭寫。餘俱詳《三場程式》。凡擡頭字樣草稿亦應楷寫，不可點竄塗改，亦不可置邊旁。單擡而錯作雙擡，猶無大碍。若遇應三擡者錯用雙擡、雙擡者錯用單擡，則以不敬論矣。）

一擡頭忌用列聖廟號（如仁君、睿聖、睿圖、睿鑒、憲典、純修、成謨、擡頭勿用以其爲廟號也。）

一引古處不可誤用皇陵名號（如永陵、福陵、孝陵、昭陵、泰陵、景陵、裕陵、慕陵、昌陵、定陵皆是。若唐之昭陵則不可用矣。）

一擡頭慎用字樣（如宸賞、宸遊、茂對遇諒闇年勿用三多字樣未大婚緩用又如雍和、福元、隆恩、保和、太和，俱宫、殿名不可泛用。）

一策問忌用本朝人名及本朝書目，亦不許議論本朝名臣優劣。至執事明問字樣，亦在禁忌之例。

帖括枕中祕卷之五

龍巖謝若潮　慕韓

餘論（計一十一則）

敦品行一

古之爲學在求實際，今之爲學在務虚名。古之爲學，在講明身心性命之理，以進求彝倫行習之方；今之爲學，在專營文字詩賦之功，爲博取富貴功名之具。古與今固殊途也。然士之爲士，其應制趨時也，當不違乎今；其立身行己也，更當準乎古。嘗於孫思邈「膽大心小，智圓行方」之語之外更得反用之道。有數端，附於後焉：立志欲高，處己欲卑；求理欲實，居心欲虚；名心欲淡，書味欲濃；筋骸欲動，心神欲静；積德欲乘，藏慝欲除；見幾欲早，發達欲遲；才能欲斂，氣量欲舒；見可欲進，得意欲退；自奉欲儉，待人欲豐；慮患欲深，機智欲淺；説話欲少，閲歷欲多；律己欲嚴，責人欲寬；就正欲勤，奔競欲嬾；體情欲曲，植品欲直；忿怨欲消，善念欲長；

見聞欲博，守己欲約；看書欲貪，見利欲廉；用筆欲奇，行事欲正。至於明大義，守臥碑，固士子之本分，無俟贅言者也。（《格言聯璧》一書可置案頭，以當書紳。）

嚴課程二

一年之中應酬之日居多，一日之中寢食之時居半，於書籍有因緣者誠寥寥無幾矣。惟嚴定工課，某刻讀經，某刻讀史，某刻看帖括、詩賦，某刻臨帖，以餘力看子、集等書，各隨資質，不論多少，潛心研究，久之當自有得。如此用功，雖幾務紛投，藝圃斷不至十分荒廢矣。

求實學三

古今之書浩如山海，貧無力者不能購，強有力者亦不能讀也。然一書即有一書之用，無論經史正書，雖文集，雖野史，亦可以充拓心思。「開卷有益」，誠哉是言！玆就案頭中所當備購者分類而略識於後，以示途徑云。

讀經

《十三經註疏》(阮刻最佳，可依圈檢尋校勘之處。目列後：《周易正義》、《尚書正義》、《毛詩正義》、《周禮註疏》、《儀禮註疏》、《禮記正義》、《春秋左傳正義》、《春秋公羊傳註疏》、《春秋穀梁傳註疏》、《孝經註疏》、《論語註疏》、《孟子註疏》、《爾雅註疏》，計十三經，是爲漢學之宗焉。)

《欽定周易折中》、《欽定周易述義》、《御纂詩經傳説》、《欽定詩義折中》、《御纂春秋傳説》、《御纂春秋直解》、《御纂三禮義疏》。

易屬：漢鄭元《鄭氏易注》、《子夏易傳》、唐李鼎祚《周易集解》、《漢魏二十一家易注》、《易緯八種》、《京房易傳》、宋朱子《本義》、宋程子《傳》、張惠言《虞氏義》、又《虞氏消息》、又《虞氏易禮》、又《虞氏易事》、又《易言》、又《易候》、又《周易》、《荀氏九家義》、又《易義別録》、惠棟《易漢學》、又《周易述》、又《易微言》、李光地《周易觀象》、黄宗羲《易學象數論》、胡渭《易圖明辨》、任啟運《周易洗心傳》、江永《河洛精藴》、《周易易簡録》、《周易精華》、《易象集成》。

書屬：漢伏勝《尚書大傳定本》、宋蔡沈《集傳》、胡渭《禹貢錐指》、蔣廷錫《地理今釋》、《尚書精華》。

詩屬：漢韓嬰《韓詩故》、又《韓詩内外傳》、又《韓詩説》、林伯桐《毛詩通攷》、《魯詩故》、《齊詩傳》、宋王應麟《三家詩攷》、顧炎武《詩本音》、焦循《陸璣詩疏考證》、戴震《毛鄭詩考正》、徐鼎《毛詩名物圖》、《毛詩精華》。

三禮屬：漢戴德《夏小正傳》、漢班固《白虎通義》、梁崔靈恩《三禮義宗》、秦蕙田《五禮通考》、徐乾學《讀禮通考》、江永《周禮疑義舉要》、沈彤《周官禄田考》、王鳴盛《周禮軍賦説》、戴震《攷工記圖》、阮元《車制圖考》、張惠言《儀禮圖》、王之騆《儀禮易讀》、《周禮精華》、《儀禮約編》、元陳澔《禮記集説》、江永《深衣攷誤》。

樂屬：漢蔡邕《琴操》、元熊朋來《瑟譜》、明朱戴堉《樂律全書》、江永《律呂新論》、又《律呂闡微》、《御纂律呂正義》。

春秋屬：晋杜預《春秋釋例》、又《土地名》、又《長歷》、馬驌《春秋事緯》、又《附録》、江永《春秋地理考實》、陳厚燿《春秋世族譜》、顧棟高《春秋大事表》、毛奇齡《春秋屬辭比事記》、孔廣森《春秋公羊通義》。

總屬：唐陸德明《經典釋文》、又《考證》、王謨《漢魏遺書鈔》、崔述《考信録》、江藩

《漢學師承記》、朱彝尊《經義考》、翁方綱《補正》、顧炎武《九經誤字》、《七經精義》、江藩《國朝經師經義目録》、《皇清經解》、（宜先讀郝懿行《爾雅義疏》、段玉裁《説文解字注》、王引之《經書述聞》三種，方有條緒。）《國朝石經》（嘉慶間改定《十三經》皆備）。

讀四書

王步青《四書匯參大全》、（實理虛神，體會入微。）胡蓉芝《四書撮言》、（講解簡要得旨，與别種講章有雅俗之辨。）周炳東《四書典故辨正》、閻若璩《四書釋地》、吴昌宗《四書經注集證》、江永《鄉黨圖考》（考據精核）、毛奇齡《論語稽求篇》、李光地《中庸餘論》、又《中庸四記》、（所分段落與朱子微異，而條緒更分明，最易啟悟。）任啟運《四書約旨》、《松陽講義》、《四書典故類編》、《四書題鏡》、《四書求是集》（中多新義别解）。

讀史

《欽定二十四史》（《史記》、《漢書》、《後漢書》、《三國志》、《晉書》、《齊書》、《梁書》、

《陳書》、《北齊書》、《魏書》、《周書》、《隋書》、《南史》、《北史》、《舊唐書》、《新唐書》、《舊五代史》、《新五代史》、《宋史》、《遼史》、《金史》、《元史》、《明史》。）

表譜考證屬： 萬斯同《歷代史表》、齊召南《歷代帝王年表》、沈炳震《廿一史四譜》、葉維庚《紀元通攷》、李兆洛《歷代紀元編》、又《歷代地理志韻編今釋》、王鳴盛《十七史商榷》、錢大昕《廿二史攷異》、趙翼《廿二史劄記》。

編年屬： 宋司馬光《資治通鑑》、宋劉恕《通鑑外紀》、晉袁宏《後漢紀》、宋李燾《續資治通鑑長編》、畢沅《續資治通鑑》、宋朱子《綱目》、《御批通鑑綱目》（康熙四十六年敕撰）、《御批通鑑輯覽》（乾隆二十三年敕撰）。

紀事本末屬： 馬驌《繹史》、高士奇《左傳紀事本末》、宋袁樞《通鑑紀事本末》、明陳邦瞻《宋史紀事本末》、谷應泰《明史紀事本末》、楊陸榮《三藩紀事本末》、魏源《聖武記》。

傳記屬： 宋胡仔《孔子編年》、宋朱子《名臣言行録》前後集、元蘇天爵《元名臣事略》、徐開仕《明名臣言行録》、蔡世遠等《歷代名臣名儒傳》、《國朝滿漢臣傳》、《國朝先正事略》。

古史屬：《逸周書》、《國語》、《戰國策》、《山海經》、《竹書紀年》、《穆天子傳》、《世本》、《家語》、《晏子春秋》、《越絶書》、《吴越春秋》、漢劉向《附圖列女傳》、又《新序》、又《説苑》。

別史屬：漢劉珍《東觀漢記》、唐韓愈《順宗實録》、宋葉隆禮《契丹國志》、金宇文懋昭《大金國志》、王鴻緒《明史稿》、蔣良騏《東華録》、明邵經邦《宏簡録》、宋蕭常《續後漢書》、明柯維騏《宋史新編》、陳鱣《續唐書》、邵遠平《元史類編》。

雜史屬：晋皇甫謐《帝王世紀》、漢譙周《古史考》、宋羅泌《路史》、漢陸賈《楚漢春秋》、唐吴兢《貞觀政要》、宋司馬光《涑水紀聞》、宋王闢之《澠水燕談録》、《明季稗史十六種》。以上事實之類。唐王定保《摭言》、宋葉夢得《石林燕語攷》、孫承澤《春明夢餘録》、梁章鉅《樞垣紀略》。以上掌故瑣記之類。晋常璩《華陽國志》、魏崔鴻《十六國春秋》。以上載記之類。

史評屬：唐劉知幾《史通通釋》、吕祖謙《左氏東萊博議》、明張溥《史論》、宋范祖禹《唐鑑》、王夫之《續通鑑論》、又《宋論》。

讀明道之書（是爲儒家理學之屬）

《御纂性理精義》、《五子近思録》（江永校注爲精）、《周子通書》、又《太極圖》、《二程遺書》、張横渠《正蒙》、張子《全書》、邵子《皇極經世書》、朱子《小學》、《欽定朱子全書》、《陸象山語録》、明薛瑄《讀書録》、明王守仁《傳習録》、陸隴其《三魚堂賸言》、明吕坤《呻吟語選》、黄宗羲《宋儒學案》、《明儒學案》、全祖望《宋元學案》、孫奇逢《理學宗傳》、王懋竑《白田雜著》、梁章鉅《古格言》、陳宏謀《五種遺規》、《純正蒙求》。

讀經濟之書

詔令奏議類（唐陸宣公贄《奏議》、宋真德秀《大學衍義》、明邱濬《大學衍義補》、《歷代名臣奏議》明黄淮等、《明名臣奏議》乾隆年間編、《皇朝經世文編》賀長齡、魏源編。）

制度類（是爲政書）

唐杜佑《通典》、宋鄭樵《通志》、元馬端臨《通考》、《續三通》（乾隆間勑撰）、《皇朝通典通志通攷》（乾隆間勑撰）、《通志略》、《大清會典圖説事例》（嘉慶間勑撰）、《大清通禮》（道光間勑修）、《皇朝禮器圖式》（乾隆間勑撰）、《歷代職官表》（乾隆間勑撰）。

治道類（汪輝祖《佐治藥言》、又《學治臆説》、徐棟《牧令書》《保甲書》、《洗冤録》、《大清律例》。）

讀詞章之書（後有讀集一門，多不勝讀。兹擇其總集之精粹者先列於前，以備各體，而名人之著作具在焉。是由博而約之法也，故曰詞章之書。）

古文家

《昭明文選》（李善注）、《古文苑》（宋章樵注、孫星衍續編）、《唐文粹》（宋姚鉉編）、《漢魏六朝百三家》（明張溥編）、《文紀》（明梅鼎祚編）、《唐宋十大家》（儲欣編）、《金元明八大家》、又《國朝文録》（李祖陶編）、《皇清文穎》（乾隆間勅編）、《御選唐宋文醇》、《全唐文》、宋吕祖謙《宋文鑑》、莊仲方《南宋文範》、《金文雅》、元蘇天爵《元文類》、明程敏政《明文衡》、《古文雅正》（蔡世遠編、林有席續）、《古文辭類纂》（姚鼐編）、《古文析編》、《七種古文眉詮》（儲選）、《古文翼》、《史記菁華録》（評點佳）。

賦家

《歷代賦彙》（康熙間編）、張惠言《七十家賦鈔》、《坊本賦鈔箋略》。餘見下。

駢體家

李兆洛《駢體文鈔》、曾燠《國朝駢體正宗》、明王志堅《四六法海》、《八家四六文鈔》（吴鼒編）。餘見下。

詩家

《御選唐宋詩醕》（乾隆十五年）、《采菽堂古詩選》（陳祚明編）、《欽定和聲集》、《古詩源》、《唐詩别裁》（沈德潛選）、《宋詩鈔》（吴之振編）、《唐詩三百首》、《樂府詩集》（宋郭茂倩編）、《全唐詩》（康熙四十六年編）、《全五代詩》（李調元編）、《全金詩》（康熙五十年編）、《四朝詩》（康熙四十八年編）、《明詩綜》（朱彝尊編）、紀昀〔五〕《鏡烟堂十種》、《宋四家詩鈔》（蘇黄範陸。周之鱗編）、《國朝六家詩鈔》（施宋王趙朱查）、沈選《國朝詩别裁》、張選《宋元别裁》。

詞家

《十家宫詞》、又《詞綜》（朱彝尊編）、《歷代詩餘》（康熙年間編）、《國朝詞綜》（王昶編）、《宋六十名家詞》（毛晉編）、《十六家詞》（孫默編）。

讀考據之書

彙書

《四庫全書總目提要》、又《簡明目録》、阮元《四庫未收書目提要》、姚際恒《古今僞書攷》。以上書目。

《皇朝詞林典故》、《佩文韻府》、《駢字類編》、《韻府字錦》、《子史精華》、《古今圖書集成》、《淵鑑類函》、任兆麟《任氏述記》、陳元龍《格致境原》、杭世駿《賦彙題解》、《詩句題解》、《五廣事類賦》、《十七史蒙求》。以上今類書。

唐歐陽詢《藝文類聚》、宋李昉《太平御覽》、宋王欽若《册府元龜》、宋章如《愚山堂考索》、宋王應麟《玉海》又附刻十三種、宋謝維新《合璧事類》、明高棟《諸子品彙》。以上古類書。

叢書

《漢魏叢書》（明程刻三十八種，何刻七十六種、國朝王謨刻八十六種）、武英殿聚珍版書一百三十八種、毛奇齡《西河合集》、顧炎武《亭林遺書》、孫星衍《津館叢書》、又《岱南閣叢書》、孫馮翼《問經堂叢書》、畢沅《經訓堂叢書》、黄丕烈《士禮居叢書》、錢希祚

《守山閣叢書》、錢大昕《潛研堂全書》、翁方綱《蘇齊叢書》、嚴可均《四録堂類集》四十二種、焦循《焦氏叢書》、張惠言《茗柯全書》、《戴氏遺書》、《郝氏遺書》、孔顨軒所著書（此三書多註解古傳記）。

考訂類

漢蔡邕《獨斷》、應邵《風俗通》、班固《白虎通》、晋崔豹《古今注》、五代高縞《中華古今注》、宋洪邁《容齋隨筆》、宋張淏雲《谷雜記》、宋程大昌《考古編》、又《演繁露》、宋王應麟《困學記聞》（翁元圻注）、明楊慎《丹鉛總録》、明方以智《通雅》、顧炎武《日知録》、萬斯同《羣書疑辨》、閻若璩《潛邱劄記》、盧文弨《抱經堂叢書》、何焯《義門讀書記》、《四庫全書考證》、王念孫《讀書雜志》、蔣光煦《斠補隅録二十四種》、趙翼《陔餘叢考》、阮元《經籍籑詁》、王念孫《廣雅疏證》（二書爲訓詁之宗）、《十三經策案》、《二十二史策案》、翁元圻注《困學紀聞》、黄汝成《日知録箋釋》（此四種可爲對策之用。餘詳下考訂家。）

地理類

晋闞駰《十三州志》、唐魏王泰《括地志》、宋樂史《太平寰宇記》。以上古地志。

《大清一統志》（乾隆年間編）、《欽定日下舊聞考》、《皇清一統輿圖》（胡林翼等）、

《皇明地輿韻編附輿圖》、《施彦士海運圖説》、顧炎武《天下郡國利病書》、嚴如熤《三省邊防備覽》、阮元《廣東通志》。以上今地志。

《皇輿西域圖志》（乾隆年間撰）、嚴如熤《苗防備覽》、李心衡《金川瑣記》。以上邊防。

明鄭麟趾《高麗國史》、周煌《琉球國志》、圖理琛《異域録》、楊炳南《海録》、明南懷仁《坤輿圖説》、西洋蔣友仁《地球圖説》、林則徐《海國圖志》（魏源重定）、新譯《海道圖説》、又附《長江圖説》、《地球四大洲全圖》。以上外紀。

戴〔六〕震《校魏酈道元水經注》、齊召南《水道提綱》、吴邦慶《畿輔河道水利叢書九種》、麟慶《河工器具圖説》、西洋《新譯海塘輯要》。以上水道。

《三輔黄圖》、宋宋敏求《長安志》、顧炎武《歷代帝王宅京記》、晋稽含《南方草木狀》、梁宗懍《荊楚歲時記》、宋范成大《桂海虞衡志》、宋王象之《輿地紀勝》、明屠本畯《閩中海錯疏》。以上雜記、都會、山水、人物、物産。

制度類

以九通爲大宗。餘詳上。

姓氏類

宋鄧名世《古今姓氏書辨證》、宋王應麟《姓氏急就篇》、《姓氏五書》。

名物類

六朝宋戴凱之《竹譜》、唐陸羽《茶經》、宋朱翼中《北山酒經》、《廣羣芳譜》、明鄧玉函《奇器圖説》、高承《事物紀原》、西洋合信氏《博物新論》、《全體新論》計五種、徐矩《事物原始》。

金石類

宋歐陽修《集古録跋尾》、王昶《金石萃編》（**陸耀遹補**）、宋王黼《宣和博古圖》、顧亭林《金石文字記》、西清《古鑑》、又《錢録》（**俱乾隆年間撰**）、王芑孫《牌版廣例》。

小學

《六書》之學有形、聲、義之别，古文篆、隸、真、草各體爲形屬，音韻爲聲屬，訓詁、方言爲義屬。此種各書爲讀經、史、子、集之要領。惟《説文》兼備三者，故總繫於前。餘則分列於後，並詳反切之法焉。

漢許慎《説文解字》（**段玉裁註爲佳，孫本最善**）、苗夔《説文聲讀表》、黎永椿《説文通檢》、《康熙字典》、《詩韻合璧》。

形屬：宋薛尚功《鐘鼎欵識》、顧藹吉《隸辨》、《字林》、梁顧野王《玉篇》、《六書通》、《草字彙》、《欽定滿州蒙古漢字三合切音清文鑑》、《欽定西域同文志》（乾隆間撰）、國書、漢字、蒙古字、西番字、托忒字、回字、《字學舉隅》。

聲屬：隋陸法言《廣韻》、顧炎武《音學五書》、段玉裁《六書音韻表》、江永《古韻標準》、又《四聲切韻表》、又《音學辨微》、姚文田《古音諧》、涂謙《字學秘書》、苗夔《古音表》、毛奇齡《古今通韻》、劉獻廷《新韻譜》。

義屬：《倉頡篇》、漢史游《急就篇》、漢楊雄《方言註》、漢孔鮒《小爾雅》、《廣雅》、漢劉熙《釋名疏證》、江聲《疏補》、唐釋元應附《一切經音義》、釋慧苑附《華嚴音義》二書多引古書及字書古本，可資考證、《埤雅》、戴震《方言疏證》。

按反切之書，近以爲微妙難讀，不知反即切，以兩字切一字，故曰切，猶方員徑周之相切也；以兩字翻轉叶音謂之反，猶事物之反覆也。泰西用二十六字母，中國字母各家不同，以見、溪、羣、疑三十六字爲宗。蓋上字爲母，下字爲韻，豈必來自西域哉？經書中如終葵切錐，不可切叵，邾婁切鄒，鞠藭切穹，勃鞮切披，《公羊》、《穀梁》均切姜，皆切音也，即同一字而拆開之。亦有切音如金匀爲鈞，欠金爲欽，田丁爲町，欠其爲欺，至日爲晊，加可爲哿，羽公爲翁之類，此是天地自然之聲，不假人爲。第其法即查字彙亦無頭緒。欲明其法，有一捷徑，如錐爲終葵反，即云終葵終葵葵葵終錐，而錐音自出。翁爲羽公切，即云羽公羽公公公羽翁，而翁音自出。上字用母呼母，而子即應之，下字用韻呼韻，而音即隨之。考音者不可不知。至秦漢以上，有古音經書皆然，如福音必儀音俄，服音迫，英音央，憂音嚶，祈音芹，京音疆，慶音羌（無仄音），宜音羅，不一而足，皆古音，非叶音也。顧甯人論之最詳。是又當詳究也。

讀子

周秦諸子：《荀子》、《孔叢子》、《孫子》、《吴子》、《鄧析子》、《管子》、《弟子職》、《慎子》、《商子》、《尹文子》、《韓非子》、《素問》、《尹文子》、《尸子》、《燕丹子》、《公孫龍子》、《墨子》、《鬼谷子》、《鶡冠子》、《列子》、《吕氏春秋》、《吕子校補》、《老子》、《關尹子》、《莊子》、《文子》、《計然萬物録》、《孟子外書》。

儒家：漢《淮南子》、《楊子法言》、陸賈《新語》、賈誼《新書》、王充《論衡》、王符《潛夫論》、桓譚《新論》、桓寬《鹽鐵論》、魏文帝《典論》、徐幹《中論》、荀悦《申鑒》、晉傅元《傅子》、晉揚泉《物理論》、劉邵《人物志》、隋王通《文中子》、《中説》、明劉基《郁離子》。以上儒家議論經濟之屬。若理學攷據等書，見上明道之書及考據類。

農家：魏賈思勰《齊氏要術》、唐陸龜蒙《耒耜經》、宋陳旉《農書附蠶書》、元王楨《農書》（元至元間撰）、《農桑輯要》、明汪志伊《荒政輯要》、附熊三拔《泰西水法》、明徐光啟《農政全書》、《授時通考》（乾隆間勅撰）。

兵家：《司馬法》、《握奇經》、孫子《武論》、《陰符經》、《六韜》、宋陳傅良《歷代兵制》、顧祖禹《讀史方輿紀要》、又《形勢紀要》、明戚繼光《練兵實紀》、又《紀效新書》、明人《草廬經略》、明焦勖《火攻挈要》、《金湯借箸》、《新譯西洋兵書五種》（克虜伯《礮説》四卷，又《礮〔七〕操法》四卷，又《礮〔八〕表》六卷、《水師操練》十八卷，附一卷、《行軍測繪》十卷、《防海新論》十八卷、《御風要術》三卷。）

法家：見經濟之書。

天文算法家：《御製數理精蘊》（中西法兼備）、《御製歷象攷成》、《御製儀象攷成》、戴震校《算經十書》。（《周髀算經》、漢人《九章算術》、晉劉徽《海島算經》、漢人《孫子算經》、六朝人《五曹算經》、六朝人《夏侯陽算經》、《張邱建算經》、北周甄鸞《五經算術》、唐王孝《通緝古算經》、漢徐岳《數術記遺》。）［近多豔羨西法，不知幾何原本系是子夏所傳，即地球亦本渾天家言，《堯典》「分命」「申命」，惟西與朔方不紀地名，其所宅必遠也。歷算機器原自中國，蓋久而失傳耳。］

中法：元朱世傑《算學啟蒙》、又四元《玉鑑細草》、李潢《九章算術細草圖說》、又《海島算學細草圖說》、元李冶《測圓海鏡》、胡安《圖割圓密率捷法》。

西法：《新譯數學啟蒙》、明徐光啟《新法算書三十種》、又《天學初函器編十種》、（中有所譯《幾何原本六卷》、明李之藻《同文算指》並《通編》四卷，（尤切於用。）明西洋利瑪竇《乾坤體義》。

中西法：梅文鼎《勿庵歷算全書廿九種》、江慎修《數學》、又《推步法解》、張作楠《翠微山房數學十五種》、劉衡《六九軒算書六種》、鄒伯奇《鄒徵君遺書八種》、李善蘭《則古昔齋算學十三種》。

術數家：漢焦贛《易林》、漢楊雄《太元經》、宋司馬光《潛虛》、黄道周《三易洞璣》、又《易象正》、先天演策、後天演軌、《卜易圓機》。

藝術家：康熙間勅撰《佩文齋書畫譜》、唐張彦遠《歷代名畫記》、宋朱長文《琴史》、《書譜》，見下八條。

醫家：張琦《素問釋義》、《内經》、《難經集註》、《神農本草經》、漢張機《傷寒論》、又《金匱要略》、《華氏中藏經》、晉皇甫謐《甲乙經》、晉人《靈樞經》、晉葛洪《肘後備急方》、晉王叔和《脈經》、唐孫思邈《千金寶要》、《御纂醫宗金鑑内外科》、李時珍《本草綱目》、《驗方新編》。

雜家：《淮南子》、晉葛洪《抱朴子》、梁劉晝《劉子》（此三書兼道家）、梁元帝《金樓子》兼釋老、唐趙蕤《長短經》兼縱横家。

小説家：梁吴均《西京雜記》、晉張華《博物志》、宋劉義慶《世説新語》、秦王嘉《拾遺記》、唐李肇《國史補》、唐段成式《酉陽雜俎》、宋邵伯温《聞見前後録》、宋邵博《聞見後録》、宋周密《癸辛雜識》、宋李昉等《太平廣記》、元陶宗儀《輟耕録》。

釋道家：唐元奘《大唐西域記》、晉葛洪《神仙傳》、唐釋道世《法苑珠林》、漢魏伯陽《參同契考異》。

讀集（擇其有名者録之以備考）

周、秦、漢、魏、六朝人各集： 漢王逸注《楚辭補註》、宋錢杲之《雜騷集傳》、《諸葛武侯集》、漢蔡邕《蔡中郎集》、魏曹植《曹子建集》、晉稽康《稽中散集》、陸士衡士龍《二陸集》、陶潛《陶淵明集》、宋鮑照《鮑參軍集》、齊謝朓《謝宣城集》、梁蕭統《昭明太子集》、江淹《江文通集》、何遜《何水部集》、周庾信《庾子山集》、陳徐陵《徐孝穆集》。

三唐、五代人各集： 初唐王勃、楊炯、盧照鄰、駱賓王《四傑集》、陳子昂《陳伯玉集》、張説《張燕公集》、張九齡《曲江集》、李邕《李北海集》、《李太白集》、王維《王右承集》、孟浩然《孟襄陽集》、元結《元次山集》、顔真卿《顔魯公集》、劉長卿《劉隨州集》、錢起《錢攷功集》、韋應物《韋蘇州集》、獨孤及《毗陵集》、李益《李君虞集》、顧況《華陽集》、權德輿《權文公集》、韓愈《東雅堂韓昌黎集》、《韓文考異朱子校》、柳宗元《柳集》、劉禹錫《劉賓客文集》、張藉《張司業集》、孟郊《東野集》、皇甫湜《皇甫持正集》、李翔《李文公集》、盧仝《玉川子集》、賈島《長江集》、李賀《李長吉歌詩》、又《外集》、李德裕《會昌一品集》、元稹《元氏長慶集》、杜牧《樊川文集》、李商隱《玉谿生詩注》、又《樊南文集》、温庭堅《温飛卿集》、許渾《丁卯集》、孫樵《孫可之集》、陸龜蒙《笠澤叢書》、又《甫里集》、司空圖《司空表聖文集》、韓偓《韓内翰别集》、黄滔《黄御史集》、羅隱《羅昭諫集又讒書》。

北宋人各集：宋庠《宋文憲集》、宋祁《宋景文集》、范仲淹《文正集》、蔡襄《蔡忠惠集》、王珪《華陽集》、司馬光《司馬文正集》、曾鞏《元豐類藁》、梅堯臣《宛陵集》、歐陽修《文忠集》、蘇洵《老泉先生集》、蘇軾《東坡七集》、蘇轍《欒城集》、王安石《臨川集》、黄庭堅《山谷内外各集》、陳師道《後山集》、張耒《柯山集》。

南宋人各集：李綱《李忠定公集》、葉夢得《石林居士集》、汪應辰《文定集》、周必大《周益公大全集》、陳傅良《止齋文集》、楊萬里《誠齋集》、陸游《劍南文集》、葉適《水心集》、嚴羽《滄浪集》。

金元明人各集：金元好問《遺山集》、虞集《道園學古録》、明宋濂《宋文憲全集》、方孝儒《遜志齋集》、李東陽《懷麓堂集》、李夢陽《空同集》、王守仁《王文成全書》、楊慎《升庵全集》、唐順之《荆川集》、王世貞《弇州山人四部稿》、歸有光《震川文集》。

前人詩集：晉《陶淵明集》、唐《李太白詩集》、杜甫詩仇兆鰲《杜詩詳注》、《王右丞詩集》、《韓昌黎詩增注》、白居易《白氏長慶集》、温庭筠《温飛卿集》、《林和靖集》、《宋三蘇詩合注》、范成大《石湖詩集》、陸游《劍南詩鈔》、金元《遺山詩集》、元楊載《楊仲宏詩》、明高啟《青邱詩集》、何景明《大復集》、《王世貞詩集》、《李攀龍詩集》、《楊慎詩集》。餘互見上。

國朝人各集：

理学家：孙奇逢《夏峯先生集》、李中孚《二曲集》、陸隴其《三魚堂文集》、張履祥《重訂楊園集》、李光地《榕村全集》、湯斌《湯子遺書》。

考訂家：黄宗羲《梨洲集》，又《南雷文定前後集》、顧炎武《亭林文集》、朱彝尊《曝書亭集》、又《外藁》、王夫之《薑齋文詩集》、毛奇齡《西河文集》、戴震《東原集》、全祖望《鮚埼亭集》（又《經史問答》，又《外集》）、盧文弨《抱經堂文集》、杭世駿《道古堂文詩集》、錢大昕《潛研堂文詩集》、崔述《東壁遺書》、武億《授堂集》、孔廣森《顨軒所著書》、段玉裁《經韻樓集》、孫星衍《問字堂集》、又《岱南閣集》、又《五松園文集》、顧廣圻《思適齋集》、洪亮吉《卷施閣文甲乙集》、又《更生齋文甲乙集》、焦循《雕菰樓集》、翁方綱《復初齋集》、阮元《揅經室集》、錢泰吉《甘泉鄉人藁》、嚴可均《鐵橋漫藁》。

古文家：侯方域《壯悔堂集》、《甯都三魏集》（禮、禧、祥）、《汪涴鈍翁類藁》、姜宸英《湛園集》、藍鼎元《鹿洲集》、李紱《穆堂類藁》、袁枚《小倉山房文集》、彭紹升《二林居集》、又《測海集》、包世臣《安吴四種》。（以上不立宗派者）方苞《望溪文集》、姚鼐《惜抱軒文集》。（以上桐城派）惲敬《大雲山房集》、張惠言《茗柯文編》、李兆洛《養一齋文集》。（以上陽湖派）

駢體文家：陳其年《湖海樓集》、胡天游《石笥山房集》、邵齊燾《玉芝堂文詩集》、吴錫麒《有正味齋》。

詩家：吴偉業《梅村集》、朱彝尊《曝書亭詩》、施閏章《詩集》、王士楨《帶經堂集》、又《漁洋山人精華録》、宋犖《西陂類藁》、查慎行《敬業堂集》。

詞家：朱彝尊《曝書亭詞注》、陳維崧《烏絲詞》。

評論詩文：

評文：梁劉勰《文心雕龍》、陳鴻墀《全唐文紀事》、明許相卿《史漢方駕》。

評賦：李調元《賦話》、王芑孫《讀賦卮言》。

評詩：鍾嶸《詩品》、唐張爲《主客圖》、趙執信《聲調譜》、王世貞《藝苑卮言》、宋胡仔《苕溪漁隱叢話前後集》、吴景旭《歷代詩話》、張惟屏《國初詩人徵略初二編》、王士禎《帶經堂詩話》、沈歸愚《説詩晬語》、紀昀《瀛奎律髓刊誤》。

評駢體：　孫梅《四六叢話》、彭元端《宋四六話》、萬樹《詞律》。

以上所引書目雖曰約舉，已不免繁稱博引，非數千金不能購也。無已，再爲示一簡便之方，不務舉業者須以朱子《小學》爲正宗，次則《禮記》中之《曲禮》《内則》，及《聖諭廣訓》、《純正蒙求》，爲蒙館必讀之書，以其淺顯易曉，有裨於人心風俗也。若兼爲舉業計，則《四書》必兼讀《集注》、講解，以撮言爲主，不至大謬。經則以《詩》《書》《易》之精華爲主，《禮記》讀陳注，《周禮》讀《精華》或《節訓》，《左傳》讀《左繡》，《儀禮》讀《約編》，《爾雅》、《公羊》、《穀梁》節讀可也。史以《通鑑輯覽》爲宗，歷代名臣名儒傳不可不閱。《歷朝捷録》則在所必讀者也。古文讀《文選》、《古文翼》或《雅正》，詩讀《古詩源》及《唐詩三百首》、五詩《别裁》（然亦太多，須略選之）。至《性理精義》更不可不讀，不讀此則《四書》中精義微言茫無頭緒矣。《漢魏叢書》多秦漢以上之書，亦宜摘讀。外此如《國語》、《戰國策》、《史記》等書皆宜節讀以博其趣。若備用之書，則《四庫提要》、《漢學師承記》、《小學考》、《音學五書》、《史通》、《歷代帝王年表》、《古今僞書考》、《七經精義》、《四六法海》、《佩文韻府》、《詩句題解》、《康熙字典》、《字學舉隅》、《詩韻合璧》、《五廣事類賦》、《十七史蒙求》、《三才略》等書俱不可少。能精此數部書，亦可謂博雅之儒。餘則隨其力量之大小，不妨多購幾部，勝於購良田數頃也。

讀時文四

不朽有三，立言居一，文章是也。有明道之文，有經濟之文，有論著之文，有紀載之文，有考據之文，有詞華之文。時文不過詞華中之一端耳。明道之文如經書、子書，經濟之文如詔令、奏議，論著之文如論史之類，紀載之文如志、如記、如列傳、如序、如墓表、墓誌及金石文字，考據之文如註疏，本朝諸大家更擅其長，詞華之文如頌、如雅、如贊、如騷、如賦、如駢體、如祭文、如哀詞、如詩、如歌曲，皆可謂古文。選古文者固當以此分類，各體始備。更有游戲之文如《毛穎傳》、《修竹彈甘蕉》之類，亦古文之別體。（**古文未曾有一集多此體也。**）時文創自荊公，板定格局，拘如禮法，嚴如律例。宏博者固當斂才以就範，荒疏者亦可襲貌而遺真。其中有風會，有時趨。惟大家則以時文之體裁，寓古文之氣骨，直可與古文分道揚鑣，俗手有不能者矣。工此道者，不於八股討生活，故能經經緯史，獨出冠時，名世即可以壽世。若必於此道求一捷徑，則心口間至少須有大家文二百篇，時藝一百篇，胸中之洞悉者必以千計。《四書》各章旨意所在，不必翻閲，即能原原本本，如肉貫串，下筆自生機勃勃矣，所謂成竹在胸，借書於手也。如此而不見售，方可委之命，歸之數。否則毋以夜郎自大哉。兹將應讀之文列左，勿徒以尋章摘句爲足盡帖括之能事也。（小試文宜以輕清靈敏爲主，勿徒摹墨派腔調以室塞靈機，所謂非徒無益也）

《欽定四書文》、俞選《百二名家》、王選《八集》、《本朝三十家》、《天崇欣賞集》、《國初文選》、《春霆集》、（此三集俱有氣骨及才氣之作，須去其粗獷者。）《存真》、《國朝文範》（張甄陶選）、《八銘初二集》、（文心静細，須去其平板晦滯者。）《制義靈樞》（周篠村選）、《時文備法》、《目耕齋讀本》、《明文明》、《仁在堂全集》、（路閏生選。善講小題理法，初學最宜。）《經畬堂集》（善用史事）、柏謙《碧山堂稿》（小題聖手）、管世銘《韞山堂集》（用筆看題，獨出機杼）。

前人名稿。（氣骨如金、陳，心思明如章、羅，本朝如方楘如、許廷爍，奇古如李來泰、章金牧，大觀如方苞、儲簡齋，引論最詳。即近人如周犒、丁守存，亦有才氣之作。《紫陽正誼合刻》亦多自出手筆。不勝枚舉，俱宜購全稿讀之。）

《分類文腋》、《藝林類擷》。（清奇濃淡兼者爲難，二集分類歸門，中多傑構，案頭宜備也。)

時墨各種。(前梁省吾及吴蘭陔所選之墨,理法兼備,可以選讀近科所選者以丁卯墨□爲善。餘則近科鄉會墨。總以多閲爲是。)小題各種。(《典制文琳》、《屑瓊集》、《搭截新編》、《閩中校士録》黄□湯及孫萊山選,均佳。)周以清等《四書文話》、梁章鉅《制藝叢話》。(可披覽以博其趣,勝看小説也。)

讀試帖五

試律之設,昉自唐人,規模初定而已。至本朝,大家輩出,直遠駕唐人而上之。此事不可專求之試律,其根柢基於古今體詩,胸中至少必有唐宋詩一二千首,下筆方不落俗。總以雅鍊平正爲主,猶八股之貴乎清真雅正也。其體裁各别,言情宜風雅,寫景宜綺麗,詠史宜雄偉,説理宜朗潤,詮典宜華贍,至搆局、造句、鍊字、選韻、選典、裁對,各有其法。鏡煙堂及仁在堂詩論之最詳。總忌庸腐纖巧。場中制勝八十字,固居一半工夫也,勿草率成篇爲要。應讀之詩録後。

《庚辰集》、《我法集》(初學最宜)、《仁在堂詩》、《分類詩腋》、(此四部詳講法律,俱宜細心尋究，可爲師資。）《九家詩》、（氣骨高古，不可不讀。）《七家詩》、（須去其粗獷之音。）《同館詩鈔》、（應試正宗，不可不讀。）《試律大觀》、《養雲山館試帖》、《青雲集》（亦有好詩）。

讀賦六

《葩經》六義，賦居其一，即後代賦家之嚆矢也。偶句如「七月流火，九月授衣」，排句如「彼月而食」四語，騷體如《麟趾》、《猗嗟》篇之用「兮」，選體如《小戎》篇之古奥，應制體如《鹿鳴》、《清廟》之典則，六朝體如《淇澳》、《碩人》篇之琢鍊。若此類者甚夥，《詩》固無體不備哉！應試總以律體爲正，騷體、六朝體及篇末作歌作亂、篇首作詩，皆在所擯棄之列。搆局造句之法，大約與試律同，空與俗皆非宜也。胸中常用之典，原原本本者，須數百條。備用之典，摇筆可以即來者，亦必以數萬計，不論何題，方可敷用。此事談何容易！有一簡便法門，每日間衹取子書、史書或《十七史蒙求》或《淵鑑類涵》等書摘鈔二三條，或取所讀詩賦，日間註釋一二首，經寫幾次，久之可以牢記在心，積少成多，如醫者之備藥，廚人之備料，隨時不難取用也。腹笥有物，則言之有文。無論作詩、作賦，即駢體、雜體，欲用之典，不必翻閲類書，已如數家珍矣。若平日少此工夫，臨時東翻西檢，雖有佳典亦如惡客，面既生疏，意不投合，用之必欠自然。先君子奉政公謂應試等作能用旁典者爲上，正用已落下乘，況空疏乎？然則欲工此道，斷不可少此刻苦之功也明矣。至賦中各體，至少須讀一百篇，閲則多多益善。書目列左（**餘見上**）：

張惠言《七十家賦鈔》、《唐人賦鈔》、（**格局最平正，宜讀作根柢。**）《律賦新編》（**可以多讀**）、《得月樓賦鈔》、《竹笑軒賦》、《雞跖集》、吴錫麒、鮑桂星、顧元熙、陳沆合刻《賦鈔》、《分類賦腋》、《律賦新機》、《關中課士賦》、《東湖草堂賦》（**初學最宜**）。

讀雜藝七

鄉會試之有經藝，自與《四書》文不同。多閲經藝刻集，方悉體裁，不可拘拘於八股之法也。大約《易》宜漢學之卦，互卦變卦，不可不知。《書》宜選體，《詩》宜騷賦及《雅》《頌》之體，《春秋》宜史論及《公》、《穀》之體，《禮記》則宜因題而定體。五藝中王、尤體亦不妨參用，斷不可五篇一律。策問若能條對，則不妨炫博。然空策亦今時所宜防錯誤也。每篇立定主意，以我馭題爲妙，不可自問自答。至若小試之有經解，雖可引用前人名論，斷其是非，然亦須獨出己見，繁稱博引，若《孝經》論性理。論則以明理爲主，有古文筆致爲佳。總之幼時宜多讀古文，則出筆自有汪洋之勢，用之雜作，自與俗徑迥别。近又有算學一門之考，求其精核亦非易易。大要四率法不可不知，歸除法實方不至於誤，乘法、除法、籌算最捷筆算，亦必相須爲用。珠盤雖便，然誤處難知，至句股、開方，爲用至大。莫難於較和乘方等法，總須得其要領。

臨名帖八

字不臨帖，則無筆意而近俗。大約作字，以執筆爲先，小字運下腕之力，大字運上腕之力。此爲要訣。欲臨一帖，先須觀玩數次，細審其骨力精神，稍有領悟，始可下筆。下筆時更須稍變執筆之法，字體方可改换舊觀。初入手必以顔、柳爲宗，而植其根骨，進以王、歐、趙、董而領其神韻。餘如秦碑、漢篆及北魏以下諸名帖，亦必多閲以博其變化之趣，會其通而各有所得力，斯得之矣。（唐孫虔禮《書譜》、宋姜夔《續書譜》、包世臣《藝舟雙楫》，可爲學書門徑。）

安義命九

疾没世而名不稱，君子非不重乎名也。第名有不一，以道德仁義名者則謂聲名，以學問文章名者則謂文名，以經濟事功名者則謂勳名，以才品名者則謂才名。若榜上之名，是謂科名，俗謂功名，亦有名償其功之意。蓋古今人品分途不一，有道德中人，有學問中人，有經濟中人，有科目中人，能兼之者絶少。科目之設不過舉士中之一法，猶制藝爲文體中之一端。必謂科目中無人才，亦屬迂論。第必藉是爲榮身之具，而於名世壽世之端毫不加意，亦非聖賢立教之本旨。何則？以功名之事權固操之人也，然則失乎此而怨天尤人，視如布帛菽粟之斯須不可去，亦所見有未大矣。故士人讀書，在於義之所當爲者盡之於人，而於命之不可必者聽之於天，則俯仰皆樂境，學問亦有進境。不然徒拘拘以簪纓之得失爲榮辱，亦未免視人太重，視己太輕哉！

善調攝十

人受天地之氣以生，有贏有絀，如藥味之有濃淡，酒味之有厚薄，故壽命有長短之不同，聰明有智愚之或異。即富貴貧賤福澤之大小，亦如氣之分數，不可絲毫增損也。有氣斯有血氣，血盛則生精，有精斯有神，讀書窮理之事最爲勞役心神，而其弊莫甚於傷氣損精，氣暴則榮衛擾而不安，精耗則神明昏而愈倦。内伏之邪易以發，外感之邪亦易以中，故疾病於以生焉。然則養生之道如何？曰：此非一端可竟也。必欲約而言之，一年之中，午、未之月，陰氣已長；亥月則陰盛而陽氣虚；子、丑二月，陽氣雖漸息而微，一日之中，則亥、子、丑三時皆不可妄動，耗洩精神，以二氣消息之交，疾病生死相爲倚伏也。邵子曰：凡事爲之極，幾十之三則可以止。蓋用三而存一之義，天有四時而冬不用，地有四方而北不用，人身四面亦背不用，處事接物固不可過乎四之三，過則釀禍。然則養生之道，其勞精神也，亦不可過乎四之三，過亦生病。知乎此，則治國、治家、治身心之道，皆可以思過半矣。此窮理之要義也。

戒洋煙十一

洋煙之來，其始不過當藥中一味。後來好事者以爲玩具，如玩骨董，飲美酒。今則遍及愚賤，病入膏肓，蓋如癰疽之不可去，亦氣運使然耳。推原其所以犯此之由，或以色染，或以病染，或以壯筋力染。更有逢場玩戲，以爲雅觀，而毒已中於不覺。蓋諸藥滋補能彌缺憾，此則性主提氣，如挑鐙草，初挑即明，不久則熄，故足以促命。且煙氣上注於腦，腦中有腦氣筋九對，散佈周身，以司知覺運動。癮則筋滯，百病俱作，中煙毒者亦腦先死。夫此物勿染則已，染則必癮，去必復染，雖藥無裨。竊以爲戒之之法，首在斷之以心，次在去之以漸，日服補氣斂濇之藥，而損之又損，以至於無。斯正氣長，邪氣消，如天氣之由寒而暑，即衣服亦可漸去於身而不爲苦也。邇來吸此者多，故附論之以見未染必戒，既染必改，慎勿輕犯，以至廢時而失事，招病而傷生云。

帖括枕中祕五卷終

弟若江、男邦楹、樑校

校勘記

〔一〕《詩經·淇奧》：「如金如錫，如圭如璧。」

〔二〕《詩經·大雅·旱麓》：「瑟彼玉瓚，黄流在中」，「瑟彼柞棫，民所燎矣」。

〔三〕《論語·子路》原文：「爾所不知，人其舍諸。」

〔四〕唐彪《讀書作文譜》作「文章既得情理，必兼有跌宕，然後神情搖曳，姿態橫生……以餘韻也」。

〔五〕「眗」，原文作「的」，誤。

〔六〕「戴」，原文作「載」。

〔七〕「礉」，原文作「駁」，誤。

〔八〕「礉」，原文作「駁」，誤。

圖書在版編目(CIP)數據

稀見明清科舉文獻十五種/陳維昭編校. —上海：復旦大學出版社，2019.1
ISBN 978-7-309-14000-2

Ⅰ.①稀…　Ⅱ.①陳…　Ⅲ.①科舉制度-史料-中國-明清時代　Ⅳ.①D691.3

中國版本圖書館 CIP 數據核字(2018)第 240617 號

稀見明清科舉文獻十五種(全三册)
陳維昭　編校

出 品 人　嚴　峰
責任編輯　宋文濤

復旦大學出版社有限公司出版發行
上海市國權路 579 號　郵編：200433
網址：fupnet@fudanpress.com　http://www.fudanpress.com
門市零售：86-21-65642857　團體訂購：86-21-65118853
外埠郵購：86-21-65109143　出版部電話：86-21-65642845
浙江新華數碼印務有限公司

開本 850×1168　1/32　印張 59.875　字數 917 千
2019 年 1 月第 1 版第 1 次印刷

ISBN 978-7-309-14000-2/D·962
定價：298.00 元